Illustrator CS5

Pour PC et Mac

Chez le même éditeur

P. Labbe. – **Photoshop CS5.**
N°12796, 2010, 676 pages.

P. Labbe. – **Photoshop CS4.**
N°12469, 2009, 600 pages.

P. Labbe. – **InDesign CS3.**
N°12351, 2008, 396 pages.

É. Sainte-Croix. – **Cahier d'exercices Illustrator CS5 – Spécial débutants.**
N°12997, 2011, 132 pages + CD-Rom.

K. Tallon. – **Le dessin de mode avec Illustrator.**
N°12176, 2007, 176 pages.

S. Baril, Naïts. – **La colorisation de BD, du traditionnel au numérique.**
N°12580, 2010, 2e édition, 326 pages.

V. Audouin. – **Cahier d'exercices InDesign – Débutants et initiés.**
N°12737, 2011, 112 pages + CD-Rom.

C. Bruneau, B. Richebé. – **Cahier n° 8 d'exercices Photoshop Elements – Spécial débutants.**
N°12666, 2010, 118 pages + CD-Rom.

P. Curtil. – **Cahier n° 7 d'exercices Photoshop – Retouche beauté.**
N°12398, 2008, 118 pages + CD-Rom.

P. Curtil. – **Cahier n° 5 d'exercices Photoshop – Trucages et photomontages.**
N°12157, 2008, 128 pages + CD-Rom.

C. Bruneau, B. Richebé. – **Cahier n° 3 d'exercices Photoshop – Spécial photographes.**
N°11979, 2006, 120 pages + CD-Rom.

C. Bruneau *et al.* – **Cahier n° 2 d'exercices Photoshop – Retouches avancées.**
N°11695, 2006, 128 pages + CD-Rom.

C. Bruneau *et al.* – **Cahier n° 1 d'exercices Photoshop – Spécial débutants.**
N°11694, 2006, 136 pages + CD-Rom.

Illustrator CS5

Pour PC et Mac

Pierre **Labbe**

EYROLLES

ÉDITIONS EYROLLES
61, bld Saint-Germain
75240 Paris Cedex 05
www.editions-eyrolles.com

Tous mes remerciements à
Madame **Stéphanie Saïssay** *d'Adobe Systems France,*
Monsieur **Denis-Pierre Guidot** *d'Adobe Systems France,*
Monsieur **Lionel Lemoine** *d'Adobe Systems France,*
Monsieur **Stéphane Baril** *d'Adobe Systems France.*

Pour ses conseils, je remercie tout particulièrement
Monsieur **Yves Chatain** *(formateur sur les logiciels de la Creative Suite,*
yves_chatain@mac.com*).*

Yves Chatain et moi-même sommes membres de l'équipe de formateurs du site **wisibility.com***. Nous écrivons également sur notre blog,* **experts-graphiques.com***, site gratuit d'astuces et de formations en ligne sur les logiciels de la Creative Suite.*

Certaines photos et illustrations de ce livre m'ont été fournies par Messieurs Adrien Labbe, Antoine Labbe, Jérôme Bareille et Yves Chatain, je les en remercie vivement.

Avertissement Mac, PC

Illustrator fonctionne sur les environnements Windows et Macintosh. Les différences de fonctionnement entre les deux plates-formes sont uniquement dues aux environnements respectifs. Ce livre ayant été écrit sur Macintosh (avec InDesign CS5), la majorité des copies d'écran a été réalisée sur cette plate-forme. Les raccourcis clavier (personnalisables) sont indiqués d'abord pour Mac, puis entre crochets [...], pour Windows.

De nombreux menus contextuels sont disponibles ; ils nécessitent le bouton droit de la souris. Sur Macintosh, si vous n'avez pas encore investi dans une souris à deux boutons, vous pouvez dérouler ces menus en enfonçant la touche ctrl. L'utilisation d'une tablette graphique facilite également grandement le travail.

Quelques précisions sur la terminologie employée dans cet ouvrage : le mot **cliquer** signifie appuyer d'un coup sec sur le bouton de la souris, **glisser** signifie maintenir enfoncé le bouton tout en déplaçant la souris, et **presser** signifie maintenir appuyé le bouton de la souris, mais sans déplacer cette dernière. Le tableau ci-dessous indique les conventions utilisées pour désigner les touches des claviers Mac et Windows.

Touche Mac	Aspect	Touche PC	Aspect
Cmd ⌘	⌘	Contrôle	Ctrl
Option (alt)	⌥	Alt	Alt
Majuscule	⇧	Shift ou ⇧	⇧ ou ⇧
Contrôle	ctrl	Cette touche n'existe pas.	

Attention : je parlerai de l'utilisation de la touche Efface (parfois appelée Backspace et située au-dessus de la touche ↵), ne la confondez pas avec la touche Suppr.

Dernier point à signaler : dans certains paragraphes, des cadres gris avec la marque Astuce présenteront une remarque, une note, une astuce de travail ou un conseil. De plus, l'icône Ai, parfois présente dans la marge, signale une nouveauté de la version CS5.

Introduction

Ce livre dresse un panorama complet d'Illustrator, aussi bien dans une optique PAO que Web. Il vous montrera qu'associé à InDesign, Photoshop et Bridge, ce logiciel est incontournable dans le domaine du dessin vectoriel. Cette version s'est enrichie de nombreuses nouveautés qui faciliteront votre travail. Ces nouveautés devraient modifier votre façon de travailler avec Illustrator, notamment avec les aides au dessin en perspective, les nouveaux outils de gestion des contours (outil Largeur) ou des fonds (outil Concepteur de forme), les aides à la création de masque (mode Dessin intérieur)... Toutes ces nouvelles fonctionnalités seront développées tout au long de cet ouvrage et accompagnées de nombreuses astuces de travail.

À l'aide de nombreux exemples, conseils et astuces de travail, ce livre s'attache à vous proposer des méthodes et des techniques pour préparer vos travaux en vue de les publier principalement sur papier (document imprimé), mais également sur le Web (document affiché), depuis la préparation des éléments jusqu'à leur mise en place dans le document prêt à être publié. Les utilisations conjointes à d'autres logiciels sont indiquées et exploitées tout au long du livre.

Vous pouvez me poser des questions sur ce logiciel à l'adresse : pierrelabbe@yahoo.com, ou découvrir sur experts-graphiques.com ou wisibility.com les dernières astuces du moment.

Et maintenant, bonne lecture !

Pierre Labbe

Table des matières

Partie 1 La Creative Suite et Illustrator

1 - Les nouveautés et l'interface

2 - La gestion du travail

Partie 2 Les techniques de dessin

1 - Le dessin libre

Partie 7 Les images pixellisées

1 - La création d'images pixellisées

2 - L'importation d'images pixellisées

3 - Les traitements d'images pixellisées

Partie 8 Les graphes

1 - La création et le travail du graphe

2 - La personnalisation du graphe

Partie 9 La distribution des fichiers

1 - Les fichiers pour l'impression

Partie 1

La Creative Suite et Illustrator

1 - Les nouveautés et l'interface

Les nouveautés

Illustrator propose des nouveautés qui facilitent le travail et améliorent votre productivité. En voici une brève description.

L'interface

Depuis la version CS4, l'interface de travail d'Illustrator n'a subi que peu de changements. Rappelons qu'elle permet de gérer plus facilement le travail sur plusieurs documents et l'utilisation des différents panneaux. Ainsi on distingue le cadre de l'application, qui assure une meilleure gestion de l'affichage quand plusieurs documents sont ouverts et la barre de l'application qui regroupe quelques fonction courantes. La réorganisation des panneaux et la gestion des espaces de travail ont également subi quelques améliorations et pourront être mémorisés. On retrouve cette interface dans les autres logiciels de la Creative Suite, comme notamment, dans InDesign ou Photoshop.

La gestion des fichiers avec Bridge

Bridge, explorateur de fichiers, permet de rechercher, manipuler, étiqueter, classer, visualiser les fichiers. Il permet de traiter les fichiers visualisés : création de présentation PDF ou de galerie Web, importation et vectorisation dynamique.

Les plans de travail

Le concept de planches de dessin apparaît avec la version CS4. L'utilisation de plusieurs plans de travail dans un même document constitue une avancée dans la gestion des illustrations complexes. Leur création et leur affichage s'avèrent très simples. Grâce à un contrôle renforcé, à l'aide d'un outil dédié et d'un panneau, ces plans de travail rendent plus faciles le partage des éléments graphiques, l'élaboration de travaux pour des utilisations diverses et leur exportation ou leur impression.

Les nouvelles techniques de dessin

En plus de l'outil de dessin **Forme de tache** apparu avec CS4, Illustrator CS5 propose des améliorations pour réaliser et gérer les dessins notamment au niveau des repères, du mode de dessin, des contours, du mode isolation...

Les repères commentés et perspectives

Si les repères commentés constituaient une nouveauté importante de CS4, dans la version CS5, ce sont les aides au dessin en perspective et les manipulations d'objet en perspective, qui constitue une avancée intéressante.

Les modes de dessin

Quand on dessine, l'objet se place au premier plan. Illustrator propose un mode qui le place à l'arrière-plan et un mode qui le place à l'intérieur d'un objet qui agit comme masque.

Le mode isolation

De nombreux objets peuvent être édités avec le mode isolation. Leur liste a été augmentée dans cette version.

Les conceptions de formes

Le pathfinder a retrouvé la configuration d'Illustrator CS3 : il ne faut plus enfoncer ⌥ [Alt] pour obtenir la forme combinée. Mais l'une des nouveautés impressionnantes réside dans la possibilité d'obtenir des opérations équivalentes (fusion et soustraction) directement en utilisant le nouvel outil **Concepteur de forme**. En plus de la combinaison des formes, il procède à la coloration.

Le menu Filtre

Le menu **Filtre** a disparu depuis la version CS4. Désormais, c'est par le menu **Effet** que vous accédez aux différentes commandes qui ainsi appliquées deviennent automatiquements réservibles et modifiables à volonté.

Les enrichissements de tracés

llustrator ajoute de nouvelles fonctionnalités pour mieux gérer l'aspect des contours d'un tracé tant au niveau de sa largeur, de ses extémités ou de son contenu (pointillés ou formes).

Le travail des contours

Le nouvel outil **Largeur** donne une approche sans précédent dans le travail des contours. Désormais, vous pouvez ajouter des points de contrôle de largeur, les déplacer et mémoriser les profils ainsi créés dans le sélecteur de profils de largeur variable.

Les extrémités et les pointillés

Avec Illustrator CS5, vous pouvez ajouter des pointes ou des flèches aux extrémitiés des tracés mais en en maîtrisant la position et l'aspect. La distribution des pointillés le long d'un tracé posait parfois un problème, celui-ci est résolu dans Illustrator CS5.

Illustrator et le Web

Certaines opérations (transformation de symboles, dessin pour le Web) nécessitaient des traitements spécifiques délicats à mettre en œuvre. Illustrator CS5 en facilite l'exécution.

Les transformations de symboles

Les symboles bénéficient d'améliorations avec la possibilité de définir la zone de mise à l'échelle en 9 tranches et du point d'enregistrement, tous deux utilisés par Flash, mais également directement par Illustrator CS5. De plus, Illustrator conserve la hierarchie des calques créés dans le symbole.

Le dessin et le texte aux pixels près

Quand on crée des symboles ou des dessins pour le Web, il apparaît parfois des problèmes de colorations et de dimensions sur certains éléments. Grâce à une grille et un magnétisme particulier, Illustrator de résoudre ce problème. De plus, Illustrator ajoute à ces réglages typographiques la gestion de l'anti-aliasing.

Les outils

Le panneau Outils

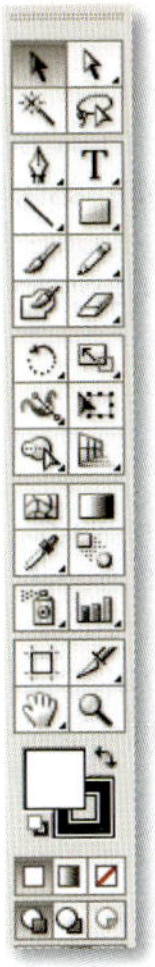

Le panneau **Outils** se présente sous deux aspects : une colonne (par défaut) ou deux. On passe d'une à deux colonnes par clic sur la petite bande grise située juste au-dessus du panneau. Les outils s'y répartissent en plusieurs catégories : outils de sélection, de dessin vectoriel libre (pinceau, crayon, plume) ou prédéfini (ligne, forme…), de texte, de gestion de l'écran… Certains outils sont masqués et deviennent accessibles en cliquant sur l'outil affiché dans le panneau (celui-ci comporte un petit triangle). Il est possible de détacher un mini panneau contenant les outils masqués (*voir ci-dessous*) en glissant la souris jusqu'à la bande verticale située à droite de la liste d'outils qui s'affiche en cliquant sur le petit triangle.

Astuce *Pour passer d'un outil à un autre de la même série, enfoncez la touche ⌥ [Alt] et cliquez plusieurs fois sur l'outil.*

Astuce *Par double-clic sur l'icône de certains outils, il est possible d'afficher la fenêtre de paramétrage de l'outil. Cette fenêtre apparaît également en tapant Entrée (↵) quand l'outil est actif.*

Les outils de sélection

Ils sont au nombre de cinq : la **Flèche noire** ou **Sélection**, la **Flèche blanche** ou **Sélection directe**, la **Flèche blanche +** ou **Sélection directe progressive** ; le **Lasso** et la **Baguette magique**.

*Le panneau **Outils** sur une colonne.*

L'outil **Sélection** : la **Flèche noire** (V), permet de sélectionner tous les points d'un tracé ou d'un groupe comportant plusieurs tracés. Par double-clic sur cet outil, on affiche la fenêtre de **Déplacement**.

L'outil **Sélection directe** : la **Flèche blanche** (A), autorise la sélection d'un point ou d'un segment d'un tracé, permettant une retouche par exemple.

> **ASTUCE** *Afin de faciliter les retouches ultérieures, il est recommandé de l'activer avant de choisir un outil de dessin tel que la plume ou le crayon.*

L'outil **Sélection directe progressive** : la **Flèche blanche +** permet la sélection d'un tracé entier appartenant à un groupe de tracés. De plus, chaque clic successif provoque la sélection du groupe de niveau supérieur (tant qu'il en existe). Cet outil s'active par ⌥clic [Alt clic] sur l'outil **Sélection directe**.

Avec les outils **Flèche** on peut effectuer des sélections par encadrement mais ce dernier doit partir de l'extérieur des objets (possédant un fond) pour éviter de les déplacer. Les deux outils qui suivent pallient ce problème en autorisant une sélection partant d'un fond.

L'outil **Lasso** (Q) : La sélection de points se fait par encerclement de la zone choisie. Cet outil est insensible à la présence d'un fond.

> **ASTUCE** *Avec le lasso et les touches ⇧ ou ⌥ [Alt], on pourra faire des additions () ou des soustractions () de sélections.*

L'outil **Baguette magique** (Y) : cet outil permet de sélectionner des objets ayant des attributs de couleur identiques ou voisins (même fond, même épaisseur ou couleur de contour, même transparence...).

> **ASTUCE** *Si vous enfoncez la touche ⌘ [Ctrl], l'outil quel qu'il soit, se transforme en outil de sélection (celui qui avait été sélectionné avant l'outil en cours d'utilisation). Vous retrouvez l'outil initialement actif dès que la touche ⌘ [Ctrl] est relâchée.*

Les outils texte

Le texte peut être horizontal ou vertical, aussi trouve-t-on pour les trois types de textes (libre, captif ou curviligne) deux outils, l'un pour une saisie horizontale, l'autre pour une saisie verticale.

Les différents types de texte.

ou L'outil **Texte** (T) ou **Texte vertical** : avec cet outil le texte n'est pas associé à un tracé, sauf si vous avez tracé un rectangle avec l'outil.

> **ASTUCE** *Sur le plan de travail, si le texte n'est pas encore créé, on passe de l'outil **Texte horizontal** à l'outil **Texte vertical** en enfonçant la touche ⇧.*

ou L'outil **Texte captif** ou **Texte captif vertical** : son utilisation nécessite la présence d'un tracé sur lequel on clique pour le convertir en bloc conteneur de texte (horizontalement ou verticalement). Cet outil s'active par ⌥clic [Alt clic] sur l'outil **Texte**.

ou L'outil **Texte curviligne** ou **curviligne vertical** : son utilisation nécessite la présence d'un tracé sur lequel vous cliquez pour insérer le curseur de saisie de texte (horizontalement ou verticalement). Cet outil s'active par ⌥clic [Alt clic] sur l'outil **Texte**.

Les outils de dessin

On distingue quatre séries d'outils de dessin : les tracés de Bézier avec l'outil **Plume**, les tracés libres, les formes et enfin les lignes.

LES OUTILS DE TRACÉS DE BÉZIER

Les outils de travail des tracés de Bézier.

L'outil **Plume** (P) : cet outil permet de réaliser des tracés vectoriels comportant des points d'ancrage. Les tracés peuvent être rectilignes, curvilignes ou les deux.

L'outil **Ajout de point d'ancrage** (+) : lors de retouches de tracés, il est parfois nécessaire d'ajouter des points ; c'est le rôle de cet outil.

L'outil **Suppression de point d'ancrage** (–) : avec les tracés, cet outil est indispensable pour enlever un point devenu inutile.

L'outil **Conversion de point directeur** (⇧C ou ⌥ [Alt] avec l'outil **Plume**) : un tracé peut comporter différents types de points, cet outil permettra les conversions de points de sommets en points d'inflexion et vis versa.

Les formes

Les outils de tracés de formes prédéfinies.

Une particularité commune à tous ces outils : le tracé peut s'effectuer manuellement par glissement de l'outil ou être préprogrammé (dimensions à saisir et positionnement précisé par un clic à l'écran).

L'outil **Rectangle** (M) : il permet de créer des rectangles ou des carrés (touche ⇧ enfoncée). Les tracés sont centrés si la touche ⌥ [Alt] est enfoncée.

L'outil **Rectangle arrondi** : il sert à créer des rectangles ou des carrés dont les angles sont arrondis selon un rayon à spécifier dans les préférences ou par préprogrammation. Les tracés seront centrés si la touche ⌥ [Alt] est enfoncée.

L'outil **Ellipse** (L) : il crée des ellipses ou des cercles (avec ⇧ enfoncée). Le tracé est centré si la touche ⌥ [Alt] est enfoncée.

L'outil **Polygone** : activé par ⌥ clics [Alt clics] sur l'outil **Rectangle**, il permet d'obtenir un polygone régulier.

L'outil **Étoile** : il dessine des étoiles dont on peut changer l'aspect avec les touches fléchées du clavier.

L'outil **Halo** : il permet de placer un ensemble de cercles et de traits dont les colorations donnent l'illusion d'un effet de halo de lumière. Il se dessine en deux étapes mais par la suite, le dessin peut être réajusté par double-clic sur l'outil.

Les lignes

Les outils lignes.

Illustrator propose une série d'outils de dessin permettant d'obtenir différents types de lignes depuis le plus simple, le segment droit (trait), jusqu'au plus délicat, le quadrillage à coordonnées polaires.

Tous les outils de cette série (comme ceux de la précédente, d'ailleurs) s'utilisent soit par glissements pour créer un tracé libre, soit par clics pour programmer les caractéristiques du tracé.

L'outil **Trait** (T) : cet outil, très simple à utiliser, permet d'obtenir rapidement un segment droit.

L'outil **Arc** : avec cet outil, vous pourrez créer rapidement des arcs d'ellipses (ouverts ou fermés).

L'outil **Spirale** : il permet d'obtenir une spirale.

L'outil **Grille rectangulaire** : avec cet outil, vous obtiendrez des quadrillages réguliers pour réaliser des arrières-plans ou des diagrammes.

L'outil **Grille à coordonnées polaires** : la grille dessinée avec cet outil se présente sous la forme de cercles concentriques « découpés » par une série de traits partant du centre des cercles.

Les tracés libres

Les outils de dessin et de retouches des tracés libres.

Illustrator propose trois outils pour le dessin (**Pinceau**, **Crayon** et le nouvel outil **Forme de tache**). Ils sont accompagnés de deux outils pour les retouches du tracé réalisé (ils s'utilisent sur n'importe quel tracé).

L'outil **Pinceau** (B) : il s'utilise comme le crayon, l'aspect de son contour diffère en fonction de la forme choisie dans le panneau **Formes**.

L'outil **Crayon** (N) : il permet de dessiner à main levée comme avec un crayon. L'outil peut être réglé afin d'éliminer les hésitations de la main. Il peut également être utilisé comme outil de retouche de tracé sélectionné.

L'outil **Arrondi** : il s'utilise principalement sur un tracé réalisé au crayon et a pour but d'adoucir les courbures du tracé. Il s'active par ⌥ clics [Alt clics] sur l'outil **Crayon**.

L'outil **Gomme de tracé** : il s'agit d'une gomme vectorielle qui supprime le morceau de tracé sur lequel on l'a glissée. Il s'active par ⌥ clics [Alt clics] sur l'outil **Crayon**.

L'outil **Forme de tache** : cet outil permet de dessiner des tracés qui ne possèdent qu'un fond et qui peuvent fusionner avec un dessin existant ayant le même fond.

L'outil **Gomme** : il agit comme une vraie gomme sur un ensemble de tracés pour en supprimer le fond (si les objets avaient un contour, celui-ci est réaffecté au résultat obtenu).

Les outils de retouche

Ai L'outil Concepteur de forme

L'outil **Concepteur de forme** : il s'agit d'un nouvel outil qui va changer votre façon de travailler. Il permet, par simple glissement, de combiner des tracés ou de les supprimer. Des options permettent de colorier le résultat de cette combinaison.

Les outils de transformation

Les outils de transformation.

Cinq d'entre eux sont répartis en deux séries : d'une part, **Rotation**, **Symétrie** et, d'autre part, **Mise à l'échelle, Déformation** (ou **Inclinaison**) et **Modelage**. Excepté l'outil **Modelage,** ces outils peuvent faire apparaître une fenêtre dans laquelle se programme la transformation, et qui comporte une option d'aperçu facilitant le réglage. À ces deux séries, on peut ajouter l'outil **Transformation libre**, qui reprend les manipulations des outils de transformation précédents en y ajoutant d'autres possibilités si on enfonce certaines touches du clavier (perspective, torsion).

L'outil **Transformation libre** (E) : il fait apparaître huit poignées autour de la sélection (c'est le cadre de sélection, son centre définit l'axe de transformation) à partir desquelles vous pouvez changer la taille de la sélection. Par glissement à l'intérieur vous déplacez la sélection alors que vous la faites pivoter par glissement à l'extérieur. En ajoutant certaines touches, on peut incliner, mettre en perspective ou déformer.

L'outil **Rotation** (R) : il provoque la rotation manuelle ou programmée d'un tracé.

L'outil **Miroir** (O) : il permet de réaliser la symétrie d'un tracé par rapport à un axe (avec ou sans disparition de l'original).

L'outil **Mise à l'échelle** (S) : il permet d'agrandir ou de réduire (homothétiquement ou non) la taille d'un dessin sélectionné.

L'outil **Déformation** : avec cet outil, le tracé sélectionné s'incline selon l'axe spécifié.

L'outil **Modelage** : il permet de déplacer certains points d'un tracé et de garder l'aspect global de celui-ci. Il s'active par ⌥clics [Alt clics] sur l'outil **Mise à l'échelle**.

Ai L'outil Largeur

L'outil **Largeur** (⇧W) : il agit sur un tracé posssédant un contour et permet d'en modifier la largeur par placement, puis glissement de points de contôle sur les bords du contour. La forme de contour obtenue peut être mémorisée dans le panneau **Contrôle** en tant que **Profil de largeur variable** ; elle y sera alors disponible.

L'outil Dégradé de formes

L'outil **Dégradé de formes** (W) : il permet lla création de formes intermédiaires entre deux tracés (ou d'un groupe à un autre) ; on peut également l'utiliser pour créer des dégradés spéciaux entre deux couleurs. Ses réglages sont dynamiques.

> **Astuce** *Par double-clic sur l'icône de certains outils, on affiche sa fenêtre de paramétrage. Celle-ci apparaît également en tapant Entrée (↵) quand l'outil est actif.*

Les outils Fluidité

*Les outils **Fluidité** (sauf le premier qui est l'outil **Largeur**).*

Il s'agit d'une série d'outils qui permet, par glissement sur un tracé, de le déformer localement à la manière de certains filtres (tels que **Dilatation**, **Contraction**…). Par double-clic sur chacun de ces outils, on accède à une fenêtre d'options permettant de paramétrer la déformation.

> **Astuce** *Les outils **Fluidité** (principalement **Déformation**) s'utilisent également pour modifier les filets de coloration ou de distorsion de l'enveloppe.*

L'outil **Déformation** (⇧R) : il provoque une déformation liée à la direction et au diamètre de l'outil.

L'outil **Tourbillon** : il provoque l'enroulement sur lui-même d'une partie du tracé.

L'outil **Contraction** : il correspond à l'application localisée du filtre (ou de l'effet) **Contraction** de la série **Déformation**.

L'outil **Dilatation** : il agit comme le précédent mais en sens inverse car il provoque une expansion du tracé.

L'outil **Festons** : son action est également localisée, elle provoque l'ajout de points suivi de leur déplacement vers l'intérieur du tracé.

L'outil **Cristallisation** : l'action est localisée, elle provoque l'ajout de points suivi de leur déplacement vers l'extérieur du tracé.

L'outil **Fronces** : les points ajoutés sont déplacés verticalement de part et d'autre du tracé.

Ai Les outils de perspective

Les outils permettant le dessin en perspective.

L'outil **Grille de perpective** (⇧P) : outre l'activation du mode de dessin en perspective, il permet de créer ou modifier une grille de perpective.

L'outil **Sélection de perspective** (⇧V) : il permet de manipuler des objets (déplacer, copier, mettre à l'échelle…) dans le plan de perspective sélectionné.

Les outils de symbole

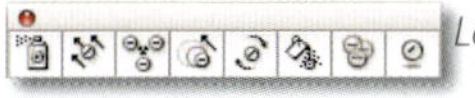

Les outils de traitement de symboles.

Illustrator propose une série d'outils destinés à gérer une technique de dessin mettant en œuvre des symboles. Un symbole est une entité définie dans le panneau **Symboles**. Vous pourrez alors placer plusieurs occurrences sur le document : celles-ci sont transformables (taille, rotation…) et elles sont mises à jour automatiquement si le symbole est modifié. Cette technique permet de réduire le poids du fichier ; de plus, le symbole est récupéré dans Flash lors des exportations vers ce logiciel.

Par double-clic sur chacun de ces outils, on accède à une fenêtre d'options permettant de paramétrer le traitement réalisé sur les symboles (isolés ou dans un jeu de symboles).

L'outil **Pulvérisation de symboles** (⇧S) : il permet le placement de symboles sur le document à la manière d'un spray. Quand le jeu de symboles est créé, l'application de l'outil avec ⌥ [Alt] supprime des occurences.

L'outil **Glissement de symboles** : il permet de déplacer par glissement les symboles. L'utilisation de certaines touches (⇧ ou ⇧ ⌥ [⇧ Alt]) permet de changer le plan des occurrences dans un jeu de symboles.

L'outil **Espacement de symboles** : il éparpille les symboles trop serrés. Si vous enfoncez la touche ⌥ [Alt], les symboles se rapprochent les uns des autres.

L'outil **Redimensionnement de symboles** : il augmente la taille du symbole ; en enfonçant la touche ⌥ [Alt], il la réduit.

L'outil **Rotation de symboles** : il provoque la rotation des symboles selon un sens indiqué par des flèches qui apparaissent sur les symboles.

L'outil **Coloration de symboles** : cet outil affecte progressivement au symbole la couleur de fond. Pour retrouver la couleur initiale, appliquez l'outil en enfonçant la touche ⌥ [Alt].

L'outil **Transparence de symboles** : il réduit l'opacité des symboles jusqu'à leur disparition (opacité 0 %) ; l'application avec la touche ⌥ [Alt] permet d'augmenter l'opacité.

L'outil **Stylisation de symboles** : il applique progressivement sur le symbole le style sélectionné dans le panneau **Styles** ; avec la touche ⌥ [Alt], l'application du style est atténuée jusqu'à sa suppression.

Les outils de graphe

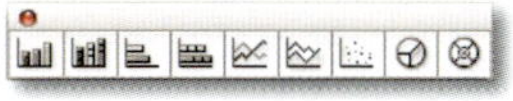

Les outils de graphe.

Ils sont au nombre de neuf et permettent de créer les graphes les plus divers. Un double-clic dans l'outil laisse apparaître une fenêtre d'**Attributs du graphe**. On active le premier en tapant J puis on passe de l'un à l'autre par ⌥ clics [Alt clics] sur l'outil.

L'outil **Graphe à barres verticales** (J).

L'outil **Graphe à barres verticales empilées**.

L'outil **Graphe à barres horizontales**.

L'outil **Graphe à barres horizontales empilées**.

L'outil **Graphe linéaire**.

L'outil **Graphe à couches**.

L'outil **Graphe à nuage de points**.

L'outil **Graphe à secteurs**.

L'outil **Graphe radar** (toile d'araignée).

Les outils de coloration

L'outil **Filet** (U) : il crée un maillage sur l'objet. Chaque maille peut être colorée d'un dégradé qui se diffuse jusqu'à la maille suivante. L'outil s'utilise également pour ajouter des lignes dans les distorsions de l'enveloppe.

L'outil **Dégradé de couleurs** (G) : il permet l'application d'un dégradé selon une orientation particulière ou de le répartir sur plusieurs objets.

L'outil **Pipette** (i) : il effectue un prélèvement d'attributs sur un objet en vue de l'affecter à un autre objet (en enfonçant ⌥ [Alt]) ou de le mémoriser. Il est également possible de prélever les attributs de texte.

L'outil **Pot de peinture dynamique** (K) : cet outil facilite le remplissage de fonds ou contours virtualisés par le groupe de peinture dynamique.

L'outil **Sélection de peinture dynamique** (⇧L) : il s'utilise pour sélectionner les faces et les bords des groupes de peinture dynamique.

L'outil Plan de travail

L'outil **Plan de travail** (⇧O) : il permet de gérer les plans de travail d'un document. Par double-clic sur l'outil, on affiche une fenêtre d'options.

Les outils de découpe

Les découpes de tracés

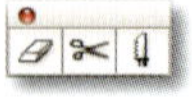

*Derrière l'outil **Gomme** figurent deux outils de découpe.*

L'outil **Ciseaux** (C) permet de scinder un tracé en créant deux extrémités superposées par clic sur le tracé.

L'outil **Cutter** : il permet la découpe d'un tracé en plusieurs morceaux selon le trajet suivi par le **Cutter**. On l'active par ⌥clic [Alt clic] sur l'outil **Ciseaux**.

Les découpes en tranches pour le Web

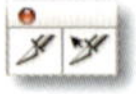

Les outils de gestion des tranches.

Deux outils permettent de créer et de manipuler des tranches pour une découpe de l'image en vue d'un enregistrement pour le Web. Une découpe dynamique peut être réalisée à partir du menu **Objet**. Les tranches sont conservées lors de l'exportation vers Photoshop au format **psd**.

L'outil **Tranche** (⇧K) : il permet la découpe d'une zone d'une image en tranches afin de pouvoir optimiser l'enregistrement avec un paramétrage spécifique.

L'outil **Sélection de tranche** : il permet la sélection d'une tranche en vue de la manipuler (déplacement, redimensionnement…). On active cet outil par ⌥clic [Alt clic] sur l'outil **Tranche**.

L'outil de mesure

L'outil **Mesure** : il s'active par ⌥clic [Alt clic] sur l'outil **Pipette**. Il indique, dans le panneau **Infos**, la longueur et l'orientation de tout glissement de l'outil sur le document. Un double-clic dans cet outil affiche la fenêtre des **Préférences** de **Repères et Grille**.

Les outils de déplacement et d'affichage

L'outil **Limites d'impression** : caché derrière l'outil **Main**, il s'active par ⌥clic [Alt clic] sur ce dernier. Il permet de repositionner la zone d'impression sur la page.

L'outil **Main** (H) : c'est à l'aide de cet outil que vous vous déplacerez dans l'écran de façon à afficher la zone utile. Un double-clic dans cet outil affiche le document **Taille écran**. Il est obtenu temporairement avec la barre d'espace (sauf en cours de saisie de texte).

L'outil **Zoom** (Z) : il permet d'agrandir ou de réduire le taux d'affichage de l'image de 3 % à 6 400 %. Un double-clic dans cet outil affiche le document à 100 %.

Les cases d'attributs de dessin

La zone **d'attributs de dessin** comporte quatre parties : la case **Fond**, la case **Contour**, la case **Bascule Fond/Contour** et la case **Couleur par défaut**.

La case **Fond** (X) en haut à gauche (elle est active par défaut) permet l'affectation d'un attribut de dessin (nuance de couleur, motif, dégradé) au fond et indique l'aspect de cet attribut.

La case **Contour** (X) : elle passe au-dessus de la case **Fond** quand elle est activée et permet alors l'affectation d'un attribut (nuance ou motif) au contour du tracé.

Les couleurs de ces cases se modifient à partir des panneaux **Couleur**, **Dégradé**, **Nuancier** ou encore par prélèvement de la pipette. La double flèche en haut à droite permet, lorsqu'on clique dessus, d'inverser les couleurs entre le fond et le contour (au clavier, tapez ⇧X).

Un clic sur l'icône a pour effet de réafficher le style graphique par défaut (blanc pour le fond et noir pour le contour), on peut aussi taper D.

Les cases de types d'attributs

Trois cases permettent de sélectionner les types de l'attribut de dessin à affecter au fond ou au contour.

La case **Couleur** (,) : elle permet d'appliquer un aplat de couleur (le dernier utilisé) au fond ou au contour (selon la case active). Un clic dans cette case affiche ou active le panneau **Couleur**.

La case **Dégradé** (;) : elle permet d'affecter un dégradé à un fond (le dernier utilisé). Un clic dans cette case affiche le panneau **Dégradé de couleurs**.

La case **Sans** (⇧/ ou ⇧;) : elle permet de supprimer l'attribut du fond ou du contour.

Les modes de dessin

Illustrator propose trois modes de dessin auquel on accède par clic sur l'icône voulue ou en tapant ⇧D.

Le mode **Dessin normal** : c'est le mode standard, actif par défaut. Tout objet dessiné apparaît au premier plan sur le calque actif.

Le mode **Dessin arrière** : avec ce mode, l'objet créé apparaît à l'arrière-plan sur le calque actif.

Le mode **Dessin intérieur** : son activation nécessite la sélection d'un tracé. Une fois le mode actif, les dessins apparaîtront à l'intérieur du tracé sélectionné au moment de l'activation du mode intérieur. Ce tracé, visualisé avec des angles en pointillé, joue le rôle de masque.

Les modes d'affichage du document

Comme dans Photoshop, on retrouve les trois **Modes de présentation** en bas du panneau **Outils**. Ils permettent de changer l'aspect de l'écran.

Il y a trois possibilités de présentation, on passe de l'une à l'autre en tapant une ou plusieurs fois F.

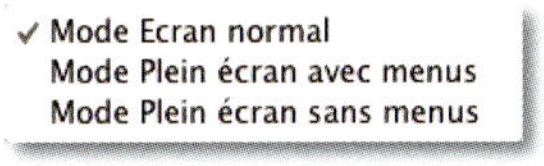

*En cliquant sur l'icône située en bas du panneau **Outils**, on affiche ce menu.*

Mode Écran normal : c'est l'option par défaut. La fenêtre du document a la taille que vous lui avez donnée lors de son ouverture ou de sa création. Les bandes de défilement sont visibles ainsi que les cases de redimensionnement ou de zoom.

Mode Plein écran avec menus : cette option permet à la fenêtre du document d'occuper tout l'écran, les bandes de défilement ont disparu.

Mode Plein écran sans menu : comme pour l'option précédente, le document occupe tout l'écran mais les menus ont disparu. C'est l'option à choisir pour faire la présentation d'une illustration : rien ne cache le dessin si ce n'est les panneaux flottants (*voir ci-après*), mais ceux-ci disparaissent si vous tapez sur Tabulation (⇥ [⇥]), ils réapparaîtront si vous tapez à nouveau sur cette touche.

Les panneaux

Le cadre et la barre de l'application

Avant de parler des différents panneaux, il convient de parler du **Cadre de l'application** et de la **Barre de l'application**. Ces deux éléments apparaissent dans la majorité des logiciels de la Creative Suite.

Le cadre de l'application

Il est actif par défaut et a pour effet de pouvoir ouvrir plusieurs documents en les faisant apparaître sous forme d'onglet de manière qu'un seul soit visible à la fois. Sur Mac, cette option peut être désactivé. On passera de l'un à l'autre en cliquant sur l'onglet qui porte son nom. Si le **Cadre de l'application** n'est pas activé (menu **Fenêtre**), les documents s'ouvrent dans des fenêtre séparées (comme dans les versions précédentes).

La barre de l'application

Sur Mac, elle se situe en haut du cadre de l'application et en dessous des menus, alors que sur windows, elle est située à droite des menus. Outre celle du programme, la barre comporte quelques icônes comme vous le montre la copie d'écran ci-dessous.

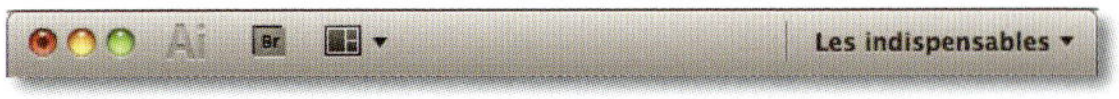

*La **Barre de l'application** sur Mac.*

L'icône Br, qui devient Br lors de son survol, permet d'accéder à Bridge, le gestionnaire de fichiers de la Creative Suite.

L'icône, qui devient lors de son survol, donne accès à un panneau d'icônes qui permettent de gérer la disposition des documents ouverts pour en faciliter la visualisation.

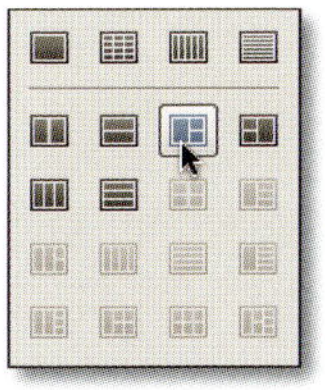

À la droite de la **Barre de l'application**, on trouve le nom de l'espace de travail actif. Un clic sur ce dernier laisse apparaître les autres espaces disponibles et deux commandes pour les gérer. Nous verrons plus loin quelques éléments de cette gestion.

Les différents panneaux

Les panneaux s'affichent ou se cachent par le menu **Fenêtre** (certains, directement au clavier). Vous pouvez modifier les raccourcis pour les adapter à vos habitudes de travail ; cette opération se réalise à partir de la commande **Raccourcis clavier** du menu **Édition**. Si vous ouvrez et combinez des panneaux lors d'une séance, vous les retrouverez tels que vous les avez laissés à la prochaine utilisation du programme. Vous pouvez aussi mémoriser leur disposition dans votre espace de travail (*voir le chapitre suivant*).

Pour cacher temporairement tous les panneaux, tapez ⇥ [⇥] (ils réapparaissent en tapant à nouveau ⇥ [⇥]).

> **ASTUCE** *Pour cacher toutes les panneaux sauf les panneaux* ***Outils*** *et* ***Contrôle****, tapez ⇧ ⇥ [⇧ ⇥].*

La plupart des panneaux possèdent un menu local auquel on accède en cliquant sur l'icône ▾≡ située en haut à droite du panneau. Ce menu donne accès à des fonctions supplémentaires.

Certains panneaux peuvent se ranger en différentes catégories décrites dans les paragraphes suivants.

- les panneaux pour les attributs de tracés : **Couleur**, **Dégradé de couleur**, **Contour**, **Nuancier**, **Formes**, **Guide de couleur**, **Bibliothèque de nuances**, **Aspect**, **Styles graphiques**, **Transparence** et **Symboles** ;
- les panneaux de manipulations de tracés : **Alignement**, **Pathfinder** et **Transformation** ;
- les panneaux de texte : **Caractère**, **Paragraphe**, **Tabulation** mais aussi **OpenType**, **Glyphes**, **Styles de paragraphe** et **Styles de caractères** ;
- les panneaux qui ne se rangent dans aucune catégorie particulière : **Calques**, **Liens**, **Navigation**, **Infos**, **Scripts d'action** et **Options d'objet**, **Symboles**, **Baguette magique**, etc.

Certains d'entre eux peuvent être regroupés (*voir plus loin*), d'autres ne seront affichés que lorsqu'ils seront réellement utiles. Cependant, on peut également réduire l'encombrement de certains panneaux en effectuant plusieurs clics sur le double triangle (⬍) situé la gauche du nom du panneau.

Le panneau Contrôle

Le panneau **Contrôle** regroupe pratiquement tous les autres panneaux du document. En effet, il s'agit d'un panneau contextuel qui donne un accès rapide aux options associées aux objets sélectionnés. Ces options affichées varient selon le type d'objet sélectionné et la taille de l'écran mais également selon la personnalisation que vous avez définie à partir du menu local situé à droite du panneau.

Si vous sélectionnez un objet texte, par exemple, le panneau **Contrôle** affiche des options de mise en forme du texte (caractère, paragraphe), ainsi que des options de couleur, et d'opacité.

Quelques exemples d'aspect du panneau **Contrôle** *:*
❶ *avec un texte ;*
❷ *avec un tracé fermé ;*
❸ *avec un dessin à la plume ;*
❹ *avec un symbole ;*
❺ *avec une photo importée.*

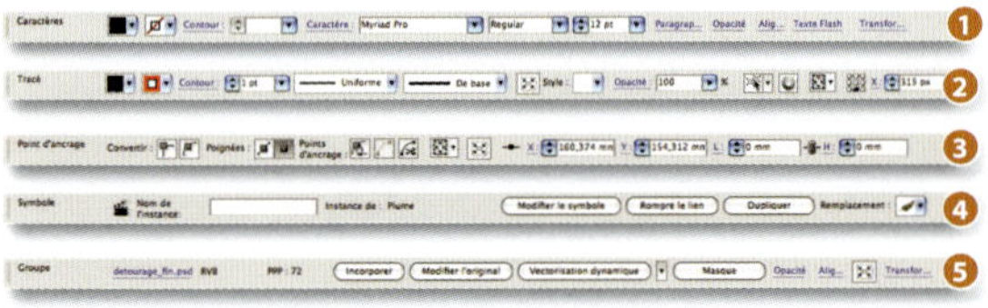

Dans le panneau, certains noms d'options (ou lettre) apparaissent en bleu et soulignés. En cliquant dessus, vous afficherez le panneau d'options correspondant au mot cliqué.

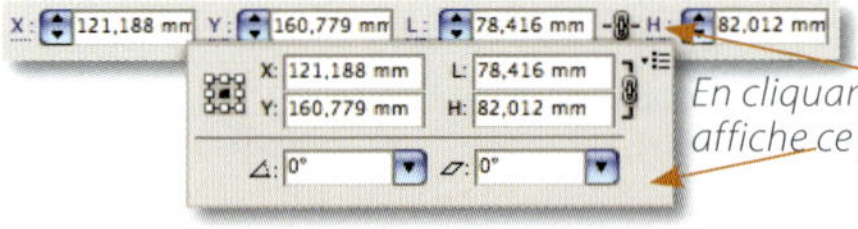

En cliquant ici, on affiche ce panneau.

Les panneaux d'attributs d'objets ou de coloration

LE PANNEAU COULEUR

Ce panneau permet, à partir du modèle colorimétrique choisi (RVB, CMJN…), de définir une couleur. Celle-ci est automatiquement affectée au fond ou au contour de l'objet sélectionné, selon la case activée dans le panneau. Si l'on réduit la taille du panneau, on ne voit plus que la bande spectrale dans laquelle il est possible de prélever la couleur.

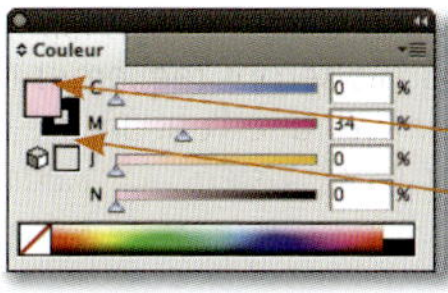

On règle la couleur du fond ou du contour.

Note *Par ⇧ clic sur la case **Fond** (ou **Contour**) du panneau **Contrôle**, on affiche le panneau **Couleur**.*

*Le panneau **Couleur** s'affiche depuis le panneau **Contrôle** par ⇧ clic sur cette case.*

Dans Illustrator, le panneau **Couleur** s'affiche également directement dans le panneau **Aspect**, par ⇧ clic sur la case d'échantillon de couleur (du fond ou du contour).

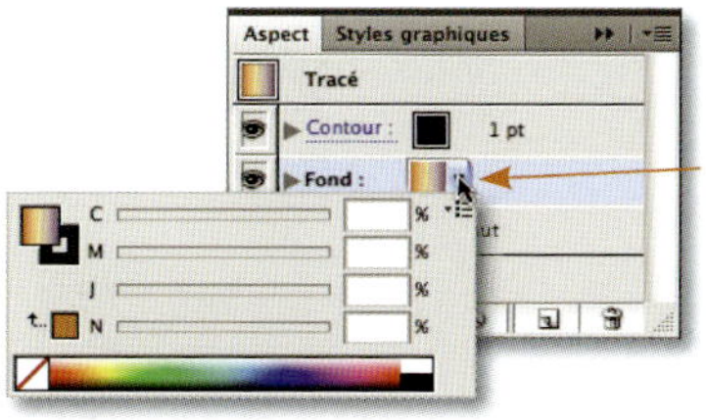

*Le panneau **Couleur** s'affiche depuis le panneau **Aspect**.*

Le panneau Contour

C'est dans ce panneau qu'on spécifie l'épaisseur du contour appliqué au tracé. Des options supplémentaires, que l'on affiche par le menu local du panneau, permettent de paramétrer l'aspect du trait (extrémité, sommet, pointillé…).

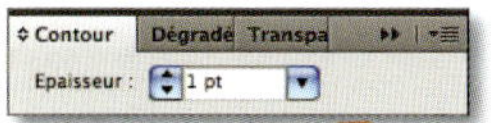

Le panneau sans et avec ses options.

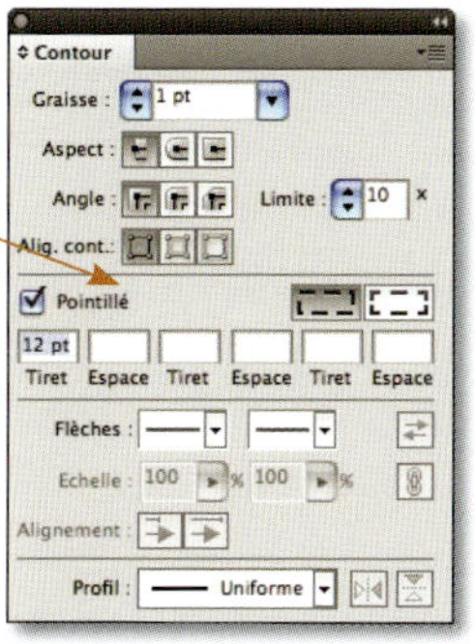

Note *Le panneau **Contour** est accessible par clic sur le mot Contour depuis les panneaux **Contrôle** ou **Aspect**.*

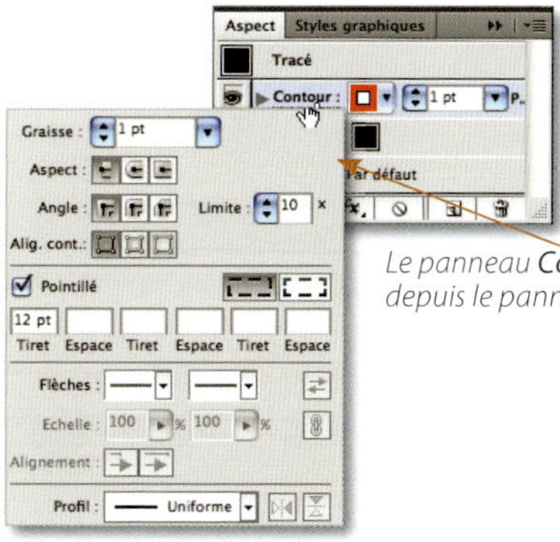

*Le panneau **Contour** s'affiche depuis le panneau **Aspect**.*

Le panneau Nuancier

Ce panneau renferme quatre séries d'échantillons (couleur quadri globale ou non, ton direct, dégradé et motif), auxquels s'ajoutent des groupes (dossier) de couleurs. Des icônes, en bas du panneau, permettent de gérer les échantillons (création, copie ou suppression) ou de filtrer l'affichage des nuances (toutes, couleurs seules…). C'est dans ce panneau, par simple glissement, que se stocke une couleur, un motif ou un dégradé.

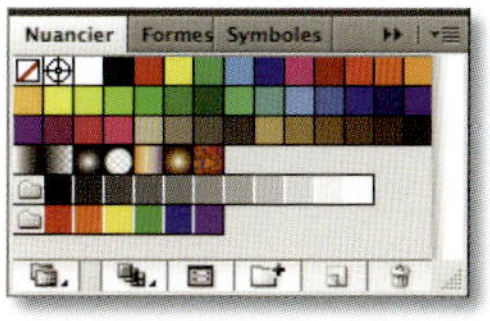

*Le panneau **Nuancier** propose cinq types de nuances. Les couleurs peuvent être rangées en groupe.*

Note *Le **Nuancier** est accessible depuis le panneau **Contrôle** par clic sur l'échantillon du fond ou du contour.*

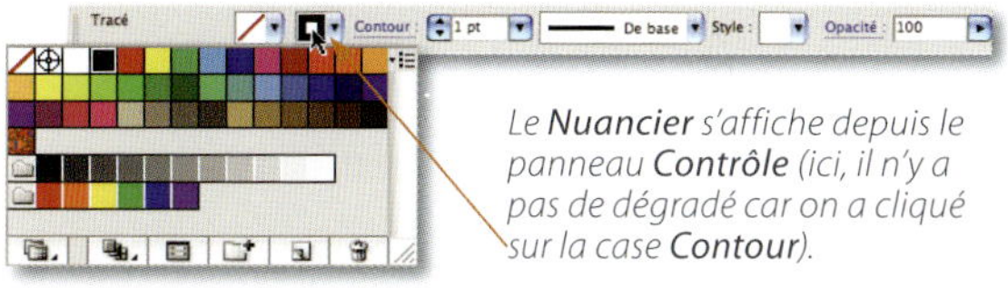

*Le **Nuancier** s'affiche depuis le panneau **Contrôle** (ici, il n'y a pas de dégradé car on a cliqué sur la case **Contour**).*

Le panneau **Nuancier** s'affiche également directement dans le panneau **Aspect**, par clic sur la case d'échantillon de couleur (de fond ou de contour).

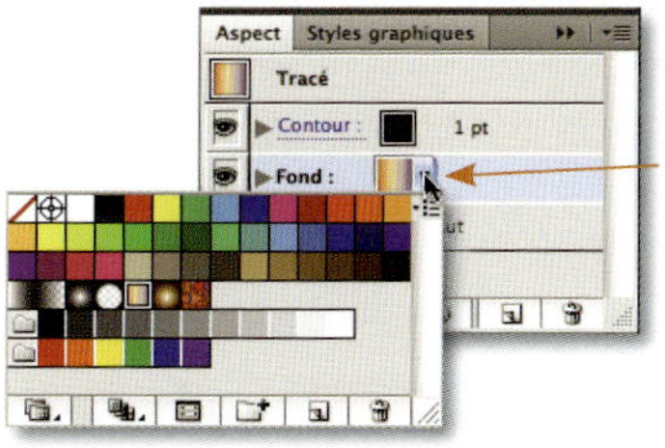

*Le **Nuancier** s'affiche depuis le panneau **Aspect**.*

Le panneau Dégradé de couleurs

La préparation ou la modification d'un dégradé se réalise dans ce panneau (avec les panneaux **Couleur** et **Nuancier**). Le dégradé se prépare également directement sur l'objet rempli du dégradé. Dans sa taille réduite, le panneau ne montre que la bande de dégradé, celle-ci peut être agrandie pour mieux visualiser le dégradé. Ce panneau s'affiche par double-clic sur l'outil **Dégradé** (ou en tapant ;).

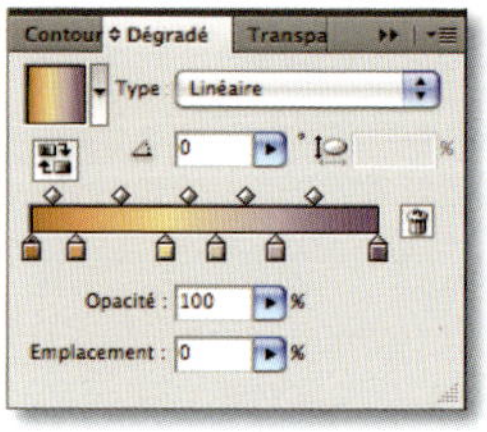

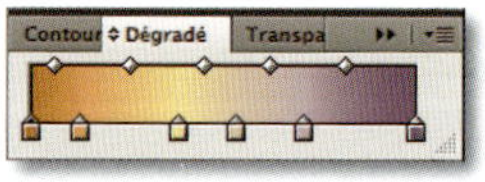

*Le panneau **Dégradé** réduit et entier.*

Le panneau Guide des couleurs

C'est à partir de ce panneau que l'on prépare des harmonies de couleurs. Elles peuvent être enregistrées en tant que groupes de nuances qui figureront dans le panneau **Nuancier**. Ces groupes pourront être édités ou appliqués depuis le panneau **Redéfinir les couleurs de l'illustration** affiché en cliquant sur l'icône disponible dans le panneau **Contrôle** ou dans le panneau **Guide des couleurs**.

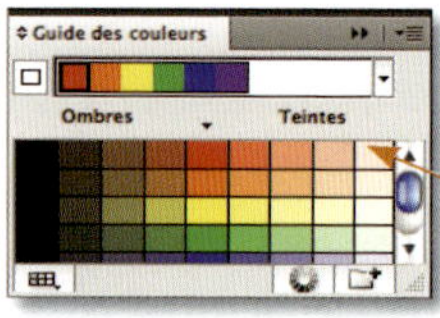

Dans ce panneau, on crée des harmonies de couleur.

Les panneaux de Bibliothèque de nuances

Il s'agit de panneaux qui ne sont pas visibles par défaut mais que vous afficherez à partir des commandes du menu **Fenêtre** en complément du **Nuancier** de base. Elles renferment les couleurs de vos nuanciers préférés : Pantone, Trumatch, Focoltone… mais également des nuanciers plus classiques pour les distributions électroniques : Web, Système Mac et Système Windows. Chaque nuancier constitue un panneau mais les différents panneaux peuvent être imbriqués les uns dans les autres. Vous pouvez également fabriquer vos propres panneaux de nuances.

Le panneau Formes

Ce panneau renferme quatre catégories de formes qui s'appliquent automatiquement à un dessin réalisé avec le pinceau artistique, ou par sélection d'un tracé. Il s'agit de formes calligraphiques, diffuses, artistiques et de motifs.

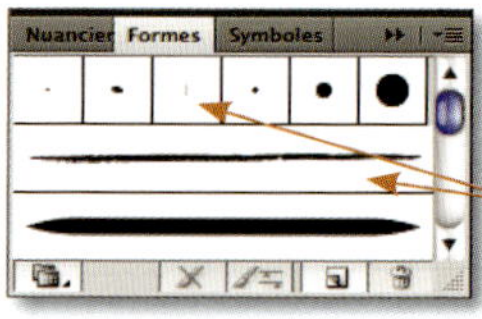

Par défaut, le panneau ne propose que deux types de forme.

Des icônes, en bas du panneau, permettent de gérer les formes (modifications, création, suppression).

> **Note** *On affiche le panneau **Formes** depuis le panneau **Contrôle** par clic sur la case **Forme**.*

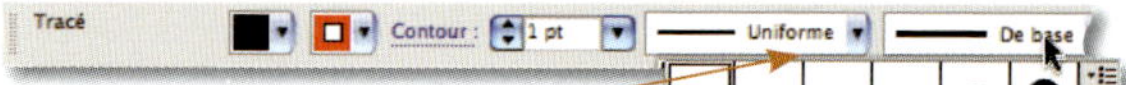

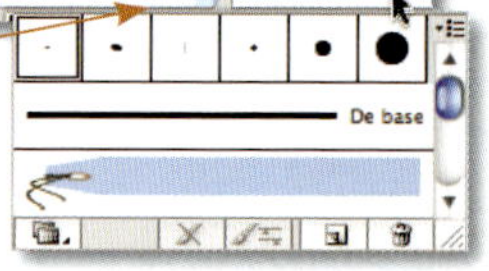

*Depuis le panneau **Contrôle**, on affiche le panneau **Formes**.*

Le panneau Aspect

Ce panneau est très important, comme le panneau **Calques** gardez-le visible en permanence. Il permet de connaître la constitution d'un objet et d'en modifier l'aspect (ou celui du groupe ou du calque auquel il appartient). En effet, depuis ce panneau, il est non seulement possible de sélectionner le fond ou le contour, d'ajouter un ou plusieurs fonds et contours, d'appliquer des attributs (couleur, motif, dégradé), des effets (transformation, filtre vectoriel et bitmap) ou des réglages de transparence. Il est possible de modifier directement la composition d'une couleur ou les paramètres d'un contour et d'afficher ou de masquer un attribut.

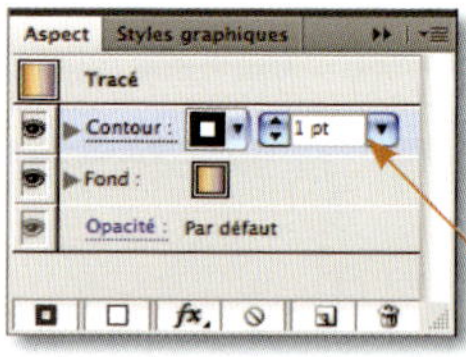

*Le panneau **Aspect** affiche la liste des attributs appliqués. On accède directement aux paramètres des attributs.*

Les attributs d'aspect affectés n'altèrent pas la structure des objets qui demeurent éditables. De plus, ces attributs restent modifiables.

Le panneau Transparence

À l'instar de Photoshop, Illustrator gère l'opacité d'un objet (ou d'un calque). Les réglages, totalement réversibles, s'effectuent par l'intermédiaire du panneau **Transparence**. Comme dans Photoshop, un mode de fusion et un masque d'opacité (nommé masque de fusion dans Photoshop) peuvent être appliqués.

Les réglages d'opacité sont également affichés dans le panneau **Aspect** et ils sont directement accessibles en cliquant sur le mot **Opacité** situé dans le panneau **Contrôle** ou dans le panneau **Aspect**.

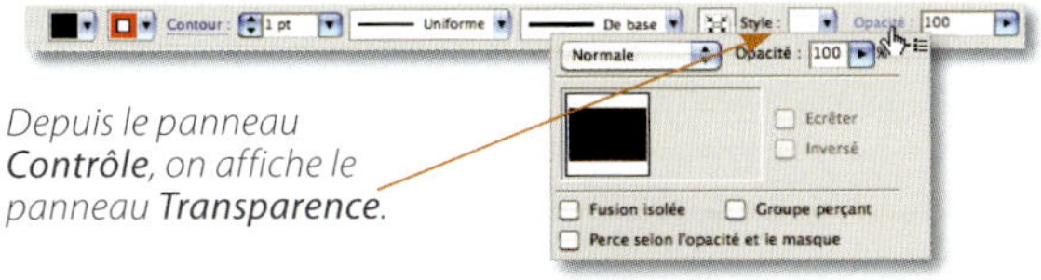

*Depuis le panneau **Contrôle**, on affiche le panneau **Transparence**.*

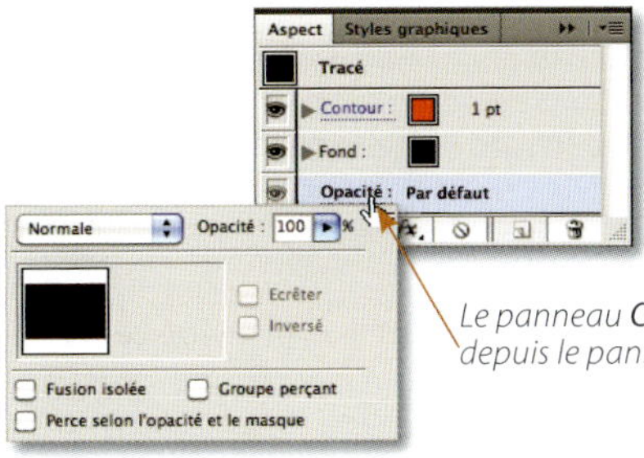

*Le panneau **Opacité** s'affiche depuis le panneau **Aspect**.*

Le panneau Styles graphiques

Un style constitue un ensemble d'attributs d'aspect (couleur, contour, effet, opacité...). Ce panneau permet de gérer (stocker, copier...) les styles élaborés dans le panneau **Aspect** afin de pouvoir les appliquer à d'autres tracés ou calques. Le remplissage du panneau peut se réaliser par simple glissement d'un objet. Les styles sont éditables et les modifications sont automatiquement répercutées sur les objets.

> **Note** *on affiche le panneau **Styles graphiques** depuis le panneau **Contrôle** par clic sur la case **Style**.*

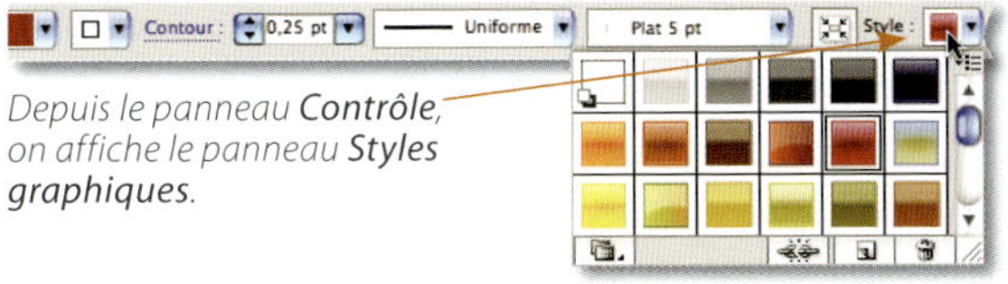

*Depuis le panneau **Contrôle**, on affiche le panneau **Styles graphiques**.*

Le panneau Symboles

Les symboles permettent de simplifier la gestion des éléments répétitifs d'une illustration : stockage, ajout, remplacement, mise à jour... Ils se définissent par simple glissement, leur gestion s'apparente à celle des nuances de motif dans le **Nuancier** ou des styles graphiques. Illustrator comporte une série de panneaux contenant toutes sortes de symboles ; ils sont accessibles par le menu local du panneau **Symboles** ou par l'icône située [icône] en bas du panneau.

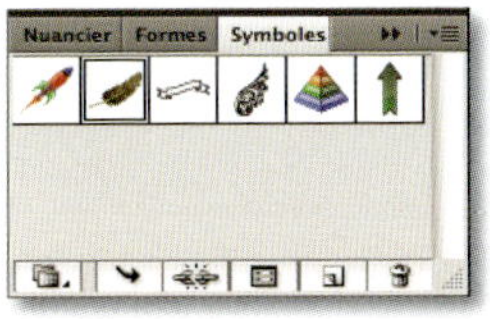

*Le panneau **Symboles**.*

Les panneaux de manipulations de tracés

Le panneau Alignement

Le panneau comporte des séries d'icônes. La première ligne d'icônes permet l'alignement (vertical, horizontal) d'objets.

Les icônes de la deuxième ligne s'utilisent avec une sélection comportant plus de trois objets : elle permet de choisir comment doivent se répartir les tracés intermédiaires entre les deux tracés extrêmes. La troisième ligne comporte deux icônes permettant de régler l'espacement entre les objets.

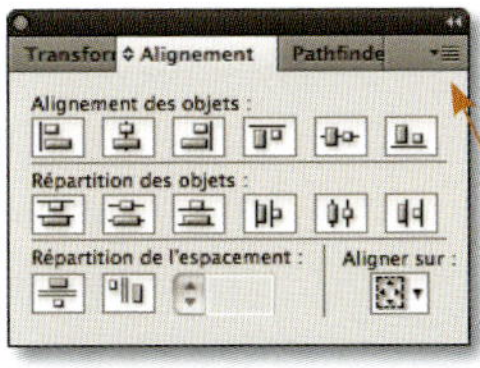

*Le panneau **Alignement**. La troisième ligne d'icônes est une option qui doit s'afficher à partir de ce menu.*

> **Note** *Si vous réalisez une sélection multiple, le panneau **Contrôle** affiche les icônes d'alignement et de répartition des objets sélectionnés.*

*Avec une sélection multiple, le panneau **Contrôle** affiche les icônes d'alignement (mais pas les distributions d'espaces).*

Le panneau Transformation

Le panneau **Transformation** permet de changer la position, la taille, l'orientation ou l'inclinaison d'une sélection en choisissant un point de référence dans l'enveloppe de cette sélection. Un maillon permet de réaliser des redimensionnements homothétiques. Si la touche ⌥ [Alt] est enfoncée lors de la validation par la touche ↵, il y aura copie de la sélection.

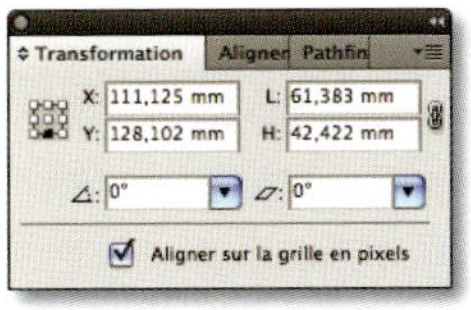

*Le panneau **Transformation**.*

NOTE *On affiche le panneau **Transformation** depuis le panneau **Contrôle** par clic sur le X, le Y, le L ou le H.*

LE PANNEAU PATHFINDER

Le panneau **Pathfinder** regroupe toutes les combinaisons de tracés : réunion, soustraction, intersection…, jusqu'aux mélanges et divisions.

Les icônes de la première ligne combinent les tracés de façon irréversible sauf si vous cliquez sur l'icône en enfonçant la touche ⌥ [Alt] auquel cas les tracés restent manipulables séparément, il s'agit alors d'une forme composée.

Le panneau Pathfinder.

Les panneaux de texte

Ces panneaux s'affichent depuis le sous-menu **Texte** du menu **Fenêtre**. Certains (**Caractère**, **Paragraphes** et **OpenType**) sont solidarisés de sorte qu'ils apparaissent ensemble avec un seul raccourci (⌘T [Ctrl T]).

NOTE *Les panneaux (**Caractère** et **Paragraphe**) sont accessibles directement par le panneau **Contrôle**.*

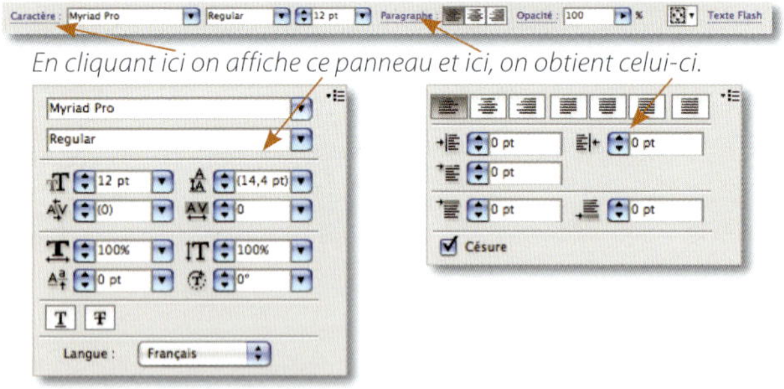

En cliquant ici on affiche ce panneau et ici, on obtient celui-ci.

LE PANNEAU CARACTÈRE

Les attributs de caractères se choisissent et s'appliquent à un texte à partir du panneau **Caractère**. Selon qu'on affiche ou non les options, on accède à davantage d'attributs typographiques. Certains attributs de caractères s'appliquent directement à partir du menu **Texte** ou du menu contextuel sans avoir recours aux panneaux correspondants.

LE PANNEAU PARAGRAPHE

De même, pour les paragraphes, la gestion est très aisée à partir du panneau de même nom. Ici, également par double-clic sur l'onglet, le panneau peut s'agrandir pour spécifier d'autres attributs que les retraits ou les marges. C'est par le menu local que l'on accède aux options de césure et de justification.

LE PANNEAU OPENTYPE ET LE PANNEAU GLYPHES

Les polices OpenType incluent souvent de nombreux attributs (lettres italiques ornées, position des lettres, ligatures…) qui ne sont pas disponibles avec les polices PostScript et TrueType courantes. Ces ornements se choisissent dans le panneau **OpenType**. Ces polices proposent également d'autres glyphes pour de nombreux caractères ; ils s'insèrent depuis le panneau **Glyphes**.

Le panneau OpenType.

LE PANNEAU TABULATIONS

La gestion des taquets de tabulation s'effectue par l'intermédiaire du panneau **Tabulations** qui sera verticale ou horizontale selon l'aspect de la saisie.

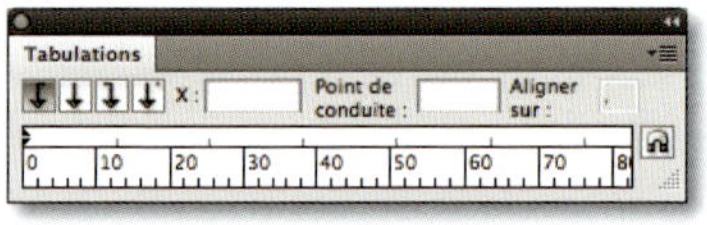

Le panneau Tabulations.

LES PANNEAUX DE STYLES

Comme dans InDesign, le texte peut être mis en forme à l'aide de styles typographiques ; ces derniers se gèrent à partir des panneaux **Styles de caractère** et **Styles de paragraphe**.

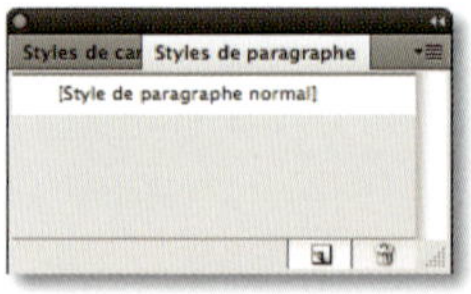

Les deux panneaux de styles typographiques sont imbriqués.

Les autres panneaux

LE PANNEAU APERÇU DES SÉPARATIONS

Ce panneau permet, avec les documents CMJN, de visualiser les différentes encres afin de repérer les différents problèmes que pourrait comporter le document.

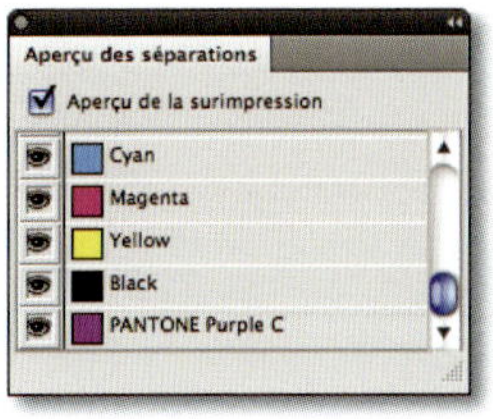

*Le panneau **Aperçu des séparations**.*

LE PANNEAU BAGUETTE MAGIQUE

L'outil **Baguette magique** est un outil pour gérer les sélections d'objets présentant des teintes voisines (tolérance). Ce panneau permet d'étendre cette sélection selon d'autres critères : transparence, contour...

LE PANNEAU CALQUES

Chaque tracé créé est systématiquement placé sur une sorte de calque d'objet lui-même situé à l'intérieur d'un calque (ou sous-calque, si ce dernier a été ajouté). C'est depuis le panneau **Calques**, qui constitue un catalogue de ces empilements, que se gèrent les éléments de l'illustration. Chaque calque d'objet, calque ou sous-calque peut être sélectionné, caché ou verrouillé, seul ou avec d'autres.

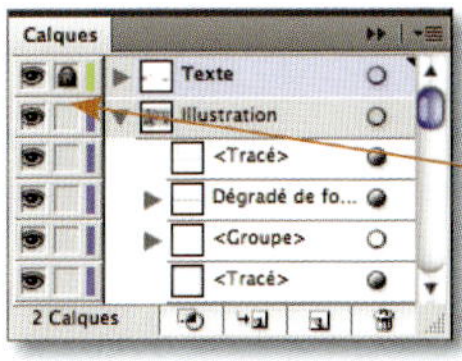

*Le panneau **Calques** : ces deux colonnes permettent la gestion de l'affichage et du verrouillage.*

Des icônes et un menu local vous permettront d'organiser votre travail : ajout de calque, suppression, et même la création de masques. La préparation d'animation Flash pourra être envisagée directement depuis Illustrator par une superposition de calques qui sera exportée en tant que série d'images de l'animation. Les sélections, les transferts ou les copies d'objets pourront s'effectuer directement depuis le panneau **Calques**. De plus, un élément de l'illustration pourra y être défini comme cible pour se voir appliquer un attribut, un effet, une opacité...

LE PANNEAU INFORMATIONS

Ce panneau perd de son intérêt avec la présence du panneau **Contrôle**. En effet, il indique également les coordonnées (X et Y) et les dimensions (L et H) de l'objet sélectionné (par défaut, un point de coordonnées X = 0 et Y = 0 se situera en bas à gauche de la page) ainsi que la composition chromatique de son fond et de son contour. Dans le cas des textes, le panneau affiche la police, le corps et l'approche utilisés.

Au cours de certaines manipulations, d'autres informations apparaîtront : la distance et l'angle pendant un déplacement, les pourcentages horizontal et vertical de réduction ou d'agrandissement pendant un redimensionnement, etc. Ces indications vous assureront un meilleur contrôle de l'opération. Le panneau **Informations** s'active dès que l'on utilise l'outil **Mesure**.

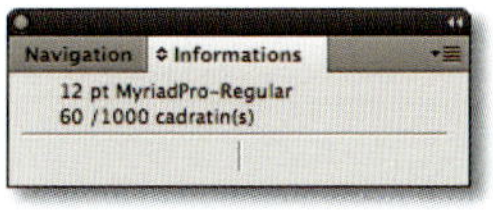

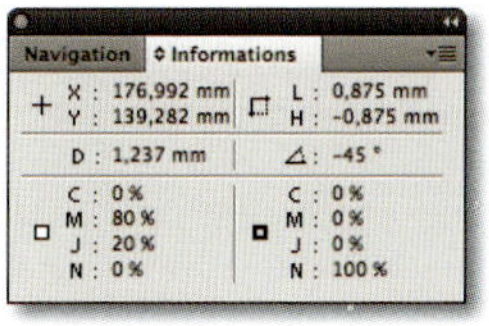

*Le panneau **Informations** avec un texte et avec un rectangle en cours de transformation.*

> **NOTE** *Un document Illustrator exporté avec le format Photoshop PSD conservera ses calques (ainsi que ses tranches et les cartes images).*

LE PANNEAU INFORMATIONS SUR LE DOCUMENT

Ce panneau affiche des renseignements divers (polices ou tons directs utilisés, images importées, etc.) qui s'avéreront précieux lors du flashage. Les renseignements concernent la sélection en cours ou le document entier si vous lancez la commande **Sélection seule** du menu du panneau.

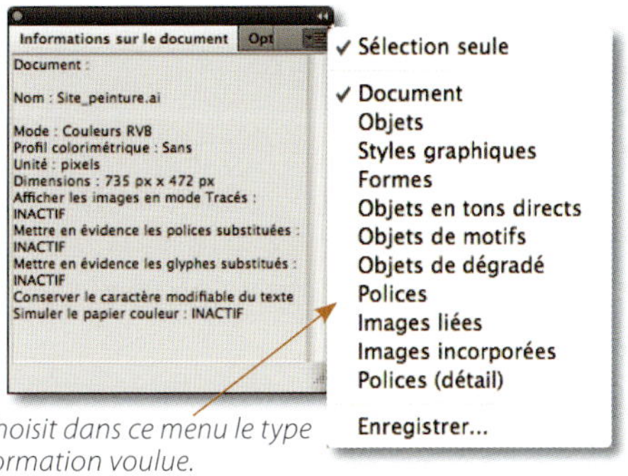

On choisit dans ce menu le type d'information voulue.

LE PANNEAU LIENS

Il assure un lien entre les images importées et leur fichier correspondant. Elle enregistre également les opérations effectuées (rotation, mise à l'échelle, incorporation...) afin de les répercuter à la nouvelle image en cas de remplacement ou de mise à jour.

Cette icône indique que l'image est incorporée (il n'y a plus de lien).

Le panneau Navigation

Comme avec Photoshop ou InDesign, ce panneau permet de gérer l'affichage du document en continu de 3 % jusqu'à 6 400 % par simple glissement d'un curseur et d'une fenêtre de positionnement.

Le panneau Options d'objet

Ce panneau permet de gérer les surimpressions des couleurs dans un document CMJN (visibles grâce à la commande **Afficher les surimpressions** du menu **Affichage**) mais également pour affecter une adresse URL à un objet afin de lui créer un lien (avec une carte) vers une page Web.

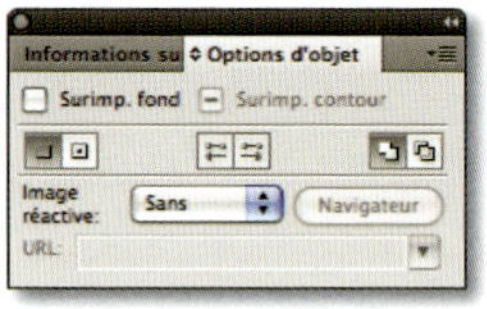

*Le panneau **Options d'objet** : on y gère les surimpressions et les liens pour le Web (carte image).*

Le panneau Plan de travail

Ce nouveau panneau permet la gestion des plans de travail présents dans le document. Il permet d'en changer l'ordre, de choisir lequel sera affiché à l'écran. Il permet également la création d'un nouveau plan ou encore de faire apparaître les options du plan sélectionné dans le panneau

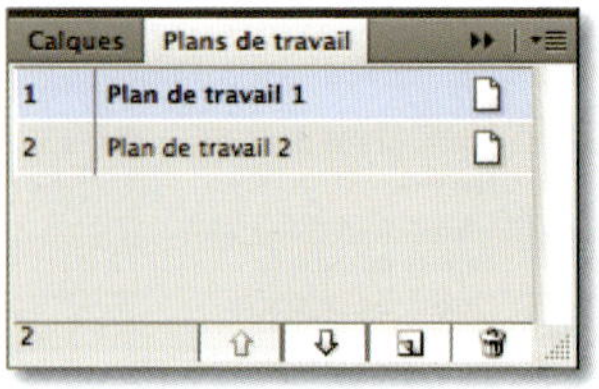

Le panneau de gestion des plans de travail.

Le panneau Scripts d'action

À l'instar de Photoshop, ce panneau peut enregistrer des actions (appelé ici, Scripts d'action) afin que vous puissiez les reproduire ultérieurement et même créer des traitements par lots de fichiers.

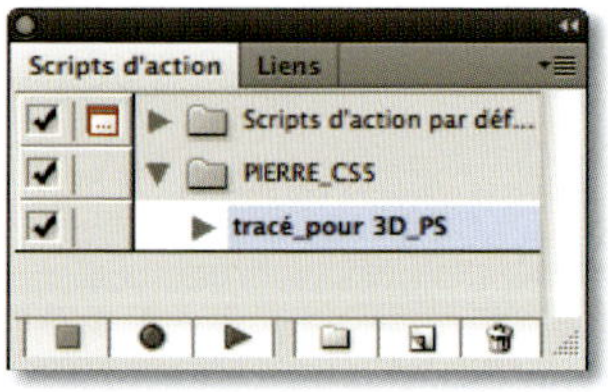

Par défaut, le panneau comporte quelques scripts d'action.

Le panneau Variables

Comme dans Photoshop, c'est dans ce panneau que se gèrent les objets définis en tant que variables. Par la suite, ces variables seront remplacées par des données à l'aide de scripts (écrits avec Apple Script ou Visual Basic).

ASTUCE *Certains panneaux nécessitent d'être toujours présents sur l'écran **Calques**, **Couleur**, **Aspect** ; d'autres sont moins indispensables **Caractère**, **Paragraphe**, **Liens**... et peuvent être appelés à la demande.*
Si vous souhaitez en afficher un plus grand nombre, vous pouvez toujours les empiler les uns sous les autres en glissant leur onglet sous le bas d'un autre panneau ou les emboîter, en glissant l'onglet à droite d'un autre onglet. Nous verrons dans le chapitre suivant qu'il est possible de créer des espaces de travail en fonction du type de travail.

2 - La gestion du travail

La gestion de l'affichage

La gestion de l'espace de travail

Comme dans InDesign ou Photoshop, Illustrator permet d'enregistrer la position des panneaux à l'écran. Vous pouvez ainsi définir des espaces de travail correspondant à différentes phases de votre travail. Cette opération qui s'effectue par le menu **Fenêtre/Espace de travail** ou directement depuis la **Barre de l'application** en cliquant sur le nom de l'espace actif, est également intéressante quand vous partagez le poste avec d'autres personnes, chacun peut ainsi conserver son environnement de travail favori.

En cliquant ici, on liste les espaces disponibles et on accède à la commande d'enregistrement de l'espace de travail.

Astuce *Un espace de travail enregistré est un fichier situé dans le dossier : /[nom_utilisateur]/Bibliothèque/Preferences/Adobe Illustrator CS5 Settings/fr_FR/Espaces de travail/Nom_de_l'espace sur Mac ou C:\Documents and Settings\Administrateur\Application Data\Adobe\Adobe Illustrator CS5 Settings\fr_FR\Espaces de travail sur PC. Vous pouvez le copier puis le coller dans le dossier équivalent d'un autre ordinateur.*

Les taux d'affichage

Les raccourcis

Le taux d'affichage (de 3,13 % à 6 400 %) se spécifie en tapant une valeur dans la case d'information en bas à gauche du panneau **Navigation** (ou de l'écran), ou par glissement de l'outil **Zoom** (obtenu en enfonçant ⌘Espace [Ctrl Espace]).

Le changement d'affichage se règle également au clavier en tapant plusieurs fois les raccourcis : ⌘+ [Ctrl +] pour zoomer et ⌘– [Ctrl –] pour dézoomer. Vous pouvez aussi taper : ⌘0 [Ctrl 0] pour obtenir l'affichage **Taille écran** et ⌘1 [Ctrl 1] pour **Taille réelle** (100 %), voire personnaliser les raccourcis par la commande du menu **Édition** ou encore utiliser les menus contextuels (ctrl clic [clic droit]).

L'outil Zoom

L'outil **Zoom** s'utilise de différentes manières : par clics ou par glissement ; dans les deux cas, il permet de choisir la zone à agrandir. Sur le document apparaît 🔍.

Par clics : chaque clic vous fait passer au taux d'affichage prédéfini de valeur supérieure, comme avec la commande **Zoom avant** du menu **Affichage**. Pour réduire, ajoutez la touche ⌥ [Alt], la loupe devient 🔍, et chaque clic réduit l'affichage comme avec la commande **Zoom arrière**.

Par glissement : tracez un rectangle avec l'outil **Zoom**, quand vous lâchez, Illustrator zoome de manière à donner à ce rectangle la taille de l'écran. Pour recentrer la zone que vous allez zoomer, sur Mac enfoncez la touche ctrl (sous Windows, enfoncez les deux boutons), et glissez la souris. Pour déplacer le rectangle de cadrage, enfoncez Espace et glissez l'outil (dans les deux cas, le bouton de la souirs doit encore être enfoncé).

Le défilement

Le déplacement dans l'écran se réalise avec l'outil **Défilement** (ou **Main**) affiché en enfonçant Espace ou par le panneau **Navigation**. Dans cette dernière, si vous enfoncez la touche ⌘ [Ctrl], la main se transforme en loupe et vous pouvez zoomer sur une zone de l'image. Si votre souris possède une molette, elle permet également un déplacement vertical dans le document ; il devient horizontal en enfonçant la touche ⌘ [Ctrl].

Les modes d'affichage

Il y a plusieurs modes d'affichage : **Aperçu**, **Tracés**, **Aperçu de la surimpression** et **Aperçu des pixels**.

L'affichage Aperçu

C'est l'affichage actif par défaut (il se réactive en tapant ⌘Y [Ctrl Y]). Il permet de visualiser les objets avec leurs couleurs de fond, de contour et leurs effets.

L'affichage Tracés

Activé au clavier en tapant ⌘Y [Ctrl Y], cet affichage permet de ne visualiser que les tracés des objets. Il est souvent pratique à utiliser pour réaliser des sélections délicates.

En plus de ces deux modes d'affichage, on trouve d'autres modes complémentaires. L'un est spécifique à la PAO (document CMJN) et l'autre au Web (document RVB).

L'Aperçu de la surimpression

Cet affichage, activé également par le panneau **Aperçu des séparations**, montre la surimpression des couleurs définie dans le panneau **Options d'objet** ou d'une superposition d'objets avec certains modes de fusion (tels que produit).

L'Aperçu en pixels

Cet aperçu est dédié au Web, il montre la pixellisation des objets tels qu'ils seront exportés. Cet aperçu en pixels permet d'ajuster plus précisément les objets et de mieux visualiser l'ajout de couleurs intermédiaires lorsque les dimensions de l'objet ne correspondent pas à un nombre entier de pixels.

L'affichage d'un format d'épreuve

Si vous avez paramétré le système de gestion des couleurs (menu **Édition/ Couleurs**), vous pouvez, par les commandes du menu **Affichage/Format d'épreuve** et **Couleur d'épreuve**, visualiser votre travail dans différents espaces colorimétriques. Ceci vous permet de simuler à l'écran, l'aspect de votre illustration avec tel ou tel profil colorimétrique correspondant à tel ou tel système d'impression.

Les vues personnalisées

Illustrator vous permet de créer des vues personnalisées, c'est-à-dire des vues d'une zone donnée de votre illustration avec le taux et le mode d'affichage de votre choix (**Aperçu** ou **Tracés**, **Aperçu en pixels** ou **de la surimpression**...). Dans une vue, Illustrator mémorise le taux et le mode d'affichage ainsi que les états des calques (pas des sous-calques) présents lors de la création de la vue (affichage, verrouillage).

La création et l'utilisation de la vue personnalisée

Zoomez sur la zone voulue, puis déroulez le menu **Affichage** jusqu'à **Nouvelle vue** et nommez la vue. Pour réafficher une vue enregistrée, sélectionnez-la dans le bas du menu **Affichage** (par la commande du menu **Édition**, des raccourcis peuvent être affectés aux dix premières, par exemple ⇧⌘1 [⇧Ctrl 1], ⇧⌘2 [⇧Ctrl 2] ... ⇧⌘0 [⇧Ctrl 0]).

La gestion des vues personnalisées

Vous pouvez changer le nom d'une vue ou la supprimer si elle ne vous est plus utile : ces opérations s'effectuent dans la fenêtre de dialogue que laisse apparaître la commande **Vues** du menu **Affichage**.

L'affichage des plans de travail

Si vous avez défini plusieurs plans de travail dans votre document Illustrator, il est possible d'afficher l'un d'eux en plein écran. Cette manipulation s'effectue à partir de la barre d'état située en bas à gauche du document. Des triangles et un menu local permettent de passer d'un plan à l'autre ; celui-ci s'affiche alors en occupant tout l'écran.

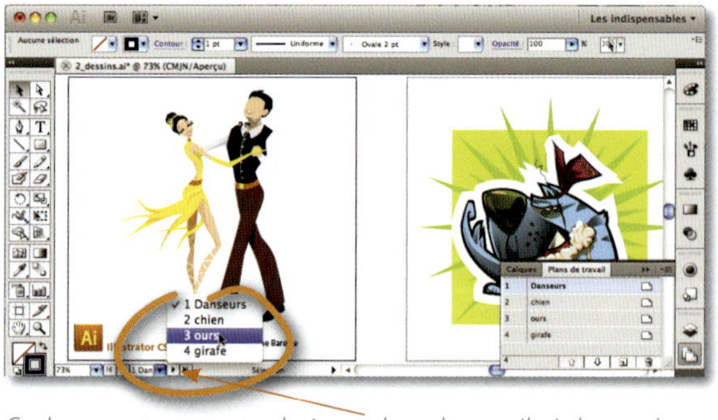

Ce document comporte plusieurs plans de travail, ci-dessus c'est le plan 1 qui est affiché. Ci-dessous, on a affiché un autre plan, par ce menu local ou par le panneau ***Plans de travail****.*

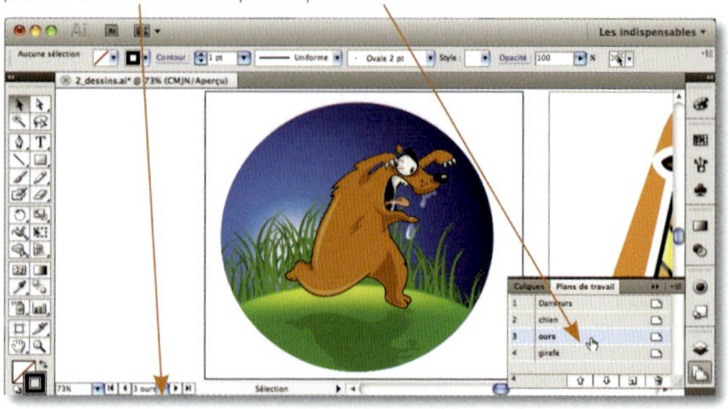

La configuration du document

Lors de la création d'un nouveau document, une fenêtre de dialogue s'affiche. Vous devez y choisir le profil du document, celui-ci englobe : le mode colorimétrique, la résolution des effets de pixellisation, le nombre et la taille des plans de travail, ainsi que les dimensions du fond perdu qui leur est associé.

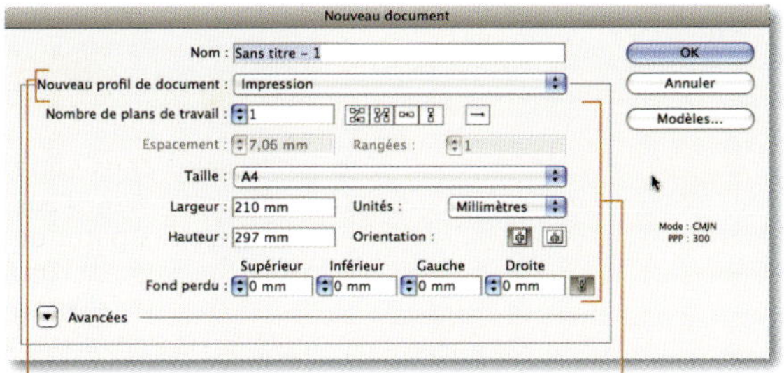

Le profil du document. *La configuration des plans de travail.*

Les profils prédéfinis

Dans la liste des profils prédéfinis, figurent deux types de documents : d'une part des projets destinés à être affichés sur un écran et d'autre part, un profil correspondant aux projets destinés à être imprimés (*via* un imprimeur, par exemple).

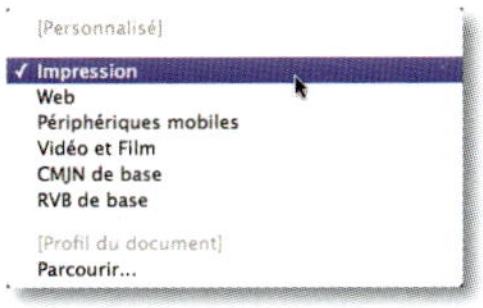

Les profils par défaut.

À chaque profil correspond une taille de document, un mode colorimétrique et une résolution d'effet de pixellisation. Quel que soit votre choix de profil, celui-ci peut être personnalisé (avec les options de base, ou avec les options avancées affichées en cliquant sur le bouton **Avancées**, *voir ci-après*) et enregistré en tant que modèle (en cliquant sur le bouton **Modèles**), de façon qu'il figure dans la liste des profils. Passons en revue les différentes possibilités de réglages.

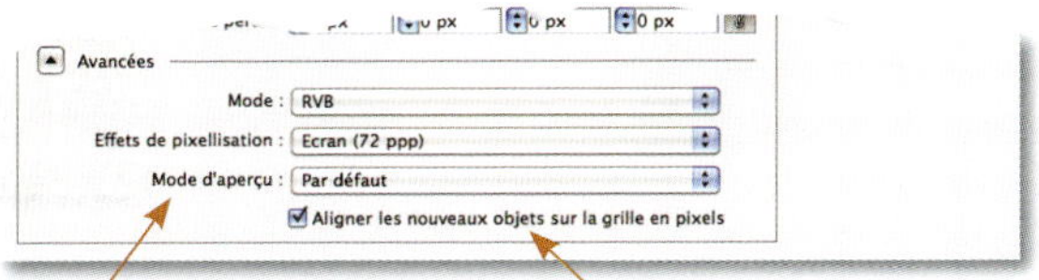

Dans cette partie, on personnalise les options.

Les modes colorimétriques

Deux modes colorimétriques sont disponibles : RVB ou CMJN, votre choix sera indiqué dans la barre de titre du document. Le profil **Impression** utilise le mode CMJN alors que les autres profils utilisent le mode RVB.

Le mode RVB pour les images pour l'écran

Ce mode est adapté aux images destinées à être affichées sur un écran (multimédia ou Web).

Chaque couleur est définie par un trio chromatique R, V et B (de 0 à 255). L'espace colorimétrique utilisé est celui défini dans la commande **Couleurs** du menu **Édition** mais vous pouvez en affecter un autre avec la commande **Attribuer un profil** du menu **Édition** (pour le Web : **sRGB IEC61966** est le plus adapté).

> **Astuce** *Pour synchroniser tous les espaces de couleurs sur tous les programmes de la Creative Suite, utilisez Bridge et sa commande de synchronisation des couleurs (menu* ***Édition/Paramètres de couleurs de la Creative Suite****).*

Quand vous préparez des éléments pour le Web, Illustrator propose (panneau **Couleur** et sélecteur de couleur) une option : **RVB Web sécurisé** ; elle limite les couleurs aux 216 couleurs RVB communes aux navigateurs Web (chacune étant définie par sa composition hexadécimale). Sans cette option, un signe s'affiche dans le panneau **Couleur** pour indiquer que la couleur est hors gamme Web — un clic dessus sélectionne la couleur Web qui s'en rapproche le plus.

Le mode CMJN pour les images pour l'impression

CMJN est le mode de couleurs qu'il faut choisir pour les images à imprimer avec séparations de la quadrichromie. Avec ce mode, le panneau **Couleur** définit les couleurs en CMJN (0 à 100 % de chaque composante), toutefois, vous pouvez sélectionner un autre mode (RVB, TSL pour Teinte Saturation et Luminosité, Niveaux de gris) pour composer une couleur. Si celle-ci est en dehors de la gamme imprimable, un signe s'affiche pour vous mettre en garde.

Si vous importez des images RVB sans lien ou incorporez une image liée, le programme les convertit aux couleurs CMJN (définies dans l'espace de travail, menu **Édition/ Couleurs**).

> **NOTE** *Comme les filtres du menu **Filtres** ont disparu et ont été remplacés par des effets réversibles (menu **Effet**), tous les effets de pixellisation de type Photoshop sont devenus accessibles aux éléments CMJN.*

La configuration des plans de travail

LE PLAN DE TRAVAIL

Illustrator propose de travailler sur votre document en y définissant plusieurs plans de travail. Ils sont de taille identique lors de leur configuration par la fenêtre de dialogue **Nouveau document**, mais pourront être redimensionnés et manipulés par la suite (un outil spécifique est disponible à cet effet ; de plus, le panneau **Plan de travail** permettra d'accéder aux dimensions du plan). Chaque plan de travail peut contenir une illustration qui pourra être imprimée, exportée en page PDF indépendante ou être importée individuellement dans Photoshop ou InDesign. Cela permettra, par exemple, de réaliser dans un même document, une série de logos ou d'éléments qui pourront être utilisés séparément tout en étant dans le même fichier.

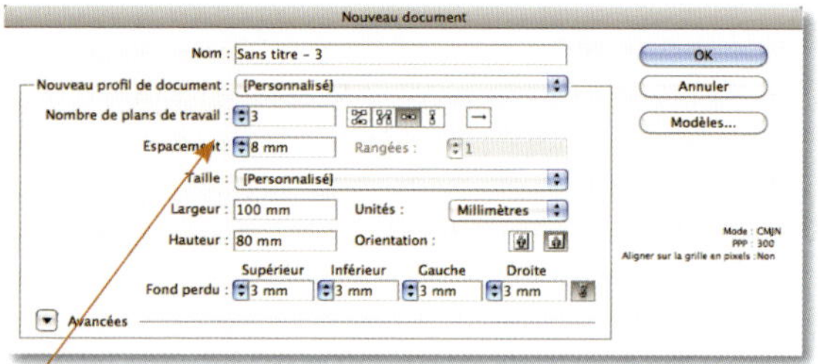

Ici, on a défini trois plans de travail que l'on peut voir ci-dessous.

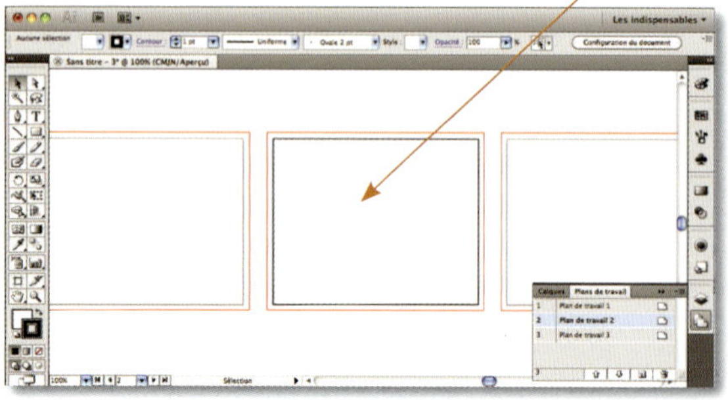

LE FORMAT ET LA DISPOSITION DES PLANS DE TRAVAIL

La taille du plan de travail

La taille du plan de travail peut faire appel à des valeurs prédéfinies disponibles dans une liste déroulante (on y retrouve quelques tailles standards d'écran) ou être personnalisée. Dans ce cas, les valeurs peuvent être établies en utilisant toutes les unités que peut gérer Illustrator — le point (pt), le pixel (px), le pouce (" ou in), le millimètre (mm), le centimètre (cm), le pica (p).

> **RAPPEL** *1 pt = 1 px = 0,353 mm ; 1 p = 12 pt = 4,233 mm ; 1" = 72 pt = 25,4 mm. Il est possible d'effectuer des opérations (par exemple : 10" + 10 mm ou (420 / 5) mm).*

> **ASTUCE** *Passez d'une unité à l'autre directement au clavier en tapant ⇧⌥⌘U [⇧Alt Ctrl U]. Vous pouvez également le faire par le sous-menu **Préférences** du menu **Illustrator [Édition]** ou encore par clic droit sur les règles.*

Il faut distinguer le format du plan de travail (ou du document s'il n'y a qu'un seul plan) et celui de la surface imprimable (affichée en pointillé à l'aide de la commande **Afficher les limites de page** du menu **Affichage**). Les limites de la page sont liées au format d'impression ; elles se définissent à la rubrique **Général** (puis **Options**) dans la fenêtre **Imprimer** (menu **Fichier**), et dépendent des options d'orientation, d'échelle... choisies. Lorsque vous imprimez un travail, il sera possible d'ajuster le format d'impression à celui d'un plan de travail directement dans la fenêtre d'impression.

La disposition des plans

Quand vous configurez le document avec plusieurs plans de travail, il est possible de choisir leur disposition : en ligne, en colonne, selon plusieurs lignes... et l'espacement entre les plans. Dans tous les cas, les plans pourront être repositionnés par la suite avec l'outil **Plan de travail**.

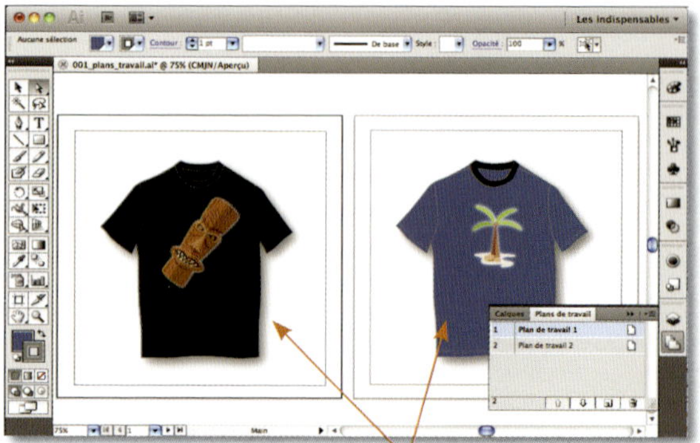

Ce documents a été configuré avec deux plans de travail.

Les fonds perdus

À chaque plan peut être associé un fond perdu ; celui-ci sera exporté avec le document et récupéré par le logiciel (Photoshop ou InDesign) dans lequel l'illustration sera importée.

La gestion des plans de travail

Les manipulations des plans de travail

Pour modifier le format du plan en cours de travail, affichez le panneau **Plan de travail**, puis cliquez sur l'icône 🗋 du plan à modifier. La fenêtre **Options de plan de travail** qui s'affiche vous permet de nommer le plan actif, d'en changer la taille, la position, ainsi que des options d'affichage.

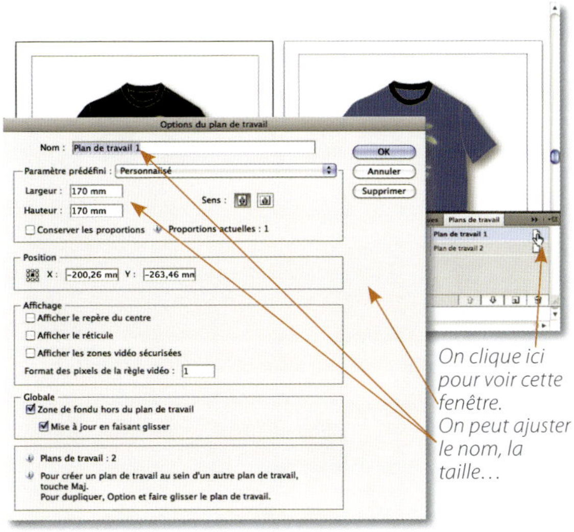

On clique ici pour voir cette fenêtre.

On peut ajuster le nom, la taille…

Pour modifier le fond perdu (identique sur tous les plans), ou l'ajouter si vous n'en aviez pas défini à la configuration du document, lancez la commande **Format du document** du menu **Fichier**. En cliquant sur le bouton **Modifier les plans de travail**, vous accéderez également à la gestion de ces plans ; en effet, Illustrator active un mode particulier d'affichage des plans et de l'outil **Plan de travail**. Vous pouvez alors réaliser des manipulations dont certaines sont accessibles depuis le panneau **Plan de travail**.

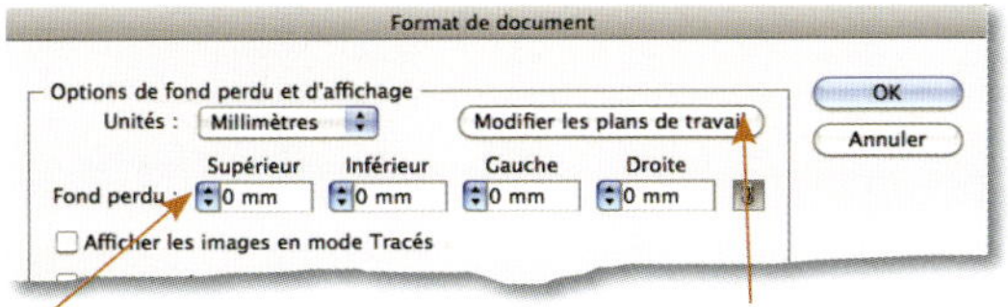

On peut ajuster le fond perdu et, en cliquant ici, accéder aux plans de travail affichés dans un mode de gestion.

Le redimensionnement avec l'outil Plan de travail

À n'importe quelle étape de votre phase de travail, vous pouvez intervenir sur les plans de travail. Qu'ils comportent ou non des éléments, les manipulations sont les mêmes. En effet, dès que vous activez l'outil **Plan de travail**, la fenêtre du document change d'aspect et les plans y apparaissent en clair sur fond sombre avec un numéro. Le plan actif est sélectionné et ses caractéristiques sont affichées dans le panneau **Contrôle**.

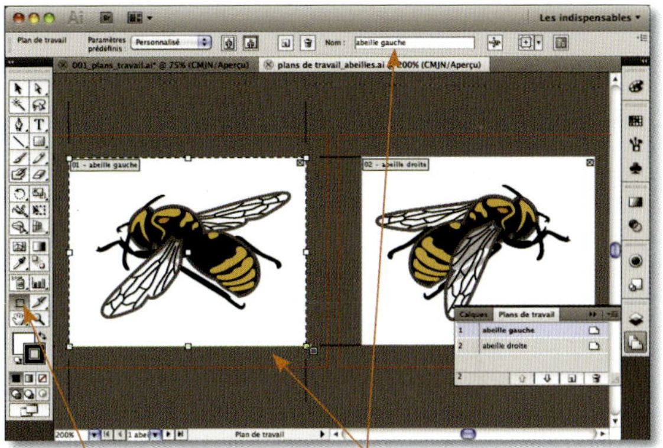

On a activé l'outil **Plan de travail** *: l'un des plans apparaît sélectionné et peut être manipulé.*

Si vous glissez l'outil sur une des poignées du plan de travail, il est possible de le redimensionner (les dimensions sont affichées et resteront homothétiques avec ⇧ enfoncée). Le changement de taille peut également se réaliser depuis le panneau **Contrôle**, en saisissant une valeur dans les cases **L** et **H** ou à l'aide du menu local **Paramètres prédéfinis** qui propose une série de valeurs standards.

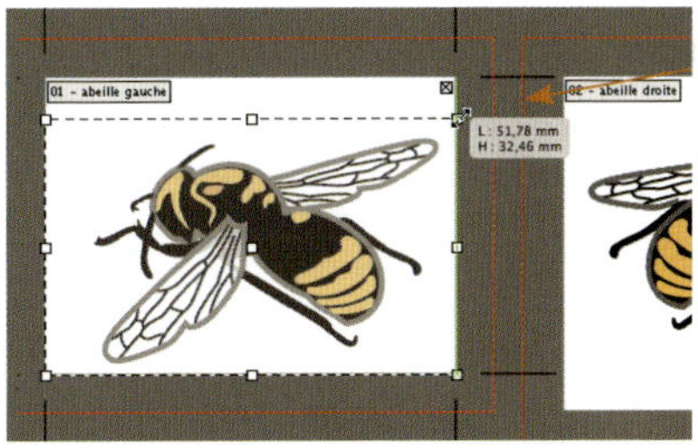

On peut agir sur les poignées pour ajuster le taille du plan de travail et contrôler la taille dans l'étiquette.

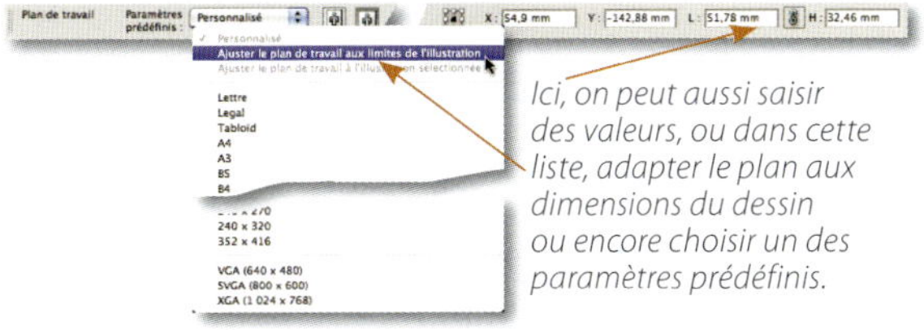

Ici, on peut aussi saisir des valeurs, ou dans cette liste, adapter le plan aux dimensions du dessin ou encore choisir un des paramètres prédéfinis.

La création d'un plan de travail

Quand l'outil **Plan de travail** est activé, un nouveau plan de travail peut être ajouté. L'opération se réalise de différentes façons :

- à partir du panneau **Contrôle**, en cliquant sur le bouton du panneau **Contrôle** ;
- avec l'outil, en dessinant le plan ou par copie d'un plan existant ;
- à partir du panneau **Plan de travail**, en cliquant sur l'cône, une copie peut également être réalisée à partir du menu local du panneau.

La création d'un nouveau plan

Pour créer un nouveau plan, commencez par sélectionner un des plans présents pour que le nouveau plan en prenne les dimensions, cliquez sur l'icône du panneau **Contrôle** et amenez le curseur à l'endroit voulu dans l'espace de travail. Des repères commentés verts vous indiquent l'alignement éventuel avec les bords ou le centre... d'un autre plan ou encore avec d'autres points remarquables des illustrations présentes sur les plans existants. Dès que vous cliquez le plan apparaît (il pourra être redimensionné ou repositionné).

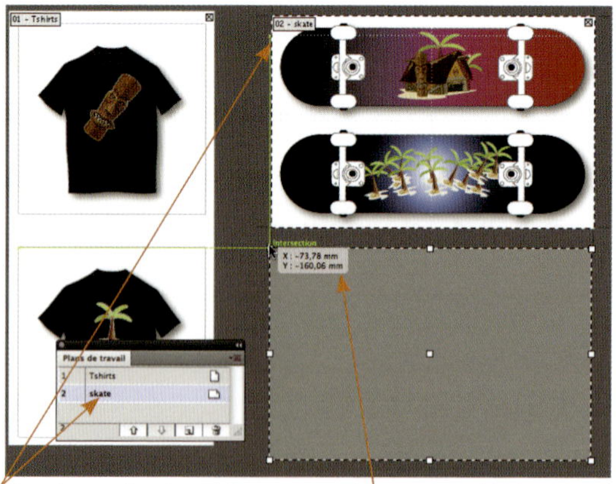

Ce plan étant sélectionné, le nouveau plan en a pris les dimensions.

Si vous souhaitez créer un plan de manière libre, activez l'outil **Plan de travail**, amenez la souris sur la fenêtre du document, utilisez les repères commentés pour positionner correctement le curseur et glissez l'outil pour dessiner le nouveau plan : des repères commentés peuvent également apparaître pour signaler un alignement particulier.

On active l'outil, on l'aligne éventuellement avec un autre plan (ou dessin) et on glisse pour le créer (ici on l'a aligné avec ce plan).

Le plan apparaît quand on relâche le bouton de la souris (s'il ne convient pas on peut l'effacer).

> **Note** *Pour créer un plan de travail à l'intérieur d'un autre plan, enfoncez la touche ⇧ sinon vous déplacerez le plan.*

Les déplacements et copies de plan

Il est possible de créer un plan à partir d'une copie d'un plan existant. Cette opération peut se réaliser suite à un redimensionnement d'un plan, par exemple. En effet, si votre illustration comporte deux parties que vous souhaitez placer sur des plans de travail séparés, vous pouvez redimmensionner le plan puis le dupliquer. La copie s'obtient par glissement du plan sélectionné en enfonçant la touche ⌥ [Alt].

On a redimensionné ce plan avant de le dupliquer sur la partie basse de cette illustration par glissement avec ⌥ [Alt].

On a obtenu un plan indépendant de mêmes dimensions par copie du plan au-dessus.

Quand vous déplacez (ou copiez) un plan, il est possible de déplacer (ou copier) son contenu. Pour cela, cliquez sur l'icône du panneau **Contrôle** pour activer l'option **Déplacer/Copier l'illustration avec le plan de travail** (elle devient).

On a activé l'option , si on glisse le plan, son contenu suit.

Si on n'active pas l'option , le contenu ne suit pas.

La gestion par le panneau Plan de travail

Comme cela a été signalé, il est possible de renommer le plan de travail en affichant ses options par clic sur l'icône ▢ située à droite de son nom dans le panneau. Le panneau permet d'autres manipulations, telles que la création ou la copie, l'affichage ou encore de changement d'ordre.

La création ou la copie

Pour créer un nouveau plan, commencez par sélectionner le plan ayant les dimensions souhaitées pour ce nouveau plan. Cliquez sur l'icône ▣ dans la bas du panneau. Le nouveau plan se placera à droite dans le plan de montage et pourra être repositionné par glissement ou à partir de ses coordonnées accessibles dans les options du plan de travail (ou encore dans le panneau **Contrôle** quand l'outil **Plan de travail** est actif).

L'affichage

Quand vous double-cliquez sur le nom d'un plan de travail, Illustrator l'affiche en adaptant sa taille à celle de la fenêtre de l'application. Par la suite, vous pouvez en afficher un autre de la même façon ou par le menu local, situé en bas de la barre d'état, qui liste également les plans disponibles.

Le changement d'ordre

Quand un plan de travail est sélectionné dans le panneau **Plan de travail** ; il est possible d'en changer l'ordre en le glissant dans la liste ou à l'aide des flèches (haute et basse).

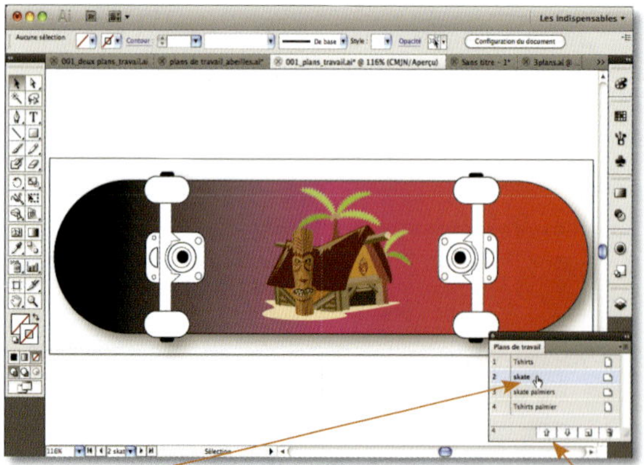

Par double-clic on adapte l'affichage du plan à celui de la fenêtre. On peut également changer l'ordre en agissant ici.

L'ordre défini dans le panneau correspondra à l'ordre d'apparition des aperçus des plans désormais visibles dans Bridge, et à l'ordre des pages (une par plan) lors d'une exportation en PDF.

Les exportations

Le réglage de taille du plan de travail est important si vous comptez imprimer votre document depuis Illustrator ou si vous voulez exporter l'image avec les dimensions de la feuille de dessin (format **pdf**, animation Flash **swf**). Dans les autres cas (format **ai** pour une utilisation PAO ou Web…), le document pourra prendre les dimensions correspondant à l'encombrement total du dessin (option **Graphiques** des fenêtre d'importation de Photoshop ou d'InDesign.

On a enregistré ce document comportant plusieurs plans au format PDF. Dans Acrobat, on voit plusieurs pages.

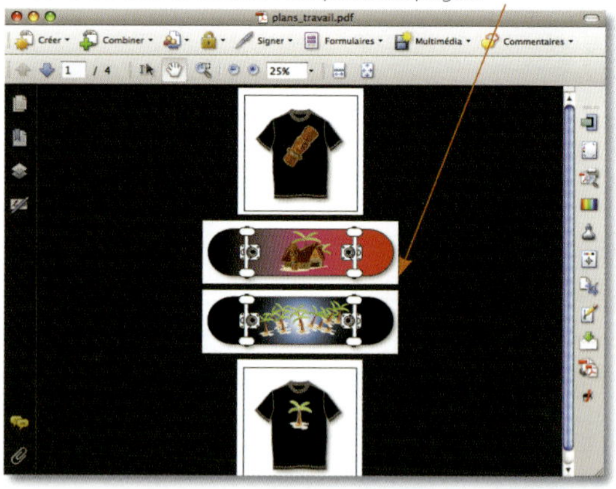

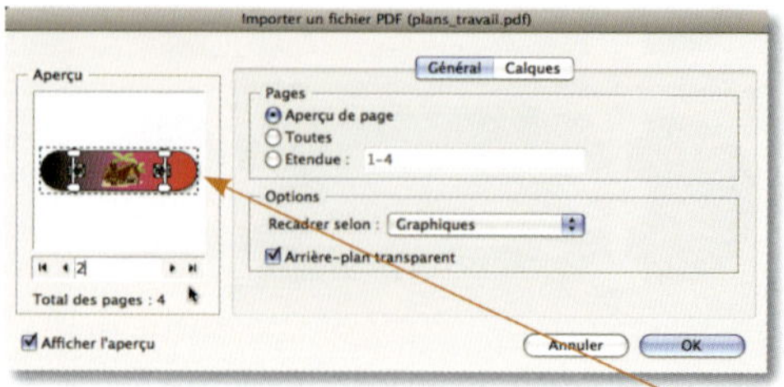

Dans InDesign(ou Photoshop), on peut n'importer qu'un seul plan en le sélectionnant dans la fenêtre d'options d'importation.

Les aides au dessin : repères et grille

Afin de faciliter le travail sur la feuille de dessin, Illustrator met à votre disposition des repères ainsi qu'une grille (quadrillage de repères). Pour obtenir les premiers, il vous faut utiliser les règles.

Les règles

L'affichage et l'unité des règles

Elles s'obtiennent par le menu **Affichage** avec la commande **Afficher les règles** (au clavier en tapant ⌘R [Ctrl R]). Si aucun tracé n'est sélectionné, les règles peuvent également s'afficher à partir du menu contextuel. Comme dans la plupart des logiciels les règles se placent en haut et à droite de la fenêtre du document.

Attention *L'origine des règles (zéro horizontal et vertical) coïncide avec l'angle inférieur gauche de la page (et non pas supérieur gauche).*

Les graduations des règles sont exprimées avec l'unité choisie dans la fenêtre **Format de document** (⌥ ⌘P [Alt Ctrl P]) ou dans celle des **Préférences/ Unités et annulation** (au clavier ⌘K [Ctrl K]).

Astuce *Les unités se modifient également par* ctrl clic *ou* clic droit *dans les graduations des règles.*

L'unité choisie est également utilisée dans les panneaux **Contrôle**, **Informations** et **Transformation** ainsi que dans les différentes fenêtres de construction, de contrôle ou de déplacement d'objet. Si vous tapez, une ou plusieurs fois, ⇧⌥⌘U [⇧Alt Ctrl U], Illustrator change l'unité en cours en passant par les différentes unités utilisables par le programme (pt, in, mm, etc.).

L'origine des règles

Dans le panneau **Informations** ou **Transformation**, les coordonnées (X et Y) d'un objet font toujours référence à l'origine des règles. Si vous souhaitez changer le point de référence, changez la position de l'origine des règles. Pour cela : glissez la case de croisement des règles sur la page, des droites en pointillé matérialisent momentanément la nouvelle position de l'origine. Relâchez la souris à l'endroit désiré, l'origine sera modifiée en conséquence.

Si la nouvelle position ne convient pas, recommencez la manipulation décrite précédemment. Pour retrouver la position par défaut (en bas à gauche de la page), effectuez un double-clic dans la case de croisement des règles.

Ai Les règles du plan de travail

Avec Illustrator CS4, il est possible par clic droit ou à partir du menu **Affichage**, d'afficher des règles qui se placent au bord de chaque plan de travail. Elles apparaissent en vert (couleur non modifiable) avec leur origine en haut à gauche du plan de travail.

Les repères

Le placement d'un repère

Il faut distinguer deux types de repères, ceux créés à partir des règles et ceux créés par conversion.

Les repères de règles

Pour placer un repère de règle, placez le curseur dans les graduations de la règle verticale ou horizontale et glissez la souris sur la page pour afficher une ligne en pointillé matérialisant le repère, elle apparaîtra en vert une fois le bouton de la souris relâché.

Astuce *Si la position de ce repère ne vous convient pas, le plus simple est de taper ⌘Z [Ctrl Z] pour annuler l'opération et de recommencer le placement.*

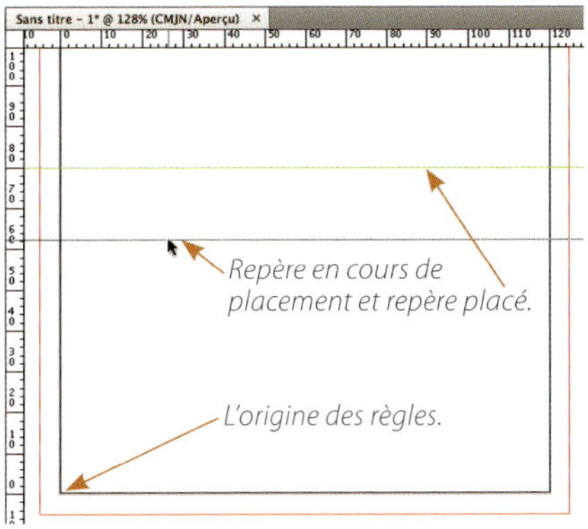

Astuce *Si vous enfoncez ⌥ [Alt] le repère vertical devient horizontal (et réciproquement). Si vous enfoncez ⇧, le repère se place sur une valeur arrondie des graduations.*

Pour vous aider dans ce placement de repères, pensez à zoomer (les graduations des règles seront plus précises). Au moment où vous placez un repère, il n'est, malheureusement, pas possible de contrôler sa position dans le panneau Contrôle ou Transformation, cela deviendra possible quand vous le déplacerez (*voir plus loin*). Ces repères, de couleur verte, ne sont pas imprimés, ils constituent des guides visuels et magnétiques. De plus, lors du déplacement d'un point d'un tracé, le changement de couleur du curseur indiquera la superposition du point sur le repère.

Les tracés convertis en repères

N'importe quel tracé peut être transformé en repère. Pour cela, dessinez l'objet, puis déroulez le menu Affichage puis Repères et lancez Créer les repères (au clavier ⌘5 [Ctrl 5]). Cette commande est directement accessible par clic droit quand l'objet vient d'être dessiné. Le tracé de l'objet est alors transformé en repère (par la suite, il sera possible de réaliser la conversion inverse).

Ai *Les repères du plan de travail*

Si vous souhaitez que le repère ne déborde pas du plan de travail actif, il est impératif d'activer l'outil Plan de travail pour placer le repère (toujours à partir des règles du document).

La couleur des repères

Les repères apparaissent en vert, cette couleur est modifiable dans la fenêtre des Préférences à la rubrique Repères et grille (menu Édition).

Astuce *Afin d'éviter les confusions entre traits et repères (surtout en mode **Tracés**), il est préférable d'afficher ces derniers en pointillé avec une couleur plus foncée.*

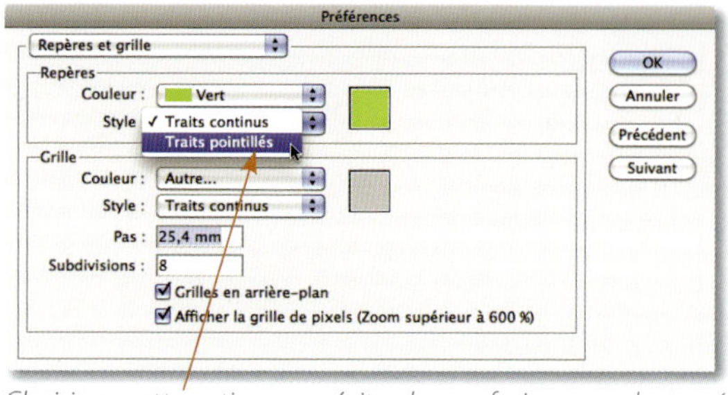

Choisissez cette option pour éviter des confusions avec les tracés.

La sélection d'un repère

Un repère peut être déplacé, copié, tourné... Dans tous les cas, celui-ci doit être sélectionné. Pour cela vous devez d'abord déverrouiller les repères. Par la suite, il faudra prendre soin de verrouiller à nouveau les repères, une fois les manipulations terminées.

Le déverrouillage des repères

Par défaut, dès qu'un repère est créé, Illustrator le verrouille. Cela vous en interdit la sélection (et donc le déplacement).

Pour déverrouiller les repères lancer Verrouiller les repères (menu Affichage/Repères : la coche devant la commande disparaîtra) ; au clavier, tapez ⌥⌘; [Alt Ctrl ;]. Vous pouvez aussi lancer Verrouiller les repères par le menu contextuel (déroulé par clic droit). Une fois les repères déverrouillés, ils peuvent être sélectionnés. Pour ce faire, utilisez l'un des outils de sélection (les outils Flèche s'obtiennent en tapant V pour la flèche noire et A pour la flèche blanche) et cliquez dessus ou tracez un petit cadre qui le touche. Le repère sélectionné apparaît alors dans la couleur du calque (bleu moyen par défaut).

Pour reverrouiller tous les repères, relancez Verrouiller les repères (⌥⌘; [Alt Ctrl ;] ou menu contextuel) : la coche réapparaîtra devant la commande, les repères sélectionnés ne le seront plus et changeront de couleur.

Astuce *Lorsque l'on travaille, il n'est pas toujours évident de savoir si les repères sont ou non verrouillés. Le plus simple pour le savoir et modifier leur état est de tout désélectionner (par ⇧⌘A [⇧Ctrl A]) puis de dérouler le menu contextuel afin de voir la présence ou non de la coche devant **Verrouiller les repères**.*

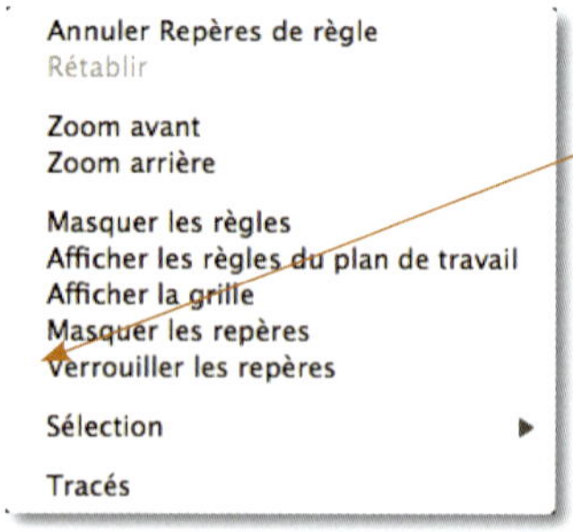

Ici, l'absence de coche indique que les repères sont déverrouillés.

Les manipulations de repères

Rappelons qu'elles ne s'effectuent que sur les repères sélectionnés et par conséquent déverrouillés.

Le déplacement ou la copie manuels

Placez le curseur sur le repère (il apparaît le mot Tracé) et glissez-le jusqu'à la position voulue. Il prend la couleur du calque mais reprendra sa couleur de repère si vous le désélectionnez ou le reverrouillez.

Ai Pendant le déplacement, tant que le bouton de la souris est enfoncé, une étiquette indique l'ampleur (**dx** ou **dy**) du déplacement par rapport à la position initiale du repère. Celle-ci est marquée par un repère commenté de couleur magenta.

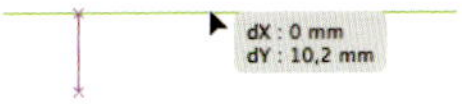

L'étiquette indique la valeur du déplacement.

Vous pouvez contrôler la position du repère par rapport à l'origine des règles dans le panneau **Informations** et obtenir une copie en enfonçant ⌥ [Alt]. Pour un déplacement manuel plus fin, sélectionnez le repère et utilisez les touches fléchées du clavier. Chaque frappe déplace de 1 pt (10 avec ⇧) ; cette valeur est réglable dans les **Préférences Générales** avec l'option **Incréments clavier** (⌘K [Ctrl K]).

Le positionnement précis d'un repère

Quand le repère est sélectionné, les cases **X** et **Y** du panneau **Contrôle** (ou **Transformation**) indiquent ses coordonnées. Pour changer la position du repère, saisissez des valeurs dans la case X ou Y (selon le repère) et validez en tapant Entrée (↵). Si vous tapez ⌥↵ [Alt ↵], c'est une copie qui sera déplacée. Pour obtenir un déplacement d'une valeur précise, vous pouvez aussi utiliser la commande **Déplacement** affichée en tapant ↵ (ou menu **Objet/Transformation**). Cette commande affiche un aperçu du déplacement et permet de réaliser une copie déplacée.

La rotation d'un repère

Pour obtenir un repère incliné, sélectionnez-le, effectuez un double-clic dans l'outil **Rotation** : la fenêtre ci-dessous apparaîtra ; tapez une valeur précédée du signe moins (–) si le repère doit tourner dans le sens des aiguilles d'une montre, ou une valeur sans signe dans le cas contraire. Cliquez sur **OK** (ou tapez ↵) ou encore, si vous désirez garder l'original, sur **Copier** (ou ⌥↵ [Alt ↵] si l'aperçu est désactivé).

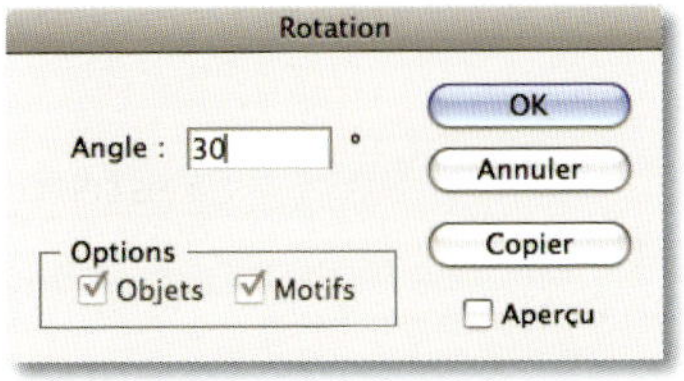

Cette fenêtre permet de faire pivoter un repère sélectionné.

Le repère peut également être pivoté manuellement par glissement (une fois l'outil **Rotation** activé), une étiquette indiquera l'angle de rotation et une copie peut être obtenue en enfonçant ⌥ [Alt]. Vous pouvez aussi réaliser le même type de manipulation (éventuellement combinée à un déplacement) en utilisant le panneau **Transformation** affiché par clic sur le X du panneau **Contrôle**.

En effet, la case **Rotation** indique un angle (0° par défaut) qu'il est possible de changer. Il faut valider en tapant ↵ pour que la sélection tourne et ⌥↵ [Alt ↵] pour une copie pivotée.

La commande **Répéter** (menu **Objet/Transformation**) peut être utilisée après une rotation (avec ou sans copie). De la même façon qu'avec l'outil **Rotation**, vous pouvez utiliser l'outil **Symétrie** ou **Miroir** (axe vertical ou horizontal) afin de créer le symétrique d'un repère pivoté.

La suppression d'un ou plusieurs repères

Dans le panneau **Calques**, glissez sur la corbeille le nom des calques marqués **<repère>**. Vous pouvez en sélectionner plusieurs en cliquant dessus avec ⌘ [Ctrl] enfoncée.

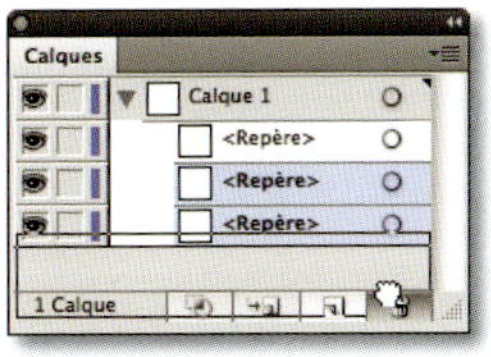

On sélectionne les calques marqués <repère> et on les glisse dans la corbeille.

La suppression de tous les repères

Pour supprimer tous les repères (verrouillés ou non), déroulez le menu **Affichage** jusqu'au sous-menu **Repères** et lancez **Effacer les repères**.

L'affichage des repères

Si le document comporte beaucoup de repères, la visualisation de l'illustration peut devenir plus délicate. Il est possible de masquer temporairement les repères avec la commande correspondante **Masquer les repères** du menu **Affichage** ou du menu contextuel. Les repères seront cachés et réapparaîtront en lançant **Afficher les repères** dans le menu **Affichage**.

LES PRÉCAUTIONS AVEC LES REPÈRES

Après avoir terminé les manipulations sur les repères deux précautions sont à prendre :

- **Le verrouillage des repères** : il est indispensable pour qu'aucun repère ne fasse partie involontairement d'une sélection de tracés.

- **Le réglage des couleurs** : les attributs de dessin en vigueur correspondent à ceux du dernier objet manipulé, or un repère n'a ni fond, ni contour. Si vous dessinez avec de tels attributs, vous risquez de ne pas voir les objets que vous allez créer. Pour pallier ce problème, tapez la lettre D pour retrouver les couleurs par défaut (fond blanc et contour noir).

L'annulation et la suppression de repères

Pour convertir un repère en tracé, effectuez un double-clic dessus en enfonçant les touches ⇧⌘[⇧ Ctrl]. S'il y en a plusieurs à convertir, commencez par déverrouiller les repères (à l'aide du menu contextuel), sélectionnez les repères voulus et lancez la commande **Annuler les repères** (menu **Affichage/Repères** ou ⌥⌘5 [Alt Ctrl 5]). S'il s'agit d'un repère issu d'une conversion d'un tracé, ce dernier retrouve ses couleurs initiales.

Les repères commentés

Ces repères activés par le menu **Affichage** (ou ⌘U [Ctrl U]), apparaissent au cours de la réalisation d'un objet (ou de son déplacement) quand la position du curseur est alignée (horizontalement, verticalement ou selon un angle de 45°) avec un point d'un autre objet. Leur aspect a été amélioré dans la version CS4 : en effet, les traits qui indiquent l'alignement ne sont plus aussi longs que dans les versions précédentes et perturbent moins.

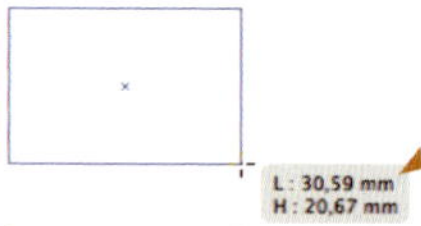

Parmi les repères commentés : une étiquette indique la taille de l'élément réalisé.

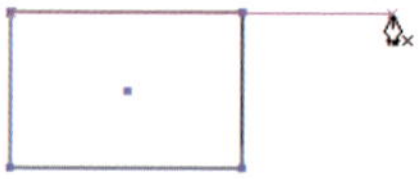

Un trait magenta marque l'alignement jusqu'à l'élément aligné.

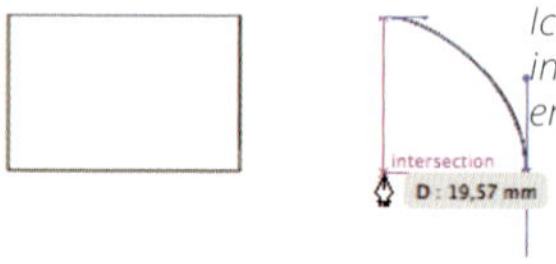

Ici les alignement sont indiqués ainsi que la distance entre les points.

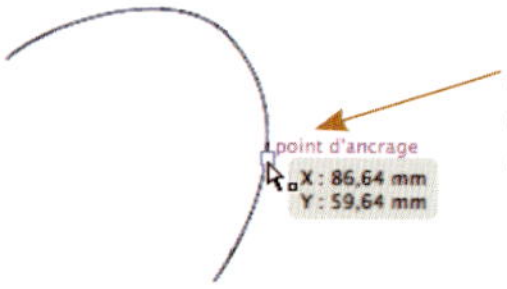

Ici, le repère commenté indique que l'outil survole un point dont il affiche les coordonnées.

Dans les préférences (**Repères commentés**), on peut modifier le nombre d'éléments affichés et changer leur couleur.

> **Astuce** *On accède aux préférences en tapant ⌘K [Ctrl K] mais également en cliquant sur le bouton **Préférences** du panneau **Contrôle** quand aucun élément n'est sélectionné.*

Les repères commentés sont désactivés (et donc masqués) en tapant à nouveau ⌘U [Ctrl U].

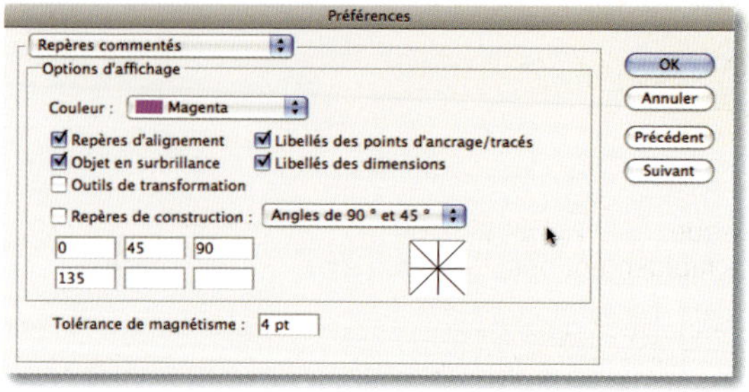

Les réglages des repères commentés.

La grille

Pour afficher la grille, lancez la commande correspondante du menu **Affichage** (ou du menu contextuel mais uniquement s'il n'y a aucune sélection) ou tapez ⌘« [Ctrl «] : la grille apparaît en gris avec des lignes espacées d'un pouce (soit 25,4 mm). La couleur de la grille, son espacement (le **Pas**) et sa position (arrière-plan ou non) se modifient dans les préférences **Repères et grille**.

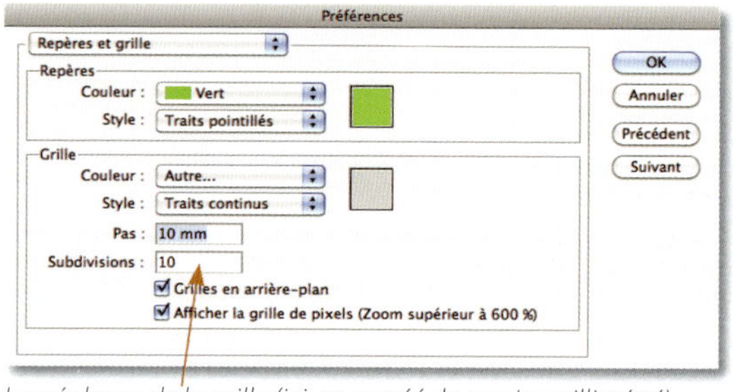

Les réglages de la grille (ici, on a créé du papier millimétré).

Comme les repères, le rôle de la grille est double : elle permet le placement visuel des tracés et en facilitera le positionnement grâce à son magnétisme. Lors de certains déplacements manuels, ce magnétisme peut s'avérer trop contraignant, il pourra alors être désactivé dans le menu **Affichage** : une coche devant **Magnétisme de la grille** indique que le magnétisme est opérant et son absence indique qu'il est inactif. Cette manipulation se réalise au clavier en tapant ⇧⌘" [⇧Ctrl "] mais rien ne vous indique l'état magnétique.

> **Astuce** *La grille peut être pivotée en changeant l'angle d'inclinaison des axes dans les préférences. Par la suite, tous les éléments que vous dessinerez seront également inclinés.*

La sauvegarde d'un travail

Lorsque vous travaillez avec Illustrator, il faut acquérir, le plus rapidement possible, deux réflexes :

- l'annulation de la ou des dernières opérations en lançant la première commande du menu **Édition** ou en tapant ⌘Z [Ctrl Z] ;
- la sauvegarde de l'illustration avec ⌘S [Ctrl S].

Avant d'aborder les sauvegardes, étudions le principe des annulations multiples.

Les annulations multiples

Avec Illustrator, il est possible de revenir en arrière sur votre travail en annulant les dernières opérations (sans limitation) que vous venez d'effectuer si elles ne correspondent plus à ce que vous désirez. Ces annulations multiples peuvent être mises à profit lorsque vous faites des essais de réalisation. En effet, elles vous permettront de revenir en arrière si les essais ne s'avéraient pas concluants.

L'annulation d'une opération s'obtient de trois façons différentes : soit en tapant (une ou plusieurs fois) ⌘Z [Ctrl Z] ; soit en lançant la première commande du menu **Édition** (**Annuler**...) — celle-ci indique à chaque fois l'opération qui va être annulée ; ou encore à partir du menu contextuel. Pour rétablir l'opération, utilisez la deuxième commande, **Rétablir**, du menu **Édition** ou contextuel, ou tapez ⇧⌘Z [⇧Ctrl Z].

Attention *Avec Photoshop, on acquiert le réflexe de taper à nouveau ⌘Z [Ctrl Z] pour rétablir. Dans Illustrator, vous n'obtiendrez pas ce résultat mais un retour à l'avant-dernière étape du travail comme dans InDesign.*

Les sauvegardes

Le rythme des sauvegardes dépend de la difficulté du travail ; il faut en faire une à chaque fois que vous venez de réussir une partie délicate d'un dessin. Illustrator ne possède pas d'enregistrement automatique, cette opération doit donc être faite manuellement.

Dans la majorité des cas, il est souhaitable de commencer par un premier enregistrement avec le format et les options par défaut, c'est-à-dire au format natif du programme **Adobe Illustrator (ai)**. Ce fichier constituera un fichier de travail quand l'illustration sera terminée. Il conviendra alors d'en enregistrer une copie avec un format compatible avec l'utilisation souhaitée pour le fichier ; cependant pour un travail de PAO (vers InDesign, par exemple) le format natif convient très bien.

Lors du premier enregistrement, choisissez le nom du fichier de façon judicieuse. Si vous travaillez des illustrations destinées à des pages Web, évitez les noms comportant des accents, des espaces ou des signes de ponctuation ; ces signes rendront impossible le téléchargement du fichier vers certains serveurs Web.

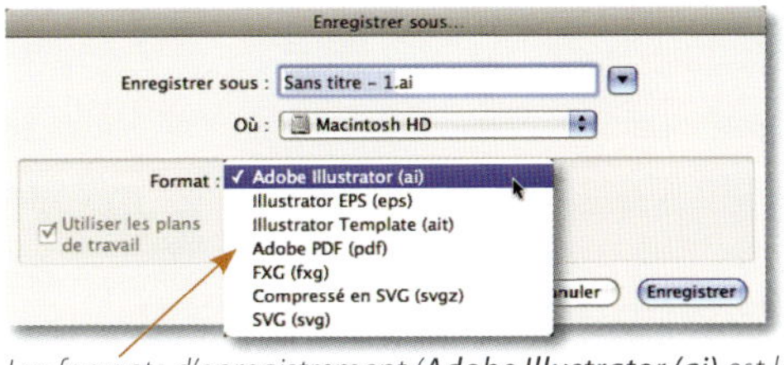

*Les formats d'enregistrement (***Adobe Illustrator (ai)*** est le format natif, il génère un fichier ***.ai****). Avec certains formats, il faudra faire un choix sur le plan de travail.*

Les formats d'enregistrement du document

On peut séparer les formats de fichiers en trois séries comportant chacune deux catégories dont la nature dépend du critère choisi :

- Natif ou non ?
- Vectoriel ou bitmap ?
- Pour le Web ou pour l'impression (print) ?

LE FORMAT NATIF

Il s'agit du format utilisé par défaut par Illustrator : **Adobe Illustrator (ai)**. Il permet de conserver toutes les caractéristiques vectorielles de l'illustration de manière à pouvoir effectuer toutes les modifications possibles dans Illustrator.

On accède à ces formats par les commandes du menu **Fichier** : **Enregistrer**, **Enregistrer sous**, **Enregistrer une copie** ou encore **Enregistrer comme modèle**.

Dans la fenêtre d'options, il sera possible de choisir une version du format natif (depuis CS5 jusqu'à Illustrator 3), le choix d'une version antérieure fera perdre certains éléments et vous imposera de choisir les plans à enregistrer.

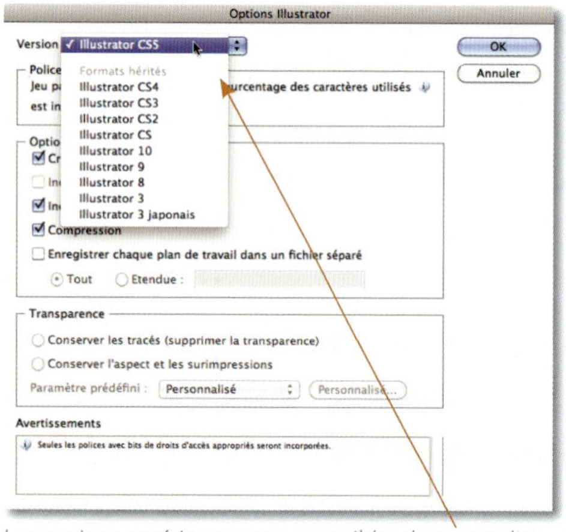

Les versions antérieures sont accessibles dans cette liste, elles nécessitent un choix sur les plans de travail.

LES AUTRES FORMATS

Il existe d'autres formats qui conservent les fonctions d'édition d'Illustrator : **Illustrator EPS (eps)**, **Illustrator Template (ait)**, **Adobe PDF (pdf)**, **FXG** (pour Flash XML Graphics), ainsi que **SVG** et **Compressé en SVG (svgz)**. Avec les formats **PDF** et **SVG**, il faut cocher l'option **Conserver les fonctions d'édition Illustrator**.

> **ASTUCE** ***Adobe PDF (pdf)*** *donne accès à toutes les options d'enregistrement du format PDF (compression, protection...), ce qui n'est pas le cas du format* ***Adobe Illustrator (ai)***.

> **NOTE** *Le format* ***FXG*** *est un format de fichier graphique basé sur un sous-ensemble de MXML, le langage de programmation basé sur XML qu'utilise la structure FLEX. Les fichiers FXG s'utilisent dans des applications telles qu'Adobe Flash Catalyst-pour développer des applications Web riches (RIA).*

LES FORMATS VECTORIELS OU BITMAP

Les formats vectoriels donnent des fichiers généralement plus compacts (les objets y sont définis par des fonctions mathématiques). Les formats bitmap correspondent à des fichiers plus volumineux ; tous les éléments de l'illustration sont pixellisés et ne seront plus éditables dans Illustrator.

Si le document est par la suite destiné à être exporté en bitmap, il est souvent indispensable d'en posséder une version au format natif à partir de laquelle vous pourrez faire des modifications sur l'illustration ; celles-ci seront répercutées sur l'image bitmap en effectuant une nouvelle exportation qui écrasera la précédente.

> **ASTUCE** *On retrouve cette même méthode de travail avec Photoshop et le format natif (**psd**) qui conserve tous les calques, les couches... ou encore, avec Flash et son format natif (**fla**) et d'exportation (**swf**).*

Les formats vectoriels

Ils s'obtiennent de deux façons :

- **Par Enregistrer** : il s'agit des formats signalés précédemment.
- **Par Enregistrer pour le Web** : on retrouve deux formats vectoriels destinés au Web. Le format **SWF** (pour les animations vectorielles Flash) et le format **SVG** (pour les images vectorielles du Web).

Les formats bitmap

Ils s'obtiennent également de trois façons :

- **Par Enregistrer pour le Web** : on trouve les trois formats courants du Web, chacun d'eux utilise une compression pour créer un fichier peu volumineux : le format **GIF** (compression des couleurs, à réserver aux images avec peu de couleurs), le format **JPEG** (compression destructive des données pour des images avec beaucoup de couleurs ou des effets bitmap), et le format **PNG** (pour des exportations vers Flash). La commande **Enregistrer pour le Web** permet à Illustrator la création de la page HTML nécessaire à la visualisation sur le Web de l'image exportée.
- **Par Enregistrer pour Microsoft Office** : il s'agit d'une commande qui crée un fichier image au format **PNG** que vous pouvez importer dans les documents réalisés avec les programmes Microsoft Office.
- **Par Exporter** : cette commande donne accès à une liste de formats parmi lesquels le format **Photoshop (psd)** qui conserve les calques d'Illustrator et le format **TIFF** utilisé dans le domaine de la PAO.

On trouve également d'autres formats, tels **JPEG**, **BMP**, **WMF**, etc. Certains seront développés dans le chapitre consacré à la distribution des fichiers.

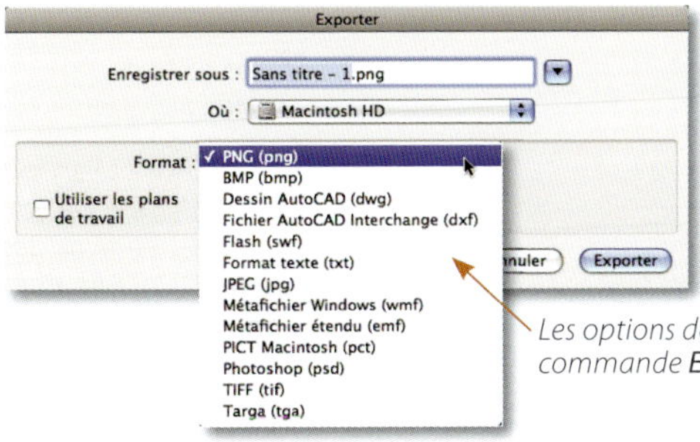

Les options de la commande ***Exporter****.*

Les formats pour le Web ou pour la PAO

Les formats Web

Ils se séparent en deux catégories : formats vectoriels ou bitmap. La plupart des fichiers s'obtiennent par la commande **Enregistrer pour le Web**.

Les formats vectoriels

On distingue deux formats : **SWF**, pour les images fixes ou les animations de type Flash (il s'obtient également par **Exporter**) ; **SVG** , pour les images fixes (il s'obtient également par la commande **Enregistrer** ou **Enregistrer sous**).

Les formats bitmap ou pixellisés

Trois formats entrent dans cette catégorie : **GIF** (images avec peu de couleurs), **JPEG** (images avec beaucoup de couleurs ou comportant des effets bitmap), et **PNG** (particulièrement intéressant pour Flash).

Les formats PAO

Ils se séparent également en fichiers vectoriels ou bitmap.

Les formats vectoriels

Ils s'obtiennent par la commande **Enregistrer…**.

On distingue :

- Le format **EPS**, c'était le format pour la PAO avec XPress (toutes versions). Avec ce format, la transparence est aplatie.
- Le format **Adobe Illustrator (ai)**, à utiliser avec InDesign (il n'est pas reconnu par toutes les versions de XPress). Il tend à remplacer le format EPS. La transparence n'est pas aplatie, cette opération s'effecuera dans InDesign.
- Le format **Adobe PDF (pdf)**, pour l'export vers InDesign mais également XPress (5 ou +) avec la compatibilité Acrobat 4 (PDF 1.3).

Les formats bitmap

Plusieurs formats entrent dans cette catégorie, on les obtient par la commande **Exporter**. Lors de l'exportation, il faudra régler la résolution de l'image finale en fonction de la qualité souhaitée pour l'impression (le plus souvent 300 dpi).

On distingue :

- Le format **JPEG** : il peut convenir pour certains types de mise en page (impression sur des imprimantes jet d'encre non PostScript) ; c'est un format compressé mais qui reste de qualité convenable si la compression est la plus faible.
- Le format **Photoshop PSD** : ce format peut être importé directement par InDesign (et par XPress selon la version).
- Le format **TIFF** (c'est le second format idéal pour la PAO, avec XPress notamment) : ce format est intéressant si l'image vectorielle est très complexe ou si vous comptez imprimer un document Illustrator depuis XPress sur une imprimante non PostScript (le document peut rester en RVB, c'est l'imprimante couleurs, de type jet d'encre par exemple, qui fera la conversion en CMJN).

Quelques autres formats, tels que **PICT**, **BMP** et **WMF** sont envisageables si l'image est destinée à un logiciel qui ne serait pas capable de lire les formats indiqués ci-dessus (**EPS**, **TIFF**…).

> **Note** *Le nom du format de fichier s'écrit en majuscules (par exemple ; TIFF ou JPEG). En revanche, l'extension dans le nom du fichier ne comporte généralement que trois lettres en minuscules (par exemple .tif ou .jpg). Cette extension s'ajoute automatiquement sous Windows, bien qu'inutile sur Macintosh, elle permet de reconnaître rapidement le type du fichier. De plus elle est indispensable aux programmes Web pour pouvoir importer le fichier.*

La gestion de fichiers avec Bridge

Bridge et la Creative Suite

Bridge est un élément indispensable dans la gestion des fichiers (visualisation, ouverture…). Il est disponible depuis Photoshop, Illustrator, InDesign… *via* la commande **Parcourir dans Bridge** du menu **Fichier**, ou par clic sur l'icône Br de leur **Barre de l'application**. Son lancement peut être simultané à celui de l'ouverture d'une session de travail. Pour obtenir ce lancement, il faut en faire la demande dans les préférences de Bridge à la rubrique **Avancées**.

L'espace de travail de Bridge

Bridge est constitué d'une fenêtre dont l'aspect dépend des réglages des préférences (⌘K [Ctrl K]) et des options d'affichage choisies dans le menu **Fenêtre**. Par défaut, la fenêtre de Bridge comporte trois colonnes contenant des panneaux ou volets (*voir ci-dessous*).

– ❶ FAVORIS, DOSSIERS : il s'agit de panneaux de navigation ;

– ❷ APERÇU : ce panneau affiche l'aperçu du (ou des) fichier(s) sélectionné(s) dans le panneau CONTENU ;

– ❸ FILTRE : c'est le panneau dans lequel on filtre l'affichage des fichiers qui seront présentés dans le volet CONTENU ;

– ❹ MÉTADONNÉES, MOTS-CLÉS : ces panneaux donnent des informations sur les fichiers avec les métadonnées (données EXIF, IPTC…) et les mots-clés affectés aux fichiers ;

– ❺ CONTENU : volet principal affichant les vignettes des éléments contenus dans le dossier en cours.

La barre de commandes

La partie haute, la **Barre de commandes**, et la partie basse de la fenêtre de Bridge comporte des éléments de gestion des fichiers et des vignettes.

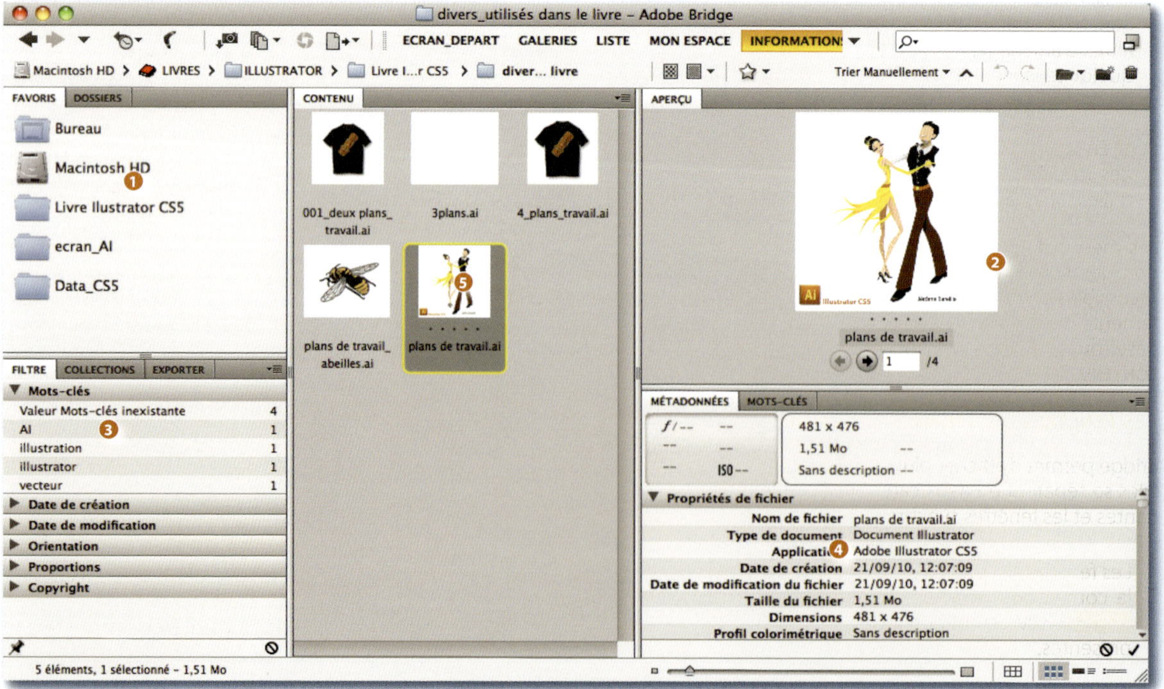

La fenêtre de Bridge.

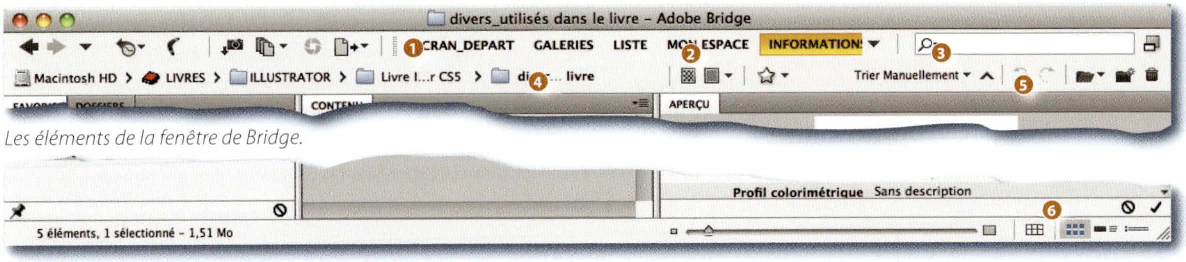

Les éléments de la fenêtre de Bridge.

Sur la copie d'écran ci-dessus, on peut voir :

- ❶ Les icônes de traitement des fichiers, de gauche à droite : affichage des élément récents, importation depuis un appareil photo numérique, affichage sélectif d'images, ouverture d'image avec Camera Raw et diffusion des fichiers (module **Sortie**).
- ❷ La liste des espaces de travail et leurs commandes de gestion (affichage, suppression, enregistrement…).
- ❸ Champ de recherche qui permet une recherche dans Bridge, Spotlight (Mac) et Windows Search.
- ❹ Le chemin d'accès au fichier sur le disque avec la possibilité d'afficher tous les éléments des sous-dossiers par clic droit.
- ❺ Les icônes de gestion des fichiers et dossiers avec de gauche à droite : le type d'affichage des vignettes, les filtres d'affichage, les tris de fichiers (par nom, date…) et quelques icônes de gestion (rotation et, création de dossier, suppression…).
- ❻ En plus du réglage de la taille des vignettes, figurent des icônes de présentation (avec une grille d'affichage, un mode d'affichage par liste…).

Les menus de Bridge proposent des commandes de gestion des fichiers (affichage, traitement…) ; certaines sont accessibles sous forme d'icônes (création de dossier, pivotements ou suppression) dans la **Barre de commandes** de base, ou par clic droit sur une vignette dans le panneau CONTENU.

Les fenêtres de Bridge

Bridge permet d'afficher plusieurs fenêtres en même temps. Elles se séparent en deux catégories : les fenêtres indépendantes et les fenêtres synchronisées.

- Les fenêtres indépendantes : si la fenêtre est obtenue par la commande Nouvelle fenêtre (menu **Fichier** ou ⌘N [Ctrl N]), elle est indépendante des autres fenêtres déjà présentes.
- Les fenêtres synchronisées : si la fenêtre est obtenue à partir de la commande Nouvelle fenêtre de synchronisation (menu **Fenêtre** ou ⌥⌘N [Alt Ctrl N]), elle sera liée à la fenêtre qui était active lors de sa création.

Quand les fenêtres sont synchronisées (leurs barres de titres portent des numéros), elles affichent le même contenu. Cette option n'est intéressante que si elles ne comportent pas les mêmes panneaux (*voir ci-après leur masquage*). Par exemple, l'une d'elles (sur un écran) peut ne montrer que les panneaux CONTENU et MÉTADONNÉES alors que la seconde (sur un autre écran) affichera en grand le volet APERÇU ou encore, l'une d'elles peut être en mode réduction alors que l'autre n'affiche que l'aperçu.

La gestion des panneaux

L'affichage des panneaux

Si vous n'utilisez pas certains panneaux, vous pouvez les fermer. Cette opération se réalise à partir du menu **Fenêtre**. Leur réouverture s'obtient par le menu **Fenêtre** ou par clic droit sur le nom d'un panneau ou sur la bande sombre qui jouxte les onglets. Pour masquer tous les panneaux sauf celui au centre (par défaut CONTENU), tapez Tabulation ⇥ [⇆] (retapez cette même touche pour le faire réapparaître). Pour fermer un panneau de manière à ne plus voir son contenu et à agrandir celui du panneau de la même colonne, effectuez un double-clic sur son onglet (dans ce cas, l'onglet ne disparaît pas).

La taille des panneaux

Tous les panneaux peuvent être redimensionnés en glissant le curseur placé juste entre deux panneaux. Ces redimensionnements permettront de définir une zone d'aperçu plus grande de manière à mieux visualiser l'image. Un panneau peut également être déplacé par glissement de son onglet.

Les différents panneaux

Les panneaux de navigation

La partie navigation de Bridge est gérée par deux panneaux : DOSSIERS et FAVORIS.

Le panneau Dossiers

Cette rubrique présente la hiérarchie du disque (telle un explorateur de fichiers) dans laquelle on navigue pour choisir le dossier renfermant les photos à visualiser. Le menu **Fenêtre** propose l'option, **Barre de chemin**, qui affiche le chemin d'accès sur le disque au dossier contenant les fichiers affichés dans le panneau CONTENU. Ainsi, il est possible de naviguer dans cette hiérarchie, voire d'afficher tous les éléments des sous-dossiers par clic droit sur un dossier.

Le panneau Favoris

Le panneau FAVORIS présente quelques éléments par défaut. À tout moment, vous pouvez ajouter à cette liste un élément de votre choix (disque, dossier ou fichier) de manière à sélectionner plus rapidement les prochaines fois. Pour cela, sélectionnez l'élément voulu dans le panneau CONTENU et effectuez un clic droit pour choisir Ajouter aux favoris. L'opération se réalise également par glissement de l'élément dans le panneau FAVORIS. Les préférences de Bridge (⌘K [Ctrl K]) permettent d'ajouter des éléments à ce panneau. On les supprime par clic droit ou par glissement hors du panneau FAVORIS.

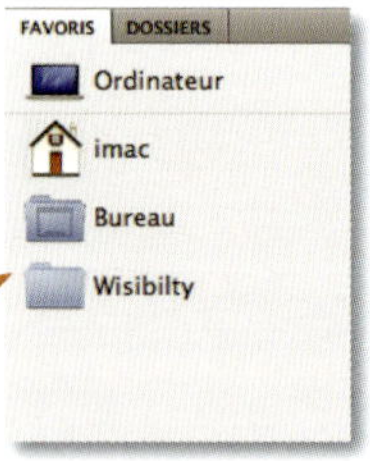

Dans les préférences de Bridge, on définit les éléments qui doivent apparaître dans les favoris. On peut en ajouter d'autres.

Le panneau Filtre

Ce panneau propose deux options pour trier et/ou filtrer.

– Le tri des fichiers affichés : il se réalise sur les fichiers restés affichés dans le panneau CONTENU et se définit par clic sur le tri actif (indiqué à droite de l'onglet FILTRE).

Tous ces tris d'affichage se retrouvent dans le menu **Affichage**/Trier, dans le menu contextuel affiché par clic droit dans le panneau CONTENU ou encore dans le nouveau menu local situé dans la **Barre de commandes** et qui porte le nom du tri en cours.

Le tri actif et la liste des tris.

– Le filtrage de l'affichage : un certain nombre de critères (rangés en rubriques : **Étiquette**, **Note**, **Type du fichier**, etc.) peuvent être retenus pour filtrer l'affichage des fichiers présents dans le panneau CONTENU.

Astuce ***Si vous avez ajouté des notes ou des étiquettes** (voir plus loin) **à certains fichiers, une nouvelle rubrique de filtres permettra de les utiliser pour filtrer l'affichage.***

Pour filtrer l'affichage, choisissez la rubrique voulue et cliquez sur le critère souhaité pour qu'il apparaisse coché — le nombre affiché à droite de son nom indique le nombre de fichiers correspondant à ce critère.

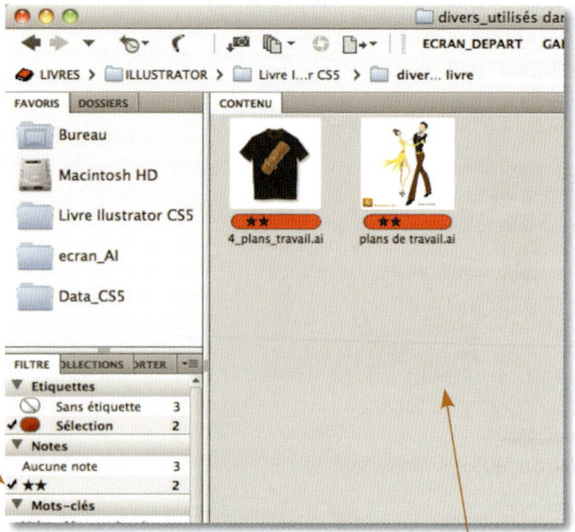

Ici, on a défini deux filtres qui se cumulent et limitent le nombre de fichiers affichés dans cette zone.

Le filtre choisi se cumule au dernier filtre actif dans la rubrique concernée (ainsi qu'à ceux des autres rubriques). Bridge propose des options d'utilisation des filtres ; le tableau suivant les résume.

Options de filtrage	Obtention
Remplacer les filtres en vigueur dans la rubrique active par un nouveau filtre.	⌥clic [Alt clic] sur le nouveau filtre.
Définir l'opposé du filtre choisi dans une rubrique.	⌥double-clic [Alt double-clic] sur le filtre.
Conserver (verrouiller) les filtres lors d'une navigation dans d'autres dossiers.	Clic sur l'icône située en bas du panneau.
Supprimer les filtres actifs.	Clic sur (s'il y a eu un verrouillage) ou sur ou ⌥⌘A [Alt Ctrl A].
Afficher/masquer tous les fichiers situés dans tous les sous-dossiers.	Clic droit sur le dossier dans la **Barre de chemin**.

Le panneau Contenu

Ce panneau montre des vignettes de dossiers et de fichiers (leur taille se règle en bas de la fenêtre). Le menu **Affichage** propose des commandes pour voir ou masquer : dossiers, noms des éléments (Vignettes seulement ou ⌘T [Ctrl T]) ou détails (nom, date, type…). Dans les préférences ⌘K [Ctrl K], puis rubrique Vignettes, spécifiez le texte supplémentaire à afficher sous la vignette. Dans la **Barre de commandes**, à l'aide des icônes ▩ ▩▾, définissez la qualité de l'aperçu des vignettes. C'est dans le panneau CONTENU que se sélectionnent les photos à manipuler (ouvrir, renommer, pivoter, etc.) ; pour l'afficher seul, tapez la touche ⇥ [⇥].

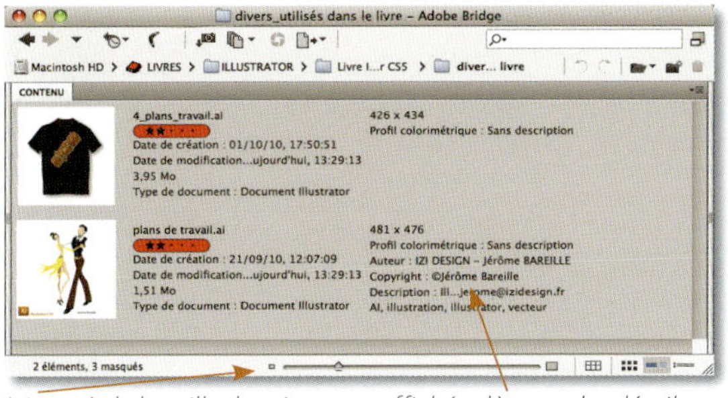

Ici, on règle la taille des vignettes affichées là avec des détails.

Le panneau Aperçu

C'est dans ce panneau que s'affiche un aperçu de la sélection réalisée dans le panneau CONTENU. Sa taille dépend de celle du panneau (verticalement, il peut s'agrandir en masquant les panneaux DOSSIERS et/ou MÉTADONNÉES). Vous pouvez afficher un panneau d'aperçu très grand pour constater rapidement la qualité d'une photo sélectionnée.

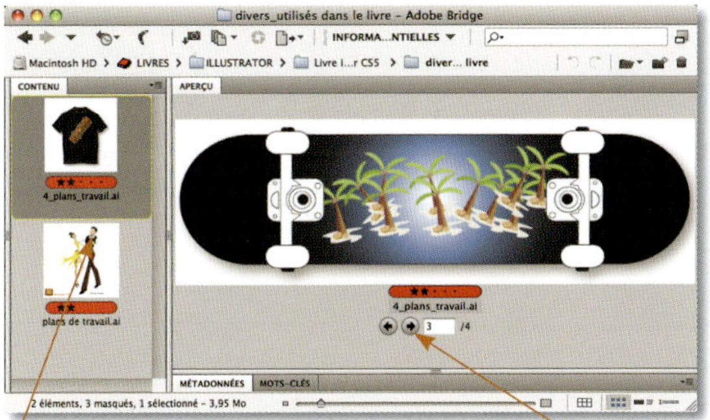

Ici, on sélectionne une image pour la voir en grand. Ici on passe d'un plan de travail à un autre si le document en comporte.

Dans le panneau APERÇU, Bridge est capable de montrer de nombreux types de fichiers tels que ceux d'animation (GIF, QuickTime, SWF, FLV…), de mise en page InDesign et PDF.

Si vous avez sélectionné plusieurs fichiers, Bridge montrera leur aperçu simultanément de manière à envisager une comparaison. En outre, pour mieux visualiser certains détails de l'aperçu, le curseur devient loupe quand il se déplace sur l'aperçu.

Un clic sur l'aperçu affiche une mini fenêtre de zoom dont le réglage (de 100 % à 800 %) s'effectue en tapant la touche + (– pour réduire). Une main apparaît dans cette petite fenêtre pour permettre son déplacement.

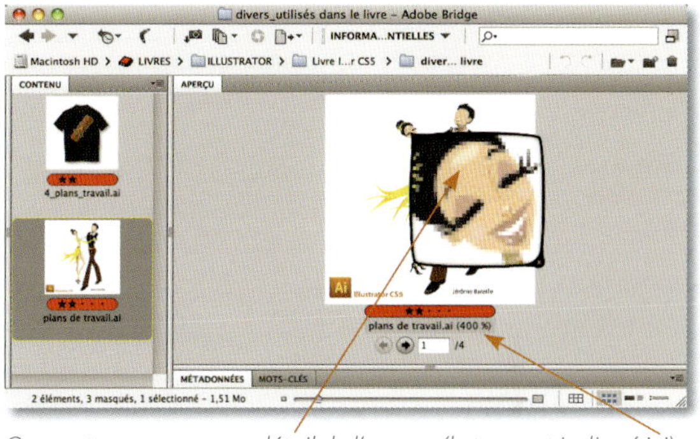

On peut zoomer sur un détail de l'aperçu (le taux est indiqué ici).

Le panneau Exporter

Il s'agit d'un nouveau panneau de la version CS5. Il permet à partir d'une sélection de fichiers (dans le panneau **Contenu**) de créer des images au format JPG. Le taux de compression, la taille et la position des images ainsi créées peuvent être spécifiés. Ces spécifications peuvent être enregistrées en tant que paramètres d'exportation prédéfinis pour être réutilisées ultérieurement. L'envoi direct vers certains sites peut être envisagé.

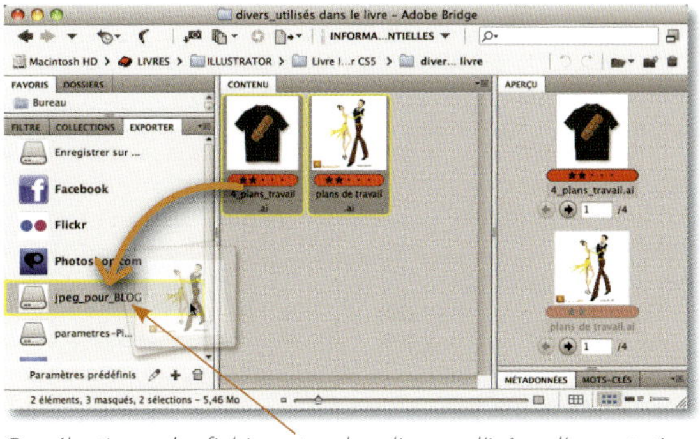

On sélectionne les fichiers et on les glisse sur l'icône d'exportation prédéfinie pour obtenir une série de fichiers JPG. L'exportation se réalise également par clic droit.

Les panneaux d'informations : Métadonnées et Mots-clés

L'utilisation des métadonnées, présentes dans certains fichiers ou ajoutées, facilite les recherches et les rangements des fichiers — les méthodes d'affectation et de recherche sont développées un peu plus loin. Le nombre de rubriques affichées dans le panneau **MÉTADONNÉES** (propriétés, IPTC…) se règle dans les préférences de Bridge. Au niveau des fichiers vectoriels, l'intérêt du panneau **MÉTADONNÉES** réside dans sa possibilité de lister les plaques, les nuances et les polices utilisées dans le document.

Au niveau des fichiers Illustrator le panneau MÉTADONNÉES n'a qu'un intérêt limité. En revanche, le bas du panneau indique les couleurs mais également les polices utilisées du fichiers.

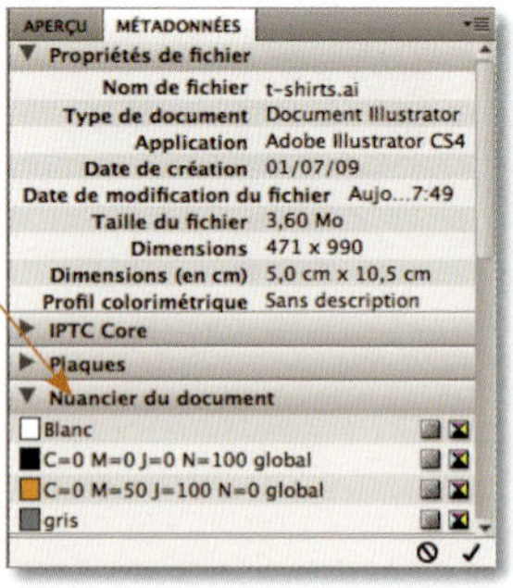

La gestion de l'affichage

Affichage plein écran

Bridge propose une option d'affichage très intéressante. En effet, si une vignette est sélectionnée, en enfonçant la touche Espace, l'image apparaît en plein écran. Il est alors possible de zoomer sur l'image, jusqu'à un affichage à 100 % par clic sur l'image, et jusqu'à 800 % avec la touche + (on dézoome avec la touche -). Si plusieurs images sont sélectionnées, vous passez de l'une à l'autre avec les touches fléchées du clavier.

Le Mode Vérification

Un mode d'affichage et de sélection d'images particulier est également disponible. C'est le **Mode Vérification** du menu **Affichage** ou du menu local **Affiner** . Les images sélectionnées (toutes, s'il n'y a pas de sélection) s'y affichent sous forme de carrousel (celle au centre peut être zoomée comme dans la fenêtre d'aperçu de Bridge en cliquant sur l'icône). Les flèches , en bas à gauche de l'écran, permettent de passer d'une vue à la suivante ou la précédente ; la flèche permet d'éliminer de ce carrousel l'image située au centre. Ces opérations se réalisent également avec les touches fléchées du clavier (ce qui s'avère plus rapide).

*Le **Mode Vérification** : ❶ le carrousel ; ❷ les flèches d'affichage et d'élimination ; ❸ le zoom ; ❹ et ❺ gestion de la collection.*

Une fois que vous avez défini quelles photos devaient rester affichées, vous pouvez les regrouper dans une collection en cliquant sur l'icône . Celle-ci apparaîtra dans le panneau **CONTENU** de Bridge. Les fichiers n'ont pas été déplacés de leur dossier d'origine, en fait, les vignettes constituent des images virtuelles qui gardent un lien vers le fichier d'origine de manière à avoir un accès plus rapide à l'image. À ce stade, il est encore possible d'éliminer une photo de la collection. Cette dernière (sorte de dossier virtuel) restera utilisable, *via* le panneau **COLLECTIONS**, tant que les fichiers n'auront pas été supprimés, renommés ou déplacés dans le dossier d'origine.

Ce dossier constitue une collection d'images à laquelle on accède rapidement.

Le bas du panneau **Bridge** propose, dans sa partie droite, deux façons d'afficher les fichiers : avec une grille de verrouillage et par liste.

LA GRILLE DE VERROUILLAGE

Dans le panneau CONTENU, le nombre de vignettes visibles dépend de la taille du panneau ; il varie selon les dimensions du panneau. Si vous cliquez sur l'icône **Grille** (⊞), le nombre de vignettes affichées restera le même, seules les dimensions des vignettes seront adaptées pour respecter le changement du panneau CONTENU. L'option **Grille** constitue donc une sorte de verrouillage du nombre de vignettes affichées.

L'AFFICHAGE PAR LISTE

L'affichage par liste, accessible par l'icône ☰ (ou par le menu **Affichage/Liste**), est très intéressant car il est possible d'y modifier l'ordre des colonnes (par glissement de leur nom) pour placer plus à gauche les rubriques qui vous semblent plus importantes. En cliquant sur le nom de l'une d'elles, il est possible d'utiliser son thème comme critère de tri (il peut être ascendant ou descendant par clic sur ˄ ou ˅ à droite du nom de la rubrique).

L'AFFICHAGE SOUS FORME DE PILE

La pile de fichiers peut être créée manuellement ou de manière automatique.

La création manuelle d'une pile

Bridge propose une option pour ranger les photos dans le panneau CONTENU : elle consiste à les regrouper sous la forme d'une pile. Par la suite, on pourra ne visualiser que la première photo de la pile ou l'ensemble de ses constituants. Le panneau CONTENU peut renfermer plusieurs piles que l'on manipule par les commandes du menu **Pile** (ou par les raccourcis clavier que propose ce menu).

Pour créer la pile, sélectionnez les photos par ⇧clic (ou ⌘clic [Ctrl clic] si les photos ne sont pas contiguës) et lancez la commande Grouper comme pile du menu **Piles** (au clavier, tapez ⌘G [Ctrl G]). Les photos groupées s'afficheront ensemble dans le panneau APERÇU sauf si vous cliquez sous la première de la pile dans le panneau CONTENU.

Vous pouvez développer la pile en cliquant sur le chiffre indiquant le nombre de fichiers qu'elle renferme, puis en changer l'ordre en utilisant les commandes du menu **Piles**. Si vous glissez un élément sur la pile, il s'intégrera à celle-ci et fera partie du groupe.

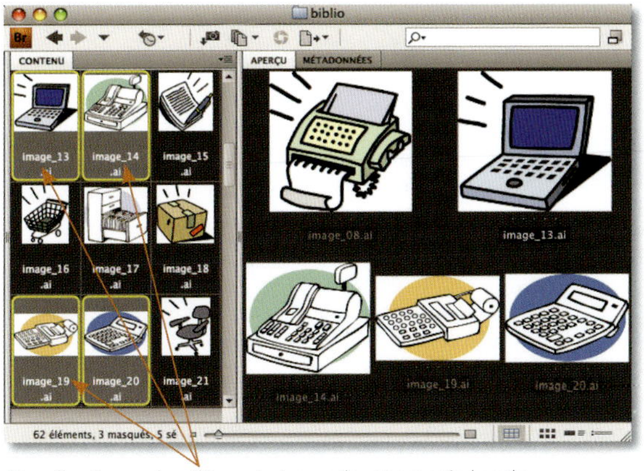

On sélectionne les éléments à empiler et on crée la pile.

En cliquant ici, on développe la pile ; en cliquant sur sa base, on ne garde affichée que la première photo de la pile.

L'AFFICHAGE EN DIAPORAMA

Cette fonctionnalité permet de visualiser rapidement sous forme d'un diaporama une série d'images situées dans un même dossier — s'il y a une sélection ou une pile, le diaporama se limite aux images sélectionnées ou au contenu de la pile. Il se lance à partir du menu **Affichage** et de sa commande **Diaporama** (au clavier ⌘L [Ctrl L]). Le défilement est automatique ; la vitesse de défilement ainsi que d'autres options (légende, taille, rotation, boucle...) peuvent être réglées lors de la projection.

Pour modifier les réglages du diaporama, tapez la touche H ; un panneau s'affiche sur le diaporama pour indiquer comment utiliser toutes les options. Une fenêtre permet d'autres réglages du diaporama, elle s'affiche par la commande **Options du diaporama** dans le menu **Affichage**.

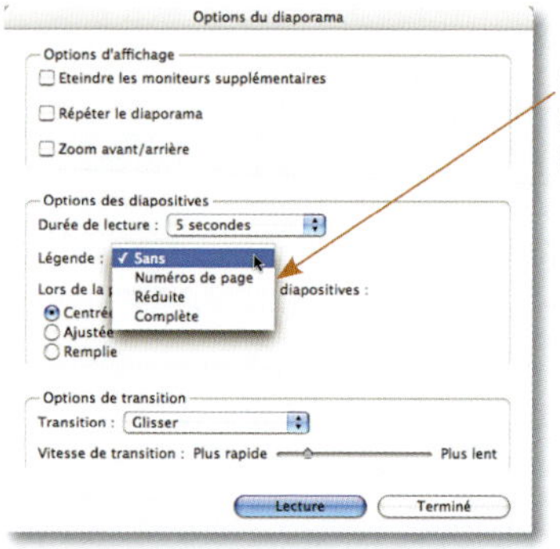

On peut afficher une légende de l'illustration (nom, note...).

ASTUCE *Lors de la visualisation, il est possible d'affecter aux vues une note (en tapant un chiffre de 1 à 5) et/ou une étiquette colorée (de 6 à 9) et d'effectuer ainsi un premier classement. Par la suite, celui-ci pourra être utilisé dans les filtres d'affichage* (voir ci-après).

L'affichage en mode réduit

Ce mode, activé par le menu **Affichage**, en cliquant sur l'icône situé en haut à droite de la fenêtre de Bridge ou encore en tapant ⌘↵ [Ctrl ↵], affiche seul le panneau CONTENU. Cette fenêtre réduite reste au-dessus de toutes les autres fenêtres d'application en lançant l'option Fenêtre réduite toujours visible dans le menu local (▾≡).

On retrouve le mode étendu ou complet en cliquant sur l'icône ou par le menu **Affichage**. Ce type d'affichage s'avère utile pour le placement d'images par glissement dans d'autres logiciels tels qu'InDesign.

La fenêtre réduite de Bridge.

La gestion des espaces de travail

Les espaces de travail prédéfinis

Vous pouvez configurer votre espace de travail en n'affichant que certains panneaux (dans la taille qui vous convient) et l'enregistrer pour le réutiliser plus tard. Avant de voir la façon de faire cet enregistrement, examinons les espaces de travail par défaut proposés par Bridge. Ces derniers sont accessibles par le menu **Fenêtre/Espace de travail**. Vous pouvez également choisir un affichage dans la **Barre de commandes** dans laquelle figure la liste des espaces (certains d'entre eux sont directement accessibles en cliquant sur leur nom).

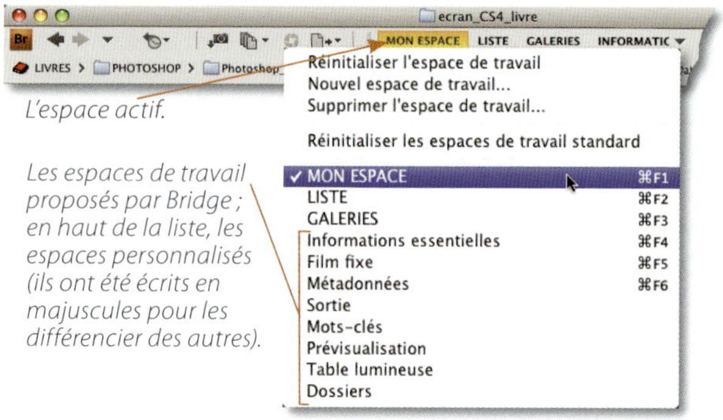

L'espace actif.

Les espaces de travail proposés par Bridge ; en haut de la liste, les espaces personnalisés (ils ont été écrits en majuscules pour les différencier des autres).

Voici la description de quelques-uns de ces espaces.

Film fixe

Les vignettes (panneau CONTENU) sont affichées en bas sur une ligne au-dessus de laquelle figure le panneau APERÇU dont la dimension a été considérablement augmentée.

Métadonnées

Le panneau MÉTADONNÉES est ouvert à gauche sous le panneau FAVORIS ; à droite, on trouve le panneau CONTENU, dans lequel les vignettes sont affichées avec l'option Liste afin de lire toutes leurs caractéristiques.

Sortie

Cet espace de travail donne accès à de nouvelles fonctionnalités (*voir plus loin*) qui permettent de créer des présentations au format PDF (planches-contacts, collection d'images, diaporama PDF), ou au format Web (galerie de photos).

Mots-clés

Le panneau MOTS-CLÉS est ouvert à gauche sous le panneau FAVORIS ; à droite, on trouve le panneau CONTENU, dans lequel les vignettes sont affichées avec l'option Détaillée afin de lire toutes leurs caractéristiques.

Table lumineuse

Avec cet espace de travail, seul le panneau CONTENU est visible, la taille des vignettes dépend de la taille de la fenêtre et augmente avec cette dernière. Cependant, vous pouvez modifier leur taille par glissement du curseur situé en bas de la fenêtre de Bridge et taper ⌘T [Ctrl T] si vous ne souhaitez pas voir les noms des fichiers. L'option Table lumineuse permet de prévisualiser rapidement vos photos.

Dossiers

Cet espace montre à gauche les panneaux FAVORIS et DOSSIERS superposés et, à droite, le panneau CONTENU. La navigation dans les dossiers du disque y est facilitée.

L'ENREGISTREMENT DE L'ESPACE DE TRAVAIL

Si vous souhaitez conserver un espace de travail que vous avez défini, lancez la commande Enregistrer l'espace de travail dans le menu **Fenêtre**, puis Espace de travail (ou en cliquant sur le triangle à droite de la liste des espaces). Ce nouvel espace viendra s'ajouter à la liste des espaces prédéfinis et personnalisés (il deviendra également actif).

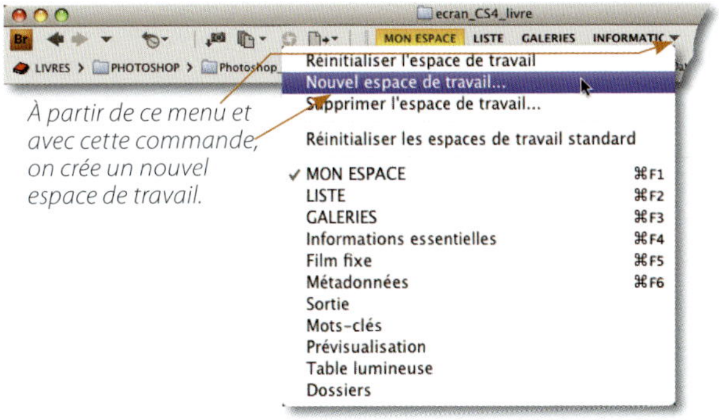

À partir de ce menu et avec cette commande, on crée un nouvel espace de travail.

Les traitements de fichiers

Les fonctions particulières de Bridge

LA SYNCHRONISATION DE LA GESTION DES COULEURS

Bridge offre la possibilité de synchroniser la gestion des couleurs de l'ensemble des applications de la Creative Suite. Cette opération se réalise à partir de la dernière commande du menu **Édition**. Une fenêtre (*voir ci-dessous*) liste une série de réglages de gestion des couleurs parmi lesquels vous choisissez celui correspondant aux travaux à réaliser.

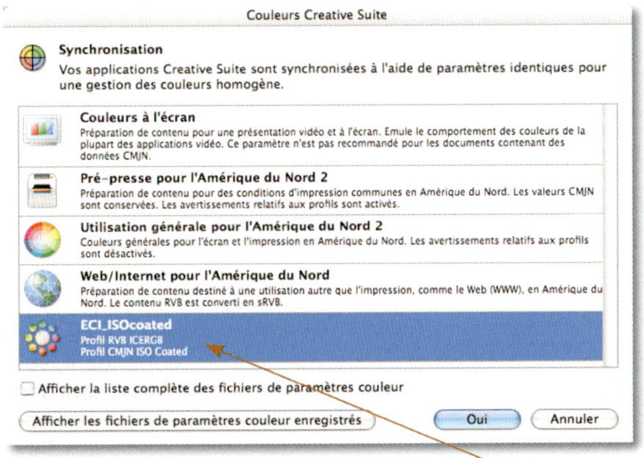

*Toutes les applications de la Creative Suite utiliseront ce réglage (préparé avec la commande **Édition/Couleurs** de Photoshop).*

Les traitements basiques

L'OUVERTURE DES FICHIERS

Pour ouvrir une ou plusieurs images, sélectionnez leurs vignettes et effectuez un double-clic sur l'une d'entre elles, ou lancez la commande Ouvrir du menu **Fichier** de Bridge ou du menu contextuel. Ces derniers permettent également de choisir avec quel programme le fichier doit être ouvert (**Ouvrir avec**). Par exemple, un fichier PDF s'ouvrira dans Acrobat par double-clic sur sa vignette alors qu'il pourra être ouvert dans Illustrator par clic droit.

SUPPRIMER DES IMAGES

Si certaines images ne vous sont plus utiles, sélectionnez-les et supprimez-les par clic sur l'icône 🗑 située en haut de la fenêtre de Bridge (sur Mac, on supprime par ⌘Efface).

LE DÉPLACEMENT D'IMAGE DEPUIS OU VERS BRIDGE

Pour exclure une image d'un dossier, glissez-la directement sur le Bureau (avec ⌥[Alt], elle restera dans le dossier et il y aura une copie sur le Bureau). Inversement, si vous glissez une image du Bureau dans la fenêtre de Bridge, le fichier sera déplacé (copié avec ⌥[Alt]) dans le dossier dont Bridge affiche le contenu. Un fichier peut être déplacé (ou copié avec ⌥[Alt]) par glissement de sa vignette sur un autre dossier de la zone des dossiers (sur Mac, il y aura un alias avec ⌥⌘).

Astuce *Une icône située dans la **Barre de commandes** de base permet la création de dossier pour y placer des fichiers.*

Les placements dans une autre application

Un fichier image sélectionné dans Bridge peut être placé directement dans une mise en page InDesign affichée à l'écran ou dans un document ouvert d'Illustrator (ou de Photoshop). Cette opération se réalise avec le sous-menu **Importer** du menu **Fichier** de Bridge. Dans le cas d'InDesign, l'opération peut se réaliser par glissement d'une ou plusieurs images (ou fichier texte). Une vignette de placement avec un chiffre indiquant le nombre d'éléments importés s'affichera sur la page. Vous placerez l'élément par clics ou glissements du curseur en ayant pris soin de le visualiser d'abord en tapant les touches fléchées pour passer de l'un à l'autre.

Dans un premier temps, on voit cette icône, puis celle-ci avec un numéro. On passe d'une image à l'autre par les touches fléchées.

Dans le cas du placement d'une image dans Photoshop, le fichier importé (qu'il vienne de Photoshop ou d'Illustrator) apparaît en tant qu'objet dynamique.

Les métadonnées et les recherches de fichiers

Les types de métadonnées et mots-clés

Les métadonnées

Les métadonnées se répartissent en plusieurs catégories dont certaines n'apparaissent qu'avec des images de type photographique : **Propriétés du fichier**, **IPTC**, **Données de l'appareil photo (Exif)**, **Camera Raw**, **GPS**, **Modifier l'historique**. Chacune d'elles donne des informations sur le fichier. Certaines sont modifiables directement dans Bridge, d'autres ne le seront que dans le document ouvert et d'autres encore ne peuvent qu'être consultées.

Toutes sont répertoriées dans la fenêtre **Informations sur le document** à laquelle on accède par le menu **Fichier** de Bridge.

Les propriétés du fichier

Elles ne sont pas modifiables. Il s'agit du nom du fichier, de la date de création, du format, de la taille, du poids, de la résolution, du profil...

Les données IPTC

IPTC (*International Press Telecommunications Council*) sont des données personnalisables, telles que la description de l'image, le nom de son auteur et le copyright éventuel. Certaines informations deviennent visibles sous la vignette selon les réglages des préférences de Bridge. Ces données peuvent être utilisées lors de la réalisation de Galerie photo Web par la commande de Bridge.

Astuce *Si vous sélectionnez une série d'images dans Bridge (par clics avec ⇧ ou ⌘ [Ctrl] selon que les vignettes sont consécutives ou non), vous pourrez affecter un nom, un copyright... à la série.*

Les mots-clés

Leur attribution au document a pour but de faciliter les recherches ultérieures ; elle s'effectue à partir du panneau **Mots-clés** ou dans la fenêtre **Informations**.

Les préférences d'affichage des métadonnées

Le nombre de métadonnées affichées est élevé. Si vous estimez que certaines d'entre elles ne doivent plus l'être, décochez-les dans la liste affichée par la fenêtre des préférences des métadonnées (**Préférences** du menu **Bridge** [Édition], ⌘K [Ctrl K], ou du menu local du panneau **Métadonnées**).

Les informations et les métadonnées

Un certain nombre de métadonnées sont regroupées dans les informations du fichier. On y accède depuis Bridge par clic droit sur une vignette et la commande **Informations**.

L'affectation des mots-clés et de métadonnées

L'affectation locale

Cliquez sur l'onglet **Mots-clés** dans Bridge pour afficher la rubrique correspondante puis cliquez sur l'icône ✚ pour créer des dossiers (ils définiront des thèmes). Dans chacun d'eux, ajoutez des mots-clés en cliquant sur ✚. Sélectionnez les vignettes choisies dans Bridge et affectez-leur les mots-clés voulus en cliquant sur la case de la colonne gauche.

Attention *Quand vous modifiez dans Bridge les métadonnées d'un fichier image déjà placé dans InDesign, le panneau **Liens** de ce dernier indiquera une icône de fichier modifié car Bridge réenregistre le fichier pour y faire figurer les nouvelles métadonnées.*

La création d'un modèle de métadonnées

Pour créer un modèle de métadonnées, sélectionnez une vignette dans Bridge et affichez la fenêtre des **Informations** par clic droit. Dans la rubrique **Description**, remplissez tous les champs dont le contenu doit être commun à une série de photos. Il peut s'agir des champs **Auteur**, **Mots-clés** (et éventuellement **Description**). La rubrique **Origine** peut également renfermer des champs identiques pour une série de dessins (par exemple **Date de création**). Une fois les champs renseignés, déroulez le menu local (en haut à droite) et lancez **Enregistrer le modèle de métadonnées**. Un fichier est créé, il sera visible dans le menu local. Les modèles sont des fichiers **.xmp** placés dans un sous-dossier du programme. Ils peuvent être ouverts et modifiés dans un traitement de texte.

L'affectation de métadonnées par modèle

Une fois les vignettes sélectionnées, l'affectation du modèle de métadonnées se réalise par le menu **Outils** de Bridge. Il propose les commandes **Ajouter** ou **Remplacer les métadonnées** qui listent les modèles enregistrés — l'ajout n'affecte que les mots-clés, les autres champs ne sont modifiés que s'ils sont vides. Certaines métadonnées peuvent devenir visibles sous la vignette en fonction des réglages des préférences de Bridge.

LA RECHERCHE D'IMAGES ET LES COLLECTIONS

Le menu **Édition** de Bridge propose une fenêtre de recherche (⌘F [Ctrl F]). Cette recherche s'effectue dans le dossier sélectionné dans Bridge ou dans celui que vous désignerez dans la fenêtre. Les critères de recherche sont cumulables (par clic sur l'icône ⊕) et peuvent faire intervenir le nom du fichier, les couleurs d'étiquette, les dates de création, les mots-clés ou toute autre métadonnée.

Les résultats s'affichent dans une nouvelle fenêtre, vous pouvez y lancer une recherche ou les enregistrer en tant que **Collection** : elle constitue une mémorisation de la recherche et joue le rôle de dossier virtuel regroupant des images de diverses provenances. Vous accédez aux collections enregistrées à partir de l'onglet **Favoris**. Quand vous ouvrez l'une d'elles, la recherche mémorisée est relancée — les critères de recherche qu'elle comporte sont alors éditables. La quantité de fichiers trouvés peut varier si de nouveaux fichiers correspondent aux critères spécifiés.

Les traitements basiques de Bridge

PIVOTER LES IMAGES (PHOTO UNIQUEMENT)

Si certaines images n'ont pas l'orientation voulue, sélectionnez-les dans Bridge et redressez-les par le menu contextuel affiché sur l'une de ces vignettes. Cette opération n'est utile que pour les photos.

SUPPRIMER DES FICHIERS

Si certains fichiers ne vous sont plus utiles, supprimez-les en cliquant sur l'icône 🗑 située en haut à droite de la fenêtre de Bridge après les y avoir sélectionnés.

LE DÉPLACEMENT D'IMAGE DEPUIS OU VERS BRIDGE

Si vous souhaitez sortir une image du dossier dans lequel elle se trouve, glissez la sélection directement sur le bureau — avec la touche ⌥[Alt], il y aura copie. Inversement, si vous glissez une image située sur le bureau dans Bridge, le fichier sera déplacé (copié avec ⌥[Alt]) dans le dossier dont Bridge affiche le contenu. Un fichier peut être déplacé (ou copié avec ⌥[Alt]) par glissement de sa vignette d'aperçu sur un autre dossier de la zone des dossiers.

NOTE *L'icône 📁 située dans la barre de commandes de base permet la création d'un nouveau dossier.*

LES PLACEMENTS DANS UNE AUTRE APPLICATION

Un fichier-image sélectionné dans Bridge peut être placé directement dans une mise en page InDesign affichée à l'écran ou dans un document ouvert d'Illustrator. Cette opération se réalise avec la commande **Importer** du menu **Fichier** de Bridge. L'opération peut se réaliser par glissement direct d'une image (vectorielle ou non) sur le document Illustrator. Celle-ci est placée comme un fichier importé avec un lien. Si le ficher est vectoriel, son incorporation, par clic sur le bouton **Incorporer** dans le panneau **Contrôle**, permettra la modification de l'image dans Illustrator.

UN TRAITEMENT SPÉCIFIQUE : LA VECTORISATION

Le sous-menu **Illustrator** du menu **Outils** de Bridge propose un traitement spécifique à Illustrator. Il s'agit de la vectorisation dynamique d'une image pixellisée. Dans le panneau CONTENU, sélectionnez les images à vectoriser puis lancez **Vectorisation dynamique** (menu **Outils/Illustrator**).

> **ASTUCE** *La taille de l'image vue dans Photoshop avec l'affichage **Taille d'impression** définit la dimension qu'aura le dessin vectorisé dans Illustrator.*

Une fenêtre affiche la liste des fichiers à traiter et propose quelques options concernant la destination du résultat et la méthode de vectorisation.

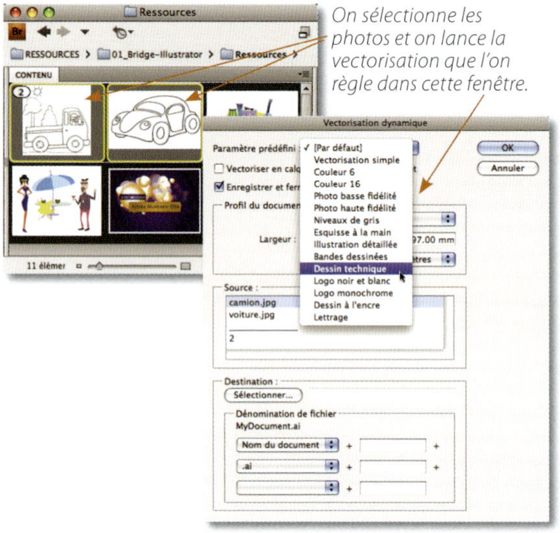

On sélectionne les photos et on lance la vectorisation que l'on règle dans cette fenêtre.

La destination

Par défaut, chaque fichier est vectorisé à part et fait l'objet d'un fichier séparé. Vous devez choisir un dossier dans lequel sera placé l'ensemble des fichiers. Une autre option permet de réaliser toutes les vectorisations dans un seul fichier (CMJN) qui apparaîtra ouvert à l'écran et comportera autant de calques qu'il y avait de fichiers à vectoriser.

Les paramètres de vectorisation

Le choix du paramétrage de la vectorisation s'effectue par le menu local **Paramètres prédéfinis**. il propose une liste de vectorisations liées au nombre de couleurs (leur étude sera abordé plus loin dans ce livre). La qualité du résultat varie selon ce choix mais étant donné que cette vectorisation est dynamique, elle pourra être relancée une fois le fichier rouvert dans Illustrator.

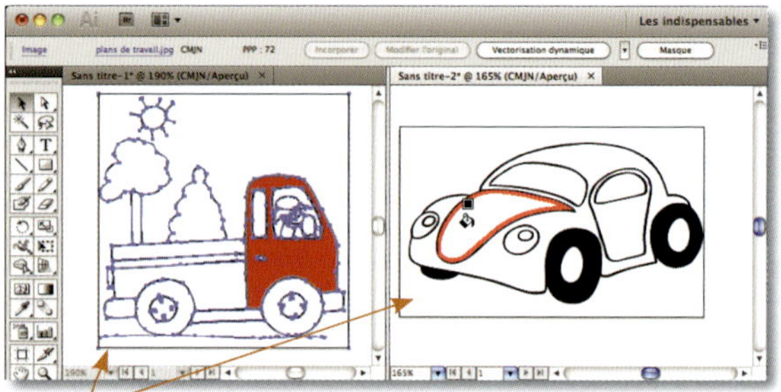

Les deux fichiers issus de la vectorisation dynamique, on a commencé à les colorer de manière dynamique.

Partie 2

Les techniques de dessin

1 - Le dessin libre

2 - Le dessin par vectorisation

3 - Le dessin de formes et de lignes

4 - Le dessin des symboles

5 - Le dessin en perspective

1 - Le dessin libre

Dans Illustrator, les illustrations créées sont composées de lignes et de courbes définies par des éléments mathématiques appelés vecteurs. Ces vecteurs décrivent les objets constituant l'image selon ses caractéristiques géométriques (largeur, longueur, position, couleur...). Vous pouvez déplacer, redimensionner ou modifier la couleur de ces objets sans perdre en qualité d'image.

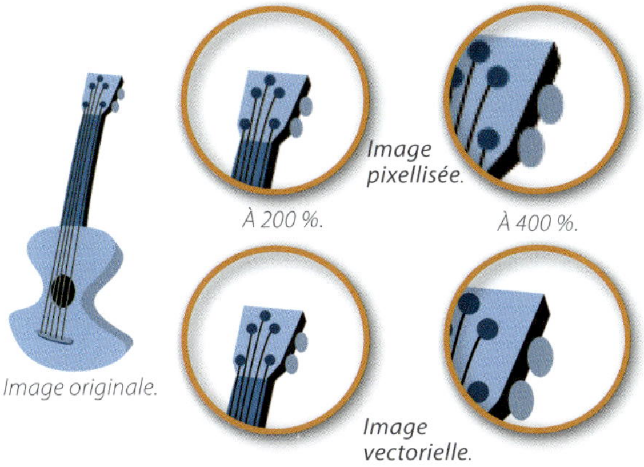

Contrairement au cas du dessin point par point (bitmap), dans un dessin vectoriel on ne définit pas de pixels, ainsi les images vectorielles n'ont pas de résolution et sont donc mieux adaptées à la représentation des images qui doivent conserver des lignes précises lorsqu'elles sont mises à diverses échelles (c'est le cas des logos, des cartes, des plans et de nombreuses illustrations).

Illustrator propose quelques techniques de dessin telles que :

- le **dessin libre** (crayon, pinceau ou plume...) ;
- le **dessin par reproduction** en utilisant une image importée pour une vectorisation dynamique ou comme modèle pour une reproduction manuelle ;
- le **dessin programmé** (rectangles, ovales...) ;
- le **dessin avec des symboles** (pour une gestion facile des éléments répétitifs).

Avant de démarrer un dessin libre

La préparation pour les retouches

Quand vous dessinez avec les outils de dessin libre (crayon, pinceau et plume), Illustrator place des points (les **points d'ancrage**) pour définir le tracé. Vous serez amené à effectuer des retouches sur ces points.

Certaines d'entre elles (déplacement de points notamment) se réalisent en enfonçant ⌘[Ctrl] pour activer temporairement l'outil de sélection (sans quitter l'outil actif) ; aussi, avant d'activer un outil de dessin, tapez A pour activer l'outil **Sélection directe** qui est le seul à permettre ces retouches. Ainsi, c'est cet outil ( ) et non ( ) qui s'affichera quand vous enfoncerez ⌘ [Ctrl] pour faire des retouches.

Les couleurs des tracés

Avant d'entamer le dessin, vérifiez également dans le panneau **Couleur** (ou le panneau **Outils**) que votre objet ne risque pas de se retrouver avec un fond blanc sans contour ( ), ou sans fond ni contour ( ) car il deviendra invisible dès qu'il ne sera plus sélectionné.

Choisissez donc une couleur temporaire « visible » (par exemple, celle par défaut , en tapant D).

L'outil Crayon

L'outil **Crayon** s'active en tapant N. Pour dessiner, glissez l'outil (marqué d'un ×) : un tracé pointillé apparaît, il se transforme en tracé continu de la couleur du calque dès que vous relâchez le bouton de la souris. L'allure du tracé dépend du réglage de l'outil, aussi avant de commencer à dessiner, réglez les préférences de l'outil **Crayon** affichées par un double-clic sur l'outil **Crayon** ou en tapant ↵.

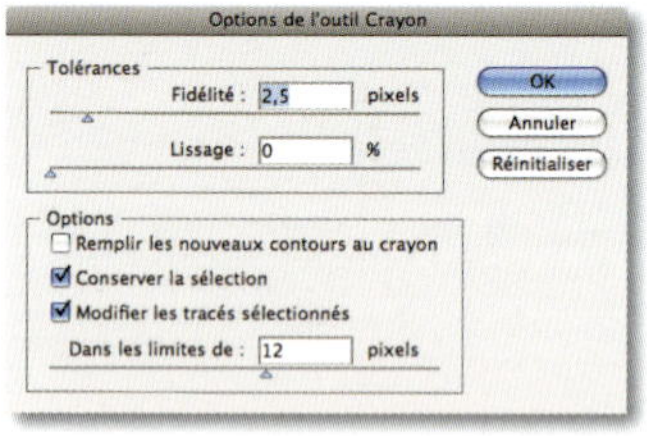

La fenêtre de réglages de l'outil Crayon.

Les réglages de l'outil Crayon

La fenêtre de l'outil comporte deux catégories de réglages :

- **Tolérances** qui concerne l'aspect du tracé ;
- **Options** qui définit le comportement du tracé et de l'outil **Crayon** une fois son dessin terminé.

L'aspect du tracé : tolérances

Fidélité et **Lissage** prédéterminent la précision du tracé.

La Fidélité

Elle définit la distance que doit parcourir l'outil **Crayon** avant qu'Illustrator n'ajoute un point au tracé ; si elle est faible, le tracé comportera beaucoup de points.

Le Lissage

Il définit l'écart entre le chemin réellement suivi par l'outil **Crayon** et le tracé final ; une valeur forte provoque un lissage important ainsi le tracé s'éloigne davantage du chemin suivi et apparaît simplifié avec des courbures adoucies.

L'activation du tracé : options

Illustrator propose l'option **Remplir les nouveaux contours au crayon**, activée, le fond du tracé sera coloré. L'option **Conserver la sélection** permet de garder le tracé sélectionné, ce qui est indispensable pour le retravailler en glissant l'outil **Crayon** dessus — l'outil a l'aspect suivant :. Cette retouche n'est possible que si l'option **Modifier les tracés sélectionnés** est également cochée.

Quelques techniques de traçage

Les tracés multiples rapprochés

Si vous souhaitez créer un second tracé proche du premier, vous devez désélectionner le dernier tracé. Pour cela, tapez ⇧⌘A [⇧Ctrl A] : l'outil **Crayon** redevient. Pour réaliser une série de tracés proches les uns des autres, il est préférable de décocher l'option **Modifier les tracés sélectionnés** afin que l'outil **Crayon** soit réactivé () après chaque tracé. Il est possible de trouver un compromis en réduisant la valeur (12) de la case **Dans les limites de**.

La fermeture d'un tracé

Pour fermer un tracé en cours de réalisation, enfoncez la touche ⌥ [Alt], l'outil **Crayon** se change en, amenez-le alors sur le point de départ du tracé. Si vous relâchez la souris avant le point d'origine, Illustrator ferme automatiquement le tracé par une ligne droite.

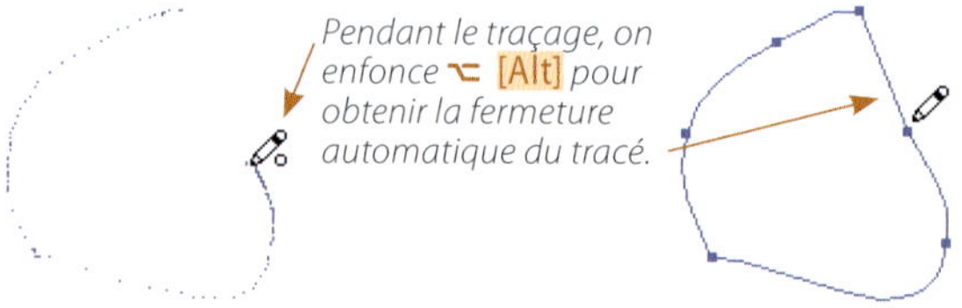

Le prolongement d'un tracé

Pour prolonger un tracé, sélectionnez-le (par ⌘clic [Ctr clic] sur son fond ou son contour) amenez l'outil **Crayon** près d'une extrémité : il devient, vous pouvez alors le glisser, il y a prolongation du tracé.

Ici on créera un nouveau tracé. Ici on prolongera le tracé existant.

Le raccordement de deux tracés

Pour raccorder des tracés, sélectionnez-les (tapez ⌘A [Ctrl A]), dessinez en glissant l'outil **Crayon** depuis une extrémité, puis enfoncez ⌘ [Ctrl] (l'outil **Crayon** devient), et continuez à glisser l'outil **Crayon** jusqu'au second tracé à raccorder. Dès que vous relâchez la souris, les deux tracés sont reliés.

Les retouches de tracés

Les techniques de travail d'un tracé indiquées ci-après ne s'appliquent pas qu'aux tracés créés avec l'outil **Crayon** mais à tous les tracés (y compris ceux utilisés dans des groupes de peinture dynamique). En outre, lors d'un dessin avec l'outil **Pinceau**, vous pourrez retoucher le tracé par cette technique et ceci, aussi bien avec l'outil **Pinceau** qu'avec l'outil **Crayon**. Les retouches peuvent se réaliser de différentes manières : avec l'outil **Crayon**, avec l'outil **Arrondi** ou encore avec l'outil **Gomme** s'il s'agit de supprimer une partie de tracé.

Les retouches avec l'outil Crayon

Quand un tracé est sélectionné et l'option **Modifier les tracés sélectionnés** des préférences de l'outil **Crayon** cochée, vous pouvez changer son allure en repassant l'outil **Crayon** le long de son dessin : un nouveau tracé remplacera le précédent. En opérant plusieurs passages, ajustez l'allure du dessin jusqu'à lui donner un aspect convenable.

*Avec l'outil **Crayon**, qui prend cet aspect, on peut modifier le tracé sélectionné.*

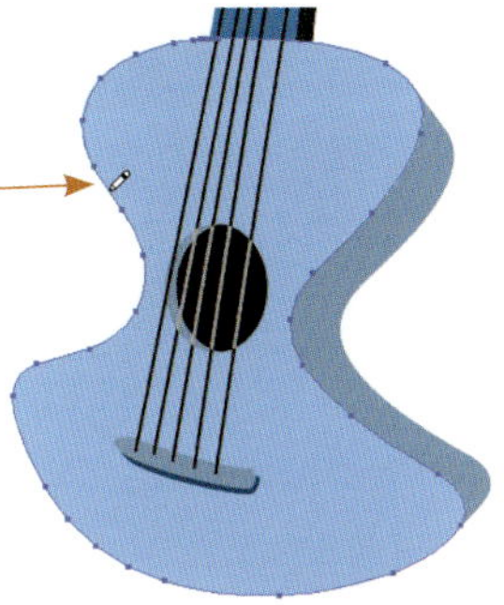

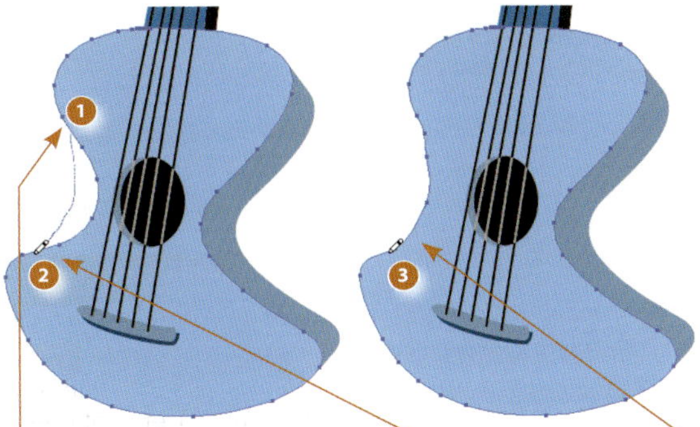

On part du tracé ①, on glisse l'outil et on revient sur le tracé ② : il change d'aspect dès qu'on relâche le bouton de la souris ③.

ATTENTION *Le glissement de l'outil **Crayon** doit démarrer sur le contour du tracé et s'arrêter à un autre endroit mais toujours sur ce contour. Si vous relâchez hors du tracé, une partie de ce dernier risque de disparaître.*

ASTUCE *Pendant les retouches de tracés, vous pouvez afficher les préférences de l'outil **Crayon** (en tapant ↵) pour changer les valeurs de tolérance ; ceci permettra d'obtenir, sur un même tracé, des parties très lissées et d'autres moins.*

Les retouches avec l'outil Arrondi

L'outil **Arrondi** s'active depuis le panneau **Outils** par ⌥clic [Alt clic] sur l'outil **Crayon** ou, sur l'illustration, avec l'outil **Crayon**, en maintenant enfoncée ⌥ [Alt] il devient **Arrondi**. Ici aussi le tracé doit être sélectionné, mais comme l'outil n'agit que sur un tracé à la fois, vous pouvez sélectionner par ⌘A [Ctrl A].

Cet outil s'utilise par glissements le long du tracé à modifier et il permet un lissage du tracé par élimination de zones anguleuses. Vous pouvez paramétrer l'outil dans sa fenêtre d'options (affichée par double-clic sur l'outil **Arrondi** ou en tapant ↵) pour que le lissage soit plus ou moins important.

*Avec l'outil **Arrondi**, on veut adoucir le tracé sélectionné. L'outil possède des options.*

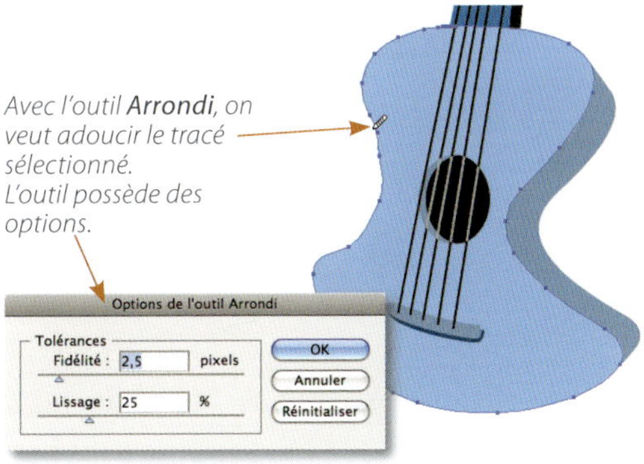

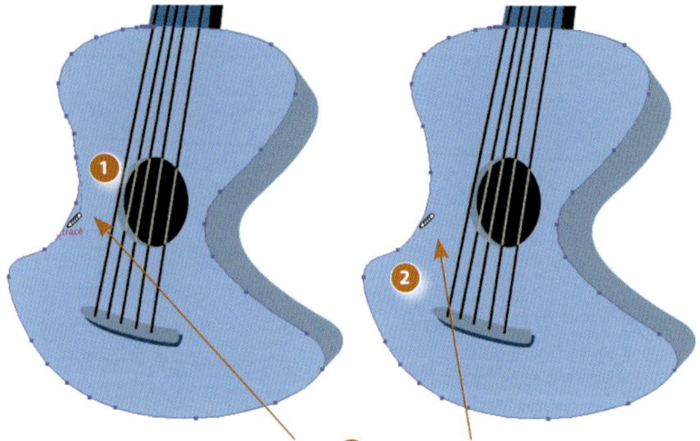

On glisse l'outil le long du tracé ❶ : il change d'aspect à chaque passage ❷.

Les retouches avec les gommes

Illustrator CS4 possède deux outils **Gomme**, l'un est une **gomme de tracés**, elle est disponible à partir de l'outil **Crayon** et l'autre est une **gomme d'objets**, elle s'active directement à partir du panneau **Outils**.

L'outil Gomme de tracés

Cet outil **Gomme** s'active par ⌥clics [Alt clics] sur l'outil **Crayon**. Si vous la glissez le long d'un tracé, elle provoque un effacement partiel de ce dernier. Cela peut être pratique pour raccourcir un tracé ou pour créer un trou dans un tracé fermé en vue de le raccorder avec un autre. Le tracé doit être sélectionné pour que l'outil **Gomme** puisse agir ; s'il ne l'est pas, tapez ⌘A [Ctrl A] ou enfoncez la touche ⌘ [Ctrl] et cliquez sur le tracé.

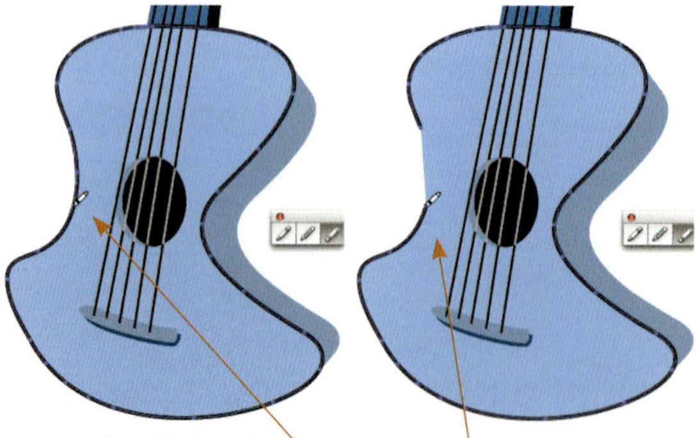

On glisse l'outil le long du tracé : une partie disparaît quand on relâche le bouton de la souris (ici, on a ajouté un contour au tracé pour mieux visualiser l'action de cette gomme).

> **Astuce** *N'oubliez pas que l'outil **Gomme, Arrondi** ou même l'outil **Crayon** s'utilisent sur n'importe quel tracé.*

L'outil Gomme d'objets (ou de fond)

Cet outil **Gomme** est visible dans le panneau **Outils** (il s'active en tapant ⇧E). L'outil possède une taille que l'on peut régler par sa fenêtre d'options (affichée en tapant ↵) ou directement au clavier en tapant) pour agrandir, ou (pour réduire.

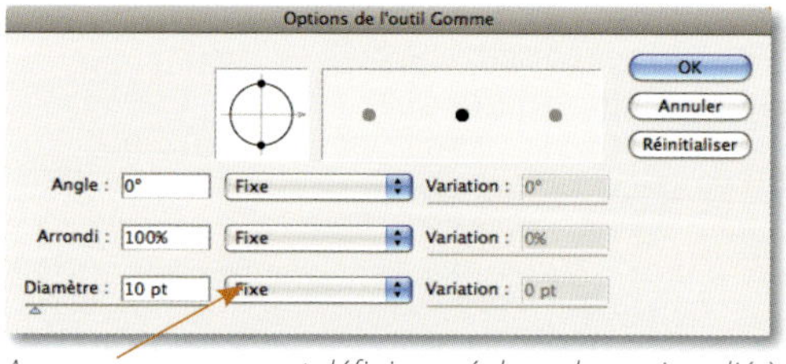

Avec ce menu, on peut définir un réglage dynamique lié à la pression si une tablette graphique est utilisée.

Si vous glissez l'outil sur le bord du tracé, vous en effacerez une partie et obtiendrez un tracé fermé. En revanche, si vous traversez le tracé de part en part, vous obtiendrez deux (ou plusieurs) tracés fermés séparés. Cette gomme agit sur tous les tracés sans avoir à les sélectionner, mais s'il y a une sélection, l'effacement se limitera à la sélection.

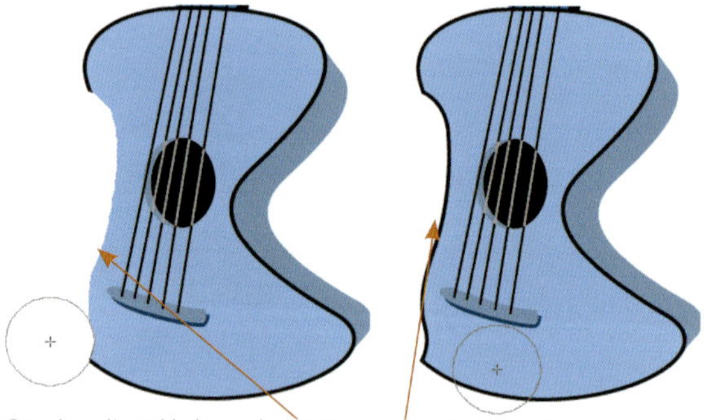

On glisse l'outil le long du tracé : une partie du tracé est supprimée mais le tracé apparaît fermé.

Les retouches spéciales

Pour réaliser certaines retouches correspondant à des déplacement de parties d'un tracé, vous pouvez utiliser l'outil **Déformation** (il s'active en tapant ⇧R). Comme la gomme précédente, cet outil possède une taille que l'on règle depuis la fenêtre d'options (affichée en tapant ↵) ou directement par glissement avec la touche ⌥ [Alt] enfoncée (ou ⇧⌥ [⇧Alt] pour garder une forme circulaire). Cet outil agit sur tous les tracés sans avoir à les sélectionner, mais s'il y a une sélection, la déformation se limitera à la sélection.

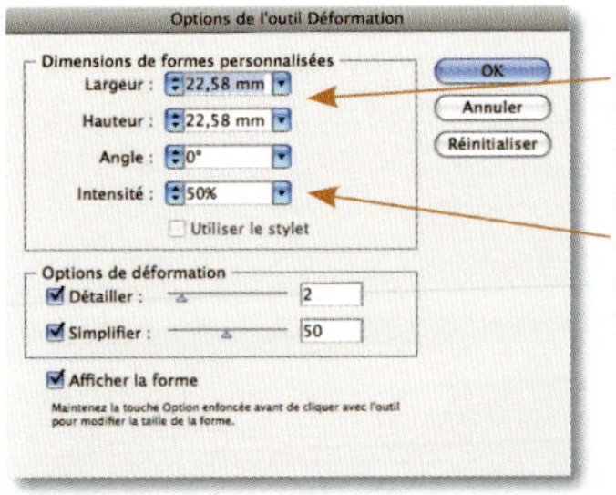

La largeur et la hauteur se règlent indépendamment. On peut également régler l'intensité de l'outil qu'il est préférable de réduire.

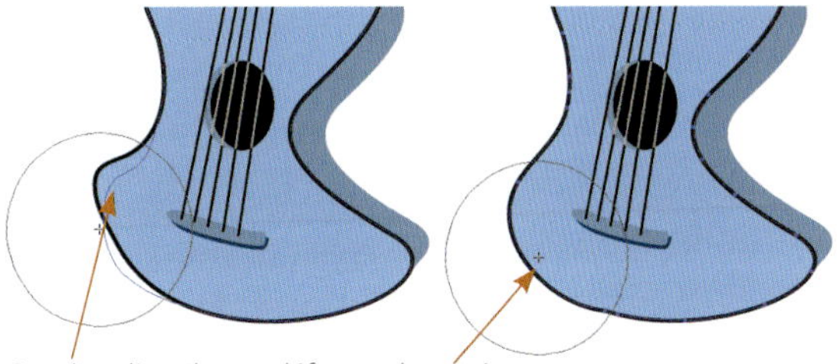

On glisse l'outil pour déformer le tracé.

L'outil Pinceau et les formes du pinceau

L'outil Pinceau

L'outil **Pinceau**, activé en tapant la lettre B, crée des tracés comme l'outil **Crayon** dont le contour est dessiné à l'aide d'une forme qu'il faut choisir dans le panneau **Formes** et qui peut être remplacée par une autre par la suite. Il s'agit davantage d'un outil de coloration qu'un outil de dessin. Les préférences de l'outil **Pinceau** (affichées en tapant ↵ ou par double-clic sur l'outil) sont identiques à celles de l'outil **Crayon**. Le dessin avec l'outil **Pinceau** est similaire à celui avec l'outil **Crayon**.

Vous pouvez également dessiner sur une photo importée en tant que modèle (*voir plus loin*) et créer un dessin stylisé ou une esquisse. Par la suite, l'épaisseur des tracés pourra être modifiée ; les retouches s'effectuent indifféremment avec l'outil **Pinceau** ou **Crayon**. Les outils **Arrondi** et **Gomme** sont utilisables sur un tracé réalisé avec l'outil **Pinceau**.

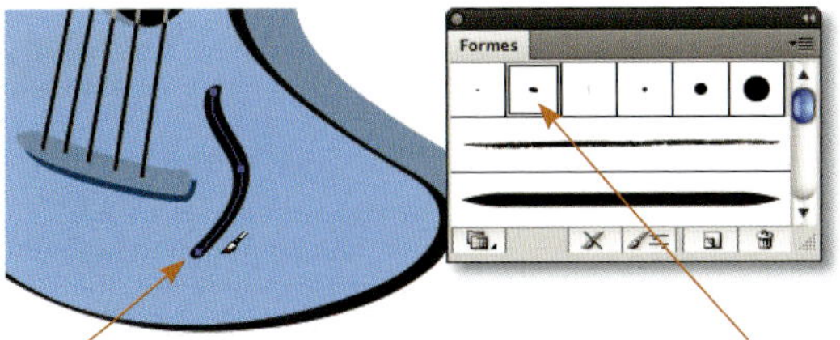

*L'outil **Pinceau** utilise une forme sélectionnée dans ce panneau.*

Les formes sont applicables à tout type de tracé réalisé avec l'outil **Pinceau**, l'outil **Crayon**, l'outil **Plume** ou autre (sauf à un élément d'un groupe de peinture dynamique).

Les types de formes

Il s'agit de formes qui s'appliquent non seulement aux dessins réalisés avec l'outil **Pinceau** mais également en tant que contour à tout autre tracé. On distingue quatre types de formes :

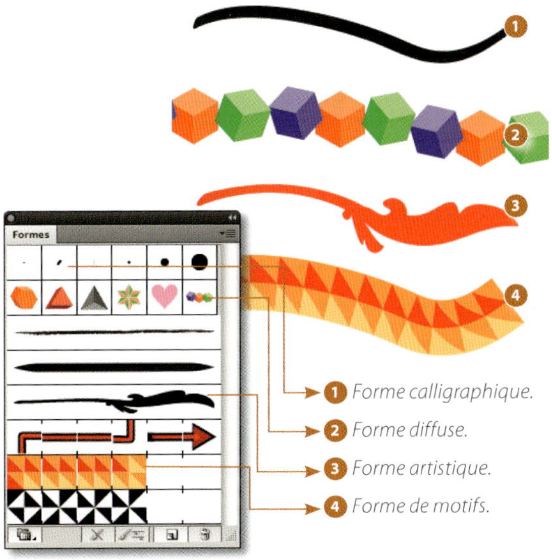

1 Forme calligraphique.
2 Forme diffuse.
3 Forme artistique.
4 Forme de motifs.

- **Formes calligraphiques** : elles forment des contours centrés sur le tracé qui paraissent dessinés avec une plume d'oie ou un marqueur épais.
- **Formes diffuses** : elles placent le long du tracé des copies éparpillées d'un objet.

– **Formes artistiques** : il s'agit d'un dessin qui se trouve étiré sur la longueur du tracé.

– **Formes de motifs** : elles entraînent la répétition de carreaux le long du tracé — les motifs suivent exactement le tracé comme une frise. Il peut y avoir cinq types de carreaux pour les côtés, les coins intérieurs et extérieurs, le début et la fin du motif.

La création de formes

La méthode dépend du type de la forme à créer.

Les formes calligraphiques

Pour créer ce type de forme, lancez **Nouvelle forme** du menu du panneau **Formes** ou cliquez sur son icône, une première fenêtre s'affiche, elle sera commune à toutes les formes.

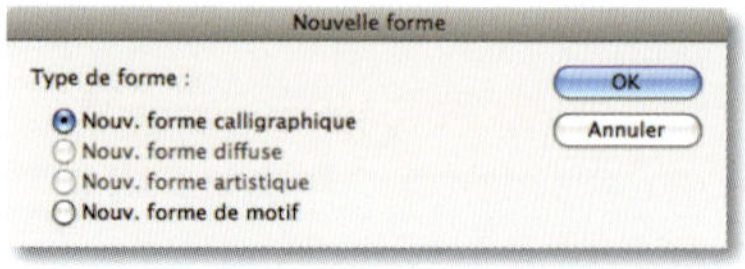

Pour toute création de forme on passe par cette fenêtre.

Cliquez sur **Nouv. forme calligraphique** pour régler les paramètres de la forme. Le **Diamètre** correspond à l'épaisseur du contour ; l'**Arrondi**, s'il est réduit, permet la création de pleins et de déliés ; l'**Angle** définit l'attaque de l'outil **Pinceau** et son tracé est d'autant plus épais que l'on dessine perpendiculairement à cet angle.

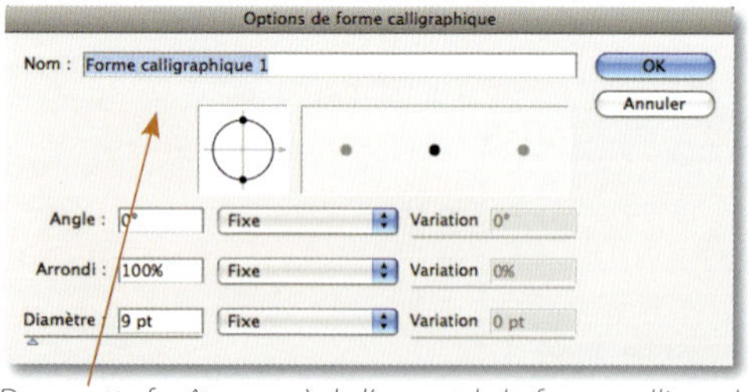

Dans cette fenêtre, on règle l'aspect de la forme calligraphique.

Si vous utilisez une tablette graphique, il est possible, en cliquant sur **Fixe**, de faire varier les trois réglages, **Angle**, **Arrondi** et **Diamètre**, en fonction de critères liés au maniement du stylet de la tablette.

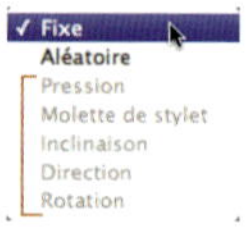

Les options de tablette graphique.

Astuce *Quand vous dessinez avec une forme calligraphique, le « trait » prend automatiquement la couleur de la case* ***Contour*** *(définie dans le panneau* ***Couleur*** *ou* ***Outils*** *ou encore dans le panneau* ***Contrôle*** *).*

Les formes diffuses

Pour créer une forme diffuse, glissez le dessin que vous souhaitez définir comme forme dans le panneau **Formes** et sélectionnez l'option **Nouvelle forme diffuse** afin d'afficher la fenêtre de paramétrages.

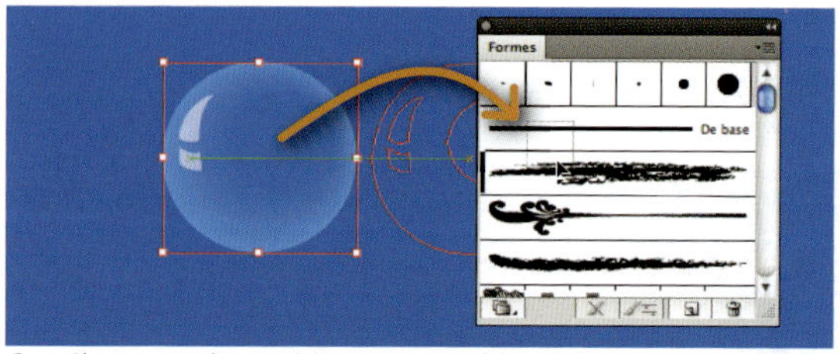

On sélectionne le tracé (ici un ensemble) et on le glisse dans le panneau ***Formes****.*

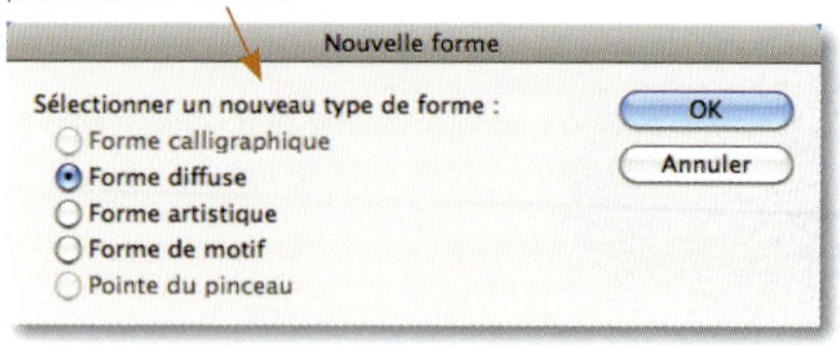

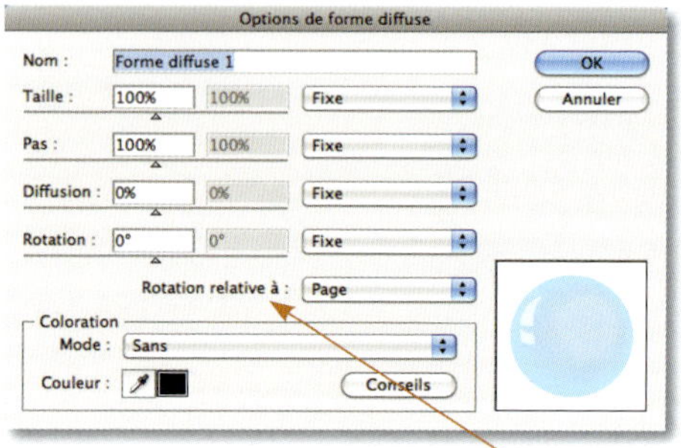

La fenêtre de réglages avec les valeurs par défaut.

Celle-ci comporte des options dont les valeurs peuvent être fixes, variables (aléatoires) ou encore liées à la pression exercée par le stylet d'une tablette graphique. Parmi ces options on distingue :

– **Taille** est la dimension en pourcentage du dessin glissé dans le panneau ;

– **Pas** définit l'espace entre deux formes consécutives (en pourcentage de la taille de l'original) ;

– **Diffusion** est la distance entre la forme et le tracé ;

– **Rotation** définit l'orientation de la forme. Pour que la forme reste perpendiculaire au tracé, choisissez l'option **Tracé** à la place de **Page** dans la rubrique **Rotation de la forme**.

ASTUCE *Pour régler plus facilement la forme que vous venez de réaliser, utilisez d'abord les valeurs par défaut, c'est-dire valider la première fenêtre de réglage en en changeant que le nom. Dessinez ensuite un tracé quelconque et double-cliquez sur la forme nouvellement créée dans le panneau* ***Formes****. Une fenêtre vous permettra alors de modifier la forme en bénéficiant d'un aperçu indispensable pour mieux contrôler les réglages. Cette technique peut également être employée pour les formes artistiques.*

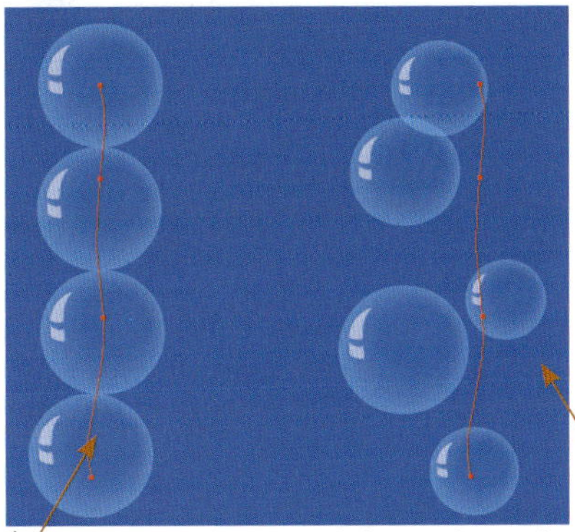

À gauche, les réglages par défaut ; à droite, des réglages personnalisés (avec l'option ***Aléatoire****) facilités grâce à l'****Aperçu****.*

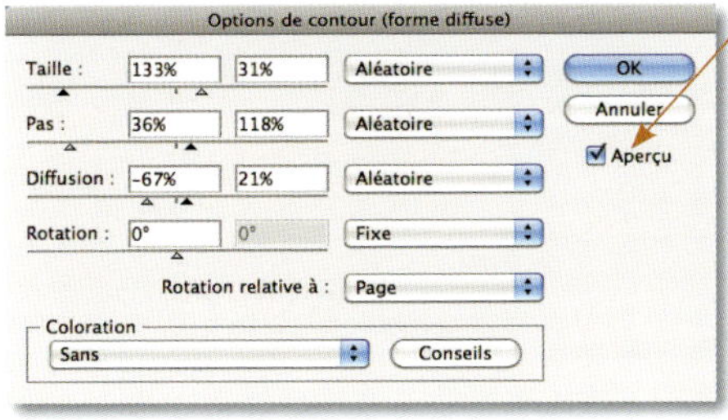

Quand vous éditez une forme afin d'en modifier les réglages en bénéficiant de l'aperçu, lors de la validation, une fenêtre apparaît : si vous y choisissez l'option **Laisser les contours**, une nouvelle forme est créée et les modifications ne sont pas appliquées aux tracés existants.

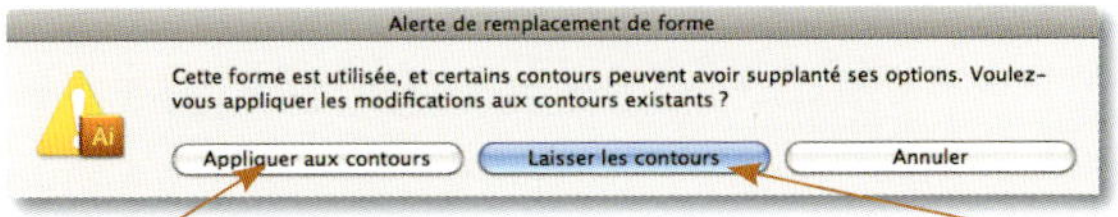

Avec cette option, les tracés existants sont mis à jour, avec celle-ci une nouvelle forme est créée.

LES FORMES ARTISTIQUES

Elles se créent de la même manière que la forme diffuse. Pour faciliter le travail de paramétrage, comme indiqué dans la remarque précédente, commencez par valider la fenêtre de création, tracez un chemin au pinceau et double-cliquez sur la forme créée, ainsi vous réglerez la forme en utilisant l'aperçu.

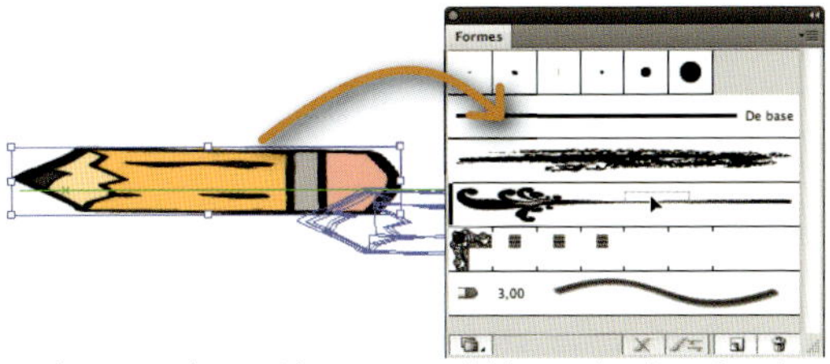

On sélectionne le tracé (ici un ensemble) et on le glisse dans le panneau ***Formes****. En cochant* ***Forme artistique****, il apparaît ceci.*

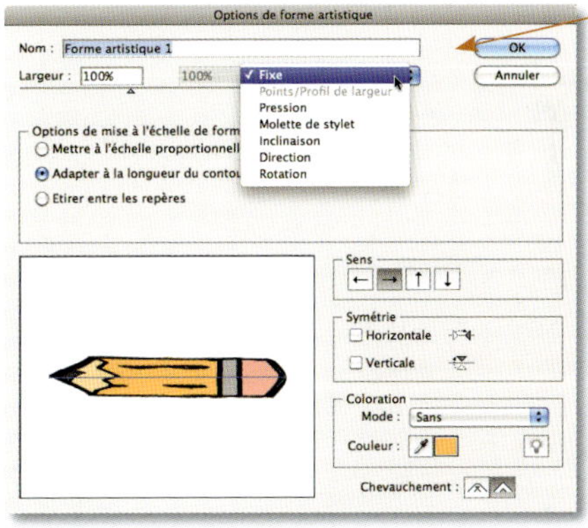

Les options se séparent en plusieurs catégories : **Largeur**, **Options de mise à l'échelle**, **Sens** et **Symétrie**.

– La largeur (en pourcentage) peut être fixe ou définie en fonction de l'utilisation d'une tablette graphique (pression du stylet, molette...).

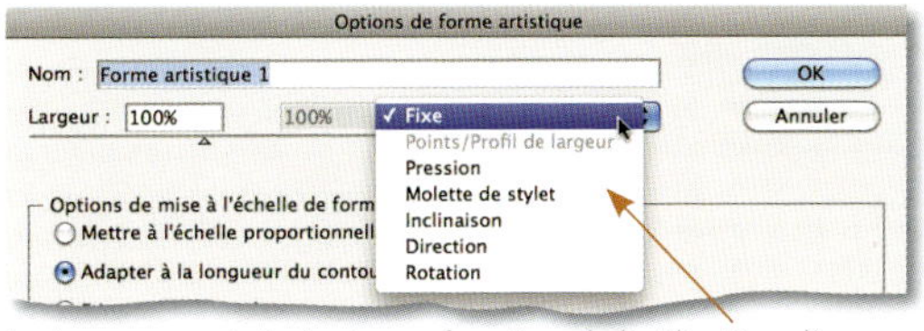

La largeur peut s'adapter en fonction de l'utilisation d'une tablette graphique.

- Les options de mise à l'échelle de la forme : un nouveau réglage apparaît, il s'agit d'**Étirer entre les repères**. Il permet, par glissement dans l'aperçu de deux repères en pointillés, de définir la zone qui sera étirée (avant de glisser les repères, éventuellement modifiez le sens). Vous pouvez aussi opter pour une mise à l'échelle proportionnelle sur la totalité de la forme ou adapter en fonction de sa longueur.

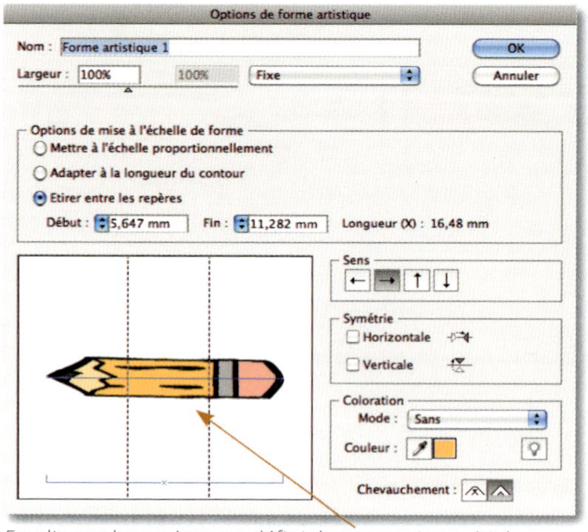

En glissant les repères, on définit la zone qui sera étirée.

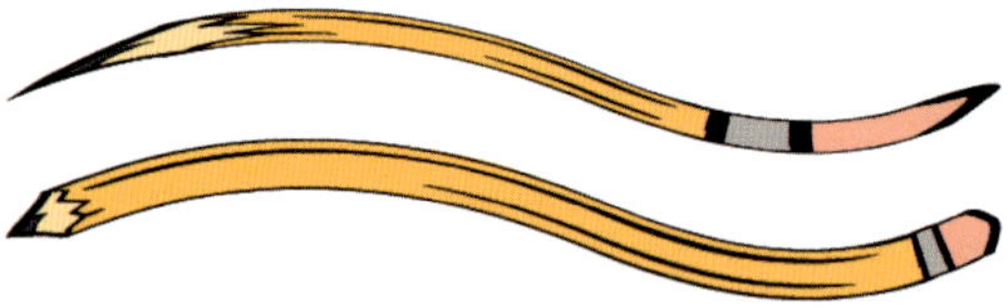

Forme par défaut (en haut) et forme étirée selon des repères.

> **Astuce** *En définissant un triangle allongé comme forme artistique, on dessine avec l'outil **Pinceau** et on obtient un trait qui devient de plus en plus fin vers l'extrémité du tracé comme avec une tablette graphique.*

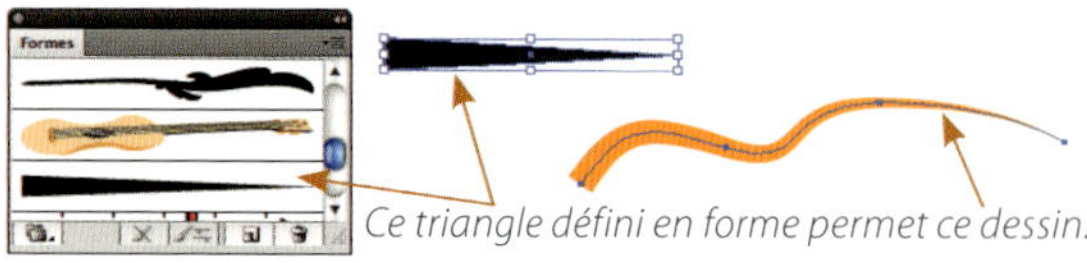

Ce triangle défini en forme permet ce dessin.

Les formes de motif

Selon l'allure de la forme, ce type de forme peut convenir aussi bien à des tracés avec l'outil **Pinceau** qu'à des tracés géométriques. Elles se créent en plusieurs étapes selon la complexité de la forme de motifs qui peut contenir d'un à cinq éléments : le côté, l'angle extérieur, l'angle intérieur, le début du tracé et la fin du tracé.

Pour les tracés réalisés avec l'outil **Pinceau**, la forme ne nécessite souvent qu'un seul motif. En revanche pour certains tracés géométriques (rectangle, notamment), la présence d'angles nécessite parfois l'emploi de motifs particuliers pour les dessiner correctement.

Pour mieux gérer le placement du motif sur le tracé et faciliter la construction du motif d'angle extérieur (ou intérieur), délimitez le motif par un carré sans fond ni contour ( ) et créez le dessin du motif en le centrant dans ce carré. S'il est placé dans la moitié supérieure du carré, le motif se positionnera à l'extérieur du tracé dès que la forme y sera appliquée.

> **Astuce** *Pour faciliter la sélection du carré « invisible », vous pourrez temporairement passer à l'affichage **Contour** (menu **Affichage** ou clavier ⌘ Y [Ctrl Y]).*

Quand une forme de motif comporte plusieurs éléments (motif de côté , motif d'angle extérieur , motif d'angle intérieur ...), sa réalisation s'effectue en plusieurs étapes par glissements successifs des éléments dans le panneau **Formes**.

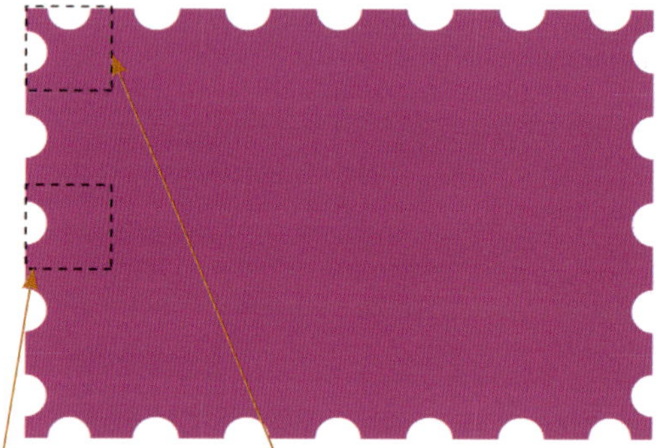

Le motif de côté et le motif d'angle.

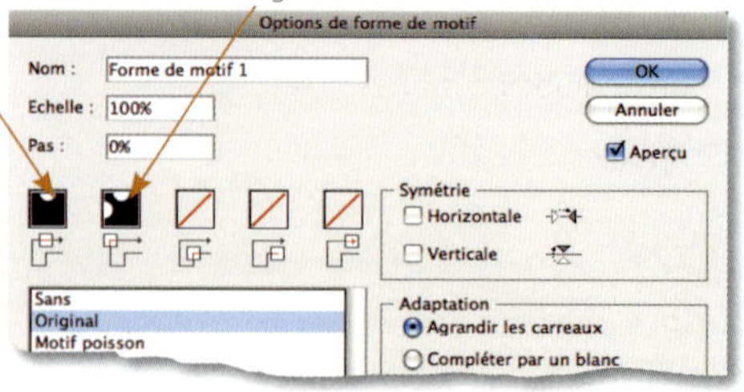

La première étape est constituée par la création du motif de côté par glissement dans le panneau **Formes**. L'ajout du motif d'angle extérieur s'effectue également par glissement mais avec la touche ⌥ [Alt] enfoncée et en déposant la sélection dans la première case de la forme que vous avez créée à la première étape. Le glissement s'effectuera vers la quatrième case pour le motif d'angle intérieur.

On a créé le motif de côté et on l'a glissé dans le panneau Formes*.*

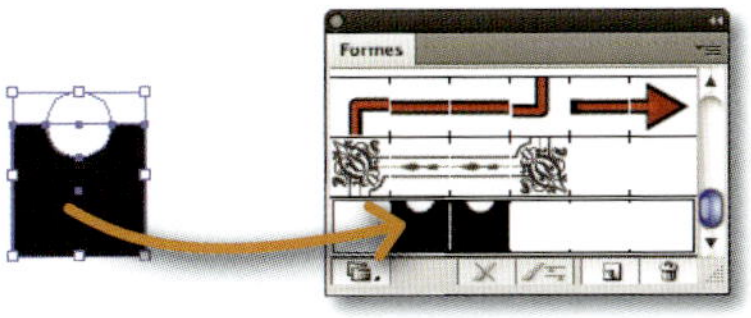

On a créé le motif d'angle extérieur que l'on glisse avec ⌥ [Alt] dans cette case.

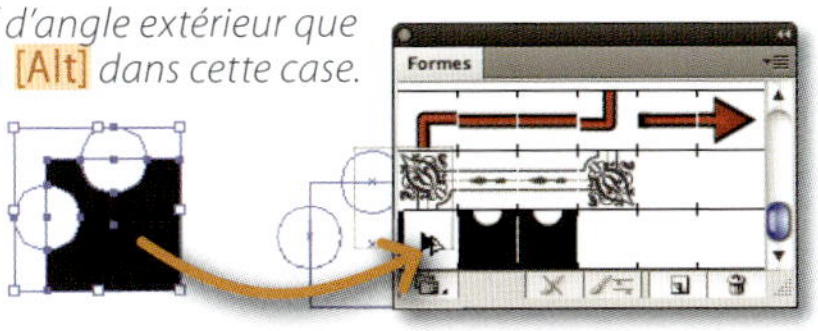

La gestion des formes

La composition de la forme

Lors de la création d'une forme certains éléments sont interdits, d'autres ne le sont plus (un message écrit ou sonore le signalera).

Les éléments interdits dans les formes

Les objets remplis d'un motif de fond ou auquel on a affecté un effet de type bitmap (ombre portée, filtre de Photoshop…). Il n'est pas possible de faire des formes avec :

- un ensemble renfermant un masque ;
- un objet contenant des filets de dégradé.

Les éléments autorisés dans les formes

Des éléments autrefois interdits deviennent utilisables (sauf certains avec les formes de motifs). Ainsi, il est possible de faire des formes avec :

- un texte non vectorisé (sauf formes artistiques) ;
- un dégradé de formes ;
- un symbole (ne contenant pas d'élément exclu).

Si vous souhaitez utiliser des motifs ou des dégradés, il faudra les « convertir » à l'aide de la commande **Décomposer l'aspect** du menu **Objet** puis leur appliquer **Découpe** du panneau **Pathfinder** pour supprimer les tracés inutiles (surtout avec les motifs).

Une forme peut elle-même contenir une autre forme. On peut par exemple, préparer certaines formes artistiques à l'aide d'autres formes artistiques.

Avec cette forme artistique, on a dessiné ceci puis créé une autre forme artistique utilisée ici.

On peut alors dessiner en combinant différentes formes (on pourrait encore créer une forme à partir de cet ensemble).

Les colorations de formes

Avec les formes calligraphiques, le tracé prend la couleur définie pour le contour de l'objet. Avec les autres formes, l'objet prend les couleurs qui ont été attribuées au dessin lors de la création de la forme. Vous pouvez changer la coloration de la forme en affichant les propriétés de cette dernière par un double-clic sur son icône dans le panneau **Formes** ou en cliquant sur l'icône (dans ce cas, la modification n'affecte que la sélection). Quatre options sont disponibles : **Sans**, **Teinte**, **Teinte et ombre**, **Saturation**.

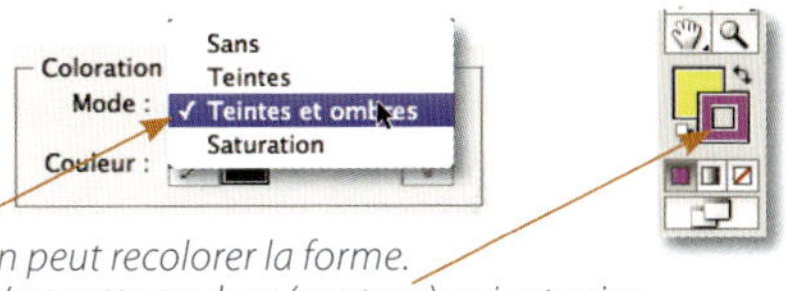

Avec ces options, on peut recolorer la forme.
Dans tous les cas, c'est cette couleur (contour) qui est prise.

- **Sans** : la forme garde les couleurs de fabrication.
- **Teinte** recolore l'ensemble de la forme avec la couleur active dans la case **Contour** (panneau **Couleur** ou **Outils**). La coloration est liée à la luminosité de la couleur initiale de la forme : les parties noires se remplissent d'un aplat de la couleur (100 %) alors que les parties plus claires n'utilisent qu'un pourcentage de cette couleur.
- **Teinte et ombre** utilise également la couleur de la case **Contour**. À la teinte ajoutée selon les critères indiqués dans le paragraphe précédent s'ajoute la même proportion de noir.

> **ATTENTION** *N'utilisez pas l'option **Teinte et ombre** si l'objet qui constitue la forme est noir car celle-ci apparaîtra noire.*

– **Saturation** : il y a un mélange de la couleur en cours de la forme et de celle définie dans la case **Contour**. La proportion de cette dernière est cette fois-ci proportionnelle à la saturation.

Les formes et les couleurs globales

Pour faciliter les changements de composition d'une couleur utilisée dans une forme, il est préférable d'utiliser des couleurs globales. Ainsi, un simple changement de leur composition entraîne une modification de l'aspect de la forme sans qu'il soit nécessaire de sélectionner l'objet auquel il est affecté.

> **Astuce** *Nous reparlerons des couleurs globales dans le chapitre consacré aux couleurs, mais sachez qu'elles s'obtiennent par un simple clic sur l'option* ***Globale*** *dans la fenêtre affichée par double-clic sur un échantillon du* ***Nuancier****.*

Les modifications de la forme

Les modifications se réalisent de différentes façons si elles doivent s'appliquer à l'ensemble des objets qui utilisent la forme (modifications globales) ou aux seuls objets sélectionnés (modifications localisées).

Les modifications globales d'une forme

Vous accédez aux réglages de la forme par un double-clic sur son aperçu dans le panneau **Formes**.

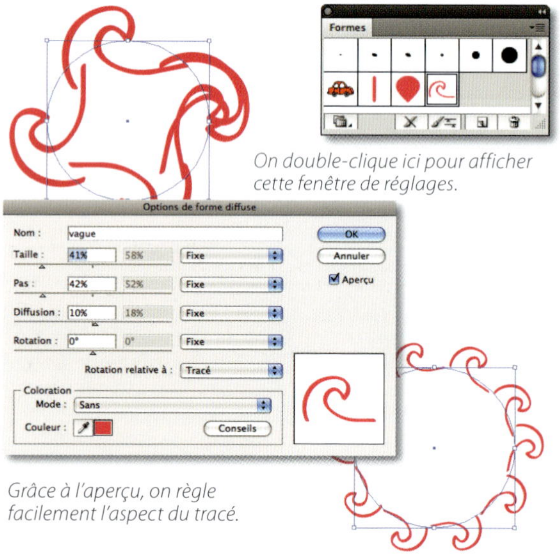

On double-clique ici pour afficher cette fenêtre de réglages.

Grâce à l'aperçu, on règle facilement l'aspect du tracé.

Une fois les réglages terminés et validés, un message (*voir ci-après*) vous demandera de confirmer la mise à jour des objets sur les objets non sélectionnés.

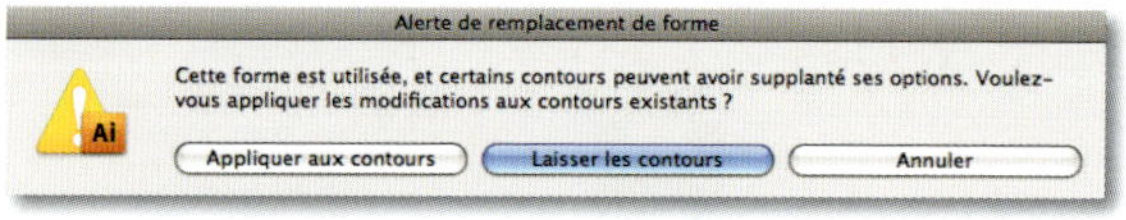

Les modifications localisées sur un objet

Si un objet est sélectionné, vous pouvez modifier les options de la forme qui lui est appliquée en cliquant sur l'icône du panneau **Formes** ou par double-clic sur le nom de la forme visible dans le panneau **Aspect** (dans ce cas, il n'y a pas d'aperçu), la forme appliquée y est gérée comme un contour.

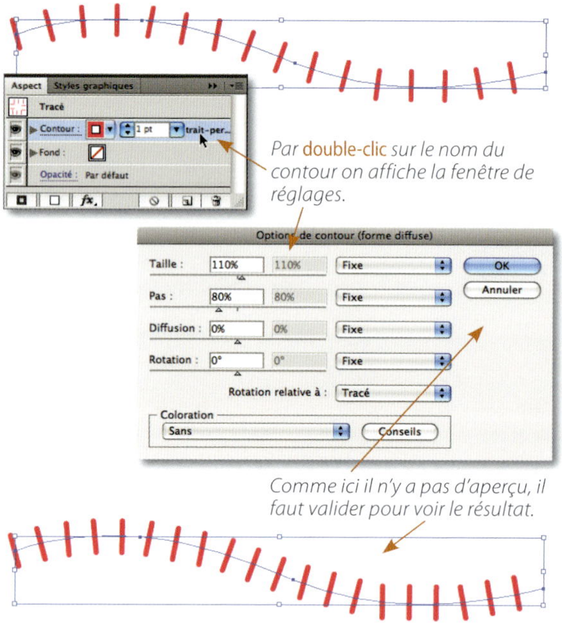

Par double-clic sur le nom du contour on affiche la fenêtre de réglages.

Comme ici il n'y a pas d'aperçu, il faut valider pour voir le résultat.

Dans le panneau **Aspect** (ou dans le panneau **Contrôle**), il est possible de changer l'épaisseur du contour ce qui a également pour effet de modifier l'aspect de la forme.

L'application de plusieurs formes (panneau Aspect)

Le panneau **Aspect** permet de placer plusieurs contours sur un même objet ; il est donc possible de superposer plusieurs formes. Pour réaliser cette opération, cliquez, dans le panneau **Aspect**, sur l'attribut correspondant à la forme appliquée et cliquez sur l'icône pour dupliquer cette forme. Quand la copie apparaît, il ne vous reste qu'à choisir une nouvelle forme dans le panneau **Formes** (ou encore changer le réglage de celle qui a été copiée par la méthode indiquée au paragraphe précédent).

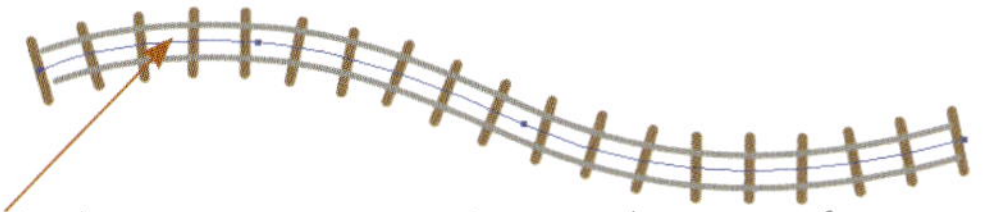

Ce tracé a deux contours superposés ayant chacun une forme.

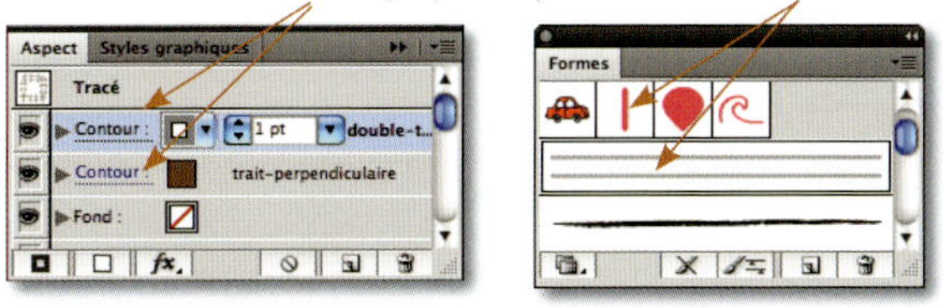

Les effets sur les formes (panneau Aspect)

Il n'est pas possible de créer une forme comportant un effet (appliqué par le menu **Effet**) ; en revanche, il est envisageable, une fois la forme affectée à un objet, de sélectionner ce dernier, d'afficher le panneau **Aspect** pour activer le contour (c'est lui qui supporte la forme) et de lui attribuer certains effets.

> **Astuce** *Au niveau des réglages d'aspect, les formes sont traitées comme des contours (*voir le chapitre des aspects*).*

La suppression de formes

Pour enlever une forme appliquée à un tracé, vous pouvez soit affecter au tracé le contour **sans** (▨), soit cliquer sur l'icône [✕] dans le panneau **Formes** : le tracé prend alors la couleur de contour définie dans le panneau **Couleur**, ou encore, glisser dans la corbeille du panneau **Aspect** l'attribut **Contour**.

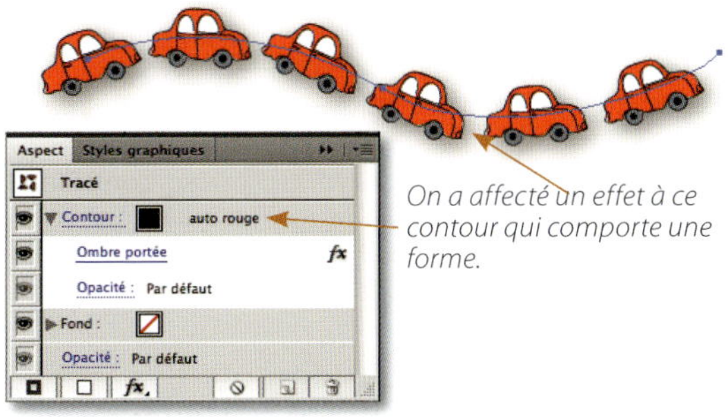

On a affecté un effet à ce contour qui comporte une forme.

Les bibliothèques de formes

Vous pouvez utiliser l'une des formes fournies par le programme. Elles sont accessibles sous forme de panneaux qui s'ouvrent par la commande **Ouvrir une bibliothèque de formes** du menu local du panneau **Formes** ou directement le panneau **Forme** en cliquant sur le bouton [▤]. Dans la liste, la commande **Autre** permet de sélectionner un panneau personnalisée.

Illustrator dispose d'une série de bibliothèque de formes disponible dans cette liste.

L'enregistrement de formes personnalisées

Vous pouvez créer un panneau de formes directement depuis le menu du panneau **Formes** (**Enregistrer la bibliothèque de formes**). Cependant, avant d'effectuer cette opération, supprimez tous les styles graphiques puis les formes que vous n'avez pas créées, ainsi le futur panneau ne comportera que les nouvelles formes. Le nom de ce panneau s'ajoutera automatiquement à la liste des **Bibliothèques de formes** (si vous l'enregistrez dans le dossier proposé par défaut).

La décomposition d'une forme

Si vous supprimez une forme en la glissant dans la corbeille du panneau **Formes**, un message vous demandera s'il faut la remplacer par un contour basique ou la décomposer (la convertir en juxtaposition de tracés).
La commande **Décomposer l'aspect** du menu **Objet** appliquée à une sélection donne le même résultat. Dans les deux cas, on obtient un groupe contenant le tracé initial sans attribut (▨) et un tracé coloré ayant l'aspect qu'avait la forme. Cette manipulation est pratique pour faire des retouches sur le tracé qui, en quelque sorte, est dédoublé (extrémités en pointe ou épaisseur variable, par exemple).

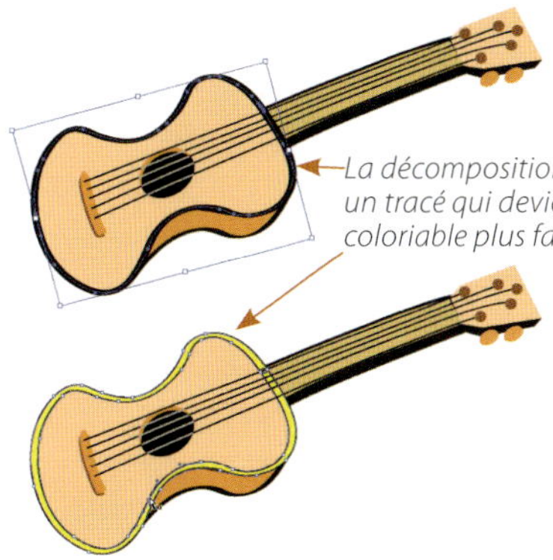

La décomposition d'une forme donne un tracé qui devient modifiable et coloriable plus facilement.

L'outil Plume

Il permet deux types de dessin :

- les tracés rectilignes ou segments droits qui sont obtenus par clics successifs ;
- les tracés curvilignes ou segments courbes, obtenus par glissements de la souris.

ASTUCE *Quand vous utiliserez l'outil **Plume** vous serez sûrement amené, pendant l'élaboration du tracé, à effectuer des retouches sur les points. Certaines d'entre elles (pour le déplacement de points notamment) se réalisent en enfonçant la touche ⌘ [Ctrl] afin d'activer temporairement l'outil de sélection (sans quitter l'outil **Plume**). Avant d'activer l'outil **Plume** (en tapant P) pour commencer le dessin, activez l'outil **Sélection directe** en tapant A. En opérant ainsi, en cours de dessin, Illustrator activera systématiquement l'outil **Sélection directe** (et non) quand vous enfoncerez la touche ⌘ [Ctrl] pour faire des retouches.*

Les segments droits

LE PRINCIPE DU TRAÇAGE

Pour créer un tracé rectiligne, il suffit de cliquer à différents endroits de la page. En voici le principe détaillé :

1. Avec l'outil **Plume**, cliquez sur la page : un point d'ancrage apparaît (petit carré), il constitue le point de départ de la droite.
2. L'outil **Plume** perd sa petite croix, écartez-la du premier point et cliquez à nouveau.

3. Illustrator joint les deux points : la droite est tracée, l'outil **Plume** prend l'aspect suivant.

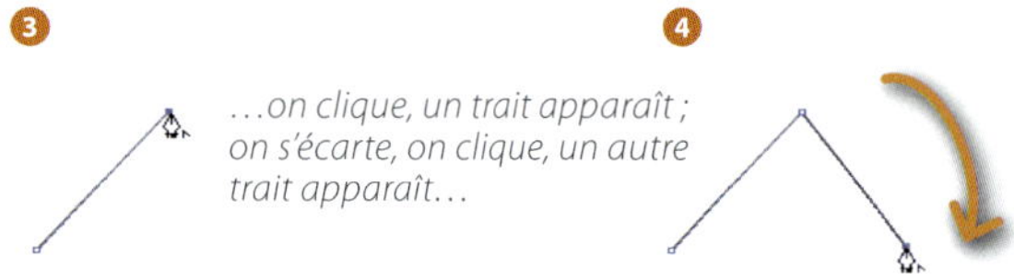

4. Si vous cliquez ailleurs une troisième fois, les deux derniers points seront joints (l'ensemble se colorie), et ainsi de suite...
5. Pour arrêter le tracé, écartez l'outil **Plume** du dernier point tracé, tapez ↵ : l'outil **Plume** reprend l'aspect et le prochain clic sera considéré comme point de départ d'un nouveau tracé.

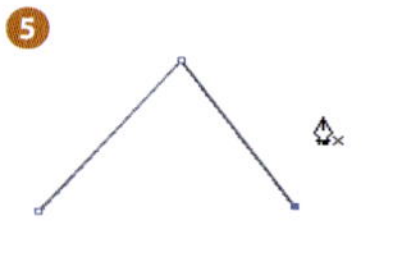

...on arrête en tapant ↵.

ASTUCE *Pendant le traçage, si au lieu de cliquer vous maintenez Espace enfoncée, vous pouvez glisser le point qui est apparu. Dès que ce point est repositionné, relâchez d'abord le bouton de la souris puis la touche Espace.*

LE TRACÉ HORIZONTAL, VERTICAL OU À 45°

Si vous enfoncez la touche ⇧, Illustrator crée des segments suivant des angles multiples de 45°.

ASTUCE *Illustrator propose l'outil , il ne crée que des segments droits de taille réglable.*

LES TRACÉS FERMÉS (TRIANGLES, POLYGONES...)

Vous pouvez fermer un tracé pour créer un triangle ou un polygone ; pour cela : amenez l'outil **Plume** à l'origine du tracé (là où le tracé avait démarré), celui-ci change d'aspect, cliquez sur le point, le tracé se ferme et l'outil **Plume** reprend l'aspect suivant.

ASTUCE *Pour fermer un tracé en cours de réalisation par une droite, cliquez sur l'icône **Réunion** du panneau **Pathfinder** et tapez ↵.*

LES ASPECTS DE LA SOURIS

Quand vous utilisez l'outil **Plume**, son aspect vous renseigne sur sa fonction en cours. Si la touche de verrouillage des majuscules est enfoncée, la précision du dessin peut être améliorée mais l'aspect de l'outil **Plume** diffère.

Le tableau suivant résume les différents aspects de l'outil **Pume** selon le contexte.

Aspect	Fonction de la plume	Verrouillage des majuscules
	Prête à dessiner (nouveau tracé)	×
	En cours de traçage	+
ou	Sur une extrémité (point sélectionné ou non)	+ ou +
	Sur l'origine du tracé	+ₒ

Le tracé avec les repères commentés

Si vous avez les repères commentés activés, lors du positionnement de la plume sur la feuille de dessin, vous obtenez différents renseignements tels que la distance entre la position de l'outil **Plume** et le dernier point d'ancre, ou des indications d'alignement avec ce dernier par un trait magenta.

Avec les repères commentés, des indications facilitent le dessin.

Les segments courbes

Ils s'obtiennent par glissements successifs de l'outil **Plume** et non plus par clics.

Le principe du traçage

Chaque segment d'une courbe est défini par deux points d'ancrage ; entre ces points, le tracé peut prendre des allures différentes (*voir ci-dessus*), les lignes directrices (ou tangentes) créées en ces points lors du traçage indiquent la direction du tracé au voisinage de chaque point.

Pour un segment donné l'allure du tracé est lié à l'orientation et à la longueur des droites directrices (ou tangentes).

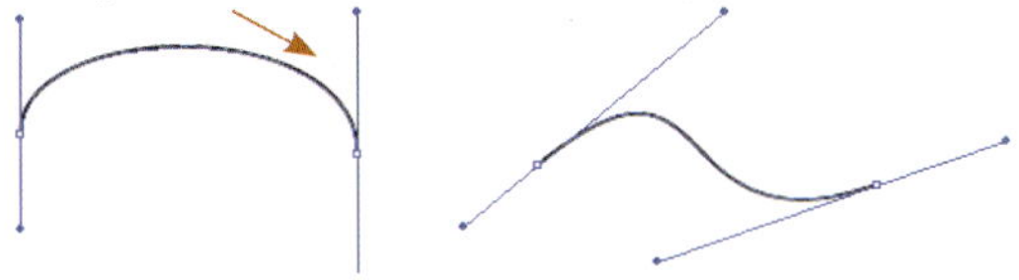

Pour obtenir ces points d'ancrage, appelés **point d'inflexion**, il ne faut plus cliquer aux différents points mais glisser dans la direction que doit prendre la future courbe. En effet, lors du glissement de la souris, Illustrator crée une ligne directrice — dont vous pouvez changer l'orientation, la position et la longueur à volonté — et c'est plus tard que le segment apparaîtra (quand Illustrator « reliera » les points d'ancrage).

Le tracé ci-contre comporte deux **points d'inflexion**, l'un au point A et l'autre en B.

Voici le principe de sa réalisation :

1. Pour créer le premier point d'inflexion au point A de l'écran, glissez l'outil **Plume** dans la direction que vous voulez donner au tracé (vers le haut à droite dans notre exemple) : une ligne directrice apparaît.

2. Quand elle est suffisamment longue (environ un tiers du segment à réaliser), relâchez la souris : le premier point d'ancrage (point d'inflexion) est créé, il possède deux lignes directrices.

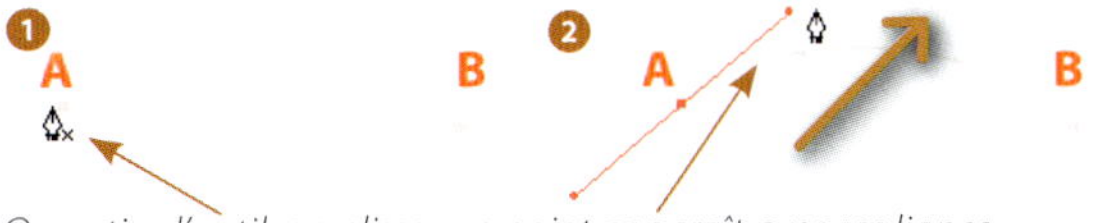

On active l'outil, on glisse : un point apparaît avec ses lignes directrices quand on s'écarte…

3. Déplacez l'outil **Plume** jusqu'au point B afin d'y créer le deuxième point d'inflexion. Pour cela, glissez la souris dans la direction que devrait prendre la courbe si elle se prolongeait au-delà du point.

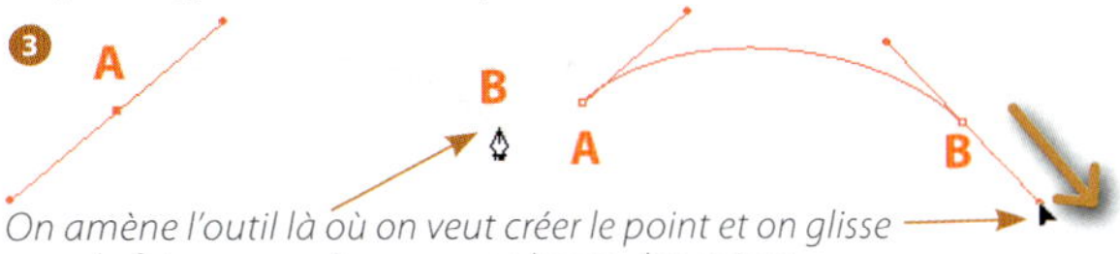

On amène l'outil là où on veut créer le point et on glisse pour le faire apparaître avec ses lignes directrices.

4. Dès que la nouvelle ligne directrice a l'orientation souhaitée, le segment entre les deux points prend l'aspect voulu. Relâchez alors le bouton et créez un troisième point d'inflexion : déplacez l'outil **Plume** vers un autre endroit et glissez à nouveau la souris.

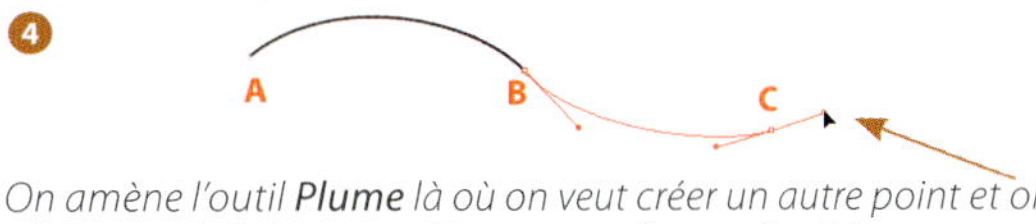

*On amène l'outil **Plume** là où on veut créer un autre point et on glisse pour le faire apparaître avec ses lignes directrices.*

> **Astuce** *Pour obtenir une ligne directrice selon un angle multiple de 45°, enfoncez ⇧ pendant l'apparition de la ligne directrice.*

LE TRACÉ AVEC LES REPÈRES COMMENTÉS

Avez les repères commentés activés, le glissement de la plume sur la feuille de dessin, s'accompagne de l'affichage de renseignements (distance entre la position de l'outil **Plume** et le dernier point d'ancrage ou poignée, indications d'alignement...).

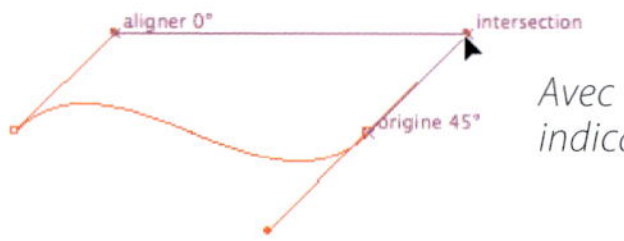

Avec les repères commentés, des indications facilitent le dessin.

L'ARRÊT D'UN TRACÉ

- Pour indiquer à Illustrator que le dessin est fini, c'est-à-dire pour arrêter le tracé, tapez ↵ : l'outil **Plume** reprend l'aspect indiquant que le futur point ne sera pas lié au tracé que vous venez de terminer.

LE TRACÉ FERMÉ

Pour fermer un tracé, approchez l'outil **Plume** de l'origine du tracé, elle devient , glissez ce point, les lignes directrices apparaîtront, orientez-les comme il faut, puis relâchez la souris : le tracé est fermé.

Le déplacement pendant le traçage

Pendant le traçage, quand le point et ses lignes directrices viennent d'apparaître et que le bouton de la souris est encore enfoncé, vous pouvez déplacer le dernier segment (celui qui est attaché au point actif) en maintenant la touche Espace enfoncée. Dès que vous relâchez la touche Espace, tout glissement de la souris entraîne à nouveau une modification des lignes directrices du point.

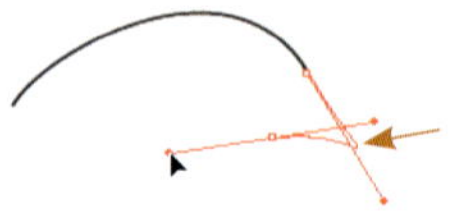

Le point en cours de création est trop proche du précédent (l'allure du tracé l'indique).

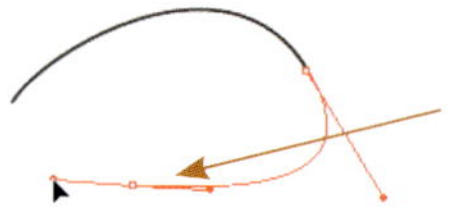

On enfonce la touche Espace et on glisse le point pour l'écarter et rectifier l'allure du tracé.

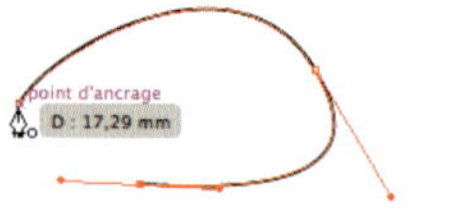

On relâche la touche et on va créer un autre point (ici, la plume se trouve sur l'origine du tracé comme le signale l'icône).

Cette manipulation (déplacement du point) n'est plus possible si le bouton est relâché ; il faudra alors avoir recours à des retouches de tracé décrites plus loin.

> **ASTUCE** *L'avantage de cette méthode par rapport à celle décrite plus loin qui consiste à enfoncer la touche ⌘ [Ctrl] pour activer l'outil **Sélection**, est qu'elle fonctionne quel que soit le dernier outil de sélection activé (ou).*

Les tracés avec sommets

Dans un tracé, on peut distinguer trois types de points d'ancrage : les points sans ligne directrice, les inflexions et les sommets.

Chacun d'eux possède des propriétés différentes :

- **Les points sans ligne directrice** : ils sont obtenus avec l'outil **Plume** par clics. Un rectangle en comporte quatre.

Point simple sans tangente.

- **Les inflexions** : elles donnent des tracés avec des courbures régulières et plutôt arrondies. Avec l'outil **Plume**, ces points s'obtiennent par glissements. Placées de part et d'autre du point, les lignes directrices sont alignées et liées entre elles.

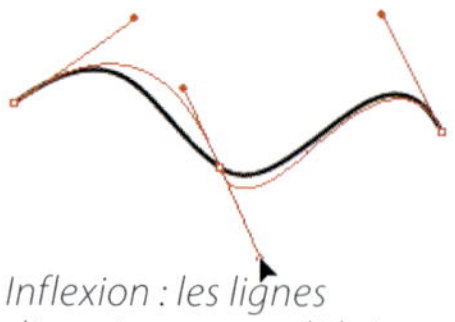

Inflexion : les lignes directrices sont solidaires.

- **Les sommets** : ils indiquent un changement de direction, une cassure dans le tracé. Les deux lignes directrices du sommet ne sont pas alignées et sont indépendantes l'une de l'autre.

Sommet : les lignes directrices sont indépendantes.

Il n'est pas possible d'obtenir directement un sommet avec l'outil **Plume**, il faut impérativement passer par une inflexion pour avoir deux lignes directrices puis changer l'orientation de l'une d'elles par conversion (glissement de l'outil **Plume** avec ⌥ [Alt] enfoncée).

Voici les détails de la méthode permettant d'obtenir le tracé ABC ci-dessous :

1. Commencez par tracer le segment AB. Quand la ligne directrice en B devient visible, enfoncez la touche ⌥ [Alt] et glissez la souris pour réorienter la ligne directrice.

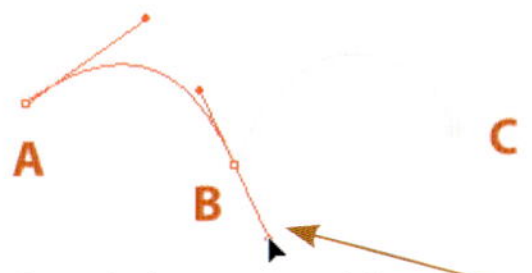

On crée le segment AB,avec ses lignes directrices en B.

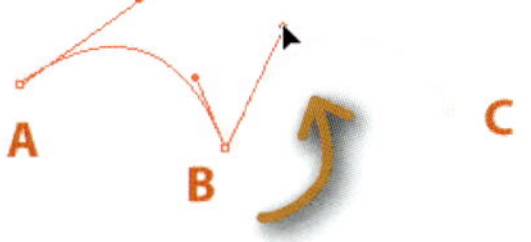

Avec ⌥ [Alt] on glisse sa ligne directrice.

2. Quand la ligne directrice a la direction voulue, relâchez la souris et la touche ⌥ [Alt] : le segment AB se colorie et l'outil **Plume** redevient prête à poursuivre le dessin.

3. Placez l'outil **Plume** en C pour y créer un nouveau point : glissez la souris pour dessiner les lignes directrices de la nouvelle inflexion.

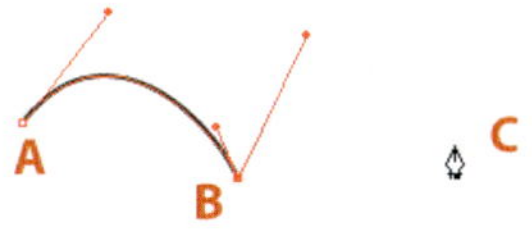

Quand le segment AB apparaît, on va créer un autre point en C.

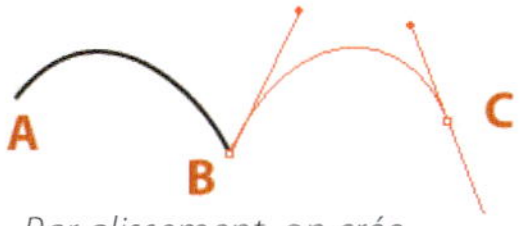

Par glissement, on crée l'inflexion en C.

4. Quand vous relâchez, le tracé se dessine entre B et C.

Le prolongement d'un tracé

Si vous désirez poursuivre un tracé ouvert, amenez la souris sur une extrémité de ce tracé : l'outil **Plume** change d'aspect, il passe de à ; glissez l'outil pour faire apparaître une ligne directrice, relâchez et allez créer le point suivant (par clic ou par glissement selon que vous souhaitez des lignes directrices ou non).

> **ASTUCE** *Si le nouveau point est placé sur le tracé (sur celui en cours ou un autre), l'outil* ***Plume*** *devient ; pour qu'elle reste , enfoncez la touche ⇧.*

Les combinaisons de segments

DU SEGMENT DROIT AU SEGMENT COURBE

Dans le tracé ABC ci-après, la partie AB est rectiligne, la partie BC est curviligne ; pour l'obtenir :

1. Dessinez la partie rectiligne en cliquant en A puis en B : Illustrator tracera une droite entre les deux clics.

2. Placez l'outil **Plume** sur ce dernier point (B), elle devient , glissez-la pour faire apparaître une ligne directrice.

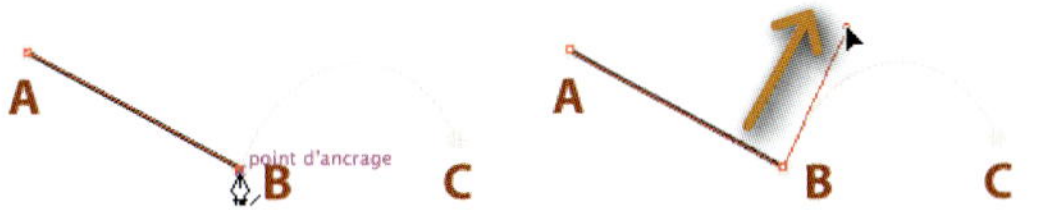

La plume change d'aspect sur le point ; on la glisse pour créer la ligne directrice.

3. Relâchez la souris et allez créer un autre point en C, en glissant s'il faut un point d'inflexion (ou en cliquant pour un point sans ligne directrice).

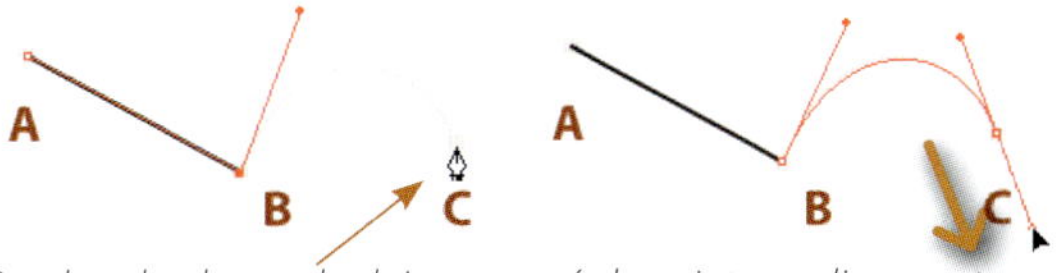

On place la plume plus loin et on crée le point par glissement.

DU SEGMENT COURBE AU SEGMENT DROIT

On veut dessiner le tracé ABC ci-dessous, la partie AB est curviligne, la partie BC est rectiligne.

1. Dessinez la partie AB, en glissant l'outil **Plume** en A puis en B.

On glisse la plume en A puis en B.

2. Cliquez sur le point B (il perdra une de ses lignes directrices). Cliquez en C pour créer le segment BC.

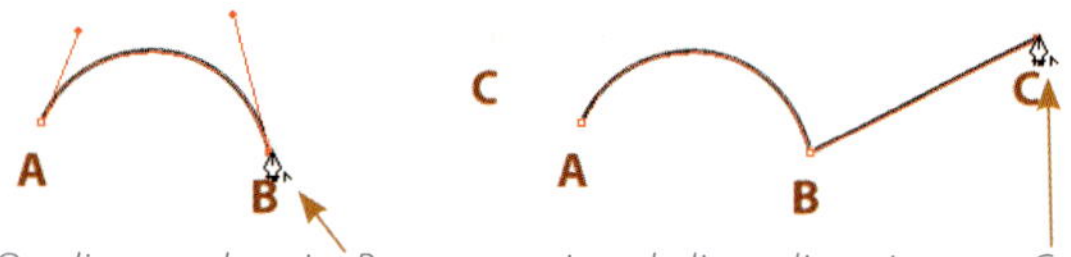

On clique sur le point B pour supprimer la ligne directrice et en C pour créer un autre point.

> **ASTUCE** *Pour que le point B possède deux lignes directrices (modifiables ultérieurement), au lieu de cliquer sur B, enfoncez ⌥ [Alt] et glissez l'outil **Plume** de B dans la direction de C pour faire apparaître une ligne directrice puis cliquez en C.*

Si vous désirez obtenir une ligne directrice et/ou une partie rectiligne orientée selon un angle multiple de 45°, enfoncez ⇧ pendant les opérations décrites précédemment. Si les repères commentés sont affichés, ils indiqueront également l'angle (multiple de 45°).

La création de nouveaux tracés

Pour dessiner un nouveau tracé, l'outil **Plume** doit être marqué d'une petite croix ✎× (pour cela tapez ↵). Cependant, si vous l'amenez sur un autre tracé sélectionné, il se transforme soit en **Plume** – ✎– (s'il est entre deux points), soit en **Plume** + ✎+ (s'il est sur un point) et le moindre clic aura pour effet de retoucher le tracé (*voir plus loin*) et non d'en créer un nouveau. Pour pallier ce problème, affichez la fenêtre des **Préférences Générales** (au clavier ⌘K [Ctrl k]) et cochez l'option **Désactiver Ajout/Suppression auto**.

> **ASTUCE** *Sans modifier les préférences, enfoncez ⇧ pour forcer l'outil **Plume** à garder son aspect de création ✎×.*

Les retouches d'un tracé

Il y a deux cas à envisager selon que le tracé est ou non terminé. En effet, si vous êtes en cours de traçage, vous pouvez : déplacer un point (ou une ligne directrice), ajouter ou supprimer un point, convertir un point.

DÉPLACER UN POINT D'ANCRAGE OU MODIFIER SES LIGNES DIRECTRICES

À l'aide de l'outil **Flèche blanche** qui apparaît en enfonçant la touche ⌘ [Ctrl] (si vous aviez tapé A avant d'utiliser l'outil **Plume**) : pointez le point d'ancrage (la flèche devient ↖▫), cliquez dessus pour le sélectionner et glissez-le à l'endroit voulu.

De même, pour modifier les lignes directrices en longueur et orientation, glissez l'un des points directeurs avec ⌘ [Ctrl]. Dès que vous relâchez ⌘ [Ctrl], vous retrouvez l'outil **Plume** et vous pouvez alors poursuivre votre tracé.

Si les repères commentés sont activés, l'outil **Flèche blanche** change d'aspect et affiche une indication différente selon qu'elle se situe sur un tracé ❶, un fond ❷ ou sur un point d'ancrage ❸:

> **ASTUCE** *Le sous-menu **Objet** du menu **Sélection** propose une commande **Poignées directrices** pour afficher les lignes directrices du tracé sélectionné.*

AJOUTER UN POINT D'ANCRAGE

Placez l'outil **Plume** entre deux points, il passe de ✎× à ✎+ (si l'outil **Plume** reste ✎×, tapez +), cliquez pour ajouter un point sur le tracé puis enfoncez ⌘ [Ctrl] pour le déplacer.

SUPPRIMER UN POINT D'ANCRAGE

Placez l'outil **Plume** sur un point, il devient ✎– (si l'outil **Plume** reste ✎×, tapez –) et cliquez pour supprimer le point.

CONVERTIR UN POINT D'ANCRAGE

Enfoncez ⌥ [Alt], l'outil **Plume** devient ⌃, un clic sur un point possédant des lignes directrices les fera disparaître (on obtient un point simple) ; un glissement sur un point ne possédant pas de ligne directrice en fera apparaître (on obtient une inflexion) ; un glissement d'un point directeur en changera l'orientation (on obtient un sommet).

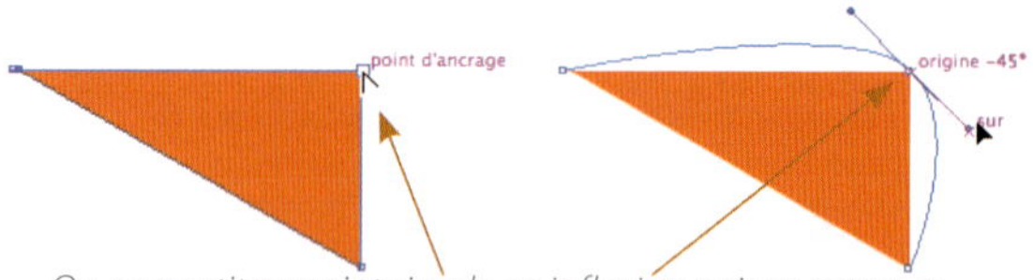

On convertit ce point simple en inflexion puis en sommet.

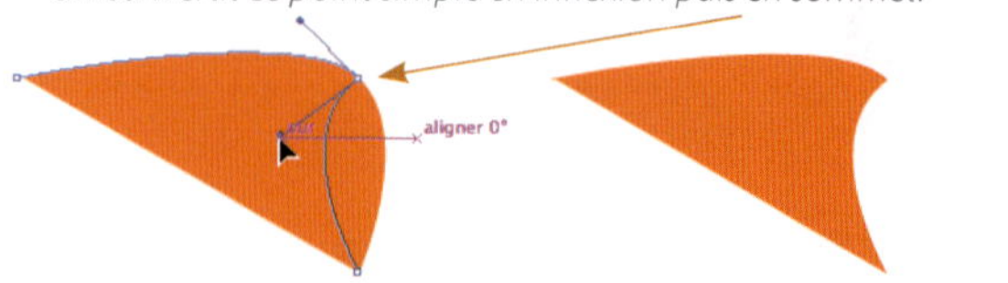

Si le tracé est terminé, vous pouvez retoucher le tracé comme n'importe quel tracé avec l'outil **Crayon**, **Arrondi** ou **Gomme**, ou encore effectuer l'une des opérations décrites ci-dessous en changeant d'outil.

L'outil Forme de tache

Le principe de l'outil Forme de tache

Cet outil qui s'active tapant ⇧⌘B [⇧Ctrl B], permet de dessiner des formes pleines, c'est-à-dire des tracés fermés (obtenus avec les versions antérieures en utilisant l'outil **Pinceau** et quelques manipulations pour arranger les tracés et éliminer ceux qui sont devenus inutiles).

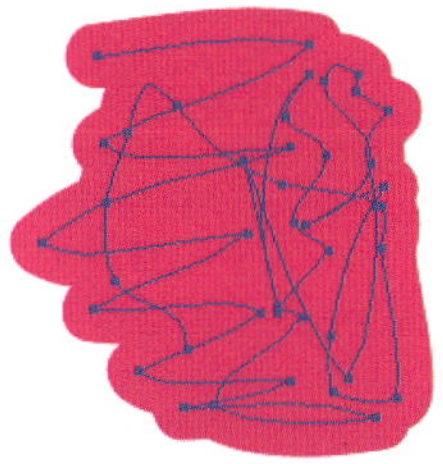

Un tracé réalisé avec l'outil ***Pinceau*** *et une forme convenable.*

Un tracé avec l'outil ***Forme de tache****.*

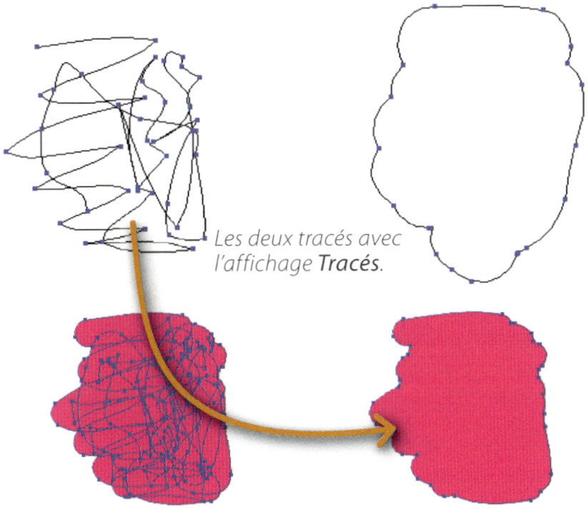

Les deux tracés avec l'affichage ***Tracés****.*

Après une vectorisation des contours et une réunion on obtient ce type de dessin à partir du pinceau.

Les réglages de l'outil

Avant de commencez à dessiner vous pouvez régler ses options. La fenêtre de réglages s'affiche en tapant ↵ (ou par double-clic sur l'outil).

Les réglages se répartissent en trois catégories : **Tolérance**, **Aspect** et deux options spéciales (dont nous parlerons avec les fusions entre les tracés).

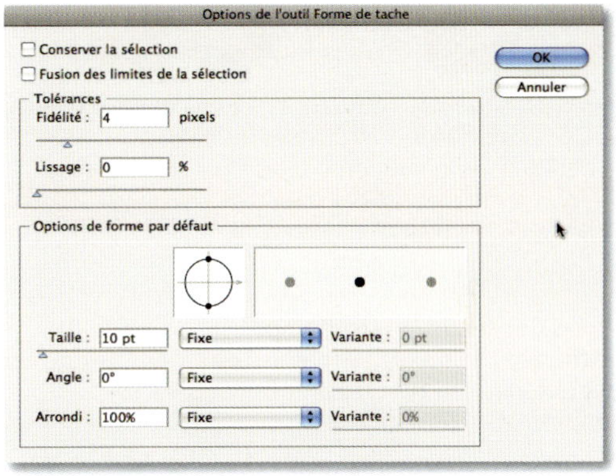

Les réglages de l'outil ***Forme de tache****.*

La tolérance

On retrouve ici les réglages de l'outil **Crayon** (ou **Pinceau**). En effet, les options **Fidélité** et **Lissage** permettent de définir l'écart entre le chemin réellement suivi par l'outil lors de son glissement sur la page et le tracé final obtenu. **Fidélité** défini la distance minimale entre deux points : des valeurs élevées donnent des dessins plus simples. **Lissage** permet d'adoucir le tracé en lissant. Augmentez les valeurs de ces deux options pour éliminer les hésitations de la main.

Les réglages d'aspect

Ici, les réglages s'aspect s'apparent à ceux de l'outil **Gomme**. La taille de l'outil, qui s'affiche à l'écran, peut se régler directement sur l'illustration en tapant ⇧) (parenthèse ouvrante) pour agrandir ou ⇧((parenthèse fermante) pour réduire. Si vous possédez une tablette graphique, il est possible de faire intervenir la pression pour modifier dynamiquement la taille, l'angle ou l'arrondi.

Astuce *Si les raccourcis ⇧(ou ⇧) ne fonctionnent pas, vous pouvez les redéfinir par la commande* ***Raccourcis clavier*** *du menu* ***Édition****.*

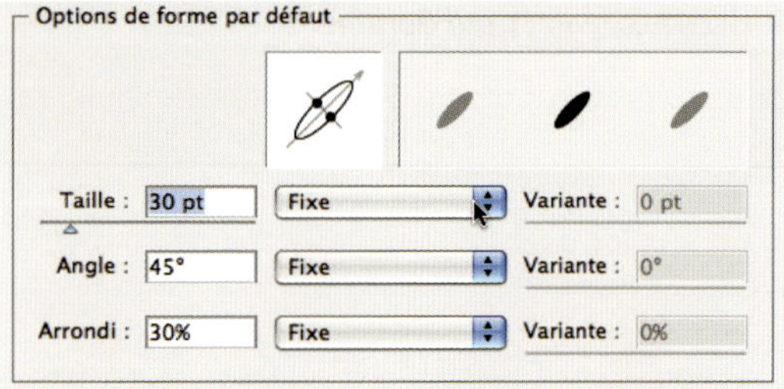

On peut donner à l'outil un aspect de type plume calligraphique.

Dessins avec une forme ronde et avec une forme d'arrondi réduit.

Les fusions entre les tracés

LES OPTIONS SPÉCIALES DE FUSION

L'option **Conserver la sélection** permet de garder les tracés sélectionnés lorsqu'ils viennent d'être dessinés ou après qu'ils ont fusionné avec d'autres tracés présents.

Ceci permet de visualiser tous les tracés inclus dans le dessin fusionné ou encore de retoucher le tracé avec l'outil **Arrondi** qui apparaît en enfonçant la touche ⌥[Alt]. Lorsque vous sélectionnez cette option, l'option **Fusion des limites de la sélection** est désactivée.

L'option **Fusion des limites de la sélection** permet de limiter la fusion du dessin qui vient d'être réalisé avec l'outil uniquement avec les tracés sélectionnés. Si aucun élément n'est sélectionné, la fusion s'effectue avec n'importe quels tracés ayant la couleur qu'affiche le panneau **Outils**.

On a sélectionné un tracé puis on dessine avec l'outil ***Forme de tache****.*

Si ***Fusion des limites de la sélection*** *est activée, le dessin (à gauche) ne fusionne qu'avec la sélection ; si l'option n'est pas active (à droite), il fusionne avec tous les tracés de même couleur.*

LE TRAVAIL AVEC L'OUTIL FORME DE TACHE

La fusion des tracés

Pour fusionner les tracés créés avec l'aide de l'outil **Forme de tache** avec les dessins existants (quels qu'ils soient), assurez-vous qu'ils aient la même couleur de fond et aucun contour. Lorsque vous dessinez avec cet outil, il y a automatiquement fusion avec les tracés de même couleur situés au premier plan ; en revanche, il n'y aura pas de fusion avec les tracés de même couleur situés à l'arrière-plan quand l'outil a démarré sur un tracé de couleur différente.

Les attributs

L'outil **Forme de tache** crée des tracés avec un fond, mais sans contour. Ce fond prend la couleur de contour active dans le panneau **Outils** (**Couleurs** ou **Nuancier**) ; si le contour a l'option **Sans** ☒, c'est la couleur de fond qui sera affectés au tracé dessiné. Pour appliquer des attributs de coloration (tels que effets ou transparence) à l'outil **Forme de tache**, sélectionnez la forme, puis définissez les attributs dans le panneau **Aspect** avant de procéder au dessin.

Si vous souhaitez réaliser une fusion entre un tracé existant ayant des attributs particuliers (avec des effets, par exemple) et un dessin que vous allez réaliser avec l'outil **Forme** de tache, effectuez les opérations suivantes :

1. Sélectionnez le tracé ayant les attributs voulus, et dans le menu du panneau **Aspect**, lancez la commande **Réduire les nouveaux objets à l'aspect de base** (pour qu'elle ne soit plus cochée).
2. Activez l'outil **Pinceau de forme** et dessinez le tracé voulu (en couvrant partiellement l'objet sélectionné) : la fusion entre les tracés se réalise et l'ensemble prend les attributs de la sélection.
3. Relancez **Réduire les nouveaux objets à l'aspect de base** pour réactiver l'option.

Si l'objet à fusionner avec l'outil **Forme de tache** possède un contour, il n'y aura pas de fusion. Dans ce cas, pour obtenir le résultat voulu, effectuez les opérations suivantes :

1. Sélectionnez le tracé ayant les attributs voulus, dans le panneau **Styles graphiques**, cliquez sur l'icône [icône] pour mémoriser l'aspect de l'objet sous forme de style.

On veut reprendre ce tracé mais il possède un contour. On a créé un style dans ce panneau.

2. Dans le panneau **Aspect**, cliquez sur l'attribut **Contour** pour le sélectionner et supprimez-le en cliquant sur la corbeille du panneau. Activez l'outil **Pinceau de forme** et dessinez le tracé voulu.

On a dessiné avec l'outil une fois le contour supprimé en cliquant sur cette icône.

3. Depuis la panneau **Styles graphiques**, glissez la vignette du style précédemment créé sur les tracés fusionnés.

On a réappliqué le style.

Les retouches avec l'outil Gomme

Si vous souhaitez supprimer une partie du dessin que vous venez de réaliser avec l'outil **Forme de tache**, activez l'outil **Gomme** (⇧⌘E [⇧Ctrl E]) et passez l'outil sur les zones à effacer. Cette gomme de retouche utilise les mêmes raccourcis de redimensionnement (c'est-à-dire :) pour agrandir, et (pour réduire).

Assurez-vous que l'illustration existante n'a aucun contour, puis paramétrez l'outil **Forme de tache** de façon à avoir la même couleur de fond et dessinez un nouveau tracé en intersection avec tous les autres tracés que vous voulez fusionner.

2 - Le dessin par vectorisation

Dans Illustrator, l'un des travaux les plus courants consiste à reproduire une photo ou une illustration pixellisée afin d'obtenir une image vectorielle ; par la suite, celle-ci pourra être utilisée pour des impressions à différentes tailles ou encore être exportée vers Flash pour créer une animation vectorielle.

Cette opération s'effectue, de manière automatique, par vectorisation dynamique d'une image importée ou, de manière manuelle en important une photo comme modèle afin d'en suivre les contours avec l'outil **Crayon** ou l'outil **Plume**. Nous allons examiner ces deux possibilités.

La vectorisation dynamique

La conversion d'un fichier au format bitmap (pixellisé) en format vectoriel s'effectue très facilement. Ce fichier peut être un dessin scanné réalisé avec les outils classiques (crayon, feutre, encre de chine…) ou une photographie numérique d'un sujet à reproduire.

La mise en œuvre de la vectorisation

La mise en œuvre comporte deux étapes : le placement du fichier de l'image dans le document Illustrator et l'obtention de la vectorisation.

Le placement du fichier

Le placement du fichier s'effectue selon deux voies : en affichant le fichier dans Bridge et en glissant sa vignette dans un document RVB d'Illustrator, ou en utilisant la commande **Importer** du menu **Fichier** d'Illustrator.

Les formats de fichiers

Tous les formats d'image (jpg, tif, psd, pdf… sauf raw) peuvent être utilisés. En effet, Illustrator importe les formats gérés par Photoshop. S'il s'agit d'une image multicalque de Photoshop avec le format psd, Illustrator proposera l'aplatissement ou non de l'image si elle est importée sans lien.

D'une manière générale, les images ayant une plus grande résolution (par exemple 300 ppp) donnent de meilleurs résultats que celles avec une résolution plus faible (72 ppp) ; cependant, les illustrations obtenues seront plus complexes et comporteront un plus grand nombre de tracés.

Les options d'importation et d'ouverture

Dans la fenêtre d'importation puis à l'ouverture du fichier choisi, vous pouvez spécifier des options. Par la suite, les options d'importation seront utilisées lors du placement d'une image par glissement depuis Bridge. Parmi ces options on trouve notamment la possibilité de conserver ou non le lien entre l'image importée et le fichier externe et de gérer les calques et les compositions de calques des fichiers Photoshop psd.

La photo ouverte dans Photoshop et importée dans Illustrator avec un lien (cette croix l'indique). Ici, on peut la vectoriser.

Les liens

L'intérêt de garder ce lien réside dans le fait que toutes modifications effectuées sur le fichier externe dans Photoshop (par clic sur l'icône du panneau **Liens** ou ⌥ [Alt] double-clic sur l'image), entraînera la mise à jour de la vectorisation pour refléter les changements.

On a modifié la photo dans Photoshop (avec ce masque) ; dans Illustrator, l'image vectorisée est mise à jour grâce au lien.

Les images avec plusieurs calques

Si vous importez (sans l'option **Lien**) un document Photoshop (psd) comportant plusieurs calques, Illustrator demande si les calques doivent être fusionnés en un seul ou si chacun d'eux doit constituer un objet distinct dans Illustrator ; ce choix permettra la vectorisation séparée de chacun d'eux.

Les images avec compositions de calques

De même, si le document psd a été créé dans Photoshop en définissant plusieurs compositions de calques, vous pouvez choisir dans Illustrator celle que vous souhaitez utiliser pour la vectorisation.

Ce document comporte des compositions de calques que l'on retrouve dans Illustrator lors de l'importation sans lien.

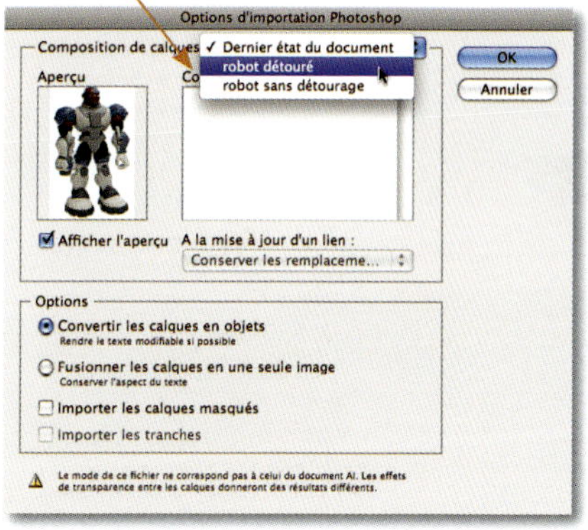

Les images détourées

Les images détourées utilisent souvent un masque de pixels ou un masque vectoriel. Si l'image est importée sans lien, le masque vectoriel apparaît dans Illustrator si vous importez l'image avec l'option **Convertir les calques en objet** dans la fenêtre d'importation (*voir ci-dessus*). La présence de ce masque empêche l'accès direct à la vectorisation. En effet, la vectorisation ne devient possible que si l'image est sélectionnée dans le panneau **Calques**. Pour garder un accès direct à la vectorisation, importez l'image avec l'option **Fusionner les calques en une seule image**.

La présence de ce masque (issu de Photoshop) empêche l'accès direct à la vectorisation.

L'obtention de la vectorisation

Pour lancer la vectorisation, cliquez sur le bouton **Vectorisation dynamique** du panneau **Contrôle** pour appliquer la vectorisation par défaut, ou sur le triangle ▼ situé à sa droite pour afficher une liste dans laquelle vous choisissez un paramétrage prédéfini de vectorisation.

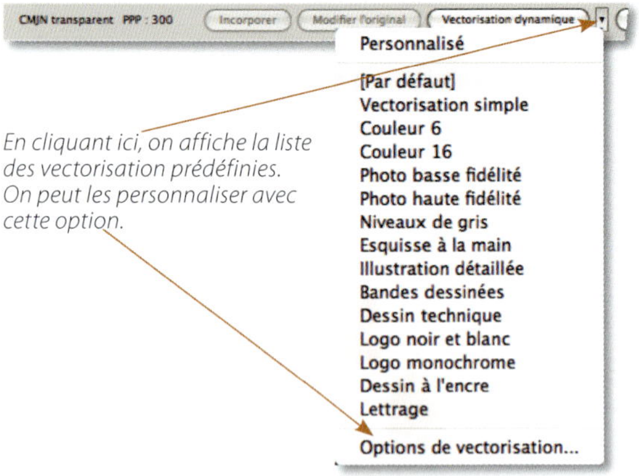

En cliquant ici, on affiche la liste des vectorisation prédéfinies. On peut les personnaliser avec cette option.

Astuce *Pour connaître les réglages de la vectorisation par défaut, choisissez* ***Options de vectorisation****. C'est également par cette commande que vous changerez le contenu ou créerez de nouvelles vectorisations* (voir plus loin).

Les vectorisations prédéfinies

Au total, on dénombre quatorze pré-réglages ; les principaux paramètres qui les caractérisent sont : le mode colorimétrique (noir et blanc, niveaux de gris ou couleur), le nombre de couleurs et diverses options qui affectent l'aspect des tracés (présence ou non de fonds, épaisseur des contours s'ils sont présents, surface minimale...).

Vectorisation	Mode colorimétrique	Nombre (maximal) de couleurs	Aspect
[Par défaut]	Noir et blanc	2 (noir + fond blanc)	Fonds seuls

À gauche, l'image initiale et à droite, le résultat de la vectorisation avec l'option par défaut.

Vectorisation	Mode colorimétrique	Nombre (maximal) de couleurs	Aspect
Vectorisation simple	Noir et blanc	noir + fond transparent	Fonds seuls

Couleur 6	Couleur	6	Fonds seuls

Couleur 16	Couleur	16	Fonds seuls

Photo basse fidélité	Couleur	16	Fonds seuls

Vectorisation	Mode colorimétrique	Nombre (maximal) de couleurs	Aspect

Photo haute fidélité	Couleur	64	Fonds seuls

Niveaux de gris	Niveaux de gris	6	Fonds seuls

Esquisse à la main	Noir et blanc	noir + fond transparent	Contours seuls

Vectorisation	Mode colorimétrique	Nombre (maximal) de couleurs	Aspect
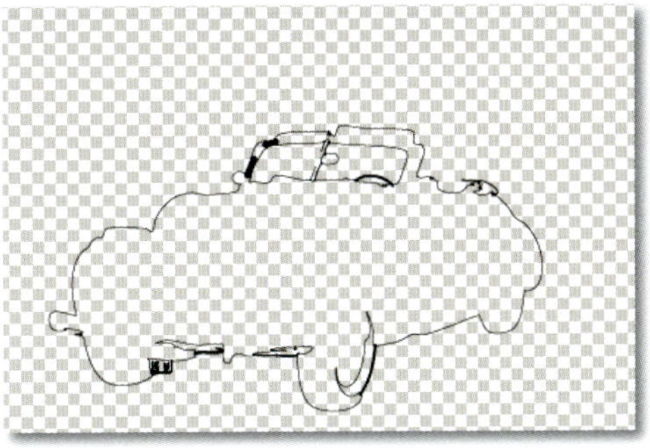			
Illustration détaillée	Noir et blanc	noir + fond transparent	Fonds et contours

Bandes dessinées	Noir et blanc	noir + fond blanc	Fonds seuls

Dessin technique	Noir et blanc	noir + fond transparent	Contours seuls

Vectorisation	Mode colorimétrique	Nombre (maximal) de couleurs	Aspect

Logo noir et blanc	Noir et blanc	noir + fond blanc	Fonds seuls

Logo monochrome	Noir et blanc	noir + fond transparent	Fonds seuls

Dessin à l'encre	Noir et blanc	noir + fond transparent	Fonds et contours

Vectorisation	Mode colorimétrique	Nombre (maximal) de couleurs	Aspect

Lettrage	Noir et blanc	noir + fond blanc	Fonds seuls

En fonction de l'image importée, certaines vectorisations donnent des résultats identiques et parfois inexploitables — une personnalisation de la vectorisation peut s'avérer utile (*voir plus loin*).

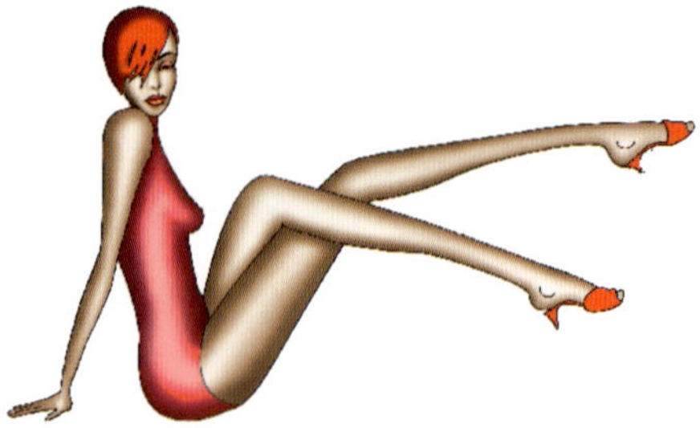

Ici, l'image originale que l'on souhaite vectoriser est une illustration réalisée sur Photoshop.

Quand la vectorisation est terminée, celle-ci étant dynamique, il est possible à tout instant de choisir un autre paramètre de vectorisation pour voir si le résultat ne sera pas plus intéressant. Pour faire ce choix, dans le panneau de **Contrôle**, cliquez sur le paramètre de vectorisation en cours (à droite de **Paramètre prédéfini**) : la liste des vectorisations apparaît ; sélectionnez-en une nouvelle, elle s'appliquera à la sélection.

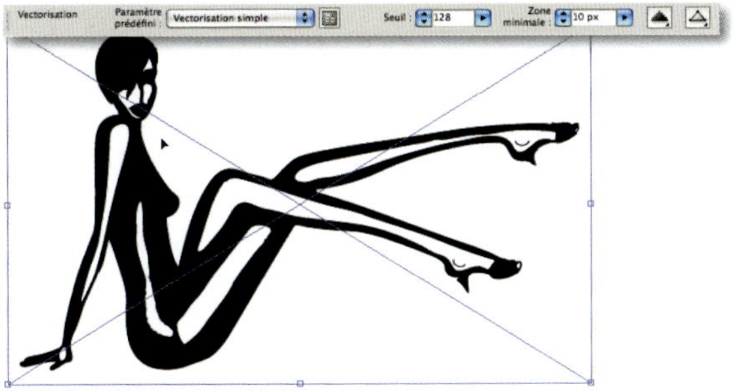

On a fait une première vectorisation.
On peut en choisir une autre par ce menu local.

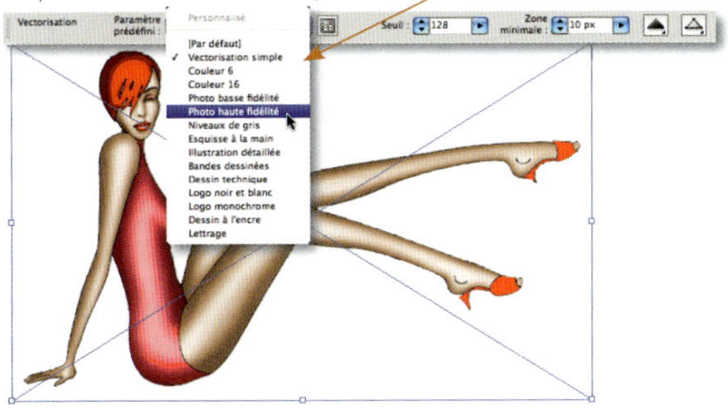

LES MODES D'AFFICHAGE DES VECTORISATIONS

Un objet de vectorisation est constitué de deux éléments : l'image bitmap importée et l'image vectorielle qui est le résultat de la vectorisation. Par défaut, seul ce dernier est visible, mais vous pouvez modifier l'affichage pour voir l'image bitmap et/ou le résultat de vectorisation selon différents modes. Quand une image vectorisée est sélectionnée, le panneau **Contrôle** montre deux triangles ( ), celui de droite gère les modes d'affichage du résultat de vectorisation, et celui de gauche, les modes d'affichage de l'image bitmap.

Les affichages du résultat de vectorisation

Vous disposez des quatre modes suivants :

- **Aucun résultat de vectorisation** : cette option permet de visualiser l'image bitmap quand son affichage a été spécifié (*voir ci-après*).
- **Résultat de vectorisation** : c'est l'option par défaut, l'image vectorielle apparaît avec ses couleurs.
- **Contours** : les couleurs de l'image vectorielle ne sont plus affichées et les contours des tracés apparaissent avec la couleur des repères (cyan par défaut mais réglable dans les préférences). Ces contours correspondent aux tracés qui seront obtenus une fois l'image vectorielle décomposée.
- **Contours avec vectorisation** : avec ce mode d'affichage, les contours (verts) sont superposés aux couleurs du résultat de vectorisation.

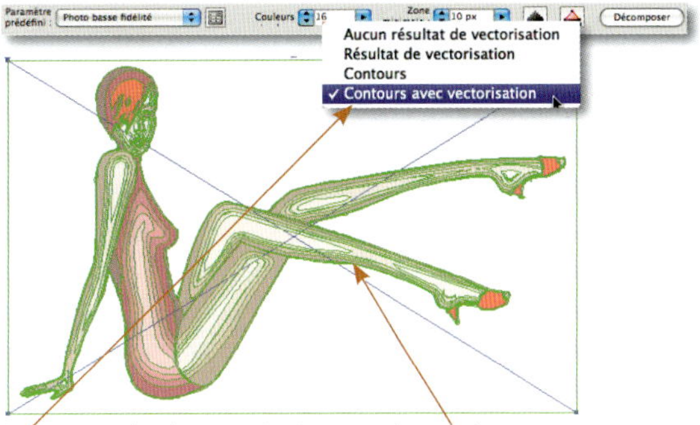

Ici, on visualise la vectorisation avec les tracés.

Les affichages de l'image bitmap

Pour afficher l'image bitmap, vous disposez des options que montre la copie d'écran ci-dessous ; cependant, l'image peut ne pas apparaître selon l'affichage choisi pour l'image vectorielle (*voir ci-dessus*).

- **Aucune image** : c'est l'option par défaut, l'image est invisible.
- **Image d'origine** : l'image n'est visible que si le résultat de vectorisation n'est pas affiché.
- **Image corrigée** : avec cette option, l'image apparaît avec les modifications qui lui sont appliquées avant sa vectorisation.
- **Image transparente** : l'image estompée devient visible sous l'image vectorielle. Cette option facilite certains réglages de vectorisation qui ne comportent pas de fond.

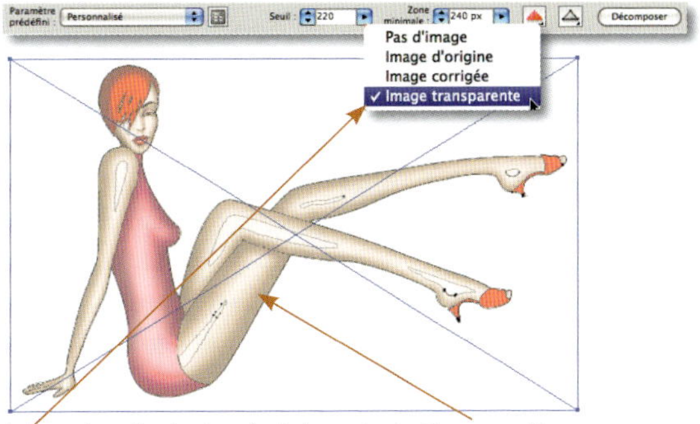

Ici, on visualise les tracés de la vectorisation avec l'image estompée à l'arrière-plan.

Les réglages de la vectorisation

Les vectorisations peuvent être personnalisées ; cette opération se réalise à deux niveaux : d'une part, directement dans le panneau **Contrôle** et, d'autre part, dans la fenêtre **Options de vectorisation**.

Les réglages de base par le panneau Contrôle

Le panneau **Contrôle** permet une personnalisation de la vectorisation à l'aide de deux réglages : **Couleurs maximales** ou **Seuil** (pour les images noir et blanc) et la **Zone minimale**.

Le nombre de couleurs maximales

Cette option n'est accessible que pour une vectorisation utilisant un mode **Couleur** ou **Niveaux de gris** ; elle permet de modifier le nombre de couleurs pour obtenir des transitions plus brutales entre les zones (réduction) ou, au contraire, un fondu plus important (augmentation).

Cette image est le résultat d'une vectorisation à 6 couleurs. Ci-dessous, on a augmenté cette valeur à 9.

Si vous utilisez les triangles de la case des valeurs, chaque clic entraîne la modification de l'image vectorielle qui est recalculée et redessinée (ce qui peut s'avérer lent selon la machine). Si vous utilisez le curseur, le changement n'apparaîtra qu'en validant avec la touche ↵.

Une réduction du nombre de couleurs permet de faire disparaître des contours fins ou un ajustement sur le nombre de couleurs de l'image bitmap. Si le résultat n'est pas celui escompté, il sera possible de modifier l'image bitmap dans Illustrator à l'aide de certains réglages des options de vectorisation ou dans Photoshop si elle a été importée avec un lien — *nous verrons ces deux possibilités plus loin.*

Le réglage du Seuil

Pour les images vectorisées avec le mode noir et blanc (*voir la liste dans le tableau ci-dessous*), l'option **Seuil** permet de définir le seuil de bascule des pixels vers le blanc ou vers le noir. Ainsi, si vous entrez une valeur de 128, tous les pixels de valeur inférieure à 128 seront noirs et ceux de valeurs supérieures seront blancs.

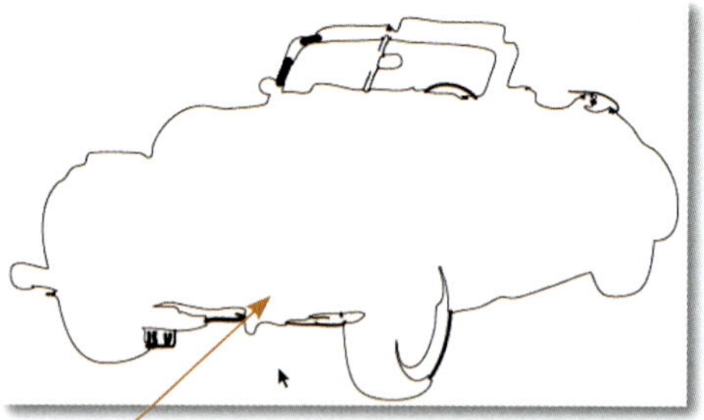

Cette image est le résultat d'une vectorisation ***Esquisse à la main*** *avec le seuil par défaut (190). Ci-dessous, il a été augmenté.*

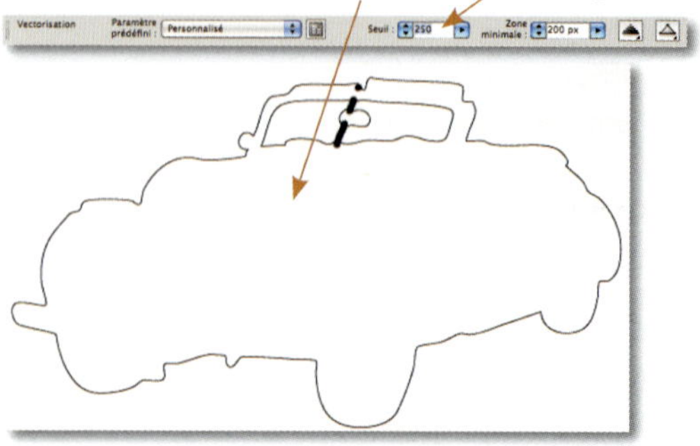

Chaque vectorisation a son propre seuil :

Vectorisation	Seuil	Vectorisation	Seuil
[Par défaut]	128	Dessin technique	150
Esquisse à la main	190	Logo noir et blanc	160
Illustration détaillée	148	Dessin à l'encre	180
Bandes dessinées	200	Lettrage	128

Plus la valeur est faible (proche du noir), plus le résultat comporte de zones blanches — une valeur trop faible ne montrera que du blanc ; en revanche, avec une valeur très élevée (proche du blanc, 255), l'image comporte davantage d'objets noirs (et parfois un seul).

La zone minimale

Cette option définit la taille (côté du carré) de la plus petite zone bitmap vectorisée, celles de taille inférieure étant éliminées. Ce réglage (de 0 à 3 000 px) permet d'éliminer certains tracés et de réduire le nombre de zones et de points d'ancrage ; l'image s'en trouve simplifiée et améliorée.

Cette image est le résultat d'une vectorisation ***Dessin à l'encre*** *par défaut. Ci-dessous, ces deux valeurs ont été augmentées.*

La personnalisation des vectorisations

Le panneau de **Contrôle** permet de modifier les réglages de base d'une vectorisation. D'autres possibilités sont accessibles dans la fenêtre **Options de vectorisation** affichée par clic sur l'icône du panneau **Contrôle** (ou menu **Objet/ Vectorisation dynamique/Options de vectorisation**).

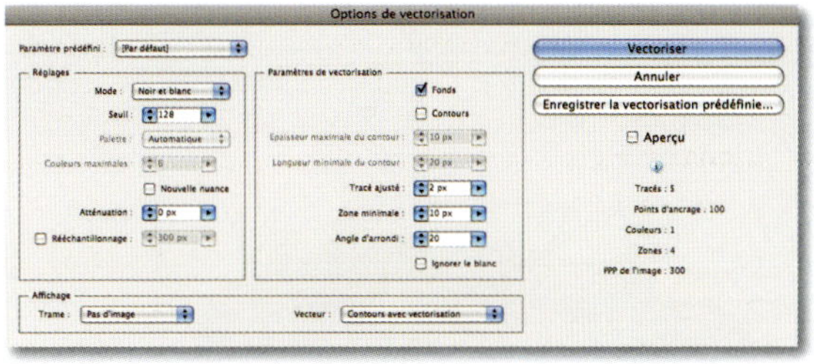

Cette fenêtre permet de régler toutes les options de vectorisation.

La fenêtre **Options de vectorisation** comporte la liste des paramètres prédéfinis et permet de régler leurs options de base. À ces dernières s'ajoutent des options supplémentaires pour affiner l'aspect des couleurs, de l'image bitmap avant vectorisation et des tracés de l'image vectorielle. Leur nombre varie en fonction du paramètre prédéfini sélectionné (il prend le nom **Personnalisé** dès qu'un réglage est modifié, il peut alors être enregistré).

Les couleurs de vectorisation

Quand vous sélectionnez un paramètre prédéfini qui utilise le mode **Couleur**, Illustrator détermine automatiquement les couleurs à partir de celles de l'image bitmap ; cependant, deux options peuvent être ajoutées sur les couleurs.

La personnalisation des couleurs

Si vous avez ouvert des bibliothèques de couleurs (prédéfinies ou personnalisées), il est possible de colorer l'image vectorielle avec les nuances qu'elle comporte. L'ouverture de ces bibliothèques se réalise en cliquant sur l'icône située en bas du panneau **Nuancier** ou par la commande **Ouvrir une bibliothèque** du menu local de ce panneau. Toutes les bibliothèques ouvertes (sauf les nuanciers classiques tels que Pantone…) apparaissent dans les options de vectorisation en cliquant sur **Automatique**. Si vous en sélectionnez une, ses couleurs seront utilisées pour colorer l'image vectorisée : la couleur la plus foncée de la bibliothèque remplace la plus foncée de la vectorisation et ainsi de suite jusqu'à la plus claire qui remplace le blanc.

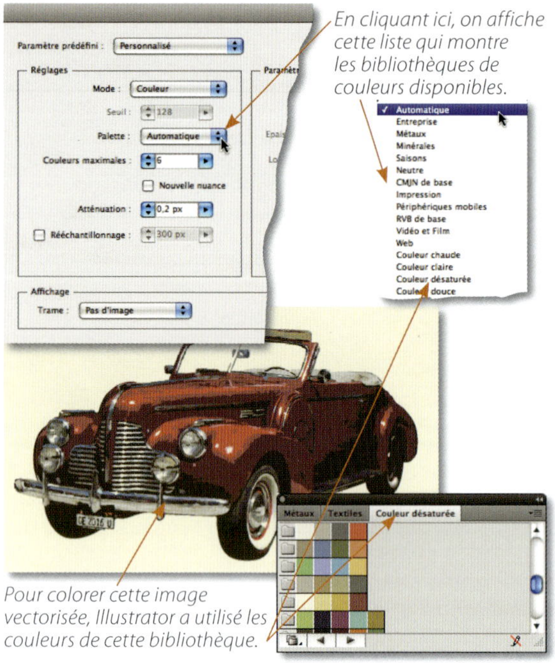

En cliquant ici, on affiche cette liste qui montre les bibliothèques de couleurs disponibles.

Pour colorer cette image vectorisée, Illustrator a utilisé les couleurs de cette bibliothèque.

L'ajout de couleurs au Nuancier

Quand la vectorisation s'effectue avec les couleurs automatiques, si vous cochez le bouton Nouvelle nuance, les couleurs issues de la vectorisation figureront dans le panneau Nuancier. Il s'agit de couleurs quadri globales[1] nommées respectivement : vectorisation, vectorisation 1... ; comme nous le verrons plus tard, leur composition pourra être modifiée.

Ces couleurs sont issues de l'image vectorisée.

1 Une couleur globale est une couleur que l'on pourrait qualifier de dynamique ; en effet, tout changement de sa composition est répercuté sur les éléments qui l'utilisent.

Lors de chaque vectorisation, n'hésitez pas à appliquer cette option (en fin de réglage). Ses conséquences s'avéreront intéressantes et sans préjudice pour le travail si vous n'utilisez pas les couleurs globales.

> **ATTENTION** *Si vous affichez à nouveau la fenêtre **Options de fusion** et modifiez certains réglages, de nouvelles couleurs peuvent être ajoutées au **Nuancier**.*

Si vous constatez que parmi les couleurs ajoutées certaines sont très voisines les unes des autres, vous pourrez les fusionner comme indiqué plus loin dans les traitements du résultat de la vectorisation.

> **ASTUCE** *Pour réaliser rapidement un panneau de couleurs, vous pouvez effectuer les opérations suivantes :*
>
> - *Importez une photo comportant les couleurs qui vous intéressent.*
> - *Vectorisez cette image en lançant la fenêtre **Options de vectorisation** afin de choisir, le mode **Couleur**, le nombre de couleurs souhaitées et d'activer l'option **Nouvelle Nuance**.*
> - *Validez la vectorisation pour qu'Illustrator ajoute les couleurs au nuancier. Vous pouvez alors supprimer l'image.*

LES TRAITEMENTS DES PIXELS AVANT VECTORISATION

L'atténuation

Une augmentation de l'atténuation permet de faire disparaître des imperfections, tels les artefacts qui peuvent apparaître avec des images bitmap ayant subi une compression JPEG, ou provoquer une sorte de lissage de l'image. Cela supprime ainsi certaines nuances de l'image (mais parfois en rajoute) et permet d'obtenir une vectorisation nécessitant moins de couleurs.

L'image jpeg et les images vectorisées avec l'atténuation par défaut (au centre) et une valeur augmentée à droite.

Le rééchantillonnage

Si l'image bitmap a une résolution faible (image à 72 ppp provenant d'une page Web, par exemple), il est possible de la rééchantillonner (en cochant **Rééchantillonnage**) en augmentant la résolution. Selon les valeurs saisies et les images, ce réglage provoque l'amélioration de la netteté et la disparition de couleurs indésirables : la vectorisation est améliorée ; cependant, faites des essais en augmentant progressivement.

L'image initiale provenant d'une page Web (72 ppp).

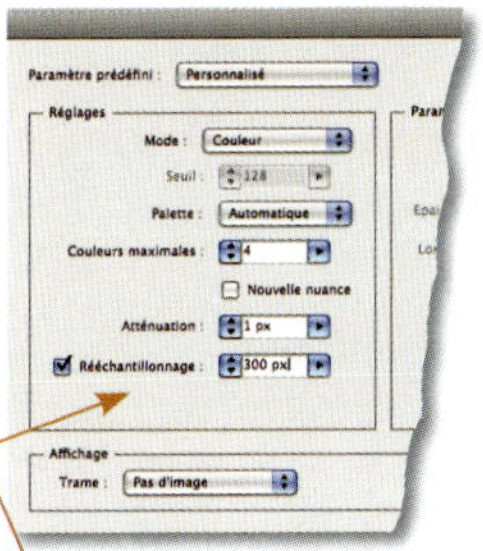

Ci-dessous à gauche, on a vectorisé sans rééchantillonnage et, à droite, avec un rééchantillonnage à 300.

Une augmentation du rééchantillonnage ralentit fortement l'exécution de la vectorisation.

Les modifications sur l'image liée

Si l'image a été importée avec un lien (un croix marque l'image), il est possible de la retoucher dans Photoshop. En effet, celle-ci sera ouverte dans Photoshop par double-clic sur l'image avec ⌥ [Alt] enfoncée. Une fois l'image enregistrée dans Photoshop et de retour dans Illustrator, la mise à jour de la vectorisation sera effectuée.

Cette croix indique un lien.

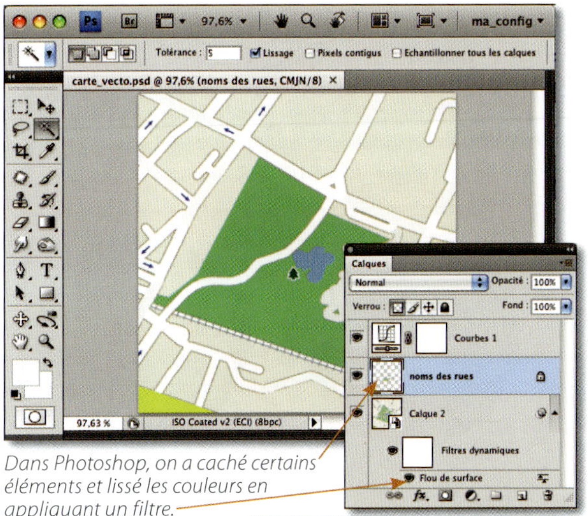

Dans Photoshop, on a caché certains éléments et lissé les couleurs en appliquant un filtre.

De retour dans Illustrator, la vectorisation est mise à jour automatiquement.

Les réglages de l'aspect des tracés

Certains réglages, tels l'épaisseur et la longueur, ne concernent que les contours qui ne peuvent apparaître que lorsque le mode **Noir et blanc** a été sélectionné.

Le tracé ajusté

Cette option d'ajustement provoque un lissage des tracés quand la valeur est augmentée.

L'angle d'arrondi

Ici aussi, une augmentation de l'angle d'arrondi permet un certain lissage des tracés en faisant disparaître les zones présentant des angles (très) fermés.

Les tracés blancs

Si vous cochez l'option **Ignorer le blanc**, tous les tracés remplis de cette couleur seront remplacés par des zones transparentes. Si vous n'activez pas cette option il sera toujours possible par la suite de remplacer manuellement le blanc par le transparent.

Des vectorisations sans et avec l'option ***Ignorer le blanc****.*

Quels que soient les réglages de vectorisation que vous êtes en train de mettre au point, dans la zone située à droite de la fenêtre **Options de vectorisation**, vous pouvez contrôler le nombre de points que comporteront les tracés.

L'enregistrement des réglages

Quand vous avez effectué un réglage d'options de vectorisation et que vous comptez le réutiliser sur d'autres images importées, vous pouvez l'enregistrer afin de l'ajouter aux paramètres prédéfinis. Pour cela, cliquez sur le bouton **Enregistrer la vectorisation prédéfinie** et nommez le réglage : il apparaîtra dans la liste.

> **Astuce** *Si vous nommez cet enregistrement « **[Par défaut]** », une fenêtre demandera de confirmer ce choix. Cela vous permettra d'obtenir la vectorisation par défaut personnalisée avec vos propres réglages (celle-ci est obtenue en cliquant sur le bouton **Vectorisation dynamique** du panneau **Contrôle**, quand l'image vient juste d'être importée).*

De la même manière, si vous souhaitez modifier, dupliquer ou supprimer une vectorisation prédéfinie, vous pouvez utiliser la commande **Vectorisations prédéfinies** du menu **Édition** : elle permet de gérer les différentes vectorisations voire de les importer ou de les exporter.

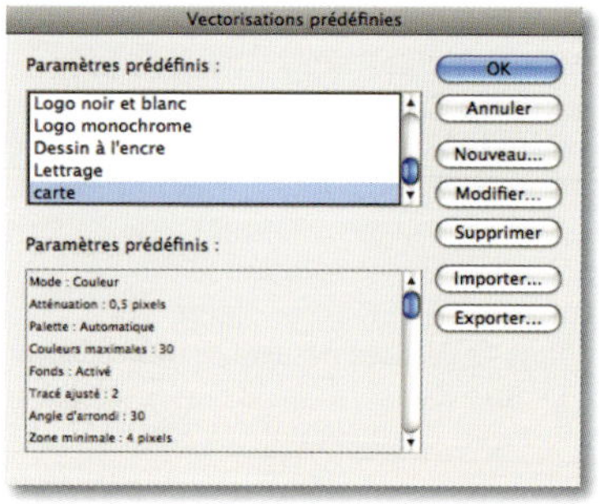

À partir de cette fenêtre (affichée par le menu ***Objet/Vectorisation dynamique****), on gère tous les paramètres prédéfinis. On peut supprimer ceux que l'on n'utilise jamais.*

Les traitements du résultat de la vectorisation

L'annulation de la vectorisation

Si vous souhaitez annuler la vectorisation et retrouver l'image bitmap, lancez la commande **Annuler** située dans le sous-menu **Vectorisation dynamique** du menu **Objet**.

Si vous n'annulez pas la vectorisation, vous devez effectuer quelques manipulations pour pouvoir continuer le travail comme sur n'importe quel tracé. Il y a deux possibilités : décomposer pour obtenir des tracés classiques ou convertir en zones de peinture dynamique (qui par la suite pourront elles-mêmes être converties en tracés classiques).

La décomposition en tracé

Quand vous décomposez le résultat de la vectorisation, en cliquant sur le bouton Décomposer du panneau **Contrôle**, Illustrator convertit l'image en tracés associés dans un groupe. Cette opération va permettre le travail sur les tracés mais empêchera le retour sur les options de vectorisation (faites éventuellement une copie du résultat avant de décomposer).

Des vectorisations avant et après décomposition.

Cette décomposition se réalise également par le menu **Édition/Vectorisation dynamique** et peut être enchaînée à la vectorisation avec la commande **Créer et décomposer**.

Une fois la décomposition réalisée, vous pouvez faire les manipulations habituelles, telles que les retouches à l'outil **Plume**, au crayon… Cependant, certaines manipulations sont plus spécifiques aux tracés issus d'une vectorisation, c'est ce que nous allons voir.

La fusion des couleurs ajoutées

Une fois décomposée, une vectorisation avec l'option **Nouvelle nuance** a fait apparaître des couleurs de vectorisation dans le **Nuancier** (*voir page 74*). Si vous n'aviez pas suffisamment affiné les réglages, vous pouvez constater que certaines nuances sont trop proches les unes des autres ou correspondent à des parties qui devraient avoir une autre teinte. Pour pallier ce problème vous pouvez les fusionner.

Pour cela, tapez ⇧⌘A [⇧Ctrl A] pour désélectionner tous les tracés, puis dans le **Nuancier**, sélectionnez les couleurs à fusionner par ⌘clic [Ctrl clic] sur leur aperçu en commençant par celle qui définira la teinte finale, lancez alors la commande **Fusionner les nuances** dans le menu du panneau **Nuancier** : toutes les nuances sélectionnées n'en feront plus qu'une, celle sélectionnée en premier.

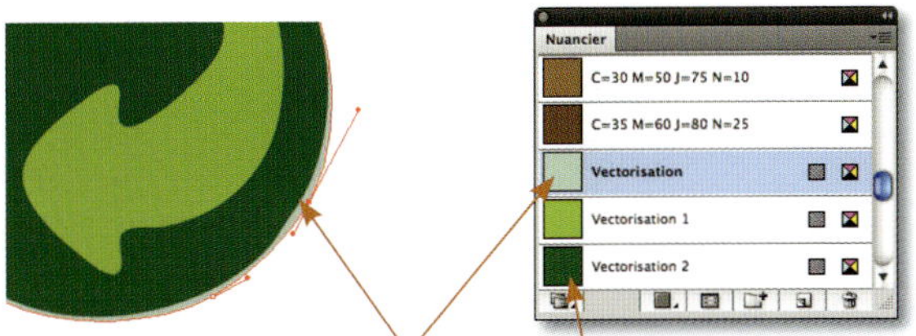

On veut fusionner cette nuance avec celle-ci pour colorer certains éléments.

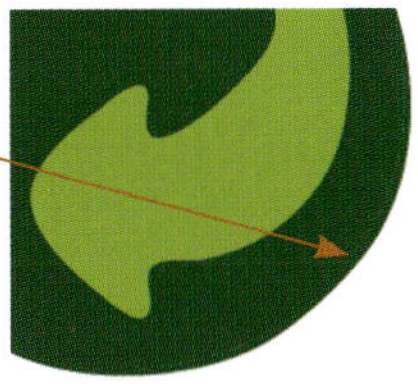

ATTENTION *Cette fusion de couleurs ne provoque pas la « fusion » des tracés. Si vous souhaitez l'obtenir, sélectionnez les tracés par clic sur l'un d'eux avec l'outil **Baguette magique**, puis, avec la touche ⌥ [Alt] enfoncée, cliquez sur l'icône de réunion du panneau **Pathfinder**.*

La simplification du tracé

L'illustration obtenue après décomposition peut s'avérer complexe (beaucoup de tracés et de points). Pour pallier ce problème qui rendra les retouches délicates et ralentira l'impression, vous pouvez lancer la commande **Simplifier** du menu **Objet/Tracé**.

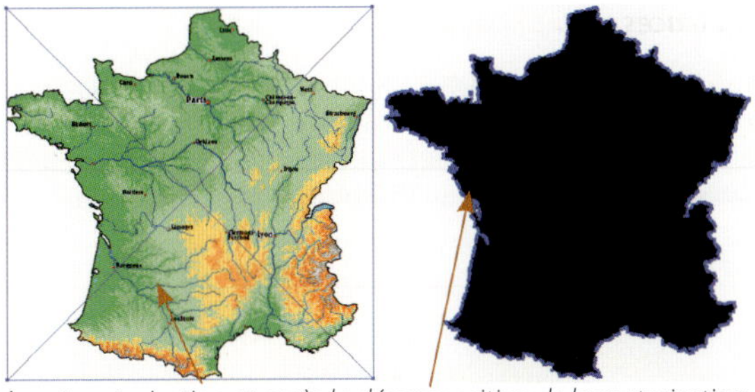

Avant vectorisation et après la décomposition de la vectorisation. Le tracé comporte beaucoup de points que cette commande peut réduire.

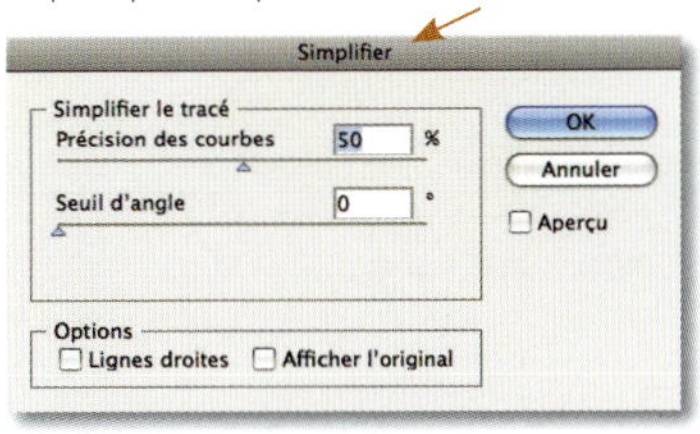

La fenêtre **Simplifier** permet de prévisualiser (**Aperçu**) pour contrôler la simplification ; pour que le résultat reste suffisamment proche du tracé initial (qui peut être visible en cochant **Afficher l'original**), vous devez augmenter la valeur de **Précision des courbes** (souvent au-delà de 90 %).

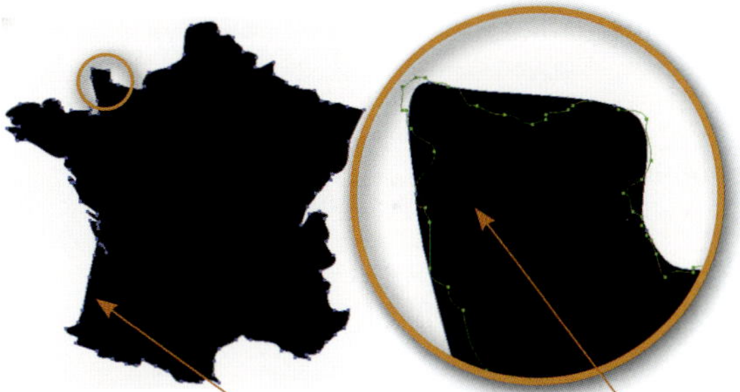

Le tracé avec une simplification à 90 %. À droite, un détail du dessin avec le tracé initial en vert.

Ci-contre, on a augmenté la précision à 96% (le nombre de points est indiqué).

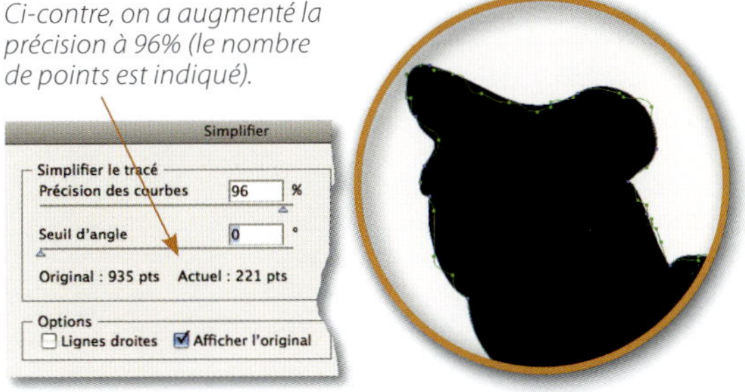

La peinture dynamique

La peinture dynamique permet de colorier facilement des parties d'une illustration. Son étude sera développée plus en détail dans le chapitre des colorations. Nous allons voir quelques manipulations utiles après une vectorisation.

La mise en œuvre

La conversion du résultat de la vectorisation en groupe de peinture dynamique s'effectue directement depuis le panneau **Contrôle** sans passer par une décomposition. En effet, il suffit de cliquer sur le bouton [Peinture dynamique] pour activer le groupe.

> **Astuce** *Le groupe de peinture dynamique peut également être obtenu directement par clic sur le résultat avec l'outil **Pot de peinture dynamique** ( ).*

La commande de conversion est accessible par le menu **Édition/Vectorisation dynamique** et peut être enchaînée à la vectorisation avec la commande **Créer et convertir en peinture dynamique**.

Si l'outil **Flèche noire** est actif, la sélection s'encadre de poignées munies d'un astérisque (✳) pour indiquer qu'il s'agit d'un groupe de peinture dynamique. Désormais le remplissage s'effectue avec l'outil **Pot de peinture dynamique** ( ) (il s'active en tapant la lettre K).

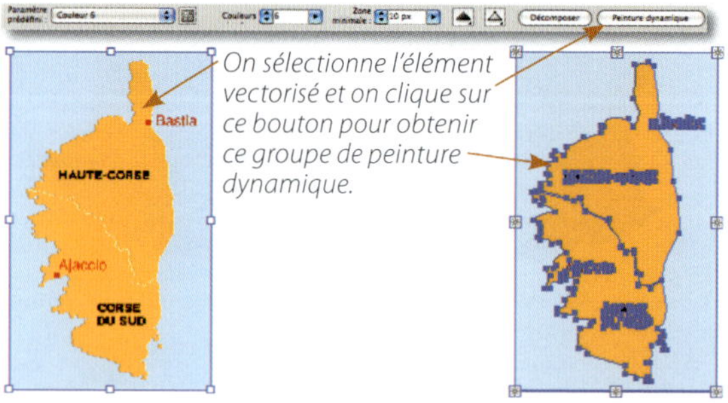

On sélectionne l'élément vectorisé et on clique sur ce bouton pour obtenir ce groupe de peinture dynamique.

Les colorations dynamiques

Quand l'outil **Pot de peinture dynamique** ( ) survole un groupe, une zone cernée de rouge apparaît pour montrer quelle partie sera colorée avec la couleur de fond active si vous cliquez avec l'outil devenu .

Si vous double-cliquez, vous colorerez toutes les zones de même couleur que celle sur laquelle vous avez effectué ce double-clic.

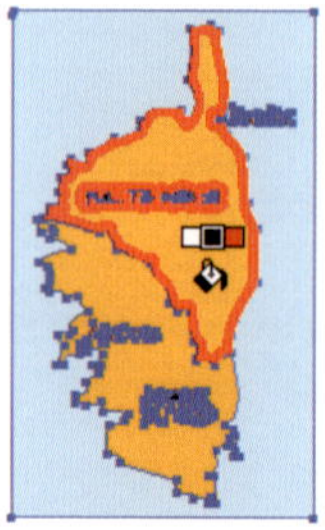

Par clic on remplit la zone cerclée de rouge.

Si vous enfoncez ⇧ et placez l'outil sur le bord d'une zone, l'outil devient : en cliquant, c'est le contour affiché en surbrillance rouge qui sera coloré par couleur affichée dans la case au-dessus de l'outil.

Ici aussi, par ⇧ double-clic, vous colorerez tous les contours ayant la même couleur que celui sur lequel vous avez effectué ce double-clic. Si aucun d'eux n'était initialement coloré, ils prendront tous la coloration.

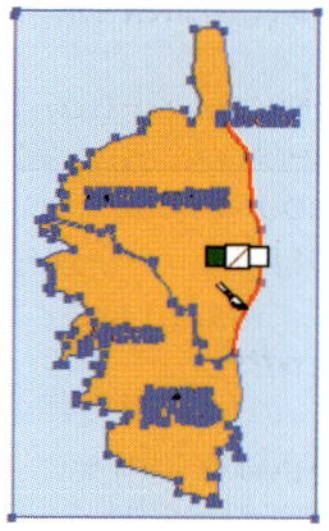

Par ⇧ clic, on colore le contour.

> **Astuce** *Si vous souhaitez colorer le contour sans enfoncer la touche ⇧, double-cliquez dans l'outil **Pot de peinture dynamique** et cochez **Contours**. L'outil deviendra automatiquement sur un contour et sur un fond.*

Pour colorier plusieurs zones (fonds ou contours), vous pouvez les sélectionner par ⇧ clics dessus avec l'outil **Sélection de peinture dynamique** (elles apparaissent tramées comme dans Flash), puis les colorier en cliquant sur la couleur voulue dans le **Nuancier**.

Nous allons voir quelques exemples de colorations.

Le choix des nuances

Les trois cases situées au-dessus de l'icône du pot de peinture indique les couleur adjacentes à la couleur active dans le Nuancier. En utilisant la touche Flèche vers la droite (ou vers la gauche), vous passez de l'une à la suivante (ou la précédente). Si vous avez sélectionné un groupe de couleurs dans le nuancier, les touches fléchées vous feront passer d'une nuance à l'autre sans jamais quitter le groupe sauf si vous utilisez les touches Flèche vers le haut ou vers le bas.

On a sélectionné un groupe de couleurs dans le nuancier, on passe d'une nuance à l'autre ici avec les touches fléchées.

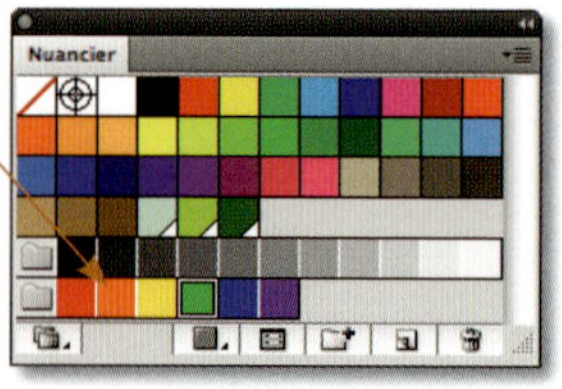

La suppression du blanc

Si l'illustration comporte des zones blanches que vous souhaiter remplacer par le transparent, cliquez sur la case ☐ (Sans) du **Nuancier** ou du panneau **Couleur**, puis avec l'outil **Pot de peinture dynamique**, sur les zones à rendre transparentes (contrôlez en affichant le damier de transparence par la commande du menu **Affichage**).

Le remplacement des nuances

Si vous avez coché le bouton **Nouvelle nuance** lors de la vectorisation, vous pouvez utiliser les nuances ajoutées pour colorer certaines zones de l'illustration avec le **Pot de peinture dynamique**.

L'affectation de contours

Si vous avez fait une vectorisation avec le mode **Couleur**, les tracés ne possèdent pas de contour, vous pouvez utiliser le **Pot de peinture dynamique** pour leur en affecter.

La redéfinition des couleurs

Illustrator propose une possibilité intéressante pour changer l'ensemble des couleurs d'un dessin. Cette fonctionnalité s'active en cliquant sur l'icône du panneau **Contrôle** quand l'élément à recolorer est sélectionné ou par le menu **Édition** et le sous-menu **Modifier les couleurs** puis **Rédéfinir les couleurs de l'illustration**.

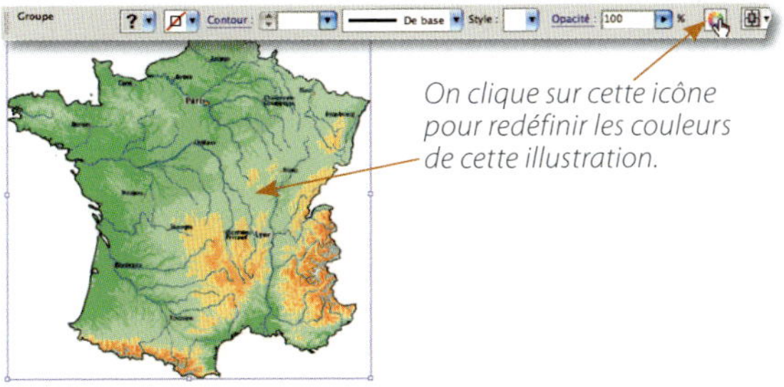

On clique sur cette icône pour redéfinir les couleurs de cette illustration.

Il apparaît une fenêtre, **Redéfinir les couleurs de l'illustration**, dont l'étude sera détaillée dans le chapitre des colorations. Elle comporte l'onglet **Modifier** qui affiche une roue chromatique comportant l'ensemble des couleurs utilisées dans l'illustration. Par glissement sur cette roue, ces couleurs peuvent être modifiées individuellement ou non selon que le maillon qui les lie est actif ou non .

On clique sur ce bouton pour modifier les couleurs.

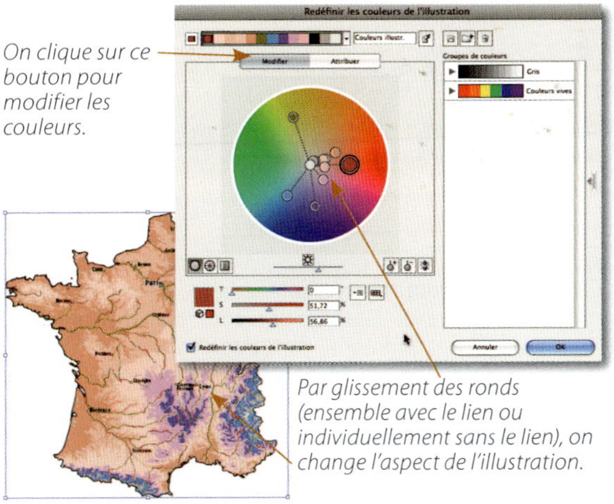

Par glissement des ronds (ensemble avec le lien ou individuellement sans le lien), on change l'aspect de l'illustration.

Astuce *Le panneau **Rédéfinir les couleurs de l'illustration** est accessible par le menu **Édition/Modifier les couleurs** ; si vous l'utilisez souvent, vous pouvez lui affecter un raccourci par le menu **Édition/Raccourcis clavier** afin d'y accéder plus rapidement.*

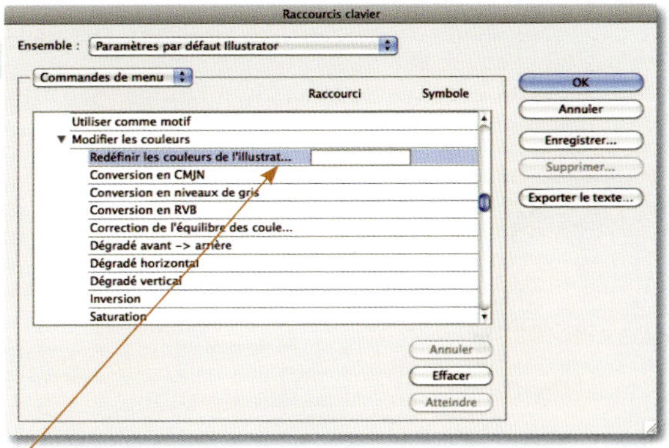

Ici, vous pouvez affectez un raccourci au panneau qui permet de redéfinir les couleurs de la sélection.

Le dessin sur un modèle

Au lieu d'appliquer à la photo une vectorisation dynamique, vous pouvez l'importer en tant que modèle puis dessiner dessus en suivant les contours de la zone qui vous intéresse. Dans ce cas, contrairement à la vectorisation dynamique, la résolution peut être moins importante puisque ce sont les traits généraux de l'image qui sont importants et non pas ses détails ; ainsi, des images provenant du Web peuvent faire l'affaire même si elles sont de très petites tailles.

L'importation et l'affichage du modèle

Pour importer une image que vous utiliserez comme modèle dans la fenêtre d'importation, cochez l'option **Modèle**, Illustrator la placera sur un nouveau calque dont les options sont particulièrement adaptées — l'icône dans le panneau **Calques** permet de le reconnaître. En effet, le calque est verrouillé, il n'est pas imprimable (son nom en italique l'indique) et l'image qu'il contient est affichée avec un contraste atténué.

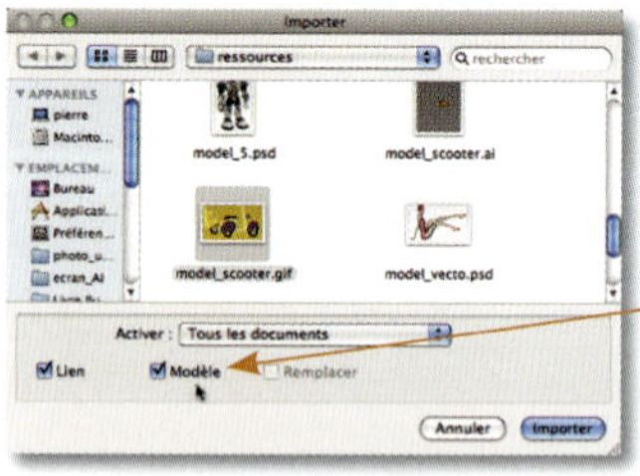

On importe l'image en cochant l'option **Modèle**.

Grâce à l'option **Modèle**, *on obtient ceci.*

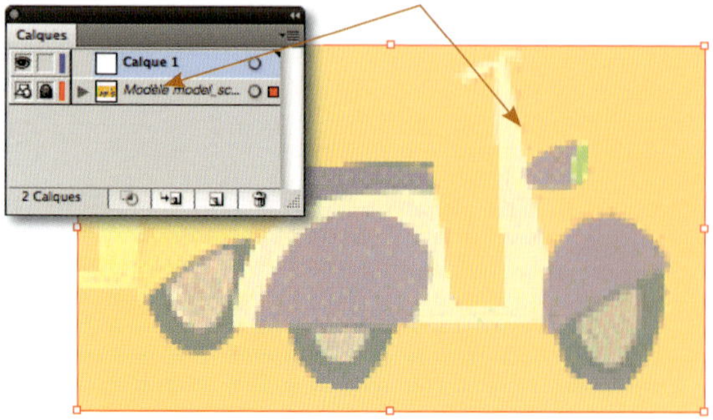

On peut dessiner sur le modèle qui apparaît estompé.

Le dessin sur la photo

Le dessin sur la photo peut être réalisé avec l'outil **Crayon** ou **Pinceau** ou encore, si l'image présente des formes plus régulières ou même rectilignes, avec l'outil **Plume**.

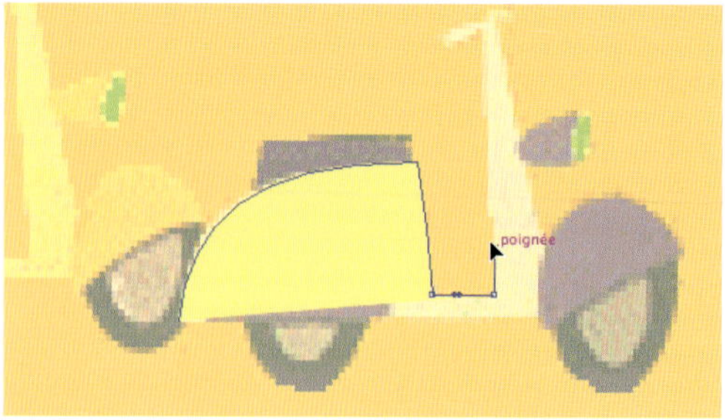

On dessine avec l'outil **Plume** *sur le modèle verrouillé.*

La visualisation du modèle sous le fond du tracé

Quand vous dessinez sur une photo, la couleur de fond du tracé masque le modèle au fur et à mesure que vous dessinez. Pour pallier ce problème, vous avez deux solutions : modifier l'opacité des tracés ou changer le mode d'affichage.

L'affichage Contour (ou tracés)

Si vous réglez le calque de travail avec l'affichage **Tracés** par ⌘clic [Ctrl clic] sur l'œil du calque, vous ne verrez plus les couleurs de fond des tracés (la photo à l'arrière-plan restant visible). Vous pouvez aussi taper ⌘ Y [Ctrl Y] pour passer à l'affichage **Tracés**. Retapez ce raccourci pour retrouver l'affichage **Aperçu**.

Astuce *Si par la suite vous n'avez plus besoin du modèle, cachez le calque (en cliquant sur ou par le menu* ***Affichage****) ou supprimez-le. En revanche, pour l'utiliser comme une image classique, double-cliquez sur le nom du calque pour en afficher les options* (voir ci-dessous) *et désactiver l'option* ***Modèle***.

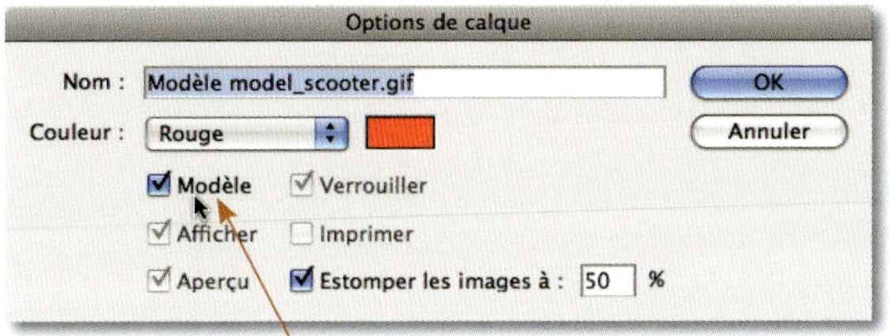

On peut décocher cette option pour utiliser le modèle comme une image classique.

LE DESSIN SUR UN CALQUE D'OPACITÉ RÉDUITE

Pour réduire l'opacité du calque de travail, utilisez le panneau **Controle** et son option **Transparence**, mais cliquez d'abord sur le rond du calque (○) dans le panneau **Calques** pour le cibler — c'est-à-dire indiquer que le réglage doit affecter tout le calque (et par conséquent, tous les tracés dessinés dessus).

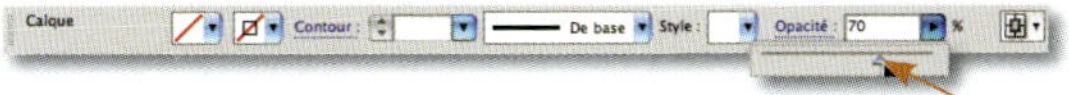

Ici, on a cliqué pour cibler le calque et on a baissé l'opacité pour voir le modèle sous le tracé.

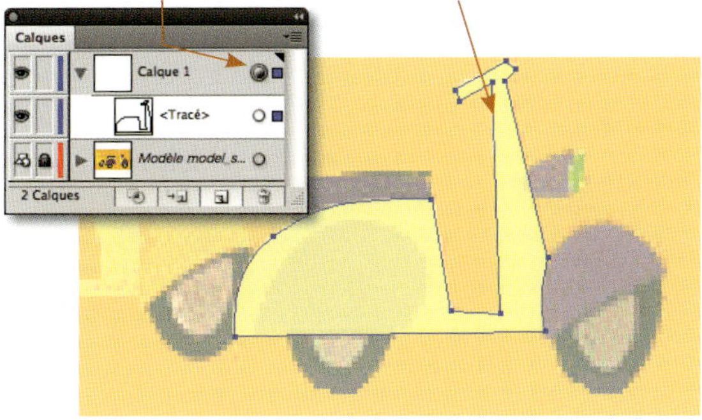

En fin de travail, il faudra cibler à nouveau le calque en cliquant sur le rond (◉) pour remettre son opacité à 100 %.

On a masqué le modèle et supprimé le réglage d'opacité du calque pour voir le dessin seul.

3 - Le dessin de formes et de lignes

Les aides à la réalisation de tracés

Les repères intelligents

Pour faciliter le réglage d'un objet par rapport à un autre (taille, position…), utilisez les repères commentés. Pour les voir (ou les masquer), lancez la commande **Repères commentés** (menu **Affichage** ou ⌘U [Ctrl U]). Ils s'affichent lorsqu'un point du tracé déplacé ou en cours de création est aligné avec un point d'un autre tracé (ou un repère) et indiquent le type d'alignement ; cependant, pour les utiliser correctement vous devez d'abord survoler le ou les points des objets avec lesquels l'alignement devra être affiché.

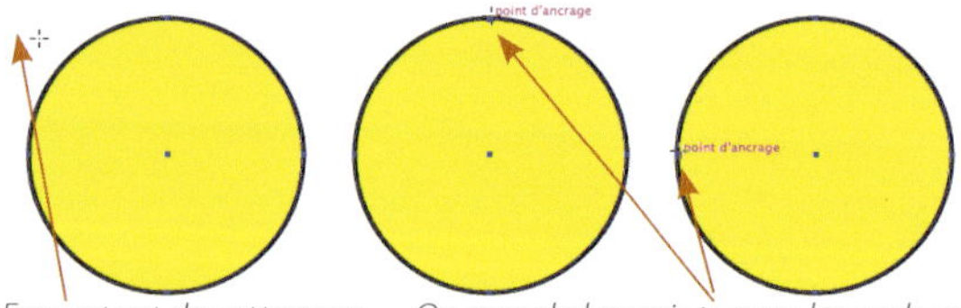

En partant de cette zone on veut dessiner un carré. *On survole les points avec lesquels on souhaite obtenir un alignement.*

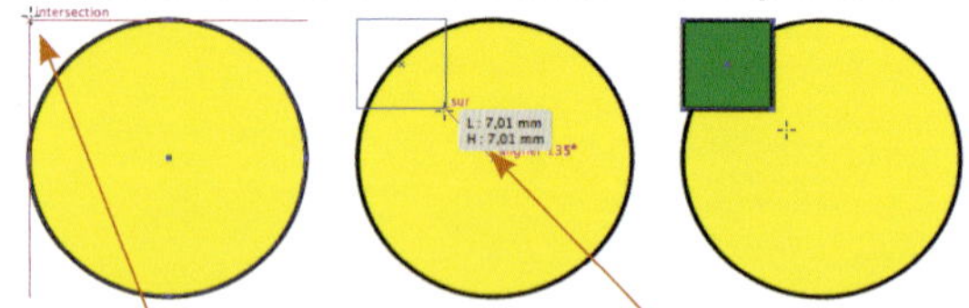

Les repères s'affichent pour indiquer l'alignement. *On dessine l'élément en contrôlant sa taille pendant le dessin.*

Vous pouvez limiter le nombre d'éléments qui s'affichent dans les préférences à la rubrique **Repères commentés**.

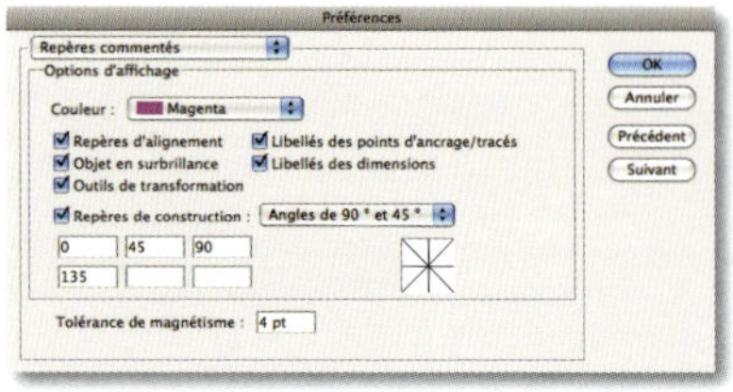

On choisit ici le nombre de repères à afficher.

Le cadre de sélection ou de transformation

Dès qu'un tracé est terminé, si vous activez la **Flèche noire** (en enfonçant ⌘ [Ctrl], par exemple), un cadre apparaît autour du tracé, c'est le **cadre de sélection** ; il figure l'encombrement du tracé. Il est muni de huit poignées qui permettent de transformer facilement la taille du dessin. En effet, si vous enfoncez ⇧, un glissement d'une poignée d'angle entraînera une modification homothétique. Si ce redimensionnement doit être centré, ajoutez ⌥ [Alt].

> **ASTUCE** *Si ce cadre vous gêne lors d'un déplacement à partir d'un point (ce dernier peut être confondu avec une poignée), masquez-le à l'aide de la commande **Masquer le cadre de sélection** du menu **Affichage** ou en tapant ⇧⌘B [⇧Ctrl B]. Il se réaffiche en tapant à nouveau ce raccourci.*

Par défaut, ce cadre se place sur le tracé de l'objet ; si ce dernier a un contour épais, il serait intéressant que le cadre se place sur le bord de ce contour. Pour obtenir ce type d'affichage, dans les préférences générales (⌘K [Ctrl K]), cochez **Utiliser les limites d'aperçu**.

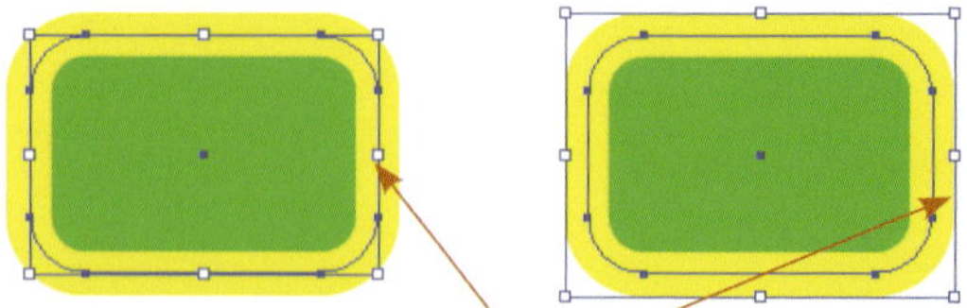

*L'affichage du cadre de sélection sans et avec l'option **Utiliser les limites d'aperçu** que l'on active dans le menu de ce panneau.*

Astuce ***Utiliser les limites d'aperçu*** *s'active (ou désactive) par le menu local du panneau* ***Alignement****.*

La manipulation des lignes directrices

Lorsqu'un tracé géométrique vient d'être réalisé, tous ses points d'ancrage sont sélectionnés. Aussi, on ne voit pas les lignes directrices de ses points. Illustrator propose la commande **Poignées directrices** (menu **Sélection/Objet**) pour les visualiser afin de les modifier ; ces modifications pouvant même se réaliser avec la **flèche noire** (activée avec la touche ⌘ [Ctrl] enfoncée ou par clic sur l'outil dans le panneau **Outils**).

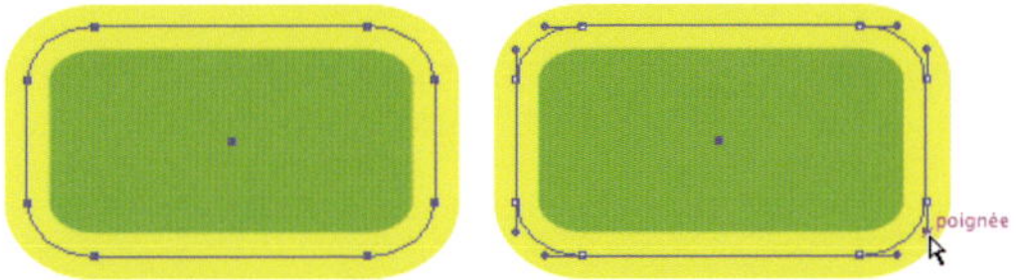

Le tracé sans et avec les poignées directrices affichées.

Les outils de dessin géométrique

Les tracés se séparent en deux catégories : les formes fermées (rectangle, ovale, polygone, étoile, halo) et les lignes (droite, arc, spirale et deux types de grilles).

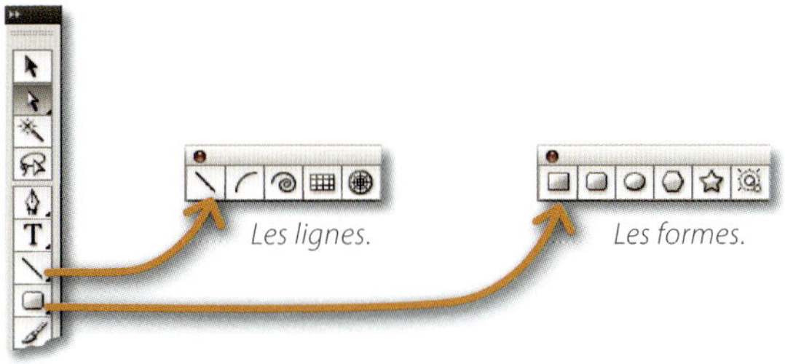

Les formes fermées

Le dessin d'une forme fermée se réalise de deux façons :

- en tracé libre obtenu par glissement ;
- en tracé programmé dans une fenêtre de valeurs affichée par clic.

Les tracés libres

Pendant que le bouton de la souris est maintenu enfoncé, certaines options sont disponibles en enfonçant ou en frappant certaines touches. Le tableau ci-dessous les résume.

Touche	Rectangle	Rectangle arrondi	Ellipse	Polygone	Étoile
Espace	Déplacement de la forme en cours de construction.				
⇧*	Carré.	Carré arrondi.	Cercle.	L'un des côtés devient horizontal.	L'une des pointes s'oriente verticalement.
⌥ [Alt] *	Centrage par rapport à l'origine du tracé.	Centrage.	Centrage.	Pas d'action.	
⌘ [Ctrl]	Pas d'action.	Pas d'action.	Pas d'action.	Pas d'action.	Fixe la valeur du rayon interne** de l'étoile.
↑ ou ↓	Pas d'action.	Modifie l'arrondi.	Pas d'action.	Modifie le nombre de côtés.	Modifie le nombre de branches.
← ou →	Pas d'action.	Arrondi maximal ou minimal.	Pas d'action.	Pas d'action.	Pas d'action.
<	Créations multiples de forme.				

* Ces touches peuvent être cumulées, mais dans tous les cas elles doivent être relâchées après avoir relâché le bouton de la souris.

** Les pointes d'une étoile sont définies à partir de deux cercles (*voir page suivante*).

Les formes programmées

LES RECTANGLES OU LES ELLIPSES

Quand on clique avec l'un de ces outils, une fenêtre apparaît pour définir la taille du futur dessin. Vous pouvez utiliser une autre unité que celle indiquée et même faire des opérations entre les données (+, –, /, *). Le rectangle est dessiné depuis le sommet ou le centre selon la présence ou non de ⌥ [Alt] lors du clic.

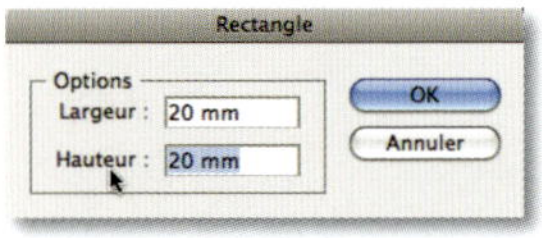

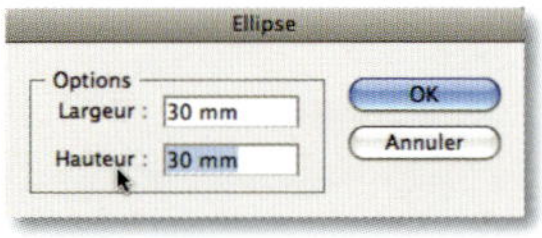

Les fenêtres de paramétrage des futurs rectangles ou ellipses.

> **ASTUCE** *Pour obtenir un carré (ou cercle), saisissez la valeur dans la case **Largeur**, cliquez sur le mot **Hauteur** puis **OK**. Vous pouvez également modifier les valeurs en cliquant dans une case et en utilisant les touches fléchées (l'incrément est multiplié par 10 avec ⇧.*

LES RECTANGLES ARRONDIS

L'outil fonctionne comme pour les rectangles. La fenêtre de dialogue ajoute une option pour gérer l'arrondi. Il ne sera pas possible de le modifier ultérieurement.

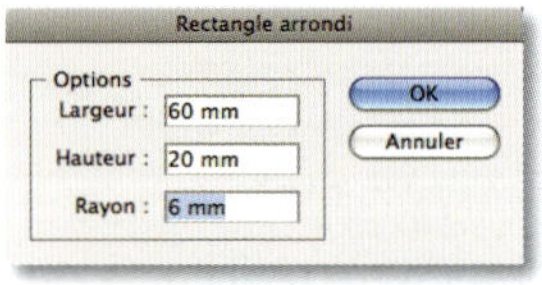

La fenêtre de paramétrage des futurs rectangles arrondis.

> **ASTUCE** *Le rectangle arrondi peut être remplacé par un rectangle normal auquel on affecte un effet d'arrondi (menu **Effet/Spécial/Arrondis**), celui-ci restera modifiable. Cependant, si les arrondis doivent être manipulés séparément, il faudra décomposer l'objet (menu **Objet/Décomposer l'aspect**).*

LES POLYGONES

Pour créer un polygone, activez l'outil **Polygone** (caché sous l'outil **Rectangle**) et cliquez sur la page : dans la fenêtre, configurez le polygone. Deux valeurs sont à indiquer : le nombre de **Côtés** du polygone et le **Rayon** (distance entre le centre et le sommet).

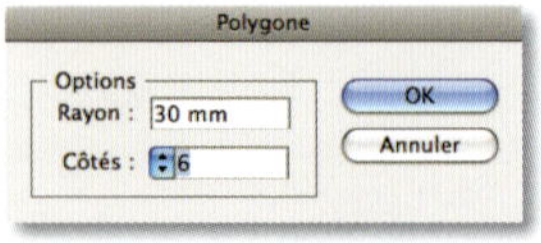

La fenêtre de paramétrage des futurs polygones.

LES ÉTOILES

Pour créer une étoile, activez l'outil **Étoile** et cliquez sur l'écran : une fenêtre apparaît ; configurez l'aspect de l'étoile en entrant un nombre de **Points** (ou branches) et la taille de celle-ci (**Rayons**). Les valeurs de **Rayon 1** et **Rayon 2**, déterminent l'aspect de l'étoile (le plus petit des deux rayons correspond au rayon interne).

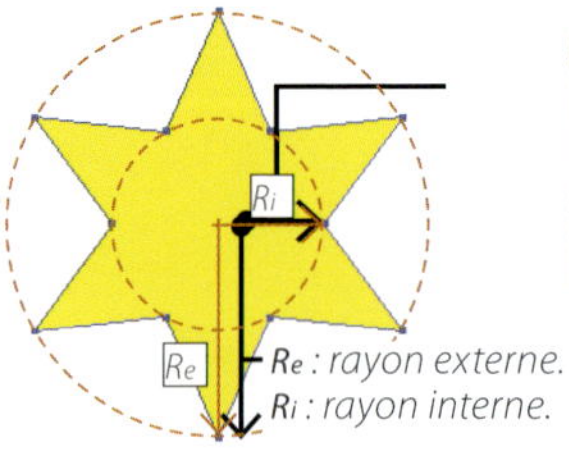

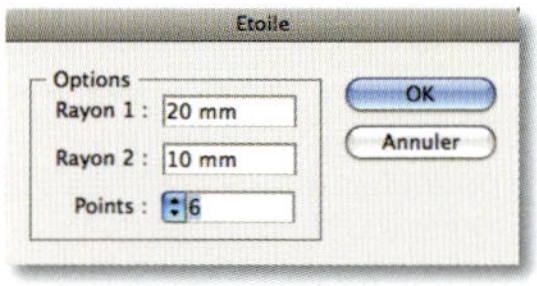

La fenêtre de paramétrage des futures étoiles.

> **ASTUCE** *Si l'un des rayons est nul, on crée une sorte de croix (cela permet de créer un tracé qui pourra être utilisé pour découper un cercle en parts égales).*

Les redimensionnements des formes fermées

LES TRANSFORMATIONS MANUELLES

Tapez V pour activer l'outil **Sélection** ou **Flèche noire** (ou enfoncez ⌘[Ctrl] pour activer temporairement l'outil **Flèche noire** si celui-ci était le dernier outil de sélection actif). Sélectionnez le tracé, vous pouvez : déplacer, redimensionner et pivoter le rectangle à l'aide du cadre de sélection. Certaines touches ajoutent des contraintes comme l'indique le tableau ci-dessous.

Transformation	Obtention et particularités
Déplacement	Placez la souris à l'intérieur du cadre (elle devient ▸) et glissez. – avec ⌥ [Alt], la souris devient ▸, il y a copie.
Mise à l'échelle	Placez la souris sur une poignée du cadre (elle devient ↕) et glissez. – avec ⌥ [Alt], la transformation est centrée. – avec ⇧ la transformation conserve le rapport largeur/hauteur.
Rotation	Placez la souris près d'un angle (elle devient ↻), glissez pour réorienter.

Grâce aux repères commentés, des indications de tailles, déplacement ou d'angle de rotation peuvent apparaître. De même, si le panneau **Informations** est affiché, vous y lirez les valeurs (X et Y pour la position et L et H pour la taille) et vous pourrez les contrôler.

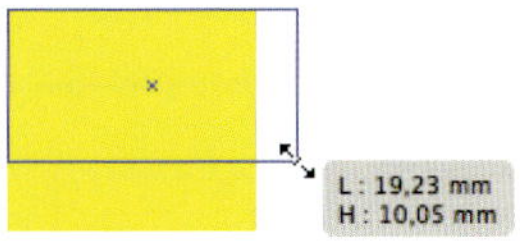

Pendant la transformation, les nouvelles dimensions apparaissent.

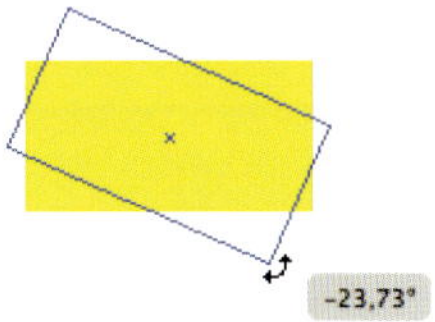

L'angle de rotation s'affiche.

Les redimensionnements par le panneau Contrôle (ou Transformation)

Le panneau **Contrôle** comporte deux cases **X** et **Y** pour régler la position de l'élément sélectionné et deux autres pour le redimensionnement : **L** (largeur) et **H** (hauteur).

Avant de saisir une valeur, qui devra être validée en tapant ↩, vous devez choisir un axe de transformation en cliquant sur l'un des points de l'icône située devant la case X.

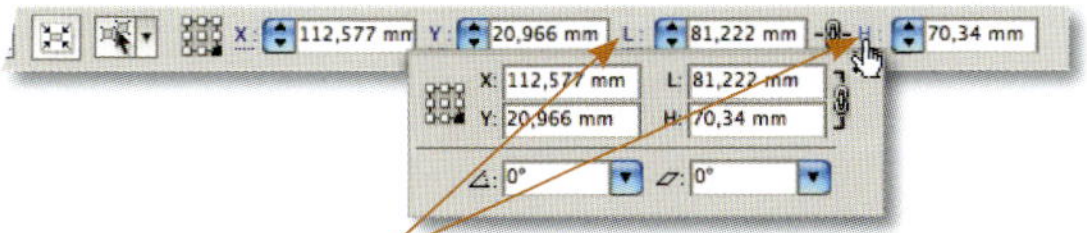

En cliquant sur les lettres, on affiche le panneau Transformation.

> **Astuce** *Si vous avez coché l'option* ***Utiliser les limites d'aperçu*** *dans le menu local du panneau* ***Alignement*** *(ou dans les préférences générales), la valeur saisie dans la case L ou H sera systématiquement légèrement modifiée pour ajouter aux nouvelles dimensions celle du contour.*

Si vous cliquez sur le maillon entre les deux cases L et H, il devient : il y aura conservation de la proportion entre la largeur et la hauteur — si le maillon n'est pas activé, il y aura quand même homothétie si vous validez en tapant ⌘↩ [Ctrl ↩]. Si vous cliquez sur les lettres soulignées (X, Y, L et H), vous affichez le panneau **Transformation** ; il donne accès à d'autres transformations ainsi qu'à la création de copie quand les valeurs saisies dans les cases sont validées en tapant ⌥↩ [Alt ↩].

> **Astuce** *Si vous utilisez les menus locaux du panneau* ***Transformation*** *(pour une rotation, par exemple), il n'y aura pas de copie, même si vous enfoncez la touche ⌥ [Alt] car on ne valide pas par ↩.*

Les halos

Le dessin d'un halo permet de créer des effets de lumière de type halo en ajoutant différents cercles remplis de dégradés radiaux. Le dessin peut être réalisé manuellement par deux glissements successifs ou par programmation (par clic). Dans les deux cas, les réglages sont délicats et les résultats sont plus intéressants si le halo est placé sur un arrière-plan sombre ou une photo.

Les tracés programmés

Quand on clique sur l'écran avec l'outil **Halo**, Illustrator affiche sa fenêtre de réglages ; cependant, ces derniers sont délicats à mettre au point à cause de la présence des très nombreux tracés de construction des éléments constituant le halo. Aussi, avant de cliquer sur l'écran avec l'outil, commencez par cacher les contours de sélection en tapant ⌘H [Ctrl H], le halo apparaîtra alors sans que les tracés n'en masquent l'aperçu et sa mise au point sera plus facile. Si vous avez validé la fenêtre de réglages, vous pouvez la faire réapparaître en tapant ↩.

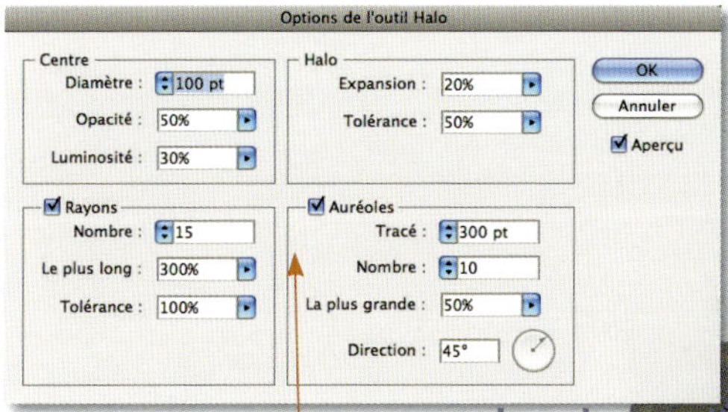

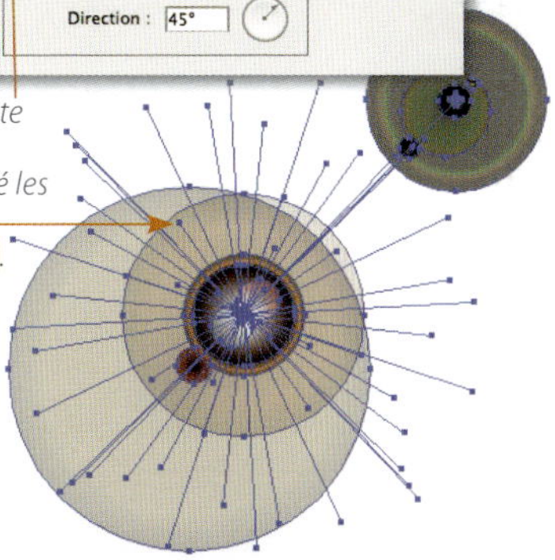

Le halo se règle par cette fenêtre. L'opération est plus facile si on a caché les contours de sélection en tapant ⌘H [Ctrl H].

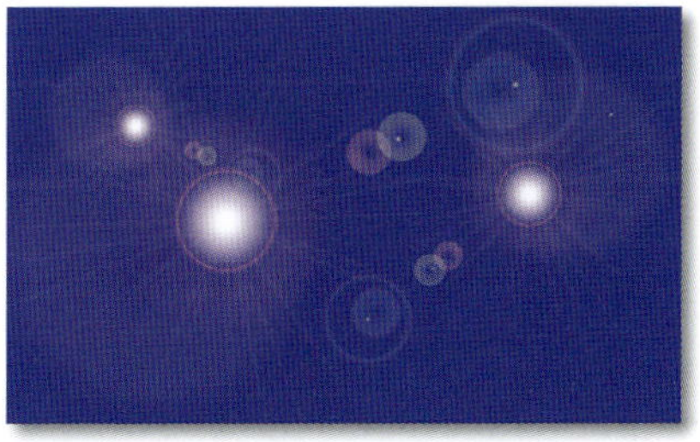

Des halos sur un fond sombre.

Les tracés libres

Si vous voulez (quand même) dessiner sans programmer, voici quelques éléments pour créer l'effet. Le tracé comporte deux parties et s'élabore en deux étapes : la première fait apparaître la source lumineuse, la seconde, les halos. Dans les deux étapes, il est possible d'utiliser les touches fléchées pour modifier l'aspect de certains éléments du halo.

ASTUCE *Quand le tracé est fini, pour mieux le visualiser sans le désélectionner, tapez ⌘H [Ctrl H] pour masquer ses contours (retapez ce raccourci pour les retrouver).*

Les modifications du halo

Quand le halo est obtenu, vous pouvez lui appliquer les commandes du menu **Effet** — elles apparaîtront dans le panneau **Aspect** et leur réglage pourra y être modifié ; par exemple, un flou gaussien aura pour effet d'atténuer les bords des cercles. En les sélectionnant avec la **Flèche blanche**, certaines parties peuvent être recolorées ; en général, elles comportent des dégradés.

Les lignes

Le dessin d'une ligne se réalise de deux façons :

- en tracé libre obtenu par glissement ;
- en tracé programmé dans une fenêtre de valeurs affichée par clic.

Les tracés libres

Pendant que le bouton de la souris est maintenu enfoncé, certaines options sont disponibles en enfonçant ou en frappant certaines touches. Le tableau ci-dessous les résume.

Touche	Trait	Arc	Spirale	Grille rectangulaire	Grille polaire
Espace	Déplacement de l'élément en cours de construction.				
⇧	Trait à 45°, 90°, 135°, 180°.	Arc de cercle.	Extrémités sur un axe à 45°, 90°…	Grille carrée.	Grille circulaire.
⌥ [Alt]	Centrage par rapport à l'origine du tracé.				
⌘ [Ctrl]	Pas d'action.	Pas d'action.	Espacer/Resserrer les enroulements.	Pas d'action.	Pas d'action.
↑ ou ↓	Pas d'action.	Modifier la concavité ou convexité.	Modifier le nombre de segments.	Modifier le nombre de traits horizontaux.	Modifier le nombre de cercles.
← ou →	Pas d'action.	Pas d'action.	→ Réinitialiser l'espace entre les enroulements.	Modifier le nombre de traits verticaux.	Modifier le nombre de rayons.
C	Pas d'action.	Fermer/Ouvrir l'arc : ◟ / ◻	Pas d'action.	Déplacer les traits verticaux vers la droite.	Déplacer les cercles vers l'extérieur.
F	Pas d'action.	Symétrie de l'arc complet : ∟ / ⌝	Pas d'action.	Déplacer les traits horizontaux vers le bas.	Pivoter les rayons dans le sens antihoraire.
V	Pas d'action.	Pas d'action.	Pas d'action.	Déplacer les traits horizontaux vers le haut.	Pivoter les rayons dans le sens horaire.
X	Pas d'action.	Symétrie de la partie incurvée : ◗ / ∟	Pas d'action.	Déplacer les traits verticaux vers la gauche.	Déplacer les cercles vers l'intérieur.
<	Créations multiples.				

Les tracés programmés

Les droites ou traits

Un clic sur le document avec l'outil **Trait** affiche une fenêtre dans laquelle vous saisissez la longueur et l'angle. Pour créer des tracés centrés, enfoncez la touche ⌥ [Alt] et cliquez à l'endroit voulu sur l'écran : la fenêtre de valeurs s'affiche et le dessin apparaîtra centré sur le clic.

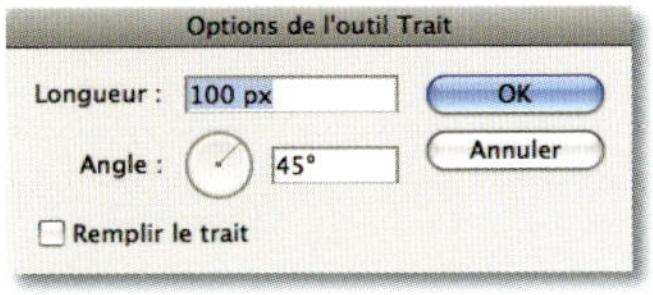

La fenêtre des traits, on peut saisir une valeur avec une autre unité.

Les arcs d'ellipse

Un clic sur l'écran affiche la fenêtre permettant de régler l'aspect du futur tracé. Pour comprendre le rôle de chaque option, vous pouvez commencer par afficher cette fenêtre sans cliquer mais en tapant ↵ avec l'outil **Arc** actif. La fenêtre comporte une zone d'aperçu qui facilite les réglages des options. Par la suite pour créer des arcs, cliquez ; pour les centrer sur l'endroit où vous cliquez, enfoncez ⌥ [Alt].

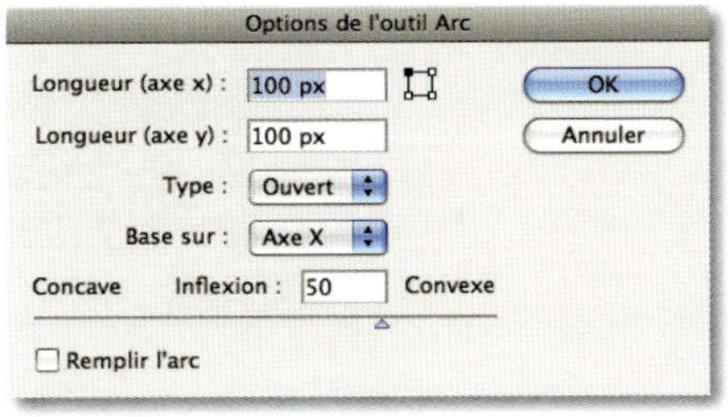

Avec les arcs d'ellipse on dispose de plus d'options.

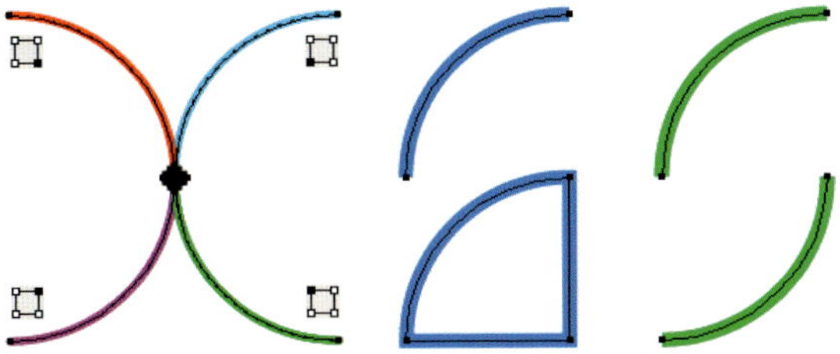

Pour dessiner ces quatre arcs, on a cliqué au centre. *Arc ouvert et arc fermé.* *En haut, axe X et en bas, axe Y.*

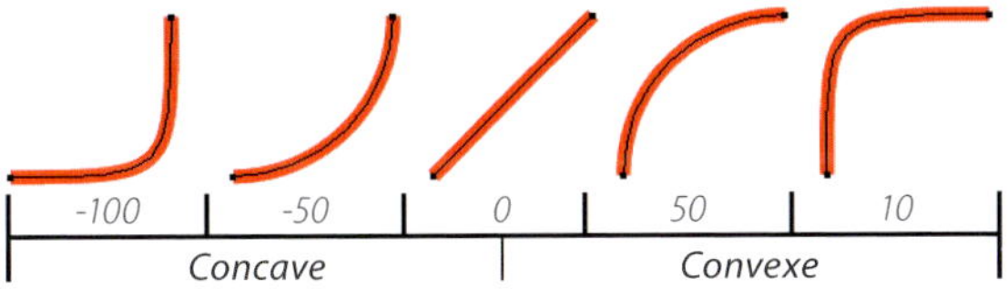

> **Astuce** *Pour retrouver l'arc de base, activez l'outil* ***Arc****, tapez ↵ ; dans la fenêtre affichée, maintenez enfoncée la touche ⌥ [Alt] et cliquez sur le bouton* ***Réinitialiser****.*

Les spirales

Par clic sur le plan de travail avec l'outil **Spirale** vous affichez la fenêtre **Spirale** dans laquelle certaines options doivent être spécifiées.

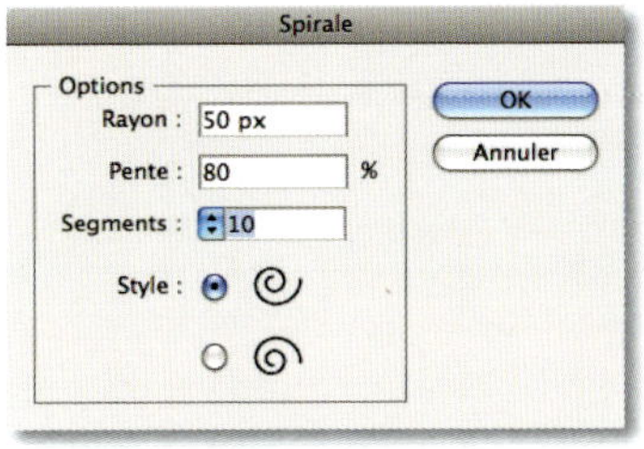

Les réglages de la spirale.

- Les **Segments** : chaque spirale est constituée par une succession d'arcs de cercle. Leur nombre minimum est de deux ; avec quatre on obtient une boucle. Pour obtenir un enroulement, il faut plus de quatre segments.
- Le **Rayon** : cette valeur définit la taille de l'arc de cercle situé au départ de la spirale.
- La **Pente** : c'est le décalage entre les boucles. Avec une pente de 100 %, on obtient un cercle (ou une portion) ; si elle est inférieure à 100 %, la spirale s'enroule à l'intérieur du cercle précédent ; si elle est supérieure à 100 %, la spirale s'enroule à l'extérieur du cercle.

Spirale avec quatre segments.
Pente *: 75 %*

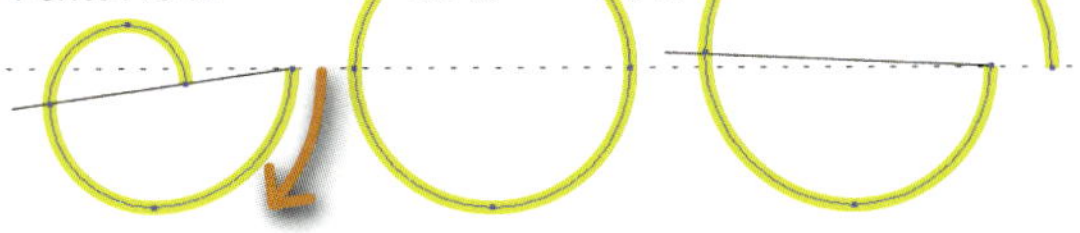

- Le **style** : il correspond au sens d'enroulement.

Les grilles rectangulaires

Par clic sur l'écran avec l'outil **Grille rectangulaire** vous affichez la fenêtre **Grille rectangulaire**. Définissez les dimensions (**Largeur** et **Hauteur**) de la grille, le nombre de lignes ou séparateurs horizontaux ou verticaux et leurs espacements (selon une distribution logarithmique). Ce réglage s'effectue en modifiant la valeur d'**Inclinaison** (**Bas** ou **Gauche**) : 0 % assure une répartition régulière, des valeurs positives ou négatives les resserrent horizontalement ou verticalement.

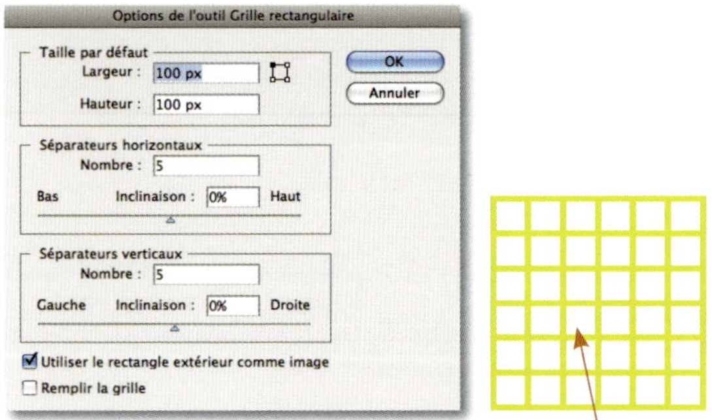

La fenêtre d'options avec les valeurs par défaut et le dessin correspondant.

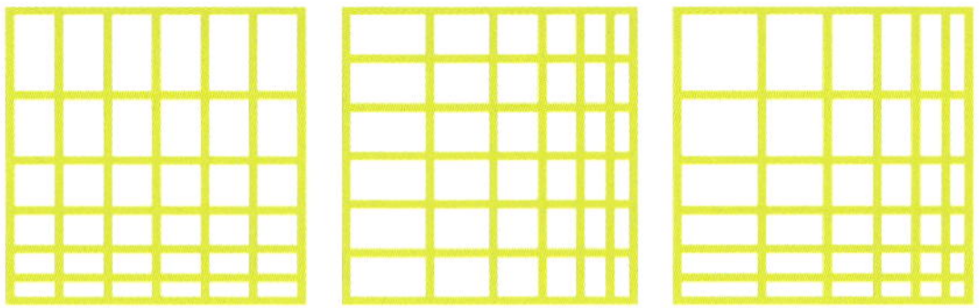

Inclinaison horizontale à 30 %, verticale à 30 % et les deux à 30 %.

Si une couleur de fond a été choisie dans le panneau **Couleur** (ou **Outils**), elle peut être utilisée pour remplir le fond de la grille. Pour créer une grille centrée sur l'endroit où vous cliquez, enfoncez ⌥[Alt] et cliquez sur l'écran, la fenêtre de valeurs apparaît : le dessin aura les dimensions programmées et s'affichera centré sur l'endroit où vous avez cliqué.

> **Astuce** *Pour retrouver la grille de base avant de dessiner, effectuez un double-clic dans l'outil* ***Grille rectangulaire*** *( ), enfoncez ⌥ [Alt] et cliquez sur le bouton* ***Rétablir****.*

Le redimensionnement de la grille

Il se réalise comme pour une forme fermée, manuellement avec l'outil **Flèche noire** ou avec des valeurs précises par les panneaux **Contrôle** ou **Transformation**.

La coloration des carreaux de la grille

Avec la peinture dynamique, l'opération s'effectue facilement que la grille soit initialement remplie ou non.

Voici le principe :

1. Activez l'outil **Pot de peinture dynamique** et cliquez une première fois sur la grille pour la convertir en groupe de peinture dynamique.
2. Sélectionnez une nuance dans le **Nuancier.**
3. Amenez l'outil devenu sur un carreau : il apparaît en surbrillance ; cliquez pour le remplir (cliquez sur son bord avec ⇧ pour colorer son contour).

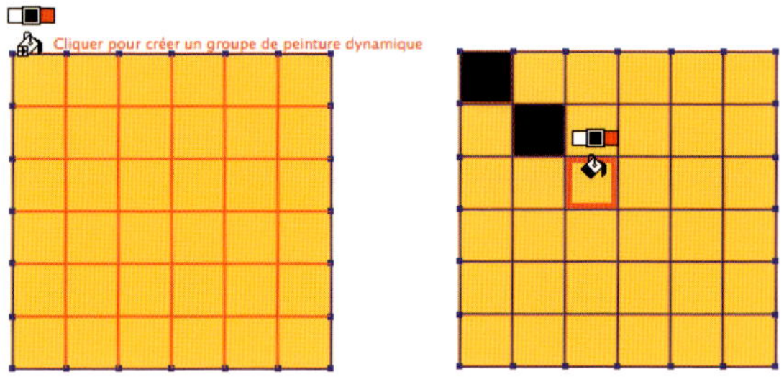

On sélectionne la couleur dans le ***Nuancier*** *et on clique sur le carreau avec .*

L'accès aux carreaux

La grille est constituée d'un rectangle sur lequel se trouve un quadrillage de lignes verticales et horizontales. Pour transformer cet ensemble en rectangles juxtaposés, sélectionnez la grille et cliquez sur l'icône **Division** du panneau **Pathfinder**.

Les rectangles obtenus peuvent être manipulés (coloration, déplacement...) séparément avec la **Flèche blanche** ou la **Flèche noire**, mais à condition de passer en mode isolation (par double-clic sur la grille) ou de dissocier les tracés (menu **Objet/Dissocier**). Pour les sélectionner plus facilement, affectez une couleur de fond au résultat de la division.

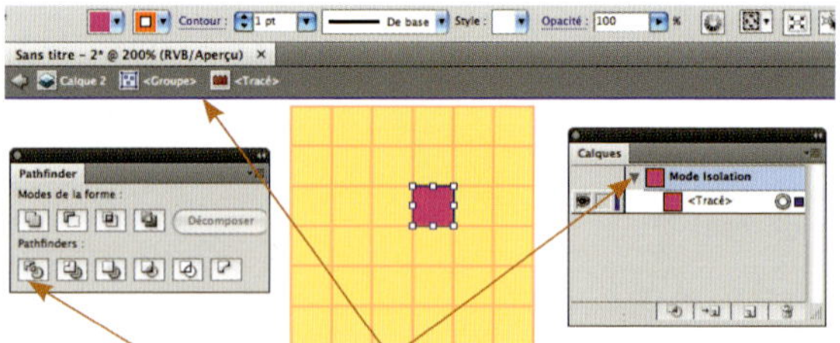

Après la division,on passe en mode isolation pour sélectionner facilement un élément de la grille.

> **Astuce** *Si vous avez utilisé l'outil* ***Pot de peinture dynamique*** *sur la grille, vous accéderez aux carreaux en décomposant le groupe. Par la suite, il faudra dissocier plusieurs fois si vous souhaitez sélectionner les carreaux séparément avec la* ***Flèche noire****.*

LES GRILLES POLAIRES

Cliquez sur l'écran avec l'outil **Grille polaire**. Dans la fenêtre **Grille polaire**, définissez les dimensions (**Largeur** et **Hauteur**) de la grille, le nombre de séparateurs (cercles concentriques ou rayon) et leurs espacements.

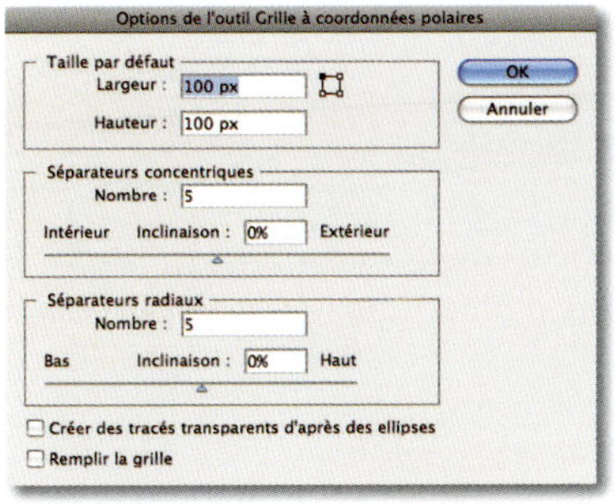

La fenêtre d'options avec les valeurs par défaut et le dessin correspondant.

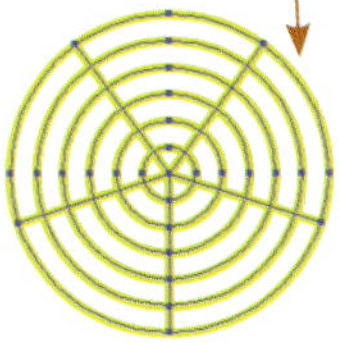

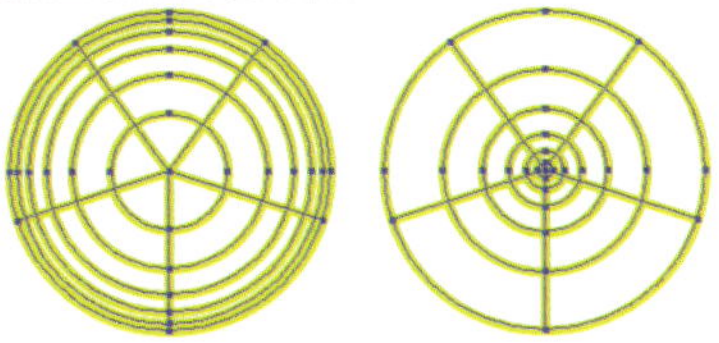

Séparateurs concentriques à –50 % et 50 %
Séparateurs radiaux à –50 % et 50 %.

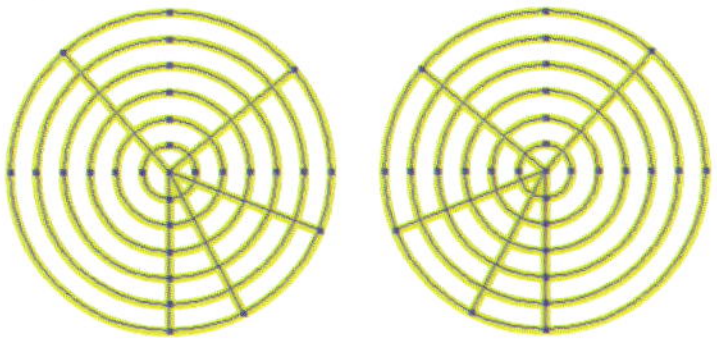

Dans les deux cas, la distribution est logarithmique : une valeur de 0 % assure une répartition régulière alors que des valeurs positives ou négatives les resserrent, vers le centre ou l'extérieur pour les cercles, et dans le sens horaire ou antihoraire pour les rayons.

Une option, **Créer des tracés transparents d'après des ellipses**, permet d'obtenir des anneaux concentriques. Elle s'utilise conjointement à l'option **Remplir la grille**.

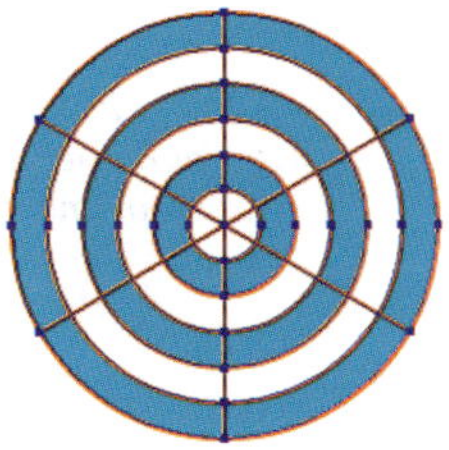

Une grille créée avec les option de tracés transparents et de remplissage.

Pour créer plusieurs grilles avec les mêmes caractéristiques, double-cliquez dans l'outil pour afficher la fenêtre de réglages, saisissez les valeurs voulues et fermez la fenêtre. Vous pouvez maintenant dessiner : enfoncez la touche ⌥ [Alt] et cliquez sur l'écran, chaque clic fait apparaître une grille aux dimensions programmées.

> **ASTUCE** *Pour retrouver la grille de base, avant de dessiner, effectuez un double-clic dans l'outil **Grille polaire** ( ), enfoncez ⌥ [Alt] et cliquez sur le bouton **Réinitialiser**.*

La coloration des parties de la grille

Avec la peinture dynamique, l'opération s'effectue facilement que la grille soit initialement remplie ou non. Le principe est le même que celui décrit à la page précédente pour la grille rectangulaire :

1. Activez l'outil **Pot de peinture dynamique** et cliquez une première fois sur la grille pour la convertir en groupe de peinture dynamique.
2. Sélectionnez une nuance dans le **Nuancier.**
3. Amenez l'outil devenu sur un secteur de la grille : il apparaît en surbrillance ; cliquez pour le remplir (cliquez sur son bord avec ⇧ pour colorer son contour).

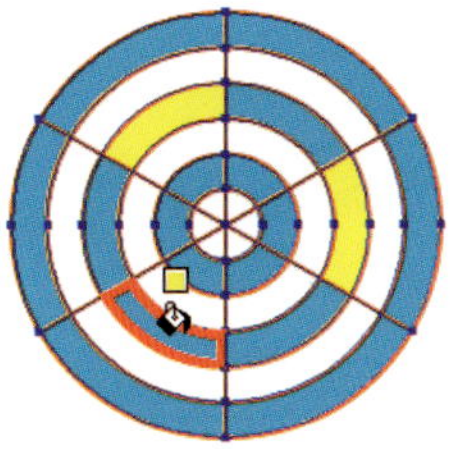

*Les éléments de la grille peuvent être recolorés avec l'outil **Pot de peinture dynamique**.*

Les manipulations de secteurs

La grille est constituée d'un ou plusieurs cercles (selon les réglages) sur lesquels se trouve une série de lignes partant du centre. Pour transformer cet ensemble en secteurs juxtaposés, sélectionnez la grille et cliquez sur l'icône **Division** du panneau **Pathfinder**. Par la suite, vous pouvez remplir chaque portion de cercle avec une couleur différente ou encore utiliser les arcs de cercles comme supports à un texte.

> **ASTUCE** *Si vous avez utilisé l'outil **Pot de peinture dynamique** sur la grille, vous accéderez aux secteurs en décomposant le groupe. Par la suite, il faudra passer en mode isolation (par double-clic sur la grille) ou dissocier plusieurs fois si vous souhaitez sélectionner les secteurs séparément avec la **Flèche noire**.*

Les retouches de tracés géométriques

L'édition du tracé

Tout tracé géométrique, s'il est sélectionné, peut être retouché avec l'outil **Crayon** ou **Arrondi**. Dans le cas de **l'**outil **Crayon**, prenez soin de démarrer et de terminer le glissement de l'outil sur le tracé. De plus, vérifiez que l'option **Modifier les tracés sélectionnés** est cochée dans la fenêtre d'options de l'outil **Crayon**.

L'effacement partiel du tracé

Pour éliminer certaines parties d'un tracé géométrique (avec une spirale par exemple), vous pouvez également utiliser l'outil **Gomme** — attention, celle-ci ne fonctionne pas si l'option **Modifier les tracés sélectionnés** de l'outil **Crayon** est décochée.

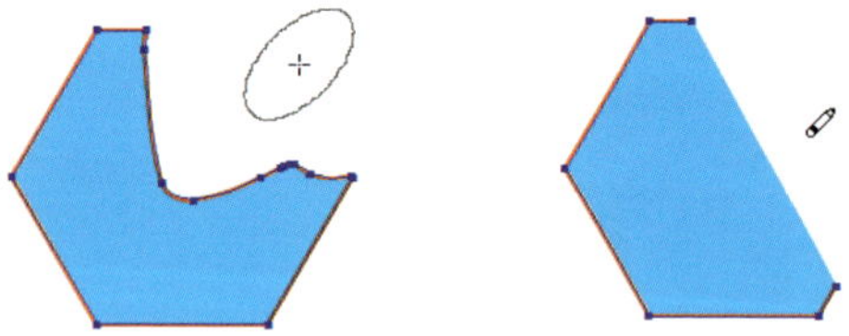

*On peut retoucher les tracés par effacement avec les outils **Gomme** (de fond à gauche et tracé à droite).*

Le centre du tracé

Pour le positionnement d'un objet par rapport à un autre, la visualisation du centre peut être appréciable. Le panneau **Options d'objet** peut, en activant l'icône , afficher le centre du tracé. La visualisation du centre est activée automatiquement sur les créations de tracés rectangulaires et elliptiques.

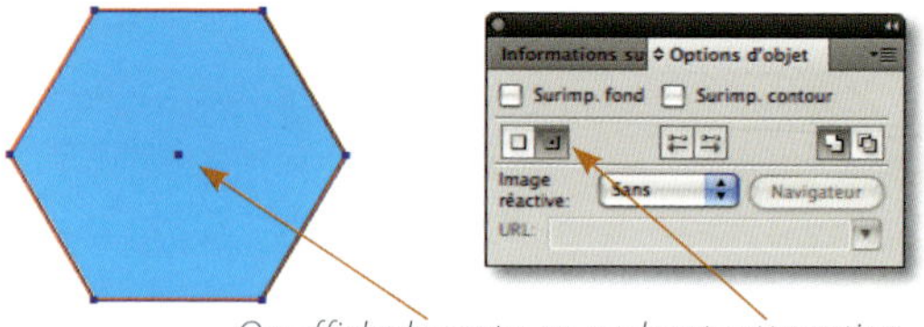

On affiche le centre en cochant cette option.

4 - Le dessin des symboles

L'utilisation des symboles peut présenter trois avantages : permettre de réduire le poids du fichier lors d'exportation Web au format **SWF**, simplifier une partie d'une illustration complexe en « regroupant » des éléments en un seul, et faciliter la gestion des illustrations présentant des éléments répétitifs.

En effet, une fois le dessin défini en tant que symbole, vous pouvez en placer plusieurs instances dans l'illustration et les manipuler de manière classique ou avec les outils de symbolisme. Par la suite, toutes les modifications du symbole original sont automatiquement répercutées sur toutes les instances du symbole présentes dans le document.

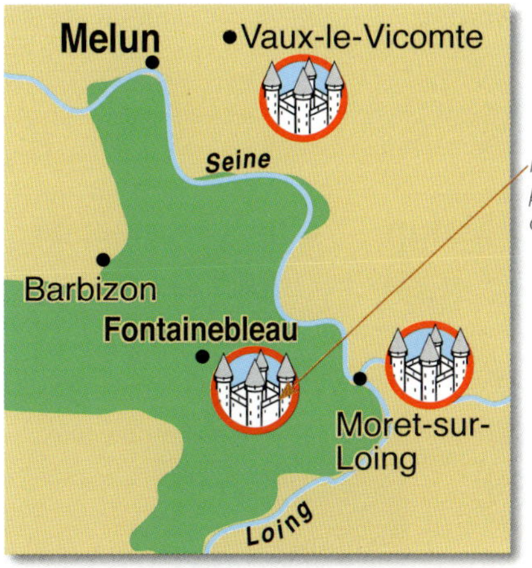

Ici, on a utilisé un symbole pour représenter les châteaux.

On peut mettre à jour facilement toutes les instances du symbole.

La gestion des symboles

Elle s'effectue à partir du panneau **Symboles**, depuis la création, le placement, la mise à jour, le remplacement, jusqu'à la suppression. Ce panneau joue le rôle d'une bibliothèque dans laquelle se trouvent tous les éléments récursifs de l'illustration.

La création du symbole

Pour créer un symbole, utilisez la méthode suivante :

1. Réalisez un dessin en utilisant l'une des techniques décrites précédemment (ou par des manipulations et des retouches de tracés comme indiqué dans les chapitres suivants).
2. Une fois le dessin terminé, sélectionnez-le avec l'outil **Flèche noire** (par encadrement ou par clic selon la complexité du dessin) et glissez-le dans le panneau **Symboles** ou cliquez sur l'icône de création de symbole de ce panneau ( ).
3. Dans la fenêtre de dialogue qui s'affiche, nommez le symbole (et définir des options utiles pour Flash) ; le dessin qui a servi à définir ce symbole est remplacé par le symbole qui s'affiche dans le panneau **Symboles**.

La page suivante vous montre le détail des opérations en images.

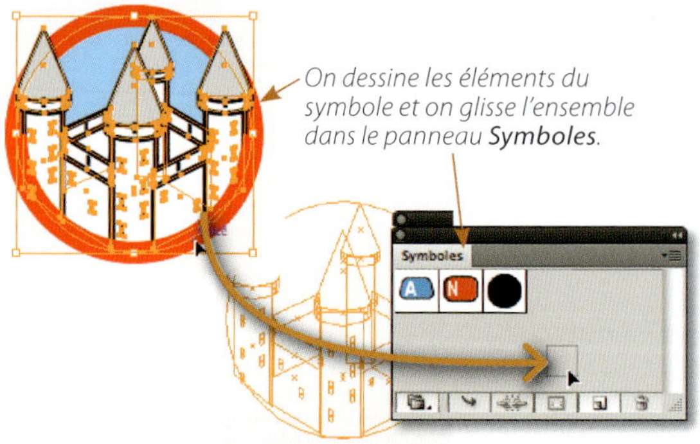

*On dessine les éléments du symbole et on glisse l'ensemble dans le panneau **Symboles**.*

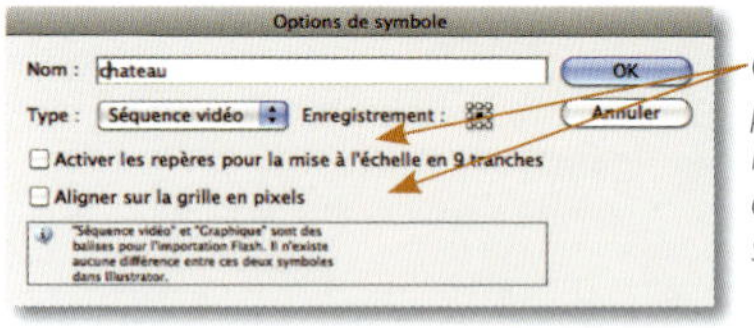

Ces options permettent de gérer la déformation et l'affichage du symbole.

Un symbole peut être constitué de n'importe quel type d'objet : tracés dessinés avec l'outil **Pinceau**, textes (vectorisés ou non), dégradés de formes, filets de dégradés, éléments pixellisés (sauf les images importées avec un lien), tracés auxquels vous avez appliqué des effets… Un symbole peut même être réalisé avec le résultat d'une vectorisation dynamique ou encore avec un groupe de peintures dynamiques sans qu'il soit nécessaire de les décomposer.

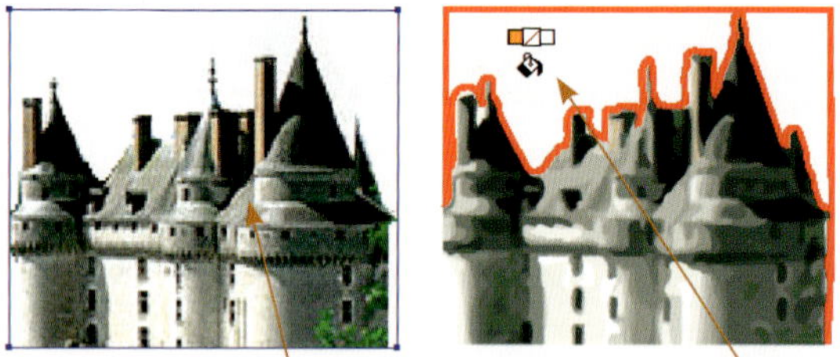

*On a importé une photo, on la vectorise et colore avec l'outil **Pot de peinture dynamique**.*

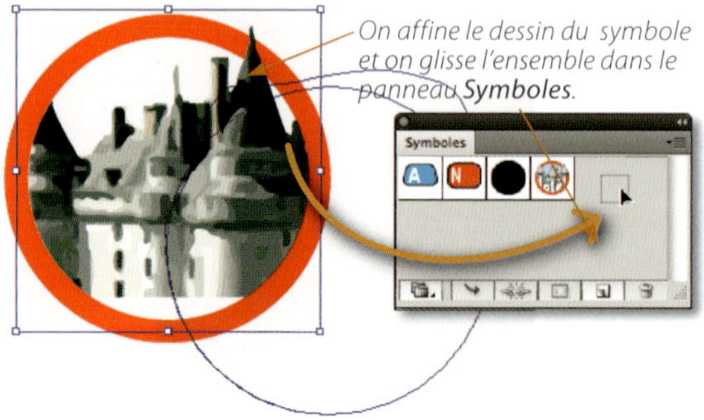

*On affine le dessin du symbole et on glisse l'ensemble dans le panneau **Symboles**.*

> **Astuce** *Un symbole peut même contenir d'autres symboles ; les modifications qui y sont contenues sont répercutées en cascade.*

Les placements de symboles

Ils peuvent se réaliser de deux façons : de manière isolée ou dans un jeu de symboles.

Les symboles isolés

Pour placer un symbole, glissez sa vignette depuis le panneau **Symboles** jusqu'à l'endroit voulu sur le document, ou cliquez dessus, puis sur l'icône de placement (➘) dans le bas du panneau **Symboles** : le symbole s'affiche au milieu de l'écran, glissez-le jusqu'à sa position finale.

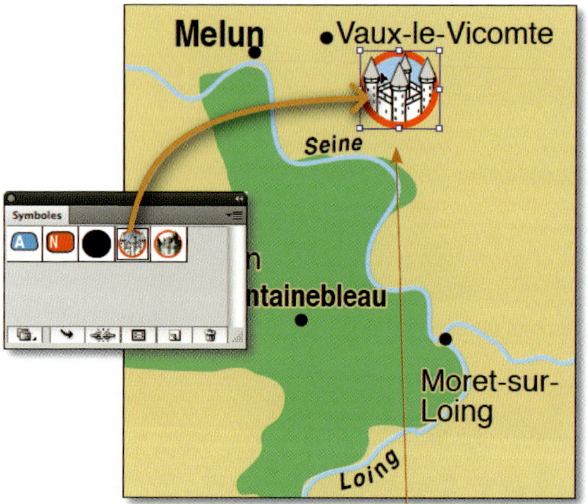

*On place le symbole en le glissant sur l'illustration depuis le panneau **Symboles**.*

Dans les deux cas, un calque-objet avec le nom du symbole apparaît dans le panneau **Calques** (*voir la gestion des calques au chapitre suivant*).

> **Astuce** *Quand une instance d'un symbole est placée sur le document, vous pouvez la dupliquer par glissement avec la **Flèche noire** et ⌥ [Alt].*

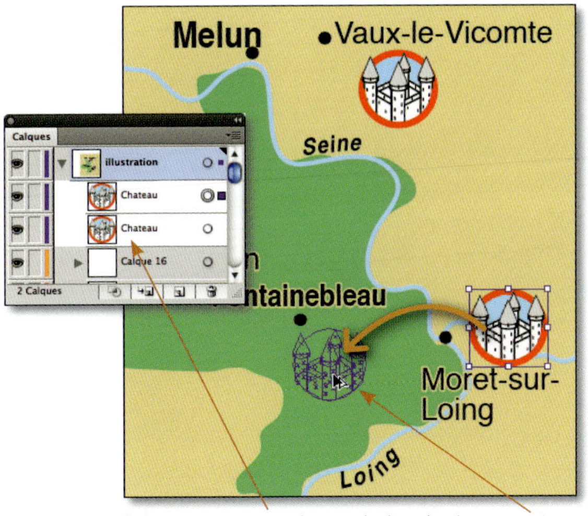

Le panneau ***Calque*** montre tous les symboles placés par copie avec ⌥ [Alt] ou par glissement depuis le panneau ***Symbole***.

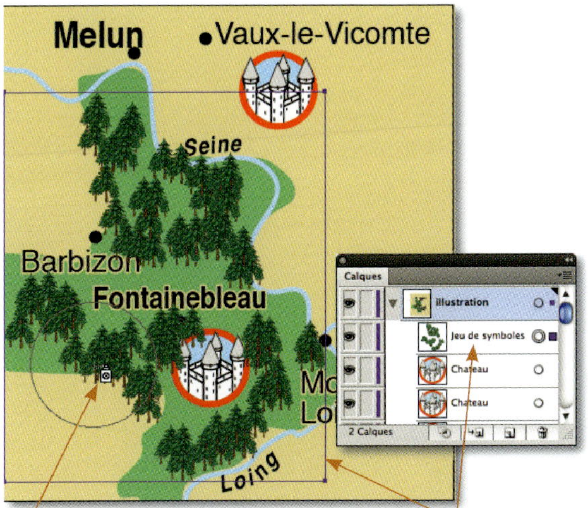

On glisse l'outil sur la zone à couvrir : on obtient un jeu de symboles.

Le jeu de symboles avec l'outil Pulvérisation

Pour placer un jeu de symboles, Illustrator met à votre disposition l'outil **Pulvérisation** : .

Pour créer le jeu de symboles, choisissez le symbole dans le panneau **Symboles** et cliquez avec l'outil **Pulvérisation** pour faire apparaître une instance de symbole (parfois deux) ; le placement s'effectue en continu si vous glissez l'outil sur la zone à « couvrir » d'instances : un rectangle de sélection encadre le jeu de symboles. Dans les deux cas, clics ou glissements, les instances apparaissent dans le même calque-objet du panneau **Calques**.

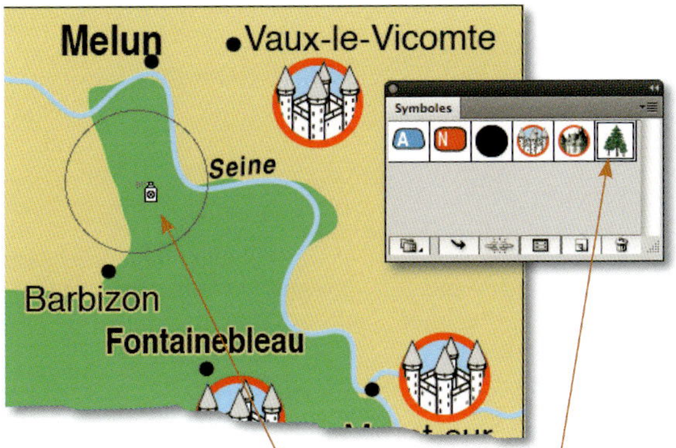

On a activé l'outil ***Pulvérisation*** *et on a sélectionné le symbole.*

Astuce *Un jeu peut être constitué de deux symboles si vous en sélectionnez un second en cours de placement. Cependant, évitez de créer des jeux avec plusieurs symboles car les remplacements seront plus délicats à gérer.*

La création d'un second jeu indépendant

Pour créer un nouveau jeu de symboles indépendant du précédent, tapez ⇧⌘A [⇧Ctrl A] (menu **Sélection/Désélectionner**) et utilisez à nouveau l'outil **Pulvérisation de symboles**, par clics ou glissements, pour faire apparaître un second jeu. Avant d'utiliser l'outil **Pulvérisation**, réglez certaines de ses options afin de mieux maîtriser le placement.

Les réglages de la pulvérisation

Pour afficher la fenêtre d'options, double-cliquez dans l'outil **Pulvérisation** ou tapez ↵ (si l'outil est déjà actif). La fenêtre comporte trois options à paramétrer : **Diamètre**, **Intensité** et **Densité du jeu de symboles**.

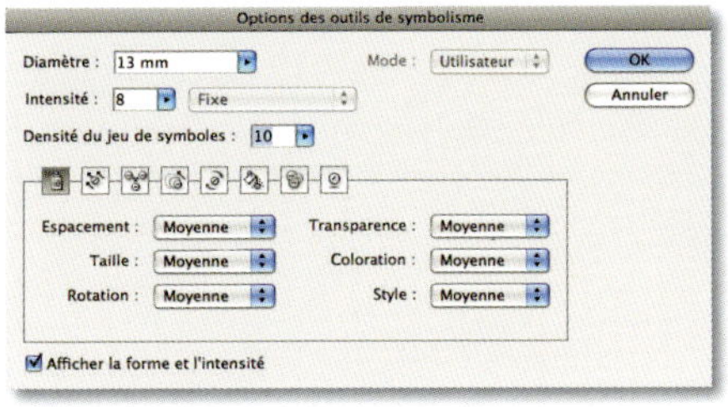

Avant de pulvériser des symboles, on peut régler l'outil.

- **Diamètre** : cette option influe sur l'étendue de la zone couverte.
- **Intensité** : elle détermine la vitesse d'apparition des instances du symbole ; une valeur élevée augmente cette vitesse et crée un débit rapide. Avec une tablette graphique, l'intensité peut être réglée en fonction de critères liés à l'utilisation du stylet (pression, inclinaison…).
- **Densité du jeu de symboles** : le réglage de cette option agit sur le groupe sélectionné. Il permet de resserrer (valeur forte : 10) ou d'éparpiller (valeur faible : 1) les instances dans le jeu ; simultanément, son étendue s'en trouve modifiée.

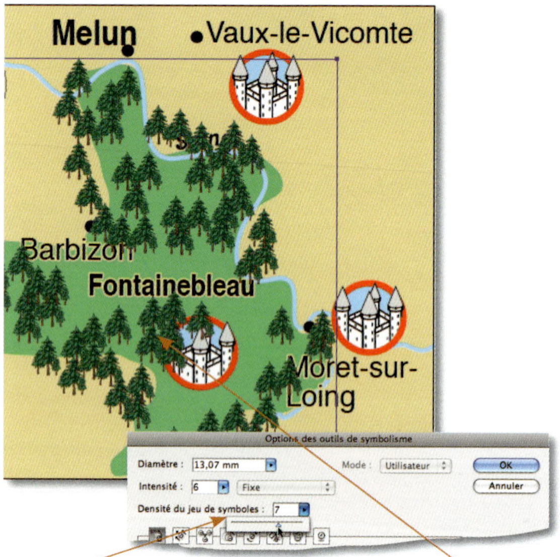

En réduisant la densité, on éparpille les instances de symboles.

> **Astuce** *Si le jeu de symboles est sélectionné, tout réglage de densité s'appliquera au jeu.*

La suppression d'instances

Pour supprimer quelques instances, sélectionnez le jeu s'il ne l'est plus (par ⌘clic [Ctrl clic] sur une instance), enfoncez ⌥[Alt] et glissez l'outil **Pulvérisation** sur les instances à effacer. Cette manipulation peut être réalisée au cours du placement.

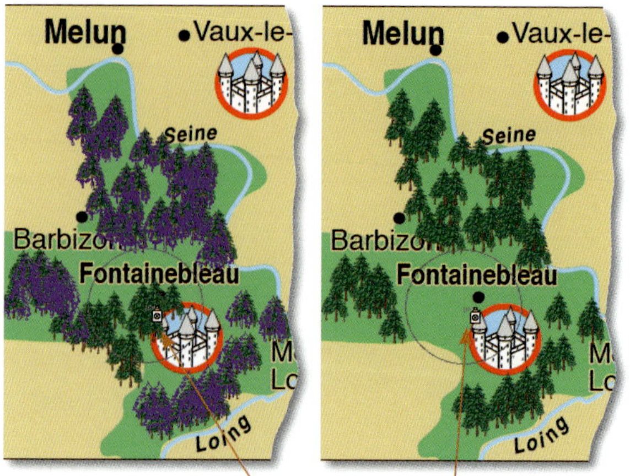

Avec ⌥ [Alt] on passe l'outil sur les instances, elles disparaissent quand on relâche l'outil.

Pour supprimer toutes les instances d'un jeu, sélectionnez l'une d'elles et tapez la touche Efface.

L'accès aux instances d'un jeu de symboles (décomposition du jeu)

Dans certains cas, il est indispensable d'accéder à chaque instance séparément afin de la déplacer plus librement, la transformer, ou encore la supprimer. Pour cela, il faut décomposer le jeu de symboles. Pour effectuer cette opération, sélectionnez le jeu (par ⌘clic [Ctrl clic] sur une des instances) et lancez **Décomposer** du menu **Objet** (avec les options par défaut).

Après décomposition, le panneau **Calques** indique qu'il ne s'agit plus d'un jeu de symboles, mais d'un groupe. Pour travailler chaque symbole avec l'outil **Flèche noire**, vous devez isoler ce groupe (cela évite d'avoir à le dissocier). Cette opération se réalise par clic sur l'icône du panneau **Contrôle**, à partir du menu contextuel (clic droit) et sa commande **Isoler le groupe sélectionné**.

Une fois l'isolation activée, une bande grise sous le cadre de l'application indique la hiérarchie et les objets extérieurs au groupe isolé apparaissent estompés. Chaque élément du groupe peut être sélectionné avec l'outil **Flèche noire** pour être déplacé, manipulé, traité… comme s'il ne faisait pas partie d'un groupe.

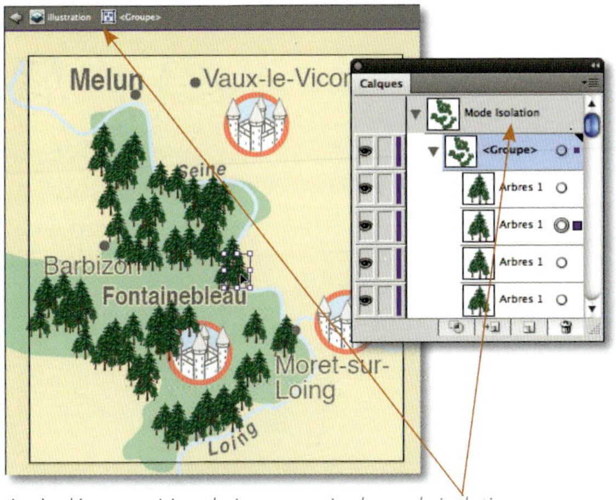

Après décomposition du jeu, on active le mode isolation pour sélectionner plus facilement les éléments du groupe isolé.

Une fois les opérations effectuées, on retrouve le groupe initial en lançant la commande **Quitter le groupe isolé** du menu contextuel (ou par clic sur l'icône ⊞ du panneau **Contrôle**).

> **Astuce** *Si vous effectuez un double-clic sur un groupe avec l'outil* ***Flèche noire****, le groupe apparaît automatiquement dans le mode isolation. De la même manière, pour quitter le groupe isolé, double-cliquez à l'extérieur du groupe (ou à l'intérieur mais pas sur un élément).*

La redéfinition et la mise à jour du symbole

Avant de redéfinir un symbole, éventuellement, effectuez-en une copie pour garder le symbole dans sa version initiale. Pour cela, sélectionnez le symbole à dupliquer, cliquez sur l'icône [icône] du panneau **Symboles**, renommez la copie du symbole.

Pour éditer le symbole et ainsi le redéfinir, effectuer un double-clic sur sa vignette dans le panneau **Symboles** : automatiquement, Illustrator isole le symbole et l'affiche seul. Vous pouvez zoomer le dessin du symbole et y apporter les modifications voulues. Si ce dernier comporte un groupe (ou un symbole), vous pouvez l'isoler à son tour. Quand les modifications sont terminées, quittez le mode isolation en double-cliquant à l'extérieur du symbole. L'illustration est mise à jour et toutes les instances du symboles affichent la nouvelle définition du symbole.

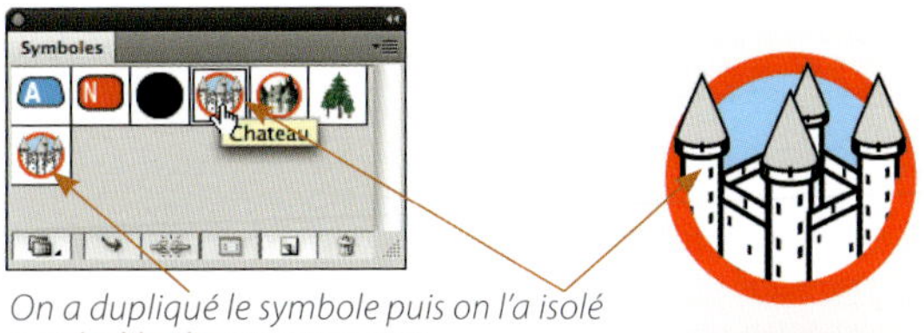

On a dupliqué le symbole puis on l'a isolé par double-clic sur sa vignette.

On peut l'éditer le symbole isolé puis quitter le mode isolation pour voir le résultat sur l'illustration.

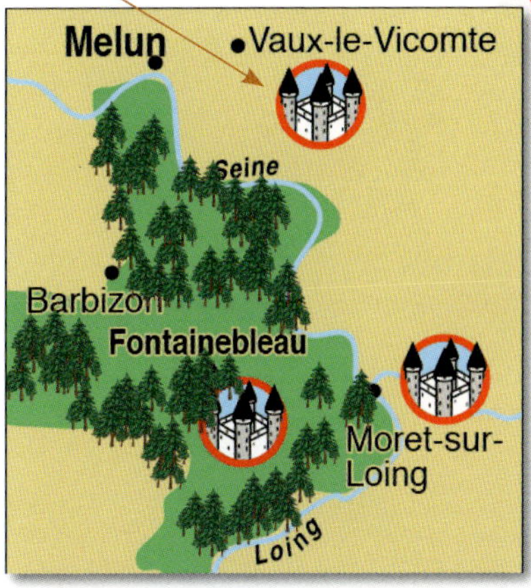

> **Astuce** *Pour modifier un symbole tout en visualisant le reste de l'illustration, double-cliquez sur un des symboles directement sur l'image : le symbole sera isolé et pourra être redéfini alors que le reste de l'illustration sera estompé.*

Si une instance de symbole ne doit pas être mise à jour, avant d'effectuer la mise à jour du symbole, sélectionnez ceux qui ne doivent pas l'être et lancez la commande **Rompre le lien au symbole** du menu du panneau **Symboles** (ou menu contextuel). Vous pouvez aussi faire une copie du symbole dans le panneau **Symboles**, puis faire un remplacement avec cette copie (*comme indiqué ci-après*) uniquement sur les instances qui ne devront pas être modifiées.

Le remplacement de symboles

Quand des instances de symboles sont placées dans une illustration, il est possible de les remplacer par les instances d'un autre symbole. Si ces instances ont subi des manipulations (*telles que celles que nous verrons plus loin*), ces dernières resteront appliquées aux instances de remplacement.

LE REMPLACEMENT D'INSTANCES ISOLÉES

Pour réaliser ce remplacement, sélectionnez les instances à échanger par ⇧ clics dessus avec l'outil **Flèche**, puis dans le panneau **Contrôle**, cliquez sur la vignette du symbole (situé à droite **Remplacement**) et choisissez le symbole de remplacement dans le sélecteur de symboles ; vous pouvez également utiliser les commandes du menu local de ce sélecteur (elles sont identiques à celles du panneau **Symboles**).

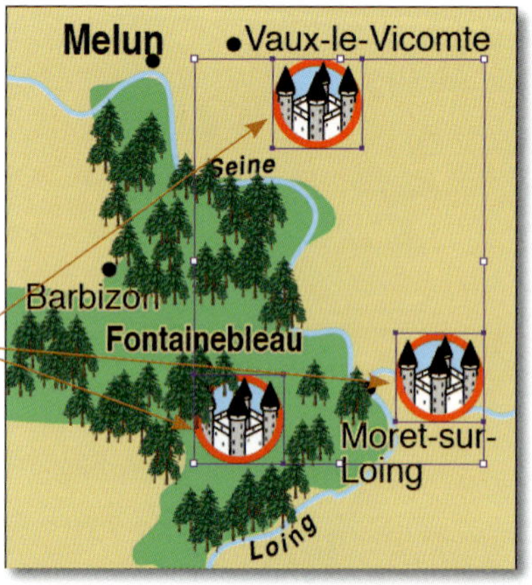

On sélectionne les instances à remplacer.

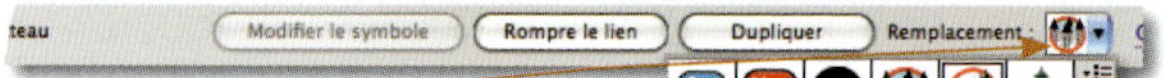

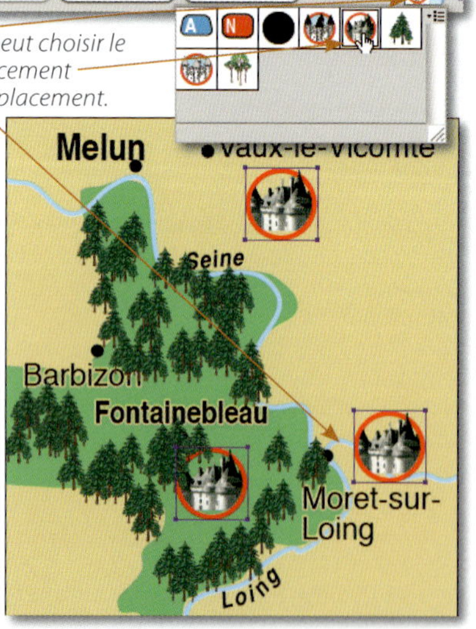

En cliquant ici, on peut choisir le symbole de remplacement pour obtenir le remplacement.

ASTUCE *Pour sélectionner toutes les instances d'un même symbole, sélectionnez-en une et lancez la commande* ***Instance de symbole*** *(menu* ***Sélection/Identique****).*

LES INSTANCES DANS UN JEU DE SYMBOLES

Le remplacement dans un jeu de symboles s'effectue sur toutes les instances. Commencez par cliquer sur le jeu de symboles pour le sélectionner, utilisez la méthode décrite à la page précédente ou cliquez sur le symbole de remplacement dans le panneau **Symboles** et lancez la commande **Remplacer le symbole** dans le menu du panneau.

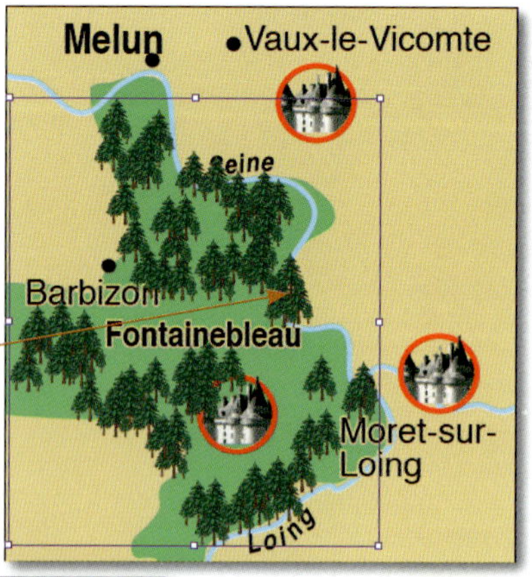

On sélectionne le jeu de symboles.

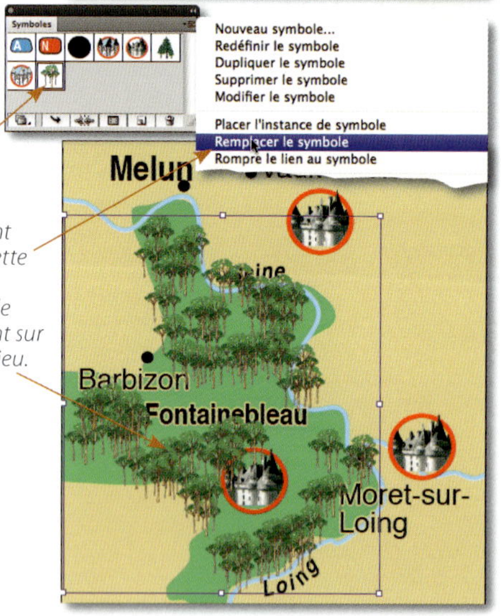

On choisit le symbole de remplacement et on lance cette commande pour obtenir le remplacement sur la totalité du jeu.

Si le jeu comporte des instances de plusieurs symboles, avant de demander le remplacement, il faut décomposer le jeu (menu **Objet**), puis opérer comme avec des instances isolées (*comme indiqué ci-avant*).

Les manipulations de symboles

On distingue deux types de manipulations : les classiques et celles réalisées avec les outils **Symbolisme**.

Les manipulations classiques de symboles

Les transformations

Ces manipulations s'appliquent davantage à des instances isolées de symbole, ce sont les mêmes que l'on utilise pour modifier les tracés autres que les symboles : déplacement, mise à l'échelle, rotation… Elles seront toutes développées dans le chapitre sur les manipulations de tracé.

Les instances peuvent subir des traitement classiques : comme un redimensionnement ou une ombre portée.

Ai Les transformations limitées sur une zone du symbole

Quand vous créez le symbole, une fenêtre d'options s'affiche. Elle permet de définir la zone qui se transformera quand vous agirez sur le symbole (avec les poignées de transformation ou par les commandes correspondantes).

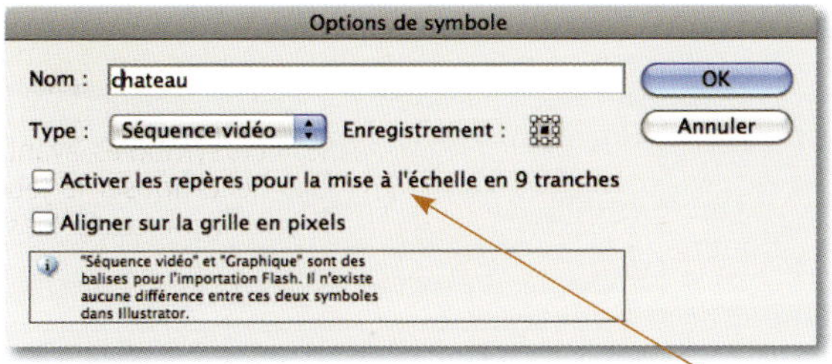

La fenêtre d'options affichée à la création du symbole. Activez cette option pour limiter la transformation.

Si vous n'avez pas coché l'option **Activer les repères pour la mise à l'échelle en 9 tranches**, la transformation s'applique à l'ensemble du symbole. Si vous avez activé cette option, lorsque vous éditez le symbole (par double-clic sur sa vignette), le mode isolation du symbole affiche des repères qui délimitent la zone qui subira la déformation. Ainsi vous pouvez les déplacer (avec l'outil **Flèche**) pour définir la zone qui devra se modifier.

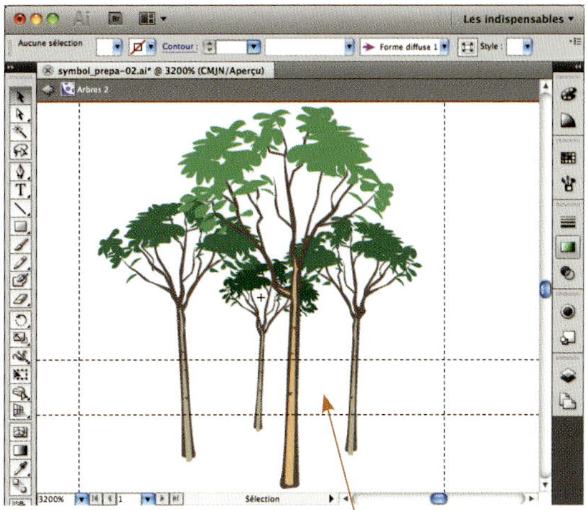

On glisse les repères pour définir la zone à déformer (au centre).

À gauche, on a limité la déformation sur le centre symbole (le haut des arbres n'est pas étiré). Ci-dessous à gauche, on ne déforme pas les bords de cet onglet comme c'est le cas à droite.

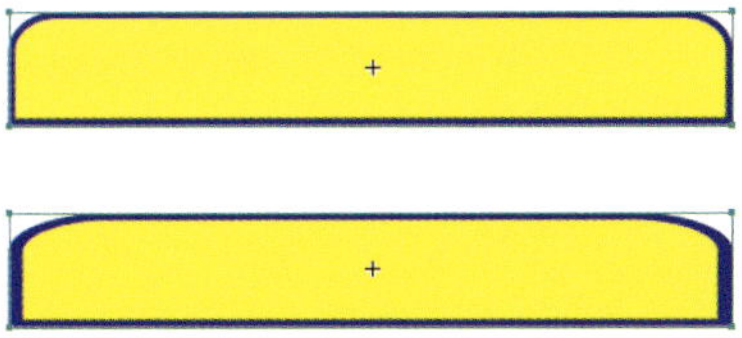

On a créé le motif de côté et on l'a glissé dans le panneau Formes.

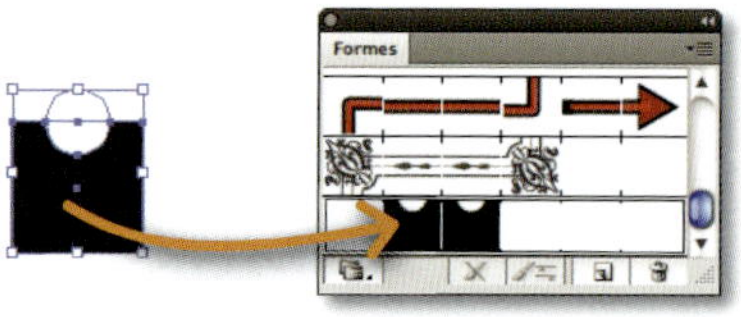

On a créé le motif d'angle extérieur que l'on glisse avec ⌥ [Alt] dans cette case.

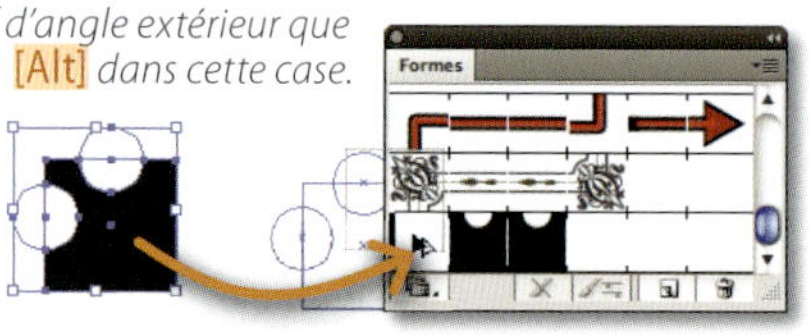

La gestion des formes

La composition de la forme

Lors de la création d'une forme certains éléments sont interdits, d'autres ne le sont plus (un message écrit ou sonore le signalera).

Les éléments interdits dans les formes

Les objets remplis d'un motif de fond ou auquel on a affecté un effet de type bitmap (ombre portée, filtre de Photoshop…). Il n'est pas possible de faire des formes avec :

- un ensemble renfermant un masque ;
- un objet contenant des filets de dégradé.

Les éléments autorisés dans les formes

Des éléments autrefois interdits deviennent utilisables (sauf certains avec les formes de motifs). Ainsi, il est possible de faire des formes avec :

- un texte non vectorisé (sauf formes artistiques) ;
- un dégradé de formes ;
- un symbole (ne contenant pas d'élément exclu).

Si vous souhaitez utiliser des motifs ou des dégradés, il faudra les « convertir » à l'aide de la commande **Décomposer l'aspect** du menu **Objet** puis leur appliquer **Découpe** du panneau **Pathfinder** pour supprimer les tracés inutiles (surtout avec les motifs).

Une forme peut elle-même contenir une autre forme. On peut par exemple, préparer certaines formes artistiques à l'aide d'autres formes artistiques.

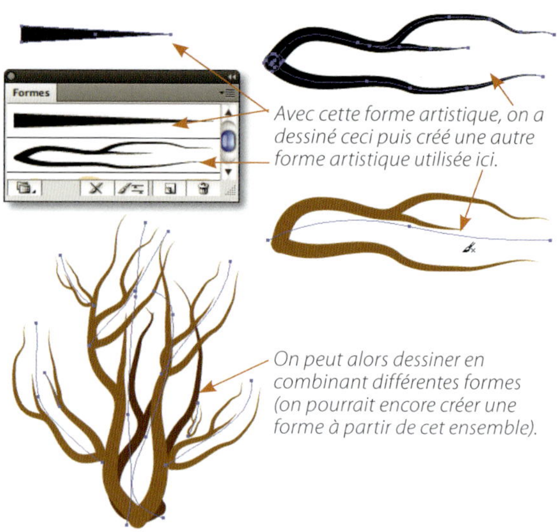

Avec cette forme artistique, on a dessiné ceci puis créé une autre forme artistique utilisée ici.

On peut alors dessiner en combinant différentes formes (on pourrait encore créer une forme à partir de cet ensemble).

Les colorations de formes

Avec les formes calligraphiques, le tracé prend la couleur définie pour le contour de l'objet. Avec les autres formes, l'objet prend les couleurs qui ont été attribuées au dessin lors de la création de la forme. Vous pouvez changer la coloration de la forme en affichant les propriétés de cette dernière par un double-clic sur son icône dans le panneau **Formes** ou en cliquant sur l'icône (dans ce cas, la modification n'affecte que la sélection). Quatre options sont disponibles : **Sans**, **Teinte**, **Teinte et ombre**, **Saturation**.

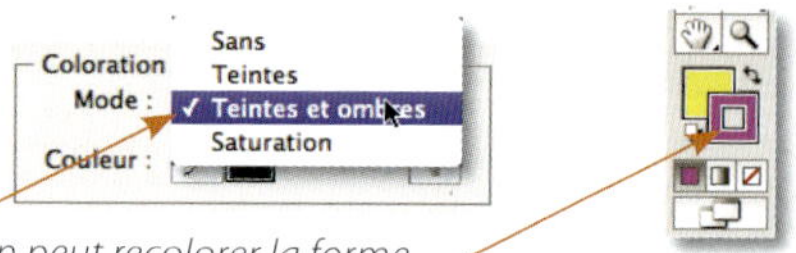

Avec ces options, on peut recolorer la forme.
Dans tous les cas, c'est cette couleur (contour) qui est prise.

- **Sans** : la forme garde les couleurs de fabrication.
- **Teinte** recolore l'ensemble de la forme avec la couleur active dans la case **Contour** (panneau **Couleur** ou **Outils**). La coloration est liée à la luminosité de la couleur initiale de la forme : les parties noires se remplissent d'un aplat de la couleur (100 %) alors que les parties plus claires n'utilisent qu'un pourcentage de cette couleur.
- **Teinte et ombre** utilise également la couleur de la case **Contour**. À la teinte ajoutée selon les critères indiqués dans le paragraphe précédent s'ajoute la même proportion de noir.

Attention *N'utilisez pas l'option **Teinte et ombre** si l'objet qui constitue la forme est noir car celle-ci apparaîtra noire.*

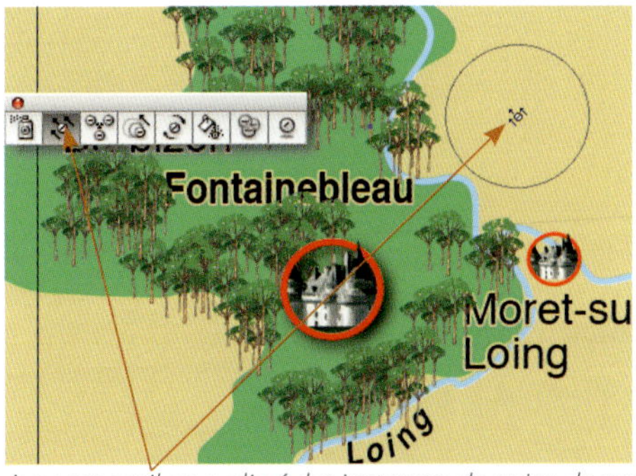

Avec cet outil on a glissé des instances de ce jeu de symboles.

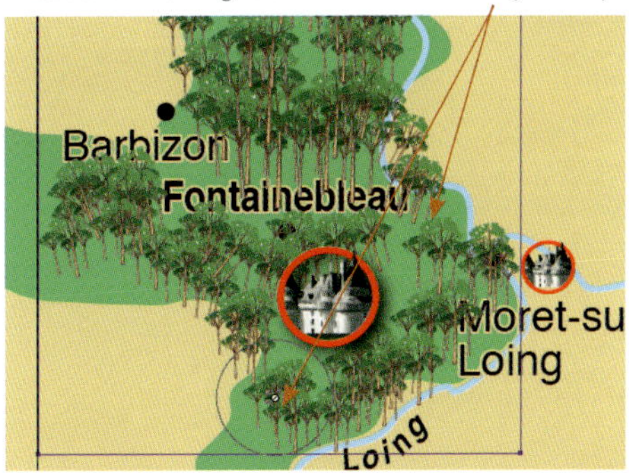

Le remplacement des objets par des instances d'un symbole

Quand vous avez réalisé une série d'objets identiques par duplication (copies multiples par glissement, par exemple), il n'est pas possible d'en faire la mise à jour simplement puisque chaque objet ne fait pas appel à un symbole.

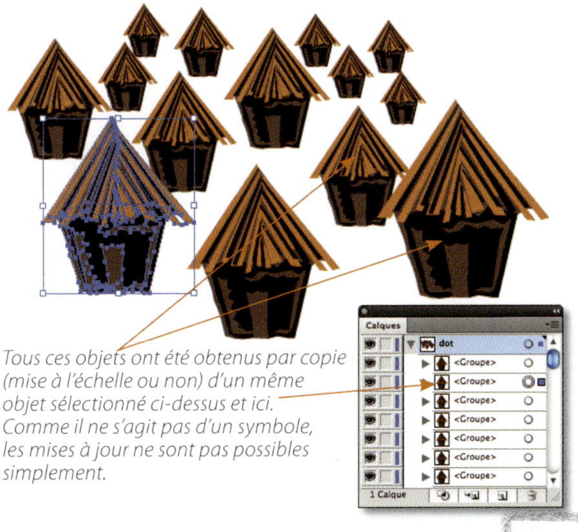

Tous ces objets ont été obtenus par copie (mise à l'échelle ou non) d'un même objet sélectionné ci-dessus et ici. Comme il ne s'agit pas d'un symbole, les mises à jour ne sont pas possibles simplement.

Pour pallier ce problème vous pouvez utiliser un script déniché par Loïc Aigon : **Symbol_Replacement**. Il s'agit d'un script de J. E. Talmage, modifié par Loïc ; vous le trouverez sur son site (**http://www.loicaigon.com**, *voir ci-dessous*) ou sur **scriptopedia.com**, site dans lequel vous pourrez télécharger ses propres scripts (sur Illustrator, InDesign et Photoshop).

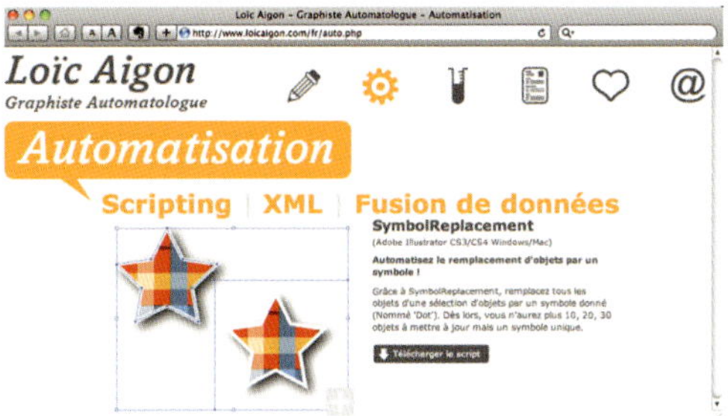

*Une fois téléchargé, le fichier **.jsx** doit être placé dans le dossier Adobe Illustrator CS5/Paramètres prédéfinis/fr_FR/Scripts.*

Pour utiliser ce script, effectuez les opérations suivantes :

1. Sélectionnez le dessin de base. Par clic sur l'icône du panneau **Symboles**, créez un symbole : nommez-le impérativement « **Dot** » et décochez **Activer les repères pour la mise à l'échelle en 9 tranches**.

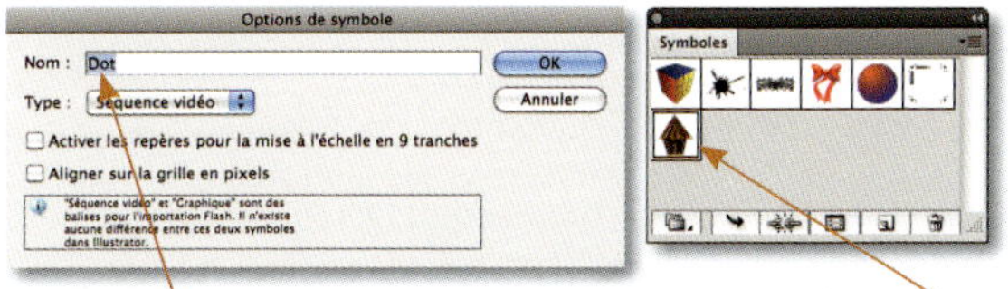

*Le symbole que l'on a nommé **Dot** a été créé. On peut le voir ici.*

2. Sélectionnez l'ensemble des dessins et le symbole, lancez le script : menu **Fichier/Scripts/Symbol_Replacement**.

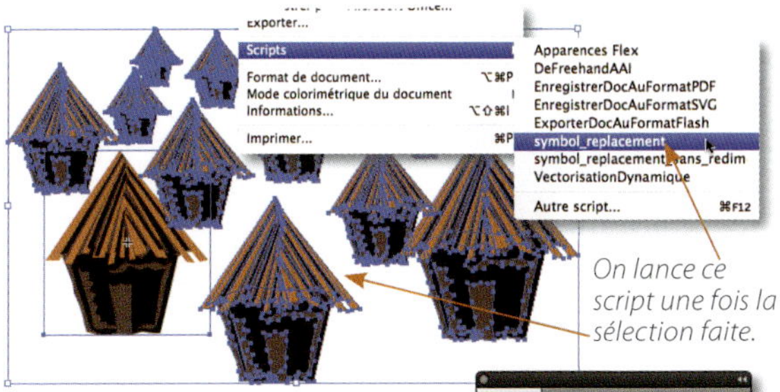

On lance ce script une fois la sélection faite.

Toutes les copies sont remplacées par une instance du symbole (le panneau **Calques** le montre) ; les mises à jour du symbole peuvent être réalisées.

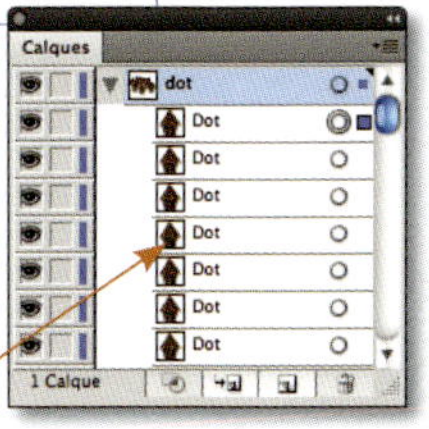

*L'illustration n'utilise plus que des instances du symbole **Dot**.*

Les bibliothèques de symboles

L'importation de symboles

Illustrator propose d'autres bibliothèques de symboles accessible par différentes méthodes dont la plus simple consiste à utiliser l'icône située en bas du panneau **Symboles**, de nombreuses bibliothèques contenant chacune divers symboles. Ils apparaissent dans un panneau supplémentaire portant le nom de la bibliothèque. Dès que vous glissez un symbole de l'une de ces bibliothèques sur votre document, Illustrator place ce symbole dans le panneau **Symboles** de votre document.

L'enregistrement d'une bibliothèque de symboles

À partir de n'importe quel document contenant vos nouveaux symboles, vous pouvez créer une bibliothèque de symboles. Pour cela, dans le panneau **Symboles,** supprimez tous les symboles qui n'ont pas été créés par vous et, cliquez sur la première icône en bas du panneau ( ) pour lancer la commande **Enregistrer les symboles**. Votre nouvelle bibliothèque sera alors disponible dans le sous-menu **Bibliothèques de symboles** (menu **Fenêtre**) ou à la commande **Autre bibliothèque** du menu du panneau déroulé en cliquant sur l'icône .

Si vous enregistrez le fichier dans le dossier **Symboles** (sous-dossier **Paramètres prédéfinis/fr_FR** d'Illustrator), le nom de la bibliothèque figurera directement dans la liste des autres bibliothèques de symboles (*voir liste ci-contre*) et pourra être ouverte de façon permanente au lancement de l'application.

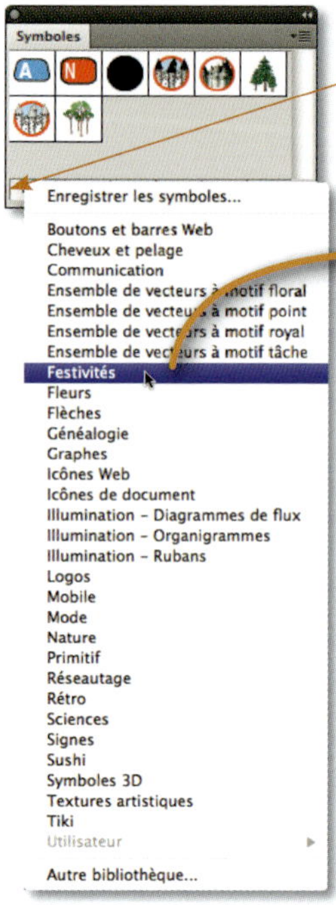

Par clic sur la première icône, on peut ouvrir une autre bibliothèque de symboles à partir de ce menu.

On a placé un symbole d'une bibliothèque, il est ajouté au panneau **Symbole** *du document.*

Comme nous le verrons dans les chapitres consacrés aux colorations, toutes les bibliothèques partagent les mêmes propriétés. Ainsi, il est possible de réarranger leur liste (dans le dossier Adobe Illustrator CS5/Paramètres prédéfinis/fr_FR/Symboles), en plaçant certaines d'entre elles dans un sous-dossier. De passer de l'affichage d'une bibliothèque à la suivante dans la liste, par clic sur les triangles du bas du panneau.

5 - Le dessin en perspective

La préparation de la grille de perspective

Le principe du dessin en perspective

Illustrator permet de dessiner une illustration en respectant les perspectives grâce à une série de fonctionnalités utilisant les règles d'usage en matière de dessin en perspective. Élément de base à ce type de dessin, la grille de perspective permet de représenter une illustration sur une surface plane, telle qu'elle est vue par l'œil humain.

Parmi les fonctionnalités offertes pour faciliter le dessin en perspective , on trouve la possibilité :

- de définir ou modifier des grilles de perspectives à un, deux ou trois points de fuite dans un document ;
- de contrôler certains paramètres de définition de la perspective ;
- de créer des objets directement en perspective ;
- d'appliquer une perspective à des objets existants, de les copier, déplacer ou transformer selon un plan de perspective ou selon un plan perpendiculaire.

Les éléments du dessin

Les outils du dessin en perspective

Pour travailler en perspective, Illustrator propose deux outils et un widget.

Les deux outils et le widget.

Les outils du travail avec perspective

On distingue l'outil **Grille de perspective** (activé en tapant ⇧P) et l'outil **Sélection de perspective** (⇧V). Le premier permet d'afficher et de régler les plans de la grille de perspective (si la grille ne s'affiche pas, activez l'un puis l'autre outil). Le second permet de manipuler (placer, déplacer copier, transformer) les objets dans cette grille.

Le widget et les grilles de plan de perspective

Le widget est un mini-panneau qui permet d'activer un plan de la grille de perspective pour y travailler l'objet sélectionné. Vous pouvez choisir d'afficher ce widget en même temps que la grille et de le positionner dans l'un des quatre angles de l'écran. Pour cela, affichez la fenêtre **Options de grille de perspective** par double-clic sur l'outil **Grille de perspective** dans le panneau **Outils** (ou tapez ↵ si l'outil est actif) : pour voir le widget, cochez **Afficher le widget du plan actif** (option active par défaut) ; pour définir la position du widget, déroulez le menu **Position du widget** afin de sélectionner l'option souhaitée (**En haut à gauche**, **En haut à droite**, **En bas à gauche** ou **En bas à droite**).

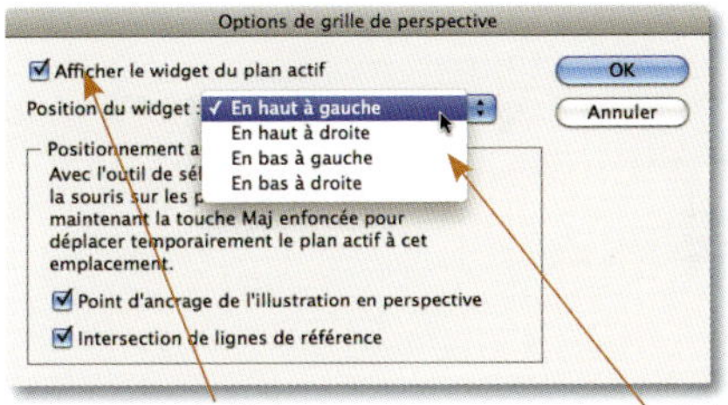

Les options d'affichage et de positionnement de la grille.

Les grilles de perspective prédéfinies

Dès que vous activez l'outil **Grille de perspective**, Illustrator affiche une grille prédéfinie. Il s'agit d'une grille à deux points de fuite (avec un paramétrage par défaut, qu'il sera possible de modifier selon les indications des paragraphes qui suivent).

Il est possible de remplacer cette grille prédéfinie par une autre avec un seul ou avec trois points de fuite. Pour cela, utilisez le menu **Affichage**, puis le sous-menu **Grille de perspective** qui donne accès aux trois types de grille (avec leur paramétrage par défaut).

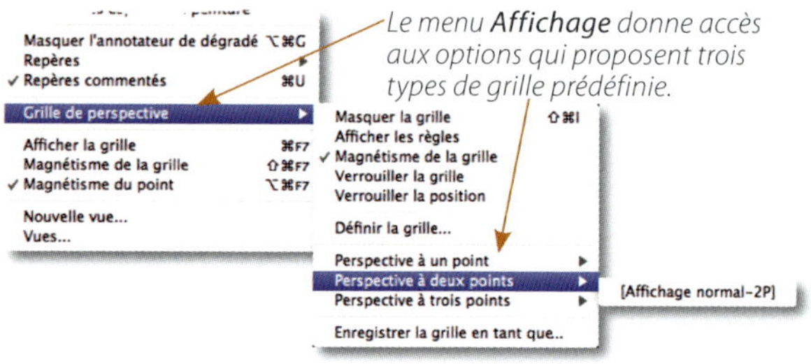

*Le menu **Affichage** donne accès aux options qui proposent trois types de grille prédéfinie.*

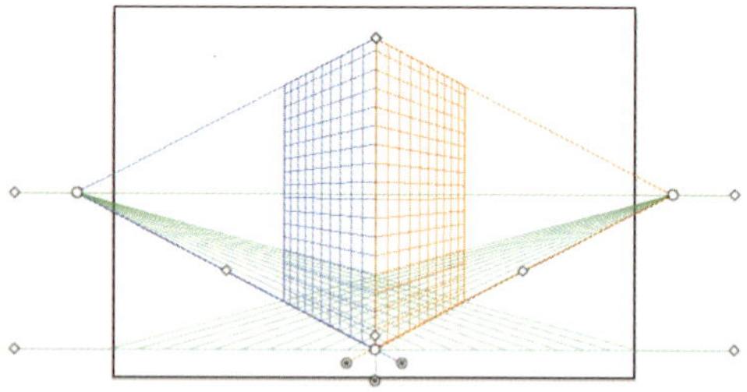

La grille par défaut : perspective à deux points de fuite.

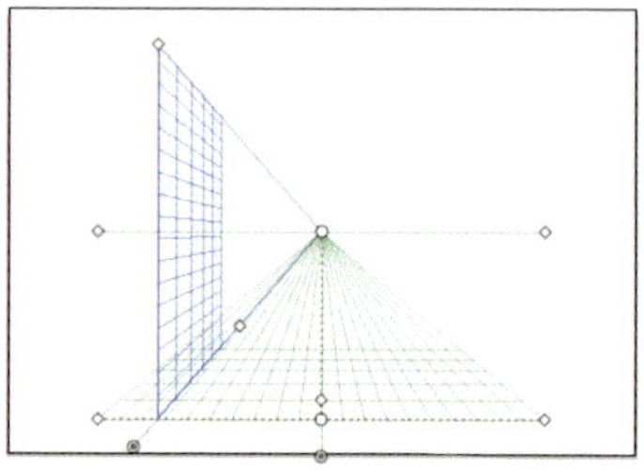

La grille de perspective à un point de fuite.

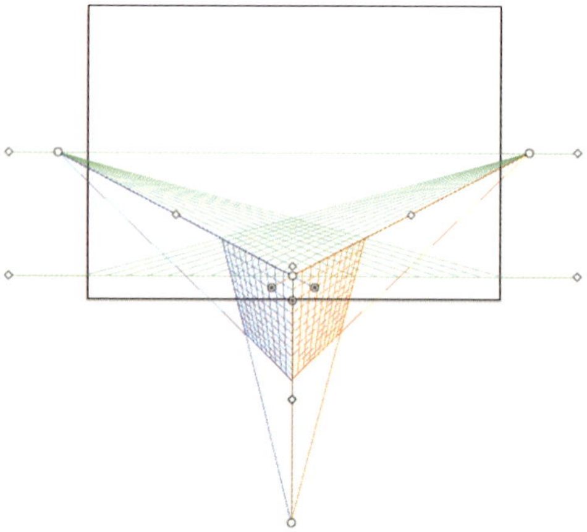

La grille de perspective à trois points de fuite (dans les trois cas, le document a un format A4 à l'italienne).

Le paramétrage de la grille de perspective

Pour définir une grille de perspective prédéfinie, choisissez la commande **Définir la grille** du menu **Affichage/Grille de perspective**. Cette commande affiche une fenêtre **Définir la grille de perspective**, dans laquelle vous pouvez configurer les attributs de grille prédéfinie, puis enregistrer cette dernière afin de pouvoir la sélectionner en tant que grille prédéfinie dans la liste **Nom**.

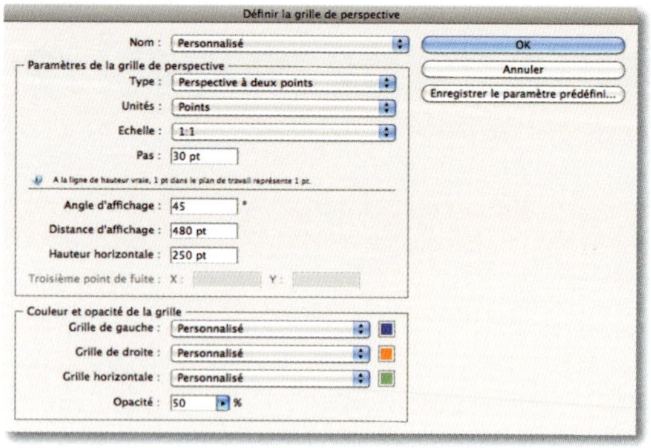

Les paramètres de la grille active.

Vous disposez d'un certain nombre de paramètres pour définir la grille active ou celle qui sera affichée en quittant la fenêtre de configuration. Parmi ces paramètres, on trouve des caractéristiques de base (**Type**, **Unités**, **Échelle** et **Pas**) et d'autres liées à l'orientation et aux dimensions des plans (**Angle** et **Distance d'affichage**, **Hauteur horizontale**).

Les paramètres de base de la grille de perspective

- **Type** : un menu local permet de sélectionner l'un des trois types de grille prédéfinie (*voir ci-contre*) : **Perspective à un point**, **Perspective à deux points** ou **Perspective à trois points**. Chacune d'elles peut être personnalisée à partir de paramètres (*voir ci-après*) ou manuellement.

- **Unités** : cette option permet de choisir l'unité de mesure de la taille de la grille (centimètre, pouce, pixel ou point). Cette unité sera utilisée dans les repère commentés qui peuvent apparaître notamment quand vous déplacez un point de fuite ou un autre élément de la grille.

- **Échelle** : par défaut (**1:1**), les éléments dessinés en perspective ont les mêmes proportions que ceux dans le plan de la scène. Vous pouvez définir un rapport différent entre les mesures réelles et celles du plan de travail en perspective.

- **Pas** : la valeur indiquée détermine la taille des cellules de la grille.

Les paramètres personnalisables

L'orientation des plans de la grille ou Angle d'affichage

Par défaut l'**Angle d'affichage** a une valeur de 45°. Dans ce cas, les plans gauche et droit de la grille définissent une sorte de cube pivoté (de 45°) par rapport au plan de la feuille ou de la scène (donc de l'écran). Ainsi, son orientation est telle que les deux plans (gauche et droit) présentent des faces de taille identique ; les deux points de fuite sont à égale distance du centre de la scène.

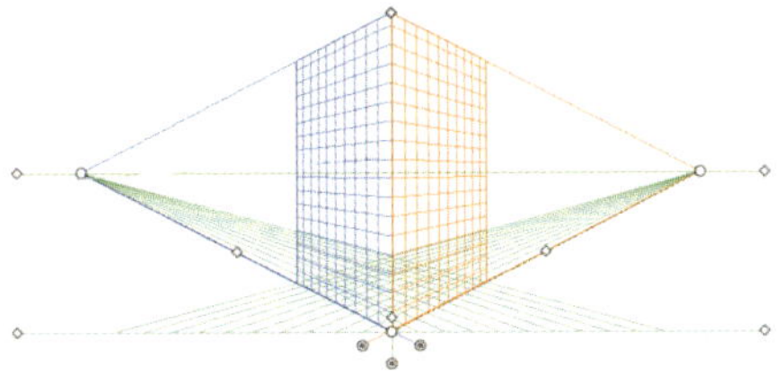

__Angle d'affichage__ de 45°, les deux plans apparaissent identiques.

Si la valeur de l'angle est réduite, par exemple à 30° (1° est le minimum), le point de fuite à droite s'éloigne, alors que celui de gauche se rapproche du centre : les faces de la grille ont pivoté (celle de droite apparaît plus grande). Si la valeur est augmentée, par exemple à 60° (89° est le maximum), il se produit l'effet inverse : le point de fuite de gauche s'éloigne, celui de droite se rapproche, les faces de la grille ont pivoté (celle de gauche est davantage visible).

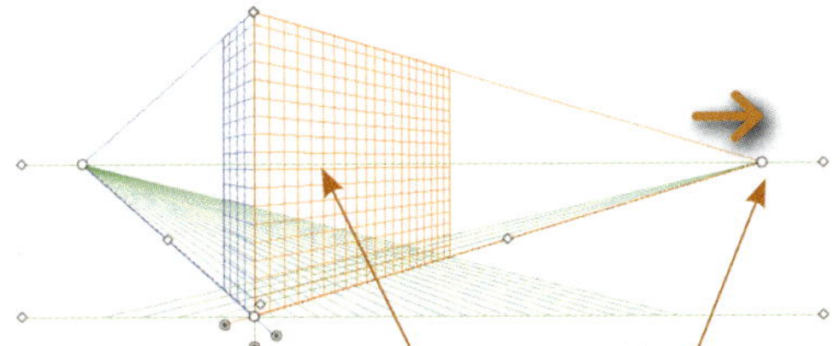

__Angle d'affichage__ de 30°, le plan droit est plus visible, son point de fuite a été écarté.

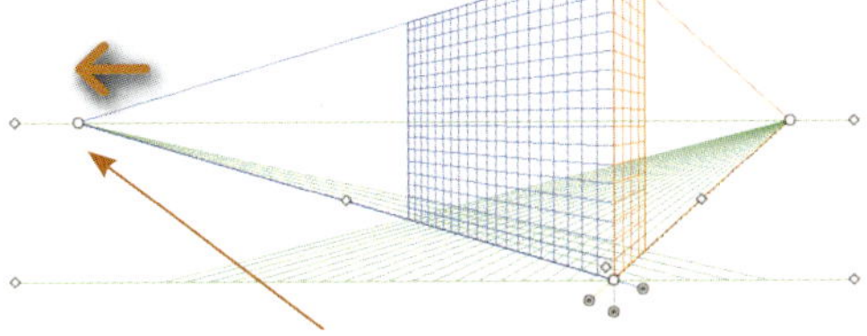

Ici, c'est le point de fuite gauche qui a été écarté avec un __Angle d'affichage__ de 60° et c'est le plan gauche qui est plus visible.

La position des points de fuite ou Distance d'affichage

La **Distance d'affichage** définit, en quelque sorte, la position de l'observateur sur la scène. Plus sa valeur est grande, plus les points de fuite sont écartés sur l'horizon et plus la distance entre ces points est grande.

Pour placer les points de fuite sur les bords du plan, entrez une valeur de **Distance d'affichage** égale à la moitié de la largeur du plan de travail.

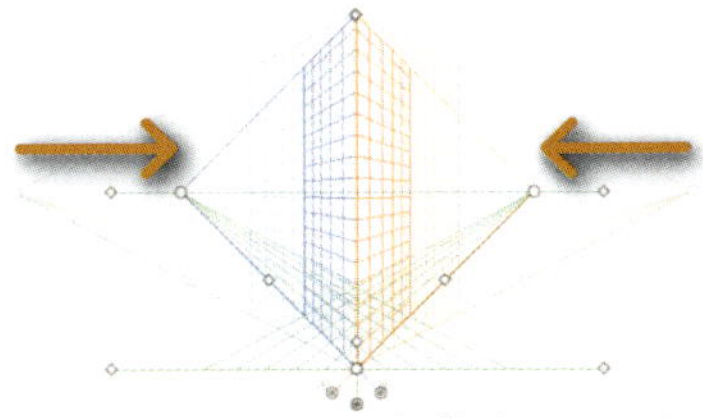

Ci-dessus, on a réduit la __Distance d'affichage__ ; ci-dessous, on l'a augmentée.

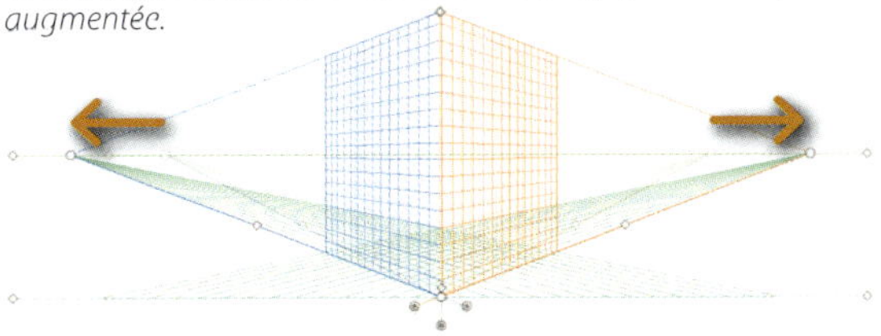

La position de l'horizon ou Hauteur horizontale

Ce réglage modifie la hauteur de l'horizon ; cela s'obtient en montant ou descendant le niveau de l'œil de l'observateur (ou niveau du sol) figuré par la ligne inférieure de la grille (aux extrémités de laquelle se trouvent deux losanges).

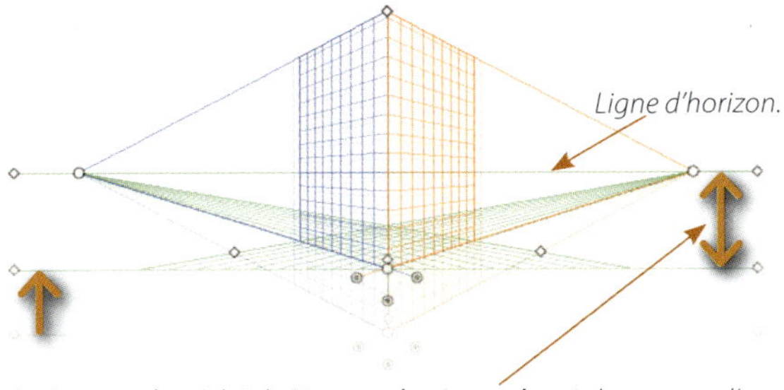

Ci-dessus, on a réduit la __Hauteur horizontale__ ; ci-dessous, on l'a augmentée.

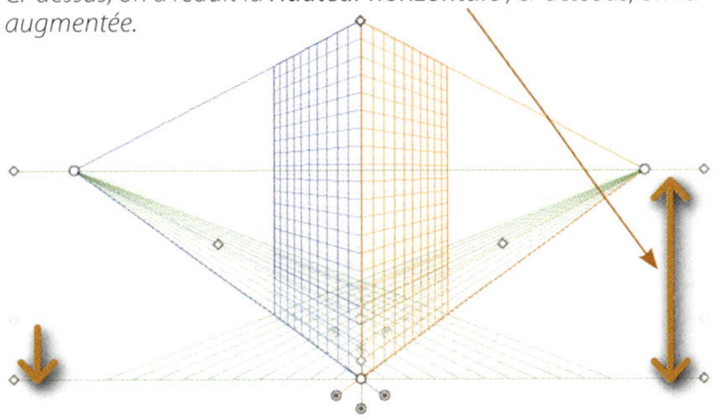

L'option supplémentaire, **Troisième point de fuite**, apparaît en sélectionnant la perspective à trois points. Elle permet de spécifier (cases X et Y) l'abscisse et l'ordonnée de ce troisième point (par défaut, situé sous le plan au niveau du sol).

Les colorations de la grille de perpective

Le bas de la fenêtre **Définir la grille de perspective** permet de changer la couleur des plans de la grille. Pour cela, sélectionnez une couleur dans les listes déroulantes **Grille de gauche**, **Grille de droite** et **Grille horizontale**. De plus, vous pouvez régler l'opacité de la grille à l'aide du curseur **Opacité**.

LE PARAMÉTRAGE MANUEL DE LA GRILLE

Quand l'outil **Grille de perspective** est actif, vous pouvez agir sur l'aspect de la grille par l'intermédiaire des cercles et des losanges blancs.

La position de la grille

Vous pouvez déplacer l'ensemble de la grille en glissant le cercle blanc situé en bas à droite (ou à gauche) de la grille : l'outil change d'aspect et devient .

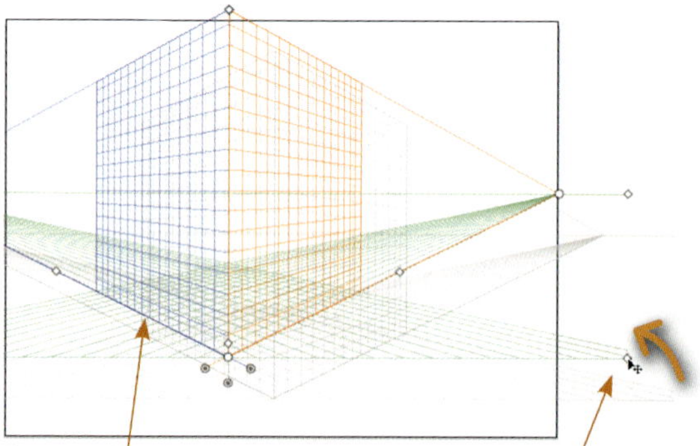

On peut glisser l'ensemble de la grille en agissant sur ce point.

La position des points de fuite

Si vous amenez l'outil **Grille de perspective** sur l'un des points de fuite (marqué par un cercle blanc), il devient et permet de glisser le point : un commentaire indique les coordonnées (**X**) du point.

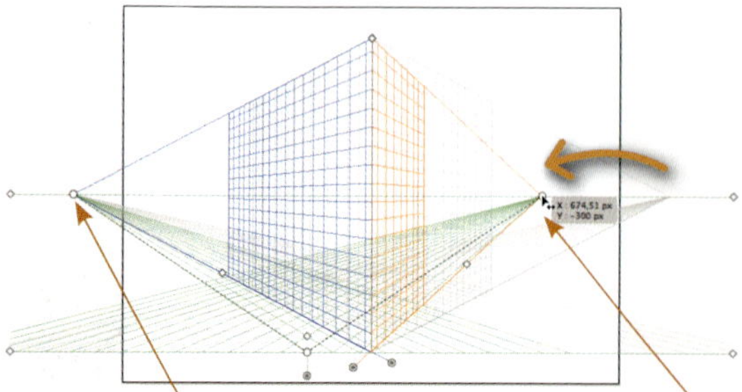

On peut agir sur l'un des points de fuite et modifie la grille en glissant le cercle blanc.

La hauteur de l'horizon

Si vous amenez l'outil **Grille de perspective** sur l'un des losanges blanc situé sur la ligne d'horizon, l'outil devient . Vous pouvez alors glisser cette ligne d'horizon pour modifier la **Hauteur horizontale** : un commentaire (marqué **HH**) indique la nouvelle valeur.

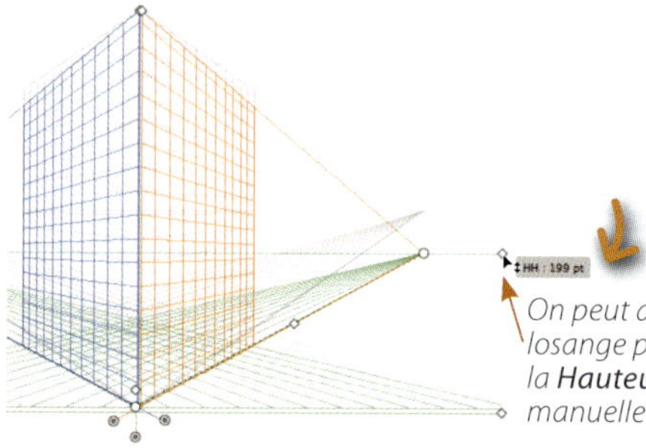

*On peut agir sur ce losange pour modifier la **Hauteur horizontale** manuellement (HH).*

La position des plans de perpective

Par défaut, les plans gauche et droit de la grille présentent une intersection (au centre du plan de travail). Sans bouger les points de fuite, il est possible de modifier leur position en glissant la cible située à leur extrémité inférieure. Cela revient a simuler un rapprochement de l'observateur. Il est également possible de déplacer le niveau de l'œil de l'observateur en glissant le repère inférieur du centre de la grille.

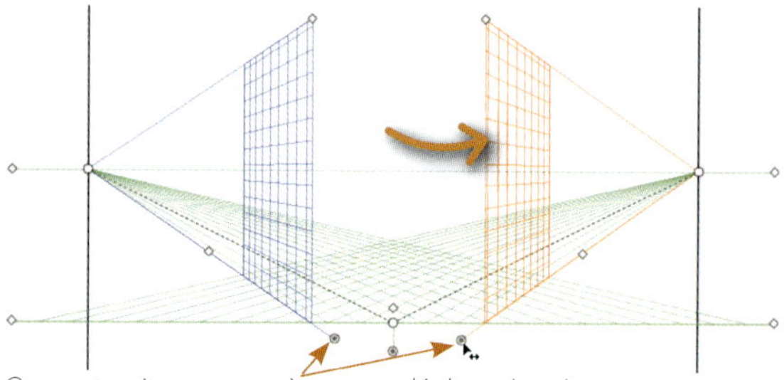

On peut agir sur ces repères pour déplacer les plans.

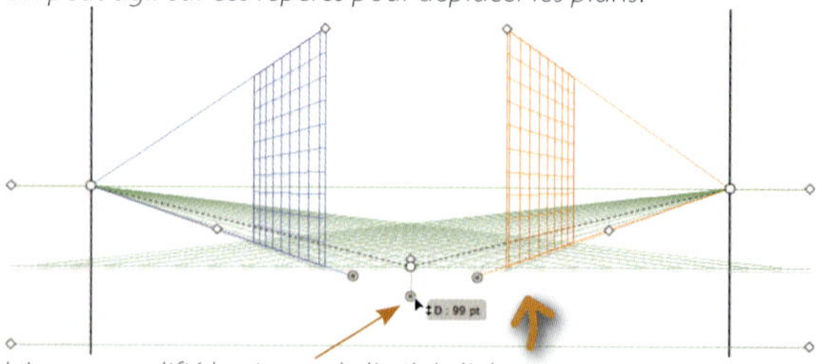

Ici, on a modifié le niveau de l'œil de l'observateur.

La taille et le nombre des cellules de grille

En agissant sur les différents losanges situés sur les plans de la grille, il est possible de modifier la répartition et le nombre de cellules de chacun des plans (la taille des cellules influe sur l'accrochage des objets).

La gestion du dessin en perspective

Quand la grille de perspective est en place, il est temps de passer au dessin ; certaines manipulations pourront être réalisées même si des objets sont déjà présents.

Le dessin sur un plan de perspective

La création d'objet en perspective

Pour dessiner en utilisant la grille de perspective effectuez les opérations suivantes :

1. Commencez par afficher la grille de perspective si elle ne l'est plus : tapez ⇧⌘I [⇧Ctrl I] (ou menu **Affichage/Grille de perspective/Afficher la grille**).
2. Sélectionnez l'outil de dessin voulu : rectangle, ellipse... ou l'un des outils de type trait (sauf l'outil **Halo**).
3. Choisissez le plan selon lequel vous souhaitez dessiner en cliquant sur la face correspondante du cube affiché dans le widget (l'extérieur du cube désactive la grille pour dessiner sans perspective).

Le plan peut être activé au clavier (attention clavier alphanumérique) : ⇧1 pour le plan gauche, ⇧2 plan horizontal et ⇧3 plan droit ; en tapant ⇧4 aucune grille n'est activée.

Le widget indique le plan de perspective actif.
Ils sont obtenus en tapant : ⇧1, ⇧2, ⇧3 ou ⇧4.

4. Glissez l'outil sur la page, il adoptera la perspective du plan actif (même si le dessin n'est pas réalisé sur la grille).

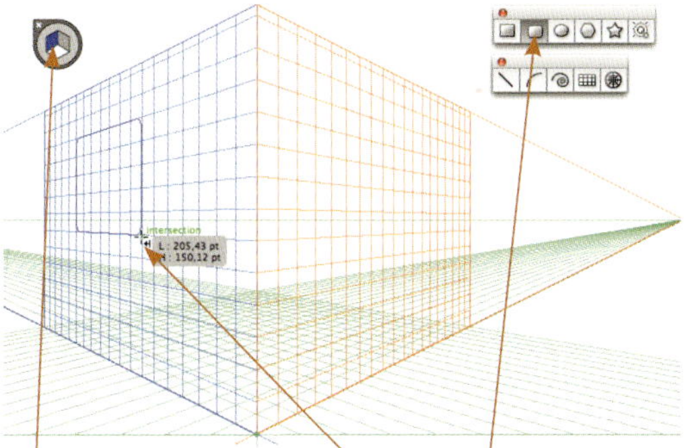

Ici, on a choisi le plan actif, on trace avec l'outil de dessin voulu.

Lorsque vous dessinez un objet en perspective, vous pouvez utiliser les repères commentés pour aligner l'objet sur d'autres objets. Cet alignement utilise la perspective des objets. Comme pour le dessin classique, vous pouvez cliquer pour saisir des valeurs (il s'agit de dimension de l'objet vu de face), pendant le glissement de l'outil, utiliser les touches du clavier pour imposer des contraintes (centrage avec ⌥[Alt] par exemple) ou déplacement avec Espace.

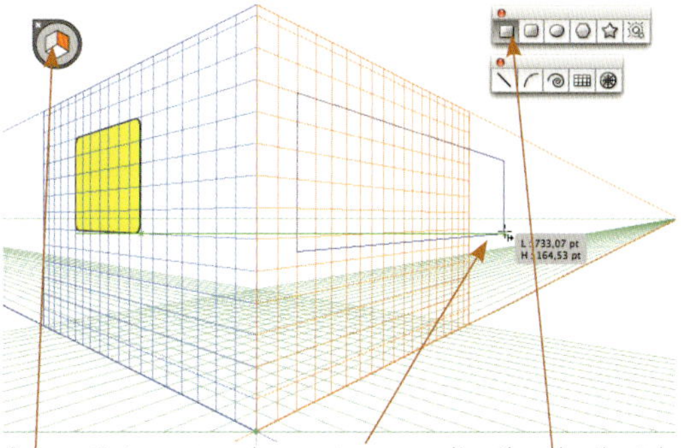

On a activé un autre plan, on trace avec l'outil voulu : il suit la perspective de ce plan.

Pendant le dessin en perspective, les objets s'accrochent aux lignes de la grille du plan actif dès qu'il sont à une distance d'un quart de la taille des cellules de la grille (sauf si vous avez désactivé l'option **Magnétisme de la grille** dans le menu **Affichage**).

Le changement de plan en cours de création

Tant que le tracé n'est pas apparu (bouton de la souris non relâché), sans changer d'outil, il est encore possible de changer de plan actif. Pour cela tapez, au clavier alphanumérique (avec ou sans ⇧) 1, 2 ou 3, voire 4 pour ne pas utiliser la perspective. Vous pouvez poursuivre en enfonçant Espace pour repositionner l'objet et relâcher le bouton de la souris quand le tracé a l'aspect et la position voulus.

ATTENTION *Si votre clavier possède un **pavé numérique** vous pouvez activer un plan en y tapant 1, 2 ou 3, voire 4 (avec ou sans ⇧). Si le dessin est en cours (bouton encore enfoncé), vous pouvez changer de plan pendant le dessin en tapant les raccourcis, mais uniquement au **clavier alphanumérique** (indifféremment avec ou sans ⇧).*

La gestion des éléments sur la grille

L'ASSOCIATION D'UN OBJET À UN PLAN DE PERSPECTIVE

Vous pouvez associer au plan actif de la grille de perspective, un objet dessiné sans perspective. Pour associer l'objet à un plan de grille horizontal, de gauche ou de droite, effectuez les opérations suivantes :

1. Sélectionnez le plan auquel vous souhaitez associer l'objet en tapant le raccourci ⇧1, ⇧2 ou ⇧3 ou en cliquant sur l'une des faces du cube du widget de perspective.

2. Choisissez la commande **Joindre au plan actif** du menu **Objet** (puis **Perspective**) ou du menu contextuel.

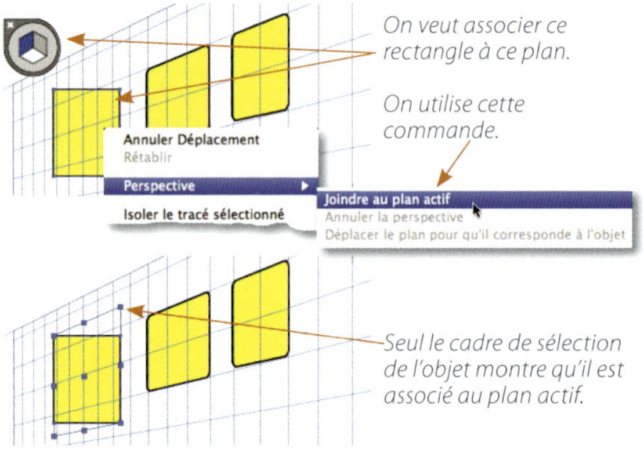

L'objet ne change pas d'aspect, seul son cadre de sélection reflète son appartenance à un plan de perspective. Si par la suite vous déplacez (ou transformez) l'objet il subira des modifications liées à son plan de perspective.

> **ASTUCE** *Au lieu d'utiliser la commande **Joindre au plan actif**, vous pouvez simplement déplacer l'objet avec l'outil **Sélection de perspective**, mais dans ce cas, il sera automatiquement modifié selon la perspective du plan actif.*

LA SÉLECTION D'OBJETS EN PERSPECTIVE

Quand vous utilisez l'outil **Sélection de perspective** pour sélectionner les objets en perspective, vous pouvez réaliser cette sélection par clic sur l'objet ou par encadrement des objets. Dans ce cas, par défaut, le cadre est rectangulaire pour l'adapter au plan actif (cadre en perspective), une fois le cadre tracé et avant de relâcher le bouton de la souris, tapez le raccourci du plan correspondant 1, 2 et 3 (ou 4 pour retrouver le cadre normal). Le widget et le curseur de sélection changent également d'aspect pour indiquer à quel plan ils font référence : plan de grille de gauche, horizontal ou de droite (et aucun plan).

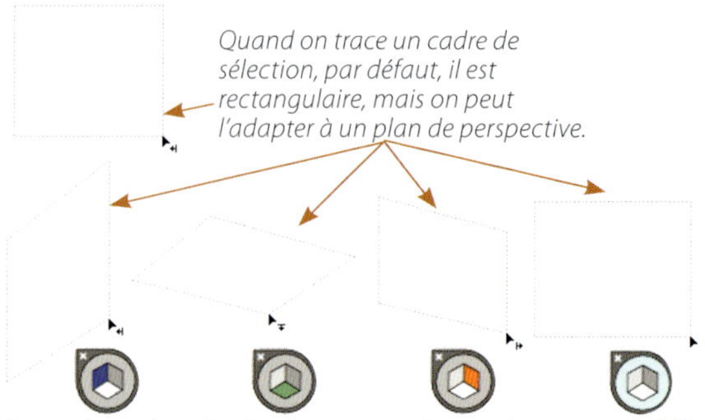

Pour adapter le cadre de sélection au plan voulu, on a tapé : 1, 2, 3 ou 4 (pour retrouver le rectangle de sélection sans perspective).

Le changement d'aspect du cadre de sélection peut également être obtenu lors d'une addition ou d'une soustraction de sélections.

Les déplacements et les transformations d'objets

LE DÉPLACEMENT D'OBJETS EN PERSPECTIVE

Le déplacement dans un plan de perspective

Quand un objet a été dessiné ou a été placé dans un plan, il peut y être déplacé. Pour cela, il suffit de le sélectionner avec l'outil **Sélection de perspective**, puis de le glisser à l'emplacement voulu. Au cours de son déplacement, son aspect changera pour tenir compte de la perspective.

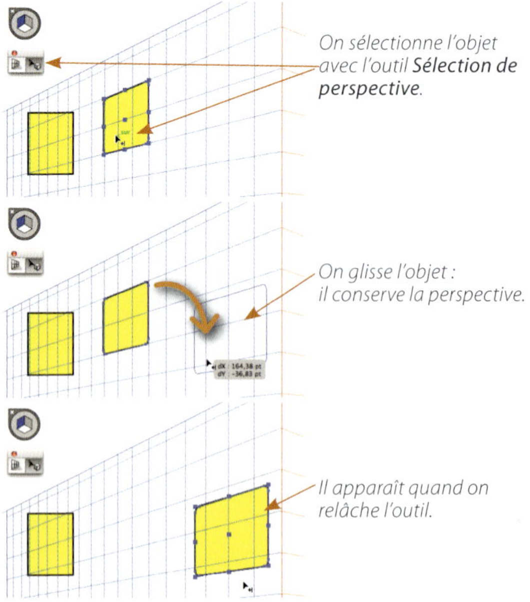

Par cette technique, vous pouvez placer un objet sur le plan actif (ici, il apparaîtra directement avec un aspect lié à sa mise en perspective).

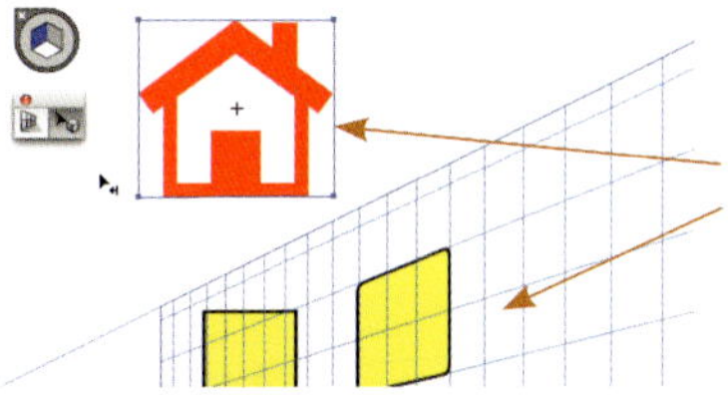

On souhaite placer en perspective cet objet (un symbole) dans ce plan (activé dans le widget).

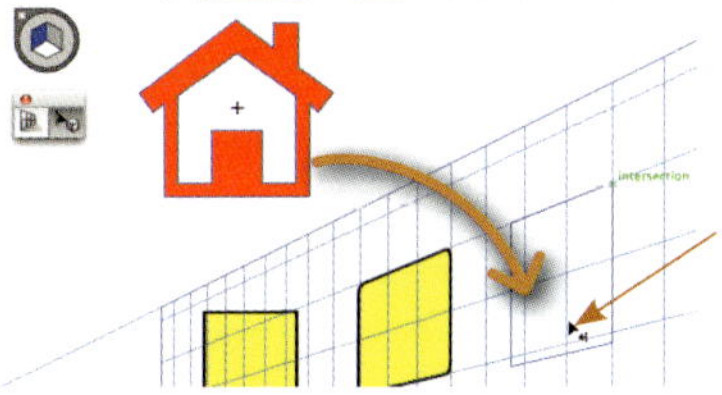

Avec l'outil ***Sélection de perspective****, on glisse l'objet il se place en perspective dans le plan actif.*

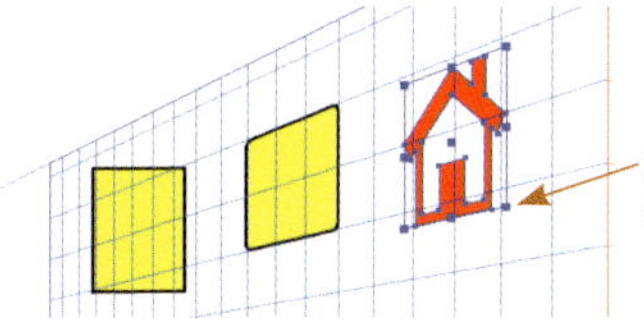

Il apparaît quand on relâche l'outil.

Le changement de plan de perspective

Si vous souhaitez profiter d'un déplacement pour associer l'objet à un autre plan, au clavier alpha-numérique (et non pas au pavé numérique), tapez le raccourci 1, 2 ou 3, correspondant au plan voulu : l'objet se transforme automatiquement pour respecter la perspective du plan sélectionné.

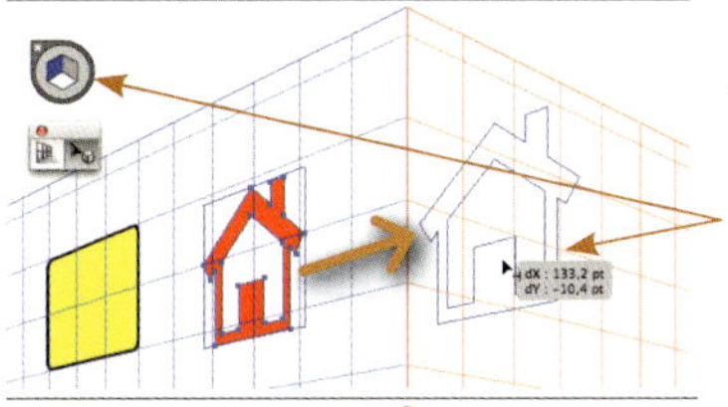

Avec l'outil ***Sélection de perspective****, on commence par glisser l'objet dans son plan de perspective.*

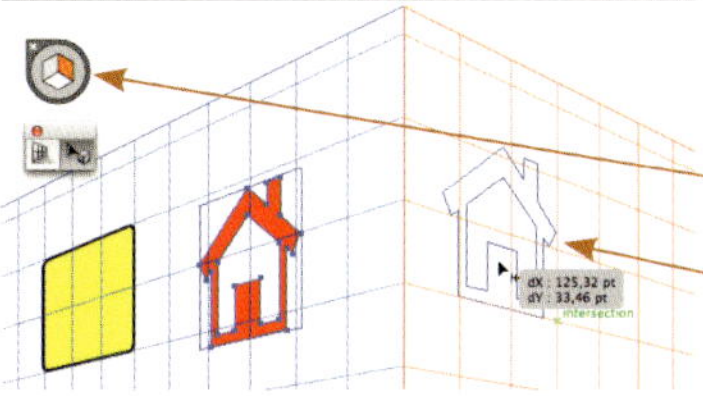

On tape le raccourci correspondant au plan (ici 3), l'objet se place en perspective dans le nouveau plan actif.

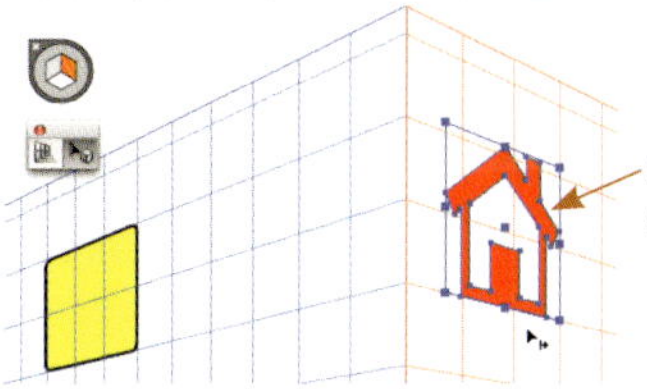

Il apparaît quand on relâche l'outil.

Pendant les déplacements, il est possible d'enfoncer la touche ⇧ pour imposer une contrainte de déplacement selon des lignes parallèles à la grille du plan actif.

> **Astuce** *Pour annuler l'effet de perspective appliqué à la sélection, il n'est pas possible d'utiliser le raccourci 4 ; en revanche, vous pouvez lancer la commande* ***Annuler la perspective*** *du menu contextuel, puis* ***Perspective*** *(ou menu* ***Objet/Perspective****). Attention, l'objet conservera l'aspect qu'il avait quand il était en perspective.*

La copie en perspective

Au cours du déplacement (avec ou sans changement de plan), si vous enfoncez la touche ⌥ [Alt], une copie est créée.

Le déplacement perpendiculaire au plan

Chaque plan de perspective peut contenir des objets avec une certaine profondeur : avant plan, plan de la grille, (profondeur nulle), arrière-plan… Si lors du déplacement, vous glissez l'objet en maintenant la touche 5 enfoncée, ce dernier se déplacera perpendiculairement au plan vers l'avant ou l'arrière selon le sens du déplacement (un trait simule la profondeur). Ajoutez la touche ⌥ [Alt] pour créer une copie.

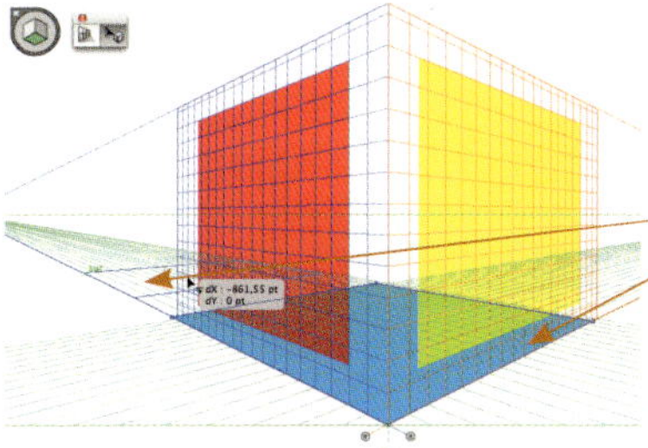

Ici, on a glissé cet objet dans son plan de perspective pour créer une copie avec la touche ⌥ [Alt].

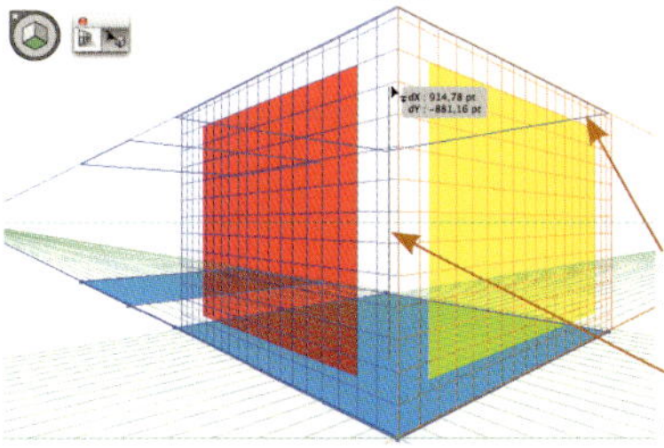

Ici, on maintient enfoncée la touche 5 pour déplacer perpendiculairement au plan actif (ce trait noir montre la profondeur).

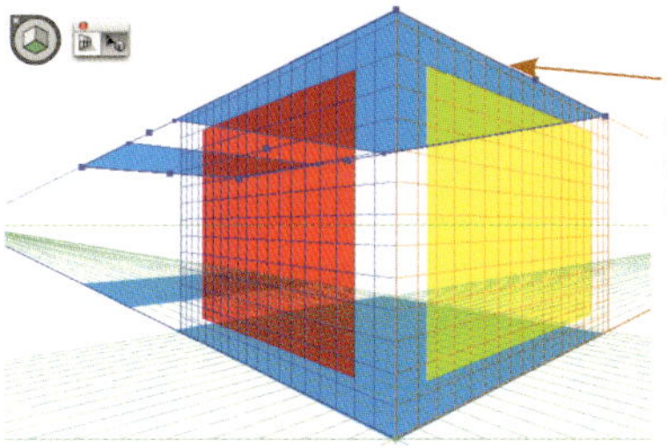

On obtient une copie de la sélection en ajoutant la touche ⌥ [Alt].

Astuce *Si après avoir réalisé une copie (perpendiculairement ou non), vous tapez (une ou plusieurs fois) ⌘D [Ctrl D], il y aura répétition de la copie. Vous pouvez également utiliser la commande **Répéter la transformation** du menu **Objet**, puis **Transformation**.*

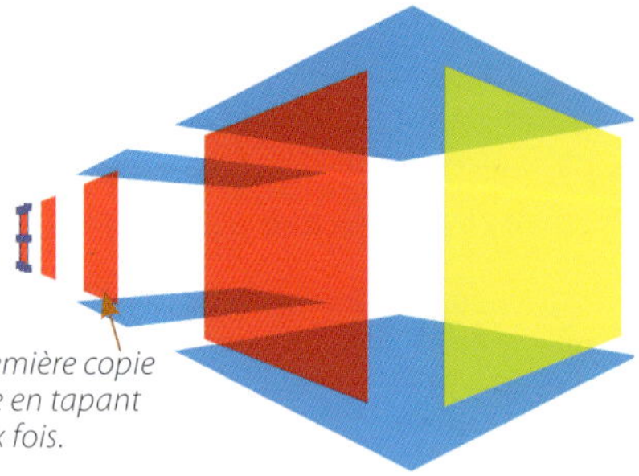

On a créé une première copie que l'on a répétée en tapant ⌘D [Ctrl D] deux fois.

Pour mieux voir le résultat, ici, on a masqué la grille en tapant ⇧⌘I [⇧Ctrl I] (on la réaffiche en tapant à nouveau ce raccourci).

Le déplacement (perpendiculaire) du plan

Le plan, plus exactement la grille du plan, peut subir des déplacements perpendiculaires. Ils peuvent, selon les options et les manipulations, être accompagnés on non du déplacement de certains objets.

Le déplacement paramétré de la grille du plan, seule ou avec les objets

Pour paramétrer le déplacement, activez l'outil Sélection de perspective (en tapant ⇧V), trois petites cibles ◉ s'affichent alors dans la partie inférieure de la grille, double-cliquez sur la cible située à l'extrémité du plan voulu. Une fenêtre d'options apparaît ; elle est nommée, par exemple, Plan de fuite à gauche, si on a cliqué sur la cible située à droite.

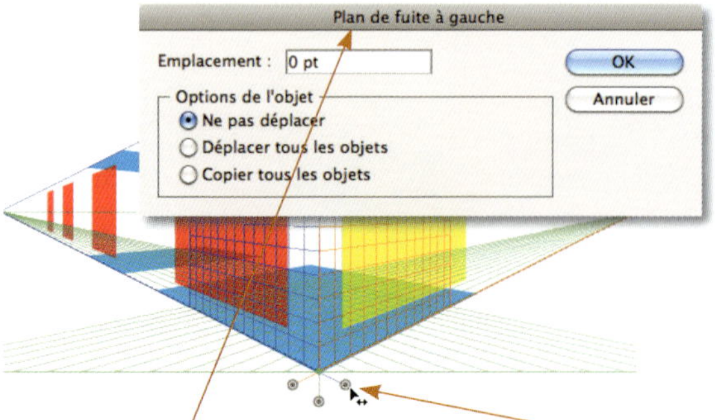

Pour afficher cette fenêtre, on a double-cliqué sur cette cible.

La fenêtre comporte deux zones, Emplacement et Options de l'objet, qui permettent de définir les positions des éléments (plan et objets, tous ceux situés sur la grille si aucun n'est sélectionné).

L'Emplacement

La case affiche l'espace (ou profondeur) entre la grille du plan et les objets (le plus souvent 0) ; spécifiez le déplacement à faire subir aux objets et/ou à la grille plan. Si vous entrez une valeur négative, le déplacement se fait vers l'extérieur du cube matérialisé par les grilles de perspective, et vers l'intérieur avec une valeur positive.

Les options de l'objet

Trois options sont disponibles :

- Ne pas déplacer : avec cette option, seule la grille est déplacée selon la valeur d'Emplacement. Les objets restent sur place.
- Déplacer tous les objets : tous les objets qui étaient situés sur la grille se déplacent avec cette dernière.
- Copier tous les objets : des copies des objets de la grille sont créées, puis déplacées avec cette dernière.

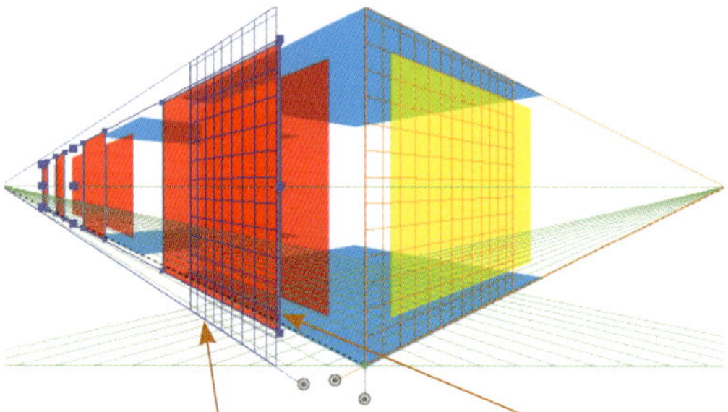

*On obtient ce déplacement de la grille et des objets avec un **Emplacement** négatif (–70 pt) et l'option **Copier tous les objets**.*

S'il y a une sélection les options deviennent Déplacer (ou Copier) les objets sélectionnés ; cependant, elles n'agissent que sur les objets (sélectionnés ou non) situés à une profondeur nulle (non déplacés avec la touche 5). S'il n'y a plus d'objet à la profondeur nulle, la case Emplacement indique la profondeur de l'objet ; il est alors préférable, si l'on souhaite le déplacer avec la grille, de commencer par un premier déplacement en entrant une valeur d'Emplacement nulle et l'option Déplacer les objets sélectionnés, puis de relancer le déplacement avec la valeur voulue.

Le déplacement manuel de la grille d'un plan avec ses objets en perspective

Comme nous l'avons vu dans les paragraphes consacrés à la préparation de la grille de perspective, il est possible de déplacer chaque grille de plan en agissant sur l'une des trois cibles situées dans la partie basse de l'ensemble des grilles. Il est également possible que ce déplacement entraîne celui des objets présents sur la grille.

Pour réaliser ce type de déplacement (grille + objet), effectuez les opération suivantes :

1. Activez l'outil **Sélection de perspective** (en tapant ⇧V). Sélectionnez les objets à déplacer avec la grille : vous pouvez adapter le cadre de sélection au plan en maintenant enfoncée la touche 1, 2 ou 3 (et en ajoutant la touche ⇧ pour additionner les sélections).

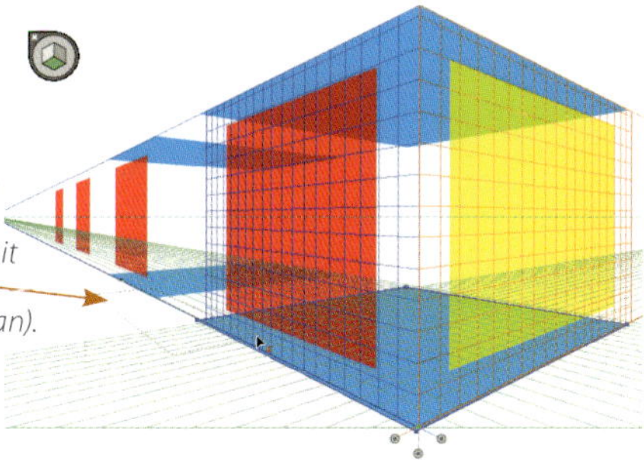

En maintenant la touche 2 enfoncée, on fait une sélection (adaptée au plan).

2. Avec la touche ⇧ enfoncée, survolez l'un des points d'ancrage d'un objet sélectionné. Cette manipulation, facultative, permet de ne garder visible que la grille du plan actif (*voir aussi page suivante, le positionnement automatique du plan*).

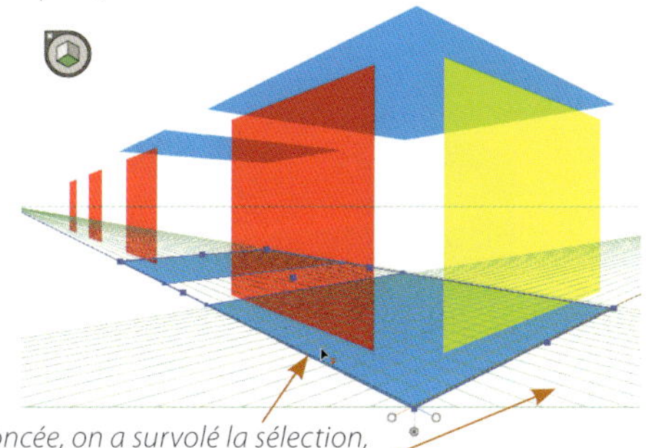

Avec ⇧ enfoncée, on a survolé la sélection, pour ne plus voir que la grille du plan actif.

3. Toujours avec ⇧ enfoncée, glissez la cible du plan (si vous avez fait la manipulation précédente, c'est la seule qui a l'aspect ◉).

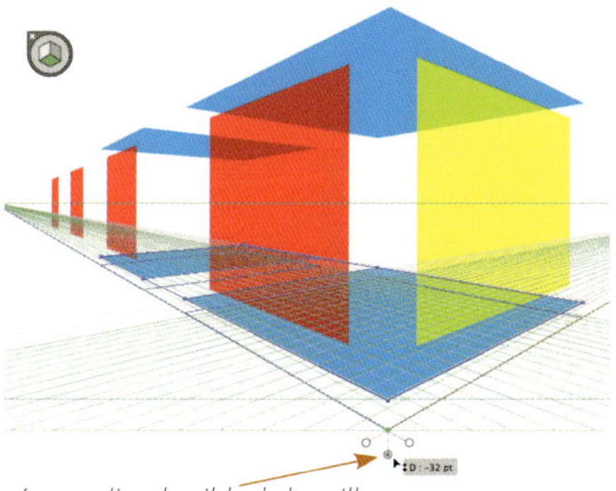

Avec ⇧ enfoncée, on glisse la cible de la grille.

4. Relâchez le bouton de la souris (puis ⇧) pour voir les objets se positionner sur la grille ainsi déplacée. Si vous avez ajouté ⌥ [Alt] il y aura une copie.

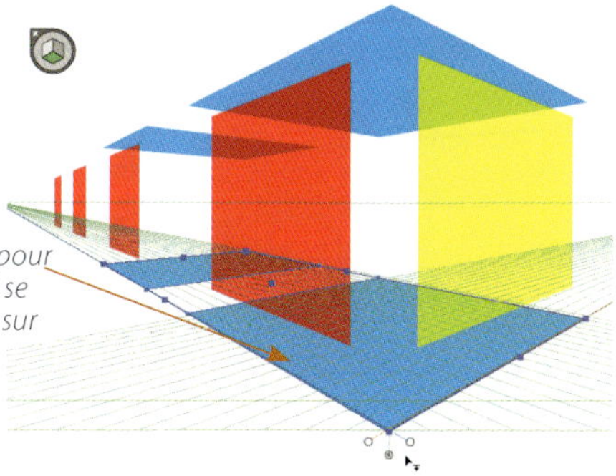

On a relâché pour voir les objets se repositionner sur la grille.

Le déplacement d'un plan pour le faire correspondre à un objet

Si vous souhaitez dessiner ou placer des objets dans une perspective suivant la profondeur d'un objet en perspective existant (ou sa hauteur dans le cas du plan horizontal), sélectionnez cet objet, puis choisissez la commande **Déplacer le plan pour qu'il corresponde à l'objet** du menu **Objet/Perspective** ou menu contextuel. Quand le plan est en place, vous pouvez dessiner ou manipuler les objets.

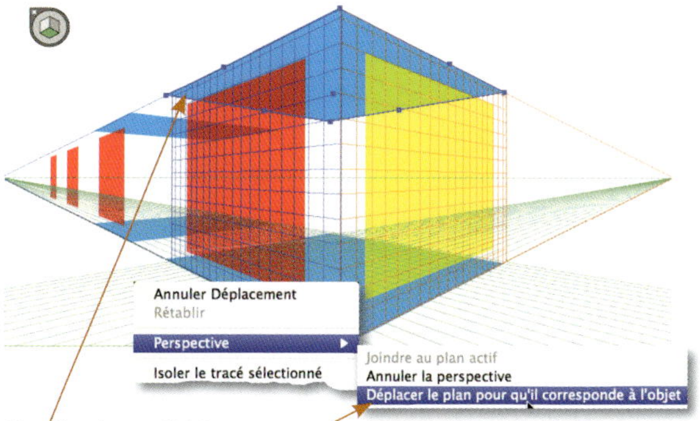

On sélectionne l'objet et avec cette commande, on lui fait correspondre le plan actif.

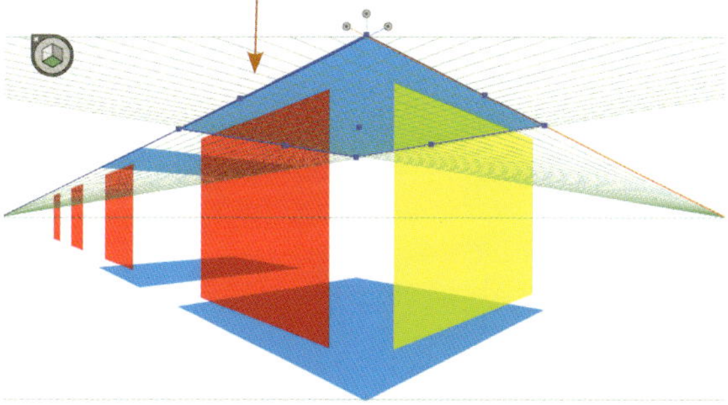

Le positionnement automatique du plan

Dans certains cas, vous pouvez avoir besoin de positionner temporairement un plan à un endroit qui vous permettra de dessiner plus facilement un élément en perspective en le plaçant à une profondeur particulière (ou une hauteur particulière pour le plan horizontal). Illustrator peut réaliser cette opération pour vous, en même temps qu'il cachera (temporairement) les autres plans pour faciliter le travail.

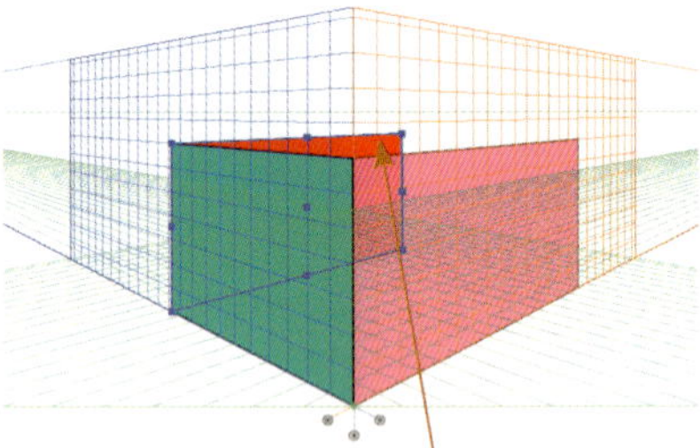

Pour dessiner facilement cette face, on a utilisé le positionnement automatique du plan.

Pour obtenir ce positionnement, effectuez les opérations suivantes :

1. Activez l'outil **Sélection de perspective** (en tapant ⇧V), puis, en tapant ⇧ et le chiffre associé, activez le plan sur lequel vous souhaitez dessiner (dans notre exemple, on a tapé ⇧3). Enfoncez la touche ⇧ et survolez le point d'ancrage par lequel le plan temporaire doit passer.

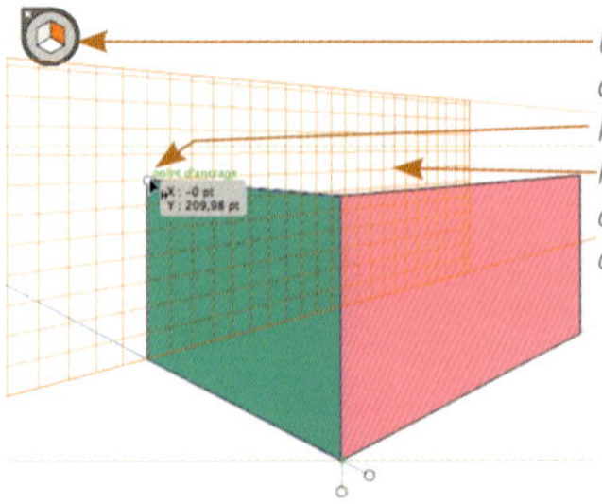

Une fois le plan activé (⇧3), on enfonce ⇧ et on survole le point pour y positionner le plan qui apparaît alors automatiquement (les autres sont masqués).

2. Activez l'outil de dessin voulu et créez l'objet en utilisant la grille (automatique).

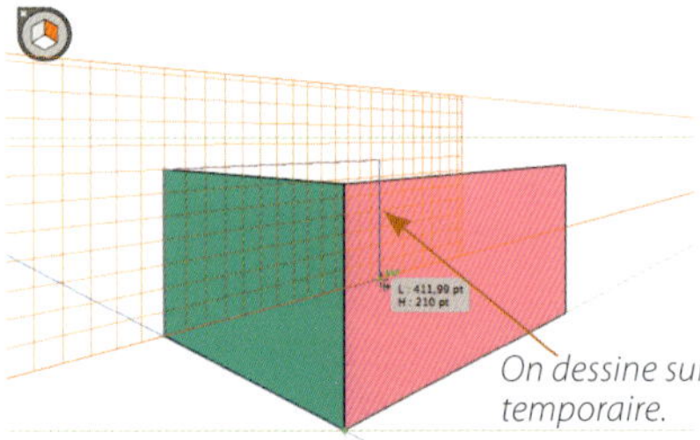

On dessine sur le plan temporaire.

Au lieu de créer un tracé, vous pouvez glisser sur ce plan temporaire un objet qui ne serait pas en perspective (par exemple, un symbole).

3. Dès que le dessin est terminé, la grille d'origine (complète) réapparaît (dans le cas contraire, cliquez à l'extérieur, par exemple, sous l'illustration). Par le menu **Calque**, vous pouvez éventuellement changer l'ordre de superposition des objets. Vous pouvez également recommencer l'opération sur un autre point pour définir un autre positionnement automatique de plan et poursuivre le dessin ou la mise en place des éléments.

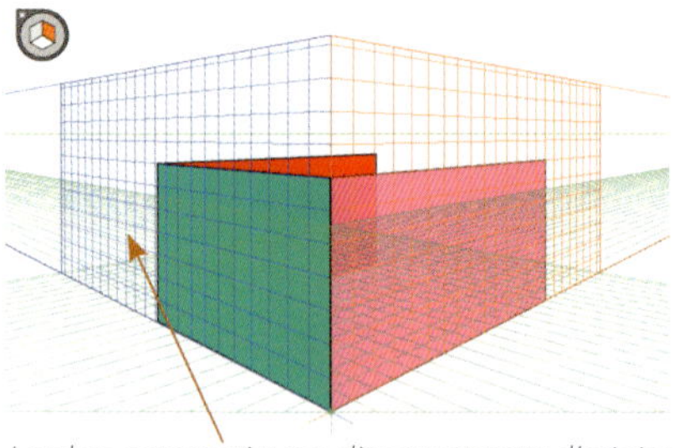

Le plan automatique a disparu et ceux d'origine réapparaissent. Ici, on a changé l'ordre de superposition des objets.

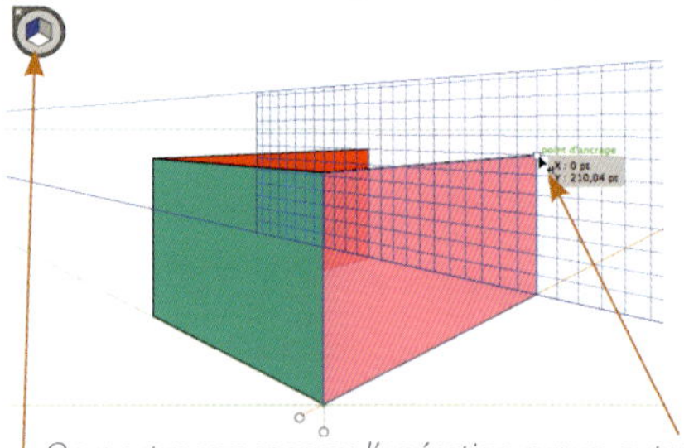

On peut recommencer l'opération sur un autre point avec un autre plan pour poursuivre ou affiner le dessin.

La mise à l'échelle d'objets en perspective

Comme pour le déplacement, sélectionnez l'objet avec l'outil **Sélection de perspective** (en tapant ⇧V), puis agissez sur ses poignées latérales ou d'angle pour modifier sur deux dimensions (le curseur devient ▸).

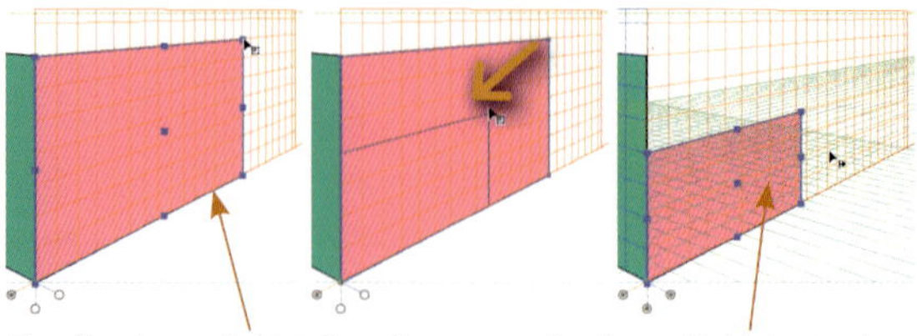

On sélectionne l'objet en perspective. *On glisse une poignée d'angle (ou latérale).* *L'objet est mis à l'échelle.*

Si vous enfoncez la touche ⇧, la mise à l'échelle conservera le rapport largeur/hauteur ; si vous enfoncez la touche ⌥ [Alt], la transformation sera centrée sur l'objet.

Les symboles et les textes en perspective

LA MISE EN PERSPECTIVE

Vous ne pouvez pas importer directement une instance de symbole dans un plan de perspective ni créer du texte en perspective. En revanche, par glissement, vous pouvez placer en perspective un symbole ou du texte préalablement présent sur la scène et obtenu avec le mode de dessin normal (sans perspective).

Pour obtenir des symboles ou du texte en perspective, procédez comme suit :

1. Importez le symbole sélectionné depuis le panneau **Symboles** (par glissement ou par clic sur l'icône) ou créez le texte. Dans les deux cas, les éléments ne sont pas en perspective.

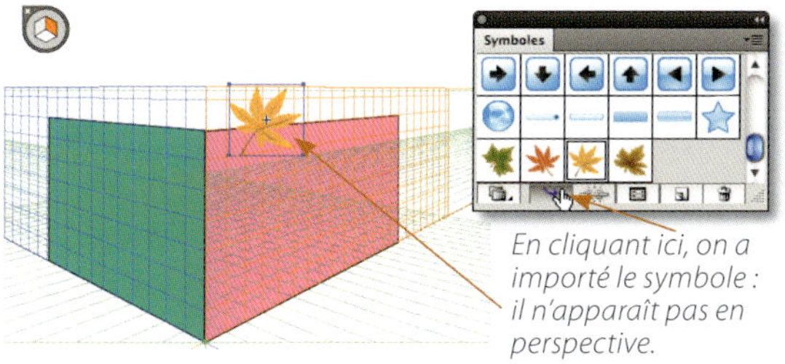

En cliquant ici, on a importé le symbole : il n'apparaît pas en perspective.

2. Sélectionnez le symbole ou le texte à l'aide de l'outil **Sélection de perspective**, choisissez le plan voulu (en tapant ⇧1, ⇧2 ou ⇧3 au clavier alpha-numérique), puis glissez la sélection jusqu'à la position souhaitée dans le plan. Vous pouvez aussi commencer par glisser l'objet, puis choisir le plan en ne tapant cette fois que 1, 2 ou 3.

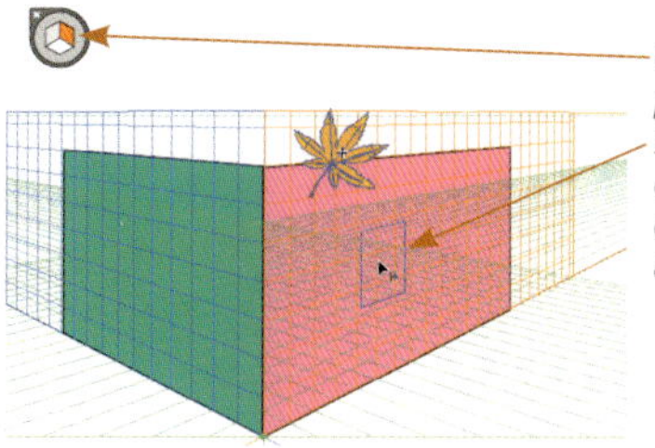

On a activé ce plan, on peut glisser l'instance du symbole qui apparaîtra en perspective quand on relâchera le bouton de la souris.

3. Quand l'objet est en place, vous pouvez le mettre à l'échelle comme indiqué précédemment.

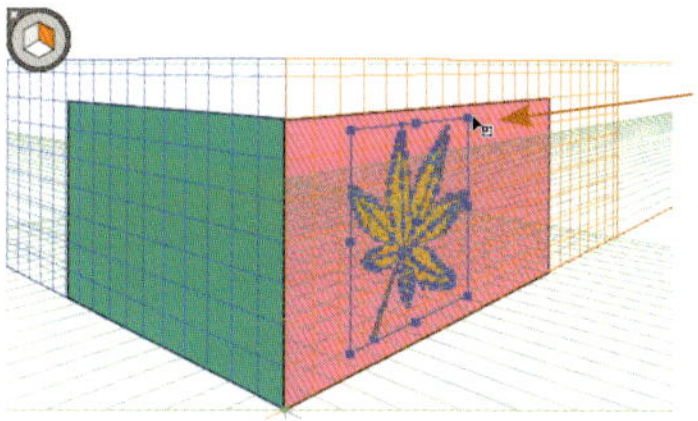

On a mis à l'échelle le symbole (avec ⌥ [Alt] et ⇧ pour centrer et garder l'homothétie).

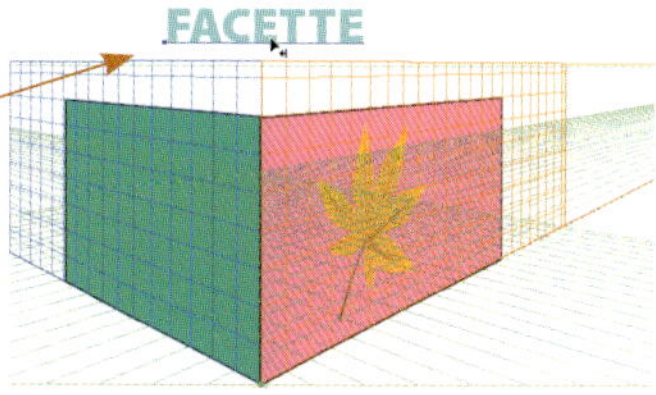

Dans le cas d'un texte, on crée d'abord le texte qui apparaît normal.

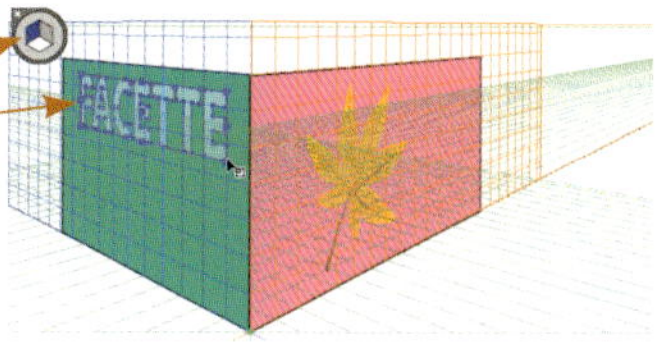

*On a activé ce plan. On a glissé le texte avec l'outil **Sélection de perspective**. Ici on l'a mis à l'échelle après placement.*

LES MANIPULATIONS DE SYMBOLE OU DE TEXTE EN PERSPECTIVE

Quand une instance de symbole ou un texte en perspective est sélectionné, le panneau **Contrôle** indique : **Objet en perspective** et propose une icône **Modifier le symbole/le texte**. On retrouve cette commande dans le menu **Objet/Perspective**. Dans les deux cas, cela permet de passer en mode **Isolation**, ce qu'il est possible de faire en cliquant deux fois sur le symbole ou le texte en perspective.

L'élément isolé peut alors être manipulé de manière classique (et la grille, éventuellement, masquée en tapant ⇧⌘I [⇧Ctrl I], pour mieux voir les changements). Dans le cas d'un texte, celui-ci conserve son aspect en perspective. Pour quitter le mode **Isolation**, double-cliquez hors de l'élément.

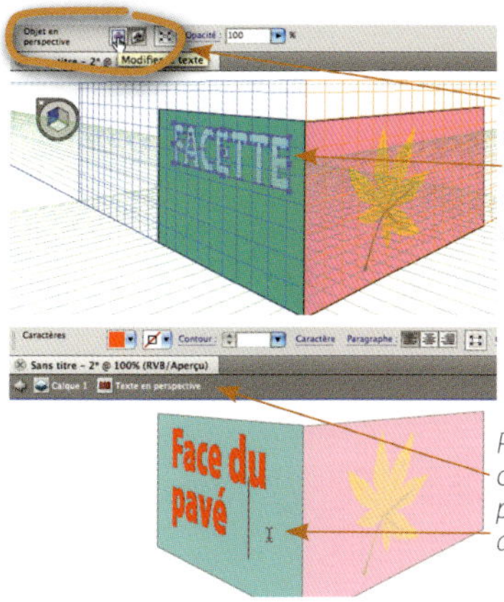

*Le panneau **Contrôle** montre ceci quand un texte (ou un symbole) en perspective est sélectionné.*

Par clic sur l'icône , on a isolé le texte en perspective et on l'a édité de manière classique.

PARTIE 3

La gestion des tracés

1 - Les calques et les tracés

2 - Les sélections de tracés

3 - Les manipulations de tracés

1 - Les calques et les tracés

La gestion des calques

Les types de calques

Dans le panneau **Calques**, on distingue deux types d'éléments :

- les éléments que vous créez vous-même : les **calques** et les **sous-calques** ;
- les éléments créés par Illustrator que j'appellerai « **calques-objets** » (leur nom est encadré par les signes < et >).

Ces derniers, visibles en cliquant sur le triangle en regard du calque (ou sous-calque) les contenant, apparaissent quand vous dessinez un objet ou lorsque vous effectuez certains traitements (association, filtre, copie…).

L'illustration ci-dessous comporte de nombreux calques et sous-calques.

Des calques et des calques objets.

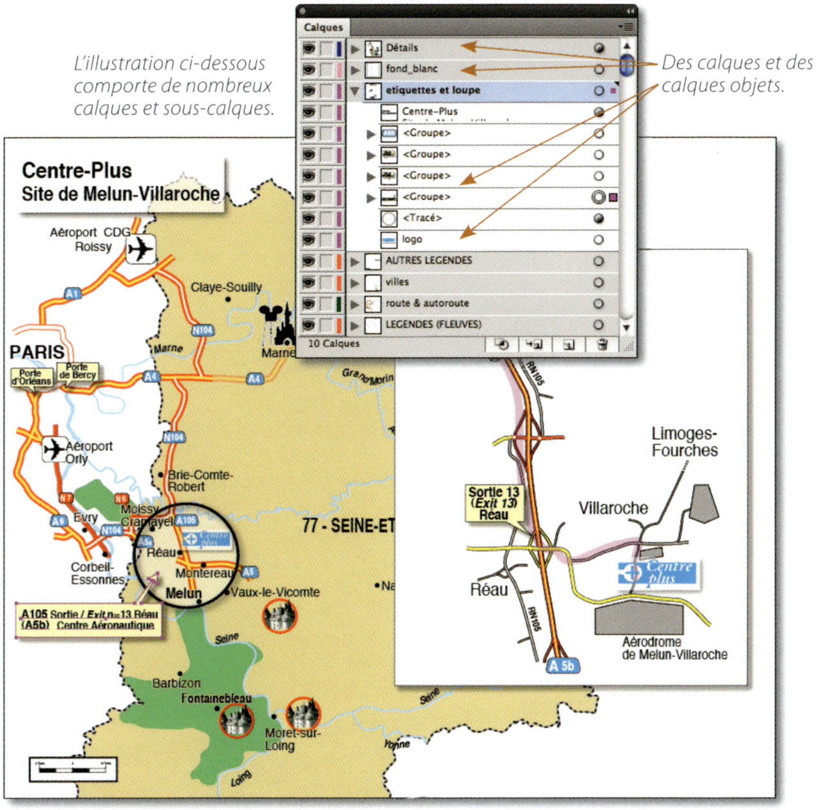

Ce panneau comporte tous les types de calque possibles.

La sélection d'objets, la gestion des plans, la création de masque et l'application de certains effets peuvent s'effectuer depuis le panneau **Calques**. Certaines manipulations, telles que le verrouillage ou le masquage d'objet, s'effectuent aussi bien à partir du menu **Objet** qu'à partir du panneau **Calques**.

L'intérêt des calques

Quand vous travaillez sur Illustrator, il convient d'acquérir certains réflexes : dès qu'une partie d'une illustration est terminée, verrouillez ou masquez le calque et ajoutez-en un nouveau pour y poursuivre le dessin.

Vous pouvez également créer des sous-calques pour y dessiner certaines parties mais pensez à les renommer. Ces opérations se réalisent à partir du panneau **Calques**. L'utilisation de calques (et sous-calques) permet de scinder votre illustration en plusieurs parties qu'il sera plus facile de verrouiller, masquer, afficher, traiter… et même de sélectionner tout simplement en tapant ⌘A [Ctrl A] sans risquer d'en oublier un morceau.

De plus, si vous exportez l'illustration au format Photoshop, l'ensemble des calques sera disponible dans Photoshop et leur présence facilitera la réalisation d'animation. De même, ces calques peuvent être utilisés pour créer des animations vectorielles (fichiers **Flash swf**) et seront récupérés lors d'exportation vers Flash.

La création de calques

L'AJOUT D'UN CALQUE OU SOUS-CALQUE

L'ajout d'un calque permet de séparer (par calque interposé) les parties d'une illustration. La création du calque (ou sous-calque) s'obtient par clic sur l'icône du bas du panneau **Calques** ou par son menu local ; un clic sur donne un sous-calque. Des variantes de création sont obtenues avec certaines touches ; le tableau ci-dessous les récapitule.

Clic sur (icône) avec	Particularités
Aucune touche	Calque (ou sous-calque) avec nom et couleur imposés au-dessus du calque actif.
⌥ [Alt]	Affichage de la fenêtre d'options pour le nouveau calque (ou sous-calque).
⌘ [Ctrl]	Calque ajouté au premier plan.
⌥ ⌘ [Alt Ctrl]	Calque au-dessous du calque actif avec fenêtre d'options.

Le sous-calque sera utile pour appliquer des effets (menu **Effet**) à tous ses objets ou pour créer une sorte de groupe d'objets sans les avoir associés.

LA SÉLECTION DE CALQUES ET L'ACTIVATION

La sélection de calques, sous-calques ou calques-objets dans le panneau Calques

Elle s'obtient en cliquant sur le nom de l'élément et permet de modifier les options de calque, d'en changer l'ordre, ou encore (selon la sélection) de les fusionner en un seul. Il est possible de sélectionner plusieurs éléments en même temps par ⇧ clics s'ils se suivent dans la liste et ⌘clics [Ctrl clics] dans le cas contraire.

L'activation d'un calque ou sous-calque

L'activation s'effectue en cliquant sur le nom du calque (déjà sélectionné ou non elle entraînera sa sélection et a pour but de définir sur quel calque (ou sous-calque) vous souhaitez dessiner. Le calque actif sera repéré dans la liste par la présence d'un triangle ◥ à droite de son nom. Il n'y a qu'un seul calque actif à la fois. Si vous sélectionnez un calque-objet, le calque dans lequel il se situe est activé (marqué par ◥), le futur dessin se placera au premier plan de ce calque.

> **ASTUCE** *Pour pouvoir travailler dessus, le calque actif ne doit être ni verrouillé ni masqué. Sur le document, le signe indiquera que le calque n'a pas l'état souhaité.*

Les groupes et les sous-calques

LE RASSEMBLEMENT SUR UN NOUVEAU SOUS-CALQUE

Au sein d'un calque, il est possible de rassembler des objets, sans pour autant les associer, en les plaçant sur un même sous-calque. Pour cela, sélectionnez les calques-objets par ⌘clics [Ctrl clics] (ou ⇧clics s'ils se suivent) sur leur nom dans le panneau **Calques**, et lancez **Rassembler sur un nouveau calque** du menu local du panneau **Calques** : Illustrator ajoute un nouveau sous-calque et y place les éléments correspondant aux calques-objets sélectionnés.

Quand vous créez un sous-calque dans un calque, les objets qui y sont placés ne sont pas associés, c'est-à-dire qu'ils se manipulent librement. Dans certains cas, en plus de les rassembler dans un même sous-calque il peut être utile de les regrouper de manière qu'ils se manipulent comme un seul élément : c'est l'association en groupe.

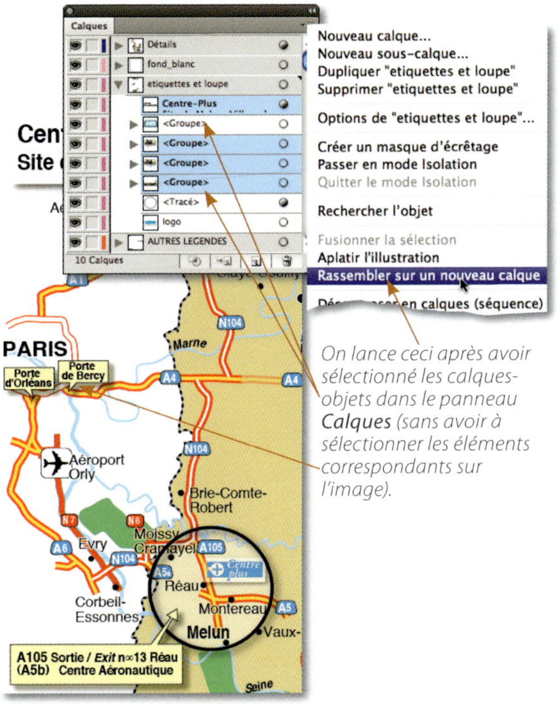

*On lance ceci après avoir sélectionné les calques-objets dans le panneau **Calques** (sans avoir à sélectionner les éléments correspondants sur l'image).*

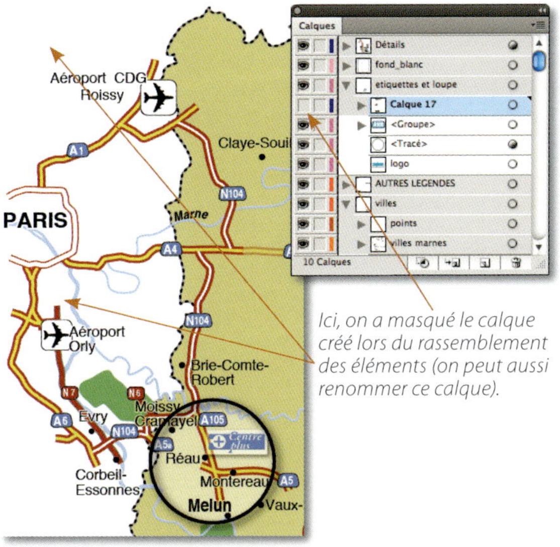

Ici, on a masqué le calque créé lors du rassemblement des éléments (on peut aussi renommer ce calque).

L'ASSOCIATION EN GROUPE

Pour que les objets ne forment qu'un seul groupe, sélectionnez-les sur la page et lancez **Associer** (menu **Objet** ou menu contextuel, ou au clavier, tapez ⌘G [Ctrl G]).

> **ATTENTION** *Une sélection des calques-objets par clic sur leur nom dans le panneau **Calques** ne donnera aucun résultat avec la commande **Associer**. La sélection doit se faire sur le plan de travail ou par la colonne de sélection située à droite des cercles de cible dans le panneau **Calques*** (voir plus loin).

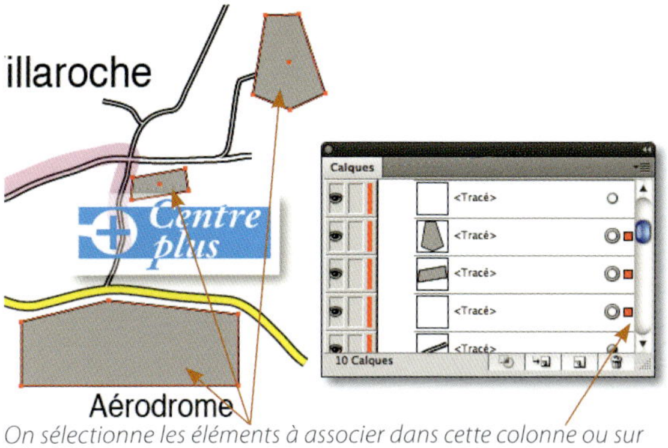

On sélectionne les éléments à associer dans cette colonne ou sur le plan de travail.

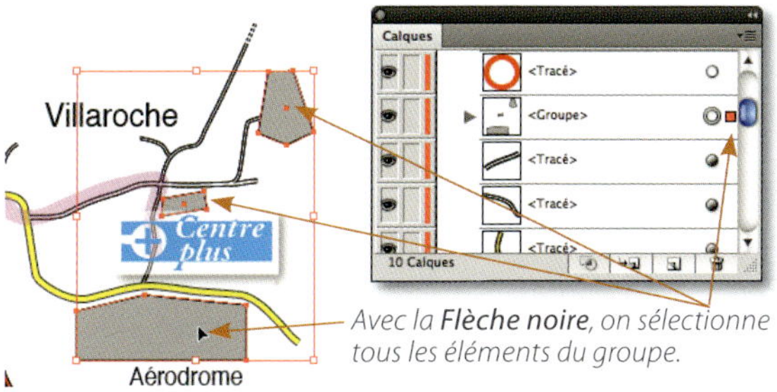

*Avec la **Flèche noire**, on sélectionne tous les éléments du groupe.*

Quand vous créez un groupe, Illustrator ajoute un calque-objet nommé **<Groupe>** renfermant les calques-objets des éléments ; pour les voir, cliquez sur le triangle ▸ à gauche de son nom. Si vous associez des tracés appartenant à des calques différents, ils passent tous sur le calque qui se situe le plus haut dans la liste des calques.

> **ASTUCE** *Un groupe peut être renommé (par double clic sur son nom) ; cependant pour le différencier des calques, conservez le mot « groupe » dans son nom.*

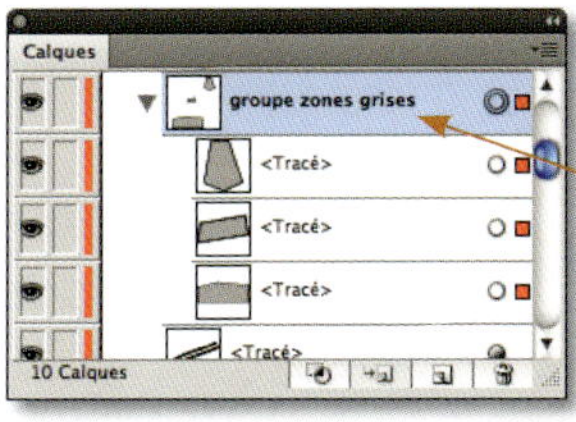

Si vous renommez le groupe, donnez un nom qui permet de savoir qu'il s'agit d'un groupe.

Les manipulations de groupes

Quand des tracés sont associés, un clic sur l'un d'eux avec la **Flèche noire** sélectionne tout le groupe. Avec la **Flèche blanche** (ou l'outil **Lasso**), c'est la sélection directe, il n'y a donc aucun changement. En revanche, avec la **Flèche blanche +**, le premier clic sur un tracé sélectionne un élément du groupe et le second clic sélectionne l'ensemble. Dans le panneau **Calques**, vous pouvez sélectionner le groupe ou l'un de ses éléments en cliquant dans la case de la **colonne de sélection** à droite de la **colonne cible** (celle des anneaux ○) : elle se remplira d'un carré coloré.

Colonne de sélection.
Colonne cible.

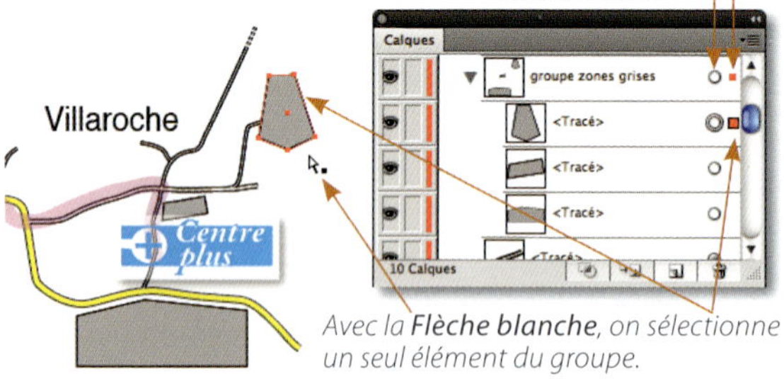

*Avec la **Flèche blanche**, on sélectionne un seul élément du groupe.*

Les constituants du groupe peuvent être sélectionnés séparément en cliquant dans la case de sélection de chaque calque-objet.

La dissociation du groupe

Certaines commandes (notamment celles du panneau **Pathfinder**), appliquées à un ensemble d'objets ont pour effet d'associer tous les éléments créés par la commande.

Pour manipuler librement chaque élément sans utiliser l'outil **Flèche blanche**, dissociez le groupe avec la commande du menu **Objet** (ou du menu contextuel ; au clavier, tapez ⇧⌘G [⇧Ctrl G]). Des objets qui viennent d'être dissociés apparaissent encore sélectionnés ; avant de les manipuler, il faut donc commencer par les désélectionner en tapant ⇧⌘A [⇧Ctrl A].

> **Astuce** *Dans le panneau **Calques**, un objet peut être ajouté à un groupe en glissant son calque-objet sur celui du groupe. De la même façon, il peut être dissocié du groupe en le sortant du sous-calque **<Groupe>**.*

Illustrator propose une fonction intéressante dans la manipulation des éléments d'un groupe (mais également d'un calque), il s'agit du **mode Isolation**. Ce mode de travail ne se restreint pas qu'à une utilisation liée aux groupes, nous le verrons en détail un peu plus loin.

Les réglages d'options du calque

Les calques-objets ont peu d'options. Leur fenêtre, qui s'affiche par double-clic, permet de renommer l'objet, de le cacher ou de le verrouiller. Pour les calques et les sous-calques, les options sont plus nombreuses. Certaines se spécifient dans la fenêtre **Options du calque** ou directement dans le panneau **Calques** par clic sur les cases à gauche de la vignette du calque.

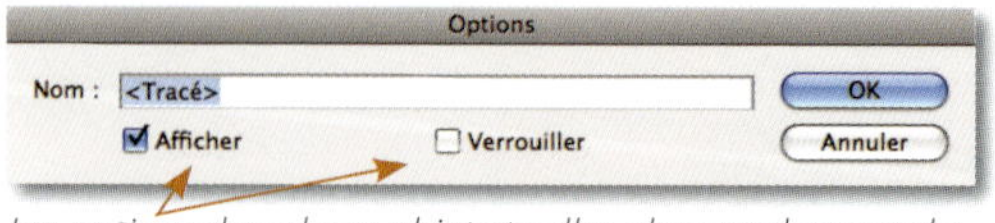

Les options du calque-objet et celles plus nombreuses du calque (ou sous-calque).

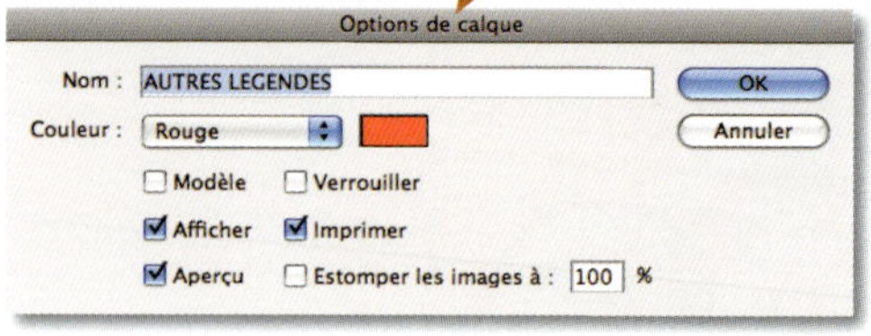

La couleur choisie s'affiche à gauche du nom du calque.

Les options classiques par le panneau Calques

Il s'agit des options : affichage, verrouillage, mode d'affichage. Le tableau ci-dessous résume les manipulations possibles avec certaines touches à partir du panneau **Calques**.

Touches	Case	Résultat
Affichage		
Aucune	/	Masquer/afficher le calque*.
⌘ [Ctrl]	ou	Passer de l'affichage **Aperçu** à **Tracés**.
⌘ [Ctrl]		Passer de l'affichage **Tracés** à **Aperçu**.
⌥ [Alt]		Masquer/Afficher les autres calques.
⌥⌘ [Alt Ctrl]		Passer les autres calques à l'affichage **Tracés**.
⌥⌘ [Alt Ctrl]		Passer les autres calques à l'affichage **Aperçu**.
Verrouillage		
Aucune	/	Verrouiller/Déverrouiller le calque*.
⌥ [Alt]		Verrouiller/Déverrouiller les autres calques.

* Opération applicable à un sous-calque ou à un calque-objet.

Le verrouillage et le masquage d'un calque sont des opérations très utiles pour faciliter le travail sur une illustration complexe. Dès qu'une partie de dessin est réalisée, verrouillez le calque actif et ajoutez-en un nouveau afin d'y poursuivre le dessin ; quand cette nouvelle partie du dessin sera terminée, vous verrouillerez le calque et ainsi de suite…

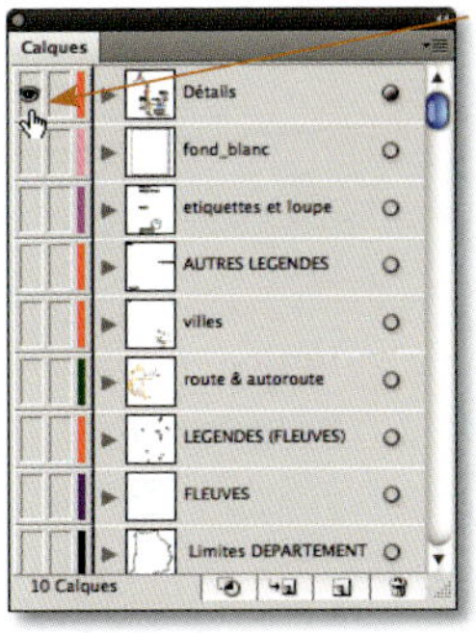

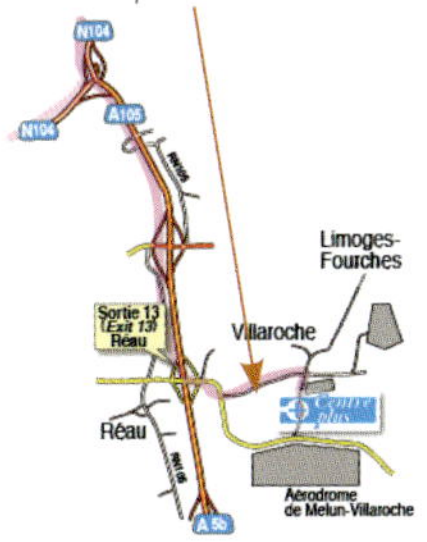

Par ⌥ clic [Alt clic], on a masqué tous les autres calques pour travailler plus facilement cette partie.

ASTUCE *Vous pouvez cacher tous les autres calques à partir du menu **Objet** et de son sous-menu **Masquer**. De même, vous pouvez verrouiller tous les autres calques à partir du menu **Objet** et de son sous-menu **Verrouiller**.*

Quant aux changements d'affichage (Aperçu/Tracés), utilisez-les pour faciliter les sélections comportant des superpositions ou pour accélérer l'affichage (notamment si des objets comportent des effets bitmap).

ASTUCE *Quand il n'y a pas de sélection (ou si vous tapez ⇧⌘A [⇧ Ctrl A]) il est possible de changer le type d'affichage (**Tracés/Aperçu**) par le menu contextuel.*

LES OPTIONS CLASSIQUES PAR LE MENU OBJET

Pour les objets sur la surface de travail, on retrouve dans le menu Objet des manipulations d'affichage et de verrouillage. Elles s'appliquent à la sélection, aux objets qui couvrent partiellement l'objet sélectionné, ou aux tracés sur les autres calques.

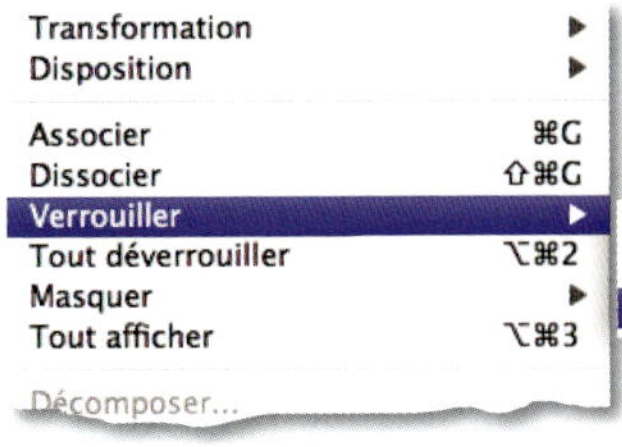

*Le menu **Objet** propose des options supplémentaires.*

Certaines manipulations sont accessibles au clavier, le tableau ci-après résume les possibilités.

Opération	Raccourci	
Masquer un objet.	⌘3	[Ctrl 3]
Masquer les objets non sélectionnés.	⇧⌥⌘3	[⇧ Alt Ctrl 3]
Afficher tous les objets.	⌥⌘3	[Alt Ctrl 3]
Verrouiller un objet.	⌘2	[Ctrl 2]
Verrouiller les objets non sélectionnés.	⇧⌥⌘2	[⇧ Alt Ctrl 2]
Déverrouiller tous les objets.	⌥⌘2	[Alt Ctrl 2]

LES AUTRES OPTIONS

La couleur de sélection

Illustrator affecte une couleur aux points et aux tracés sélectionnés. Pour la changer, utilisez le menu local Couleur dans la fenêtre Options du calque. Ces couleurs ne sont visibles sur les tracés qu'avec l'affichage Aperçu. Si un objet est sélectionné, un carré coloré apparaît dans la colonne de sélection à droite du nom du calque sur lequel se trouve l'objet.

Si la totalité du contenu du calque (du sous-calque ou encore du groupe), est sélectionnée, le carré est « gros », il est petit si la sélection n'est que partielle.

ASTUCE *Après sélection d'un élément sur le plan de travail, utilisez **Rechercher l'objet** dans le menu du panneau **Calques** pour qu'Illustrator montre son calque-objet.*

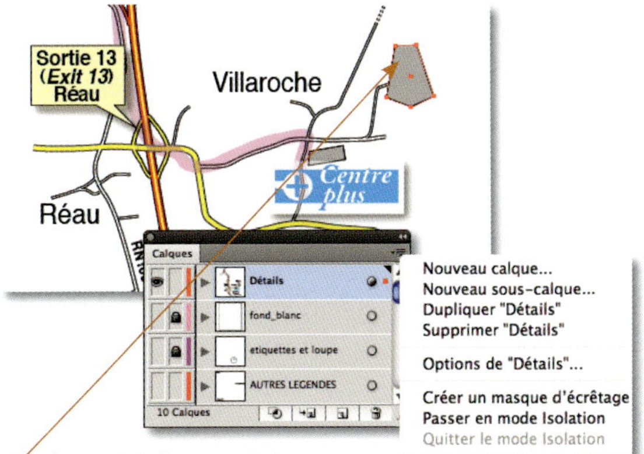

Cet objet a été sélectionné. Avec cette commande on peut afficher son calque-objet.

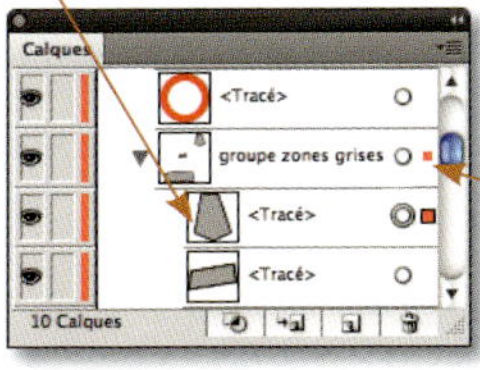

On voit ici, avec ce petit carré, qu'il fait partie de ce groupe.

L'impression d'un calque

Si l'option **Imprimer** de la fenêtre d'options du calque est décochée, les tracés appartenant à ce calque ne seront pas imprimés ; le nom du calque est écrit en italique pour le rappeler (ce qui évite d'avoir à afficher les options).

L'affichage des images importées

Un contraste trop important ou une coloration trop vive peuvent gêner le placement des objets superposés à une image importée.

L'option **Estomper les images à**, lorsqu'elle est cochée, permet de réduire l'intensité des images, rendant ainsi plus facile la réalisation d'un tracé. L'option **Modèle** modifie l'affichage des images importées (atténuation de la luminosité) ; de plus, elle verrouille le calque et le rend non imprimable (son nom s'affiche en italique).

Le travail sur le calque

Les calques et le mode Isolation

Le principe du mode Isolation et son étendue

Ce mode permet d'isoler un élément du reste du contenu du plan de travail pour le travailler comme s'il était seul tout en le visualisant dans l'environnement de l'illustration (les éléments non isolés sont estompés). Vous supprimez le risque de sélectionner et donc d'agir sur les éléments environnants.

Vous pouvez isoler un calque entier, un sous-calque, un groupe, un tracé transparent, un masque ou un tracé. Il est possible d'isoler sur plusieurs niveaux : par exemple, vous pouvez isoler un groupe situé dans un calque, lui-même isolé. Ainsi, les éléments d'un groupe se manipulent avec l'outil **Flèche noire** comme s'ils n'étaient pas associés ; si ce groupe est lui-même constitué de groupes, celui contenant les éléments à manipuler peut être isolé à son tour. Ce mode rend encore plus intéressante la création de groupe par rapport au sous-calque. En effet, quand les objets sont dans un groupe, tout clic sur un des éléments (ou glissement) avec l'outil **Flèche noire** entraîne la sélection (ou le déplacement) de tous les éléments du groupe. Il est impossible (sans changer d'outil) de manipuler un élément individuellement.

En revanche, si les tracés sont rassemblés dans un sous-calque, les manipulations sont aisées mais des précautions doivent être prises pour vérifier l'étendue de la sélection afin que le déplacement de l'un des tracés s'accompagne de celui des autres.

Le passage au mode Isolation

Trois méthodes sont possibles selon la nature de l'élément.

Le passage depuis le panneau Calques

Si vous effectuez la sélection du calque, du sous-calque ou du calque-objet (groupe, tracé…) dans le panneau **Calques** (en cliquant sur le nom de l'élément voulu), vous pouvez l'isoler en lançant la commande **Passer en mode isolation** dans le menu local du panneau **Calques**. Le contenu de l'élément isolé apparaît au premier plan du reste de l'illustration qui devient estompée et inaccessible.

Le panneau **Calques** indique que le **mode Isolation** est actif et ne donne accès qu'au contenu de l'élément isolé. Le haut de la fenêtre du document indique le nom de l'élément isolé.

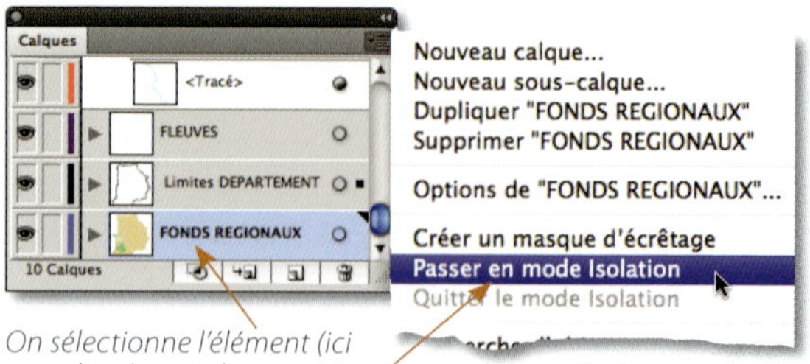

On sélectionne l'élément (ici un calque), et on lance cette commande pour l'isoler.

L'élément passe au premier plan de l'illustration.

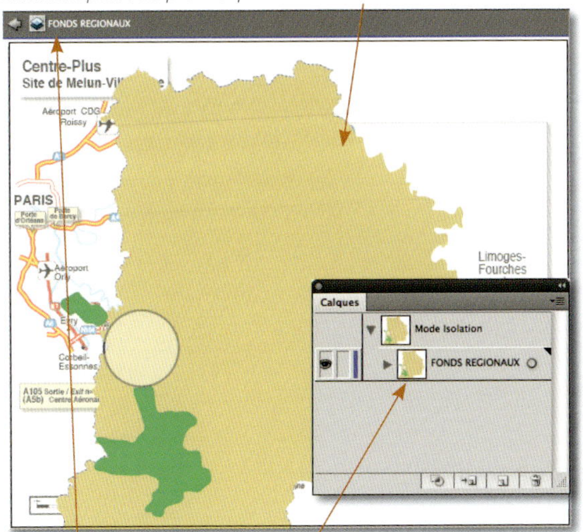

On voit ici l'élément isolé et son contenu dans ce panneau.

Selon la nature de l'élément isolé, le panneau calques peut afficher un contenu plus ou moins important.

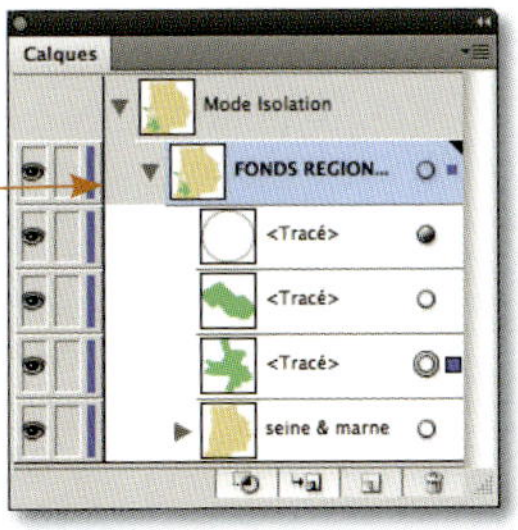

Le passage direct sur le plan de travail

Sur le plan de travail, si un élément (groupe, tracé ou autre) est sélectionné, il peut être isolé en lançant la commande **Isoler « l'élément » sélectionné** du menu contextuel ou par double-clic sur cet élément. Cette opération peut être réalisée alors que l'élément est affiché dans le mode isolation d'un autre élément (par exemple, on peut isoler un tracé situé dans un groupe, lui-même isolé).

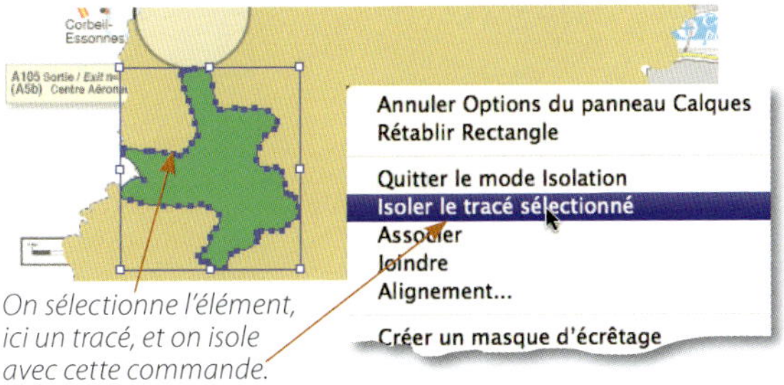

On sélectionne l'élément, ici un tracé, et on isole avec cette commande.

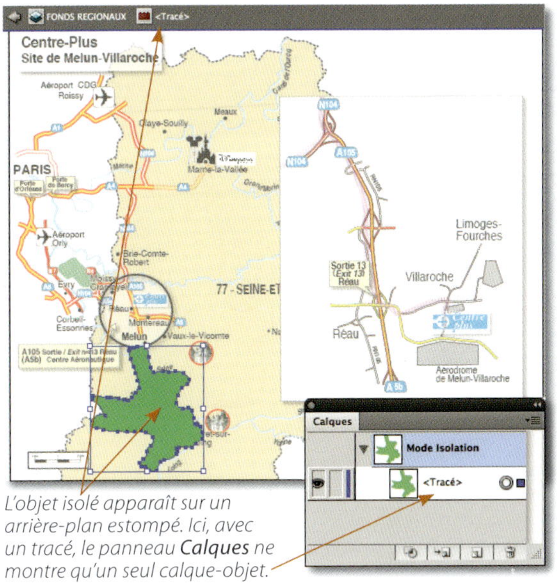

*L'objet isolé apparaît sur un arrière-plan estompé. Ici, avec un tracé, le panneau **Calques** ne montre qu'un seul calque-objet.*

> **Note** *L'option passer au **mode Isolation** (ou le quitter) par double-clic peut se désactiver dans les préférences (**Général**).*

Le passage par le panneau Contrôle

L'isolation d'une sélection peut également se réaliser par clic sur l'icône du panneau **Contrôle**.

En cliquant sur cette icône, on isole la sélection.

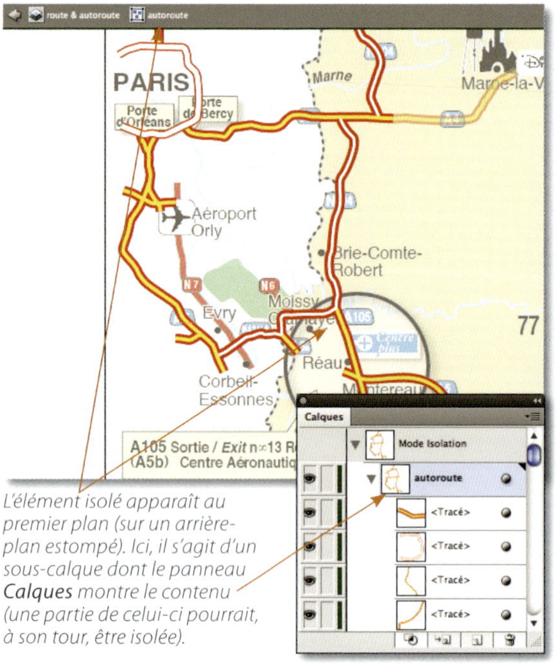

L'élément isolé apparaît au premier plan (sur un arrière-plan estompé). Ici, il s'agit d'un sous-calque dont le panneau **Calques** *montre le contenu (une partie de celui-ci pourrait, à son tour, être isolée).*

La désactivation du mode isolation

Afin de pouvoir isoler un autre élément qui ne serait pas disponible dans le mode isolation (qui serait donc estompé), il est impératif de quitter le mode isolation pour réafficher le plan de travail initial ou à un niveau d'isolation qui permet la sélection de l'élément voulu.

La désactivation s'effectue de multiples façons :

- par double-clic sur une zone estompée (ne contenant pas d'élément isolé ou sélectionnable) ;
- par le menu contextuel qui propose la commande **Quitter le mode Isolation** ;
- par le menu du panneau **Calques** qui propose cette même commande (son nom varie en fonction de la nature de l'élément isolé) ;

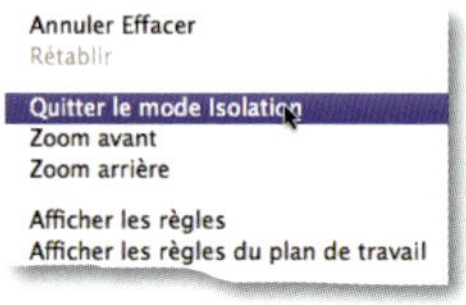

- par le panneau **Contrôle** et l'icône ⌗ (accessible quand rien n'est sélectionné).

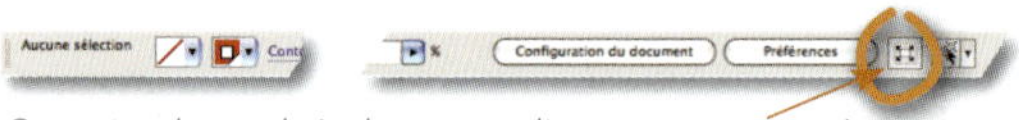

On quitte le mode Isolation en cliquant sur cette icône.

> **Astuce** ***Passer en/Quitter le mode Isolation*** *du menu du panneau* ***Calques*** *(ou contextuel) n'ont pas de raccourcis. Ajoutez-en par le menu* ***Édition/Raccourcis-clavier.***

Le dessin sur un calque

Le dessin au premier plan : Dessin normal

Avant de dessiner, il faut désigner le calque sur lequel l'objet doit apparaître, c'est-à-dire que vous devez activer le calque en cliquant sur son nom dans le panneau **Calques** : un triangle ◥ à droite du nom marque l'activation. Lorsque vous dessinez un tracé, celui-ci se place au premier plan du calque actif. Les superpositions s'effectuent selon l'ordre chronologique du traçage. Par la suite, elles peuvent être modifiées par les commandes **Arrière-plan**, **Premier plan**, **En avant**, **En arrière** (menu **Objet/ Disposition**) ou par glissement de calque dans le panneau **Calques** (*voir plus loin*).

Ai Le dessin à l'arrière-pan : Dessin arrière

Illustrator propose une nouvelle option de dessin, il s'agit du mode **Dessin arrière**. Ce mode s'active dans le bas du panneau **Outils** par le menu local affiché en cliquant sur l'icône ◙ (ou en tapant ⇧D). Quand ce mode est actif (icône ◙), le dernier dessin réalisé se place à l'arrière-plan du calque actif (donc sous les objets existants : tracés, sous-calques…) ; par la suite, il pourra être transféré vers un autre calque ou un autre plan comme indiqué plus loin. Pour redessiner au premier plan du calque, n'oubliez pas de réactiver le mode **Dessin normal** ◙ (en tapant deux fois ⇧D).

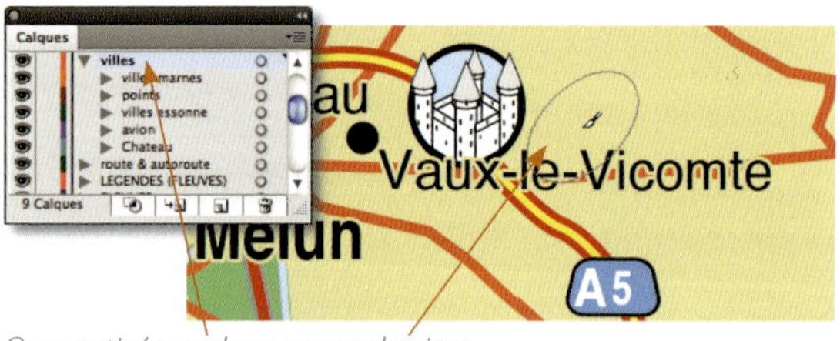

On a activé ce calque pour y dessiner.

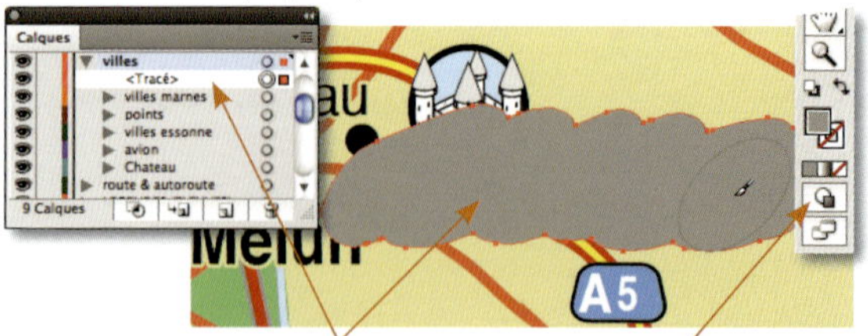

L'objet se place au premier plan du calque avec le **Dessin normal**.

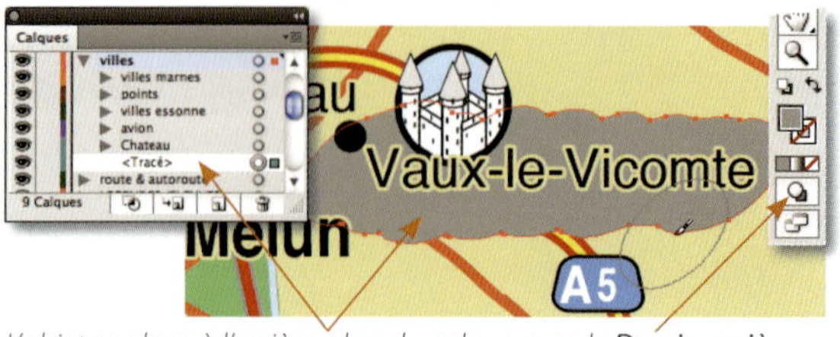

L'objet se place à l'arrière-plan du calque avec le **Dessin arrière**.

Les sélections par le panneau Calques

La sélection

Quand vous sélectionnez un seul objet, un carré coloré apparaît dans la colonne de sélection, en regard du nom du calque auquel appartient le tracé (même si le calque n'était pas actif). Si plusieurs objets, appartenant à différents calques sont sélectionnés, plusieurs carrés colorés apparaîtront. Toutes les sélections peuvent se réaliser depuis le panneau **Calques**. En effet, chaque élément comporte un nom et une icône de **cible** (○) sur laquelle, ou mieux, à droite de laquelle, il suffit de cliquer pour sélectionner l'élément : un carré, ayant la couleur de sélection du calque s'affiche alors pour signaler la présence d'une sélection. Un nouveau clic sur ce carré coloré (ou sur la cible) provoque la désélection. L'extension de la sélection s'effectue par ⇧ clics sur les cases (vides) de la colonne de sélection ou sur les cibles des calques-objets voulus.

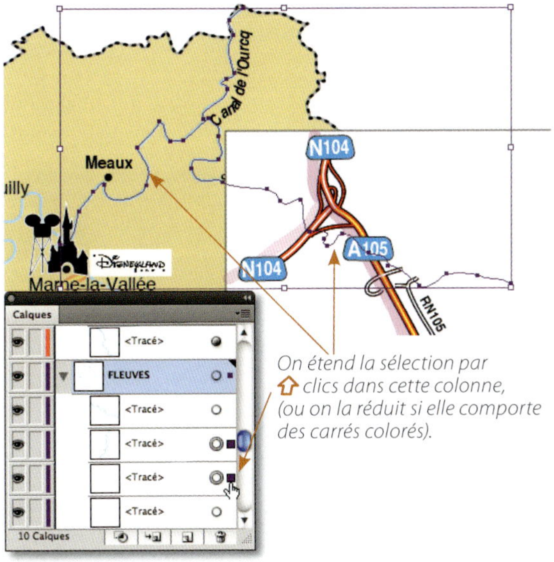

On étend la sélection par ⇧ clics dans cette colonne, (ou on la réduit si elle comporte des carrés colorés).

Pour sélectionner tous les objets d'un calque, cliquez dans sa colonne de sélection (ou sur sa cible). Pour désélectionner un objet, enfoncez ⇧ et cliquez sur son petit carré coloré.

> **Astuce** *Dans le panneau **Calques**, la sélection d'un objet ou du contenu d'un calque se réalise également par ⌥clic [Alt clic] sur le nom du calque-objet ou du calque. Si vous ajoutez ⇧, il y aura addition de sélections (ou soustraction si l'élément est déjà sélectionné).*

Sélectionner ou cibler ?

Le fait de cliquer sur la cible ○ d'un calque a une double action : non seulement il y a sélection des tracés qu'il contient, mais cela permet de « cibler » le calque — la cible devient alors ◎. Ce ciblage permet d'affecter au calque un attribut (coloration, effet, transparence..., l'icône cible deviendra ◉) qui sera par la suite appliqué à tous les éléments dessinés sur ce calque. Quand vous réalisez vos sélections à partir du panneau **Calques**, prenez soin de cliquer à droite de la cible (colonne de sélection), si vous comptez affecter des attributs à la sélection, mais pas au calque.

La gestion des plans

Les superpositions de calques

Dans le panneau **Calques**, le calque (sous-calque ou calque-objet) situé en bas de la liste correspond à l'arrière-plan. Par glissement d'un élément dans la liste, vous modifiez l'ordre des superpositions des objets.

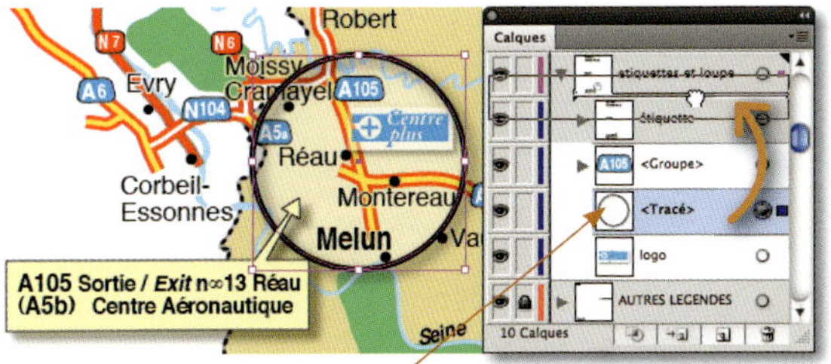

On sélectionne dans ce panneau et on glisse pour changer l'ordre des plans sur l'illustration et ici.

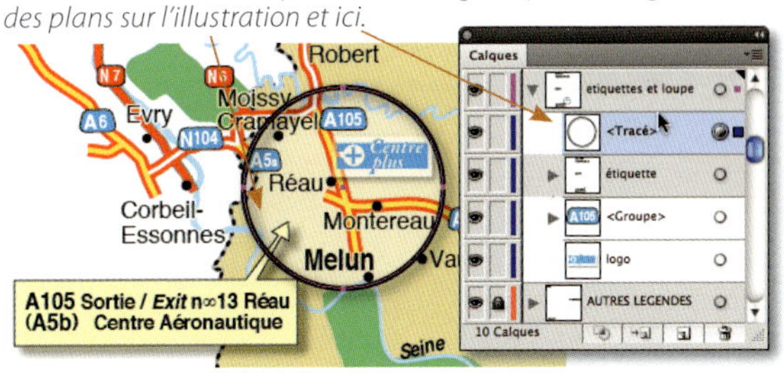

Le déplacement de plusieurs calques s'effectue en une seule fois s'ils ont été sélectionnés par ⇧clic ou ⌘clic [Ctrl clic].

Les superpositions dans un même calque

Pour inverser l'ordre des calques-objets, sélectionnez-les et lancez **Inverser l'ordre** dans le menu du panneau **Calques**.

Pour changer l'ordre d'un seul calque-objet, glissez-le dans le panneau **Calques** pour l'intercaler entre les autres. Si vous le déplacez au-delà de son calque (père), il change de plan mais se trouve alors transféré sur un autre calque (*voir les transferts ci-après*).

Certaines manipulations sur des objets au sein d'un même calque peuvent se réaliser à partir du sous-menu **Disposition** dans le menu **Objet**. Ce sous-menu, accessible également par le menu contextuel, propose quatre commandes pour gérer les plans ou superpositions de tracés :

- **Premier plan** ⇧⌘) [⇧Ctrl)] : envoie la sélection devant tous les objets qui appartiennent au même calque.
- **En avant** ⌘) [Ctrl)] : envoie la sélection juste au-dessus de l'objet qui a été dessiné juste après lui.
- **En arrière** ⌘([Ctrl (] : envoie la sélection juste en dessous de l'objet qui a été dessiné juste avant lui.
- **Arrière-plan** ⇧⌘([⇧Ctrl (] : envoie la sélection derrière tous les objets qui appartiennent au même calque.

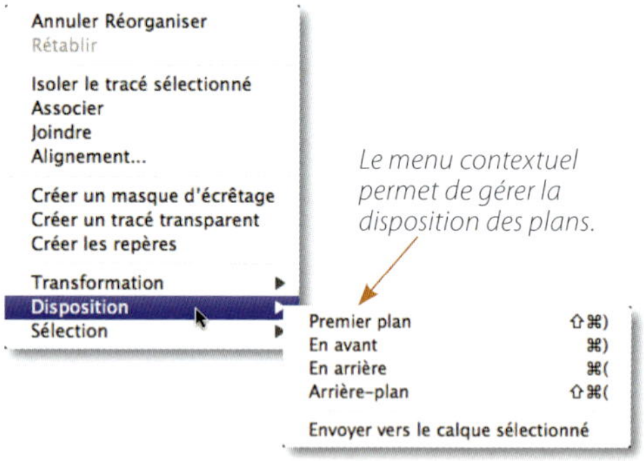

Le menu contextuel permet de gérer la disposition des plans.

Les transferts d'objets

Un tracé appartenant à un calque (ou sous-calque) peut être déplacé ou transféré vers un autre calque. Ce type de transfert permet d'isoler un ou plusieurs objets sur un autre calque, ou de placer des objets sur un autre calque pour mieux gérer les superpositions. Il est possible de profiter de ce transfert pour en faire une copie afin que le tracé figure sur deux calques.

Les transferts permettent également de distribuer sur plusieurs calques les différentes parties d'une illustration qui aurait été construite sans avoir créé suffisamment de calques ; cela en facilitera la gestion lorsque l'illustration devra être retravaillée.

LE TRANSFERT VERS UN AUTRE CALQUE

Pour effectuer le transfert d'un tracé (autrement dit de son calque-objet), affichez tous les sous-calques dans le panneau **Calques** (par un clic sur le triangle ▸ du calque), et glissez directement le nom du calque-objet à transférer sur le calque de destination : un triangle à droite du nom du calque de destination montre où est transféré le calque-objet.

ASTUCE *Si l'objet est sélectionné sur le plan de travail, la commande du menu du panneau **Calques : Rechercher l'objet**, peut afficher son calque-objet si celui-ci ne l'était pas.*

Ce transfert peut se réaliser sans afficher tous les sous-calques. Cependant, dans ce cas, il faut sélectionner l'objet à transférer dans le plan de travail.

Quand la sélection est réalisée, un petit carré coloré s'affiche dans le panneau (colonne de sélection du calque) : glissez ce dernier sur le calque de destination (une petite main s'affiche). Dès que vous relâchez, l'objet change de calque, ses points d'ancrage et son tracé prennent la couleur du nouveau calque : la superposition des tracés s'en trouve modifiée.

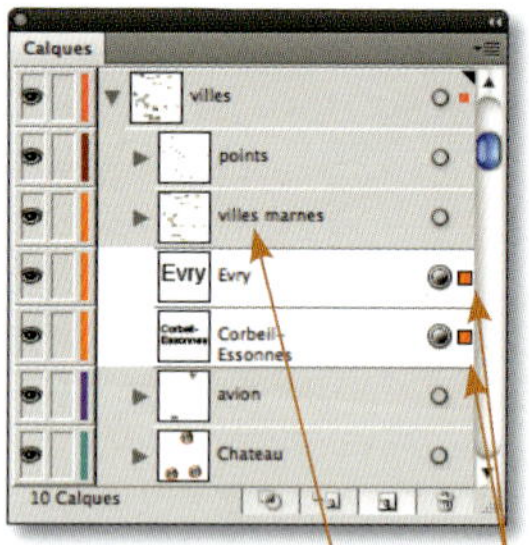

On veut placer sur ce calque les deux éléments sélectionnés.

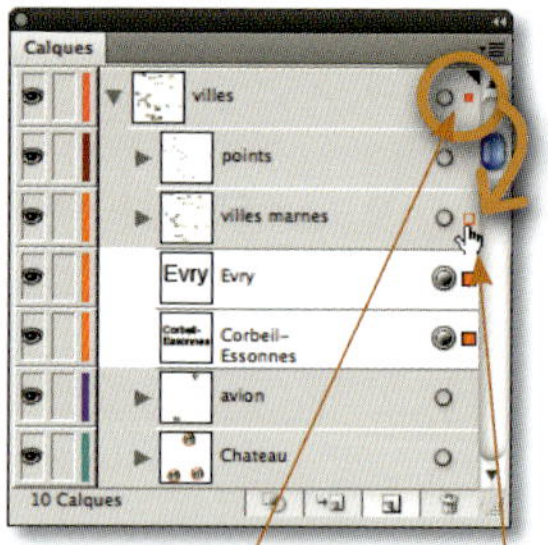

On glisse ce carré coloré sur le calque de destination.

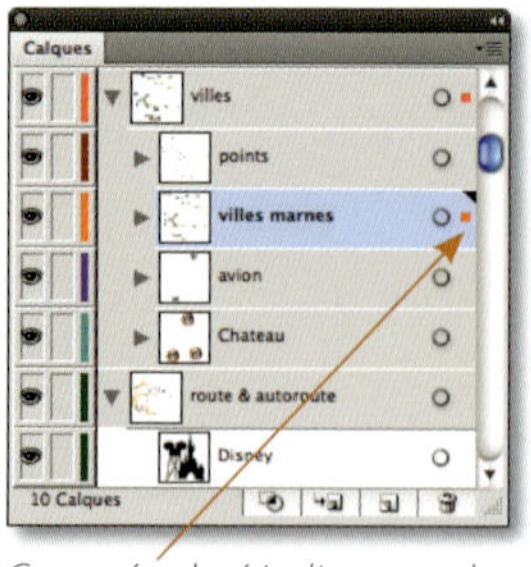

Ce carré coloré indique que les éléments sont sur le calque.

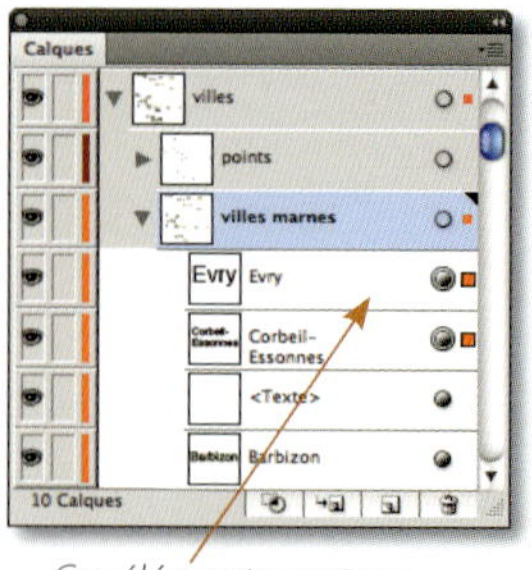

Ces éléments sont au premier plan du calque.

Astuce *Si le calque vers lequel vous souhaitez transférer la sélection est verrouillé (ou masqué), un signe ⊘ indiquera l'impossibilité de ce transfert. Si vous souhaitez le réaliser, il est inutile de changer l'état du calque, il suffit d'enfoncer la touche ⌘ [Ctrl] pendant le transfert (si le calque était masqué, la sélection disparaîtra).*

Quand un objet est transféré vers un autre calque (sous-calque ou groupe), il se place au premier plan de la destination. Par la suite, il est possible de changer sa disposition par rapport aux autres tracés appartenant à ce calque à l'aide des commandes **En arrière** ou **Arrière-plan** ou par glissement du calque-objet dans le panneau **Calques**.

Note *Illustrator propose une solution pour le transfert : une fois l'objet sélectionné, activez le calque de destination par clic sur son nom dans le panneau* ***Calques*** *et lancez la commande* ***Envoyer vers le calque sélectionné*** *du sous-menu* ***Disposition*** *(menu* ***Objet*** *ou menu contextuel).*

Le copier-coller

Un objet se transfère d'un calque vers un autre par copier-coller. Dans ce cas, le collage pourra être multiple car une copie de l'objet est placée dans le presse-papiers et devient disponible pour plusieurs collages. Lors d'un collage, vous pouvez choisir le plan et la position de l'objet collé en fonction de la commande choisie dans le menu **Édition** et de la présence ou non d'une sélection. Voici les différents cas possibles :

- **Coller** ⌘V [Ctrl V] : l'objet apparaît au centre de l'écran et au premier plan du calque actif (celui qui comporte le petit triangle).
- **Coller devant** ⌘F [Ctrl F] : l'objet apparaît à la place où il a été copié et au premier plan du calque actif ou au-dessus de la sélection s'il y en a une.
- **Coller derrière** ⌘B [Ctrl B] : l'objet apparaît à la place où il a été copié, mais à l'arrière-plan du calque actif ou sous la sélection.

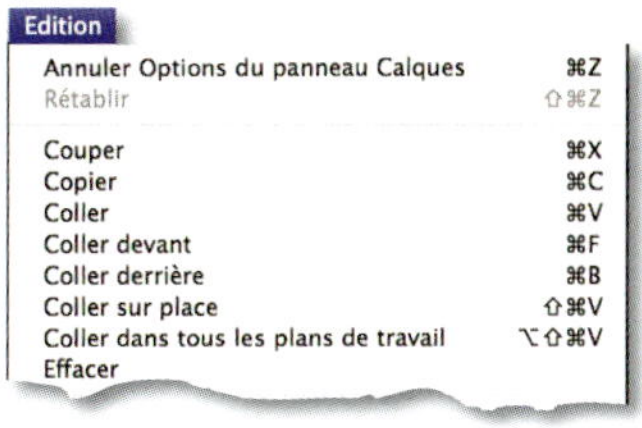

Les différents collages du menu Édition.

Le collage et les plans de travail

Le menu **Édition** propose de nouvelles options de collage qui permettent des collages particuliers. Il s'agit de **Coller sur place** et **Coller dans tous les plans de travail**.

Coller sur place

L'opération s'obtient au clavier en tapant ⇧⌘V [⇧Ctrl V]. Sans qu'aucune sélection ne soit nécessaire, l'objet contenu dans le presse-papiers est collé (au premier plan) selon les coordonnées qu'il avait quand il a été copié ou coupé. Son positionnement est défini par rapport au bord supérieur gauche du plan de travail actif (c'est-à-dire l'origine des règles du plan actif).

Si vous sélectionnez un autre plan de travail (par le panneau **Plan de travail**), le collage s'effectue aux mêmes coordonnées, mais par rapport à ce plan.

Coller dans tous les plans de travail

L'opération s'obtient en tapant ⇧⌥⌘V [⇧Alt Ctrl V]. Dans ce cas, l'élément apparaît sur tous les plans avec les mêmes coordonnées par rapport à chaque plan.

Sur ce plan,on va couper cette série d'objets que l'on souhaite placer sur tous les plans de travail.

On a lancé ***Coller sur tous les plans de travail*** *: la série d'objets apparaît positionnée au même endroit sur chaque plan.*

Attention *Quand vous réalisez un tel collage, il est préférable de couper l'objet initial plutôt que de le copier, sinon il apparaîtra en double sur le plan où il a été copié.*

> **Astuce** *Pour que le collage s'effectue sans changement de calque (c'est-à-dire sur celui où a été coupé ou copié l'objet), lancez l'option **Coller selon les calques** dans le menu du panneau **Calques** afin qu'elle soit cochée.*

Le regroupement sur un nouveau sous-calque

Afin de les regrouper sans pour autant les associer, vous pouvez placer des objets sur un même sous-calque. Illustrator automatise cette fonction. En effet, si vous avez sélectionné les calques-objets par ⌘ [Ctrl] clic sur leur nom dans le panneau **Calques**, vous pouvez lancer la commande **Rassembler sur un nouveau calque** du menu local du panneau **Calques** : Illustrator ajoute un nouveau sous-calque et y place les calques-objets sélectionnés.

Les manipulations de calques

La duplication de la sélection

Cette manipulation permet de cloner (obtenir une copie sans déplacement), d'un calque (et de son contenu), d'un sous-calque ou encore un calque-objet. Pour la réaliser, cliquez dans le panneau **Calques** sur le nom de l'élément à dupliquer (la sélection peut être multiple) et lancez **Dupliquer la sélection** dans le menu du panneau. S'il n'y a qu'un seul élément à copier, glissez son calque sur l'icône de création de calque, le petit signe indiquera qu'il y a copie.

La suppression de calques ou sous-calques

La suppression d'un calque ou sous-calque entraîne celle de son contenu ; un message le signale si vous lancez **Supprimer le calque** (du menu du panneau). L'élément peut aussi être supprimé par glissement dans la corbeille ().

La fusion de calques ou sous-calques

Cette opération permet de transférer tous les objets appartenant à plusieurs calques sur un calque unique (les calques vidés étant supprimés). Pour obtenir la fusion, sélectionnez les calques à fusionner en cliquant sur leur nom et en terminant par celui qui devra contenir les tracés, lancez la commande **Fusionner la sélection** dans le menu local du panneau. Le résultat de la fusion se place sur le calque actif (marqué par le triangle ◥).

La décomposition du dessin sur des calques

Quand vous exportez une illustration, les objets (ou les groupes) sont fusionnés sur le calque qui les contenait et ne peuvent donc plus être sélectionnés individuellement dans Photoshop.

De même, dans Flash, ils ne peuvent pas constituer séparément une image d'animation. Cependant Illustrator peut créer un calque à partir de chaque tracé. Ainsi, il décompose un ensemble de tracés en une série de calques contenant un seul objet indépendant. L'opération s'effectue dans le panneau **Calques** : une fois activé le calque ou le groupe contenant l'ensemble des objets, il suffit de lancer l'une des commandes **Décomposer en calques** (**Séquence** ou **Cumul**) du menu du panneau.

- Avec **Séquence**, chaque objet de l'ensemble est placé sur un sous-calque différent.
- Avec **Cumul**, il y a cumul des tracés, c'est-à-dire que chaque sous-calque contient un nouvel objet ainsi que ceux figurant déjà dans les calques inférieurs.

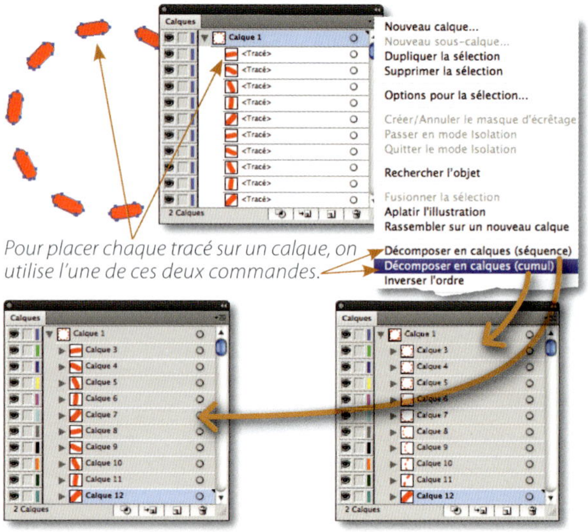

Pour placer chaque tracé sur un calque, on utilise l'une de ces deux commandes.

Les calques et les exportations

Les calques vers Photoshop

Quand vous enregistrez un document au format natif (.ai) ou **Illustrator EPS (eps)** pour l'ouvrir dans Photoshop, il y a une pixellisation qui provoque la fusion des calques d'Illustrator ; cependant, ces calques ne restent visibles que si le document est rouvert dans Illustrator. Si vous exportez le document au format **Photoshop (psd)** (menu **Fichier/Exporter**), vous pouvez choisir de conserver les calques. Dans ce cas, Illustrator pixellise chaque calque séparément de manière à conserver la superposition lorsque le document est ouvert dans Photoshop.

Ceci est intéressant pour y réaliser un traitement sur une partie de l'illustration figurant dans un calque.

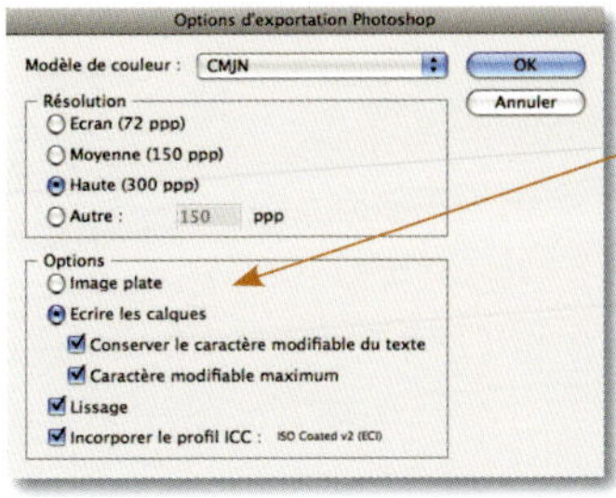

Cochez cette option pour garder les calques séparés dans Photoshop.

Les calques pour une animation pixellisée (GIF)

Pour préparer des animations **GIF** dans Illustrator, placez sur des calques différents (manuellement ou par **Décomposer en calques**) chaque dessin correspondant à une étape de l'animation. Supprimez les calques inutiles et exportez votre document au format **Photoshop (psd)** avec l'option **Écrire les calques** activée. Ouvrez le fichier obtenu dans Photoshop et convertissez chaque calque en image d'animation (par le menu local du panneau **Animation**). Il est possible de manipuler les calques (déplacer, le contenu, changer l'opacité…).

Les calques pour une animation vectorielle (SWF)

Le transfert vers Flash se réalise de différentes façons, le tableau ci-après en indique quelques-unes.

Méthode	Remarques
Enregistrer	Flash accepte le format natif
Exporter	Le fichier s'obtient par **Fichier/Exporter** ou **Enregistrer pour le Web**. Pour retrouver les symboles, choisissez le paramètre **SWF** avec les options **Convertir le fichier AI en fichier SWF** et **Conserver le caractère modifiable**. Si le dessin est complexe, choisissez **Conserver l'aspect** (le symbole ne sera pas conservé).

On a obtenu des séries de calques que l'on exporte (ici, en SWF).

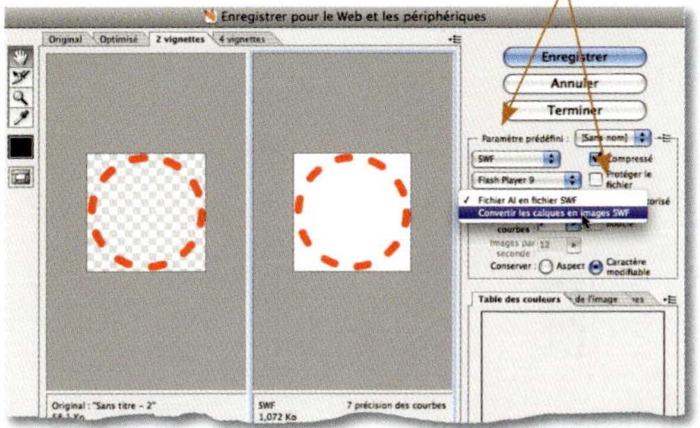

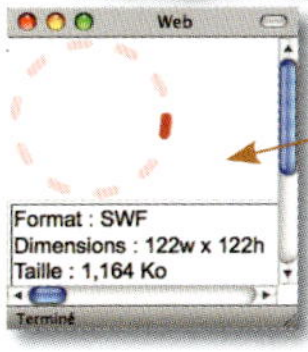

*À gauche, une animation SWF avec l'option **Séquence** et à droite, celle avec l'option **Cumul**.*

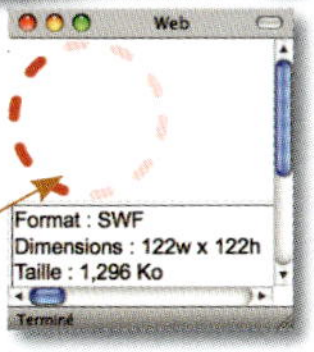

2 - Les sélections de tracés

Les modes de sélection

Toutes les manipulations que l'on peut faire sur un ou plusieurs tracés commencent impérativement par une sélection. Cette dernière se réalise de différentes façons, comme l'indiquent les paragraphes qui suivent.

Si les repères commentés sont activés, tout survol d'un objet s'accompagnera de l'affichage temporaire de son tracé qui, ainsi, pourra être plus facilement sélectionné.

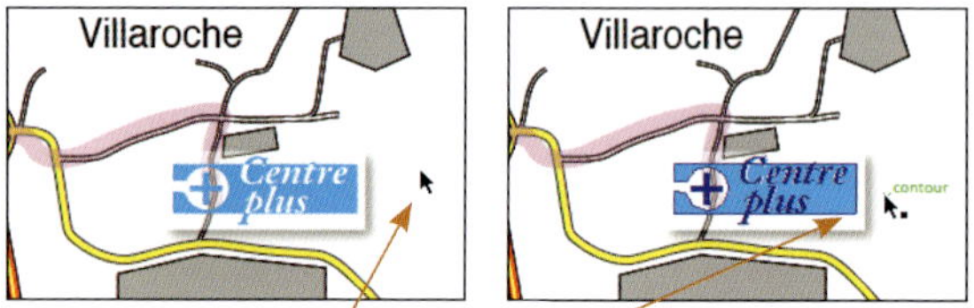

Quand l'outil de sélection survole un objet, on voit les contours de celui-ci, ce qui permet de connaître son étendue.

Les sélections avec les outils

Vous disposez de quatre outils de sélection. Le tableau ci-dessous rappelle leur activation et leur utilisation.

Outil	Activation	Utilisations	Méthode de sélection
Flèche noire	V ou ⌘ [Ctrl]	Manipulations d'objets complets.	Clic sur le fond, encadrement partant de l'extérieur des tracés.
Flèche blanche	A ou ⌘ [Ctrl])	Retouches locales (déplacement de point, segment ou tangente).	Clic sur le fond, encadrement partant de l'extérieur des tracés.
Flèche blanche	A ou +⌥ [Alt]	Manipulations d'objets appartenant à un groupe.	Idem ou .
Lasso	Q	Sélection uniquement.	Encadrement partout ou non du fond de l'objet.

ASTUCE *Si vous enfoncez ⇧ avec les outils **Flèches** et **Lasso**, vous pouvez faire des additions de sélections. Avec l'outil **Lasso** et ⌥ [Alt], vous effectuerez des soustractions. Un signe, + ou –, selon la touche enfoncée, s'affiche sur l'outil.*

Les sélections par le menu Sélection

Les commandes classiques de sélection

Tout (⌘A [Ctrl A]) et **Désélectionner** (⇧⌘A [⇧Ctrl A]) sont des commandes très classiques qui se passent de commentaires. Par défaut, la sélection s'effectue sur l'ensemble des plans de travail du document, si vous souhaitez limiter la sélection au plan de travail actif, utilisez la commande **Tout sur le plan de travail actif** (⌥⌘A [Alt Ctrl A]).

Resélectionner (⌘6 [Ctrl 6]) s'utilise après avoir lancé une des commandes du sous-menu **Identique**. En effet, elle permet d'effectuer une nouvelle sélection avec les mêmes critères d'aspect que la dernière sélection réalisée avec l'une des commandes du sous-menu **Identique**. **Inverser** permet de sélectionner tous les objets désélectionnés.

Les sélections d'objets superposés

Le menu **Sélection** reprend deux des commandes du menu contextuel (**Objet précédent** et **Objet suivant**) pour permettre la sélection de l'objet situé en dessus ou en dessous de la sélection en cours.

Le sous-menu Identique : sélections par comparaison

Le sous-menu **Identique** propose une série de commandes permettant des sélections à partir de comparaison d'aspect.

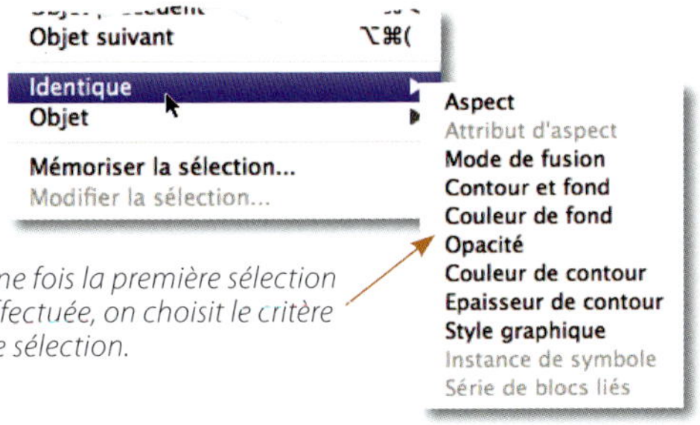

Une fois la première sélection effectuée, on choisit le critère de sélection.

Avant de lancer la commande voulue, vous devez d'abord sélectionner un objet ou choisir un réglage ou élément dans l'un des panneaux suivants : **Couleur**, **Nuancier**, **Transparence** , **Aspect** ou **Styles graphiques**.

Illustrator sélectionne tous les objets ayant le même attribut ou ensemble d'attributs : **Aspect**, **Attribut d'aspect**, **Mode de fusion**, **Contour et fond**, **Couleur du fond**, **Opacité**, **Couleur du contour**, **Épaisseur du tracé**, **Style**, utilisant le même symbole (**Instance de symbole**) ou faisant partie de chaînes de texte (**Série de blocs liés**).

> **Astuce** *Si vous sélectionnez un objet auquel vous avez affecté un ton direct (un Pantone, par exemple) ou une couleur globale et utilisez la commande* ***Identique/Couleur du fond*** *du menu* ***Sélection****, Illustrator sélectionnera tous les objets qui utilisent cette couleur, même s'ils n'ont pas la même teinte.*

Si un objet a été sélectionné avec l'outil **Flèche noire** (ou la blanche, mais avec ⌥ [Alt]), vous pouvez étendre la sélection aux éléments identiques à l'aide des commandes affichées en cliquant sur l'icône situé à droite du panneau **Contrôle** (on retrouve certaines commandes du sous-menu **Identique**).

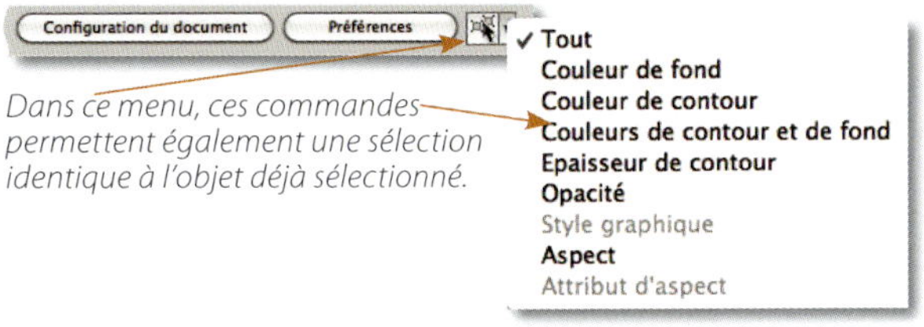

Dans ce menu, ces commandes permettent également une sélection identique à l'objet déjà sélectionné.

Le sous-menu Objet : sélections particulières

Les deux premières commandes du menu **Sélection/Objet** ne sont accessibles que s'il y a déjà une sélection.

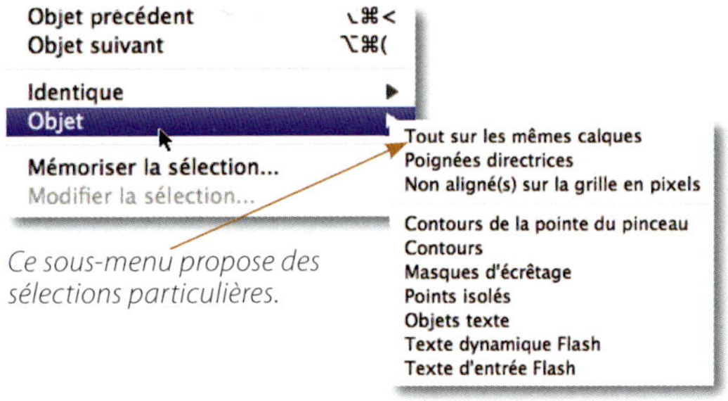

Ce sous-menu propose des sélections particulières.

Elles permettent respectivement la sélection de tous les tracés situés sur les mêmes calques que les objets sélectionnés, d'étendre la sélection aux objets non alignés sur la grille en pixels, et l'affichage des tangentes de l'objet sélectionné en vue de le retoucher (ce qui permet d'agir sur les tangentes avec la **Flèche noire**).

La seconde série de commandes du sous-menu **Objet** s'utilise pour des objets délicats à sélectionner.

- **Contours** : cette commande provoque la sélection de tous les tracés auxquels une forme a été affectée (par un dessin au pinceau ou par le panneau **Formes**).
- **Masques d'écrêtage** : cette commande sélectionne tous les tracés définis comme masque (leur tracé est invisible).
- **Points isolés** : cette commande est utile pour sélectionner des points qui ont été mal effacés.
- **Objet texte** : cette commande affiche la sélection de tous les tracés utilisés pour le texte captif ou curviligne.

La mémorisation de sélections

Le menu **Sélection** permet la mémorisation de sélection (qui peut ne comporter qu'un point). Ceci peut s'avérer intéressant pour faciliter les sélections de certains éléments difficiles à sélectionner (un élément appartenant à un groupe ou à un ensemble de tracés transparents, un masque…) et sur lesquels vous devrez revenir plusieurs fois pour en travailler l'aspect, la position ou la forme.

Une fois la sélection effectuée, la mémorisation s'obtient par la commande **Mémoriser la sélection** (vous devrez nommer la sélection). Illustrator ajoute alors, au bas du menu **Sélection**, le nom que vous avez spécifié ; vous l'utiliserez pour rappeler la sélection.

Si, par glissement ou copier-coller…, vous dupliquez un objet dont vous avez mémorisé la sélection, la copie fera également partie de la sélection mémorisée. La commande **Éditer les sélections** permet, à partir d'une fenêtre, de gérer (renommer et supprimer) les sélections mémorisées.

L'outil Baguette magique

À cet outil est associé un panneau de réglages. Celui-ci s'affiche (ou se cache) par double-clic sur l'outil **Baguette magique** ou en tapant ↵ (pour voir les options, déroulez le menu du panneau et lancez les commandes voulues).

Quand vous cliquez sur un objet avec l'outil **Baguette magique**, celui-ci sélectionne tous les objets ayant la même couleur de fond que l'objet sur lequel vous avez cliqué ainsi que ceux dont la composition RVB (ou CMJN) de la couleur est voisine (selon la tolérance à définir dans le panneau de l'outil). Par défaut, le panneau indique une tolérance de 32 pour un document RVB (ou 20 % en CMJN), c'est-à-dire que la sélection comporte les objets dont les composantes R, et/ou V, et/ou B différent de + ou - 32 (ou C, M, J, N à + ou - 20 %).

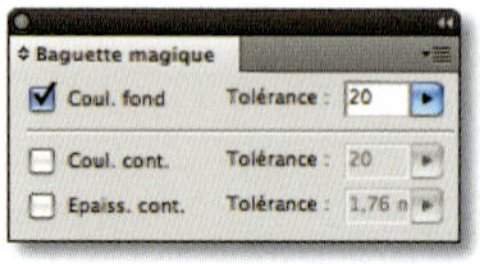

*Le panneau **Baguette magique**. On peut afficher d'autres options par son menu local.*

ASTUCE *Une option du menu local permet de limiter la sélection au calque actif.*

Une fois les options du panneau affichées, en cochant (ou décochant) certaines options (**Couleur de fond**, **Couleur de contour**, **Épaisseur**, **Opacité**, **Mode de fusion**) et en réglant les tolérances correspondantes, vous pouvez définir des critères de sélection précis. Avec certaines touches, il est possible de faire des opérations entre les sélections successives de la baguette magique. Le tableau suivant indique ces opérations :

Touche	Opération	Aspect de l'outil
⇧	Addition	
⌥ [Alt]	Soustraction	
⇧ ⌥ [⇧ Alt]	Intersection	

Les sélections par le panneau Calques

Sur le plan de travail, quand vous sélectionnez un seul objet, un carré coloré apparaît en regard du nom du calque auquel appartient le tracé (même si ce calque n'était pas actif). Si plusieurs objets appartenant à différents calques sont sélectionnés, plusieurs carrés colorés apparaîtront.

Toutes les sélections peuvent se réaliser depuis le panneau **Calques** si vous avez affiché les sous-calques (en cliquant sur le triangle ▶ du calque). En effet, chaque sous-calque et calque-objet comporte une vignette et une cible (petit rond ○) sur laquelle ou à droite de laquelle il vous suffit de cliquer pour sélectionner l'objet : un carré ayant la couleur de sélection du calque s'affiche alors pour signaler la présence d'une sélection. Un nouveau clic sur le carré coloré ou la cible provoque la désélection.

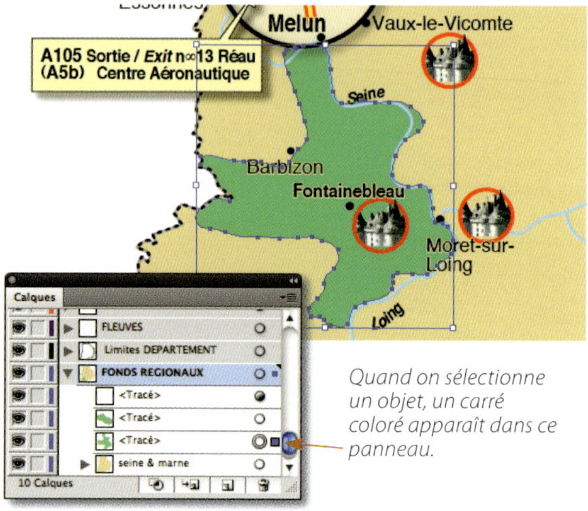

Quand on sélectionne un objet, un carré coloré apparaît dans ce panneau.

Pour ajouter un autre objet à la sélection, enfoncez ⇧ et cliquez sur les cibles (ou à leur droite) des sous-calques voulus. Pour sélectionner tous les objets d'un calque, cliquez sur la cible du calque (ou à sa droite). De même, si un objet est sélectionné, le fait de cliquer sur son petit carré coloré (ou sur la cible) en enfonçant ⇧ le désélectionnera.

La visualisation des sélections

Quand une sélection est faite, Illustrator montre les points d'ancrage des tracés de la sélection. Leur affichage (quand la sélection comporte beaucoup d'objets proches) peut gêner pour visualiser correctement l'aspect des tracés. Il est possible de cacher les points et le contour de sélection à l'aide de la commande **Masquer le contour de la sélection** du menu **Affichage** (au clavier ⌘H [Ctrl H]). Cependant, il devient délicat de savoir (hormis par le panneau **Calques**) si le tracé est réellement sélectionné surtout si vous avez caché le cadre (en tapant ⇧⌘B [⇧Ctrl B] ou par la commande **Masquer le cadre de sélection** du menu **Affichage**).

Illustrator pallie ce problème en changeant l'aspect des outils de sélection quand il survole un tracé ou un point. Le tableau suivant résume l'aspect de la souris.

Position de l'outil	Aspect avec l'objet non sélectionné	Aspect avec l'objet sélectionné
Sur un point	ou	ou
Sur un tracé (fond ou contour)	ou	ou
Hors du tracé	ou	ou

Avec les repères commentés actifs, il apparaît les indications supplémentaires suivantes :

– sur un tracé 

;

– sur un point 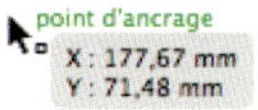

.

3 - Les manipulations de tracés

Les retouches de tracés

Dans ce chapitre, nous allons étudier les retouches, il s'agit de petites manipulations qui modifient l'allure du tracé. Nous verrons plus tard des traitements plus importants sur les tracés (les combinaison de tracés). Au niveau des retouches, on en distingue deux types : classiques et spéciales. Les premières utilisent les outils tels que **Flèche blanche**, **Plume** ou **Conversion de point directeur**. Le second type de retouches utilise des effets ou les outils spéciaux de déformation.

Les retouches classiques

Les retouches avec les outils Flèche blanche, Plume...

Les outils de retouches classiques.

Pour ces manipulations, travaillez avec l'affichage **Tracés**, les sélections seront facilitées.

Manipulation souhaitée	Outil + touche	Méthode et remarque
Déplacer un point, modifier les lignes directrices	ou + ⌘ [Ctrl]	Glissez le point ou le segment. Si on a tapé A avant de l'activer, la plume devient quand on enfonce ⌘ [Ctrl]. Un point peut être déplacé avec les touches du clavier.
Ajouter un point	ou	Par défaut, la plume devient quand on la place sur le tracé ; cliquez sur le tracé pour ajouter un point.
Supprimer un point	ou	Par défaut, la plume devient quand on la place sur le tracé ; cliquez sur le point pour le supprimer.

Manipulation souhaitée	Outil + touche	Méthode et remarque
Convertir un point	ou + ⌥ [Alt]	Trois possibilités : – cliquez sur le point pour supprimer les lignes directrices, – glissez le point pour redessiner les lignes directrices, – glissez un point directeur pour désolidariser les lignes directrices et créer une cassure (sommet).

Les lignes directrices ne sont visibles que si le point est sélectionné avec l'outil **Flèche blanche** (ou l'outil **Lasso**). Si tous les points sont sélectionnés, vous ne verrez pas les lignes directrices ; pour pallier ce problème, lancez la commande **Poignées directrices** du menu **Sélection/Objet**.

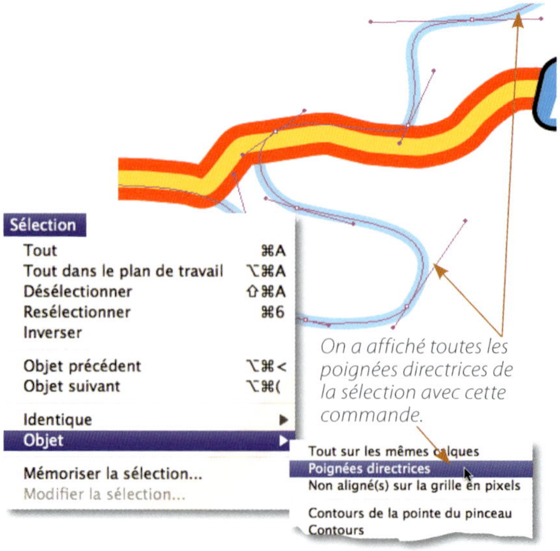

On a affiché toutes les poignées directrices de la sélection avec cette commande.

Astuce *Si vous utilisez souvent la commande **Poignées directrices** lors de vos retouches, pensez à lui affecter un raccourci clavier par la commande du menu **Édition**.*

La taille et l'orientation des lignes directrices influent sur l'allure du tracé. Veillez à ce qu'elles ne soient pas trop longues ; si c'est le cas, cela signifie qu'il faut ajouter des points d'ancrage.

Astuce *Il n'est pas indispensable de sélectionner les points ; si vous glissez un segment, il se déforme mais les points qui l'encadrent restent fixes.*

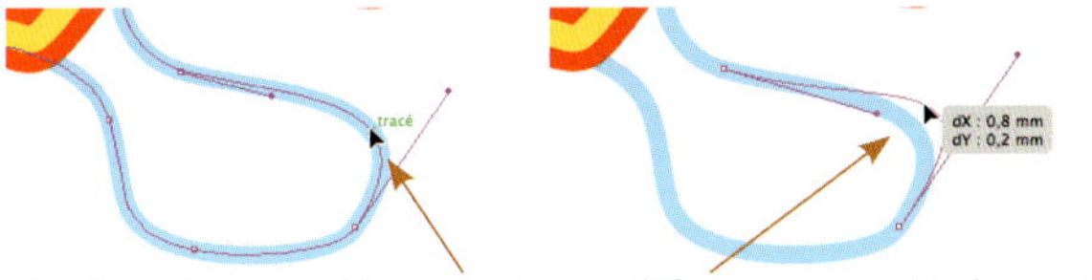

On glisse directement le segment pour déformer une partie du tracé.

Les préférences d'affichage de points et des poignées directrices

Dans les préférences d'Illustrator (au clavier ⌘K [Ctrl K] puis rubrique **Sélection et affichage des points d'ancrage**), il est possible de changer l'aspect des points et des poignées directrices. En effet, la fenêtre propose diverses options d'affichage dont certaines assurent une meilleure différenciation entre les points et les poignées directrices.

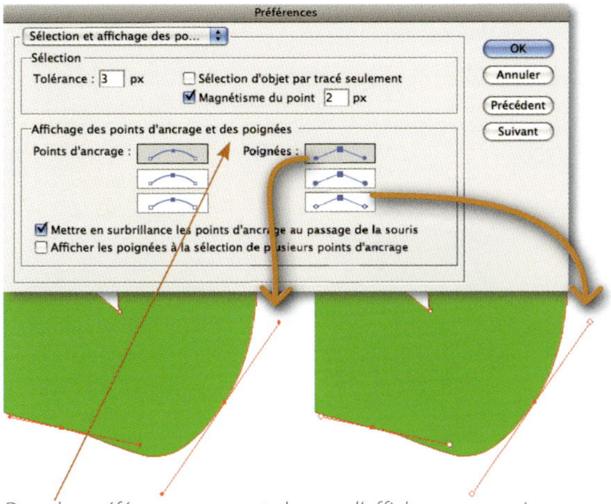

Dans les préférences, on peut changer l'affichage pour mieux différencier les points et les poignées.

Les retouches depuis le panneau Contrôle

Convertir, afficher/masquer, supprimer…

Quand une partie de tracé (un point d'ancrage) est sélectionnée avec l'outil **Sélection directe** ou **Flèche blanche**, le panneau **Contrôle** montre des icônes qui permettent de retoucher les tracés. Toutes ces icônes reprennent des fonctions auxquelles on accède en activant un outil particulier ou à partir d'un menu. Voici une brève description :

Avec un point d'ancrage sélectionné, le panneau montre ces icônes.

Conversion d'une inflexion en point simple (sans poignée directrice).

Conversion d'un point simple en inflexion (c'est la conversion inverse de la précédente).

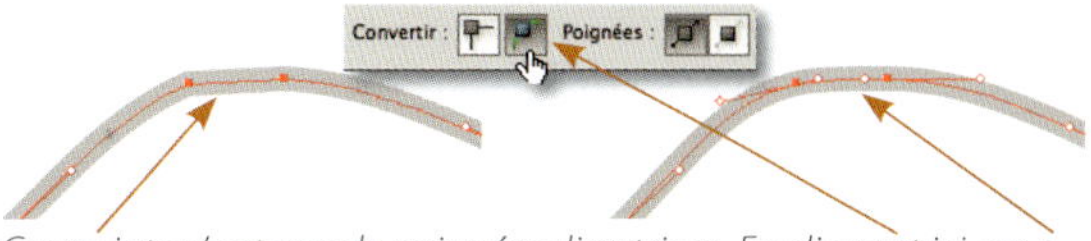

Ces points n'ont pas de poignées directrices. En cliquant ici, on a converti les points en inflexion.

Quand on sélectionne plusieurs points avec l'outil **Flèche blanche**, les poignées directrices ne sont pas visibles, cette icône permet de les afficher.

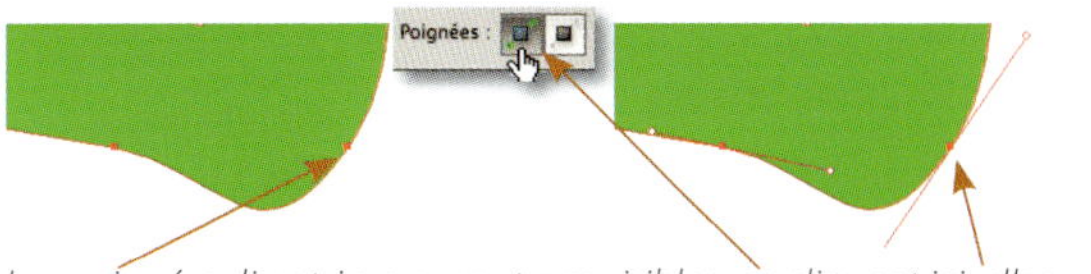

Les poignées directrices ne sont pas visibles, en cliquant ici, elles le deviennent.

L'icône permet de masquer les poignées directrices.

Cette icône joue le même rôle que l'outil **Plume** – , si ce n'est qu'elle permet de supprimer plusieurs points sélectionnés en une seule fois.

Cette icône est l'équivalent de l'outil **Ciseaux** appliqué sur plusieurs points : on obtient des points superposés correspondant aux extrémités des tracés ainsi coupés.

On sélectionne et on supprime. *On sélectionne, on découpe et on recolore les morceaux.*

Il est également possible de déplacer le point sélectionné en utilisant les cases X et Y du panneau **Contrôle**.

Joindre, aligner, répartir...

S'il y a plusieurs points sélectionnés, une icône de jonction et des icônes d'alignement sont disponibles.

Cette icône est l'équivalent de la commande **Joindre**. Elle permet de relier deux tracés ouverts quand leurs extrémités sont sélectionnées.

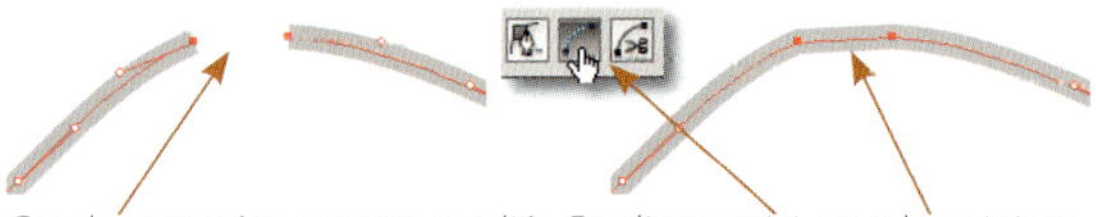

Ces deux tracés ne sont pas reliés. En cliquant ici, on a les a joints.

Avec plusieurs points d'ancrage sélectionnés, on doit voir ces icônes pour réaliser des alignements ou des distributions de points.

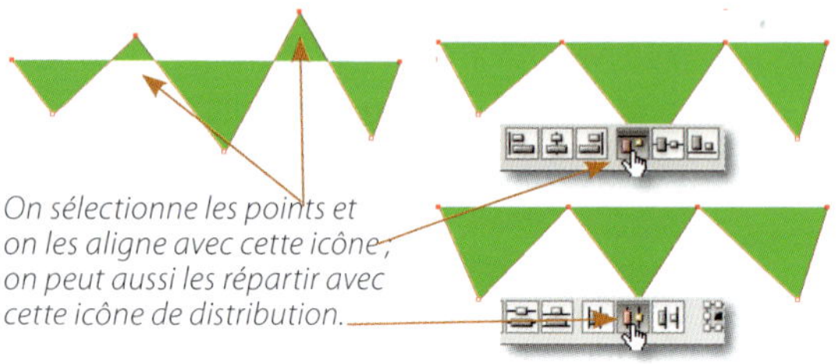

On sélectionne les points et on les aligne avec cette icône ; on peut aussi les répartir avec cette icône de distribution.

Les retouches par les outils Crayon, Arrondi ou Gomme

De nombreuses retouches de tracés peuvent être réalisées avec l'outil **Crayon** convenablement réglé ou avec l'outil **Arrondi** s'il ne s'agit que d'adoucir le tracé ; leur fenêtre d'options s'affiche en tapant ↵. Dans les deux cas, le tracé doit préalablement être sélectionné ; cependant, vous pouvez sélectionner les tracés par ⌘A [Ctrl A] car l'outil ne peut agir que sur un tracé à la fois. Pour effacer des parties de tracé, utilisez l'outil **Gomme**.

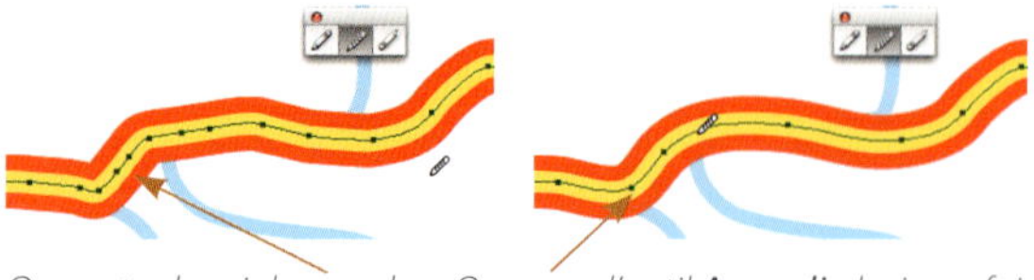

*On veut adoucir les courbes. On passe l'outil **Arrondi** plusieurs fois.*

Astuce *Si un tracé comporte beaucoup de points, quelques passages de l'outil **Arrondi** permettent d'en réduire le nombre.*

Les retouches par les outils Forme de tache et Gomme

Quand les objets possèdent un fond, l'outil **Crayon** permet d'intervenir facilement sur le contour de son tracé, mais il s'avère délicat à utiliser pour étendre la surface colorée et la fusionner avec une autre. Pour pallier ce problème, avec la version CS4, vous pouvez intervenir sur des tracés en utilisant l'outil **Forme de tache** en effectuant les opérations suivantes :

1. Commencez par sélectionner les objets à modifier pour que leur couleur de fond s'applique à l'outil **Forme de tache** (elle devient active dans le panneau **Outils** ou **Couleur**).

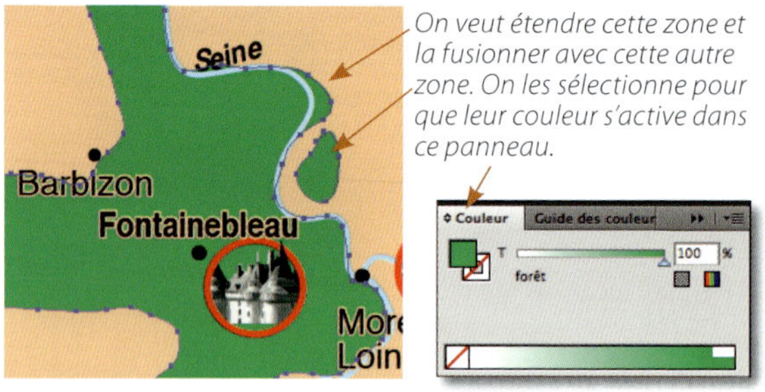

On veut étendre cette zone et la fusionner avec cette autre zone. On les sélectionne pour que leur couleur s'active dans ce panneau.

2. Activez l'outil (en tapant ⇧B) et réglez sa taille avec les touches (pour la réduire ou) pour l'agrandir. Si des objets voisins et de couleur identiques, ne doivent pas fusionner avec le tracé à retoucher, affichez les options de l'outil en tapant ↵ et cochez l'option **Fusion des limites de la sélection**.

On règle les options de l'outil et sa taille.

3. Dessinez avec l'outil pour étendre la zone de l'objet à retoucher.

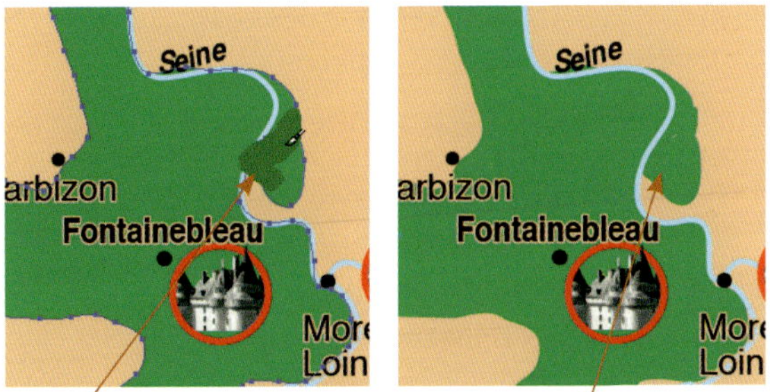

On glisse l'outil pour étendre la surface. Le tracé modifié s'affiche dès qu'on relâche le bouton de la souris.

Si l'objet à rectifier avec l'outil **Forme de tache** possède un contour (voire plusieurs), il n'y aura pas de fusion. Dans ce cas, pour obtenir le résultat voulu, effectuez les opérations suivantes :

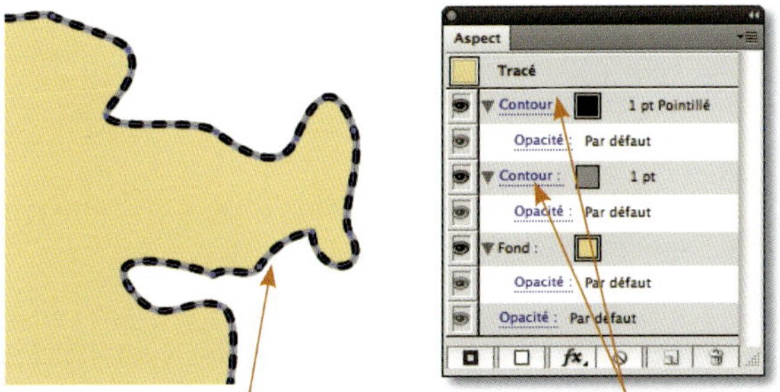

On veut reprendre ce tracé mais il possède des contours (il pourrait avoir d'autres attributs, tels que des effets).

4. Sélectionnez le tracé ayant les attributs voulus, dans le panneau **Styles graphiques**, cliquez sur l'icône pour mémoriser l'aspect de l'objet sous forme de style.

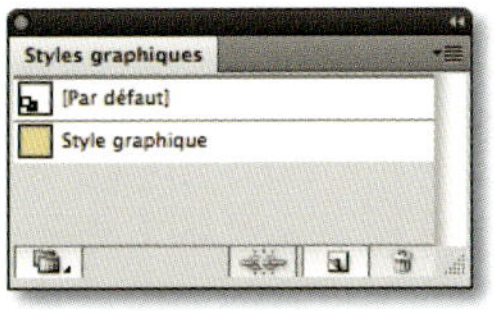

On crée un style graphique.

5. Dans le panneau **Aspect**, cliquez sur l'attribut **Contour** pour le sélectionner et supprimez-le en cliquant sur la corbeille du panneau.

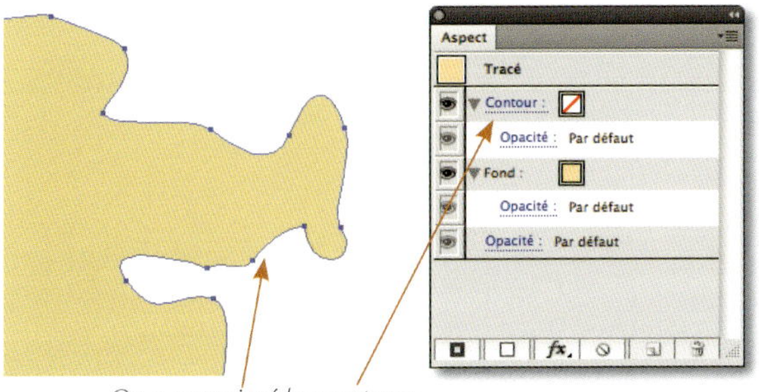

On a supprimé les contours.

6. Activez l'outil **Pinceau de forme** et dessinez le tracé voulu.

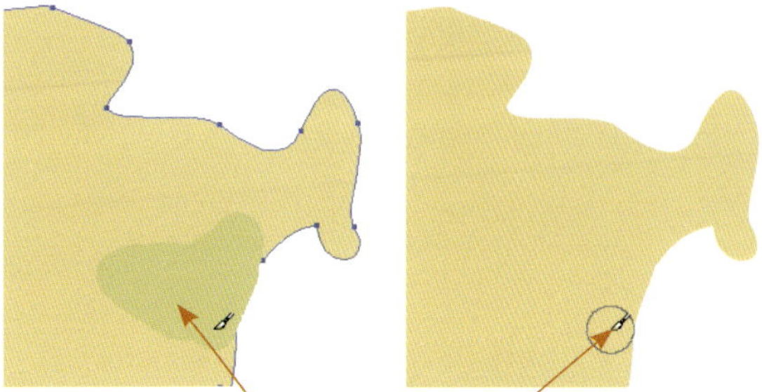

On dessine la retouche avec l'outil **Forme de tache**.

7. Depuis le panneau **Styles graphiques**, glissez la vignette du style précédemment créé sur les tracés fusionnés.

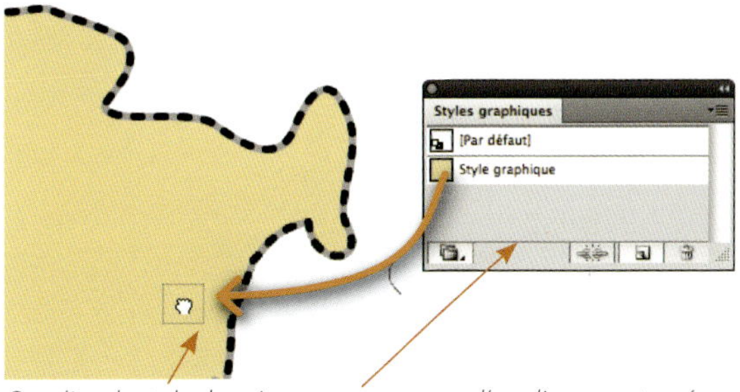

On glisse le style depuis ce panneau pour l'appliquer au tracé.

Les retouches avec l'outil Gomme

Si vous souhaitez supprimer une partie du dessin que vous venez de retoucher avec l'outil **Forme de tache**, activez l'outil **Gomme** (⇧⌘E [⇧Ctrl E]) et passez l'outil sur les zones à effacer. Cette gomme de retouche utilise les mêmes raccourcis de redimensionnement (c'est-à-dire :) pour agrandir, et (pour réduire).

Les retouches spéciales par les outils Fluidité

On retrouve des manipulations du même type qu'avec les retouches classiques (déplacement, conversion, ajout, suppression de points) mais les façons de les obtenir sont différentes et parfois plus faciles.

Les retouches affectent le tracé, mais ne modifient pas l'aspect du contour. Avec la version CS5 apparaît la possibilité d'intervenir sur la largeur du contour. Il s'agit ici d'une modification de l'aspect du contour qui s'apparente à un attribut de contour. Cette modification qui s'obtient avec l'outil **Largeur**, sera traitée dans la partie consacrée aux colorations.

LES DÉFORMATIONS DE TRACÉ AVEC LES OUTILS FLUIDITÉ

Le principe de fonctionnement

Excepté le premier de la série (outil **Largeur** étudié plus loin) qui agit sur la largeur du contour, les outils **Fluidité** modifient la forme d'un tracé par déplacement de ses points. Contrairement aux retouches classiques (sauf celles faites au crayon), les outils **Fluidité** ajoutent des points d'ancrage puis les déplacent pour créer la déformation du tracé.

*L'outil **Largeur** et les outils **Fluidité**.*

> **ASTUCE** *Chaque outil fonctionne par clic ou glissement sur le tracé sans qu'il soit forcément sélectionné ; cependant, pour limiter l'action à un seul tracé quand il est superposé à d'autres, il faut le sélectionner (ou verrouiller ceux qui ne doivent pas être traités).*

Les réglages de l'outil

Après avoir activé l'outil et avant de l'utiliser, vous devez le paramétrer dans sa fenêtre d'options affichée en tapant ↵.

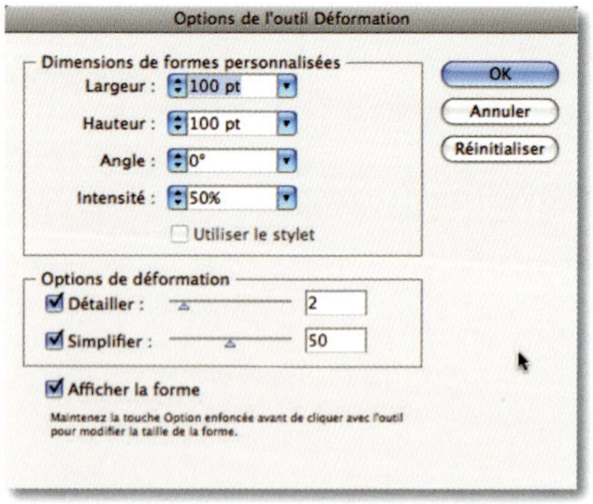

*Les options communes à tous les outils **Fluidité**.*

Le contenu de la fenêtre varie selon l'outil actif. Certaines options (**Largeur, Hauteur**, **Angle**, **Intensité**, **Détailler** et **Simplifier**) sont communes à tous les outils.

- **Largeur et Hauteur** : ils définissent la taille de l'outil. Les effets diffèrent selon la taille de l'outil par rapport à celle de l'objet.

> **NOTE** *Il est possible de régler la taille des outils directement sur l'illustration. Pour cela, enfoncez les touches ⇧ et ⌥ [Alt] et glissez la souris. Si vous n'enfoncez que ⌥ [Alt] la forme ne sera plus circulaire mais elliptique (elle se réinitialise par la fenêtre d'options affichée en tapant ↵).*

- **Angle** : cette option permet d'incliner l'outil à partir du moment où sa forme est elliptique.
- **Intensité** : cette option spécifie la vitesse de modification. Si une tablette graphique est connectée, il devient possible de cocher **Utiliser le stylet** pour régler la valeur d'**Intensité** sur la pression du stylet.

> **ASTUCE** *Pour certains outils (**Tourbillon, Dilatation**), il est indispensable de réduire la valeur d'intensité (10 environ) pour mieux contrôler la déformation.*

- **Détailler** : cette option spécifie l'espacement des points insérés dans le contour de l'objet (plus la valeur est élevée, plus les points sont rapprochés). Pour certains outils, elle se règle conjointement à l'option **Complexité** qui définit l'espace entre les détails sur le contour d'un objet.
- **Simplifier** : cette option permet de supprimer les points qui sont sans influence sur le résultat de la déformation. On obtient une simplification du tracé qui augmente avec la valeur de l'option.

L'OUTIL DÉFORMATION

Cet outil est le plus important de la série, il constitue un moyen efficace pour retoucher des tracés dans lesquels vous souhaitez déplacer une partie.

Il s'utilise par glissements et provoque l'étirement des objets comme s'ils étaient mous. Lorsque vous glissez l'outil sur des parties d'un objet, les zones affectées s'étalent et se déplacent. Pour obtenir une déformation plus douce et plus étalée sur l'objet, augmentez la taille de l'outil de manière à ce qu'elle soit plus grande que l'objet lui-même : la déformation apparaîtra alors répartie sur la totalité de la surface. Pensez également à réduire l'intensité.

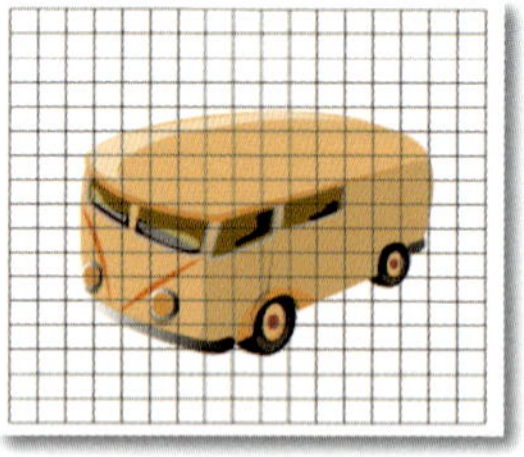
L'image initiale. On a placé une grille pour mieux visualiser la déformation.

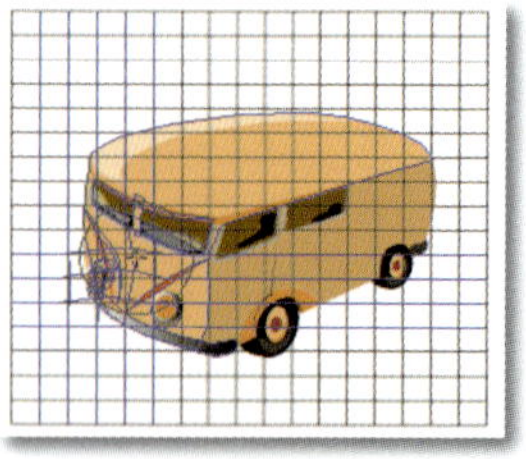
L'image en cours de déformation.

> **ASTUCE** *Pour mieux visualiser les déformations avec les outils **Fluidité**, vous pouvez cacher les contours de sélection en tapant ⌘H [Ctrl H] ; cependant, pensez à retaper ce raccourci après avoir déformé l'objet.*

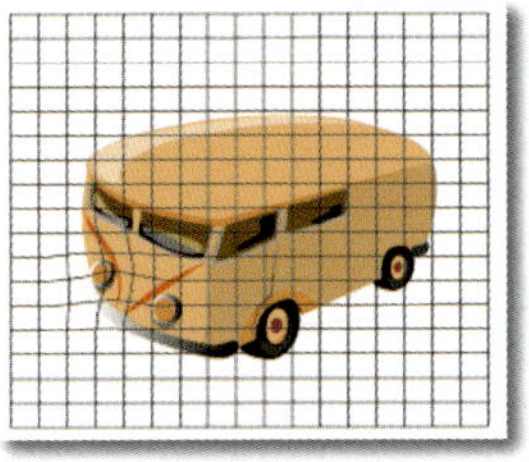

L'image déformée.

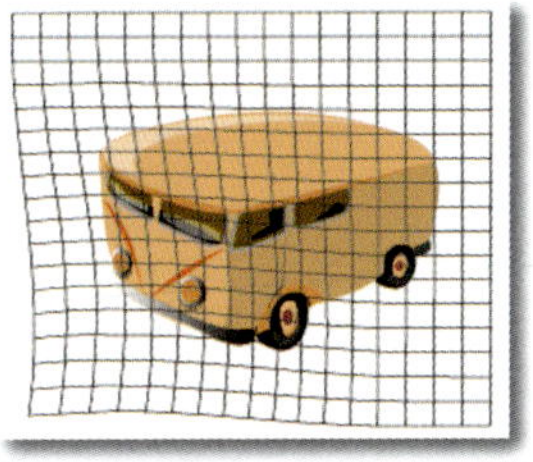

Déformation avec un outil plus grand que l'objet.

Les autres outils Fluidité

L'outil Tourbillon

L'outil provoque une distorsion en forme de tourbillon localisée sur la surface couverte par l'outil. Il s'utilise par clics (plus faciles à gérer) ou en pressant sans forcément déplacer la souris.

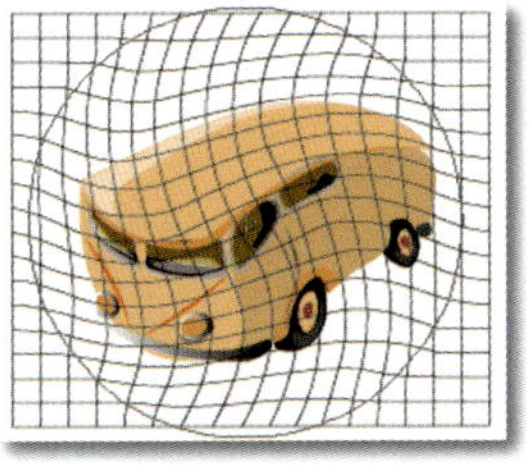

L'image déformée avec un outil plus grand que l'objet.

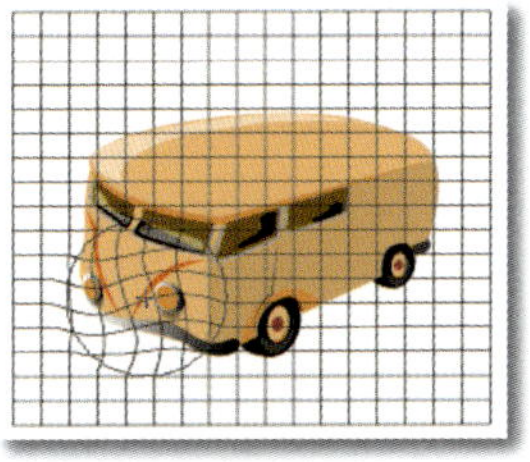

Le tourbillon est plus localisé.

> **Astuce** *L'outil **Tourbillon** a une option particulière : **Vitesse du tourbillon** ; pour la maîtriser, entrez une valeur faible. Pour inverser le sens, choisissez une vitesse négative.*

L'outil Contraction

Contraction de la forme par déplacement des points ajoutés vers le centre de l'outil. Il s'utilise plutôt par clics avec une intensité très réduite (inférieure à 10).

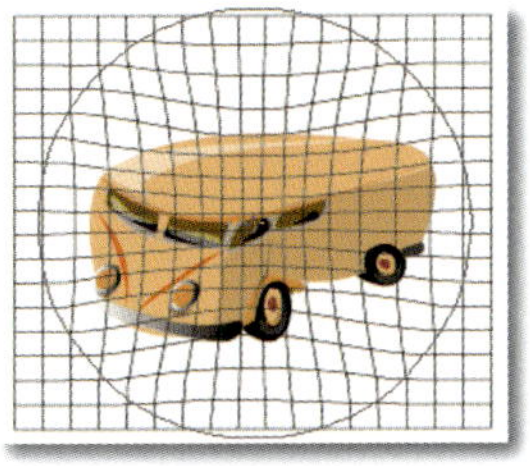

L'image contractée avec un outil plus grand que l'objet.

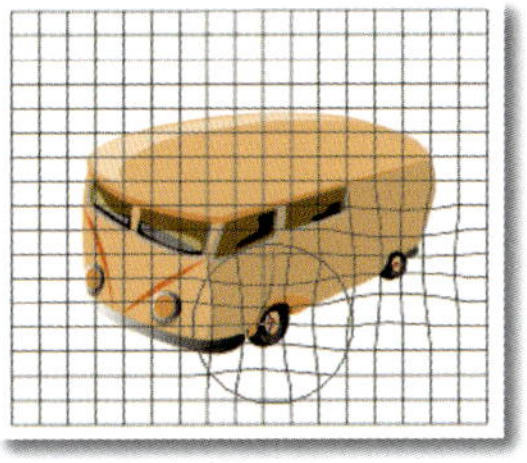

L'effet localisé sur les roues avec un outil de taille réduite.

L'outil Dilatation

L'outil provoque une dilatation de la forme par éloignement de points vers l'extérieur de l'outil. L'outil s'utilise plutôt par clics avec une intensité très réduite (inférieure à 10).

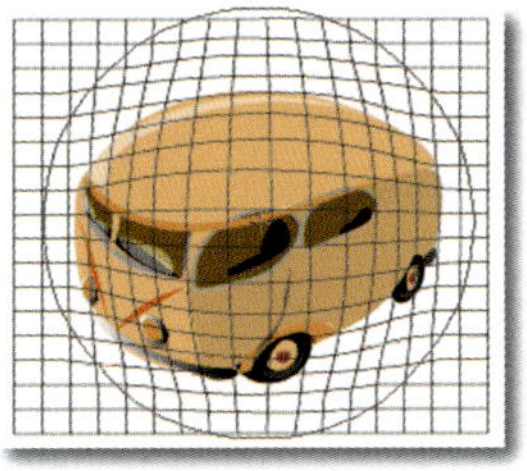

Objet dilaté avec un outil plus grand que l'illustration.

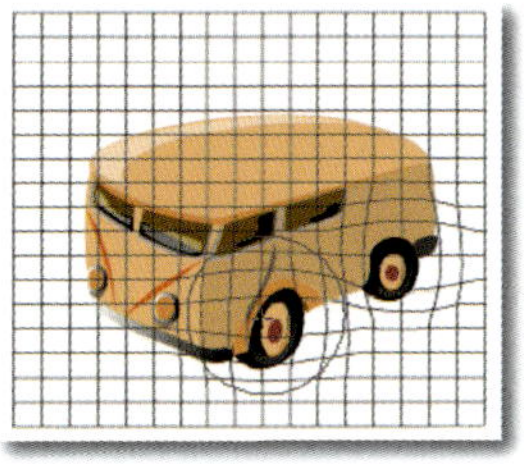

Déformation localisée.

L'outil Feston

Il y a ajout de formes d'arc aléatoires et arrondies vers l'intérieur et au contour d'un objet. L'outil s'utilise par clics si l'intensité est forte ou par glissement si elle est faible.

*L'image initiale et celle déformée (cheveux) avec l'outil **Feston**.*

L'outil Cristallisation

L'outil ajoute des formes en pointe aléatoires et en forme d'arc au contour d'un objet. Il s'utilise par clics si l'intensité est forte ou par glissement si elle est faible.

L'outil Fronces

Comme précédemment, il y a ajout d'arcs et de pointes mais l'effet est plus doux. L'application se réalise par glissements, le résultat n'est visible qu'au relâchement de l'outil

*L'image déformée avec l'outil **Cristallisation**.*

*Le résultat avec l'outil **Fronces** (on peut retoucher l'arrière-plan avec l'outil **Forme de tache**).*

ASTUCE *L'outil **Fronces** permet d'atténuer l'aspect trop lissé d'un dessin vectoriel en lui ajoutant l'effet imprécis d'un dessin crayonné à la main.*

Les retouches spéciales par combinaison

Nous verrons dans le chapitre sur les traitements de tracés d'autres manipulations sur les tracés (combinaison, division, découpe...). Dans cette partie nous n'aborderons que quelques manipluations qui correspondent à des conversions de points par combinaison de tracés à l'aide du panneau **Pathfinder** ou du nouvel outil **Concepteur de formes**.

LES CONVERSIONS PAR COMBINAISON PATHFINDER

Certaines commandes appliquées à un ou plusieurs tracés, vous éviteront des conversions de points d'ancrage. C'est le cas des commandes du panneau **Pathfinder** (⇧⌘F9 [⇧Ctrl F9]) : **Ajout à la forme** ou **Soustraction de la forme**.

Le panneau Pathfinder :
Ajout à la forme,
Soustraction de la forme.

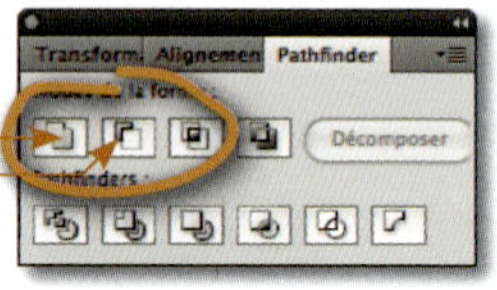

Les conversions par le panneau Pathfinder

Les commandes du panneau **Pathfinder** peuvent remplacer avantageusement les conversions de points dans des tracés. En effet, il est parfois possible de dessiner un tracé sur le tracé à retoucher en vue d'effectuer une soustraction sur ce dernier (**Soustraction de la forme**) et dans certains cas, il peut être utile de faire un **Ajout à la forme** (ou réunion). S'il s'agit de plusieurs tracés à rectifier en une seule fois par soustraction, il faudra appliquer **Tracé transparent** à certains tracés (menu **Objet/Tracé transparent/Créer**).

ATTENTION *Avec Illustrator CS5, il y a inversion des manipulations par rapport à la version CS4. En effet, quand vous cliquez sur une icône du panneau **Pathfinder**, l'opération (**Ajout à la forme** ou **Soustraction de la forme**) est définitive, ce qui ne vous empêche pas de déplacer ou modifier les objets. Si vous souhaitez que l'opération ne soit pas définitive, appliquez-la par* ⌥ clic [Alt clic] *sur l'icône voulue.*

Voici deux exemples illustrant les utilisations des diverses combinaisons du panneau **Pathfinder**.

Les retouches par Soustraction de la forme

Pour réaliser la forme ci-après à droite à partir d'un carré, il faut ajouter un point, le déplacer puis le convertir.

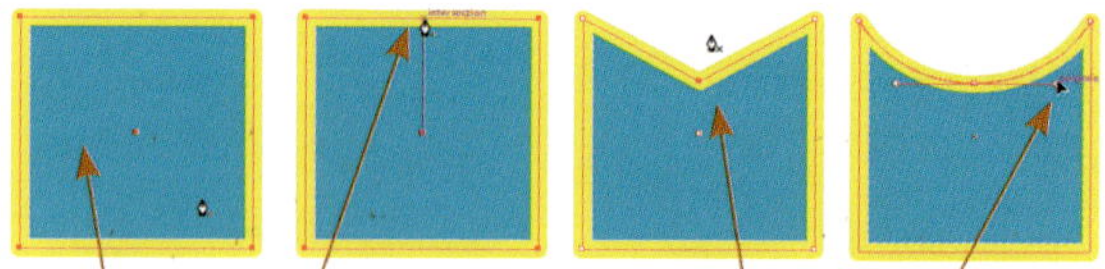

Sur ce tracé, on ajoute un point, on le déplace et on le convertit.

L'opération se réalise en quelques étapes avec le panneau **Pathfinder**. Il suffit de dessiner (à l'aide des repères commentés) une ellipse de dimensions convenables sur les bords du rectangle, de sélectionner les deux tracés et d'appliquer la commande **Soustraction de la forme**.

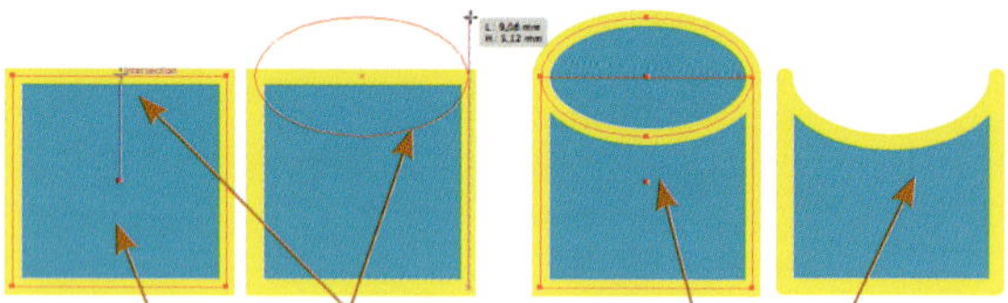

Sur ce tracé, on dessine l'ellipse, on sélectionne et on soustrait.

Les retouches par Ajout à la forme

Pour créer un arrondi dans l'angle de la figure ci-contre, il faut ajouter des points, déplacer celui dans l'angle puis le convertir en inflexion, le tout en ayant placé à l'angle, un cercle-guide pour définir l'allure du tracé final.

À partir de ce tracé à gauche, on désire obtenir celui de droite.

La réalisation avec le panneau **Pathfinder** s'effectue par **Ajout à la forme** en deux étapes :

1. En partant du bord de la forme, on trace un arc d'ellipse (les repères commentés facilitent l'ajustement du tracé).

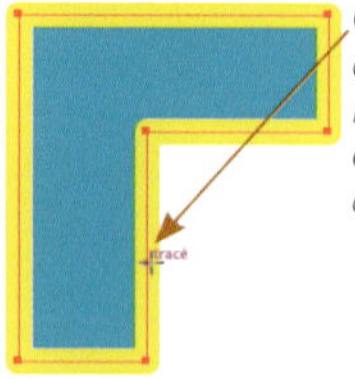

On part du bord du tracé, avec les repères commentés, on trace l'arc de cercle (avec ⇧).

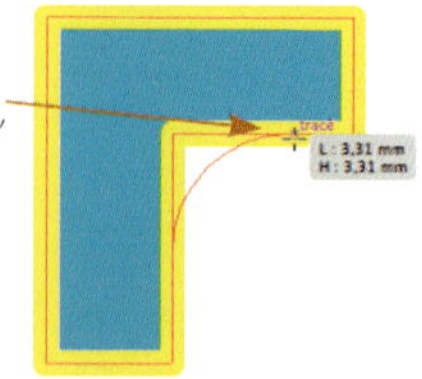

2. Après sélection de l'ensemble, on applique **Ajout à la forme**.

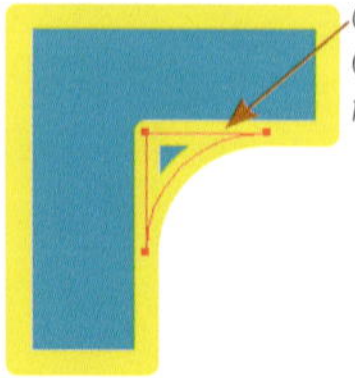

On a obtenu ceci. On sélectionne et on fait la réunion.

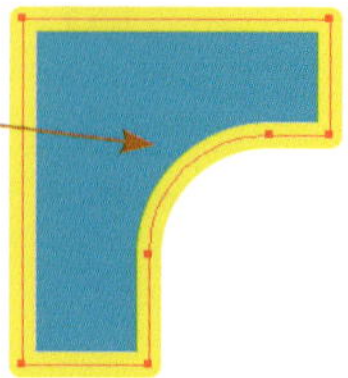

Ai Les retouches avec l'outil Concepteur de forme

L'outil **Concepteur de forme** s'active en tapant ⇧M. Il fait partie d'un groupe de trois outils parmi lesquels l'outil **Pot de peinture dynamique** et l'outil **Sélection de peinture dynamique** et avec lesquels il partage quelques options de coloration que nous étudierons dans la partie consacrée aux colorations.

*Avec l'outil **Concepteur de forme** (à gauche) deux outils dédiés aux colorations.*

Avant d'utiliser cet outil, commencez par sélectionner les tracés que vous souhaitez traiter. Ce traitement consiste en une réunion ou en une suppression de parties de tracés ; comme ce traitement n'affecte que les parties survolées par l'outil la sélection peut se faire en tapant ⌘A [Ctrl A] (excepté dans le cas de superpositions multiples). Il sera également possible d'en profiter pour appliquer une nuance choisie dans un mini-sélecteur affiché au-dessus de l'outil, mais nous en reparlerons plus loin dans ce livre. Voici, en images, la démarche à suivre pour obtenir les combinaisons de tracés :

1. Une fois la sélection réalisée, placez l'outil **Concepteur de forme** (▸₊) sur un des éléments voulu (il donnera la couleur à la forme finale) : une zone tramée s'affiche sur la partie survolée du tracé.

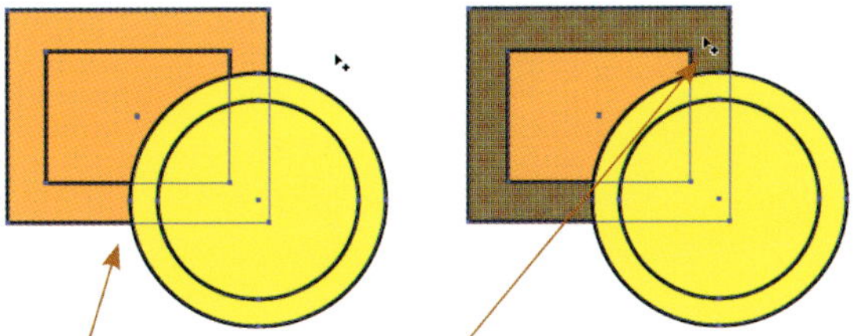

On réalise la sélection. On place l'outil sur le tracé pour voir la trame qui indique les partie combinées.

2. Glissez l'outil sur les autres parties de tracé que vous souhaitez combiner : la zone tramée s'étend pour indiquer les parties de tracés affectés par le traitement.

3. L'allure du tracé combiné est marquée par un contour rouge ; relâchez la souris pour qu'il soit créé.

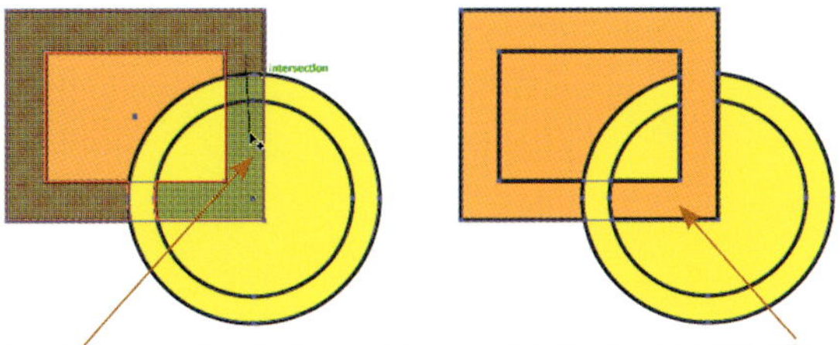

On glisse pour étendre la combinaison (marquée en rouge), elle apparaît en relâchant la souris.

Pour définir l'étendue des tracés combinés, vous pouvez enfoncer la touche ⇧ et tracer un rectangle : toutes les parties de tracés touchant ce rectangle se rempliront de la trame et seront affectés par le traitement de l'outil.

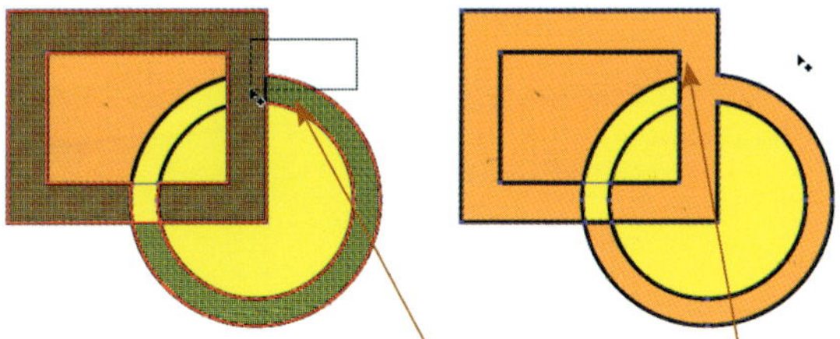

On réalise la sélection en traçant un rectangle avec ⇧ : la réunion s'effectue sur tous les tracés touchés par celui-ci.

Si vous enfoncez la touche ⌥ [Alt], l'outil se marque d'un signe – (▸₋) pour indiquer qu'il y aura suppression des parties de tracé sur lesquelles vous cliquerez ou qui seront couvertes par la trame lors du glissement de l'outil.

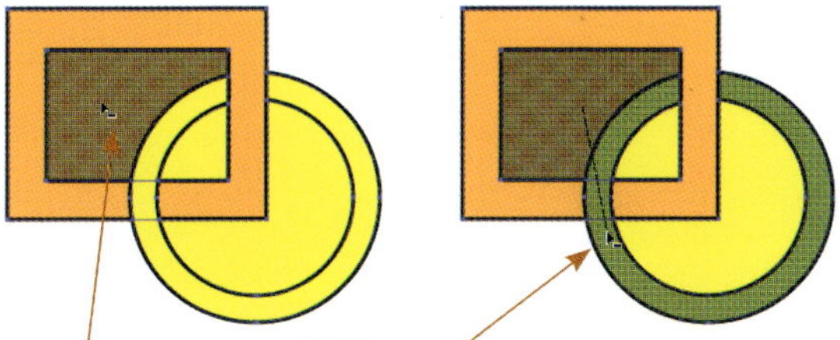

On place l'outil avec ⌥ [Alt], on clique ou on glisse pour étendre la zone qui sera supprimée quand on relâchera la souris.
Les tracés sont supprimés.

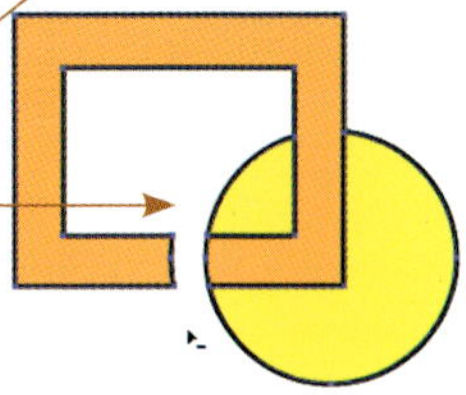

Les zones à supprimer (ou à réunir) ne peuvent être que contiguës. Si elles ne le sont pas, la suppression s'obtiendra pas plusieurs clics successifs (avec ⌥ [Alt] enfoncée). Si l'outil est placé sur le contour, c'est ce dernier qui sera affecté par le traitement de l'outil.

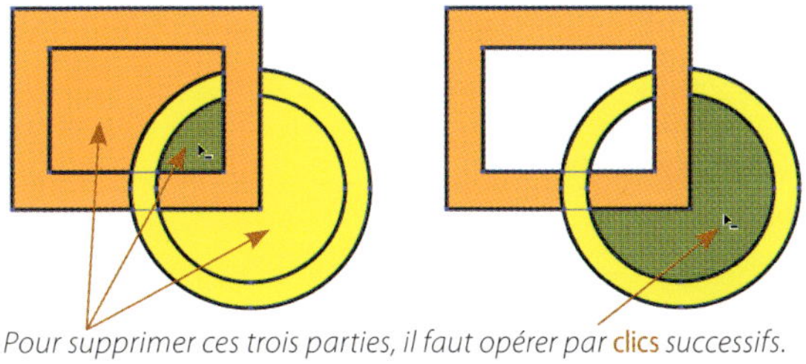

Pour supprimer ces trois parties, il faut opérer par clics successifs.

Lors des réunions si les tracés comportent des trous, l'outil peut les détecter et ne pas en tenir compte. Un réglage de l'outil peut être nécessaire pour définir la longueur des espaces entre les tracés. Pour le réaliser et afficher la fenêtre d'options de l'outil, effectuez un double-clic sur l'outil ou tapez ↵ si celui-ci est activé.

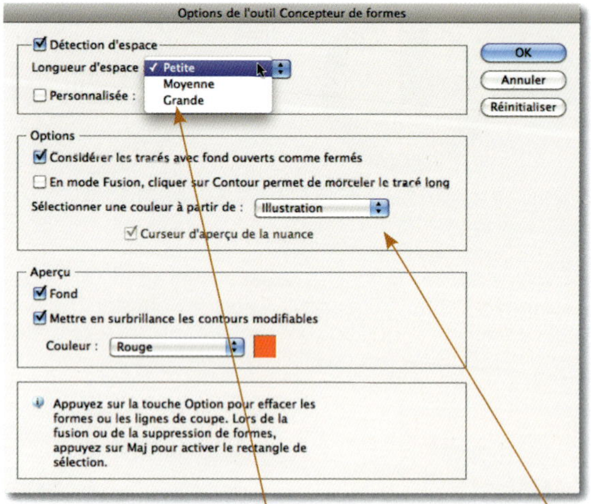

On peut spécifier la taille des espaces à détecter. D'autres réglages, liés à la coloration, sont disponibles. Ils seront étudiés plus loin dans ce livre.

Cet outil s'avérera être un outil extrêment intéressant pour manipuler simplement des tracés. Attention, cependant, les manipulations sont faciles, mais irréversibles.

Les retouches spéciales par les filtres ou effets

LES CONVERSIONS DE POINTS PAR LES EFFETS

Les retouches ou conversions par Zigzag

Si vous sélectionnez un tracé ne comportant que des inflexions et lancez l'effet **Zigzag** (menu **Effet/Distorsion**) avec des valeurs de **Taille** et d'**Inflexion** nulles, Illustrator convertit tous ses points en sommets si vous choisissez l'option **Crénelé**. Il reste à décomposer l'aspect (menu **Objet/Décomposer l'aspect**) pour avoir accès aux points qui on été ajoutés. Réciproquement, avec un tracé ne comportant que des sommets ou des points simples, vous obtenez des inflexions avec l'option **Arrondi**.

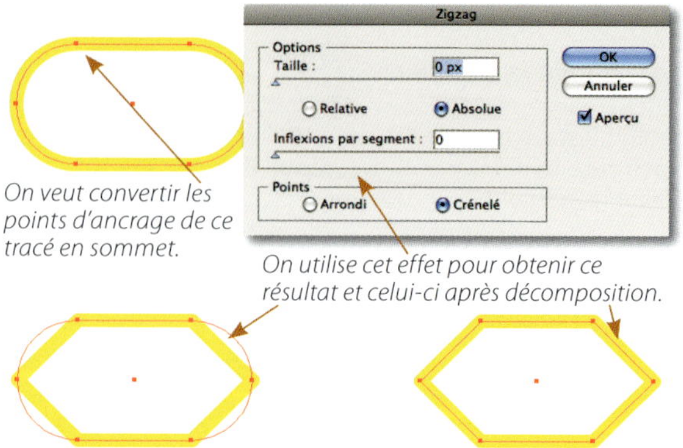

On veut convertir les points d'ancrage de ce tracé en sommet.

On utilise cet effet pour obtenir ce résultat et celui-ci après décomposition.

Pour réaliser une vague (*voir ci-après*), utilisez l'effet **Zigzag** en sélectionnant un trait. Cet effet ajoute automatiquement des inflexions et les décale d'une distance (en mm) programmable de manière à réaliser la vague souhaitée.

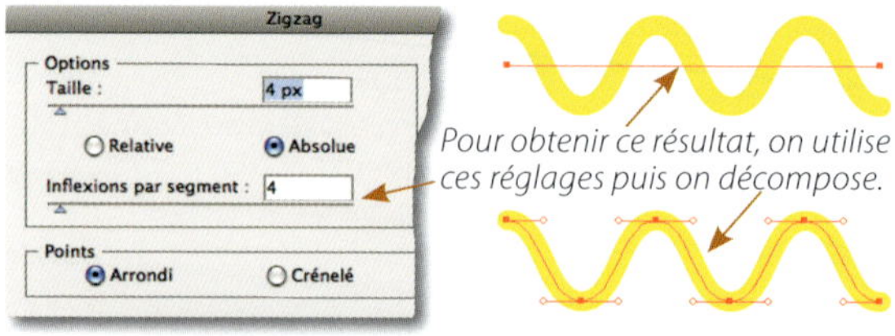

Pour obtenir ce résultat, on utilise ces réglages puis on décompose.

> **NOTE** *Dans la version CS5, le menu* ***Filtre*** *a disparu. Il est donc impératif d'utiliser le menu* ***Effet****. Les manipulations sont réversibles et modifiables* (voir le chapitre sur les aspects)*; il n'est possible d'accéder aux points du tracé modifié par l'effet qu'après avoir appliqué la commande* ***Décomposer*** *du menu* ***Objet****.*

Les retouches par Arrondi

L'effet **Arrondi** (menu **Effet/Spécial**) peut parfois permettre d'obtenir un résultat voisin de celui que l'on obtiendrait à l'aide d'ajout et de conversion de point (ici aussi, il faut décomposer l'aspect pour accéder aux points d'ancrage).

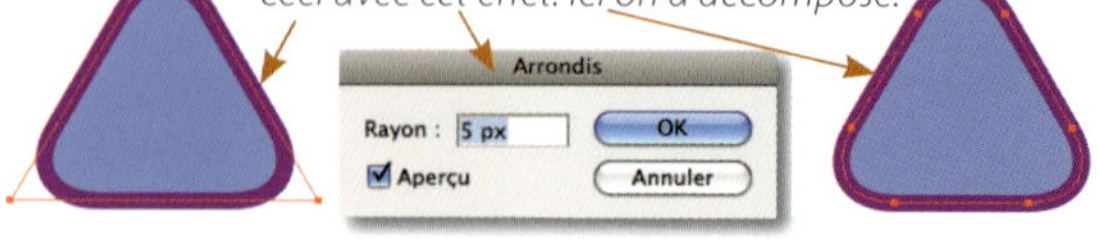

À partir d'un triangle, on obtient ceci avec cet effet. Ici on a décomposé.

L'AJOUT DE POINTS PAR LES FILTRES

La commande d'Ajout de points d'ancrage

La commande **Ajout de point d'ancrage** du sous-menu **Tracé** (menu **Objet**) place des points entre chaque point du tracé. Leur nature (inflexion ou sommet) dépend de celle des points de départ.

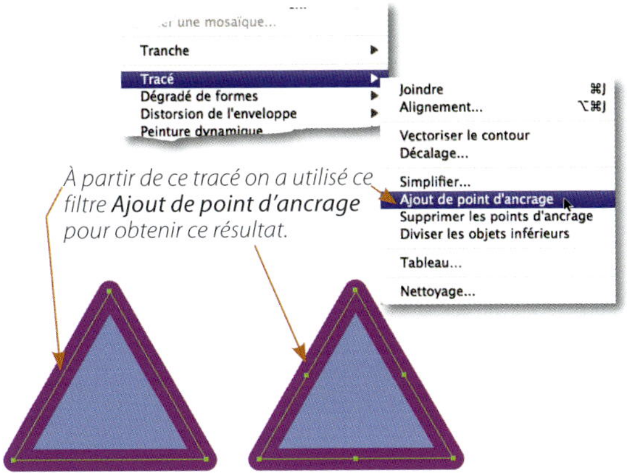

À partir de ce tracé on a utilisé ce filtre ***Ajout de point d'ancrage*** *pour obtenir ce résultat.*

Les filtres Esquisse et Zigzag

Certains effets du sous-menu **Distorsion et transformation** permettent également d'ajouter des points d'ancrage ; c'est le cas d'**Esquisse** et de **Zigzag** qu'il suffit de régler avec une taille nulle pour éviter le déplacement des points ajoutés. Attention, cet ajout de points ne sera visible qu'une fois le résultat décomposé (menu **Objet/Décomposer l'aspect**). L'ajout avec **Esquisse** donne une répartition plus uniforme des points ajoutés qu'avec **Zigzag**.

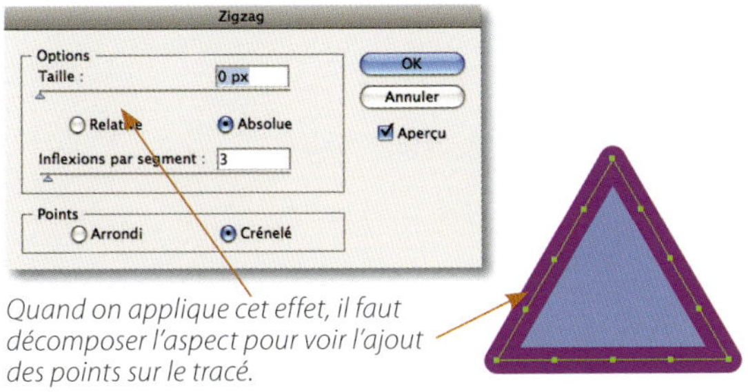

Quand on applique cet effet, il faut décomposer l'aspect pour voir l'ajout des points sur le tracé.

LA SUPPRESSION DE POINTS PAR LES FILTRES

Le menu **Objet/Tracé** propose trois commandes pour supprimer des points : **Supprimer les points d'ancrage**, **Simplifier** et **Nettoyage**.

La commande Supprimer les points d'ancrage

Avant d'utiliser cette commande, il est impératif de sélectionner avec l'outil **Flèche blanche** les points d'ancrage à élimine ; ils peuvent être contigus ou non (pour une sélection multiple, enfoncez ⇧ et encadrez ou cliquez le point à ajouter ou à soustraire à la sélection). Une fois la sélection réalisée, lancez **Supprimer les points d'ancrage** dans le menu **Objet/Tracé**. Vous pouvez également utilser l'icône du panneau **Contrôle**. Ce type de suppression est identique à ce que l'on obtiendrait en cliquant sur les différents points avec l'outil **Plume –** (seulement, il est plus rapide car il permet d'agir sur plusieurs points en même temps).

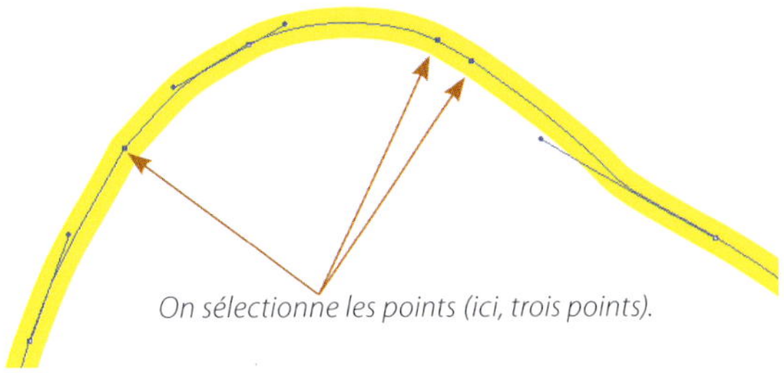

On sélectionne les points (ici, trois points).

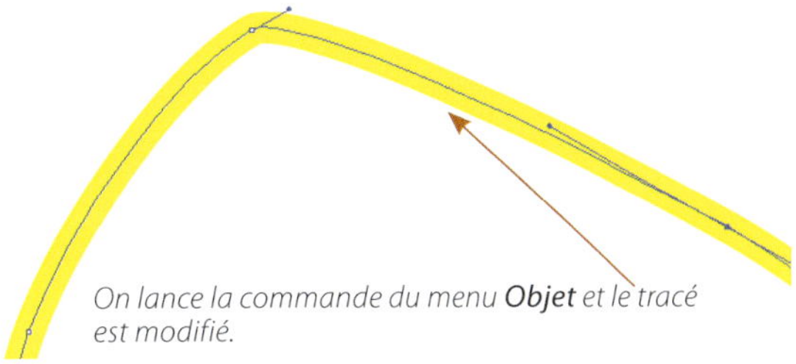

On lance la commande du menu ***Objet*** *et le tracé est modifié.*

Le nettoyage d'un document

La commande **Nettoyage** (menu **Objet/Tracé**) permet la suppression des points ou des tracés qui ne sont pas utiles dans le dessin tel que les points isolés, les objets sans couleur et les tracés de texte sans texte.

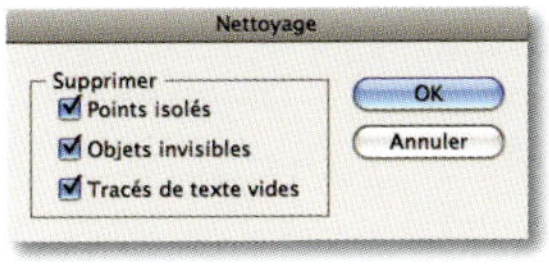

Cette commande du menu ***Objet/Tracé*** *est fort utile. Elle peut être appliquée de manière automatique en utilisant un script.*

La simplification d'un tracé

La commande **Simplifier** du sous-menu **Tracé** est utile pour réduire le nombre de points d'un tracé ou pour transformer les segments courbes en segments droits.

En effet, si le tracé comporte trop de points, ses retouches deviennent délicates et son impression peut être ralentie. La fenêtre **Simplifier** comprend une zone de paramétrage pour définir la précision du tracé. Son réglage est facilité par deux options, **Aperçu** et **Afficher l'original**, qui permettent l'affichage simultané du tracé initial et du tracé final.

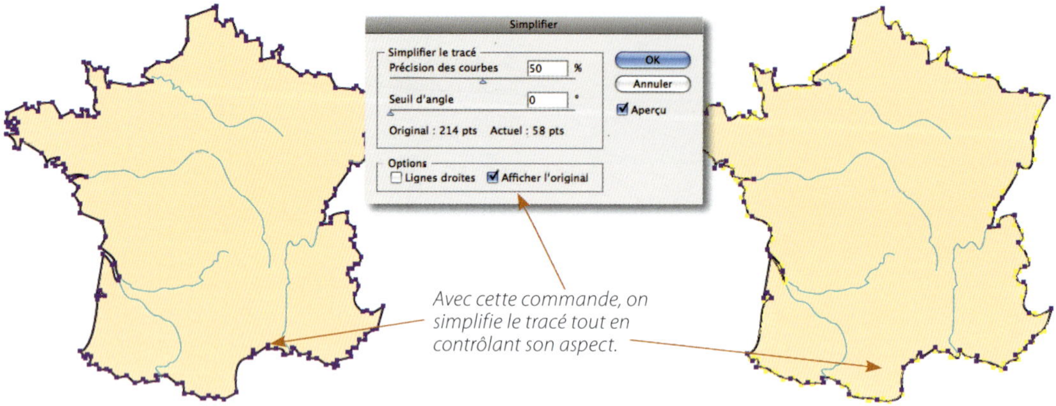

Avec cette commande, on simplifie le tracé tout en contrôlant son aspect.

Les alignements de points et d'objets

Les alignements de points s'effectuent après une sélection partielle (outil **Flèche blanche** ou **Lasso**), et provoquent une déformation des tracés. Les alignements d'objets ne modifient pas la forme des tracés mais les déplacent.

Les alignements de points

Pour réaliser ce type d'alignement, sélectionnez les points (deux ou plus), avec l'outil **Flèche blanche** ou l'outil **Lasso**, puis lancez la commande **Aligner** du menu **Objet/Tracé** ou menu contextuel (au clavier, ⌥⌘J [Alt Ctrl J]).

La fenêtre **Alignement** propose trois possibilités :

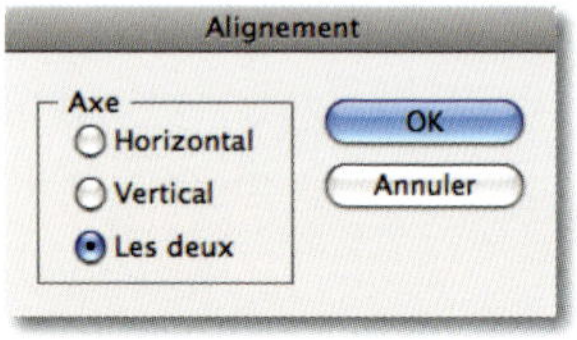

Les trois modes d'alignement des points d'ancrage.

- **Horizontal** : tous les points sélectionnés se placent sur un même axe horizontal ;
- **Vertical** : tous les points sélectionnés se placent sur un même axe vertical ;
- **Les deux** : les points se superposent.

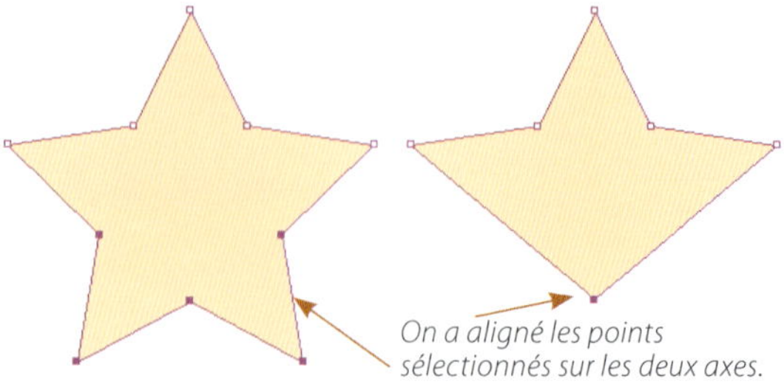

On a aligné les points sélectionnés sur les deux axes.

Les alignements et les répartitions d'objets

Les types d'alignement

À l'aide d'icônes, les panneaux **Contrôle** et **Alignement** (menu **Fenêtre** ou, au clavier, ⇧F7) offrent la possibilité de réaliser des alignements ou des distributions (d'objets ou d'espaces) selon différents critères à définir dans le panneau ou directement sur l'illustration avant de réaliser l'alignement.

*Les critères s'alignement du panneau **Contrôle**.*

Astuce *Quand les objets sont associés (groupe), passez en mode isolation par double-clic sur l'un d'eux (avec l'outil **Flèche noire**) ou par clic sur l'icône du panneau **Contrôle**, pour utiliser les alignements du type **Aligner sur une sélection** ou **un objet clé**.*

Les alignements sur une sélection

Quand une sélection de plusieurs objets est réalisée, par défaut, l'icône **Aligner sur une sélection** est active dans la panneau **Contrôle**. L'alignement s'effectue en prenant comme élément de référence l'objet de cette sélection qui correspond au critère d'alignement (le plus à gauche, plus à droite, au centre, en haut…) qui sera choisi par la suite en cliquant sur l'une des icônes voulues.

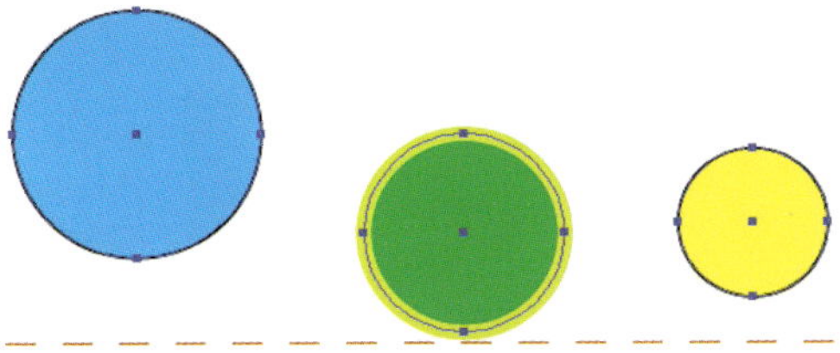

On sélectionne les différents objets et on clique sur l'icône d'alignement. Ici, c'est l'objet le plus bas qui reste fixe.

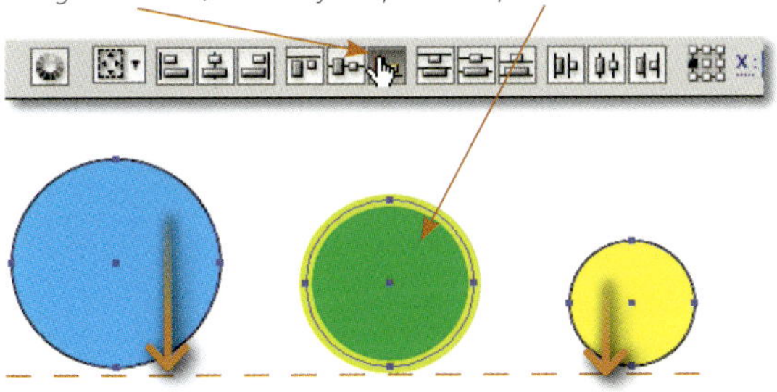

Les alignements sur un objet clé

Avant de cliquer sur l'une des icônes d'alignement du panneau **Contrôle** (ou **Alignement**), vous pouvez définir un élément de référence dans l'alignement, c'est l'**objet clé**. Pour le définir, une fois la sélection réalisée, activez la **Flèche noire** (ou tapez V) et cliquez sur le tracé de l'objet qui doit rester fixe à l'issue de l'alignement : il devient l'objet clé et s'encadre d'un contour épais de la couleur du calque ; l'icône **Aligner sur un objet clé** devient active dans le panneau **Contrôle**.

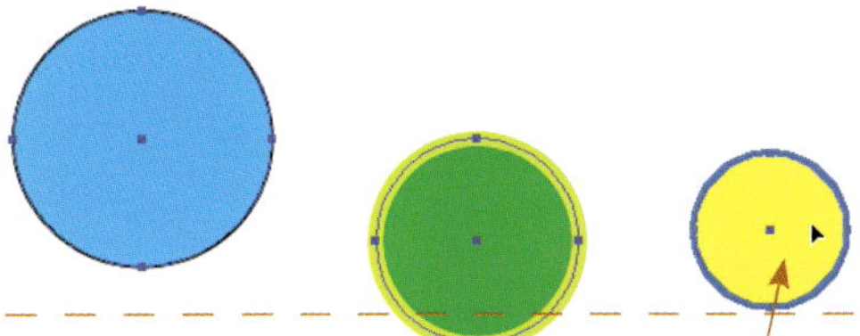

On sélectionne les différents objets, on définit l'objet clé et on clique sur l'icône d'alignement. L'objet clé reste fixe.

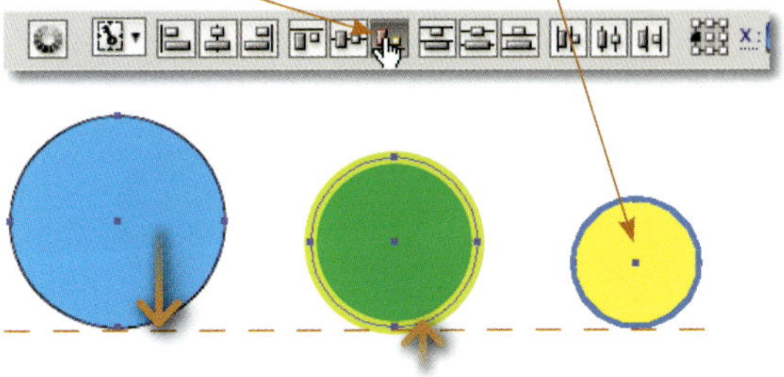

Note *Quand vous sélectionnez l'option **Aligner sur un objet clé** dans le menu local du panneau **Contrôle** (ou **Alignement**), c'est l'objet au premier plan de la sélection qui devient objet clé.*

Pour changer d'objet clé (activez l'outil **Flèche noire** s'il ne l'est plus), cliquez sur un autre objet de la sélection. Pour annuler l'objet clé, utilisez l'option **Alignement sur une sélection** du menu local du panneau **Contrôle**.

Les alignements sur le plan de travail

Ici, il s'agit d'aligner les objets par rapport à la feuille de dessin et non plus entre eux. Ce choix se réalise dans le menu local du panneau ; il permet, par exemple, de centrer un objet dans le plan de travail. Cependant, attention car l'option restera active tant qu'elle n'aura pas été désactivée dans le menu du panneau **Contrôle** ou **Alignement**.

ASTUCE *Si le document comporte plusieurs plans de travail, l'alignement s'effectue sur celui qui est actif (il possède une bordure noire). Si la sélection comporte des objets situés sur des plans de travail différents, l'activation du plan qui doit servir de référence s'effectue par clic sur un objet appartenant à ce plan.*

LES LIMITES D'APERÇU

Lorsque les objets sélectionnés possèdent un contour épais, une option du menu local du panneau **Alignement** permet d'en tenir compte. Il s'agit de l'option **Utiliser les limites d'aperçu**. Quand elle est cochée, le cadre de sélection englobe le contour épais et l'alignement s'effectue sur le bord extérieur de l'objet et non plus sur son contour de sélection.

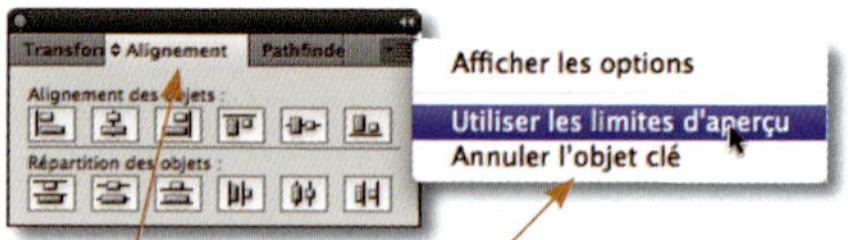

C'est par ce panneau et ce menu que l'on définit l'alignement en tenant compte des épaisseurs de contour.

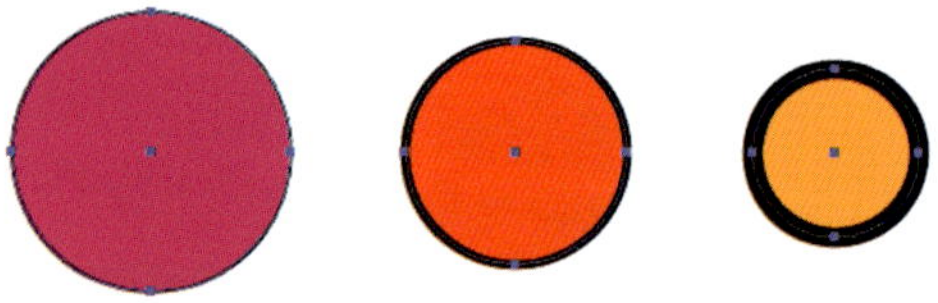

On a aligné ces trois objets ci-dessus avec et sans l'option ***Utiliser les limites d'aperçu****.*

LES DISTRIBUTIONS D'OBJETS ET D'ESPACES

La répartition sur le plan de travail

Si l'option **Aligner sur le plan de travail** est activée, les objets sélectionnés se répartissent d'un bord à l'autre des limites du document.

L'espacement entre les points des objets

Le réglage d'espacement s'effectue en deux étapes :

1. Saisissez la valeur d'espace dans la case de la troisième ligne d'icônes du panneau **Alignement** (affichée par le menu local).
2. Cliquez sur l'objet clé, puis sur l'icône de distribution : si la valeur est auto, la sélection devra comporter au moins trois tracés et l'espace (entre les centres ou , ou les bords des objets verticaux ou , ou horizontaux ou) correspondra à une répartition régulière.

Sans objet clé, ce sont les tracés aux extrémités qui ne bougent pas, alors que les intermédiaires se répartissent dans l'espace central selon le critère défini par l'icône du panneau **Alignement** ou **Contrôle**.

L'espacement entre les objets

La dernière ligne du panneau **Alignement** sert à régler l'espace entre objets. Avec **auto**, il y a répartition uniforme de l'espace, mais vous pouvez spécifier une valeur positive, négative ou nulle (dans ce cas, les objets se juxtaposent). Pour appliquer cet espacement, vous devez opérer en deux étapes :

1. Cliquez sur l'objet qui doit rester fixe pour le définir comme objet clé : il s'encadrera et la case d'espacement deviendra active ;
2. Saisissez la valeur d'espacement (avec l'unité voulue). Vous pouvez utiliser les touche fléchées pour la modifier ;
3. Cliquez sur l'icône ou pour appliquer l'alignement souhaité.

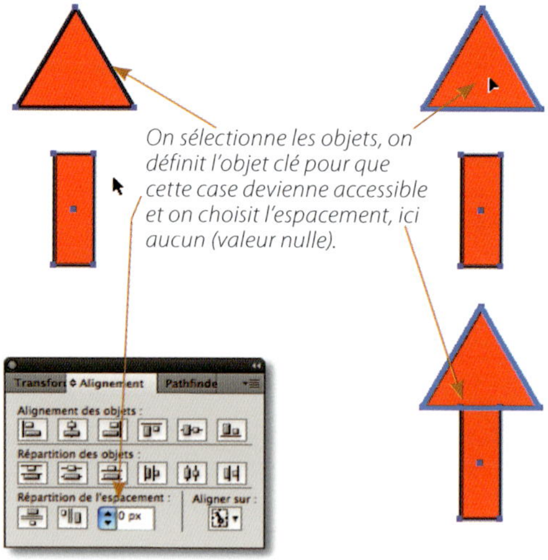

On sélectionne les objets, on définit l'objet clé pour que cette case devienne accessible et on choisit l'espacement, ici aucun (valeur nulle).

Les déplacements et les copies d'objets

Le déplacement manuel

LE DÉPLACEMENT À L'AIDE DE LA SOURIS

Pour déplacer un tracé, sélectionnez-le avec l'outil **Flèche noire**, pressez sur son fond ou son tracé (s'il n'a pas de fond) et glissez-le. Vous pouvez alors, mais pas avant sous peine de désélection, ajouter la touche ⇧ pour contraindre le déplacement horizontalement, verticalement ou à 45°.

Le masquage du cadre de sélection

Quand on sélectionne un objet avec l'outil **Flèche noire** en vue de le déplacer, le cadre de sélection s'affiche autour de l'objet ; sa présence est gênante quand on souhaite le déplacer en partant d'un point superposé aux poignées du cadre pour bénéficier du magnétisme des points. Pour cacher ce cadre, utilisez la commande **Masquer le cadre de sélection** du menu **Affichage** (au clavier, ⇧⌘B [⇧Ctrl B]) ; relancez cette commande pour le réafficher.

Le magnétisme et le déplacement

L'option **Magnétisme du point** du menu **Affichage** (active par défaut) facilite certains déplacements. En effet, si vous glissez une sélection à partir de l'un de ses points (la flèche y est ▶▫ ou ▷▫), dès que la flèche (▶) arrive sur un autre point (du même objet ou d'un autre) ou sur un repère, elle devient blanche (▷) pour indiquer la superposition ; elle reste noire (▶) s'il n'y a pas superposition.

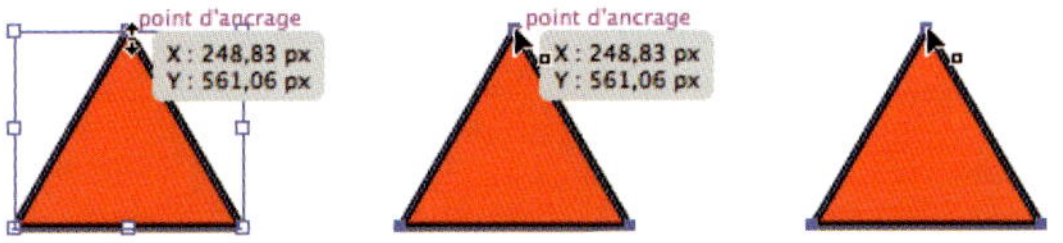

Cadre de sélection avec le pointeur sur un point d'ancrage. *Cadre de sélection masqué avec le pointeur sur un point.* *Cadre de sélection masqué et repères commentés désactivés.*

Les repères commentés et le déplacement

Si vous affichez les **Repères commentés** (menu **Affichage** ou ⌘U [Ctrl U]), lors d'un déplacement manuel, des repères indiqueront des alignements avec certains points des tracés voisins et le pointeur changera également de couleur (▷ dX : 0 px dY : 30 px).

Lors du déplacement de cet objet, l'alignement des centres est indiqué par ce repère commenté (vert).

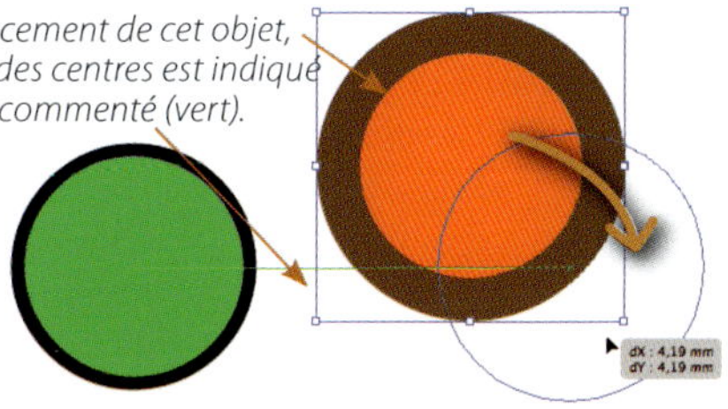

ASTUCE *Dans les préférences, à la rubrique **Repères commentés**, vous pouvez spécifier quels repères doivent s'afficher ainsi que leur couleur (verte par défaut).*

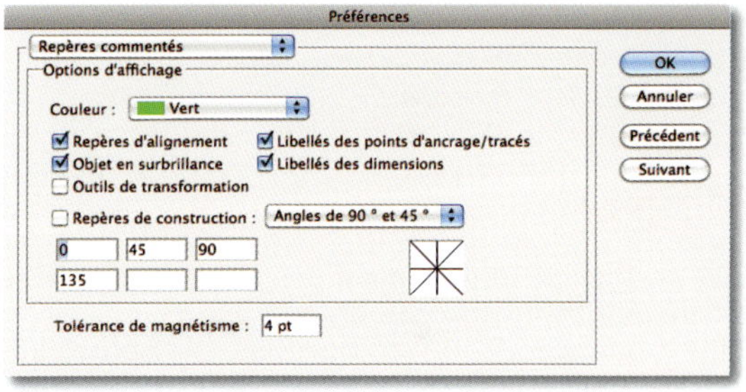

Les préférences d'affichage des repères commentés.

LE DÉPLACEMENT AU CLAVIER

Chaque frappe d'une touche fléchée du clavier déplace le dessin sélectionné dans la direction indiquée par la flèche gravée sur la touche. La valeur du déplacement se fixe dans les **Préférences Générales** (menu **Illustrator** [Édition]), à la rubrique **Incréments clavier**. Il est possible d'entrer une valeur avec une unité autre que celle en cours.

ASTUCE *Si vous utilisez les touches fléchées, en ajoutant ⇧, l'incrément de déplacement est multiplié par 10.*

Le déplacement avec des valeurs

Si le déplacement de l'objet (ou d'une partie de celui-ci) doit se faire selon une valeur précise, Illustrator propose trois façons d'obtenir cette précision : par les panneaux **Contrôle** ou **Transformation**, par la commande **Déplacement** et par la commande **Transformation répartie**.

LE DÉPLACEMENT PAR LES PANNEAUX CONTRÔLE OU TRANSFORMATION

Une fois la sélection réalisée, les cases (X et Y) du panneau **Contrôle** (ou **Transformation** affiché par ⇧F8 ou par clic sur X ou Y) indiquent les coordonnées du point de référence de la sélection ; ce dernier est noir sur l'icône ▦ et se désigne par clic sur l'un de ses points.

ASTUCE *Si la sélection comporte plusieurs objets, le panneau* ***Contrôle*** *affiche également des icônes d'alignement.*

Une fois la case X ou Y activée (par double-clic sur la valeur en cours ou triple clic pour sélectionner l'unité avec la valeur), saisissez la nouvelle valeur et validez en tapant ↵ pour voir se déplacer la sélection. Vous pouvez effectuer des opérations (+, -, *, /) avec la valeur en cours, utiliser les icônes ⬍ ou encore, les touches Flèches vers le haut ou vers le bas du clavier. Dans les deux cas, l'incrément est d'une unité (par défaut, le point) ; pour changer d'unité, tapez plusieurs fois ⇧⌥⌘U [⇧Alt Ctrl U].

ASTUCE *Si vous validez la valeur saisie en tapant ⇧↵, la case reste active pour recevoir une autre valeur : vous obtenez comme une sorte de test.*

LE DÉPLACEMENT PAR LA COMMANDE DÉPLACEMENT

Quand une sélection est affichée, vous pouvez la déplacer par la commande **Déplacement** ; sa fenêtre de réglages s'affiche par double-clic sur un outil **Flèche** (panneau **Outils**) ou en tapant V ou A (pour activer l'outil **Flèche**) puis ↵ ; vous pouvez aussi lancer **Déplacement** par le menu **Objet/Transformation** (ou contextuel) ou son raccourci ⇧⌘M [⇧Ctrl M].

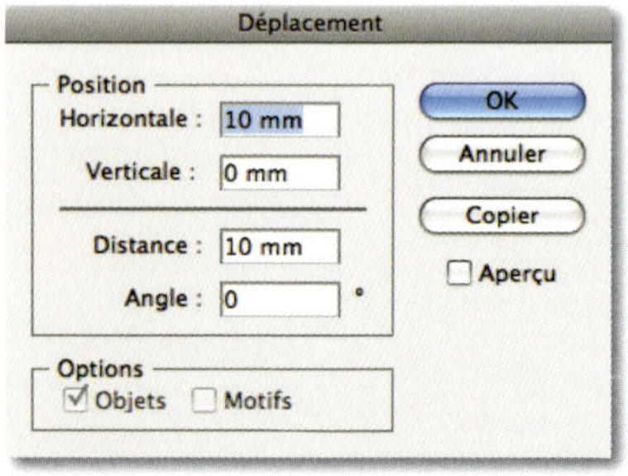

La commande de ***Déplacement*** *(accessible de multiples façons).*

ASTUCE *La validation du déplacement s'obtient en tapant ↵ ; pour une copie, il est possible de valider en tapant ⌥↵ [Alt ↵], mais cette solution n'est envisageable que si la case* ***Aperçu*** *n'est pas cochée.*

Pour inverser le sens du déplacement, entrez un signe (–) avant la valeur (pour l'angle ou la distance). Par défaut, le déplacement se fait vers la droite et vers le haut, mais il peut être différent si les axes ont été inclinés (**Préférences/Générales**, ⌘K [Ctrl K]).

LE DÉPLACEMENT PAR TRANSFORMATION RÉPARTIE

Il s'agit également d'une commande du sous-menu **Transformation** (menu **Objet**) qui propose, entre autres, une option de déplacement de même style que celle de la fenêtre de **Déplacement** mais avec d'autres possibilités dont nous reparlerons plus loin.

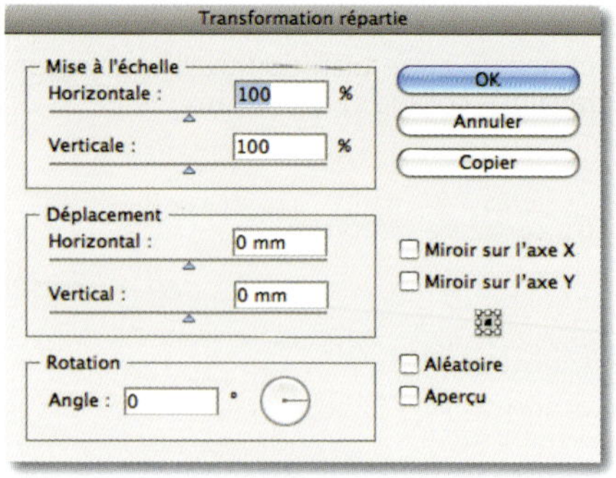

La commande de ***Transformation répartie*** *permet de répartir de déplacement sur chaque objet.*

Les copies de tracés

Il y a deux possibilités pour créer une copie : à partir du menu **Édition** par copier-coller ou par un des déplacements précédemment étudiés réalisés avec la touche ⌥ [Alt] enfoncée.

LE COPIER-COLLER

Pour réaliser un copier-coller, sélectionnez l'élément, lancez **Copier** (⌘C [Ctrl C] ou menu **Édition**), puis une des commandes du menu **Édition** (voir leur description ci-après).

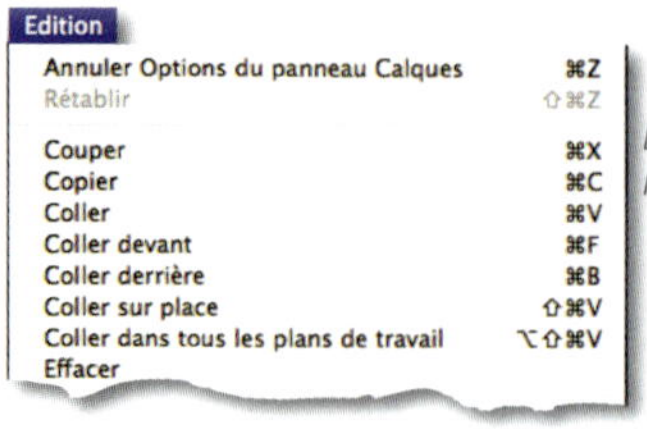

Les différents collages du menu ***Édition****.*

– **Coller** ⌘V [Ctrl V] : l'objet apparaît au centre de l'écran et au premier plan du calque actif (celui qui comporte le petit triangle). Le collage peut se réaliser dans un autre document, voire dans un autre logiciel.

- Coller devant ⌘F [Ctrl F] : l'objet apparaît à la place où il a été copié et au premier plan du calque actif ou au-dessus de la sélection s'il y en a une.
- Coller derrière ⌘B [Ctrl B] : l'objet apparaît à la place où il a été copié, mais à l'arrière-plan du calque actif ou sous la sélection.
- Ai Coller sur place ⇧⌘V [⇧Ctrl V] : sans qu'aucune sélection ne soit nécessaire, l'objet contenu dans le presse-papiers est collé (au premier plan) selon les coordonnées qu'il avait quand il a été copié ou coupé. Son positionnement est défini par rapport au bord supérieur gauche du plan de travail actif (c'est-à-dire l'origine des règles du plan actif).

Si vous sélectionnez un autre plan de travail (par le panneau **Plan de travail**), le collage s'effectue aux mêmes coordonnées, mais par rapport à ce plan.

- Ai Coller dans tous les plans de travail ⇧⌥⌘V [⇧Alt Ctrl V] : l'élément est collé sur tous les plans avec les mêmes coordonnées par rapport à chaque plan.

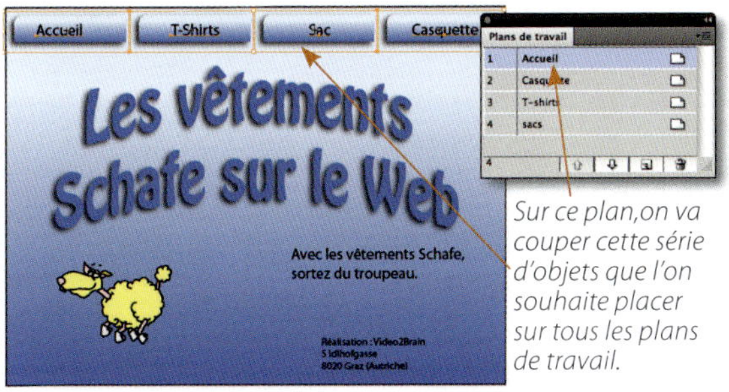

Sur ce plan, on va couper cette série d'objets que l'on souhaite placer sur tous les plans de travail.

*On a lancé **Coller sur tous les plans de travail** : la série d'objets apparaît positionnée au même endroit sur chaque plan.*

> **Attention** *Quand vous réalisez un tel collage, il est préférable de couper l'objet initial plutôt que de le copier, sinon il apparaîtra en double sur le plan où il a été copié.*

> **Astuce** *Pour que le collage s'effectue sans changement de calque (c'est-à-dire sur celui où a été coupé ou copié l'objet), lancez l'option **Coller selon les calques** dans le menu du panneau **Calques** afin qu'elle soit cochée.*

Les formats de collage

L'objet dans le presse-papiers a un format (vectoriel ou bitmap) qui dépend de la destination du collage et des préférences d'Illustrator (**Préférences/Fichiers et presse-papiers**).

> **Attention** *Il ne peut se réaliser vers un logiciel autre qu'Illustrator que si l'option **AICB** n'a pas été décochée (Adobe Illustrator Clip Board) dans les préférences d'Illustrator.*

- **Collage vectoriel** : collé dans Illustrator, InDesign ou Flash, l'objet est au format vectoriel. Son aspect dépend de l'option choisie dans les préférences d'Illustrator.

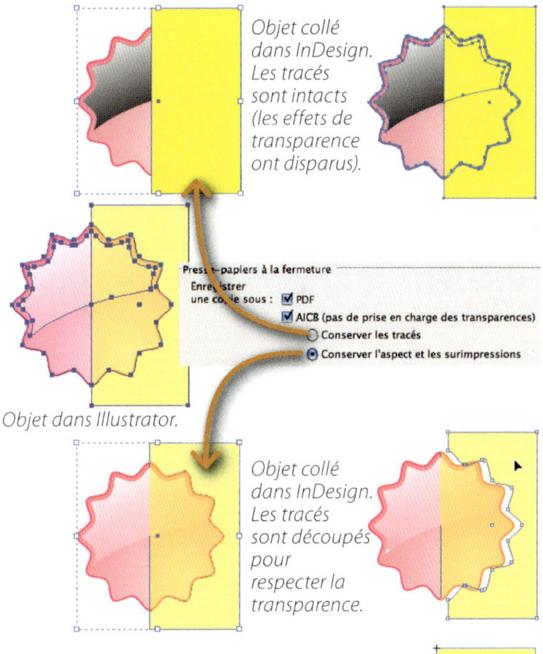

Objet collé dans InDesign. Les tracés sont intacts (les effets de transparence ont disparus).

Objet dans Illustrator.

Objet collé dans InDesign. Les tracés sont découpés pour respecter la transparence.

L'objet collé dans Flash : les tracés ne sont pas découpés et conservent leur transparence. Les options de collage de Flash.

– **Collage vectoriel ou pixellisé** : dans Photoshop, une fenêtre propose le choix au collage (uniquement si l'option **AICB** est cochée dans les préférences d'Illustrator) : en pixel (**Pixels**), en vectoriel (**Tracé** ou **Calque de forme**) ou en **Objet dynamique**, c'est-à-dire vectoriel, mais qui reste éditable dans Illustrator par double-clic sur la vignette du calque contenant l'objet.

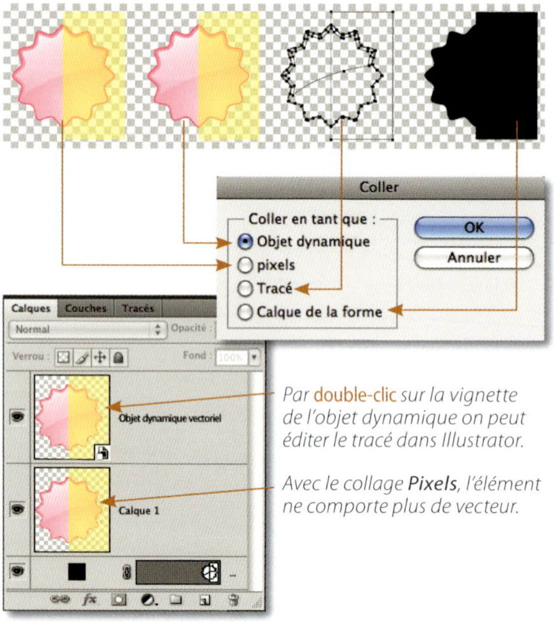

Par double-clic sur la vignette de l'objet dynamique on peut éditer le tracé dans Illustrator.

*Avec le collage **Pixels**, l'élément ne comporte plus de vecteur.*

Le collage (pixellisé) vers XPress

Après avoir sélectionné un bloc-image, le collage s'effectue à 72 ppp. Pour pallier ce problème, dans Illustrator, agrandissez l'objet à 420 % (en effet, 72 × 4,2 ≈ 300), effectuez le copier-coller vers XPress puis réduisez la taille de l'image collée à 24 % afin de faire passer la résolution de 72 à 300 ppp.

Le transfert par glisser-déposer

Pour utiliser un tracé d'Illustrator dans un autre logiciel, vous pouvez utiliser le **glisser-déposer**. Ce transfert vers Photoshop s'effectue sous forme vectorielle en tant qu'objet dynamique ; pour y transférer un tracé de travail, enfoncez la touche ⌘ [Ctrl]. Dans InDesign, l'aspect des tracés dépend du réglage des préférences d'Illustrator.

Astuce *Le glisser-déposer sur le bureau (Mac) permet de créer un fichier (nommé **extrait graphique**) qui pourra être glissé dans une autre application ultérieurement.*

La copie manuelle

Effectuez une sélection (enfoncez ⌘ [Ctrl] si elle a été réalisée avec le lasso), commencez à la glisser puis enfoncez ⌥ [Alt] : la flèche se dédouble (▶) et une copie du tracé apparaît ; éventuellement, enfoncez ⇧ pour obtenir un déplacement horizontal, vertical (ou à 45°).

Attention *Dans le cas d'une sélection partielle, celle-ci ayant été réalisée avec l'outil **Flèche blanche**, il est impératif de commencer par glisser la sélection avant d'enfoncer ⌥ [Alt]. En effet, si ⌥ [Alt] est enfoncée trop tôt, cela aura pour effet de convertir l'outil **Flèche blanche** en **blanche +** et donc de sélectionner puis copier l'ensemble du tracé.*

Astuce *Si la sélection est réalisée avec l'outil **Flèche noire**, le cadre de sélection s'affiche : glissez la sélection sans partir d'une poignée de ce cadre car vous risqueriez alors de changer la taille de l'objet. Vous pouvez aussi taper A pour activer l'outil **Flèche blanche** : le cadre disparaîtra.*

La copie programmée

Si la copie doit apparaître à un endroit précis, utilisez la commande **Déplacement** ou le panneau **Contrôle** (ou **Transformation**, éventuellement affichée en cliquant sur X ou Y). Le principe est identique aux déplacements mais il faut cliquer sur **Copier** (commande **Déplacement**) ou valider par ⌥↵ [Alt ↵] (panneau **Contrôle** ou **Transformation**).

Les déplacements et copies répartis

Ils se réalisent par le menu **Objet/Transformation** puis **Transformation répartie**, ou par le menu **Effet/Distorsion et transformation** puis **Transformation**).

Les déplacements et copies par le menu Objet

Transformation répartie (menu **Objet** ou au clavier ⇧⌥⌘D [⇧Alt Ctrl D]) permet avec une sélection de plusieurs objets non associés, de provoquer un déplacement à la manière de la fenêtre de **Déplacement** ou du panneau **Contrôle**.

Cette commande offre également la possibilité d'activer l'option **Aléatoire** qui provoque des déplacements différents pour chaque objet. Ce déplacement est mesuré par rapport au centre de l'objet ou par rapport à l'un des points de références désigné en cliquant sur l'icône ▦. Vous pouvez prévisualiser avant d'appliquer le déplacement ; n'oubliez pas de cliquer sur **Copier** pour garder l'original sur place.

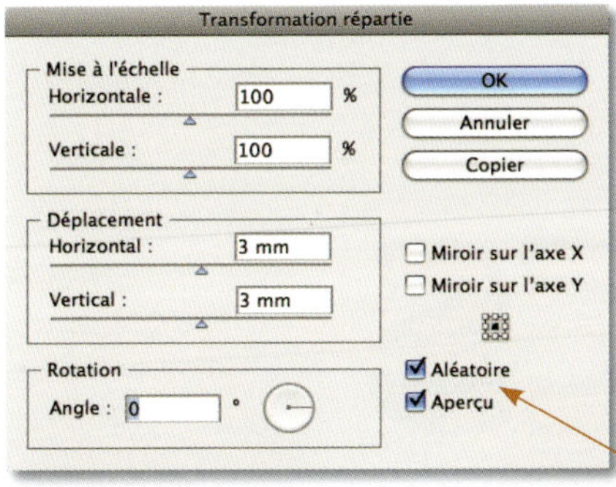

Les tracés originaux et les tracés déplacés avec l'option Aléatoire.

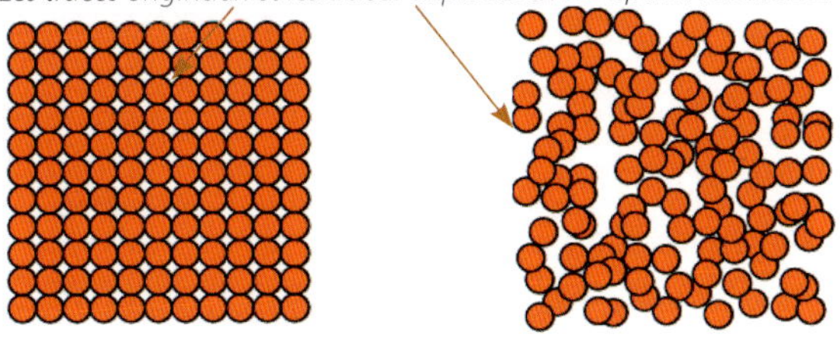

Les copies multiples par le menu Effet

Il est possible d'obtenir plusieurs copies d'un objet (de son fond et/ou de son contour) à partir de la commande **Transformation** (**Effet/Distorsion et transformation**).

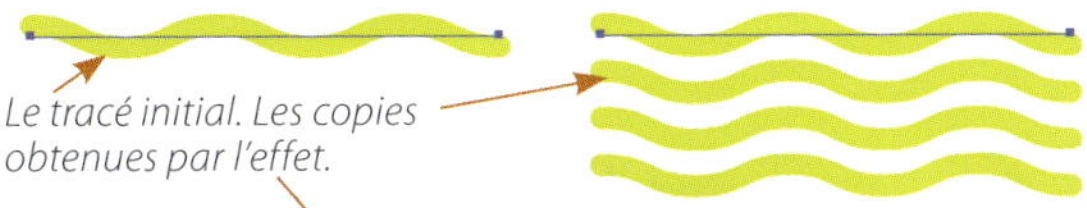

Le tracé initial. Les copies obtenues par l'effet.

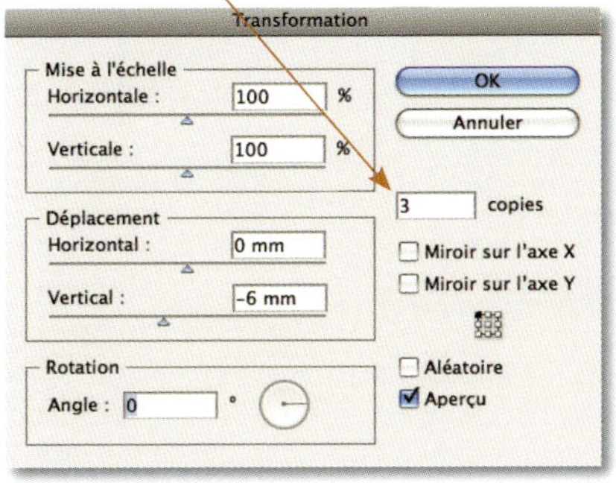

Comme avec l'ensemble des commandes du menu **Effet** (*voir le chapitre sur les aspects*), l'utilisation de la commande **Transformation** présente quelques avantages :

– le résultat n'est pas définitif (sorte de copies « virtuelles ») : on peut le changer à tout instant à partir du panneau **Aspect**, celui-ci donne accès à la fenêtre d'options de la transformation (par clic sur le nom de l'effet) pour régler le nombre de copies ou leur déplacement ;

– l'objet initial garde sa structure et il reste le seul sélectionnable et modifiable : si vous modifiez son tracé, toutes les copies le seront. Pour accéder à chaque copie séparée, il faudra décomposer l'objet (menu **Objet/Décomposer**) ;

– Depuis la version CS4, il est possible de cacher l'effet (pour masquer les copies), pour cela, il suffit de cliquer sur l'œil situé devant le nom de l'effet dans le panneau **Aspect** (on réaffiche l'œil en cliquant à nouveau dessus).

En cliquant sur le nom de l'effet, on affiche ses options. En cliquant sur cet œil on masque l'effet.

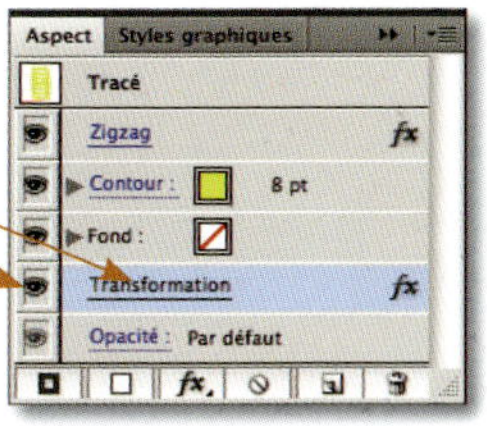

Les copies sur place

Il s'agit d'une copie superposée à l'original, comme elle apparaît sélectionnée, aucun changement n'est visible à l'écran. Elle se réalise selon différentes méthodes.

La copie sur place par copier-coller

Ce type de copie a été évoqué dans les pages précédentes ; rappelons que vous disposez de trois commandes dans le menu **Édition** : **Coller devant**, **Coller derrière** et **Coller sur place**.

La copie sur place par les calques

Le menu du panneau **Calques** possède une commande de duplication (**Dupliquer le calque...**) qui permet, une fois le calque-objet sélectionné, d'obtenir sa copie. Ce dernier peut être repositionné dans le plan voulu par glissement dans le panneau **Calques** (voire être placé vers un autre calque).

La copie sur place par le panneau Aspect

Pour réaliser certaines colorations comportant des superpositions, vous aurez besoin d'une copie du fond de l'objet ou de son contour.

Cette opération s'effectue à l'aide des icônes situées en bas du panneau **Aspect** par un clic sur [☐] pour ajouter un fond ou sur [■] pour un contour : la copie apparaît au premier plan ; elle peut être modifiée (directement dans le panneau **Aspect**) en vue d'obtenir le résultat voulu ; recolorer, traiter ou transformer par un effet, voire changer de plan (par glissement dans le panneau).

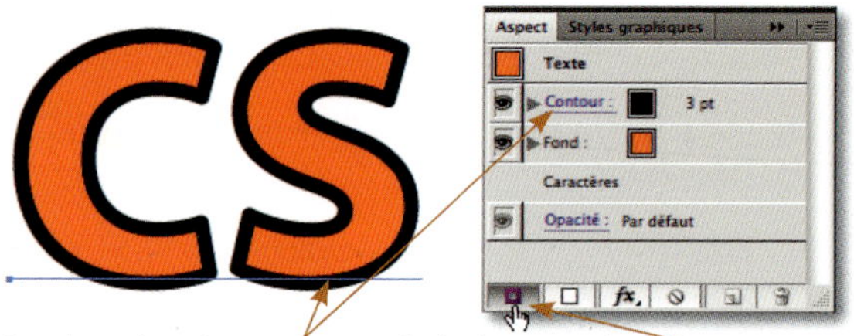

Cet objet n'a qu'un contour, on le duplique en cliquant ici.
On modifie la valeur de la copie pour obtenir ce résultat.

LES COPIES DÉCALÉES (CONTRACTÉES OU DILATÉES)

Elles se réalisent par la commande **Décalage** du sous-menu **Tracé** des menus **Objet** ou **Effet**.

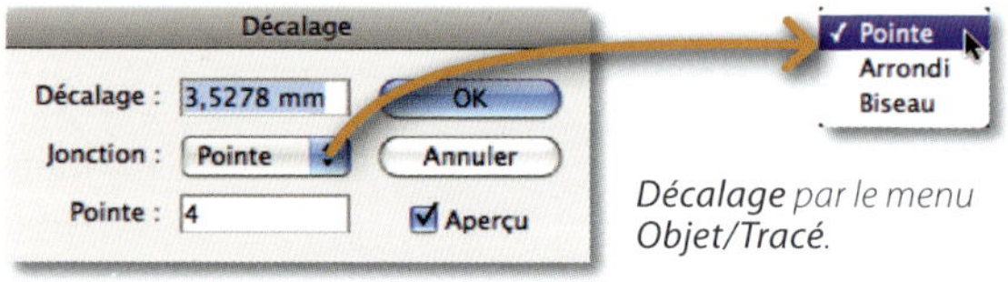

Décalage par le menu Objet/Tracé.

Le décalage par le menu Objet

Les résultats du décalage sont différents si le tracé est fermé ou ouvert.

Le décalage sur un tracé fermé

Avec un décalage positif une forme de plus grande taille apparaît à l'arrière-plan ; s'il est négatif, la forme ajoutée est plus petite et au premier plan (parfois assez différente de celle de départ). L'aspect des sommets du tracé décalé varie selon l'option choisie à la rubrique **Jonction** (**Pointe**, **Arrondi**, **Biseau**).

Le tracé initial.

La copie par décalage positif.

> **ASTUCE** *Le tracé obtenu par **Décalage** peut parfois être utilisé pour réaliser une soustraction sur les objets inférieurs (selon leur nature, ces derniers doivent subir des traitements : vectorisation, conversion en forme combinée…).*

*On a fait une soustraction (avec ⌥ [Alt] enfoncée) sur le texte (vectorisé et converti en forme composée par le menu du panneau **Pathfinder**).*

Le décalage sur un tracé ouvert

Le **Décalage** crée un nouveau tracé fermé, avec deux copies qui entourent le tracé initial et dont les extrémités sont reliées par des droites ou des segments arrondis, selon l'option choisie à la rubrique **Jonction**. Ce tracé fermé est au premier plan si le décalage est positif et à l'arrière-plan s'il est négatif.

> **ASTUCE** *Il est parfois utile de supprimer certaines parties de tracé rajoutées par **Décalage** (celles correspondant aux jonctions), elles doivent être sélectionnées avec l'outil **Flèche blanche**.*

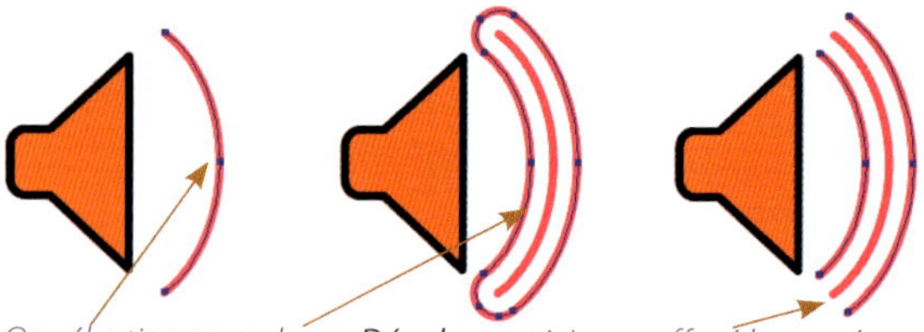

*On sélectionne, on lance **Décalage** et ici on a effacé les tracés arrondis de jonction.*

Le décalage par le menu Effet

Le menu **Effet/Tracé** propose également **Décalage**. Avec une valeur positive, **Décalage** correspond à une dilatation de l'objet ; avec une valeur négative, c'est une contraction.

Pour appliquer un décalage, vous pouvez également opérer directement depuis le panneau **Aspect** dont le bas propose l'icône [fx] qui donne accès à toutes les commandes du menu **Effet**.

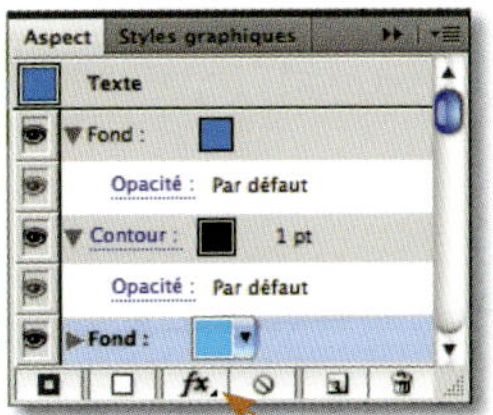

En cliquant sur cette icône, on accède à ce menu.

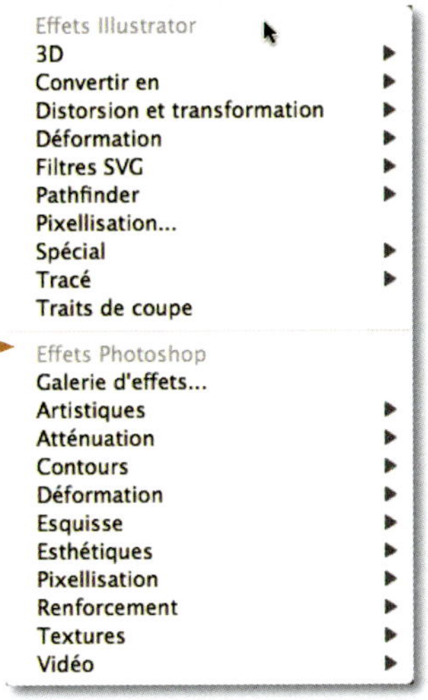

Bien que son aspect puisse changer selon le type de jonction, le tracé garde sa structure initiale et le résultat est modifiable *via* le panneau **Aspect** (le tracé décalé est comme virtuel). Le décalage peut être appliqué à l'ensemble de l'objet (en cliquant sur son nom dans le haut du panneau **Aspect**), ou au fond seul ou au contour seul (à condition de sélectionner l'élément voulu en cliquant sur son nom dans le panneau).

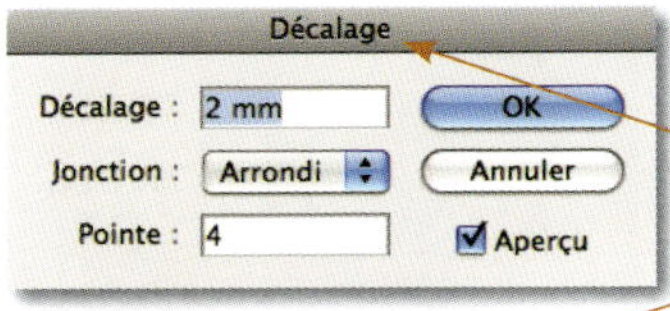

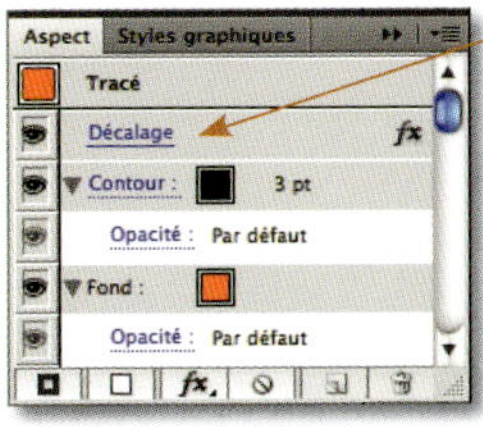

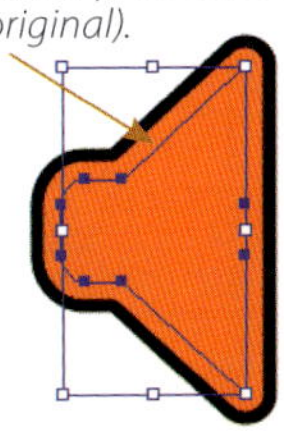

On a appliqué cet effet à l'objet (on peut voir le tracé original).

ASTUCE *Si vous avez appliqué l'effet à l'objet et que vous souhaitiez l'appliquer au fond (ou au contour), depuis le panneau* ***Aspect****, vous pouvez glisser le nom de l'effet sur l'élément voulu (avec ⌥ [Alt] il y aura une copie).*

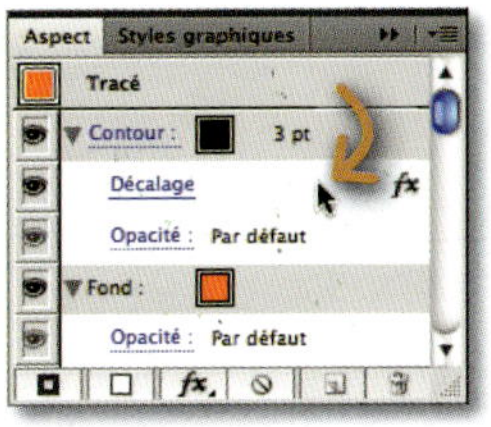

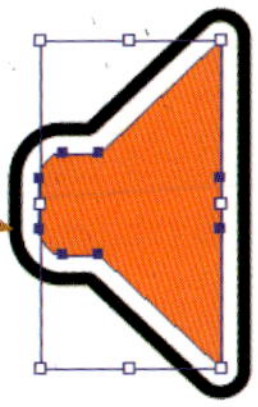

On a glissé l'effet pour qu'il ne s'applique qu'au contour.

Pour créer des effets de superposition de tracé avec des couleurs différentes, commencez dans le panneau **Aspect** par créer une copie du fond (en cliquant sur l'icône [ ] du bas du panneau) ou du contour ([■]) ou des deux, recolorez-le, puis appliquez l'effet de décalage au fond à l'arrière-plan.

Des utilisations de Décalage

Un espace de séparation entre deux parties

On veut créer l'illustration ci-contre : c'est-à-dire un espace transparent entre deux parties d'un tracé.

1. Dessinez le premier tracé (par exemple, une étoile) puis, par-dessus, le tracé qui fera la séparation (cercle, par exemple). Comme le tracé réalisé est fermé, il faut l'ouvrir par un coup de gomme de tracé (celle sous l'outil **Crayon**) pour l'ouvrir.

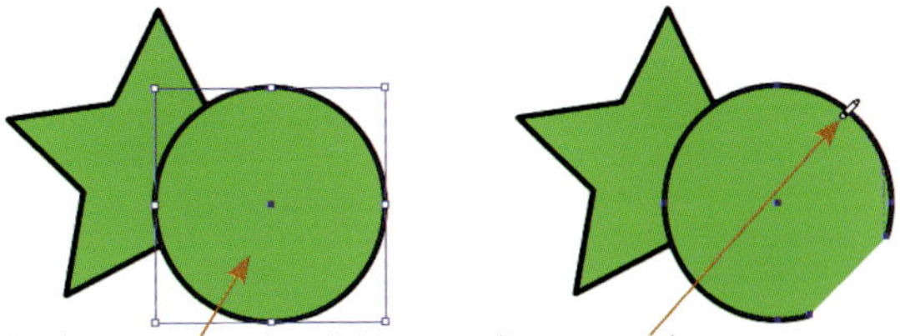

On dessine un tracé sur l'objet et on l'ouvre avec la gomme.

2. Appliquez **Décalage** (menu **Effet** du panneau **Aspect**).
3. Sélectionnez les deux tracés, enfoncez ⌥ [Alt] et choisissez **Soustraction de la forme** dans le panneau **Pathfinder** (avec la version CS4, la touche ⌥ [Alt] est nécessaire pour obtenir une forme composée).

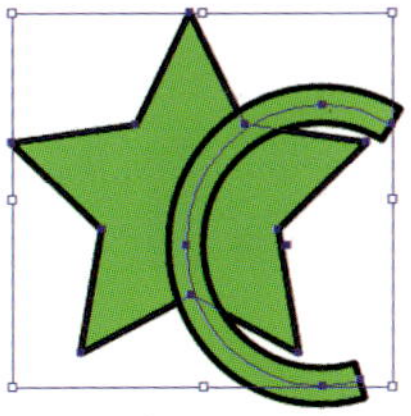

On applique **Décalage** au tracé ouvert.

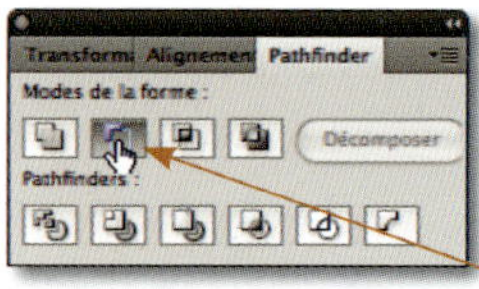

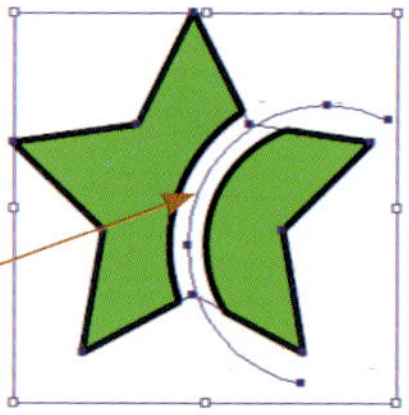

On sélectionne les deux tracés et on applique Soustraction *avec* ⌥ [Alt].

> **ASTUCE** *L'espace ou tracé de séparation fait partie d'une forme composée (nous en parlerons dans un prochain chapitre), son allure est donc modifiable ; de même, le décalage est réglable car appliqué par* **Effet**. *Pour la première, utilisez le crayon par exemple ; pour la seconde, sélectionnez le tracé dans le panneau* **Calques** *et double-cliquez sur* **Décalage** *dans le panneau* **Aspect** *pour réafficher sa fenêtre.*

Un effet de texte « enrobé »

Il s'agit d'un effet classique (*voir ci-dessous le mot « Stop »*) que l'on voit dans de nombreux logos : il montre un texte avec des enveloppes qui suivent ses contours. Voici les étapes de sa construction.

Cet effet est très facile à réaliser avec des décalage de fonds superposés.

1. Saisissez un texte (il est préférable d'utiliser une graisse assez forte) et activez l'outil **Flèche noire**. Dans le panneau **Aspect**, cliquez deux fois sur l'icône [☐] pour ajouter deux nouveaux fonds. Choisissez des couleurs différentes pour ces deux fonds (comme ils sont superposés, seule la couleur de celui du dessus est visible). Colorez le contour.

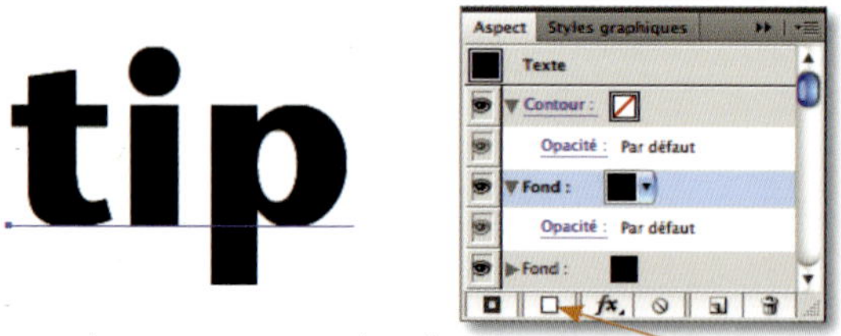

On saisit le texte et on ajoute deux fonds en cliquant ici.

On change les couleurs des fonds et on règle le contour.

2. Sélectionnez le fond inférieur et appliquez-lui un décalage avec une **Jonction** de type **Arrondi**. Procédez en augmentant progressivement la valeur : celle-ci ne doit être ni trop petite ni trop grande, sans quoi des parties intérieures de certaines lettres ne seront pas colorées.

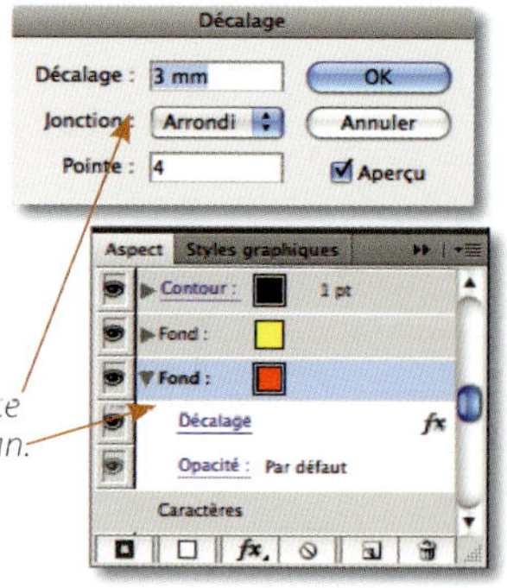

Pour obtenir ceci, on applique ce décalage au fond à l'arrière-plan.

3. Si l'enveloppe obtenue n'est pas assez grande, copiez ce fond décalé (en cliquant sur son nom puis sur l'icône [⧉] du panneau **Aspect**) et augmentez la valeur de **Décalage** par double-clic sur son nom dans le panneau **Aspect**.

4. Pour ajouter un contour extérieur, copiez encore une fois le fond (par clic sur [⧉]), glissez-le à l'arrière-plan (en bas de la liste dans le panneau **Aspect**), changez sa couleur et augmentez très légèrement la valeur de décalage.

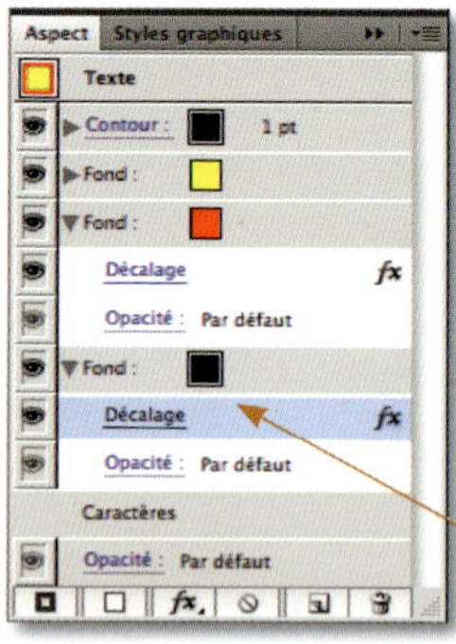

Pour créer ce contour, dans le panneau Aspect*, on a copié un fond, changé la couleur et augmenté le décalage.*

> **NOTE** *Dans l'exemple précédent, le texte n'a pas été vectorisé et reste modifiable (saisie ou typographie) ; cependant, un ajustement des valeurs de décalage peut être nécessaire.*

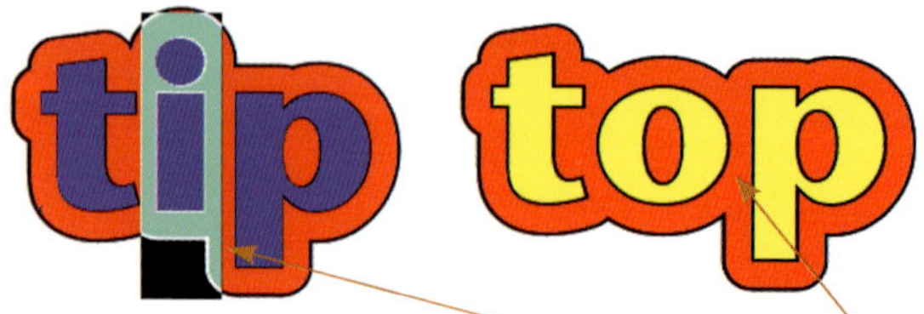

Le texte n'est pas vectorisé, on peut le sélectionner et modifier la saisie.

5. Pour réutiliser cet effet sur un autre texte, affichez le panneau **Styles graphiques** et cliquez sur l'icône pour créer un style graphique. Par la suite, il suffira de glisser ce style sur un texte (de taille correcte) pour lui appliquer l'effet.

On a créé un style graphique que l'on prévisualise avec l'option d'aperçu d'Illustrator.

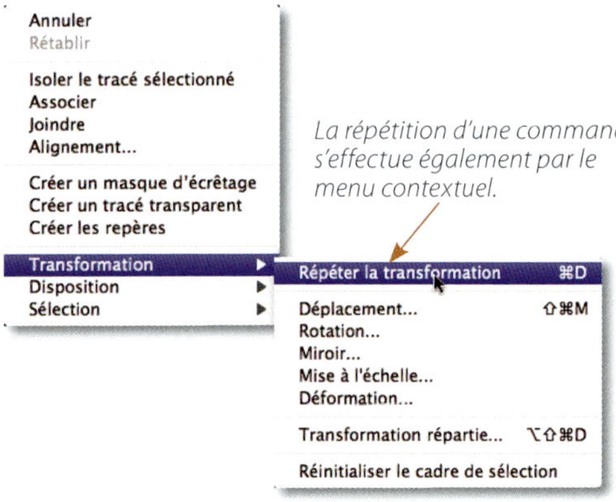

La répétition d'une commande s'effectue également par le menu contextuel.

La répétition d'une commande

La commande Répéter

La commande **Répéter** du sous-menu **Transformation** (menu **Objet**) permet d'effectuer une nouvelle fois la dernière opération effectuée (la répétition ne s'applique pas à certaines opérations). Une fois la répétition terminée, vous pouvez l'annuler (⌘Z) ou la répéter à nouveau. La répétition s'obtient au clavier en tapant ⌘D [Ctrl D], elle peut aussi se réaliser directement sur l'écran à partir du menu contextuel.

La répétition d'une copie

Après avoir effectué la copie d'un dessin (avec ⌥ [Alt] ou par la fenêtre **Déplacement**), répétez la copie en tapant ⌘D [Ctrl D]. La dernière copie se trouve toujours au premier plan.

Note *La commande de répétition est applicable à toutes les manipulations que vous pouvez réaliser à partir du sous-menu **Transformation** (menu **Objet**) : déplacement, mise à l'échelle, rotation…*

Les transformations d'objets

Les types de transformations

On distingue plusieurs types de transformation : la **mise à l'échelle**, la **rotation**, la **symétrie**, l'**inclinaison** et la **transformation manuelle** (cette dernière permet l'ensemble des transformations précédentes). Certaines s'effectuent à l'aide d'un outil spécifique, d'une fenêtre de transformation ou à partir du cadre de transformation qui entoure l'objet.

Astuce *Avant de lancer une transformation, vérifiez l'étendue de la sélection : si des points ne sont pas sélectionnés, la déformation ne sera que partielle ; dans ce cas, enfoncez ⌘ [Ctrl] et étendez la sélection à tout l'objet.*

Nous allons passer en revue les différentes transformations en commençant par celle qui regroupe la plupart des autres : la transformation manuelle.

La transformation manuelle

Les différentes possibilités

Quand vous activez l'outil **Transformation manuelle** (en tapant E par exemple), la sélection s'entoure d'un cadre de transformation muni de huit poignées comme lors d'une sélection avec la **Flèche noire**. Cependant, les possibilités ne se limitent pas à la mise à l'échelle et à la rotation car il est possible d'obtenir une inclinaison, une perspective ou une déformation.

Ces trois dernières transformations nécessitent l'ajout de certaines touches dans un ordre précis :

1. On presse (sans glisser) sur une poignée ;
2. On enfonce la touche et on glisse la poignée.

Le tableau qui suit indique toutes les transformations.

Transformation manuelle	1. Poignée utilisée	2. Touche enfoncée	Aspect de l'outil	Contraintes pendant le glissement de l'outil
Mise à l'échelle	Poignée latérale	Aucune		⌥ [Alt] => transformation centrée.
	Poignée d'angle	Aucune		⌥ [Alt] => transformation centrée. ⇧ => homothétie.
Rotation	Hors du cadre	Aucune	ou	⇧ => angle multiple de 45°.
Inclinaison	Poignée latérale	⌘ [Ctrl]		⌥ [Alt] => transformation centrée. ⇧ => conserve la largeur ou la hauteur initiale.
Perspective*	Poignée d'angle	⇧ ⌥ ⌘ [⇧ Alt Ctrl]		
Déformation*	Poignée d'angle	⌘ [Ctrl]		⇧ => conserve la largeur ou la hauteur initiale.

* Ces transformations ne s'appliquent pas à un texte (non vectorisé) ni à un symbole. Pour pallier cet inconvénient, on pourra appliquer l'effet **Distorsion manuelle** du menu **Effet/Distorsion et transformation**.

On presse sur la poignée. *On enfonce ⌘ [Ctrl]…* *… et on glisse pour faire une inclinaison.*

LES OPTIONS DE MISE À L'ÉCHELLE : CONTOUR ET EFFET

Si un contour ou un effet (du menu **Effet**) sont affectés à l'objet, ces derniers seront modifiés lors de la transformation si vous avez activé **Mise à l'échelle des contours et des effets** dans le menu local du panneau **Transformation** (ou dans les **Préférences Générales**).

NOTE *Une fois l'option **Mise à l'échelle des contours et des effets** activée (coche visible), elle le reste pour les autres commandes de **Mise à l'échelle** (panneau et outil).*

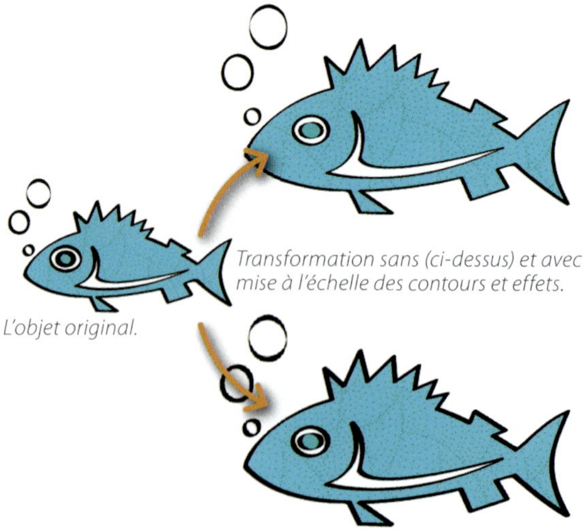

Transformation sans (ci-dessus) et avec mise à l'échelle des contours et effets.

L'objet original.

La symétrie avec transformation manuelle

Pour obtenir une symétrie, procédez comme pour une mise à l'échelle et amenez la poignée choisie au-delà de celle située sur l'angle ou sur le côté opposé. Pour une symétrie centrée, ajoutez la touche ⌥ [Alt].

La copie avec transformation manuelle

Avant de réaliser une transformation, vous pouvez créer une copie qui subira la déformation. Pour cela, tapez ⌘C [Ctrl C] puis ⌘B [Ctrl B] pour placer la copie derrière l'original et ⌘F [Ctrl F] si elle doit être devant. Vous pouvez également utiliser la commande **Coller sur place**.L'outil **Transformation manuelle** couvre la majorité des besoins lors du travail des tracés. Cependant, si vous souhaitez placer l'axe de transformation à un endroit précis du document ou si la transformation nécessite des valeurs précises, vous devrez avoir recours aux outils et aux commandes de transformations qui vont être décrites maintenant.

Les transformations par les outils

Les quatre outils de transformation

Il s'agit des outils :

- Rotation : (R) ;
- Mise à l'échelle : (S) ;
- Miroir : (O) ;
- Déformation : .

Une fois effectuée la sélection de l'objet avec la **Flèche noire**, activez l'outil voulu : un axe (⟡) centré sur la sélection apparaît et la souris prend la forme d'une croix en pointillés ⁺. Vous disposez alors de trois méthodes pour transformer la sélection.

Le tableau ci-dessous indique ces trois méthodes.

Astuce *Si vous faites une transformation manuelle par glissement de la souris avec ⌥ [Alt], il y a une copie (le curseur l'indique) ; il en est de même, si vous cliquez sur **Copier** dans la fenêtre de dialogue de l'outil. Dans les deux cas, la répétition de cette copie s'obtient en tapant ⌘D [Ctrl D], une ou plusieurs fois si vous voulez plusieurs copies.*

Les rotations

Exemple de rotations manuelles répétées :

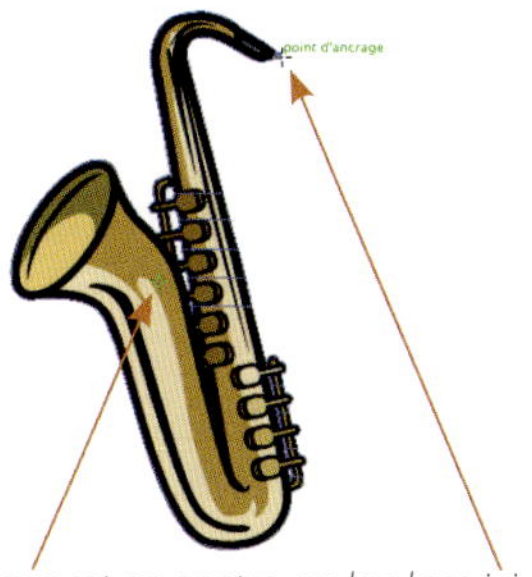

L'axe est au centre, on le place ici.

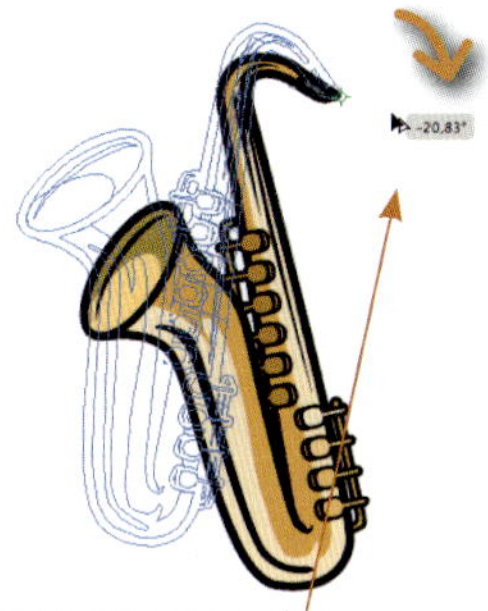

On s'écarte et on glisse avec ⌥ [Alt] pour copier.

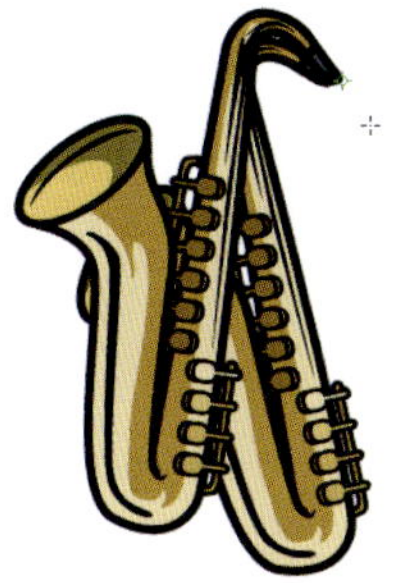

On obtient la première copie.

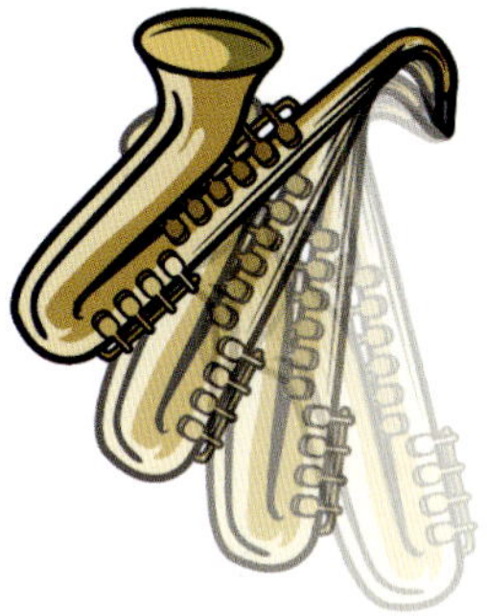

On répète la copie en tapant ⌘D [Ctrl D] (puis réduit l'opacité).

Type de transformation	Méthode	Contraintes pendant la transformation
Manuelle	1. Cliquez pour placer l'axe (ou glissez l'axe ⟡ à l'endroit voulu). 2. Écartez le curseur de l'axe puis glissez la souris.	⇧ => rotation à angle multiple de 45°, mise à l'échelle homothétique, déformation sur un seul axe. ⌥ [Alt] => copie de l'objet transformé.
Paramétrée avec axe au centre de la sélection	Double-cliquez dans l'outil pour afficher la fenêtre de réglages.	Dans la fenêtre de réglages de la transformation, il est possible de spécifier si la transformation doit s'appliquer à l'objet seul, aux motifs ou aux deux.
Paramétrée avec axe positionné manuellement	Enfoncez ⌥ [Alt] et cliquez sur l'écran pour placer l'axe et afficher la fenêtre de réglages. Saisissez les valeurs.	

Exemple de rotations paramétrées répétées :

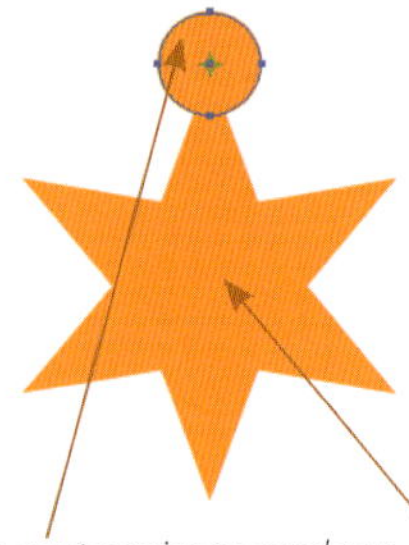

On veut copier ce cercle en plaçant l'axe au centre de l'étoile.

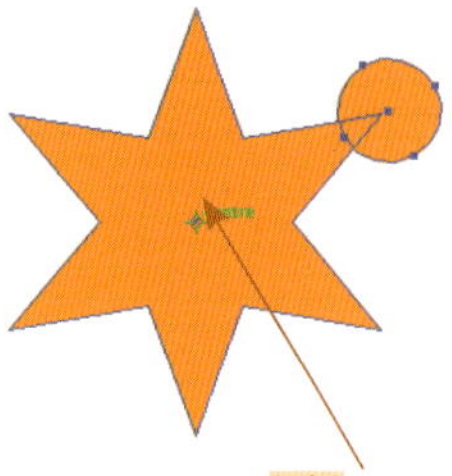

On clique avec ⌥ [Alt] ici.

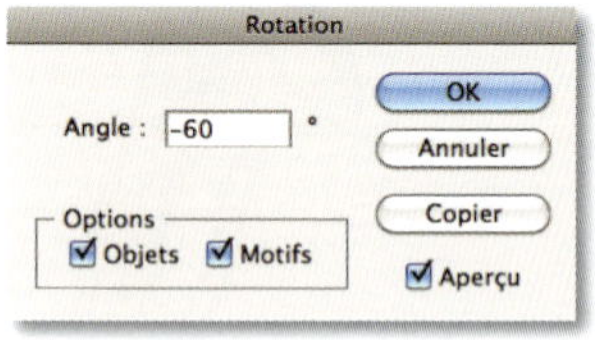

La fenêtre de paramétrage de la rotation apparaît : on y règle l'angle.

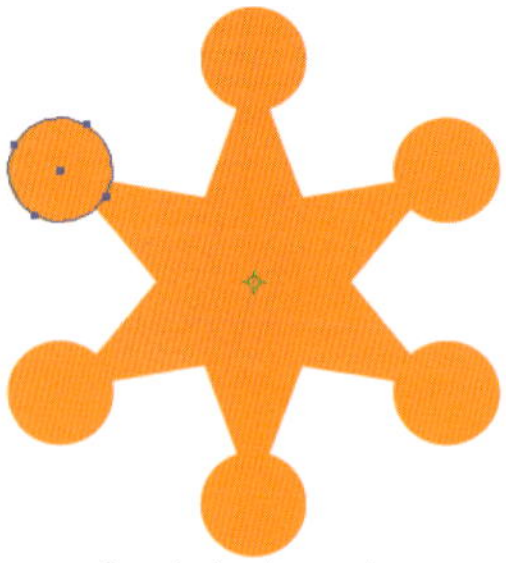

On répète la copie en tapant ⌘D [Ctrl D].

ASTUCE *Lors du placement de l'axe, vous pouvez afficher les repères commentés pour faciliter son positionnement.*

LES MISES À L'ÉCHELLE 

Lors d'une mise à l'échelle, Illustrator peut adapter les effets appliqués et les épaisseurs du tracé à la nouvelle taille de l'objet ; c'est-à-dire que, lors d'un agrandissement, l'effet et/ou l'épaisseur augmentent dans le même pourcentage (ou diminuent lors d'une réduction). Le choix de l'adaptation pour les transformations manuelles s'effectue dans les Préférences/Générales (⌘K [Ctrl K]) en cochant ou non l'option Mise à l'échelle des contours et des effets.

NOTE *Vous pouvez activer l'option **Mise à l'échelle des contours et des effets** à partir du menu du panneau **Transformation**.*

Le choix de mise à l'échelle des effets et contours s'effectue directement dans la fenêtre de dialogue de l'outil pour une mise à l'échelle paramétrée.

NOTE *Quand un objet a un style graphique, s'il subit une transformation avec l'option **Mise à l'échelle...** activée, il permet le style qui lui était affecté. Il faudra lui réaffecter le style pour réinitialiser ses contours ou effets.*

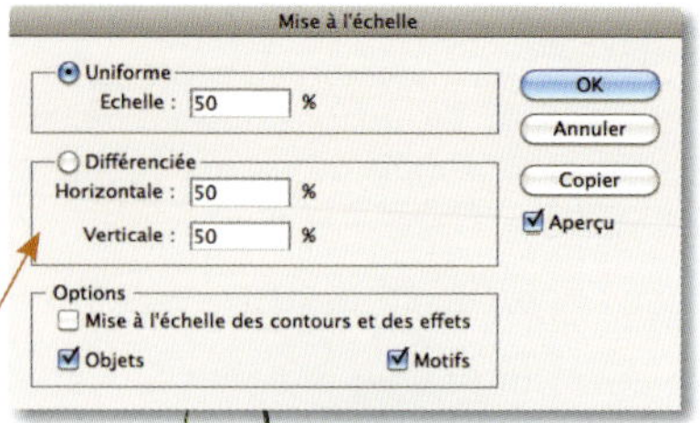

Pour obtenir cette fenêtre et placer l'axe, on a enfoncé ⌥ [Alt] et cliqué ici.

On obtient cette copie.

La copie sans et avec mise à l'échelle des contours (ici réduction).

ASTUCE *Pour réduire (ou agrandir) les contours et les effets d'un objet sans modifier ce dernier, vous pouvez utiliser l'astuce suivante :*

- *utilisez une première fois la mise à l'échelle programmée en transformant avec l'option **Mise à l'échelle des contours et des effets** cochée : l'objet et ses contours seront alors modifiés.*
- *relancez une seconde fois la transformation en décochant l'option et en programmant une transformation inverse pour rétablir la taille de l'objet.*

À l'instar des effets et contours, vous devez cocher la case Motifs lors d'une transformation paramétrée pour l'appliquer aux motifs contenus dans l'objet. Pour activer cette option, cochez Transformation de points dans les Préférences/Générales ; le motif sera également modifié lors d'une transformation manuelle.

LES SYMÉTRIES

L'outil **Miroir**, utilisé manuellement, fonctionne différemment des autres outils de transformation : en effet, il faut effectuer deux clics pour obtenir une symétrie ; si vous glissez la souris, l'outil fonctionnera comme l'outil **Rotation**. Pour obtenir une copie, après le premier clic, quand l'outil devient ▶, enfoncez la touche ⌥ [Alt] (l'outil devient ▶) et effectuez le second clic. Cet outil s'utilse plus fréquemment avec la fenêtre de dialogue (affichée par ⌥ [Alt] clic).

*La fenêtre **Miroir** affichée par ⌥ [Alt] clic ici.*
Avec la copie, on obtient le résultat ci-dessous.

ASTUCE *Quand vous effectuez une symétrie avec un objet possédant un motif, celui-ci subit l'effet de miroir si la case **Motifs** est cochée dans la fenêtre de **Miroir**. Vous pouvez gérer cette option dans les **Préférences Générales** (en cochant **Transformations des points**) ou dans le menu du panneau **Transformation**.*

LES DÉFORMATIONS

Lors d'une déformation manuelle, le sens du déplacement ainsi que la position de la petite flèche par rapport à l'origine et l'endroit où vous avez commencé à presser influent sur l'aspect de la déformation. Cet outil est plus facile à utiliser à partir de sa fenêtre de paramétrage.

ASTUCE *On obtient les mêmes résultats avec l'outil **Transformation manuelle** (et ⌘ [Ctrl]), ou par l'effet **Distorsion manuelle** (menu **Effet/Distorsion et transformation**). Dans ce cas, comme il s'agit d'un effet, il faudra décomposer le résultat si on souhaite accéder aux points du tracé.*

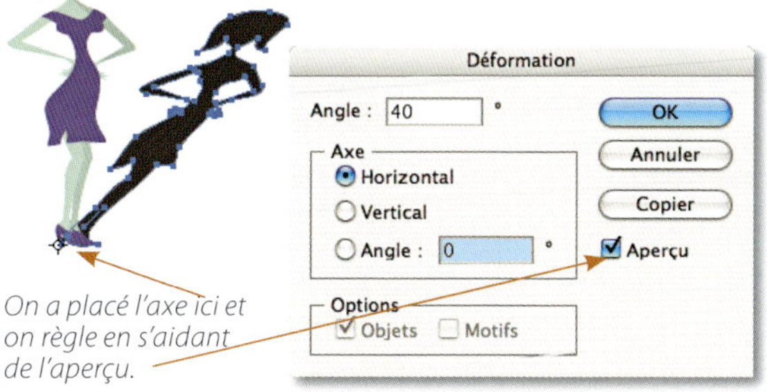

On avait d'abord créé une copie noircie et réduite de ce dessin.

On a placé l'axe ici et on règle en s'aidant de l'aperçu.

Les transformations par les panneaux (Contrôle ou Transformation)

Les mises à l'échelle s'effectuent à la fois dans le panneau **Contrôle** et le panneau **Transformation**.

*Par ces deux cases, le panneau **Contrôle** permet les mises à l'échelle.*

LA MISE À L'ÉCHELLE PAR LES PANNEAUX

Si une sélection est réalisée, les cases (L et H) du panneau **Contrôle** (ou **Transformation** affiché par ⇧F8 ou par clic sur L ou H) indiquent les dimensions de la sélection. Si vous cliquez sur l'icône entre W et H, elle devient (ou dans le panneau **Transformation**) pour indiquer qu'il y aura homothétie.

Une fois la case L ou H activée (par triple clic sur la valeur en cours), choisissez un axe de transformation par clic sur l'icône, saisissez la nouvelle valeur et validez en tapant ↵ pour voir la sélection se modifier. Vous pouvez effectuer des opérations (+, -, *, /) avec la valeur en cours ou utiliser les icônes ou encore les touches Flèche vers le haut ou vers le bas. Dans les deux cas, l'incrément est d'une unité (on change d'unité en tapant plusieurs fois ⇧⌥⌘U [⇧Alt Ctrl U]).

ASTUCE *Si vous validez la valeur saisie en tapant ⇧↵, la case reste active pour recevoir une autre valeur.*

Dans le panneau **Transformation**, si vous validez par ⌥↵ [Alt ↵], vous obtiendrez une copie.

Astuce *Le menu du panneau* ***Transformation*** *permet de choisir si les contours et les effets appliqués doivent subir la mise à l'échelle et si elle s'applique au motif seul, au tracé seul ou aux deux. Le choix* ***Transformer le motif*** *est indiqué par un triangle ; un clic dessus réactive l'option* ***Tout transformer****.*

La rotation par le panneau Transformation

Une rotation peut se réaliser par le panneau **Transformation**. Commencez par choisir la position de l'axe en cliquant sur le point concerné (⁝⁝⁝) dans le panneau, saisissez l'angle de rotation dans la case ∠: et validez avec ↵ (ou ⌥↵ [Alt ↵] pour une copie).

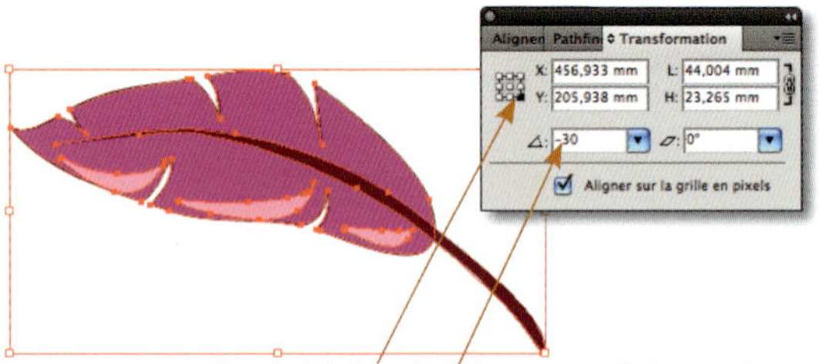

On choisit l'axe, la valeur et on obtient ceci.

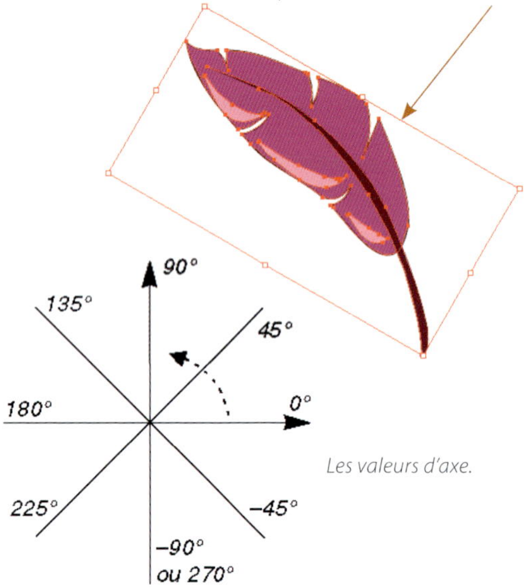

Les valeurs d'axe.

Astuce *Le menu local du panneau* ***Transformation*** *permet de choisir si la rotation s'applique au motif seul, au tracé seul ou aux deux. Avec l'option* ***Transformer le motif****, un triangle jaune s'affiche ; un clic dessus réactive l'option* ***Tout transformer****.*

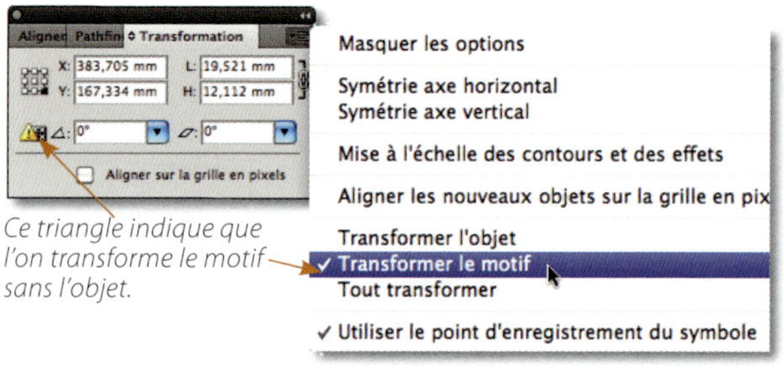

Ce triangle indique que l'on transforme le motif sans l'objet.

L'inclinaison par le panneau Transformation

Le panneau **Transformation** propose également l'inclinaison (case ▱:), qui, selon l'option choisie dans le menu local, s'applique à l'objet seul, au motif seul ou aux deux. Comme pour les autres transformations, vous devez d'abord choisir l'axe de transformation (⁝⁝⁝).

Les transformations et les symboles

L'édition d'un symbole

Les symboles placés dans votre illustration peuvent subir toutes les transformations voulues (sauf les déformations). Il peut être intéressant de transformer une partie d'une illustration en symbole. En effet, en opérant ainsi, vous pourrez à tout moment retrouver facilement cette partie d'illustration telle qu'elle était avant transformation. En outre, quand un symbole comporte du texte, si le symbole a été réduit et/ou pivoté, vous retrouvez le texte avec une orientation et une taille qui le rend facile à modifier puisque celle-ci se réalise dans le mode d'isolation du symbole.

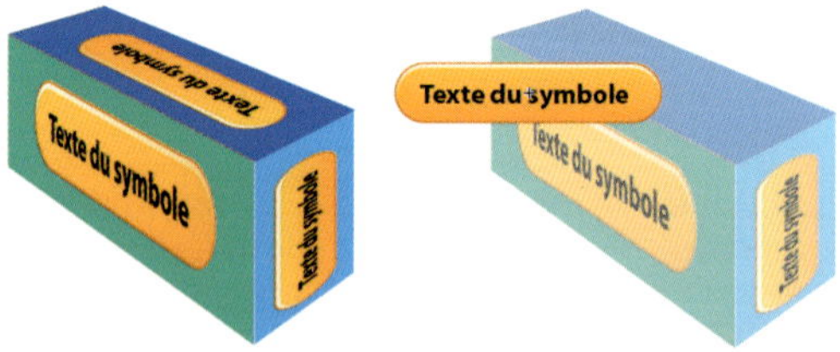

Ces occurrences de symbole transformées comportent un texte. *Quand on édite le symbole, on retrouve le texte droit.*

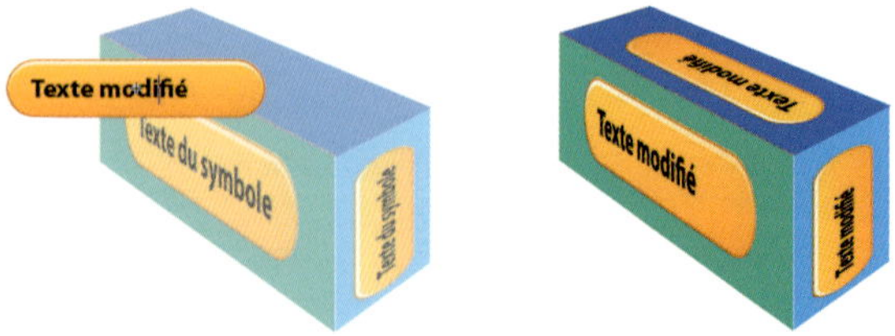

Une fois les modifications terminées, on retrouve la transformation appliquée et les symboles mis à jour.

Ai LES TRANSFORMATIONS LIMITÉES SUR UNE ZONE DU SYMBOLE

Quand vous créez le symbole, une fenêtre d'options s'affiche. Elle permet de définir la zone qui se transformera quand vous agirez sur le symbole (avec les poignées de transformation ou par les commandes correspondantes).

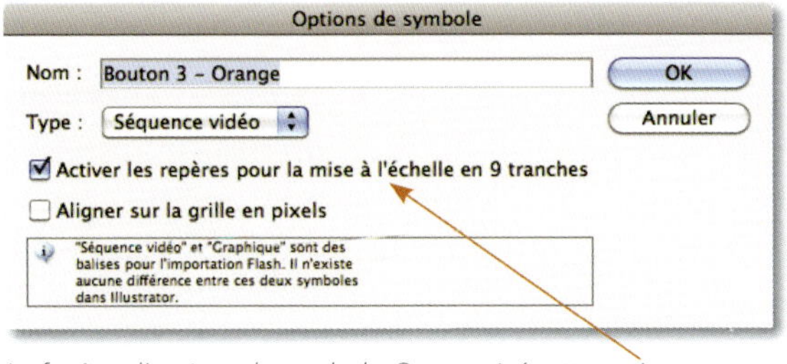

La fenêtre d'options du symbole. On a activé cette option pour limiter la transformation.

Si vous n'avez pas coché l'option **Activer les repères pour la mise à l'échelle en 9 tranches**, la transformation s'applique à l'ensemble du symbole. Si vous avez activé cette option, lorsque vous éditez le symbole (par double-clic sur sa vignette), le mode isolation du symbole affiche des repères qui délimitent la zone qui subira la déformation. Ainsi vous pouvez les déplacer (avec l'outil **Flèche**) pour définir choisir la zone qui devra se modifier.

En glissant les repères on définit la zone modifiable (au centre). Ci-dessous, le symbole transformé avec l'activation des repères et en bas, le symbole sans cette activation.

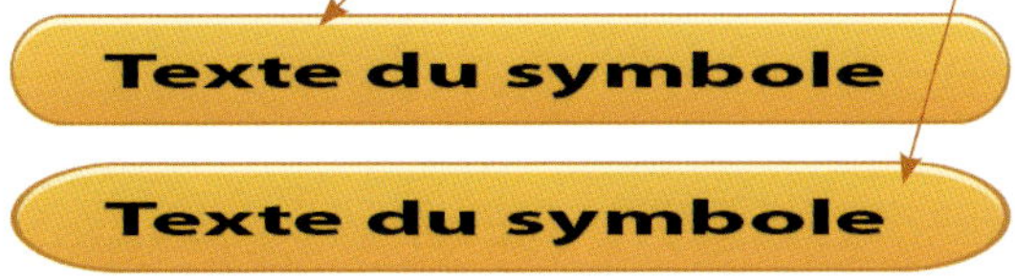

Les transformations par les menus Objet ou Effet

LES ROTATIONS RÉPARTIES

Elles s'effectuent par le menu **Objet** ou le menu **Effet**.

La rotation répartie par le menu Objet

La commande **Transformation répartie** se situe dans le menu **Objet/Transformation** (ou ⇧⌥⌘D [⇧Alt Ctrl D]).

Si la sélection comporte plusieurs objets (non associés), chaque objet pivote autour de son centre ou de l'axe (toujours sur l'objet) spécifié sur l'icône ; son angle de rotation est indiqué dans la fenêtre de dialogue.

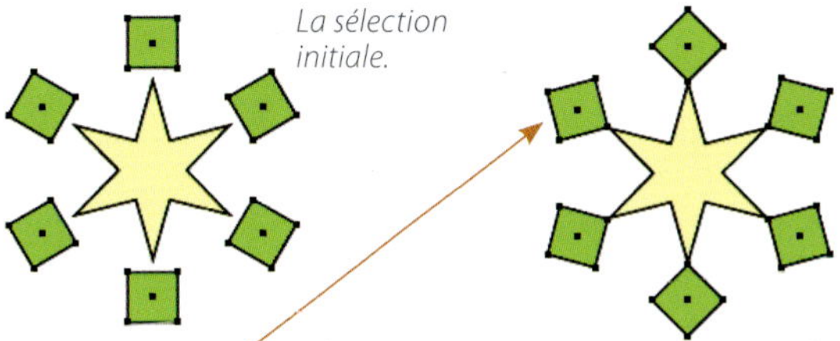

La sélection initiale.

Pour obtenir cette rotation depuis le centre de chaque objet, on a utilisé cette commande.

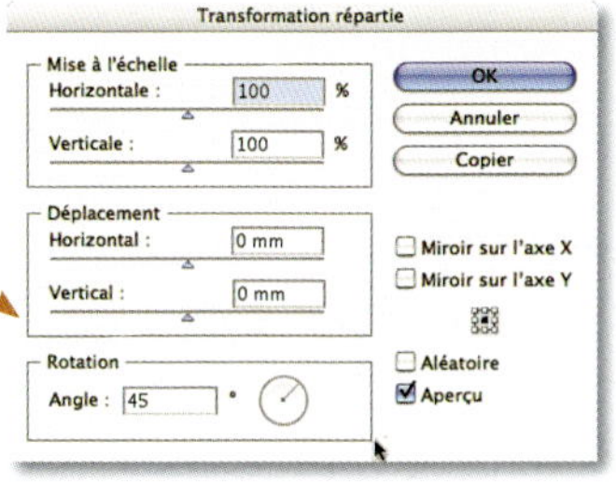

Si vous cochez l'option **Aléatoire**, il est possible d'obtenir des variantes de l'effet en cliquant plusieurs fois de suite sur le mot **Aperçu**. À chaque fois, le résultat diffère, et dès qu'il vous convient, cliquez sur **OK**. D'une manière générale, la valeur d'angle doit être augmentée par rapport à la normale pour obtenir l'effet voulu car la valeur aléatoire est forcément inférieure à la valeur saisie.

La rotation répartie par le menu Effet

La commande **Transformation** menu **Effet/Distorsion et Transformation** donne le même résultat que celle du menu **Objet.** Cependant, comme il s'agit d'un effet, il est possible de revenir sur les réglages par le panneau **Aspect**.

Cette commande peut être utile si vous souhaitez obtenir une série d'objets pivotés (*voir ci-dessous*) par rapport au centre de l'objet initial ou à l'un des angles de son cadre de sélection car la fenêtre de réglage offre la possibilité de définir un nombre de copies.

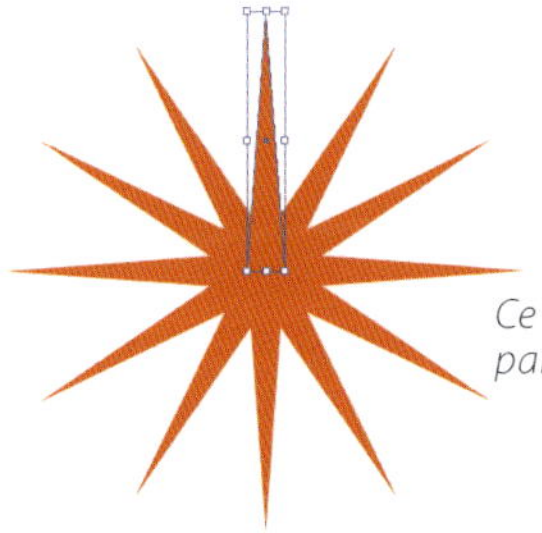

Ce dessin a été obtenu par copies multiples.

Pour placer l'axe à l'extérieur de l'objet, effectuez les opérations suivantes :

1. Activez les repères commentés s'ils n'y sont pas et placez un point (obtenu par un clic de plume) sous l'objet en l'alignant avec le centre de l'objet.

2. Sélectionnez l'ensemble objet et point et goupez-les (⌘G [Ctrl G]).

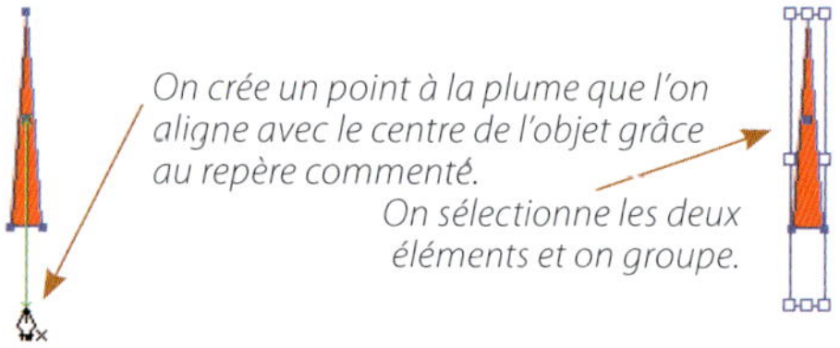

On crée un point à la plume que l'on aligne avec le centre de l'objet grâce au repère commenté.

On sélectionne les deux éléments et on groupe.

3. Lancez l'effet et choisissez l'axe dont la position est la plus proche de celle du point ajouté et réglez l'effet et le nombre de copies.

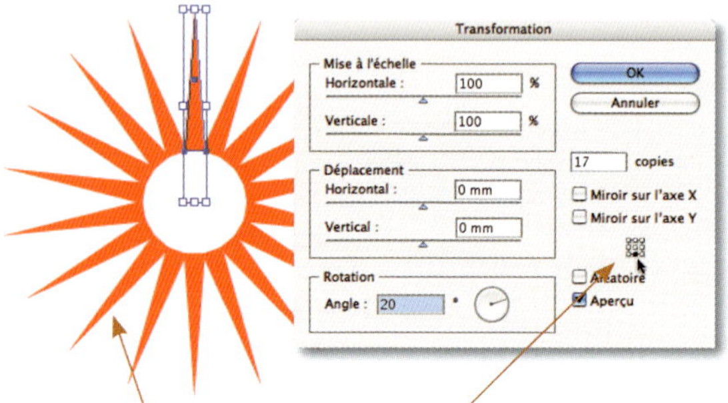

On obtient ceci en plaçant l'axe en bas et avec un nombre correct de copies.

On peut également revenir sur l'effet pour changer le nombre de copies (cette manipulation s'effectue par double-clic dans le panneau **Aspect**).

De plus, comme il s'agit d'un effet appliqué sur un groupe, si le contneu de ce dernier est modifié toutes les copies le seront également. Plusieurs cas sont à envisager : ajout d'un objet dans le groupe, application d'un effet et modification de la forme de l'objet principal. Dans tous les cas, pour réaliser facilement cette modification utilisez le panneau **Calques**.

L'ajout d'un élément au groupe

Pour ajouter un élément dans le groupe, effectuez les deux opérations suivantes :

1. Dessinez directement sur le groupe l'élément voulu à l'endroit exact où il doit apparaître.

On dessine l'objet sur le groupe.

2. Dans le panneau **Calques**, glissez le calque-objet de ce tracé dans le calque **<groupe>** (qui aura été développé en cliquant sur son triangle) : automatiquement, l'élément ajouté apparaît sur les copies.

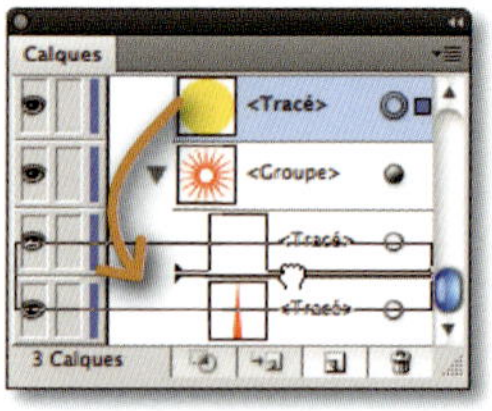

On glisse le tracé entre les éléments du groupe dont le calque a été développé.

La mise à jour des copies est automatique.

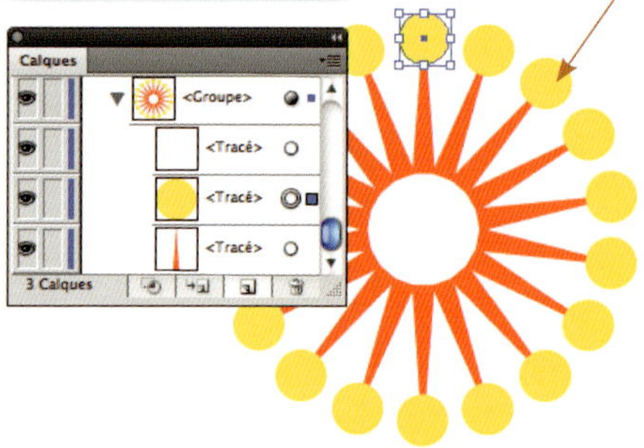

L'application d'un effet

Dans le panneau **Calques**, cliquez la cible (○) à droite du nom de l'élement à modifier : elle devient ◎. Appliquez l'effet, il sera répercuté sur toutes les copies.

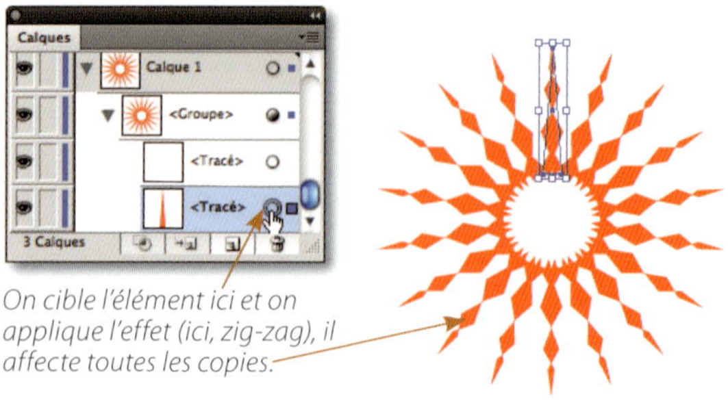

On cible l'élément ici et on applique l'effet (ici, zig-zag), il affecte toutes les copies.

La modification de la forme de l'objet

Pour redessiner ou changer la forme de l'objet vous pouvez agir directement sur le tracé avec l'outil **Crayon**, par exemple., ou isoler l'élément. Pour cela, cliquez sur le nom de son calque et lancez la commande **Passer en mode isolation**. Une fois dans le mode isolation, vous pouvez ajouter des élément ou encore, appliquer un effet à l'objet initial.

On peut dessiner directement au crayon sur l'objet. Les copies se modifient aussitôt.

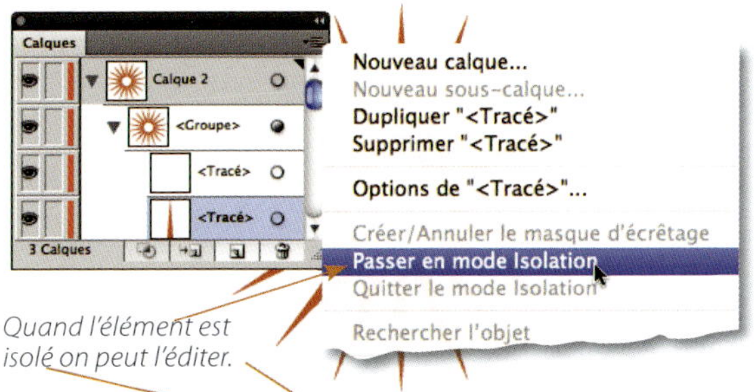

Quand l'élément est isolé on peut l'éditer.

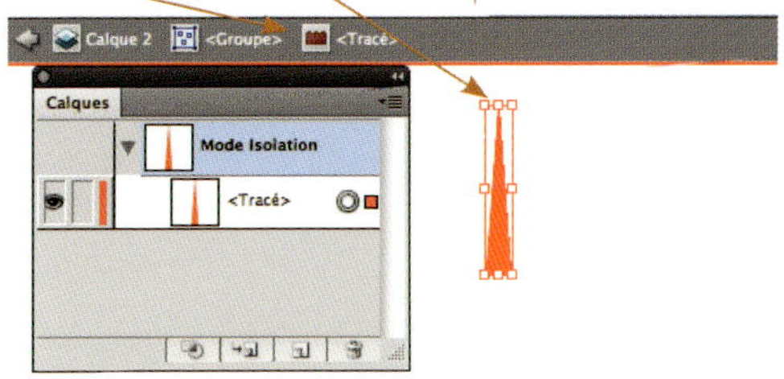

La mise à l'échelle répartie et l'effet Transformation

Comme pour la rotation, elle se réalise à partir de la commande **Transformation répartie** du menu **Objet** (sous-menu **Transformation** ou menu contextuel ou au clavier ⇧⌥⌘D [⇧Alt Ctrl D]) ou **Transformation** du menu **Effet** (sous-menu **Distorsion et transformation**). Dans le premier cas, le résultat est définitif ; dans le second, vous pouvez revenir sur le réglage de la transformation dans le panneau **Aspect**. De plus, il est possible de créer des copies. Si la sélection comporte plusieurs objets (non groupés), chaque objet est agrandi (ou réduit) par expansion depuis (ou vers) son centre (ou l'un des huit autres points désigné en cliquant sur), de la valeur indiquée dans la fenêtre de dialogue de la commande **Transformation répartie**.

La symétrie par Transformation répartie

La commande de **Transformation répartie** (menu **Objet/ Transformation**) offre la possibilité d'obtenir la symétrie (horizontale ou verticale) de chaque élément d'une sélection par rapport à leur centre ou un point à spécifier (en cliquant sur l'icône).

Pour obtenir cette symétrie depuis le centre de chaque objet, on a utilisé cette commande.

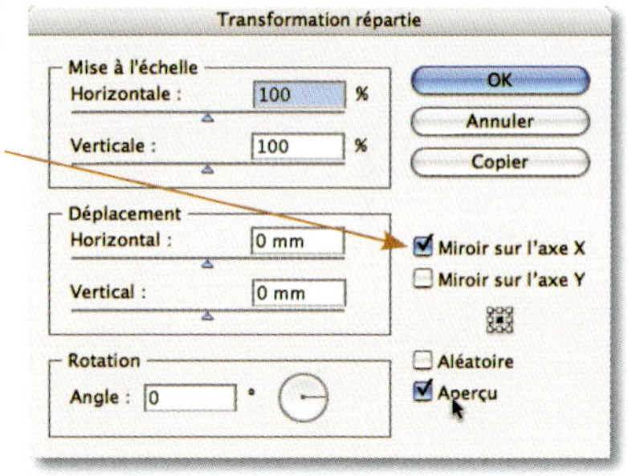

La symétrie par les effets

La commande de **Transformation** (du menu **Effet/Distorsion et transformation**) fonctionne comme la commande **Transformation répartie**. Ici, la transformation n'est pas définitive et peut être modifiée par le panneau **Aspect** ; de plus il est possible d'obtenir une copie.

> **Astuce** *Dans le cas d'un texte, il faut également utiliser l'effet **Vectoriser l'objet** (sous-menu **Tracé**) pour que la copie symétrique se place correctement.*

Une transformation particulière : le modelage

L'outil **Modelage** a une fonction voisine de l'outil **Déformation** () mais est plus délicat à gérer. Il permet de déplacer certains points d'un tracé tout en conservant son allure générale : il y a remodelage. Il s'utilise avec l'outil de sélection directe ou **Flèche blanche**. Pour remodeler, sélectionnez l'ensemble du tracé, activez l'outil **Modelage**. Cependant, avant de l'utiliser, il faut indiquer la limite des points qui devront rester fixes par désélection des points.

Pour cela, enfoncez les touches ⇧⌘ [⇧Ctrl] (la **Flèche blanche** doit apparaître, si cela n'était pas le cas, tapez A puis réactivez l'outil **Modelage**), et cliquez sur les différents points pour les désélectionner. Pressez sur un point du tracé et glissez l'outil pour remodeler le tracé. Tous les points situés au-delà des points désélectionnés ne bougeront pas.

Sur un même tracé, vous pouvez activer plusieurs points avec l'outil **Modelage** en cliquant dessus avec la touche ⇧ — ils apparaissent encadrés — et définir les « zones fixes » en désélectionnant certains points. La position et la présence de points désélectionnés influent fortement sur l'allure que prendra le tracé après déplacement avec l'outil **Modelage**.

> **ASTUCE** *Si vous pressez sur le tracé là où il n'y a pas de point, Illustrator en ajoute un que vous déplacerez avec l'outil* ***Modelage****.*

Ci-dessous le tracé initial avec les points à modifier.

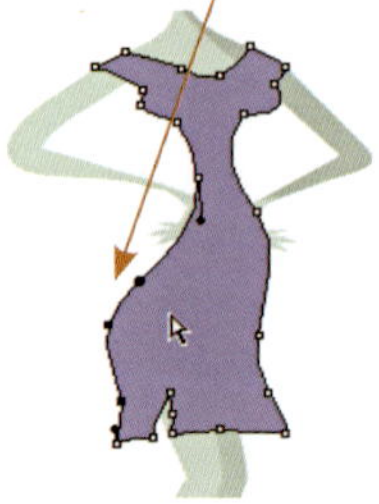

Ci-contre le tracé modifié par glissement avec la ***Flèche blanche****.*

Ci-contre le tracé modifié par glissement avec l'outil ***Modelage****.*

Partie 4

Les colorations

1 - Les méthodes classiques de coloration

2 - Les méthodes dynamiques de coloration

3 - Le traitement des couleurs

4 - Les colorations spéciales

1 - Les méthodes classiques de coloration

Les éléments utiles pour les colorations

Illustrator propose deux méthodes de coloration : la méthode classique et une méthode de peinture dynamique qui facilite l'affectation des couleurs en se jouant des superpositions et des recouvrements d'objets. Nous allons commencer par l'étude de la coloration classique dans laquelle nous indiquerons les éléments utiles aux colorations (attributs, panneaux, sélection...), ainsi que les façons de préparer les nuances (de couleur, de motif ou de dégradé) qui pourront également être utilisées lors d'une coloration avec la peinture dynamique.

Les types de nuances de coloration

On distingue trois types de nuance de coloration : la nuance de couleur ou **couleur** (en aplat), la nuance de motif ou **motif** et la nuance de dégradé ou **dégradé**. Les deux premières s'appliquent au fond ou au contour de l'objet, la dernière ne s'applique qu'à un fond. Il est possible de détourner ce problème en convertissant le contour en superposition de tracés, donc de fonds, avec la commande **Vectoriser le contour** (menu **Objet**/sous-menu **Tracé**).

Si vous modifiez la définition d'une nuance, les nouveaux réglages s'appliquent aux objets sélectionnés, mais également à tous les objets dessinés par la suite et deviennent options par défaut. Qu'il s'agisse d'une couleur (pour un contour ou un fond), d'un motif ou d'un dégradé de fond, la méthode d'application depuis les panneaux de coloration est la même. L'objet peut être sélectionné ou non.

Les panneaux de coloration

Les colorations s'appliquent ou se règlent principalement à partir des panneaux : **Contrôle**, **Aspect**, **Couleur**, **Nuancier**, **Contour** et **Dégradé**.

D'autres panneaux de coloration ou **Bibliothèques de nuances**, peuvent être utilisés, ils renferment des couleurs (les Pantone, par exemple), des motifs ou des dégradés. Ils s'affichent à partir du menu **Fenêtre/Bibliothèque** ou depuis le menu local du panneau **Nuancier** et sa commande **Ouvrir une bibliothèque de nuances**.

L'affectation à une sélection

La destination : fond ou contour

Quand un objet est sélectionné, avant de choisir la nuance voulue dans les panneaux **Couleur** ou **Nuancier**... vous devez spécifier (sauf pour les dégradés), si la nuance (couleur ou motif) s'applique au contour ou au fond de l'objet. Ce choix se réalise en cliquant sur la case **Fond** (ou sur la case **Contour**) du panneau **Outils** ou du panneau **Couleur** ou en sélectionnant **Fond** ou **Contour** dans le panneau **Aspect**.

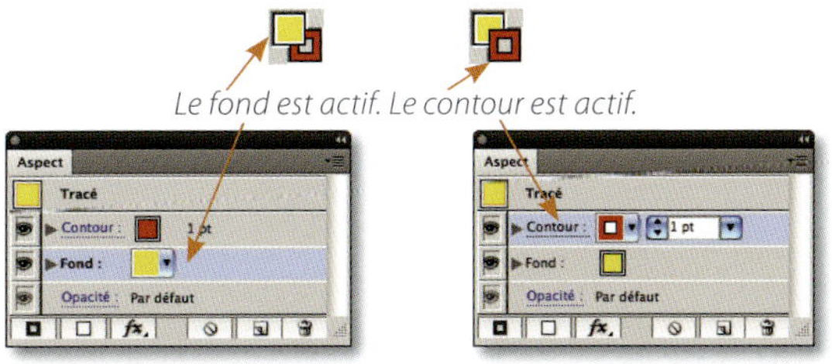

Astuce *Au clavier, tapez X pour passer de la case **Fond** active à la case **Contour** active ou réciproquement.*

Les nuances ou couleurs par défaut

Pour retrouver les nuances par défaut (fond blanc, contour noir), cliquez sur l'icône ⧉ du panneau **Outils** ou tapez D.

L'absence de coloration (Sans)

Pour supprimer une nuance appliquée au contour ou au fond, activez la case voulue (**Fond** ou **Contour**) et cliquez sur ▨ dans le panneau **Outils** ou sur l'échantillon ▨ des panneaux **Couleur** ou **Nuancier**, au clavier, tapez : (deux points), ou glissez ce même échantillon directement sur la case **Fond** ou **Contour** du panneau **Couleur**.

Astuce *Pour supprimer en une seule opération les nuances appliquées au fond et au contour d'une sélection, cliquez sur l'icône ⊘ du panneau **Aspect**.*

Les nuances de coloration du fond

Pour les fonds, il est possible de choisir entre une couleur en aplat et un dégradé dans le panneau **Outils** en cliquant respectivement sur l'une des trois icônes (▪▪▨) sous les cases **Fond** et **Contour**. Cliquez sur l'icône ▪, ou au clavier tapez , (virgule), pour affecter un aplat de couleur, et cliquez sur l'icône ▪, ou au clavier ; (point virgule), pour affecter un dégradé ; cette action provoque l'affichage et l'activation du panneau correspondant : **Couleur** ou **Dégradé**.

L'inversion des affectations

Pour appliquer la nuance du fond au contour (et réciproquement), cliquez sur l'icône ↰ du panneau **Outils** ou tapez ⇧X.

L'affectation par glissement sans sélection

Si dans les panneaux **Couleur**, **Dégradé** ou **Outils** vous avez préparé une nuance et qu'aucun tracé n'est sélectionné, affectez-la par glissement sans sélectionner ce tracé (cela vous évitera de la perdre). Pour cela, activez le **Fond** ou le **Contour** (en tapant X) et glissez la case d'aperçu du fond ou du contour du panneau **Couleur** ou **Outils** (ou encore l'échantillon du panneau **Nuancier**) directement sur le tracé ; si l'objet n'a pas de fond, glissez sur son contour. Quand la case **Fond** (par exemple) est active, la couleur s'applique au fond même si vous avez glissé la couleur qui correspondait au contour dans le panneau **Couleur** (ou **Outils**). Pour inverser l'affectation, enfoncez la touche ⇧ pendant le glissement.

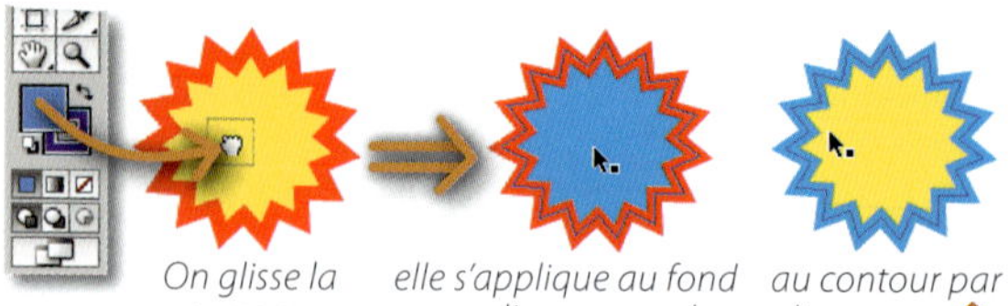

On glisse la nuance : elle s'applique au fond par glisser normal ; au contour par glisser avec ⇧.

Si vous avez de nombreux objets à colorer, vous pouvez aussi utiliser la pipette remplie, activée avec l'outil **Pipette** et la touche ⌥[Alt] enfoncée, et cliquer sur ces différents objets sans avoir à les sélectionner.

Les nuances de couleur

La gestion des nuances de couleur

LES TYPES DES DOCUMENTS RVB, CMJN

Quand vous créez un nouveau document, Illustrator vous permet de définir l'espace colorimétrique de travail : **RVB** pour les images destinées à l'écran (Web) et **CMJN** pour celles destinées à l'impression (papier). Après ouverture du document, le passage d'un type à l'autre se réalise à l'aide des commandes du menu **Fichier/Mode colorimétrique du document**.

L'AFFICHAGE DES COULEURS

Illustrator propose deux types d'affichage applicables à l'ensemble des calques ou par calque : **Aperçu**, les objets apparaissent avec leurs couleurs ; **Tracés**, les objets n'affichent pas leurs nuances de fond ni de contour. Pour passer de l'un à l'autre sur l'ensemble des calques, tapez ⌘Y [Ctrl Y].

À ces deux types d'affichage s'ajoutent d'autres modes de prévisualisation : **Aperçu en pixels, Aperçu de la surimpression** et **Couleur d'épreuve**, le premier est spécifique aux travaux pour le Web, le deuxième aux travaux PAO, quant au dernier, il permet de visualiser les couleurs selon un espace colorimétrique différent.

L'aperçu en pixels

Lors d'un travail pour le Web, les vecteurs seront convertis en pixels à l'exportation. Illustrator peut simuler cette conversion à l'écran avec la commande **Aperçu en pixels** du menu **Affichage**. Cette option est intéressante pour affiner certains réglages de positionnement et de taille d'objets (ou juste pour voir la « détérioration » due à la pixellisation).

L'aperçu de la surimpression

La commande **Aperçu de la surimpression** (menu **Affichage**) ne fonctionne qu'avec un document qui utilise le mode colorimétrique CMJN. En effet, Illustrator affiche la surimpression des encres sur les zones de recouvrement des objets pour lesquels vous avez défini des options de surimpression de fond ou de contour dans le panneau **Options d'objet**.

Cet aperçu n'apparaît que si la couleur de l'objet au premier plan ne comporte aucun pourcentage des composantes C, M, J ou N de la couleur de l'objet à l'arrière-plan. Il permet également de visualiser les tons directs (Pantone...) avec une meilleure précision.

Les couleurs d'épreuve

En fonction du mode de travail RVB ou CMJN (il se définit dans le menu **Fichier/Mode colorimétrique du document**), Illustrator peut simuler les couleurs affichées sur différents écrans (pour un travail RVB) ou imprimées avec différents systèmes d'impression. Si le document utilise le mode colorimétrique RVB, la commande **Couleurs d'épreuve** permet d'afficher les couleurs telles qu'elles apparaîtront en CMJN (selon l'espace de travail colorimétrique défini dans la commande de gestion des couleurs du menu **Édition/Couleurs** ou selon un autre espace CMJN personnalisé).

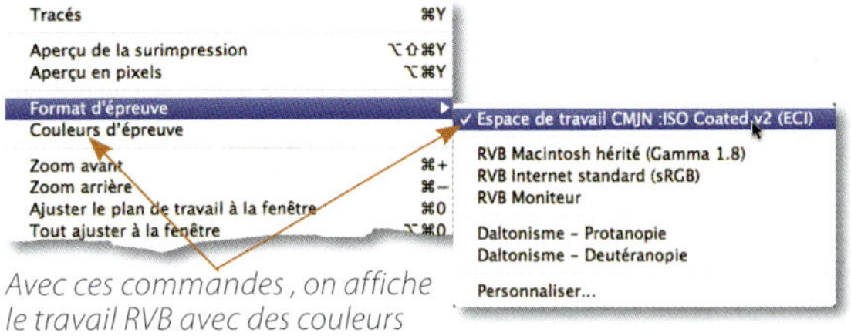

Avec ces commandes, on affiche le travail RVB avec des couleurs CMJN.

Par les commandes et l'option **Personnaliser** du sous-menu **Format d'épreuve** (menu **Affichage**), vous pouvez choisir un autre espace colorimétrique lié à un périphérique d'affichage ou d'impression.

LES ESPACES DE TRAVAIL ET LES PROFILS ICC

Chaque couleur est caractérisée par ses composantes Lab (elles définissent de manière scientifique la composition d'une couleur de façon indépendante du périphérique).

Chaque couleur Lab possède une représentation (ou correspondance) sur un écran à l'aide de valeurs RVB. Ses valeurs RVB ainsi que leur aspect varient d'un périphérique à l'autre. En effet, pour une même valeur de composante RVB, deux écrans différents (selon leur réglage ou leur capacité) n'afficheront pas la même couleur.

Aussi est-il important de connaître la façon dont chaque couleur sera affichée à l'écran ainsi que l'étendue de la gamme de couleurs (espace RVB) qui peuvent être visualisées ; ces caractéristiques peuvent être regroupées dans un fichier : le **profil ICC** qui définit les correspondances Lab/RVB de cet espace RVB. De même, pour une valeur de composante CMJN, deux systèmes d'impression différents (selon la nature des encres et du papier) ne produiront pas la même couleur d'où, ici aussi, l'importance de connaître la gamme de couleurs reproductibles et la façon dont elles seront reproduites par le périphérique utilisé (espace CMJN).

Le choix des espaces RVB et CMJN de travail s'effectue à l'aide de la commande **Couleurs** du menu **Édition**. Une fenêtre (*voir ci-dessous*) permet de spécifier les espaces de travail pour l'affichage et l'impression. Le choix de l'espace définit la façon dont une couleur Lab sera affichée en RVB et sera convertie en CMJN. Cela permet d'assurer une cohérence d'affichage des couleurs entre les différents logiciels.

ASTUCE *Pour assurer une cohérence des couleurs dans les différents programmes (Photoshop, Illustrator, InDesign) que vous utilisez, Bridge permet de synchroniser les réglages de gestion des couleurs (*voir page 41*).*

Si vous travaillez des images pour le Web (pour un écran), sélectionnez le paramètre **Web/Internet pour l'Europe 2** avec lequel les espaces de travail RVB et CMJN sont respectivement : **sRVB IEC61966-2.1** (souvent nommé plus simplement **sRVB**), et **Coated FOGRA39** (ce dernier ayant une importance moindre, car il n'y aura pas forcément une impression du document).

Pour les images PAO (prépresse), vous pouvez utiliser le paramètre **Pré-presse pour l'Europe 3** (avec les espaces de travail : **Adobe RVB (1998)** et **Coated FOGRA39**). L'espace CMJN peut être personnalisé selon votre système d'impression.

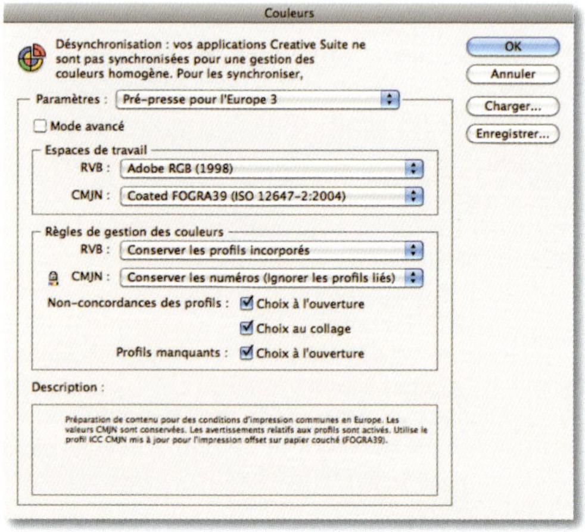

La fenêtre de gestion des couleurs dans Illustrator.

Le choix du modèle colorimétrique du document

Dans un travail destiné à l'impression quadri, vous pouvez travaillez le document dans un mode colorimétrique CMJN ou dans un mode RVB. Ce choix se réalise dans le menu **Fichier/Mode colorimétrique du document**.

Le mode CMJN

Avec un document utilisant le mode CMJN, l'espace colorimétrique CMJN (spécifié dans le menu **Édition/Couleur**) correspond à la destination finale, celle-ci étant fixée au départ du travail.

Avec ce mode, dans Illustrator vous pourrez visualiser les surimpressions réglées dans le document à l'aide de la commande **Aperçu de la surimpression** du menu **Affichage**. De plus, toutes les couleurs utilisées seront imprimables (*voir ci-après*), et les noirs utilisés dans les textes et les logos pourront être gérés avec l'encre noire seule.

Quand vous importez ce document dans un fichier Photoshop (qui, le plus souvent, travaille avec un espace RVB), ces couleurs restent avec leur définition CMJN, il en est de même avec Flash ou Flash Catalyst. Dans ces cas, c'est le mode RVB qu'il est préférable d'utiliser dans Illustrator.

Le mode RVB

Si vous utilisez le mode RVB, les documents ont un poids nettement plus faible. Si vous placez votre illustration RVB dans un document Photoshop RVB destiné à l'impression, la conversion des couleurs en CMJN (si elle doit avoir lieu), s'effectuera au dernier moment (dans InDesign, par exemple) selon le choix de la destination finale. Bien sûr dans Photoshop, un contrôle de l'aspect sera assuré avec l'utilisation de la commande **Couleur d'épreuve** du menu **Affichage** (avec le profil CMJN désiré).

Si vous placez une illustration RVB dans une page InDesign (CMJN par défaut) destinée à l'impression, les objets noirs RVB seront convertis en CMJN si une séparation quadrichromique doit être réalisée pour l'impression : des éléments apparaîtront sur plusieurs couches et peuvent engendrer des problèmes.

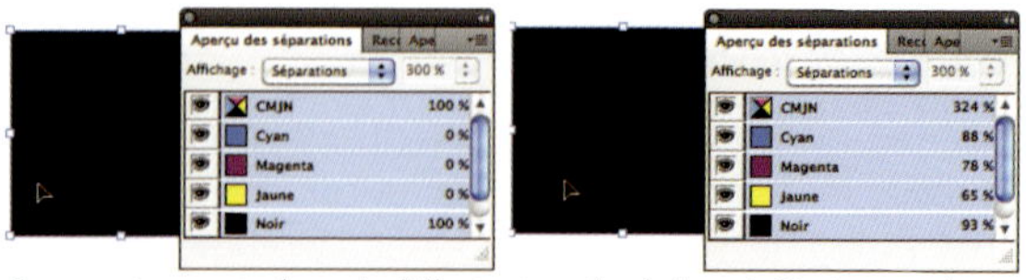

Comportements du noir d'Illustrator placé dans InDesign : noir CMJN à gauche (une seule encre) et à droite, noir RVB.

Pour résumer, travaillez dans un flux tout RVB (Illustrator, Photoshop et InDesign), si le document est destiné à l'écran (Epub, par exemple) et à une impression numérique. Travaillez dans un flux RVB pour Photoshop (éléments pixellisés), et CMJN dans Illustrator et InDesign, pour un document destiné à l'impression quadri.

Les couleurs hors gamme CMJN ou Web

Si vous travaillez dans un espace RVB, vous pouvez néanmoins composer les couleurs avec le mode CMJN. Si malgré tout vous définissez une couleur avec le mode RVB ou TSL, le panneau **Couleur** (ou la fenêtre de définition du panneau **Nuancier**), affichera un petit triangle ⚠■ dès que la couleur choisie ne peut être imprimée à partir d'encres CMJN (selon le profil défini dans la fenêtre **Couleurs** du menu **Édition**). Cependant, Illustrator affecte automatiquement la couleur imprimable la plus proche mais le signe ⚠■ reste affiché. Avec le mode TSL et RVB, vous devez cliquer sur le triangle pour obtenir la couleur imprimable.

Si vous travaillez un document avec le modèle CMJN et définissez une couleur dans le mode RVB, Illustrator la convertit automatiquement en CMJN même s'il ne change pas les valeurs RVB dans le panneau **Couleur** (et laisse affiché l'avertissement⚠■). De la même façon, si vous préparez des images pour le Web, si la couleur que vous composez ne correspond pas à l'une des 216 couleurs du Web, le signe ■ l'indique. Un clic sur la petite case colorée vous permet alors d'obtenir la couleur Web la plus proche.

La préparation de nuances de couleur

Lors de la préparation, vous devez commencer par choisir un mode colorimétrique à l'aide duquel vous composerez la couleur. Si vous préparez une couleur alors qu'un objet est sélectionné, elle s'appliquera automatiquement à la sélection. Par la suite, la couleur pourra être stockée dans le panneau **Nuancier** (sauf si elle a été préparée à partir de ce dernier) ce qui permettra d'en changer la composition par double-clic sur sa vignette.

LES ESPACES OU MODES COLORIMÉTRIQUES

La préparation d'une couleur s'effectue à partir d'un mode colorimétrique ; son choix dépend de la destination du travail : écran (ou Web) ou impression (papier). Illustrator propose les modes suivants : niveaux de gris, RVB, TSL, CMJN et un mode dédié au Web.

Les niveaux de gris

Ce mode permet de créer toutes les nuances de gris par variation du pourcentage de noir de 0 % à 100 %.

Les couleurs RVB

Ce mode correspond à la synthèse additive des couleurs (rouge + vert + bleu = blanc) qu'utilisent les écrans pour générer l'affichage. Chaque composante a une valeur de 0 à 255 — 0 correspond à l'absence de la composante ; ainsi, le rouge a comme composition : {255, 0, 0}.

Les couleurs TSL

Le mode TSL utilise le principe de perception des couleurs par l'œil ; ce dernier est sensible à la tonalité chromatique ou **Teinte** (T), la **Saturation** (S) et la clarté ou **Luminosité** (L). Ce mode peut être intéressant pour désaturer une couleur ou en changer la luminosité sans modifier ses autres caractéristiques. Les teintes vont de 0° à 360° (rouge 0°). S et L sont comprises entre 0 % et 100 %.

Les couleurs CMJN

Les couleurs sont définies à partir de pourcentage des couleurs de la quadrichromie. Pour des couleurs spécifiques, il sera possible d'utiliser des nuanciers (Pantone…).

Les couleurs pour le Web

L'option **RVB Web sécurisé** limite le choix de la couleur RVB à l'une des 216 couleurs utilisées dans les navigateurs Web. Leur composition R, V et B est remplacée par un codage hexadécimal utilisé dans les pages HTML.

> **ASTUCE** *Dans le panneau **Couleur**, on passe d'un mode à l'autre à partir du menu local ou par ⇧clic dans la bande colorée (spectre des couleurs) du bas du panneau.*

LES TYPES DE COULEURS

Illustrator propose plusieurs types de couleur : les couleurs quadri non globales, les couleurs quadri globales et les tons directs. Dans tous les cas, il est possible de convertir une couleur d'un type vers un autre type couleur si certaines opérations nécessitent leur conversion.

Le tableau ci-après résume leurs caractéristiques.

Nuance	Propriétés	Méthodes de préparation	Aperçus	Aspect du panneau Couleur
Couleur quadri* non globale	La modification de sa composition ne s'applique qu'aux objets sélectionnés. Cette nuance de couleur doit être stockée pour figurer dans le panneau **Nuancier**.	Palette **Couleur**. **Sélecteur de couleur**. Panneau **Nuancier**. Conversion d'une couleur globale.	vignette du panneau **Nuancier** 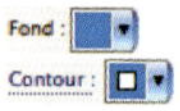 panneau **Contrôle**	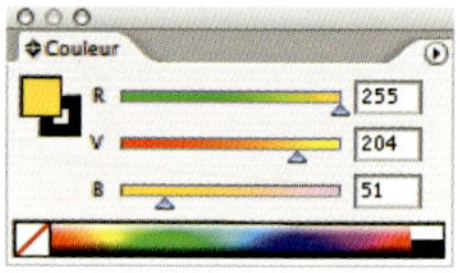
Couleur quadri* globale	La modification de sa composition à partir du panneau **Nuancier** est répercutée sur tous les éléments (fond, contour, motif, symbole...) qui utilisent la couleur. Des teintes sont disponibles.	Panneau **Nuancier**. Conversion d'une couleur quadri non globale ou d'un ton direct.	vignette du panneau **Nuancier**  panneau **Contrôle**	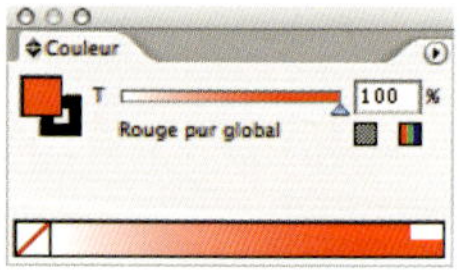
Ton direct** (couleur globale)	Idem couleur quadri globale. Son impression s'effectue avec une encre particulière (cinquième couleur, vernis).	Panneau **Nuancier**. Conversion d'une couleur quadri globale ou non.	vignette du panneau **Nuancier**  panneau **Contrôle**	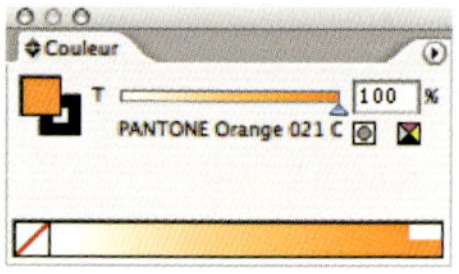

* Lors de l'impression, la nuance de couleur quadri (globale ou non) est décomposée en CMJN.
** Si le ton direct doit être placé sur un objet comportant des transparences, il sera préférable de le convertir en couleurs quadri pour éviter des problèmes à l'impression (ou à l'exportation en EPS).

> **ASTUCE** *Chaque fois que vous préparez une couleur destinée à être appliquée à plusieurs objets, à un motif, un dégradé, un symbole ou à être utilisée dans un style graphique, créez une couleur quadri globale (voire un ton direct). Vous pourrez changer sa composition sans avoir à resélectionner les objets, à redéfinir le motif ou le symbole...*

LES MÉTHODES DE PRÉPARATION DE LA NUANCE

Une nuance de couleur se prépare à différents endroits : les couleurs non globales dans le panneau **Couleur** ou le **Sélecteur de couleurs** ; les couleurs globales se définissent plutôt dans le panneau **Nuancier**.

> **ASTUCE** *Le panneau **Nuancier** s'affiche à partir du panneau **Contrôle** par clic sur la case colorée ou sur le triangle à droite des mots **Fond** ( ) ou **Contour** ( ). Par ⇧ clic c'est le panneau **Couleur** qui s'affiche.*

La préparation d'une nuance de couleur par le panneau Nuancier

Ce mode préparatoire s'utilise pour garder une trace de la couleur que vous créez. La préparation s'effectue à partir de la commande **Nouvelle nuance** du menu du panneau ou par ⌥ clic [Alt clic] sur l'icône .

Si vous ajoutez certaines touches, vous définissez le type de la nuance (non globale, globale, ton direct), le tableau ci-dessous indique les touches.

Touches	Type de la nuance
⌥ [Alt]	Couleur quadri non globale.
⌥ ⌘ [Alt Ctrl]	Ton direct (global).
⇧ ⌥ ⌘ [⇧ Alt Ctrl]	Couleur quadri globale.

Dans les deux cas, une fenêtre **Nouvelle nuance** s'affiche, vous pouvez y spécifier (selon un mode colorimétrique CMJN, RVB...) la composition de la couleur. Un menu local permet de choisir le type de la couleur (**Couleur quadri** ou **Ton direct**) ; une case à cocher indique si la couleur est globale ou non.

> **ASTUCE** *Pour convertir une couleur non globale en couleur globale, double-cliquez sur son aperçu dans le panneau **Nuancier** et cochez l'option **Globale**.*

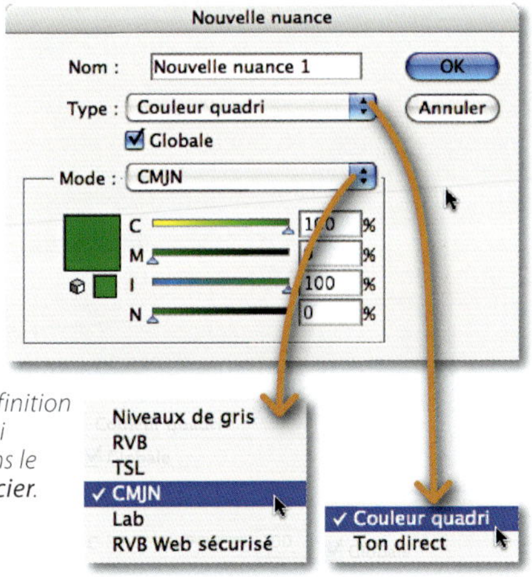

La fenêtre de définition de la nuance qui sera stockée dans le panneau Nuancier.

La préparation d'une nuance de couleur par le panneau Couleur

Si la couleur est destinée à un objet déjà dessiné, commencez par le sélectionner avant de préparer la couleur ; sinon, il faudra glisser l'aperçu sur l'objet (et non pas le sélectionner ce qui ferait disparaître la couleur créée). Il y a plusieurs façons de définir la couleur : par modification de sa composition ou par prélèvement dans le spectre.

La composition de la couleur

Pour définir une couleur, modifiez les valeurs dans les cases de chaque composante (RVB, TSL ou CMJN).

> **Astuce** *Avec le mode RVB (CMNJ), si vous enfoncez ⇧ avant de régler la couleur, les trois curseurs R, V et B (C, M, J et N) se déplaceront ensemble ; ceci est particulièrement intéressant pour éclaircir (ou assombrir) une couleur.*

Les prélèvements dans le spectre de couleurs

Le bas du panneau **Couleur** présente une bande colorée : le spectre ; quand vous y placez la souris, une pipette apparaît. Selon la présence de certaines touches des prélèvements différents peuvent s'y réaliser.

- **Le prélèvement normal** : par clic dans le spectre la couleur s'applique à la case activée (fond ou contour).

Aux extrémités de chaque spectre se trouvent également les couleurs de base, le blanc et le noir, ainsi que l'option sans (⧄). Dans le cas d'une couleur globale, les cases extrêmes correspondent à la couleur à 100 % et à la couleur à 0 %.

- **Le prélèvement inverse** : pour remplir la case inverse de celle active (fond ou contour) dans le panneau **Couleur** ou **Outils**, enfoncez la touche ⌥[Alt] et cliquez sur la couleur souhaitée.

- **Le prélèvement de la couleur complémentaire** : pour obtenir la couleur complémentaire d'une couleur (c'est une teinte augmentée de 180° qui est située à l'opposé sur la roue chromatique), enfoncez ⌘[Ctrl] et cliquez dans le spectre. Si une couleur est déjà affichée, sa complémentaire s'obtient à partir du menu local du panneau **Couleur** ; ce menu propose également le négatif.

- **Le changement de spectre** : pour passer d'un spectre à l'autre (RVB, CMJN...) dans le panneau **Couleur**, enfoncez la touche ⇧ et cliquez dans le spectre.

Le stockage de la couleur dans le panneau Nuancier

Quand une couleur est définie dans le panneau **Couleur**, elle n'apparaît pas dans le panneau **Nuancier**. Vous pouvez l'y stocker pour la réutiliser et modifier la couleur plus facilement en cliquant sur l'icône ◳. L'ajout de certaines touches permet de modifier le type de la nuance (globale, ton direct). Le tableau suivant indique les méthodes.

Touches	Type de la nuance	Aperçu
Aucune	Couleur quadri **non globale**.	
⌘[Ctrl]	Ton direct (global).	
⇧ ⌘ [⇧ Ctrl]	Couleur quadri **globale**.	

> **Astuce** *Si vous sélectionnez un objet, sa couleur s'affiche dans le panneau* ***Couleur*** *et peut alors être stockée dans le panneau* ***Nuancier*** *en cliquant sur ◳. Si vous souhaitez la stocker comme couleur globale, commencez par utiliser la* ***Baguette magique*** *pour sélectionner tous les objets qui renferment déjà cette couleur : ainsi, ils subiront les futures modifications de la couleur.*

La préparation d'une nuance de couleur par le Sélecteur de couleurs

Illustrator permet de définir une couleur en faisant appel au sélecteur de couleurs (comme dans Photoshop). Ce sélecteur, affiché par double-clic sur la case d'aperçu de couleur du panneau **Outils** ou **Couleur**, comporte trois zones (de gauche à droite) : le spectre, le curseur vertical et la zone de saisie numérique.

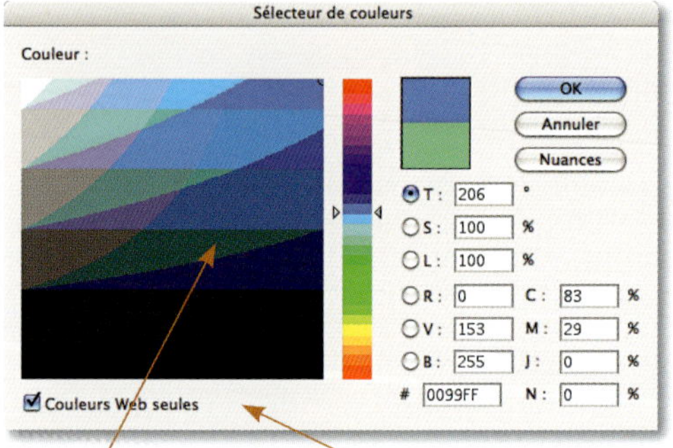

Ici, le spectre a été limité aux couleurs Web.

La zone de saisie numérique

Elle comprend les cases dans lesquelles vous pouvez entrer la composition selon le mode voulu et en hexadécimal pour le Web ; une option permet de ne visualiser que les 216 couleurs Web.

Les zones du spectre et du curseur vertical

Ces deux zones changent d'aspect en fonction du mode choisi (TSL ou RVB) et de l'option sélectionnée dans ce mode.

- **Mode TSL** : lorsque vous sélectionnez un bouton **T**, **S** ou **L**, par exemple **T** (teinte), le curseur vertical se remplit d'une bande reflétant votre choix. Il comporte toutes les teintes (de rouge à magenta en passant par jaune, vert, cyan et bleu) et le spectre affiche des couleurs en faisant varier les autres composantes (luminosité en vertical et saturation en horizontal). Choisissez une teinte à l'aide du curseur vertical, puis une variante en glissant dans le spectre (ou l'inverse).

- **Mode RVB** : lorsque vous sélectionnez un bouton **R**, **V** ou **B**, par exemple **R**, le curseur vertical se remplit d'une bande de rouge à noir (valeurs de 255 à 0), le spectre affiche des variations de couleurs entre les deux autres composantes (de vert à bleu).

- **Couleurs Web sécurisées** : cochez l'option **Couleurs Web seules**, le spectre et le curseur montrent des zones colorées bien délimitées qui correspondent aux 216 couleurs du Web. Le code hexadécimal s'affiche, vous pouvez en copier la valeur pour l'utiliser dans une page HTML.

Les méthodes d'ajout de couleurs au panneau Nuancier

L'obtention de couleur globales à partir d'une illustration

Qu'il s'agisse d'une illustration réalisée dans une ancienne version d'Illustrator ou créée dans CS5, le panneau **Nuancier** ne montre que les couleurs nommées (globale ou non).

Si les couleurs utilisées ont été élaborées depuis le panneau **Couleur** ou le **Sélecteur de couleurs**, elles ne figurent pas dans le panneau. Afin de pouvoir être utilisées sur différents éléments d'un travail ces couleurs doivent être présentes dans le panneau **Nuancier** (et, éventuellement, comme nous le verrons plus loin, dans un groupe de couleurs).

De plus, pour rendre plus facile leurs modifications (notamment, sans sélection), il est préférable que ces couleurs soient définies en tant que couleurs globales. Illustrator peut combiner ces deux opérations pour vous (c'est-à-dire le placement dans le panneau **Nuancier** en tant que couleurs globales).

Pour obtenir les couleurs globales (ou personnalisées) à partir des couleurs sans nom d'une illustration, sélectionnez les tracés de cette illustration, puis dans le menu local du panneau **Nuancier**, lancez la commande **Ajouter les couleurs sélectionnées** : Illustrator place alors ces couleurs dans le panneau ; leur échantillon apparaît avec un triangle blanc pour indiquer qu'il s'agit de couleurs globales.

*Aucune des couleurs de cette illustration ne figure dans le panneau **Nuancier** (elle ne doit comporter que des couleurs sans nom).*

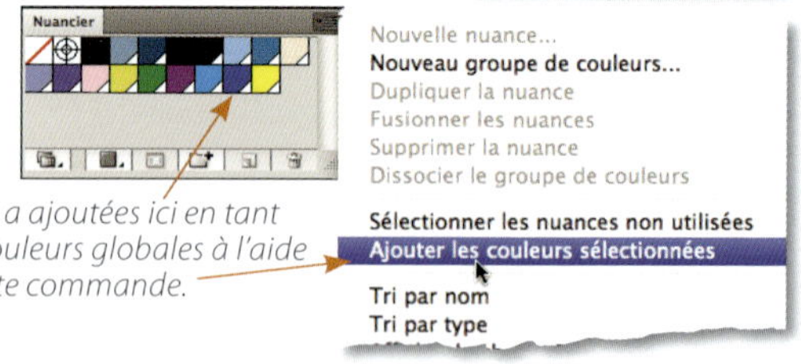

On les a ajoutées ici en tant que couleurs globales à l'aide de cette commande.

Si vous constatez que parmi les couleurs ajoutées certaines ont un aspect très voisin, vous pourrez les fusionner comme indiqué plus loin.

L'obtention de nuances par vectorisation

Tout élément pixellisé (importé ou créé dans Illustrator à partir de la commande **Pixellisation** du menu **Objet**) peut être vectorisé de manière dynamique (menu **Objet/Vectorisation dynamique/Options de vectorisation**).

Si l'opération s'effectue avec le mode **Couleur** et l'option panneau sur **Automatique**, le bouton **Nouvelle nuance** devient accessible. Son activation permet d'ajouter au **panneau Nuancier** les couleurs issues de la vectorisation.

Ces couleurs figureront dans le panneau **Nuancier** en tant que couleurs quadri globales nommées respectivement : vectorisation, vectorisation 1... Par la suite, leur composition pourra être modifiée par double-clic sur leur vignette d'aperçu.

ASTUCE *Pour créer une série de nuances intermédiaires entre deux couleurs, utilisez l'astuce suivante :*

- *Dessinez un rectangle et remplissez-le d'un dégradé de couleurs créé à partir des deux couleurs voulues (voir page plus loin, les dégradés).*
- *Pixellisez ce rectangle en lançant la commande* ***Pixellisation*** *du menu* ***Objet*** *avec une résolution de 72 ppp.*
- *Vectorisez ce rectangle (devenu image pixellisée) en lançant la fenêtre* ***Options de vectorisation*** *(menu* ***Objet/Vectorisation dynamique****) afin de choisir, le mode* ***Couleur****, le nombre de couleurs souhaitées et d'activer l'option* ***Nouvelle Nuance****.*
- *Validez la vectorisation : Illustrator ajoute les couleurs au panneau* ***Nuancier****. Supprimez le rectangle.*

Le rectangle rempli d'un dégradé.

On a pixellisé le rectangle, puis appliqué la vectorisation dynamique avec ces options.

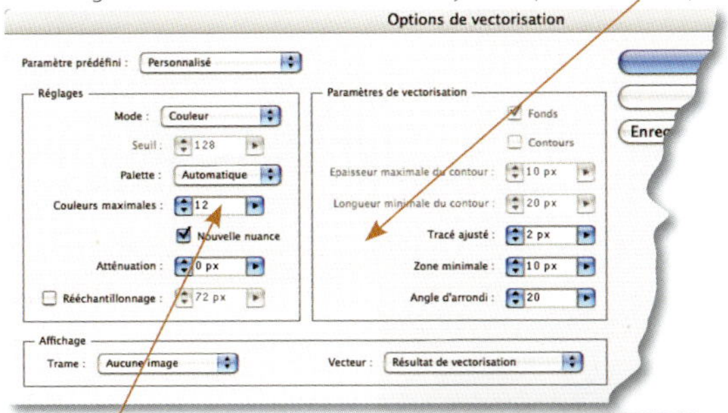

Avec cette option, on ajoute des nuances au Nuancier.

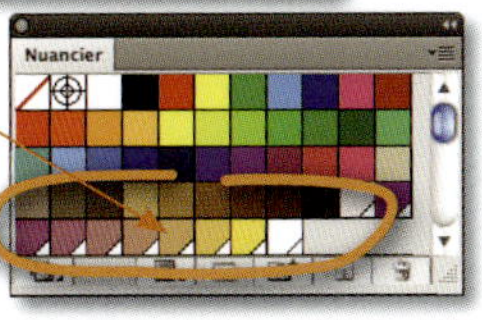

Si vous constatez que parmi les couleurs ajoutées certaines sont très voisines de couleurs existantes, vous pourrez les fusionner comme indiqué plus loin.

Les groupes de couleurs

Illustrator permet de créer des groupes de couleurs qui, par la suite, faciliteront l'application des couleurs avec certains outils (*voir : La peinture dynamique, page 209*) et la redéfinition des couleurs d'une illustration (*cette notion sera abordée dans le chapitre 3 - Le traitement des couleurs, page 220*).

LA CRÉATION DEPUIS LE PANNEAU NUANCIER

Pour créer un groupe de couleurs, vous pouvez opérer de plusieurs façons : à partir d'une sélection de nuances, d'une illustration ou par transfert vers un groupe.

La sélection de nuances

Pour créer un groupe, effectuez les opérations suivantes :

1. Dans le panneau **Nuancier**, sélectionnez les nuances (par ⇧ clics sur la première et la dernière, si elles sont contiguës, et par ⌘[Ctrl] clics dans le cas contraire). Ces nuances ne doivent être que des couleurs (ni motif ni dégradé).

2. Une fois la sélection réalisée, cliquez sur l'icône en forme de dossier marquée d'un + () : une fenêtre d'options s'affiche pour définir certaines options du groupe.

On a sélectionné les couleurs dans le nuancier (ici, elles sont issues d'une vectorisation).

On clique sur cette icône pour voir cette fenêtre.

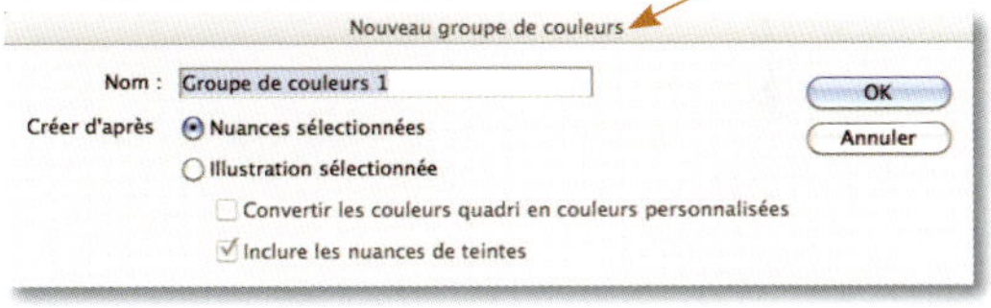

3. Nommez le groupe, cochez l'option **Nuances sélectionnées** et validez : le groupe de couleurs apparaîtra sous la forme d'un dossier au bas du panneau **Nuancier**.

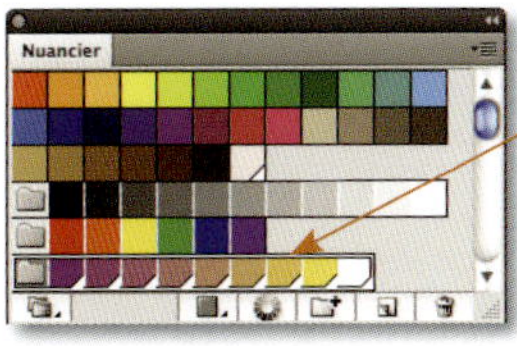

Le dossier apparaît, les couleurs sélectionnées y ont été transférées.

Les couleurs d'une illustration

Quand vous avez réalisé une partie d'illustration, vous pouvez placer les couleurs qu'elle comporte dans un dossier.

Pour cela effectuez les opérations suivantes :

1. Sélectionnez les éléments voulus de l'illustration et cliquez sur l'icône.

On sélectionne les éléments de l'illustration (qui peuvent être sur différents calques) et on clique ici.

2. Dans la fenêtre du groupe de couleurs, saisissez un nom et cochez les options **Illustration sélectionnée** et **Convertir les couleurs quadri en couleurs personnalisées** (c'est-à-dire globales).

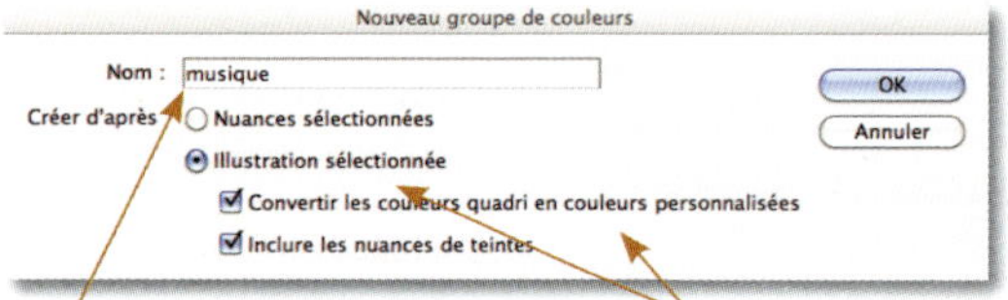

On nomme le groupe et on coche ces options.

> **ASTUCE** *L'option **Convertir les couleurs quadri en couleurs personnalisées** permet de convertir les nuances en couleurs globales, ce qui facilitera leur modification.*

On a sélectionné un seul élément (contour), la couleur qui lui est appliquée est dans le groupe et c'est une couleur globale.

La création d'un dossier vide

Le dossier de nuances peut être déjà présent dans le panneau **Nuancier** ou vous pouvez le créer par clic sur l'icône. Dans ce cas, le dossier sera vide ou ne comportera qu'une seule nuance (celle sélectionnée lors de sa création) ; la fenêtre qui apparaîtra ne proposera pas d'option.

Avant de créer le dossier, on a réinitialisé les couleurs (en tapant D). Le dossier apparaît vide.

LES GROUPES DE COULEURS À L'AIDE DE KULER

Kuler n'est pas disponible en tant que panneau dans la version française d'Illustrator. En revanche, il existe sous la forme d'un site (http://kuler.adobe.com) qui permet d'accéder en ligne à des groupes de couleurs réalisés par une communauté de graphistes. Vous pourrez y visualiser des milliers de thèmes, en créer de nouveaux (de toutes pièces ou à partir de photos), et télécharger ceux de votre choix pour les utiliser dans vos projets ; votre ID Adobe (obtenu gratuitement) est indispensable pour profiter de ce service.

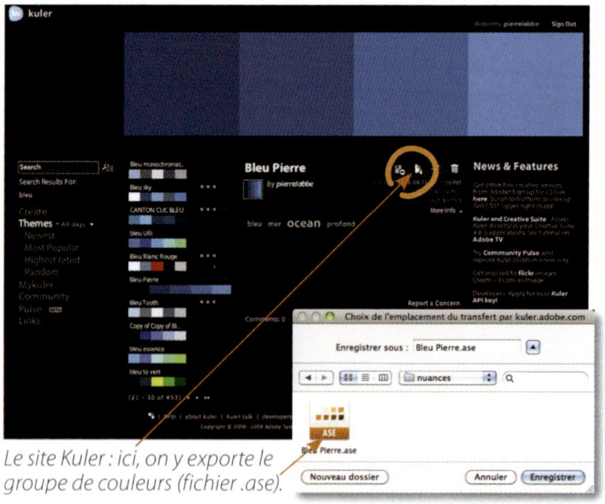

Le site Kuler : ici, on y exporte le groupe de couleurs (fichier .ase).

Le groupe de couleurs réalisé se télécharge en tant que fichier Adobe Swatch Exchange (.ase) qui pourra être importé dans Illustrator à partir du menu du panneau **Nuancier** et de la commande **Ouvrir la bibliothèque de nuances**, puis **Autre bibliothèque**. Le panneau ainsi chargé comporte le groupe de couleurs issu de Kuler qu'il suffit de glisser dans le panneau **Nuancier**.

On a importé le fichier « Kuler » dans Illustrator. On l'a glissé dans ce panneau.

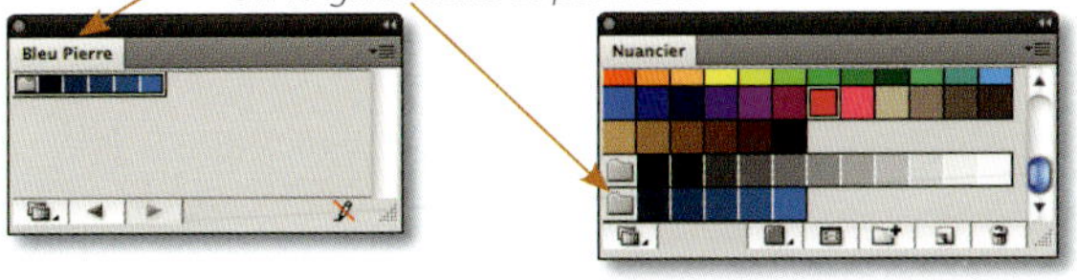

Vous pouvez retrouver des fonctionnalités voisines de celles de Kuler en utilisant la fonction **Redéfinir les couleurs** que nous aborderons plus loin dans ce livre avec l'ensemble des modifications réalisables sur les couleurs.

LA MODIFICATION D'UN GROUPE DE COULEURS

L'ajout de nuance

Pour remplir un groupe de couleurs (vide ou non), glissez la nuance voulue sur l'icône du dossier ou sur une des nuances qu'il contient (la couleur glissée se placera à sa droite). Ce glissement peut se réaliser avec une nuance du panneau **Nuancier** (mais il ne peut s'agir que d'une couleur ; ni motif ni dégradé), ou avec l'aperçu du panneau **Couleur** ou du panneau **Outils**.

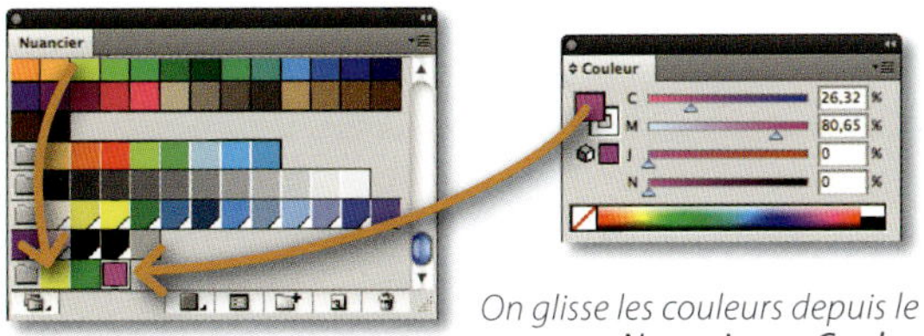

*On glisse les couleurs depuis le panneau **Nuancier** ou **Couleur**.*

Le remplacement d'une nuance

Si enfoncez la touche ⌥ [Alt] et glissez un échantillon du panneau **Nuancier** sur une des couleurs présentes dans un groupe, celle-ci sera remplacée. Si cette couleur était une couleur globale, l'échantillon qui la remplacera le deviendra également et cette nouvelle couleur apparaîtra sur les objets qui l'utilisaient.

On a changé cette couleur en glissant la nuance avec ⌥ [Alt] sur une couleur du groupe.

> **ASTUCE** *La création d'un groupe de couleurs, avec l'option de conversion en couleurs globales, associée au remplacement avec ⌥ [Alt] permettra de réaliser facilement des modifications délicates avec des couleurs classiques.*

Comme nous le verrons plus loin, tous les groupes de couleurs seront également visibles de la boîte de dialogue de la commande **Rédéfinir les couleurs.** Ils pourront y être modifiés, dupliqués et appliqués à une illustration.

Le Guide des couleurs

Le panneau **Guide des couleurs** constitue un élément intéressant pour la préparation de couleurs. En effet, un groupe de couleurs peut contenir des harmonies de couleurs que vous pouvez créer à partir du panneau **Guide des couleurs**. Nous verrons plus loin (*voir page 220*) que l'on peut également en réaliser à partir du panneau **Modifier les couleurs**.

LES ÉLÉMENTS DU PANNEAU GUIDE DE COULEURS

Quand le panneau **Guide des couleurs** est affiché, vous devez choisir trois éléments : la couleur de base, la règle d'harmonie et le type de variations. À partir de ces trois éléments (modifiables à tout instant), Illustrator crée des séries de variantes de couleurs dont le nombre dépend des options de variation (affichées par le menu local du panneau).

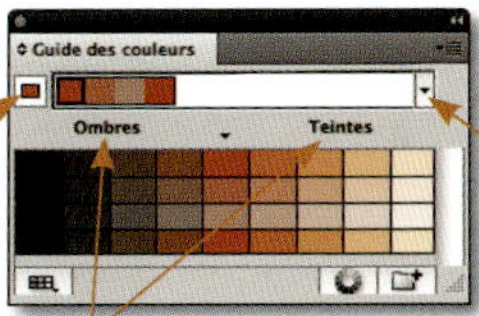

La couleur de base. *Par ce menu, on définit les règles d'harmonie.* *Le type de variation.*

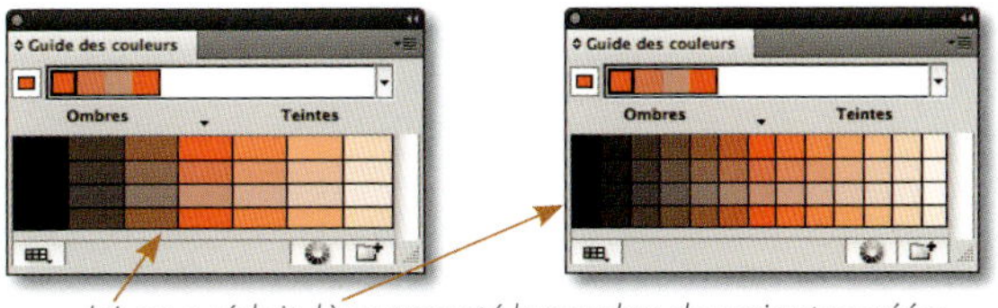

Ici, on a réduit, là augmenté le nombre de variantes créées.

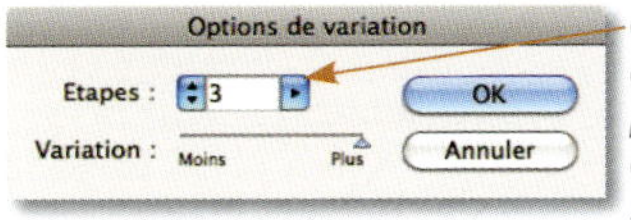

On peut changer le nombre de variantes et modifier la plage de variance (moins de différence entre les variantes si le curseur est vers Moins).

LA COULEUR DE BASE

Le haut du panneau **Guide des couleurs** affiche une série d'échantillons colorés (nommée **règle d'harmonie**), dont le premier (encadré de noir) constitue la **couleur de base**.

Si vous sélectionnez une nuance dans le panneau **Nuancier** ou définissez une couleur dans le **Sélecteur de couleurs** (depuis le panneau **Outils**) ou dans le panneau **Couleur**, celle-ci devient la couleur de base. Elle apparaît alors également (en plus petit) à gauche de la règle d'harmonie.

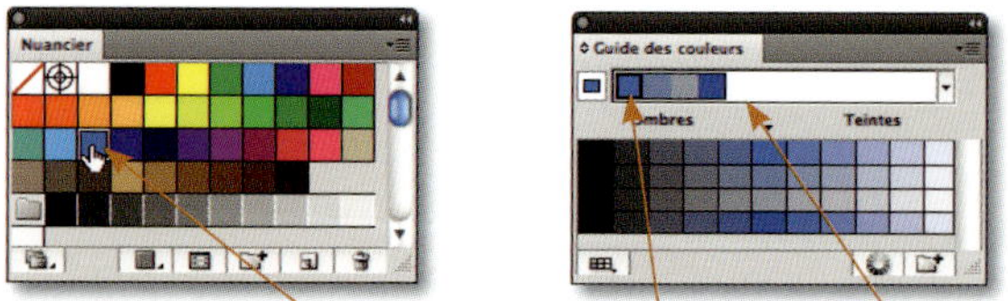

On sélectionne une couleur : elle devient Couleur ***de base*** *(placée à gauche dans la* ***Règle d'harmonie*** *visible ici).*

Si vous sélectionnez un objet ayant une couleur différente de la couleur de base, ou si vous cliquez sur une des variantes présentes dans le panneau **Guide des couleurs**, cette couleur apparaît à gauche de la règle d'harmonie. Un clic sur cette couleur permet de la définir en tant que couleur de base (la règle d'harmonie et ses variantes sont mises à jour automatiquement).

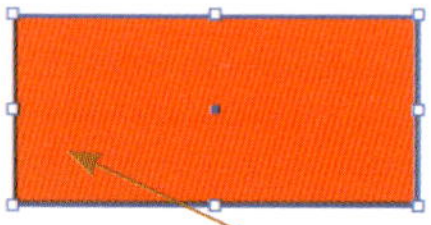

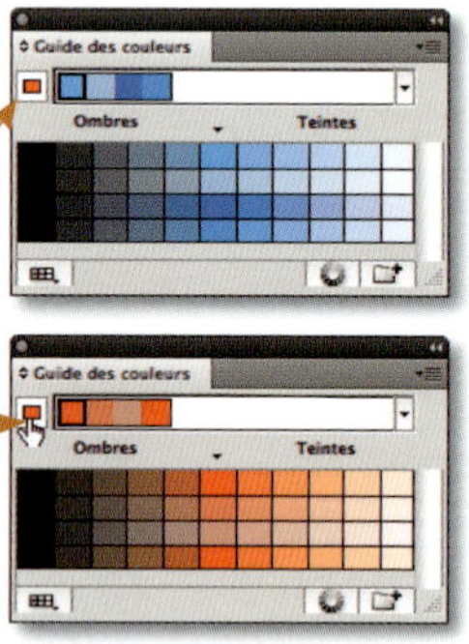

On sélectionne un objet, sa couleur apparaît dans cette case de définition.
Elle devient couleur de base en cliquant dessus.

ASTUCE *Si vous sélectionnez un groupe de couleurs dans le panneau* ***Nuancier****, ces nuances rempliront la règle d'harmonie du panneau* ***Guide de couleurs*** *et vous obtiendrez rapidement des variantes de couleurs qui resteront en harmonie avec celles présentes dans le groupe.*

LES RÈGLES D'HARMONIE

Le choix de la règle d'harmonie s'effectue par le menu local situé juste à droite de la règle affichée dans le panneau. Le nombre d'échantillons varie selon le type de la règle.

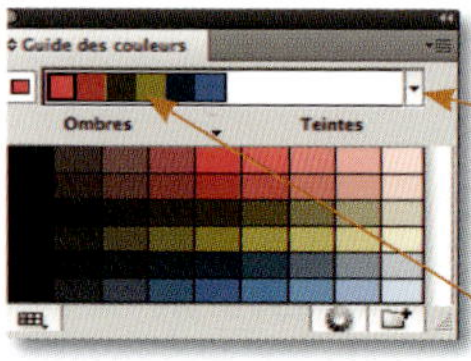

À partir de ce menu, on peut choisir une règle d'harmonie qui s'affichera ici.

Ces harmonies (de deux à six couleurs) utilisent des couleurs en respectant différents critères : couleurs complémentaires, analogues, contrastées, triadiques, monochromes... Par exemple, choisissez la règle d'harmonie **Monochrome** pour créer un groupe de couleurs avec la même teinte mais des niveaux de saturation différents ; avec **Contraste élevé** vous obtiendrez des couleurs contrastantes qui créeront un impact visuel plus fort.

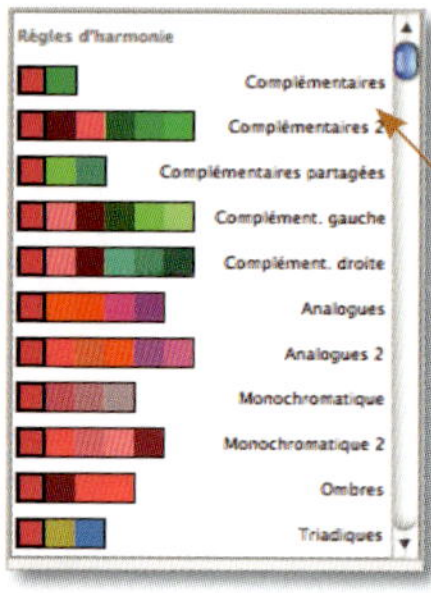

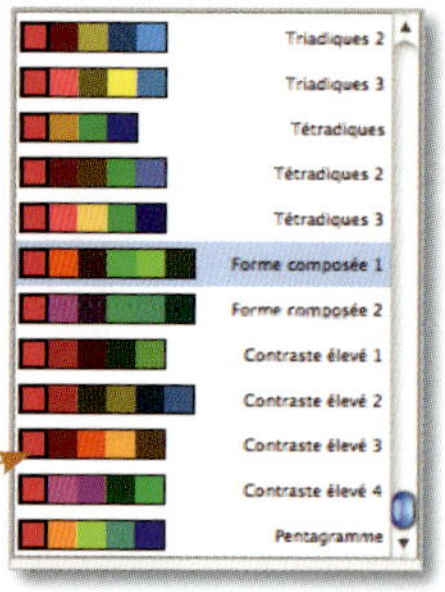

L'ensemble des règles d'harmonie créées à partir de la couleur de base.

On retrouve les couleurs de la règle d'harmonie verticalement au centre des variantes affichées dans la partie principale du panneau. Elles servent de base à la création des variantes, aussi le nombre de lignes dépend du nombre de couleurs présentes dans l'harmonie choisie.

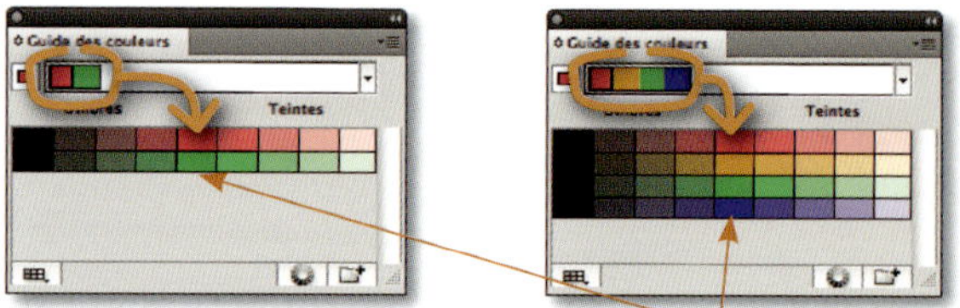

Les couleurs de la règle d'harmonie servent de base à la création des variantes.

LES TYPES DE VARIATION

Quand la couleur de base et la règle d'harmonie sont définies, il vous reste à choisir le type de variation. Illustratror en propose trois dans le menu local du panneau : **Teintes/Ombres**, **Chaudes/Froides** et **Vives/Éteintes**. Les critères de variation s'affichent au-dessus des variantes, de part et d'autre de la série de couleurs utilisée comme référence.

– **Teintes/Ombres** : la variation s'effectue par ajout de noir aux variations de gauche et de blanc à celles de droite.

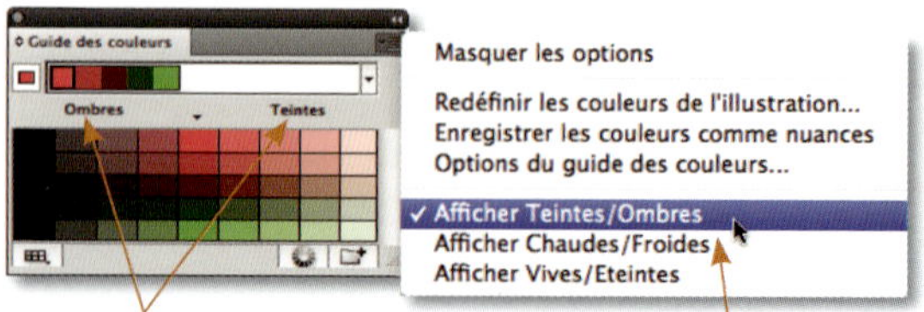

On voit ici le type de la variation choisi dans ce menu.

– **Chaudes/Froides** : la variation s'effectue par ajout du rouge aux variations de gauche et du bleu à celles de droite.

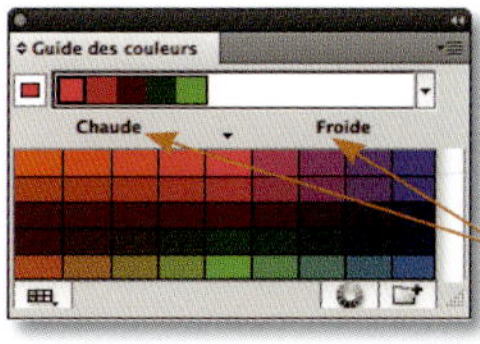

Comme on peut le voir ici, on a affiché les variations Chaudes/Froides.

– **Vives/Éteintes** : la variation s'effectue par réduction de la saturation vers le gris pour les variations de gauche et augmentation de la saturation pour celles de droite.

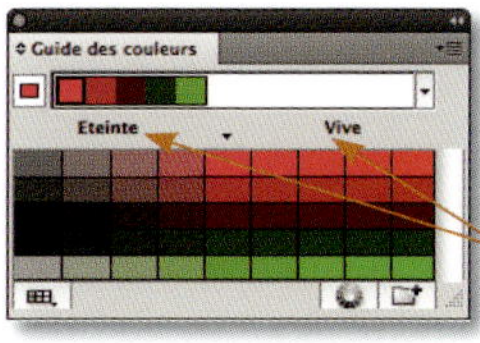

Comme on peut le voir ici, on a affiché les variations Vives/Éteintes.

L'application des couleurs du guide

Quand vous avez créé des variantes, vous pouvez les utiliser en glissant les nuances voulues directement sur les objets à colorer.

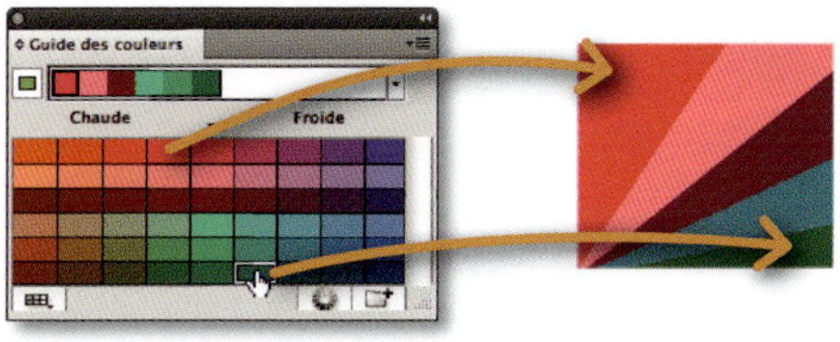

Par simple glissement, on applique les variantes du guide.

La mémorisation et l'ajustement des nuances

Vous pouvez également transférer les couleurs de la règle d'harmonie ou des variantes en tant que groupe de couleurs dans le panneau **Nuancier** en cliquant sur l'icône située en bas du panneau **Guide des couleurs**. Dans le cas des variantes, celles-ci devront être sélectionnées en cliquant sur leur échantillon (avec ⇧ clics si elles sont contiguës et ⌘ clics [Ctrl clics], dans le cas contraire).

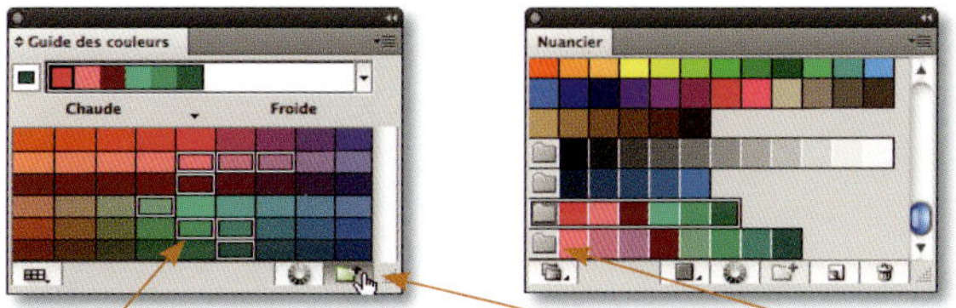

On sélectionne les nuances et on clique ici pour obtenir ce groupe. Sans sélection, on transfère les couleurs de la règle d'harmonie.

Avant de réaliser cette opération, vous pouvez demander à Illustrator de remplacer les variantes par les couleurs référencées les plus proches (ton direct comme les Pantone, par exemple) en sélectionnant une bibliothèque de nuances dans le menu local qui apparaît en cliquant sur l'icône.

Pour obtenir ces variantes et ce groupe de couleurs constitué des tons directs, on a choisi cette bibliothèque de nuances (nous verrons plus loin comment changer l'aspect de la liste affichée).

À tout moment, vous pouvez changer un des critères de fabrication des variantes (couleur de base, type de variation et/ou règle d'harmonie), sélectionner un groupe de couleurs dans le panneau **Nuancier** et définir une bibliothèque pour y prélévever les variantes. Le guide des couleurs se mettra à jour automatiquement. Vous pouvez ainsi préparer toutes les couleurs souhaitées en respectant certaines harmonies.

La modification des couleurs

Ces modifications s'appliquent à un groupe de couleurs sélectionné dans le panneau **Nuancier** ou à la série de nuances d'une règle d'harmonie de couleurs affichée dans le panneau **Guide des couleurs**. Dans les deux cas, les modifications s'effectuent à partir d'une fenêtre qui s'affiche en cliquant sur l'icône des panneaux respectifs.

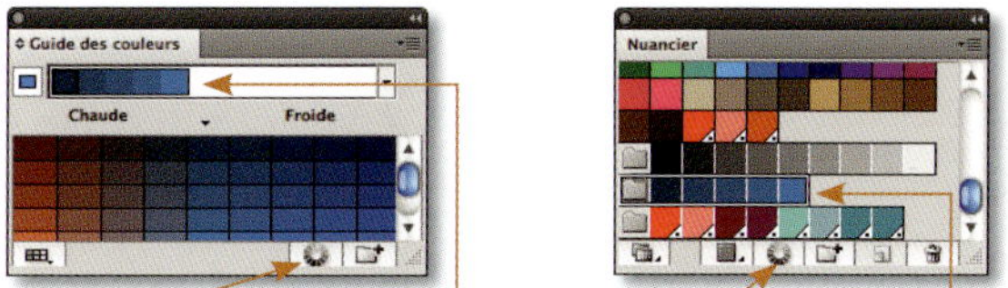

En cliquant ici on peut modifier les couleurs de la règle d'harmonie affichée.

En cliquant ici on peut modifier les nuances du groupe de couleurs sélectionné.

La fenêtre qui apparaît reprend certaines fonctionnalités que l'on peut voir dans le site Kuler, ainsi que des options disponibles dans le panneau **Guide des couleurs**. Avant toutes choses, si vous souhaitez conserver sous son aspect initial, le groupe que vous êtes en train de modifier, cliquez sur l'icône afin d'en créer une copie (éventuellement renommer cette dernière).

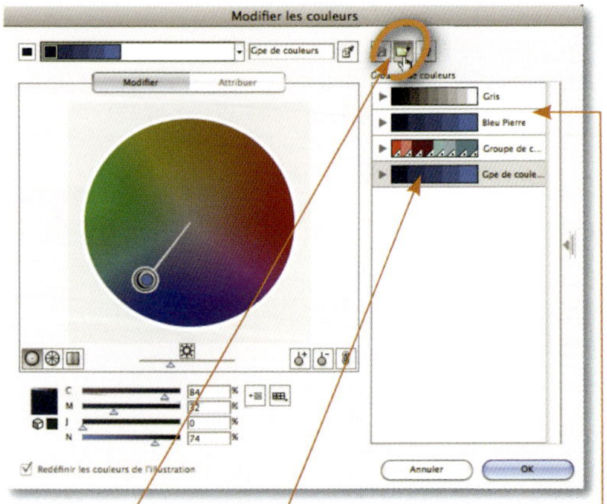

En cliquant ici, on a créé cette copie pour garder le groupe initial.

LA RÈGLE D'HARMONIE

Dans le haut de la fenêtre figure une série de nuances dont la première constitue la couleur de base (elle est encadrée) ; les autres sont selon la règle d'harmonie sélectionnée dans le menu local à droite des nuances (on retrouve la même liste que dans le panneau **Guide des couleurs**).

En fonction de la règle d'harmonie choisie, la roue chromatique montre différentes séries de couleurs marquées par un petit rond et reliées au centre. Par exemple : avec une règle complémentaire, les couleurs sont diamétralement opposées ; avec analogue, elles se situent dans le même secteur du cercle ; avec monochromatique, elles sont sur le même rayon du cercle ; avec triadique, elles forment une sorte de « Y ». Dans tous les cas, la couleur de base correspond au rond le plus grand. Pour en définir une autre, cliquez sur une des nuances, puis sur l'icône située à gauche de ces dernières ; l'harmonie sera mise à jour automatiquement.

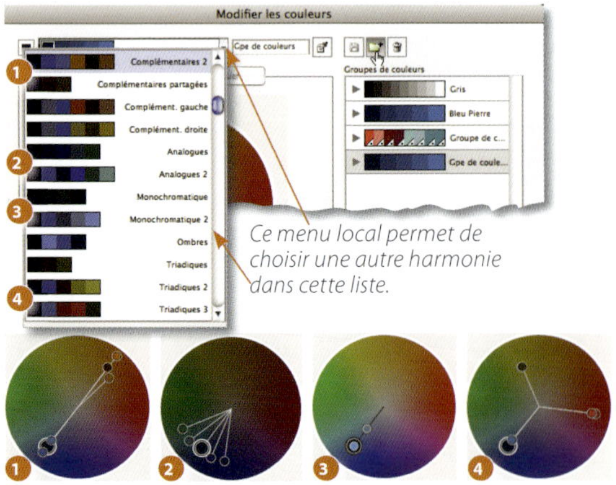

Ce menu local permet de choisir une autre harmonie dans cette liste.

De gauche à droite : ***Complémentaire*** *;* ***Analogue*** *;* ***Monochromatique*** *et* ***Triadique****.*

LES RÉGLAGES DES COULEURS DU GROUPE

Illustrator propose de multiples façons de régler les couleurs, vous pouvez conserver ou non la règle d'harmonie, agir sur l'ensemble des couleurs (réglage global), ou couleur par couleur… À chaque fois que vous souhaitez conserver (mémoriser) le groupe modifié et en élaborer un autre, cliquez sur l'icône en forme de disquette (renommez éventuellement), puis créez une nouvelle copie (par **clic** sur) que vous pourrez modifier à volonté (mémoriser, copier…).

Les réglages globaux : respect de l'harmonie

Ces différents réglages agissent sur toutes les couleurs tout en conservant la règle d'harmonie initialement choisie.

Le réglage de la luminosité

Sans changer les teintes, c'est-à-dire la position de chaque couleur sur la roue chromatique, vous pouvez intervenir sur la luminosité en glissant le curseur situé sous l'icône .

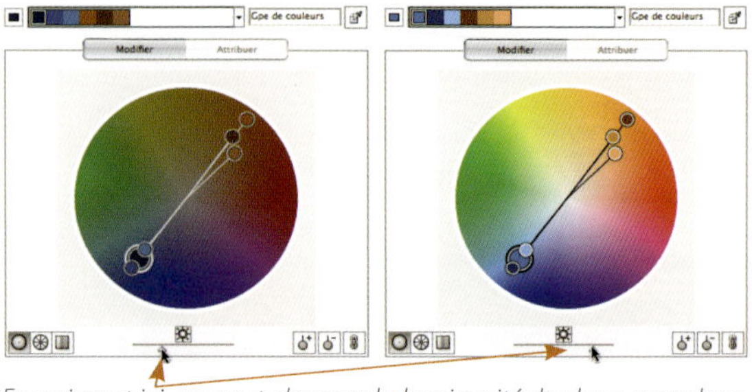

En agissant ici, on peut changer la luminosité de chaque couleur sans changer la teinte (position dans le cercle).

Le réglage de la teinte

La teinte d'une couleur correspond à sa position dans la roue chromatique. Celle-ci peut être changée par glissement. Pour conserver la règle d'harmonie en cours, assurez-vous que le maillon (situé en bas à droite de la roue) n'est pas brisé ( ), ; dans ce cas, toutes les couleurs seront déplacées simultanément dans le respect de la règle d'harmonie.

On a conservé l'harmonie initiale en glissant une nuance avec ce maillon actif (toutes les nuances ont suivi le mouvement).

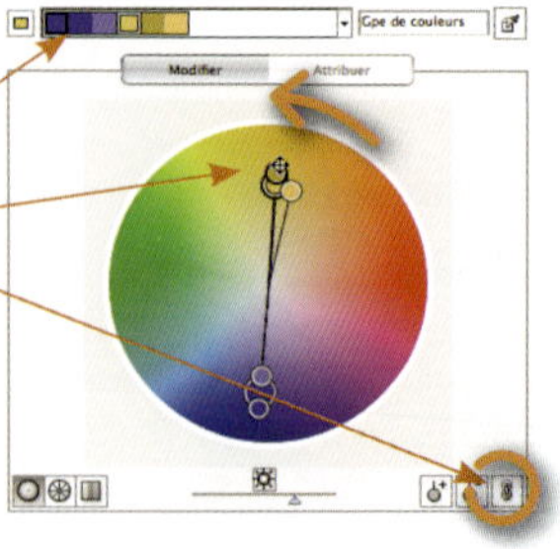

Le réglage par nuance

Il est possible d'agir nuance par nuance, à partir des curseurs de valeurs ou par glissement dans le roue.

Le réglage par glissement

Pour agir sur les valeurs chromatiques d'une nuance à partir de la roue, commencez par cliquer sur l'icône en forme de maillon pour l'afficher brisé () : les traits de liaison entre les couleurs apparaissent alors en pointillé pour indiquer que les modifications n'affecteront que la couleur active (rond entouré de noir et échantillon encadré dans l'aperçu de la règle d'harmonie du haut de la fenêtre).

Nuance par nuance, vous pouvez glisser le rond de la couleur. Un déplacement sur le même rayon modifie la saturation (vers le centre, il y a désaturation et vers la périphérie, saturation de la couleur) ; un déplacement vers un autre secteur change la teinte.

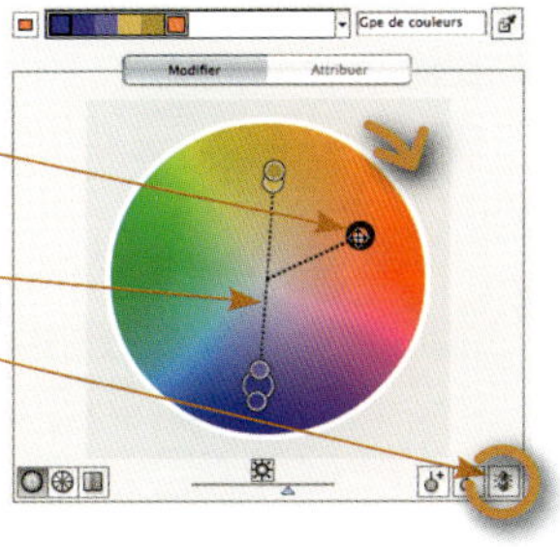

On a glissé une nuance pour en changer la teinte. La règle d'harmonie initiale n'est pas conservée, ces pointillés et ce maillon brisé l'indiquent.

Pour changer la luminosité, il faudra passer à un réglage par les curseurs de valeurs chromatiques.

Le réglage par les valeurs chromatiques

Pour accéder aux valeurs chromatiques d'une nuance, sélectionnez-la sur la roue ou dans l'aperçu de la règle d'harmonie. Choisissez le modèle colorimétrique voulu dans le menu local affiché en cliquant sur l'icône ; par exemple, avec TSL ou Lab, vous changerez facilement la luminosité (L) en glissant le curseur selon l'effet désiré.

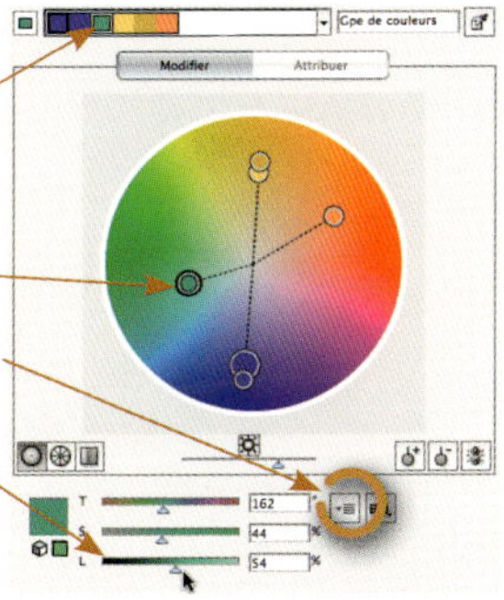

En cliquant ici, on a sélectionné cette nuance. On choisit un modèle chromatique dans ce menu et on change les valeurs.

Par double-clic sur le rond d'une nuance (ou sur son aperçu situé à gauche des curseurs de réglages), vous affichez le sélecteur de couleurs et accédez également aux différents réglages de la couleur. Cette opération permet, notamment, de remplacer la nuance sélectionnée par celle choisie dans le nuancier (affiché depuis le sélecteur).

Illustrator propose une autre technique de réglage. Elle s'obtient en remplaçant l'affichage de la roue chromatique par celui de la gamme des couleurs (par clic sur l'icône située à gauche de la roue). La roue est alors remplacée par une bande de couleurs. Le survol de l'une d'elles fait apparaître une icône qui se transforme en « mini-sélecteur de couleurs» par clic dessus.

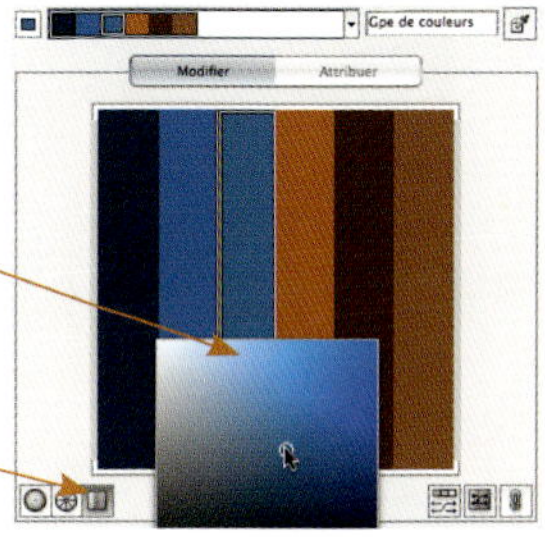

On affiche ce sélecteur de couleurs en cliquant sur l'icône située en bas de la nuance active.
On a obtenu cette gamme de couleurs en cliquant ici.

Quand les nuances sont affichées par gamme de couleurs, deux icônes permettent de changer de manière aléatoire, l'ordre des couleurs ou leur saturation et leur luminosité . Cette première action ne change pas la composition des couleurs et n'influe sur l'aspect de l'illustration que dans le cadre d'une redéfinition des couleurs lorsque le groupe de couleurs est affecté à des objets (nous aborderons cette manipulation plus loin dans ce chapitre, *voir page 220*).

La gestion des nuances

L'ajout et la suppression de nuances

Pour ajouter ou supprimer des nuances, affichez la roue chromatique (sans ou avec segmentation) en cliquant sur l'icône ou : deux boutons de gestion des nuances apparaissent. Avec l'icône , cliquez dans la zone colorée de la roue correspondant à la couleur à ajouter. Avec l'icône , cliquez sur le rond de la nuance à supprimer.

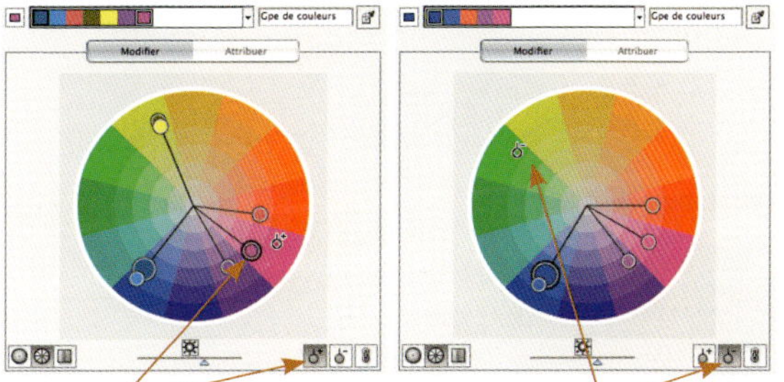

Avec cet outil, on ajoute des nuances, avec celui-ci, on en supprime.

Les couleurs limitées à un nuancier

Quand le groupe de couleurs a l'aspect souhaité, vous pouvez limiter ses couleurs à celles prises dans une bibliothèque de nuances et dont la composition est la plus proche. Pour cela, déroulez le menu local affiché en cliquant sur l'icône et sélectionnez la bibliothèque de nuances voulue. Dès que les couleurs sont converties en tons directs, l'icône change () pour indiquer cette conversion.

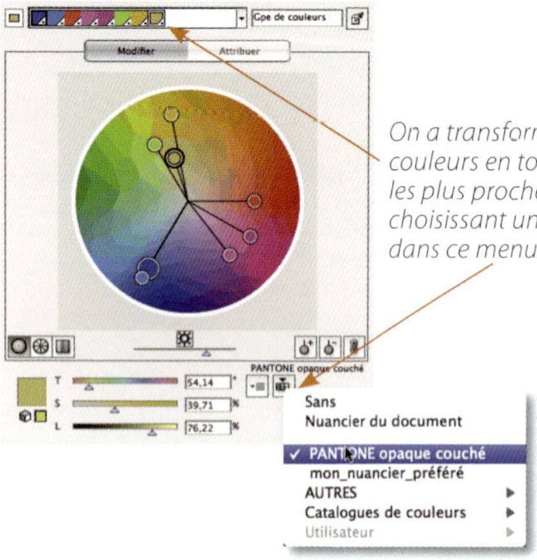

On a transformé les couleurs en tons directs les plus proches en choisissant un nuancier dans ce menu.

La gestion du groupe modifié

À tout instant dans la préparation de groupes dans la fenêtre **Modifier les couleurs**, vous pouvez mémoriser le groupe élaboré et en faire un nouveau. Les annulations n'étant pas possibles dans cette fenêtre, n'hésitez pas à utiliser cette possibilité qui vous permettra des retours en arrière. Quand vous quittez la fenêtre de modification, tous les groupes créés apparaissent dans le panneau **Nuancier** et peuvent être utilisés (ou exportés pour d'autres utilisations, *voir ci-après*)

*On peut mémoriser à tout moment et créer d'autres groupes. Ils apparaîtront tous dans le panneau **Nuancier**.*

ASTUCE *Par double-clic sur l'icône du dossier d'un groupe de couleurs dans le panneau **Nuancier**, vous affichez directement la fenêtre **Modifier les couleurs**.*

Les bibliothèques de nuances

Illustrator propose un certain nombre d'attributs de couleurs déjà prédéfinis. Ils sont applicables directement et certains peuvent éventuellement subir quelques modifications. Ces attributs ont été regroupés dans des panneaux tels que le panneau **Nuancier** ou les panneaux de **Bibliothèques de nuances**.

Le panneau Nuancier

Le panneau **Nuancier** renferme trois types de nuance de coloration (couleurs, motifs et dégradés) que l'on peut afficher séparément à partir du menu local affiché en cliquant sur l'icône du bas du panneau.

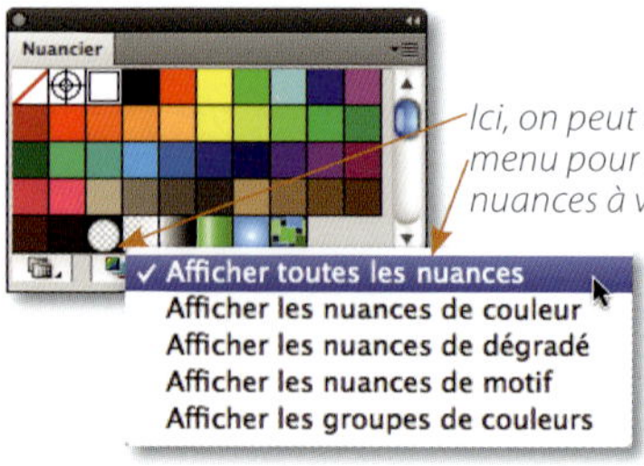

Ici, on peut afficher ce menu pour choisir les nuances à visualiser.

ASTUCE *Dans les couleurs figure une nuance particulière : la couleur de repérage . Elle a pour caractéristique de s'imprimer sur chaque séparation. Les repères de montage ou « hirondelles » utilisent la couleur de repérage.*

La sélection d'une nuance par son nom

Pour choisir une nuance par son nom, affichez la case **Rechercher** (elle s'affiche par le menu local du panneau : **Afficher le champ de recherche**), tapez le nom (ou son début) de la nuance recherchée et validez en tapant ↵.

Le nuancier par défaut

Quand vous ouvrez certains documents réalisés avec des versions antérieures d'Illustrator, leur nuancier ne contient pas toujours toutes les nuances de base — certaines nuances peuvent aussi avoir été supprimées pour alléger le fichier. Pour les retrouver, lancez **Défaut_RVB** du sous-menu **Bibliothèque de nuances** (menu **Fenêtre**) ou mieux encore, utilisez la commande **Ouvrir la bibliothèque de nuances** directement dans le menu local du panneau **Nuancier**.

Les bibliothèques de nuances

Le chargement d'une bibliothèque

Pour afficher les autres panneaux de nuances, déroulez le menu du panneau **Nuancier** jusqu'à la commande **Ouvrir la bibliothèque de nuances** pour y choisir le nuancier voulu. La liste propose la commande **Autre bibliothèque** pour ouvrir, sous forme de panneau, les couleurs, les motifs ou les dégradés que vous auriez préparés dans un fichier.

Cette commande affiche la liste des bibliothèques.

Les bibliothèques Pantone

Illustrator propose plusieurs nuanciers **Pantone** (**opaque couché**, **non couché**, **quadri**...) et à chacun d'eux correspond un catalogue papier à partir duquel vous faites votre choix de couleur. L'utilisation des Pantone vous garantit une meilleure correspondance entre la couleur choisie et la couleur imprimée. Le panneau qui s'affiche peut montrer les couleurs rangées par nom ou échantillon coloré.

Pour choisir un Pantone, tapez son numéro dans la case **Rechercher**. Son échantillon s'entoure d'un cadre blanc, la nuance ne s'affiche dans le panneau **Nuancier** que si vous cliquez sur le Pantone. Si vous sélectionnez plusieurs Pantone, vous pouvez les transférer dans le panneau **Nuancier** en une seule étape par la commande **Ajouter au nuancier** du menu local de la bibliothèque.

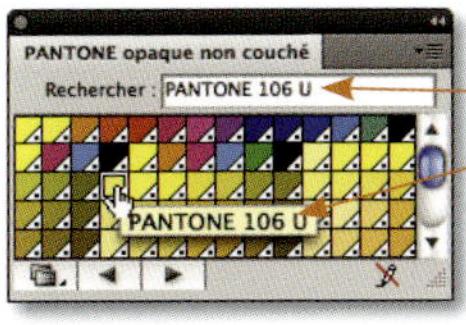

On tape le numéro ici puis on clique sur le Pantone pour le transférer dans le Nuancier.

Quand vous sélectionnez un Pantone, son aperçu figure dans le panneau **Nuancier**. Quand vous double-cliquez sur ce dernier, la fenêtre **Options de nuance** affiche sa composition mais celle-ci est verrouillée pour éviter tout changement. Si vous souhaitez convertir le Pantone en couleur quadri, sélectionnez le mode actif, **Catalogue de couleur**, pour choisir **CMJN** ; vous pouvez alors remplacer le type **Ton direct** par **Couleur quadri**.

Les autres nuanciers pour l'impression

Illustrator permet d'utiliser plusieurs nuanciers : Focoltone, Trumatch, DIC, Toyo... Ils correspondent à des nuanciers papier employés dans certains pays. Si vous n'en utilisez aucun, vous pouvez les éliminer de la liste (*la méthode est décrite un peu plus loin*).

> **Note** *Quand une bibliothèque de nuances est affichée, elle présente des triangles dans sa partie basse. Ils permettent d'afficher les autres bibliothèques.*

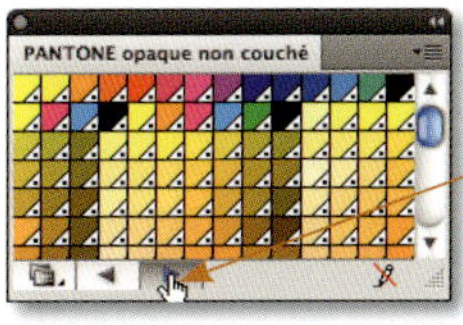

Par ces triangles on passe d'une bibliothèque à la suivante (ou à la précédente) dans la liste.

Certains tons directs (TOYO, PANTONE, DIC et HKS) sont définis par des valeurs Lab. Les couleurs de ces bibliothèques sont également définies par des valeurs CMJN pour assurer la compatibilité avec les versions précédentes d'Illustrator. Par défaut, Illustrator utilise les valeurs CMJN pour afficher, exporter et imprimer les tons directs ; pour utiliser les valeurs Lab, qui associées aux bons profils de périphériques produisent les résultats les plus précis (notamment quand les tons directs sont imprimés en quadri), lancez la commande **Tons directs** du menu du panneau **Nuancier** pour choisir **Utiliser les valeurs Lab...**

> **Astuce** *Afin d'améliorer la précision de l'image à l'écran, vous pouvez sélectionner le mode* ***Aperçu de la surimpression*** *(menu* ***Affichage****), et ainsi utiliser automatiquement les valeurs Lab.*

Les nuanciers systèmes et thématiques

Il s'agit de nuanciers pour les illustrations destinées à l'écran (Web). On en distingue plusieurs parmi lesquels les deux des systèmes Windows et Macintosh renfermant chacun 256 nuances et le nuancier Web qui comporte les 216 nuances correspondant aux couleurs utilisées par les navigateurs Web. En plus de ces nuanciers, la liste comporte une série de bibliothèques contenant des couleurs rangées par thème (chaud, Jardin...).

Si vous n'utilisez aucune de ces bibliothèques, vous pouvez les éliminer de la liste selon la méthode décrite plus loin.

La création d'un nuancier personnalisé

Il se crée depuis du panneau **Nuancier** et à partir de son contenu. Son élaboration comporte trois étapes :

1. Commencez par remplir le panneau **Nuancier** avec les éléments voulus (nuances, motif, dégradé) qui peuvent provenir d'autres bibliothèques de nuances (Pantone ou autre).

2. Lancez la commande **Sélectionner les nuances inutilisées** dans le menu local du panneau **Nuancier** puis supprimez-les en cliquant sur la corbeille du panneau **Nuancier**.

3. Dans le menu du panneau **Nuancier**, lancez **Enregistrer une bibliothèque de nuances**, nommez et rangez le fichier dans le dossier **Adobe Illustrator CS5/Presets/fr_FR/Nuancier** (ce nom sera celui de la future bibliothèque).

Redémarrez Illustrator, votre panneau de nuances est devenu accessible dans la liste qu'affiche la commande **Ouvrir une Bibliothèques de nuances** du menu du panneau **Nuancier** ou du menu **Fenêtre**.

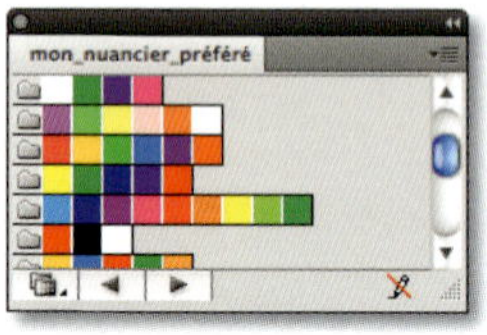

Une bibliothèque de nuances personnalisée.

> **ASTUCE** *Si vous enregistrez le fichier dans un autre dossier, il faudra utiliser l'option **Autre bibliothèque** en bas de la liste ; en revanche, il ne sera pas utile de relancer Illustrator.*

LA PERSONNALISATION DE L'ENVIRONNEMENT DE TRAVAIL

Les fichiers de démarrage et les nuances

Quand vous créez un nouveau document, Illustrator utilise une copie d'un des fichiers de démarrage (un pour le CMJN, un pour le RVB…). Votre nouveau document contient ainsi tous les paramètres par défaut du fichier de démarrage correspondant : formes, nuances, dégradés, motifs et styles.

Vous pouvez créer vos propres fichiers de démarrage avec un **panneau Nuancier** personnalisé dans lequel vous avez ajouté des éléments (tels que motifs, dégradés, formes, symboles, couleurs et bibliothèques de couleurs préférées).

Ces fichiers devront être enregistrés dans le dossier **Bibliothèques/Application Support/Adobe/Adobe Illustrator CS5/fr_FR/New Document Profiles** (ou **Documents and Settings/Utilisateur/Application Data/Adobe/Adobe Illustrator CS5/fr_FR/New Document Profiles**). Si vous les nommez **CMJN de base.ai** ou **RVB de base.ai**, ils remplaceront ceux par défaut (une copie aura été placée dans un autre dossier avant l'écrasement des fichiers).

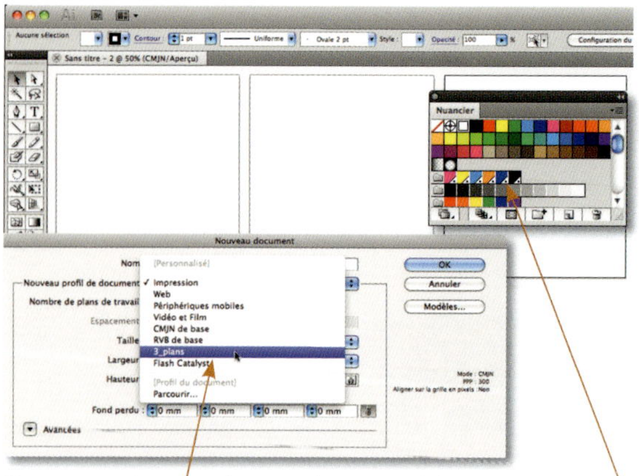

On retrouve dans cette liste, un document de base comportant ce nuancier (et trois plans de travail). On l'a créé et enregistré dans le dossier contenant les fichiers de base.

Les fichiers modèles

Il est possible de créer un document modèle contenant les éléments communs aux futurs documents. Cette opération s'effectue par la commande **Enregistrer comme modèle** du menu **Fichier**. Vous pouvez ainsi créer un dossier contenant divers modèles, chacun d'eux renfermant les éléments utiles (nuances, calques, styles…) pour les travaux à effectuer.

La réduction de la liste de bibliothèques

Pour réduire le nombre de bibliothèques de nuances affichées quand vous choisissez la commande **Ouvrir une bibliothèque de nuances**, ouvrez le dossier **Nuancier** (dossier **Paramètres prédéfinis/fr_FR** dans le dossier du programme) et glissez les fichiers qui vous intérressent moins dans un nouveau dossier créé dans le dossier **Nuancier**. Vous pouvez faire de même avec les dossiers de bibliothèque présents, voire sortir du dossier **Catalogues de couleurs** des bibliothèques que vous utilisez plus souvent. Redémarrer Illustrator pour voir la liste réduite.

*On ouvre plus rapidement cette bibliothèque (issue de **Catalogues de couleurs**) avec cette liste réduite dans laquelle on voit le dossier (**AUTRES**) contenant les bibliothèques moins utilisées.*

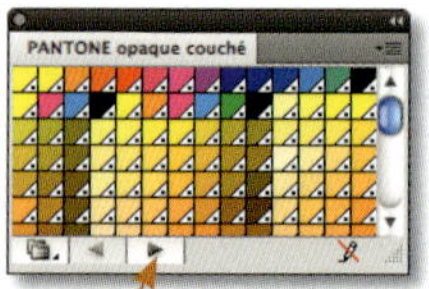

On passe rapidement à la bibliothèque personnalisée de cette liste réduite, en cliquant ici.

L'importation ou exportation de nuances de ou vers Photoshop ou InDesign

Il est possible d'échanger des bibliothèques de nuances de couleurs entre les différents logiciels de la Creative Suite (pas les motifs ni les dégradés) ; ainsi, vous pouvez enregistrer le nuancier dans Illustrator (**Enregistrer la bibliothèque de nuances sous ASE** du menu du panneau **Nuancier**), puis le charger dans InDesign (par la commande du panneau **Nuancier**).

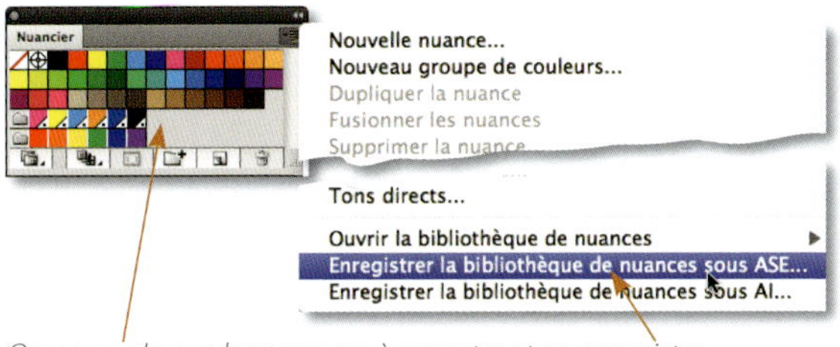

On ne garde que les nuances à exporter et on enregistre.

De même, un nuancier exporté depuis Photoshop (commande **Enregistrer le nuancier pour l'échange** du menu du panneau **Nuancier**) peut être chargé dans Illustrator.

Dans InDesign, on charge la bibliothèque, ses nuances s'ajoutent au nuancier.

Pour ajouter des bibliothèques de nuances à Illustrator, vous pouvez vous rendre sur le site http://kuler.adobe.com dans lequel un certain nombre de jeux de nuances sont disponibles. Vous pouvez en créer d'autres à partir de photos notamment.

Afin de pouvoir utiliser toutes les fonctionnalités du site, vous devez posséder un identifiant ID Adobe (disponible gratuitement). En effet, une fois le jeu sélectionné, une option permet de l'enregistrer en tant que fichier avec l'extension **.ase** qui sera lu dans Illustrator comme une bibliothèque de nuances à l'aide de la commande **Ouvrir la bibliothèque de nuances** du menu du panneau **Nuancier**.

Les manipulations de nuances du panneau Nuancier

Le changement de composition

Pour modifier la composition d'une nuance, effectuez un double-clic sur sa case échantillon dans le **panneau Nuancier** et la fenêtre **Options de nuance** s'affichera. Vous pourrez également changer ses caractéristiques (globales ou non, ton direct) ou son nom.

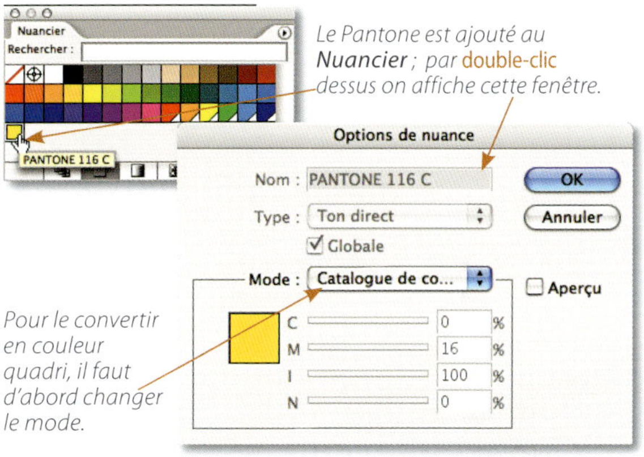

Le Pantone est ajouté au Nuancier ; par double-clic dessus on affiche cette fenêtre.

Pour le convertir en couleur quadri, il faut d'abord changer le mode.

Le remplacement d'une nuance par glissement

Pour remplacer une nuance par une autre (et, s'il s'agit d'une couleur globale, changer la couleur des objets auxquels elle est affectée), créez la nouvelle couleur dans le panneau **Couleur**, enfoncez ⌥ [Alt], et glissez la case d'aperçu du panneau **Couleur** sur la case de la nuance à remplacer dans le panneau **Nuancier**. Vous pouvez aussi glisser avec ⌥ [Alt] une nuance sur une autre depuis le panneau **Nuancier** (ou une autre bibliothèque). La nuance remplacée prend toutes les caractéristiques de la nuance glissée, y compris son nom. Ceci s'avère pratique pour finaliser les colorations.

En effet, au début de votre travail, vous appliquez aux objets des couleurs globales de composition et de noms quelconques, puis, le moment venu, vous les remplacez par des nuances prises dans une bibliothèque Pantone par exemple.

Le remplacement de nuances par fusion

Si vous souhaitez affecter la même nuance à des objets de couleurs (globales ou ton direct) différentes, sélectionnez ces dernières par ⌘clics [Ctrl clics] dans le panneau **Nuancier** puis choisissez **Fusionner les nuances** dans son menu. C'est la première nuance sélectionnée et sa valeur chromatique qui remplacent toutes les autres nuances sélectionnées.

Les contours de tracé

Où se situent les réglages du contour ?

La couleur d'un contour se choisit de la même façon que celle d'un fond. En revanche, il faut spécifier une épaisseur, et éventuellement, d'autres caractéristiques affectant l'aspect du contour. Les réglages de base du contour (couleur et épaisseur) sont accessibles directement depuis les panneaux **Contrôle** ou **Aspect**. En revanche, les autres options se gèrent depuis le panneau **Contour**. Il s'agit des options : extrémité, sommet, pointe, position et type du trait (pointillé ou en plein). Le panneau **Contour** est accessible depuis le panneau **Contrôle** ou le panneau **Aspect** par clic sur le mot **Contour**, ou encore, de manière plus classique, par le menu **Fenêtre**. Dans ce dernier cas, s'il n'affichait pas toutes les options, effectuez plusieurs clics sur l'onglet **Contour** du panneau.

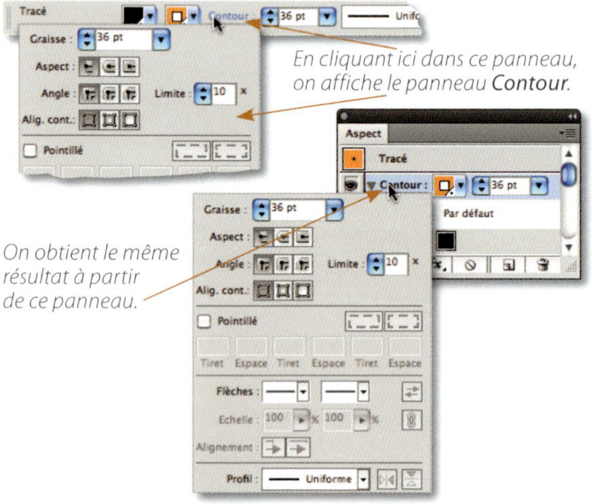

En cliquant ici dans ce panneau, on affiche le panneau Contour*.*

On obtient le même résultat à partir de ce panneau.

Le panneau réduit et le panneau complet (affichés depuis le menu Fenêtre*).*

L'épaisseur ou graisse du contour

Ai Illustrator propose une nouvelle fonctionalité qui permet de modifier localement la largeur d'un contour. Nous aborderons cette nouveauté à la fin de l'étude des contours. Nous parlerons dans les paragraphes qui suivent de la graisse du contour (ou épaisseur du contour) ; il s'agit d'un attribut classique du contour (qui s'applique à la totalité du tracé sur toute sa longueur).

Par défaut l'épaisseur du contour est de 1 point. Vous pouvez modifier cette valeur de plusieurs façons (dans le panneau **Contrôle** ou **Aspect**) :

- par clic sur les triangles à droite de **Graisse** dans le panneau **Contour** ou du mot **Contour** dans le panneau **Contrôle** ;
- par le menu local à droite de la valeur en cours ;
- par clic dans la case de valeur suivi de la frappe des touches ↑ ou ↓ (chaque frappe incrémente de 1 pt et de 6 pt avec ⇧) ;
- par saisie d'une nouvelle valeur qu'il faudra valider en tapant ↵ (ou tester en tapant ⇧↵).

NOTE *Par défaut, la valeur est en points* ***pt*** *; pour les autres unités, saisissez le symbole de l'unité.*

Pour qu'un tracé n'ait plus de contour, affectez-lui une épaisseur nulle ou depuis le panneau **Contrôle** cliquez sur l'aperçu (■▾) pour choisir l'attribut **Aucun** (⧄) dans le **panneau Nuancier** qui s'affiche.

Quand vous effectuez une mise à l'échelle d'un tracé ayant un contour, par exemple, par action sur les poignées du cadre de sélection, l'épaisseur du contour subit une modification si l'option **Mise à l'échelle des contours et des effets** est cochée dans le menu local du panneau **Transformation** (on retrouve cette option dans les préférences générales).

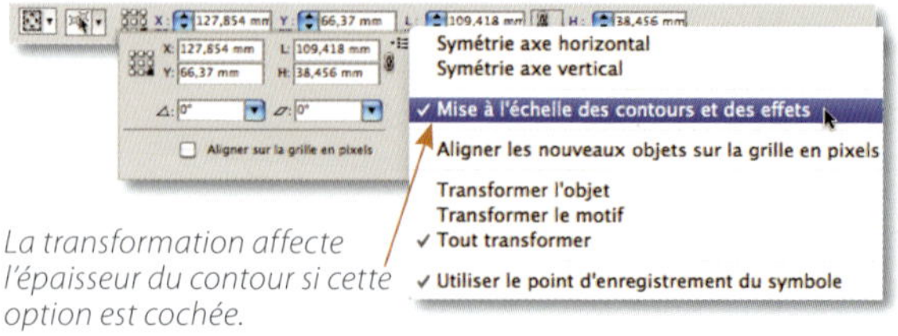

La transformation affecte l'épaisseur du contour si cette option est cochée.

Les alignements du contour

Deux cas sont à envisager selon qu'il s'agit d'un tracé ou d'un texte.

LES POSITIONS DU CONTOUR PAR RAPPORT AUX TRACÉS

Illustrator propose trois icônes Alig. cont. :, pour régler l'alignement du contour sur le tracé :

- Contour centré : c'est l'option par défaut, le contour se place de part et d'autre du tracé de l'objet.
- Contour aligné sur l'intérieur : le contour n'augmente pas la taille de l'objet, le contour se place à l'intérieur du tracé.
- Contour aligné sur l'extérieur : le tracé apparaît contre le bord intérieur du contour, les dimensions de l'objet sont augmentées.

Les trois positions pour les contours : centré, intérieur et extérieur.

> **ASTUCE** *Quand vous utilisez les fonctions d'alignement du panneau **Contrôle** ou **Alignement**, l'alignement s'effectue par rapport aux tracés. Pour qu'il s'effectue par rapport aux bords du contour (s'il est centré ou extérieur), activez **Utiliser les limites d'aperçu** du menu du panneau **Alignement**.*

LES CONTOURS SUR LES TEXTES

Au niveau des textes, seule l'option du contour centré est disponible. On peut envisager d'autres possibilités à l'aide de quelques manipulations liées à la présence de deux types d'attributs de coloration dans un texte.

Les attributs **Caractères** : ils se définissent quand le texte est sélectionné avec l'outil **Texte**. Le panneau **Aspect** affiche alors les deux attributs de base : fond (noir par défaut) et contour (sans).

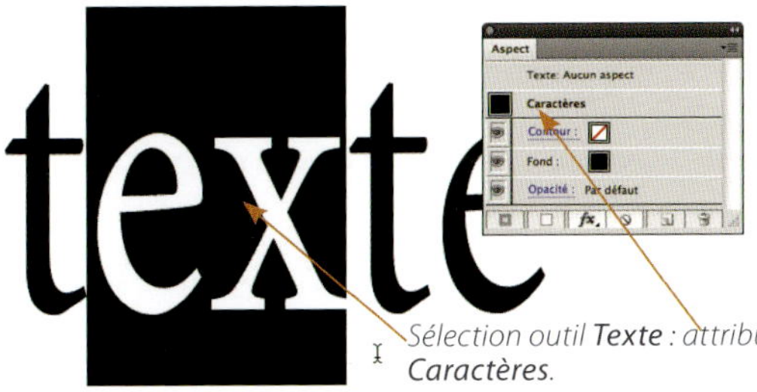

*Sélection outil **Texte** : attribut **Caractères**.*

Les attributs **Texte** : il s'agit des attributs affichés dans le panneau **Aspect** quand le texte est sélectionné avec l'outil **Flèche**. Par défaut, il n'y a ni fond ni contour mais juste l'attribut nommé **Caractères** ; sa composition s'affiche par double-clic dessus.

*Sélection outil **Flèche** : attribut **Texte**.*

Le contour centré

Sur un texte, le contour se place toujours de part et d'autre du bord du texte. L'épaisseur vient s'ajouter à la taille du texte et augmente la grandeur de celui-ci.

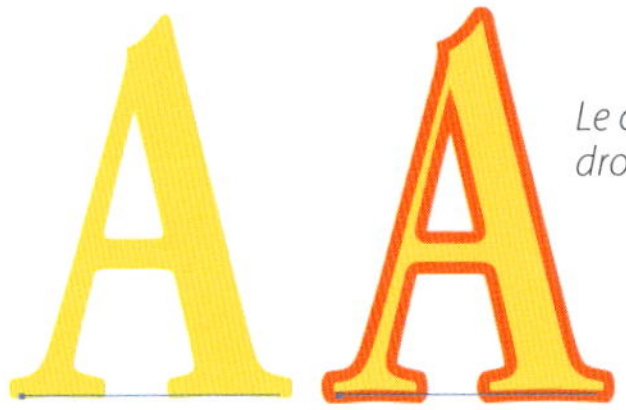

Le contour ajouté au texte (à droite), en augmente la taille.

Le contour extérieur

Le contour extérieur est surtout utile pour les textes auxquels on attribue un contour épais. En effet, la moitié intérieure d'un tel contour vient déborder sur l'intérieur des lettres et en modifie fortement l'aspect, surtout si elles comportent des empattements.

Parce que le texte possède des attributs particuliers (**Caractère** et **Texte**), l'obtention du contour extérieur nécessite une étape supplémentaire : l'ajout d'un contour à l'attribut **Texte**. En effet, il est possible d'ajouter un nouveau contour en cliquant sur l'icône située en bas du panneau **Aspect** (ou par son menu, ou encore au clavier, tapez ⌥⌘/ [Alt Ctrl /]). Ce nouvel attribut **Contour** est noir, il apparaît en même temps qu'un attribut **Fond** sans couleur (). Tous deux se placent au-dessus de l'attribut **Caractères**. C'est grâce à cet attribut ajouté que l'on obtiendra le contour extérieur.

Voici l'ensemble des opérations jusqu'à l'obtention du contour extérieur.

1. Sélectionnez le texte (outil **Flèche**) et cliquez sur l'icône [◘] du panneau **Aspect**.

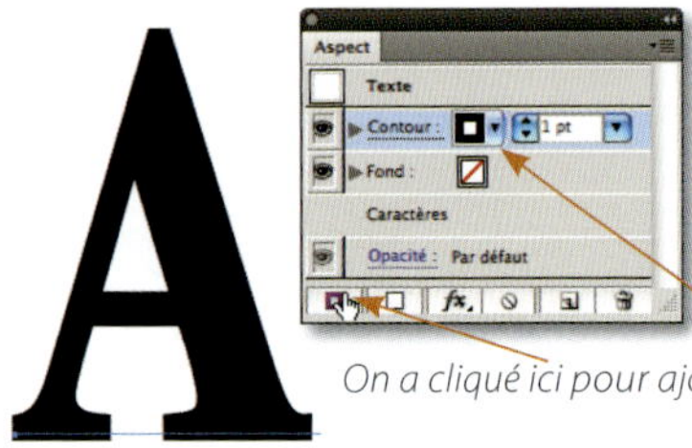

On a cliqué ici pour ajouter ce contour.

2. Affectez au contour la couleur et l'épaisseur voulues. Choisissez de préférence une couleur globale pour rendre les modifications plus simples.

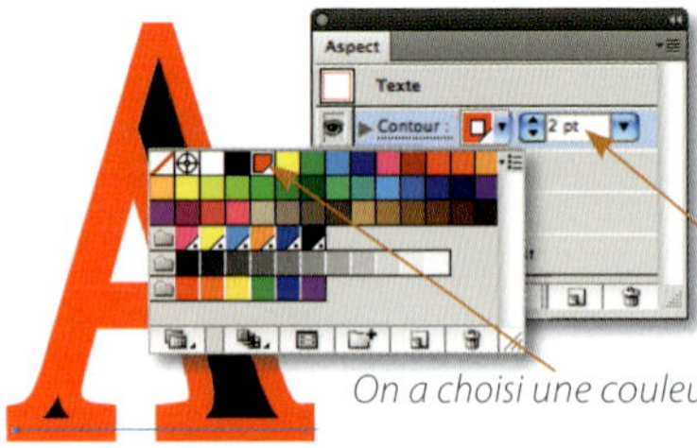

On a choisi une couleur et une épaisseur.

3. Lancez la commande **Décalage** (menu **Effet/Tracé**) et saisissez une valeur égale à la moitié de l'épaisseur du contour (attention aux unités). On peut obtenir le même résultat avec d'autre méthode, mais ici, l'utilisation de **Décalage** permet d'avoir un fond transparent (⊘).

On place le contour avec cet effet.

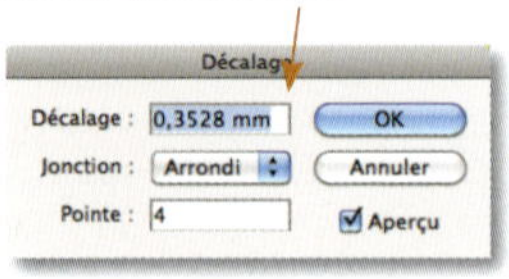

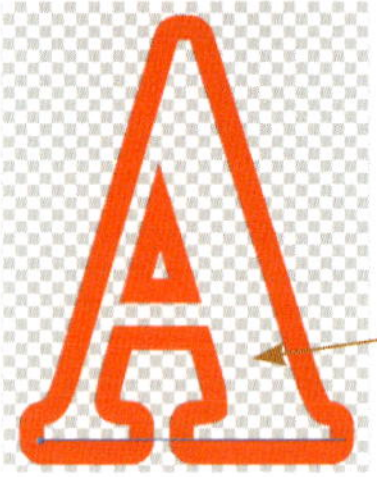

*En utilisant Décalage, le texte (attribut **Caractère**) peut être sans fond.*

ASTUCE *En fonction de l'aspect souhaité pour les sommets du contour, les jonctions peuvent être ajustées dans la fenêtre de **Décalage**. Par ailleurs, il faut parfois augmenter la valeur de **Pointe** (voir plus loin) dans le panneau **Contour** pour que les zones pointues soient correctes.*

L'aspect du contour diffère selon le type de jonction du décalage.

LE CONTOUR TRIPLE CENTRÉ SUR UN TRACÉ

Il s'agit d'un contour, le plus souvent blanc, emprisonné entre deux contours fins noirs (ou colorés). Son obtention s'effectue par le panneau **Aspect** :

1. Commencez par sélectionner l'attribut **Contour**, réglez son épaisseur (4 pt, par exemple), sa position (centrée) et sa couleur (noire).

2. Dupliquez ce contour en cliquant sur l'icône [◘] du panneau **Aspect** (au clavier, ⌥⌘/ [Alt Ctrl /]), réduisez son épaisseur (2 pt) et changez la couleur (blanc ou toute autre couleur).

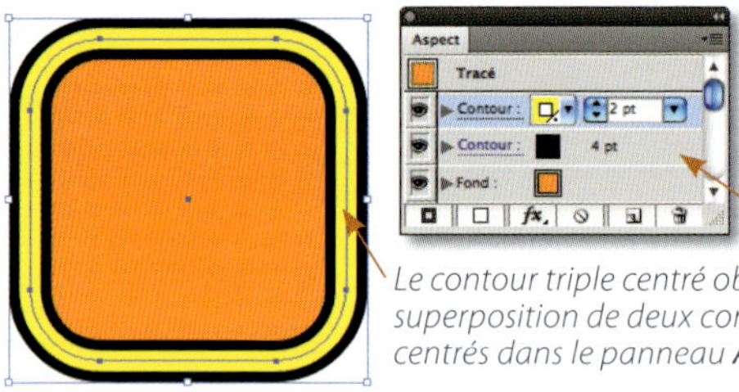

*Le contour triple centré obtenu par superposition de deux contours centrés dans le panneau **Aspect**.*

Si le contour triple doit être extérieur, il faudra trois contours extérieurs avec des épaisseurs réduites comme l'indique la copie d'écran ci-dessous.

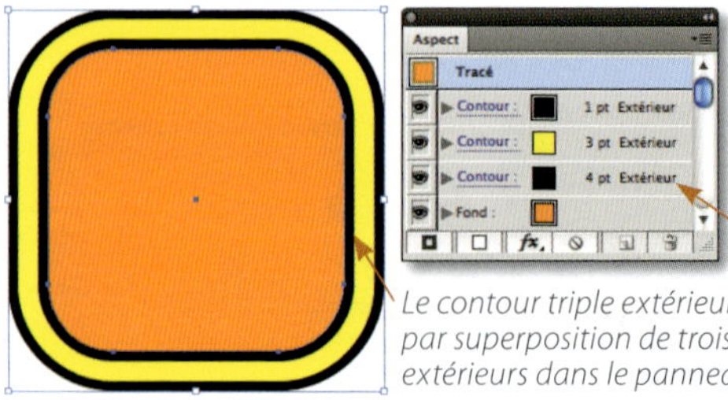

*Le contour triple extérieur obtenu par superposition de trois contours extérieurs dans le panneau **Aspect**.*

Le contour triple à l'extérieur du texte

Pour réaliser le contour triple sur le texte, on utilise encore le panneau **Aspect**.

1. Commencez par ajouter au texte (sélectionné avec l'outil **Flèche**) un attribut **Contour** (par clic sur l'icône). Réglez son épaisseur et sa couleur (2 pt noir, par exemple).

En cliquant ici on a ajouté un contour dont on règle l'épaisseur.

2. Appliquez à ce contour l'effet **Décalage** pour le placer à l'extérieur (de la moitié de l'épaisseur : 1 pt).

On a appliqué l'effet décalage pour placer le contour à l'extérieur.

3. Cliquez sur l'attribut **Contour** pour le resélectionner et dupliquez-le par clic sur l'icône du panneau **Aspect**, réduisez son épaisseur (1 pt) et changez la couleur.

En cliquant ici on a dupliqué le contour. On a réduit son épaisseur et changé sa couleur.

> **Astuce** *Ces contours particuliers (extérieurs, triples...) peuvent être définis en tant que style graphique par glissement de l'objet dans le panneau **Styles graphiques**. Cependant, dans le cas d'un texte, les attributs de base du texte (attribut **Caractères**) disparaissent quand on définit le style ; prévoyez une coloration au fond de l'attribut **Texte**.*

Les aspects (extrémités) et angles (sommets) de contour

Les aspects ou extrémités du contour

Le type d'aspect (nommé extrémité dans les versions antérieures) se gère dans le panneau **Contour**. Cette option n'a d'importance qu'avec des épaisseurs suffisantes et pour les pointillés. Il y a trois réglages :

- **Extrémité carrée** : le contour a la même longueur ;
- **Extrémité arrondie** : le contour déborde d'un demi-cercle de diamètre égal à l'épaisseur ;
- **Extrémité projetée** : le contour déborde d'un demi-carré de côté égal à l'épaisseur.

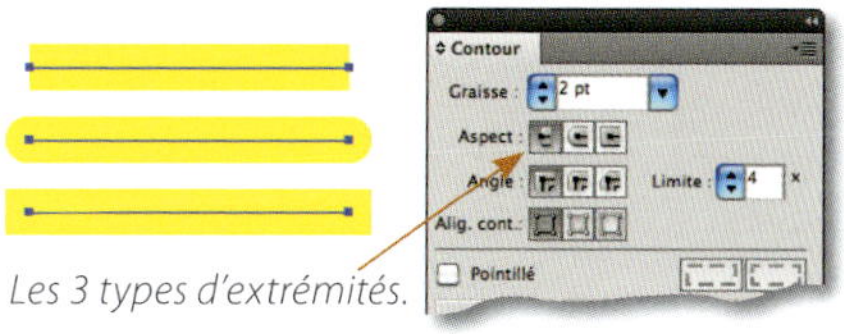

Les 3 types d'extrémités.

Les angles ou sommets de contour

Il y a trois types d'angles (anciennement nommé sommets). Ils se choisissent dans le panneau en cliquant dans l'icône correspondante.

Les sommets en pointe,

en arrondi,

en biseau.

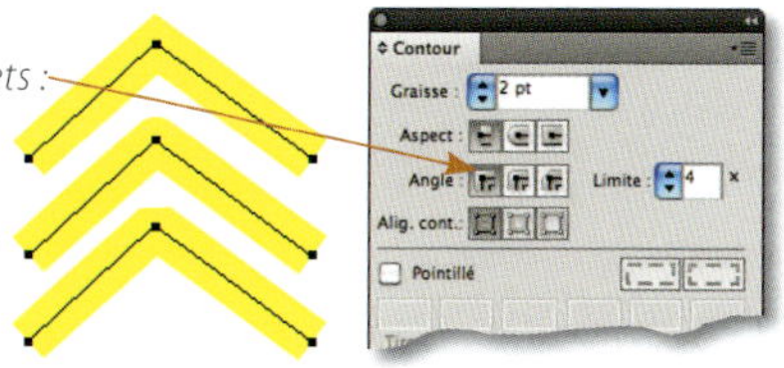

> **Astuce** *L'option **Sommet en biseau** permet avec certains tracés d'assurer une meilleure superposition des angles.*

La limite du contour

Pour les sommets en pointe (Angle : Limite : 10), une option **Limite** est accessible. Elle détermine le moment où le programme passe d'un sommet pointu à un sommet biseauté. L'augmentation de la limite permet d'allonger certains sommets et d'améliorer l'allure de l'objet.

Limite de 6.

Limite par défaut.

Limite de 12, elle doit être plus élevée quand l'angle est faible.

Le type du trait

Le trait continu ou pointillé

Par défaut, le contour est continu. Si vous cochez **Pointillé**, les six cases du milieu du panneau **Contour** deviennent accessibles. La première, indiquant la valeur 12 pt montre que le pointillé par défaut est constitué d'une répétition de tirets 12 pt suivis de blancs (espaces) de même longueur.

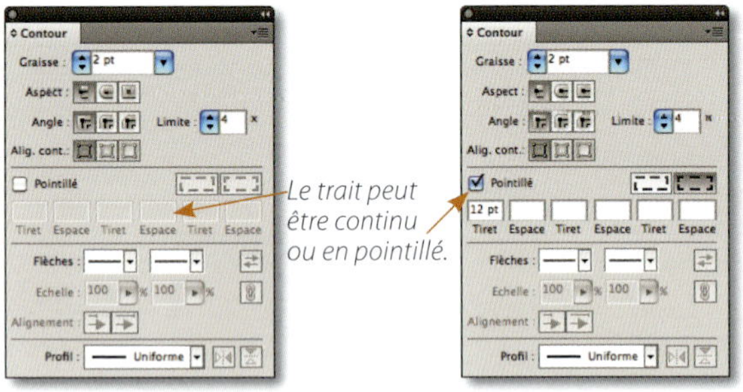

Vous pouvez changer ces longueurs, mais sachez qu'elles fonctionnent par paires. Si vous ne remplissez pas la case **Espace** à droite de **Tiret**, elle prend la même valeur que ce dernier.

- La 1re case détermine la longueur du tiret (par défaut en points si l'unité n'est pas spécifiée). Une valeur nulle (0) correspond à un trait vertical avec l'extrémité par défaut ( ) ; un point rond si l'extrémité des traits est arrondie ( ) ; un carré avec l'extrémité en saillie droite ( ).
- La 2e définit la longueur de l'espace qui suit le tiret.
- La 3e définit à nouveau la longueur du tiret ; ne remplissez cette case que si elle doit être différente de la première.
- La 4e concerne l'espace qui suit le second tiret et ainsi de suite pour les autres cases. Si les cases 3 à 6 ne sont pas remplies, le pointillé sera la répétition du motif défini dans les cases 1 et 2.

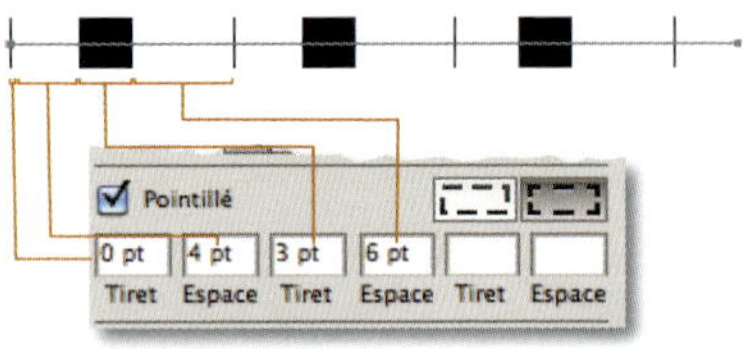

Pour créer des pointillés arrondis, choisissez une extrémité arrondie et une épaisseur suffisante. L'arrondi nécessite d'augmenter l'espace entre chaque tiret pour éviter qu'ils ne se touchent.

Mêmes valeurs mais avec arrondi ( ).

L'ajustement des tirets et des espaces

Quand on utilise des pointillés avec l'alignement centré, Illustrator adapte automatiquement la longueur des tirets et des espaces de manière que la fin des segments donne un aspect correct au sommet du tracé. Cette option évite d'avoir à faire un calcul délicat sur la longueur des tirets et des espaces. En revanche, ces longueurs étant adaptées les valeurs saisies ne sont plus respectées.

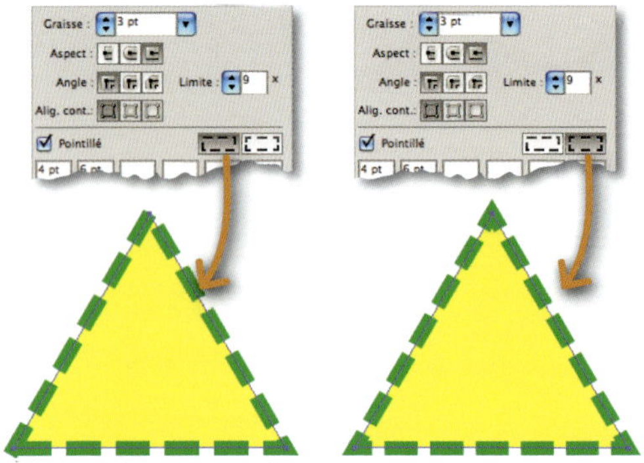

Par défaut, les pointillés sont ajustés automatiquement comme le montrent les objets situés à droite.

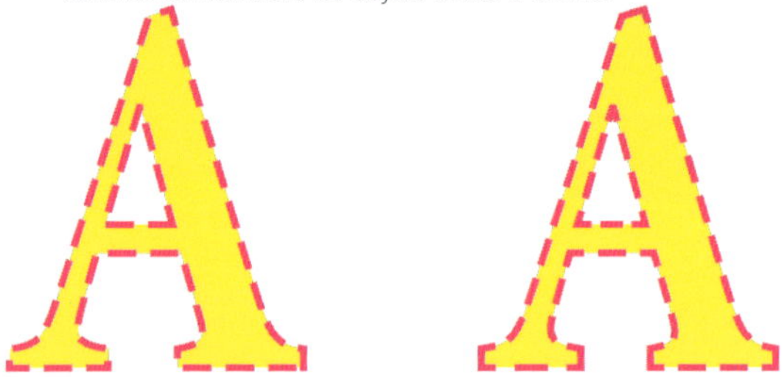

Vous pouvez désactiver cette option dans le panneau **Contour** en passant de à . Cependant, si l'alignement du contour n'est pas centré ou si un effet **Décalage** est appliqué, c'est l'option qui s'active automatiquement (le pointillé n'est plus ajusté). Pour pallier ce problème, utilisez l'astuce du profil de largeur asymétrique décrite plus loin.

Les extrémités ou les flèches

L'ajout d'une flèche

Illustrator propose une nouvelle fonctionnalité, qui dans les versions précédentes, nécessitait l'utilisation d'un effet et dont les mises au point pouvaient s'avérer délicates. Il s'agit de l'ajout d'une flèche (ou d'un autre symbole) aux extrémités du tracé.

Pour ajouter une flèche (ou un symbole d'extrémité), sélectionnez le dessin voulu dans la liste en cliquant sur le trait utilisé par défaut. Vous pouvez choisir le même dessin pour l'autre extrémité (ou laisser celui par défaut, c'est à dire aucune extrémité).

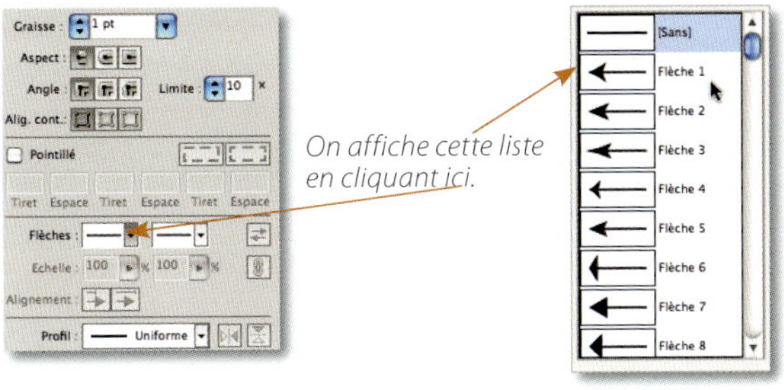

Les options d'extremités

La permutation des extrémités

Quand une flèche (ou un symbole d'extrémité) a été ajoutée, on peut permuter son application et la placer à l'autre extrémité en cliquant sur l'icône du panneau **Contour**.

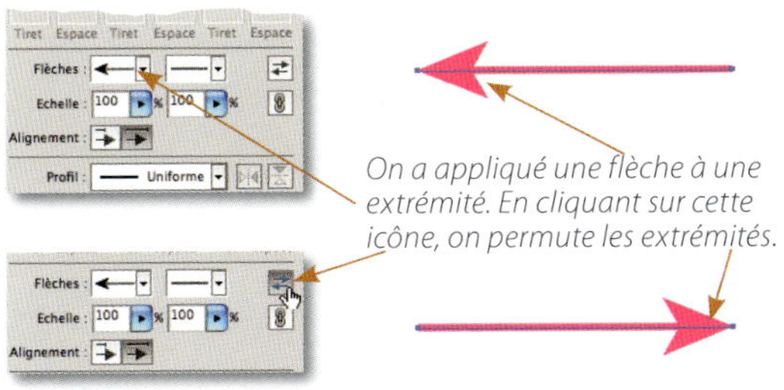

La mise à l'échelle des extrémités

Le dessin placé à chaque extrémité peut être mis à l'échelle (à l'aide des cases indiquant le pourcentage de modification). Ces opérations peuvent affecter les deux extrémités en même temps en cliquant sur le maillon.

L'alignement des extrémités

Par défaut, la position (ou alignement) du dessin des extrémité est telle qu'il ne deborde plus du tracé et évite ainsi qu'il ne rallonge le tracé. Une option ( ) permet de retrouver le positionnement des anciennes versions (qui entraîne un allongement du tracé). Pour passer d'une option à l'autre, cliquez sur l'icône **Alignement** (longueur intacte) ou (tracé allongé).

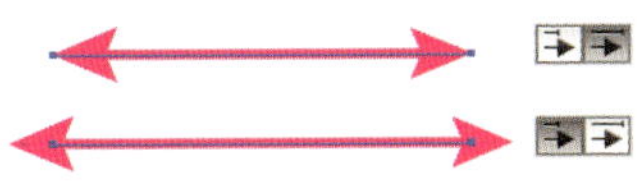

Le tracé n'est pas rallongé par les flèches d'extrémité.
L'encombrement du tracé est augmenté par les flèches.

La largeur du contour

Le principe

Sans changer la structure du tracé (*voir plus loin*), cette fonctionnalité permet de modifier localement la largeur (ou épaisseur) du contour à l'aide d'un outil. L'aspect obtenu peut être mémorisé sous forme d'un **Profil** de façon à être réappliqué à d'autres tracés à partir d'un sélecteur de profils depuis le panneau **Contrôle** ou le panneau **Contour**.

Les modifications de la largeur

Les commentaires de largeur

Les modifications se réalisent avec l'outil **Largeur** (activé en tapant ⇧W). Quand vous amenez cet outil ( ) sur le tracé et que les repères commentés sont actifs (⌘U [Ctrl U] pour les activer/désactiver), une étiquette indique la largeur en cours avec l'unité définie dans les préférences ou dans le format du document (on passe d'une unité à l'autre en tapant ⇧⌥⌘U [⇧Alt CtrlU]). La largeur du tracé est constituée deux parties (ou côtés, égaux par défaut), l'étiquette indique également les valeurs de largeur du côté 1 et du côté 2.

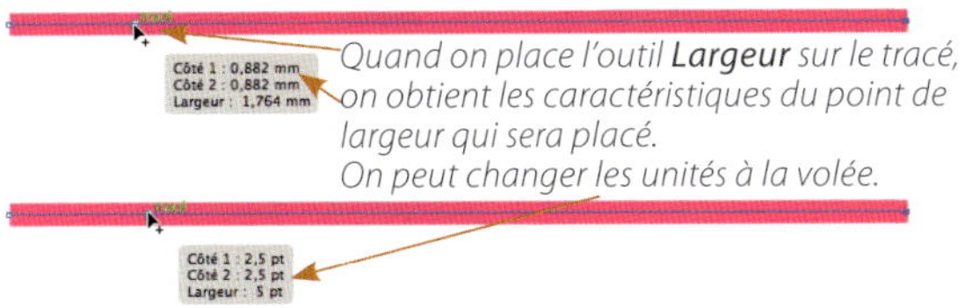

Les points de largeur (symétriques)

Pour agir sur la largeur, amenez l'outil ( ) sur le tracé, il devient , cliquez pour placer un **point de largeur** sur le tracé. Glissez ce point vers l'extérieur pour augmenter la largeur localement (ramenez vers le tracé pour réduire) : un trait perpendiculaire au tracé indique l'ampleur de la modification et l'étiquette en affiche les valeurs pour en assurer un meilleur contrôle.

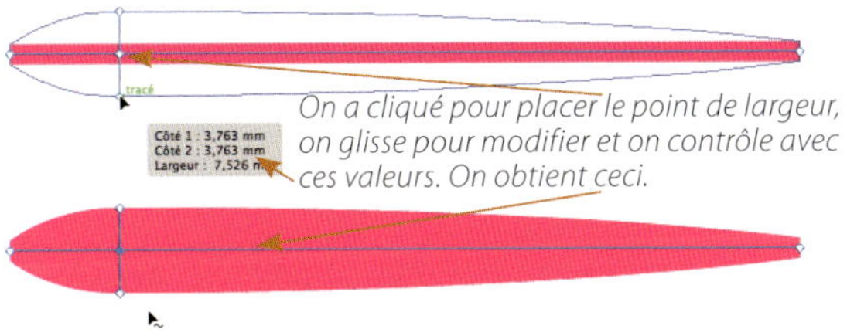

Les traitements du point de largeur

Une fois sélectionné, un point peut être édité (modifié), déplacé le long du tracé, copié ou supprimé.

NOTE *Quand le curseur est sur un point, l'outil devient ; quand il n'y a pas de point, il prend cet aspect :.*

- **Éditer un point de largeur** : il est possible de revenir sur un point pour en modifier la largeur. Le placement de l'outil sur l'extrémité du point réaffiche les commentaires. Cliquez sur le point de largeur pour voir son segment de traitement et agissez sur l'une de ses extrémités (*voir ci-après les points asymétriques*).

- **Déplacer un point de largeur** : vous pouvez glisser le point le long du tracé. Si vous le glissez avec ⇧ enfoncée, vous déplacerez tous les points de largeur.

- **Copier un point de largeur** : si vous glissez le point le long du tracé avec ⌥ [Alt], il sera copié. Si vous le glissez avec ⇧ et ⌥ [⇧ Alt], le point sera copié et tous les points vers lesquels vous glissez seront déplacés.

- **Supprimer un point de largeur** : pour éliminer un point de largeur, sélectionnez-le sur le tracé et tapez la touche Efface ou Suppr. Pour les supprimer tous, appliquez l'option **Uniforme** dans le sélecteur de profil du panneau **Contrôle** (ou du panneau **Contour**).

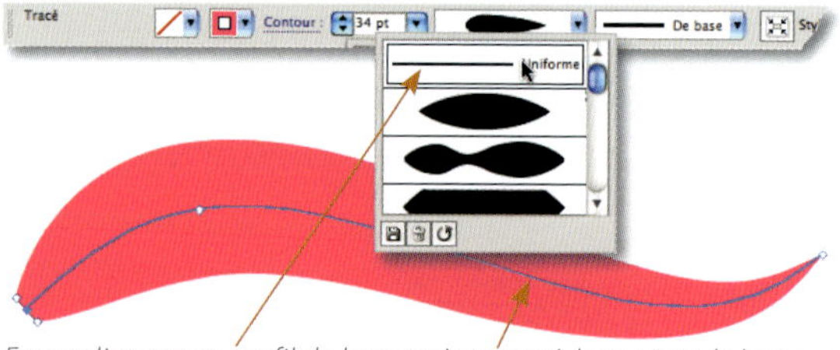

En appliquant ce profil de largeur à ce tracé, les points de largeur sont supprimés, on retrouve le tracé intial.

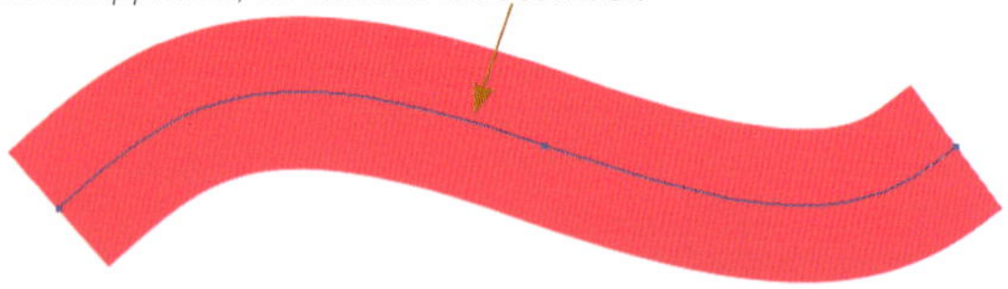

NOTE *Si vous appliquez une forme (par le panneau **Contrôle** ou le panneau **Formes**), tous les points de largeur sont également supprimés.*

Les points de largeur asymétriques

Il est possible de modifer un seul côté : le côté 1 ou le côté 2. Pour cela, cliquez sur le tracé avec l'outil : un point de largeur apparaît sur le tracé ; enfoncez la touche ⌥ [Alt] et glissez l'outil vers l'extérieur du côté dont vous souhaitez modifier la largeur. Le commentaire indique alors la valeur de chaque côté, ainsi que la largeur totale.

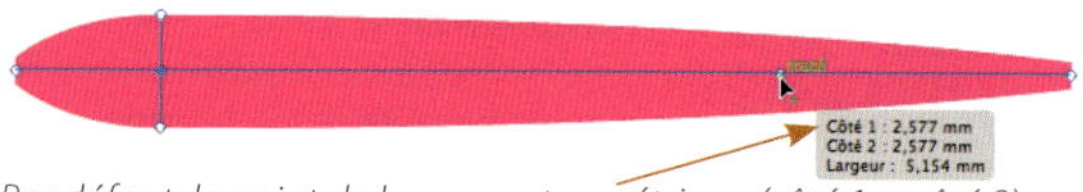

Par défaut, le point de largeur est symétrique (côté 1 = côté 2).

En le glissant avec ⌥ [Alt] enfoncée, il devient point de largeur asymétrique (côté 1 ≠ côté 2). En relâchant le bouton de la souris on obtient ceci.

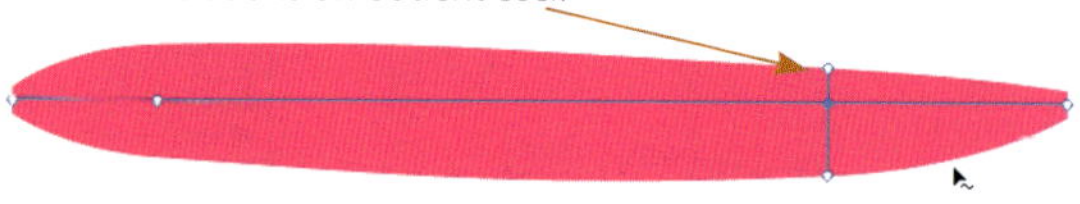

Les options du point de largeur

Pour modifier la largeur en saisissant des valeurs particulières (par exemple, des valeurs nulles), enfoncez ⌥ [Alt] et double-cliquez sur le tracé. Un point est placé et sa fenêtre de modification apparaît.

Dans cette fenêtre de modification, vous pouvez :

- intervenir sur la valeur de chaque côté et/ou sur la valeur de la largeur totale ;
- imposer une modification proportionnelle (en activant le maillon) ;
- étendre cette modification proportionnellement aux points de largeur adjacents.

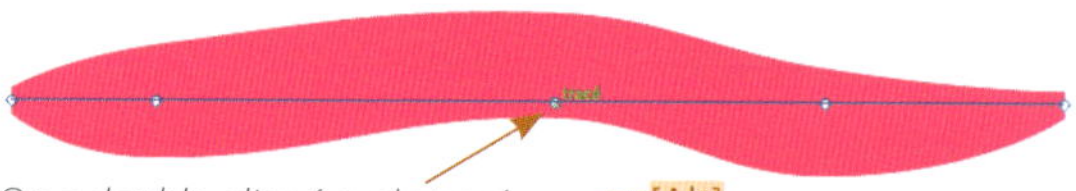

On a double-cliqué sur le tracé avec ⌥ [Alt] pour afficher cette fenêtre.

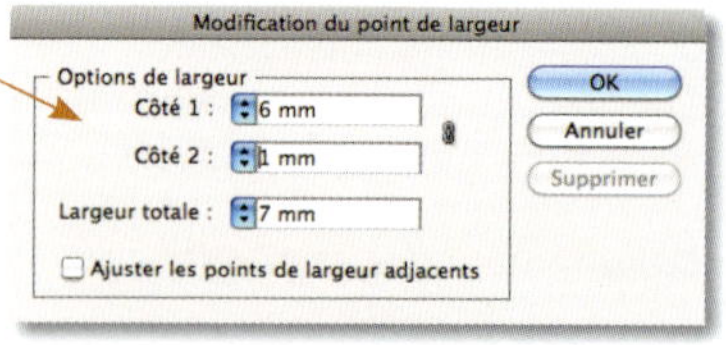

Si le point de largeur est déjà présent sur le tracé, vous pouvez double-cliquer dessus avec ⌥ [Alt] pour afficher sa fenêtre de modification et l'éditer ; il sera également possible de supprimer le point actif.

ASTUCE *Quand vous retouchez manuellement un point de largeur asymétrique existant, enfoncez la touche ⇧ pour conserver la proportionnalité entre les deux côtés.*

Largeur de contour et forme de contour

Si vous avez appliqué un certain type de forme au contour (uniquement avec les **Formes artistiques** et **Formes de motifs**), il est possible d'intervenir sur la largeur du contour. Ceci qui reviendra à modifier l'aspect de la forme localement. En revanche, si vous changez de forme, vous perdrez les modifications apportées à la largeur du contour. Pour les retrouver rapidement, n'hésitez pas à créer un profil de largeur comme indiqué ci-après.

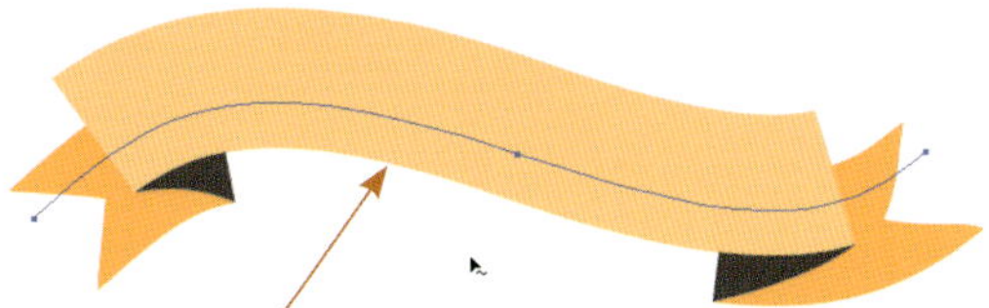

Le tracé avec une forme aristique appliquée. Ci-dessous, on a placé des points de largeur pour modifier son aspect.

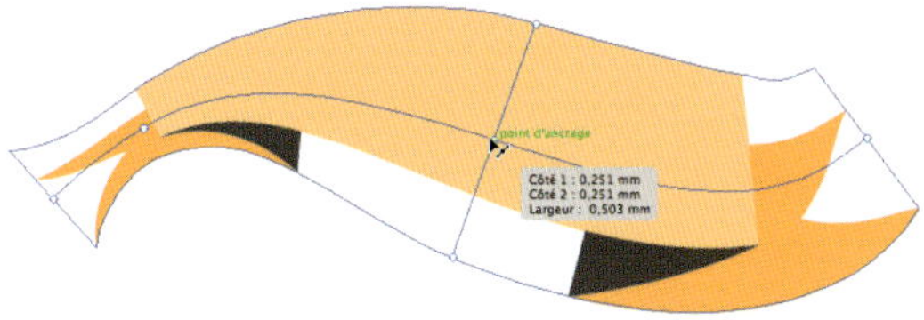

LES PROFILS DE LARGEUR

Dans le panneau **Aspect**, quand l'attribut **Contour** est sélectionné, il apparaît une valeur de largeur (suivie d'un astérique) qui correspond à la plus grande largeur du tracé. Si vous modifiez cette largeur, tous les autres points de largeur sont modifiés en conséquence tout en respectant les proportionnalités des valeurs initiales.

Quand vous avez modifé la largeur d'un tracé, son aspect définit ce qu'lllustrator appelle un **profil**. Celui-ci peut être mémorisé afin d'apparaître dans le sélecteur de profils (disponible dans le panneau **Contrôle** ou **Contour**). Pour cela, cliquez sur le triangle à droite du profil affiché, puis l'icône .

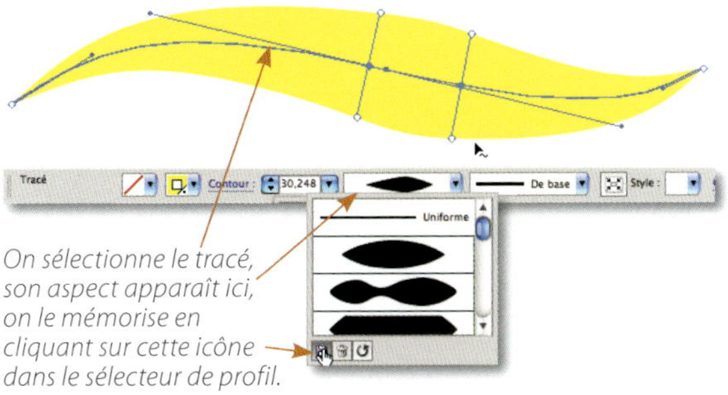

On sélectionne le tracé, son aspect apparaît ici, on le mémorise en cliquant sur cette icône dans le sélecteur de profil.

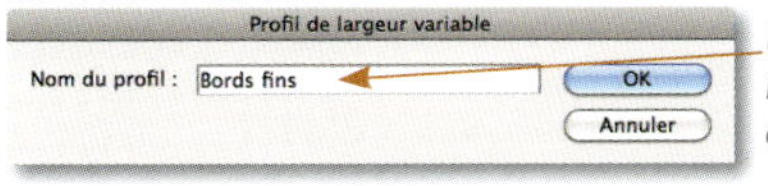

Une fois le profil nommé, il s'ajoutera à la liste des profils.

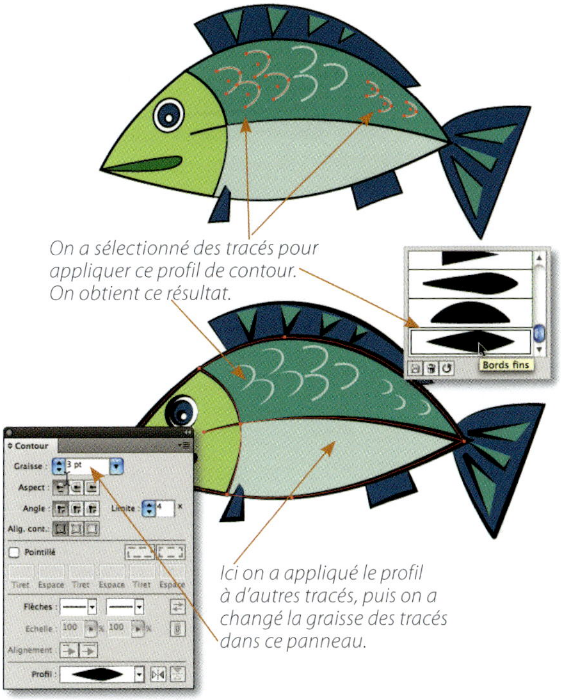

On a sélectionné des tracés pour appliquer ce profil de contour. On obtient ce résultat.

Ici on a appliqué le profil à d'autres tracés, puis on a changé la graisse des tracés dans ce panneau.

Avec les textes, pour obtenir un contour qui se place à l'extérieur quelle que soit sa graisse et sans avoir à appliquer de décalage à des objets avec des pointillés, vous pouvez créer un profil dont l'un des côtés est nul (celui situé en bas d'un tracé horizontal).

On crée un profil dont un des côtés est nul, puis on le mémorise pour qu'il apparaisse ici.

Une fois le profil mémorisé, il pourra être appliqué aux objets voulus, notamment à des textes.

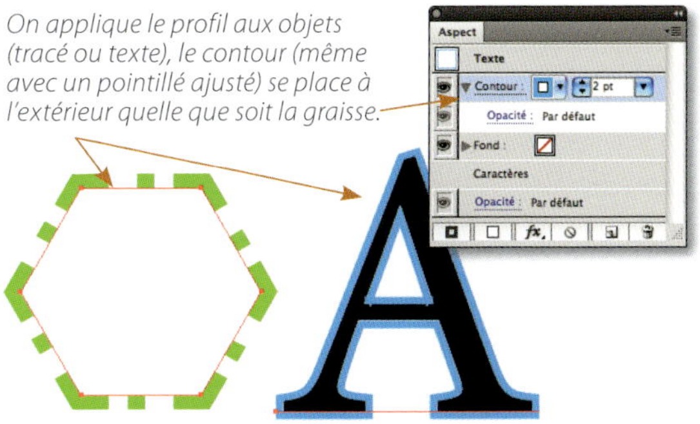

On applique le profil aux objets (tracé ou texte), le contour (même avec un pointillé ajusté) se place à l'extérieur quelle que soit la graisse.

La décomposition du tracé de largeur variable

Quand vous avez modifié localement la largeur d'un tracé avec l'outil **Largeur**, et que vous passez à l'affichage **Tracés**, Illustrator vous montre le tracé tel qu'il apparaît sans contour. Pour accéder aux points de modification de sa largeur, il faut décomposer le tracé à l'aide de la commande **Décomposer l'aspect** du menu **Objet**. Le tracé obtenu, qui ne possède qu'un fond, comporte alors de nombreux points d'ancrage modifiables à volonté.

Ce tracé possède un contour dont la largeur a été modifiée localement.

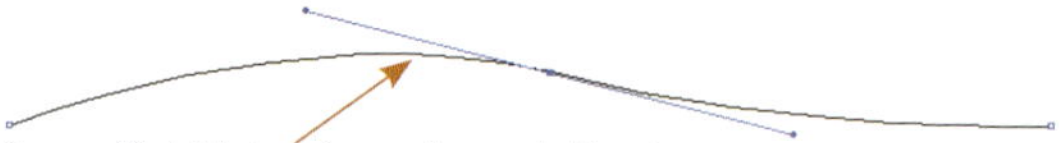

*On a affiché le tracé avec le mode **Tracés** : il a conservé sa structure initiale.*

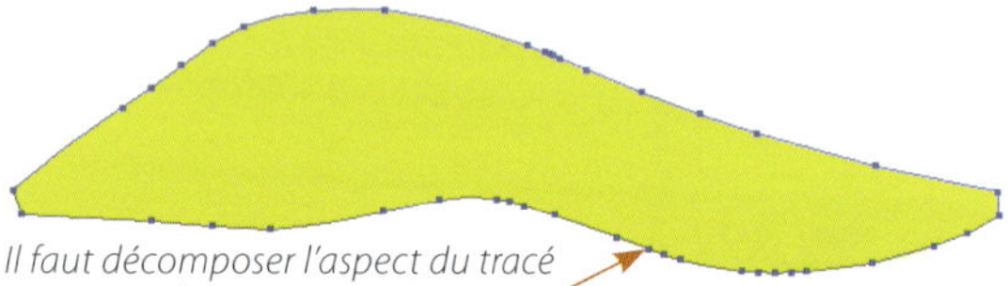

Il faut décomposer l'aspect du tracé pour accéder aux points d'ancrage.

Les contours et les styles

La création du style de contours

Avec un seul tracé et des copies multiples de l'attribut **Contour** dans le panneau **Aspect**, vous pouvez créer des colorations particulières avec des superpositions de contours (avec pointillé ou non, profil de largeur ou non...) sur lesquels vous avez appliqué des effets (décalage, ombre portée...).

Ces colorations se stockent dans le panneau **Styles graphiques** (par clic sur l'icône) pour être réutilisables. Si une sélection est réalisée, par Ctrl clic [clic droit] sur la vignette du style, on voit l'aspect de l'objet avec ce style. À l'instar des nuances de couleurs, le menu du panneau **Styles graphiques** permet la création d'une **bibliothèque de styles**.

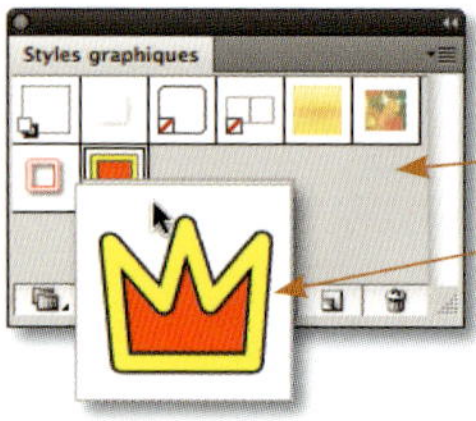

Les styles graphiques (avec des contours) sont stockés dans ce panneau. On peut avoir un aperçu de la sélection.

Quelques exemples de styles de contour

Le contour triple : il est obtenu par superposition de contours selon la méthode décrite dans les pages précédentes.

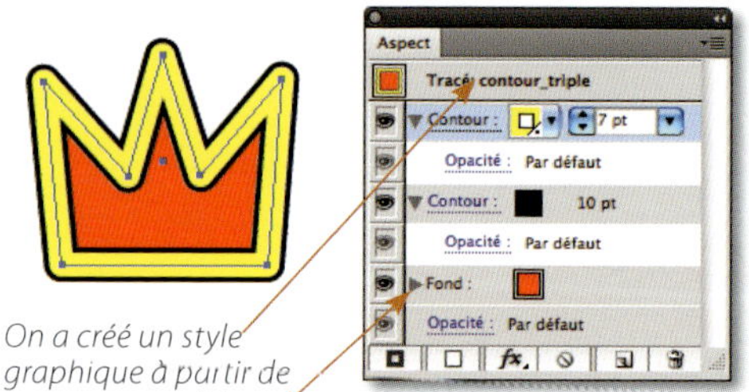

On a créé un style graphique à partir de cette superposition.

L'effet néon : il est constitué d'une superposition de contours d'épaisseur et de teinte décroissantes, chaque contour ayant la même couleur globale. Celui le plus à l'arrière-plan se voit affecter une ombre portée ou encore une lueur externe de même couleur que le contour.

Pour réutiliser cet effet facilement, on a créé un style graphique à partir de ces superpositions.

Le trait double de cartographie (route) : il s'agit une superposition de deux contours. Le contour inférieur est plus gros (et noir par exemple) que le contour supérieur (rouge, par exemple). Pour que le contour noir, qui encadre le contour rouge, n'apparaisse pas quand des tracés se croisent, il faut sélectionner ce contour dans le panneau **Aspect** et lui affecter le mode **Éclaircir** par le panneau **Transparence**.

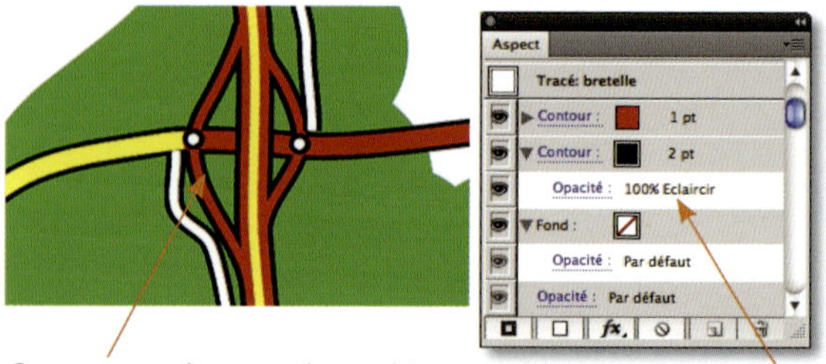

Cette route utilise un style graphique avec des contours multiples. Les noirs ne couvrent pas les autres grâce à cette option.

Les motifs de fond

L'application du motif

Pour appliquer un motif à un fond, sélectionnez l'objet et cliquez sur le motif souhaité dans le panneau **Nuancier**, celui-ci est répété sur toute la page mais n'est visible que dans l'objet, qui joue ainsi le rôle d'emporte-pièce. Si l'objet possède un fond coloré, vous pouvez glisser le motif du panneau **Nuancier** sur le tracé, il s'appliquera même si ce dernier n'est pas sélectionné.

Le motif s'applique comme une nuance de couleur.

La préparation d'un motif

Les éléments du motif

Le carreau de base

La création d'un motif s'effectue à partir d'un élément que l'on place sur un rectangle ou un carré (coloré ou non) : c'est le **carreau de base** (comme le carreau d'un carrelage). Ce dernier n'est pas indispensable mais sert de limite et de fond coloré au motif et permet d'espacer les dessins dans le motif. Si vous ne dessinez pas ce carreau, Illustrator le crée à partir des dimensions exactes de l'objet, et dans ce cas, les dessins du motif ne seront pas espacés.

L'élément interdit dans le motif

Un motif peut être constitué de n'importe quel élément. L'un des rares éléments interdits est la présence d'un motif dans le motif.

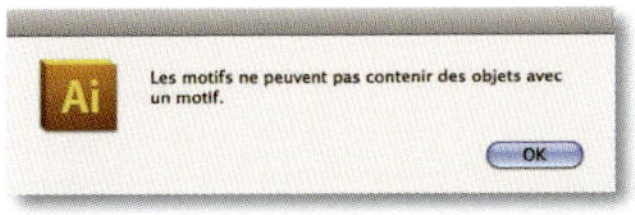

Pour contourner cette contrainte, décomposez l'objet rempli du motif (commande **Décomposer l'aspect** du menu **Objet**) pour obtenir une juxtaposition de tracés, puis éliminez le masque apparu et les tracés inutiles en appliquant **Découpe** depuis le panneau **Pathfinder**.

L'élaboration d'un motif simple

Une fois réalisé le dessin qui constituera le motif, effectuez les opérations suivantes :

Le dessin du motif.

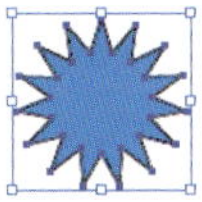

1. Pour espacer les futurs motifs, tracez le carreau de base centré sur le dessin (rectangle dessiné avec ⌥ [Alt], ou carré avec ⇧⌥ [⇧Alt]). Ce centrage peut se faire par le panneau **Contrôle** (ou **Alignement**).

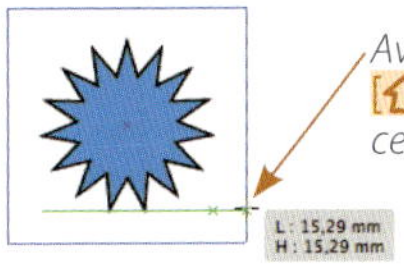

Avec les touche ⇧⌥ [⇧Alt], on trace un carré centré sur le dessin.

2. Sélectionnez seul le carreau et supprimez ses couleurs de fond et de contour en cliquant sur l'icône du panneau **Aspect**. Une couleur de fond (et de contour) pourra être rajoutée ultérieurement, une fois le motif appliqué.

3. Placez ce carreau à l'arrière-plan du dessin par glissement dans le panneau **Calques** ou en tapant ⇧⌘([⇧Ctrl (].

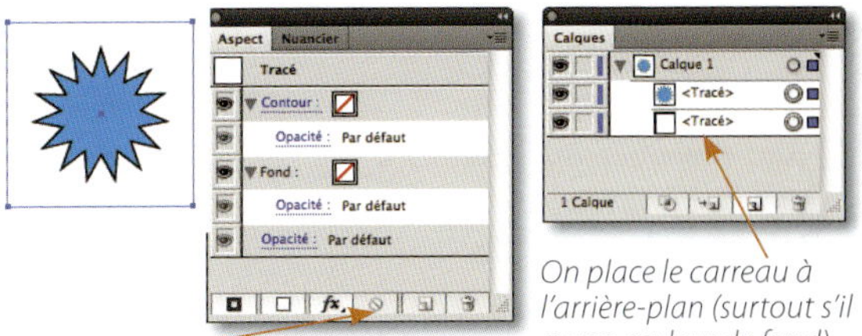

On a utilisé cette option pour supprimer les couleurs du carreau de base.

On place le carreau à l'arrière-plan (surtout s'il a une couleur de fond).

4. Pour définir l'objet en tant que motif, sélectionnez l'ensemble constitué du carreau de base et de l'objet et glissez-le sur le panneau **Nuancier** ou lancez la commande **Utiliser comme motif** du menu **Édition** : le motif apparaît dans le panneau **Nuancier**.

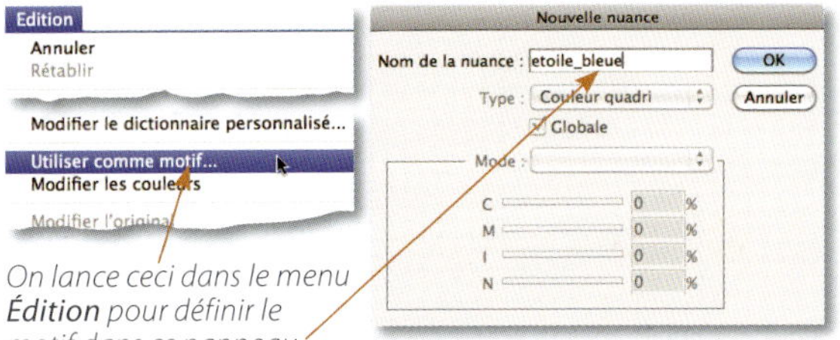

*On lance ceci dans le menu **Édition** pour définir le motif dans ce panneau.*

L'application du motif à un objet donnera l'aspect ci-dessous ; à sa droite, vous pouvez voir le même motif créé sans carreau de base.

*Le motif apparaît dans le panneau **Nuancier** (affiché ici avec des grandes vignettes). On peut l'appliquer (à droite, le motif a été fait sans carreau de base).*

ASTUCE *Le carreau de base agit comme un emporte-pièce, il masque toutes les parties à l'extérieur mais uniquement s'il est placé à l'arrière-plan et sans fond ni contour.*

LE MOTIF EN QUINCONCE

Quand le carreau de base ne contient qu'un objet, celui-ci se répète dans le tracé où est appliqué le motif : apparaissent alors des lignes d'objets parfaitement alignés. Pour que les objets du motif s'affichent avec un décalage, il faut créer un motif en quinconce. Il y a plusieurs manières de le créer, en voici deux : par rotation du motif appliqué ou par copie décalée.

Le motif en quinconce par rotation

Selon l'allure du motif, une simple rotation suffit à créer l'effet de quinconce. Pour cela, effectuez les opérations suivantes :

1. Commencez par réaliser le motif comme indiqué à la page précédente, mais sans le définir.
2. Sélectionnez seulement le dessin à l'intérieur du carreau et faites-le pivoter de 45° par double-clic dans l'outil **Rotation** ou par glissement sur le bord de la sélection avec ⇧ enfoncée.

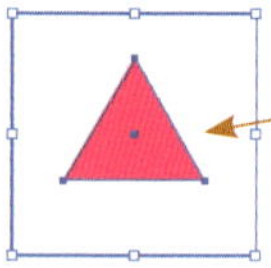

On a créé le motif, puis on sélectionne seul le dessin pour le faire pivoter de 45°.

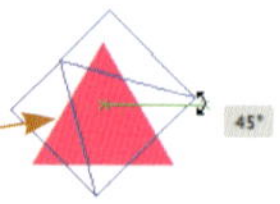

3. Sélectionnez l'ensemble carreau + dessin et définissez le motif dans la panneau **Nuancier**.

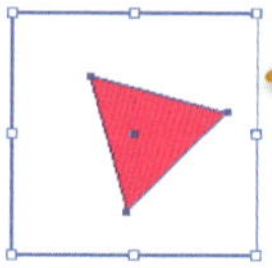

*Par glissement dans le panneau **Nuancier**, on a défini le motif.*

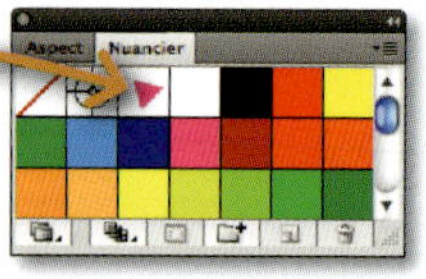

4. Appliquez le motif à un objet et double-cliquez sur l'outil **Rotation** : dans la fenêtre qui apparaît, cochez seule l'option **Motifs** et saisissez un angle de rotation de -45°.

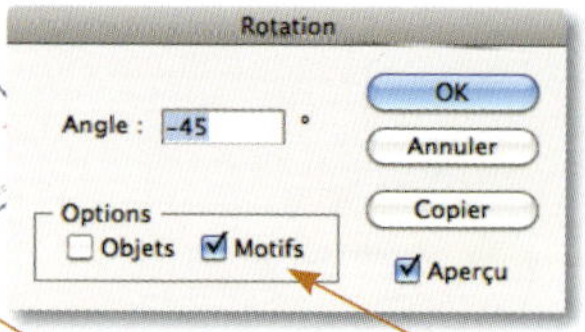

*On applique le motif et on le pivote seul (de –45°) avec la commande **Rotation** ou à partir du panneau **Transformation**.*

Le motif en quinconce par copie décalée

Voici le principe de fabrication :

1. Créez le dessin qui servira de motif. Tracez le carreau de base centré et placez-le à l'arrière-plan. Dans le panneau **Contrôle**, placez l'axe de transformation en haut à gauche et cliquez sur L pour ajuster les dimensions du carreau à des valeurs justes.
2. Doublez les valeurs de L et H et validez : le carreau déborde vers la droite et le bas du dessin.

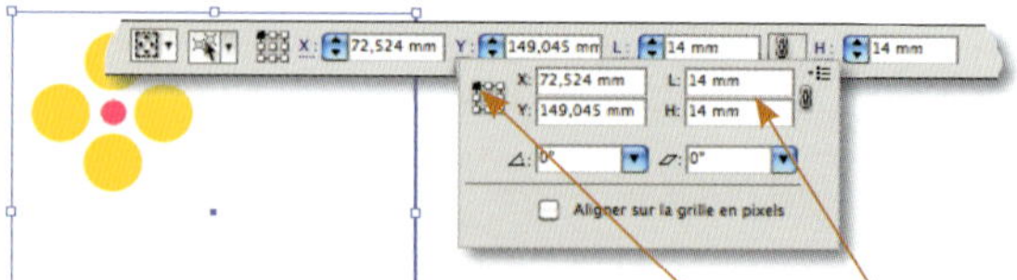

En plaçant l'axe ici, on a doublé la taille du carreau du motif.

3. Sélectionnez le dessin seul et affichez la commande **Déplacement** en tapant V puis ↵ (elle apparaît également par double-clic sur l'outil **Flèche**). Saisissez un déplacement horizontal de la moitié de la largeur du carreau et vertical négatif de la moitié de la hauteur, puis cliquez sur **Copier**.

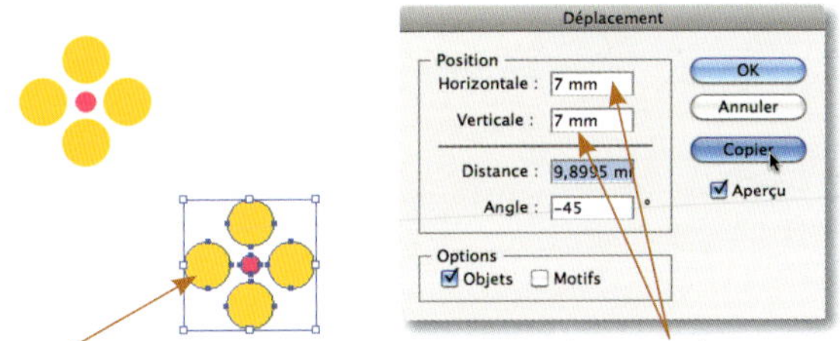

On copie le dessin avec des déplacements de la moitié des dimensions du carreau.

4. Sélectionnez les dessins et le carreau et glissez cet ensemble dans le panneau **Nuancier** pour définir le motif.

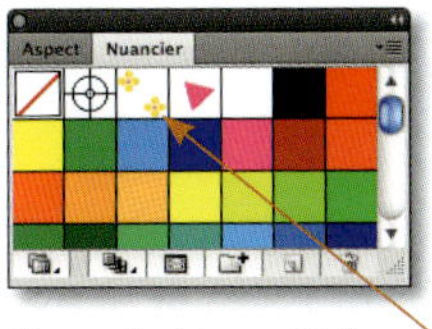

On a glissé le motif dans ce panneau, on peut alors l'appliquer.

Astuce *Si rien ne déborde du carreau, vous pouvez lui affecter un fond, mais n'oubliez pas de le placer à l'arrière-plan. La coloration peut également se faire selon la méthode décrite plus loin.*

Le motif irrégulier

Il est possible d'obtenir un effet de texture irrégulière en juxtaposant des tracés. Pour cela, effectuez les opérations suivantes :

1. Tracez le carreau de base (avec une couleur de fond) à des dimensions précises (par exemple, 20 mm × 20 mm). Sur son côté gauche, dessinez des objets en les faisant déborder vers l'extérieur du carreau. Sélectionnez l'ensemble et effectuez une copie déplacée (commande **Déplacement**) d'une valeur égale à la largeur du carreau.

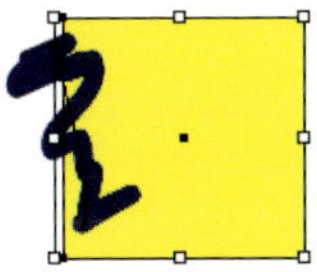

On trace le carreau (coloré), puis, sur sa gauche, on place des tracés.

On copie l'ensemble avec un déplacement.

2. Supprimez le rectangle en trop.

On supprime le carreau à droite.

3. Sur le côté supérieur, dessinez les lignes irrégulières qui débordent vers le haut. Sélectionnez ces lignes ainsi que le rectangle pour en faire une copie déplacée vers le bas.

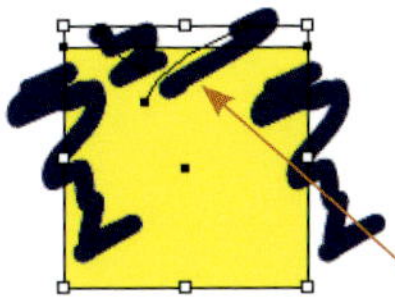

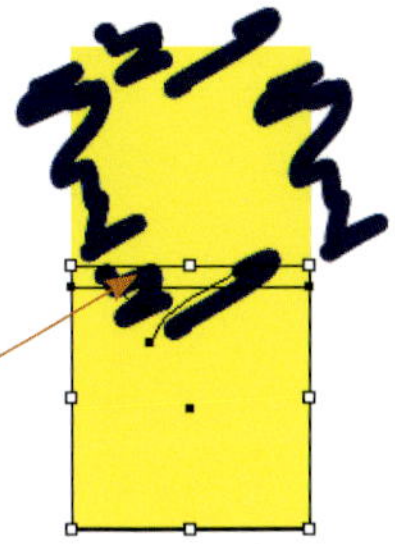

On sélectionne le carreau et les tracés en haut pour les copier par déplacement.

4. Supprimez le rectangle en trop. Complétez le motif en plaçant quelques objets au milieu du rectangle.

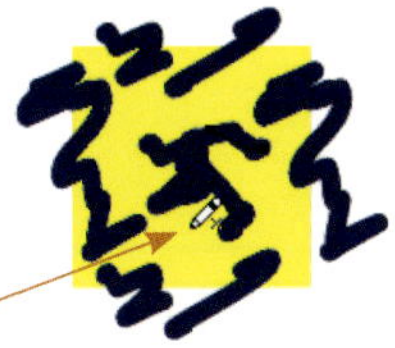

Après suppression du carré en trop, on peut dessiner les tracés intérieurs.

5. Sélectionnez uniquement le carreau de base et supprimez son fond et son contour (par clic sur l'icône [icône] dans le panneau **Aspect**). Si vous souhaitez garder ce fond coloré, effectuez une copie sur place et à l'arrière-plan du carreau en tapant ⌘C [Ctrl C] puis ⌘B [Ctrl B], supprimez le fond et le contour de cette copie (par clic sur [icône] dans le panneau **Aspect**). Le motif est terminé, sélectionnez l'ensemble et glissez-le dans le panneau **Nuancier**.

On a créé une copie du carreau à l'arrière-plan ; on supprime son fond et son contour.

On peut glisser l'ensemble dans le **Nuancier**, *puis appliquer le motif.*

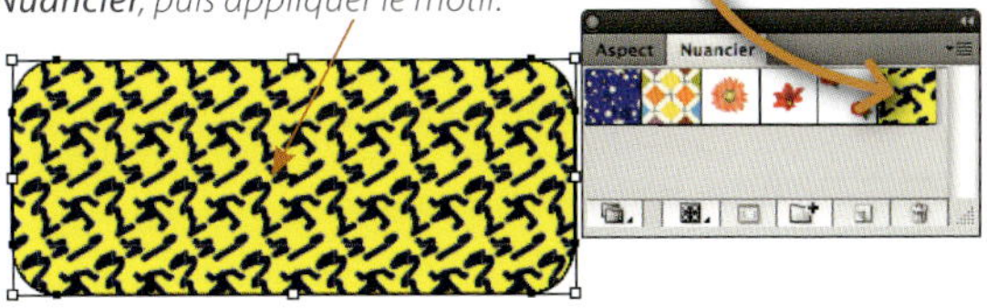

Le motif contenant un texte

Avec un texte, le principe de base reste le même, mais prévoyez de laisser suffisamment d'espace entre le texte et le bord du rectangle de base. Si vous avez quelques problèmes avec les motifs contenant un texte, n'hésitez pas à vectoriser le texte (menu **Texte**).

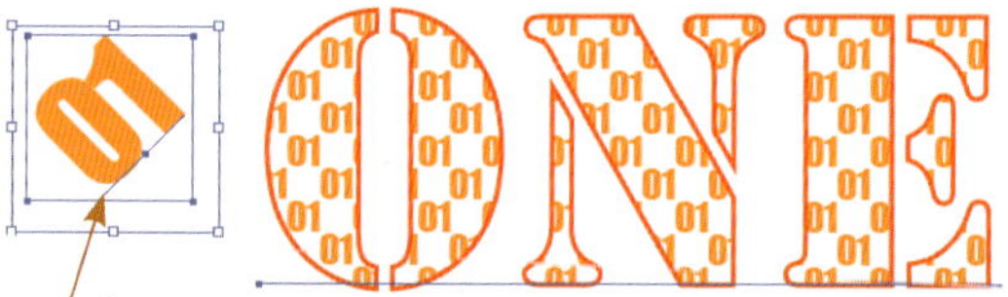

Le motif créé avec un texte et appliqué (avec une rotation).

> **ASTUCE** *Certaines polices (ITC Zapf dingbats, Webdings ou Windings) comportent des signes qui peuvent constituer une base pour le dessin d'un motif : ⊠ (i), ⊠ (a), ⊠ (.)...*

Le motif de rayures

Pour obtenir des rayures facilement modifiables, utilisez la méthode suivante :

1. Par clic avec l'outil **Rectangle**, créez un tracé de 20 mm par 5 mm (par exemple).

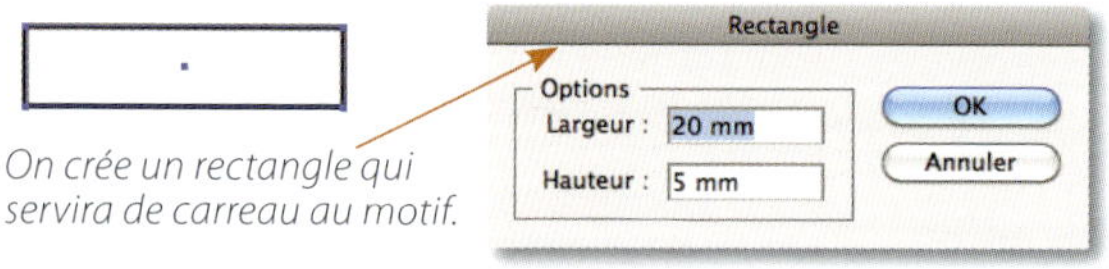

On crée un rectangle qui servira de carreau au motif.

2. Par clic avec l'outil **Trait**, créez un tracé de même largeur que le rectangle. Affectez-lui une couleur globale et réglez son épaisseur à la taille voulue.

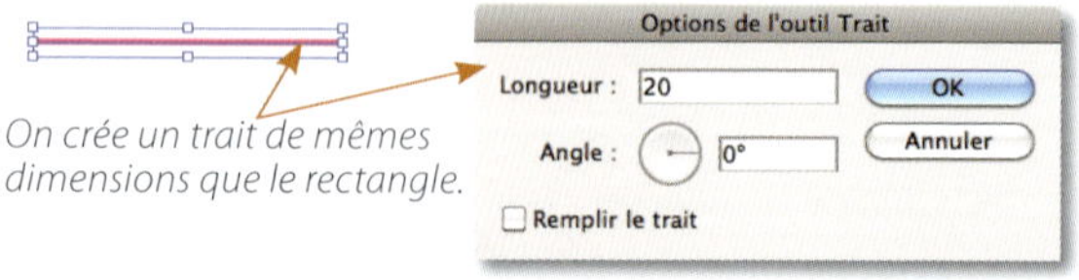

On crée un trait de mêmes dimensions que le rectangle.

3. Sélectionnez le rectangle précédent et supprimez ses attributs **Fond** et **Contour** par clic sur l'icône ⊘ du panneau **Aspect**.

4. Sélectionnez le rectangle et le trait. Centrez les deux éléments par clic sur les icônes et du panneau **Contrôle**. Pour que l'alignement tienne compte de l'épaisseur du trait, cochez l'option **Utiliser les limites d'aperçu** dans le panneau **Alignement** ou dans les préférences du programme.

En utilisant cette option, on aligne le trait avec le carreau dont on a supprimé le fond et le contour.

5. Glissez l'ensemble rectangle + trait dans le panneau **Nuancier**. Les rayures seront obtenues par répétition du dessin quand le motif sera appliqué.

> **ASTUCE** *Pour obtenir des rayures inclinées selon un angle quelconque, il n'est pas utile de les fabriquer en biais, il suffit d'utiliser la méthode de rotation du motif indiquée lors de la création du motif en quinconce par rotation.*

On a défini le motif, puis appliqué à un texte (ici, on lui a fait subir une rotation).

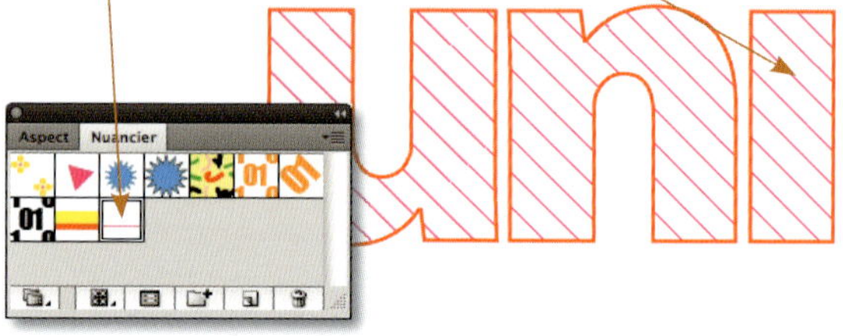

L'espace entre les lignes est transparent. Par la suite, vous pourrez toujours colorer cet espace par le panneau **Aspect** en dupliquant l'attribut **Fond** (la méthode est décrite plus loin). Pour créer des variantes, il suffit d'augmenter l'épaisseur du trait ou la hauteur du rectangle.

On a augmenté l'épaisseur du trait et ajouté un fond à l'arrière-plan du fond comportant le motif.

En utilisant certains effets, on obtient également des motifs particuliers.

On a augmenté l'épaisseur du trait et ajouté un fond à l'arrière-plan du fond comportant le motif.

Le motif à raccords difficiles

Avec certains motifs, les raccords peuvent être délicats à obtenir. Dessinez le motif de manière que la taille de son dessin soit supérieure à celle de l'objet à remplir. Sélectionnez l'objet et affectez-lui le motif que vous venez de créer. Si la position du motif à l'intérieur du dessin n'est pas correcte, affichez la fenêtre **Déplacement** (en tapant V puis ↵). Cochez seulement l'option **Motifs** et modifiez les valeurs de déplacement pour que le motif se place correctement dans l'objet.

Astuce *Avec cette méthode, l'objet teint avec le motif joue le rôle d'un masque, le motif n'y apparaît qu'une seule fois. On pourrait aussi faire un remplissage en utilisant la technique du masque ; les mises à jour des éléments à l'intérieur du masque seront parfois plus faciles.*

L'enregistrement de motifs : les bibliothèques

Pour utiliser des motifs d'un autre document, à partir du menu du panneau **Nuancier**, lancez la commande **Ouvrir une bibliothèque**, puis **Autre bibliothèque** (on la trouve également dans le sous-menu **Bibliothèque de nuances** du menu **Fenêtre**). Par ce même menu, vous pouvez enregistrer un panneau de motifs. Cependant, avant d'effectuer cette opération, supprimez toutes les nuances inutiles (couleurs, dégradés, motifs que vous n'avez pas créés) afin qu'elles n'apparaissent pas dans le nouveau panneau.

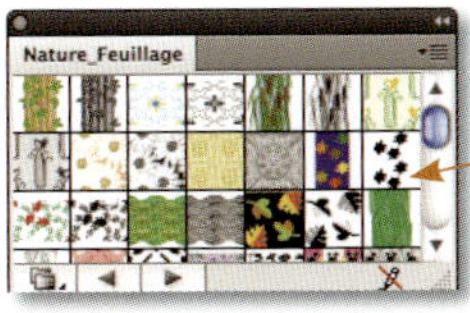

On a ouvert une bibliothèque de nuances ne comportant que des motifs.

Les modifications de motifs

La redéfinition et la mise à jour d'un motif

Pour modifier et mettre à jour un motif, effectuez les opérations suivantes :

1. Réaffichez le dessin qui constitue un motif en glissant sa vignette du panneau **Nuancier** sur le plan de travail.

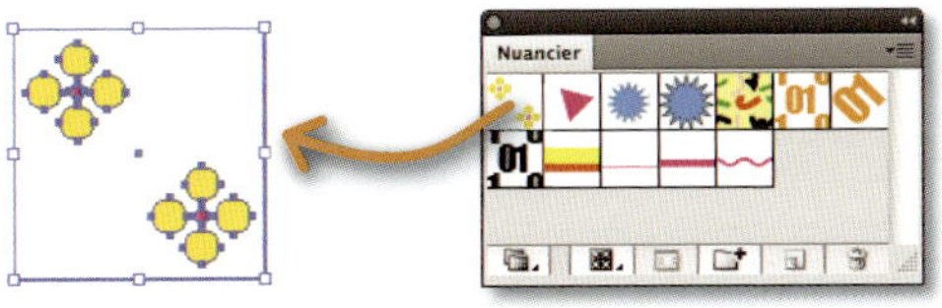

On glisse le motif depuis le panneau ***Nuancier*** *jusqu'au plan de travail : il y apparaît en tant que groupé sélectionné.*

2. Les tracés qui composent le motif apparaissent tous sélectionnés et situés dans un groupe. Vous pouvez modifier la forme, la couleur, la position d'un des éléments mais pour cela, effectuez un double-clic afin de rentrer dans le groupe (l'isoler) et sélectionnez l'élément voulu.

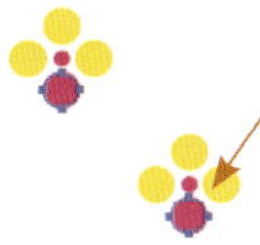

On a isolé le motif (par double-clic), puis modifié une partie.

3. Une fois les modifications terminées, réajustez éventuellement le carreau et sélectionnez l'ensemble du motif par encadrement pour le glisser dans le panneau **Nuancier** : si vous effectuez ce glissement sans enfoncer de touche, c'est un nouveau motif qui est créé ; si vous enfoncez ⌥ [Alt] et glissez sur la case du motif initial, celui-ci est mis à jour ainsi que tous les tracés qui le contenaient.

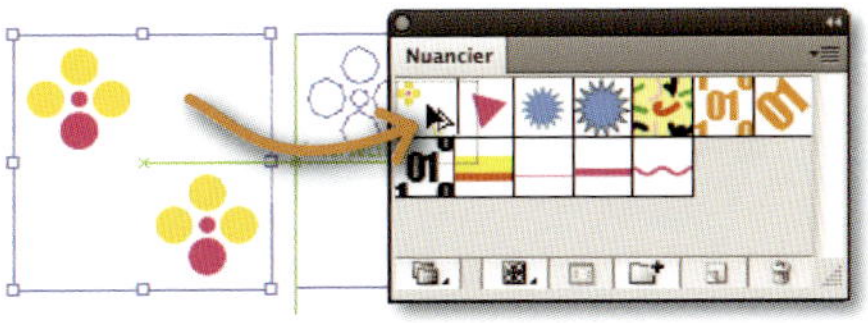

Avec ⌥ [Alt], on glisse le motif modifié sur la vignette du motif dans le panneau ***Nuancier****.*

Tous les objets qui utilisent le motif sont mis à jour.

La copie et la suppression d'un motif

Cette opération s'effectue dans le panneau **Nuancier** : cliquez sur l'échantillon, puis sur l'icône [icône] pour une copie (ou sur la corbeille [icône] pour une suppression).

Le menu local du panneau propose les mêmes commandes (**Dupliquer** ou **Supprimer la nuance**). Si vous supprimez un motif appliqué à un tracé, celui-ci conservera son motif mais vous ne pourrez plus le modifier.

Les colorations de motifs

LES COLORATIONS DU FOND DU MOTIF

La coloration de l'arrière-plan du motif peut être réalisée de deux façons : à sa création ou par objet.

La coloration par objet

Utilisez le panneau **Aspect** pour ajouter un fond à l'objet ayant un motif appliqué. En effet, le menu local de ce panneau propose la commande **Ajouter un nouveau fond** (au clavier, ⇧⌘/ [⇧Ctrl /]). Vous pouvez aussi dupliquer le fond sélectionné en glissant sa vignette sur l'icône ⧉ ou encore, en cliquant sur l'icône ☐. Il ne reste plus qu'à activer le fond (celui situé le plus en bas de la liste), et à lui affecter la couleur désirée (cela peut être un dégradé, voire un autre motif).

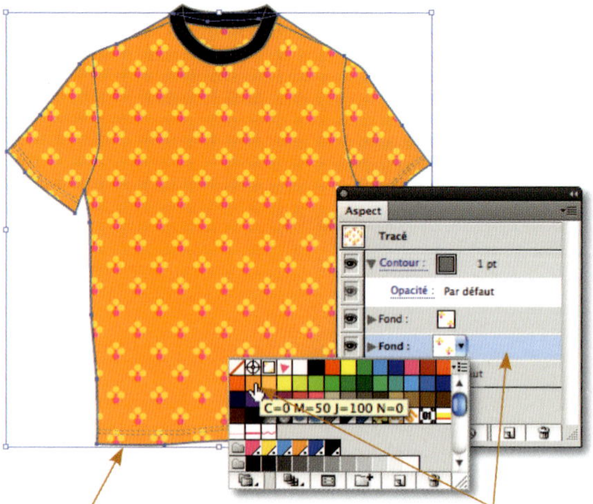

On a sélectionné l'élément, on a ajouté un fond et changé la couleur de celui situé à l'arrière-plan. La modification n'affecte que la sélection.

La coloration à la création

Lors de sa création (ou de sa modification) pour placer un arrière-plan coloré sous le motif, sélectionnez le carreau de base (par le panneau **Calques**) et attribuez-lui une couleur de fond. Si des éléments débordent du carreau, faites une copie de ce dernier, sans fond ni contour, et placez-la à l'arrière-plan.

LE CHANGEMENT DE COULEUR DU MOTIF

Les couleurs globales dans les motifs

Si vous avez pris soin, lors de l'élaboration du motif, de n'utiliser que des couleurs globales (quadri ou ton direct), un changement de composition de la couleur sera automatiquement répercuté sur les motifs qui utilisent cette couleur.

Cet objet comporte un motif qui utilise une couleur globale.

Si on change la composition de cette couleur globale, automatiquement le motif est modifié.

Le changement de couleur localisé

Le changement de couleur localisé sur une partie du motif ne s'effectue que par redéfinition du motif comme indiqué dans les pages précédentes. En revanche, s'il s'agit d'éclaircir, d'assombrir ou de modifier la teinte générale du motif sur un objet, vous pouvez opérer ainsi :

1. Dupliquez le fond par le panneau **Aspect** et affectez-lui une couleur : blanc pour éclaircir, noir pour assombrir, teinte quelconque pour recolorer.
2. Cliquez sur **Opacité** pour afficher le panneau **Transparence** et réglez selon l'effet désiré. Pour une couleur autre que noir ou blanc, changez le mode de fusion pour : **Éclaircir** ou **Superposition**, **Obscurcir** ou **Produit**, **Couleur**.

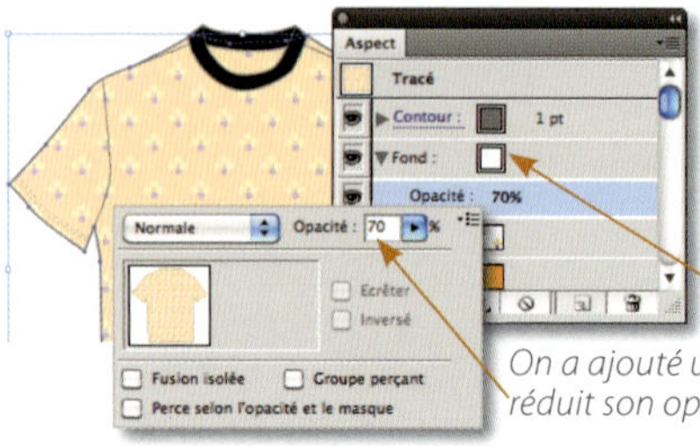

On a ajouté un fond blanc et réduit son opacité.

Les traitements du motif

Les traitements se rangent en deux catégories : les déplacements et les transformations.

LE POSITIONNEMENT DU MOTIF DANS LE TRACÉ

Le déplacement manuel de l'objet et/ou du motif

Un objet rempli d'un motif doit être considéré comme une fenêtre qui ne laisse voir que les motifs à l'intérieur de son tracé. Bien que les motifs ne soient visibles qu'à l'intérieur de l'objet, ils sont présents sur la totalité de la page ; le point de départ de leur répétition se situant à l'origine des règles (en haut à gauche du plan de travail).

Si vous déplacez l'objet, par glissement ou avec les touches fléchées, le comportement du motif dépend des options actives dans les préférences générales (menu **Illustrator** [**Édition**], au clavier ⌘K [Ctrl K]) :

- Par défaut, l'option **Transformation des points** est active, dans ce cas, les motifs se déplacent (et se transforment également) avec l'objet.
- Si l'option n'est pas activée, les motifs restent sur place.

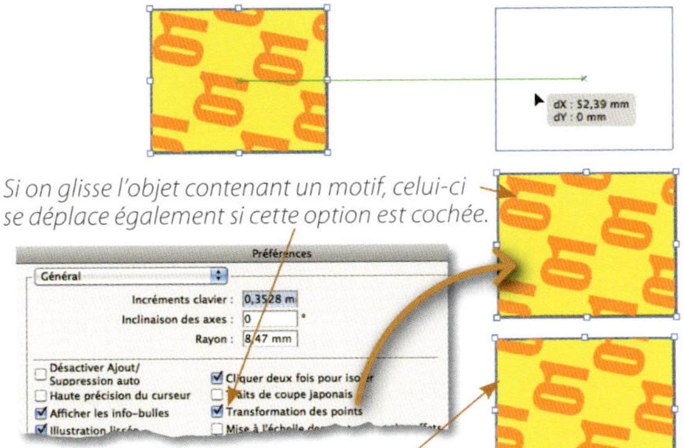

Si on glisse l'objet contenant un motif, celui-ci se déplace également si cette option est cochée.

Si l'option n'est pas active, le motif reste sur place, l'objet bouge seul.

> **ASTUCE** *Pour déplacer manuellement le motif seul, sans déplacer l'objet, enfoncez la touche £ et glissez l'objet, ou mieux encore, tapez les touches fléchées correspondant au sens de déplacement voulu pour le motif : avec un pas de curseur faible, vous contrôlez facilement le déplacement du motif (le pas se règle dans les préférences, ⌘K [Ctrl K] et il est multiplié par 10 en enfonçant ⇧).*

Le réglage du motif par la commande Déplacement

Si vous affichez la fenêtre **Déplacement** (sous-menu **Transformation** du menu **Objet** ou, au clavier, V puis ↵) des options apparaissent actives ou non selon les réglages des préférences générales.

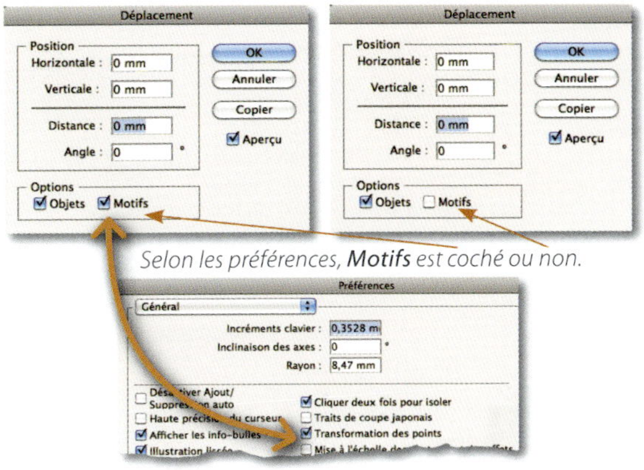

*Selon les préférences, **Motifs** est coché ou non.*

Ces options permettent de déplacer :

- **Le tracé seul** : l'option **Objets** est cochée seule.
- **Le motif et le tracé** : en cochant **Objets** et **Motifs**.

> **ATTENTION** *Tout changement de réglages d'option dans la fenêtre **Déplacement** est répercuté dans la fenêtre **Préférences/Générales** (et réciproquement).*

- **Le motif seul** : en ne cochant que l'option **Motifs**.

C'est cette dernière option qui sera intéressante pour régler la position du motif dans l'objet ; l'aperçu permet un contrôle du positionnement.

> **ASTUCE** *Avant de lancer **Déplacement**, vous pouvez changer d'unités (en tapant plusieurs fois ⇧⌥⌘U [⇧Alt Ctrl U]). Une fois la fenêtre affichée, cliquez dans la case **Horizontale**, puis tapez sur une des touches fléchées (↑ ou ↓) pour déplacer le motif d'une unité (et de dix en enfonçant ⇧), tabulez (touche ⇥ [⇥]) pour passer à la case **Verticale**.*

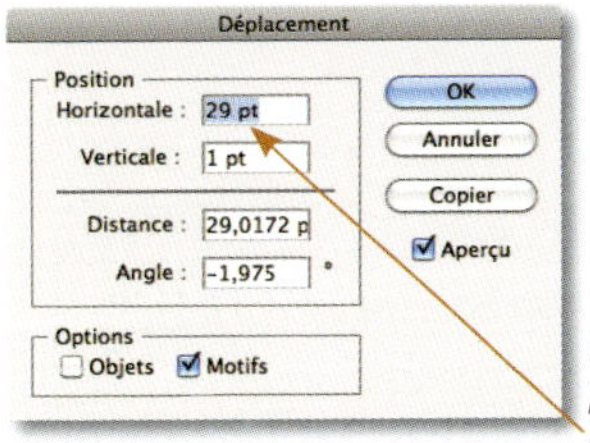

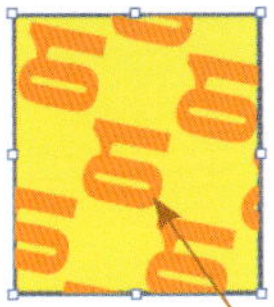

*Pour obtenir un déplacement plus fin des motifs dans l'objet, on a changé les unités avant de lancer **Déplacement**.*

Avant d'effectuer ce déplacement, il est possible d'en connaître la valeur à l'aide de l'outil **Mesure**. Celui-ci se manipule de la façon suivante : effectuez un glissement depuis le point de départ jusqu'au point d'arrivée, le panneau **Infos** apparaît alors et vous indique la longueur et l'angle entre les deux points ; pour contraindre la mesure selon un axe (vertical ou horizontal), enfoncez la touche ⇧. Les valeurs affichées par le panneau **Infos** sont automatiquement inscrites dans les cases correspondantes de la fenêtre **Déplacement** ; cependant, n'oubliez pas de ne cocher que l'option **Motifs**.

ATTENTION *Pour déplacer le motif lorsque l'objet comporte une superposition de fonds visible dans le panneau **Aspect** cliquez sur le fond dont vous souhaitez déplacer le motif. Si vous ne faites pas cette sélection, le déplacement sera réalisé sur le dernier fond sélectionné dans ce panneau.*

Dans cette superposition de fonds, il n'y aura pas déplacement de ce motif car c'est ce fond qui a été sélectionné.

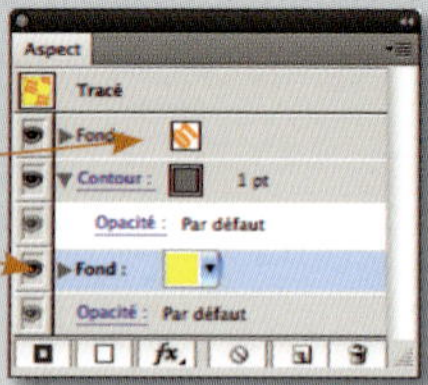

Le positionnement par le panneau Transformation

Les mêmes opérations sont réalisables à partir du panneau **Transformation** ; il peut être affiché par le panneau **Contrôle** en cliquant sur X. Cela dit, avant de saisir les valeurs de déplacement, déroulez le menu du panneau pour choisir à qui s'appliquera la transformation (au motif seul, à l'objet seul ou aux deux).

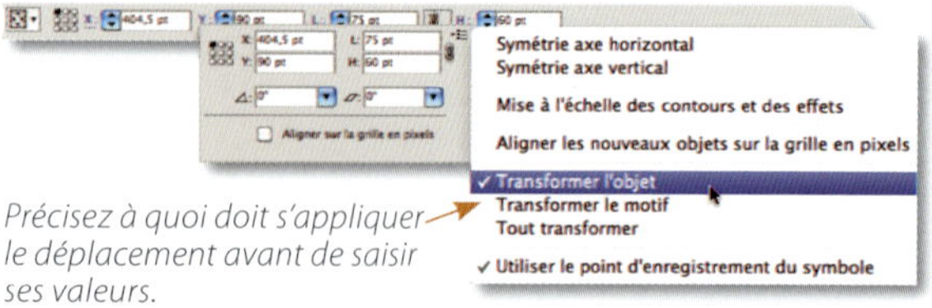

Précisez à quoi doit s'appliquer le déplacement avant de saisir ses valeurs.

ASTUCE *Quand vous choisissez l'option **Transformer le motif**, un petit triangle apparaît pour vous signaler que la transformation ne s'applique pas à l'objet. Si vous cliquez dessus, elle s'appliquera au tracé et au motif.*

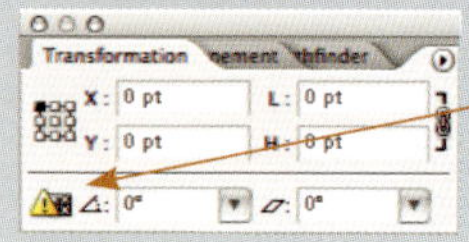

Ce signe vous avertit que la transformation ne s'appliquera pas à l'objet.

LA TRANSFORMATION PROGRAMMÉE DU MOTIF

Un objet peut subir une transformation (mise à l'échelle, rotation, symétrie et déformation) qui n'affecte que son motif.

La méthode de transformation du motif est identique quelle que soit l'opération à réaliser : elle s'effectue en plusieurs étapes :

1. Sélectionnez l'objet.
2. Double-cliquez dans l'outil de transformation voulu :
   - pour une rotation,
   - pour une mise à l'échelle,
   - pour une symétrie,
   - pour une déformation.
3. Dans la fenêtre de transformation qui apparaît, décochez l'option **Objets** et cochez **Motifs**.
4. Cochez l'option **Aperçu** et saisissez la valeur de transformation ou utilisez les touches fléchées (avec ou sans ⇧) pour incrémenter la valeur. Quand le motif a l'aspect souhaité, validez en cliquant sur **OK** ou en tapant ↵.

ATTENTION *Comme pour les déplacements, lorsque l'objet comporte une superposition de fonds dans le panneau **Aspect**, il faut sélectionner celui qui contient le motif que l'on souhaite transformer.*

La modification d'échelle

Le changement de taille du motif peut être homothétique ou non, si vous cliquez sur le bouton **Uniforme** ou **Différenciée**. Dans le cas d'une mise à l'échelle différenciée, le fait de choisir 100 % dans l'une des deux cases permet de laisser intacte l'une des dimensions du motif.

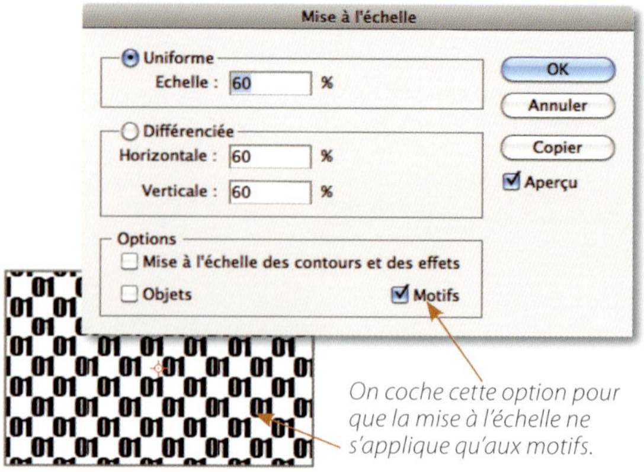

On coche cette option pour que la mise à l'échelle ne s'applique qu'aux motifs.

La rotation

La rotation appliquée aux motifs provoque leur pivotement selon l'angle indiqué (dans le sens des aiguilles d'une montre s'il est négatif). La rotation peut se réaliser par le panneau **Transformation** (en choisissant **Transformer le motif** dans son menu local).

La symétrie

Pour obtenir le motif symétrique à celui du départ, sélectionnez l'objet, effectuez deux clics dans l'outil **Symétrie** (ou **Miroir**), décochez l'option **Objets** et choisissez le type de symétrie : horizontale, verticale ou oblique.

La déformation ou inclinaison

La fenêtre de déformation permet de choisir entre une inclinaison qui se fait selon un axe horizontal, vertical ou les deux axes en même temps.

Les transformations manuelles du motif seul

Comme pour le déplacement, vous pouvez transformer manuellement le motif seul, sans modifier l'objet. Pour cela, opérez ainsi :

1. Sélectionnez l'objet contenant le motif.
2. Activez l'outil de transformation voulu (éventuellement glissez l'axe de transformation à l'endroit voulu).

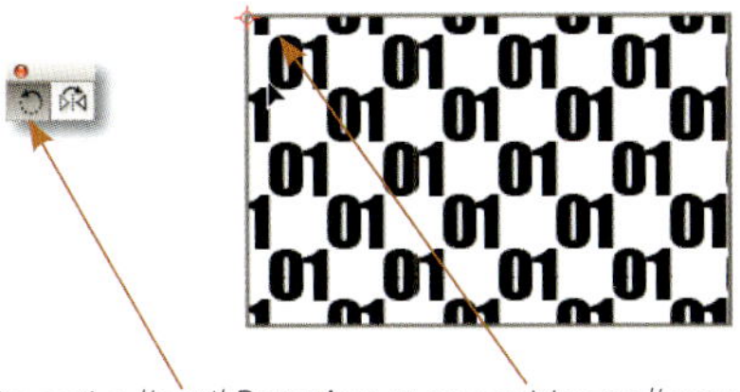

*On active l'outil **Rotation** et on positionne l'axe par glissement.*

3. Enfoncez la touche £ et glissez l'outil : l'objet semble subir la modification, mais il réapparaît à sa position ou avec sa forme initiale, dès que vous relâchez la souris. En revanche, le motif s'affiche transformé dans l'objet.

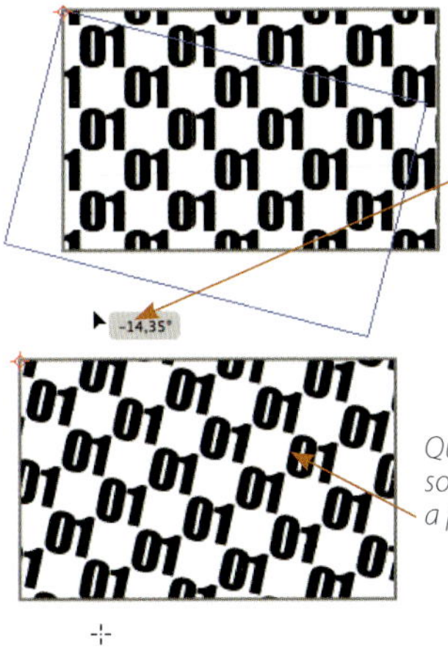

On enfonce la touche £ et on glisse l'outil.

Quand on lâche la souris, seul le motif a pivoté.

Astuce *Selon la transformation, à la touche £ vous pouvez ajouter d'autres touches, telles que :*
- *la touche ⇧ pour imposer une contrainte (angle multiple de 45° pour une rotation, homohétie pour une mise à l'échelle...) ;*
- *la touche ⌥ [Alt] pour créer une copie de l'objet ;*
- *les deux pour une copie de l'objet avec contrainte.*

Les modifications par le panneau Transformation

Vous pouvez transformer le motif d'un tracé depuis le panneau **Transformation**, si vous avez choisi l'option **Transformer le motif** dans le menu local du panneau. Mise à l'échelle, rotation, inclinaison et symétrie (par le menu du panneau) sont à votre disposition. Les manipulations sont les mêmes que pour les tracés. Un triangle signale que la transformation n'affecte que le motif.

Le retour au motif normal

Si un motif a subi des transformations, il retrouve son aspect normal (non transformé) en attribuant à l'objet une couleur de fond quelconque, puis en lui réaffectant le motif. De même, si vous dessinez un objet et que vous lui affectez un motif, il présente les mêmes transformations que celles que vous venez d'appliquer au dernier motif. Pour les supprimer, affectez à cet objet une couleur de fond quelconque puis attribuez-lui le motif voulu.

Les dégradés de couleurs

Les différents dégradés d'Illustrator

Illustrator permet de réaliser ou d'utiliser différents types de dégradés. Le programme propose les filets de dégradé, les dégradés par objets (disponibles, depuis la version CS5, à partir du menu **Édition**, puis **Modifier les couleurs**), et les dégradés de couleurs. Seuls ces derniers sont abordés dans ce chapitre sur les colorations classiques, car ce sont les seuls à constituer des attributs de coloration (comme les nuances de couleur ou les motifs). À ce titre, ils figurent dans le panneau **Nuancier**, apparaissent dans le panneau **Aspect** une fois appliqués à un fond et peuvent faire l'objet d'un style graphique.

Ai La création d'un dégradé de couleurs

Un dégradé est une transition partant d'une nuance de couleur appelée **couleur de départ**, pour aboutir à une autre nuance appelée **couleur d'arrivée**, (en passant éventuellement par d'autres couleurs intermédiaires et/ou d'autres valeurs d'opacité).

Le panneau Dégradé

La création du dégradé s'effectue par l'intermédiaire du panneau **Dégradé** affiché par le menu **Fenêtre**, en tapant ; (point-virgule), ou par clic sur l'icône de dégradé (▭▨) située vers le bas du panneau **Outils**.

> **ASTUCE** *Bien que le panneau **Dégradé** montre l'aspect du dégradé dans une barre colorée (plus ou moins grande selon la taille du panneau), il peut être utile, pour un meilleur contrôle, de créer un objet avant d'afficher le panneau : le dégradé, dont vous allez établir la composition, lui sera appliqué et constituera un aperçu de grande taille.*

Pour créer un dégradé, vous pouvez cliquer sur un échantillon du panneau **Nuancier** contenant un dégradé du genre de celui que vous souhaitez réaliser, ou mieux le sélectionner dans le sélecteur de dégradés affiché en cliquant sur le triangle à droite de l'aperçu. Vous pouvez enfoncer la touche ⌘[Ctrl] et cliquer dans la case d'aperçu du panneau **Dégradé** pour créer un nouveau dégradé partant du noir vers le blanc.

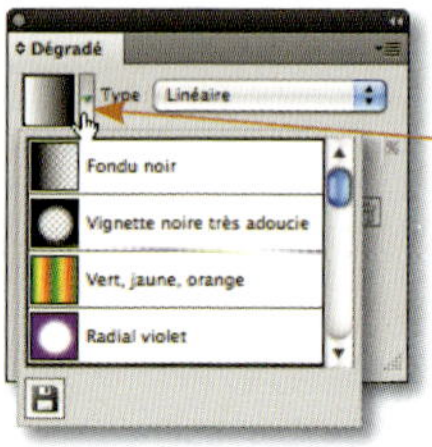

En cliquant ici, o affiche le sélecteur de dégradés et on choisit un dégradé comme modèle ; par ⌘clic [Ctl clic], on part du dégradé de base (noir et blanc).

Comme nous le verrons plus loin dans la partie consacrée aux modifications du dégradé, le dégradé de couleurs peut être élaboré à l'aide de l'**Annoteur de dégradé** ; en revanche, sa mémorisation dans le panneau **Nuancier** se réalisera impérativement dans le panneau **Dégradé** ou le panneau **Nuancier**.

Dans le panneau **Dégradé**, on distingue deux catégories d'options pour configurer le dégradé : les attributs du dégradé et les paramètres de modification.

- **les attributs du dégradé** : il s'agit du type du dégradé (linéaire, radial), des nuances utilisées et de leurs options (emplacement, opacité…). Ces attributs sont mémorisés avec le dégradé si celui-ci est ajouté en tant que nuance dans le panneau **Nuancier** (par clic sur l'icône ▣ du panneau ou glissement de son aperçu dans ce panneau).
- **les paramètres de modifications** : il s'agit de l'orientation du dégradé dans l'objet (**Angle**) et de son aplatissement dans le cas d'un dégradé radial (**Format des pixels**). Ces paramètres ne s'appliquent qu'à la sélection active et ne sont pas mémorisés avec le dégradé. En revanche, ils pourront être mémorisés en créant un style graphique (par clic sur l'icône ▣ du panneau **Styles graphiques**).

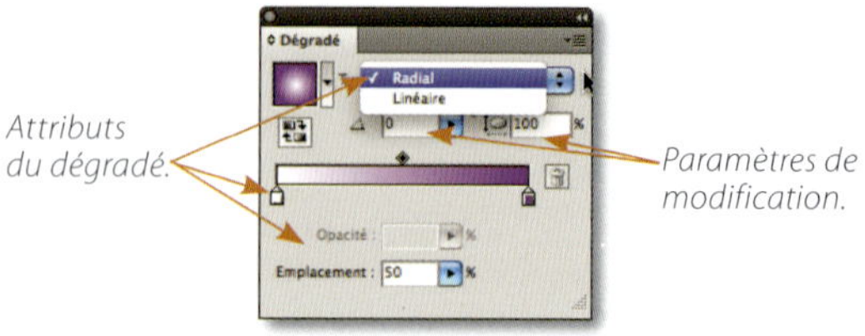

Certains paramètres pourront être définis directement sur l'objet avec l'outil **Dégradé de couleurs** ou avec l'**Annoteur de dégradé**.

Les types de dégradé

Un menu local permet de choisir si le dégradé doit être **Radial** ou **Linéaire**. Chacun d'eux possède une option spécifique (de modification).

- Pour le dégradé linéaire : une orientation (**Angle**) peut être spécifiée (= 0° pour l'horizontal, = 90° pour vertical…).

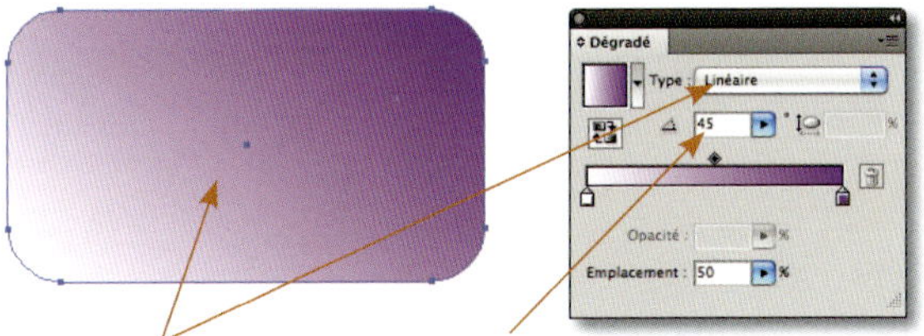

*Dégradé **Linéaire** avec une orientation à 45°.*

- Pour le dégradé radial : une option, **Format des pixels** (), permet d'aplatir le dégradé pour obtenir une forme elliptique (horizontale <100%, ou verticale >100%).

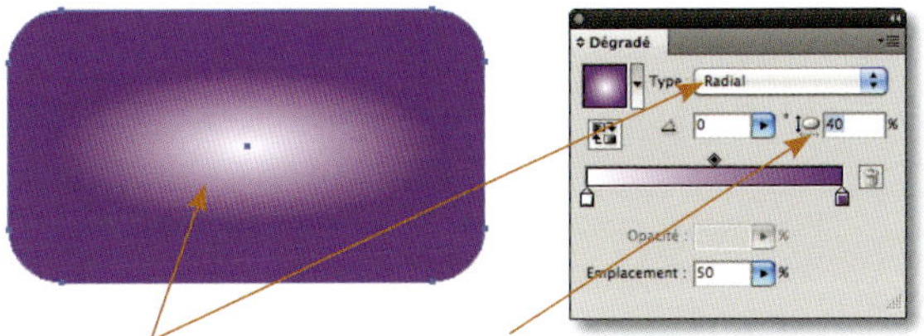

*Dégradé **Radial** avec un « aplatissement » à 40 %.*

Quand le dégradé est elliptique, il est possible de changer son orientation en saisissant une valeur dans la case **Angle**.

Les nuances de couleur du dégradé

Les couleurs de départ et d'arrivée

Pour changer la couleur de départ (ou d'arrivée), double-cliquez sur l'icône située à gauche sous la barre de dégradé (ou celle située à sa droite), pour afficher le panneau **Couleur**. Une fois celui-ci affiché, définissez la couleur ou changez de panneau.

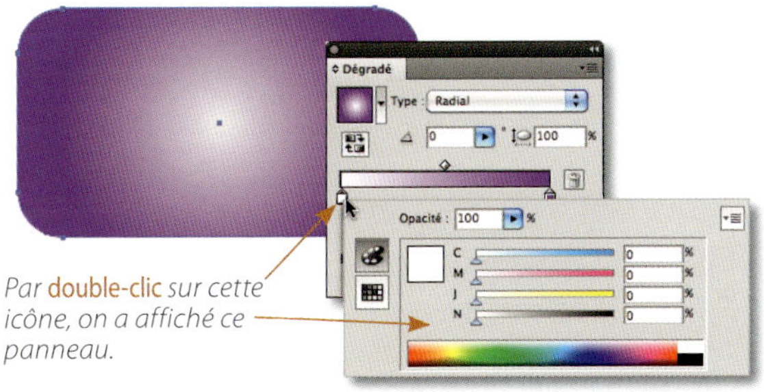

*Par **double-clic** sur cette icône, on a affiché ce panneau.*

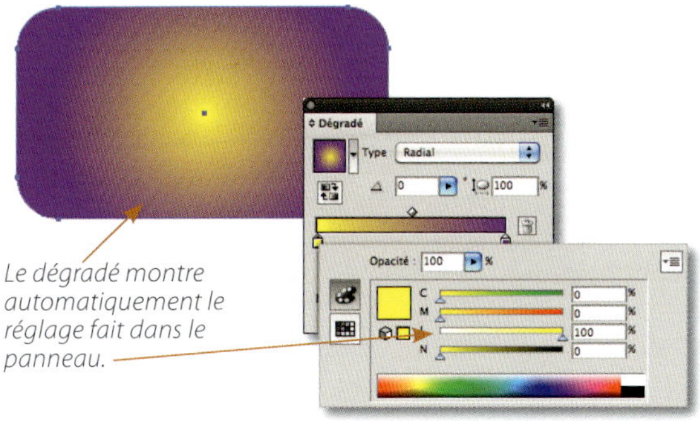

Le dégradé montre automatiquement le réglage fait dans le panneau.

À partir de ce panneau **Couleur**, vous pouvez afficher le panneau **Nuancier** en cliquant sur l'icône correspondante () dans le panneau **Couleur** qui est apparu.

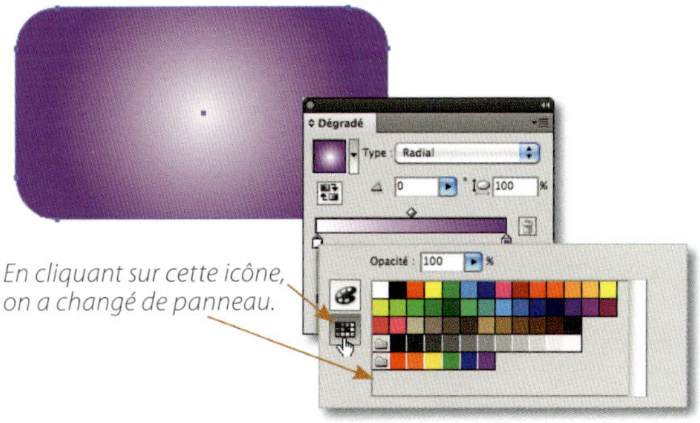

En cliquant sur cette icône, on a changé de panneau.

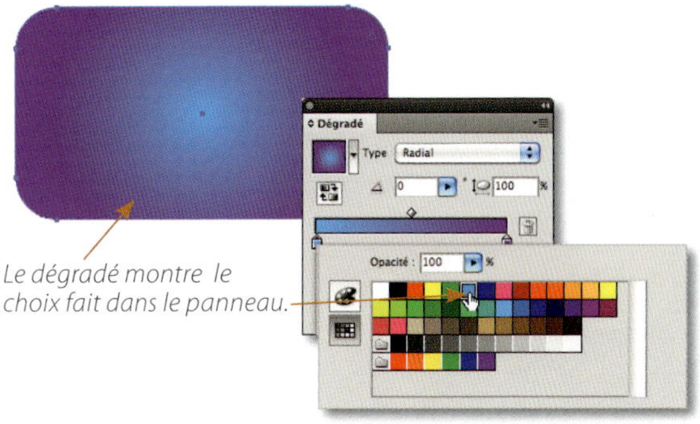

Le dégradé montre le choix fait dans le panneau.

Il est préférable de définir les couleurs du dégradé à partir du panneau **Nuancier** (ou d'une bibliothèque), car cela permet d'utiliser les couleurs globales.

> **Astuce** *Comme dans les versions antérieures à CS5, vous pouvez glisser la nuance voulue du panneau **Nuancier** sur l'icône de la couleur de départ (ou celle d'arrivée).*

Si vous voulez inverser les couleurs du dégradé, pressez sur l'icône de la couleur de départ et amenez-la sur l'icône de la couleur d'arrivée en enfonçant la touche ⌥ [Alt] ou, depuis la version CS5, cliquez sur l'icône **Inverser le dégradé** (⇄) du panneau **Dégradé**.

Les couleurs globales dans les dégradés

Quand vous préparez un dégradé, utilisez de préférence des couleurs globales (ou des tons directs), ainsi leurs modifications ultérieures seront automatiquement répercutées sur les dégradés sans avoir à les redéfinir. De plus, il est facile de choisir une teinte de la couleur globale en basculant sur le panneau **Couleur** (par clic sur l'icône) qui donnera accès à cette option.

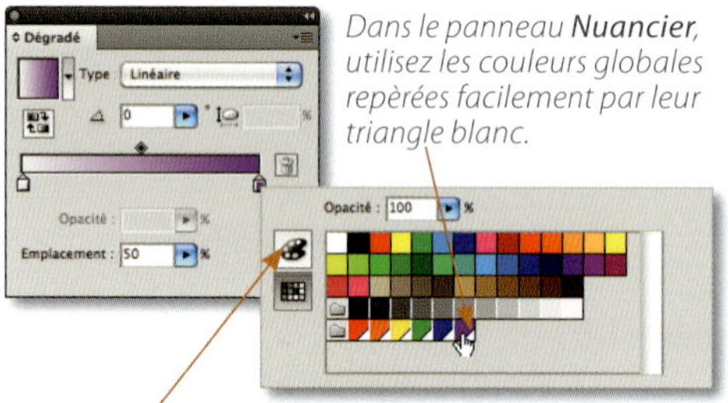

*Dans le panneau **Nuancier**, utilisez les couleurs globales repèrées facilement par leur triangle blanc.*

En cliquant ici, on passe à ce panneau dans lequel on peut choisir la teinte.

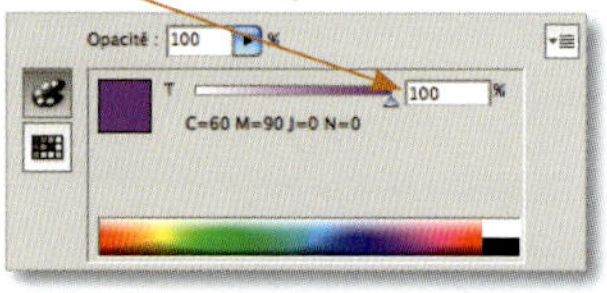

Dans le cas d'un dégradé entre un ton direct et le blanc, il est préférable de réduire à 0 % la teinte du ton direct plutôt que de choisir le blanc. En effet, chaque étape du dégradé est alors constituée d'un certain pourcentage du ton direct (et non de l'équivalent en composants quadrichromiques), et de ce fait, la séparation de ce dégradé s'effectuera sur un seul film (celui du ton direct).

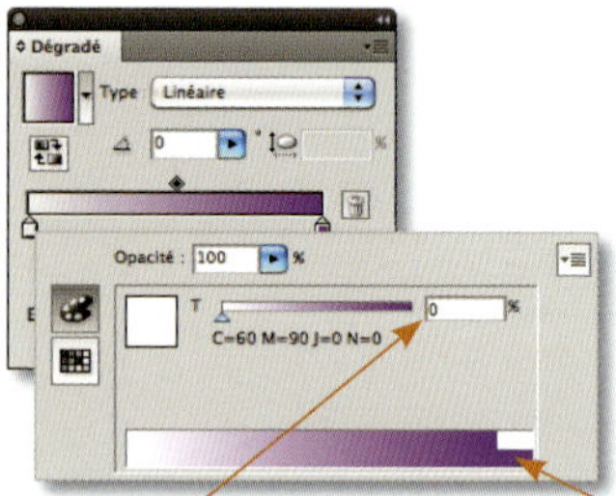

On utilise 0 % de teinte de la couleur globale utilisée comme couleur d'arrivée.

Le point médian (50 % des couleurs adjacentes)

C'est le point du dégradé où la couleur est constituée de 50 % de la première couleur et de 50 % de la seconde. Par défaut, ce point se situe au centre du dégradé (donc au centre de l'objet, soit à 50 % du bord gauche et du bord droit). Vous pouvez déplacer le point médian (losange) dans une limite de 13 % à 87 %, en le glissant vers la gauche ou la droite, ou en tapant une valeur dans la case **Emplacement** après avoir cliqué sur le losange.

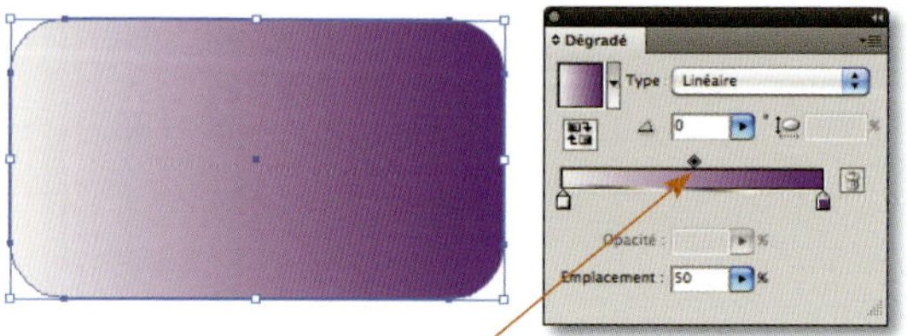

Par défaut, le point médian se situe à 50 % (égale distance entre la nuance de départ et celle d'arrivée).

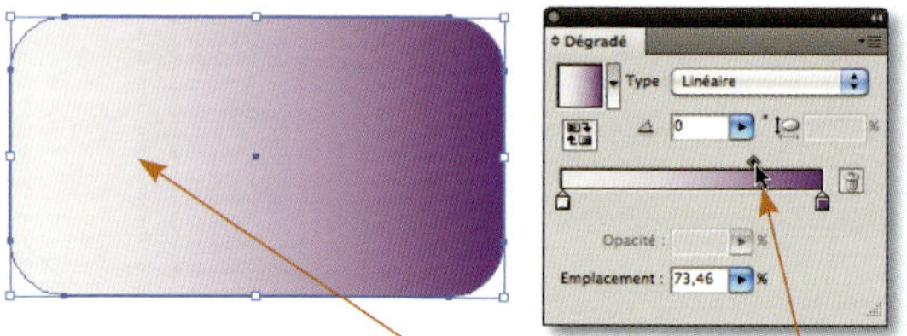

On peut donner plus d'importance à une couleur en décalant le point médian.

Les couleurs intermédiaires

Pour placer une couleur intermédiaire, glissez une case d'échantillon du panneau **Nuancier** sur la barre dégradé du panneau **Dégradé** ou cliquez sous la barre dégradé pour faire apparaître une couleur que vous pouvez, par double-clic sur son icône, redéfinir en affichant le panneau **Couleur,** ou remplacer par une autre nuance en passant au panneau **Nuancier** (affiché en cliquant sur).

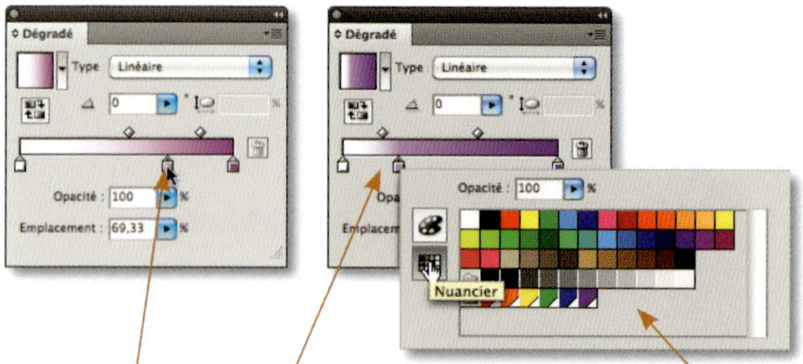

On clique ici et on positionne la nouvelle nuance, puis on double-clique sur son icône pour l'éditer ou la remplacer par une autre dans ce panneau.

Astuce *Une couleur intermédiaire peut être constituée par une copie d'une couleur déjà existante dans le dégradé ; elle s'obtiendra par glissement de cette dernière avec la touche ⌥[Alt]. Pour supprimer une couleur, glissez son icône hors du panneau **Dégradé** ou sélectionnez-la et cliquez sur l'icône en forme de corbeille à droite de la barre de dégradé.*

L'emplacement ou position de la nuance de couleur

Il est possible de modifier l'étalement du dégradé entre deux nuances (réduire ou augmenter selon le cas), en entrant une valeur dans la case **Emplacement** ou en glissant l'icône d'une des nuances de couleur. Pour réduire l'étalement globale du dégradé et augmenter l'importance de la nuance, vous pouvez glisser la couleur de départ vers la droite (ou d'arrivée vers la gauche).

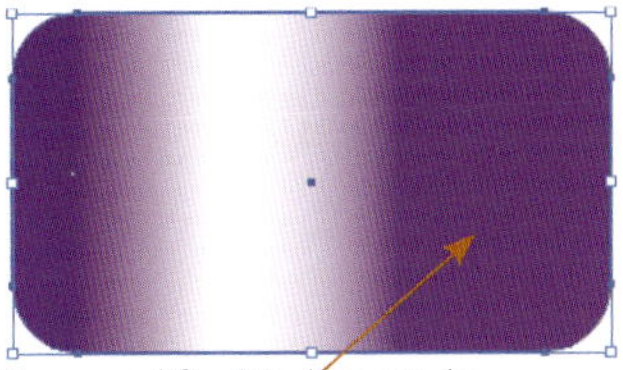

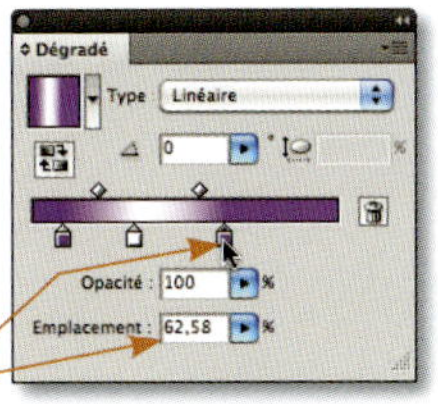

Pour modifier l'étalement de certaines parties du dégradé, on change l'emplacement de la nuance.

Comme nous le verrons plus loin, ces manipulations seront réalisables directement sur l'objet en utilisant l'**Annoteur de dégradé**. Il sera alors possible de placer les extrémités du dégradé hors de l'objet, ou dans le cas d'un dégradé radial, de modifier le rayon du dégradé.

Ai L'opacité ou transparence de la nuance de couleur

Illustrator propose une option intéressante dans le panneau **Dégradé**. En effet, il est possible de définir l'opacité d'une nuance, et ainsi, de créer un dégradé avec des effets de transparence. Ce réglage de transparence sera également accessible depuis l'**Annoteur de dégradé**.

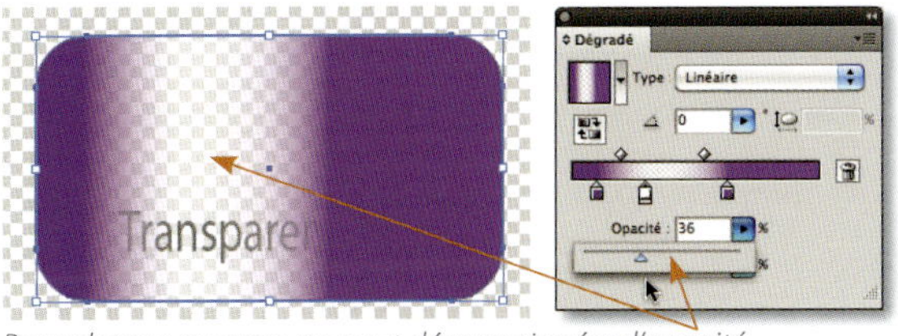

Pour chaque nuance, on peut désormais gérer l'opacité.

L'application d'un dégradé

Un dégradé s'applique à partir du panneau **Nuancier**. Par la suite, en utilisant l'outil **Dégradé de couleurs** (affichée par double-clic sur l'icône du panneau **Outils**) et/ou l'**Annoteur de dégradé de couleurs** (affiché sur l'objet lui-même) vous pourrez modifier son aspect.

Pour affecter un dégradé à un tracé, sélectionnez-le, puis, dans le panneau **Nuancier**, cliquez sur l'échantillon correspondant au dégradé voulu (éventuellement, vous pouvez n'afficher que les nuances de dégradés à partir du menu obtenu en cliquant sur l'icône). Si le tracé n'est pas sélectionné, l'affectation du dégradé peut se faire par glissement de la case échantillon directement sur le tracé.

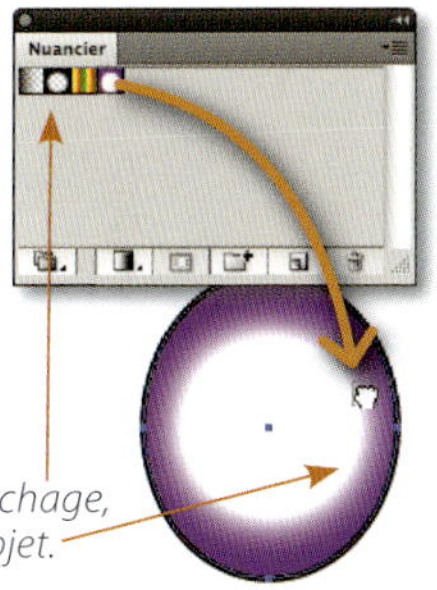

À partir de ce menu, on peut limiter l'affichage, puis glisser la nuance de dégradé sur l'objet.

Astuce *Pour appliquer à un tracé le dernier dégradé utilisé, vous pouvez sélectionner le tracé et cliquer dans le bouton **Dégradé** ( ) situé en bas du panneau **Outils** ou taper « ; » (point-virgule).*

Les modifications du dégradé

L'outil Dégradé de couleurs et l'Annoteur de dégradé de couleurs

Quand un dégradé est appliqué, vous pouvez le manipuler : modifier son étendue (étalement des couleurs ou rayon d'un dégradé radial) ou son orientation (angle du dégradé linéaire ou elliptique) ; voire l'appliquer sur plusieurs objets. Ces opérations se réalisent avec à l'outil **Dégradé de couleurs** ou, uniquement pour les modifications, avec l'**Annoteur de dégradé de couleurs**.

Celui-ci s'affiche sur l'objet quand l'outil **Dégradé de couleurs** est activé ; cependant, il peut être masqué par le menu **Affichage**. Par défaut, l'annoteur montre une barre blanche aux extrémités desquelles figurent un rond blanc indiquant l'origine du dégradé et un losange blanc qui marque la fin du dégradé.

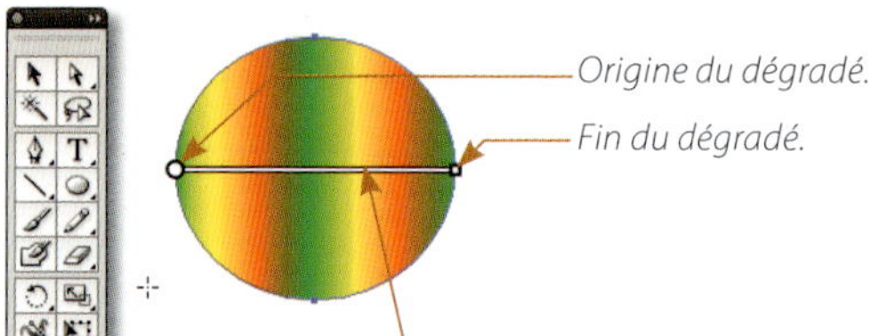

On voit l'**Annoteur de dégradé** sur l'objet sélectionné dès que l'outil **Dégradé de couleurs** est actif.

Le traitement par l'Annoteur de dégradé

L'annoteur montre sensiblement les mêmes options que celles présentes dans le panneau **Dégradé** ; en revanche, certaines d'entre elles n'apparaissent que si on le survole.

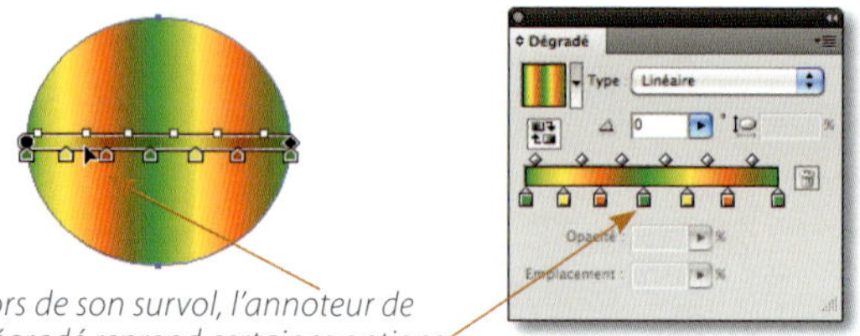

Lors de son survol, l'annoteur de dégradé reprend certaines options du panneau **Dégradé**.

L'étalement et l'orientation du dégradé

Cas d'un dégradé linéaire

L'origine du dégradé ou la barre de l'annoteur peuvent être glissées pour déplacer l'ensemble du dégradé à l'intérieur de l'objet (voire hors de celui-ci), qui constitue une sorte de masque. De même, l'étalement du dégradé peut être modifié en glissant le losange de fin du dégradé à l'intérieur pour le réduire ou à l'extérieur de l'objet pour l'étendre.

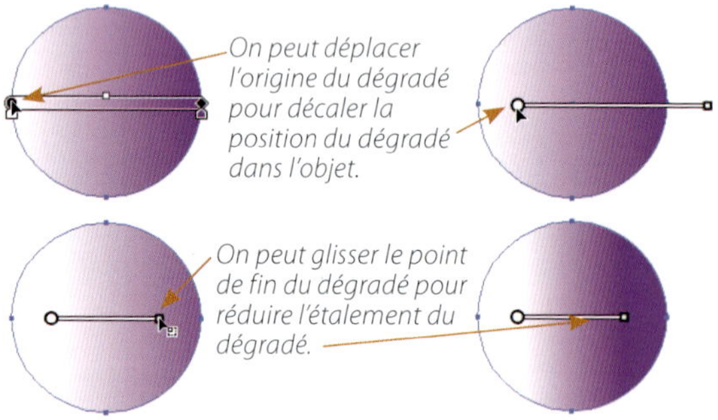

Pour changer l'orientation du dégradé, placez l'outil **Dégradé de couleurs** près de l'extrémité de la barre de l'annoteur, l'outil devient , glissez-le pour pivoter le dégradé.

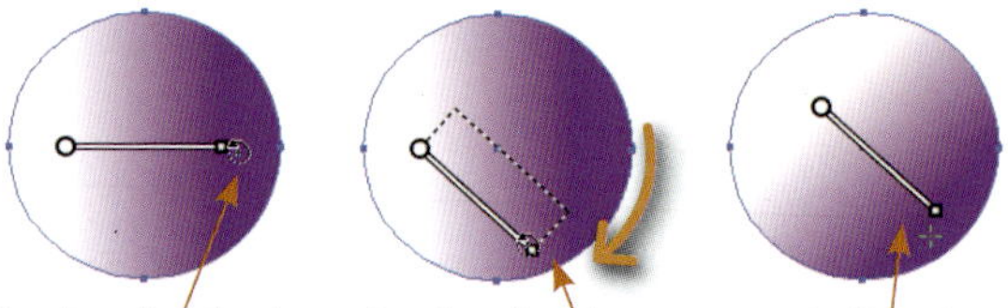

On place l'outil près de l'extrémité de l'annoteur de dégradé.

On glisse l'outil pour pivoter le dégradé mis à jour quand on relâche.

Cas d'un dégradé radial

Dans le cas d'un dégradé radial, l'annoteur montre un cercle pointillé qui définit l'encombrement du dégradé (ou position de la couleur d'arrivée). Ce cercle comporte un point noir qui permettra de le rendre elliptique et un point blanc pour pivoter l'ellipse. Le centre du dégradé peut être déplacé en glissant le point d'origine.

L'annoteur avec un dégradé radial dans un carré ou un cercle.

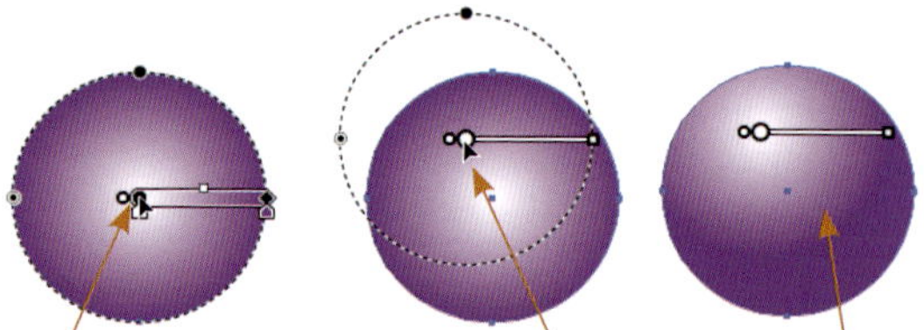

On place l'outil sur l'origine de l'annoteur de dégradé.

On glisse l'origine pour repositionner le dégradé (mis à jour quand on relâche).

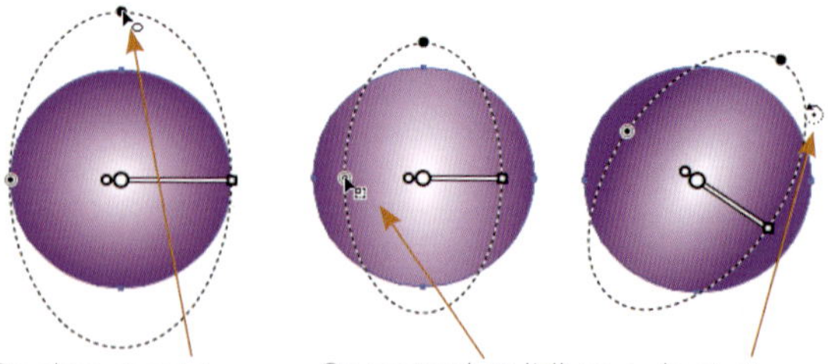

On glisse ce point pour obtenir une ellipse.

On peut aplatir l'ellipse ou la pivoter en glissant l'outil près du bord de l'ellipse.

Le changement de composition

Quand l'annoteur est survolé, les icônes correspondant aux nuances utilisées deviennent visibles ; par double-clic sur l'une d'elles, on affiche le panneau **Couleur** (puis, éventuellement, le panneau **Nuancier**) pour changer la composition, l'emplacement ou l'opacité de la nuance.

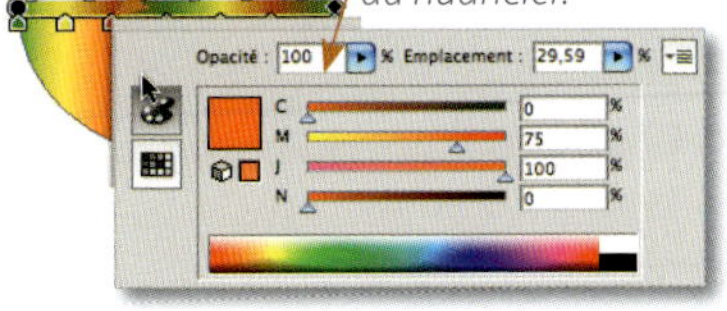

Par double-clic sur une nuance du dégradé, on peut en changer la composition dans ce panneau ou la remplacer en passant au nuancier.

À partir de l'annoteur, vous pouvez :

- supprimer une nuance en glissant son icône hors de la barre de l'annoteur ;
- ajouter une nuance en cliquant entre deux nuances ;
- dupliquer une nuance en la glissant avec la touche ⌥ [Alt].

LES TRAITEMENTS AVEC L'OUTIL DÉGRADÉ DE COULEURS

Si vous utilisez l'outil **Dégradé de couleurs** pour appliquer le dégradé, Il sera possible de modifier la distance entre ces deux couleurs, c'est-à dire l'étalement du dégradé ; de même il sera possible d'agir sur l'orientation.

L'étalement et l'orientation du dégradé

Le réglage de l'étalement et/ou de l'orientation ne peut se réaliser qu'une fois que le dégradé est appliqué à l'objet. Pour ces modifications, sélectionnez l'objet déjà rempli d'un dégradé, activez l'outil **Dégradé de couleurs** et amenez-le à l'endroit où vous voulez positionner le point de départ du dégradé (couleur de départ), glissez jusqu'à l'endroit où doit apparaître la couleur finale du dégradé (ou couleur d'arrivée). La longueur du trait ainsi tracé avec l'outil **Dégradé de couleurs** détermine l'étalement du dégradé, l'orientation de ce trait donne l'angle du dégradé.

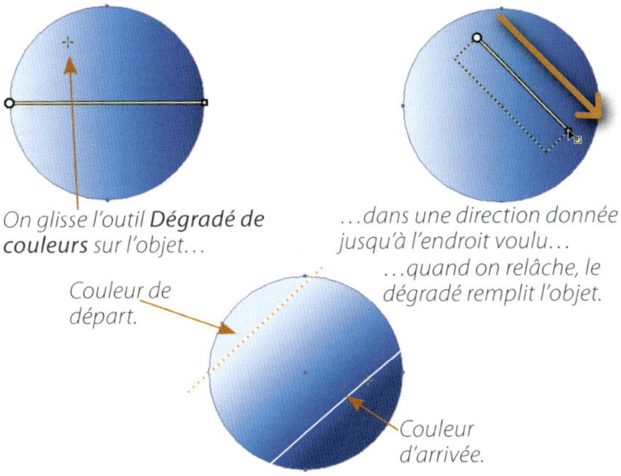

*On glisse l'outil **Dégradé de couleurs** sur l'objet…*

…dans une direction donnée jusqu'à l'endroit voulu…

…quand on relâche, le dégradé remplit l'objet.

> **ASTUCE** *Pour appliquer un dégradé orienté selon un angle multiple de 45°, glissez l'outil **Dégradé de couleurs** en enfonçant ⇧.*

La position du centre d'un dégradé radial

Avec un dégradé radial, la couleur de départ se trouve au centre de l'objet. L'utilisation de l'outil **Dégradé de couleurs** permet un déplacement du centre du dégradé. Pour cela, il suffit de cliquer avec l'outil sur l'endroit où vous souhaitez placer le centre du dégradé. Si l'étalement (ou l'orientation) pris par le dégradé ne vous convient pas, glissez l'outil au lieu de cliquer ; vous pouvez également placer l'outil sur le cercle pointillé (il devient ↻), puis le glisser pour pivoter le dégradé.

LES APPLICATIONS PARTICULIÈRES

Le dégradé sur plusieurs objets

Quand le même dégradé est appliqué à plusieurs objets voisins, il est possible de le modifier de façon qu'il s'étale sur l'ensemble des objets plutôt que sur chaque objet. Pour cela, sélectionnez les objets concernés, activez l'outil **Dégradé de couleurs** et glissez cet outil : le dégradé s'étalera comme s'il n'y avait qu'un seul objet.

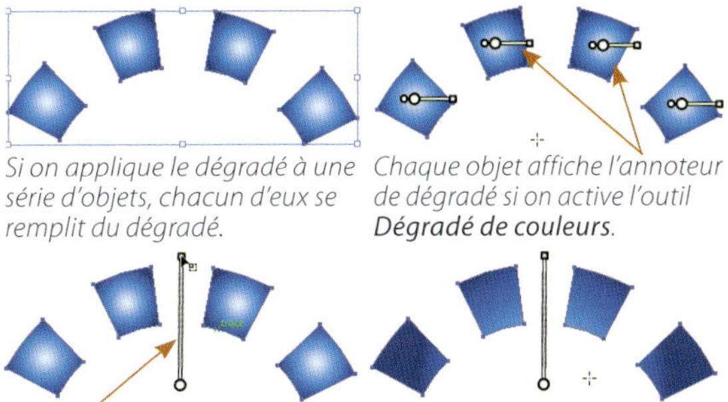

Si on applique le dégradé à une série d'objets, chacun d'eux se remplit du dégradé.

*Chaque objet affiche l'annoteur de dégradé si on active l'outil **Dégradé de couleurs**.*

Si on glisse l'outil, le dégradé s'étale sur l'ensemble des objets.

Le dégradé sur un texte

Il est inutile de vectoriser un texte pour lui appliquer un dégradé. Cependant, le dégradé n'est pas applicable directement. L'opération se réalise à partir du panneau **Aspect**, où il suffit, une fois le texte sélectionné avec l'outil **Flèche**, d'ajouter un nouveau fond par clic sur l'icône ◻ (ou en tapant ⌘/ [Ctrl /]), et d'affecter le dégradé à ce dernier (on peut ensuite ajuster par glissement de l'outil **Dégradé de couleurs**).

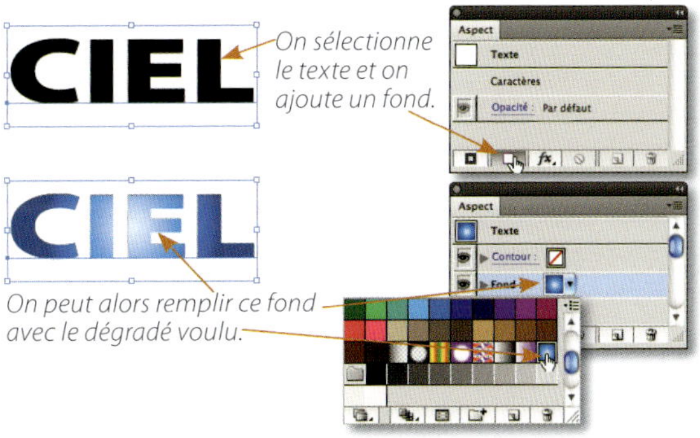

On sélectionne le texte et on ajoute un fond.

On peut alors remplir ce fond avec le dégradé voulu.

La gestion des dégradés

LE STOCKAGE DU DÉGRADÉ DE COULEURS

Quand le dégradé a l'aspect voulu, il est souhaitable de le stocker dans le panneau **Nuancier** pour le réutiliser (ou le modifier) plus facilement. Pour cela, vous pouvez glisser l'aperçu du panneau **Dégradé** sur le panneau **Nuancier** ou cliquer sur l'icône du panneau **Nuancier** avec ⌥[Alt] afin de pouvoir nommer le dégradé.

Ai Sans afficher le panneau **Nuancier**, vous pouvez mémoriser directement depuis le panneau **Dégradé**. En effet, celui-ci propose un menu local (situé à droite de l'aperçu) qui affiche un sélecteur de dégradés au bas duquel figure une icône d'enregistrement du dégradé en cours de préparation (💾).

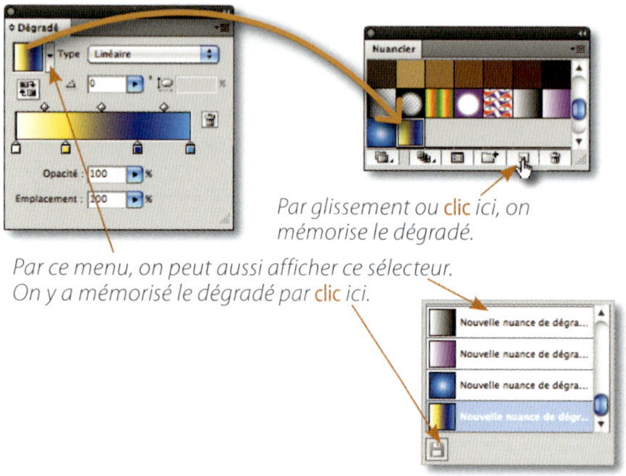

LA DUPLICATION D'UN DÉGRADÉ

La copie d'un dégradé s'obtient à partir du panneau **Nuancier** : il vous suffit de sélectionner le dégradé voulu et de cliquer sur l'icône du bas du panneau. La copie peut par la suite être modifiée pour, par exemple, créer le dégradé symétrique.

LES MODIFICATIONS DU DÉGRADÉ

Elles s'effectuent dans le panneau **Dégradé** ou par l'intermédiaire de l'**Annoteur de dégradé de couleurs**. Pour que les modifications soient répercutées dans les objets déjà remplis par le dégradé que vous êtes en train de modifier, il faut mémoriser ce dégradé sur lui-même. Pour cela, glissez sa case d'aperçu du panneau **Dégradé** sur la case d'échantillon du dégradé dans le panneau **Nuancier** en enfonçant la touche ⌥ [Alt] (si vous n'enfoncez pas cette touche, il y aura un nouveau dégradé).

LES BIBLIOTHÈQUES DE DÉGRADÉS

Si vous avez créé des dégradés, vous pouvez les stocker sous forme de panneau de la même façon que vous stockez les autres nuances (couleurs et motifs). Pour cela, supprimez toutes les nuances inutiles puis, dans le menu du panneau **Nuancier**, utilisez la commande **Enregistrer la bibliothèque de nuances sous AI**. Si vous rangez le fichier dans le dossier « **Bibliothèque de nuances** » (dans le dossier du programme), il apparaîtra directement dans la liste des panneaux affichée par ce même menu.

Illustrator est fourni avec un certain nombre de fichiers comportant des dégradés. Pour pouvoir les utiliser et éventuellement les ajouter au nuancier de base, cliquez sur l'icône du panneau **Nuancier** (ou choisissez le sous-menu **Ouvrir une bibliothèque de nuances** du menu du panneau ou du menu **Fenêtre**), et lancez la commande **Autre bibliothèque** : une fenêtre vous permet de choisir le fichier contenant les dégradés ; vous pouvez également en trouver dans un dossier intitulé « **Dégradés** » (situé dans les sous-dossiers du programme).

Il n'est pas possible d'exporter vers InDesign une bibliothèque de nuances comportant des dégradés (ou des motifs). Un message le signalera.

2 - Les méthodes dynamiques de coloration

La peinture dynamique

Le principe de la peinture dynamique

Avec la méthode de coloration classique, la surface d'une illustration ne peut être coloriée que si elle est constituée par un tracé unique (correctement fermé).

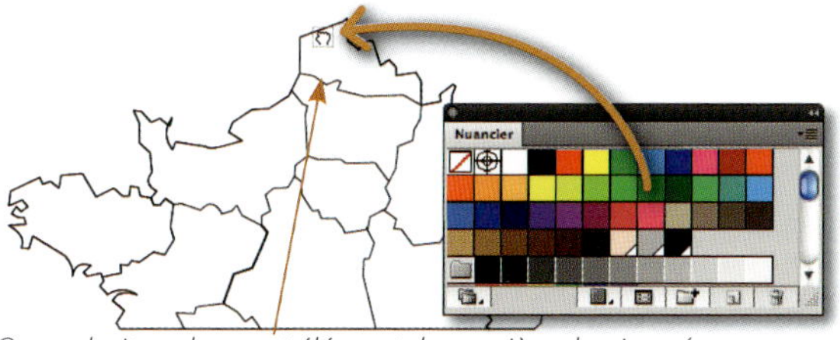

On souhaite colorer cet élément de manière classique (par glissement d'une nuance).

Les colorations ne sont pas correctes car certains tracés ne sont pas fermés.

La **peinture dynamique** utilise une autre technique selon laquelle tous les tracés superposés, définis dans un groupe de peinture dynamique, sont comme placés dans un plan unique dans lequel chaque zone de recouvrement des tracés définit une surface coloriable ou zone de coloration.

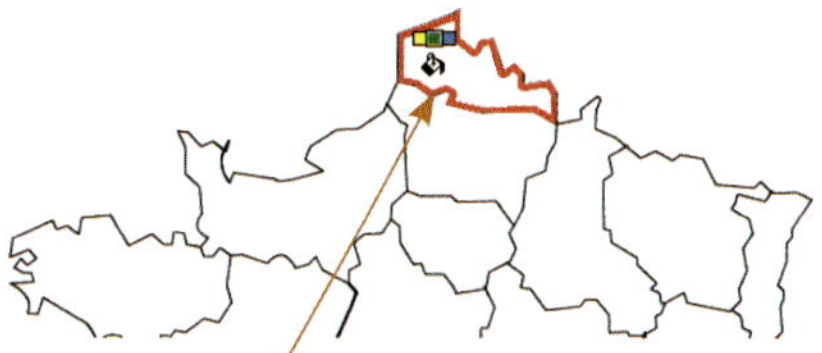

Si on crée un groupe de peinture dynamique, la coloration est facile sans avoir modifié les tracés.

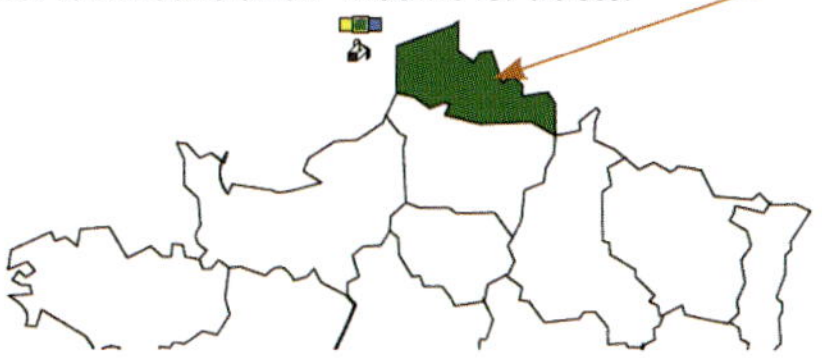

Un groupe de peinture dynamique comporte deux types d'éléments : les **faces** et les **bords**.

À partir de superposition de tracés, on peut définir des surfaces coloriables dans un groupe de peinture dynamique.

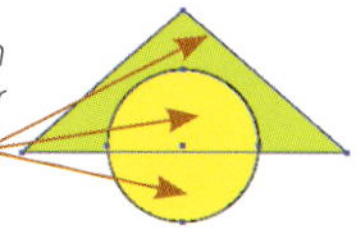

Les faces d'un groupe de peinture dynamique

Une face est une zone de coloration. Elle est délimitée par les portions de différents tracés en recouvrement. Chaque face est mise en évidence (entourée) par un surlignement rouge quand elle est survolée par l'outil **Pot de peinture dynamique** ( ).

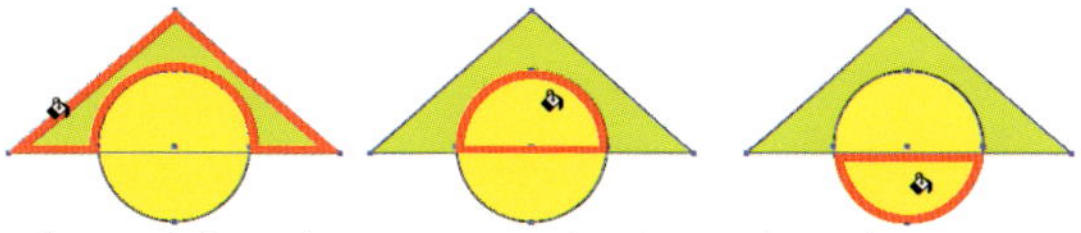

Il y a trois faces dans ce groupe de peinture dynamique.

Les bords d'un groupe de peinture dynamique

Un bord est une portion de tracé qui délimite une partie d'une face et permet de définir l'aspect du contour. Toute face comporte plusieurs bords dont les contours peuvent être colorés indépendamment les uns des autres. Chaque bord est mis en évidence par une ligne colorée quand il est survolé par l'outil **Pot de peinture dynamique** avec la touche ⇧ enfoncée (il devient alors ✎).

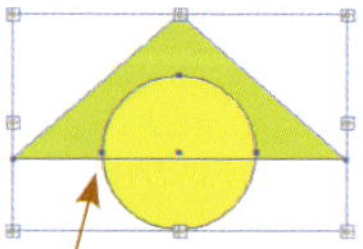

Ce groupe de peinture dynamique comporte les quatre bords.

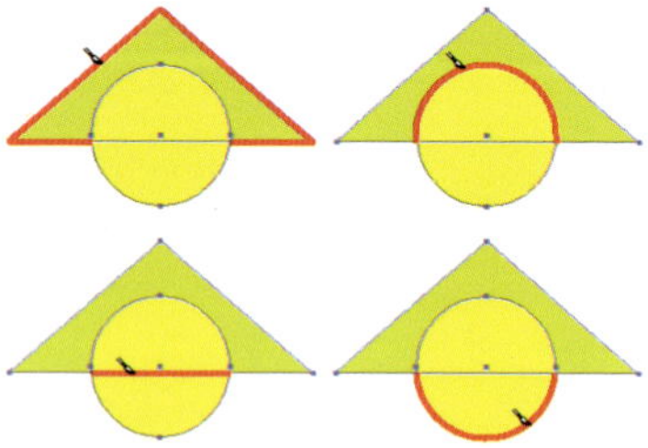

Quand vous déplacez et remodelez les tracés d'un groupe de peinture dynamique, les faces et les bords s'ajustent automatiquement.

La mise en œuvre de la peinture

La création du groupe de peinture dynamique

La création du groupe de peinture dynamique nécessite la sélection des tracés devant faire partie du groupe. Il se réalise de deux façons : par clic sur la sélection avec l'outil **Pot de peinture dynamique** ou par la commande **Créer** du menu **Objet/Peinture dynamique**. Dans le premier cas, la face que survole l'outil se remplira de la couleur active.

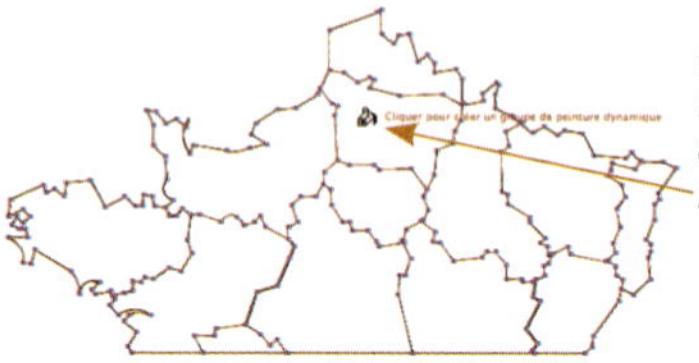

On sélectionne l'ensemble des tracés et on active l'outil **Peinture dynamique**.

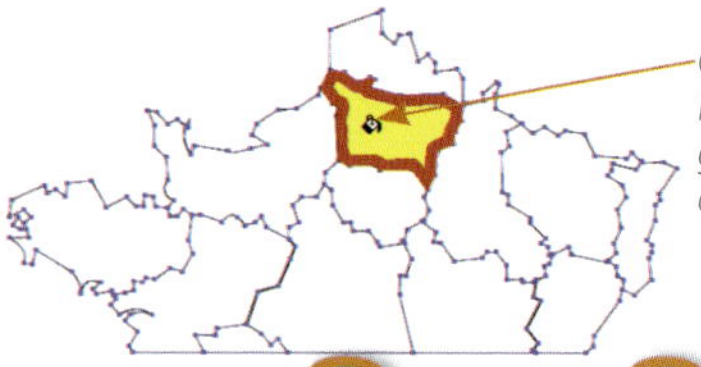

Quand on clique sur la sélection, on crée le groupe de peinture (une des faces se colore).

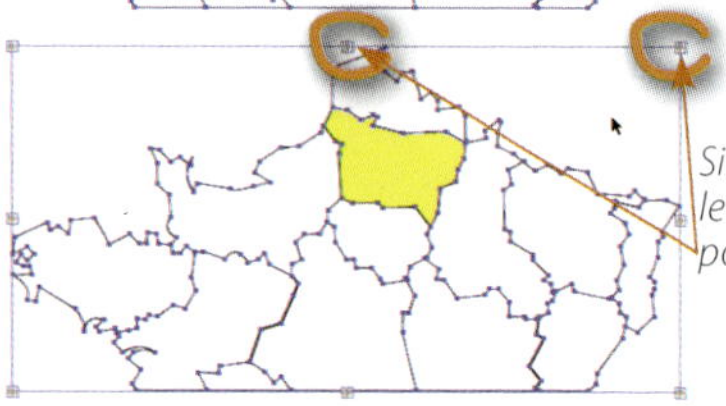

Si on change d'outil, le groupe montre des poignées particulières.

Dans les deux cas, les tracés sont placés dans un groupe spécial, **Groupe de peinture dynamique**, comme indiqué dans les panneaux **Contrôle**, **Calques** et **Aspect** ; à l'intérieur du groupe, les tracés gardent leurs caractéristiques initiales, mais apparaissent sans attribut.

Ces panneaux indiquent qu'il y a eu création d'un groupe de **Peinture dynamique**.

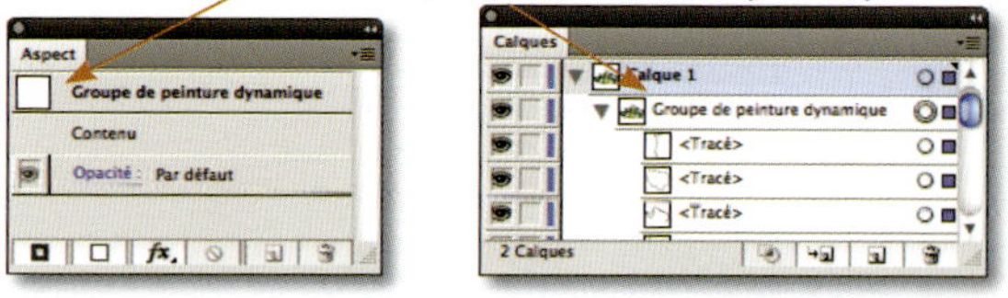

Astuce *Pour éviter que la face sous l'outil* ***Pot de peinture dynamique*** *ne se colore à la création du groupe, avant de cliquer avec ce dernier, enfoncez ⌥ [Alt] et cliquez sur la face avec l'outil devenu* ***Pipette*** *pour prélever sa couleur ; celle-ci lui sera réappliquée lors de la création du groupe.*

Les options de peinture dynamique

Ces options définissent la façon dont l'étendue des faces et des bords est mise en évidence par les outils de peinture dynamique (**Pot de peinture dynamique** et **Sélection de peinture dynamique**). Par double-clic sur l'un des outils (ou en tapant ↵ s'il est activé), vous définissez la couleur et l'épaisseur de la surbrillance qui apparaît quand une face est détectée.

Quant aux bords, ils ne sont mis en évidence par la couleur désignée qui si la touche ⇧ est enfoncée. Cependant, si vous cochez l'option **Contours**, la surbrillance apparaît dès que l'outil survole un bord sans que la touche ⇧ ne soit nécessaire (si vous décochez l'options **Fonds**, il faudra enfoncer la touche ⇧ pour remplir le tracé).

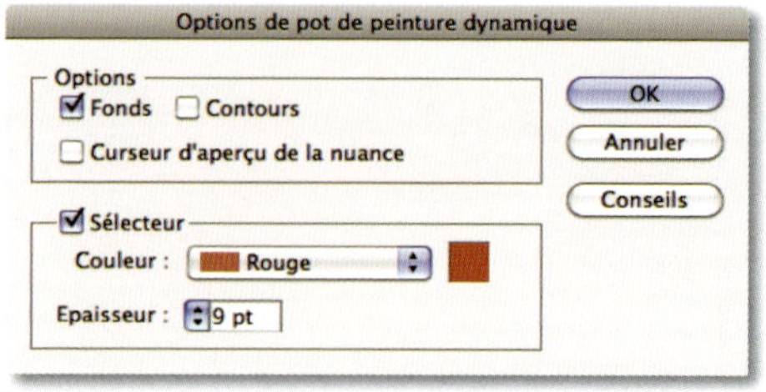

Les réglages de surbrillance du **Pot de peinture** *(ceux de l'outil* **Sélection de peinture** *sont du même type).*

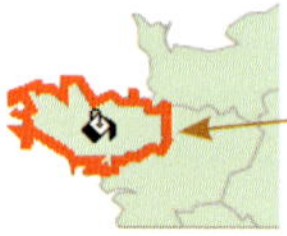

La surbrillance d'une face et, avec ⇧, celle d'un bord.

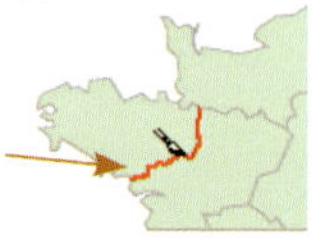

Ai Une option, **Curseur d'aperçu de la nuance**, peut être cochée. Elle est très intéressante, car elle permet d'afficher au-dessus de l'outil, un curseur présentant trois cases colorées dont celle au centre correspond à la couleur active dans le panneau **Nuancier** et qui sera appliquée par l'outil ; les deux autres étant les couleurs qui lui sont adjacentes. En tapant, Flèche à droite (ou à gauche), on passe à la couleur suivante (ou précédente). De plus, si on a sélectionné un groupe de couleurs (dossier de couleurs du panneau **Nuancier**), on restera dans ce groupe avec ces touches et on passera à un autre groupe avec les touches Flèche vers le haut ou le bas.

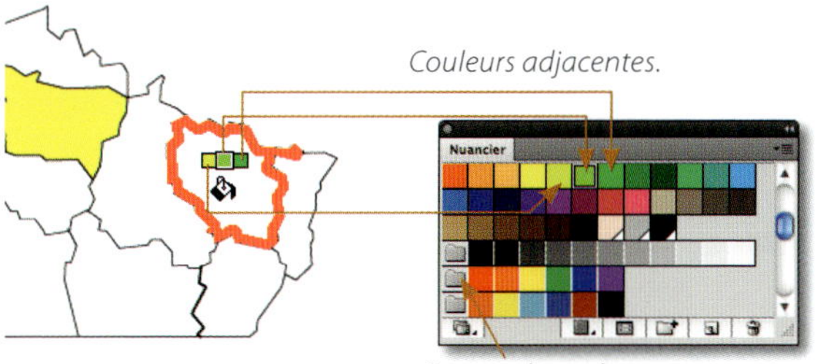

Les colorations des faces et des bords

La coloration d'une face (fond)

La coloration simple

Pour colorer une face, choisissez la nuance voulue dans le panneau **Nuancier** (couleur, motif, dégradé voire sans), activez le **Pot de peinture dynamique** (en tapant K). Si vous avez coché l'option **Curseur d'aperçu de la nuance**, l'outil prendra l'aspect et vous pourrez utiliser les touches fléchées pour atteindre la couleur qui vous intéresse dans le panneau **Nuancier**. Amenez l'outil sur la face voulue, il devient ou et la face apparaît entourée (surbrillance), cliquez dessus pour la colorer.

On a choisi la nuance à appliquer, on survole la face à colorer.

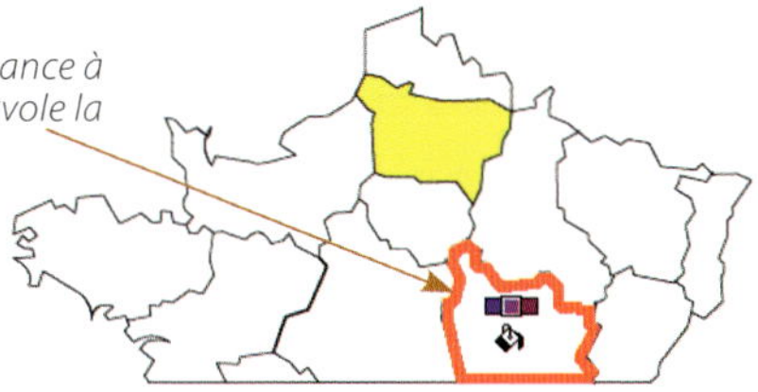

On a cliqué pour colorer, on peut changer de nuance et passer à une autre face.

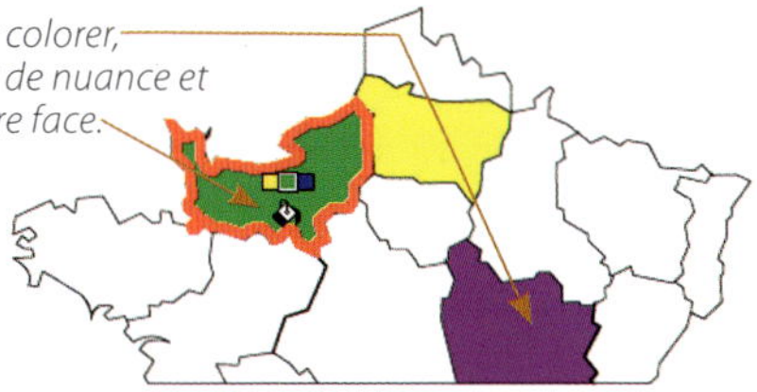

Astuce *Pour appliquer à une face une nuance présente sur un objet, enfoncez ⌥ [Alt], le* ***Pot de peinture*** *ou devient* ***Pipette****, cliquez pour prélever l'attribut de fond (par ⇧⌥ clic [⇧Alt] sur le contour, vous prélèverez sa couleur). Relâchez ⌥ [Alt] pour retrouver l'outil ou .*

Les colorations multiples

Par glissement ou clics multiples, le pot de peinture dynamique peut colorer plusieurs faces en même temps.

- **Par glissement** : si vous pressez sur une face, la surbrillance l'entoure, sans relâcher le bouton, glissez l'outil sur d'autres faces, la surbrillance s'affichera et la couleur les remplira dès que vous lâcherez le bouton de la souris.

On a glissé l'outil sur les faces à colorer.

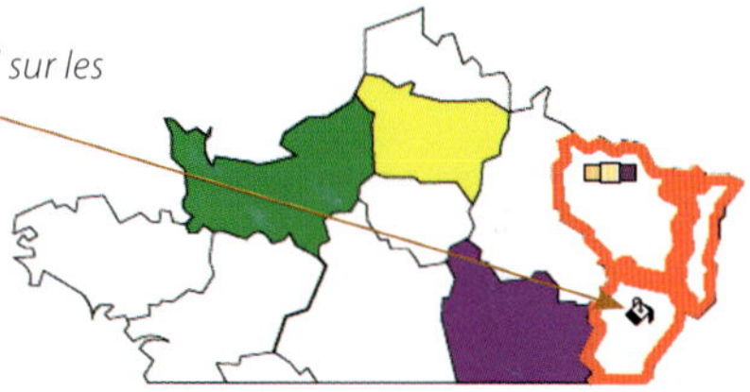

Quand on relâche toutes les faces activées se colorent.

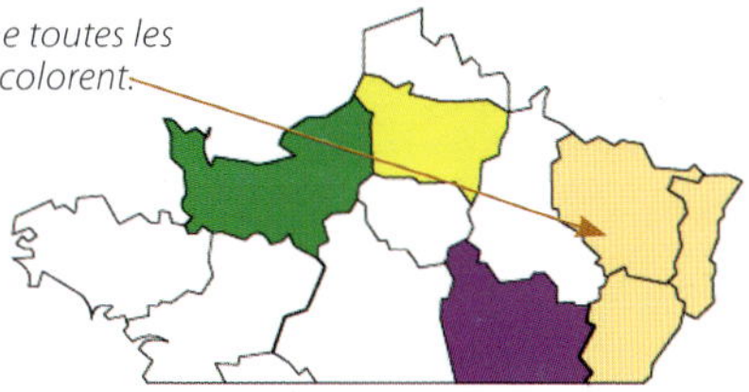

Il n'est pas possible de désactiver une face par glissement : effectuez la coloration, puis annuler en tapant ⌘Z [Ctrl Z].

- **Par triple-clic** : vous remplissez toutes les faces qui avaient le même fond que la face cliquée.

On souhaite colorer toutes les faces sans couleur (comme celle-ci).

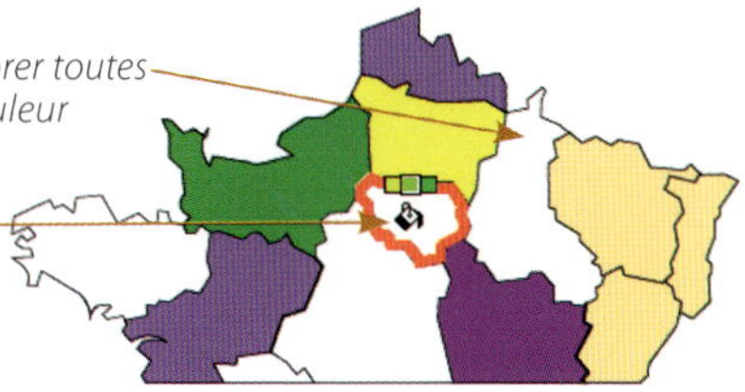

On a fait un triple-clic sur l'une des faces.

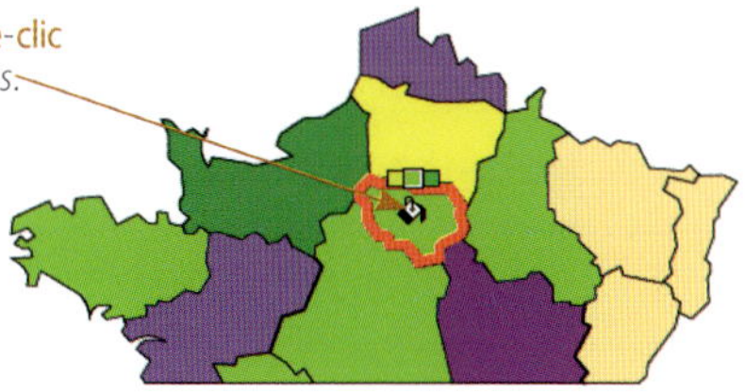

– **Par double-clic** : vous remplissez de la même nuance les faces adjacentes mais uniquement celles délimitées par des bords sans contour.

Les colorations par sélection avec l'outil Sélection de peinture dynamique

Si vous souhaitez colorer plusieurs faces non contiguës, vous pouvez effectuer les opérations suivantes :

1. Activez l'outil **Sélection de peinture dynamique** ( ) sur le groupe, il devient ; cliquez sur une des faces à colorer (elle apparaît tramée).

> **ASTUCE** *Par double-clic, vous sélectionnerez les faces adjacentes et par triple-clic celles de même couleur de fond.*

2. Enfoncez ⇧ et cliquez sur les autres faces à colorer ; par ⇧ clic vous pouvez enlever une face sélectionnée en trop. La sélection peut également se réaliser par glissement sur les faces à sélectionner.

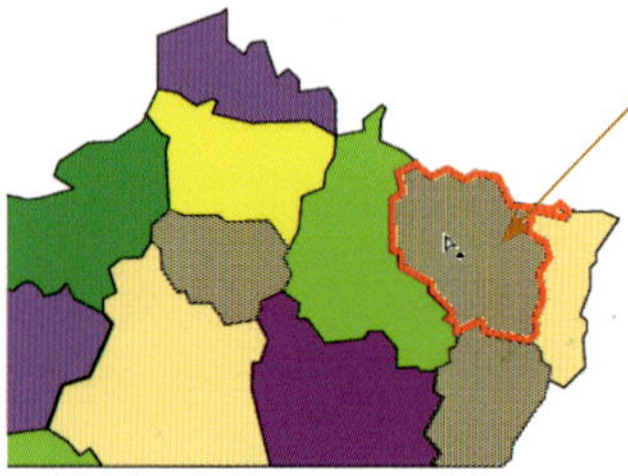

On sélectionne les différentes faces par ⇧ clic ou par glissement.

3. Choisissez la nuance voulue dans le panneau **Nuancier**, elle s'applique sous la trame qui disparaîtra quand vous sélectionnerez une autre face (ou changez d'outil).

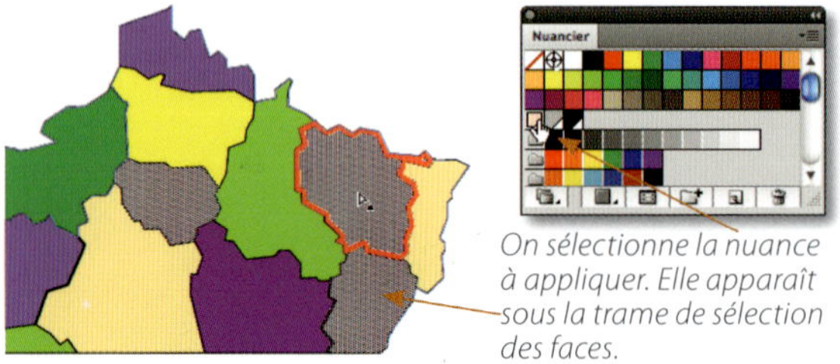

On sélectionne la nuance à appliquer. Elle apparaît sous la trame de sélection des faces.

> **ASTUCE** *Pour appliquer aux faces sélectionnées, une nuance appliquée à un autre élément, enfoncez ⌥ [Alt] (ou ⇧⌥ [⇧Alt]) et cliquez sur cet élément, elle s'appliquera à la sélection.*
> *Si vous tapez la touche Efface, les faces sélectionnées se remplissent de l'attribut **Sans** .*

LA COLORATION D'UN BORD (CONTOUR)

Le contour sur un seul bord

Pour affecter un contour à un bord, commencez par régler son aspect dans le panneau **Contrôle** (ou **Contour**). Enfoncez ⇧ (si vous n'avez pas coché **Contours** dans les options du **Pot de peinture dynamique**), et amenez l'outil sur le bord à colorer quand la surbrillance apparaît et que l'outil devient , cliquez pour appliquer le contour.

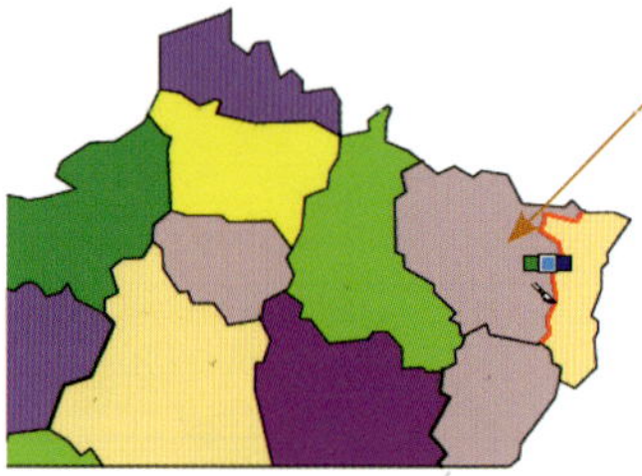

On sélectionne les différentes faces par ⇧ clic ou par glissement.

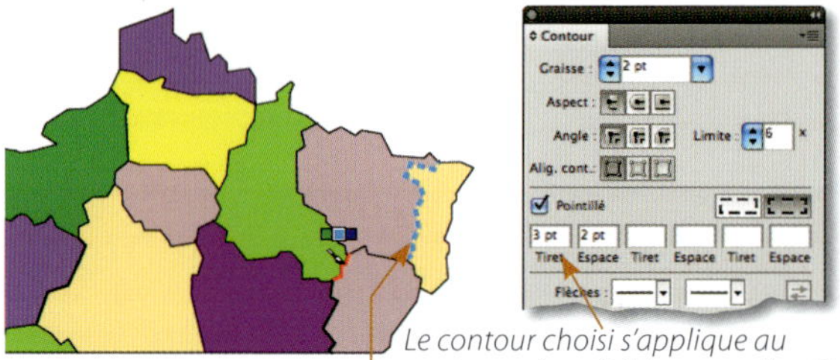

Le contour choisi s'applique au contour mis en évidence par l'outil.

> **ASTUCE** *Si vous n'avez que des colorations de bords à réaliser, pour éviter la mise en évidence des faces, vous pouvez décocher **Fonds** dans les options de l'outil **Pot de peinture dynamique** ou **Sélection de peinture dynamique**. Dans ce cas, il faudra enfoncer ⇧ pour remplir une face.*

Les contours multiples

Par glissement ou clics multiples, le **Pot de peinture dynamique** attribue un contour à plusieurs bords en même temps.

– **Par glissement** : quand un bord est activé (en surbrillance), si vous enfoncez la touche ⇧ et glissez sur d'autres bords, ils s'entoureront de la surbrillance et le contour leur sera appliqué dès que vous lâcherez le bouton de la souris ; la touche ⇧ n'est pas nécessaire si vous avez coché l'option **Contours** dans les options de l'outil.

Comme pour les faces, il n'est pas possible de désactiver un des bords activé par glissement, il faudra annuler en tapant ⌘Z [Ctrl Z].

– **Par double-clic** : vous affectez le contour à tous les bords adjacents de même couleur que celui sur lequel vous avez double-cliqué.

– **Par triple-clic** : vous affectez le contour à tous les bords (adjacents ou non) de même couleur.

> **Astuce** *Pour assurer une jonction correcte entre les contours adjacents, pensez à utiliser les options* ***Arrondie*** *( ) ou* ***Projetée*** *( ) dans les* ***Extrémités*** *de contour.*

Les contours par sélections

Pour appliquer un même contour à plusieurs bords discontinus, opérez comme pour les faces :

1. Placez l'outil **Sélection** de peinture dynamique sur le bord, dès que l'outil devient et que le bord apparaît en surbrillance, cliquez pour le sélectionner (il apparaît alors tramé).

2. Enfoncez ⇧ et cliquez (une ou plusieurs fois) sur les autres bords pour les ajouter à la sélection. Si un fond a été sélectionné en trop, enfoncez ⇧ et cliquez dessus.

> **Astuce** *La sélection d'un bord n'est possible que si l'option* ***Contours*** *est cochée dans les options de l'outil* ***Sélection de peinture dynamique*** *( ) ; elles s'affichent en tapant ↵. La sélection des contours sera nettement plus simple, si l'option* ***Contours*** *est la seule option cochée.*

3. Quand la sélection est prête (les bords sélectionnés sont tramés), réglez l'aspect du contour dans le panneau **Contrôle** ou Contour, il s'appliquera sous la trame.

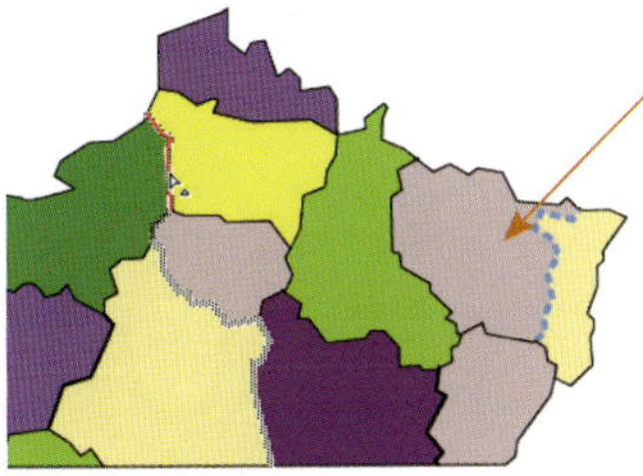

On sélectionne les différents contours par ⇧ clic (ou par glissement si l'option Contours *est la seule option active des préférences de l'outil).*

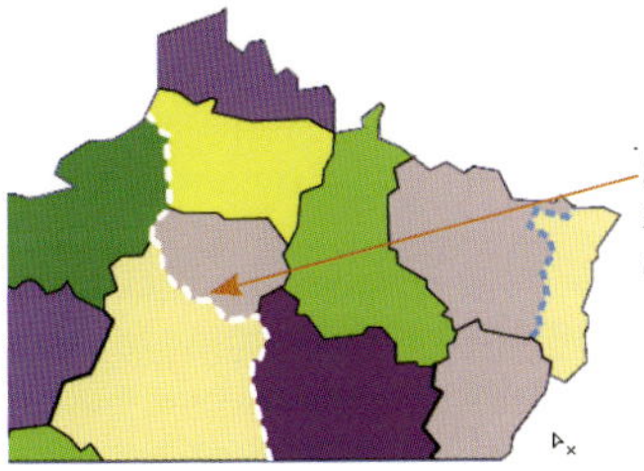

Le contour choisi s'applique aux contours mis en évidence par l'outil.

Vous pouvez prélever un contour déjà affecté à un autre élément avec la **Pipette** activée temporairement en enfonçant ⌥ [Alt]. Par ⇧⌥ clic [⇧Alt] sur un fond, vous prélevez la couleur qui s'appliquera au contour.

> **Astuce** *Si vous réglez les attributs de coloration sur* ***Sans*** *( ) (****Fond*** *ou* ***Contour****), l'outil* ***Pot de peinture dynamique*** *(ou) et l'outil* ***Sélection de peinture dynamique*** *permettront de supprimer l'attribut concerné.*

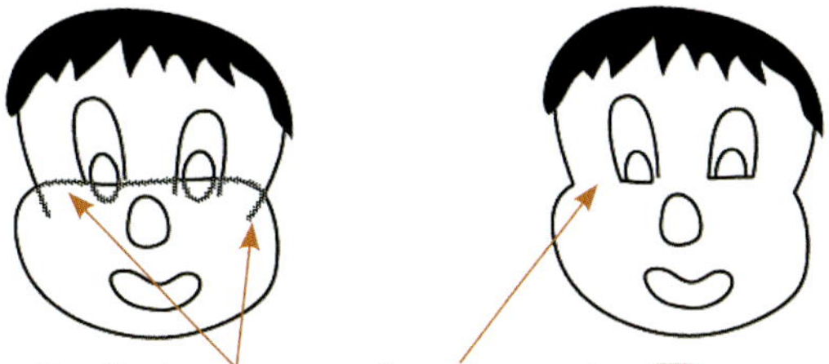

On sélectionne pour appliquer Sans *contour ( ).*

La coloration de l'ensemble

Si vous sélectionnez un groupe de peinture dynamique avec l'outil **Flèche**, tous les réglages des attributs **Fond** ou **Contour** s'appliqueront à la totalité des éléments du groupe comme pour des tracés classiques. Cela peut s'avérer utile pour ajouter (ou supprimer), par exemple, un contour à tous les tracés.

Les défauts de coloration : les espaces

Quand vous passez l'outil **Pot de peinture dynamique** sur une partie d'une illustration ou cliquez avec l'outil **Sélection de peinture dynamique**, vous constatez dans certains cas que la face n'a pas l'aspect que vous souhaiteriez. C'est la présence de discontinuités dans les tracés, qu'Illustrator appelle **espaces**, qui provoque une mauvaise détermination de la face.

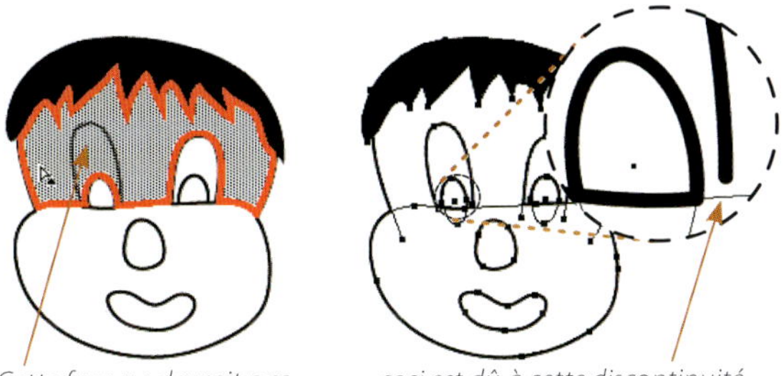

Cette face ne devrait pas englober l'œil gauche… …ceci est dû à cette discontinuité (espace) dans les tracés.

Pour pallier ce problème, Illustrator propose de visualiser ces espaces afin de les fermer éventuellement. Pour mettre en œuvre cette opération, sélectionnez le groupe et cliquez sur l'icône du panneau **Contrôle** ou lancez **Objet/Peinture dynamique/Options d'espace**.

La fenêtre **Options d'espace** propose de visualiser les différents espaces par un trait rouge — un menu local permet d'en définir la taille — et de les fermer virtuellement.

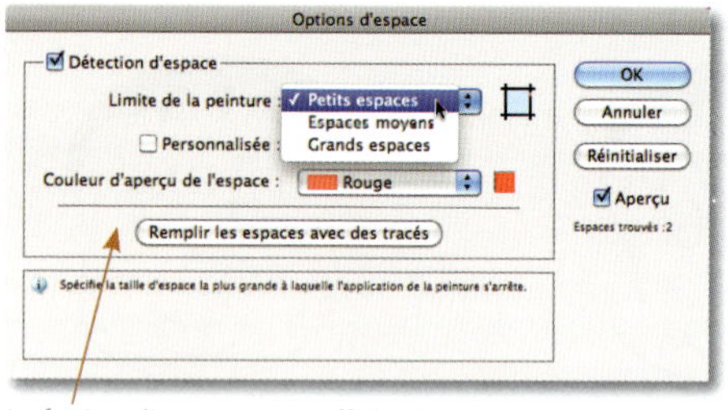

La fenêtre d'options pour afficher les espaces du groupe de peinture et les fermer virtuellement.

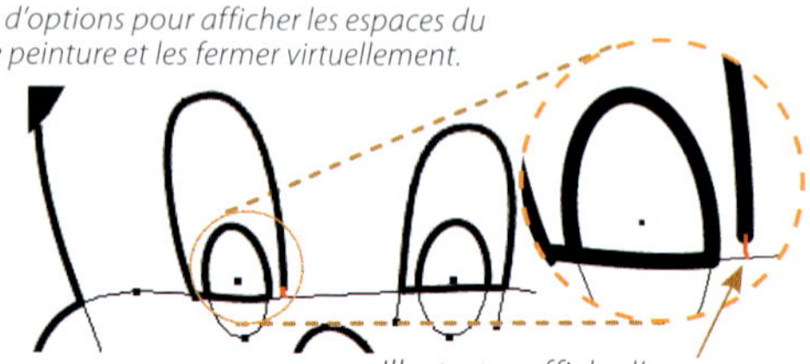

Illustrator affiche l'espace.

Le bouton **Remplir les espaces avec des tracés** provoque la création des tracés de fermeture (sans attribut de coloration), ce qui permettra l'obtention de faces correctement délimitées.

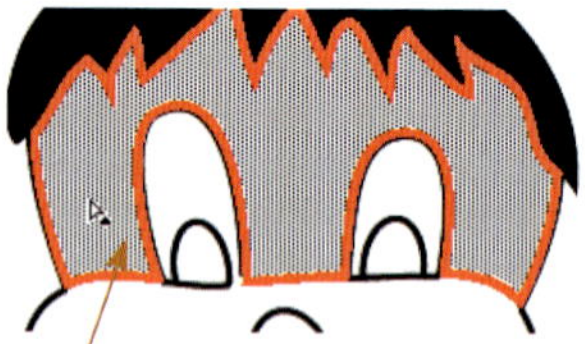

La face est désormais correcte, la coloration peut être poursuivie.

Les utilisations particulières de la peinture dynamique

L'utilisation de la peinture dynamique peut constituer une façon de travailler intéressante. En effet, dans de nombreux cas, la coloration par peinture dynamique peut être très utile et permettre d'éviter de nombreuses manipulations (de type Pathfinder notamment) qu'imposerait une coloration réalisée de manière classique.

Nous verrons également une autre façon de travailler avec l'outil **Concepteur de forme** qui agit de façon similaire, mais irréversible.

L'utilisation de groupe de peinture dynamique peut aussi bien s'envisager sur des dessins ne comportant aucune coloration particulière ou sur des dessins partiellement terminés. Nous allons voir des exemples dans lesquels des manipulations sur le groupe seront utiles.

Les soustractions et les colorations

Pour obtenir un anneau (ou d'une manière plus générale un objet percé par un autre), on utilise la soustraction ou l'exclusion qui provoque (*comme nous le verrons dans le prochain chapitre*) la création de tracé transparent.

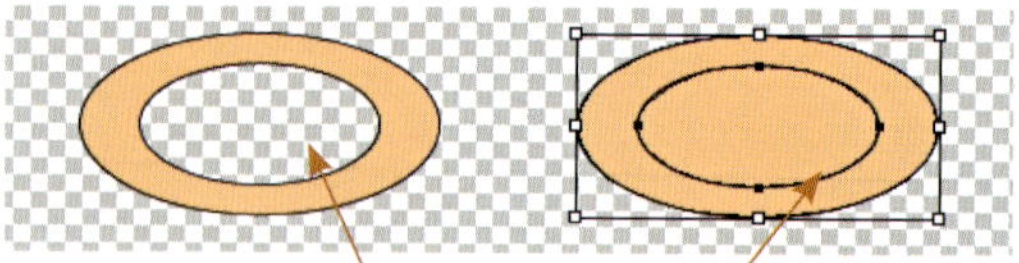

Pour créer ce trou, on applique avec ces deux tracés une opération de type soustraction.

À la place d'une soustraction, vous pouvez utiliser la peinture dynamique. En effet, si vous affectez à la face centrale, l'attribut **Sans**, il y aura un trou.

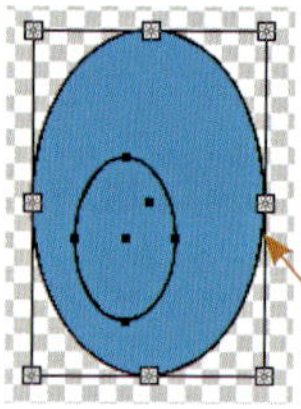

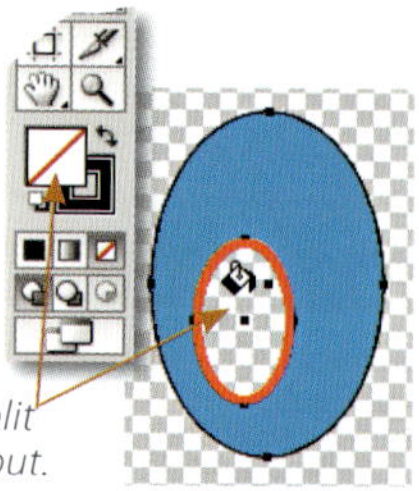

Pour trouer, on crée un groupe de peinture dynamique et on remplit le centre avec cet attribut.

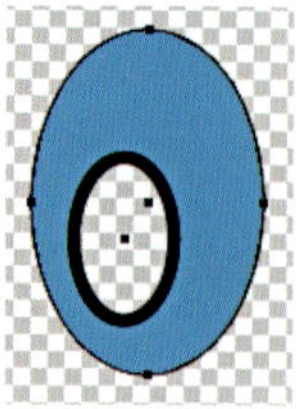

L'avantage par rapport à la soustraction réside dans le fait, qu'il est possible de donner des contours distincts aux différents éléments (*voir ci-contre*), ce qui est impossible avec les opérations de soustraction.

Les changements de plan

Pour faire passer une partie d'un dessin dans un plan inférieur, on avait souvent recours à des manipulations délicates (et irréversibles) provoquant la division ou les coupures des tracés de manière à obtenir des morceaux que l'on changeait de plan.

En utilisant les groupes de peinture dynamique, les opérations sont simplifiées. Les copies d'écran qui suivent vous montrent un exemple.

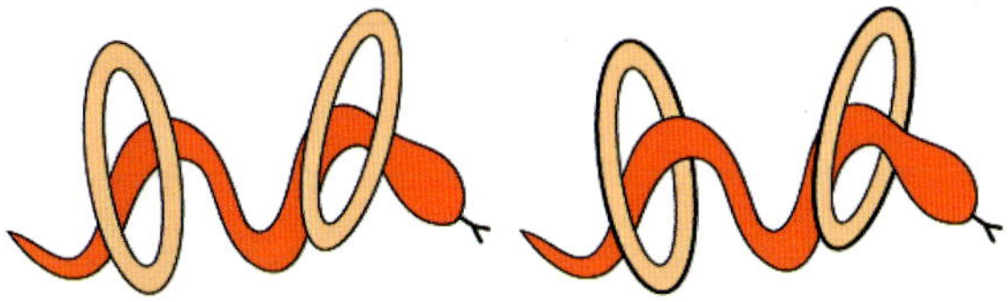

Ci-dessus à gauche, on souhaite faire passer le serpent par l'intérieur des anneaux et obtenir le dessin de droite.

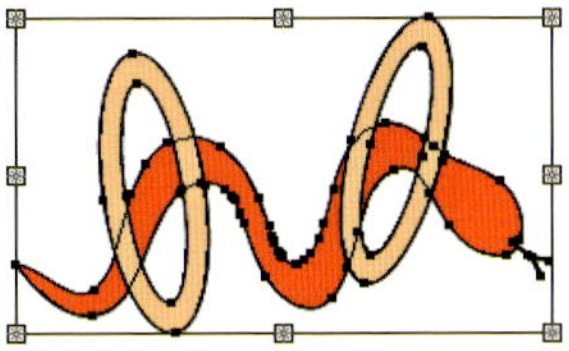

On crée un groupe de peinture dynamique de l'ensemble.

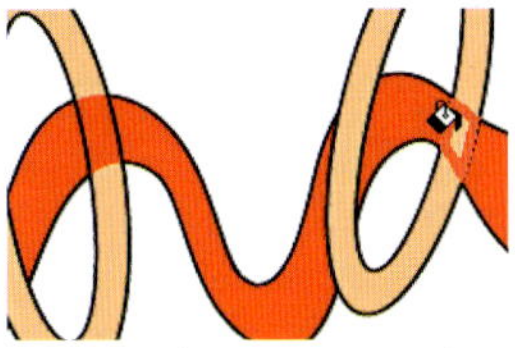

Après prélèvement, on colore certaines faces.

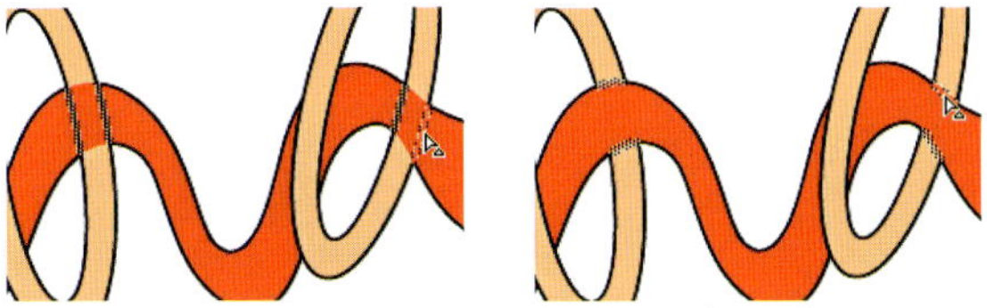

*De même, on sélectionne certains bords pour leur affecter l'attribut **Sans** (à gauche) et un contour noir (à droite).*

Non seulement les opérations sont plus simples, mais les tracés initiaux n'ayant subi aucune découpe, les opérations sont réversibles : c'est-à-dire que les objets peuvent être déplacés, transformés… (*voir plus loin*).

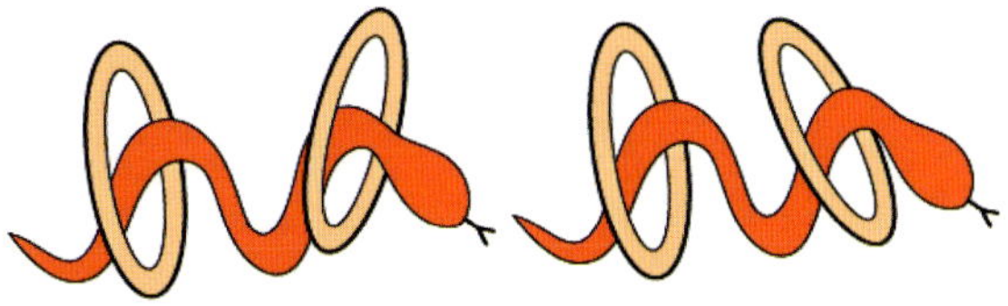

À gauche, le serpent passe par l'intérieur des anneaux mais on peut les déplacer comme l'indique le dessin de droite.

Les manipulations du groupe de peinture dynamique

Les transformations des tracés

Quand des objets sont dans un groupe de peinture dynamique, il est possible de les manipuler. Pour cela, effectuez les opérations suivantes :

1. Commencez par isoler le groupe : cette opération se réalise par double-clic sur le groupe avec l'outil **Flèche** noire s'il n'est pas encore sélectionné ou par clic sur l'icône du panneau **Contrôle**, si le groupe de peinture est déjà sélectionné. Dans les deux cas, le haut de la fenêtre du document affiche un « chemin » (Calque 1 Groupe de peintur...) qui indique que le mode isolation est actif, le panneau **Calques** l'indique également.

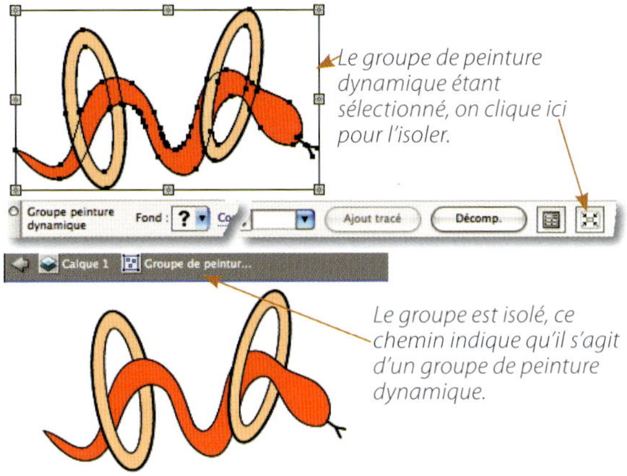

2. Sélectionnez les éléments qu'il contient (par encadrement avec l'outil **Flèche** noire ou par ⇧clic s'il y en a plusieurs) pour les déplacer ou les transformer… Les éléments sélectionnés apparaîtront avec des poignées indiquant qu'il s'agit d'un groupe de peinture dynamique.

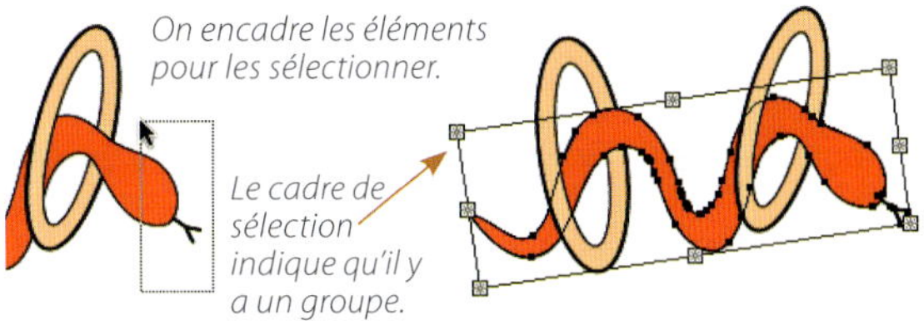

3. Effectuez les modifications voulues mais en limitant leur amplitude si vous ne souhaitez pas avoir à recolorer certaines parties.

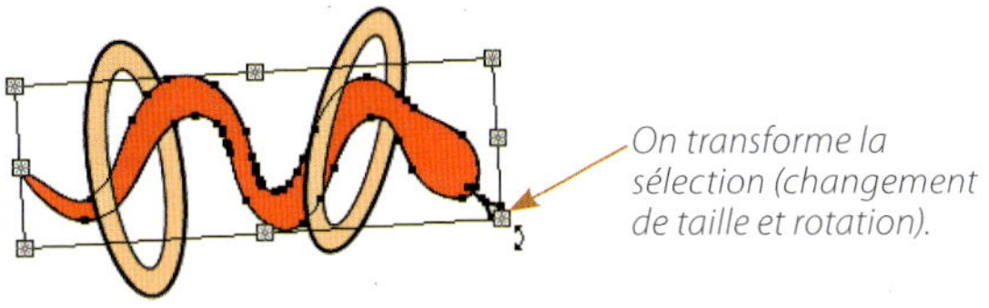

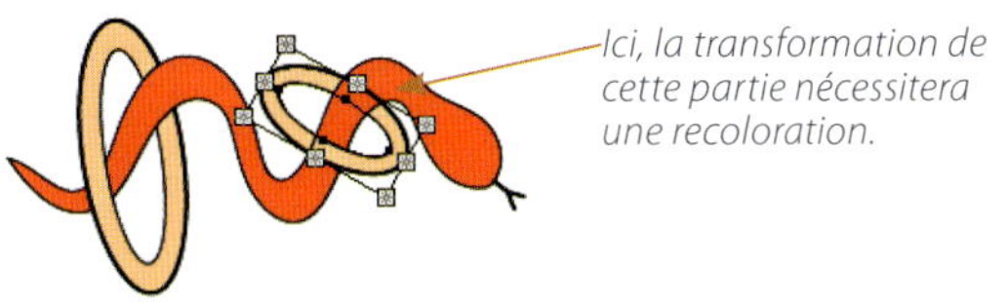

4. Quand les modifications sont terminées, double-cliquez à l'extérieur du cadre du groupe isolé ou cliquez sur l'icône du panneau **Contrôle**. Éventuellement, recolorez certaines parties avec l'outil **Pot de peinture dynamique**.

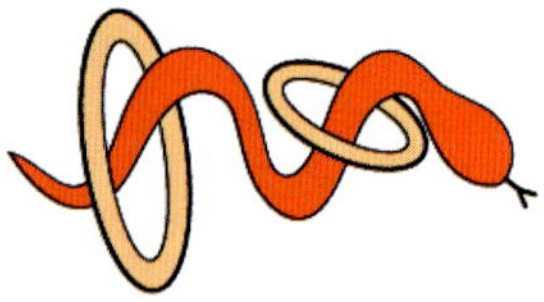

Le résultat après désélection et recoloration.

LES MODIFICATIONS DES TRACÉS

Pour modifier le tracé d'un élément appartenant à un groupe de peinture dynamique, vous pouvez agir comme pour un tracé classique et utiliser les outils habituels (**Flèche blanche**, **Plume**, **Crayon**, **Arrondi**, **Gomme**... — mais pas l'outil **Pinceau**).

On peut agir au crayon sur un tracé.

LES AJOUTS DE TRACÉS

Il est possible d'ajouter un tracé dans un groupe de peinture dynamique. Cette possibilité s'avère intéressante pour modifier, fermer voire créer des faces du groupe de manière à en faciliter la coloration (création de partie ombrée). Pour réaliser cet ajout, effectuez les opérations suivantes :

1. Dessinez un tracé (voire plusieurs) au crayon, à la plume ou avec tout autre outil. Selon son utilisation ultérieure, ce tracé peut n'avoir aucun attribut.

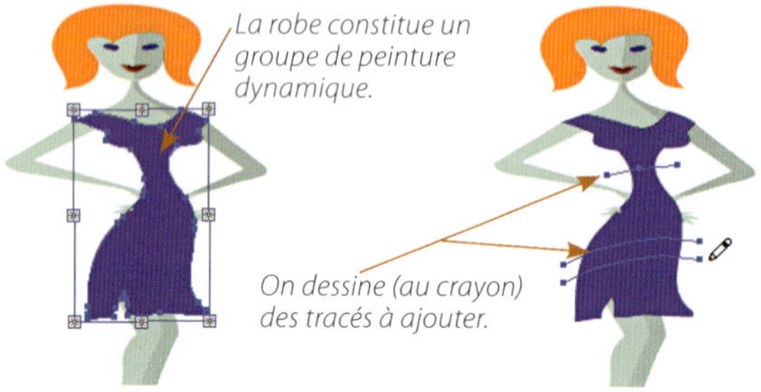

La robe constitue un groupe de peinture dynamique.

On dessine (au crayon) des tracés à ajouter.

2. Sélectionnez l'ensemble tracé + groupe de peinture et cliquez sur le bouton **Fusionner la peinture dynamique** dans le panneau **Contrôle** (la commande équivalente, **Fusionner**, figure également dans le menu **Objet/Peinture dynamique**).

On sélectionne le groupe et les tracés et on clique ici.

3. Activez l'outil **Pot de peinture dynamique** et colorer les nouvelles faces apparues grâce aux tracés ajoutés. Par la suite, ces tracés pourront être modifiés comme indiqué à la page précédente.

On peut colorer les nouvelles faces avec le pot de peinture dynamique.

ASTUCE ***Pour ajouter des tracés à un groupe de peinture dynamique, vous pouvez également glisser leurs calques-objets dans le groupe à partir du panneau Calques.***

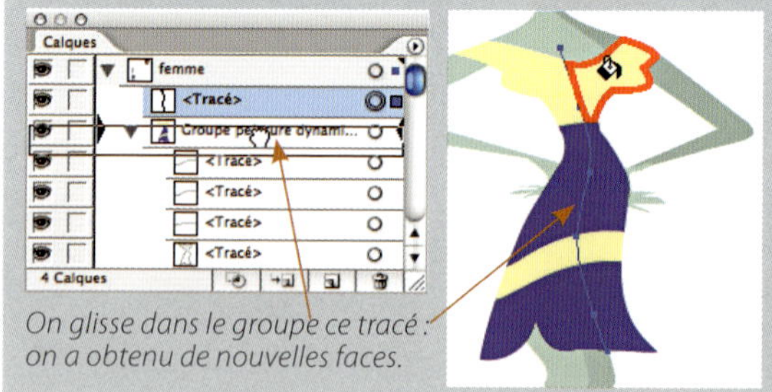

On glisse dans le groupe ce tracé : on a obtenu de nouvelles faces.

Dans l'exemple ci-après on a ajouté des tracés au crayon de manière à pouvoir colorer correctement certaines zones qui n'étaient pas fermées par des tracés.

Pour réaliser cette coloration à partir de ce groupe de peinture dynamique, on a ajouté des tracés au crayon pour fermer les faces présentant des espaces trop grands.

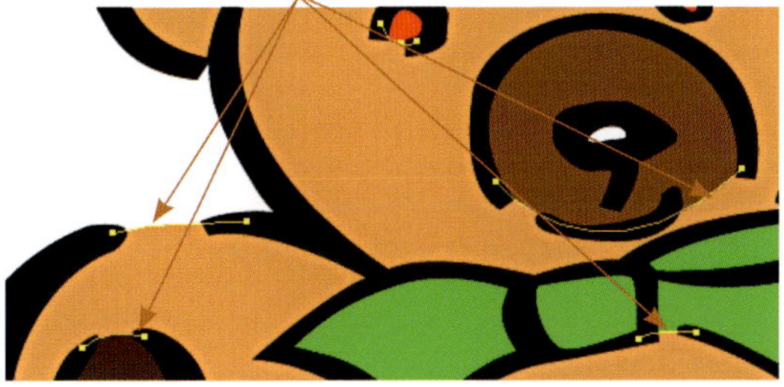

La décomposition du groupe

Elle s'effectue à partir du bouton **Decomp.** du panneau **Contrôle** (ou la commande **Décomposer** du menu **Objet/ Peinture dynamique**). Cette décomposition permet d'obtenir un groupe de tracés ordinaires, d'aspect identique au groupe de peinture dynamique, mais présentant des fonds et des contours distincts (les tracés sans attribut sont supprimés).

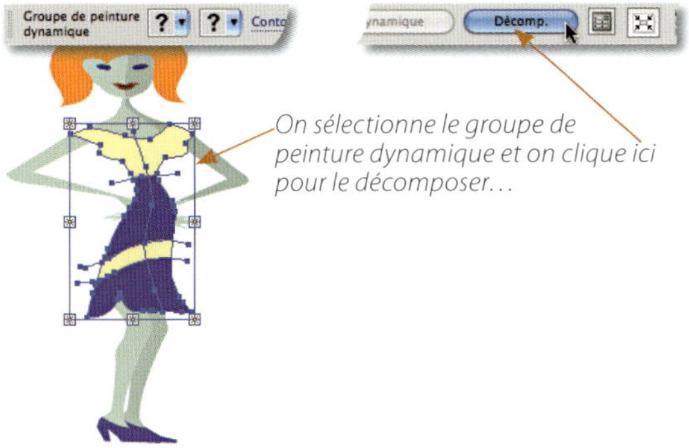

On sélectionne le groupe de peinture dynamique et on clique ici pour le décomposer…

…on obtient un groupe qui a conservé l'aspect du groupe de peinture dynamique.

Vous pouvez par la suite dissocier ce groupe ou l'isoler pour sélectionner et modifier ses tracés séparément. La décomposition permettra, par exemple, d'appliquer à ces tracés des réglages de transparence, des commandes du menu **Effet** ou encore de les déplacer pour les séparer.

Le menu **Objet/Peinture dynamique** propose la commande **Annuler** ; avec cette dernière, le groupe de peinture dynamique devient un ensemble de tracés ordinaires sans fond, avec un contour noir de 0,5 point (dans ce cas, les tracés sans attributs ne disparaissent pas).

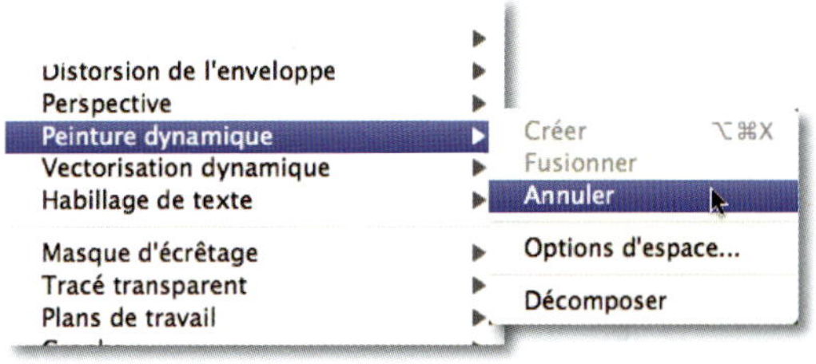

*Ce sous- menu (du menu **Objet**) permet d'annuler ou de décomposer.*

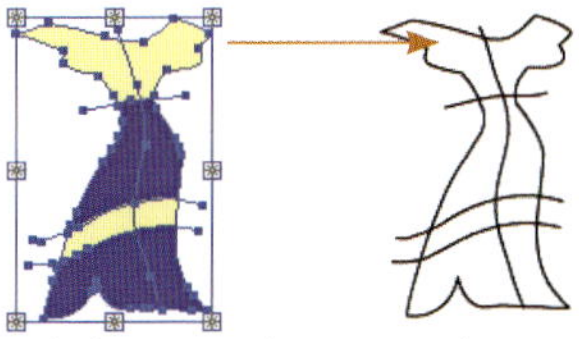

Quand on annule le groupe de peinture dynamique, on obtient une série de tracés sans fond mais avec contour.

Peindre avec l'outil Concepteur de forme

Les réglages de l'outil Concepteur de forme

L'outil **Concepteur de forme** s'active en tapant ⇧M. Il fait partie d'un groupe d'outils parmi lesquels on trouve l'outil **Pot de peinture dynamique** et l'outil **Sélection de peinture dynamique**.

Avec l'outil ***Concepteur de forme*** *(à gauche) deux outils dédiés à la peinture dynamique.*

Il partage avec ces outils quelques options de coloration auxquelles on accède par double-clic sur l'outil ou en tapant ↵ si celui-ci est activé.

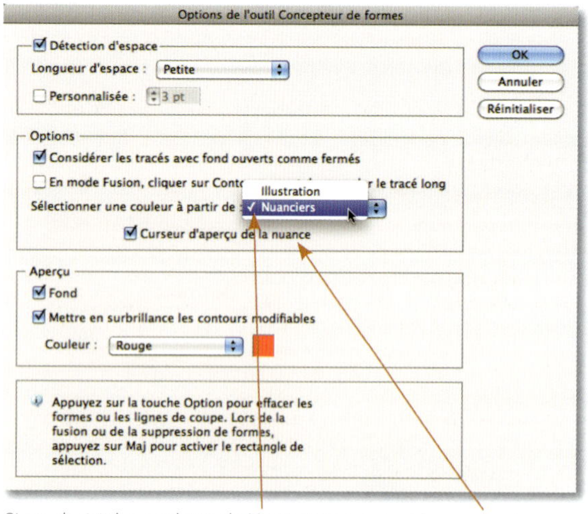

Si on choisit les couleurs de ***Nuanciers*** *on verra le curseur des nuances comme pour l'outil* ***Pot de peinture dynamique****.*

Comme nous l'avons vu dans le chapitre précédent, l'outil **Concepteur de forme** permet de faire des retouches, mais en fonction des réglages de l'outil, on peut en profiter pour colorer les zones que l'on retouche. Ces retouches sont principalement des fusions (irréversibles) des tracés.

Les colorations avec l'outil Concepteur de forme

Avant d'utiliser cet outil, commencez par sélectionner les tracés que vous souhaitez traiter. Ce traitement consiste en une réunion ou en une suppression de parties de tracés ; comme ce traitement n'affecte que les parties survolées par l'outil la sélection peut se faire en tapant ⌘A [Ctrl A] (excepté dans le cas de superpositions multiples). Voici, en images, la démarche à suivre pour obtenir les combinaisons de tracés :

1. Une fois la sélection réalisée, placez l'outil **Concepteur de forme** ( ) sur un des éléments voulu (il donnera la couleur à la forme finale) : une zone tramée s'affiche sur la partie survolée du tracé.

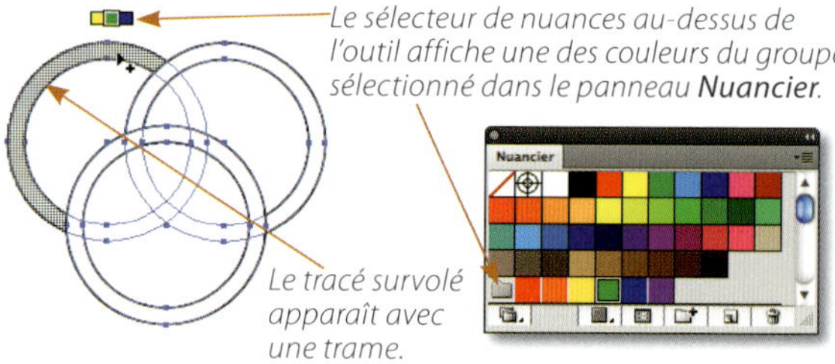

Le sélecteur de nuances au-dessus de l'outil affiche une des couleurs du groupe sélectionné dans le panneau ***Nuancier****.*

Le tracé survolé apparaît avec une trame.

2. Glissez l'outil sur les autres parties de tracé à combiner et colorer : la zone tramée s'étend et indique les parties affectés par le traitement, un contour rouge les marque également ; relâchez la souris pour qu'elles soient traitées.

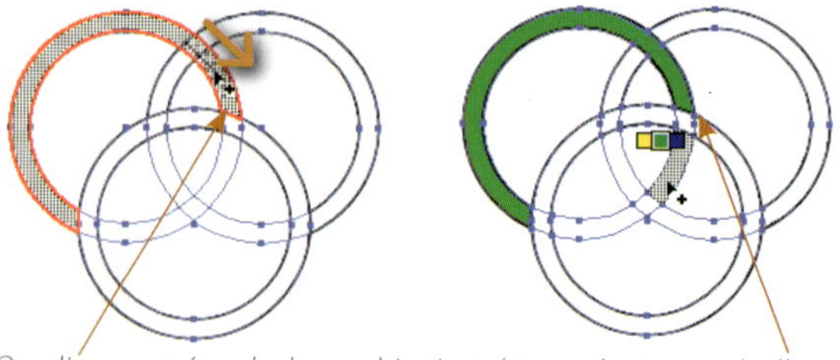

On glisse pour étendre la combinaison (marquée en rouge), elle apparaît (fusionnée et colorée) en relâchant la souris.

Selon l'allure des tracés, le glissement n'est pas toujours réalisable, dans ce cas, cliquez sur le tracé à colorer. Pour définir l'étendue des tracés combinés, vous pouvez enfoncer la touche ⇧ et tracer un rectangle : toutes les parties de tracés touchant ce rectangle se rempliront de la trame et seront affectées par le traitement de l'outil.

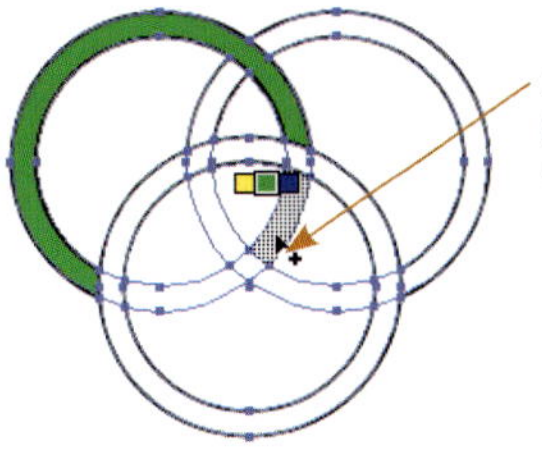

Selon les tracés, il faudra parfois cliquer pour appliquer.

Le changement de nuance

Pour changer la couleur appliquée, utilisez les touches fléchées du clavier (comme pour l'outil **Pot de peinture**) : la nuance apparaîtra au centre du sélecteur, affichée au-dessus de l'outil. Selon l'effet désiré, il est possible de choisir la nuance **Sans** ⊿ pour voir les éléments à l'arrière-plan.

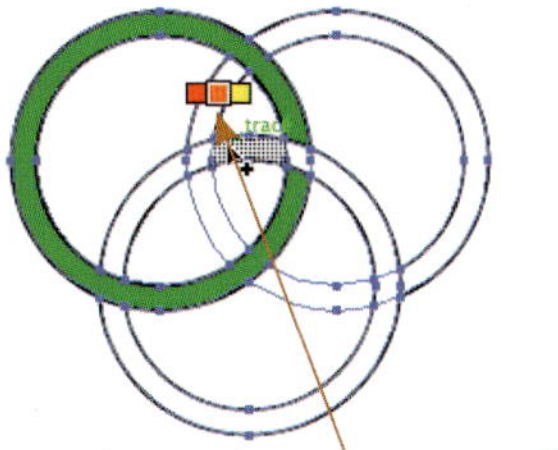

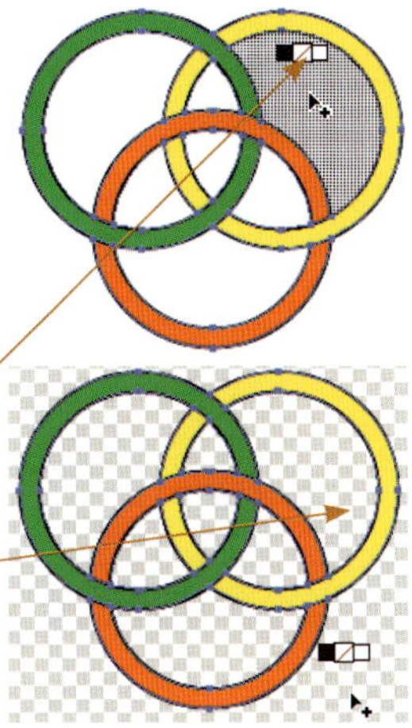

On a changé de nuance avec les touches fléchées. Avec celle-ci, on obtiendra la transparence.

Ici, par clics successifs, on a fait apparaître l'arrière-plan.

Les suppressions de tracés avec l'outil Concepteur de forme

Si vous enfoncez la touche ⌥[Alt], l'outil se marque d'un signe – (▸₋) pour indiquer qu'il y aura suppression des parties de tracé sur lesquelles vous cliquerez ou qui seront couvertes par la trame lors du glissement de l'outil.

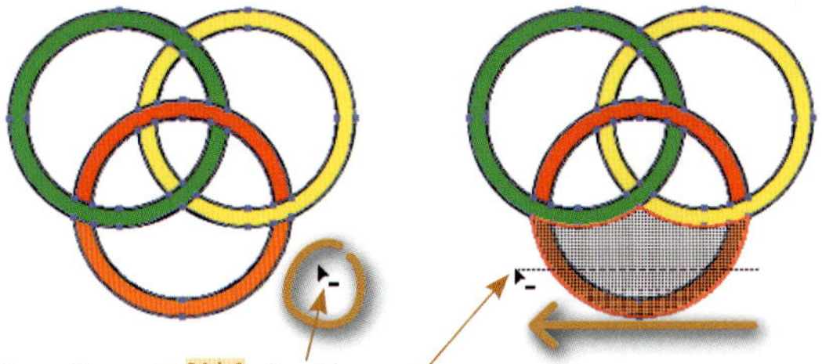

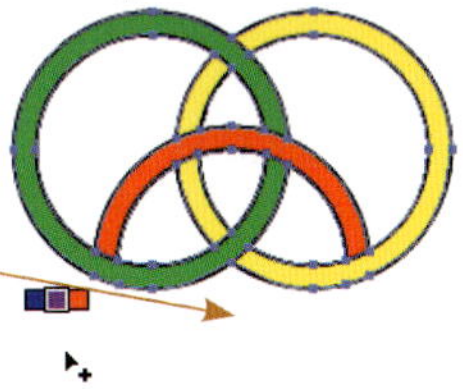

On enfonce ⌥[Alt] : l'outil se marque d'un signe –. On glisse pour étendre la zone qui sera supprimée quand on relâchera la souris : les tracés sont supprimés.

Les zones à supprimer (ou à réunir) ne peuvent être que contiguës. Si elles ne le sont pas la suppression s'obtiendra pas plusieurs clics successifs (avec ⌥[Alt] enfoncée). Si l'outil est placé sur le contour, c'est ce dernier qui sera affecté par le traitement de l'outil.

Lors des réunions si les tracés comportent des trous, l'outil peut les détecter et ne pas en tenir compte. Un réglage de l'outil peut être nécessaire pour définir la longueur des espaces entre les tracés.

Cet outil s'avérera être un outil extrêmement intéressant pour manipuler simplement des tracés. Attention, cependant, les manipulations sont faciles, mais irréversibles.

3 - Le traitement des couleurs

Les modifications de couleur

Les traitements décrits dans les paragraphes qui suivent font appel à des commandes qui, dans les versions précédentes, se situaient dans le menu **Filtre**. Ce dernier a disparu, aussi les commandes concernant les traitement de couleurs se situent dans le menu **Édition**, puis sous-menu **Modifier les couleurs**. Certaines d'entre elles ne s'appliquent pas à un symbole, mais sont utilisables sur des images bitmap importées (celles avec un lien le perdront) ; d'autres feront apparaître des panneaux de coloration.

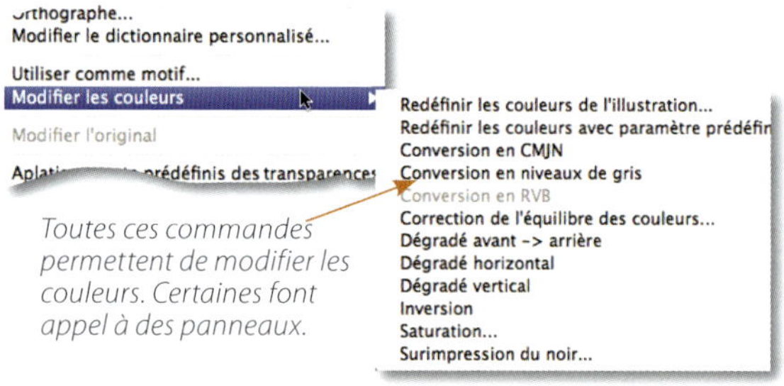

Toutes ces commandes permettent de modifier les couleurs. Certaines font appel à des panneaux.

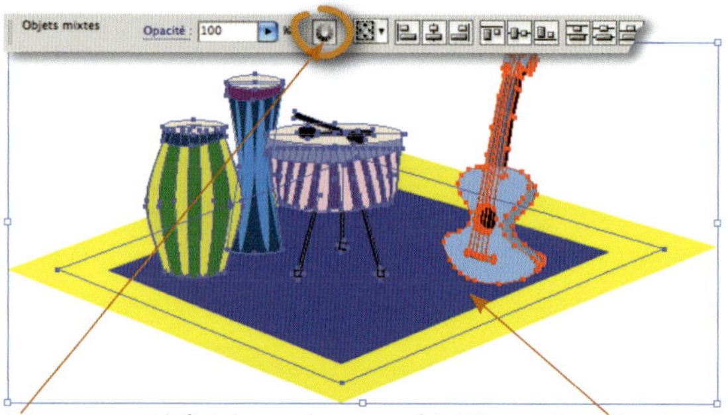

Ici, on peut rédéfinir les couleurs une fois l'illustration sélectionnée.

La redéfinition des couleurs de l'illustration

Quand une illustration est sélectionnée (totalement ou partiellement), il est possible d'en changer les couleurs à l'aide de la commande **Redéfinir les couleurs de l'illustration**. Celle-ci affiche une boîte de dialogue disponible depuis le menu **Édition/Modifier les couleurs** ou par clic sur l'icône du panneau **Contrôle**.

Si, à partir des nuances de l'illustration, vous avez créé un groupe de couleurs (par clic sur l'icône du panneau **Nuancier**), puis vous l'avez sélectionné avec l'illustration, vous pouvez accéder à la commande **Redéfinir les couleurs de l'illustration** depuis le menu local du panneau **Guide des couleurs** ou par clic sur l'icône du panneau **Nuancier**.

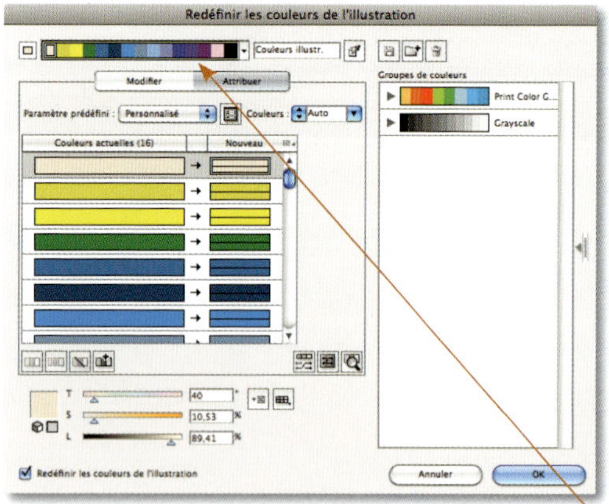

*La fenêtre **Redéfinir les couleurs de l'illustration** montre ici les couleurs qui sont utilisées (et que vous allez modifier).*

> **ATTENTION** *Si un groupe de couleurs est sélectionné, mais qu'aucun tracé ne l'est, la commande **Redéfinir les couleurs de l'illustration** devient **Modifier les couleurs**. Elle modifiera le contenu du groupe* (voir page 177)*, mais sera sans effet sur l'illustration sauf si le groupe ne contient que des couleurs globales (ou des tons directs).*

LA FENÊTRE DE DIALOGUE REDÉFINIR LES COULEURS

Dans sa partie droite, la fenêtre comporte la zone **Groupes de couleurs** ; dans sa partie centrale, elle présente deux onglets : **Modifier** et **Attribuer** (ce dernier n'est accessible qu'avec une illustration sélectionnée).

Les groupes de couleurs

Cette colonne liste tous les groupes de couleurs enregistrés dans le document actif (également présents dans le panneau **Nuancier**). Vous pouvez modifier, supprimer et créer des groupes (les modifications sont répercutées dans le panneau **Nuancier**, *voir page 177*). Le groupe sélectionné dans la liste indique le groupe de couleurs en cours de modification. Vous pouvez sélectionner n'importe quel groupe de couleurs, le modifier ou l'utiliser pour redéfinir les couleurs de l'illustration sélectionnée (*voir ci-après*).

L'onglet Modifier

Il permet de gérer les groupes de couleurs (créer, modifier...) ou de redéfinir les couleurs utilisées dans l'illustration sélectionnée. L'étude complète des fonctionnalités de cet onglet à été traitée dans les paragraphes consacrés aux groupes de couleurs (*page 177*), nous n'en rappelons que quelques-unes liées à la rédéfinition des couleurs.

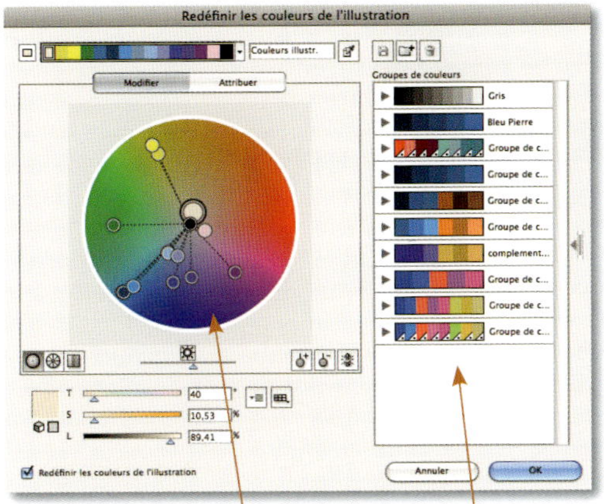

*L'onglet **Modifier** avec sa roue chromatique. Ici, on voit tous les groupes de couleurs que le document comporte.*

L'onglet Attribuer

Cet onglet permet de contrôler la façon dont l'illustration sélectionnée est recolorée (par remplacement des couleurs) ou d'en réduire le nombre de couleurs.

LA REDÉFINITION DES COULEURS PAR REMPLACEMENT

Ce remplacement se réalise par modification de la composition de la couleur avec l'onglet **Modifier** ou en choisissant une couleur de correspondance avec onglet **Attribuer**.

La redéfinition par remplacement avec Modifier

Si vous activez l'onglet **Modifier**, une roue chromatique s'affiche et présente des ronds correspondant chacun à une couleur présente dans l'illustration. Vous pouvez glisser chaque couleur individuellement pour en changer la composition, un glissement sur le même rayon change la saturation, un déplacement vers un autre secteur de la roue change la teinte (d'autres manipulations ont été décrites page 177).

Avant d'effectuer cette opération, si vous ne souhaitez pas rompre l'harmonie existant entre les couleurs, cliquez sur le maillon brisé [icône] pour rétablir le lien entre les couleurs (le maillon devient [icône]). La rotation d'une nuance entraînera celle des autres de manière à préserver l'harmonie des couleurs. Dans tous les cas, les couleurs de l'illustration sont automatiquement redéfinies.

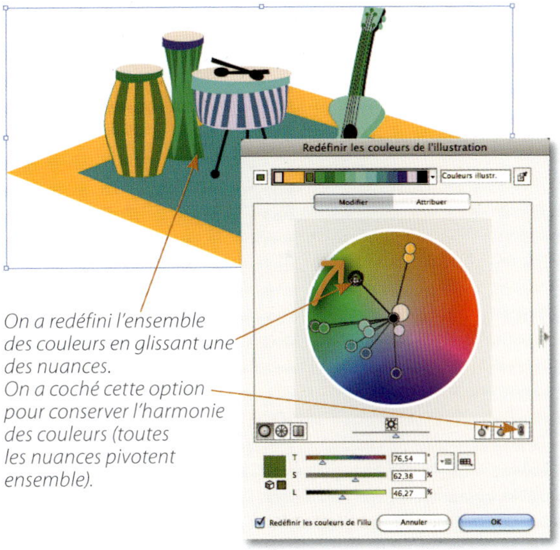

On a redéfini l'ensemble des couleurs en glissant une des nuances.
On a coché cette option pour conserver l'harmonie des couleurs (toutes les nuances pivotent ensemble).

Il n'est pas possible d'annuler ces modifications. Cependant, pour retrouver les couleurs initiales, cliquez sur l'icône [icône] située à droite de la barre de couleurs visible en haut de la fenêtre. Si vous souhaitez garder des réglages intermédiaires, à chaque fois que nécessaire, créez un groupe de couleurs à partir de celles affichées en cliquant sur l'icône [icône] (vous le supprimerez par la suite s'il n'est plus utile).

La redéfinition de la couleur par remplacement avec Attribuer

Comme le remplacement s'effectue sans changer de groupe de couleurs, il n'y a pas de suppression de couleur. En outre ce remplacement n'affecte qu'une seule couleur à la fois. L'intérêt d'utiliser l'onglet **Attribuer** pour effectuer ce type remplacement réside dans le fait qu'Illustrator peut vous montrer dans l'illustration (dans une sorte de mode isolation) la couleur affectée. Pour obtenir cet affichage, cliquez sur la bande colorée à modifier puis sur l'icône en forme de loupe . Une fois la couleur repérée, n'oubliez pas de quitter ce mode d'affichage en cliquant à nouveau sur cette icône devenue .

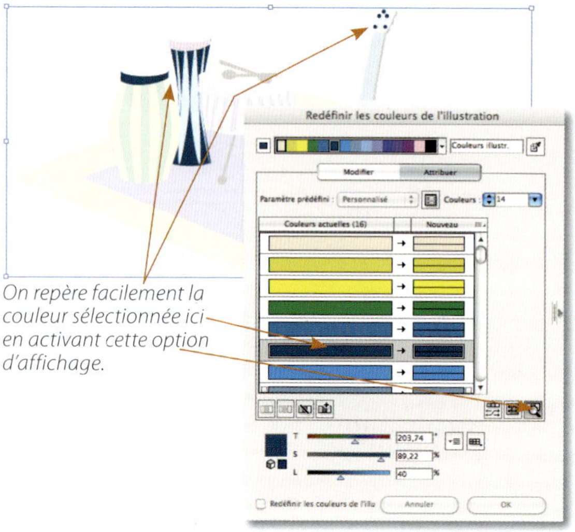

On repère facilement la couleur sélectionnée ici en activant cette option d'affichage.

Pour remplacer une couleur sélectionnée par une autre, double-cliquez sur le rectangle coloré situé à sa droite (colonne **Nouveau**) pour afficher le sélecteur de couleurs (il donnera accès aux nuanciers) ou utilisez les curseurs situés en bas de la fenêtre pour changer la composition (selon le mode défini en cliquant sur l'icône). Si vous avez cliqué sur l'icône pour localiser la couleur, il faudra cocher **Redéfinir les couleurs de l'illustration** pour voir la nouvelle couleur s'appliquer.

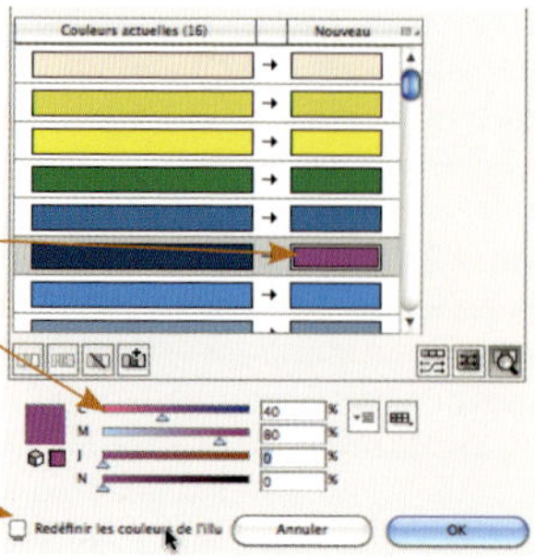

On sélectionne la couleur et on la modifie dans le sélecteur par double-clic ici ou on règle ces curseurs pour modifier la couleur.

Le résultat n'est visible qu'en cliquant ici.

La redéfinition de la couleur par permutation

Illustrator permet de redéfinir chaque couleur en la permutant avec une autre. Ces permutations se réalisent depuis l'onglet **Attribuer** ; on en distingue deux types : les permutations prédéfinies et les manuelles ou aléatoires.

Afin de faciliter les retours en arrière, pensez à créer des groupes de couleurs de manière à pouvoir réaffecter l'un de ces groupes pour retrouver les couleurs voulues plus facilement sans avoir à quitter la fenêtre par **Annuler**.

Les permutations prédéfinies

Pour choisir un type de permutation, déroulez le menu local situé en haut à droite de la colonne **Nouveau** pour afficher une liste, avec par défaut, l'option **Personnalisé**. Avec **Teinte - avant**, chaque couleur dans la colonne **Couleurs actuelles** est redéfinie par la même couleur dans la colonne **Nouveau**. Avec l'option **Teinte - arrière**, il y a inversion de l'ordre des couleurs de redefinition. Avec les deux autres options, les couleurs de redéfinition sont classées par luminosité (croissante pour **Luminosité - foncé à clair**, ou décroissante **Luminosité - clair à foncé**).

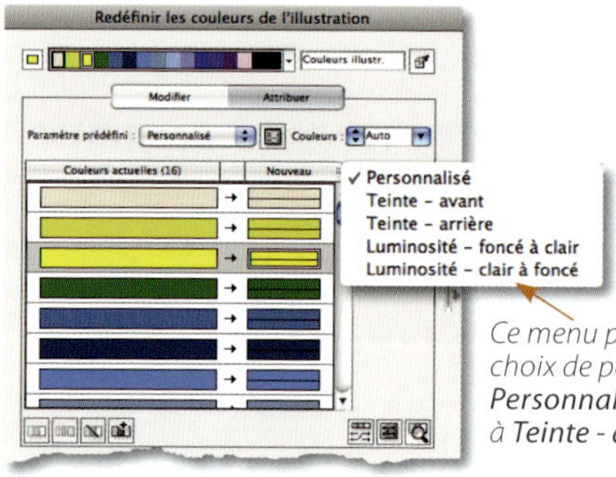

*Ce menu propose un choix de permutations ; **Personnalisé** correspond à Teinte - avant.*

Les copies d'écran qui suivent montrent les quatre permutation de couleurs. **Teinte - avant** permet de retrouver les couleurs initiales sauf si vous avez fait des manipulations de couleurs (exclusions ou permutations manuelles).

Teinte - avant. *Teinte - arrière.*

Luminosité - foncé à clair. *Luminosité - clair à foncé.*

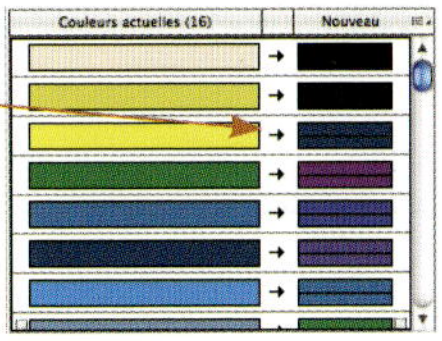

Les nouvelles correspondances (ou redéfinitions) des couleurs après la permutation de type ***Luminosité - foncé à clair****.*

Avant de choisir un type, vous pouvez exclure certaines couleurs de la permutation afin qu'elles ne soient pas redéfinies. Il est préférable de les exclure une par une (il sera facile de les réintégrer) ; pour cela, sélectionnez la couleur dans la colonne **Couleurs actuelles** et cliquez sur l'icône située en bas de cette colonne.

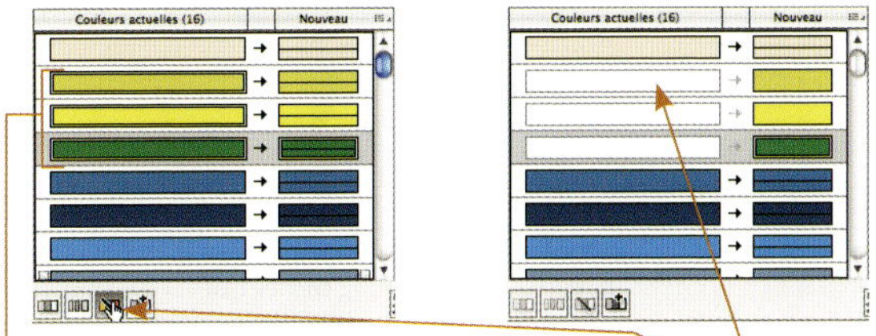

On peut aussi sélectionner plusieurs couleurs que l'on ne souhaite pas redéfinir.

On a cliqué ici pour les exclure de la permutation.

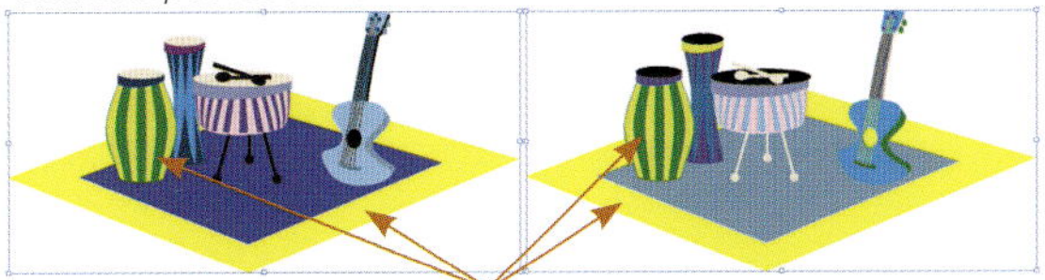

Après permutation, certaines couleurs n'ont pas été redéfinies.

Avant d'exclure certaines couleurs, vous pouvez visualiser leur position dans l'illustration en utilisant l'icône comme cela a été indiqué à la page précédente. Pour voir le résultat de la permutation, il faudra cliquer à nouveau sur l'icône .

Quand une couleur est exclue elle n'a plus de couleur de redéfinition. Dans la colonne **Couleurs actuelles**, Illustrator la place en fin de liste avec, à sa droite dans la colonne **Nouveau**, une zone blanche car elle n'a pas de couleur de redéfinition. Pour lui en ajouter une (identique à la couleur actuelle), double-cliquez sur la zone blanche : un message demandera la confirmation de l'ajout.

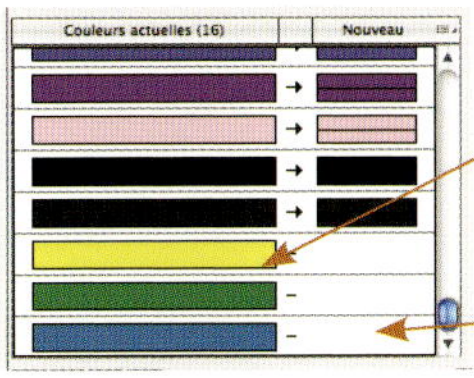

Les couleurs exclues apparaissent en fin de liste sans couleur de redéfinition. Cette dernière s'obtient par double-clic sur la zone blanche.

Les permutations manuelles et aléatoires

La permutation manuelle se réalise par glissement d'une des cases d'échantillon située dans le haut de la fenêtre de redéfinition ou des cases colorées de la colonne **Nouveau**. Pour obtenir une permutation aléatoire, cliquez sur l'icône . Dans les deux cas, les couleurs sont redistribuées dans l'illustration.

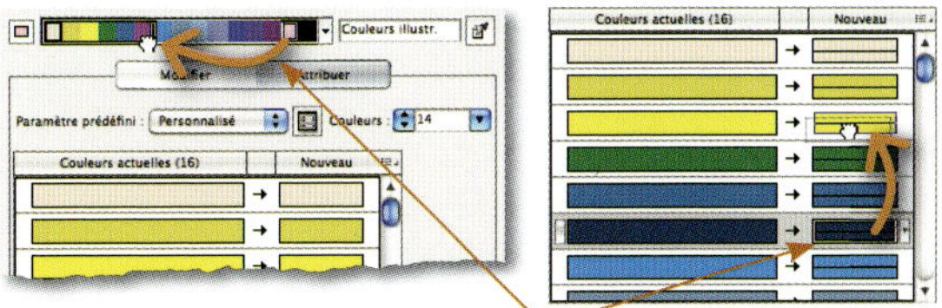

On peut permuter les couleurs en les glissant ou par clic ici pour des permutations aléatoires.

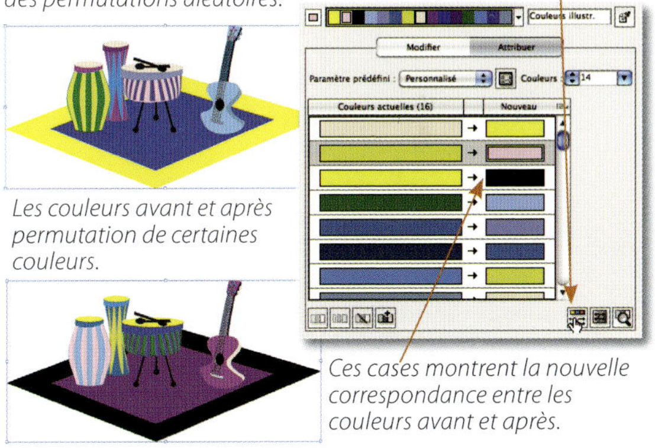

Les couleurs avant et après permutation de certaines couleurs.

Ces cases montrent la nouvelle correspondance entre les couleurs avant et après.

Si vous souhaitez empêcher certaines permutations, il suffit de cliquer sur la flèche entre les cases colorées de la colonne **Couleurs actives** et de la colonne **Nouveau**. L'élément correspondant dans l'illustration se remplira à nouveau de la couleur active.

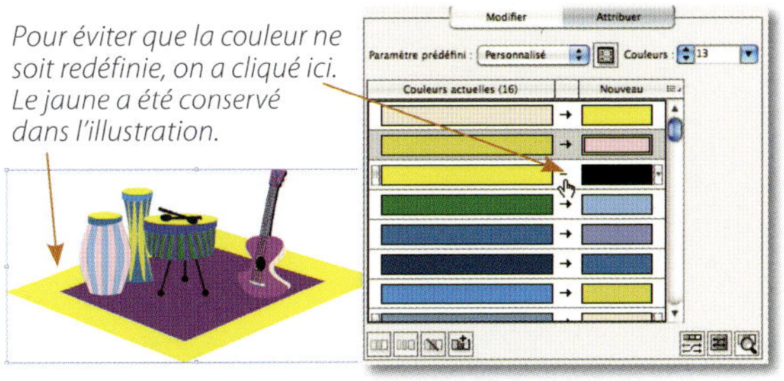

Pour éviter que la couleur ne soit redéfinie, on a cliqué ici. Le jaune a été conservé dans l'illustration.

LA REDÉFINITION PAR RÉDUCTION DU NOMBRE DE COULEURS

Cette réduction se réalise à partir de paramètres prédéfinis ou personnalisés, ou à l'aide d'un groupe de couleurs. Des options de réduction peuvent être spécifiées.

Les options de réduction des couleurs

La fenêtre **Redéfinir les couleurs de l'illustration** affichée avec l'onglet **Attribuer** indique le nombre de couleurs que comporte l'illustration sélectionnée (haut de la colonne **Couleurs actuelles**). Pour créer différentes versions de votre illustration, pour des raisons d'impression ou d'exportation, vous pouvez être amené à réduire le nombre de couleurs de l'illustration, voire à la convertir en niveau de gris (ou d'une autre teinte). Avant de procéder à cette réduction, vous pouvez contrôler la façon dont Illustrator va l'élaborer.

En effet, cette réduction se réalise selon des paramètres prédéfinis (que l'on choisit dans le menu local correspondant), ou des paramètres personnalisés. Pour accéder à cette personnalisation, cliquez sur l'icône ▣. La fenêtre **Options de redéfinition des couleurs** permet alors de :

- définir le nombre de couleurs (valeur à saisir dans la case **Couleurs**) ;
- utiliser une bibliothèque de nuance pour y prélever les nouvelles couleurs (un clic sur l'icône ▦ donne accès aux différentes bibliothèques) ;
- choisir une méthode de colorisation (*voir ci-après*) ;
- conserver certaines nuances intactes (tels le noir, le blanc…). Elles apparaîtront en bas de la colonne **Couleurs actuelles** sans couleur de redéfinition (comme les couleurs exclues, *voir page précédente*).

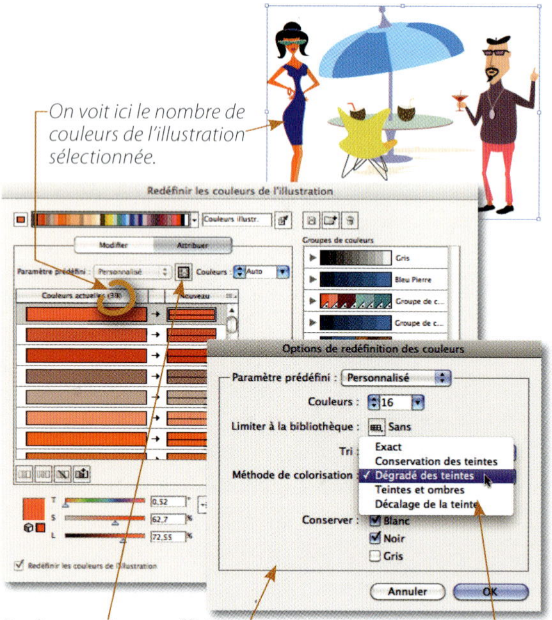

En cliquant ici, on a affiché cette fenêtre d'options, on peut y choisir une méthode de colorisation.

Les méthodes de colorisation

Lors de la réduction de leur nombre, Illustrator regroupe les couleurs dans une même rangée de la colonne **Couleurs actuelles** ainsi on observe une case comportant plusieurs couleurs que j'appellerai : **couleurs actuelles**. Pour redéfinir les couleurs, Illustrator utilise une nuance affichée dans la colonne **Nouveau** que j'appellerai **nouvelle couleur**.

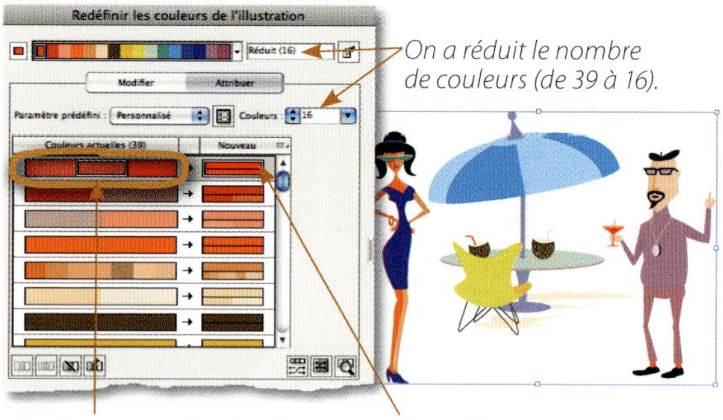

Couleurs actuelles (ici, 3). Nouvelle couleur.

Le choix d'une des méthodes de colorisation parmi les cinq proposées, permet de définir le type de variation pour créer les nouvelles couleurs.

Exact : les couleurs actuelles sont toutes remplacées par la même nouvelle couleur (le plus souvent, celle située le plus à gauche dans la rangée). Il y a fusion des couleurs actuelles en une seule couleur. Si l'aspect de la nouvelle couleur ne vous convient pas, vous pouvez en changer la composition par double-clic dessus.

Dégradé des teintes : c'est l'option par défaut ; la case de la nouvelle couleur montre deux parties (*voir ci-dessus*) : la partie haute est affectée à la couleur actuelle la plus sombre ; les autres couleurs actuelles sont remplacées par une teinte proportionnellement plus claire (teintes visibles dans la partie basse de la case).

Conservation des teintes : l'option fonctionne de façon voisine à la précédente, mais elle est plus adaptée si les couleurs utilisées sont des tons directs ou des couleurs globales. La teinte de la couleur la plus à gauche dans la rangée est utilisée pour définir la nouvelle couleur.

Teintes et ombres : la nouvelle couleur a la luminosité moyenne des couleurs actuelles. Celles qui sont plus claires que la moyenne sont remplacées par une teinte proportionnellement plus claire que la nouvelle couleur. Les couleurs actuelles plus sombres que la moyenne sont remplacées en ajoutant du noir à la nouvelle couleur.

Décalage de la teinte : la couleur actuelle la plus typique est définie comme couleur clé, puis remplacée par la nouvelle couleur. Les autres couleurs sont remplacées par cette couleur en tenant compte des différences (luminosité, saturation et teinte) avec la couleur clé.

La personnalisation de la réduction

Tant que la fenêtre de redéfinition n'est pas fermée, il est possible d'intervenir manuellement sur une rangée de couleurs actuelles ou sur l'une de ses composantes : suppression, exclusion ou changement de la méthode de colorisation.

Avant d'intervenir, vous pouvez visualiser sur l'illustration où se situe la couleur actuelle. Pour cela, cliquez sur sa case dans la rangée et cliquez sur l'icône . Pour voir le résultat de votre intervention, il faudra cliquer à nouveau sur l'icône (ou cocher **Redéfinir les couleurs de l'illustration** en bas à gauche de la fenêtre).

On a sélectionné cette couleur actuelle. *On a cliqué sur cette icône pour voir la position de la couleur sur l'illustration.*

Suppression de couleurs

Vous pouvez réduire le nombre de couleurs manuellement en glissant une couleur actuelle dans une autre rangée.

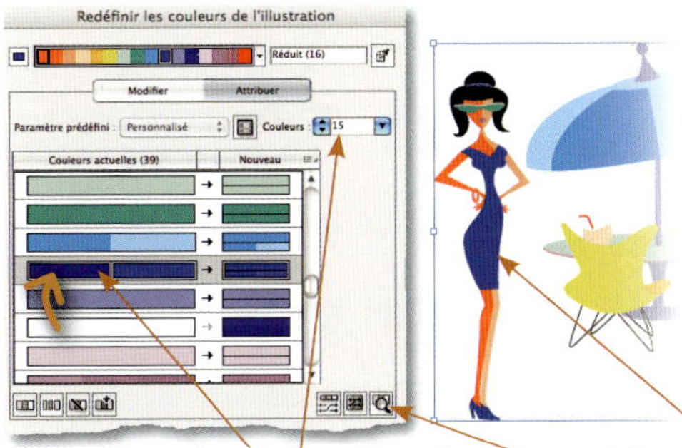

On glisse la couleur ici : le nombre a réduit. *On a cliqué sur cette icône pour voir le résultat de la suppression.*

Exclusion de couleurs

Avant de réaliser la réduction, vous pouvez exclure certaines couleurs de cette opération. Il est préférable de les exclure une par une (il sera plus facile de les réintégrer) ; pour cela, sélectionnez la couleur dans la colonne **Couleurs actuelles** et cliquez sur l'icône située en bas de cette colonne.

Colorisation personnalisée

Sur une série de couleurs (rangée), afin d'obtenir une meilleure redéfinition des couleurs, vous pouvez spécifier une autre méthode de colorisation. Pour cela, cliquez sur l'icône qui apparaît à droite de la couleur de redéfinition, choisissez la méthode voulue (décochez **Conserver les tons directs** pour accéder à toutes) et décochez l'option **Appliquer à tout** pour limiter ce choix à la rangée active.

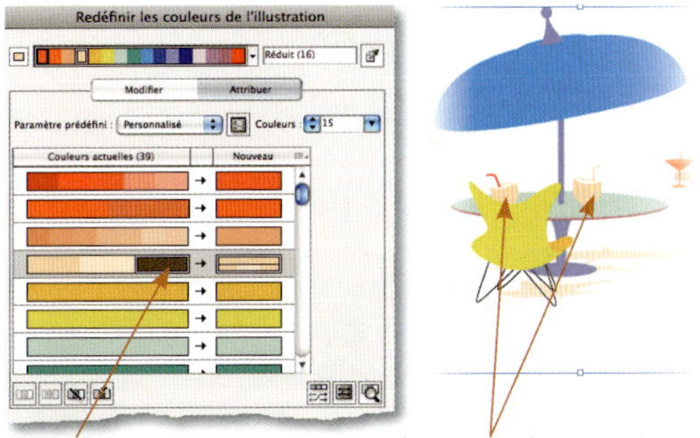

Cette couleur actuelle correspondant à ces éléments n'est pas correctement redéfinie.

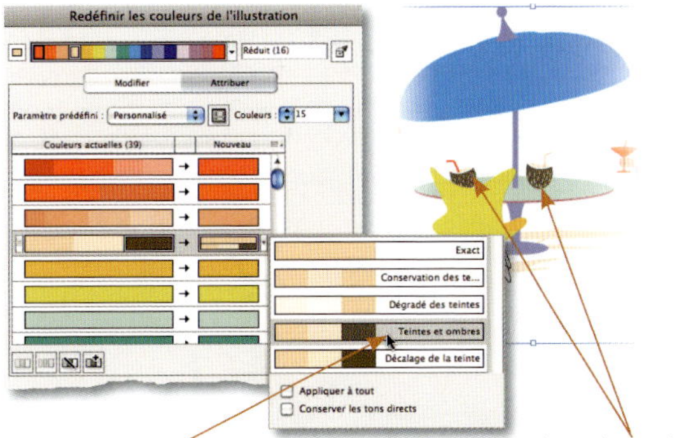

On a changé la méthode de colorisation pour améliorer le rendu.

La réduction par affectation d'un groupe de couleurs

Avant d'appliquer un groupe à l'illustration sélectionnée, vous pouvez en créer un dans la fenêtre **Redéfinir les couleurs de l'illustration** à partir de ses couleurs par simple clic sur l'icône . Quand vous aurez affecté un autre groupe vous pourrez revenir sur les couleurs initiales en sélectionnat le groupe précédemment fait ou par clic sur l'icône .

Quand vous appliquez un groupe de couleurs présent dans la colonne **Groupe de couleurs** ou à l'aide d'une harmonie choisie dans le menu local déroulé à droite des échantillons, il y a réduction du nombre de couleurs en même temps que redéfinition. Celle-ci utilise la méthode de colorisation spécifiée dans les options de réduction.

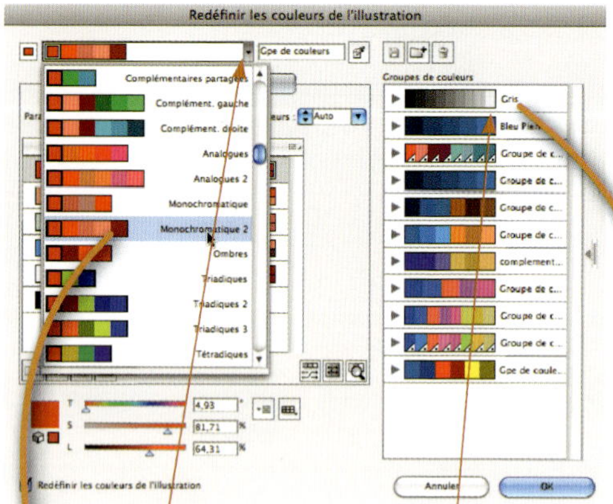

Depuis ce menu, on a affecté une harmonie.

Depuis cette liste, on a sélectionné un groupe.

Si vous ne souhaitez pas redéfinir certaines couleurs de l'illustration, avant d'affecter un groupe de couleur, effectuez les manipulations décrites après l'exemple ci-dessous.

Certaines couleurs (celles de la peau) on été exclues de la redéfinition par un groupe.

1. Tout en contrôlant leur position sur l'illustration avec l'icône, excluez ces couleurs de l'opération (par clic sur l'icône une fois leur rangée sélectionnée).

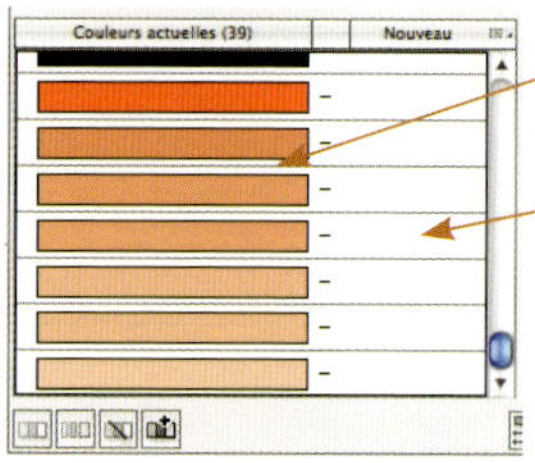

On a exclu ces couleurs (correspondant aux couleurs de peau). Elles n'ont plus de couleur de redéfinition et se situent en bas de la colonne.

2. Selon leur aspect, fusionnez certaines couleurs exclues (par clic sur l'icône une fois les rangées sélectionnées en bas de la colonne).

3. Redéfinissez ces couleurs fusionnées avec une nouvelle couleur (par double-clic sur la zone blanche) et affectez une méthode de colorisation spécifique (par le menu local à droite de la nouvelle couleur).

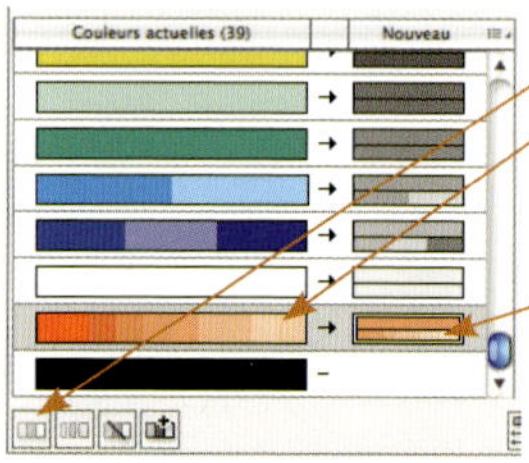

En cliquant ici, on a fusionné les couleurs exclues.

On a ajouté une couleur de redéfinition et spécifié une méthode de colorisation.

Avec les mêmes couleurs (exclues, puis redéfinies), on a affecté un autre groupe.

> **ATTENTION** *Si vous utilisez la commande **Redéfinir les couleurs de l'illustration** sur une sélection contenant des symboles, cela aura pour effet de redéfinir ces symboles. Cette redifinition sera répercutée sur toutes les autres instances de symboles utilisées dans d'autres parties du travail.*

Le changement de composition de la couleur

Dans Illustrator, vous pouvez intervenir sur les couleurs d'un tracé, d'un filet de dégradé ou même d'une photo importée, soit en modifiant leur saturation, soit en changeant la composition, ou encore en les inversant (pour obtenir un négatif dans le cas d'une photo).

La saturation des couleurs

La commande Saturation

Pour un objet, le changement de saturation peut se réaliser à partir du panneau **Couleur**, à l'aide du mode **TSL** (teinte, saturation, luminosité), mais également avec le filtre **Saturation** du **Édition/Modifier les couleurs**. Avec une photo importée, une désaturation de – 100 % aboutit à une image à niveaux de gris. Avec une couleur globale, la réduction de saturation est équivalente à une diminution de la teinte.

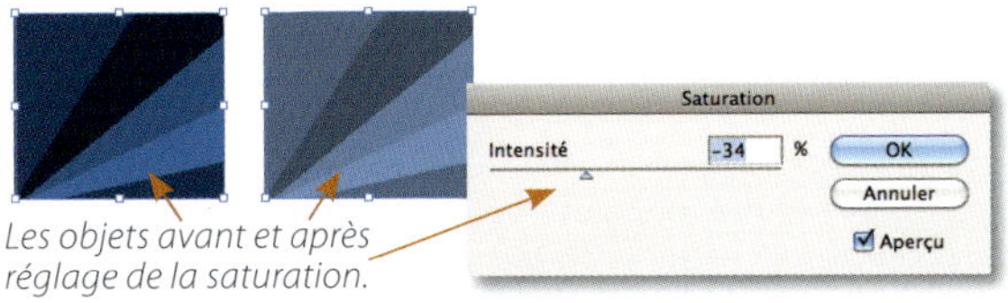

Les objets avant et après réglage de la saturation.

La modification de la saturation avec Redéfinir les couleurs de l'illustration

Dans certains cas, notamment avec des symboles, vous pouvez aussi utiliser la commande **Redéfinir les couleurs de l'illustration** pour changer la saturation des couleurs. Les réglages peuvent être globaux ou localisés.

Le réglage globale de la saturation

Quand la fenêtre **Redéfinir les couleurs de l'illustration** apparaît, affichez l'onglet **Modifier** et activez le lien entre les couleurs en cliquant sur le maillon brisé (il devient). Dans le menu local , choisissez le mode **TSL** et glissez le curseur **Saturation** (S) pour obtenir le réglage voulu.

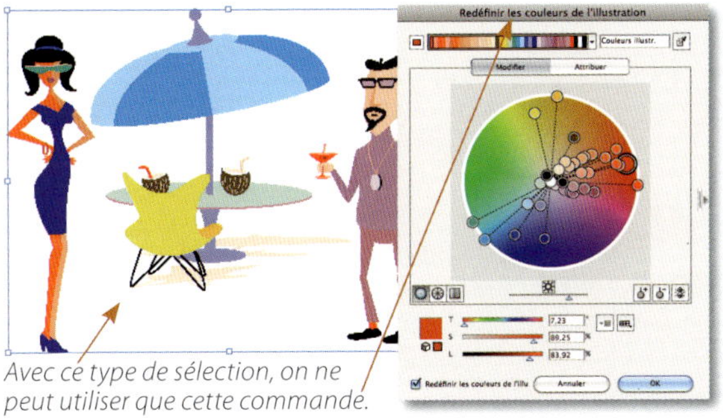

Avec ce type de sélection, on ne peut utiliser que cette commande.

On a désaturé l'illustration ici après avoir activé le lien entre les couleurs avec cette option.

Sans changer de mode, vous pouvez aussi régler la saturation en glissant le rond de la couleur de base (c'est le plus grand) vers le centre pour désaturer ou la périphérie pour saturer, les autres le suivront. Si le rond de la couleur de base se trouve déjà sur la périphérie, déliez les couleurs ( ), réduisez la saturation. Reliez les couleurs ( ) et ramenez le rond sur la périphérie.

Le réglage individuel de la saturation

Chaque couleur, sauf celle de base, peut être réglée de manière individuelle ; il suffit de la sélectionner en cliquant sur son rond, puis de glisser ce dernier vers le centre de la roue ou vers sa périphérie. Si le mode TSL est actif, vous pouvez également agir sur le curseur **S**.

La correction des couleurs

La commande **Correction de l'équilibre des couleurs** (**Édition/Modifier les couleurs**), permet de modifier la composition de la couleur appliquée à un tracé en agissant directement sur ses composantes CMJN ou RVB... L'option **Conversion** permet de convertir les tons directs des objets sélectionnés dans le mode colorimétrique choisi. Pour un symbole, la commande n'est pas disponible, pour qu'elle le soit, passez dans le mode isolation afin de l'éditer.

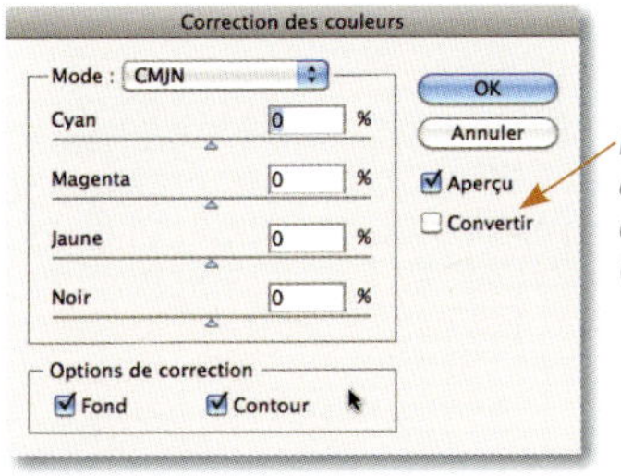

L'option ***Convertir*** *permet de convertir les tons directs en couleurs quadri (ou dans le mode actif).*

La luminosité des couleurs

Pour un objet, le changement de luminosité peut se réaliser à partir du panneau **Couleur**, à l'aide du mode **TSL** (teinte, saturation, luminosité) et du curseur **L**.

Dans la fenêtre **Correction de l'équilibre des couleurs** (**Édition/Modifier les couleurs**), selon le mode colorimétrique, il faudra réduire les composantes CMJN pour éclaircir l'image, et les augmenter avec une illustration RVB. Avec les symboles ou une illustration sélectionnée, vous pouvez utiliser la commande **Redéfinir les couleurs de l'illustration** pour changer la luminosité des couleurs.

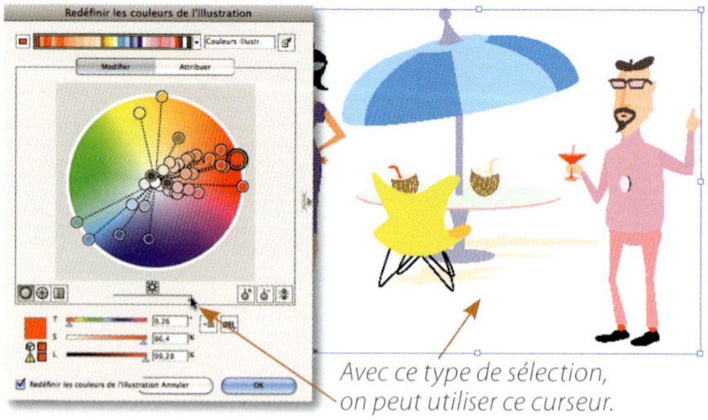

Avec ce type de sélection, on peut utiliser ce curseur.

L'inversion des couleurs

Chaque pourcentage de la couleur prend la valeur complémentaire à 100 % : on obtient le négatif. La commande agit à la fois sur le fond et le contour. Elle s'applique également aux photos importées (mais pas aux symboles) et permet d'obtenir leur négatif ; en revanche, il est sans effet sur les couleurs globales.

Les conversions colorimétriques

Il y a deux cas à envisager, le changement pour tout le document et des changements localisés à certains objets.

La conversion pour le document

Elle s'effectue par le menu **Fichier** et la commande **Mode colorimétrique du document**. Tous les éléments du document sont convertis dans le mode de destination (couleur RVB ou couleur CMJN), y compris les images importées.

Le passage RVB vers CMJN est utile pour certains documents destinés à une mise en page imprimée en quadri. La conversion s'effectue selon les critères liés au profil ICC choisi dans la rubrique **Espace de travail CMJN** (menu **Édition/Couleurs**). Des changements d'aspect peuvent se produire, notamment au niveau des couleurs (globales quadri, ton direct), des dégradés ou des motifs possédant des couleurs RVB non imprimables. Pour anticiper ces changements lors de la préparation des illustrations, vous pouvez utiliser la commande Couleurs d'épreuve qui vous permet de voir l'aspect du document en CMJN tout en continuant à travailler en RVB.

Par sécurité, faites toujours une copie du fichier en RVB avant de le basculer en CMJN.

Le passage CMJN vers RVB ne provoque que très peu de changements dans l'aspect des objets étant donné que l'espace CMJN est sensiblement compris dans l'espace RVB.

La conversion par objet

Le sous-menu **Modifier les couleurs** du menu **Édition** ne propose que les conversions en niveaux de gris et celle en CMJN. La première permet de supprimer des couleurs pour obtenir l'objet en niveaux de gris. La seconde ne s'utilise que pour convertir les couleurs globales (ou tons directs) en couleurs CMJN sans nom.

Les décompositions de dégradé, de motif et de forme

Les commandes de décomposition

Les dégradés, les motifs et les formes appliqués à partir du panneau **Nuancier** ou **Forme** posent parfois des problèmes lors de l'impression ou rendent impossibles certaines manipulations d'objets. Pour éviter ce problème, Illustrator propose, dans le menu **Objet**, les commandes **Décomposer** et **Décomposer l'aspect** (pour les formes du pinceau).

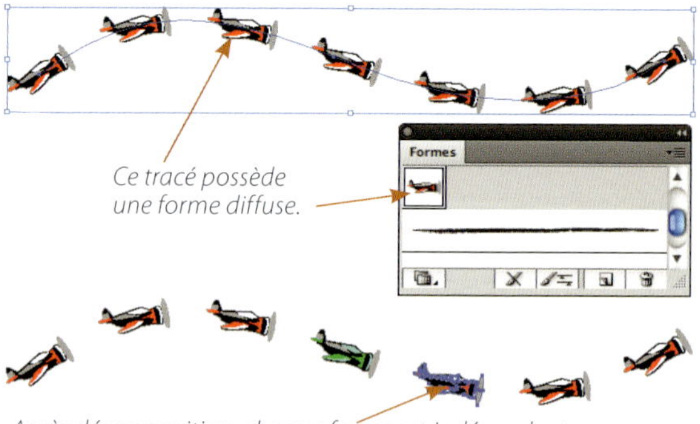

Ce tracé possède une forme diffuse.

Après décomposition, chaque forme est indépendante.

Ces décompositions transforment un dégradé de fond, un motif de fond ou une forme en une juxtaposition d'objets ; l'ensemble, placé sous un masque ou le long d'un tracé, a l'aspect de l'objet initial. Avec un dégradé, Illustrator demande de préciser un nombre d'objets.

> **ASTUCE** *Si l'objet à décomposer possède un fond et un contour, il est préférable de ne pas décomposer le contour en décochant l'option correspondante dans la fenêtre de la commande* ***Décomposer l'aspect****.*

Les traitements des décompositions

L'affichage

En général, la décomposition crée un grand nombre de tracés qui apparaissent sélectionnés ; pour mieux voir le résultat, tapez ⌘H [Ctrl H] pour cacher les contours de sélection des tracés — retapez aussitôt ce même raccourci dès que vous avez fini d'examiner le résultat.

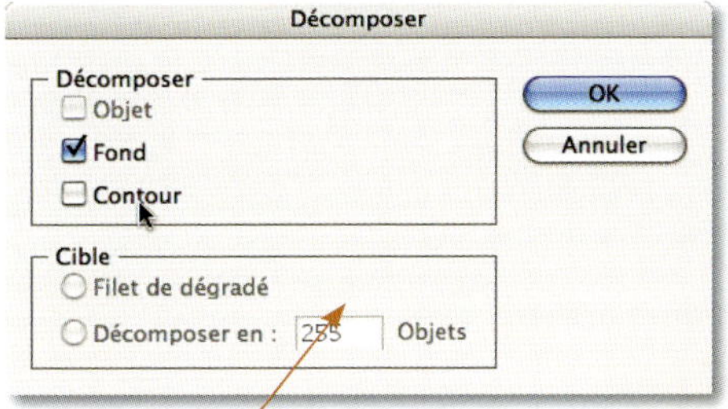

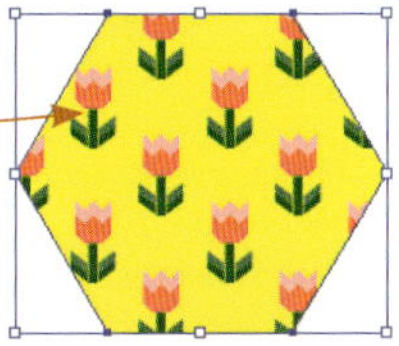

La fenêtre de décomposition et le tracé rempli d'un motif avant décomposition.

La découpe des tracés

Après décomposition, de nombreux tracés ou parties de tracés apparaissent à l'extérieur du masque. Ces éléments sont invisibles lorsque l'ensemble n'est pas sélectionné ; ils sont en outre totalement inutiles si vous ne comptez pas modifier le masque. La commande **Découpe** (◙) du panneau **Pathfinder** permet de supprimer tous ces éléments à condition de décomposer sans le contour — éventuellement, copiez le tracé de découpe pour les colorations futures.

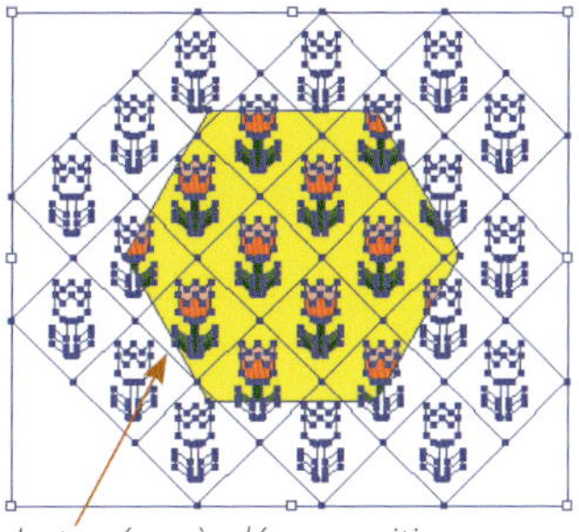

Le tracé après décomposition.

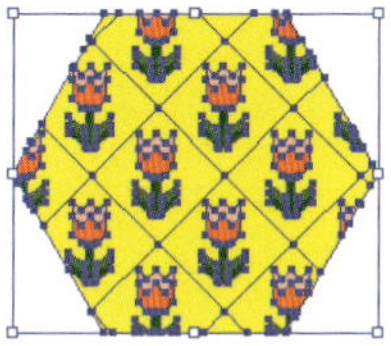

*On a supprimé les tracés inutiles avec **Découpe**.*

Les transferts des colorations

Le prélèvement d'attributs : l'outil Pipette

Le réglage de la pipette

L'outil **Pipette** s'active en tapant I. Elle permet de prélever des attributs sur un élément de l'illustration, mais elle nécessite un réglage.

En effet, le réglage de la pipette permet de choisir les attributs de dessin prélevés sur l'objet. Pour le paramétrer, effectuez un double-clic sur l'outil **Pipette** dans le panneau **Outils** (ou tapez ↵ s'il l'outil est actif). Vous choisissez également les attributs qui seront transférés lors de l'utilisation de l'outil.

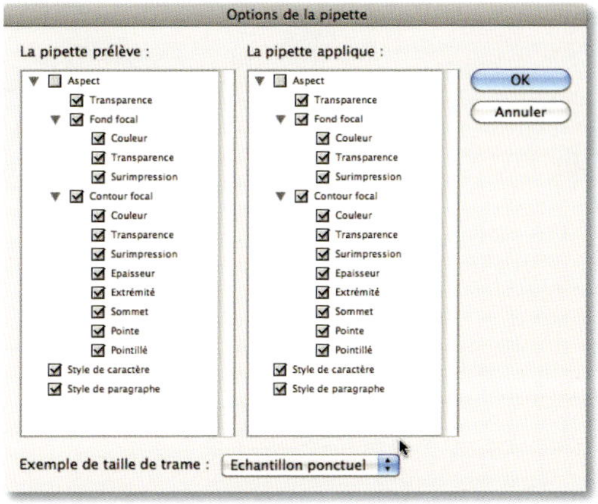

*Par double-clic sur l'outil **Pipette**, on accède aux options de prélèvement et de transfert (**La pipette applique**).*

Le prélèvement sans sélection

Le prélèvement est le plus souvent suivi d'un transfert des attributs vers un ou d'autres objets. Il ne s'agit que de prélever une couleur pour l'appliquer aux futurs tracés ; assurez-vous qu'il n'y a aucune sélection sur l'écran (sauf, éventuellement, le tracé sur lequel se réalise le prélèvement). Celui-ci s'effectue avec la **Pipette**. En effet, si vous cliquez sur un tracé (sélectionné ou non) avec cette dernière, tous les attributs de l'objet (ou partie selon les réglages) s'affichent dans les différentes panneaux (**Outils**, **Couleur**...) et deviennent actifs (prêts à remplir les futurs tracés).

> **ASTUCE** *Quand vous effectuez un prélèvement sur un objet rempli d'un motif ou d'un dégradé, le clic de pipette prélève le motif ou le dégradé, c'est-à-dire la nuance.*
>
> *Lorsque la case **Fond** est active, si vous enfoncez la touche ⇧ lors du prélèvement, c'est la couleur qui compose le dessin du motif ou du dégradé qui sera prélevée.*

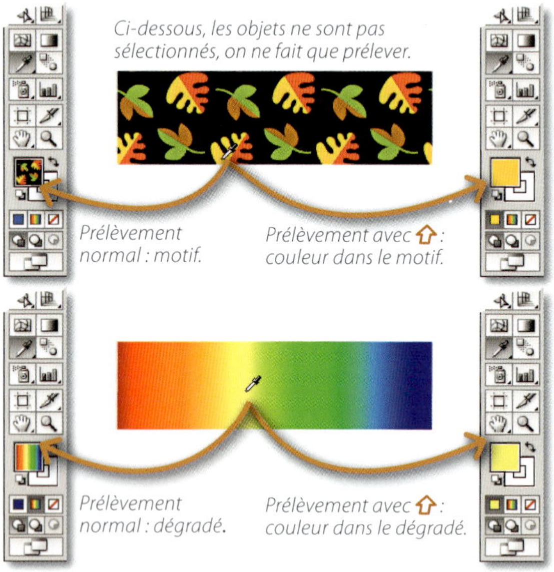

Le prélèvement avec sélection : transfert

Pour appliquer les attributs d'un tracé à un autre tracé, sélectionnez le ou les tracés à colorier et cliquez sur le tracé ayant les attributs désirés avec l'outil **Pipette**. Il y a deux cas à envisager selon l'activation de la case **Fond** ou **Contour** dans le panneau **Outils** ou **Couleur**.

La case Fond active

Un clic sur un objet transfère son fond et son contour, un ⇧ clic ne transférera que son fond ; de plus, si le ⇧ clic est effectué sur un objet rempli d'un dégradé, d'un motif, d'un aspect ou d'une photo importée, c'est la couleur contenue dans l'objet et non l'attribut (dégradé, motif...) qui est prélevée.

La case Contour active

Un clic sur un objet transfère son fond et son contour, un ⇧ clic ne transférera la couleur de fond qu'au contour de l'objet sélectionné ; de plus, si le ⇧ clic est effectué sur un objet rempli d'un dégradé (ou d'un motif...), c'est la couleur contenue dans l'objet qui est affectée au contour.

L'outil Pipette pleine

L'outil **Pot de peinture** des versions antérieures à CS4 est remplacé par l'outil **Pipette pleine**. Son fonctionnement reste le même : il permet d'appliquer à un objet non sélectionné tout ou partie (selon les réglages) des attributs qui ont été précédemment prélevés ou qui sont affichés dans les différentes panneaux, en cliquant sur cet objet.

> **ASTUCE** *L'outil **Pipette pleine** ne s'obtient qu'à partir de l'outil **Pipette** en enfonçant la touche ⌥ [Alt], cela permet d'effectuer un nouveau prélèvement sans changer d'outil. On active l'outil **Pipette** en tapant la lettre I.*

Nous verrons dans le chapitre consacré aux textes, d'autres fonctions de l'outil **Pipette**.

4 - Les colorations spéciales

Les effets de transparence

La transparence se gère dans le panneau **Transparence** (auquel on accède par le menu **Fenêtre**, ou à partir du panneau **Aspect** en cliquant sur le mot **Opacité**), par objet, par groupe ou par calque. Deux paramètres doivent être spécifiés : le réglage de transparence ou le pourcentage d'**Opacité**, et le **Mode de fusion** des couleurs.

La visualisation de la transparence

Quand vous définissez la transparence d'un objet, celle-ci ne peut se visualiser que si ce dernier est superposé à un autre objet. Afin de pouvoir visualiser cette transparence en toutes circonstances, Illustrator peut afficher un damier de transparence à l'aide de la commande **Afficher le damier de transparence** du menu **Affichage**.

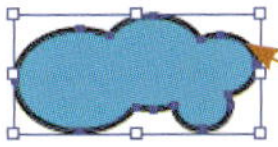

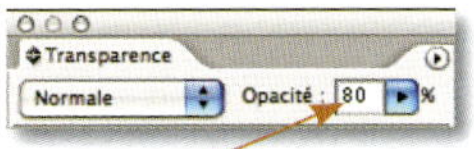

Cet objet a une opacité réduite.

On le voit avec un objet derrière ou si le damier est affiché.

L'affectation de la transparence

Avant de définir la transparence, vous devez désigner la cible de l'affectation. Un effet de transparence peut être appliqué à différents éléments d'une illustration.

- **À un groupe** ou à **un calque** : pour cela, affichez le panneau **Calques** et cliquez sur le rond (○) du groupe ou du calque pour le désigner comme cible du réglage de transparence. Tous les objets placés sur ce calque prendront cette transparence.

Quand l'un des objets de ce calque est sélectionné, le panneau **Aspect** indique par un petit damier (▩) qu'il y a un réglage de transparence défini sur le calque.

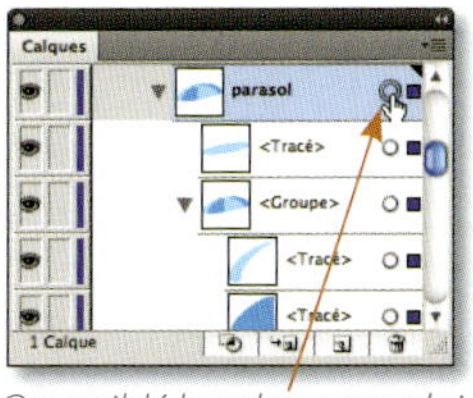

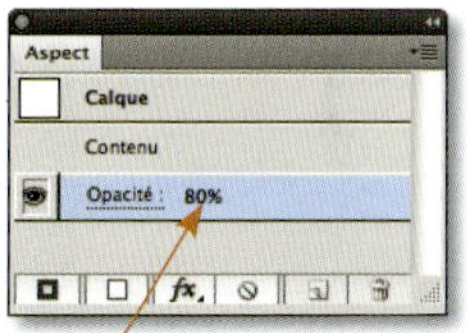

On a ciblé le calque pour lui affecter une transparence.

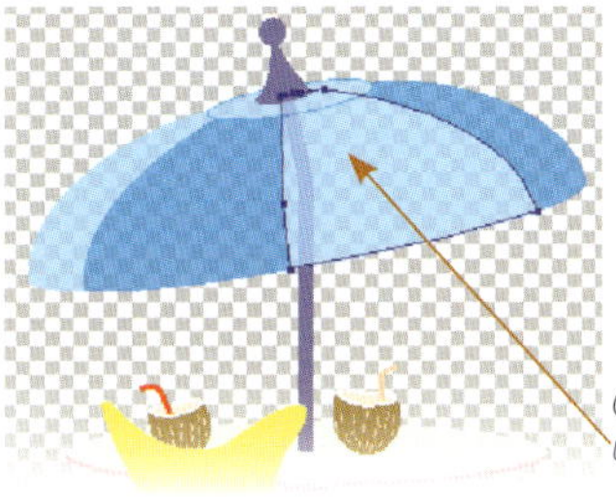

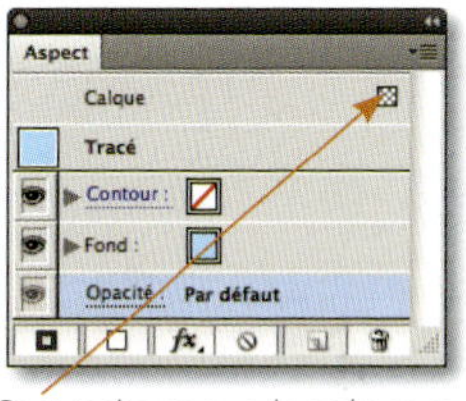

Ceci indique que le calque a une transparence.

- **À un objet** : il suffit de le sélectionner sur le plan de travail. Tous les objets (tracé, symbole, texte, image pixelisée…) peuvent subir un réglage de transparence.

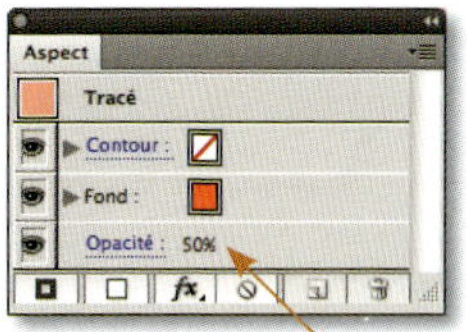

L'opacité réduite sur un tracé.

– **À un fond** ou **un contour** : dans le panneau **Aspect**, cliquez sur l'attribut **Fond** ou **Contour** puis sur **Opacité**.

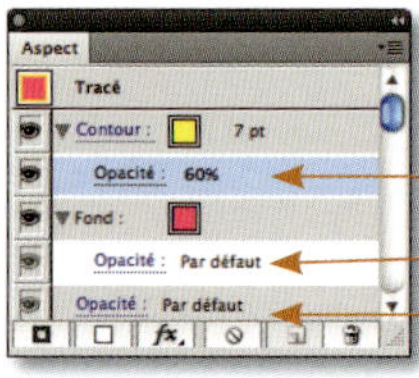

Transparence sur :
- le contour,
- le fond,
- l'objet.

La transparence s'applique sur n'importe quel type de nuance : aplat de couleur, motif, dégradé de couleur, mais aussi, forme et filet de dégradé.

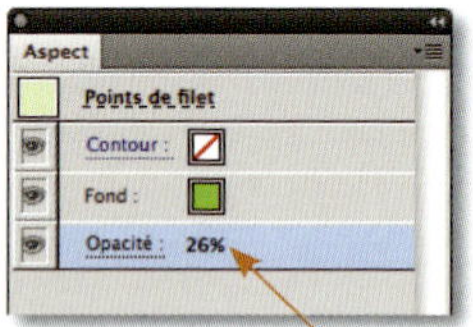

On a réduit l'opacité sur le filet de dégradé pour obtenir ce type d'effet.

La transparence par objet ou par calque ?

Le réglage par objet

Si vous appliquez un réglage de transparence à plusieurs objets d'un même calque, non seulement ils sont transparents entre eux (s'ils se superposent), mais également sur les objets situés sur les calques inférieurs.

On veut réduire l'opacité de ces objets (les verres).

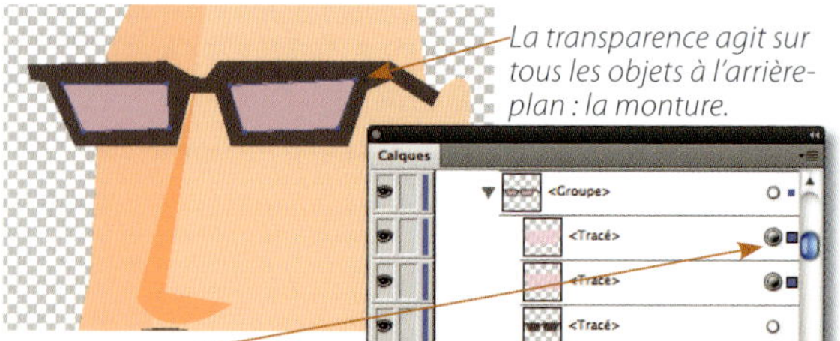

La transparence agit sur tous les objets à l'arrière-plan : la monture.

La cible pleine indique les éléments ayant un réglage de transparence.

Le réglage par calque (ou groupe)

Si vous appliquez le même réglage de transparence non plus à chaque objet mais au calque (ou groupe si vous les avez associés), les objets sont transparents et permettent de voir les objets sur des calques à l'arrière-plan. En revanche, au sein même du calque (ou du groupe) les éléments (bien que de couleur atténuée) sont opaques entre eux ; on dit qu'ils se « percent » .

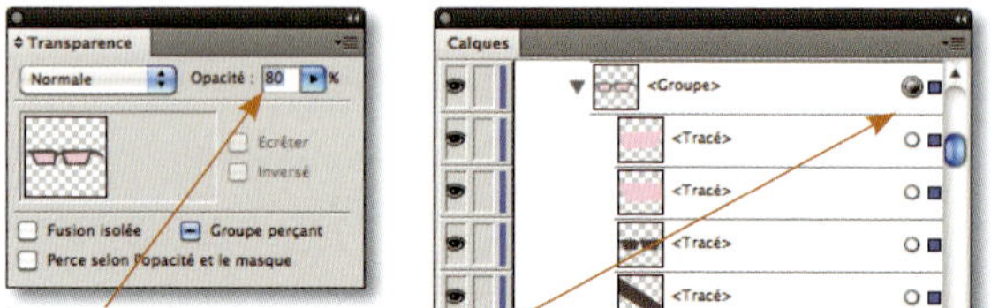

La transparence a été réglée sur le groupe comme le montre la cible.

La transparence agit sur tous les objets du groupe (verre + monture).

Le groupe perçant

Si vous souhaitez faire disparaître les parties de tracé situées sous les zones de tracés au premier plan ayant une opacité réduite, effectuez les opérations suivantes.

On veut que ces tracés (les verres) percent une partie de ces tracés (les montures) pour voir l'arrière-plan (les yeux) en transparence.

1. Sélectionnez les éléments qui doivent être transparents et réduisez l'opacité.

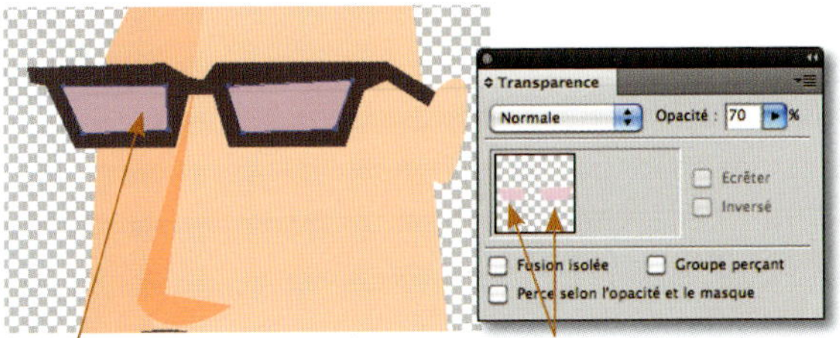

La transparence n'a été appliquée que sur ces tracés (verres).

2. Sélectionnez les tracés transparents (verres) avec ceux qui doivent être percés (monture) et créez un groupe avec cet ensemble (en tapant ⌘G [Ctrl G]).

3. Ciblez ce groupe dans le panneau **Calques** et cochez l'option **Groupe perçant** dans le panneau **Transparence**. Cette option empêche les éléments du groupe d'être visibles l'un à travers l'autre : la partie semi-transparente de l'élément au dessus perce l'élément inférieur pour en faire disparaître une partie.

La transparence n'agit plus sur la monture, celle-ci a été percée grâce au groupe auquel on a appliqué cette option.

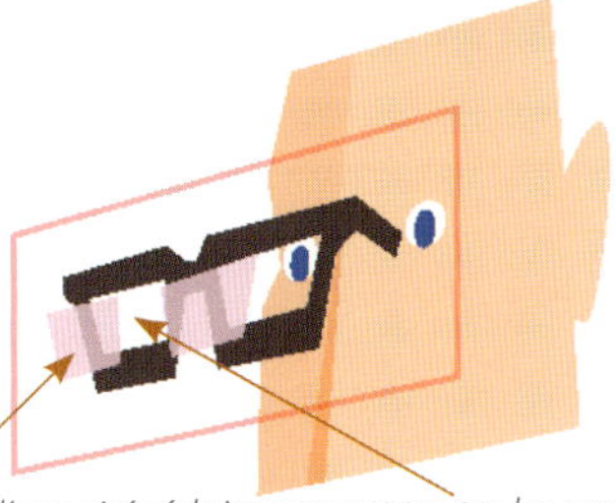

Dans le groupe, ces tracés d'opacité réduite percent toutes les parties de tracés qui sont à l'arrière-plan dans le groupe.

Vous pouvez aussi placer les objets dans un sous-calque groupe et appliquer **Groupe perçant** à ce sous-calque.

NOTE *Dans l'exemple précédent les objets percés n'ont pas de réglage de transparence, mais le groupe perçant agit sur eux de la même façon qu'ils aient ou non une opacité réduite.*

La transparence d'un contour

Quand vous affectez un réglage de transparence au contour d'un objet, la transparence est visible sur les objets à l'arrière-plan et sur le fond de l'objet lui-même (sur la moitié du contour située à l'intérieur du fond). Pour créer la transparence sur la totalité de l'épaisseur du tracé, dans le panneau **Aspect**, cliquez sur l'attribut **Opacité** (de l'objet), pour afficher le panneau **Transparence** et cochez l'option **Groupe perçant**. Il y aura perçage du fond par le contour.

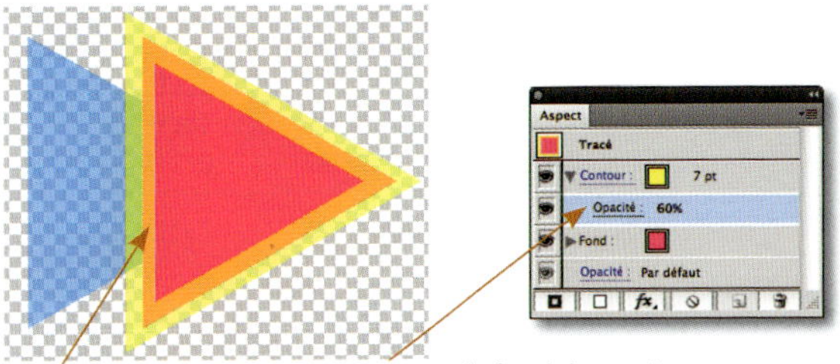

Ce contour apparaît transparent sur le fond du tracé.

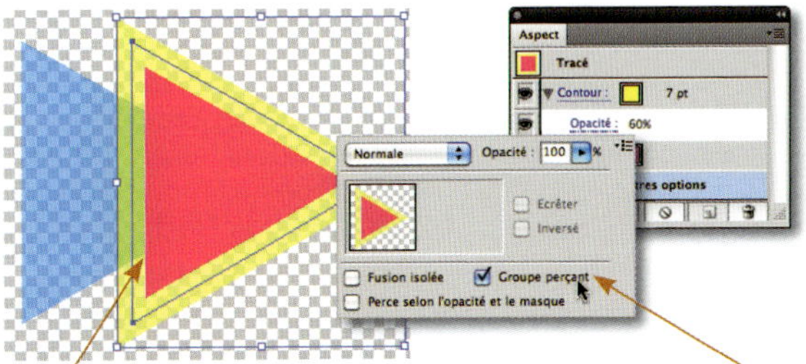

Le contour perce le fond (qui disparaît sous le contour) avec cette option.

ASTUCE *Pour éviter l'utilisation de l'option **Groupe perçant** avec certains types de contour, vous pouvez placer le contour à l'extérieur du tracé avec l'option ◻ d'alignement du contour du panneau **Contour**.*

La transparence des fonds superposés d'un tracé

Quand un objet comporte une superposition de fonds (créée dans le panneau **Aspect**), vous pouvez affecter une opacité réduite à celui au premier plan afin qu'il laisse transparaître ceux à l'arrière-plan. Cela permet, par exemple, d'éclaircir un motif en lui superposant un fond blanc avec une opacité réduite (ou de l'assombrir avec un fond noir).

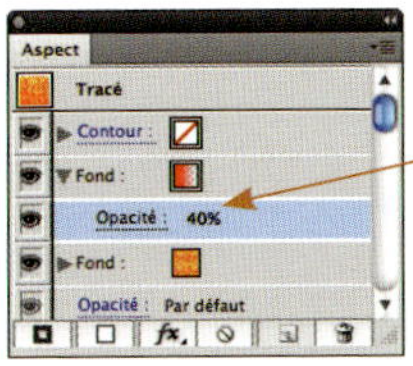

Dans cet objet, ce dégradé superposé au motif a une opacité réduite.

Les zones percées ou transparentes

Il s'agit d'un ensemble de tracés dont une partie constitue une sorte de trou et définit ainsi une zone transparente. Illustrator peut créer ce type de tracés par plusieurs méthodes : la commande **Tracé transparent** (du menu **Objet**), la commande **Exclusion** (du panneau **Pathfinder**), et avec un groupe de peinture dynamique dans lequel on remplit des faces avec l'attribut **Sans**.

Les tracés transparents

Le principe et les propriétés

Le terme « tracé transparent » est employé par Illustrator pour désigner un ensemble de tracés superposés dont les parties communes n'ont plus de fond et laissent apparaître les objets à l'arrière-plan. Les objets qui constituent ce tracé transparent sont liés (sorte d'association). Ainsi, ils auront toujours tous les mêmes attributs (même fond et contour). Pour les manipuler séparément, utilisez la **Flèche blanche**. On utilise le tracé transparent dans la réalisation de masque.

Astuce *Dans de nombreux cas, le tracé transparent peut être remplacé par un groupe de peinture dynamique.*

L'opération de création de tracés transparents est appliquée systématiquement par Illustrator quand il vectorise un texte ; elle est réversible et peut donc être annulée par la commande du menu **Objet** (sous-menu **Tracé transparent**) ou quand on décompose deux objets qui se superposaient totalement et auxquels on a appliqué la commande **Exclusion**.

L'obtention de tracés transparents

Pour obtenir ces tracés, sélectionnez les objets et lancez **Créer** du sous-menu **Tracé transparent** (menu **Objet**, au clavier ⌘8 [Ctrl 8]) ou mieux encore passez par le menu contextuel. Les objets apparaissent sélectionnés, ils forment un objet unique (et non un groupe) avec la couleur du tracé situé le plus à l'arrière-plan, et les parties en recouvrement deviennent sans fond.

Astuce *À l'issue de l'application de la commande* ***Tracé transparent****, tous les éléments qui étaient sélectionnés sont placés dans le même calque-objet, appelé* ***<tracé transparent>****, dont on ne voit pas le contenu.*

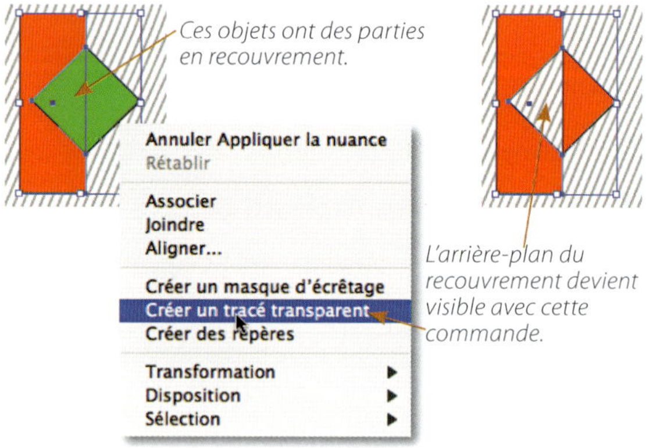

Les sélections de tracés transparents

Si vous voulez manipuler séparément les objets liés dans un tracé transparent, vous devez utiliser l'outil **Flèche blanche** ou **Flèche blanche +**. La sélection par le panneau **Calques** est impossible.

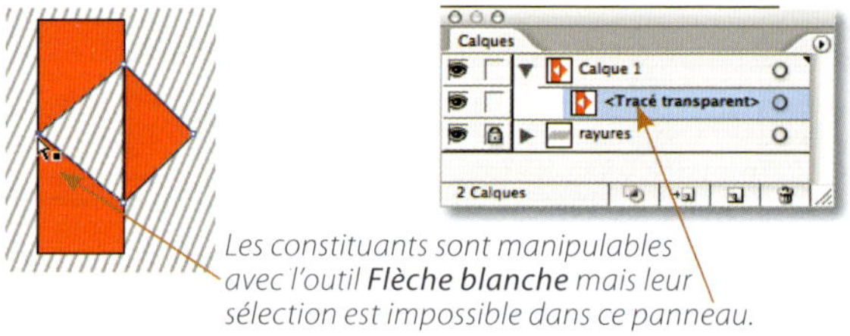

Si vous effectuez une sélection par clic sur le fond d'un objet, il y aura sélection de l'ensemble. Pour ne sélectionner qu'un seul objet, opérez par clic sur son tracé ou par glissement de l'outil de sélection depuis l'extérieur (avec l'outil **Flèche blanche**, enfoncez ⌥ [Alt] pour sélectionner tous les points du tracé).

Attention *Pour déplacer un tracé sélectionné, réactivez l'outil* ***Flèche blanche*** *et glissez l'objet en pressant sur un de ses points (et non sur le fond) — pensez à utiliser la commande* ***Déplacement*** *ou le panneau* ***Contrôle****.*

Astuce *Si vous n'arrivez pas à sélectionner le tracé voulu, n'hésitez pas à passer à l'affichage **Contour** (⌘Y [Ctrl Y]). Si vous rencontrez trop de difficultés dans les manipulations, convertissez le tracé transparent en groupe de peinture dynamique.*

Les dysfonctionnements

Quand le tracé transparent est constitué de plus de deux tracés, le résultat n'a pas toujours l'aspect voulu. Pour corriger ce problème, sélectionnez l'objet en cause avec l'outil **Flèche blanche**, dans le panneau **Options d'objet**, cliquez sur le bouton [icône] ou sélectionnez l'ensemble et cliquez sur l'icône [icône]. En effet, la transparence ne se produit correctement que si les tracés superposés ont des sens opposés.

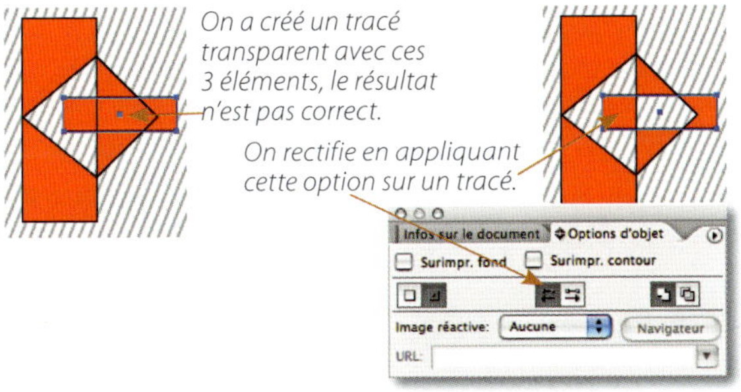

On a créé un tracé transparent avec ces 3 éléments, le résultat n'est pas correct.

On rectifie en appliquant cette option sur un tracé.

Les colorations de tracés transparents

Il n'est pas possible de changer la couleur d'un élément faisant partie de tracés transparents sans que ce changement s'applique à l'ensemble des tracés.

Astuce *Pour pallier ce problème de coloration individuelle, vous pouvez convertir le tracé transparent en groupe de peinture dynamique.*

La commande Exclusion

L'exclusion définitive

La commande **Exclusion**, icône [icône] du panneau **Pathfinder**, donne le même résultat que **Tracé transparent** à ceci près que c'est la couleur de l'objet au premier plan qui est affectée à l'ensemble. Attention, avec la version CS5, l'exclusion est définitive, les tracés sont découpés.

Astuce *Contrairement à **Tracé transparent**, la commande **Exclusion** s'applique sur un texte non vectorisé ; cependant, pour qu'elle agisse sur un texte, il faut l'appliquer comme forme composée, c'est-à-dire, cliquer sur l'icône [icône] avec la touche ⌥ [Alt].*

L'exclusion réversible : forme composée

Si vous souhaitez appliquer l'exclusion de façon réversible (c'est-à-dire créer une forme composée), il faut enfoncer la touche ⌥ [Alt] tout en cliquant sur l'icône [icône]. Lors de ce type d'application, les tracés ne sont pas découpés, Illustrator crée une **Forme composée** dont les éléments peuvent être modifiés séparément. Ici la sélection peut se faire par le panneau **Calques**.

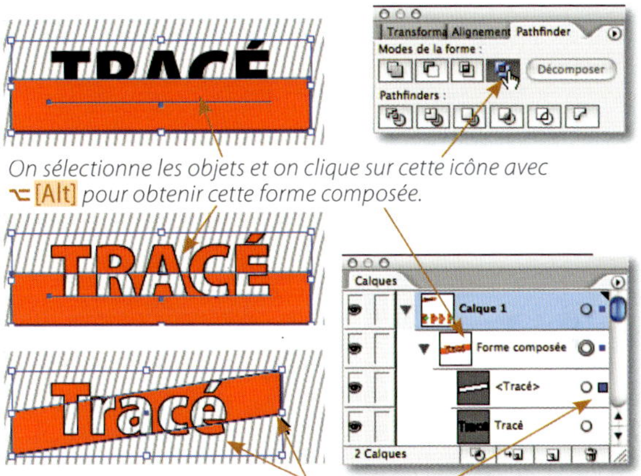

On sélectionne les objets et on clique sur cette icône avec ⌥ [Alt] pour obtenir cette forme composée.

*Les éléments sont modifiables. On peut les sélectionner par le panneau **Calques**.*

Vous pouvez également retrouver les tracés initiaux en annulant la forme composée (par le menu local du panneau **Pathfinder**). Au contraire, vous pouvez décomposer la forme en tracés individuels, en cliquant sur le bouton **Décomposer** du panneau **Pathfinder** (les textes sont alors vectorisés).

Astuce *La commande **Exclusion** est également disponible dans le menu **Effet** et son sous-menu **Pathfinder** ; elle s'applique alors au calque.*

Si par la suite vous souhaitez obtenir les tracés découpés, cliquez sur le bouton **Décomposer** du panneau **Pathfinder**. Cette opération peut se réaliser à la création ; en effet, si vous cliquez sur l'icône [icône] sans enfonçant la touche ⌥ [Alt], les tracés sont découpés de façon irréversible et les textes vectorisés. Les manipulations sont inversées par rapport à la version CS4, on retrouve celles de la version CS3.

Astuce *Si vous souhaitez faire une coloration particulière en convertissant en groupe de peinture dynamique, il faudra d'abord décomposer la forme composée obtenue par **Exclusion** (les tracés seront alors découpés).*

Les modes de fusion

Comme Photoshop et les calques superposés, Illustrator peut créer des effets de fusion entre les couleurs d'objets superposés. Ces mélanges peuvent être combinés à des réductions d'opacité.

L'affectation du mode de fusion

Un mode de fusion peut s'attribuer à un tracé, à son contour seul ou à son fond seul (à condition de l'activer dans le panneau **Aspect**). Le mode de fusion s'applique également à un groupe ou à un calque ; dans ce cas, ciblez-le dans le panneau **Calques** en cliquant sur sa cible (○). Si vous appliquez un mode à un calque, tous les objets qui seront créés ou transférés sur ce calque auront le réglage défini pour le calque. Lors de la sélection d'un tel objet, le panneau **Aspect** indique par le signe ▧ qu'il y a un réglage de transparence défini pour le groupe et/ou le calque auquel l'objet appartient.

Les différents modes de fusion

On retrouve les modes de fusion présents dans Photoshop. Si vous cliquez sur **Normale** dans le panneau **Transparence** (affiché par le menu **Fenêtre** ou par clic sur **Opacité** dans le panneau **Aspect**), une liste de **Modes de fusion** apparaît. Chacun d'eux détermine la façon dont Illustrator combine la couleur active avec celle des objets à l'arrière-plan.

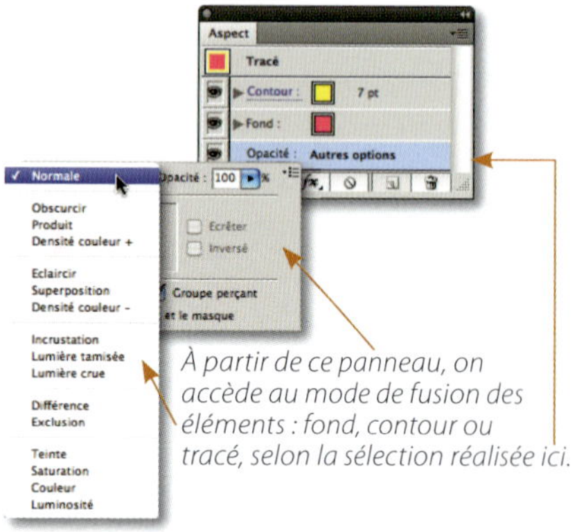

À partir de ce panneau, on accède au mode de fusion des éléments : fond, contour ou tracé, selon la sélection réalisée ici.

LE MODE NORMAL

Normale est le mode actif par défaut. La couleur de l'objet est complètement visible (selon le degré d'opacité choisi), il n'y a pas de mélange, l'objet est opaque et cache l'arrière-plan.

LES EFFETS D'ASSOMBRISSEMENT

Avec les trois modes de fusion qui suivent, le blanc n'agit pas sur les éléments colorés situés à l'arrière-plan ; il disparaît, c'est la couleur neutre du mode.

Le mode Obscurcir

La couleur résultante est assombrie. Les parties claires de l'objet disparaissent ; en revanche, les parties sombres le restent en se mélangeant aux couleurs des éléments inférieurs. Ce mode de fusion est intéressant pour faire disparaître des zones blanches dans une superposition de fonds ou de contours ou dans certains cas pour faire apparaître une couleur sur des zones claires d'un objet.

Le blanc apparaît avec cet effet, on l'enlève avec ce mode.

Le mode Produit

Le résultat est plus sombre. Les parties blanches de l'objet disparaissent et les noires remplacent les couleurs des éléments inférieurs. Le mode **Produit** s'utilise pour faire disparaître des parties blanches d'un dessin placé sur un arrière-plan coloré, pour la réalisation d'ombres projetées créées avec un dégradé.

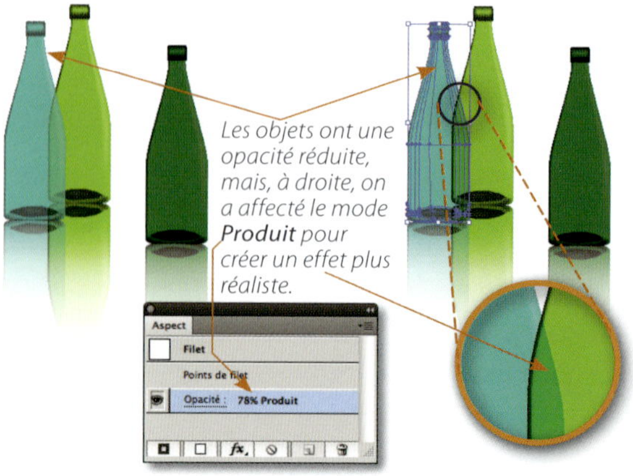

*Les objets ont une opacité réduite, mais, à droite, on a affecté le mode **Produit** pour créer un effet plus réaliste.*

Le mode Densité couleur +

Ce mode agit également sur la saturation de l'objet actif mais provoque une augmentation de cette dernière. Elle est plus forte sur les zones claires de l'objet à l'arrière-plan. En revanche, la luminosité est réduite sur les zones sombres.

Les effets d'éclaircissement

Avec les trois modes de fusion qui suivent, le noir n'agit pas sur les éléments colorés situés à l'arrière-plan ; il disparaît, c'est la couleur neutre du mode.

Le mode Éclaircir

La couleur résultante est éclaircie. Les parties noires de l'objet disparaissent ; en revanche, les parties blanches le restent en se mélangeant aux couleurs des éléments inférieurs. Ce mode de fusion est intéressant pour faire disparaître des zones noires dans une superposition de fonds ou de contours ou dans certains cas pour faire apparaître une couleur sur des zones sombres d'un objet.

Dans le cadre des dessins cartographiques, on crée souvent des traits doubles (ou triples) pour symboliser les routes. Les intersections peuvent poser des problèmes auxquels on remédie en affectant le mode **Éclaircir** au contour foncé qui doit disparaître partiellement.

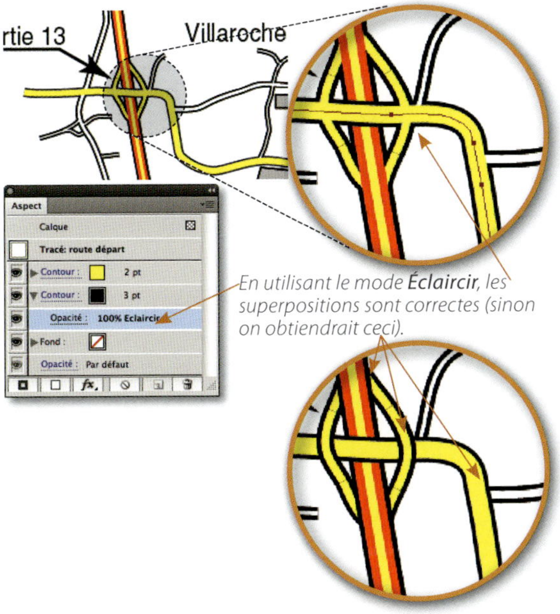

En utilisant le mode Éclaircir*, les superpositions sont correctes (sinon on obtiendrait ceci).*

> **Attention** *Avec le noir, les résultats diffèrent si vous travaillez le document en RVB ou CMJN. Si vous utilisez* ***Éclaircir*** *(ou* ***Superposition****) en RVB, tout se passe correctement ; en revanche, en CMJN, le résultat ne sera correct que si le noir est composé de 100 % de chaque composante C, M, J et N. N'hésitez pas à créer une couleur globale à cet effet.*

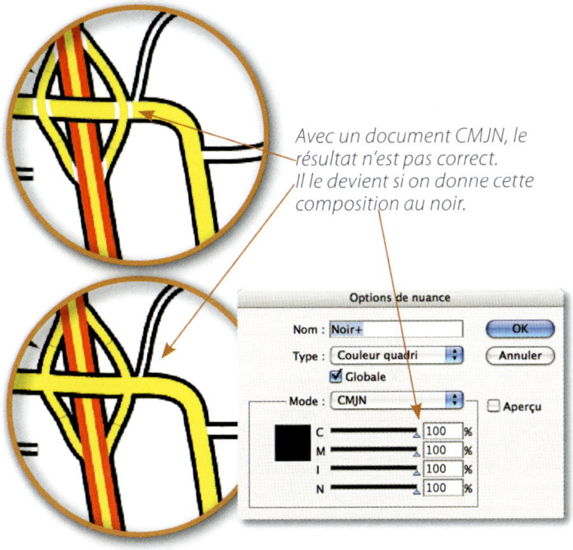

Avec un document CMJN, le résultat n'est pas correct. Il le devient si on donne cette composition au noir.

Le mode Superposition

La couleur résultante est également éclaircie. Les parties noires de l'objet disparaissent et les parties blanches restent visibles mais ici elles remplacent les couleurs des éléments inférieurs. On utilise parfois ce mode avec une opacité réduite pour créer des effets de « quadri descendue » sur une photo importée à l'aide d'un objet rempli de blanc.

Le mode Densité couleur –

Ce mode agit sur la saturation de l'objet actif et provoque une réduction de cette dernière. La réduction est plus forte sur les zones claires de l'objet inférieur et s'accompagne d'une augmentation de la luminosité.

Les effets d'éclairage

Avec les trois modes de fusion qui suivent, le gris à 50 % n'agit pas sur les éléments colorés situés à l'arrière-plan ; il disparaît, c'est la couleur neutre du mode.

Le mode Incrustation

Selon l'arrière-plan, Illustrator applique **Produit** ou **Superposition** ; il y a donc un mélange des couleurs au premier plan et à l'arrière-plan mais la luminosité de la couleur de l'ensemble correspond à celle de l'arrière-plan. L'image résultante contient les parties les plus claires et les plus foncées des objets superposés.

Le mode Lumière tamisée et Lumière crue

En fonction de la couleur de l'objet au premier plan, les couleurs à l'arrière-plan sont assombries ou éclaircies. Cela donne l'aspect d'une image éclairée par une lumière diffuse. Avec le mode **Lumière crue**, l'effet est semblable à **Lumière tamisée** mais en plus prononcé. **Lumière crue** est équivalent à **Produit** si la couleur de premier plan est foncée, il devient équivalent à **Superposition** si elle est claire.

Les effets de négatif

Le mode Différence

Illustrator prend la valeur chromatique la plus élevée sur chaque objet et lui soustrait la valeur chromatique de l'autre objet : on obtient une inversion (négatif) des couleurs ; celle-ci est d'autant plus prononcée que l'arrière-plan est clair. La couleur du premier plan reste intacte sur les zones sombres de l'arrière-plan.

Le mode Exclusion

Résultat voisin du précédent : le blanc produit une inversion des couleurs, le noir disparaît et le gris reste opaque.

La série des colorations

Cette série comporte quatre modes de fusion, **Teinte**, **Saturation**, **Couleur** et **Luminosité**, qui provoquent des modifications sur les caractéristiques de Teinte, Saturation et Luminosité (T, S, L) des couleurs. La couleur résultante garde au moins une des caractéristiques T, S et L de l'une des deux couleurs superposées.

> **Attention** *Ces modes (ainsi que **Différence** et **Exclusion**) ne provoquent pas de fusion avec les couleurs de tons directs ce qui peut entraîner des problèmes à l'impression.*

> **Astuce** *Si le ou l'un des objets à l'arrière-plan possède des zones blanches ou noires, la couleur de l'objet au-dessus ne sera plus visible (sauf avec le mode **Luminosité**).*

Le mode Teinte

L'objet au premier plan garde sa teinte mais prend la luminosité et la saturation de l'objet à l'arrière-plan.

Le mode Saturation

L'objet au premier plan garde sa saturation mais prend la teinte et la luminosité de l'objet à l'arrière-plan.

Le mode Couleur

Ce mode n'altère pas les niveaux de gris de l'objet situé à l'arrière-plan — si cet objet est blanc ou noir, il le reste. La couleur du mélange correspond à la teinte et à la saturation de l'objet au premier plan mais sa luminosité est celle de l'objet à l'arrière-plan. Ce mode est intéressant pour changer les couleurs d'une image par superposition de zones colorées. En effet, l'image résultante garde la luminosité de l'image initiale et prend la couleur de l'objet au premier plan.

Le mode Luminosité

La couleur résultante prend la luminosité et la saturation de l'objet au premier plan mais garde la teinte de celui à l'arrière-plan — parfois l'objet devient gris.

> **Astuce** *Dans un travail de PAO en CMJN, pour ne pas risquer des décalages de couleurs lors de l'impression, évitez l'application de mode de fusion aux objets remplis de ton direct.*

La limitation par fusion isolée

Quand vous appliquez un mode à un élément, la fusion des couleurs s'effectue avec tous les objets à l'arrière-plan. Cette fusion peut poser des problèmes avec certains éléments. Pour éviter ces problèmes, vous pouvez limiter cette fusion à certains objets. Pour cela, sélectionnez les objets sur lesquels doit se limiter la fusion et groupez-les ou placez-les sur un sous-calque ; dans le panneau **Calques**, ciblez (○) le groupe ou le sous-calque, affichez le panneau **Transparence** et cochez l'option **Fusion isolée**.

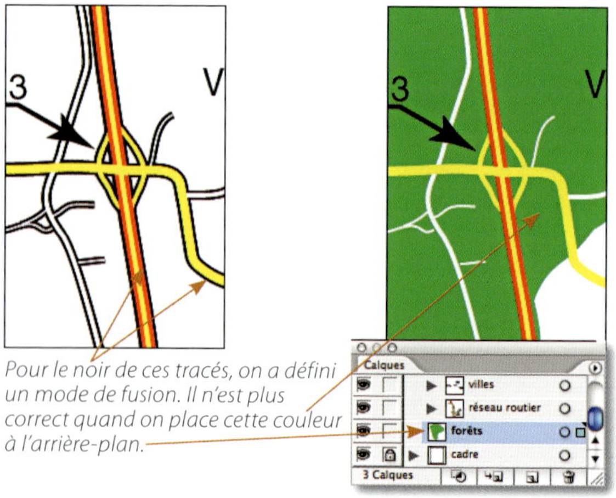

Pour le noir de ces tracés, on a défini un mode de fusion. Il n'est plus correct quand on place cette couleur à l'arrière-plan.

Les mélanges de couleurs

Les effets de mélange du Pathfinder

Les mélanges de couleurs sont réalisables avec deux effets, **Mélange maximal** et **Mélange pondéré**. Ils figurent dans le sous-menu **Pathfinder** du menu **Effet** et permettent ainsi d'obtenir des mélanges de couleurs réversibles.

Une fois la sélection réalisée, on accède également aux effets et à ce sous-menu **Pathfinder** en cliquant sur l'icône fx du panneau **Aspect**.

Directement par ce menu du panneau Aspect*, on accède aux effets et à ces mélanges.*

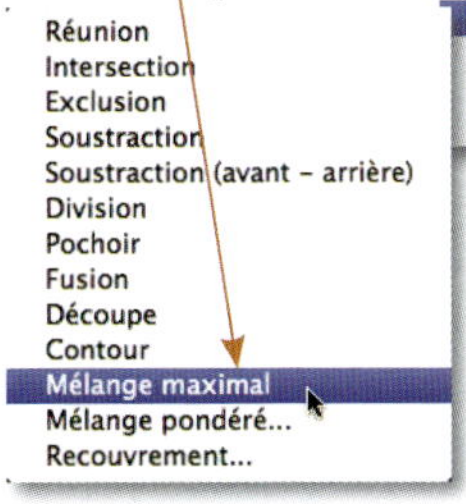

> **Astuce** *Le panneau* ***Transparence*** *permet de créer des effets similaires par réduction de l'opacité ou par affectation d'un mode de fusion des couleurs.*

Mélange maximal et **Mélange pondéré** reproduisent des effets de surimpression et de transparence sur des objets présentant un recouvrement. À l'issue de l'application, les objets perdent leur contour s'ils en possédaient.

Les couleurs globales peuvent être utilisées mais elles seront converties en couleurs standards (non globales), si on décompose l'effet par le menu **Objet**.

La méthode d'application des effets

Mélange maximal et **Mélange pondéré** ne s'appliquent pas directement aux objets sélectionnés. En effet, il faut les associer (menu **Objet/Associer**), puis appliquer la commande au groupe, ou les placer sur un sous-calque, cibler ce dernier (par clic sur sa cible O dans le panneau **Calques**) et lui appliquer l'effet de mélange.

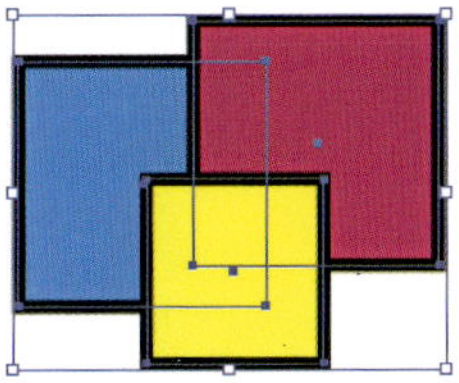

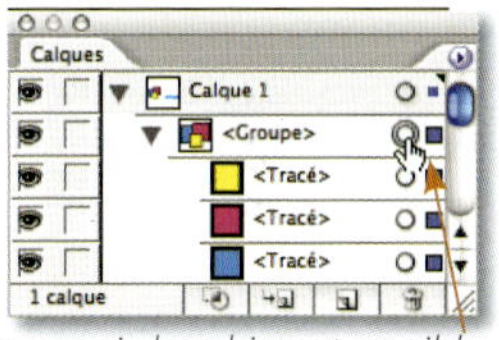

On associe les objets et on cible le groupe.

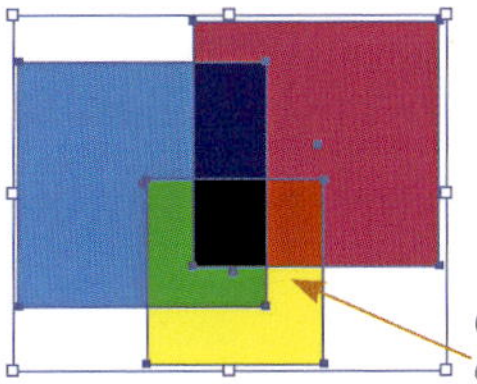

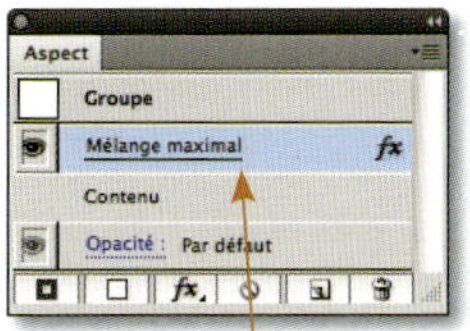

Quand on applique l'effet, les couleurs se mélangent et les contours disparaissent.

Une fois le groupe isolé, les tracés du mélange peuvent être déplacés, transformés et même recolorés, la zone en recouvrement sera automatiquement mise à jour.

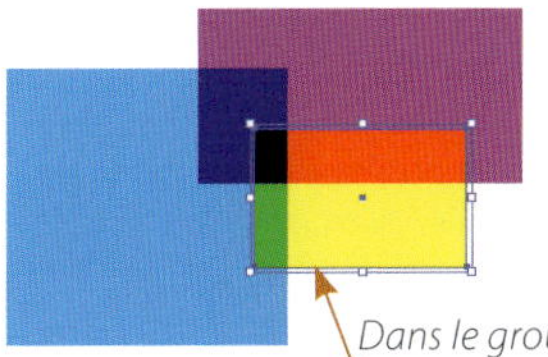

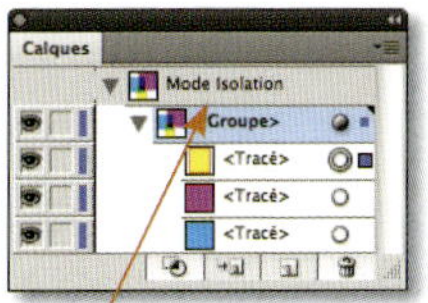

Dans le groupe, ici isolé, on peut manipuler l'élément sélectionné.

Pour ajouter un contour à l'un des tracés, il faudra créer une copie de ces tracés (éventuellement, sur un autre sous-calque) et supprimer son fond.

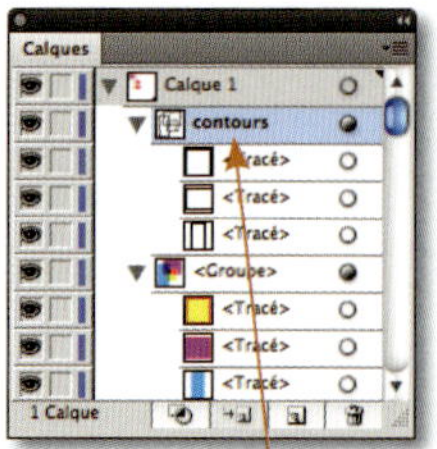

Pour obtenir ce contour, on a dupliqué le groupe (ici renommé), et affecté à ce dernier le contour voulu.

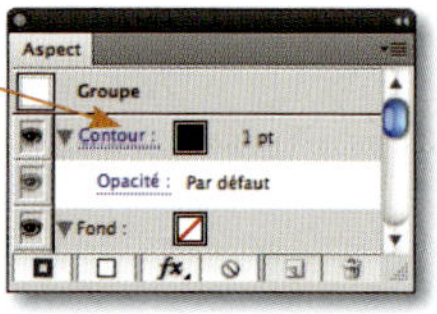

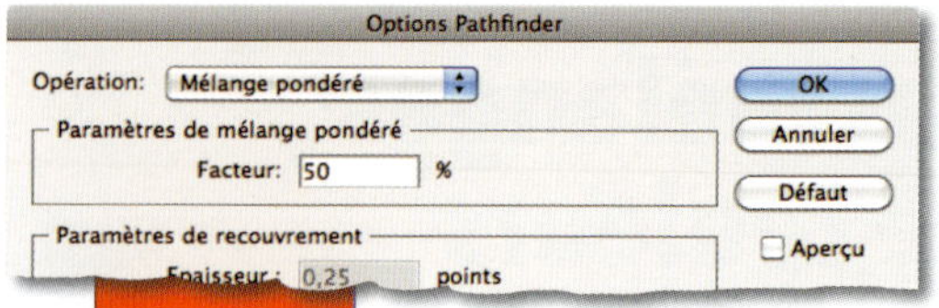

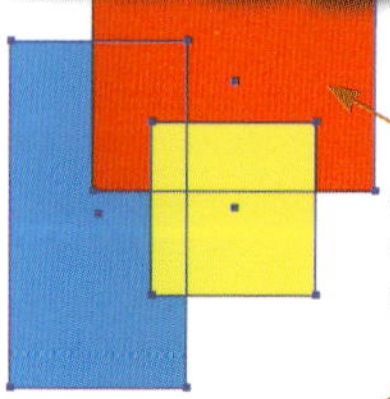

*Les tracés (associés) avant et après application de **Mélange pondéré** (à gauche, 20 % et à droite 50 %).*

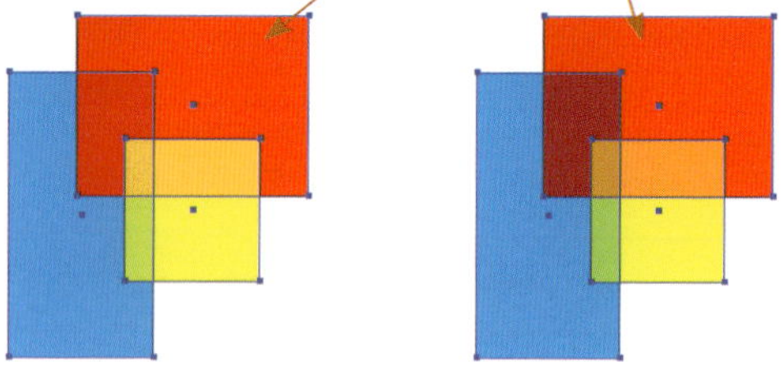

ASTUCE *Cet effet s'applique à un groupe ou un calque contenant un texte sans que celui-ci ne soit vectorisé. Par la suite, tous les objets placés (ou créés) dans ce groupe ou ce calque subiront automatiquement l'effet de mélange.*

Pour manipuler indépendamment les morceaux du mélange des couleurs, sélectionnez le groupe ou le contenu du sous-calque et lancez **Décomposer l'aspect** du menu **Objet** — s'il y a un texte, il sera vectorisé.

Les différents mélanges

Le mélange maximal : la superposition

La partie commune des objets se voit attribuer une couleur dont les composantes correspondent aux valeurs les plus élevées de chaque couleur de la superposition, c'est l'équivalent d'une surimpression. Si les éléments ont une composante commune, on ne verra pas l'effet.

Le mélange pondéré : la semi-transparence

Cette commande permet de créer des effets de transparence entre objets. Il faut spécifier une valeur (**Facteur**) de mélange.

Plus le **Facteur** est faible et plus la couleur de premier plan est prédominante, (l'objet au premier plan est à peine transparent) ; plus il est élevé et plus la couleur de l'arrière-plan intervient dans le mélange (le premier plan devient de plus en plus transparent). Avec un facteur de 100, la couleur d'arrière-plan intervient à 50 %. Avec un facteur de 50, on passe à 33 %.

ASTUCE *Il n'est pas possible de déterminer la composition CMJN ou RVB de la zone en recouvrement sans programmer la décomposition de l'aspect par le menu **Objet**.*

L'annulation des mélanges

Comme ces mélanges s'appliquent par le menu **Effet** (ou le menu local **fx.** du panneau **Aspect**), ils figurent dans le panneau **Aspect** en tant qu'attribut Il est donc possible de les supprimer en cliquant sur l'attribut de mélange, puis sur la corbeille du panneau **Aspect** — les objets retrouvent leur contour. Avec l'effet **Mélange pondéré**, vous pouvez modifier le réglage par clic sur l'effet (toujours dans le panneau **Aspect**) pour afficher la fenêtre de paramétrage.

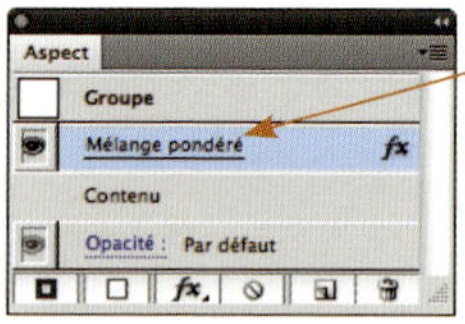

Par clic ici, on affiche le réglage.

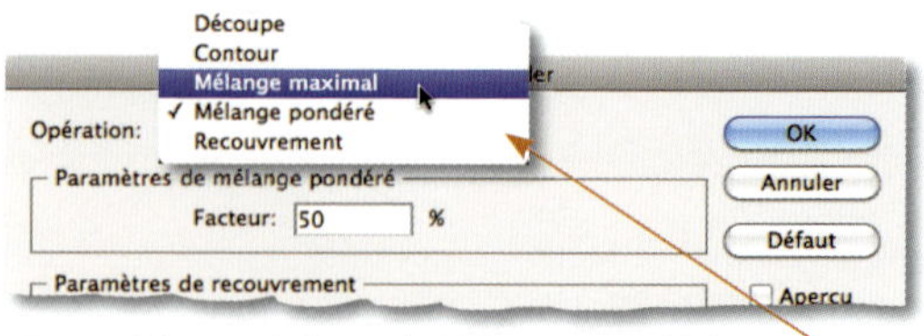

*On accède aux réglages de **Mélange pondéré**, on peut aussi passer au **Mélange maximal**.*

ASTUCE *La suppression de l'effet (s'il est appliqué seul) peut également se réaliser directement dans le panneau **Calques**. En effet, il suffit de glisser la cible ● dans la corbeille de ce panneau.*

Partie 5

Les traitements des tracés

1 - Le traitement par les effets

2 - Les dégradés d'objets

3 - Les masques

1 - Le traitement par les effets

Avant de passer en revue les différents traitements, examinons leurs différences et les façons dont s'appliquent et se gèrent les effets, notamment avec le panneau **Aspect**.

Les types de traitements

Les filtres

Un filtre est une commande qui modifie de façon irréversible la structure d'un tracé (en ajoutant des points et en modifiant l'allure d'un tracé). La plupart des filtres se situent désormais le menu **Objet** ou le menu **Édition** ; le menu **Filtre** a disparu dans la version CS5.

Les effets

Les effets donnent un résultat tel que la structure de l'objet n'est pas touchée : le tracé initial demeure visible avec ses points de construction intacts, un texte reste éditable. C'est l'aspect ou « apparence » finale de l'objet qui change. Les effets s'appliquent à tous les types d'objet : tracés, symboles, textes non vectorisés, photos ou éléments pixellisés... Ils sont tous regroupés dans le menu **Effet,** mais on accède également aux effets par le panneau **Aspect**, en cliquant sur l'icône *fx.* située en bas du panneau.

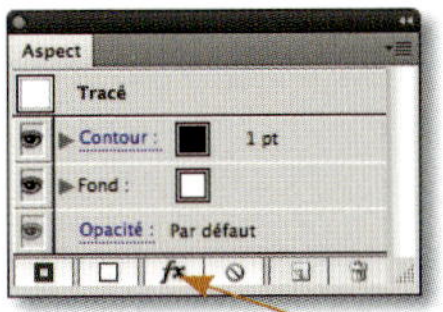

En cliquant ici on accède aux mêmes commandes que par le menu **Effet**.

Si vous retravaillez l'objet, l'effet est modifié dynamiquement. En revanche, il n'y a pas de points d'ancrage spécifiques au traitement appliqué. C'est par le panneau **Aspect** qu'il est possible de modifier l'aspect du tracé en intervenant sur le réglage de l'effet appliqué. Ce panneau répertorie les effets appliqués à l'objet ou au calque ; vous pouvez intervenir sur chacun d'eux, soit pour le supprimer (et retrouver le tracé de départ) ou pour en changer les valeurs.

Un ensemble d'effets (associé ou non à des fonds et des contours) peut être défini en tant que **style graphique** ; ce dernier s'appliquera à un tracé depuis le panneau **Styles graphiques** (à la manière d'un échantillon du panneau **Nuancier**).

Les cibles des filtres et des effets

Les filtres n'ont pour cible que les objets sélectionnés. Pour les effets, le nombre de cibles est plus étendu ; en outre certains effets ont des cibles spécifiques. Dans tous les cas, un message d'erreur signalera si la cible n'est pas correcte.

Parmi les cibles on distingue : l'objet, le groupe ou le calque, le fond ou le contour, le texte...

- **Objet** : la plupart des effets s'appliquent aux tracés (sauf ceux de la série **Pathfinder** qui s'appliquent au groupe).

Dans la majorité des cas, l'effet s'applique à un objet.

– **Groupe** ou **Calque** : quelques effets n'ont un résultat intéressant que s'ils sont appliqués à plusieurs objets associés dans un groupe ou placés sur un même calque (c'est le cas des effets **Pathfinder**).

– **Fond** ou **Contour** : par défaut, l'effet s'applique à l'objet, mais pour obtenir d'autres résultats, il peut être appliqué à son contour seul, son fond seul ou à une de leur copie.

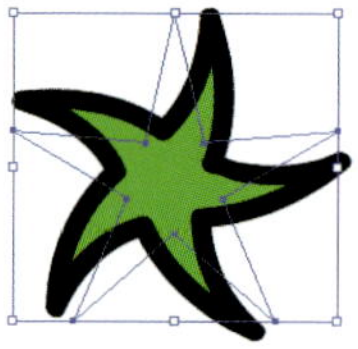

L'effet appliqué à l'objet (fond et contour).

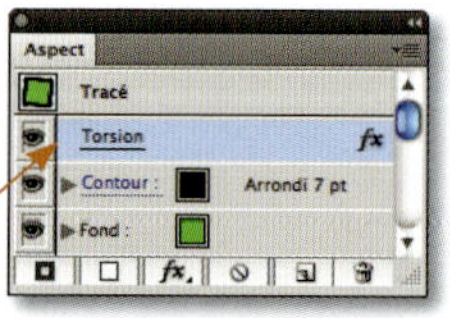

L'effet appliqué au contour seul.

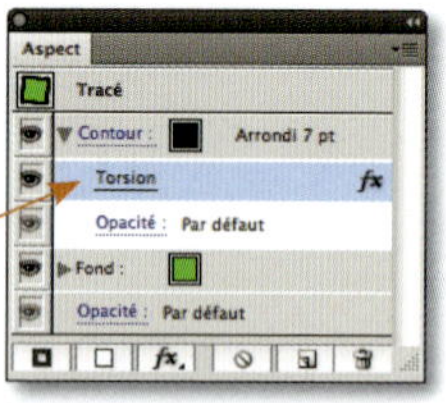

L'effet appliqué au fond seul.

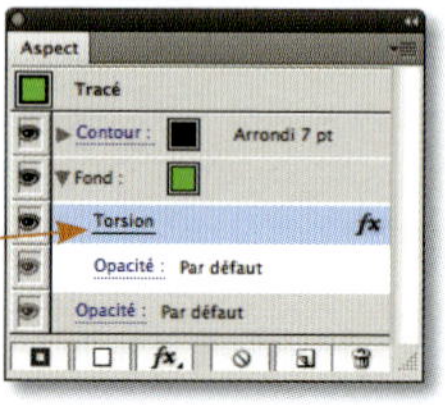

– **Texte** : l'effet **Vectoriser l'objet** de la série **Tracé** n'est utilisable que pour un texte.

La nature des effets

Les effets se partagent en deux catégories : l'une vectorielle, nommée **Effets Illustrator**, et l'autre bitmap, nommée **Effets Photoshop**.

Les effets Illustrator, majoritairement vectoriels, et les effets Photoshop de type pixellisé.

LES EFFETS ILLUSTRATOR ET PHOTOSHOP

Les effets Illustrator

Ils seront tous étudiés dans la suite de ce chapitre. Ils peuvent être cumulés. Certains d'entre eux (**Ombre portée**, **Contour progressif** et **Lueurs** de la série **Spécial**) ajoutent des parties pixellisées aux éléments traités.

Les effets Photoshop

En plus des effets Photoshop, Illustrator permet de pixelliser n'importe quel élément. En outre, quand vous affectez un effet de type bitmap vous devez définir un paramétrage. Cette opération peut être faite lors de la création du document (en affichant les options avancées). Pour un travail pour l'impression Illustrator règle la pixellisation à 300 ppp, et dans le cadre d'un travail pour le Web, il règle à 72 ppp.

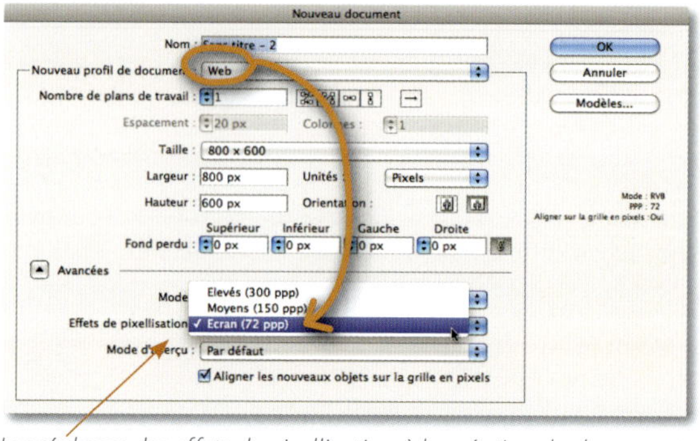

Les réglages des effets de pixellisation à la création du document.

L'effet Pixellisation

La commande **Pixellisation** du menu **Effet** est sensiblement identique à celle du menu **Objet** (dont l'action est irréversible) et on y retrouve les mêmes options. Pour des images pixellisées, elle est utile si on veut changer le modèle de couleur, la résolution… Dans le cas d'objets vectoriels ou de textes, cet effet permet de créer des objets présentant un aspect pixellisé tel que celui qu'on pourrait obtenir dans Photoshop.

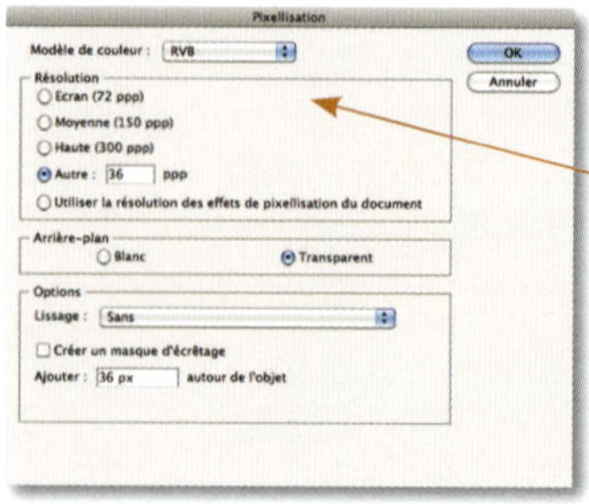

*La fenêtre de réglage de l'effet **Pixellisation** (du menu **Effet**) et le résultat sur un texte.*

Les paramètres des effets de pixellisation

La commande **Paramètres d'effet de pixellisation du document** permet de définir avec quels réglages les objets seront pixellisés lorsqu'ils subissent un effet qui provoque une pixellisation. Il est possible de revenir sur ce réglage à tout instant, l'aspect de l'effet pixellisé sera mis à jour en conséquence.

> **ASTUCE** *La résolution spécifiée s'applique à certains enregistrements ou à l'impression ; les fenêtres **Enregistrer** ou **Imprimer** l'indiquent.*

Les effets pixellisés de Photoshop

Par rapport aux filtres des versions précédentes, l'applications des effets par le menu **Effet** présentent l'avantage de ne pas nécessiter la pixellisation préalable des tracés ; de plus, par le panneau **Aspect**, on peut revenir sur le réglage, le dupliquer, le supprimer... La description de ces effets est réalisée dans le chapitre consacré aux objets pixellisés.

Il y a parfois incompatibilité entre certains effets vectoriels et pixellisés (ou même entre deux effets pixellisés). L'utilisation des effets nécessite donc une gestion particulière qui s'effectue dans les panneaux **Calques** et **Aspect**.

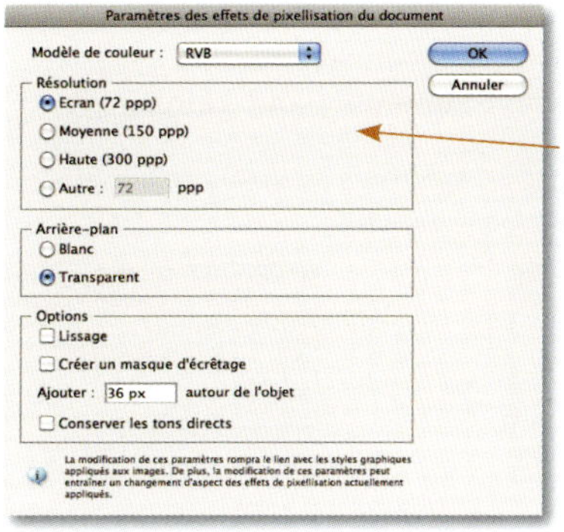

*La fenêtre de réglage des **Paramètres des effet de pixellisation** (du menu **Effet**).*

Les paragraphes qui suivent vous indiquent comment gérer tous les attributs d'aspect correctement.

La gestion des attributs d'aspect

Les types d'attributs d'aspect

Quand vous définissez des attributs d'aspect, chacun d'eux s'affiche dans le panneau **Aspect**. On en distingue trois types : les attributs de coloration, les attributs d'effet et les attributs d'opacité (ou de transparence).

LES ATTRIBUTS DE COLORATION

Ce sont les attributs standards ou aspects de base. Il s'agit des nuances de couleur, de motif et de dégradé qui s'appliquent au **Fond** et au **Contour** *(voir la partie précédente).*

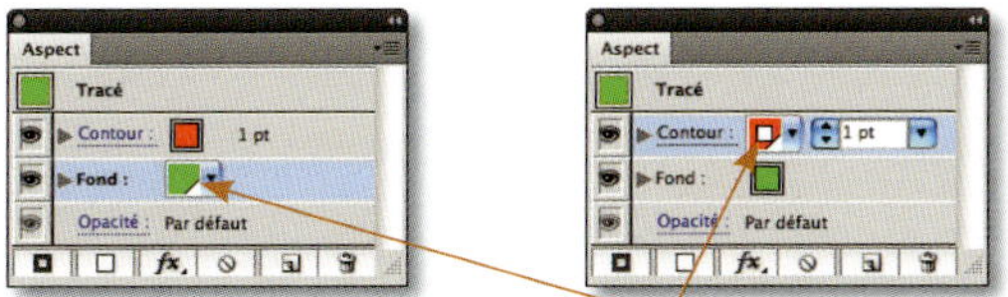

*L'attribut apparaît sous la forme d'une case remplie de la nuance. On affiche le panneau **Nuancier** par clic sur l'échantillon et le panneau **Couleur**, par ⇧ clic. Dans le cas d'un contour, on affiche le panneau **Contour** par clic sur **Contour**.*

LES ATTRIBUTS D'EFFET

Par défaut, chaque effet s'applique à l'ensemble de l'élément, mais s'il a été sélectionné dans le panneau **Aspect**, vous pouvez limiter son action au fond seul ou au contour seul.

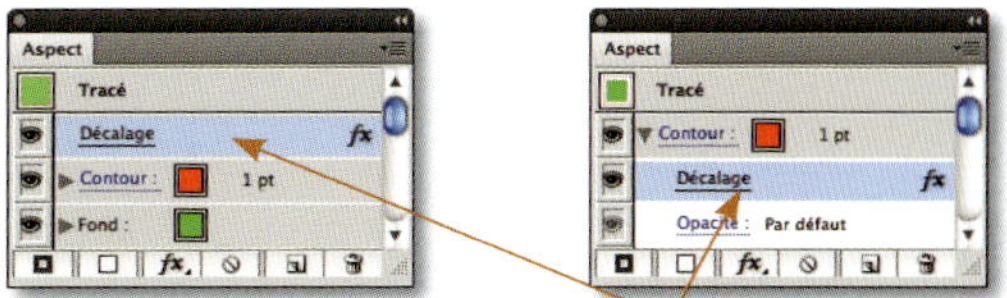

L'attribut apparaît sous la forme d'une ligne avec le nom de l'effet suivi de fx. Par clic sur le nom de l'effet, on accède à ses réglages.

LES ATTRIBUTS D'OPACITÉ

Ce sont les réglages d'opacité et le mode de fusion. Ils s'appliquent à l'objet, au fond seul ou au contour seul sélectionné dans le panneau **Aspect** *(voir la partie précédente).*

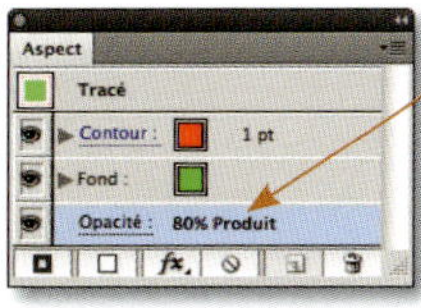

*L'attribut **Opacité** indique la valeur le mode de fusion.*

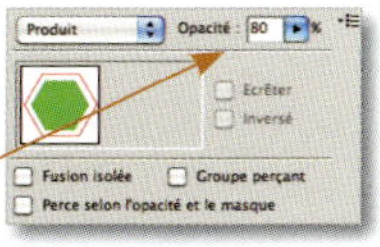

*Ils se règlent dans ce panneau affiché par clic sur **Opacité**.*

Le panneau **Aspect** liste les attributs d'aspect. Son contenu par défaut dépend du type de l'élément sélectionné.

- **Tracé, Forme composée, Tracé transparent**. Le panneau **Aspect** affiche : **Fond** (**coloration**) et **Contour** et **Opacité par défaut**.
- **Symbole, Groupe, Calque** (ou **sous-calque**), **Texte**, **Image** (bitmap). Pour ces éléments, le panneau **Aspect** affiche : **Contenu** (ou **Caractères** ou **Pixels de l'image**) et **Opacité par défaut**, il n'y a ni fond, ni contour.

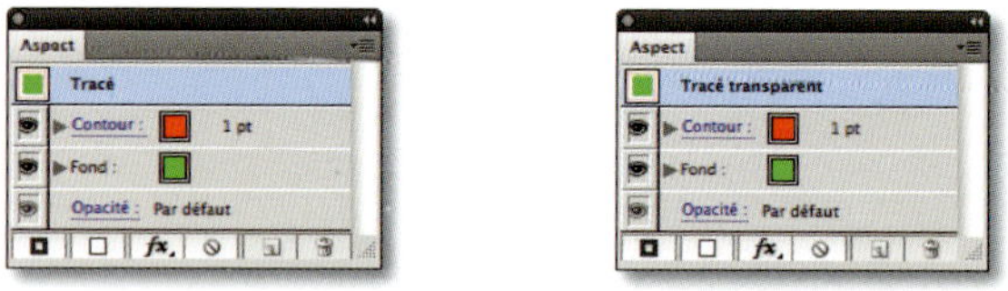

Les contenus par défaut du panneau Aspect.

Astuce *Par double-clic sur* ***Contenu*** *ou* ***Caractères****, on accède aux attributs d'aspect du contenu.*

Les méthodes de ciblage

La définition de la cible ou **ciblage** permet de spécifier à qui sera appliqué l'attribut d'aspect. Ce ciblage s'effectue de plusieurs manières à différents endroits : par sélection sur le plan de travail, par les panneaux **Calques** ou **Aspect**.

La cible sur le plan de travail

La sélection, avec les outils de sélection, d'un objet ou d'un groupe sur le plan de travail permet de désigner la cible d'affectation des attributs d'aspect. Le panneau **Calques** indique ce ciblage par l'icône ◎ à droite de leur nom.

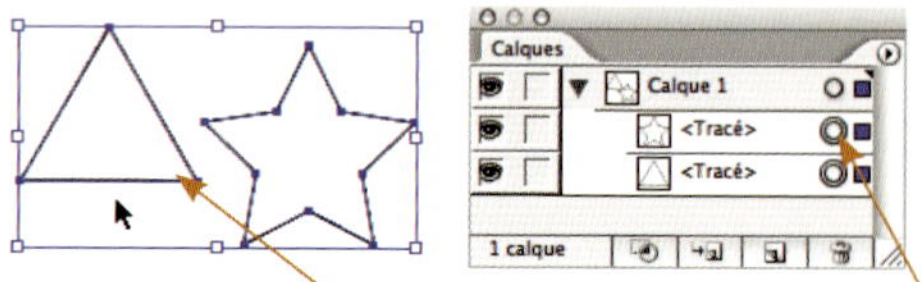

Quand on sélectionne sur le plan de travail, on cible les éléments.

La cible sur le panneau Calques

À droite du nom de l'élément (calque, sous-calque...), figure la cible ○. En cliquant dessus (elle devient ◎) vous indiquez à qui s'appliqueront les nouveaux attributs.

Dans le cas d'un calque, tout nouvel objet dessiné (ou transféré) sur ce dernier se verra affecter les attributs du calque.

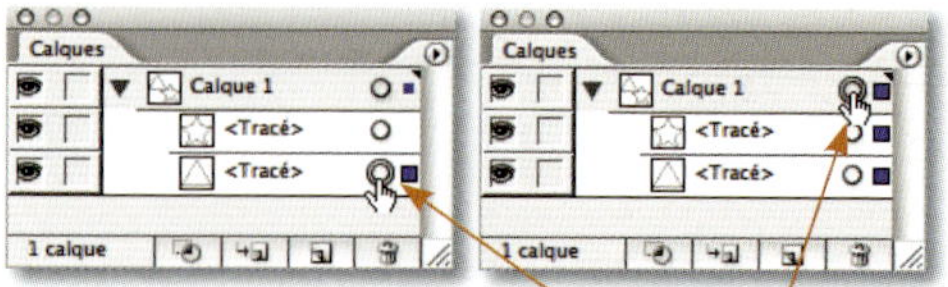

Par clic sur sa cible, on cible un objet ou un calque.

La cible sur le panneau Aspect

Pour qu'un attribut d'aspect ne s'applique qu'au fond ou au contour, il doit être sélectionné en cliquant sur son nom dans le panneau **Aspect** (il y apparaîtra en gras).

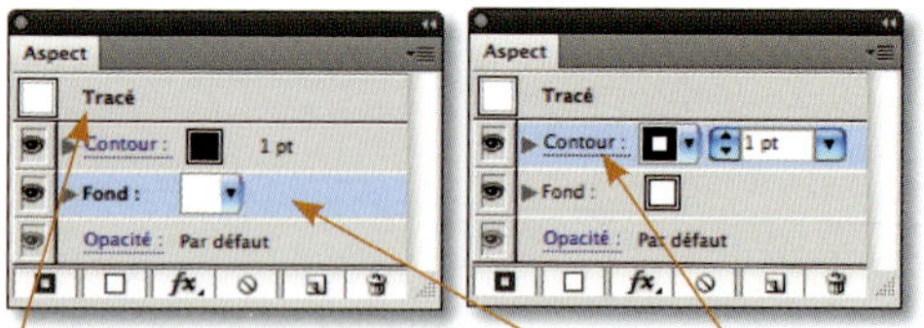

Pour l'élément ciblé, on active le fond ou le contour.

L'ajout d'un fond ou d'un contour à la cible

Dans certains cas, il est utile d'ajouter un fond et un contour (c'est indispensable pour un texte ou un calque). Ces éléments se placent au-dessus de ceux présents dans le panneau **Aspect**, mais peuvent être glissés vers l'arrière-plan. On les obtient à l'aide des deux premières icônes du bas du panneau **Aspect** (ou par les commandes **Ajouter un nouveau fond** ou **contour** du menu local du panneau ; au clavier ⌘/ [Ctrl /] ou ⌥⌘/ [Ctrl Alt /]). On peut aussi dupliquer un fond ou un contour existant par clic dessus puis sur l'icône pour créer des superpositions dans lesquelles des réglages d'opacité (pour les fonds), d'épaisseur pour les contours ou d'effets (pour les deux) peuvent intervenir.

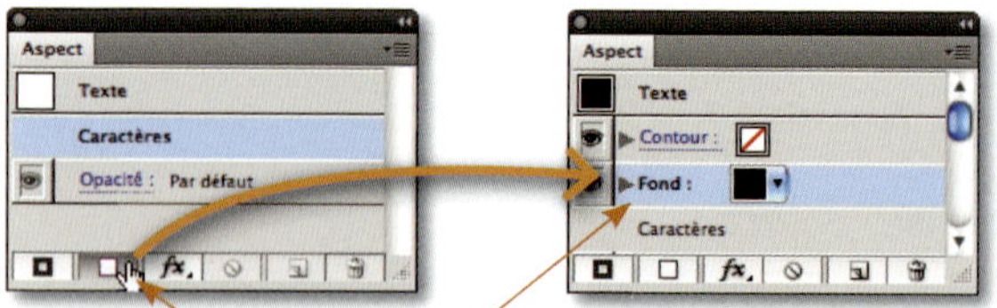

Par cette icône, on ajoute un **Fond** *au texte qui n'en avait pas.*

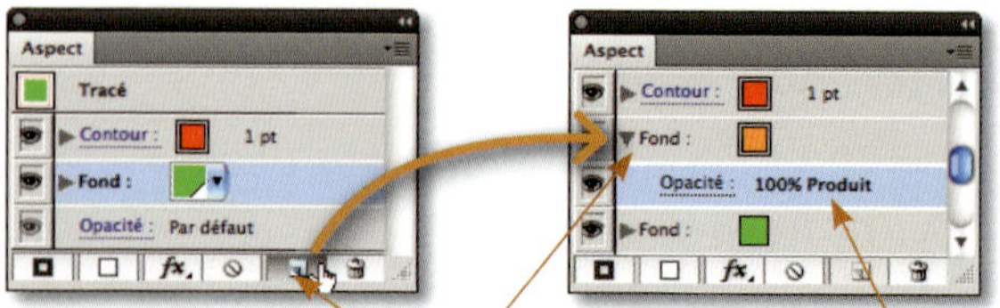

Par clic sur le fond puis ici, on le duplique. On peut alors modifier ses attributs d'aspect.

L'absence de cible ou de sélection

Si vous avez oublié de sélectionner un objet (ou de le cibler dans le panneau **Calques**), le panneau **Aspect** vous le signale en affichant **Aucune sélection** à droite de l'aperçu. Dans ce cas, avant d'effectuer la sélection, commencez par glisser l'aperçu du panneau **Aspect** sur l'objet puis sélectionnez ce dernier sinon vous perdrez le contenu du panneau.

Le panneau indique que l'on a oublié de sélectionner. Dans ce cas, on glisse l'aperçu sur l'objet avant de le sélectionner.

L'affectation automatique

Dès que vous effectuez le moindre changement dans le panneau **Aspect**, celui-ci s'applique à la sélection (s'il y en a une). Par défaut, Illustrator peut également appliquer cet aspect aux futurs tracés que vous allez réaliser. Pour cela, dans le menu local du panneau **Aspect**, lancez la commande **Réduire les nouveaux objets à l'aspect de base** pour faire disparaître la coche que comporte la commande.

Avec cette coche, les futurs tracés ne gardent que les couleurs de fond et de contour (aspect de base) ; sans cette coche, le nouveau tracé conserve l'aspect complet du tracé précédent : c'est l'affectation automatique.

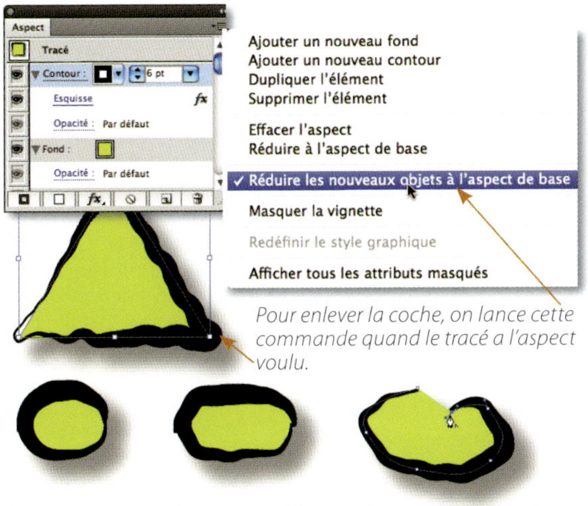

Pour enlever la coche, on lance cette commande quand le tracé a l'aspect voulu.

Les nouveaux tracés conservent l'aspect des tracés précédents.

N'oubliez pas de relancer **Réduire les nouveaux objets à l'aspect de base** pour que la coche réapparaisse et que les nouveaux tracés s'affichent avec l'aspect de base.

Les manipulations d'attributs

Une grande partie de la gestion des attributs s'effectue à partir du panneau **Aspect** ; cependant, d'autres éléments interviennent : le menu **Effet**, le panneau **Calques** et le panneau **Transparence**. Enfin, le panneau **Styles graphiques**, comme le panneau **Nuancier** pour les couleurs, motifs et dégradés, permet le stockage d'une combinaison d'attributs d'aspect afin de pouvoir la réappliquer à d'autres objets.

La gestion par le panneau Calques

Quand un élément (texte, tracé, groupe ou même, calque) s'est vu affecter un ensemble d'attributs d'aspect (autre que les attributs de base : fond et/ou contour), sa cible dans le panneau **Calque** (à droite de son nom) se remplit et devient ●, ou ◉ si l'élément est sélectionné. La gestion des attributs d'aspect (suppression, transfert, copie) s'effectue directement dans le panneau **Calques**.

- **Pour supprimer tous les attributs d'aspect** : glissez la cible ● dans la corbeille du panneau. L'élément retrouve les attributs standards, contour et fond.
- **Pour transférer tous les attributs d'aspect** (l'objet de départ retrouve l'aspect de base) : glissez la cible ● sur un autre sous-calque ou calque ; si vous glissez une cible vide ○, cela revient à transférer les attributs de base.
- **Pour copier tous les attributs d'aspect** sur un autre objet : enfoncez la touche ⌥ [Alt] et glissez la cible ● sur l'élément voulu.

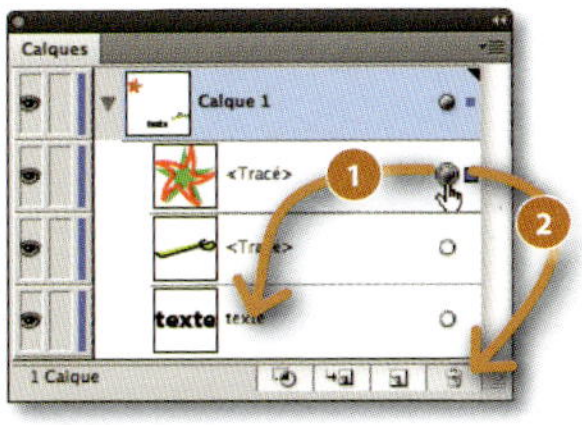

Par glissements de la cible pleine…

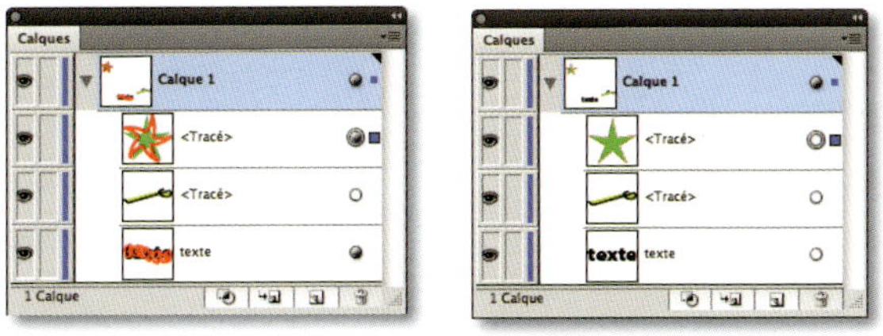

… ❶ on copie l'aspect avec ⌥ [Alt] ou ❷ on le supprime.

La gestion des attributs par le panneau Aspect

La visualisation des attributs du contenant

Les attributs d'aspect peuvent être affectés à deux niveaux ; soit au contenu ou objet : tracé, caractères, symbole… ; soit au contenant : groupe, calque ou sous-calque, texte, forme composée… Quand vous sélectionnez un objet ou un texte avec l'outil **Texte**, le haut du panneau **Aspect** indique s'il est dans un contenant qui possède ses propres attributs d'aspect.

En haut à droite du panneau **Aspect**, une icône indique la nature de l'attribut du contenant, ainsi on voit :

- pour un **attribut de Coloration** de fond ou de contour ;
- pour un **attribut d'Effet** ;
- pour un **attribut d'opacité**.

Pour modifier les attributs du contenant (groupe, calque…), cliquez, dans le haut du panneau **Aspect**, sur le nom du contenant (**Groupe**, **Calque** ou **Forme composée**…) ou sur l'icône (, ou) de l'attribut à modifier : le panneau affichera ces attributs.

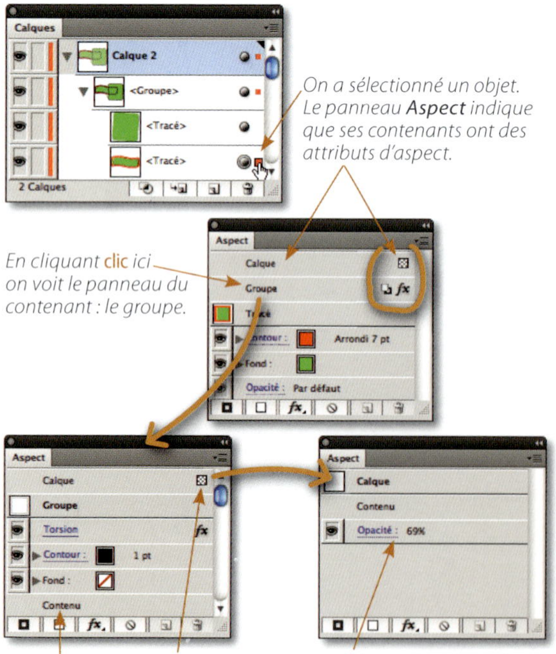

*On a sélectionné un objet. Le panneau **Aspect** indique que ses contenants ont des attributs d'aspect.*

En cliquant clic ici on voit le panneau du contenant : le groupe.

*Par clic ici, on accède aux attributs du calque (contenant). En cliquant sur **Contenu**, on verra les attributs des constituants du groupe (les tracés).*

Dans le panneau **Aspect**, entre la visualisation des attributs et le ciblage du fond ou du contour, vous pouvez appliquer aux attributs les opérations suivantes : masquage, suppression, copie, changement de l'ordre ou d'affectation et modification de leur composition.

L'affichage ou masquage d'un attribut

Depuis la version CS4, le panneau **Aspect** comporte une colonne d'affichage située à gauche du nom de l'attribut. Par défaut, un œil indique que l'attribut est appliqué. Vous pouvez cliquer cet œil pour le masquer et annuler l'application de l'attribut (cette opération est réversible et un clic fera réapparaître l'œil et l'application de l'attribut).

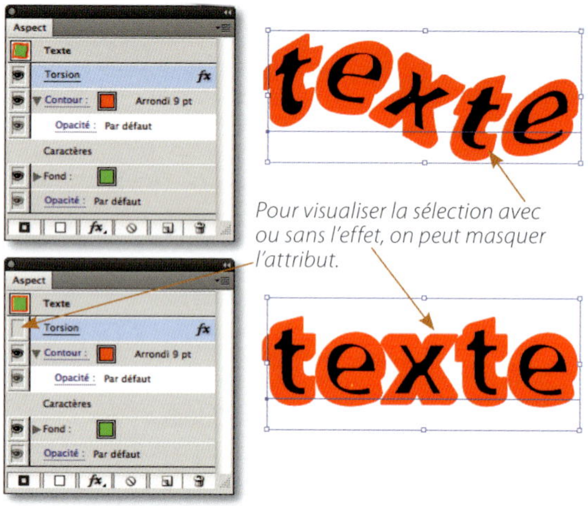

Pour visualiser la sélection avec ou sans l'effet, on peut masquer l'attribut.

Si vous sélectionnez un objet ayant un atttribut masqué (**Fond** ou **Contour** seulement), le panneau **Contrôle** place une icône d'avertissement à gauche de la case **Fond**. En cliquant cette dernière l'attribut est réaffiché.

La suppression d'attribut

Pour supprimer un attribut (effet, transparence, fond, contour), sélectionnez-le et cliquez sur la corbeille. Dans le cas d'opacité de l'objet, celle-ci reprend une valeur de 100 % ; quant au fond ou contour de base, il prend la valeur **Sans**. Pour supprimer tous les attributs et retrouver ainsi l'aspect de base (fond et contour éventuellement colorés), utilisez la commande **Réduire à l'aspect de base** dans le menu du panneau ; en revanche, pour obtenir un objet sans fond ni contour, cliquez sur l'icône ou utilisez la commande **Effacer l'aspect** du menu local du panneau.

Le changement d'affectation

Il ne concerne que les effets. Leur changement d'affectation s'effectue par glissement de l'effet sur l'élément auquel il doit s'appliquer : pendant le transfert, deux triangles noirs signalent le changement de destination.

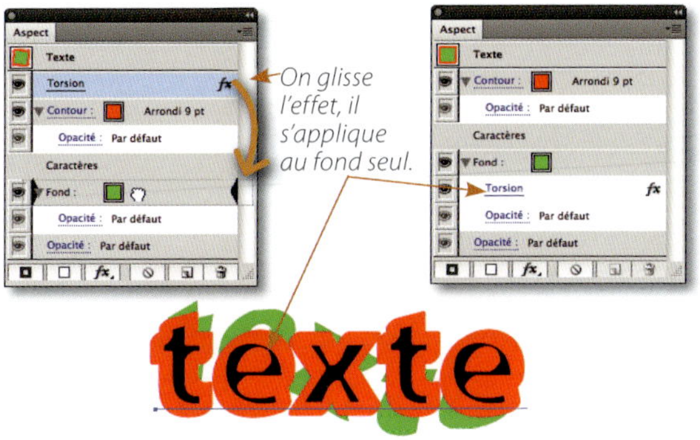

On glisse l'effet, il s'applique au fond seul.

Le changement d'ordre

L'ordre des attributs est fondamental dans l'aspect de l'objet ; c'est par glissement que vous modifierez l'ordre d'application et donc de superposition des attributs. Voici quelques exemples :

Position Fond/Contour/Contenu : en plaçant le fond au-dessus du contour d'un objet ou de son contenu (pour un texte, un groupe…), celui-ci couvre des parties à l'arrière-plan et ne laisse voir que la moitié extérieure du contour (le contenu quant à lui est complètement masqué sauf s'il a un effet qui le fait déborder du fond au premier plan).

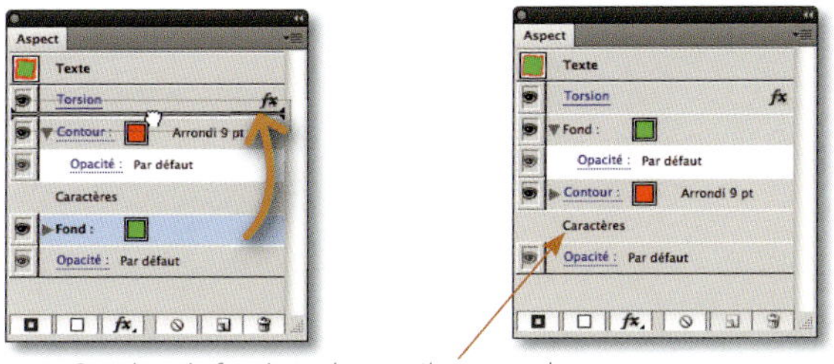

*On glisse le fond au-dessus : il masque le contenu (**Caractères**) et une partie du contour.*

Position du fond : quand vous ajoutez un fond à un calque pour lui appliquer un effet (par exemple, une ombre portée), celui-ci se place au premier plan et sa couleur de fond cache celle du contenu. Pour l'éviter, glissez-le à l'arrière-plan du panneau **Aspect**.

Position de l'effet : si vous appliquez à un tracé une ombre portée puis une déformation, l'objet sera déformé mais pas l'ombre. On rectifie en changeant l'ordre des effets.

La copie d'attribut

L'affectation de certains effets peut empêcher l'application correcte d'autres effets. Ainsi, si vous appliquez à un tracé une ombre portée puis un placage de texture, l'ombre apparaîtra avec la structure appliquée. Pour pallier ce problème, on copie le fond ; sur celui au premier plan, on ne garde que la texture et sur celui à l'arrière-plan, on ne conserve que l'ombre.

De la même façon, pour obtenir une ombre déformée sur un objet, il faudra deux fonds : un fond pour colorer l'objet et un fond noir (glissé à l'arrière-plan) pour son ombre qui sera réalisée avec un flou gaussien.

Pour obtenir cette ombre on a copié le fond vert, on l'a recoloré, placé à l'arrière-plan et affecté les effets.

La décomposition de l'aspect

La décomposition est utile quand vous souhaitez accéder aux points d'ancrage des tracés auxquels vous avez affecté des effets particuliers. S'il y a des superpositions de tracés et/ou de contours, quand vous lancez la commande **Décomposer l'aspect** du menu **Édition**, les objets sont séparés en groupes dans lesquels chaque attribut d'aspect (fond, contour, effet) constitue un objet ; chacun d'eux conserve son réglage d'opacité ; en revanche, les attributs masqués sont perdus. Les effets de type pixellisé (par exemple, ombre portée, flou gaussien…) donnent des images pixellisées.

*Après décomposition, les éléments (associés) peuvent être manipulés individuellement (avec l'outil **Flèche blanche** ou une fois isolé).*

Si les attributs d'aspect sont affectés au calque (ou au groupe) contenant des objets à décomposer, il est préférable de les transférer à ces objets par glissement dans le panneau **Calques**, pour pouvoir les décomposer séparément.

Les styles graphiques

La création d'un style graphique

Le style graphique se prépare à deux niveaux : d'une part, directement à partir d'une sélection à laquelle vous appliquez les couleurs (de préférence globale), les effets et la transparence souhaités ; et d'autre part, à partir du panneau **Aspect** où vous pouvez ajouter, copier, déplacer, modifier certains attributs ou effets. Dans tous les cas, c'est le contenu du panneau **Aspect** qui définira le style.

> **Astuce** *Au niveau des couleurs, pensez à n'utiliser que celles de type global, les modifications seront simplifiées.*

Pour créer le style, vous avez trois possibilités :

- cliquer sur l'icône situé en bas du panneau **Styles graphiques**, avec la touche ⌥ [Alt], une fenêtre permet de renommer le style (par défaut, **Style graphique**) ;
- glisser la vignette d'aperçu située en haut à gauche du panneau **Aspect** sur le panneau **Styles graphiques** ;
- glisser l'objet sur le panneau **Styles graphiques**.

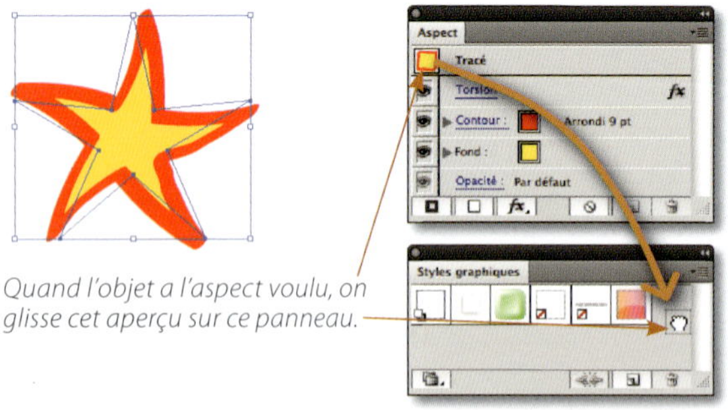

Quand l'objet a l'aspect voulu, on glisse cet aperçu sur ce panneau.

Dès que le style est créé, il apparaît dans le panneau **Styles graphiques**. Il s'applique à la sélection : son nom s'affiche dans la première ligne du panneau **Aspect** (il peut être changé par double-clic dessus).

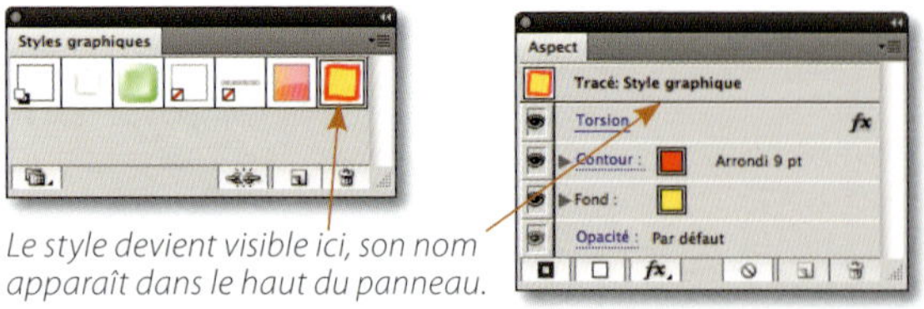

Le style devient visible ici, son nom apparaît dans le haut du panneau.

La gestion des styles graphiques

Elle s'effectue à partir du panneau **Styles graphiques**.

La copie et la suppression de styles

Pour dupliquer un style (puis en modifier son contenu dans le panneau **Aspect**) ou le supprimer, glissez sa vignette sur l'icône pour la copie et pour la suppression.

> **Astuce** *Une commande permet de sélectionner tous les styles inutilisés en vue de les supprimer. Ceci est utile pour créer une bibliothèque de styles à partir du document, et éviter des styles redondants.*

La combinaison de styles graphiques

Quand des styles sont stockés, vous pouvez les combiner entre eux. Pour cela, sélectionnez les styles voulus par ⌘ clic [Ctrl clic] sur leurs vignettes et lancez la commande de fusion dans le menu du panneau **Styles graphiques** : une fenêtre demande de nommer le style résultant, sa composition apparaîtra dans le panneau **Aspect**. L'ordre de sélection des styles avant fusion détermine celui des attributs dans le style résultant. Après fusion, le style fusionné apparaît à la fin des échantillons et les styles de base ne disparaissent pas mais il n'ont aucun lien vers le style issu de la fusion.

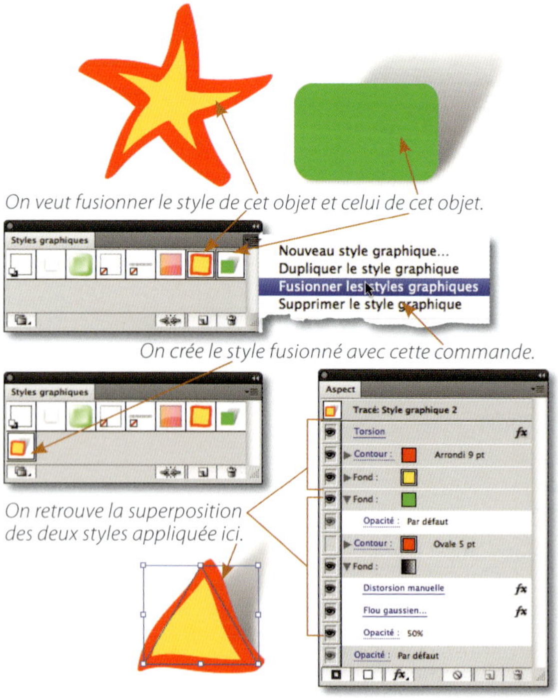

On veut fusionner le style de cet objet et celui de cet objet.

On crée le style fusionné avec cette commande.

On retrouve la superposition des deux styles appliquée ici.

L'apercu des échantillons de style

Le cadre ou le texte d'aperçu

Avant d'appliquer un style à une sélection (tracé ou texte), Illustrator peut vous montrer l'aspect qu'elle aura si le style graphique lui est appliqué. Pour cela, enfoncez la touche Ctrl [bouton droit] et cliquez sur l'échantillon à visualiser sur la sélection : un aperçu la montre avec ce style (s'il n'y a pas de sélection, c'est un carré qui sera utilisé).

On sélectionne l'objet, on clique sur l'échantillon en enfonçant la touche Ctrl [bouton droit].

Si vous devez travailler sur une série de textes, Illustrator peut adapter l'aperçu des échantillons du panneau **Styles graphiques** à ce type d'élément. Pour cela, dans le menu du panneau, choisissez **Utiliser un texte d'aperçu**. Pour retrouver l'affichage classique, choisissez **Utiliser un cadre d'aperçu**.

On a changé le type d'aperçu pour l'adapter au travail de texte.

Les échantillons sans fond ni contour

Dans le panneau **Styles graphiques**, certains échantillons affichent une petite case barrée de rouge dans leur angle intérieur gauche. Cette marque indique que le style ne possède ni fond ni contour, il n'utilise qu'un ou plusieurs effets. Ce type de style s'appliquera à des groupes ou des calques, ou encore en cumul ou superposition à un autre style ayant un fond et/ou un contour (*voir plus loin*).

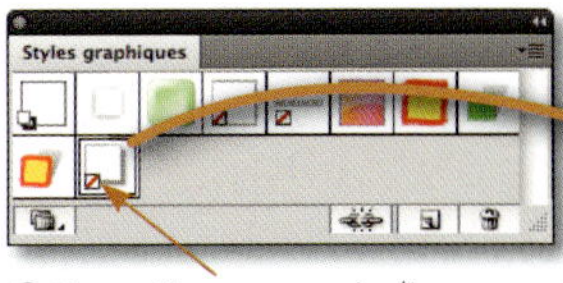

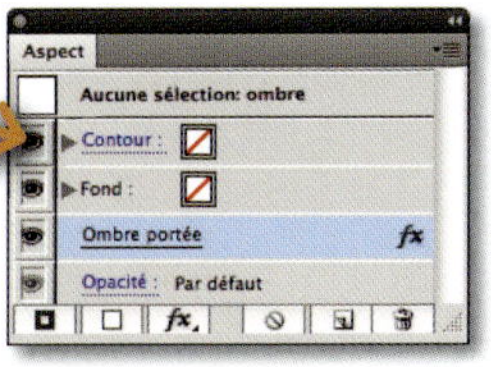

Cette petite marque indique que le style n'utilise ni fond ni contour.

L'application d'un style graphique

L'application simple

Si l'objet, le calque ou le groupe sont sélectionnés (sur le plan de travail ou dans le panneau **Calques** pour le groupe et le calque), cliquez sur le style voulu du panneau **Styles graphiques** pour l'appliquer à la sélection.

Si ce panneau n'est pas affiché, vous pouvez retrouver le sélecteur de styles dans le panneau **Contrôle** et l'utiliser pour affecter le style voulu.

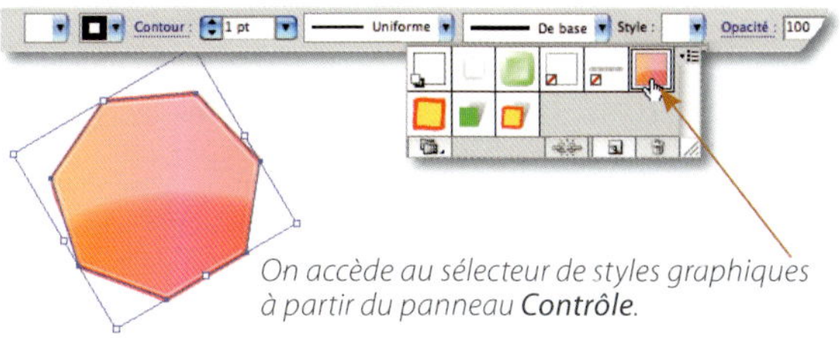

On accède au sélecteur de styles graphiques à partir du panneau **Contrôle**.

Le premier style graphique du sélecteur () permet de retrouver les attributs par défaut : fond blanc et contour noir de 1 pt.

> **Astuce** *Avec un texte, l'option* ***Remplacer la couleur de caractère*** *du menu du panneau* ***Styles graphiques*** *(cochée par défaut) a pour effet de supprimer les attributs de base du texte quand on applique le style. Pour les conserver, décochez cette option avant d'appliquer le style.*

Si l'objet n'est pas sélectionné, comme pour les nuances du panneau **Nuancier**, vous pouvez glisser le style sur l'objet pour changer son aspect. En revanche, le panneau **Aspect** n'indique la composition du style qu'une fois l'objet sélectionné ; jusque-là, il sera précisé qu'il n'y a pas de sélection. Ceci indique que les futures modifications ne concerneront pas le style qui vient d'être appliqué.

Si vous appliquez un style graphique à un groupe ou à un calque et que la couleur de fond de ce style ne s'affiche pas sur les tracés, dans le panneau **Aspect**, faites glisser l'attribut **Fond** au-dessus de l'attribut **Contenu**.

Les styles cumulés ou superposés

Il est possible de cumuler plusieurs styles sur une sélection d'objets de manière à avoir la superposition des attributs de chaque style graphique. Pour réaliser cette combinaison de styles, une fois le premier style appliqué, enfoncez la touche ⌥ [Alt] et cliquez sur le nom du second style dans le panneau **Styles graphiques**. La combinaison ne montrera les attributs du second style (placés en bas de liste dans le panneau **Aspect**), que s'ils ne sont pas masqués par les attributs déjà présents.

Cette combinaison pourra être définie en tant que nouveau style ; cependant, elle ne sera pas sensible aux mises à jour réalisées sur les styles qui ont servi à la composer. Cette manipulation revient à créer un nouveau style par fusion de styles comme indiqué précédement.

Les modifications de styles graphiques

L'édition et la mise à jour du style

Pour éditer un style, selectionnez-le dans le panneau **Styles graphiques** en cliquant sur son échantillon : le panneau **Aspect** affiche son nom et son contenu (et indique qu'il n'y a pas de sélection). Pour mieux visualiser les changements, vous pouvez sélectionner un objet auquel le style est affecté. Dès que vous modifiez un attribut (composition, position, ajout, suppression…), le nom du style disparaît du panneau **Aspect** (la sélection s'il y a en une change d'aspect).

Avec les réglages affichés dans le panneau **Aspect**, vous pouvez définir un nouveau style ou mettre à jour le précédent. Pour cette seconde solution, déroulez le menu du panneau **Aspect** et lancez **Redéfinir le style «…»**. Dès que le remplacement est réalisé, le nom du style réapparaît dans le panneau **Aspect** : sa mise à jour est faite dans le panneau **Styles graphiques** et sur les objets auxquels il est appliqué (sélectionnés ou non).

> **Astuce** *Pour mettre à jour un style, vous pouvez aussi utiliser la méthode des motifs, c'est-à-dire enfoncer la touche ⌥ [Alt] et glisser l'aperçu du panneau **Aspect** sur celui du style dans le panneau **Styles graphiques**.*

Les liens entre l'objet et le style

Si vous souhaitez qu'un objet ne soit pas mis à jour quand vous modifiez le style qui lui est appliqué, sélectionnez cet objet et cliquez sur l'icône de lien en bas du panneau **Styles graphiques** (ce lien peut être rompu par le menu local du panneau **Styles graphiques**). Dès que le lien est supprimé, le nom du style disparaît dans le panneau **Aspect** ; pour le faire réapparaître, il faut réappliquer le style.

Les bibliothèques de styles graphiques

Le panneau par défaut contient peu de styles, mais Illustrator est fourni avec d'autres bibliothèques de styles graphiques auxquelles on accède par le menu **Fenêtre** (**Bibliothèques de styles graphiques**) ou mieux par l'icône du bas du panneau **Styles graphiques**.

De plus, par la commande **Autre bibliothèque**, vous pouvez ouvrir n'importe quel document en vue d'afficher son panneau de styles. Sur ces panneaux ainsi ouverts, deux triangles permettent de passer d'une bibliothèque à une autre (selon la liste des panneaux).

Comme pour les nuances de couleurs, les formes et les symboles, vous pouvez créer votre propre panneau en utilisant la commande **Enregistrer la bibliothèque de styles graphiques** du menu du panneau **Styles graphiques** ou la commande **Enregistrer les styles graphiques** du menu affiché par clic sur l'icône.

Si vous enregistrez votre panneau de styles dans le dossier **Styles graphiques** (situé dans Adobe Illustrator CS5/Presets/fr_FR/), celui-ci sera disponible dans la liste de base.

Après les généralités sur les filtres et les effets, nous allons étudier plus en détail chacun d'eux.

Ils se séparent en différentes catégories :

- **les combinaisons** (**formes composées** ou **combinées**) : elles font appel à le panneau **Pathfinder** (mais aussi au menu **Effet**) ;
- **les découpes** : elles se réalisent avec des outils, des tracés ou par le panneau **Pathfinder** ;
- **les modifications** : elles font intervenir des commandes du menu **Effet** (ou du menu **Filtre**) ;
- **les enveloppes** : elles s'appliquent par le menu **Effet** ou le menu **Objet** ;
- **les traitements spéciaux** : depuis les effets qui ajoutent des éléments bitmap (ombre, lueur…) jusqu'à ceux qui donnent accès à la réalisation d'effets 3D.

> **Astuce** *Un certain nombre de ces traitements peuvent être remplacés par l'utilisation de la peinture dynamique.*

Les combinaisons Pathfinder de tracés

Les modes d'application

Illustrator propose trois techniques pour appliquer les combinaisons **Pathfinder** : l'une est définitive, elle donne une **forme combinée** ; les deux autres sont dynamiques (par création d'une **forme composée**, ou par application d'un effet au calque).

> **Attention** *La technique de réalisation des formes (combinée ou composée) a été inversée par rapport à Illustrator CS4 (ici, on retrouve le principe de CS3).*

La combinaison destructive : forme combinée

Pour réaliser une forme combinée, sélectionnez les tracés, puis cliquez sur une des icônes de la première rangée du panneau **Pathfinder**. Dans la forme obtenue, les tracés initiaux ne sont plus accessibles et prennent les attributs du premier plan. Les combinaisons ne sont pas possibles avec un texte (il faudra vectoriser).

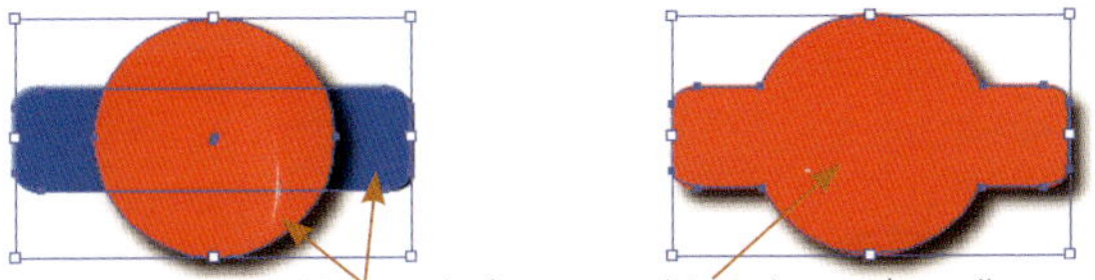

Les tracés initiaux et la forme combinée (un seul tracé).

> **Astuce** *Pour réappliquer la même opération à un autre ensemble de tracés, utilisez la commande* ***Répéter...*** *du menu du panneau* ***Pathfinder*** *(⌘ 4 [Ctrl 4]).*

La combinaison non destructive : forme composée

Si vous cliquez sur l'icône du panneau **Pathfinder** en enfonçant ⌥ [Alt], vous obtenez une forme composée, c'est-à-dire que les tracés sont intacts et demeurent modifiables (notamment en passant par le mode isolation, par exemple) ; ils sont placés dans un calque-objet nommé <**Forme composée**> qui agit comme un groupe ; certains attributs peuvent disparaître.

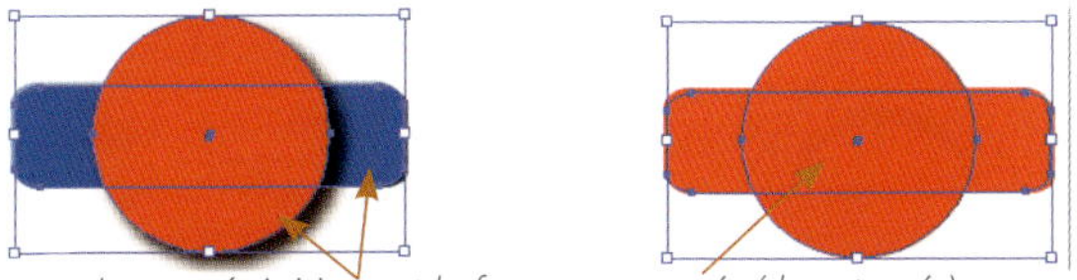

Les tracés initiaux et la forme composée (deux tracés).

> **Attention** *Si après une première réunion (⌥ [Alt]),vous utilisez la commande* ***Répéter...*** *du menu du panneau* ***Pathfinder*** *(⌘ 4 [Ctrl 4]), vous obtiendrez une forme combinée et non pas composée.*

La forme composée peut être obtenue avec un texte, sans avoir à le vectoriser (qui plus est, il reste éditable).

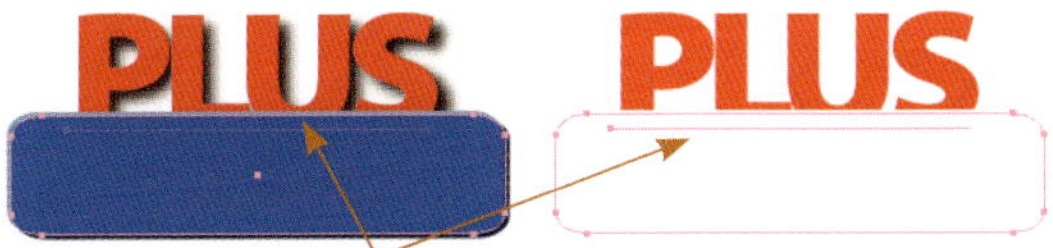

La forme composée (ici soustraction) peut s'obtenir avec un texte.

> **Astuce** *Comme vous pouvez le voir dans les copies d'écran ci-dessus, la forme composée obtenue ne conserve pas tous les attributs des tracés initiaux, pour pallier ce problème, créez un style graphique à partir de l'élément au premier plan, puis une fois la forme réalisée, appliquez-lui ce style.*

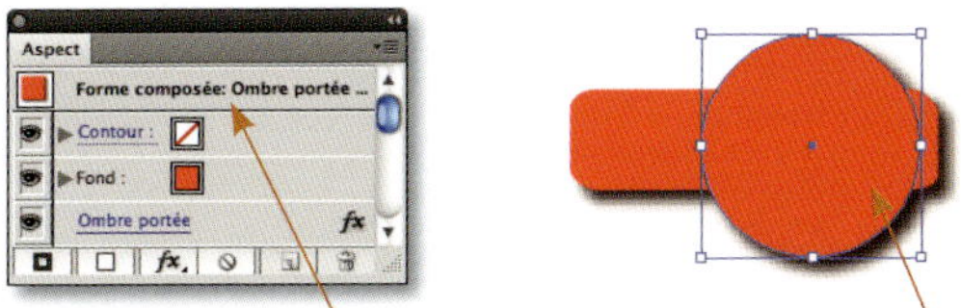

On a appliqué un style à la forme composée et déplacé un de ses constituants dans le mode isolation.

La combinaison par le menu Effet

Le résultat de l'application d'une commande de **Pathfinder** par le menu **Effet** est le même que par le panneau **Pathfinder** avec la touche ⌥ [Alt] (forme composée) : les tracés initiaux restent intacts et modifiables, les textes ne sont pas vectorisés.

Pour appliquer un effet **Pathfinder** à des objets, respectez le mode opératoire suivant :

1. Le cas échéant, réduisez les tracés à leur aspect de base en glissant la cible pleine à la corbeille du panneau **Calques**. Dans le panneau **Calques**, sélectionnez les calques-objets des tracés à combiner en cliquant sur leur nom avec la touche ⌘ [Ctrl].

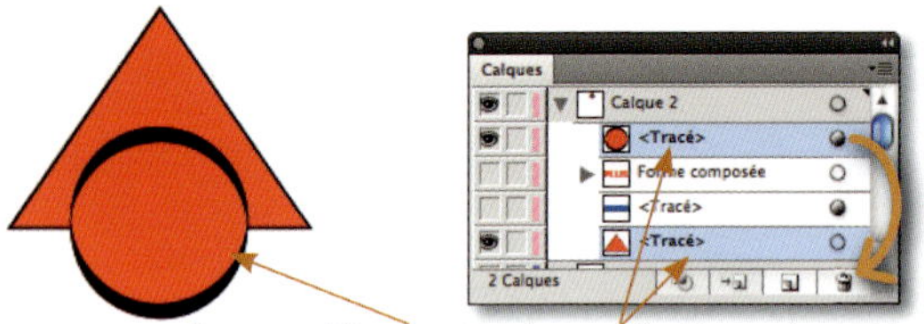

Pour combiner ces tracés, on sélectionne leur calque (éventuellement on supprime les attributs).

2. Lancez **Rassembler sur un nouveau calque** dans le menu du panneau pour les placer sur un même sous-calque. Ciblez ce nouveau calque par clic sur ○.

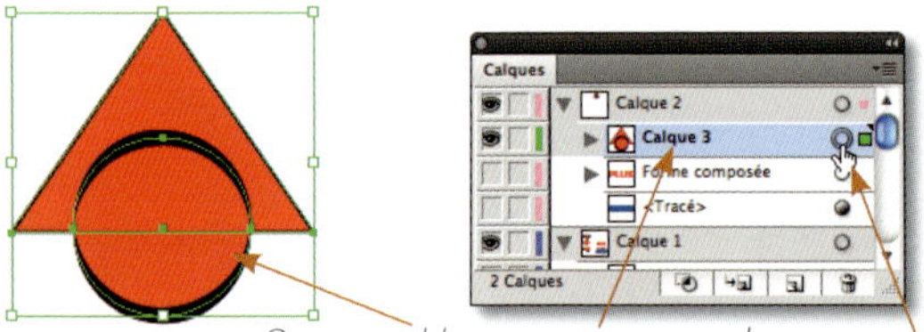

On rassemble sur un nouveau calque (par ce menu du panneau) et on cible le calque.

3. Choisissez l'opération voulue dans le sous-menu **Pathfinder** du menu **Effet**. La cible du calque devient ◉ et le panneau **Aspect** affiche l'effet affecté au calque.

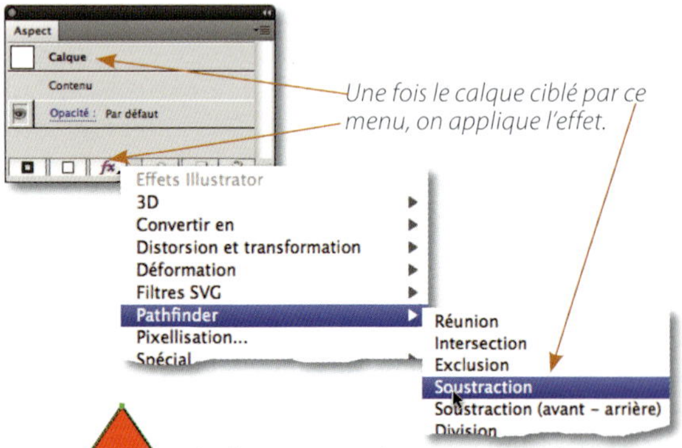

Une fois le calque ciblé par ce menu, on applique l'effet.

La forme composée est obtenue et l'opération est indiquée dans le panneau Aspect.

4. Si vous avez supprimé un attribut de l'un des tracés, vous pouvez le réaffecter au calque après lui avoir ajouté un nouveau fond ou contour.

Quand vous appliquez à un calque une combinaison sous forme d'effet, tout nouvel élément qui apparaît sur ce calque (par création ou copie) subit l'opération avec les objets présents (qui restent modifiables).

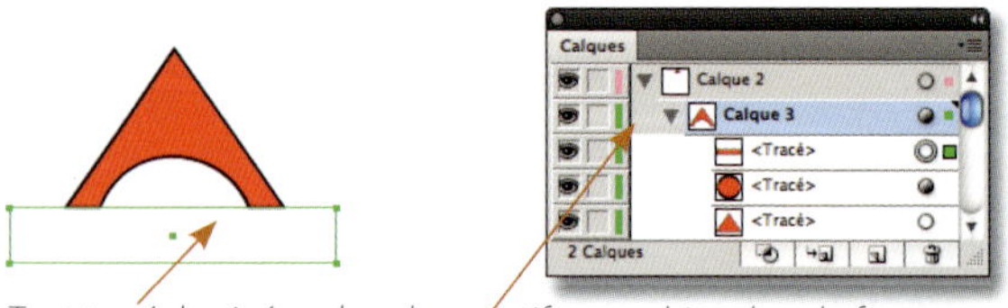

Tout tracé dessiné sur le calque actif se combine dans la forme.

Les types de combinaisons

Le haut du panneau **Pathfinder** (affiché en tapant ⇧⌘ F9 [⇧Ctrl F9]) propose quatre icônes pour créer des combinaisons entre tracés. On distingue :

- **Ajout à la forme** ou **Réunion** ;
- **Soustraction de la forme** ;
- **Intersection des formes** ;
- **Exclusion des intersections**.

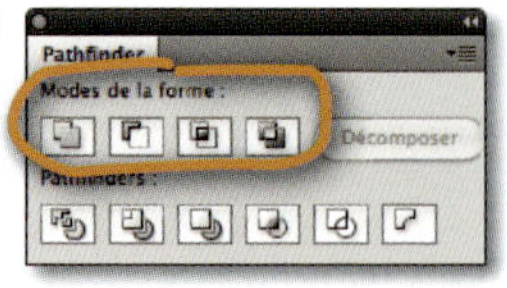

AJOUT À LA FORME OU RÉUNION

La combinaison n'est bien visible sur le plan de travail que si les objets ont un contour. Celui-ci se place sur les bords extérieurs de l'ensemble.

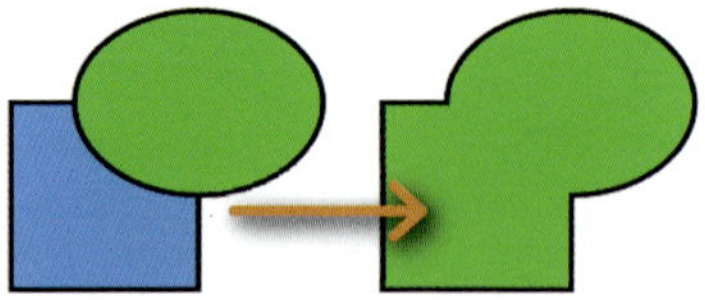

C'est l'objet au premier plan qui détermine la couleur de la forme obtenue.

SOUSTRACTION DE LA FORME

L'objet au premier plan joue le rôle de gomme. Un seul objet peut subir la soustraction ; pour pallier ce problème, appliquez d'abord une réunion aux éléments constituant l'arrière-plan (il y a alors des combinaisons imbriquées, *voir plus loin*). Dans la deuxième ligne d'icônes et dans les effets, il existe aussi une soustraction (avant – arrière).

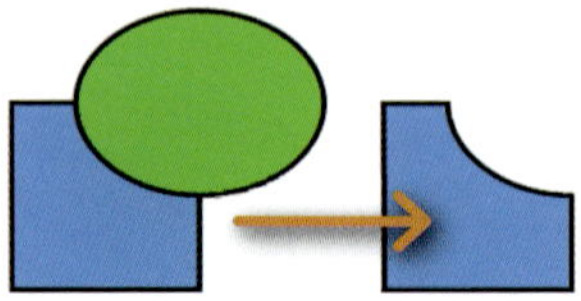

C'est l'objet à l'arrière-plan qui détermine la couleur de la forme obtenue.

Intersection des formes

Pour réaliser une intersection, il est indispensable que les objets aient une partie commune : c'est elle qui constitue le tracé final. Pour une intersection multiple, sélectionnez les tracés à l'arrière-plan, lancez **Ajout de la forme** ; sélectionnez ceux au premier plan, tapez ⌘ 4 [Ctrl 4] (pour répéter la réunion) ; sélectionnez l'ensemble et lancez **Intersection des formes**.

C'est l'objet au premier plan qui détermine la couleur de la forme obtenue.

Exclusion des intersections

Les objets doivent présenter une zone de recouvrement, c'est elle qui sera remplacée par un trou (la transparence y est totale). Contrairement aux commandes précédentes, l'exclusion peut se réaliser avec une sélection comportant plusieurs tracés.

C'est l'objet au premier plan qui détermine la couleur de la forme obtenue.

Type de la combinaison		Exemples
Ajout à la forme ou **Réunion**	Tracés initiaux :	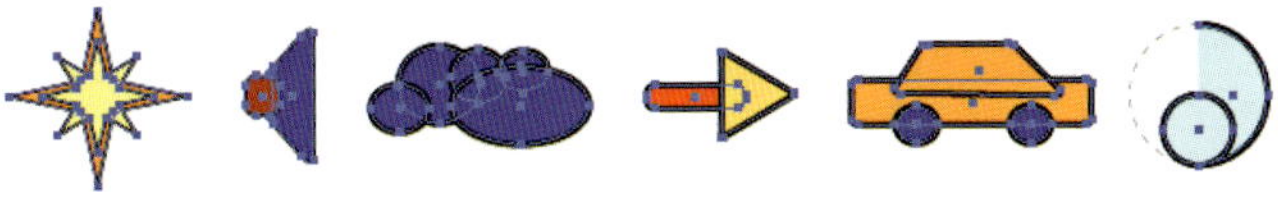
	Tracés combinés :	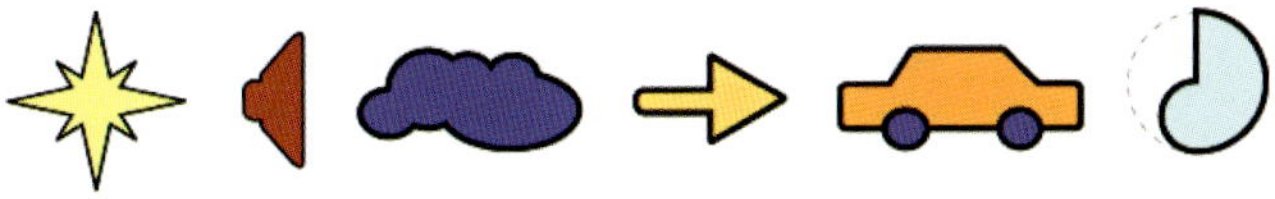
Soustraction de la forme	Tracés initiaux :	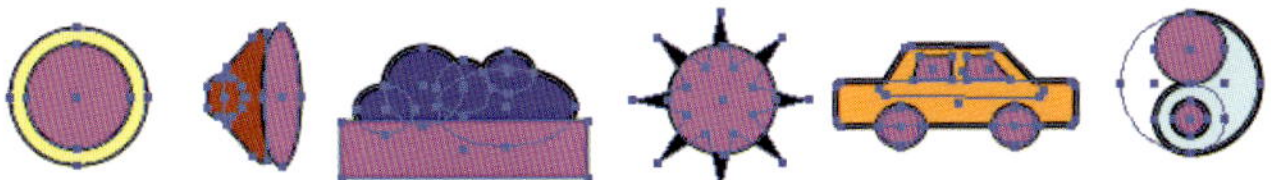
	Tracés combinés :	
Intersection des formes	Tracés initiaux :	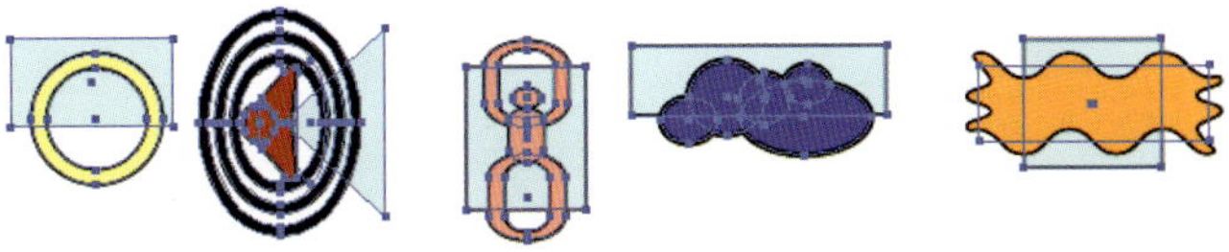
	Tracés combinés :	
Exclusion des intersections	Les exclusions sont moins fréquentes que les autres combinaisons.	

Les combinaisons par l'outil Concepteur de forme

Les combinaisons par le panneau **Pathfinder** étant définitive, elles peuvent souvent être remplacées par un travail avec l'outil **Concepteur de forme**. Celui-ci est d'un emploi facile dont nous avons déjà parlé et que nous allons revoir avec un exemple.

Avant d'aborder cet exemple, rappelons que l'outil n'agit que sur les objets sélectionnés ; il crée des fusions entre les objets sur lesquels on le glisse (avec possibilité de colorer) ou des soustractions (effacements) si on ajoute ⌥ [Alt].

Voici un exemple de réalisation par combinaison de rectangles et d'ellipses, modifiée avec l'outil **Concepteur de forme**.

On a dessiné une série d'ellipses pour définir l'aspect des nuages ainsi qu'un rectangle qui permettra d'en supprimer la moitié basse. L'illustration est finalisée en quelques étapes :

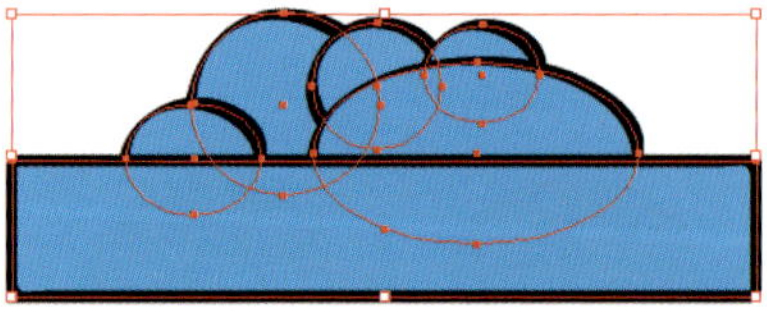

Le point de départ du travail : des ellipses et un rectangle pour supprimer le bas.

1. Sélectionnez tous les tracés et activez l'outil **Concepteur** de forme. Les tracés ayant tous la même couleur de fond, le sélecteur de nuances montre cette couleur. Ce sélecteur, visible au-dessus du curseur, s'affiche à partir des options de l'outil obtenues en tapant ↵.

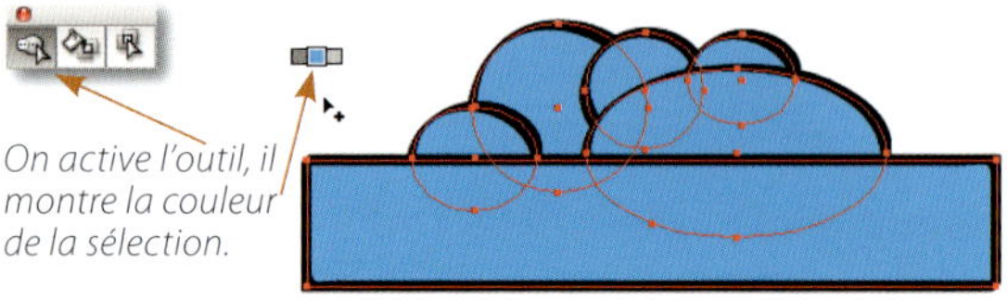

On active l'outil, il montre la couleur de la sélection.

2. Glissez une première fois l'outil sur les ellipses à fusionner (celles qui seront traitées se remplissent d'une trame). Recommencez l'opération de manière à fusionner toutes les ellipses situées au-dessus du rectangle.

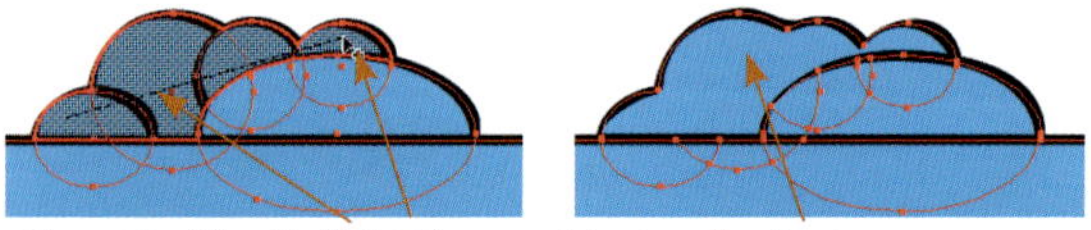

On a glissé l'outil d'ici à là pour obtenir cette réunion.

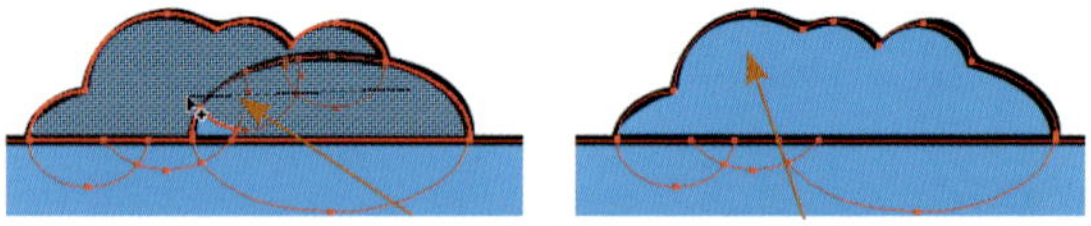

Avec d'autres glissements de l'outil, on obtient cette forme.

3. Enfoncez la touche ⌥ [Alt] (l'outil se marque d'un signe –) et glissez l'outil de part en part du rectangle en prenant soin de toucher les ellipses qu'il recouvre. Les surfaces qui apparaissent tramées sont supprimées. On obtient le résultat souhaité.

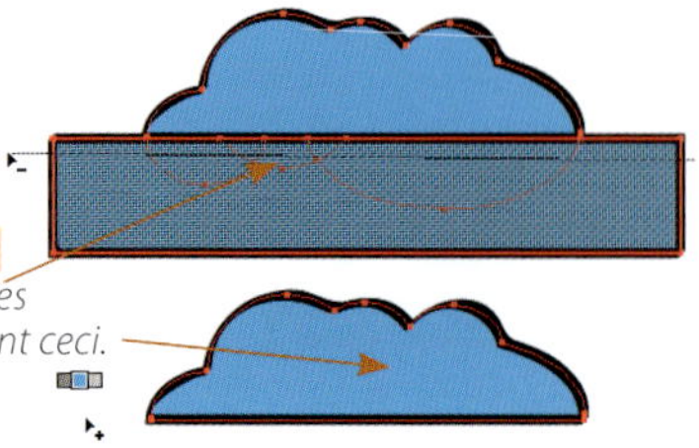

Avec la touche ⌥ [Alt] on glisse sur les surfaces à supprimer : on obtient ceci.

Les soustractions avec la gomme

Dans le cadre des combinaisons définitives, on peut également envisager des soustractions avec l'outil **Gomme**. Celle-ci a pour effet d'effacer toutes les parties de tracés survolées. Elle agit comme fonctionnerait la gomme de Photoshop sur un dessin pixellisé. Avant de l'utiliser, tapez ↵ (ou double-cliquez sur l'icône de l'outil dans le panneau **Outils**) pour afficher sa fenêtre de réglages pour y spécifier : l'angle, l'arrondi et le diamètre (ces éléments peuvent être variables selon la pression d'un stylet de tablette graphique).

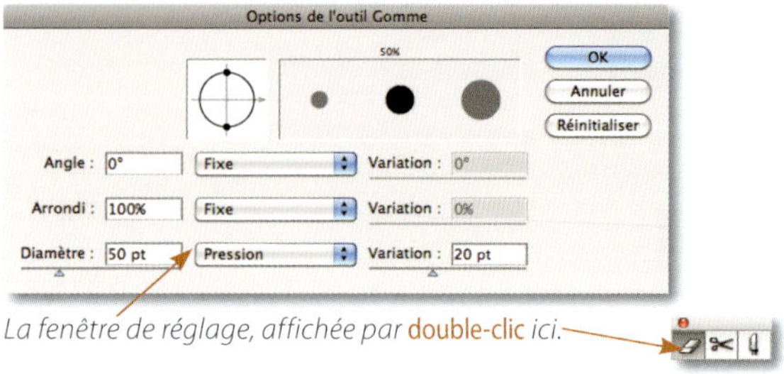

La fenêtre de réglage, affichée par double-clic ici.

Si des tracés sont sélectionnés, l'effacement n'affectera que la sélection. En enfonçant la touche ⇧, il est possible de contraindre les deplacements de l'outil à des angles multiples de 45°.

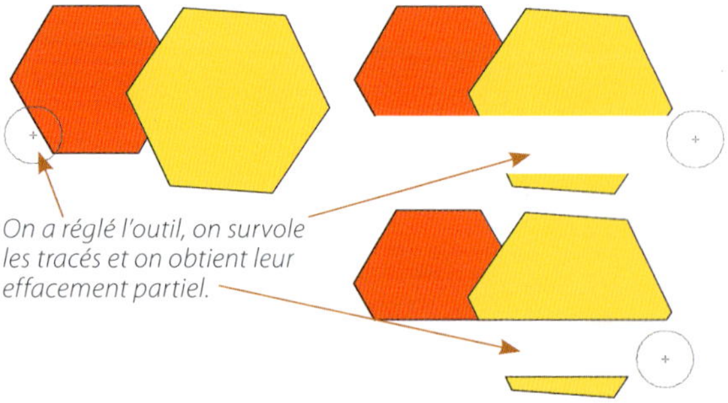

On a réglé l'outil, on survole les tracés et on obtient leur effacement partiel.

Astuce *Si vous enfoncez la touche ⌥ [Alt], lors de son glissement l'outil **Gomme** permet de dessiner un rectangle (un carré si on ajoute ⇧) qui effacera toutes les parties de tracés qu'il couvre.*

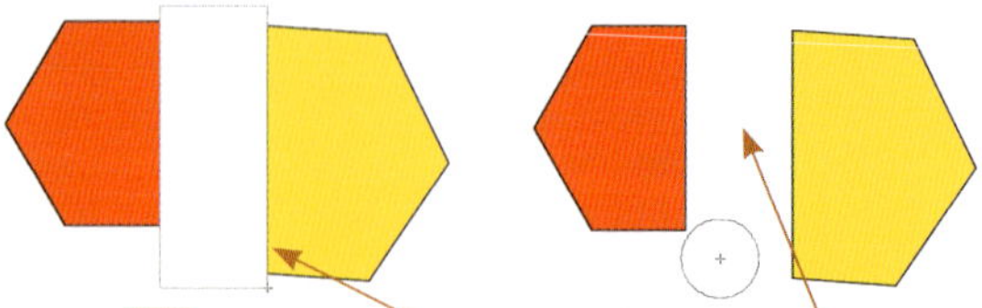

Avec ⌥ [Alt], on trace un rectangle qui efface se qu'il couvre.

Le travail de la forme composée

Vous pouvez intervenir de différentes façons sur les tracés appartenant à une forme composée ou un calque ayant un effet Pathfinder mais toutes les interventions nécessitent une sélection d'un tracé, de l'ensemble de la forme, ou d'un ciblage du calque (pour un effet **Pathfinder**).

Les sélections et manipulations des tracés

Bien que faisant partie d'une forme composée, chacun des tracés de la forme peut subir des modifications, c'est l'intérêt de ce type de combinaison. Pour effectuer ces manipulations, sélectionnez l'élément à éditer. Vous disposez de deux méthodes :

- le panneau **Calques** : cliquez sur le carré de sélection du calque-objet.

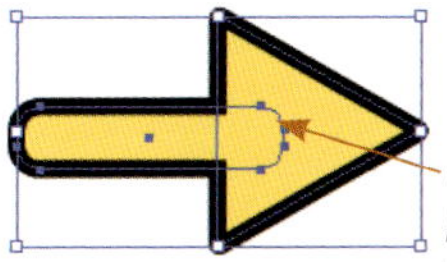

Cette forme composée a été réalisée par réunion de deux tracés visibles dans ce panneau.

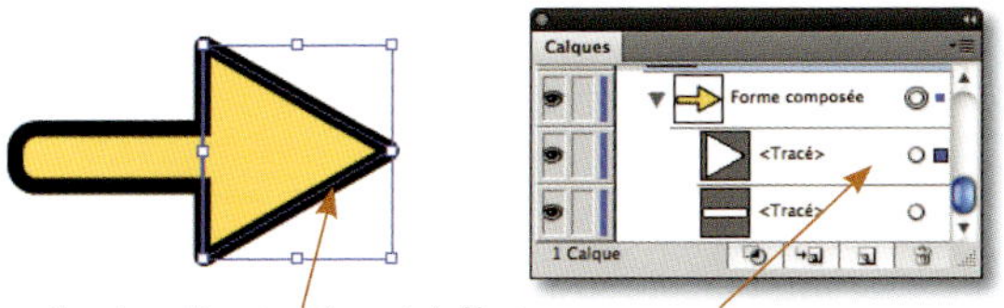

La sélection d'un tracé peut s'effectuer par ce panneau.

- sur le plan de travail : vous pouvez travailler avec la **Flèche blanche** ou isoler le groupe par double-clic sur la forme composée et continuer à travailler avec la **Flèche noire**.

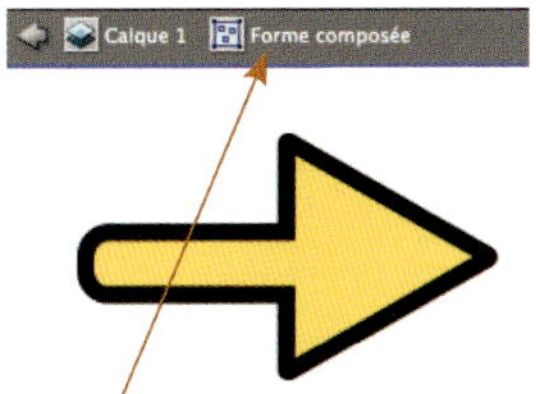

Par double-clic avec la flèche noire, on isole la forme composée…

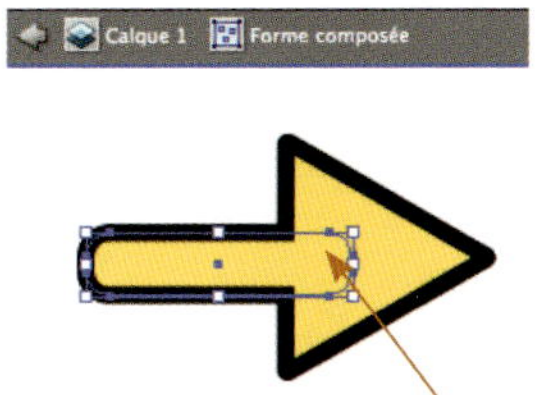

…on peut alors sélectionner un de ses constituants.

Note *Pour isoler le groupe, vous pouvez cliquer sur la forme composée puis sur l'icône [icône] du panneau **Contrôle**.*

Par clic sur cette icône, on isole le groupe constitué par la forme composée.

Le tracé peut subir des déplacements, des mises à l'échelle ou toute autre transformation ; vous pouvez modifier son dessin, sa saisie pour un texte, il est même possible d'utiliser les icônes d'alignement du panneau **Contrôle**.

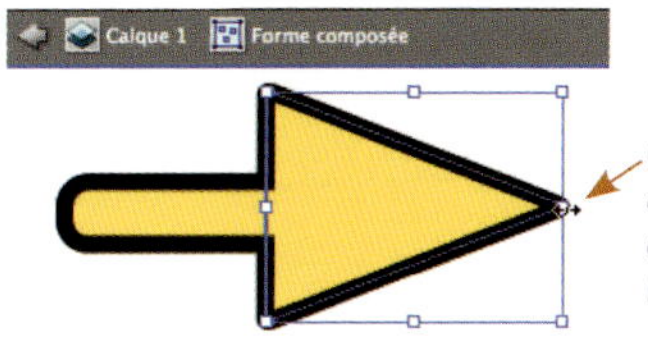

On a transformé un des constituants de la forme composée (dans le mode isolation).

Si vous comptez appliquer des effets à un seul des tracés (certains ne s'appliqueront pas), il faudra le cibler dans le panneau **Calques** sans quoi c'est la forme composée qui prendra l'effet (car c'est elle qui est ciblée).

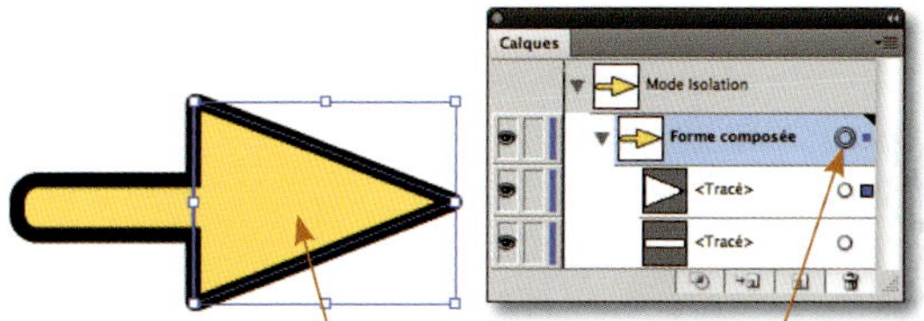

Bien qu'un seul tracé soit sélectionné, c'est la forme composée qui est ciblée…

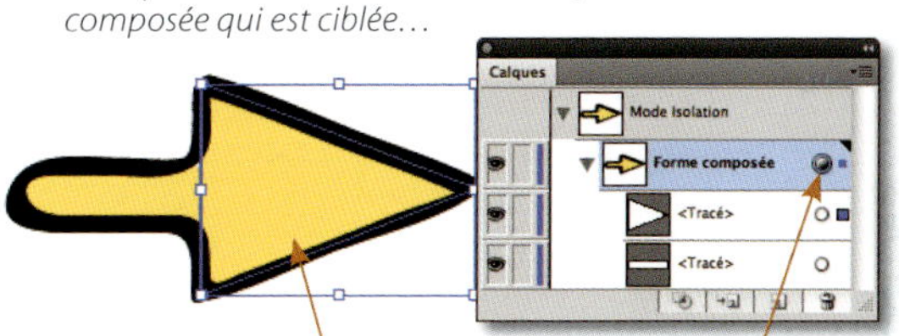

…aussi, l'application d'un effet s'effectue sur la forme entière.

Le changement de combinaison ou de mode de la forme

L'opération utilisée dans une combinaison (réalisée avec la touche ⌥ [Alt]) est interchangeable. Pour la changer, effectuez les manipulations suivantes :

1. Sélectionnez le tracé qui provoque l'opération, il est au premier plan dans la forme composée (en haut de la liste dans le calque-objet **<Forme composée>**).

Dans cette forme composée le tracé qui provoque l'opération est au premier plan.

Si on sélectionne l'objet au premier plan, on visualise l'opération.

2. Quand l'objet est sélectionné, le panneau **Pathfinder** active l'icône de l'opération en cours, avec ⌥ [Alt], cliquez sur celui correspondant à l'opération souhaitée.

On obtient cette forme en choisissant une autre opération.

> **Attention** *Si vous oubliez d'enfoncer la touche ⌥ [Alt], un message d'erreur apparaîtra.*

> **Astuce** *Si le panneau **Pathfinder** n'affiche aucune opération, c'est que vous avez sélectionné le tracé qui se trouve à l'arrière-plan ; c'est lui qui subit l'opération, mais pas qui la provoque.*

L'annulation de la forme composée

Si elle a été réalisée avec la touche ⌥ [Alt], vous pouvez annuler l'opération en cours entre des tracés : sélectionnez l'ensemble de la forme composée et lancez la commande **Annuler la forme composée** dans le menu du panneau **Pathfinder**.

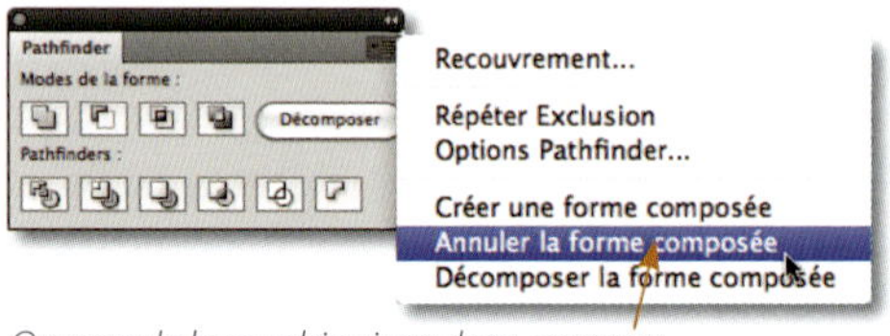

On annule la combinaison dans ce menu.

> **Astuce** *Vous pouvez également annuler la forme composée depuis le panneau **Calques** en glissant les calques-objets des tracés combinés sur un autre calque.*

La coloration de tracés combinés

La coloration de l'ensemble

Tous les objets appartenant à une forme composée ont obligatoirement la même couleur (fond et contour) que celle de l'objet au premier plan sauf pour les soustractions. Elle peut être modifiée en sélectionnant n'importe quel constituant de la forme composée ou en ciblant cette dernière dans le panneau **Calques**.

*On cible la forme composée par le panneau **Calques** ou on sélectionne un des éléments.*

On peut changer les attributs de l'ensemble.

La coloration d'un élément de la forme

Si la forme composée comporte plusieurs parties distinctes et que vous souhaitez en colorer différemment certaines, il faut décomposer la forme (par clic sur le bouton **Décomposer** du panneau **Pathfinder**), puis créer un groupe de peinture dynamique.

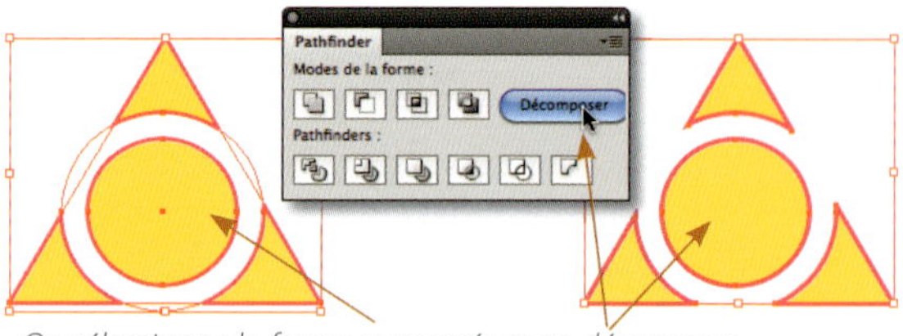

On sélectionne la forme composée et on décompose.

*On crée un groupe de peinture dynamique que l'on colore avec l'outil **Pot de peinture**.*

Si vous ne créez pas de groupe de peinture, la coloration ne pourra se faire qu'après avoir lancé la commande **Annuler/Tracé transparent** du menu **Objet** ou du menu contextuel.

Les formes composées multiples ou imbriquées

L'intégration de tracé dans la forme composée

Quand vous venez de dessiner un objet, il est possible de l'intégrer dans une forme composée existante. Pour réaliser cette incorporation, affichez les sous-calques dans le panneau **Calques**, glissez le calque-objet du tracé à l'intérieur du calque de la forme composée : dès qu'il est en place, s'il ne provoque pas la même opération que les tracés existants, cliquez sur l'icône voulue dans le panneau **Pathfinder**.

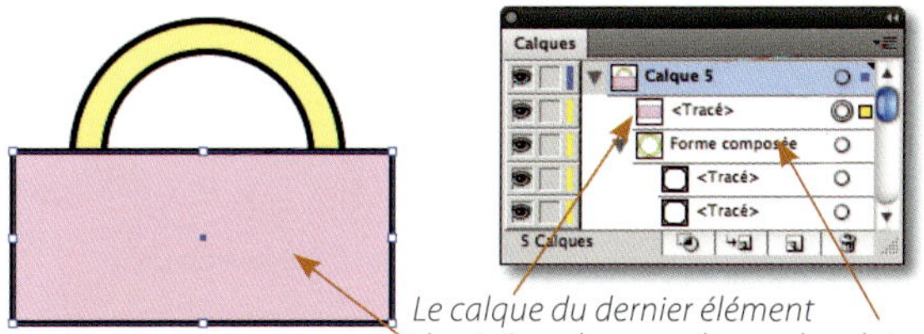

Le calque du dernier élément dessiné se place au-dessus de celui de la forme composée.

On a intégré le tracé dans la forme par glissement de son calque.

Avec ⌥[Alt], on peut changer l'opération.

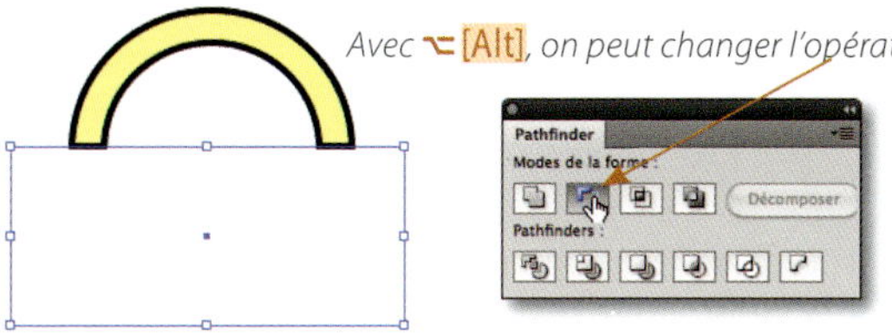

Une autre solution consiste à isoler la forme composée (par clic sur l'icône du panneau **Contrôle** ou double-clic sur l'un des éléments de la forme), puis à dessiner le nouvel objet ; celui-ci effectue alors une réunion avec les tracés inférieurs. Si vous souhaitez une autre opération sélectionnez-la dans le panneau **Pathfinder,** mais attention, n'oubliez pas d'enfoncer la touche ⌥[Alt] pour obtenir l'opération de type forme composée.

On a isolé cette forme composée.

Si on dessine un nouvel élément dans ce mode isolation, on fait une réunion.

On peut changer l'opération (avec ⌥[Alt]), mais le prochain dessin fait une réunion.

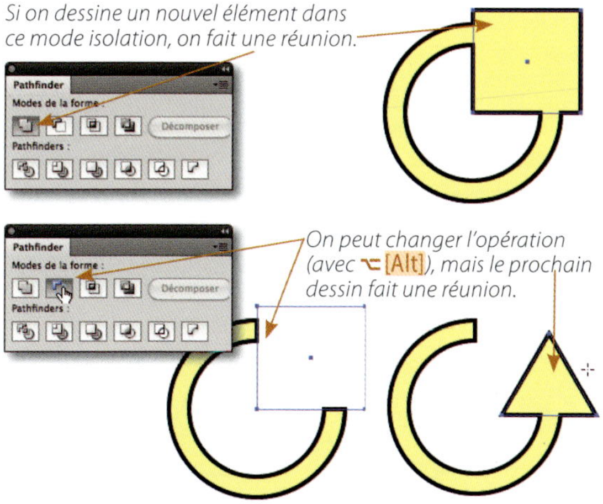

Astuce *Quand vous dessinez, si la forme composée comporte des soustractions, certains objets sont invisibles ; utilisez les repères commentés pour les prévisualiser par survol.*

Les formes composées imbriquées

Quand vous dessinez un objet, si le calque actif est situé à l'intérieur de la forme composée, le nouveau tracé s'intègre à la forme composée. Si ce n'est pas le cas, vous pouvez créer une nouvelle forme composée dans laquelle la première est imbriquée. Pour ce faire, sélectionnez l'ensemble constitué par le tracé et la forme composée puis, avec la touche ⌥[Alt] enfoncée, cliquez sur l'icône du panneau **Pathfinder** correspondant à l'opération à réaliser : le panneau **Calques** montrera (si vous affichez les sous-calques) que la forme composée contient une forme imbriquée.

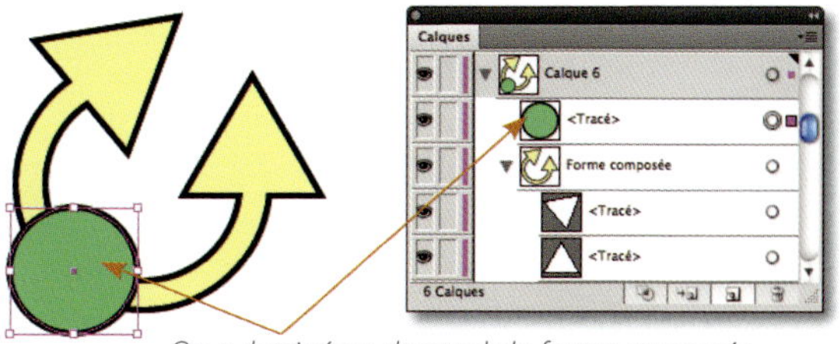

On a dessiné au-dessus de la forme composée.

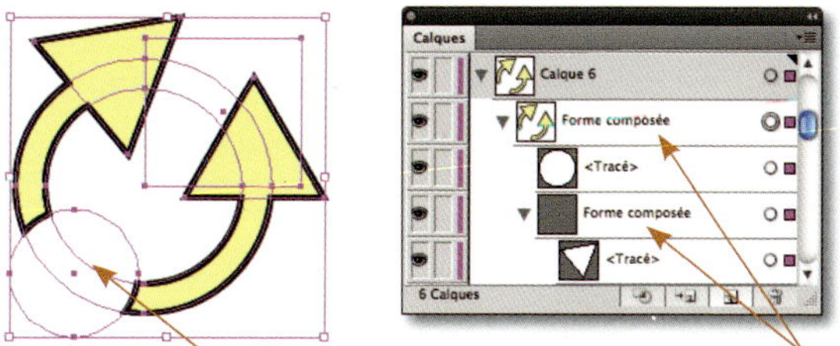

Une opération avec une sélection de l'ensemble donne des formes composées imbriquées.

De la forme composée à la forme combinée (définitive)

Quand la forme composée (obtenue par l'utilisation de la touche ⌥[Alt] et des opérations du panneau **Pathfinder**) a l'aspect souhaité, vous pouvez « figer » la combinaison (ce qui empêche l'accès à ses constituants). Pour obtenir ce résultat, sélectionnez l'ensemble et cliquez sur le bouton **Décomposer** dans le panneau **Pathfinder** (ou utilisez la commande du menu du panneau) — attention, cette opération est irréversible.

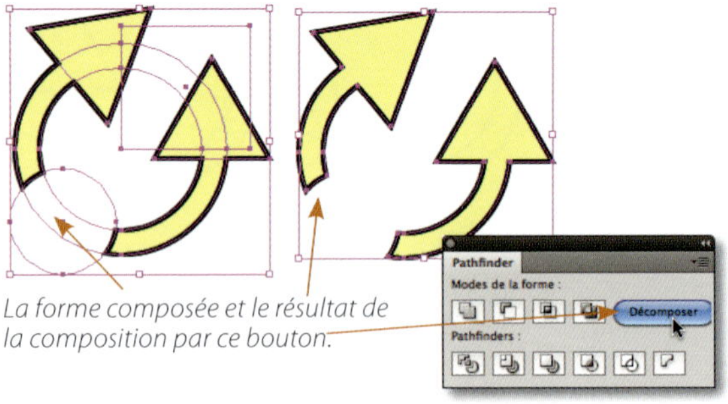

La forme composée et le résultat de la composition par ce bouton.

Les exportations de forme composée

Les exportations par copier-coller

Les collages dans Photoshop

Si vous effectuez un copier-coller vers Photoshop de tracés entrant dans une forme composée, ce dernier propose différentes options de collage :

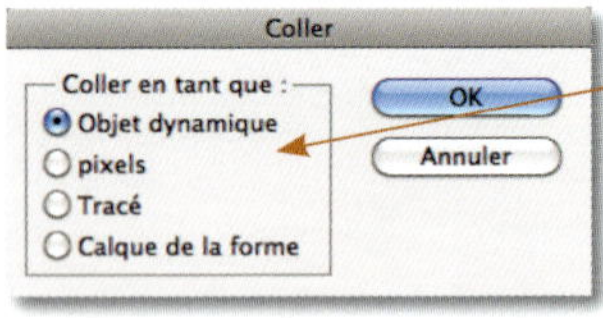

Les options de collage des tracés issus d'Illustrator.

- **Objet dynamique** : le collage conserve l'aspect initial et maintient un lien avec Illustrator.
- **Pixels** : les tracés conservent leurs couleurs mais ne sont plus vectoriels.
- **Tracé** : les couleurs sont perdues, vous obtenez un tracé de travail Photoshop avec la forme composée éditable.
- **Calque de la forme** : cette option garde les caractéristiques vectorielles (sauf les couleurs) et reste partiellement modifiable dans Photoshop.

ATTENTION *Pour que la forme composée soit entièrement éditable dans Photoshop, elle ne doit pas avoir été réalisée par imbrications de formes mais par intégration des tracés.*

Le collage dans InDesign

Lors d'un collage dans InDesign, les objets demeurent vectoriels mais les opérations ne sont pas réalisées ; il est donc préférable de décomposer la forme par le panneau **Pathfinder** (ou par le menu **Objet** dans le cas d'un effet **Pathfinder**).

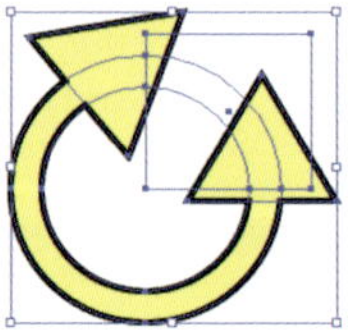

À gauche, les tracés dans Illustrator et, à droite, ceux dans InDesign.

Le collage dans Flash

Lors d'un collage dans Flash, des choix sont possibles : collage en tant qu'image bitmap ou collage vectoriel. Avec ce dernier, les objets demeurent vectoriels et les opérations sont réalisées : la forme est décomposée. Avec l'option bitmap, les objets sont pixellisés.

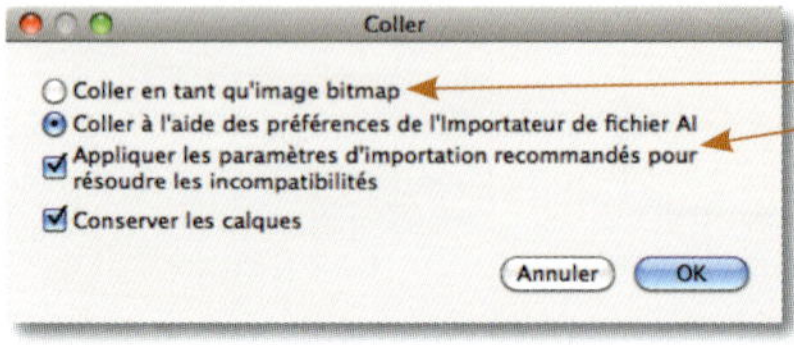

Bitmap (pixels) ou vectoriel.

À gauche, les tracés dans Illustrator et, à droite, ceux dans Flash.

Les exportations vers Photoshop par fichier

Illustrator exporte vers Photoshop des formes composées. L'opération se réalise avec la commande **Exporter** (menu **Fichier**) et son format **Photoshop (psd)**. Cependant, bien que la fenêtre d'exportation propose une option (**Caractère modifiable maximum**) pour conserver les fonctions d'édition des formes vectorielles, la forme composée ne doit avoir ni contour, ni effet.

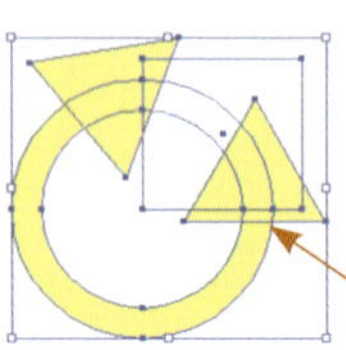

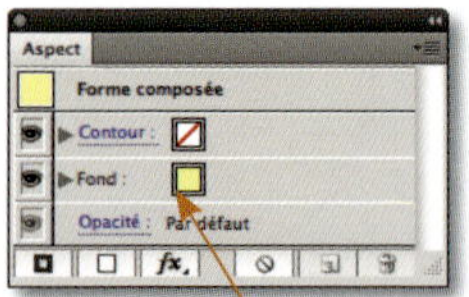

Cette forme ne possède qu'un fond.

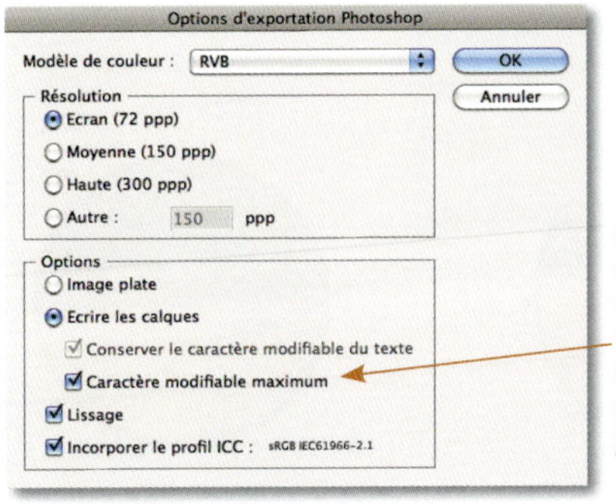

Les options d'exportation vers Photoshop. Cette option ne fonctionne que si les tracés n'ont pas de contour.

Il est donc préférable d'enregistrer le document Illustrator avec le format natif (.ai), puis de l'importer dans Photoshop ; il y apparaîtra en tant qu'objet dynamique et vous garderez ainsi les possibilités d'édition d'Illustrator.

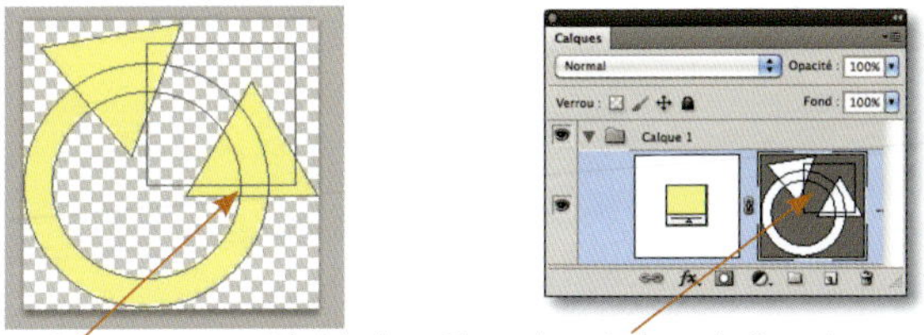

La forme reste modifiable dans Photoshop (calque de forme).

Attention *L'option* ***Caractère modifiable maximum*** *doit être cochée pour conserver les tracés vectoriels. Elle ne fonctionne que si la forme ne possède ni contour ni effet (telle une ombre portée, par exemple) — ces derniers seront rajoutés dans Photoshop (avec un effet de calque de type contour). L'option ne fonctionne pas non plus avec les effets Pathfinder sur les calques.*

Les découpes et divisions de tracés

Illustrator propose plusieurs méthodes pour découper des tracés : le cutter, une commande du menu **Objet**, des commandes du panneau **Pathfinder** et des effets. Dans de nombreux cas, la découpe pourra être remplacée par l'utilisation d'un groupe de peinture dynamique ou encore par l'utilisation de l'outil **Concepteur de forme** (nous en verrons plusieurs exemples).

L'outil Cutter

Le principe de l'outil Cutter

Pour couper un tracé, activez l'outil **Cutter** (par ⌥ [Alt] clic sur l'outil **Gomme**). En partant de l'extérieur, dessinez un tracé qui traverse l'objet de part en part ; ce tracé doit se terminer à l'extérieur de l'objet à découper. Dès que vous relâchez le bouton, l'outil provoque la découpe du tracé.

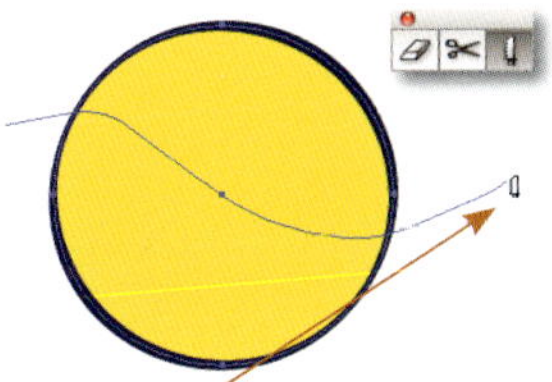

On glisse l'outil en travers du tracé à découper.

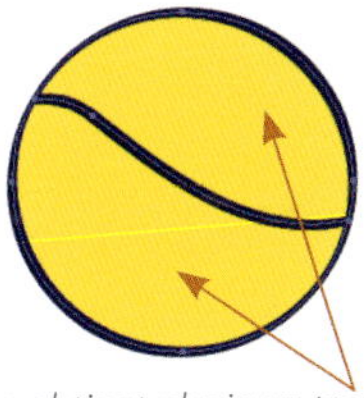

On obtient plusieurs tracés sélectionnés.

Si vous souhaitez réaliser une découpe selon une droite, enfoncez la touche ⌥ [Alt]. Si vous ajoutez la touche ⇧, cette droite suivra un angle multiple de 45°.

Chaque morceau peut être sélectionné séparément pour être colorié, déplacé, ou même effacé. Pour réaliser la sélection d'un morceau, utilisez le panneau **Calques** et cliquez sur la case de sélection du tracé voulu. Pour une coloration, vous pouvez glisser la nuance directement sur le morceau depuis le panneau **Nuancier**.

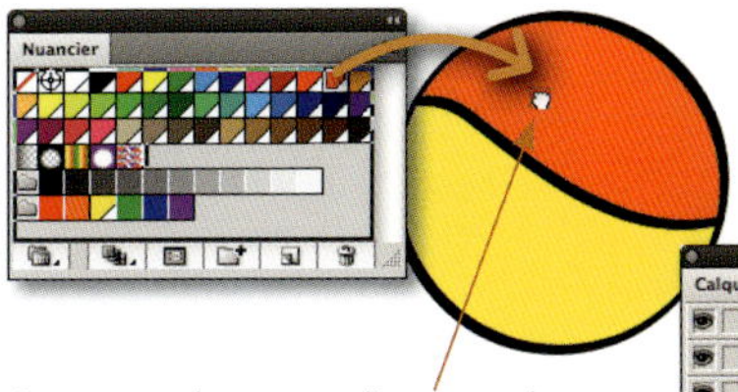

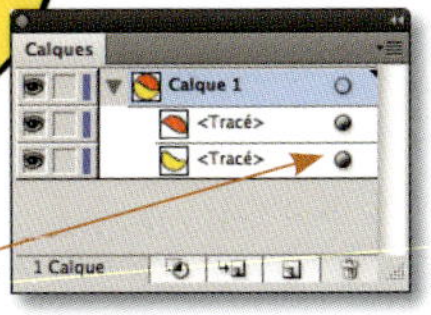

On peut colorer par glissement (sans sélection). On aussi sélectionner dans ce panneau pour manipuler l'un des tracés.

Astuce *Si le cutter passe sur une superposition de tracés non sélectionnés, il les découpe tous (sauf ceux qui sont verrouillés). Si le cutter passe sur un ensemble de tracés dont l'un est sélectionné, il ne découpe que ce dernier.*

Cutter ou peinture dynamique ?

Si son seul but est la coloration, une découpe au cutter peut être remplacée avantageusement par la création d'un groupe de peinture dynamique. Voici la méthode :

1. Si l'objet « à découper » possède des attributs particuliers, commencez par créer un style graphique avant de faire le groupe de peinture dynamique car ce dernier perdra une partie de ses attributs, un message le signalera (vous pourrez lui réaffecter avec ce style).

2. Dessinez sur l'objet à découper un trait de crayon (ou de plume) et supprimez ses attributs par clic sur l'icône du bas du panneau **Aspect**.

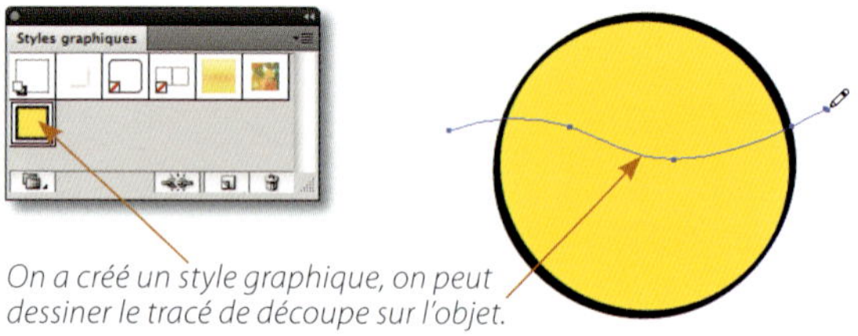

On a créé un style graphique, on peut dessiner le tracé de découpe sur l'objet.

3. Sélectionnez l'ensemble et créez le groupe de peinture en tapant ⌥⌘X [Alt Ctrl X] (ou par la commande du menu **Objet**/**Peinture dynamique**).

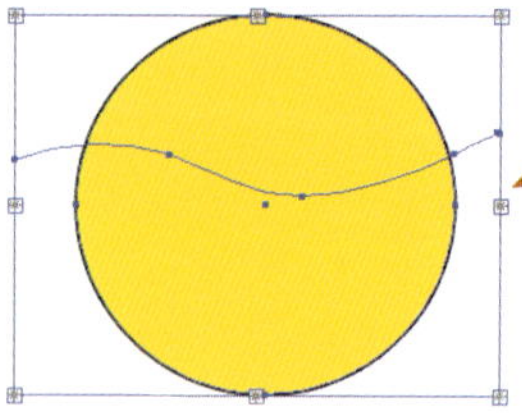

On a créé le groupe de peinture dynamique avec l'ensemble (il perd certains attributs).

4. Activez l'outil **Pot de peinture dynamique**, choisissez la nuance voulue (dans le curseur qui surmonte l'icône de l'outil selon ses options, ou dans le panneau **Nuancier**) et cliquez sur la zone à colorer.

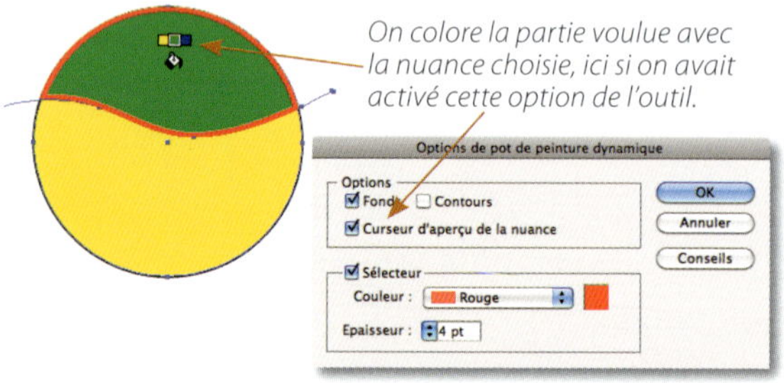

On colore la partie voulue avec la nuance choisie, ici si on avait activé cette option de l'outil.

5. Le cas échant, réappliquez le style graphique (créé au départ). L'avantage par rapport à une découpe au cutter est que le tracé reste modifiable (découpe dynamique).

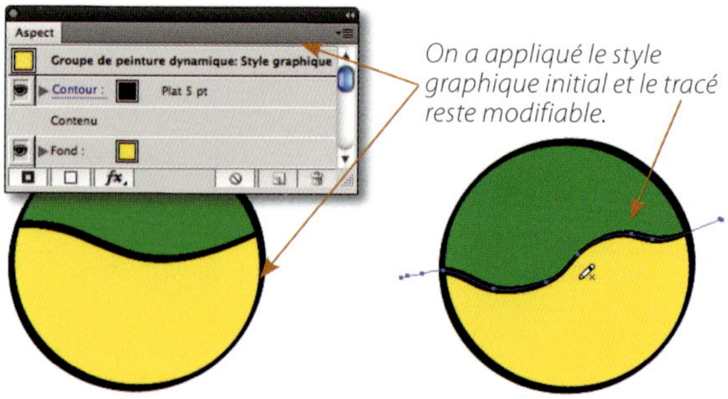

On a appliqué le style graphique initial et le tracé reste modifiable.

La découpe par un tracé

Le dessin au cutter n'est pas toujours évident ; une découpe par un tracé est plus facile à gérer. Pour l'obtenir, glissez un tracé ou dessinez-le (avec le crayon, la plume…) sur des objets et lancez **Diviser les objets inférieurs** du sous-menu **Tracé** (menu **Objet**) : les objets se trouvent alors découpés selon le tracé sélectionné au premier plan. Chaque morceau, sélectionné seul, peut être manipulé séparément (déplacement, coloration, suppression…).

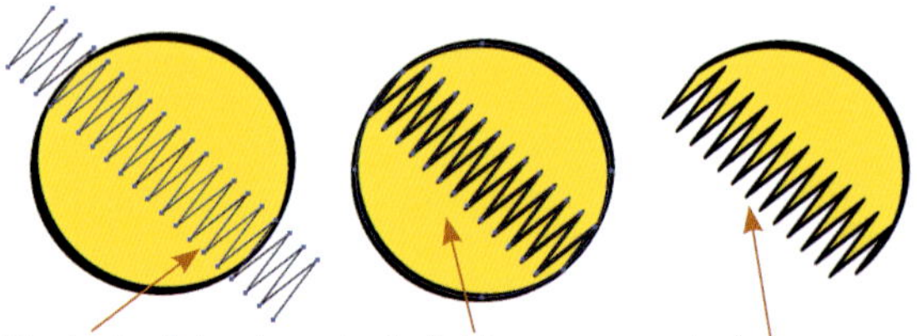

On dessine le tracé sur l'objet à découper. *Après division, on a supprimé un morceau (sélectionné dans le panneau **Calques**).*

Attention *Il ne faut pas sélectionner le tracé qui subit la découpe, seul celui qui sert à découper doit être sélectionné.*

Astuce *Il est impossible de réaliser la découpe avec plusieurs tracés sur un ou plusieurs objets. Pour pallier ce problème il faudra utiliser les divisions* (voir ci-après).

Comme pour le cutter, si vous ne découpez que pour colorer (ou supprimer — cela s'obtient par remplissage avec l'attribut **Sans**), vous pouvez utiliser un groupe de peinture dynamique. Comparons les deux options :

Découpe par tracé :

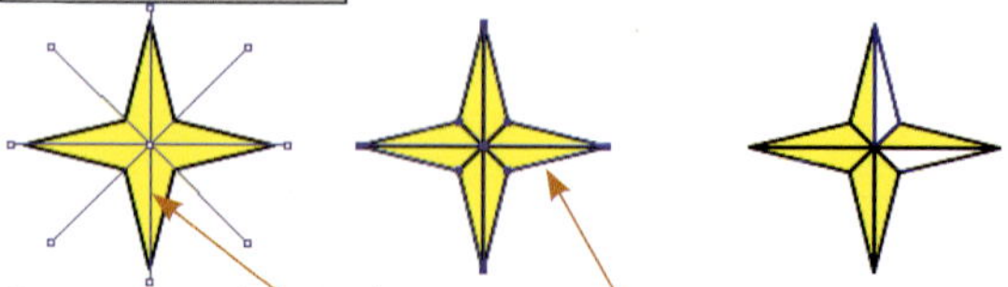

On superpose deux étoiles et on découpe avec celle qui a un de ses rayons nul. *On colore en glissant les nuances.*

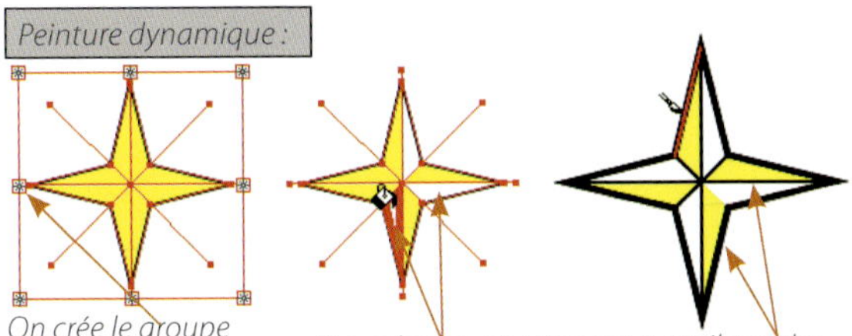

On crée le groupe de peinture avec les deux étoiles.

On colore mais ici on peut attribuer des contours différents à certains bords.

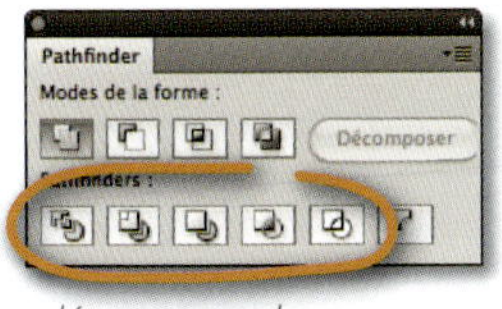

Les découpes par le panneau.

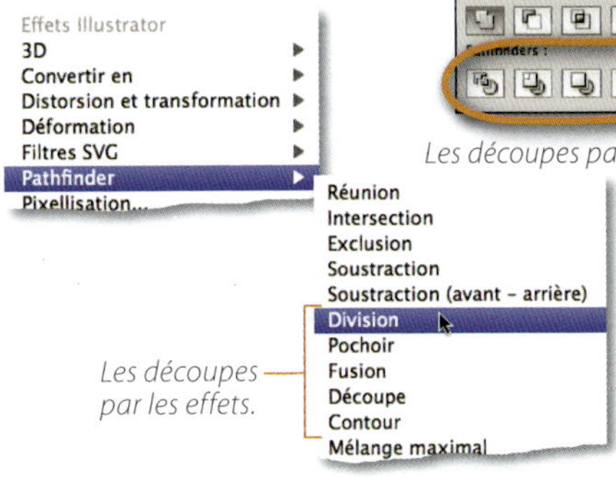

Les découpes par les effets.

Les découpes et divisions Pathfinder

Les méthodes d'application

Vous disposez de deux méthodes pour utiliser les commandes **Pathfinder** de découpe ou division de tracés (dont certaines seront très souvent remplacées par l'utilisation de l'outil **Concepteur de forme**) : le panneau **Pathfinder** ou le menu **Effet**/sous-menu **Pathfinder**. Dans le premier cas, les résultats sont définitifs : les tracés sont redessinés.

Dans le second cas, l'opération est réversible (par le panneau **Aspect**) et les tracés restent intacts ; en contrepartie, il n'est pas possible de gérer les « morceaux » séparément (sauf si vous décomposez l'aspect des tracés).

Le tableau ci-dessous décrit les opérations :

Opération	Description et commentaires	Exemples
Division	Il y a découpe des tracés sélectionnés de telle façon que chaque tracé résultant ne présente plus de fond en recouvrement avec un tracé voisin. Les parties extérieures des tracés ouverts disparaissent. L'opération ne fonctionne pas avec un texte (non vectorisé) ni avec une forme composée.	 *Chaque partie constitue un tracé.*
Pochoir	L'opération provoque la suppression de toutes les parties des tracés, masquées par les tracés au premier plan. Ainsi, aucun tracé au premier plan ne couvre une partie de tracé inférieur. À l'issue de l'opération, tous les tracés perdent leur contour. Les résultats sont voisins de **Fusion**.	 *Chaque partie constitue un tracé.*
Fusion	L'opération supprime les parties masquées des objets à l'arrière-plan et fusionne les objets adjacents ou superposés ayant la même couleur de fond. À l'issue de la fusion, tous les tracés perdent leur contour. L'outil **Concepteur de forme** permet de créer le même type de résultat.	 *Il y a réunion de certaines parties.*
Découpe	C'est une sorte d'emporte-pièce, on ne conserve que les parties des fonds situées à l'intérieur de l'objet au premier plan. Ce dernier perd sa couleur de fond et tous les contours disparaissent. Pour obtenir une découpe par plusieurs tracés au premier plan, vous devez d'abord les sélectionner seuls et taper ⌘8 [Ctrl 8] (**Objet/Tracé transparent/Créer**).	 *Le tracé au premier plan perd ses couleurs. Il ne disparaît pas, mais il est découpé.*
Contour	L'opération provoque une découpe de tous les tracés. Ces derniers perdent leur fond et se voient affecter un contour de la couleur de leur ancien fond mais d'épaisseur nulle. Pour visualiser le résultat, augmentez l'épaisseur dans le panneau **Contour**. Les morceaux de tracés n'ont aucune partie commune.	 *Il faut augmenter les épaisseurs des contours.*

LES OPÉRATIONS PAR LE PANNEAU PATHFINDER

Le panneau **Pathfinder** (⇧⌘F9 [⇧Ctrl F9]) propose, dans la deuxième ligne d'icônes, cinq commandes dont le but est de créer de nouveaux tracés à partir de ceux existants, soit par découpe simple (des fonds ou des contours), soit par découpe suivie de réunion ou de suppression de certains tracés à l'arrière-plan.

> **ATTENTION** *Les tracés à découper ne peuvent pas être une forme composée ; si c'est le cas, il faut la décomposer.*

Après application d'une commande de **Pathfinder**, les tracés obtenus sont associés, c'est-à-dire qu'ils forment un groupe (sous-calque **<groupe>**). Pour manipuler séparément les constituants, vous pouvez :

- Dissocier le groupe en tapant ⇧⌘G [⇧ Ctrl G] (ou menu contextuel) et utiliser la **Flèche noire**.
- Sans dissocier, manipuler avec la **Flèche blanche** ou par sélection dans le panneau **Calques**.
- Isoler le groupe (par double-clic sur l'un des éléments) et manipuler les constituants avec la **Flèche noire**.

> **ASTUCE** *Dans les deux premiers cas, sauf après une sélection par le panneau **Calques**, pour travailler un tracé seul, il faudra d'abord taper ⇧⌘A [⇧Ctrl A] pour désélectionner tous les tracés.*

Avant de lancer l'une des commandes du panneau **Pathfinder**, affichez la fenêtre d'options (menu local du panneau) ; elle permet de faire disparaître les tracés invisibles ou qui le sont devenus après l'opération.

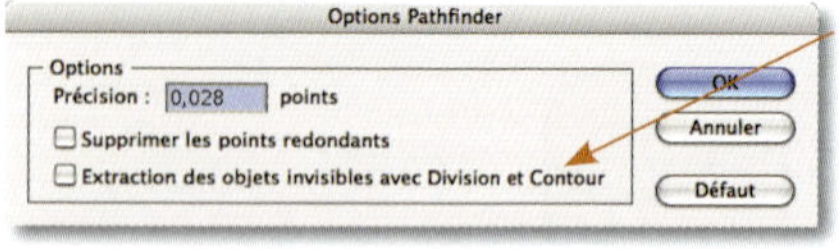

Cochez cette option pour supprimer les tracés incolores.

Comme pour les découpes précédentes, si l'opération est principalement réalisée pour colorer, vous pouvez utiliser l'outil **Concepteur de forme**. Comparons les deux méthodes dans un exemple : à partir du dessin situé ci-dessous à gauche, on veut obtenir celui de droite.

*On veut modifier ces anneaux (obtenus par **Tracé transparent**) de manière qu'ils apparaissent comme à droite.*

Par division de tracés :

Ici, l'obtention de contours nécessite la création, sur un autre calque, d'une copie de l'ensemble des tracés (sans fond). Ci-contre on a appliqué la division à la copie sans contour.

On sélectionne le morceau issu de la division et on prélève la couleur voulue.

On recommence sur un autre morceau à colorer.

*Le travail avec l'outil **Concepteur de forme** est plus simple car ici il faudra supprimer les contours inutiles sur le calque contenant la copie prévue à cet effet.*

*Par l'outil **Concepteur de forme** :*

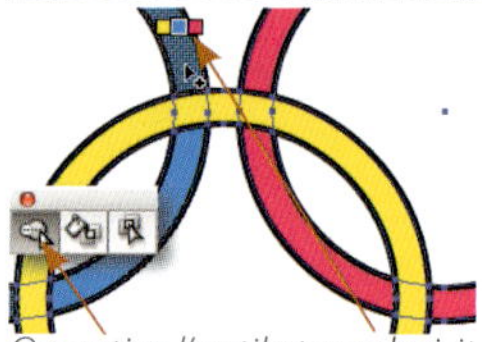

On active l'outil et on choisit la nuance voulue.

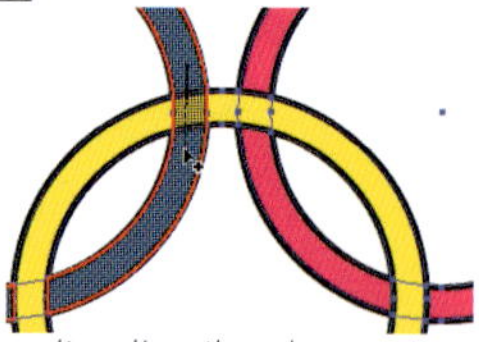

On glisse l'outil sur les parties à colorer.

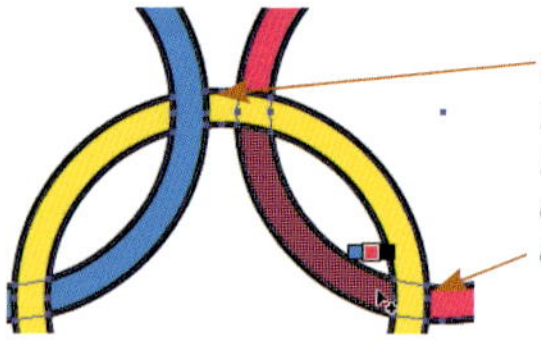

On relâche pour voir la couleur ; on peut recommencer avec une autre nuance sur cette autre partie.

LES OPÉRATIONS PAR LE MENU EFFET

Pour utiliser les effets **Pathfinder**, effectuez les manipulations suivantes :

1. Dans le panneau **Calques**, sélectionnez les calques-objets en cliquant sur leur nom avec ⌘ [Ctrl] et lancez la commande **Rassembler sur un nouveau calque** dans le menu du panneau pour positionner tous les tracés à manipuler sur un même calque.

2. Cliquez sur la cible ○ de ce nouveau calque, dans le menu *fx* du panneau **Aspect** choisissez **Pathfinder**, puis l'opération voulue : son nom s'affiche dans le panneau.

Par la suite, les objets dessinés sur ce sous-calque subiront automatiquement l'opération du **Pathfinder** (en fonction de leur couleur de fond).

En cliquant sur le nom de l'effet dans le panneau **Aspect**, la fenêtre **Options Pathfinder** s'affiche, elle permet de choisir une autre opération.

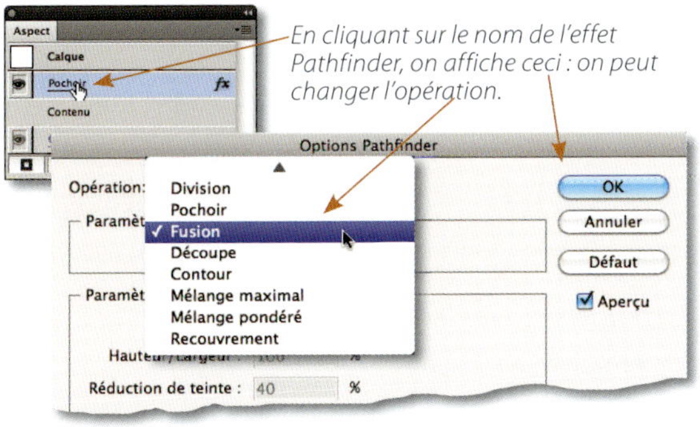

En cliquant sur le nom de l'effet Pathfinder, on affiche ceci : on peut changer l'opération.

> **Astuce** *À l'issue des opérations* ***Fusion***, ***Pochoir*** *et* ***Découpe***, *l'ensemble perd son contour. Il peut être affecté au calque. Pour cela, cliquez sur sa cible, affichez le panneau* ***Aspect*** *et cliquez sur l'icône* ***Ajouter un contour*** *: réglez l'aspect du contour.*

La description des effets

La division par le menu Effet

Cette opération appliquée par le menu **Effet** peut se réaliser sur un texte non vectorisé. Si l'objet au premier plan possède un contour, il sera appliqué aux parties d'objets qui étaient masquées par les objets au premier plan. Dans le cas d'un effet, les éléments peuvent être modifiés, un symbole pourra être remplacé.

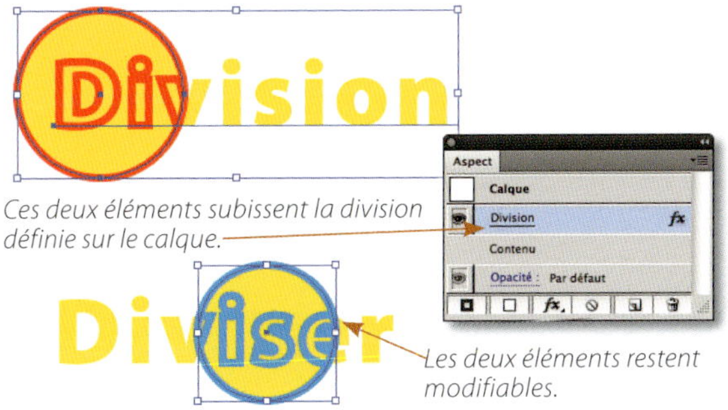

Ces deux éléments subissent la division définie sur le calque.

Les deux éléments restent modifiables.

La commande Pochoir par le menu Effet

L'effet ne donne aucun résultat visible.

La fusion par le menu Effet

La **Fusion** par le menu **Effet** donne des résultats identiques à ceux du panneau **Pathfinder**. Ici, les tracés ne sont pas découpés et peuvent être modifiés. De plus, si on dessine sur le calque de la fusion des objets de même couleur que ceux déjà présents, ils subissent l'effet. Si les objets doivent avoir des contours, il faudra cibler le calque pour lui ajouter ce contour par le panneau **Aspect**.

La découpe par le menu Effet

Ici, par rapport à la commande du panneau **Pathfinder**, les similitudes avec le masque sont plus importantes puisque les tracés à l'arrière-plan ne sont pas découpés, seules leurs parties extérieures à l'objet au premier plan sont cachées (on peut les faire réapparaître en les déplaçant, comme avec un masque).

S'il y a plusieurs tracés (au premier plan) qui doivent effectuer la découpe sur des tracés à l'arrière-plan, il faut combiner ceux au premier plan dans une réunion par clic sur l'icône.

La commande Contour par le menu Effet

Par le menu **Effet**, la commande est sans intérêt.

Les coupures et fermetures

Que vous utilisiez ou non les groupes de peinture dynamique, il peut être utile pour faciliter les colorations de créer des coupures dans les tracés ou au contraire de fermer certaines ouvertures pour obtenir soit un remplissage plus correct, soit de nouvelles formes.

Les coupures de segments

La coupure avec les ciseaux

Pour effectuer une coupure sur un segment de tracé, activez l'outil **Ciseaux** (en tapant C) et cliquez sur le tracé (sélectionné ou non). À l'endroit du clic, il y aura deux points d'ancrage superposés, seul celui à l'arrière-plan est sélectionné ; pour le déplacer, glissez-le avec l'outil **Flèche blanche** ou utilisez les touches fléchées — le déplacement, réglable dans les préférences générales, est multiplié par 10 avec ⇧.

La coupure sur un point par le panneau Contrôle

Les coupures avec l'outil **Ciseaux** ne sont pas toujours évidentes à réaliser et il est fréquent qu'un message d'erreur apparaisse. Pour l'éviter vous pouvez sélectionner le point où doit se faire la coupure et cliquer sur l'icône du panneau **Contrôle**. Il peut y avoir plusieurs points sélectionnés.

Quelques exemples de coupures aux ciseaux

Les morceaux de contours sur un objet

Dans un groupe de peinture dynamique, l'utilisation des ciseaux permet, en gardant intact le fond, de scinder un tracé en plusieurs morceaux pour leur affecter un contour de couleur différente.

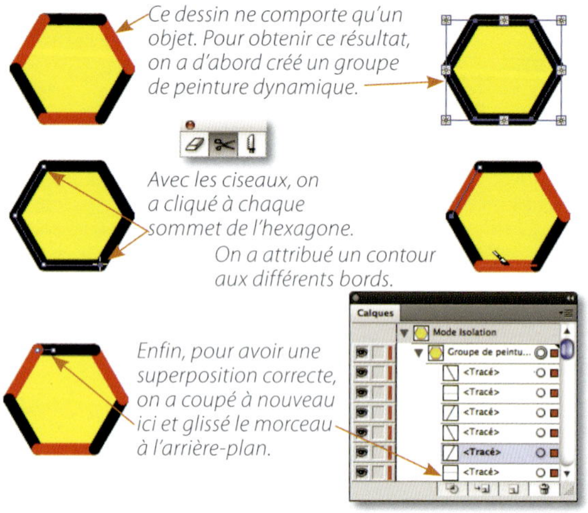

Le traitement d'une partie de tracé

Il peut être intéressant de scinder un tracé en deux en cliquant sur deux de ses points avec l'outil **Ciseaux**, d'effectuer certaines opérations sur un des morceaux (puis de le « recoller ») ou plus simplement, d'affecter une coloration différente à chaque morceau.

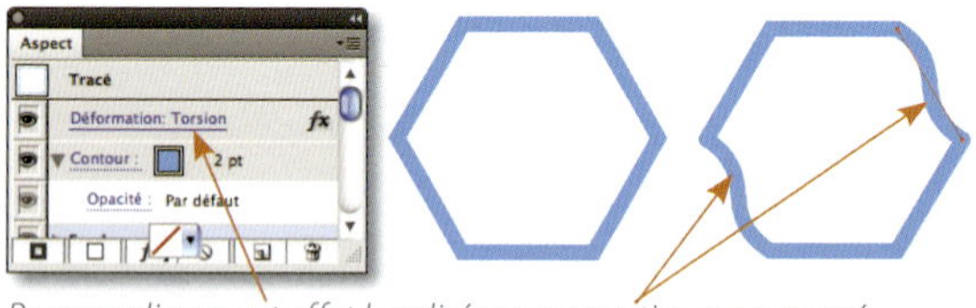

Pour appliquer cet effet localisé sur ces parties, on a coupé.

Le chemin d'un dégradé de formes

Les dégradés de formes sont manipulables : nombre d'étapes, chemin… Il est possible de les répartir sur un tracé. Si celui-ci est fermé, la répartition des étapes ne s'effectue pas correctement, alors que s'il est ouvert par un coup de ciseaux, tout rentre dans l'ordre et il y a superposition de l'étape de départ et de celle d'arrivée.

L'ouverture par effacement

Pour créer un trou dans un tracé, vous pouvez simplement sélectionner un point ou un segment entre deux points (avec la **Flèche blanche** ou le **Lasso**) et taper Efface. Un point peut être ajouté avant l'effacement.

> **Astuce** *Vous pouvez aussi utiliser l'outil **Gomme** pour effacer un morceau de tracé.*

La fermeture d'un tracé

La fermeture est souvent indispensable pour obtenir une coloration correcte des tracés (autre que par la peinture dynamique). Un tracé peut être refermé par un point, par une droite, par une courbe ou encore par un tracé à main levée.

La fermeture avec les outils de dessin

La fermeture au Crayon

Glissez le crayon en partant d'une ouverture du tracé, enfoncez ⌥ [Alt] (le crayon l'indiquera par ✎) et terminez le tracé sur le second point de l'ouverture.

La fermeture à la Plume

Glissez la plume sur un des points d'ancrage de l'ouverture (avec ⌥ [Alt], pour créer un sommet), dessinez le tracé voulu en terminant par l'autre extrémité (avec ⌥ [Alt], il y aura un sommet). Si vous fermez en cliquant sur les extrémités, il y aura un segment droit.

La fermeture par la commande Joindre

La fermeture par un segment

Sélectionnez les deux tracés avec l'outil **Flèche noire** (ou l'outil **Flèche blanche**, mais dans ce cas les points à relier doivent être sélectionnés), et lancez la commande **Joindre** (menu **Objet/Tracé** ou ⌘J [Ctrl J] ou menu contextuel) ; Illustrator joint les extrémités par une droite. Si vous avez sélectionné deux tracés presentant donc deux ouvertures, seule la plus petite sera fermée ; il faudra à nouveau taper ⌘J [Ctrl J] pour fermer la seconde.

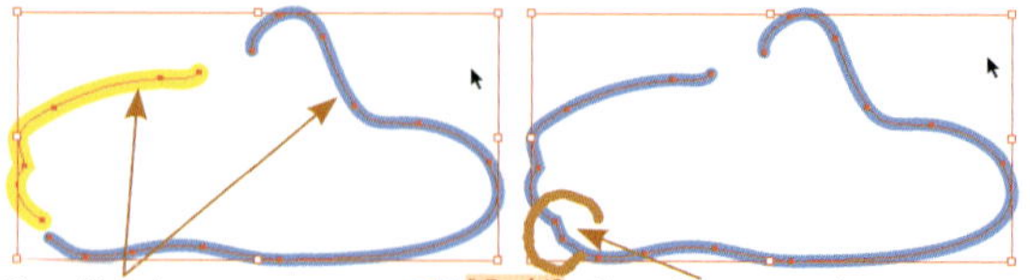

On sélectionne et on tape ⌘J [Ctrl J] : il y a fermeture (uniquement entre les deux points les plus proches de la plus petite ouverture).

Si vous faites la sélection des deux points avec l'outil **Flèche blanche**, vous pourrez obtenir la fermeture par un segment en cliquant sur l'icône du panneau **Contrôle**.

La fermeture par un point

Pour que les deux points des tracés à relier (sélectionnés avec l'outil **Flèche blanche**), se superposent pour ne plus faire qu'un (sommet), lancez, depuis le sous-menu **Tracé** (menu **Objet**), les commandes **Aligner** (avec l'option **Les deux**), puis **Joindre**. Vous combinerez ces deux manipulations en tapant ⇧⌥⌘ J [⇧Alt Ctrl J] au clavier.

On sélectionne et on tape ⇧⌥⌘J [⇧Alt CtrlJ] : il y a fermeture par un seul point (sommet).

Les distorsions de tracés

Illustrator propose quelques commandes qui provoquent la distorsion de tracés ; il s'agit d'effets qui constituent un type d'attribut d'aspect (applicable au contour, ou fond ou aux deux), c'est-à-dire qu'ils conservent intacte la structure de l'objet et n'en modifient que l'apparence. Les paramètres des effets restent modifiables par le panneau **Aspect**. En revanche, pour modifier les points créés par l'effet, il faut le décomposer (menu **Objet**/**Décomposer l'aspect**).

Astuce *Quel que soit l'effet choisi, on le réapplique avec les mêmes valeurs en lançant la première commande du menu* ***Effet*** *ou en tapant ⇧⌘ E [⇧Ctrl E]. Pour le réappliquer avec d'autres paramètres, lancez la deuxième commande ou tapez ⇧⌥⌘ E [⇧Alt Ctrl E]. Cependant attention, car quand vous réappliquez l'effet, il apparaît deux fois dans le panneau* ***Aspect****. Pour en modifier les valeurs, cliquez juste sur son nom dans le panneau* ***Aspect****.*

Les commandes de distorsion

Les distorsions se réalisent à l'aide d'effets que vous trouvez dans le sous-menu **Distorsion et transformation**. Il y a six commandes de distorsion que nous allons voir maintenant.

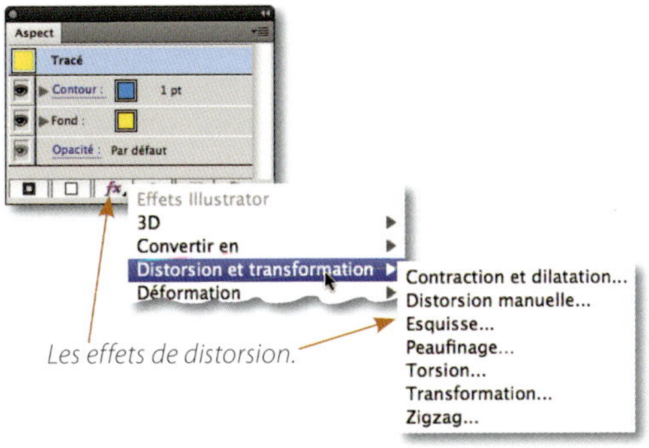

Les effets de distorsion.

La contraction et la dilatation

Il s'agit d'une commande double dont les effets sont opposés ; ils créent des déplacements des points d'ancrage (vers l'intérieur pour la dilatation et l'extérieur pour la contraction) accompagnés d'un déplacement dans le sens opposé pour les lignes directrices.

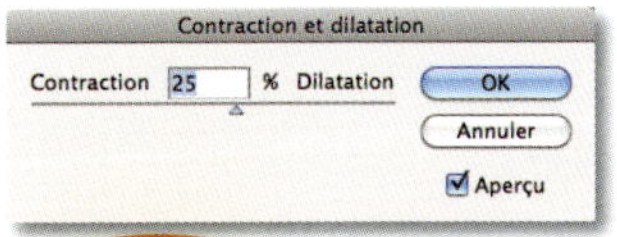

Deux effets de distorsion : ci-dessous ***Dilatation*** *et plus bas* ***Contraction****.*

La distorsion manuelle

Distorsion manuelle reprend certaines manipulations réalisées avec l'outil **Transformation manuelle** associé à des touches du clavier (inclinaison, perspective ou de déformation). L'utilisation est très simple, d'autant plus que la fenêtre comporte un aperçu de la sélection.

Astuce *Il n'est pas utile de vectoriser un texte pour le déformer. Nous verrons plus loin que les distorsions par les enveloppes permettront d'obtenir des résultats similaires avec davantage de possibilité de réglages.*

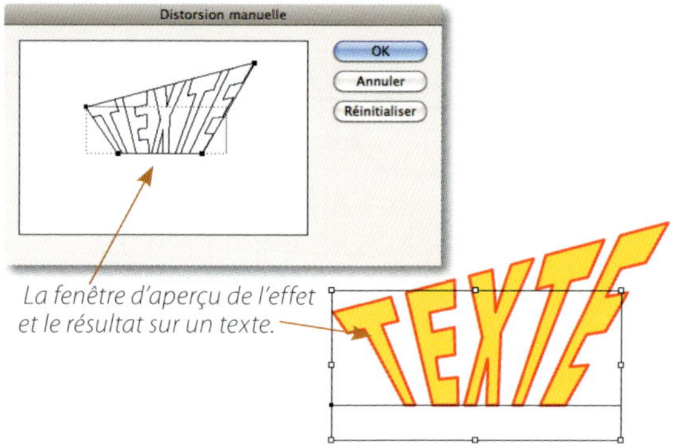

La fenêtre d'aperçu de l'effet et le résultat sur un texte.

Avec du texte, selon le réglage, on peut obtenir des résultats intéressants en dupliquant l'effet par glissement de son nom sur l'icône du panneau **Aspect**.

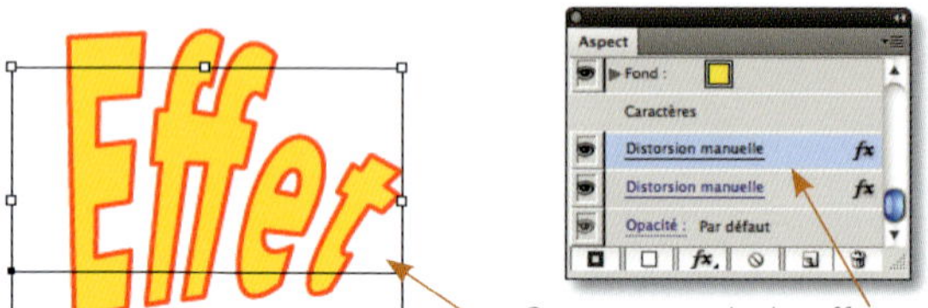

On peut cumuler les effets, le texte reste éditable.

L'OBTENTION D'UNE ESQUISSE

Esquisse ajoute des points sur l'objet et les déplace de façon aléatoire, donnant au tracé l'aspect d'un dessin esquissé ; il permet d'atténuer l'aspect trop « lissé » des dessins vectoriels. Dans la fenêtre de dialogue, l'option **Taille** règle l'amplitude du déplacement des points et l'option **Détail** définit leur nombre ; ces points peuvent être des inflexions (**Arrondi**) ou des sommets (**Crénelé**).

> **ASTUCE** *Pour donner à votre tracé un aspect crayonné à la mine, réglez ainsi : **Taille** = 2 à 3 % et **Détail** = environ 10.*

La fenêtre de réglages de l'effet et le résultat sur des tracés et sur un texte.

LA DISTORSION ALÉATOIRE : PEAUFINAGE

Cette commande provoque des déplacements aléatoires des points d'ancrage. L'amplitude du déplacement peut être proportionnelle à la taille de l'objet (**Relative**) ou à définir en millimètres (**Absolue**). Pour que l'objet initial reste reconnaissable, les valeurs doivent être faibles. En raison du caractère aléatoire, si vous annulez par ⌘Z [Ctrl Z] et relancez la commande, vous n'obtenez pas le même résultat.

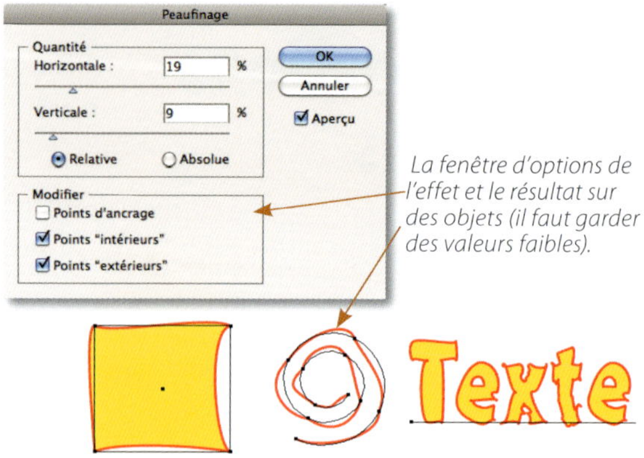

La fenêtre d'options de l'effet et le résultat sur des objets (il faut garder des valeurs faibles).

LA CRÉATION D'UNE TORSION

L'effet provoque un enroulement de l'objet autour de son centre. L'avantage de l'effet par rapport au filtre est qu'il peut s'appliquer à un texte non vectorisé.

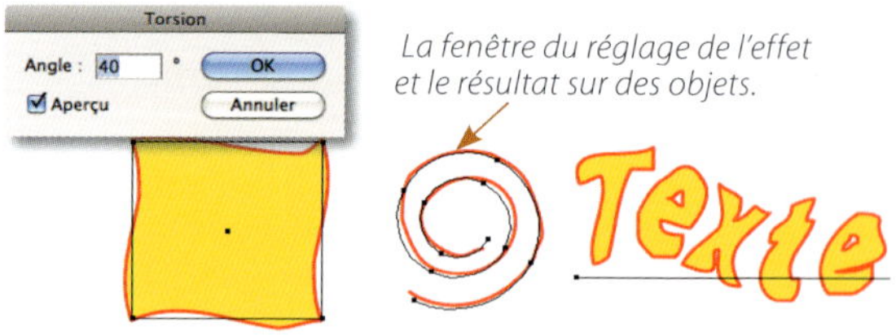

La fenêtre du réglage de l'effet et le résultat sur des objets.

LA COMMANDE ZIGZAG

La commande ajoute des points et les déplace de manière à créer des pointes ou des bosses régulières dont le nombre et l'amplitude sont réglables.

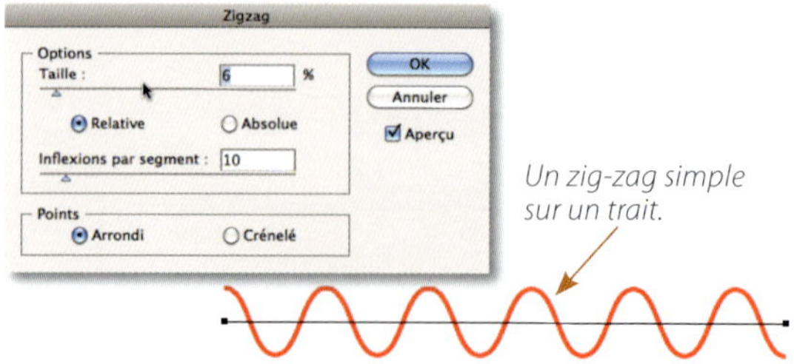

Un zig-zag simple sur un trait.

Les enveloppes de distorsion d'objet

Les deux méthodes de déformation

Illustrator peut distordre un objet selon une enveloppe par deux séries de commandes : l'une dans le menu **Objet/ Distorsion de l'enveloppe** et l'autre, dans le menu **Effet/ Déformation**. Dans le premier cas, la commande crée une déformation grâce à une enveloppe de distorsion qui est associée à l'objet et dont on peut modifier le tracé à volonté. Le contenu de l'enveloppe (l'objet initial) est également modifiable indépendamment. Dans le second cas, il s'agit d'un effet prédéfini qui ne modifie pas la structure de l'objet (comme avec les autres effets) ; par le panneau **Aspect**, l'effet est réglable. De plus, il peut s'appliquer au fond et/ou au contour et permettre de définir un style en vue d'une application à d'autres objets.

Astuce *Ces déformations s'utilisent sur toutes sortes d'objets (tracé, texte, symbole et même image bitmap).*

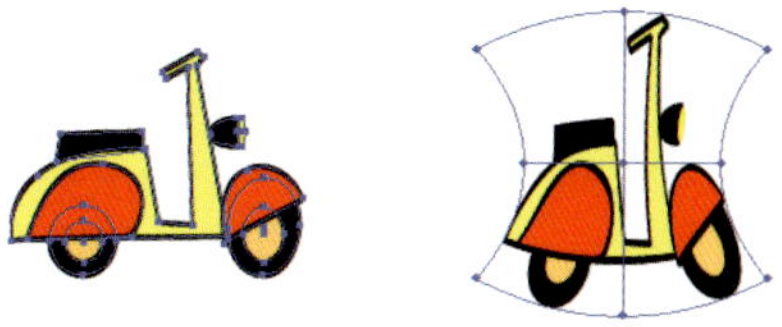

Déformation d'un tracé.

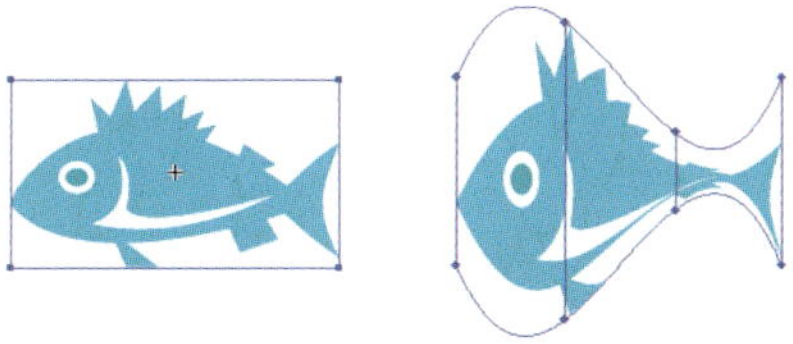

Déformation d'un symbole.

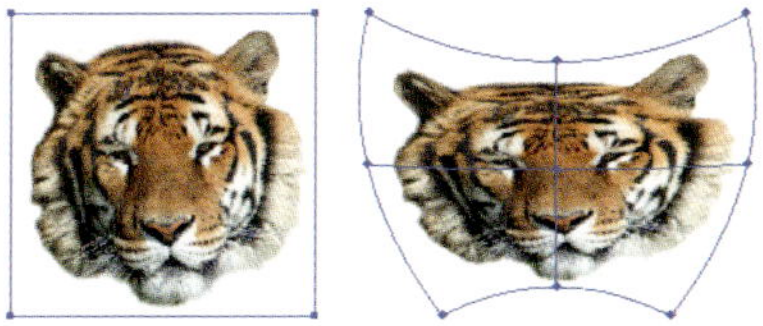

Déformation d'une image bitmap importée.

Les enveloppes par le menu Objet

Avec les commandes du menu **Objet**, vous pouvez obtenir une enveloppe de trois façons ; en effet, Illustrator peut :

- **Créer d'après une déformation** prédéfinie (liste de distorsions avec quelques réglages).
- **Créer d'après un filet** de déformation personnalisable manuellement.
- **Créer d'après l'objet au premier plan** sélectionné avec l'objet à distordre.

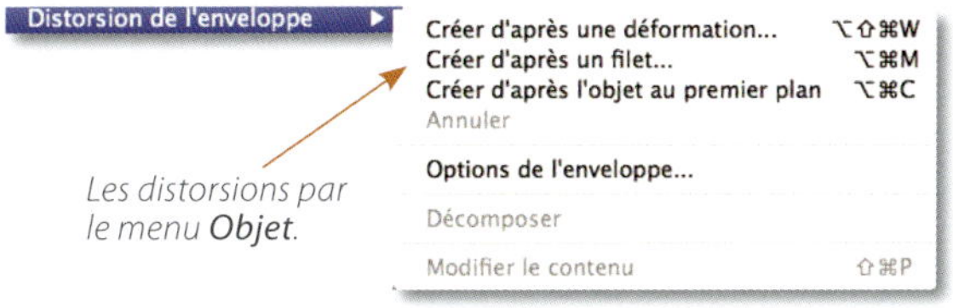

*Les distorsions par le menu **Objet**.*

L'enveloppe d'après une déformation prédéfinie

L'application d'une enveloppe prédéfinie

Elle s'obtient par la commande **Créer d'après une déformation** (menu **Objet/ Distorsion...**). Dans la fenêtre qui s'affiche, vous pouvez choisir un style de déformation et spécifier les options de déformation.

Les styles de déformations

On compte quinze déformations. Elles se répartissent en quatre catégories. Certaines d'entre elles peuvent agir verticalement ou horizontalement, les autres (**Objectif 180°**, **Dilatation**, **Compression** et **Torsion**) agissent en même temps selon les deux axes.

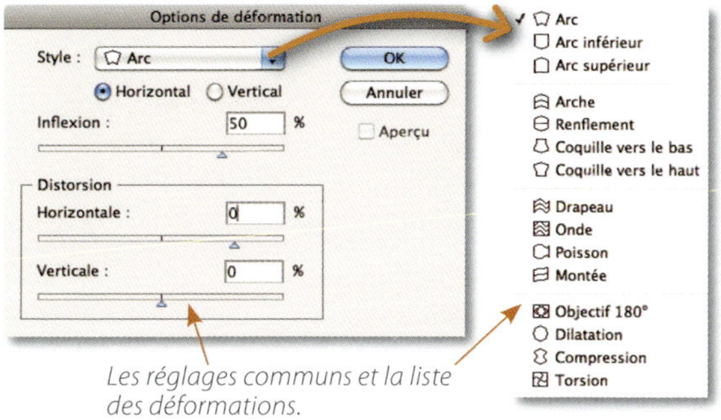

Les réglages communs et la liste des déformations.

L'ensemble des distorsions

L'objet initial.

Arc.

Arc inférieur.

Arc supérieur.

Arche.

Renflement.

Coquille vers le bas.

Coquille vers le haut.

Drapeau.

Onde.

Poisson.

Montée.

Objectif 180°.

Dilatation.

Compression.

Torsion.

Dans les différents exemples précédents, les textes utilisés restent éditables. De plus, on peut passer d'une enveloppe de déformation à l'autre, modifier son réglage ou encore la personnaliser. C'est ce que nous allons voir dans les paragraphes qui suivent.

Les réglages des enveloppes de distorsion

L'orientation : déformation horizontale ou verticale

Par défaut, toutes les déformations qui possèdent une orientation sont horizontales. Cependant, avec les déformations **Coquille vers le bas** ou **vers le haut** (et uniquement avec ces déformations), les résultats sont intéressants lorsque l'orientation est inversée : on obtient « **Coquille vers la droite** » ou « **Coquille vers la gauche** ».

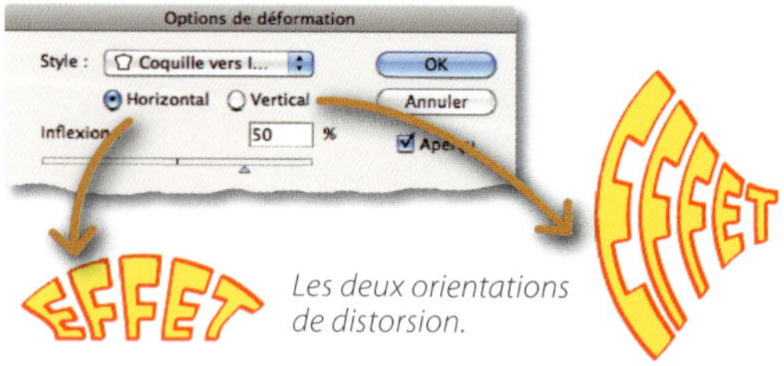

Les deux orientations de distorsion.

Astuce *Dans le cas d'un texte saisi verticalement et avec des objets verticaux, il est souvent préférable de programmer une déformation selon un axe vertical.*

L'inflexion ou intensité de la déformation

Cette option permet de modifier l'intensité de la déformation ainsi que son sens si le signe est inversé.

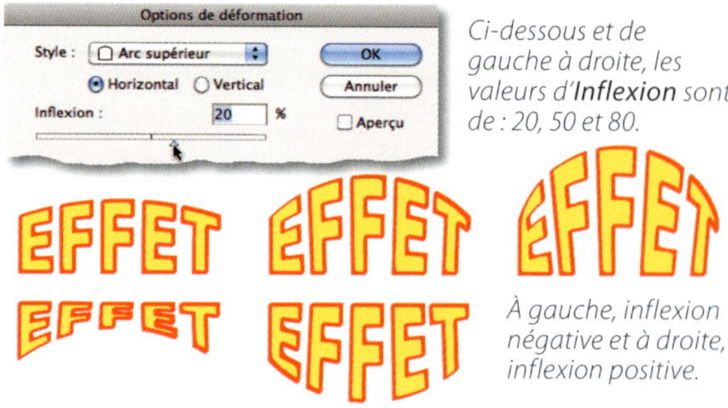

*Ci-dessous et de gauche à droite, les valeurs d'**Inflexion** sont de : 20, 50 et 80.*

À gauche, inflexion négative et à droite, inflexion positive.

Les options de distorsion

Les options **Distorsion horizontale/verticale** permettent d'ajouter un effet de perspective à la déformation. On règle surtout celle correspondant à l'axe de déformation.

Des distorsions (positive ou négative) horizontale ou verticale peuvent être ajoutées. À gauche, elle est horizontale de 80 et à droite, verticale de – 50.

L'enveloppe d'après un filet

Cette distorsion s'obtient en deux étapes : la création du maillage puis sa déformation pour obtenir la distorsion de l'objet.

La création des filets

Sélectionnez l'objet ou le groupe d'objets dans l'illustration et déroulez le menu **Objet**, puis **Distorsion de l'enveloppe** afin de choisir **Créer d'après un filet**. Une fenêtre de réglages permet de spécifier l'allure (nombre de rangées et de colonnes) du maillage de filets de distorsion qui sera associé à l'objet.

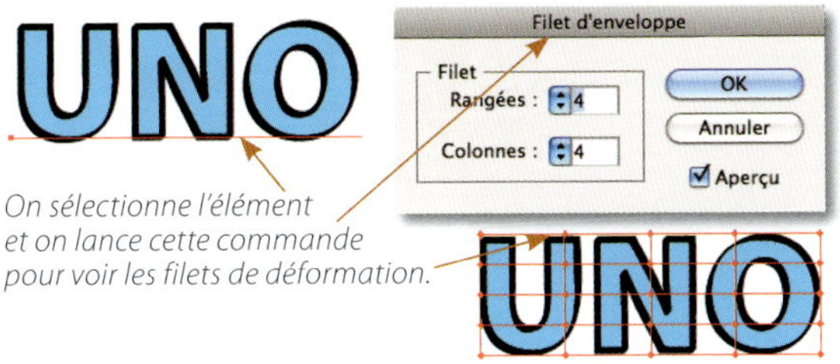

On sélectionne l'élément et on lance cette commande pour voir les filets de déformation.

La déformation des filets

La déformation des filets du maillage (et donc la distorsion de son contenu) s'effectue à l'aide de différents outils : **Filet**, **Flèche blanche** ou **Déformation**.

Avec l'outil Filet

Cliquez sur un point pour le sélectionner puis glissez-le — avec ⇧, le point glisse en restant sur une ligne du maillage. Sur le maillage, vous pouvez ajouter des filets avec l'outil **Filet** ( ) en cliquant dans le maillage — l'outil devient . Pour en supprimer, enfoncez ⌥ [Alt] et cliquez sur un point d'une maille avec l'outil devenu . Vous pouvez aussi cliquer sur le point et le supprimer avec la touche Efface.

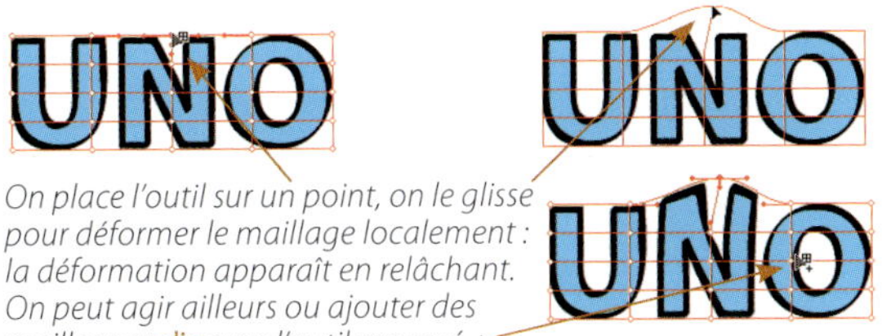

On place l'outil sur un point, on le glisse pour déformer le maillage localement : la déformation apparaît en relâchant. On peut agir ailleurs ou ajouter des mailles par clic avec l'outil marqué +.

Avec la Flèche blanche

Cliquez à l'extérieur du maillage puis resélectionnez le point (ou plusieurs avec ⇧) et déplacez la sélection par glissement ou avec les touches fléchées du clavier (le pas de déplacement est défini par les préférences générales, ⌘K [Ctrl K]).

Avec l'outil Déformation

C'est la méthode la plus simple ; elle présente l'avantage sur les autres de ne pas nécessiter la sélection de l'objet. En effet, pour le déformer il suffit de glisser l'outil sur l'ojet : le maillage apparaîtra aussitôt. Si l'outil est trop grand ou trop sensible, tapez ↵ pour afficher ses options et les régler, ou glissez-le en enfonçant les touches ⇧⌥ [⇧Alt] pour modifier sa taille.

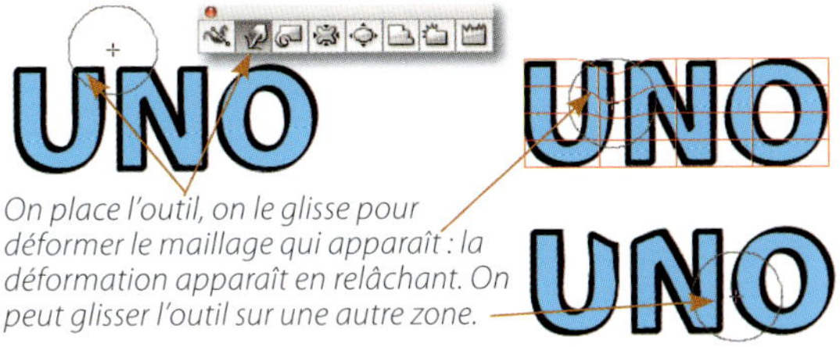

On place l'outil, on le glisse pour déformer le maillage qui apparaît : la déformation apparaît en relâchant. On peut glisser l'outil sur une autre zone.

> **Astuce** *Pour modifier le maillage et distordre l'objet, vous pouvez utiliser certains outils **Fluidité**.*

La déformation du texte sous ce cercle a été obtenue avec cet outil.

L'enveloppe d'après un tracé

Cette distorsion s'obtient en deux étapes : la création du tracé qui servira d'enveloppe, suivie de sa définition en tant que telle. Pour cela, sélectionnez l'objet à déformer et le tracé que vous voulez utiliser pour l'enveloppe, déroulez le menu **Objet**, puis son sous-menu **Distorsion de l'enveloppe** jusqu'à la commande **Créer d'après l'objet au premier plan**.

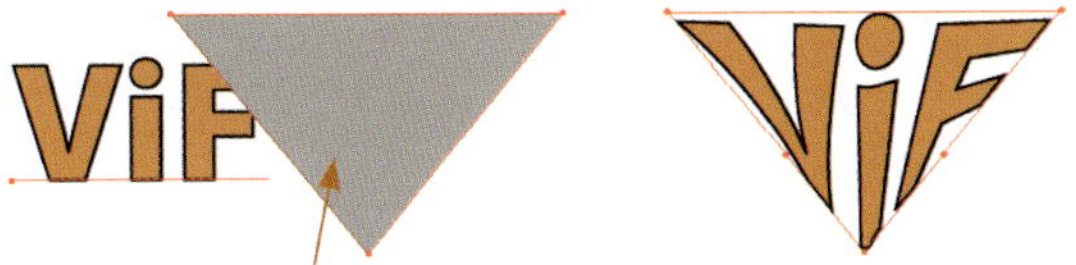

On sélectionne le tracé qui servira d'enveloppe et l'objet à distordre. *On lance la commande pour qu'il entre dans l'enveloppe.*

> **Astuce** *Une image pixellisée peut être déformée par une enveloppe créée par un tracé.*

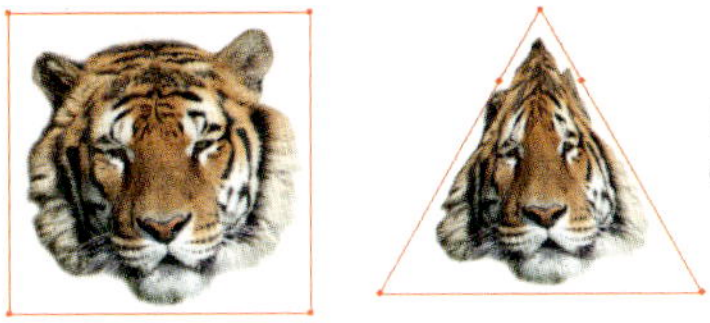

Une photo dans une enveloppe.

LES OPTIONS DE L'ENVELOPPE

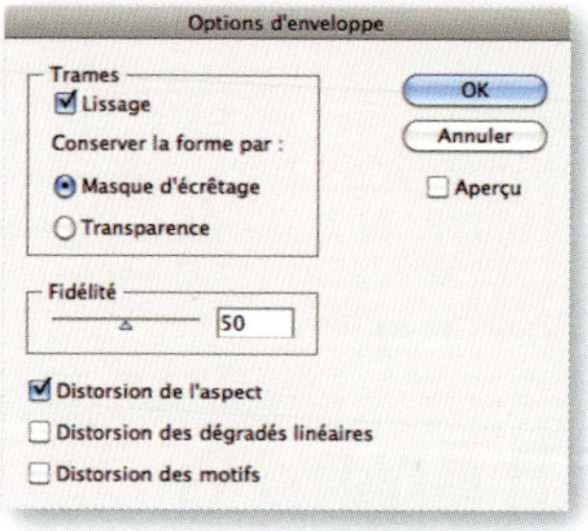

Pour régler les options d'enveloppe d'un objet, sélectionnez-le et lancez **Options de l'enveloppe** (sous-menu **Distorsion de l'enveloppe** du menu **Objet**). Dans la fenêtre qui s'affiche, vous pouvez paramétrer l'aspect de la distorsion.

Les options de **Trames** (**Lissage**, **Conserver la forme**...) n'ont que peu de résultats visibles, elles permettent de spécifier comment les trames conservent leur forme lorsqu'elles sont déformées par des enveloppes non rectangulaires. Les autres paramètres influent davantage sur l'aspect de la distorsion.

La fidélité

Cette option augmente ou réduit la précision avec laquelle le tracé d'objet s'adapte dans la forme de l'enveloppe. Selon la forme utilisée, l'influence de ce réglage est peu sensible.

La distorsion de l'aspect

Quand vous avez appliqué un effet à un objet (une forme, par exemple), décochez cette option si vous souhaitez que l'effet ne subisse pas la distorsion.

L'objet initial avec une forme appliquée au contour.

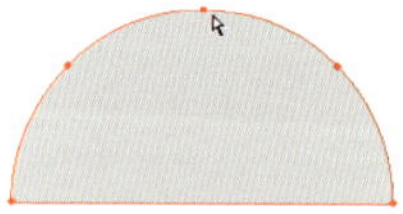
L'enveloppe de distorsion.

La forme n'a pas subi la distorsion (option non cochée).

La forme a subi la distorsion (option cochée).

> **ASTUCE** *Vous pouvez aussi distordre le tracé sans lui avoir appliqué l'effet puis cibler l'enveloppe dans le panneau* ***Calques*** *(par clic sur O) pour lui affecter l'effet voulu.*

La distorsion des dégradés linéaires et des motifs

Quand vous appliquez une enveloppe de distorsion à un tracé rempli par un dégradé (linéaire) ou par un motif de fond, ces attributs ne subissent pas la distorsion.

Si vous souhaitez qu'ils se déforment dans cette enveloppe, affichez les options de l'enveloppe et cochez l'option **Distorsion des dégradés linéaires** ou **Distorsion des motifs** selon le type d'attribut.

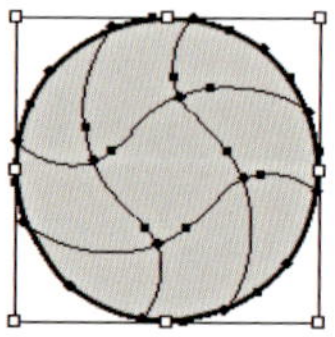
Ci-dessus les filets de la distorsion utilisée.

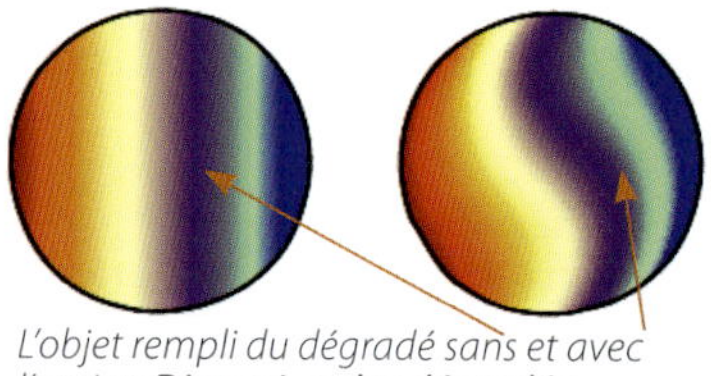
L'objet rempli du dégradé sans et avec l'option ***Distorsion des dégradés****.*

L'objet rempli du motif sans et avec l'option ***Distorsion des motifs****.*

LES MODIFICATIONS D'UNE ENVELOPPE

Lorsque vous appliquez une enveloppe, Illustrator associe le tracé de cette dernière à celui de l'illustration originale. Par la suite, vous pouvez modifier le tracé de cette enveloppe ou le contenu distordu, mais pas les deux en même temps. Par défaut, c'est l'enveloppe qui est modifiable. Le choix de l'élément à travailler (contenu ou enveloppe) s'effectue avec la dernière commande du sous-menu **Distorsion de l'enveloppe** (menu **Objet**).

Le travail du contenu (objet distordu)

Pour modifier un dessin dans une enveloppe, sélectionnez l'enveloppe et choisissez la commande **Modifier le contenu** dans le sous-menu **Distorsion de l'enveloppe** (menu **Objet** ou ⇧⌘V [⇧Ctrl V]). Vous pouvez aussi plus simplement passer en mode isolation en double-cliquant sur l'objet dans son enveloppe.

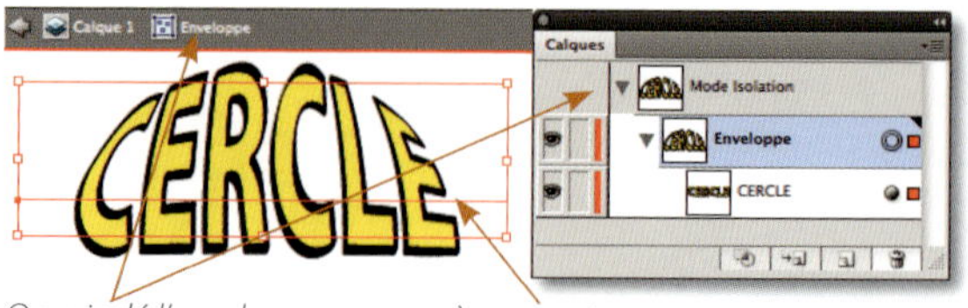

On a isolé l'enveloppe on a accès au contenu.

Vous pouvez alors modifier les tracés du contour ou, dans le cas d'un texte, double-cliquez à nouveau pour le sélectionner en tant que texte et reprendre la saisie.

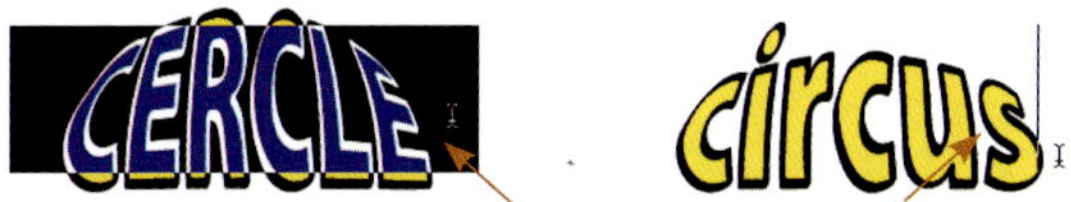

Par double-clic on accède au texte, on peut modifier la saisie.

> **Astuce** *Si vous modifiez un texte dans une enveloppe, activez les repères commentés pour faciliter la saisie.*

En ciblant l'un des calques-objets dans l'enveloppe (par clic sur sa cible ○) vous pourrez affecter une couleur de fond, un contour, voire un effet au contenu.

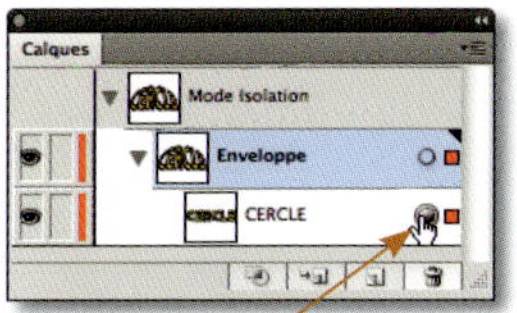

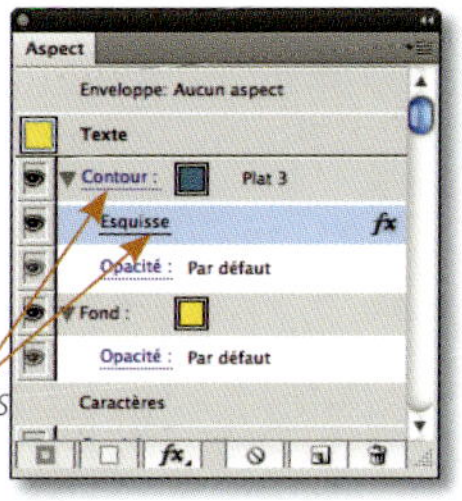

On a ciblé le contenu de l'enveloppe, on peut alors changer certains attributs et affecter des effets.

Le travail de l'enveloppe

Les filets de l'enveloppe

Après avoir travaillé le contenu, si vous souhaitez retravailler l'enveloppe, sélectionnez-la (si elle n'y est plus) et choisissez **Objet/Distorsion de l'enveloppe/Modifier l'enveloppe** (ou ⇧⌘V [⇧Ctrl V]).

L'enveloppe présente des filets de maillage, ce sont eux qu'il faut déformer pour changer l'aspect de l'enveloppe (et par conséquent son contenu). Avant de déformer les filets, vous pouvez en ajouter ou en enlever ; cette manipulation s'effectue manuellement ou automatiquement.

Filets automatiques : lancez la commande **Réinitialiser d'après filet** du sous-menu **Distorsion de l'enveloppe** : une fenêtre vous permettra de définir le maillage ; l'option **Conserver la forme d'enveloppe** doit être cochée pour ne pas perdre la distorsion initiale.

> **Astuce** *Si vous décochez l'option* ***Conserver la forme d'enveloppe****, l'enveloppe sera réinitialisée selon un rectangle présentant un maillage ; la distorsion initiale est perdue mais elle peut être réappliquée par le menu* ***Objet****.*

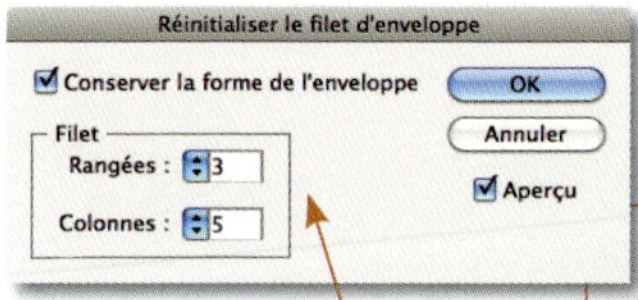

Avec cette commande, on ajoute des filets à l'enveloppe.

Filets manuels : agissez avec l'outil **Filet** (▦) en cliquant sur le tracé entre deux points (l'outil devient ▦+), chaque clic ajoute une rangée ou une colonne de filets. Pour supprimer des filets, enfoncez la touche ⌥ [Alt] et cliquez sur un point d'une maille avec l'outil **Filet** (qui devient ▦-). Vous pouvez aussi cliquer sur le point et le supprimer avec la touche Efface.

Une fois le maillage défini, déformez les filets avec l'outil **Filet**, l'outil **Déformation** ou la **Flèche blanche** (*comme indiqué à la page précédente*).

L'aspect de l'enveloppe

Pour appliquer un contour, un fond ou un effet à une enveloppe, ciblez son calque dans le panneau **Calques** et utilisez l'icône ■ ou □ du panneau **Aspect** pour ajouter un contour ou un fond que vous pourrez alors colorer ou traiter par un effet.

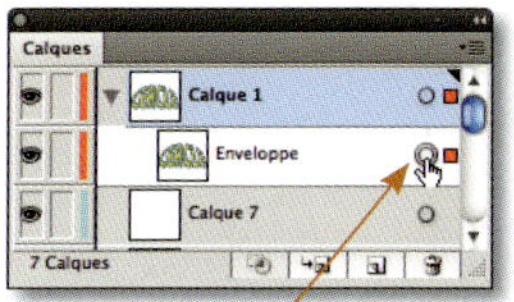

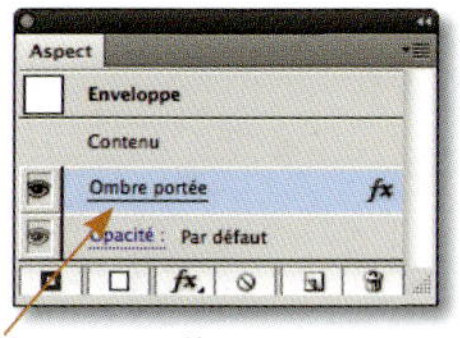

On a ciblé l'enveloppe, on peut alors affecter un effet.

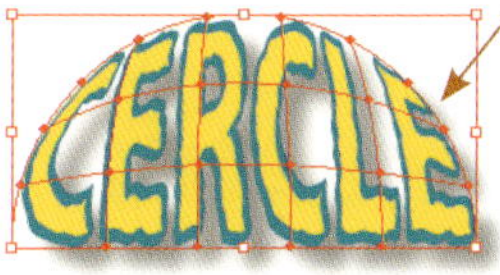

La suppression d'une enveloppe

Vous pouvez supprimer une enveloppe en l'annulant ou en la décomposant. Ces deux opérations correspondent à des commandes du sous-menu **Distorsion de l'enveloppe** (menu **Objet**).

L'annulation d'une enveloppe crée deux objets séparés : le contenu de l'enveloppe à son état original et un objet gris contenant le maillage. Vous pouvez supprimer ce dernier si vous ne comptez pas l'utiliser pour créer une enveloppe de distorsion sur un autre objet.

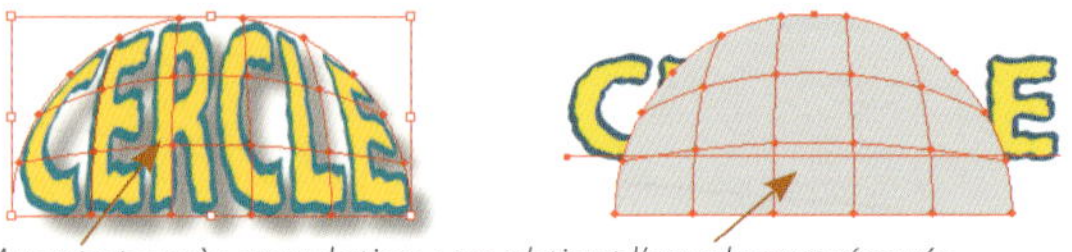

Avant et après annulation : on obtient l'enveloppe séparée.

La décomposition d'une enveloppe supprime l'enveloppe de l'objet, mais celui-ci reste déformé, le texte est vectorisé. Le panneau **Calques** affiche un groupe (contenant des groupes) à la place du calque de l'enveloppe.

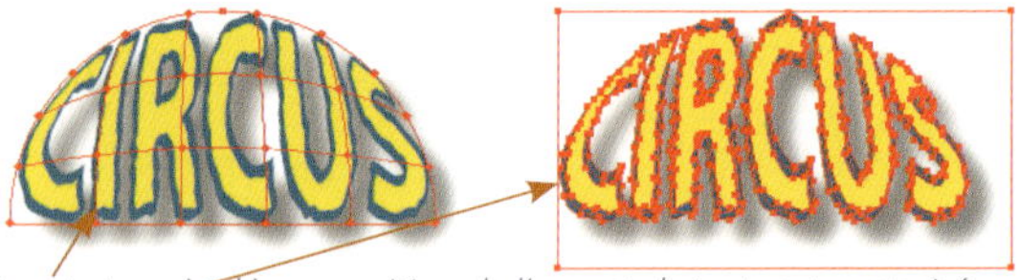

Avant et après décomposition de l'aspect : le texte est vectorisé.

Les effets d'enveloppe de déformation

Les styles de déformation

Le sous-menu **Déformation** du menu **Effet** ou du menu *fx* du panneau **Aspect** propose les mêmes déformations que celles obtenues avec les enveloppes prédéfinies du sous-menu **Distorsion de l'enveloppe** (menu **Objet**). Les réglages sont identiques, cependant, une fois la déformation appliquée, il ne sera pas possible de modifier les filets de distorsion.

Ici, on a appliqué une déformation à un texte

*Les effets de **Déformation** par le menu du panneau **Aspect**.*

En revanche, dans le panneau **Aspect**, par clic sur le nom de l'effet, vous accédez au réglage.

Les particularités des effets de déformation

Le changement de couleur ou de taille peut être réalisé sans contrainte sur tout tracé traité par déformation.

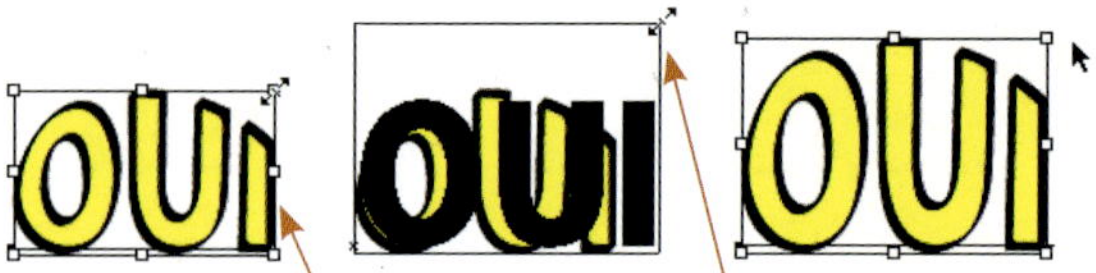

On sélectionne et on redimensionne directement.

Dans le cas d'un texte, la saisie ou les attributs typographiques peuvent être modifiés à tout moment sans précaution particulière.

On peut saisir le texte.

Par défaut, l'effet de déformation s'applique au contour et au fond. S'il a été sélectionné dans le panneau **Aspect**, il peut être affecté au contour seul ou au fond seul, ou appliqué aux deux avec un paramétrage différent. En outre, plusieurs effets peuvent être cumulés sur un même objet.

Ci-dessus, effet appliqué au contour.

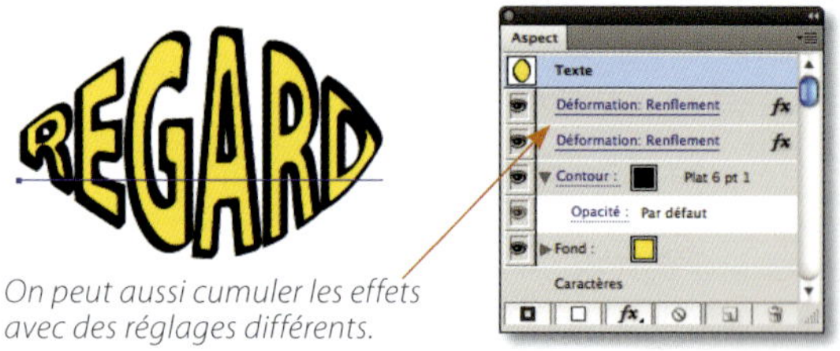

On peut aussi cumuler les effets avec des réglages différents.

Astuce *Un style pourra être défini à partir de l'aspect de l'objet (par clic sur l'icône du panneau **Styles**) en vue de réappliquer plus facilement l'effet à d'autres éléments.*

L'effet avec un objet rempli de dégradé ou motifs

Pour que le dégradé subisse correctement la distorsion, c'est-à-dire qu'il épouse davantage la forme, il faut le décomposer par la commande **Décomposer** du menu **Objet** en choisissant l'option **Filet de dégradé**.

Pour un objet rempli d'un motif, non seulement il faut décomposer le fond (par la commande **Décomposer**) pour obtenir une juxtaposition de tracés, mais en plus, il faut appliquer au résultat de la décomposition, la commande **Découpe** du panneau **Pathfinder** pour supprimer le masque généré lors de la découpe.

Les traitements de type 3D

Le dessin 3D

Cette fonctionnalité offre la possibilité de réaliser des objets 3D par application d'effet vectoriel, c'est-à-dire que les résultats sont réversibles et s'afficheront en tant qu'effet dans le panneau **Aspect**, des styles graphiques sont envisageables.

Il y a deux techniques pour créer un objet 3D : la première consiste à donner de la profondeur à un objet par **extrusion** le long d'un axe ; la seconde donne le relief par **révolution** d'un dessin 2D autour d'un axe.

Ci-dessus, le résultat d'une extrusion 3D et à droite, un objet obtenu par révolution.

Par la suite, un objet 3D peut être pivoté dans l'espace, incliné ou mis en perspective. Des effets de lumière (éclairage et ombrage) sont ajustables et un mapping peut être réalisé par placage de symboles sur les surfaces de l'objet 3D.

La 3D par extrusion

LA CRÉATION DE L'OBJET 3D

Pour créer l'objet 3D, dessinez une surface fermée de préférence sans contour et lancez **Extrusion et biseautage** du menu **Effet** ou du menu *fx* du panneau **Aspect** puis **3D**

> **ASTUCE** *Pour colorer le fond de l'objet, utilisez une couleur globale (elle sera facilement réglable par la suite). Celle-ci doit être plutôt claire car l'effet 3D fonce fortement l'objet.*

Une fenêtre de réglages affiche un cube de prévisualisation dont la face bleue correspond au dessin 2D sélectionné ; les autres faces sont ajoutées selon les réglages choisis : orientation des axes, profondeur, biseau, éclairage et placage. Cochez l'option **Aperçu** pour mieux les contrôler.

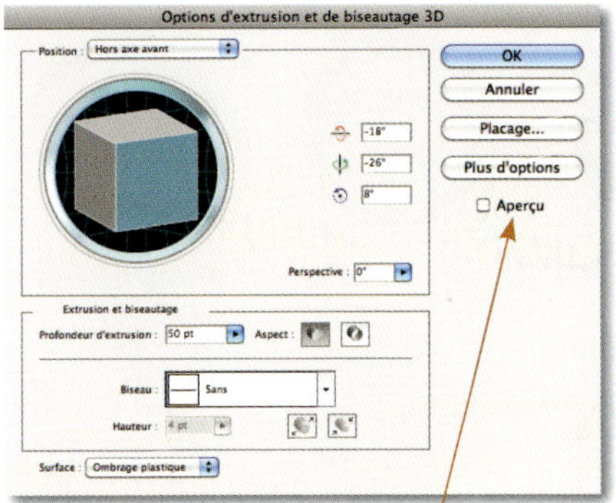

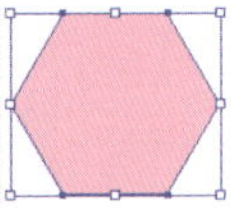

L'objet initial et celui extrudé.

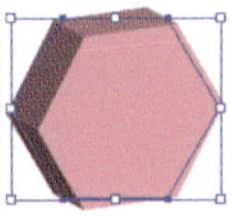

La fenêtre de réglages propose un aperçu (il est souvent indispensable, mais il ralentit considérablement le travail).

LES OPTIONS DE BASE

L'orientation des axes

L'extrusion a pour effet d'étendre l'objet le long de son axe **Z** pour lui ajouter de la profondeur. L'axe **Z** de l'objet est perpendiculaire à la surface avant de l'objet, il est possible de pivoter l'objet selon les axes **X** et/ou **Y** afin de mieux visualiser la profondeur ajoutée à l'objet. Ce pivotement s'effectue manuellement dans la fenêtre de réglages ou par les valeurs dans les cases X, Y et Z ou encore à partir du menu local **Position**.

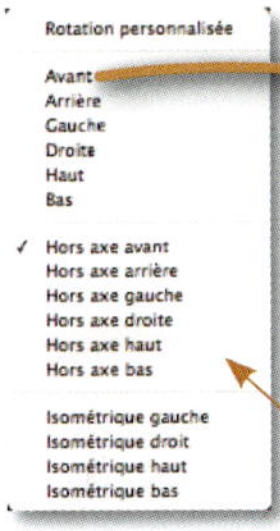

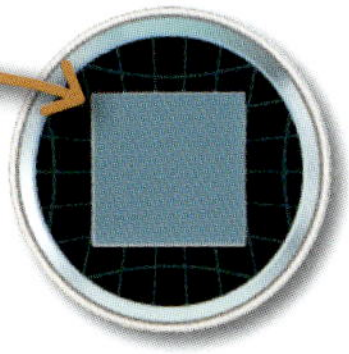

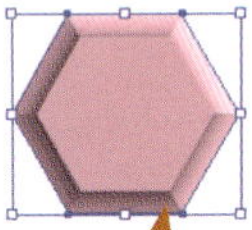

*Des vues prédéfinies sont disponibles dans le menu local **Position**.*
*La première **Face** s'utilise s'il y a un biseau.*

Pour un réglage manuel, placez la souris sur une face du cube de prévisualisation (elle devient ⊕), et glissez pour pivoter selon les trois axes.

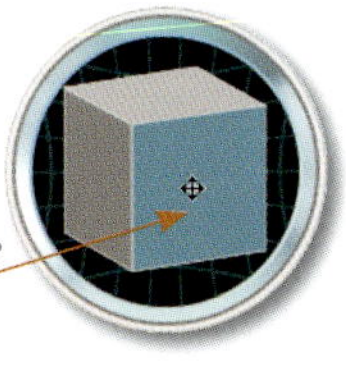

L'objet 3D s'oriente avec ce curseur.

Si vous placez la souris sur une arête horizontale ou verticale du cube, celle-ci change de couleur et le pivotement ne s'effectue qu'autour d'un seul axe :

- l'axe des **X** si l'arête est rouge,
- l'axe des **Y** si elle est verte,
- l'axe des **Z** si elle est bleue.

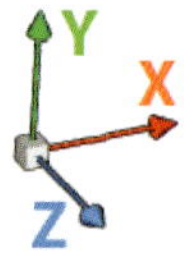

Rotation autour de l'axe des X. *Rotation autour de l'axe des Y.* *Rotation autour de l'axe des Z.*

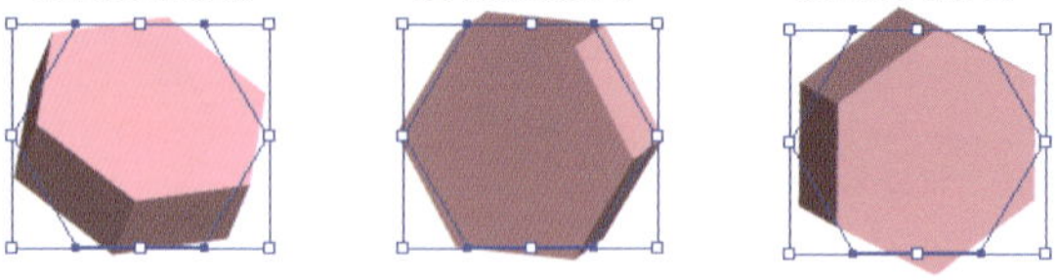

On peut aussi pivoter selon cet axe Z en amenant la souris sur l'anneau qui entoure le cube d'aperçu — le curseur devient ⟳. Dans tous les cas, quand vous glissez la souris pour pivoter l'objet, celui-ci s'affiche en mode filaire pour montrer le changement d'orientation plus rapidement.

La profondeur et l'aspect (plein ou creux)

Lors de l'extrusion, en plus de la profondeur de l'objet à spécifier dans la case **Profondeur d'extrusion**, vous devez définir si la surface de l'objet doit être couverte pour simuler un objet plein ou si elle doit être évidée afin de le faire apparaître creux. Ce choix s'obtient en cliquant sur l'icône objet plein ou objet creux.

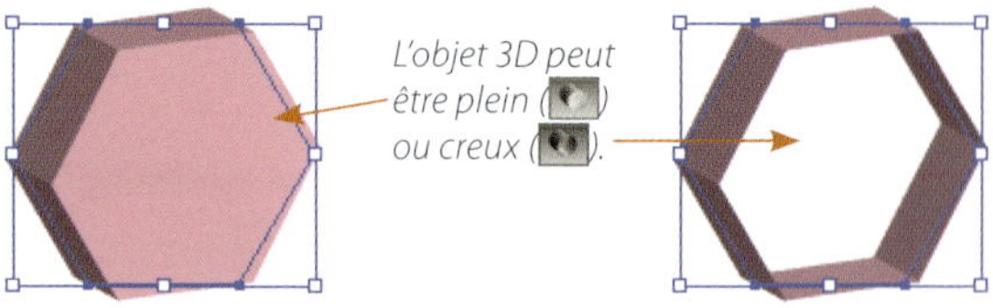

Les réglages du biseau

Par défaut, l'objet n'est pas biseauté. Illustrator propose une liste de biseaux dont vous pouvez régler la hauteur et la position extérieure ou intérieure.

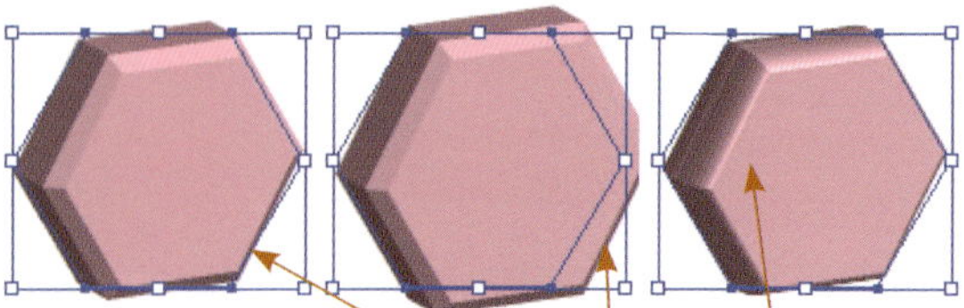

L'objet 3D avec un biseau entrant , sortant . Ici, on l'a défini entrant avec un profil arrondi.

Dans certains cas, des valeurs trop élévées de biseau peuvent faire apparaître des défauts sur des partie de l'objets (notamment sur des textes). Un message le signale sous l'option **Aperçu** de la fenêtre de réglages.

Un biseau trop haut provoque ces défauts. Ce message le signale.

Les réglages du rendu des surfaces

Par le menu local **Surface**, Illustrator propose une liste de rendus, parmi lesquels : **Structure filaire** (montre les arètes en noir), **Sans ombrage** (il n'y a pas d'ombre, le relief n'est pas visible) et effets avec ombre : **Ombrage diffus** (surface mate) et **Ombrage plastique** (surface brillante).

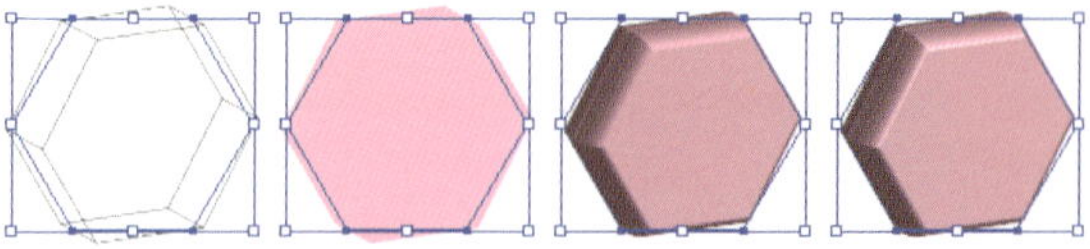

Structure filaire. *Sans ombrage.* *Ombrage diffus.* *Ombrage plastique.*

Les réglages de lumières

Si vous cliquez sur le bouton **Plus d'options**, la fenêtre s'agrandit pour afficher une zone de réglages permettant d'ajuster l'éclairage de l'objet (celui-ci provoque un assombrissement). Vous pouvez modifier le nombre et la position des lumières, leur intensité et leur réflexion, ainsi que la couleur des ombres.

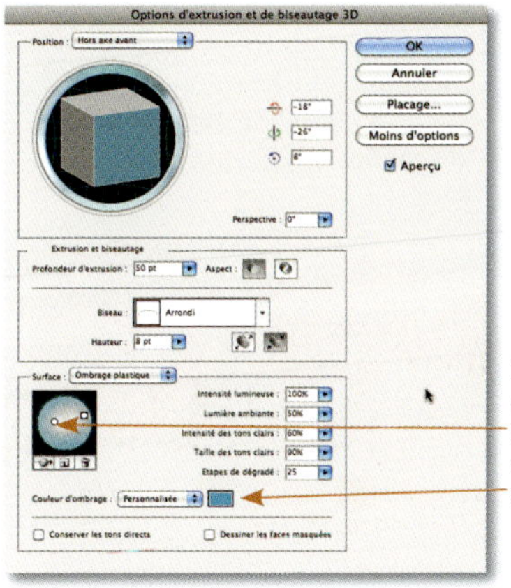

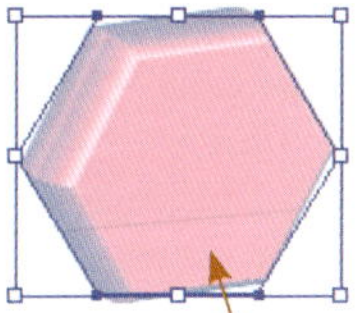

Sur l'objet ci-dessus, on a ajouté une source de lumière dont on a personnalisé la couleur.

Les réglages de position de la source

Ils se réalisent dans la case d'aperçu : vous pouvez y déplacer la source de lumière en glissant le carré blanc ; ajouter une lumière en cliquant sur l'icône ; l'envoyer à l'arrière-plan en cliquant sur la lumière puis sur ou la supprimer en cliquant sur .

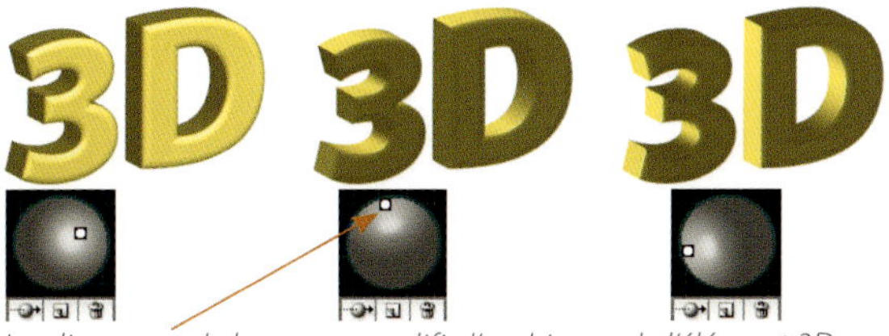

Le glissement de la source modifie l'ambiance de l'élément 3D.

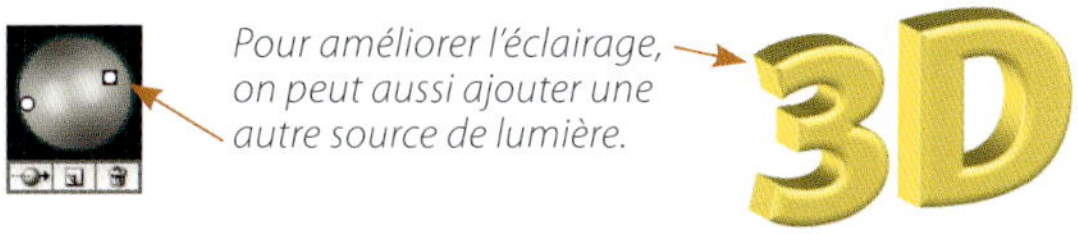

Pour améliorer l'éclairage, on peut aussi ajouter une autre source de lumière.

Astuce *En utilisant des positions opposées de lumière, on pourra préparer des effets de rollover sur des boutons 3D.*

Les réglages d'aspect de la lumière

Une série de curseurs permet d'affiner l'aspect des reflets de lumières sur l'objet — certains d'entre eux n'ont un effet visible que s'ils sont appliqués à une seconde source placée à l'arrière-plan et avec la surface de type **Ombrage plastique**.

- **Intensité lumineuse** contrôle la puissance de la lumière.
- **Lumière ambiance** modifie l'éclairage global pour changer l'éclat des surfaces uniformément.
- **Intensité des tons clairs** règle le pouvoir réflecteur de l'objet. Les valeurs élevées créent une surface brillante, les valeurs faibles une surface mate.
- **Taille des tons clairs** contrôle l'éloignement de la source de lumière.
- **Étapes de dégradé** permet de lisser plus ou moins la zone de reflets.

Les réglages de la couleur des ombres

Les zones d'ombre sont noires, mais vous pouvez choisir une autre couleur. Pour cela, sélectionnez **Personnalisé** dans le menu local **Couleur d'ombrage**, puis cliquez sur la case colorée pour afficher le sélecteur de couleurs.

Pour changer l'ambiance, on peut aussi définir une autre couleur d'ombrage.

Le placage d'élément sur une surface

Cette opération se réalise en deux parties, la préparation des éléments qui servent au placage et sa mise en place.

La préparation des éléments à plaquer

Pour réaliser le placage, Illustrator n'utilise que les éléments contenus dans le panneau **Symboles**. Vous devez donc convertir en symboles les illustrations (tracés, images pixellisées…) que vous souhaitez utiliser pour plaquer sur la surface de l'objet 3D. Si ces symboles sont dans une autre bibliothèque de symboles, glissez-les dans le panneau **Symboles** d'Illustrator.

On a préparé ce symbole pour le placage.

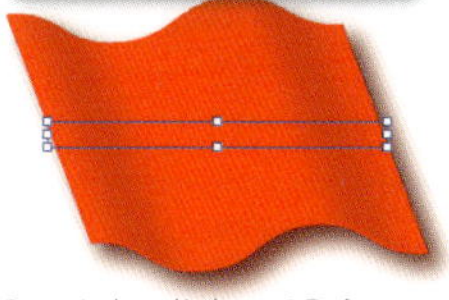

On réalise l'objet 3D (avec ***Extrusion et biseautage*** *sur un trait déformé par zigzag).*

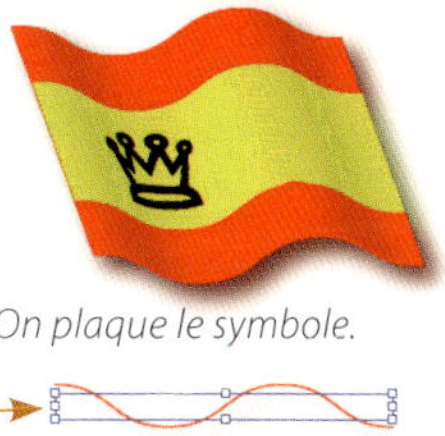

On plaque le symbole.

Astuce *Afin de faciliter le travail de placage, dans le panneau* ***Symboles****, ne conservez que les symboles que vous souhaitez utiliser lors du placage.*

Une fois le symbole utilisé dans un placage, vous pouvez en effectuer la mise à jour par glissement avec la touche ⌥ [Alt] dans le panneau **Symboles** ; comme pour n'importe quel dessin utilisant un symbole, celui-ci sera automatiquement mis à jour dans l'objet 3D.

On redéfinit le symbole pour changer le placage (en glissant la nouvelle version avec ⌥ [Alt]. La mise à jour a été réalisée sur l'objet 3D (elle peut nécessiter des ajustements).

Astuce *Si la mise à jour ne se fait pas, dans le panneau* ***Aspect*** *cliquez sur l'œil de l'effet* ***Extrusion et biseautage****, puis réafficher-le : l'effet est réactualisé avec le symbole.*

Au lieu du remplacement de symbole vous pouvez en faire la mise à jour en l'éditant dans le mode isolation. Dans ce mode, rassemblez les éléments présents dans un calque (pour les conserver), puis rajoutez un nouveau sous-calque pour y placer les nouveaux éléments. Dès que vous quitterez le mode isolation, il y aura mise à jour de l'objet 3D.

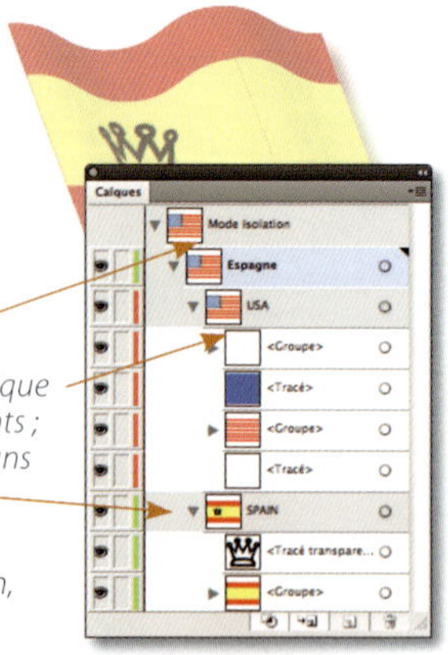

On a activé le mode isolation du symbole. On a ajouté ce sous-calque pour placer les nouveaux éléments ; les anciens ont été rassemblés dans ce sous-calque (renommé).

Quand on sort du mode isolation, l'objet 3D est mis à jour avec le symbole modifié.

Astuce *L'utilisation de calques dans le symbole permet d'avoir deux versions de placage dans le même symbole.*

La mise en place du placage

La mise en place se réalise en cliquant sur le bouton **Placage** de la fenêtre de réglage d'**Extrusion et biseautage**. Le placage s'effectue en trois étapes :

1. La sélection de la zone à couvrir.
2. Le choix du symbole couvrant.
3. Le réglage du symbole (taille et position).

Selon le type du dessin, ce dernier réglage peut s'avérer délicat notamment si le placage comporte des raccords.

La zone à recouvrir

Pour recouvrir l'objet, Illustrator découpe sa surface en zones (en fonction de leur éclairement et de leur visibilité), chacune d'elles peut être couverte par un symbole différent. Un sélecteur permet de choisir la surface à recouvrir : Illustrator visualise ses limites en rouge sur l'objet 3D.

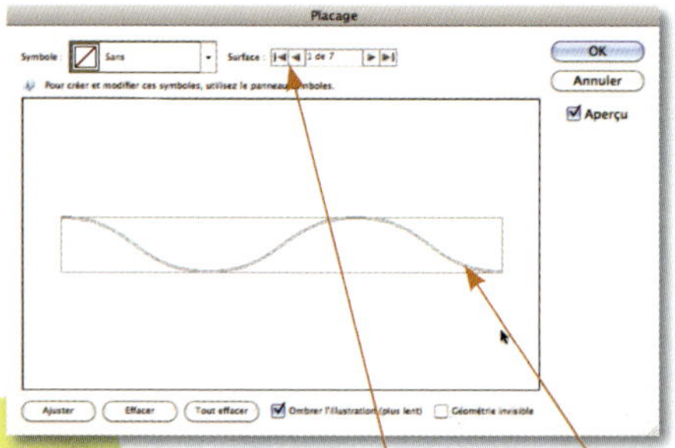

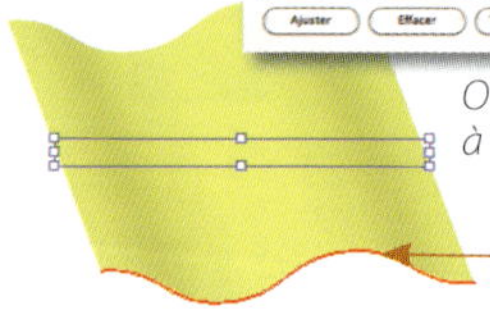

On sélectionne ici la surface à couvrir : elle apparaît dans l'aperçu.

Les limites de la surface s'affichent en rouge sur l'objet.

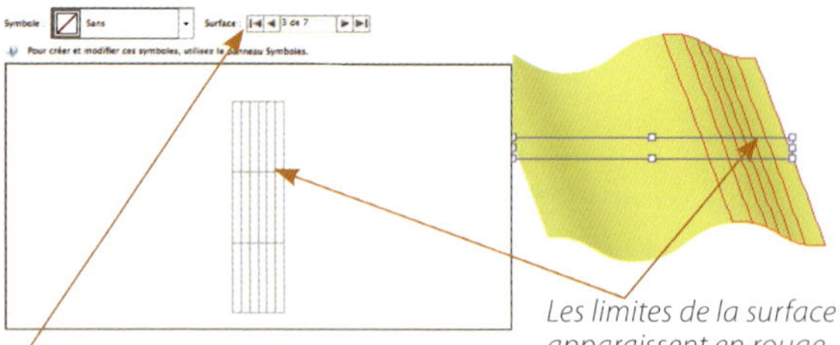

Les limites de la surface apparaissent en rouge sur l'objet.

Ici, on passe d'une surface à l'autre.

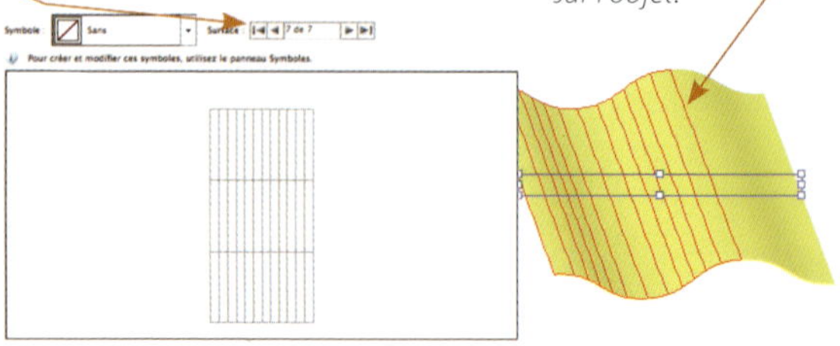

En fonction de la zone choisie, certaines parties de celle-ci apparaissent en gris clair s'il s'agit de faces visibles de l'objet et en gris foncé si elles sont cachées.

Le choix du symbole de placage

Une fois la surface à couvrir choisie, sélectionnez l'élément de placage à la rubrique **Symbole** qui listera tous les symboles présents dans le panneau **Symboles**.

Le réglage du symbole plaqué

Le symbole choisi se place au centre de la fenêtre de prévisualisation. Vous pouvez régler sa taille en agissant sur ses poignées (un bouton peut l'adapter à celle de la surface) et sa position (vous pouvez le glisser et le pivoter).

Au fur et à mesure des réglages l'objet se couvre du symbole (si l'option **Aperçu** est cochée), ce qui facilite les réglages et les raccords quand plusieurs surfaces doivent être couvertes par le même symbole.

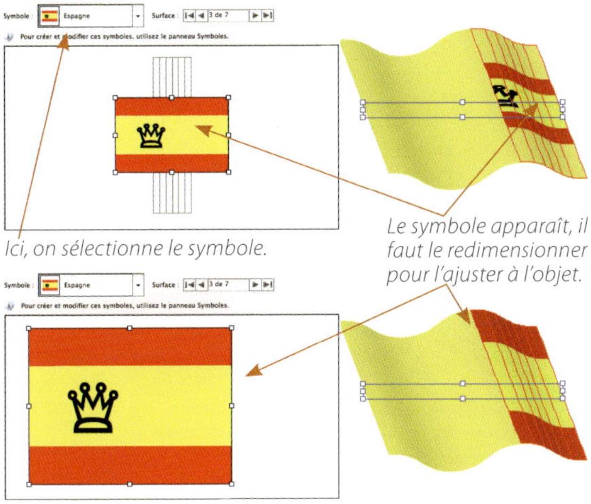

Ici, on sélectionne le symbole.

Le symbole apparaît, il faut le redimensionner pour l'ajuster à l'objet.

Une fois la première surface couverte, sélectionnez-en une autre et recommencez les opérations avec un autre symbole ou le même selon le cas. Il n'est pas possible de sélectionner plusieurs surfaces en même temps pour leur affecter le même symbole.

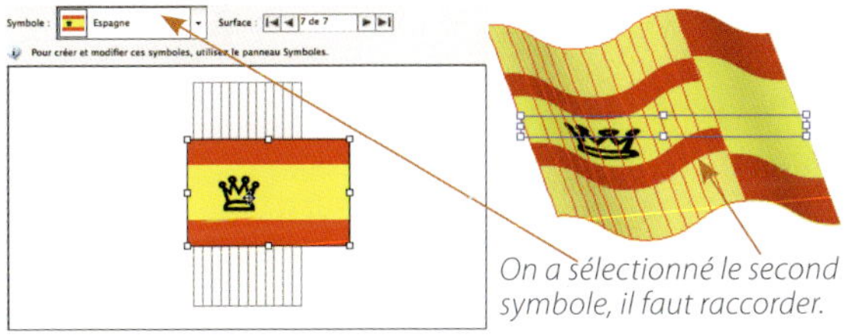

On a sélectionné le second symbole, il faut raccorder.

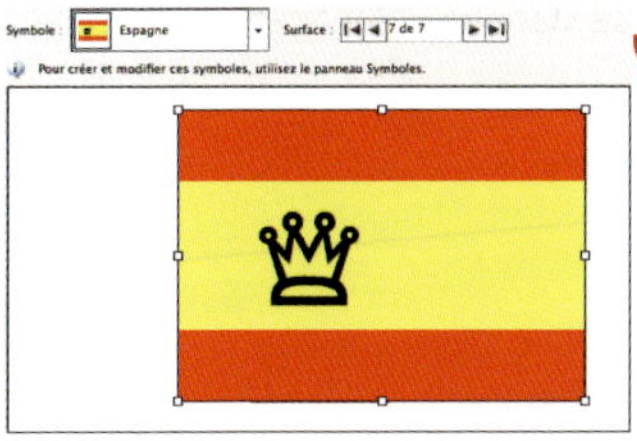

Quand le raccord est correct on peut valider le placage.

ASTUCE *Si la surface sélectionnée ne se couvre pas du symbole, c'est que ce dernier n'est pas conforme pour un placage — c'est notamment le cas s'il contient un motif.*

Une fois les surfaces couvertes, vous pouvez fermer la fenêtre de placage et, éventuellement, modifier le paramétrage d'extrusion — le placage suivra les modifications si elles ne sont pas trop importantes .

Le placage apparaît correct et le reste si on modifie l'extrusion.

Ainsi, si des faces cachées de l'objet ont un placage, celui-ci peut réapparaître si vous faites pivoter l'objet 3D dans la fenêtre d'extrusion.

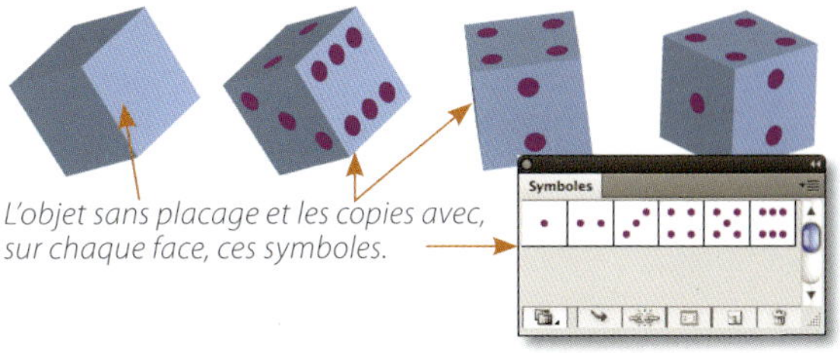

L'objet sans placage et les copies avec, sur chaque face, ces symboles.

ASTUCE *Dans certains cas, pour figurer à l'endroit sur l'objet 3D, le symbole devra être pivoté de 180° dans la fenêtre de placage ou créé à l'envers (solution souvent plus simple).*

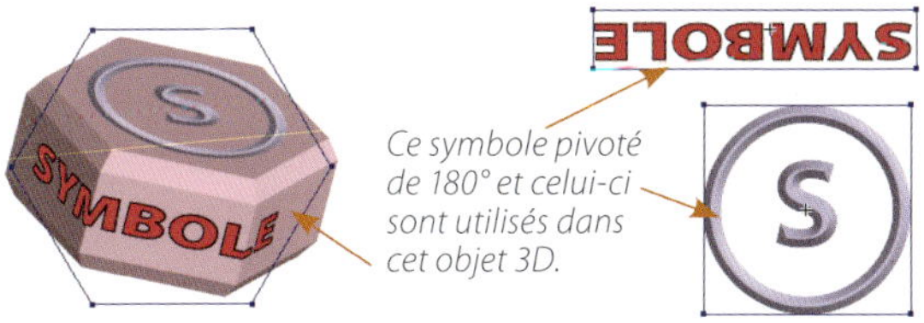

Ce symbole pivoté de 180° et celui-ci sont utilisés dans cet objet 3D.

Par la suite, si vous remplacez un symbole par un autre, il sera toujours temps de réafficher la fenêtre de placage et de réajuster le positionnement des symboles.

> **Attention** *Si vous modifiez la taille de l'objet 3D (manuellement à partir de ses poignées affichées avec l'outil* ***Flèche noire****), prenez soin de commencer par activer l'option* ***Mise à l'échelle de contours et des effets*** *dans le menu local du panneau* ***Transformation*** *sans quoi les placages par les symboles risquent de ne plus être corrects.*

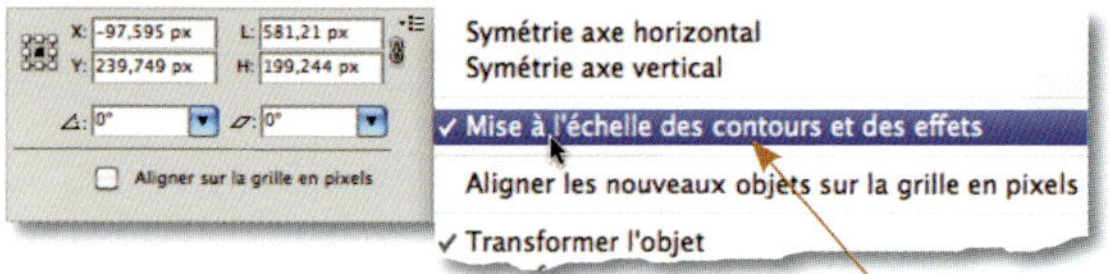

Avant toute mise à l'échelle, vérifiez l'activation de cette option. Ici, option cochée et là non cochée.

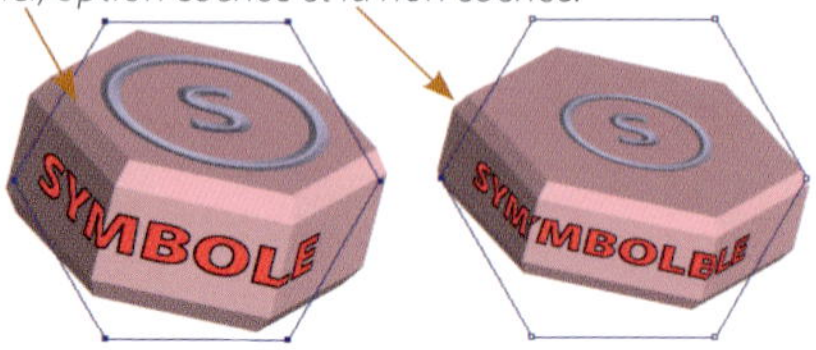

De même, si vous avez affecté un angle de perspective dans le paramétrage de l'effet d'extrusion 3D, la mise à l'échelle peut donner des résultats différents selon que l'option est ou non cochée.

La 3D par révolution

Cette technique de mise en volume s'utilise indifféremment avec des tracés fermés ou ouverts. Comme pour l'extrusion, il sera possible d'envisager le placage d'une texture à l'aide d'un symbole. L'obtention de l'objet comporte quelques étapes : le dessin 2D de l'objet, le paramétrage de la révolution, les réglages de l'éclairage et le placage du symbole.

Exemple d'objets obtenus par révolution 3D avec placage de symboles.

Le dessin 2D de l'objet

Pour créer un objet 3D par révolution, il ne faut dessiner que le profil de l'objet (le plus souvent, un tracé ouvert). Ce tracé peut ne comporter qu'un contour ; cependant, dans les documents CMJN, il est souvent indispensable que le tracé possède une couleur de contour et de fond pour que le placage soit visible.

Les dessins 2D et leurs résultats 3D.

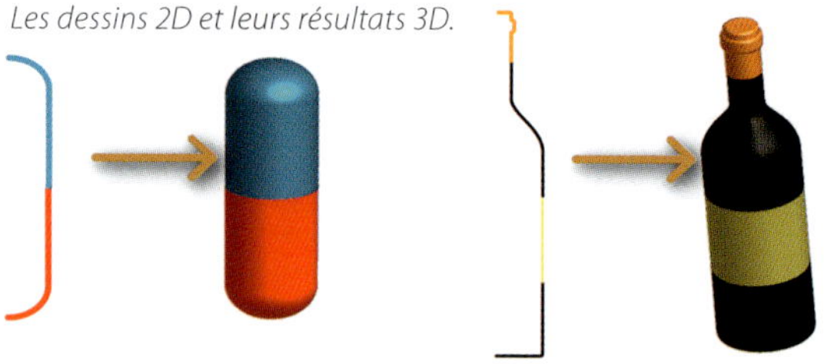

> **Astuce** *Ici aussi, colorez l'objet en utilisant des couleurs globales plutôt claires car l'effet 3D fonce fortement l'objet.*

Si vous réalisez un tracé fermé, la révolution donnera un tore : révolution par rapport à son bord (gauche ou droit) sauf si vous décalez l'axe de révolution.

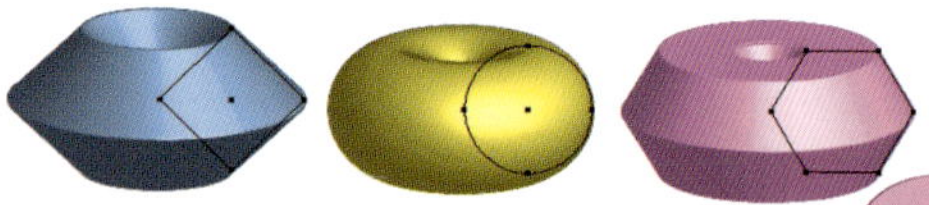

Avec des surfaces fermées, la révolution donne des tores. On pourra décaler l'axe de révolution pour obtenir cet effet.

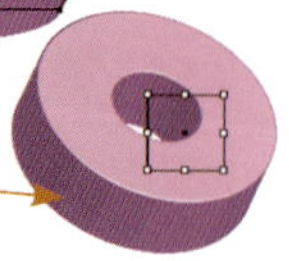

Ce tracé peut être obtenu en utilisant les opérations du panneau **Pathfinder** (réunion, soustraction…). Si vous souhaitez obtenir un tracé ouvert, supprimez les parties inutiles.

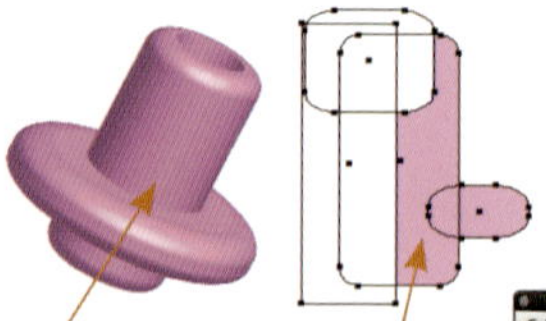

La forme reste éditable (ici au crayon).

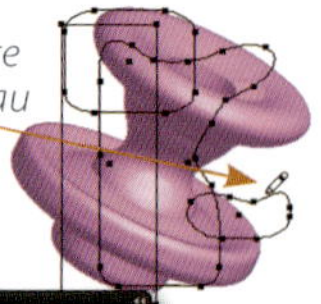

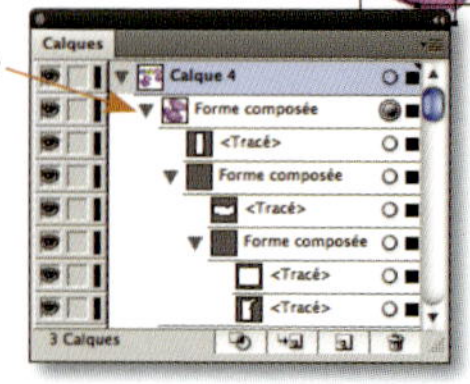

L'objet 3D depuis cette forme composée (créée par des combinaisons du panneau ***Pathfinder*** *avec ⌥ [Alt]).*

Vous pouvez utiliser l'outil **Ciseaux** pour scinder le tracé en segments de couleurs différentes. Cependant, si le dessin comporte plusieurs parties, pour que la révolution s'effectue sans problème de superposition vous devez effectuer l'une des opérations suivantes :

1. Associer les tracés dans un groupe(⌘G [Ctrl G]).

Avec les deux tracés ci-contre, on a créé un objet 3D. Dans celui à droite, les éléments ont été associés.

2. Créer un groupe de peinture dynamique . Cette solution permettra de simplifier les changements ultérieurs de couleur ; ils s'effectueront directement avec l'outil **Pot de peinture dynamique** (rappelons qu'avec ⇧, il colore les contours).

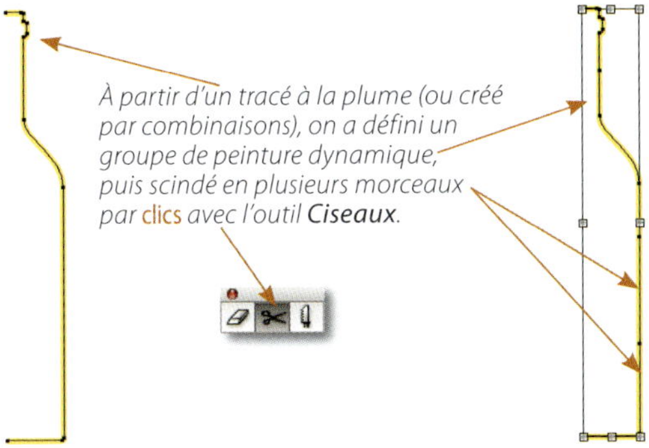

À partir d'un tracé à la plume (ou créé par combinaisons), on a défini un groupe de peinture dynamique, puis scindé en plusieurs morceaux par clics avec l'outil ***Ciseaux****.*

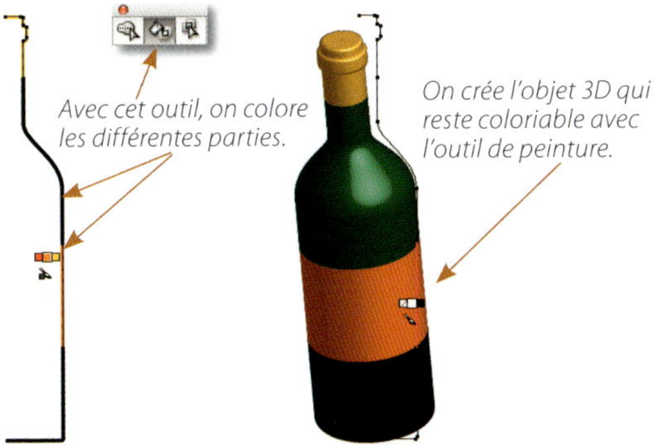

Avec cet outil, on colore les différentes parties.

On crée l'objet 3D qui reste coloriable avec l'outil de peinture.

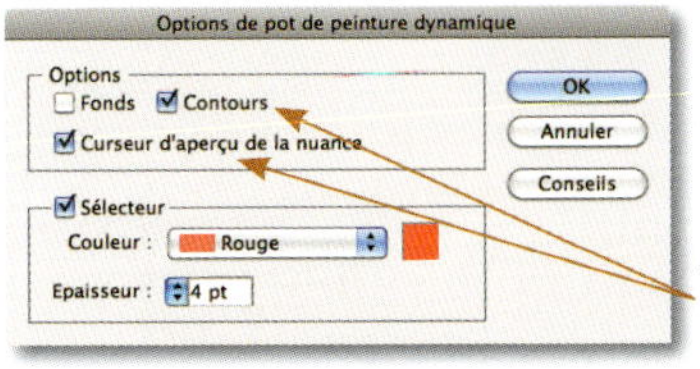

Pour faciliter la coloration des contours, vous pouvez régler l'outil ***Pot de peinture dynamique*** *avec ces options.*

Le paramétrage de la révolution

Une fois le dessin 2D terminé, lancez la commande **Révolution** dans le menu **Effet/3D** ou le menu *fx* du panneau **Aspect**, puis **3D** : une fenêtre de réglages apparaît, et comme pour l'effet d'extrusion 3D, elle affiche un cube de prévisualisation dont la face bleue correspond au dessin 2D sélectionné ; les autres faces sont ajoutées par Illustrator selon les réglages que vous allez définir : orientation des axes, angle de révolution et la position de l'axe, éclairage et placage — cochez l'option **Aperçu** pour mieux les contrôler.

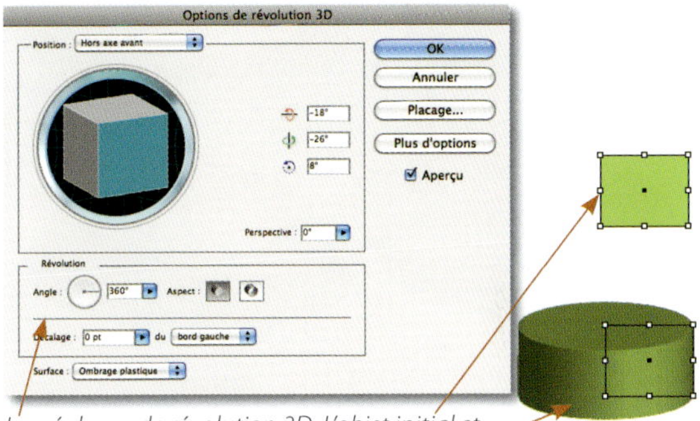

Les réglages de révolution 3D. L'objet initial et le résultat de la révolution avec les réglages par défaut.

L'orientation des axes de révolution

Les réglages sont identiques à ceux de l'extrusion, cependant, ils nécessitent souvent un temps de calcul plus important — soyez patient si votre machine est lente ou désactivez l'aperçu entre certaines manipulations.

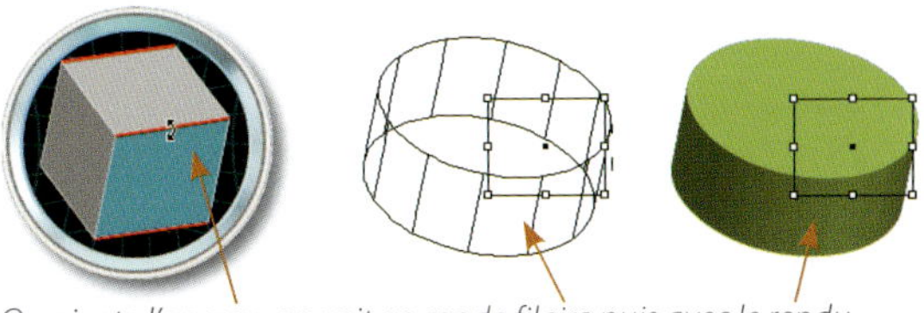

On pivote l'aperçu, on voit en mode filaire puis avec le rendu.

L'angle de révolution

Par défaut, il est de 360° (révolution complète) mais il peut être réduit si vous souhaitez voir la partie intérieure de l'objet ; celle-ci prend la couleur de fond de l'objet.

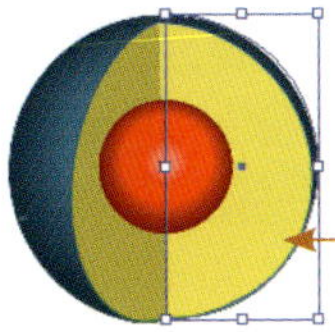

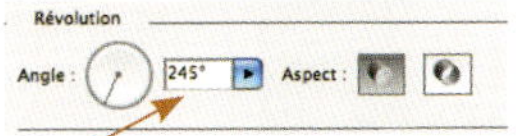

Avec cette révolution réduite, on obtient ce résultat (le fond devient visible).

Le décalage de l'axe de révolution

Par défaut, l'axe de révolution se place sur le bord gauche de l'objet ; cependant, vous pouvez le placer à droite et même le décaler par rapport à ce bord. Cette manipulation est utile dans de nombreux cas, notamment pour créer un cylindre creux à partir d'un trait vertical ou lorsque le dessin 2D est constitué par un tracé fermé.

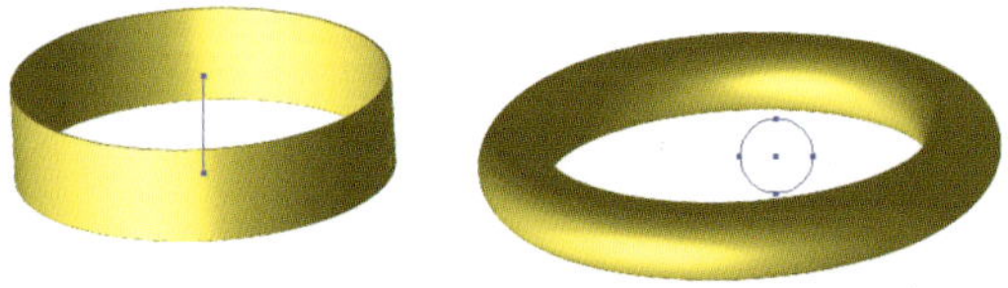

Révolution 3D sur un trait et un cercle avec un décalage de l'axe.

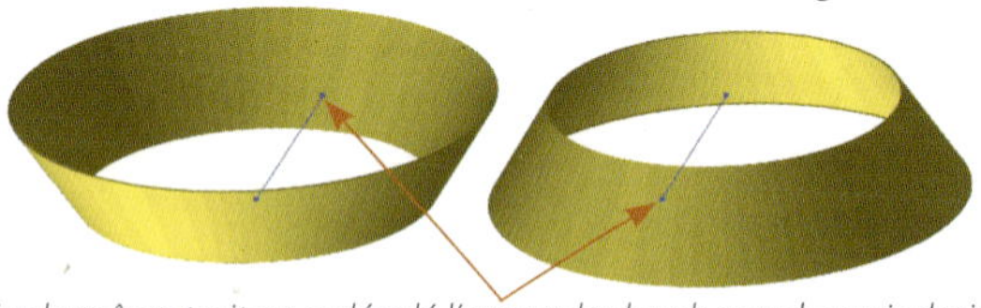

Sur le même trait on a décalé l'axe sur les bords gauche puis droit.

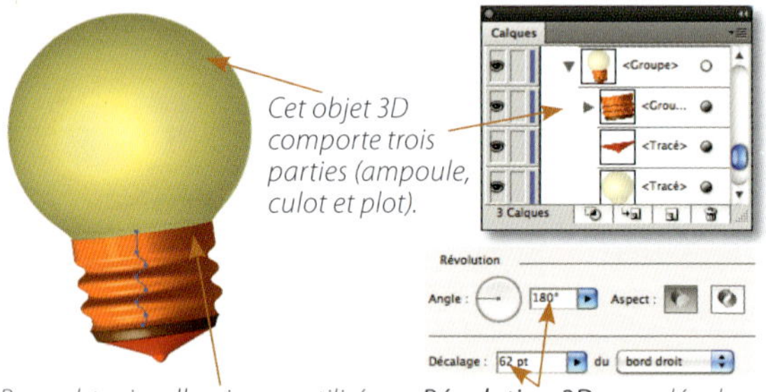

*Pour obtenir celle-ci, on a utilisé une **Révolution 3D** avec décalage et un angle de 180° (avec 360°, une partie de l'ampoule est couverte).*

Les paragraphes qui suivent décrivent un autre exemple dans lequel on place une étiquette sur une bouteille (obtenue par révolution 3D) en utilisant un décalage associé à une réduction de l'angle de révolution.

1. Après avoir obtenu la bouteille par révolution (à partir du tracé à gauche), on place un tracé vertical au centre de celle-ci et on applique la révolution.

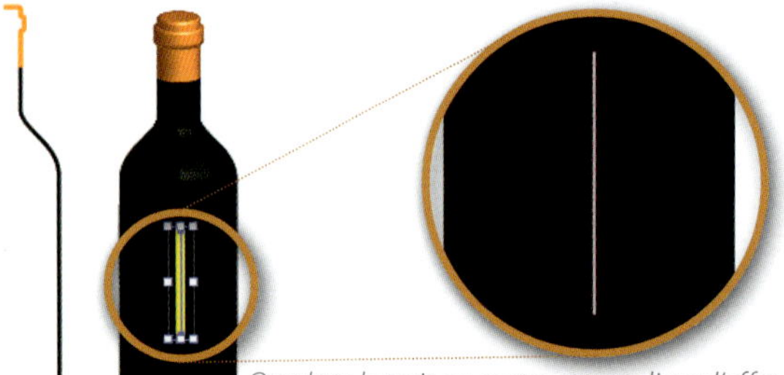

On place le trait au centre, on applique l'effet. Sans décalage, on voit le résultat ci-dessus.

2. Avec les valeurs de base, angle de 360° et décalage nul, le résultat n'est pas bon. Si on place l'axe sur le bord droit et si on augmente le décalage, on obtient le résultat à gauche. Il reste à réduire l'angle pour ne voir qu'une partie du cylindre.

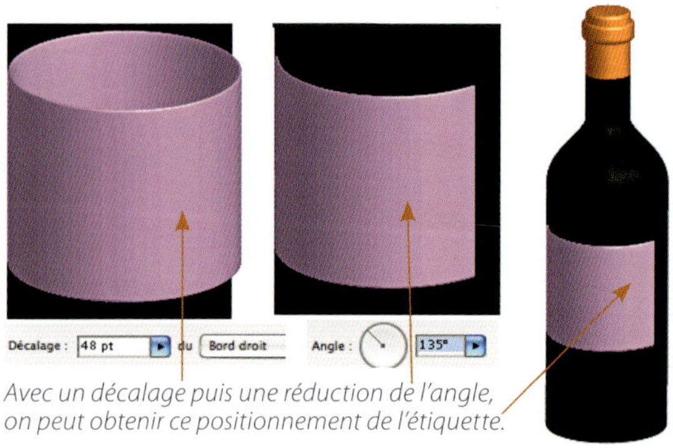

Avec un décalage puis une réduction de l'angle, on peut obtenir ce positionnement de l'étiquette.

Les réglages d'éclairage et d'ombrage

L'éclairage se règle de la même façon que lors d'une extrusion. Si vous ne souhaitez pas d'effet d'ombrage, choisissez le rendu **Sans ombre**, l'objet 3D apparaîtra plus clair. Dans les autres cas, veillez à placer la source de lumière du côté de la face bleue du cube de prévisualisation pour obtenir un résultat plus lumineux.

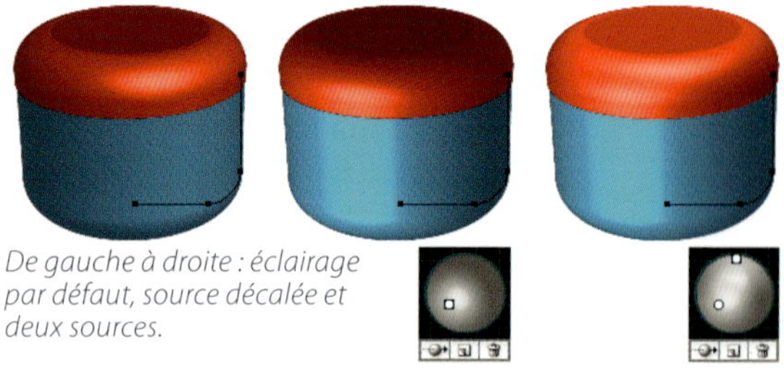

De gauche à droite : éclairage par défaut, source décalée et deux sources.

Le placage de l'objet 3D

La préparation et la mise en place du placage

Comme pour l'extrusion, cette opération nécessite la préparation des éléments qui serviront au placage (les symboles) suivie de leur mise en place sur l'objet. Selon la complexité de l'objet, le placage peut prendre un certain temps à s'afficher. Cependant, par rapport aux versions antérieures d'Illustrator, les surfaces de placage ont été simplifiées.

La mise en place du placage se réalise en cliquant sur le bouton **Placage** de la fenêtre de réglage de **Révolution 3D**. Elle comporte trois étapes : la sélection de la zone à couvrir, le choix du symbole de placage et son réglage (taille et position).

La sélection de la zone à plaquer

À l'aide du sélecteur, choisissez la surface à recouvrir : elle est visualisée par un maillage rouge. Dans la prévisualisation, les parties gris clair correspondent aux faces visibles de l'objet (attention, certaines d'entre elles sont situées à l'intérieur de l'objet) et celles en gris foncé, aux faces cachées.

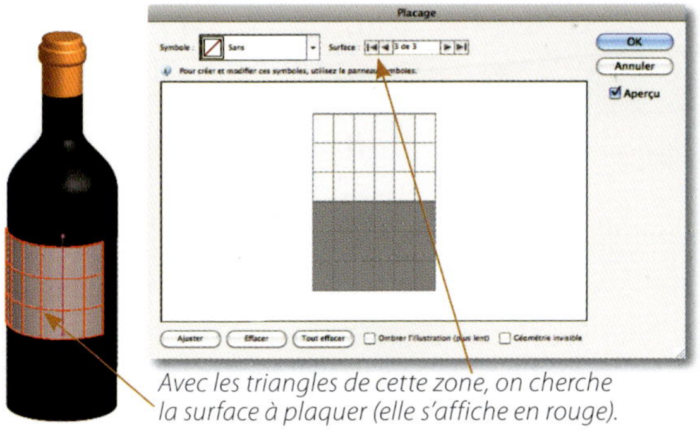

Avec les triangles de cette zone, on cherche la surface à plaquer (elle s'affiche en rouge).

Le choix et le réglage du symbole

Une fois la surface à couvrir choisie, sélectionnez le symbole : il se place au centre de la fenêtre de prévisualisation. Réglez sa taille en agissant sur ses poignées (un bouton peut l'adapter à celle de la surface) et sa position. Au fur et à mesure des réglages une partie de l'objet se couvre du symbole (si l'option **Aperçu** est cochée).

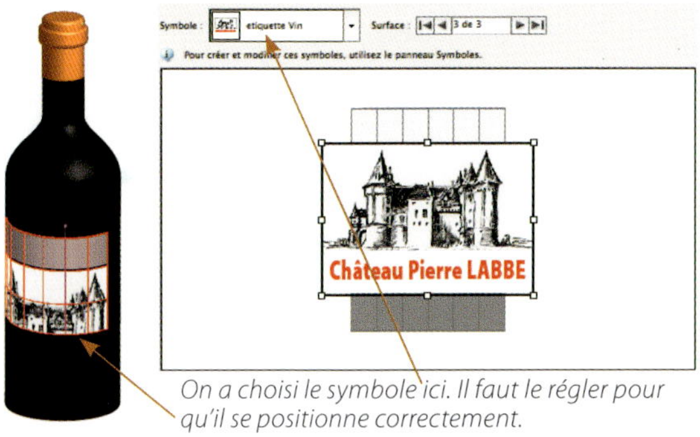

On a choisi le symbole ici. Il faut le régler pour qu'il se positionne correctement.

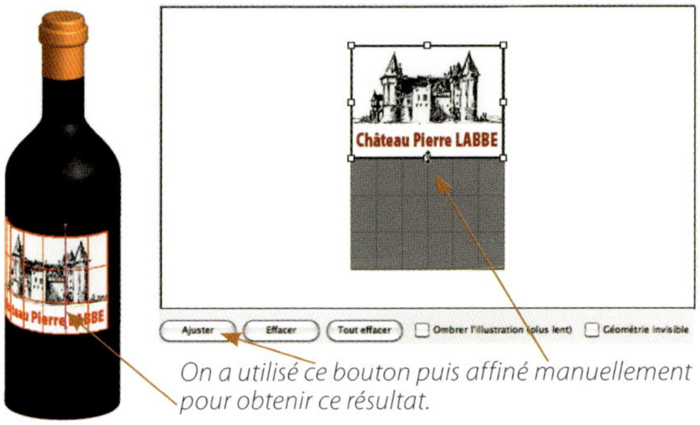

On a utilisé ce bouton puis affiné manuellement pour obtenir ce résultat.

Une fois la première surface couverte, sélectionnez-en une autre et recommencez les opérations avec un autre symbole ou le même en vérifiant leur raccord. Quand les surfaces sont couvertes (certaines peuvent ne pas l'être), fermez la fenêtre de placage (éventuellement, modifiez l'orientation de l'objet, le placage suivra) puis fermez la fenêtre de révolution.

Deux placages particuliers

Le placage sur une sphère

La sphère s'obtient en appliquant une révolution de 360° à un demi-cercle.

Par révolution de ce demi-cercle on obtient cette sphère.

L'objet 3D ne présente que deux surfaces à plaquer rectangulaires dont la position dépend de l'orientation de l'objet 3D. L'une d'elles correspond à l'intérieur et l'autre à l'extérieur ; c'est cette dernière qui est la seule visible dans le cas d'une révolution de 360°. Il suffit donc de choisir le symbole voulu et de régler sa taille et sa position pour que la sphère se trouve plaquée par le symbole.

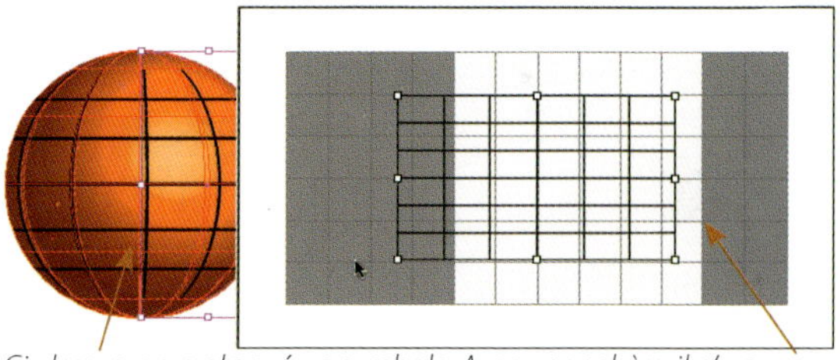

Ci-dessus, on a plaqué un symbole. Avec une sphère, il n'y a qu'une surface rectangulaire claire (zone de visibilité du symbole à l'extérieur) dont la position varie avec l'orientation de l'objet.

Par la suite, si l'objet 3D ne présente pas la partie voulue du symbole, il sera toujours possible de pivoter l'objet dans la fenêtre de paramétrage de la révolution 3D. On pourra également éditer le symbole.

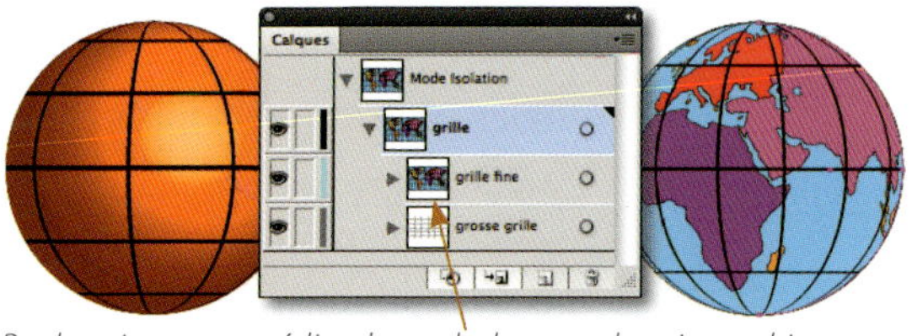

Par la suite on peut éditer le symbole pour obtenir cet objet.

Le placage sur un objet invisible

Quand on plaque un symbole comportant des zones transparentes, la couleur de l'objet 3D reste visible sous le symbole ; ceci empêche sa superposition sur un autre objet. Pour pallier ce problème et obtenir l'effet ci-dessous, vous pouvez faire les manipulations suivantes :

Pour créer cet effet, on utilise ce contour avec une opacité nulle et un placage sur la révolution 3D.

1. Créez le symbole qui devra entourer l'objet 3D, dans notre exemple, il s'agit d'un texte.

On a créé un texte que l'on a glissé ici pour obtenir un symbole.

2. Dessinez un trait vertical centré sur l'objet 3D autour duquel vous souhaitez placer l'élément (le texte). Dans le panneau **Aspect,** affectez l'option **Sans** à son fond et une couleur claire à son contour. Baissez l'opacité de ce contour à 20 %.

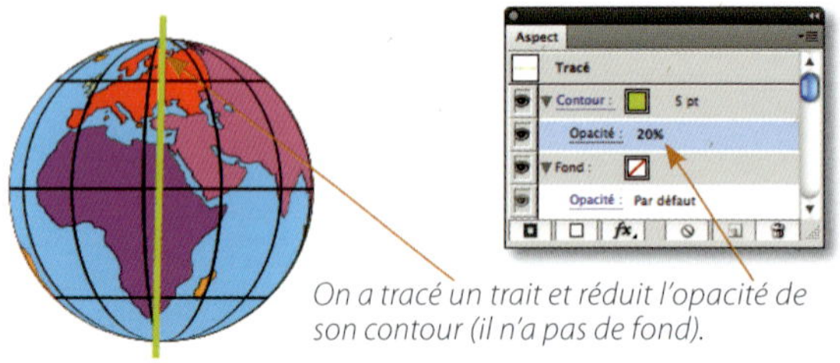

On a tracé un trait et réduit l'opacité de son contour (il n'a pas de fond).

3. Affectez à ce trait un effet **Révolution** avec un angle de 360° et un décalage suffisamment grand pour que le cylindre qui apparaît déborde de l'objet 3D à l'arrière-plan.

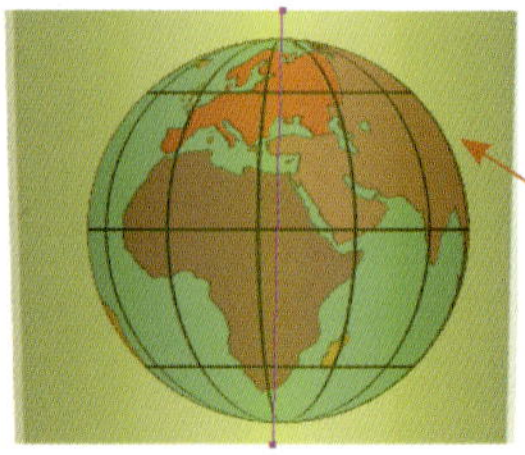

La révolution 3D donne ce résultat si le décalage est suffisamment important (l'opacité initiale de 20 % facilite ce réglage).

4. Avec la rubrique **Placage** de la fenêtre **Options de révolution** placez le symbole du texte en le positionnant sur la surface voulue du cylindre transparent.

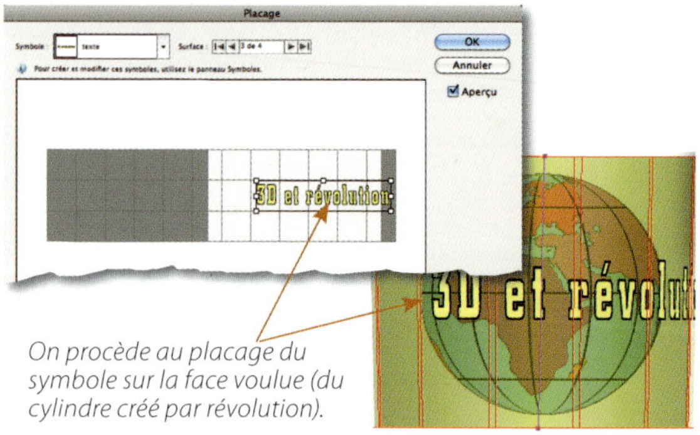

On procède au placage du symbole sur la face voulue (du cylindre créé par révolution).

5. Sélectionnez le contour dans le panneau **Aspect** et affectez-lui une opacité nulle : l'objet 3D ne montrera plus que le placage.

Une fois l'effet 3D réglé, pour obtenir ceci, il ne reste qu'à rendre nulle l'opacité du contour dans le panneau **Aspect***.*

> **Astuce** *La technique précédente peut être utilisée sur tout objet 3D qui présente de nombreuses surfaces de placage nécessitant des raccords délicats. Si on ajoute un autre tracé pour le placage, ce dernier ne présente qu'une seule surface de placage et n'utilise qu'un seul symbole.*

La 3D par rotation

La rotation d'un objet 2D

Pour un objet 2D, l'effet **Rotation** (voir fenêtre d'options ci-dessous) permet de le pivoter librement dans un espace.

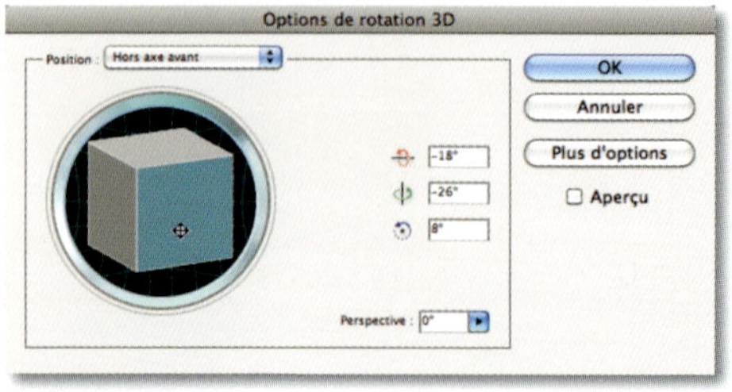

L'effet **Rotation**.

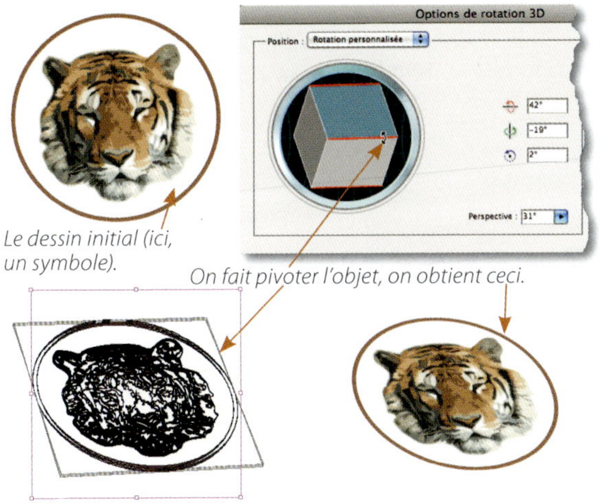

Le dessin initial (ici, un symbole).

On fait pivoter l'objet, on obtient ceci.

LA ROTATION D'UN OBJET 3D

Si vous appliquez une rotation à un objet 3D obtenu par extrusion ou révolution, cela revient à réafficher la fenêtre de paramétrage 3D pour changer l'orientation de l'objet (un message vous le signale). Il est préférable de passer par cette fenêtre qui s'affiche par clic sur l'effet dans le panneau **Aspect** ; cependant, si l'illustration comporte plusieurs éléments 3D, il faudra alors les associer dans un groupe (⌘G [Ctrl G] avant d'utiliser **Rotation**, car la celle-ci s'effectuera par rapport à chaque objet et non par rapport à l'ensemble.

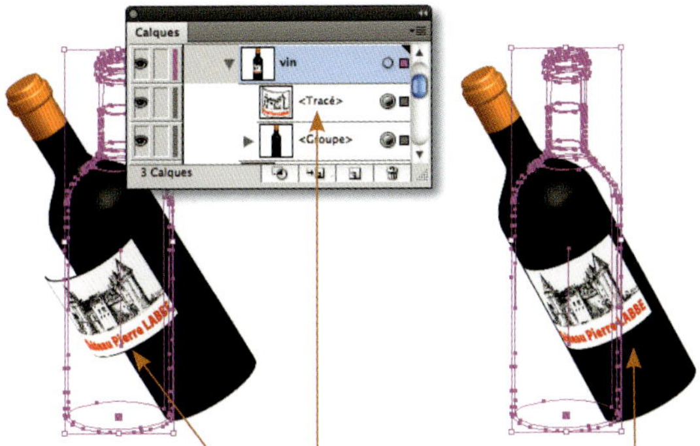

À gauche, on a appliqué la rotation sans grouper les objets (étiquette et bouteille).

À droite, l'effet est correct, les objets sont associés dans un groupe.

Une animation avec des objets 3D

Il est possible d'utiliser des objets 3D dans des animations. Nous allons voir la réalisation d'une animation Flash avec un texte 3D qui pivote sur lui-même.

1. Saisissez un texte. Colorez ce texte avec une couleur claire définie comme quadri globale. Glissez ce texte dans le panneau **Symboles** afin de faciliter les mises à jour ultérieures (ainsi que la création de variantes).

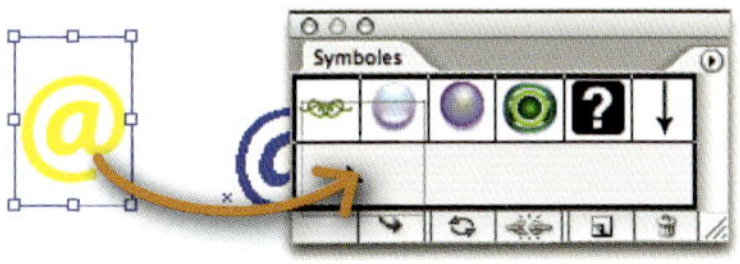

On saisit le texte et on en fait un symbole.

2. Le texte est devenu un symbole, appliquez-lui **Extrusion et biseautage** avec les réglages suivants : axe X = 2, axe Y = 0, axe Z = 2 et **Profondeur d'extrusion** = 5.

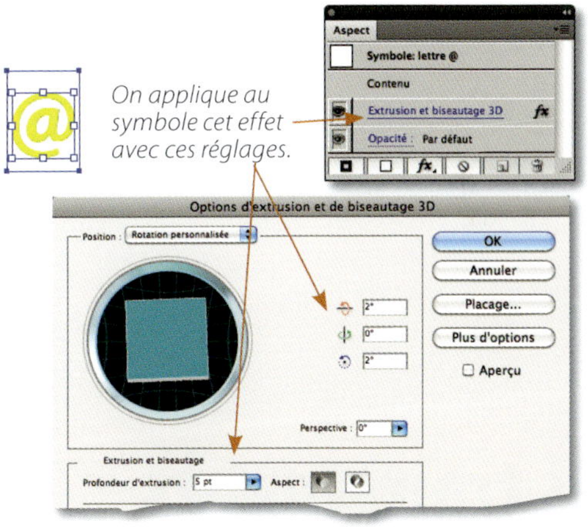

On applique au symbole cet effet avec ces réglages.

3. Avec l'outil **Flèche** noire et la touche ⌥ [Alt] enfoncée, créez une première copie déplacée par glissement du symbole sur sa droite puis tapez ⌘D [Ctrl D] plusieurs fois pour répéter cette copie de manière à obtenir huit symboles au total.

Par glissement avec ⌥ [Alt], on crée une série de copies.

4. Sélectionnez la première copie (deuxième symbole) et cliquez sur **Extrusion et biseautage 3D** dans le panneau **Aspect** pour afficher son réglage : changez la valeur de l'axe Y pour 45°. Sélectionnez le troisième symbole, affichez la fenêtre de l'effet pour régler l'axe Y à 90°. Recommencez avec les symboles suivants et les angles respectifs de 135°, 180°, – 135°, – 90° et – 45° pour le dernier.

axe Y = 45° 90° 135° 180° – 135° – 90° – 45°

5. Sélectionnez tous les symboles (⌘A [Ctrl A]) et alignez-les horizontalement sur le centre en cliquant sur l'icône du panneau **Contrôle** (ou du panneau **Alignement**).

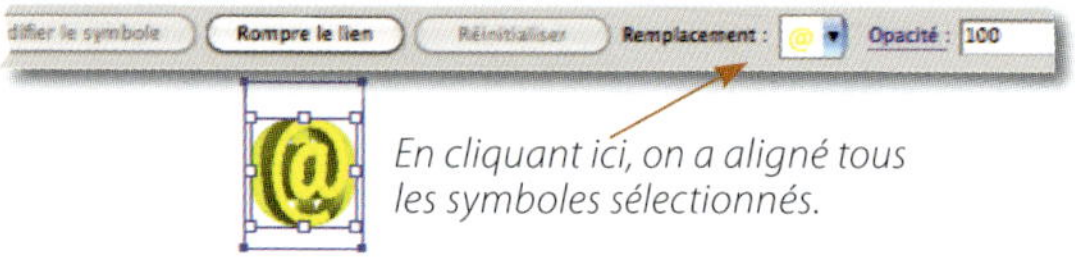

En cliquant ici, on a aligné tous les symboles sélectionnés.

6. Dans le panneau **Calques**, cliquez sur le seul calque présent pour l'activer et lancez la commande **Décomposer en calques (Séquence)** dans le menu local du panneau.

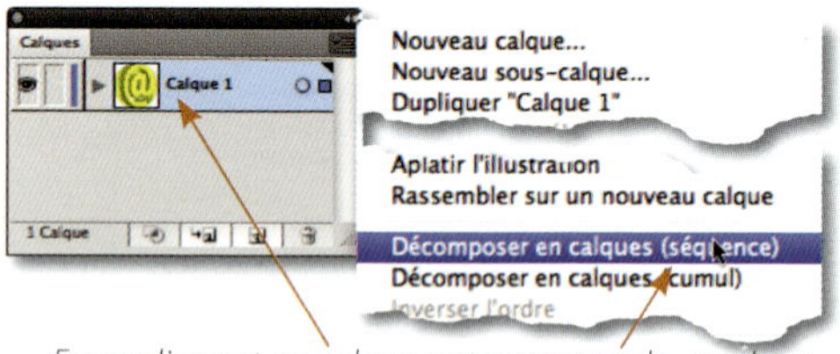

En appliquant au calque cette commande, on place chaque symbole sur un calque séparé.

7. Vous obtenez une série de calques. Pour que chacun d'eux corresponde à une image de l'animation, lancez **Enregistrer pour le Web**. Choisissez le format SWF puis l'option **Convertir les calques en image SWF**, cochez **Compressé** et **Boucle**. Avant de valider l'enregistrement, vous pouvez le visualiser en cliquant sur l'icône du navigateur en bas de la fenêtre **Enregistrer pour le Web**.

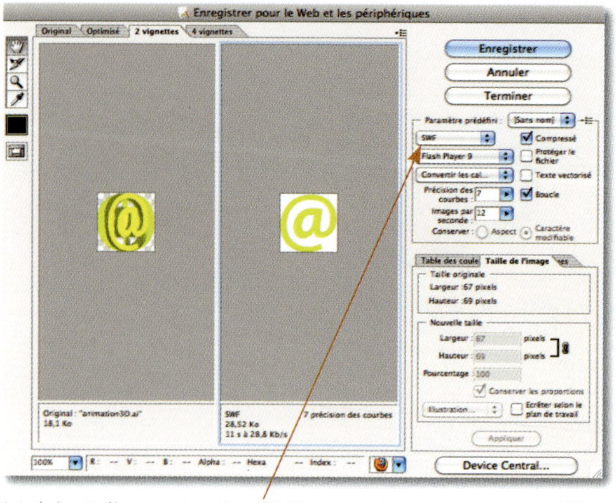

Ici, il s'agit d'une animation SWF, on aurait pu enregistrer en GIF.

Les traitements spéciaux

La conversion en rectangle ou en ellipse

LA MÉTHODE D'APPLICATION

Les commandes **Convertir en Rectangle**, **Rectangle arrondi** et **Ellipse** figurent dans le menu **Effet** ou le menu *fx* du panneau **Aspect**. Elles s'appliquent à un contour ou un fond préalablement ajouté à l'objet par le panneau **Aspect**.

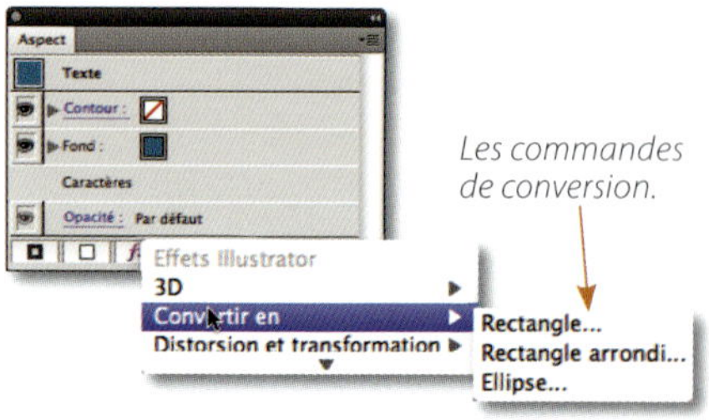

Les commandes de conversion.

Elles permettent de convertir ce dernier en rectangle (ou en ellipse). L'application de cet effet comporte un mode opératoire dont voici les détails.

1. Sélectionnez l'objet. Par le menu du panneau **Aspect**, ajoutez un nouveau fond ou contour. Appliquez-lui une nuance et glissez cet attribut en bas de la liste dans le panneau **Aspect**.

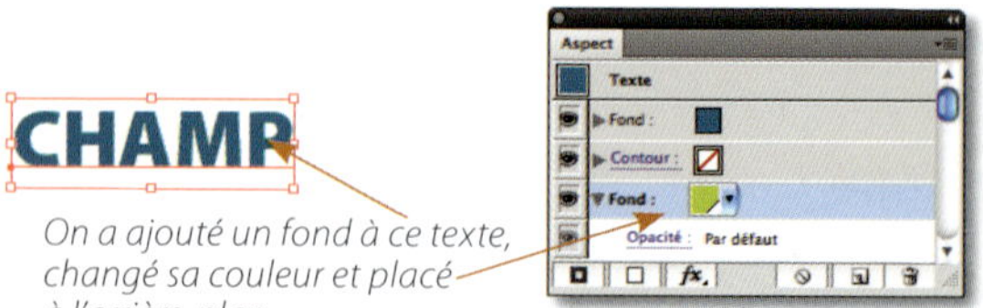

On a ajouté un fond à ce texte, changé sa couleur et placé à l'arrière-plan.

2. Cliquez sur l'attribut de fond (ou de contour) que vous venez d'ajouter pour l'activer et lancez l'une des commandes **Convertir en**.

Dans la fenêtre qui s'affiche, choisissez le type de forme (rectangle droit ou arrondi, ellipse) ainsi que la taille (fixe ou relative). Si vous choisissez une taille relative, la forme est remise à l'échelle à chaque modification de l'objet. De plus, si elle est négative, la forme sera plus petite que l'objet.

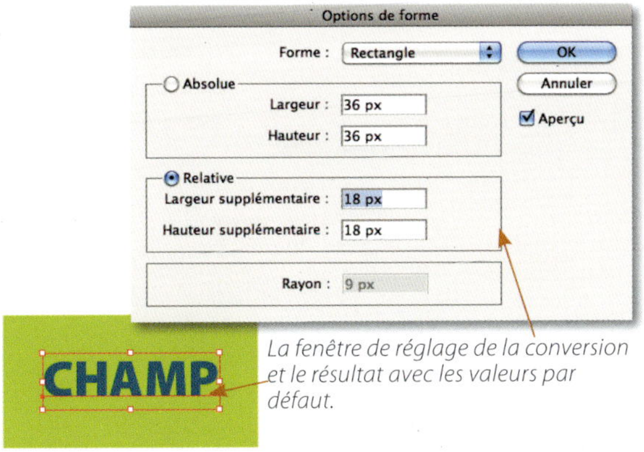

La fenêtre de réglage de la conversion et le résultat avec les valeurs par défaut.

Astuce *Dans le cas d'un texte, pour que la forme corresponde à l'encombrement réel du texte, lancez **Vectoriser l'objet** (menu **Effet/Tracé** ou menu fx).*

Ici on a vectorisé le texte (par effet) et changé la saisie : la forme se modifie.

Vous pouvez appliquer un effet similaire au contour ou encore ajouter un autre fond ou contour pour cumuler plusieurs formes avec différentes tailles ou couleurs sur un même objet. Il est même possible d'appliquer un effet à l'attribut de fond (ou de contour) dans le but de modifier l'aspect de la forme.

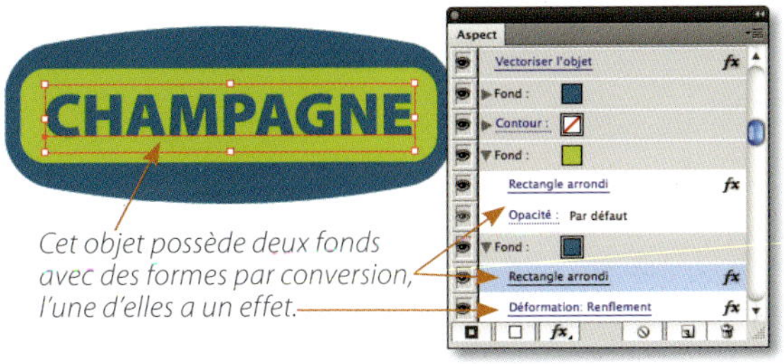

Cet objet possède deux fonds avec des formes par conversion, l'une d'elles a un effet.

Astuce *Il n'est pas possible de régler séparément la hauteur de la forme au-dessus ou en dessous de l'objet (ou la largeur à gauche ou à droite). Pour pallier ce manque, vous pouvez appliquer à la forme un déplacement vertical négatif ou positif (ou horizontal) avec l'effet **Transformation** (menu **Effet /Distorsion et transformation**).*

La création de boutons d'interface 3D

Il est possible d'appliquer au rectangle obtenu un effet **Extrusion et biseautage**, cela permettra d'obtenir très rapidement un bouton en relief pour une interface Web par exemple. Pour cela, sélectionnez l'effet **Rectangle** dans le panneau **Aspect** et appliquez l'effet **Extrusion et biseautage** avec une position **Avant** et un **Biseau** de type **Classique** avec une valeur convenable.

En appliquant cette extrusion 3D au rectangle on crée un bouton 3D.

Éventuellement, ajoutez un autre fond (avec une autre couleur) pour appliquer le même genre d'effet au texte du bouton mais avec une valeur de biseau plus faible. Ces effets, comme tous les réglages réalisés dans le panneau **Aspect**, peuvent être mémorisés sous forme de styles graphiques par simple clic sur l'icône du panneau **Styles graphiques** — avec un texte, il est impératif d'ajouter un attribut de fond pour assurer la coloration du texte.

Ainsi, par la suite, ils pourront être appliqués à d'autres objets ou modifiés et mis à jour facilement. On pourra, par exemple, changer la couleur, la position de l'éclairage de l'extrusion 3D pour élaborer des effets de rollover.

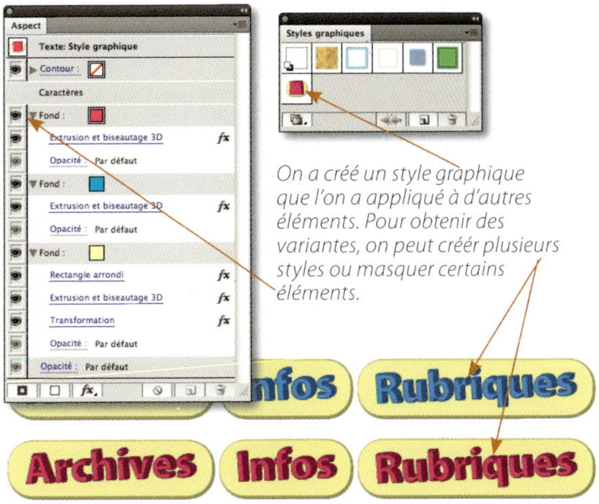

Les modifications et leurs mises à jour sont facilitées grâce au style.

Les arrondis des sommets

Cette commande est accessible dans le sous-menu **Spécial** du menu **Effet** ou le menu *fx* du panneau **Aspect**. Elle modifie les sommets des objets pour leur donner un arrondi de valeur réglable dans la fenêtre **Arrondis**. Cette opération est réversible par le panneau **Aspect** puisqu'elle est appliquée par le menu **Effet**.

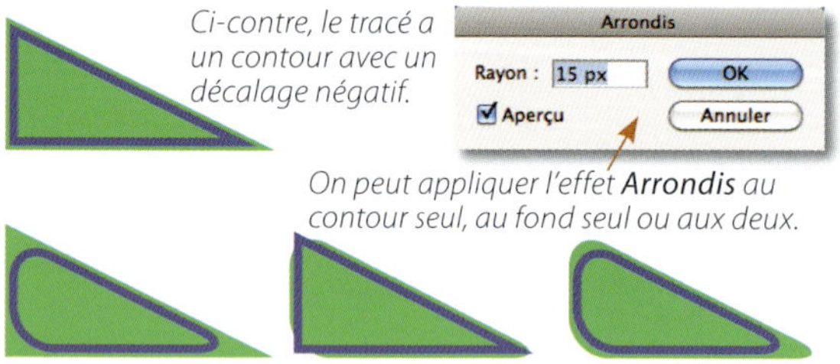

Ci-contre, le tracé a un contour avec un décalage négatif.

On peut appliquer l'effet ***Arrondis*** *au contour seul, au fond seul ou aux deux.*

Si on l'applique sous forme d'effet, **Arrondi** est particulièrement intéressant pour modifier un texte (sans le vectoriser) en adoucissant ses angles.

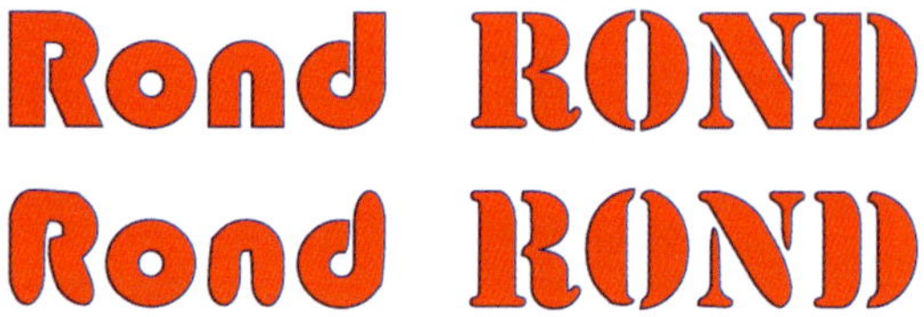

Deux typographies sans et avec ***Arrondis****.*

Astuce *Dans certains cas, si vous constatez que l'effet ne donne pas un résultat satisfaisant, annulez-le, ajoutez des points avec l'outil* ***Plume +*** *dans les zones qui se sont mal comportées et réappliquez l'effet.*

Les effets de fondu et d'ombrage

Il s'agit de commandes qui s'appliquent par le sous-menu **Spécial** du menu **Effet** ou du menu *fx* du panneau **Aspect**.

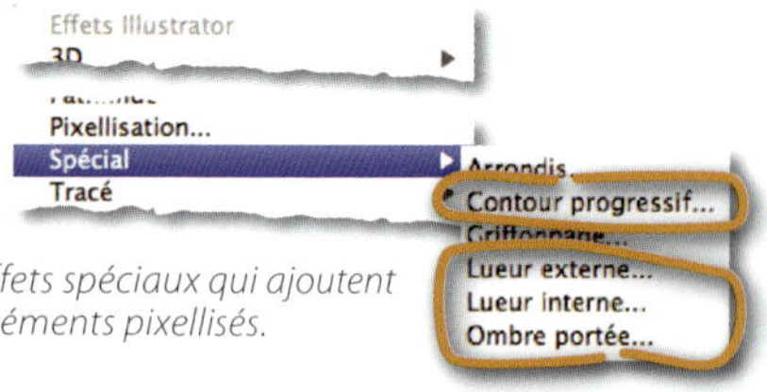

Les effets spéciaux qui ajoutent des éléments pixellisés.

Ces effets font apparaître sous ou sur l'objet une partie pixellisée dont la résolution est liée à la valeur choisie dans la fenêtre **Paramètres des effets de pixellisation du document** (menu **Effet**).

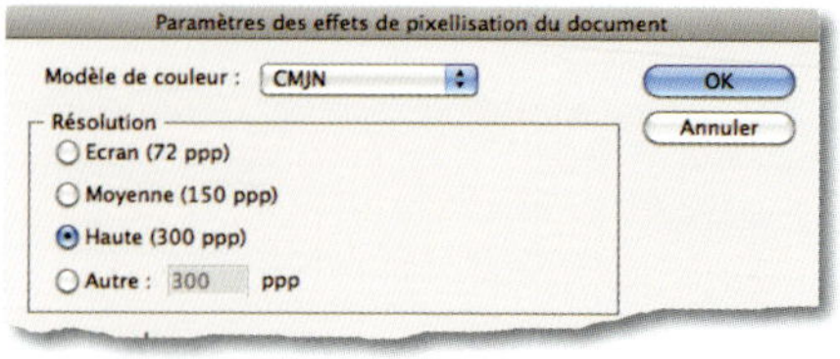

Les effets spéciaux utilisent un réglage de pixellisation : résolution des pixels (définie également à la création du document).

Astuce *Le réglage d'effet de pixellisation est modifiable à tout instant, l'aspect de l'effet pixellisé sera mis à jour en conséquence. Pour ne pas ralentir l'affichage durant la phase de travail, ne programmez pas une valeur trop élevée.*

Le fondu avec l'effet Contour progressif

L'effet **Contour progressif** affecte les bords de l'objet de façon à les rendre flous, assurant ainsi une transition plus douce que le dessin vectoriel ne sait pas produire. Il est préférable que l'objet n'ait pas de contour.

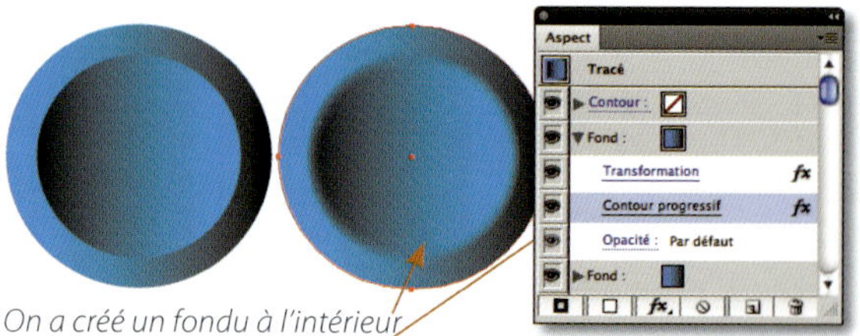

On a créé un fondu à l'intérieur (copie réduite et inversée par transformation) avec cet effet.

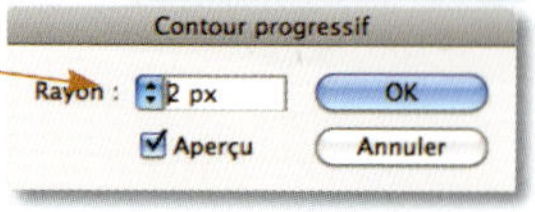

On peut utiliser cet effet pour créer des reflets ou des ombrages (ou ajouter du relief) sur un objet en plaçant sur ce dernier des tracés de couleur claire ou foncée avec un contour progressif.

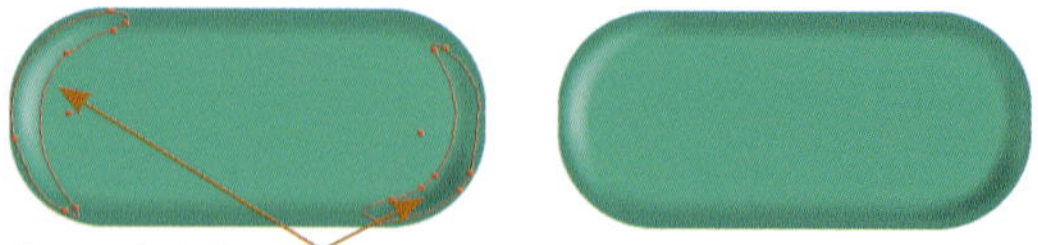

On a utilisé des tracés avec contours progressifs pour produire l'effet de relief à droite.

Astuce *Pour obtenir un fondu plus important, dupliquez l'effet dans le panneau* ***Aspect*** *en le glissant sur l'icône* *. Si l'objet a un fond uni (pas de motif), vous pouvez remplacer le contour progressif par l'effet* ***Flou gaussien*** *(menu* ***Effet*** *puis* ***Atténuation****).*

Les halos avec les effets Lueurs

Les effets **Lueur interne** et **Lueur externe** ajoutent un fondu coloré sur l'extérieur ou l'intérieur de l'objet. Par défaut, la couleur appliquée n'est visible que sur un arrière-plan foncé ; cependant, vous pouvez choisir une autre couleur ; dans ce cas, pensez également à changer le mode : une couleur foncée s'accommode mieux du mode **Produit**. Dans de nombreux cas, c'est le mode **Normal** qui convient, mais vous pouvez utiliser parfois le mode **Couleur**.

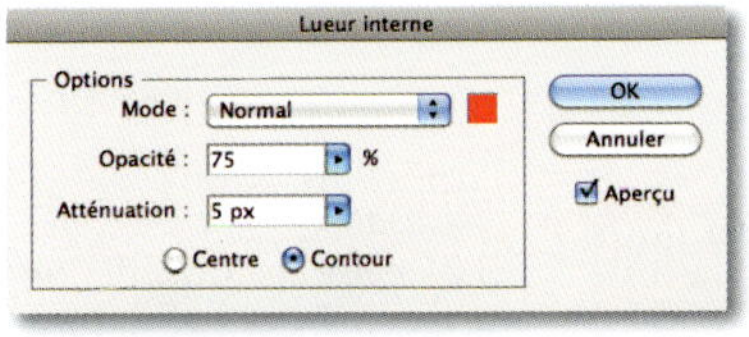

On a appliqué une lueur interne colorée dans ce rectangle.

Dans ce rectangle, c'est la lueur externe noire que l'on a choisie.

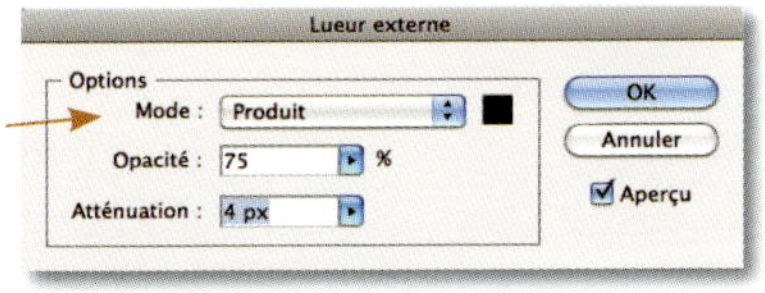

> **Astuce** *Pour obtenir un effet plus intense, au lieu d'augmenter les valeurs dans la fenêtre d'options de l'effet, pensez plutôt à dupliquer l'effet dans le panneau **Aspect**, en sélectionnant l'attribut de l'effet puis en cliquant sur l'icône .*

Il est possible de choisir une couleur de lueur dans le panneau **Nuancier**. En effet, en cliquant sur la case colorée de la fenêtre de réglage, vous accédez au sélecteur de couleurs qui propose un bouton **Nuances** qui affiche les couleurs ajoutées au panneau **Nuancier**.

L'ombre interne

Illustrator ne propose pas cet effet ; pour l'obtenir, il faut utiliser un masque, nous le verrons plus loin (*voir page 312*).

L'ombre portée

L'ombre portée est de type bitmap sauf si vous réglez l'atténuation avec une valeur nulle : dans ce cas, elle sera vectorielle. Elle s'applique par le sous-menu **Spécial** du menu **Effet** ou plus simplement par le menu *fx* du panneau **Aspect**. Une fois appliquée, on réaffiche son réglage par clic sur l'effet dans le panneau **Aspect**. Elle peut être affectée au contour ou au fond, par défaut, elle s'applique à l'objet.

Pour appliquer une ombre portée à un objet (ou même à un texte non vectorisé), sélectionnez-le et lancez la commande **Ombre portée** du sous-menu **Spécial** : une fenêtre vous permettra de fixer certaines caractéristiques de l'ombre telles que sa position, sa couleur et la séparation ou non dans le cas d'objets multiples. En plus des décalages qui gèrent la position de l'ombre, de nouvelles options apparaissent : le **Mode**, l'**Opacité**, l'**Atténuation** et les **colorations**.

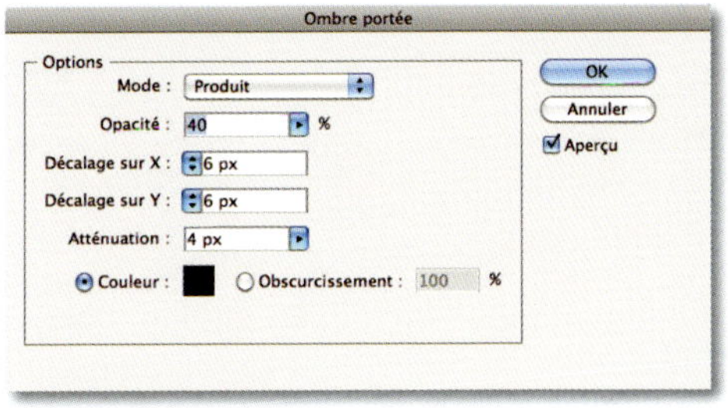

Les réglages par défaut de l'ombre portée.

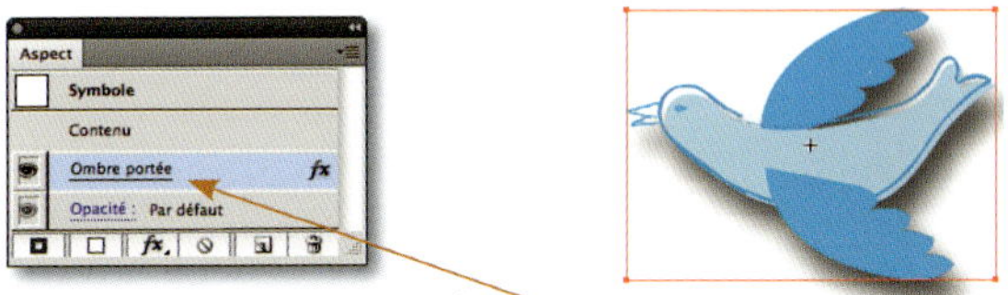

L'ombre appliquée apparaît dans ce panneau.

Le mode de fusion de l'ombre

Il s'agit des modes de fusion des pixels avec l'arrière-plan. Dans le cas d'une ombre, c'est le mode **Produit** qui convient (choix par défaut). Si vous spécifiez une couleur claire, c'est le mode **Superposition** qu'il faudra choisir de manière à ce que cette dernière ne disparaisse pas. Avec une couleur vive, le mode **Couleur** conviendra mieux.

L'opacité de l'ombre

L'ombre peut être adoucie avec une opacité plus faible. Par défaut, la valeur est de 75 %.

L'atténuation de l'ombre

Si elle est nulle, l'ombre est vectorielle ; dans le cas contraire, l'ombre est floue mais devient bitmap — sa résolution est alors réglée en fonction des paramètres de pixellisation.

À gauche, ombre avec atténuation nulle ; à droite, opacité réduite.

La position de l'ombre : les décalages

Les valeurs entrées dans les cases **Décalage sur X** ou **sur Y** peuvent être négatives et suivies du symbole de n'importe quelle unité.

La couleur de l'ombre

L'option **Obscurcissement** a pour effet d'assombrir la couleur de l'ombre en lui ajoutant le pourcentage spécifié de noir. Quand l'option **Couleur** est activée, le noir est proposé mais vous pouvez choisir une couleur en cliquant dans la case colorée : le sélecteur de couleurs permet de définir la composition RVB ou CMJN de cette couleur. Le bouton **Nuances** affiche les couleurs disponibles dans le panneau **Nuancier**.

L'ombre sur un objet invisible ou transparent

Quand vous réduisez l'opacité d'un objet ayant une ombre portée, cette dernière s'estompe également. Elle disparaît complètement si l'opacité de l'objet est nulle. Pour faire disparaître l'objet sans perdre son ombre, utilisez l'astuce suivante : par le panneau **Aspect**, affectez à l'objet un fond blanc puis une ombre portée. Ce fond étant sélectionné, réglez le mode de fusion sur **Produit** (panneau **transparence**) ainsi le fond blanc disparaîtra s'il est placé sur un arrière-plan coloré. Si l'objet doit être semi-transparent, ajoutez un autre fond coloré et réduisez l'opacité de ce fond.

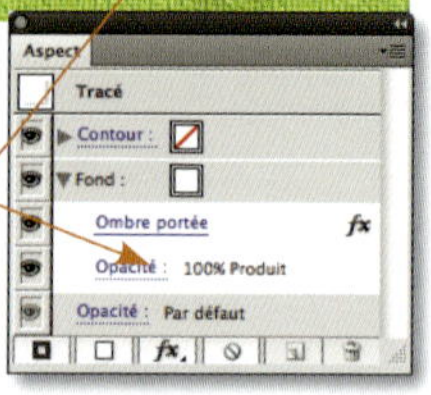

*Quand on réduit l'opacité de l'objet, on baisse également celle de l'ombre. En appliquant l'ombre directement à un fond blanc avec le mode **Produit** on la conserve.*

Les ombres séparées ou non

Il faut grouper les objets avant d'appliquer l'ombre pour que celui situé au premier plan n'ait pas d'ombre portée sur celui situé à l'arrière.

Cet objet crée une ombre sur celui-ci, sauf s'ils sont associés.

Les ombres sur les objets pixellisés (photo)

Il est possible d'appliquer un effet d'ombre portée à une image importée même si elle possède un lien.

Si vous souhaitez ajouter un cadre blanc autour de la photo, effectuez les opérations suivantes :

1. Importez le fichier d'une photo. Par le menu du panneau **Aspect**, ajoutez un attribut **Fond**.
2. Colorez ce fond en blanc, glissez-le sous l'attribut **Contenu** et enfin, affectez une ombre portée : elle apparaît sous la photo.
3. Dans le panneau **Aspect**, cliquez sur le fond blanc pour le cibler et lancez la commande **Convertir en** (du menu **Effet**) pour appliquer un rectangle avec une largeur et une hauteur relatives correspondant à la largeur du cadre que vous souhaitez placer autour de la photo.

On peut ajouter une ombre à une image détourée (ou non). À droite, on a ajouté un fond converti en rectangle pour affecter une ombre.

> **ASTUCE** *Vous pouvez appliquer au fond blanc d'autres effets (3D, Distorsion...). Pour garder en réserve ces combinaisons et les appliquer facilement à d'autres photos, créez des styles graphiques par un simple clic sur l'icône du panneau **Styles graphiques**.*

L'effet Griffonnage

Il s'agit d'un effet (sous-menu **Spécial** du menu *fx* du panneau **Aspect**) qui comporte de multiples réglages prédéfinis et personnalisables, qui permettent de réaliser de nombreux effets sur des tracés comme sur des textes.

Les réglages prédéfinis

On compte 11 effets de griffonnage prédéfinis. Ils peuvent constituer une base de départ pour l'un de vos réglages personnalisés.

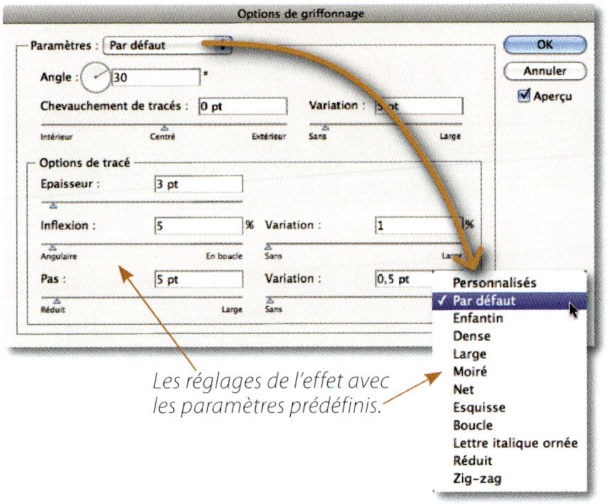

Les réglages de l'effet avec les paramètres prédéfinis.

Les tracés initiaux et ceux traités avec les paramètres prédéfinis.

Par défaut. Enfantin. Dense. Large. Moiré. Net. Esquisse. Boucle. Lettre italique ornée. Réduit. Zigzag.

Les réglages personnalisés

L'angle de griffonnage

L'effet **Griffonnage** simule le crayonnage de la surface de l'objet selon un angle que vous pouvez modifier en tapant une valeur ou par rotation du curseur.

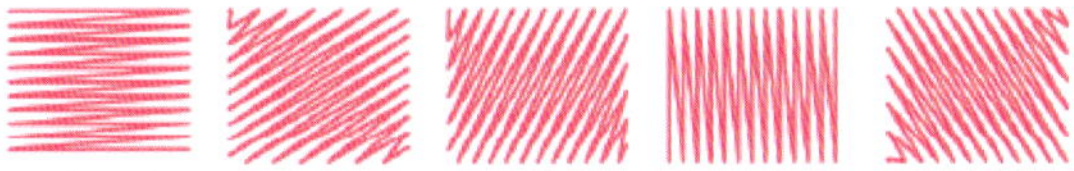

Angle : 0°, 30°, 60°, 90°, 120°.

L'étalement du griffonnage

Le griffonnage couvre plus ou moins régulièrement la surface de l'objet. Celui-ci peut déborder à l'extérieur ou, au contraire, ne couvrir que partiellement l'objet (et donc rester à l'intérieur). Un premier curseur permet de spécifier l'étalement du griffonnage (intérieur, centré ou extérieur), un second curseur définit la variation, elle permet d'obtenir un griffonnage irrégulier.

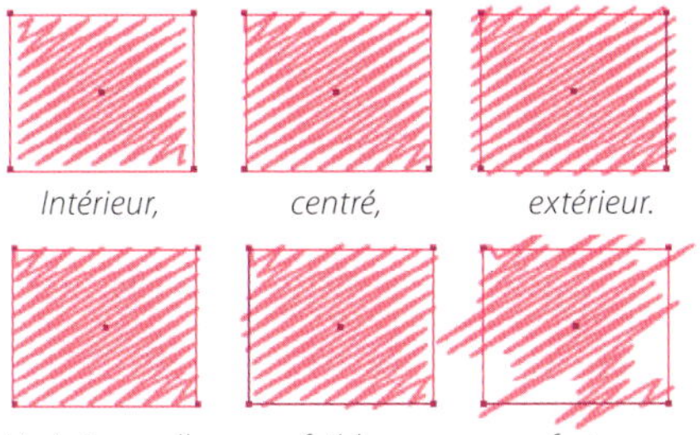

*Réglages d'**Étalement** : Intérieur, centré, extérieur.*

Variation nulle, faible, forte.

L'épaisseur du trait

L'épaisseur du griffonnage est réglable : plus elle est importante, moins on voit l'espace entre les traits et plus l'objet est recouvert par le griffonnage.

Épaisseur : 1 pt, 2 pt et 6 pt.

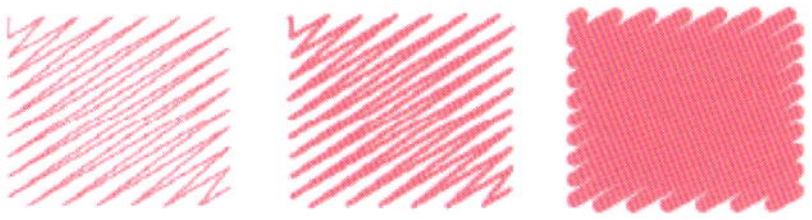

Les inflexions des traits

Le griffonnage peut apparaître avec des traits présentant des pointes ou des boucles. Par défaut, l'**Inflexion** est très faible (angulaire) mais vous pouvez faire apparaître des boucles. Un curseur de variation permet d'obtenir un mélange de pointes et de boucles.

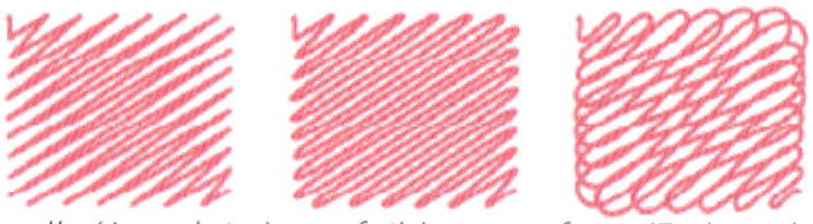

*Réglages d'***Inflexion** *: nulle (Angulaire), faible, forte (En boucle).*

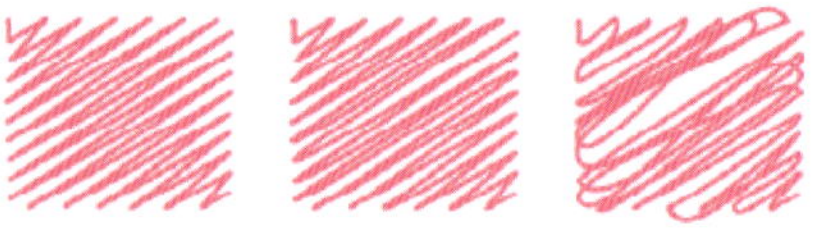

Réglages de ***Variation*** *: nulle, 10 %, 80 %.*

L'espacement des traits : Pas

Dernier réglage : le **Pas** ou espacement entre les traits du griffonnage. S'il est trop important, l'objet peut ne pas être recouvert. Un curseur définit une variation afin de donner un aspect irrégulier.

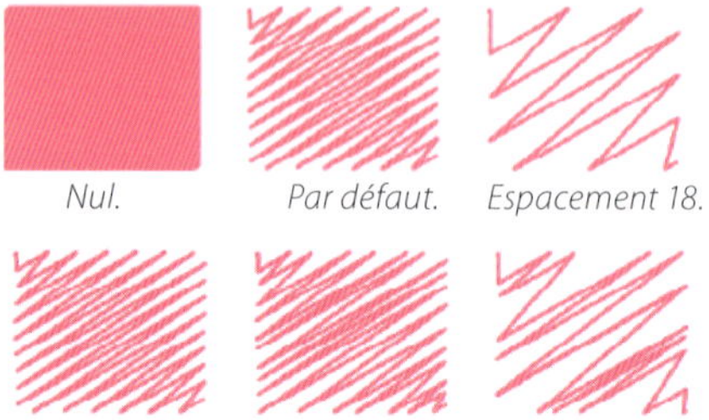

Réglages du ***Pas****. Nul. Par défaut. Espacement 18.*

Variation nulle, faible, forte.

Les superpositions de griffonnage

Le griffonnage peut être appliqué au contour et/ou au fond de l'objet. Vous pouvez envisager d'ajouter plusieurs fonds à l'objet et de leur affecter l'effet **Griffonnage** avec des valeurs différentes de manière à obtenir des superpositions de traits ; on pourra régler le mode de fusion de certains fonds pour mieux visualiser ces superpositions.

Un griffonnage et des superpositions (avec le mode ***Produit****).*

Les modifications du contour

Il s'agit de trois traitements qui provoquent des modifications sur le contour ; appliqués par le menu **Effet**, ils sont réversibles.

La vectorisation du contour

La vectorisation par le menu Objet

La commande **Vectoriser le contour** du sous-menu **Tracé** ne s'applique qu'à un tracé ayant un contour. Il y a transformation du contour en tracés fermés ayant l'épaisseur du contour. Les tracés obtenus pourront être manipulés ou être recolorés. Ceci est intéressant pour remplir le contour d'un dégradé — cela n'étant pas possible directement. Si l'objet initial ne comporte qu'un tracé ouvert sans fond, le tracé final correspond à l'enveloppe du contour.

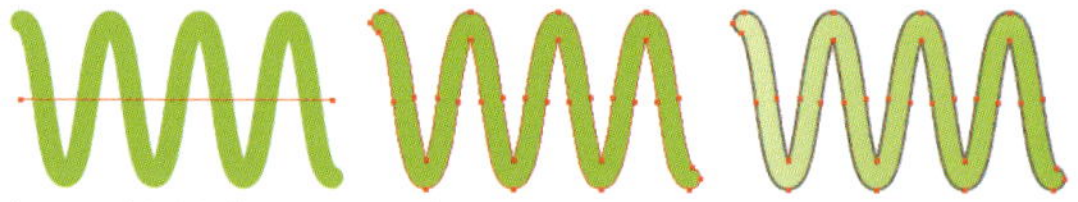

Le tracé initial. On a vectorisé le contour. On peut recolorer.

Avec des tracés fermés, le résultat est constitué de deux ou trois tracés : à l'arrière-plan, un tracé sans contour avec le fond du tracé initial (si ce dernier n'a pas de fond, il n'y aura pas ce tracé) ; au-dessus, un ensemble de deux tracés dont l'épaisseur est égale à celle qu'avait le contour précédent ; ces deux tracés sont liés par la commande **Tracé transparent** pour rendre transparente la partie centrale de cet ensemble.

La vectorisation par le menu Effet

La vectorisation du contour par le menu **Objet** présente un caractère définitif. Dans certaines circonstances (peu nombreuses), il peut être intéressant d'appliquer la vectorisation par le menu **Effet** (sous-menu **Tracé**) — dans certains cas (*voir ci-dessous*), l'effet ne sera appliqué qu'à l'attribut **Contour** sélectionné dans le panneau **Aspect**.

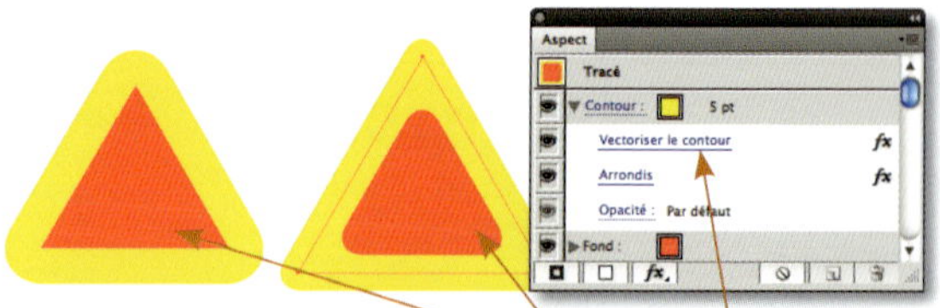

Arrondis *appliqué au contour sans et avec la vectorisation.*

La commande Contour de Pathfinder

Cette commande a pour effet de supprimer les fonds des objets et d'affecter aux contours les couleurs que possédaient les fonds. Pour visualiser le résultat, affichez le panneau **Contour** et augmentez l'épaisseur. Les morceaux peuvent être recolorés séparément. Cette commande peut être remplacée par l'utilisation d'un groupe de peinture dynamique ; en effet, avec ce dernier, il est possible de colorer différentes parties d'un tracé (il faut parfois scinder le tracé en morceaux avec les ciseaux).

2 - Les dégradés d'objets

Les dégradés de formes

Nous avons vu dans le chapitre des colorations, des dégradés qui s'appliquent au fond d'un tracé. Nous allons voir dans ce chapitre d'autres types de dégradés ; certains nécessitent plusieurs objets : les dégradés de formes et ceux obtenus par le menu **Édition/Modifier les couleurs**, d'autres s'obtiennent sur un seul objet par un outil particulier (**Filet**).

La réalisation du dégradé de formes

Le dégradé s'obtient de deux façons : par clics sur les éléments intervenant dans le dégradé ou par le menu **Objet** et le sous-menu **Dégradé de formes**.

La création du dégradé par clics

Sans qu'il soit nécessaire de sélectionner les tracés qui vont être utilisés, le dégradé de formes se réalise en trois étapes :

1. Activez l'outil **Dégradé** de formes (sur l'écran on voit) et cliquez sur le fond du premier tracé (ou son contour s'il n'y a pas de fond).

2. Cliquez sur le fond du second tracé avec l'outil devenu .

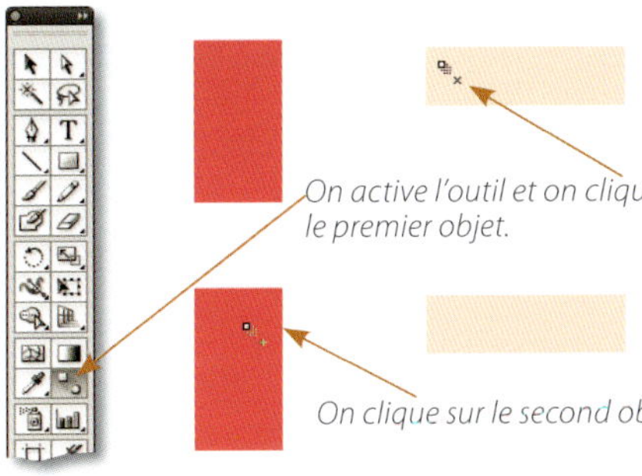

On active l'outil et on clique sur le premier objet.

On clique sur le second objet.

3. Illustrator crée le dégradé de formes avec les derniers réglages de l'outil. Tapez ↵ pour afficher la fenêtre de réglage du dégradé (voir page suivante), l'aperçu permettra de régler facilement le dégradé.

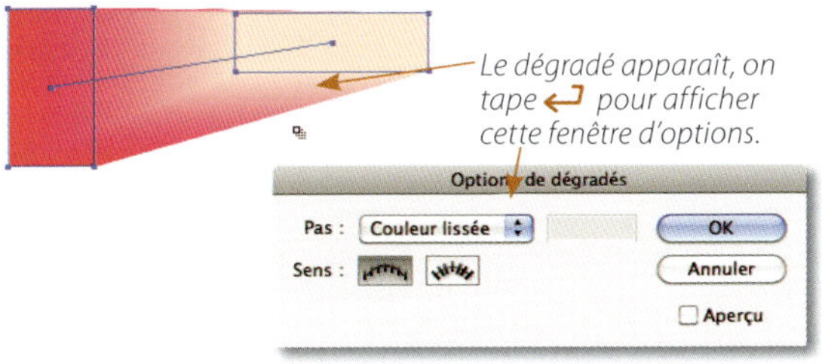

Le dégradé apparaît, on tape ↵ pour afficher cette fenêtre d'options.

Pour afficher la fenêtre d'options pendant la création du dégradé, vous pouvez enfoncer ⌥ [Alt] lors du premier ou du second clic.

> **Attention** *Une fois le dégradé réalisé, si vous cliquez sur un troisième objet avec ce même outil, il y aura dégradé entre les deux derniers objets. Pensez à changer d'outil (en tapant A ou V) pour effectuer d'autres manipulations.*

La création du dégradé par le menu Objet

Avec les objets sélectionnés, la création du dégradé peut s'effectuer par la commande **Créer** du sous-menu **Dégradé de formes** (menu **Objet**) ou au clavier, ⌥⌘B [Alt Ctrl B].

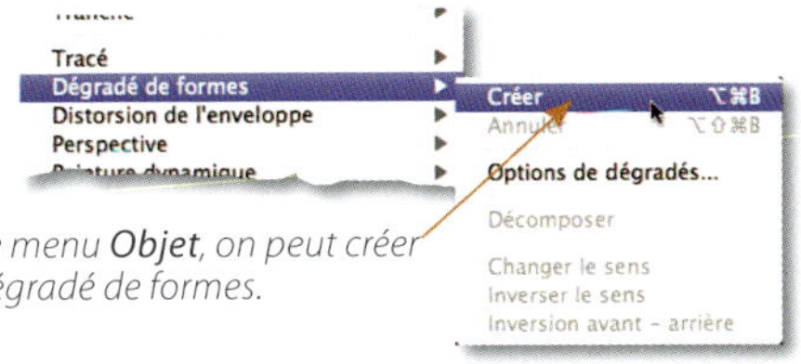

Par le menu Objet, on peut créer un dégradé de formes.

> **Astuce** *La présence de cette commande dans un menu permet de créer un dégradé sur des objets superposés.*

Une fois le dégradé réalisé, affichez la fenêtre d'options par double-clic sur l'outil. Si la sélection comporte trois objets (ou plus), le dégradé s'effectue en respectant l'ordre de superposition : de l'objet à l'arrière-plan vers celui au premier plan en passant par les plans intermédiaires. Le cas échéant, vérifiez et modifiez les plans des objets par le panneau **Calques** avant de réaliser le dégradé.

Les réglages du dégradé de formes

Les options du dégradé

Les réglages du dégradé s'effectuent, avant ou après la réalisation du dégradé, dans la fenêtre **Options de dégradés**. Elle s'affiche par double-clic sur l'outil **Dégradé de formes**, par le menu **Objet/Dégradé de formes** ou en tapant ↵ si l'outil **Dégradé de formes** est actif. Cette fenêtre propose trois types de dégradé : **Couleur lissée**, **Étapes** et **Distance**.

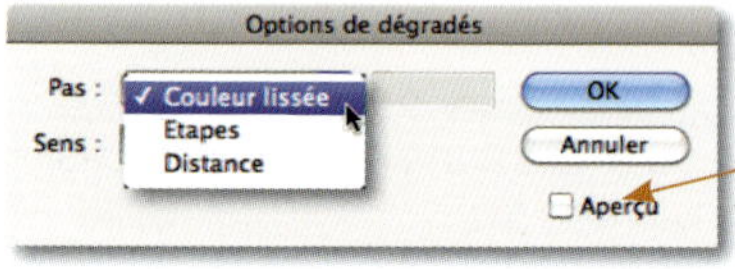

Les réglages du dégradé de forme (faciliter avec cette option).

L'option Couleur lissée

Utilisez cette option pour créer un dégradé de couleurs avec le nombre optimal d'étapes entre les deux objets en fonction de leur couleur ou de leur espacement. Si les deux objets sont identiques (le même symbole, par exemple), les étapes intermédiaires se répartissent uniformément entre les extrêmes. Si les deux objets ont à la fois des fonds et des contours différents, du fait de la superposition des étapes, vous ne verrez que le dégradé entre les contours (les fonds étant cachés par ces derniers).

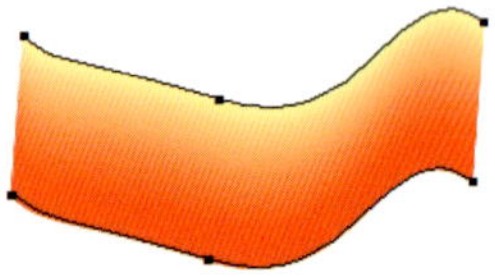

*L'option **Couleur lissée** crée un dégradé de couleurs.*

L'option Étapes

Cette option permet de choisir le nombre d'objets intermédiaires. Elle permet d'éviter la superposition des étapes.

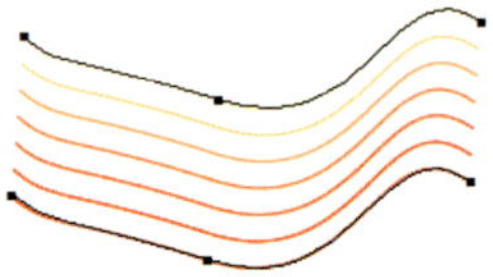

Ici on a réglé le nombre d'étapes.

L'option Distance

Illustrator établit le nombre d'étapes en fonction de la distance spécifiée entre chaque étape (centre de l'objet).

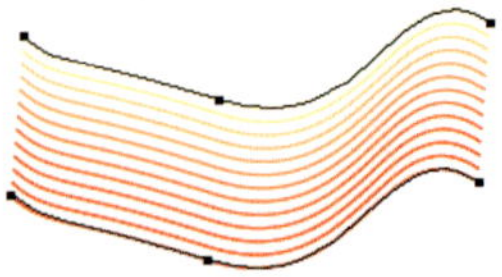

Ici on a réglé l'espacement entre les étapes.

Les constituants du dégradé de formes

Le dégradé avec des objets composés

Si vous réalisez un dégradé de formes entre deux éléments comportant plusieurs objets, pour qu'Illustrator considère chaque élément comme un objet unique, groupez chaque élément (menu **Objet/Associer**).

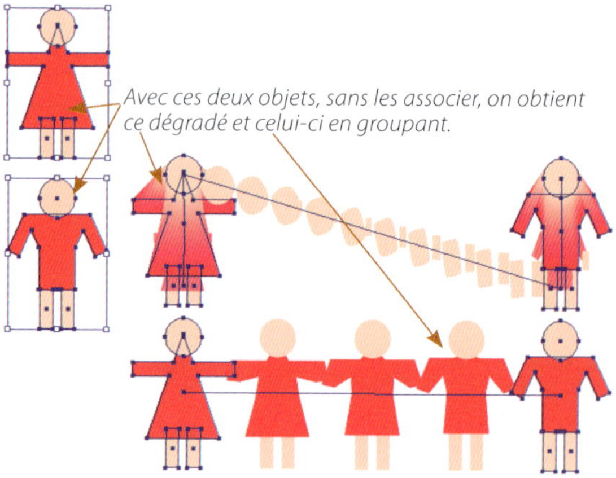

Avec ces deux objets, sans les associer, on obtient ce dégradé et celui-ci en groupant.

Le dégradé de formes avec des symboles

Quand les objets à dégrader sont composés, au lieu de les grouper, vous pouvez en faire des symboles puis faire le dégradé avec ces symboles ; les mises à jour seront plus faciles puisque toutes les modifications de symbole seront répercutées dans le dégradé (*voir plus loin*).

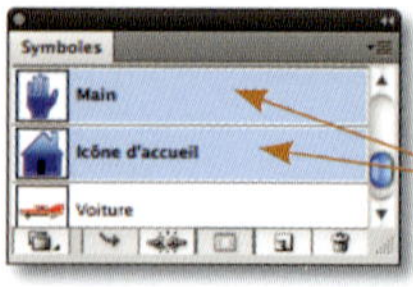

Un dégradé de formes entre deux symboles.

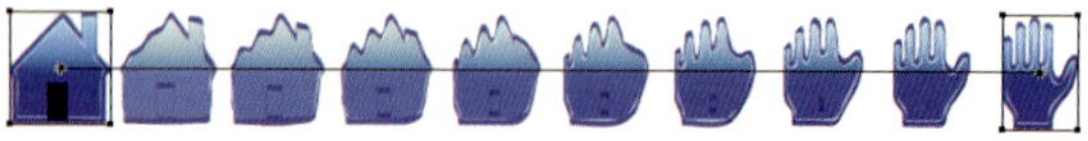

Les couleurs globales et les transparences dans le dégradé de formes

Le dégradé d'une couleur vers le blanc

Quand vous réalisez un dégradé de type **Couleur lissée** vers le blanc, utilisez une couleur globale et des teintes de 100 % et 0 %, toutes les étapes intermédiaires auront en commun cette couleur dont la composition pourra être modifiée facilement sans avoir à sélectionner le dégradé.

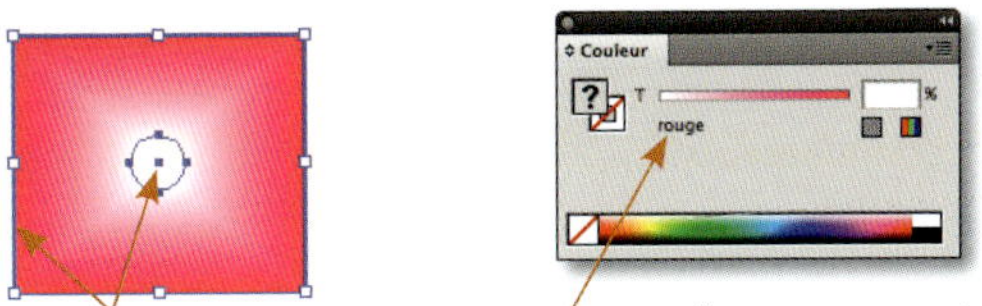

Ces deux objets utilisent la même nuance (l'un avec une teinte de 100 % et l'autre une teinte de 0 %).

Les couleurs globales dans le dégradé

Lors de la réalisation d'un dégradé, l'utilisation de couleurs globales (ton direct ou quadri) pour la forme de départ et d'arrivée est intéressante. En effet, les modifications de couleurs sont automatiquement répercutées sur le dégradé de formes sans qu'il soit nécessaire de le sélectionner.

Ces modifications se réalisent depuis le panneau **Nuancier** : par remplacement de la nuance ou par changement de sa composition (attention, il ne faut pas sélectionner le dégradé).

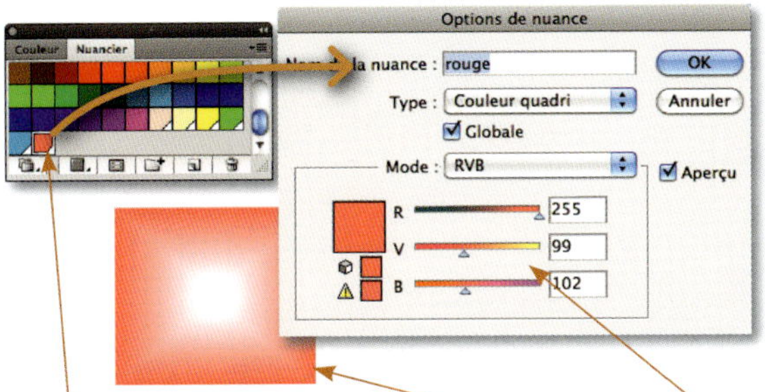

Par double-clic sur la nuance, on change l'aspect du dégradé ici sans avoir à le sélectionner.

Le dégradé vers le transparent

Vous pouvez réaliser un dégradé de formes entre deux objets dont l'un d'eux a une opacité nulle. Si la couleur de l'objet transparent est différente de celle de l'autre objet, vous pouvez choisir l'option **Couleur lissée**. En revanche, si les deux objets ont la même couleur globale, sélectionnez l'option **Étapes** et augmentez suffisamment le nombre d'étapes.

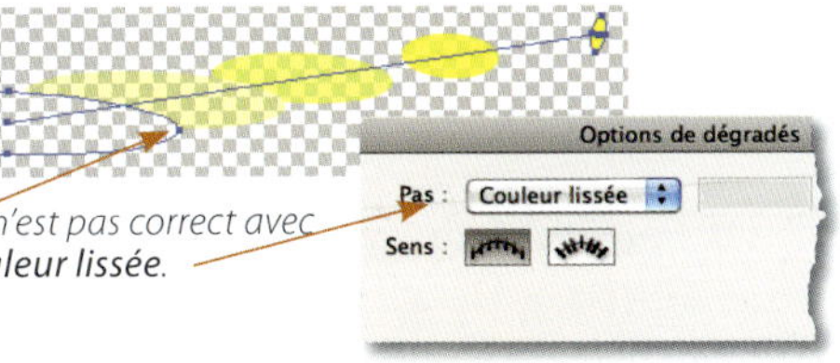

Le dégradé n'est pas correct avec l'option ***Couleur lissée****.*

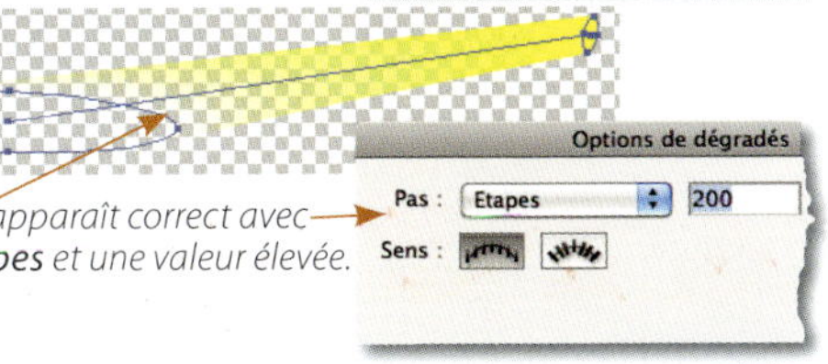

Le dégradé apparaît correct avec l'option ***Étapes*** *et une valeur élevée.*

Le résultat final.

Le dégradé de groupes de peinture dynamique

Si les éléments sont des groupes de peinture dynamique, le dégradé s'effectue comme avec des groupes, c'est-à-dire du premier plan d'un des groupes vers le premier plan de l'autre groupe et ainsi de suite jusqu'à l'arrière-plan du groupe.

Le travail du dégradé de formes

Quand le dégradé est terminé, vous pouvez envisager différentes manipulations qui, pour la plupart, sont réversibles : certaines sont liées aux options du dégradé ou au chemin suivi par les étapes et d'autres à l'aspect des tracés extrêmes.

La modification des options du dégradé

La gestion des options

Elle s'effectue dans la fenêtre **Options de dégradés** que vous réaffichez par le menu **Objet/Dégradé de formes** ou, si le dégradé vient d'être réalisé et si l'outil **Dégradé de formes** est encore actif, en tapant ↵ (ou en double-cliquant dans l'outil **Dégradé de formes**).

Les inversions du dégradé

Le sous-menu **Dégradé de formes** du menu **Objet** propose des commandes pour agir sur le dégradé :

- **Inverser le sens** : cette option revient à intervertir les positions de l'objet de départ et celui d'arrivée.
- **Inversion avant - arrière** : avec cette commande, la superposition des étapes est inversée, l'objet au premier plan passe à l'arrière-plan et l'ordre des étapes s'inverse.

LES MANIPULATIONS DU CHEMIN DU DÉGRADÉ

Le travail du chemin

Le chemin du dégradé peut être sélectionné seul (par le panneau **Calques** par exemple) afin d'être manipulé séparément. Vous pouvez lui ajouter des points, puis les déplacer, les convertir…, lui donner l'allure souhaitée en le redessinant avec le crayon ou en lui appliquant certains filtres de distorsion.

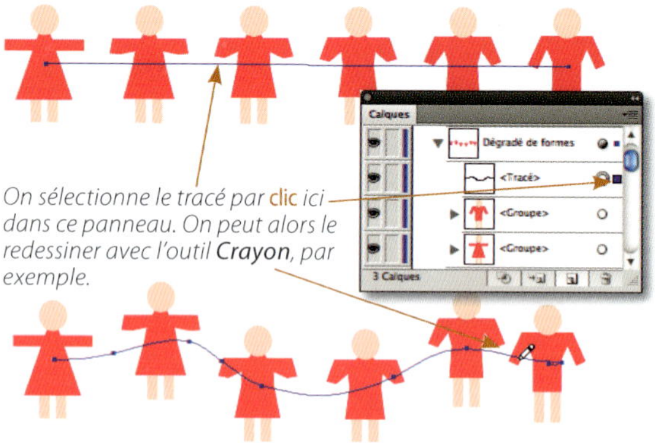

On sélectionne le tracé par clic ici dans ce panneau. On peut alors le redessiner avec l'outil **Crayon***, par exemple.*

> **ASTUCE** *Les outils* ***Fluidité*** *(notamment) peuvent être utilisés pour défsormer le chemin du dégradé ; s'il n'y a pas de sélection, la distorsion peut affecter la forme et le chemin du dégradé.*

L'orientation des étapes

Quand le chemin du dégradé est modifié, il est possible de définir l'orientation des étapes dans la fenêtre **Options de dégradés** (affichée par un double-clic sur l'outil **Dégradé de formes**). Les étapes peuvent avoir la même orientation par rapport à la page ou suivre celle du chemin .

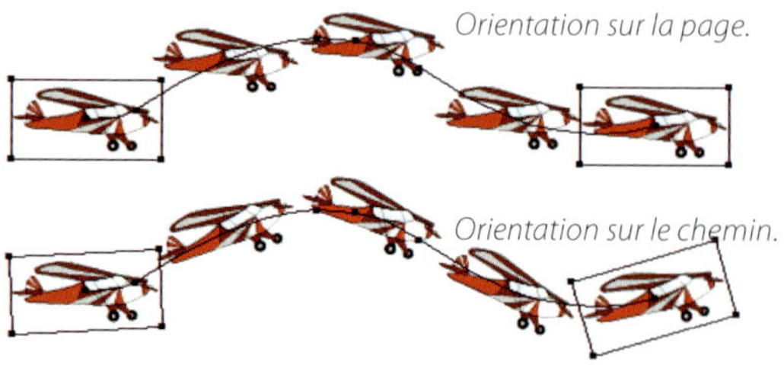
Orientation sur la page.
Orientation sur le chemin.

Le changement de chemin

Par défaut, un dégradé de formes est linéaire, mais si vous sélectionnez un autre tracé (fermé ou non) en même temps que le dégradé, vous pouvez « transférer » ce dégradé le long de ce tracé en utilisant la commande **Changer le sens** du sous-menu **Dégradé de formes** (menu **Objet**).

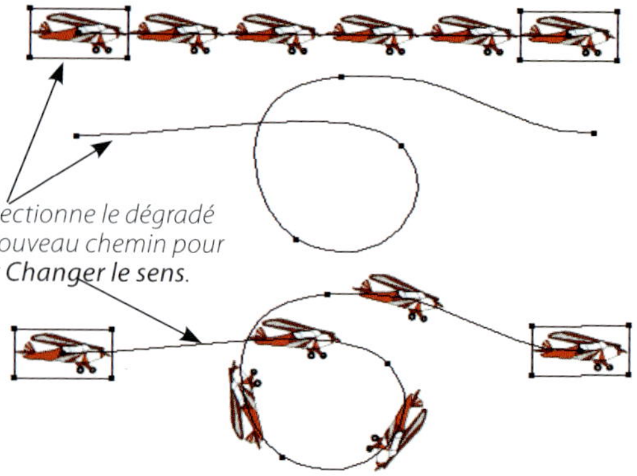
On sélectionne le dégradé et le nouveau chemin pour lancer ***Changer le sens****.*

Si le tracé est ouvert, les étapes se répartissent entre les extrémités du tracé ; s'il est fermé, une zone ne sera pas couverte par le dégradé. Pour pallier ce problème, sélectionnez le tracé et cliquez sur un de ses points avec les ciseaux pour créer une ouverture.

LA DÉCOMPOSITION DU DÉGRADÉ DE FORMES

Pour traiter chaque étape séparément, lancez la commande **Décomposer** du sous-menu **Dégradé de formes** (menu **Objet**) et vous obtiendrez des objets indépendants. Cependant, ils sont associés, aussi faut-il les sélectionner par double-clic (ou clic droit) pour isoler le groupe ou avec la **Flèche blanche** ou encore par leur calque-objet dans le panneau **Calques** (vous pouvez aussi les dissocier par le menu contextuel).

LE TRAVAIL SUR LES FORMES DU DÉGRADÉ

Les changements d'attributs de coloration

Ils s'effectuent, depuis le panneau **Nuancier** ou le panneau **Couleur**, par sélection de la couleur, ou par glissement de celle-ci. L'étendue du changement diffère selon la sélection. Dans le cas de symboles, vous pouvez utiliser les outils de symbolisme.

Avec un symbole, on recolore avec cet outil.

La coloration des étapes du dégradé

Après avoir isolé le groupe par double-clic (*voir page suivante*) avec la **Flèche noire** ou à partir du panneau **Calques**, sélectionnez la forme de départ ou une partie de celle-ci (ou de celle d'arrivée) et changez sa couleur en cliquant sur une nouvelle nuance du panneau **Nuancier** ou en modifiant sa composition dans le panneau **Couleur** : toutes les étapes du dégradé sont recolorées.

ASTUCE *S'il n'y a aucune sélection, vous pouvez glisser une nuance du panneau **Nuancier** sur la partie des étapes extrêmes que vous souhaitez recolorer.*

Les motifs et les dégradés de fond

La nuance appliquée par glissement peut être un dégradé de fond ou même un motif, mais dans le cas du motif, toutes les étapes du dégradé de formes (sauf les extrêmes) seront identiques.

Dégradé de formes avec des dégradés de couleurs.

Les couleurs globales

Si vous avez utilisé des couleurs globales (ton direct ou quadri) pour la forme de départ et d'arrivée, les modifications sont automatiquement répercutées sur le dégradé de formes (sans sélection).

La transparence dans le dégradé de formes

Des réglages d'opacité peuvent être utilisés dans les dégradés de formes. Afin d'obtenir des étapes transparentes, vous pouvez définir l'opacité sur une valeur nulle.

On rend transparent un symbole avec cet outil.

ASTUCE *Lors de la réalisation d'animations, un dégradé de formes entre deux instances d'un même symbole ayant des opacités différentes (dont l'une très réduite) permettra de simuler l'apparition de l'objet en plusieurs étapes.*

Les contours dans les dégradés de formes

Il est possible d'obtenir des effets intéressants avec des dégradés entre des tracés ayant des épaisseurs et des couleurs de contour différentes.

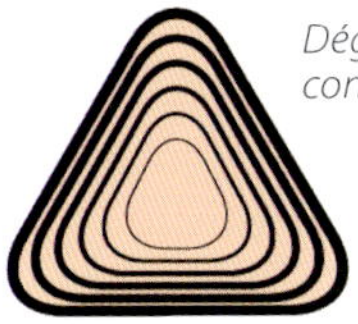

Dégradé de contours.

Les manipulations des formes du dégradé

Chaque forme qui sert à la construction du dégradé peut subir de nombreuses manipulations : filtres ou effets, déplacement, transformations. Vous pouvez également utiliser des outils de distorsion.

Les effets sur les formes du dégradé

Si vous sélectionnez une des deux formes du dégradé, vous pouvez lui appliquer une des commandes du menu **Effet**. L'effet apparaîtra en se dégradant sur toutes les étapes. Vous pouvez aussi appliquer les mêmes effets à l'ensemble du dégradé en le ciblant dans le panneau **Calques** (par clic sur sa cible ○).

*Ici, on a appliqué **Ombre portée** à l'ensemble.*

ASTUCE *Sans sélectionner la forme, vous transférerez l'effet d'une forme à l'autre par glissement de la cible (●) dans le panneau **Calques**.*

Les sélections de forme du dégradé

Le dégradé de formes constitue un groupe ; par double-clic dessus avec la **Flèche noire**, le groupe devient isolé (un cadre l'entoure). Vous pouvez alors sélectionner l'une des étapes du dégradé pour la manipuler.

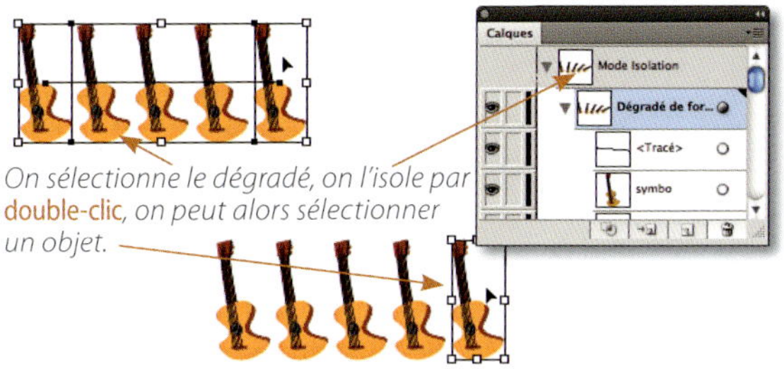

On sélectionne le dégradé, on l'isole par double-clic, on peut alors sélectionner un objet.

Les transformations des formes du dégradé

Selon la sélection, la transformation peut affecter une seule ou les deux formes (et les étapes). Quand la sélection est réalisée, activez la **Flèche noire** pour une transformation simple (mise à l'échelle) ou l'outil **Transformation manuelle** si vous envisagez des manipulations du type rotation, perspective, déformation...

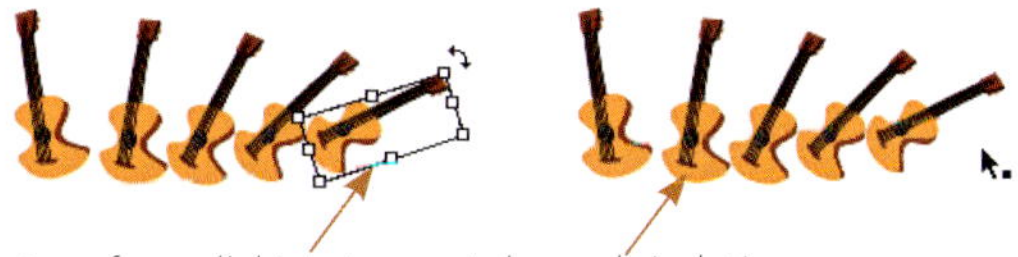

On transforme l'objet et on sort du mode isolation.

ASTUCE *Les outils de transformations et les commandes du panneau **Transformation** s'appliquent au dégradé.*

Les alignements de formes

Il n'est possible d'aligner les deux formes d'un dégradé qu'en passant par le mode isolation. Une fois le dégradé de formes isolé, vous pouvez sélectionner les deux formes puis cliquez sur celle qui deviendra l'objet clé (c'est-à-dire fixe).

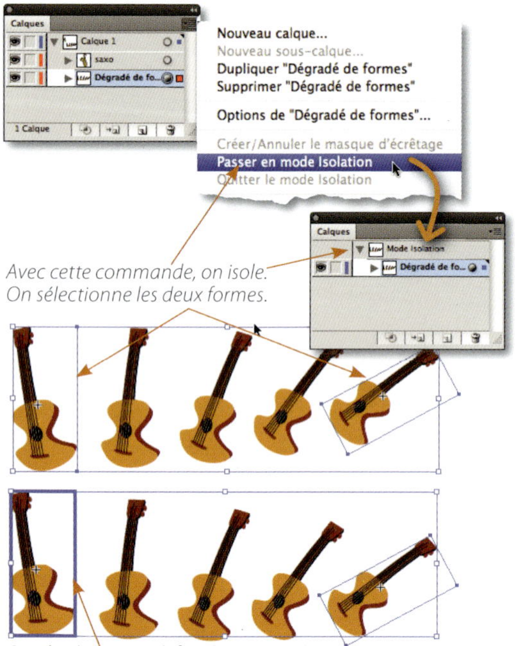

Avec cette commande, on isole. On sélectionne les deux formes.

Par clic dessus on définit l'objet clé (il s'encadre), on peut alors aligner.

Le changement manuel d'aspect de la forme

En dehors des symboles, une forme appartenant à un dégradé peut être modifiée manuellement de différentes façons : déplacement, ajout, conversion de point, action de l'outil **Crayon** ou **Arrondi** ou encore avec les outils de **Distorsion** ; dans tous les cas, le dégradé répercute les modifications sur ses étapes.

Les traitements des symboles

Les outils de symbolisme

Certains des outils de symbolisme peuvent être utilisés sur des symboles d'un dégradé de formes.

La mise à jour d'un symbole

La procédure de mise à jour du symbole est la même que ce dernier appartienne ou non à un dégradé de formes : depuis le panneau **Symboles**, glissez sur le document le symbole à modifier. Par clic droit, rompez le lien et effectuez les modifications voulues.

Resélectionnez l'ensemble du symbole et glissez-le dans le panneau **Symboles** sur l'ancien symbole en enfonçant la touche ⌥ [Alt] : le symbole sera mis à jour dans le panneau et dans toutes les occurrences qui utilisent ce symbole.

Le remplacement d'un symbole

Pour remplacer un symbole utilisé dans un dégradé, sélectionnez-le (avec la **Flèche blanche** ou le lasso ou encore dans le panneau **Calques**). Cliquez sur le nouveau symbole dans le panneau **Symboles** puis sur l'icône de remplacement (⟲) en bas de celle-ci.

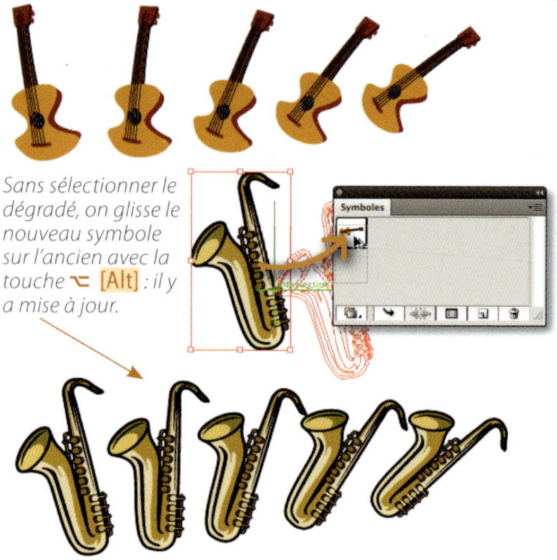

Sans sélectionner le dégradé, on glisse le nouveau symbole sur l'ancien avec la touche ⌥ [Alt] : il y a mise à jour.

Les dégradés de formes dans les animations

L'UTILISATION AVEC DES SYMBOLES

Afin d'obtenir des fichiers d'animation les plus légers possible, utilisez principalement des symboles. Si les éléments sont exportés dans un format pixellisé, ceci n'est pas utile ; cependant, la présence de symbole facilite les modifications et les mises à jour. Quelle que soit la démarche utilisée, il y aura un fichier (parfois deux) au format natif d'Illustrator (**.ai**) et un fichier d'exportation.

LA DÉCOMPOSITION DU DÉGRADÉ EN CALQUES

C'est à partir du panneau **Calques** (et des commandes **Décomposer en calques** de son menu local) que le dégradé devra être distribué sur des calques indépendants, lesquels constitueront chacun une image dans la future animation.

Les types de fichiers

Il y a trois types de fichiers obtenus par enregistrement ou par exportation : le fichier bitmap **Photoshop (.psd)**, le fichier d'animation Flash (**.swf**) et le fichier vectoriel (**.eps**) pour une réalisation de l'animation dans Flash.

L'exportation en PSD

Cette exportation de fichier multicalque vers Photoshop permettra l'ajout d'effets particuliers sur chaque image ou d'un arrière-plan sur l'ensemble. De plus, les parties non couvertes par les objets pourront garder leur transparence. Après ouverture du fichier **PSD**, l'animation sera finalisée dans Photoshop à l'aide du panneau **Animation**. L'animation sera enregistrée au format **GIF** ; il s'agit d'une animation bitmap classique.

L'exportation en SWF

L'exportation ou enregistrement en tant qu'animation Flash (option **Convertir les calques en images SWF**) crée un produit fini.

En effet, le fichier peut être importé tel quel dans Dreamweaver (ou dans Flash). Il s'agit ici d'une animation vectorielle (compacte, si l'option **Compressé** est cochée). Avec ce type d'enregistrement, les zones non couvertes par les objets ne sont pas transparentes mais blanches. Il faudra donc prévoir dans Illustrator un objet à l'arrière-plan pour créer le fond de l'animation — cet objet devra faire partie du dégradé.

L'EXPORTATION POUR FLASH

Ce type d'exportation, en fichier vectoriel, constitue un compromis entre les deux solutions précédentes ; dans ce cas, le travail se limitera à la préparation des symboles. le document illustrator au format **ai** sera importé dans flash pour préparer l'animation.

La préparation d'une animation vectorielle (SWF)

La simulation d'images-clés de l'animation

Les éléments qui interviennent dans l'animation peuvent être en mouvement ou immobiles. Dans le premier cas, chacune des positions de l'élément correspond à un instant précis de l'animation (que l'on appelle image ou « Frame »). Quand les éléments restent sur place, et afin de mieux repérer leur changement d'aspect au cours du temps, vous pouvez simuler le principe des **images-clés** qu'utilisent les logiciels d'animation (tels que Flash). Chaque image-clé correspond à un état particulier (ou aspect) du symbole à un instant précis, les états intermédiaires seront obtenus par les dégradés de formes (réalisés entre deux images-clés).

La méthode comporte quatre étapes :

1. Création des images-clés.
2. Manipulations des symboles.
3. Création des dégradés.
4. Repositionnement des symboles.

En voici la description sur un exemple d'objet qui tourne dans un sens puis dans l'autre avant de revenir à son état de départ. Il comporte donc quatre images-clés : état de départ, pivot dans un sens, pivot dans l'autre sens, état final.

1. Pour créer les images-clés, positionnez les symboles sur le document en les espaçant (ils seront repositionnés ultérieurement). Les symboles peuvent être identiques ou différents (dans ce dernier cas, vous pouvez utiliser le remplacement de symbole).

Image-clé 1. *Image-clé 2.* *Image-clé 3.* *Image-clé 4.*

2. Une fois les images-clés en place, appliquez le traitement voulu sur certains symboles, c'est-à-dire sur certaines images-clés (changement de taille, d'opacité...).

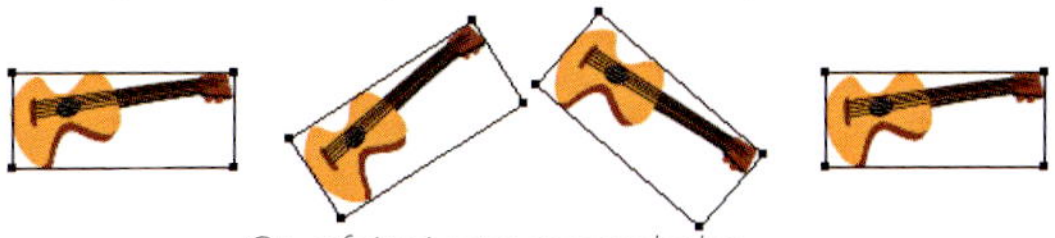

On a fait pivoter ces symboles.

3. Réalisez les dégradés entre les images-clés (ou symboles).

On a créé les dégradés.

4. Quand la séquence d'images semble cohérente, repositionnez éventuellement certains symboles (en superposant ceux qui doivent l'être).

> **Astuce** *Le repositionnement des symboles peut être réalisé après avoir décomposé les dégradés en calques (voir ci-dessous) ; cela permet d'utiliser le panneau* ***Alignement****.*

Dans le même ordre d'idée, pour augmenter la durée d'apparition d'un symbole dans l'animation (sans qu'il subisse de modification), vous pouvez créer un dégradé indépendant du symbole sur lui-même (c'est-à-dire avec deux images-clés identiques) avec un nombre d'étapes correspondant à la durée d'affichage souhaitée divisée par douze — l'animation étant lue à raison de douze images par seconde.

La décomposition des dégradés et l'enregistrement

Avant de décomposer le dégradé, n'hésitez pas à réaliser une copie du calque qui contient le dégradé et à masquer cette copie : elle ne sera pas exportée et les mises à jour y seront plus faciles.

Pour décomposer, activez le calque contenant le dégradé de formes et lancez la commande **Décomposer en calques** du menu local du panneau **Calques**. Si vous souhaitez visualiser l'apparition des étapes sans masquer les précédentes, choisissez l'option **Cumul**, puis choisissez **Séquence** pour ne voir qu'une étape à la fois. À l'issue de cette opération, Illustrator crée une série de sous-calques.

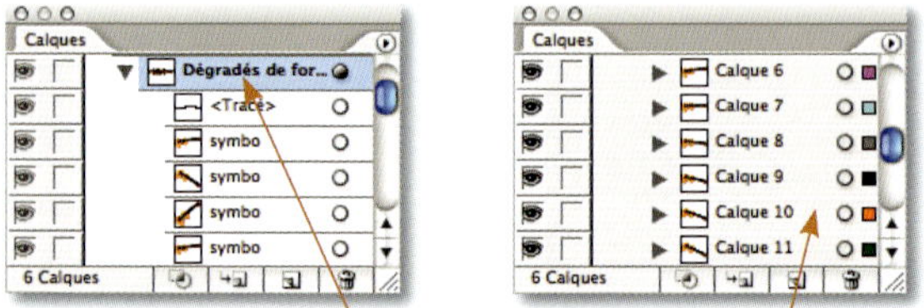

On sélectionne le calque-objet du dégradé et on décompose.

À l'issue de la décomposition, sélectionnez tous les tracés et alignez-les horizontalement sur leurs centres par le panneau **Alignement**.

En cliquant ici, on aligne tous les symboles.

L'animation est finie, lancez **Enregistrer pour le Web**. Dans la partie droite dédiée à l'optimisation de la fenêtre d'enregistrement, sélectionnez le format **SWF** avec l'option **Convertir les calques en images SWF**. Éventuellement, réduisez le poids du fichier en choisissant une faible valeur pour l'option **Précision des courbes** ou en diminuant les dimensions de l'animation dans la zone **Taille de l'image**.

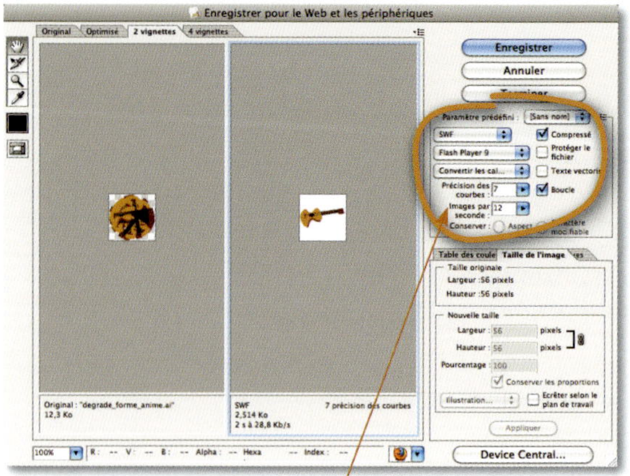

On enregistre pour le Web au format SWF.

Avant de valider, prévisualisez le résultat dans le navigateur en cliquant sur son icône ( ) en bas de la fenêtre.

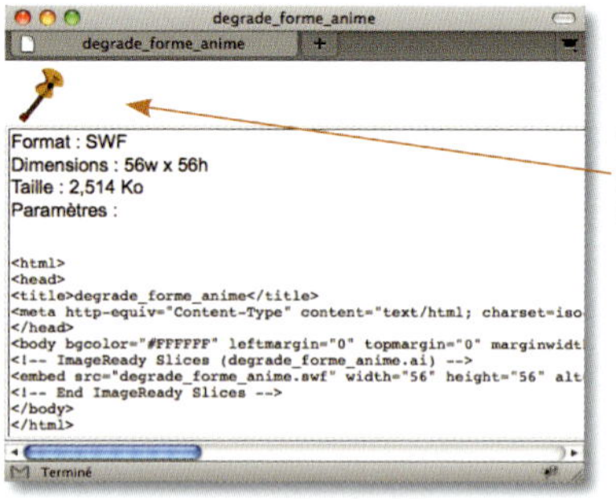

On peut prévisualiser dans un navigateur.

Les dégradés entre objets

Les dégradés par les commandes de Modifier les couleurs

Le sous-menu **Modifier les couleurs** (du menu **Édition**) propose trois commandes permettant de réaliser des dégradés (non dynamiques) à partir des fonds des tracés : **Dégradé avant -> arrière**, **Dégradé horizontal** et **Dégradé vertical**. L'intérêt de ces types de dégradés réside dans le fait que chaque objet (chaque intermédiaire) est rempli d'un aplat de couleur indépendant de son voisin. La réalisation de ces dégradés est soumise à quelques contraintes.

Les couleurs globales dans les dégradés entre objets

Si la sélection comporte des tracés remplis avec des couleurs globales différentes, aucun dégradé n'est réalisé (un message le signale). Pour qu'il puisse s'effectuer, il faut convertir ces couleurs en leur équivalent CMJN, RVB ou TSL. Ces conversions s'obtiennent de deux façons :

- par objet : dans le panneau **Couleur**, en cliquant sur l'icône ou ou par le menu local du panneau ;
- pour tous les objets : à l'aide des commandes **Conversion en CMJN** ou **en RVB** du sous-menu **Modifier les couleurs** (menu **Édition**).

> **Astuce** *Le dégradé est réalisable avec une sélection de tracés ayant différentes teintes de la même couleur globale.*

Le type de nuance affectée aux objets

Si la sélection renferme des objets n'ayant pas d'attribut de fond (⧄), ces derniers ne sont pas pris en compte dans la réalisation du dégradé. Le dégradé est impossible si l'un des tracés de référence (aux « extrémités ») est rempli d'un motif ou d'un dégradé de fond.

Les tracés particuliers

Un tracé auquel a été affectée l'option **Tracé transparent** (menu **Objet**) ne peut pas intervenir dans un dégradé (cas d'un texte vectorisé). Il faudra annuler cette transparence, effectuer le dégradé et réappliquer la transparence. De même, si la sélection comporte une **Forme composée** (issue d'une opération du panneau **Pathfinder**), elle conservera sa couleur initiale.

Pour qu'elle participe au dégradé, il faut d'abord annuler la forme composée (menu du panneau **Pathfinder**), réaliser le dégradé puis recomposer la forme.

Le dégradé de plan (avant - arrière)

Pour que le dégradé soit réalisable (uniquement avec les fonds), il faut nécessairement sélectionner plusieurs objets (au moins trois). Le dégradé s'effectue entre la couleur de l'objet au premier plan (avant) et celle de l'objet à l'arrière-plan (arrière). Chaque objet prend une couleur dont la composition est fonction de son ordre de superposition dans l'ensemble des tracés.

L'objet au premier plan, celui à l'arrière-plan.

Le dégradé entre les objets.

> **Astuce** *Si vous sélectionnez la série de calques-objets, le menu du panneau* ***Calques*** *permet d'inverser leur ordre.*

Le dégradé horizontal

Avec cette commande, c'est la couleur de l'objet le plus à gauche et celle de l'objet le plus à droite qui sont utilisées comme base de départ du dégradé. Les objets intercalés entre les tracés de référence se voient attribuer une couleur en fonction de leur position.

Le dégradé vertical

Le principe est pratiquement le même qu'avec la commande précédente : c'est la couleur de l'objet le plus haut et celle de l'objet le plus bas qui sont utilisées comme base de départ du dégradé. Les objets intercalés entre les tracés de référence se voient attribuer une couleur en fonction de leur position (et éventuellement de leur plan s'ils ont la même coordonnée verticale).

Les filets de dégradé

Les particularités des filets

Le principe

La commande **Créer un filet de dégradé** du menu **Objet** ou l'outil **Filet** ( ) permettent de convertir un tracé (ou une image bitmap importée) en un objet présentant des nuances de couleurs dont les transitions sont modulables à volonté grâce à des lignes (filets) de changement de couleur. Ces lignes définissent des surfaces (facettes) sur les différentes parties de l'objet. Chaque facette peut être remplie d'une couleur afin d'assurer des transitions plus douces et plus précises entre les différentes parties de l'objet.

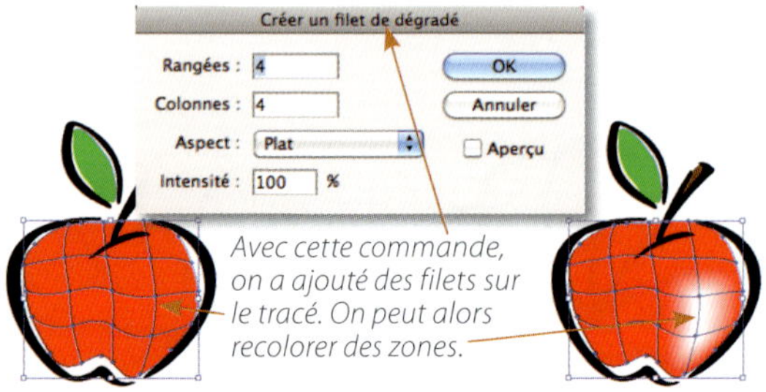

Avec cette commande, on a ajouté des filets sur le tracé. On peut alors recolorer des zones.

Attention *Un objet-filet ne peut plus être reconverti en tracé classique ; pensez à faire une copie de l'objet avant d'y créer des filets pour pouvoir revenir en arrière. Les objets contenant des filets ne seront utilisables qu'avec Flash CS5.*

Les recommandations

Si l'objet est simple, utilisez l'outil **Filet** pour choisir la position des points. En revanche, si la maille de filet doit être régulière ou s'il s'agit d'un objet complexe ou d'une image importée, utilisez la commande **Créer un filet de dégradé** (menu **Objet**). Les filets ne s'appliquent pas sur : des objets auxquels l'option **Tracé transparent** a été affectée, un texte, une forme composée, une image importée de format EPS, un symbole ou un groupe de peinture dynamique.

L'élaboration des filets

Pour appliquer des filets de dégradé sur l'objet, commencez par lui affecter la couleur qui sera la plus répandue sur l'objet — utilisez une couleur globale pour simplifier les changements ultérieurs de couleurs.

Activez d'abord l'outil **Flèche blanche** (pour faciliter les futures retouches et colorations) puis l'outil **Filet**, et cliquez sur l'objet pour faire apparaître le premier croisement de lignes — celles-ci suivent sensiblement la forme de l'objet. Vous pouvez importer une photo et l'utiliser comme modèle pour positionner le maillage de filets de dégradé.

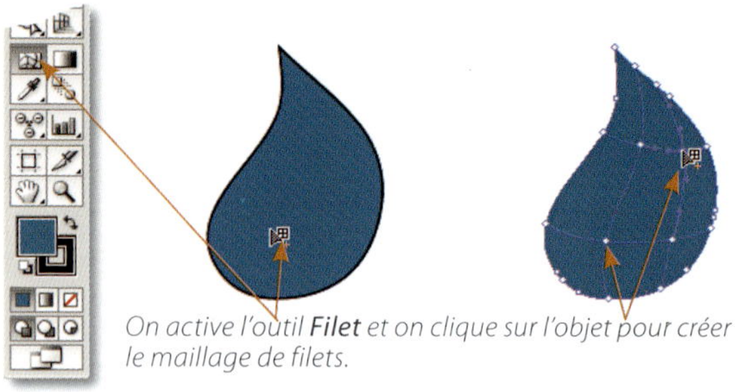
*On active l'outil **Filet** et on clique sur l'objet pour créer le maillage de filets.*

L'utilisation principale des filets est de donner du relief à l'objet en créant des effets de reflets. Pour cela placez quelques autres lignes de filets sur la zone où devra apparaître ce reflet. Ces lignes peuvent être relativement rapprochées les unes des autres afin de mieux maîtriser les changements de nuances.

Les colorations des filets

Une fois la maille de filets mise en place, vous pouvez colorer les faces en glissant une nuance sur un point de filet (ou sur une facette).

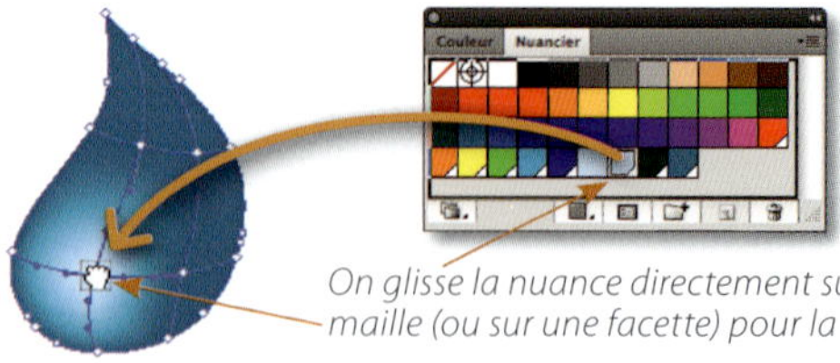

On glisse la nuance directement sur une maille (ou sur une facette) pour la colorer.

Vous pouvez également sélectionner un point de filet en cliquant dessus avec l'outil **Filet** ou plusieurs par ⇧ clics avec la **Flèche blanche** (elle s'affiche en enfonçant ⌘ [Ctrl]), puis réduire la teinte dans le panneau **Couleurs** si la couleur appliquée est globale, ou choisir une autre nuance dans le panneau **Aspect**, par exemple.

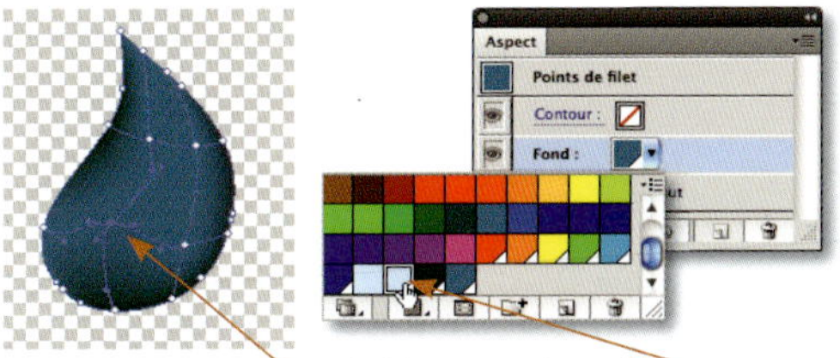

On sélectionne le filet et on choisit la nuance.

Il sera également possible d'appliquer un réglage d'opacité à la zone sélectionnée (maille ou face...). L'opération est réalisable dans le panneau **Aspect** ou encore directement dans le panneau **Contrôle**.

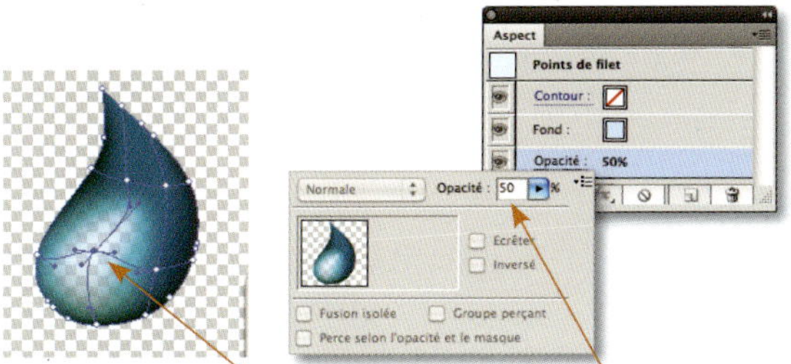

On sélectionne le filet et on peut régler son opacité.

Si les zones de nuances ne se répartissent pas correctement, vous pouvez sélectionner un point avec la **Flèche blanche** ou le **Lasso** et rectifiez ses lignes directrices ou encore le déplacer — si vous enfoncez ⇧, le point se déplace le long de la ligne de filet sans déformer cette dernière.

On agit sur les tangentes.

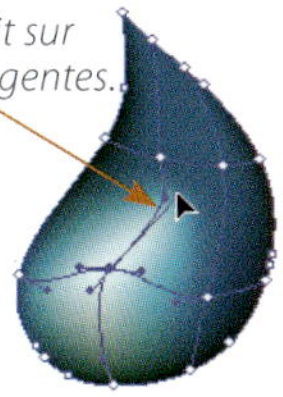

Des modifications des filets sont également envisageables avec les outils **Fluidité** ( ).

Pour appliquer une série de nuances voisines, vous pouvez utiliser l'astuce suivante :

1. Créez un dégradé de couleurs utilisant les nuances qui vous intéressent et remplissez un rectangle avec ce dégradé de fond.

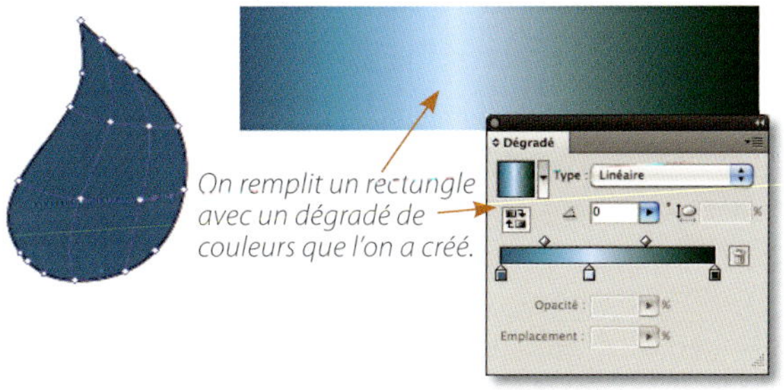

On remplit un rectangle avec un dégradé de couleurs que l'on a créé.

2. Avec l'outil **Flèche blanche**, cliquez sur le maillage de filets de façon à le visualiser mais sans qu'aucun point ne soit sélectionné (voir ci-contre).

3. Activez l'outil **Pipette**, avec ⇧ enfoncée cliquez sur la zone du dégradé correspondant à la nuance désirée puis avec ⌥ [Alt] (la pipette devient), cliquez sur une facette ou un point de filet à colorer.

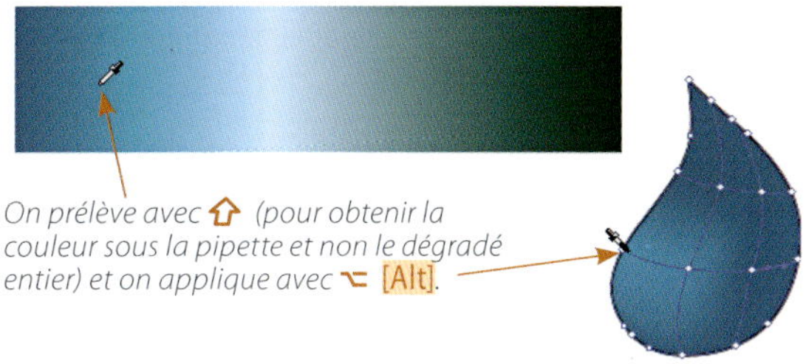
On prélève avec ⇧ (pour obtenir la couleur sous la pipette et non le dégradé entier) et on applique avec ⌥ [Alt].

4. Recommencez le prélèvement avec ⇧ puis le remplissage sur le filet avec ⌥ [Alt].

On prélève avec ⇧ et on applique avec ⌥ [Alt].

Si vous avez des difficultés à sélectionner certains points du filet de dégradé, pensez à passer temporairement à l'affichage **Tracés** (⌘Y [Ctrl Y]). En outre, pour mieux visualiser les colorations pendant le travail du filet, cachez les contours de sélection en tapant ⌘H [Ctrl H].

*Les filets avec l'affichage **Tracés**.*

3 - Les masques

On distingue deux types de masques : le **masque d'écrêtage** obtenu avec des tracés classiques et le **masque d'opacité** qui utilise un tracé qui cache en fonction de sa luminosité.

À ces deux techniques de création de masque s'ajoute un nouveau mode de dessin : **Dessin intérieur**, qui permet de créer des effets de masque de façon très simple.

Un masque d'opacité sur un texte.

Un masque d'écrêtage avec un texte.

Le masque d'opacité (masque de pixels)

Il s'agit d'une superposition de tracés. Celui au premier plan (de préférence à niveaux de gris), joue le rôle de masque sur l'objet se trouvant à l'arrière-plan grâce à ses parties sombres — le noir masque et le blanc laisse transparaître l'objet à l'arrière-plan. L'objet au premier plan (le masque) peut être rempli d'un aplat, d'un motif, d'un dégradé, d'un filet de dégradés, on peut même lui appliquer des effets (tels que **Contour progressif**, **Flou gaussien**...). L'avantage de ce type de masque est lié à la possibilité d'avoir un fondu entre les zones visibles et les zones cachées.

Astuce *On retrouve ici le principe du masque de fusion de Photoshop où les zones sombres du masque associé à un calque en cachent certaines parties.*

La création du masque d'opacité

Le masque se réalise en trois étapes : le traçage, la coloration et la définition du masque.

Le traçage du masque

Avec un fond blanc (de préférence sans contour), dessinez sur les objets à masquer, le ou les tracés correspondant aux zones qui doivent rester visibles.

Si le masque comporte plusieurs tracés, vous pouvez soit les grouper si vous comptez leur donner des couleurs ou des opacités différentes, soit les réunir (**Réunion** de **Pathfinder**) si leurs couleurs et leurs opacités sont identiques.

La coloration du masque

Le masque peut avoir une opacité à 100 % ou être semi-transparent. Il doit forcément comporter des parties noires et blanches, et celles-ci s'obtiennent avec un aplat, un dégradé, un motif ou un effet. Les parties extérieures aux masques seront masquées (sauf si vous le spécifiez après la création du masque par l'option **Écrêter**).

Avec un aplat : n'utilisez pas le blanc, le masque ne fonctionnera pas correctement et tout sera masqué (il faudra inverser le masque). Si vous remplissez de gris, il y aura semi-transparence. Si vous coloriez en noir, il faudra inverser le masque pour cacher les parties sous le noir, cette opération sera réalisée dans le panneau **transparence** après création du masque d'opacité.

Avec un dégradé : utilisez un dégradé (radial ou linéaire) de noir à blanc (ou l'inverse). Les parties noires masqueront les objets sous le masque (elles définissent les futures zones transparentes). Il y aura un fondu de transparence dans la partie où se dégradent le noir et le blanc. Le principe reste le même avec un filet de dégradé ou un dégradé de formes.

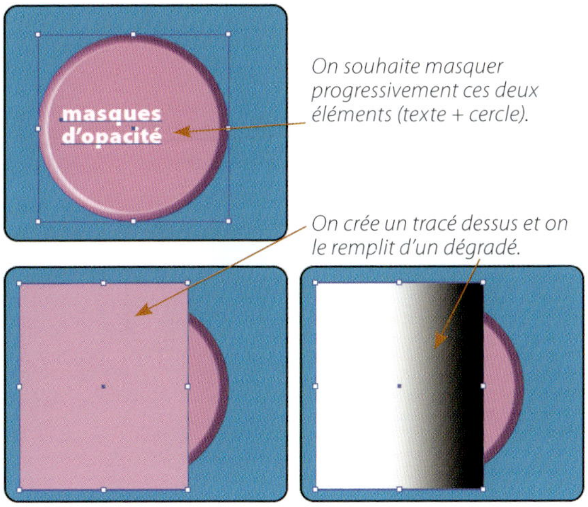

On souhaite masquer progressivement ces deux éléments (texte + cercle).

On crée un tracé dessus et on le remplit d'un dégradé.

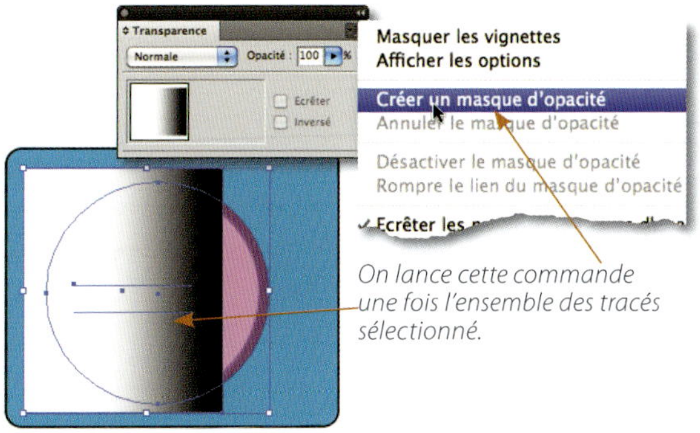

On lance cette commande une fois l'ensemble des tracés sélectionné.

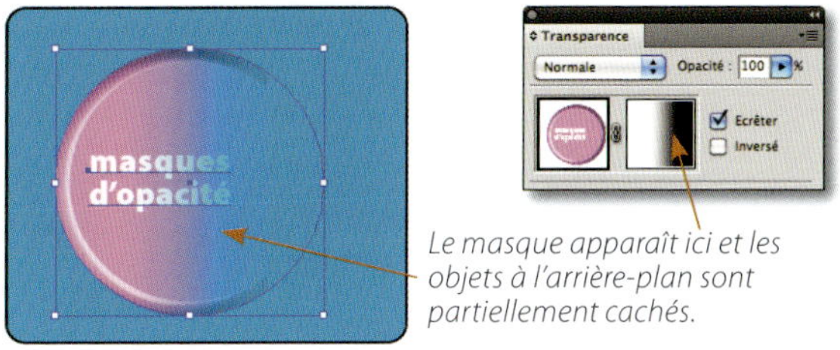

Le masque apparaît ici et les objets à l'arrière-plan sont partiellement cachés.

Avec un motif : s'il s'agit d'un motif en couleurs, c'est son équivalent en niveaux de gris qui fera le masque — vous pouvez le pixelliser en niveaux de gris pour mieux voir les différences de luminosité.

Avec des effets : dans le cas d'un objet rempli d'un aplat, afin d'obtenir des bords fondus, vous pouvez utiliser des commandes du menu **Effet** telles que **Flou gaussien** (sous-menu **Atténuation**), **Contour progressif** ou **Lueur externe** (sous-menu **Spécial**).

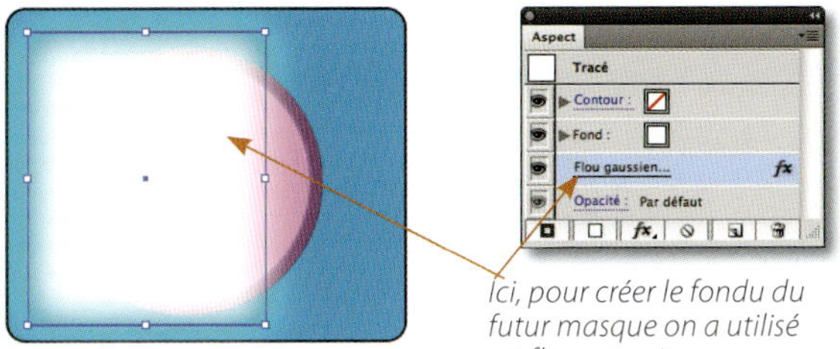

Ici, pour créer le fondu du futur masque on a utilisé un flou gaussien.

La définition du masque d'opacité

Une fois le masque en place et coloré, sur le plan de travail ou dans le panneau **Calques**, sélectionnez le masque et les objets à masquer, lancez la commande **Créer un masque d'opacité** dans le panneau **Transparence** : une seconde vignette (celle du masque) s'affiche dans le panneau.

Dans le panneau **Calques**, le nom du calque contenant les objets à masquer apparaît souligné alors que celui du masque a disparu.

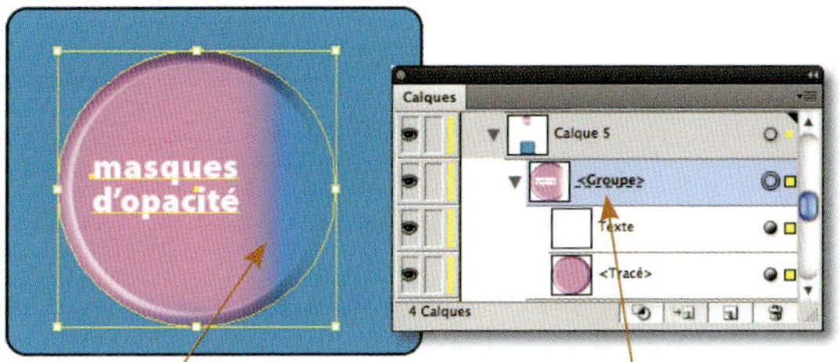

On obtient ceci avec le masque au flou gaussien. Ici, il y a un groupe, son nom souligné indique la présence du masque d'opacité.

Pour voir les parties extérieures au masque, décochez **Écrêter** dans le panneau **Transparence**. De même, si le résultat est l'opposé de ce que vous souhaitiez, cochez l'option **Inversé**. Pour éviter d'avoir à inverser le masque à chaque fois que vous en créez un, vous pouvez cocher la commande **Inverser les nouveaux masques d'opacité** dans le menu local du panneau.

Un exemple de masque d'opacité sur une photo

Il est facile de remplir un texte avec une photo en utilisant le masque classique d'Illustrator, mais si vous souhaitez que les bords du texte soient fondus, il est impératif d'utiliser un masque d'opacité.

Masque d'écrêtage (bords nets). Masque d'opacité (bords fondus).

Pour cela, saisissez le texte, colorez-le en blanc, appliquez-lui un effet **Flou gaussien** (ou **Contour progressif**) et placez-le sur la photo. Vous pouvez éventuellement modifier la typographie en ajoutant un fond (blanc) et en lui appliquant **Arrondi** (**Effet/Spécial**) et **Décalage** (**Effet/Tracé**).

*Sur la photo, on a placé le texte coloré en blanc et on lui a appliqué des effets dont **Flou gaussien** (on a désactivé l'un des effets pour faire des comparaisons quand le masque sera créé).*

Pour réaliser le masque, sélectionnez le texte et la photo, lancez la commande **Créer un masque d'opacité** du menu du panneau **Transparence** : la photo ne devient visible qu'à l'intérieur du texte.

Avec la sélection de la photo et du texte, on a créé le masque d'opacité.

Le travail du masque d'opacité

Les sélections de l'objet ou du masque

Quand vous cliquez sur l'ensemble contenant le masque d'opacité, c'est l'objet masqué qui est sélectionné ; il en est de même lors d'une sélection par le panneau **Calques**.

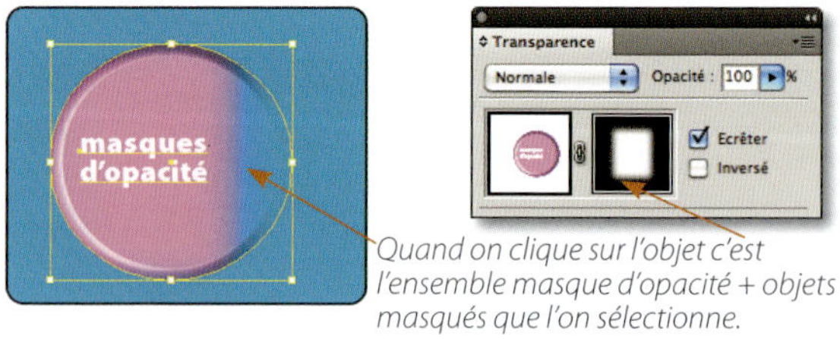

Quand on clique sur l'objet c'est l'ensemble masque d'opacité + objets masqués que l'on sélectionne.

Pour sélectionner le masque, sélectionnez l'ensemble contenant le masque d'opacité, affichez le panneau **Transparence** et cliquez sur la vignette du masque (celle de droite) : celle-ci s'entoure d'un cadre noir et le panneau **Calques** ne montre plus que le calque du masque. Le masque doit apparaître sélectionné ; si ce n'est pas le cas, cliquez à nouveau sur le masque.

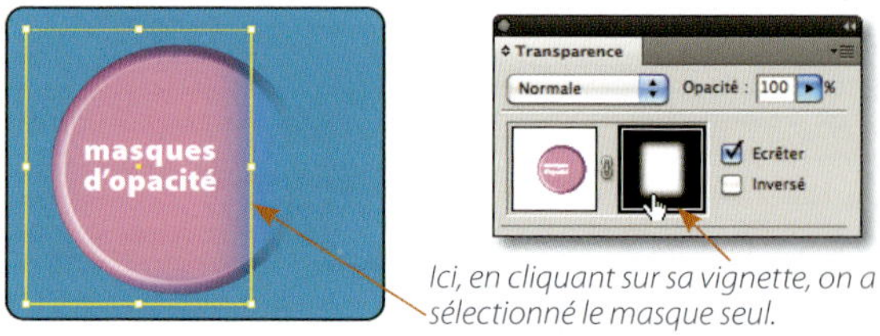

Ici, en cliquant sur sa vignette, on a sélectionné le masque seul.

Pour sélectionner le masque et le voir seul, enfoncez la touche ⌥ [Alt] et cliquez sur sa vignette (panneau **Transparence**) : le masque s'affiche seul et apparaît sélectionné. Par ⌥ clic [Alt clic] sur la vignette, vous réaffichez les autres tracés.

Le travail du masque d'opacité

Une fois le masque sélectionné, vous pouvez en modifier la forme avec l'outil **Crayon** ou **Plume**, et par les effets comme pour un élément classique. La typographie ou la saisie des textes peut être rectifiée.

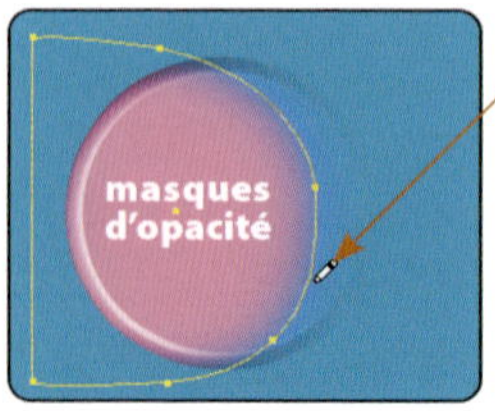

*Ici on redessine le masque d'opacité avec l'outil **Crayon**.*

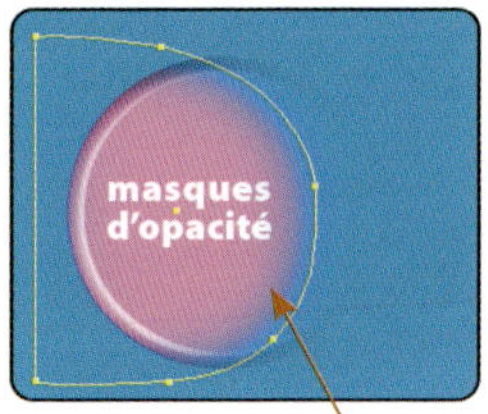

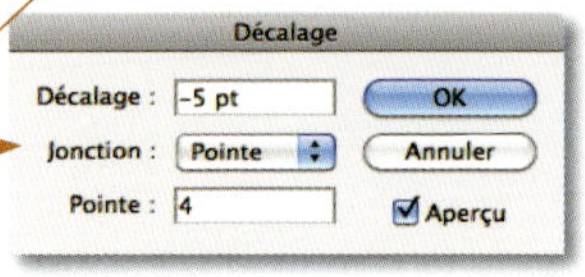

Pour modifier le masque d'opacité, on a utilisé cet effet avec ce réglage.

De même, l'aspect du masque (couleur, opacité…) peut être changé comme tout autre élément ; on peut, par exemple, dupliquer un contour progressif dans le panneau **Aspect** pour étendre le fondu. On peut aussi dessiner d'autres tracés sur le calque du masque.

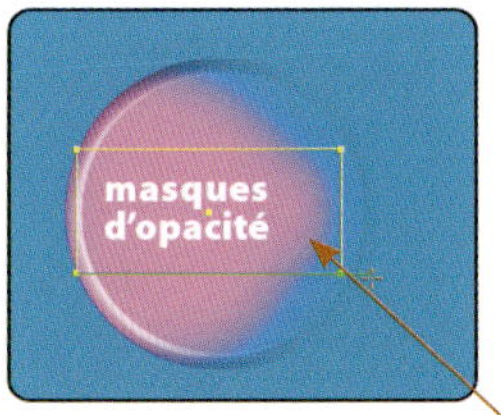
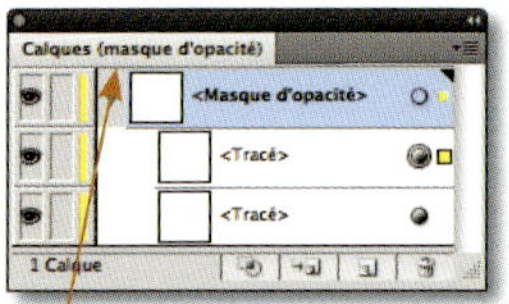

Sur le calque du masque, on a créé un autre élément (ici, il a conservé les attributs du masque).

Astuce *Si vous avez utilisé des effets et des colorations particulières, pour que les tracés que vous allez ajouter conservent les attributs actuels du masque d'opacité, décochez l'option* ***Réduire les nouveaux objets à l'aspect de base*** *dans le menu local du panneau* ***Aspect****. Pensez à recocher cette option une fois les dessins terminés.*

Quand le travail du masque est terminé, n'oubliez pas de cliquer sur la vignette de l'objet masqué (celle de gauche) afin de pouvoir continuer à travailler normalement sur le reste de l'illustration.

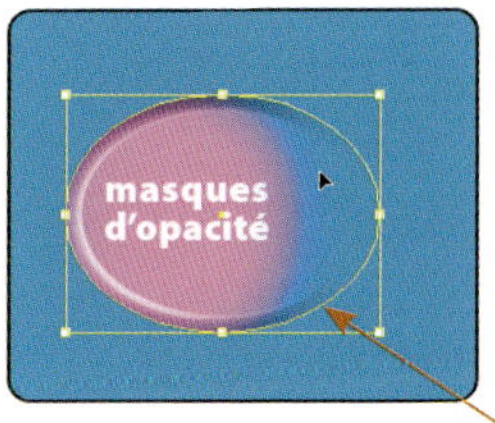
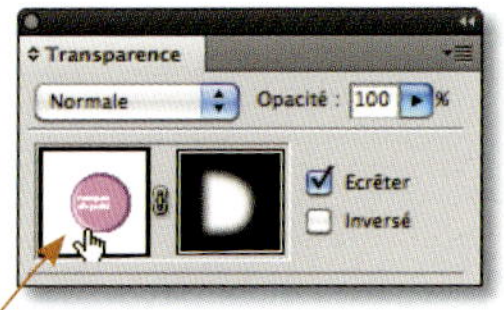

En cliquant sur cette vignette, on réactive les objets que l'on peut alors retravailler normalement.

Les liens entre masque et objet

Quand vous travaillez l'objet masqué et effectuez un déplacement ou toute autre transformation, il n'est pas toujours utile que le masque subisse la même transformation.

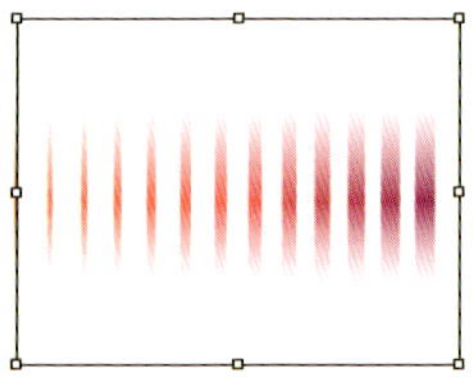
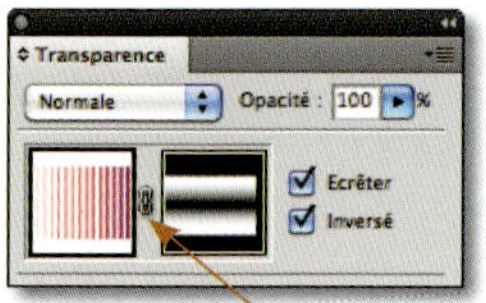

Par défaut, le masque et l'objet masqué sont liés.

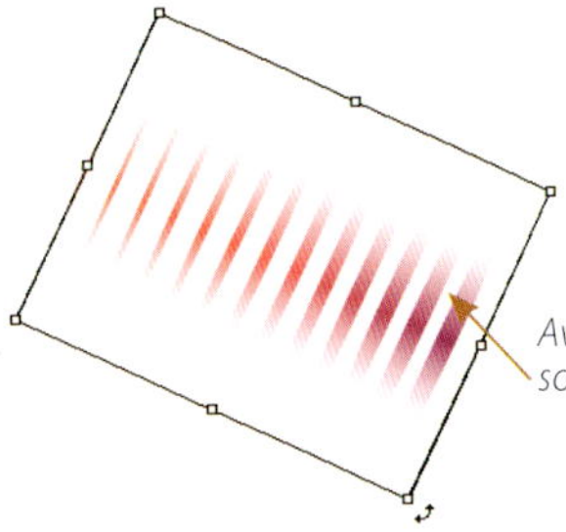
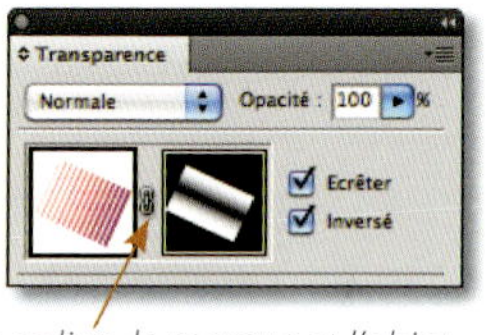

Avec ce lien, le masque et l'objet sont transformés.

Pour travailler sans l'affecter, cliquez sur le maillon situé entre les deux vignettes (panneau **Transparence**) pour le faire disparaître. En fin de manipulation, n'oubliez pas de lier à nouveau en cliquant entre les deux vignettes.

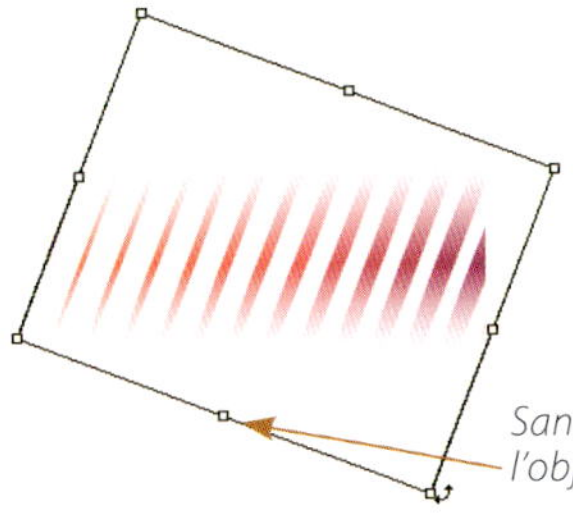
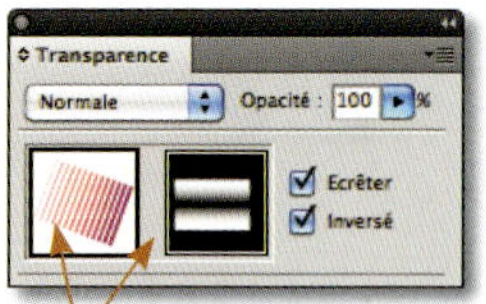

Sans lien et avec l'objet activé, seul l'objet sera transformé.

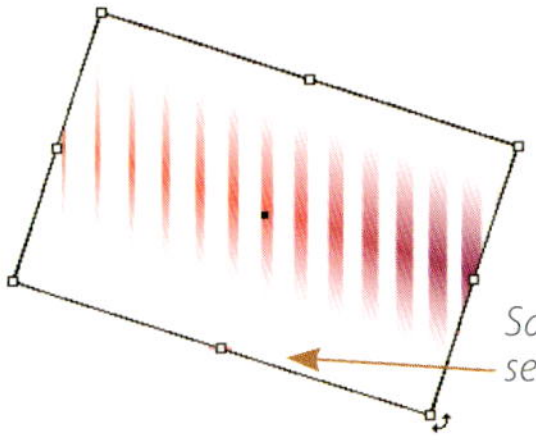
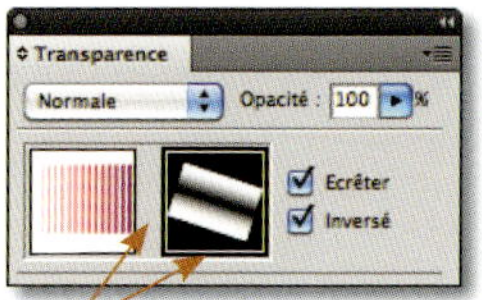

Sans lien et avec le masque activé, seul le masque sera transformé.

La gestion du masque d'opacité

Le masque d'opacité avec masquage ou mélange

Lorsqu'un objet possède un masque d'opacité et qu'il est groupé avec un autre objet avec lequel il a un effet de transparence avec masquage, c'est toujours l'objet (bien que partiellement caché) qui assure ce masquage.

Si vous voulez annuler ce masquage, sélectionnez l'objet comportant le masque et cochez **Perce selon l'opacité et le masque** du panneau **Transparence**. Ceci permet, sur un objet possédant un masque, d'annuler le masquage programmé sur un groupe ou sur un calque dont il fait partie.

La suppression du masque d'opacité

Elle s'effectue par le panneau **Transparence** et la commande **Annuler le masque d'opacité** de son menu local. Les tracés du masque et de l'objet masqué réapparaissent. Ils peuvent alors être manipulés séparément après une nouvelle sélection de l'élément voulu.

La désactivation du masque d'opacité

Au lieu d'annuler le masque, vous pouvez le désactiver pour voir l'allure de l'illustration sans masque. Pour cela, enfoncez ⇧ et cliquez dans la vignette du masque : elle apparaît barrée d'une croix rouge. Cliquez à nouveau avec ⇧ pour réactiver le masque. Vous pouvez aussi utiliser la désactivation (ou l'activation) dans le menu local du panneau **Transparence**.

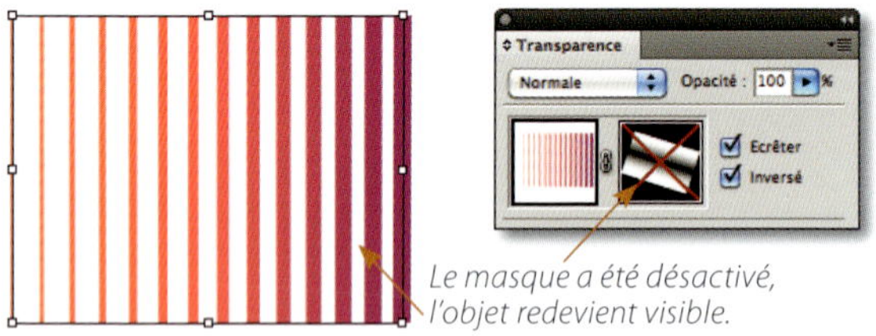

Le masque a été désactivé, l'objet redevient visible.

L'ombre sur un masque d'opacité

Si vous appliquez une ombre à un masque d'opacité, l'ombre s'effectuera à partir du tracé de l'objet masqué ; elle peut être totalement invisible ou partiellement cachée par le tracé du masque.

Pour pallier ce problème, créez un sous-calque en cliquant sur l'icône dans le panneau **Calques**, glissez dessus le masque d'opacité et appliquez à ce sous-calque l'ombre portée.

Cette solution ne fonctionne pas avec tous les masques d'opacité ; dans ce cas, utilisez la méthode suivante : sélectionnez seul le masque et copiez-le en tapant ⌘ C [Ctrl C] ; sélectionnez à nouveau le masque d'opacité et collez derrière la copie précédente en tapant ⌘ B [Ctrl B]. Appliquez à cette copie l'ombre portée.

La décomposition et la pixellisation d'un masque

Pour garder l'aspect de l'objet avec son masque d'opacité, pixellisez-le (menu **Objet**). Cette opération permettra d'utiliser des effets (filtres) qui ne se seraient appliqués qu'à l'objet (et pas au masque). L'aplatissement de transparence (menu **Objet**) est aussi envisageable mais elle laisse apparaître des zones blanches à la place des parties qui étaient transparentes.

L'importation et exportation des masques d'opacité

L'importation depuis Photoshop

Quand vous importez dans Illustrator un document **Photoshop PSD** avec un masque de fusion, celui-ci apparaît sous forme de masque d'opacité dans Illustrator. Sa vignette de masque d'opacité est visible dans le panneau **Transparence**, et celui-ci sera manipulable comme s'il avait été réalisé dans Illustrator.

L'exportation vers Photoshop

Lorsque vous exportez un document Illustrator avec un masque d'opacité au format **Photoshop PSD**, il apparaît dans Photoshop non pas avec un masque de fusion mais tel qu'il était visible dans Illustrator.

ASTUCE *Un masque d'opacité ne peut pas être exporté au format **SWF**, il devra être pixellisé.*

Le masque d'écrêtage (vectoriel)

Le principe du masque

Ce masque est constitué par un objet qui agit sur un dessin de manière à cacher toutes les parties situées à l'extérieur de son tracé. L'objet qui agit comme un masque doit être placé devant les objets à masquer (au premier plan). Il y a deux types de masques d'écrêtage : le masque simple et le masque composé ; leurs élaborations diffèrent légèrement.

La création du masque simple

L'élaboration du masque par le menu Objet

Le masque est simple s'il est constitué d'un seul objet : un tracé ou un texte non vectorisé. Pour masquer partiellement des objets, effectuez les opérations suivantes :

1. Dessinez les objets qui doivent être masqués puis dessinez le tracé du masque. Celui-ci doit se trouver au premier plan (s'il ne l'est pas, glissez-le au-dessus des objets à masquer dans le panneau **Calques**).

2. Sélectionnez l'ensemble masque et objets masqués et lancez la commande **Créer** du menu **Objet/Masque d'écrêtage** (au clavier ⌘ 7 [Ctrl 7] ou encore menu contextuel).

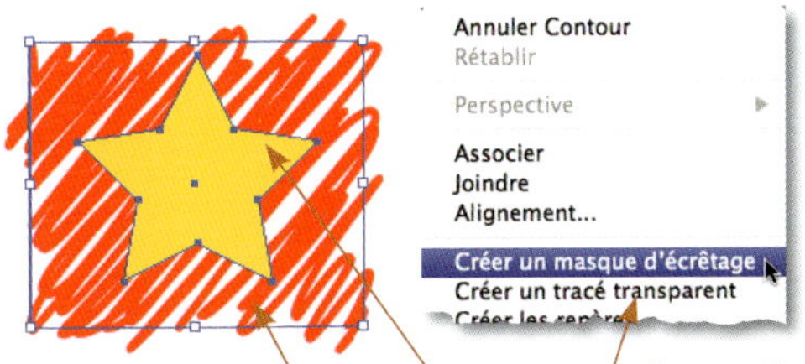

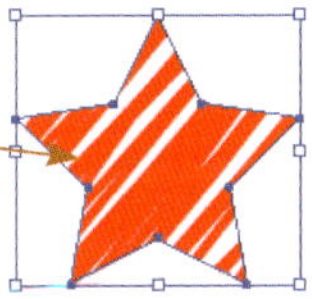

On sélectionne les objets avec le masque (au premier plan) et on lance cette commande. Le masque perd ses attributs et ne laisse apparaître qu'une partie de l'arrière-plan.

Le fond, le contour et les effets appliqués au masque disparaissent et on ne voit que la partie des objets situés à l'intérieur du tracé du masque. Illustrator crée un groupe avec le masque et les objets masqués.

Pour lui réaffecter un contour et un fond, ciblez le masque dans le panneau **Calques** et affectez le fond et le contour souhaités.

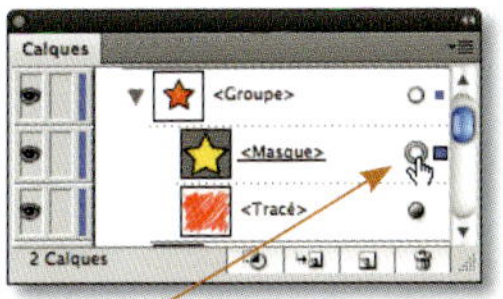

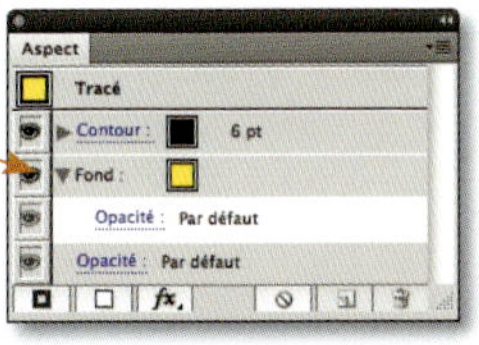

On cible le masque et on le recolore, ses attributs apparaissent ici.

Astuce *En guise de fond, il est préférable, avant de faire le masque, d'ajouter aux objets masqués un rectangle coloré à l'arrière-plan ; l'ajout d'une ombre, par exemple, sera facilité.*

L'élaboration du masque par le panneau Calques

Il est possible de créer le masque d'écrêtage par le panneau **Calques**, sans avoir à sélectionner les tracés. Pour cela, effectuez les opérations suivantes :

1. Rassemblez tous les éléments à masquer sur un même calque : sélectionnez leur calque ou calque-objet par ⌘clic [Ctrl clic] sur le nom et lancez **Rassembler sur un nouveau calque** du menu du panneau **Calques**.

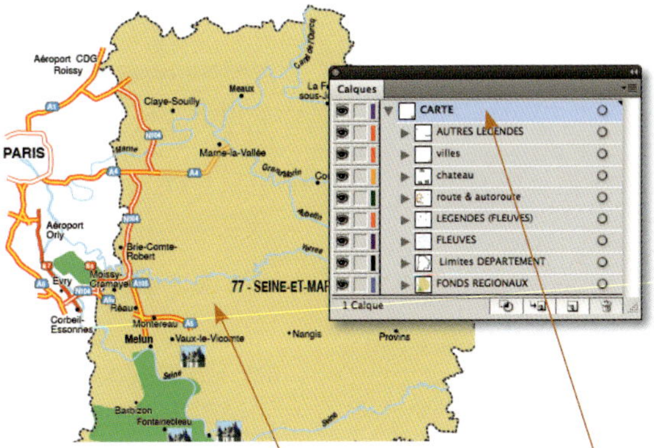

On a rassemblé tous les éléments de l'illustration sur un calque.

2. Dessinez (ou sélectionnez s'il est déjà dessiné) l'objet qui servira de masque, puis coupez-le (menu **Édition** ou ⌘ X [Ctrl X]).

3. Dans le panneau **Calques**, cliquez sur le nom du calque sur lequel vous avez rassemblé les éléments à masquer et lancez **Coller devant** (menu **Édition** ou ⌘ F [Ctrl F]) ; en opérant ainsi, le futur masque se place au premier plan.

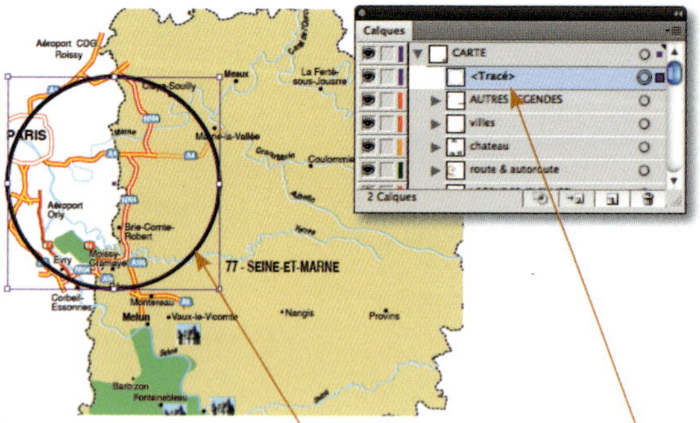

On a dessiné le tracé du masque et on l'a envoyé au premier plan.

4. Le calque contenant l'ensemble de l'illustration étant sélectionné, cliquez sur l'icône [icône] en bas du panneau **Calques** (vous pouvez aussi utiliser son menu local) : l'objet masque tout le contenu du calque.

Quand le masque est créé, le sous-calque contenant le masque (celui en haut de la liste) a son nom souligné, les sous-calques contenant les objets masqués présentent une ligne de séparation en pointillé. Attention, avec cette méthode, Illustrator ne crée pas de groupe.

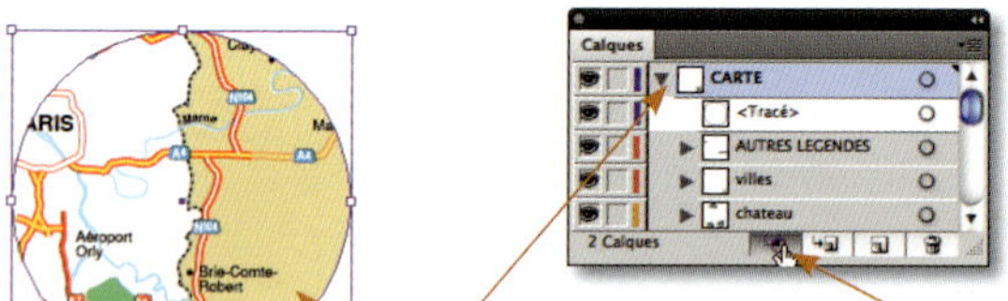

Avec ce calque actif, on a cliqué ici pour créer le masque sur l'illustration.

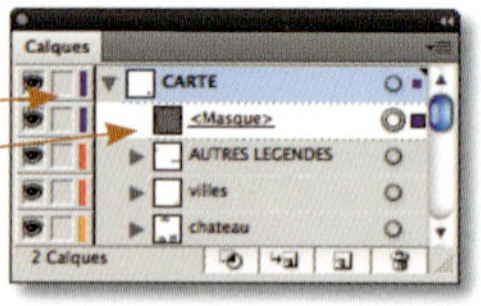

Le calque de l'illustration présente un pointillé, celui du masque apparaît alors souligné et nommé <Masque>.

La création du masque composé

On appelle **masque composé**, tout masque constitué de plusieurs objets ou d'un texte vectorisé. Il se réalise de deux façons : la première utilise la commande **Tracé transparent**, la seconde nécessite une **Forme composée**.

> **ASTUCE** *Avec un texte, vous pouvez réaliser un masque sans vectoriser le texte ; il se traite comme un masque simple.*

LE MASQUE COMPOSÉ AVEC TRACÉ TRANSPARENT

L'élaboration du masque comporte quelques étapes. En voici un exemple avec un texte 3D obtenu par extrusion.

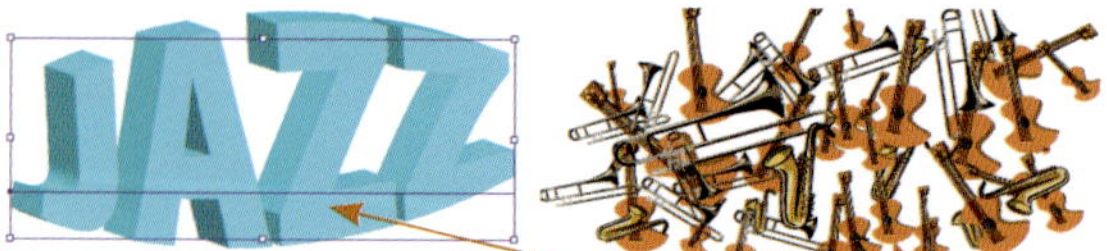

À l'aide d'un masque, on veut remplir cette face avec ce décor pour réaliser cet effet.

1. Avec notre exemple de texte 3D, dans le panneau **Calques**, commencez par faire une copie du calque-objet (en glissant son nom sur l'icône [icône]). Masquez le calque qui a servi à faire cette copie. Si les objets qui constitueront le masque sont des tracés classiques, vous pouvez passer à l'étape 4.

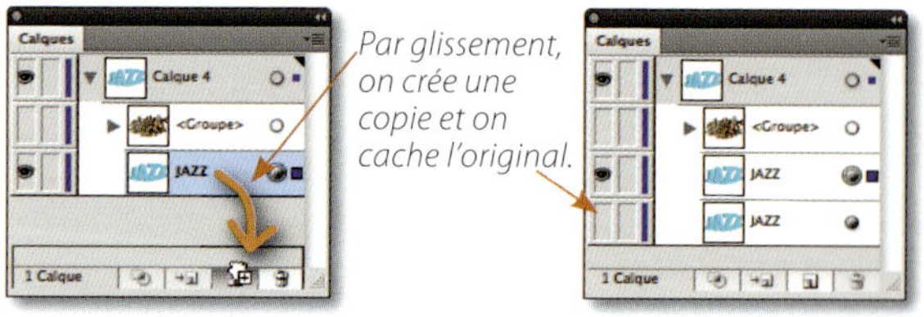

Par glissement, on crée une copie et on cache l'original.

2. Sélectionnez l'objet 3D s'il ne l'est pas et décomposez-le à l'aide de la commande **Décomposer l'aspect** (menu **Objet**). Cliquez sur une des faces avec l'outil **Baguette magique** (réglée en tapant ↵ avec une tolérance faible) de manière à sélectionner toutes les faces avant.

On a décomposé pour obtenir ce groupe. Avec ce réglage de l'outil, on sélectionne.

3. Inversez la sélection (menu **Sélection**) et tapez Efface pour ne garder que les faces qui serviront de masque.

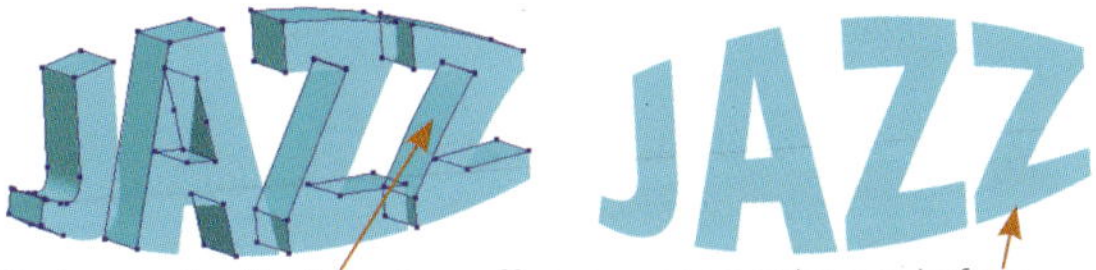

On inverse la sélection et on efface pour ne garder que la face.

4. Sélectionnez cette face constituée des objets qui serviront de masque composé et lancez la commande de création de tracé transparent (⌘ 8 [Ctrl 8] ou menu **Objet/Tracé transparent/Créer**) : vous obtenez un calque-objet nommé **<Tracé transparent>**.

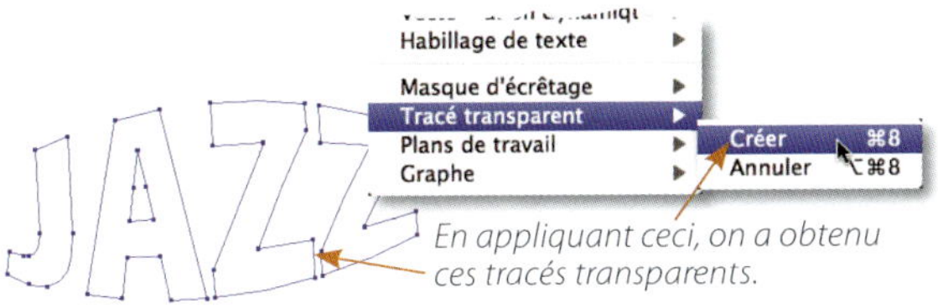

En appliquant ceci, on a obtenu ces tracés transparents.

5. Créez les objets qui seront masqués (dans notre exemple, il s'agit d'un jeu de symboles qui était masqué). Placez-les sous le tracé transparent (par glissement de calque dans le panneau **Calques**).

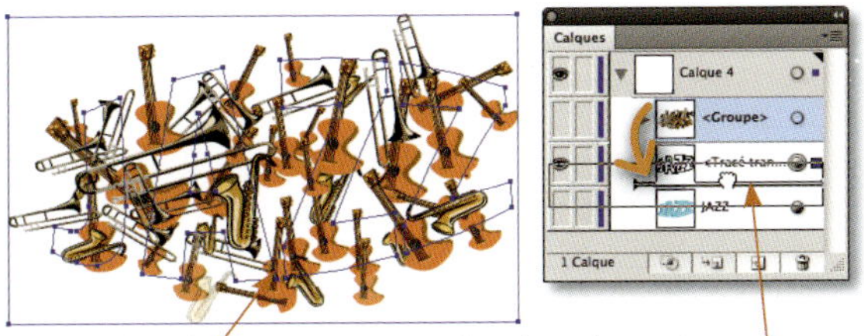

On glisse les objets à masquer sous le calque du tracé transparent.

6. Sélectionnez l'ensemble masque et objets masqués et lancez Créer du menu **Objet/Masque d'écrêtage** (au clavier⌘ 7 [Ctrl 7]). Vous pouvez réafficher le calque-objet contenant le texte 3D.

Le masque et les objets masqués forment automatiquement un groupe nommé **<Masque transparent>**. C'est en le ciblant dans le panneau **Calques**, que vous pourrez réaffecter un fond et un contour au masque.

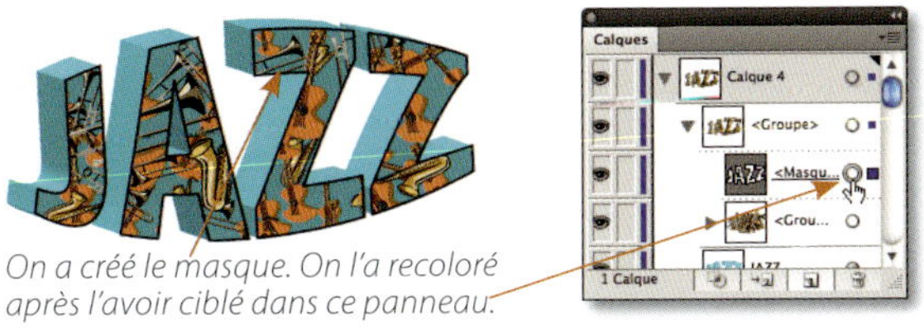

On a créé le masque. On l'a recoloré après l'avoir ciblé dans ce panneau.

> **Astuce** *Les éléments peuvent perdre leurs couleurs quand vous leur appliquez **Tracé transparent** ; ils peuvent être définis comme masque sans avoir à les recolorer.*

Le masque composé par la forme composée

Il n'est pas toujours possible d'utiliser la commande **Tracé transparent**. C'est le cas avec des tracés qui ont des parties en recouvrement ou avec des textes non vectorisés ou placés dans une enveloppe de distorsion.

Avec ces tracés (que l'on veut garder modifiables) on veut faire un masque. *On obtient ceci avec **Tracé transparent**.* *Le masque donne ce résultat.*

Les objets avec recouvrement

Au lieu d'appliquer **Tracé transparent** aux constituants du futur masque, vous pouvez les définir comme **Forme composée**. Cette opération se réalise, une fois les constituants du masque sélectionnés, en lançant la commande **Créer une forme composée** du menu du panneau **Pathfinder**.

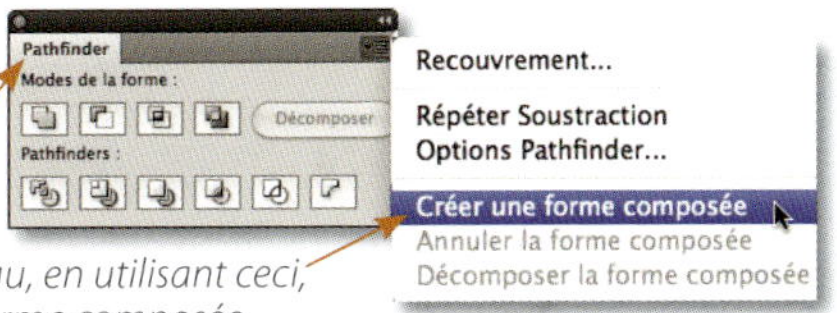

Dans ce panneau, en utilisant ceci, on a créé une forme composée à partir de cette sélection.

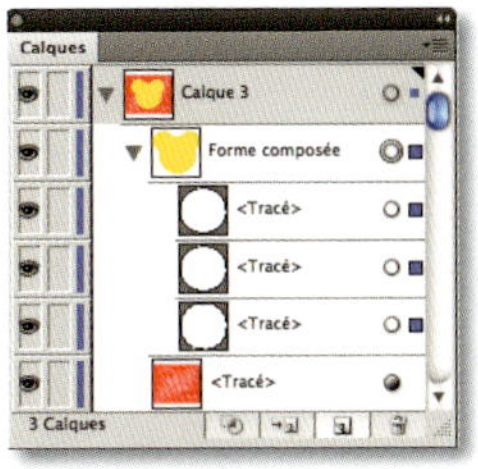

Comme pour les autres masques, la forme composée doit se trouver au-dessus des objets à masquer. Par la suite, cette forme sera sélectionnée avec les objets à masquer afin d'élaborer le masque ; ici aussi il y a apparition d'un groupe.

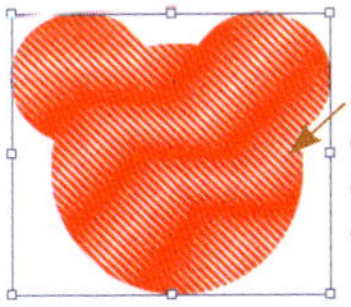

Le masque est correct avec la forme composée.

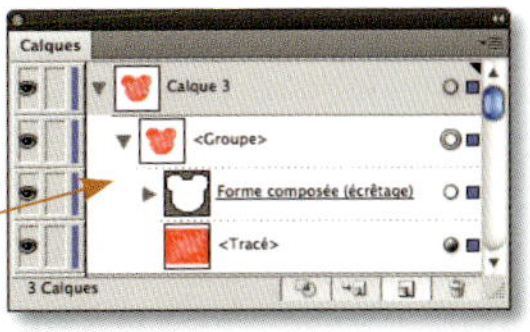

Bien qu'utilisée dans un masque, la forme composée reste modifiable puisque les tracés la composant peuvent être sélectionnés séparément dans le panneau **Calques** — ce n'est pas le cas avec le tracé transparent. Vous pouvez également la décomposer (par le panneau **Pathfinder**) pour qu'elle ne forme plus qu'un seul objet, cela facilitera sa coloration.

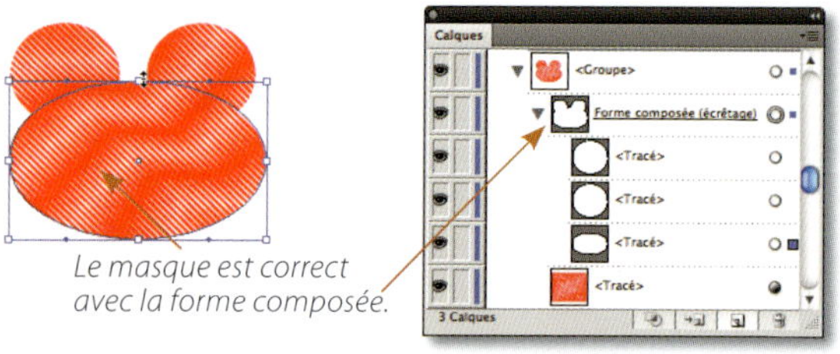

Le masque est correct avec la forme composée.

Le masque avec des textes non vectorisés

Si vous souhaitez réaliser un masque sur des objets à l'aide de plusieurs textes indépendants, sélectionnez ces textes et lancez la commande **Créer une forme composée** du menu local du panneau **Pathfinder**. L'ensemble des textes peut alors être utilisé pour devenir un masque composé.

Il faut créer une forme composée avec ces trois textes pour créer un masque.

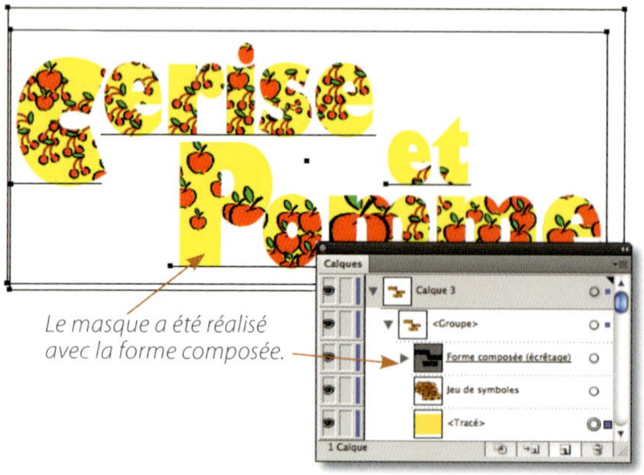

Le masque a été réalisé avec la forme composée.

Pour la coloration, il faut impérativement créer une copie de la forme composée sur un autre calque (souvent à l'arrière-plan) et lui appliquer un contour et un fond puis, éventuellement, un effet sur ce dernier (tel qu'une ombre portée).

Pour ajouter une ombre et un contour, il faut copier le masque.

On a ajouté un sous-calque pour y coller la copie du masque (forme composée).

Les objets ou texte dans une enveloppe

Il est possible de créer un masque avec un texte dans une enveloppe. Cependant, ici aussi, avant d'être définie comme masque, celle-ci doit être transformée en forme composée en lançant la commande **Créer une forme composée** dans le panneau **Pathfinder**.

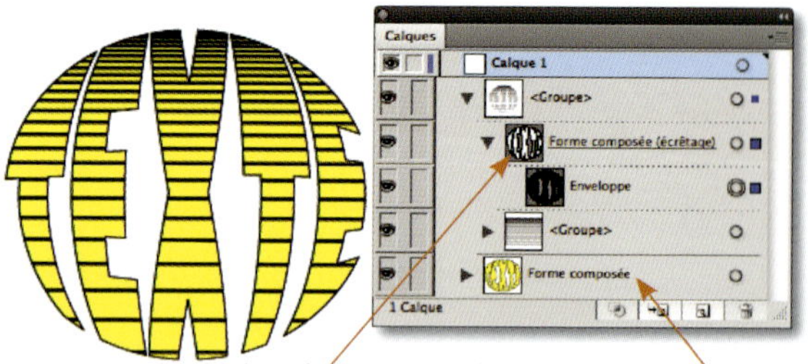

L'enveloppe a été définie en forme composée. Pour colorer, on a créé cette copie.

Même si elle est utilisée dans un masque, l'enveloppe reste modifiable, il suffit de la sélectionner à partir de son calque-objet dans le panneau **Calques** ; en revanche, le contenu de l'enveloppe n'est plus accessible.

Un exemple de masque : l'ombre interne

L'ombre interne ne fait pas partie des effets d'Illustraror. La lueur interne peut dans certains cas la remplacer, mais elle n'est pas décalée comme devrait l'être l'ombre interne.

Pour pallier ce défaut, et réaliser une ombre interne, vous pouvez utiliser les manipulations suivantes :

L'ombre interne.

1. Dessinez un rectangle plus grand que l'objet qui devra avoir l'ombre interne. Dessinez cet objet (qui peut être un texte) à l'intérieur du rectangle.

On souhaite affecter une ombre interne à ce texte. On a donc dessiné ce rectangle, puis placé le texte dessus à l'intérieur.

2. Sélectionnez le rectangle et l'objet et, avec la touche ⌥ [Alt] enfoncée, choisissez la soustraction dans le panneau **Pathfinder** pour percer le rectangle par l'objet.

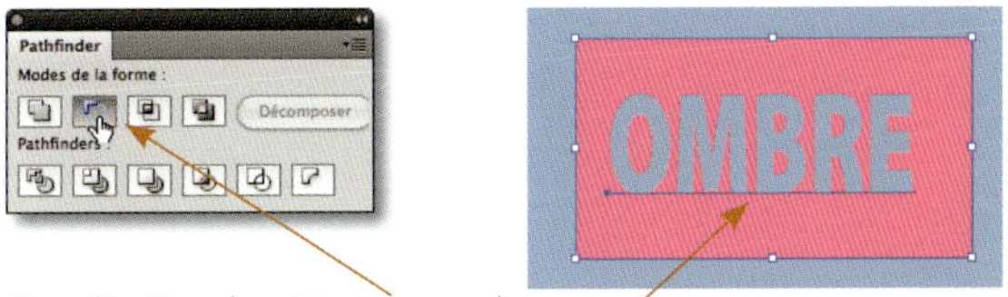

L'application de cette commande avec ⌥ [Alt] donne cette forme composée.

3. Une forme composée est ainsi créée, dans le panneau **Aspect**, affectez-lui le blanc comme couleur de fond, le mode de fusion Produit et enfin, l'effet **Ombre portée** (avec des valeurs faibles).

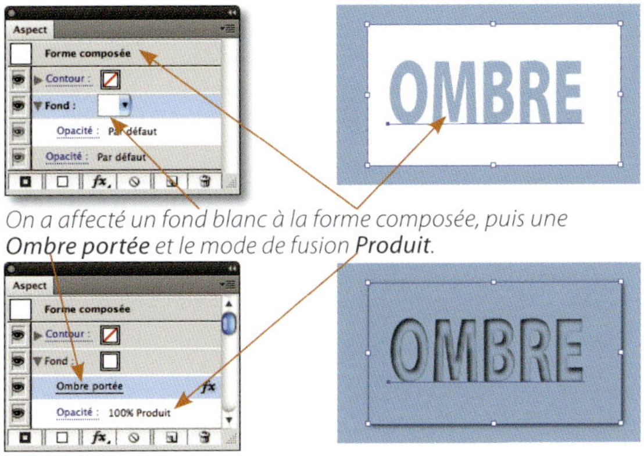

On a affecté un fond blanc à la forme composée, puis une **Ombre portée** *et le mode de fusion* **Produit**.

4. Pour créer le masque, nous avons besoin d'une copie de l'objet qui était au premier plan ; pour la réaliser, affichez le panneau **Calque**, sélectionnez l'objet (en cliquant à droite de sa cible), enfoncez la touche ⌥ [Alt] et glissez le calque : l'objet doit réapparaître (sa copie) sur l'ombre.

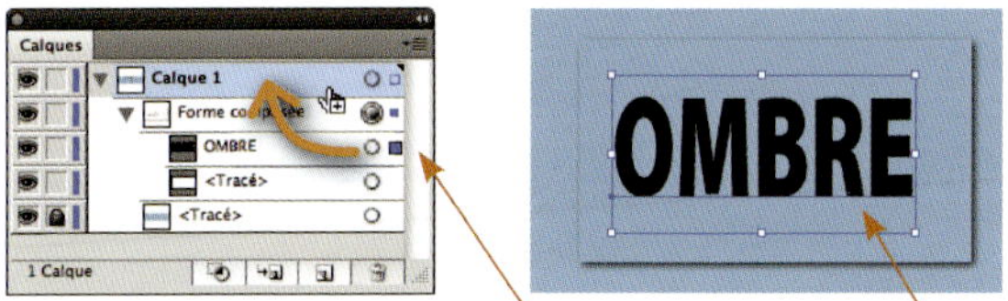

Avec la touche ⌥ [Alt], on glisse une copie de l'objet qui apparaît alors au premier plan au-dessus de la forme composée.

5. Sélectionnez l'ensemble objet et forme composée, et créez le masque en tapant ⌘7 [Ctrl7] ou par la commande du menu **Objet** ou contextuel. L'ombre réapparaît, elle n'est visible qu'à l'intérieur de l'objet au premier plan et constitue donc une ombre interne.

On a sélectionné l'ensemble et créé le masque pour obtenir le résultat ci-contre.

Les sélections du groupe du masque ou des objets

Quand un masque est créé, un groupe est réalisé, il comporte le masque et les objets masqués (que nous appellerons objets dans les paragraphes qui suivent).

La visualisation des éléments avec les repères commentés

Si les repères commentés sont activés, le survol du groupe pourra montrer, selon la zone survolée, le contour d'un des objets ou celui du masque (si le curseur se situe sur le bord du groupe).

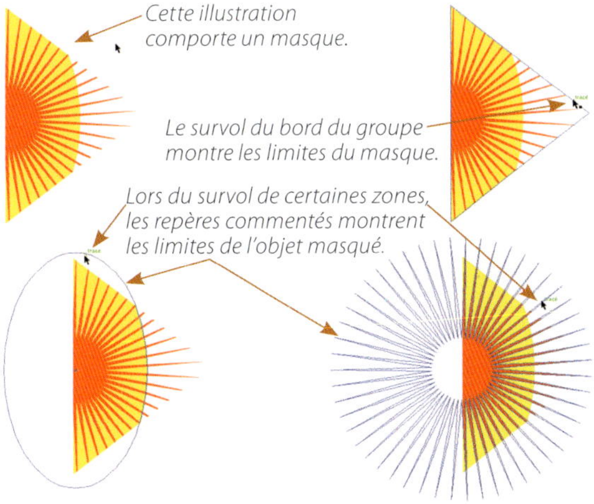

Cette illustration comporte un masque.

Le survol du bord du groupe montre les limites du masque.

Lors du survol de certaines zones, les repères commentés montrent les limites de l'objet masqué.

Les sélections sur l'illustration et le panneau Contrôle

Si vous cliquez avec l'outil **Flèche noire** sur une zone d'une illustration qui semble comporter un masque, c'est le groupe qui sera sélectionné, c'est-à-dire le masque et les objets. Le panneau **Contrôle** l'indique par le mot **Groupe** dans la partie gauche.

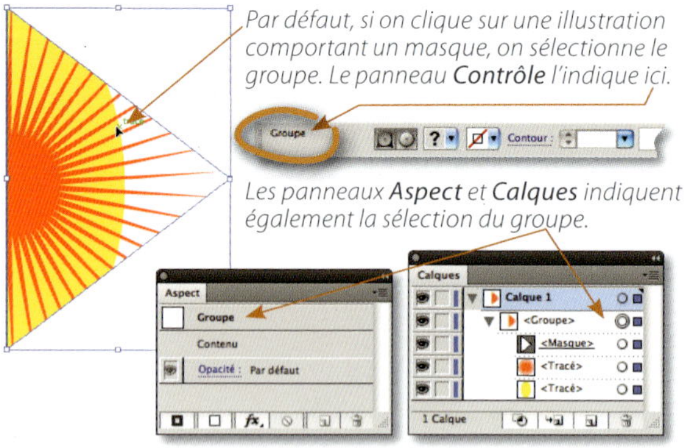

Ce type de sélection permet de modifier le masque et son contenu en même temps. Pour agir sur les constituants séparément (et par conséquent, les sélectionner), le panneau **Contrôle** propose deux icônes : un clic sur la première produit la sélection du masque ; un clic sur la seconde, celle des objets.

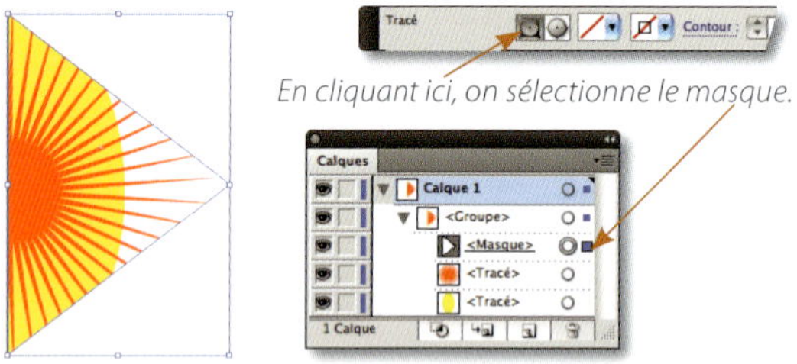

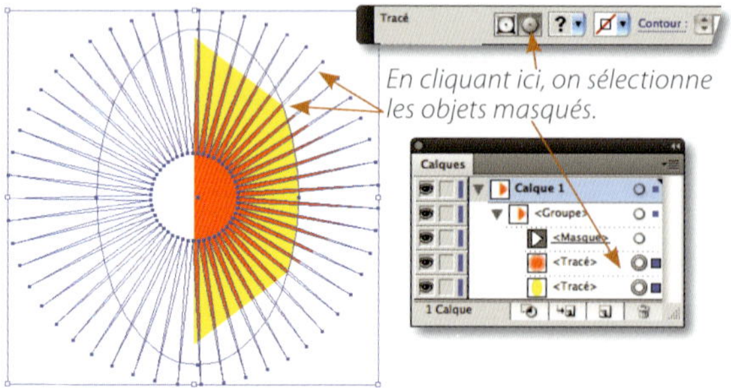

Les sélections par le panneau Calques

En utilisant le panneau **Calques**, la sélection du masque est très facile. En effet, dans la liste des calques-objets, le masque a son nom souligné : il suffit de cliquer sur sa cible (○). Si la complexité de votre panneau **Calques** ne vous permet pas de repérer facilement le masque, vous pouvez utiliser la méthode décrite plus haut (par le panneau **Contrôle**).

La sélection par la commande **Masque d'écrêtage** du sous-menu **Objet** (menu **Sélection**) ne donnera un résultat correct que si l'illustration ne comporte qu'un seul masque.

En fonction de la sélection réalisée (groupe, masque ou objets), comme nous le reverrons plus loin, les traitements n'auront pas les mêmes résultats.

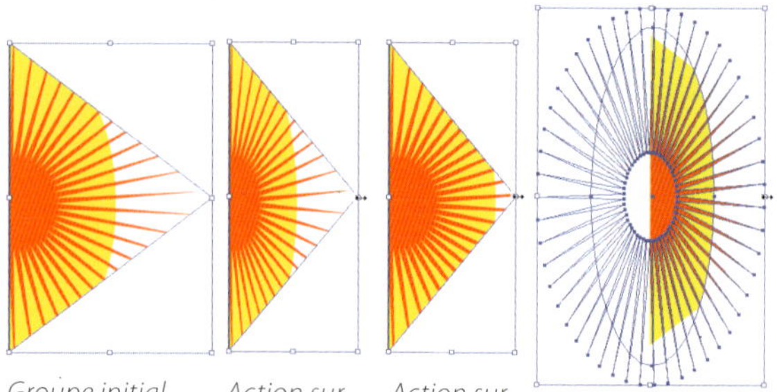

Groupe initial. — Action sur le groupe. — Action sur le masque. — Action sur les objets.

La gestion de l'aspect du masque

Il s'agit de la gestion de la coloration et des effets appliqués au masque. Au niveau des colorations, la couleur du fond du masque ne sera visible que si les objets masqués comportent des zones transparentes.

> **Astuce** *La couleur de fond du masque peut être avantageusement remplacée en utilisant un rectangle avec un fond de la couleur (globale) voulue, placé à l'arrière-plan des objets à masquer — ce rectangle peut d'ailleurs être ajouté après la création du masque* (voir plus loin l'ajout d'objets).

Les colorations ne s'effectuent pas de la même façon si le masque est simple ou constitué d'un tracé transparent, ou s'il a été réalisé avec un texte ou dans une forme composée. Dans tous les cas, il faut procéder à la sélection du masque.

L'aspect du masque simple ou avec un tracé transparent

Pour changer les colorations du fond et du contour du masque sélectionné, utilisez le panneau **Couleur** ou le panneau **Nuancier**. Par le menu **Effet**, vous pouvez appliquer certains effets qui apparaîtront dans le panneau **Aspect** (certains seront sans action).

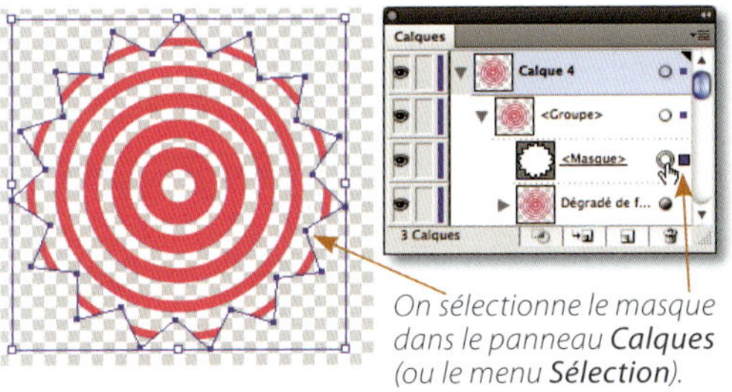

*On sélectionne le masque dans le panneau **Calques** (ou le menu **Sélection**).*

On change son aspect par ces panneaux.

Pour affecter au contour du masque une forme (calligraphique, par exemple), il faudra avoir recours à son clonage comme cela est décrit à la page suivante pour la coloration des formes composées.

> **ASTUCE** *Étant donné que le masque perd ses attributs, avant de le réaliser, créez un style graphique ; une fois le masque en place, sélectionnez-le et réaffectez-lui le style.*

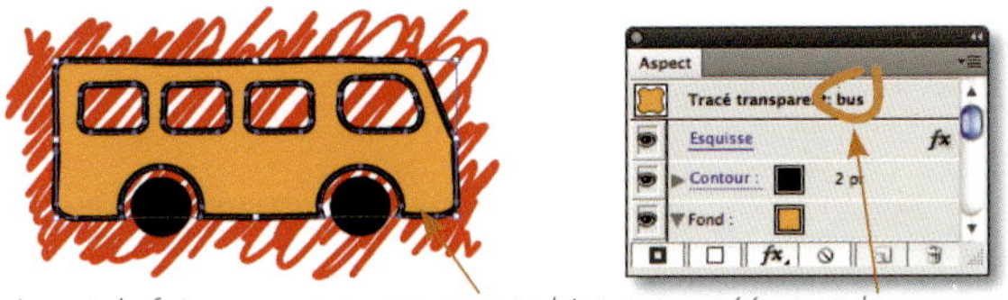

Avant de faire un masque avec cet objet, on a créé un style.

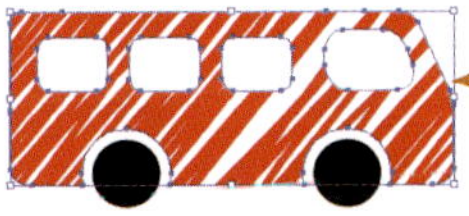

On fait le masque sur les rayures (le masque perd ses attributs).

On cible le masque pour lui appliquer le style (certains attributs peuvent ne pas apparaître).

L'aspect du masque avec un texte (non vectorisé)

Avec un texte, on peut également appliquer un style au masque. Cependant, certains effets d'attributs peuvent ne pas apparaître, telle une ombre portée. Dans ce cas, il faudra cibler le calque du groupe (masque + objet masqué) ajouter un nouveau fond et appliquer l'effet voulu (voir plus loin).

Si on masque les rayures avec le texte, celui-ci perd ses attributs.

On cible le masque pour lui appliquer le style (certains attributs peuvent ne pas être appliqués).

La coloration du masque avec la forme composée

La forme composée définie en masque ne peut ni être colorée ni manipulée directement : vous devez opérer par décomposition ou copie. En revanche, s'ils sont ciblés, les constituants de la forme peuvent subir des modifications.

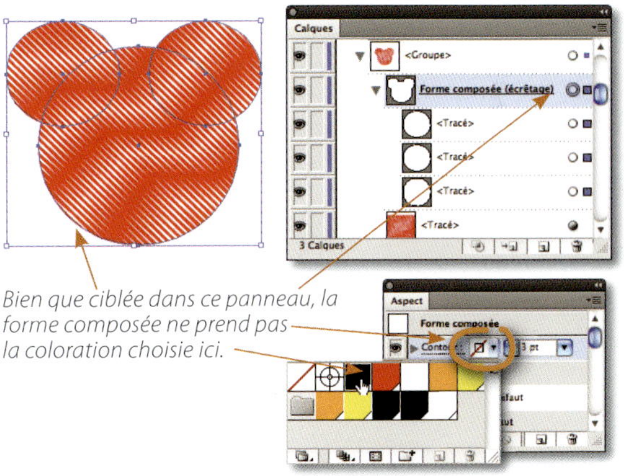

Bien que ciblée dans ce panneau, la forme composée ne prend pas la coloration choisie ici.

La décomposition de la forme composée

Si vous décomposez le masque, celui-ci est converti en un objet se manipulant comme un masque classique. Cette décomposition s'obtient, selon le type de la forme, par le menu **Objet/Décomposer** ou par clic sur le bouton **Décomposer** du panneau **Pathfinder**.

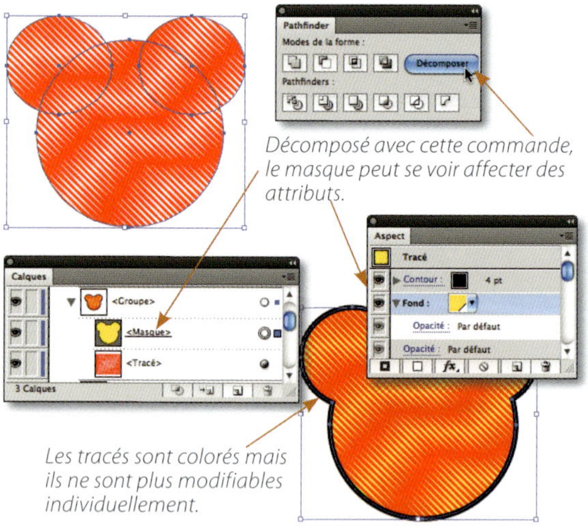

Décomposé avec cette commande, le masque peut se voir affecter des attributs.

Les tracés sont colorés mais ils ne sont plus modifiables individuellement.

Astuce *Si la forme composée comporte des textes, la décomposition provoque leur vectorisation.*

Les copies de coloration de la forme composée

Pour ajouter des attributs (fond et contour) à un masque constitué d'une forme composée sans la décomposer, vous devez la copier (une pour le contour et une pour le fond). Vous gardez ainsi la possibilité de modifier la forme ; en revanche, il faudra refaire les copies pour que les attributs aient les mêmes modifications que le masque.

L'ajout d'un contour

Sélectionnez le calque de la forme composée dans le panneau **Calques** et glissez-le au-dessus du calque du groupe (masque + objet masqué). Choisissez la couleur du contour et son épaisseur — attention, n'affectez pas de couleur au fond, il cacherait le contenu du masque.

L'ajout d'un fond

Sélectionnez le calque de la forme composée dans le panneau **Calques** et glissez-le au-dessous du calque du groupe du masque. Choisissez la couleur du fond : elle apparaît dans les zones transparentes à l'intérieur du masque (s'il y en a).

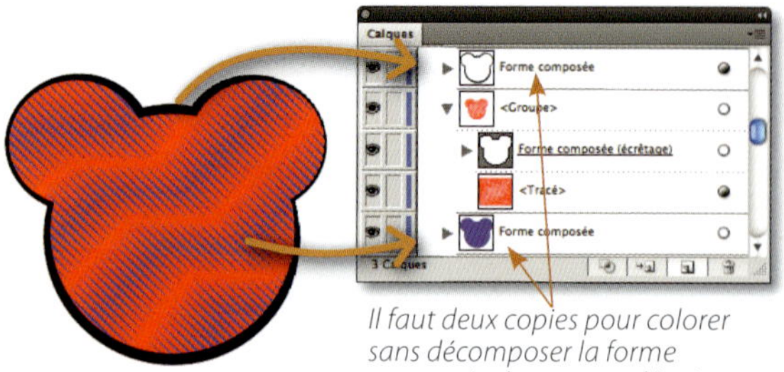

Il faut deux copies pour colorer sans décomposer la forme composée du masque d'écrêtage.

L'ajout d'une ombre à un masque

Il y a deux méthodes pour ajouter une ombre : par action sur le calque du groupe ou par copie du masque placée à l'arrière-plan du groupe (comme pour le fond ci-dessus).

L'ombre par effet de calque

Pour créer cette ombre, ciblez le calque du groupe (masque + objets masqués) par clic sur sa cible ○, ajoutez un fond (si le masque n'en possède pas) et appliquez à ce dernier l'effet **Ombre portée** (menu **Effet/Spécial**).

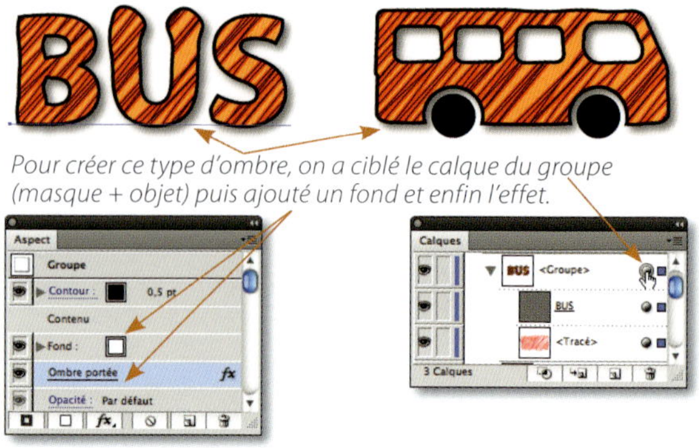

Pour créer ce type d'ombre, on a ciblé le calque du groupe (masque + objet) puis ajouté un fond et enfin l'effet.

Si vous n'ajoutez pas de fond au calque du groupe, l'ombre portée obtenue est créée par les tracés situés à l'intérieur du masque. Pour que cette ombre soit créée par le fond du masque (et donc n'apparaisse qu'à l'extérieur de celui-ci), il suffit d'affecter un fond coloré au masque — s'il s'agit d'une forme composée, il faut ajouter un arrière-plan coloré sous les objets masqués.

L'ombre sur la copie du masque

Si la méthode précédente ne fonctionne pas, effectuez les opérations suivantes : sélectionnez le masque et copiez-le (⌘C [Ctrl C]) ; sélectionnez le groupe du masque et collez derrière en tapant ⌘B [Ctrl B] : une copie du masque apparaît à l'arrière-plan du groupe, affectez-lui une couleur de fond puis une ombre portée.

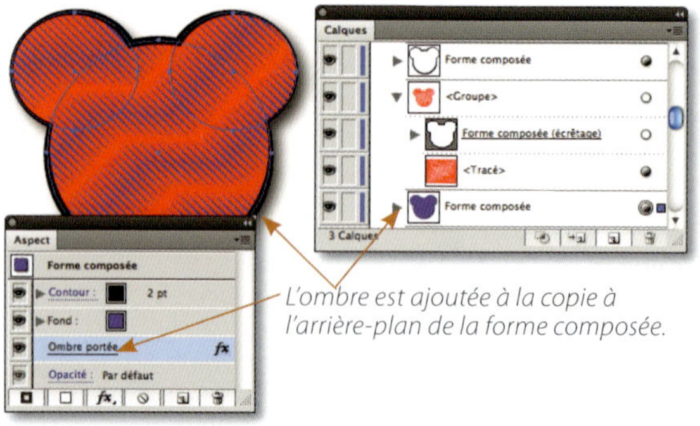

L'ombre est ajoutée à la copie à l'arrière-plan de la forme composée.

Les manipulations d'objet masqué ou de masque

Les manipulations du masque

Une fois sélectionné, si vous déplacez le masque (ou une partie pour une forme composée), il agit comme une fenêtre sur l'écran et laisse apparaître la zone qui était cachée à l'intérieur du masque. Vous pouvez lui appliquer une transformation (mise à l'échelle, rotation...), des effets, ou, pour un texte, des changements typographiques ou de saisie. Attention, si vous avez fait des copies pour créer un contour et un fond à la forme composée, il faudra sélectionner chaque partie correspondante dans le panneau **Calques**.

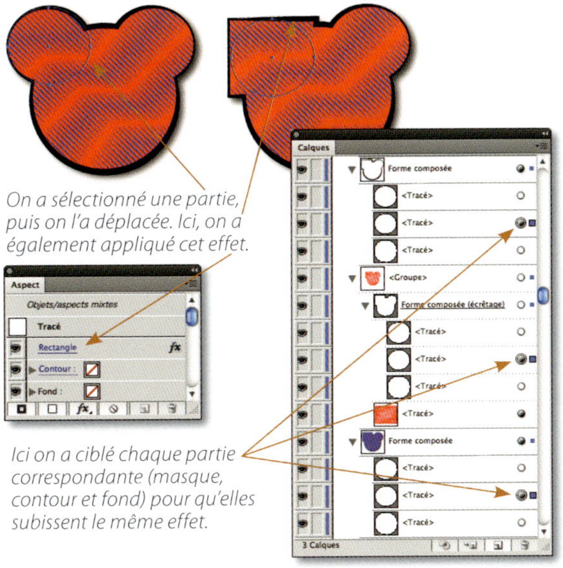

On a sélectionné une partie, puis on l'a déplacée. Ici, on a également appliqué cet effet.

Ici on a ciblé chaque partie correspondante (masque, contour et fond) pour qu'elles subissent le même effet.

Les manipulations des objets masqués

Pour les sélectionner, utilisez le panneau **Calques** et cliquez sur leur case de sélection ou leur cible. Les objets peuvent être manipulés comme n'importe quels tracés (coloration, déplacement, copie, transformation, effet...).

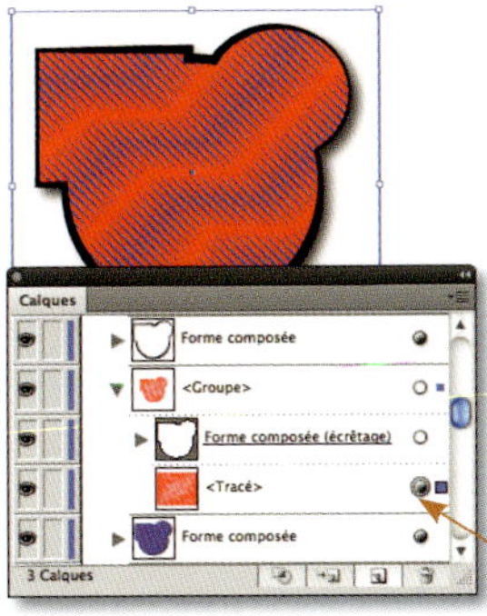

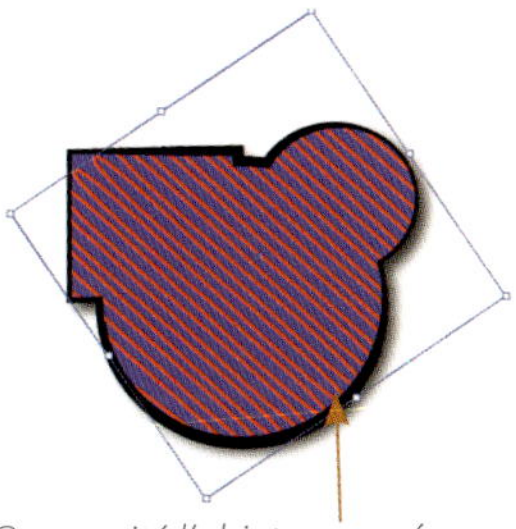

On a traité l'objet masqué (transformation, effet...) après l'avoir ciblé dans ce panneau.

Astuce *Certaines manipulations à l'intérieur du groupe (masque + objet masqué) peuvent se faire en passant par le mode isolation qui s'active par double-clic sur le groupe.*

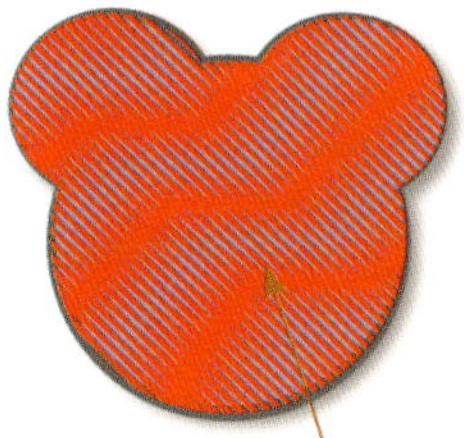

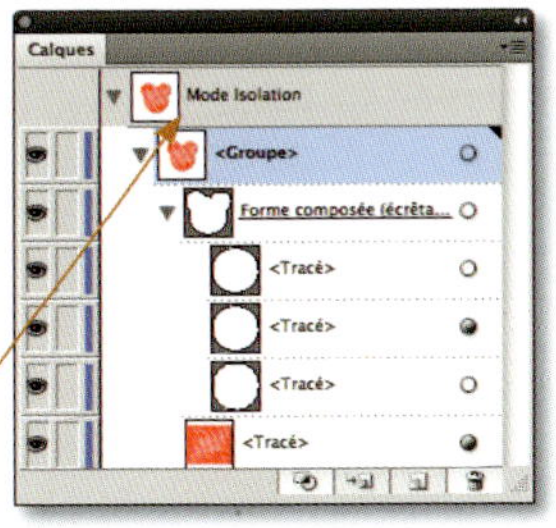

En affichant le groupe du masque dans le mode isolation, les sélections sont plus faciles.

Astuce *Au niveau des sélections du masque ou de son contenu (objet), pensez également à utiliser les deux icônes du panneau* ***Contrôle***.

La création d'un symbole à partir d'un masque

Le groupe du masque peut être défini en tant que symbole. Une fois le symbole réalisé, la manipulation de ce dernier sera plus facile que celle du groupe. Il sera toujours possible de rompre le lien du symbole pour en modifier son contenu (c'est-à-dire d'intervenir sur le groupe du masque).

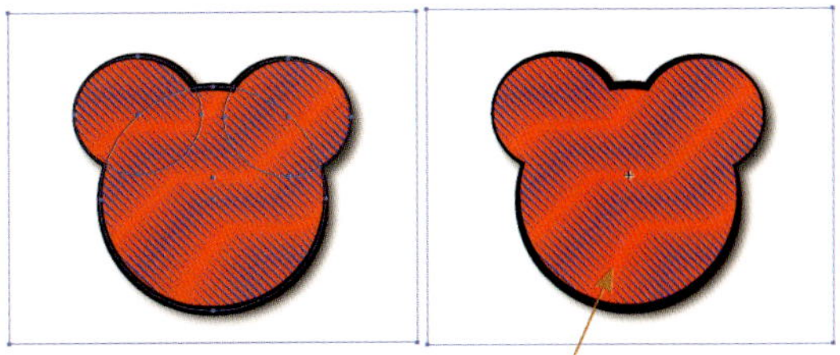

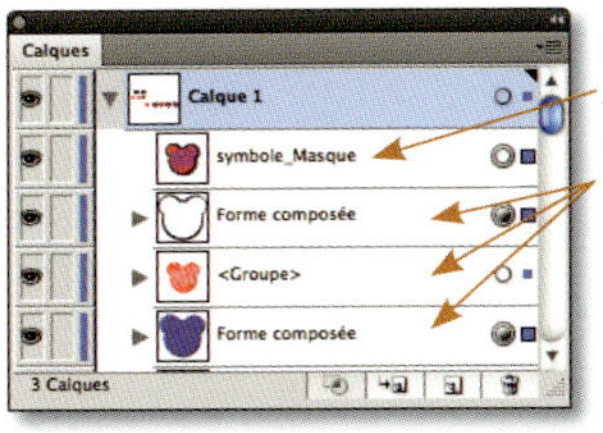

Ce masque (défini comme symbole) utilise un seul calque. Le masque de gauche utilise ces trois calques.

Astuce *Si le fond du groupe doit avoir une couleur, définissez-la avec un rectangle à l'arrière-plan des objets masqués et non par la couleur du fond du masque car l'application de certaines commandes (effet, enveloppe de distorsion, transformation...) le ferait disparaître.*

L'ajout ou le retrait d'objets dans le masque

L'ajout ou le retrait d'un objet dans un groupe masque, et même le dessin hors d'un masque, sont déterminés par la position des calques-objets dans le panneau **Calques**.

L'ajout d'un objet dans le masque

Si vous désirez faire entrer un ou plusieurs objets dans la composition du masque, vous pouvez opérer ainsi :

1. Sélectionnez le groupe du masque en cliquant dessus et isolez-le en cliquant sur l'icône du panneau **Contrôle** ou par double-clic dessus.

2. Dessinez les objets voulus et positionnez-les sur le masque. S'ils ne sont pas dans le bon plan par rapport aux autres objets masqués, glissez leurs calques dans le panneau **Calques**. Le masque du calque (souligné) peut se situer à n'importe quel niveau dans la liste des calques du groupe isolé.

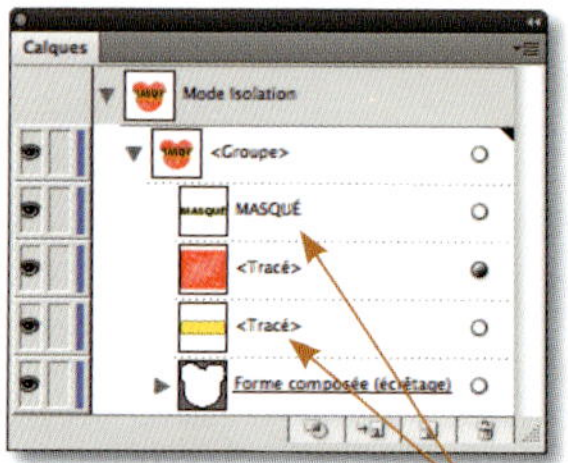

On a ajouté deux éléments dans le mode isolation. On gère leur superposition par glissement.

Le dessin hors du masque

Pour créer un tracé qui ne soit pas intégré dans le masque, vérifiez avant de dessiner, que le calque actif (indiqué par le triangle noir) ne soit pas situé dans le groupe du masque. Éventuellement, commencez par ajouter un calque : dans le panneau **Calques**, cliquez sur l'icône . Ce calque apparaît toujours au-dessus du calque actif, glissez-le alors dans le plan voulu.

Le retrait d'un objet masqué

Les opérations se réalisent dans le panneau **Calques** par glissement du calque de l'objet à sortir du masque. Dans certains cas, il faudra commencer par ajouter un calque qui réceptionnera l'objet. Vous pouvez également : isoler le groupe du calque puis sélectionner l'objet pour le couper (sortir du groupe) et enfin, une fois le groupe désélectionné, coller (devant ou derrière).

L'annulation de l'effet masque

Sélectionnez l'ensemble du groupe du masque et lancez **Annuler** du menu **Objet/Masque d'écrêtage** (ou tapez ⌥⌘7 [Alt Ctrl 7]) : les objets se réaffichent en entier mais le masque n'aura pas d'attribut (sauf si vous lui en aviez affecté un).

Une alternative à certains masques : le motif

Nous avons déjà parlé de la commande **Découpe** (panneau **Pathfinder**) qui agit sur les tracés initiaux comme un masque (mais en les découpant). Il existe une autre possibilité. En effet, un masque peut être remplacé par un motif ; le tracé ainsi rempli peut se voir appliquer des effets sans contrainte.

Pour remplir ce texte on n'a pas utilisé de masque mais un motif.

En revanche, les modifications s'effectuent par mise à jour du motif. Voici les détails de la méthode avec un texte à remplir avec des rayures.

1. Dessinez, sur le texte à remplir, les tracés de « remplissage » — prenez soin de les faire déborder de l'objet ou, s'ils ont un encombrement plus faible, de créer un rectangle sans fond ni contour débordant du texte.

On dessine les objets qui rempliront le texte en les faisant déborder de ce dernier.

2. Glissez ces tracés dans le panneau **Nuancier** pour obtenir un motif, puis effacez-les sur le document.

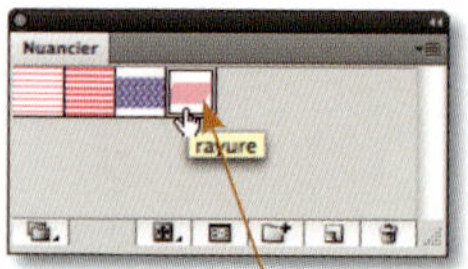

On a créé le motif.

3. Sélectionnez l'objet à remplir, ajoutez-lui un fond dans le panneau **Aspect** pour le remplir du motif.

On sélectionne le texte pour remplir son fond avec le motif.

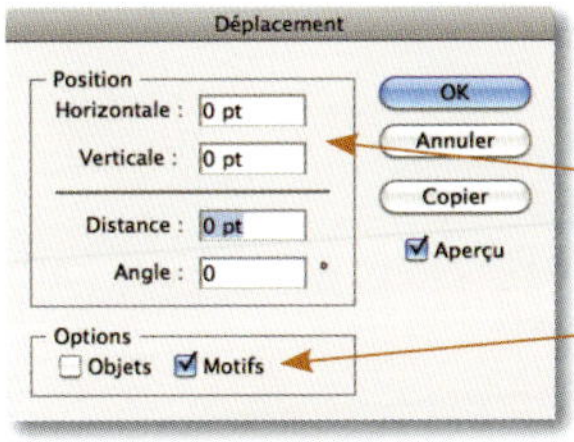

En modifiant ces valeurs et en cochant cette option, on règle la position du motif dans le texte.

4. Pour ajuster la position du motif, affichez la fenêtre de la commande **Déplacement** (en tapant V puis ↵), cochez **Motifs** et décochez **Objets**. Réglez la position du motif en modifiant les valeurs des cases **Horizontale** et **Verticale** ou en utilisant les touches fléchées vers le haut ou le bas pour qu'il se positionne correctement dans l'objet.

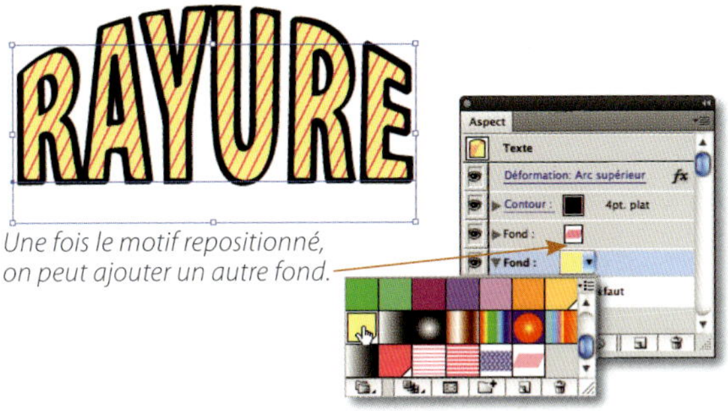

Une fois le motif repositionné, on peut ajouter un autre fond.

Le masque avec le Dessin intérieur

Le principe du dessin intérieur

Afin de faciliter le travail et la création d'objets masqués, Illustrator propose un mode de dessin appelé **Dessin intérieur**. Il permet de dessiner à l'intérieur d'un objet sélectionné et d'utiliser ce dernier en tant que masque d'écrêtage. Outre sa facilité de mise en place, le masque d'écrêtage créé en mode **Dessin intérieur** présente l'avantage que son tracé conserve son aspect (sauf certains effets qui disparaissent quand le tracé commence à agir en masque), alors que ceux créés avec la commande du menu **Objet** (**Objet/Masque d'écrêtage/Créer**) perdent tous leurs attributs.

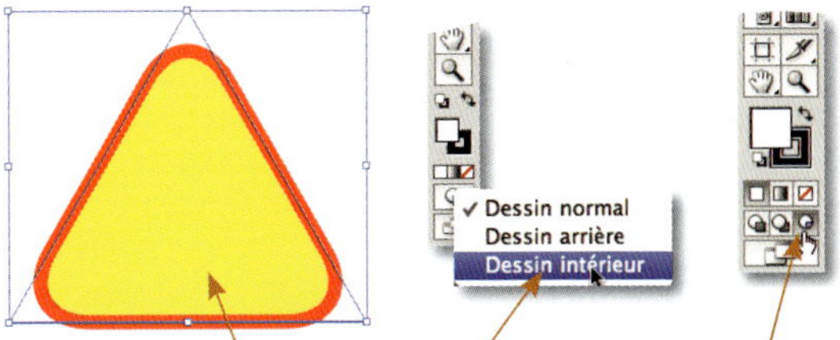

On sélectionne le tracé et on choisit ceci dans ce menu ou cette icône (si le panneau **Outils** est en deux colonnes).

Le travail avec le mode Dessin intérieur

La mise en place du dessin intérieur

Pour activer le mode **Dessin intérieur**, sélectionnez un objet (tracé, tracé transparent ou texte), dans le bas du panneau **Outils** cliquez sur le mode puis le mode **Dessin intérieur**. L'élément sélectionné s'encadre de tirets aux angles qui indiquent les limites de l'écrêtage.

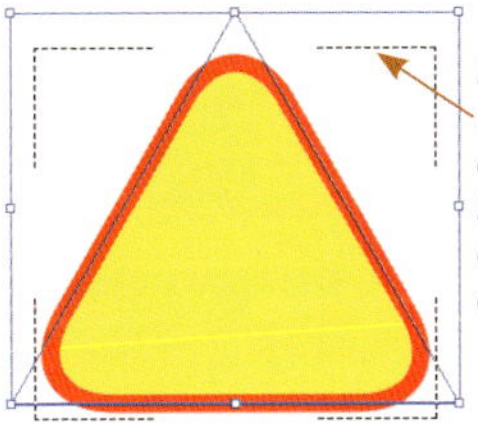

Illustrator encadre le tracé ainsi pour montrer qu'il servira de masque. Dans le panneau **Outils**, c'est cette nouvelle icône qui devient active.

Les tracés que vous allez désormais dessiner sont écrêtés par le tracé qui était sélectionné lorsque vous êtes passé en mode **Dessin intérieur**.

ASTUCE *Avant de commencer à dessiner, vous pouvez désélectionner le tracé défini comme masque d'écrêtage afin de pouvoir choisir les attributs des futurs tracés sans qu'ils s'appliquent au masque.*

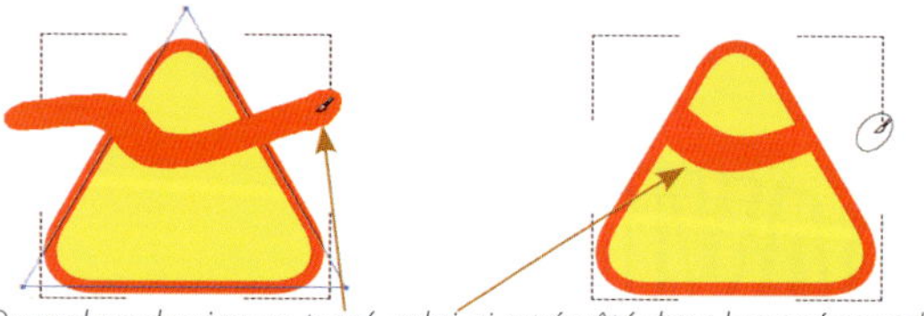

Quand on dessine un tracé, celui-ci est écrêté dans le tracé encadré. Les nouveaux dessins sont masqués. Le panneau ***Calques*** *l'indique.*

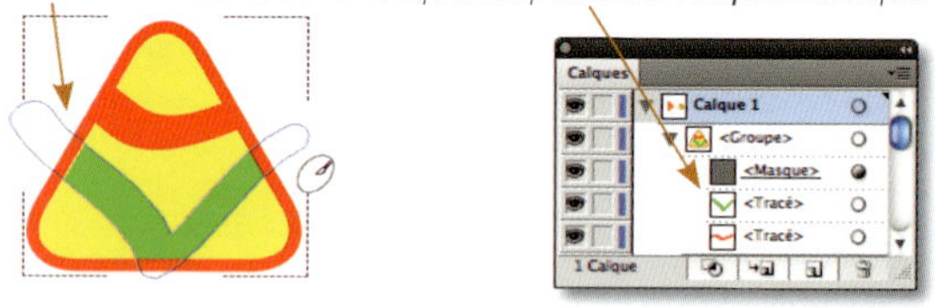

Pour créer de nouveaux objets qui ne soient plus écrêtés par le masque, réactivez le mode **Dessin normal** en tapant ⇧D.

Avant de dessiner cet objet, on a réactivé le mode ***Dessin normal****.*

L'AJOUT D'ÉLEMENTS DÉJÀ DESSINÉS

Deux cas sont à envisager selon que le mode **Dessin intérieur** est actif ou non.

Avec le mode Dessin intérieur actif

Si l'objet à ajouter est partiellement recouvert par le masque, il suffit de glisser le calque de l'objet dans la liste du groupe pour qu'il intégre le masque.

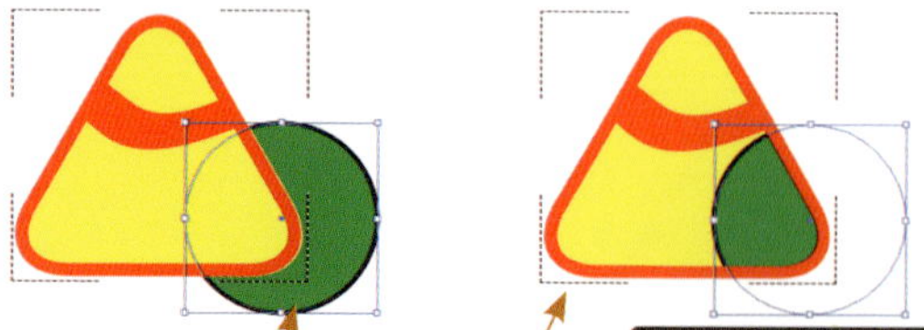

Pour incorporer cet objet dans le masque actif, on glisse son calque dans la liste des objets masqués.

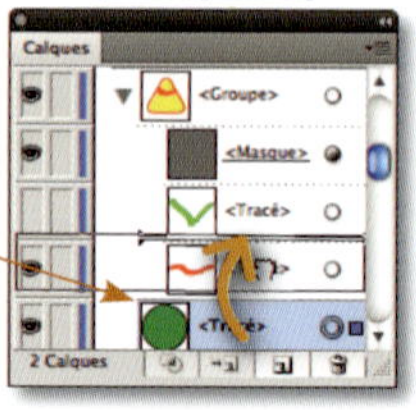

Si l'objet est en dehors du masque, vous pouvez l'y intégrer par couper-coller. Dans ce cas, lors du collage il apparaîtra au centre du masque (au premier plan du groupe), mais pourra être déplacé afin d'être repositionné correctement.

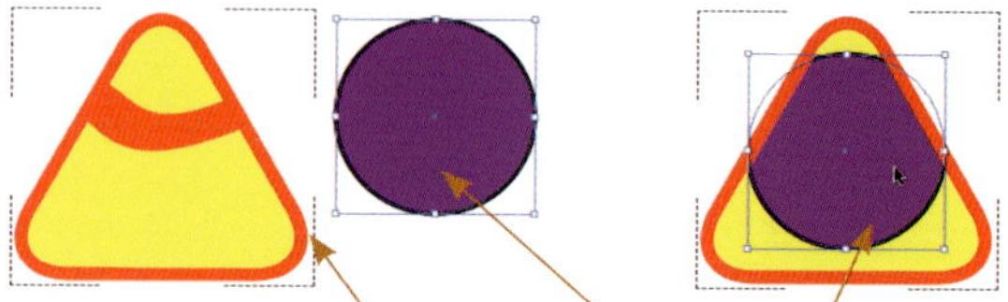

Pour incorporer dans le masque actif cet objet, on a procédé par couper-coller (il y apparaît au centre mais peut être déplacé).

Avec le mode Dessin intérieur inactif

Quand le mode **Dessin intérieur** est désactivé (mode **Dessin normal** actif), le masque qui vient d'être créé se comporte comme n'importe quel masque d'écrêtage. Pour écrêter un objet par ce masque, effectuez les opérations suivantes :

1. Coupez l'objet, cliquez sur le groupe puis sur l'icône de sélection du masque.

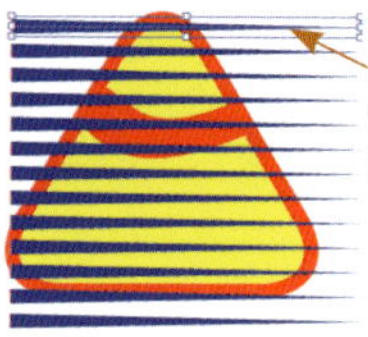

On souhaite intégrer cet objet dans le masque (à l'arrière-plan).

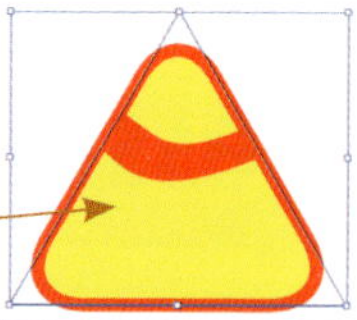

On a coupé l'objet puis sélectionné le groupe.

Par clic ici, on sélectionnera la masque.

2. Activez le mode **Dessin intérieur**, puis collez l'objet.

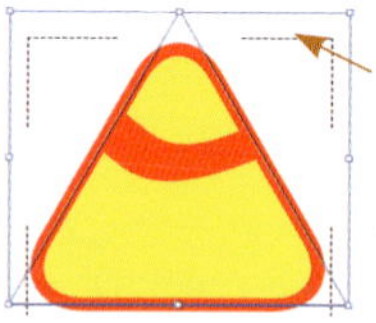

On active le mode ***Dessin intérieur*** *et on colle l'objet qui apparaît écrêté.*

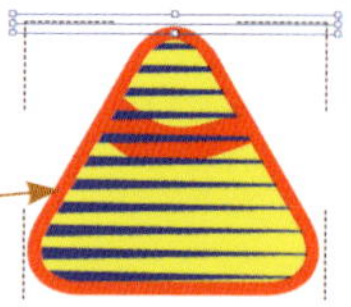

Vous pouvez également opérer par glissement de calque dans le panneau **Calques** selon la position de l'objet à écrêter.

LE DESSIN INTÉRIEUR DANS UN MASQUE EXISTANT

Quand vous avez réalisé un masque d'écrêtage de manière classique (par la commande du menu **Objet**), vous pouvez à tout moment retravailler son contenu en utilisant le mode **Dessin intérieur**. Pour cela, sélectionnez le masque (comme indiqué plus haut), puis activez le mode **Dessin intérieur**.

Partie 6

Les textes

1 - Le traitement du texte

2 - Les manipulations de textes

1 - Le traitement du texte

La création d'un texte

Les types de textes

Il y a quatre types de texte :

- le **texte libre** (appelé aussi texte de point) ;
- le texte dans un bloc ou rectangle ;
- le texte à l'intérieur d'un tracé ou **texte captif** ;
- le texte sur un tracé ou **texte curviligne**.

Pour un même type de texte, la saisie peut être horizontale ou verticale, aussi trouve-t-on six outils **Texte**. On passe de l'un à l'autre par ⌥clics [Alt clics] sur l'outil **Texte**.

Le tableau ci-dessous résume leurs caractéristiques.

Les textes Flash

Dans Illustrator, indépendamment de son aspect (libre, captif...), vous pouvez définir votre texte en vue de son exportation vers Adobe Flash. Il peut être exporté sous forme de texte statique, de texte dynamique ou de texte en entrée. L'opération se réalise par le panneau **Texte Flash** que l'on affiche par le menu **Fenêtre** ou directement depuis le panneau **Contrôle** par clic sur **Texte Flash**.

Le texte statique

Il s'agit d'un texte standard. Exporté vers Flash, ce texte ne pourra être modifié dynamiquement ou par programmation. Le contenu et l'aspect du texte statique sont déterminés lors de la composition du texte dans Illustrator.

Type du texte	Outil panneau	Outil sur la page	Caractéristiques	Exemples de saisie Horizontale	Exemples de saisie Verticale
Texte libre	T ou IT	ou	Le texte est indépendant de tout tracé. Il s'aligne par rapport à l'endroit où vous avez cliqué.		
Texte (libre) dans un bloc	T ou IT	ou	Le rectangle se dessine avec l'outil **Texte libre**. Les retours à la ligne sont automatiques. Verticalement, il se lit de gauche à droite.		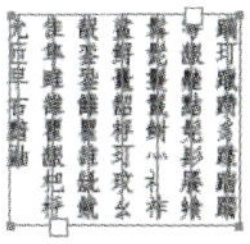
Texte captif	ou	ou	Le texte se place à l'intérieur d'un tracé. Les retours à la ligne s'effectuent automatiquement.		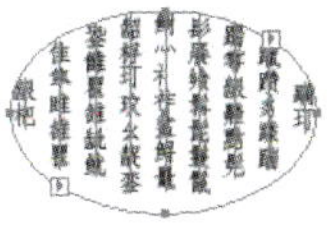
Texte curviligne	ou	ou	Le texte est indépendant de tout tracé. Il s'aligne par rapport à l'endroit où vous avez cliqué.		

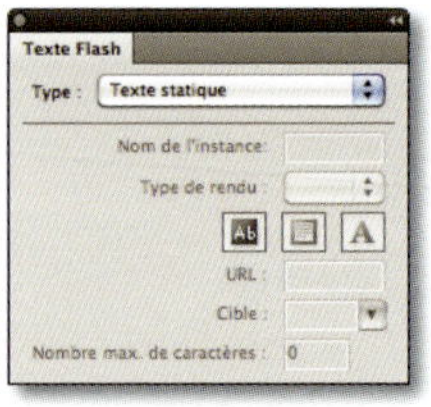

C'est l'option utilisée par défaut par Illustrator. Dans Flash, le texte garde son caractère vectoriel, c'est le texte standard qui ne possède pas de propriété particulière.

Le texte dynamique

Exporté dans Flash, le texte est dynamique, c'est-à-dire qu'il pourra être mis à jour par programmation (ActionScript). Le texte dynamique convient à l'affichage de tout texte impliquant la mise à jour dynamique du texte. Une URL peut être associée au texte dynamique, elle correspond au site ouvert lorsqu'un utilisateur clique sur le texte.

Dans Flash, ce texte pourra subir des traitements par ActionScript. On retrouve ici quelques propriétés spécifiques qui pourront également être définies dans Flash.

Le texte en entrée

Ce texte est semblable au précédent avec en plus la possibilité d'être modifié par l'utilisateur dans le lecteur Flash. Le texte en entrée convient pour les formulaires, les enquêtes… tout texte impliquant la saisie ou la modification de texte par les utilisateurs.

Dans Flash, ce texte pourra subir des traitements par ActionScript et être modifié par l'utilisateur. On retrouve ici quelques propriétés spécifiques qui pourront également être définies dans Flash.

Pour les deux textes précédents, vous pouvez saisir un nom d'instance pour l'objet texte, celui-ci sera utilisé dans Flash lors des traitements par ActionScript. Si aucun nom n'est saisi, Flash lui affectera un par défaut et vous pourrez le modifier par la suite.

Les options des textes Flash

Ces options pourront être gérées dans Flash si elles n'ont pas été correctement définies dans Illustrator. Parmi celles-ci on distingue des options de rendu qui permettent d'optimiser l'affichage en fonction de l'utilisation (animation, lecture…) et des propriétés qui rendront, par exemple, le texte sélectionnable par l'utilisateur dans le lecteur Flash.

La création du texte

La création d'un texte libre

Pour créer le texte, cliquez sur le document avec l'outil **Texte** [T] et commencez la saisie : le texte est systématiquement noir (par défaut, en Myriad corps 12). Pour aller à la ligne, tapez la touche ↵.

On active l'outil, puis on clique sur l'écran pour saisir le texte.

Pour terminer la saisie, changez d'outil ou cliquez dans l'outil **Texte** ou sur l'écran avec la touche ⌘ [Ctrl] enfoncée. Un trait souligne le texte, il matérialise la ligne de base des caractères : le texte est sélectionné et peut être traité ou manipulé.

> **Astuce** *Lors de la création avec l'outil ⌶, si vous enfoncez la touche ⇧, la future saisie apparaîtra verticale (⟷).*

Après une saisie horizontale, le sous-menu **Orientation du texte** du menu **Texte** permet de passer à une saisie verticale (ou réciproquement). Pour réaliser cette opération, cliquez d'abord sur le texte avec un des outils de sélection. Avec un texte vertical, les lettres se placent l'une sous l'autre. La deuxième ligne se place à gauche de la première. Ce type d'écriture est adapté aux polices asiatiques (CJK, chinois, japonais, coréen, kanji…).

La création d'un texte dans un bloc

Pour que le texte passe seul à la ligne et se place sur une largeur précise, tracez un rectangle avec l'outil **Texte libre** afin de créer un bloc. La saisie se fait alors au kilomètre et passe automatiquement à la ligne. Quand le bloc texte est sélectionné avec l'outil **Flèche**, deux carrés apparaissent : ce sont les marques de chaînage (port d'entrée et de sortie), elles permettent de réaliser des chaînages de texte vers d'autres blocs (*voir plus loin*).

> **Astuce** *Comme dans InDesign, on passe de l'outil **Texte** dans le bloc actif à l'outil **Flèche** en tapant* esc [Echap].

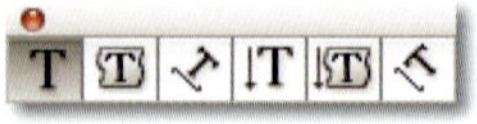

Ici, l'outil s'utilise par glissement.

*Avec l'outil **Texte**, on trace un bloc.* *On saisit le texte.* *Le bloc sélectionné avec l'outil **Flèche**.*

Astuce *Si vous avez cliqué par mégarde dans une marque de chaînage, le curseur devient , pour lui redonner son aspect normal, cliquez dans l'outil* ***Flèche*** *(ou tapez V)*

La création d'un texte captif

Approchez l'outil **Texte** ou **Texte captif** d'un tracé et cliquez **sur le contour du tracé** et non sur son fond, la couleur de la forme disparaît et le point d'insertion clignote. La saisie peut commencer, elle s'effectue de la même façon que pour un bloc de texte.

Outil ***Texte captif*** *: il s'utilise par clic sur le bord du tracé.*

Astuce *Si vous souhaitez conserver les attributs du tracé que vous allez utiliser pour le texte, créez un style graphique avant d'y placer le texte captif. Par la suite, vous réappliquerez ce style au tracé sélectionné seul.*

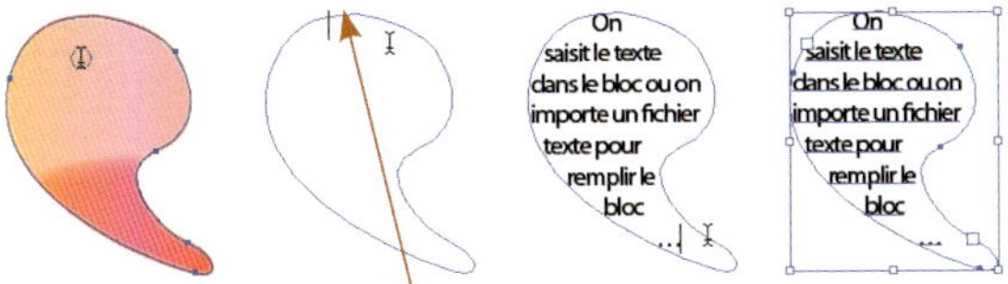

On sélectionne le tracé, on clique sur son contour. *On saisit le texte et on change d'outil en tapant esc [Echap].*

On retrouve les mêmes caractéristiques que celles du bloc texte : deux carrés (marques de chaînage) permettent d'effectuer un chaînage si le texte a un encombrement supérieur à celui du tracé.

Astuce *Si la saisie est trop importante par rapport au tracé, un signe + apparaît lors d'une sélection avec l'outil* ***Flèche****.*

La création d'un texte curviligne

La saisie et les particularités des textes

Pour obtenir un texte curviligne, dessinez un tracé ouvert ou fermé, activez l'outil **Texte curviligne (horizontal** **ou vertical**) et cliquez sur le tracé : la couleur de fond et de contour disparaît et le point d'insertion clignote, la saisie peut commencer.

Outil ***Texte curviligne*** *: il s'utilise par clic sur le tracé.*

Attention *L'endroit où vous cliquez sur le tracé définit la position de la première lettre du texte, mais uniquement dans le cas où le texte est aligné à gauche (voir ci-après).*

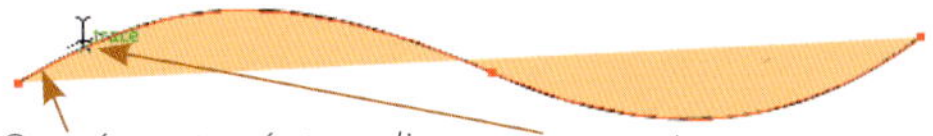

On crée un tracé et on clique sur son contour.

Le texte démarre à l'endroit du clic ; il suit le tracé.

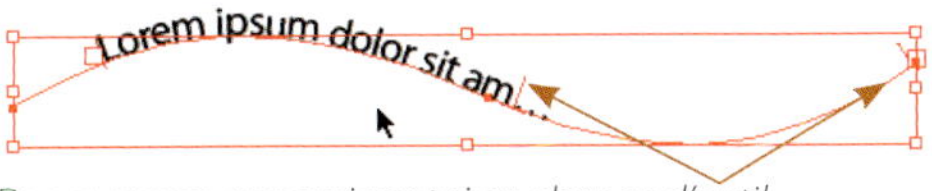

Des marques apparaissent si on change d'outil.

Quand le texte est sélectionné avec l'outil **Flèche**, le texte curviligne comporte des marques qui facilitent sa gestion. On distingue des marques d'alignement (verticales) et des marques de chaînage (carré).

Les marques d'alignement et de chaînage.

Les marques d'alignement

Il s'agit de trois traits verticaux. L'outil **Flèche** change d'aspect quand il survole l'un d'eux : , , .

La marque à gauche

Elle correspond à l'endroit où vous avez cliqué sur le tracé ; elle indique la position du début du texte aligné à gauche. Son glissement (le curseur devient) permet de changer la position du texte sur le tracé.

On glisse la marque pour déplacer le texte.

La marque centrale

Cette marque indique la position du centre du texte s'il a été centré par le panneau **Contrôle** ou **Paragraphe**. Son glissement permet de changer la position du texte sur le tracé, mais uniquement si les marques gauche et droite ne se situent pas aux extrémités du tracé.

ASTUCE *Si vous glissez la marque centrale sous le tracé, il y a retournement du texte ; cette opération se réalise également à partir du menu* ***Texte/Texte curviligne/Options de texte curviligne****.*

On glisse sous le tracé pour retourner le texte.

ASTUCE *Avec un tracé fermé, et bien que l'on ait cliqué en haut du tracé, le texte se place en bas dès qu'on le centre (icône, panneau* ***Contrôle****). Pour le repositionner, il faut glisser vers le haut la marque située en bas.*

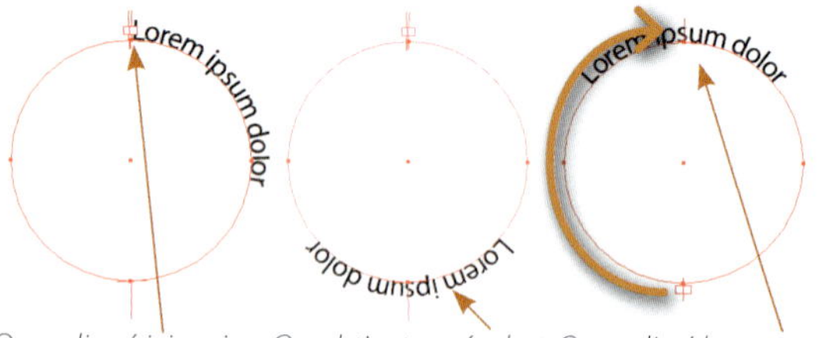

On a cliqué ici, puis on a saisi le texte. *On obtient ce résultat lors du centrage.* *On a glissé la marque centrale pour corriger.*

La marque à droite

Elle indique la position de la fin du texte dans les cas d'alignements à droite ou justifié. Cette marque est superposée à la première dans le cas d'un tracé fermé. Son glissement permet de changer la position du texte ou sa largeur de justification s'il est justifié.

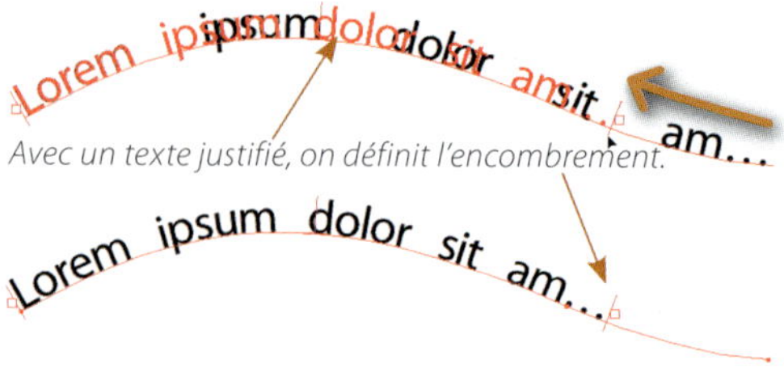

Avec un texte justifié, on définit l'encombrement.

Les marques de chaînage

Ces deux marques carrées ne font plus qu'un rectangle si le tracé est fermé. Si tout le texte n'est pas visible, un signe + remplit le carré : un clic dessus fait apparaître l'icône qui permet le chaînage et un second clic donne un tracé identique avec la suite du texte et un glissement permet de créer un bloc de texte (*voir plus loin*).

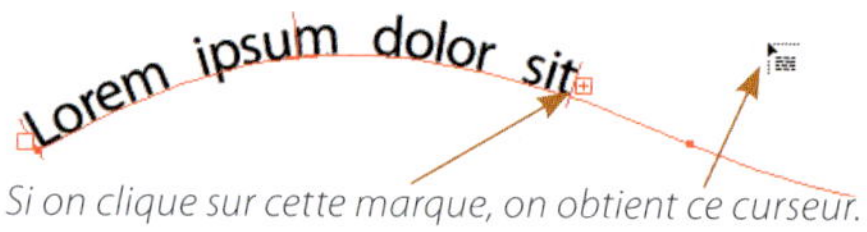

Si on clique sur cette marque, on obtient ce curseur.

Les sélections du texte

Pour pouvoir effectuer des corrections, des traitements ou des modifications sur un texte, il doit être sélectionné. Il y a plusieurs façons de faire, tout dépend de ce que vous désirez faire sur la sélection. Le tableau ci-dessous résume les méthodes.

ASTUCE *Le menu* ***Sélection*** *comporte deux commandes : l'une d'elles,* ***Objet texte****, permet de sélectionner tous les textes présents dans le document ; la seconde,* ***Identique/Série de blocs textes liés****, s'utilise pour sélectionner tous les textes chaînés quand l'un d'eux est déjà sélectionné.*

Outils	Étendue de la sélection	Remarques	Exemples	Utilisations
	Caractères seuls	Un clic place le curseur dans le texte ; on peut alors ratisser ou taper ⌘A [Ctrl A]. Par double-clic, on sélectionne un mot.		Traitements typographiques, changements localisés de couleur, quelques fonctions du menu Texte (remplacement…).
 ou 	Texte entier + tracé	Le texte apparaît souligné. On voit (selon le texte) les marques de chaînage et/ou d'alignement. Par double-clic, on place le curseur dans le texte.		Idem ci-dessus + déplacements transformation, déformation, application d'effet.
	Tracé seul	Par encadrement partiel ou total du texte, on sélectionne le tracé seul.		Traitement du tracé associé au texte : coloration, modification…

La saisie et les corrections

Afin de faciliter les corrections et la compréhension d'une saisie, affichez les caractères masqués (retour à la ligne, tabulation…) à l'aide de la commande correspondante du menu **Texte**.

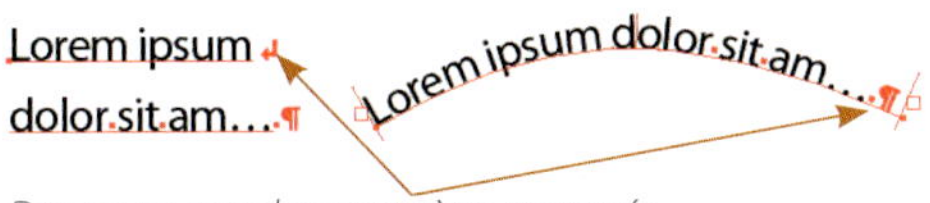

Des textes avec les caractères masqués.

Les saisies particulières : les glyphes

Si vous devez saisir des apostrophes, guillemets français ou signes tels que : •, ©, ®, ™…, vous pouvez tous les retrouver (pour certains types de police) en affichant le panneau **Glyphes** du menu **Texte** ou **Fenêtre/Texte**. Une fois visualisée dans le panneau, sélectionnez une police et insérez le caractère dans le texte par double-clic sur sa case d'aperçu dans le panneau **Glyphes**.

On insère le glyphe par double-clic dessus une fois la police choisie ici.

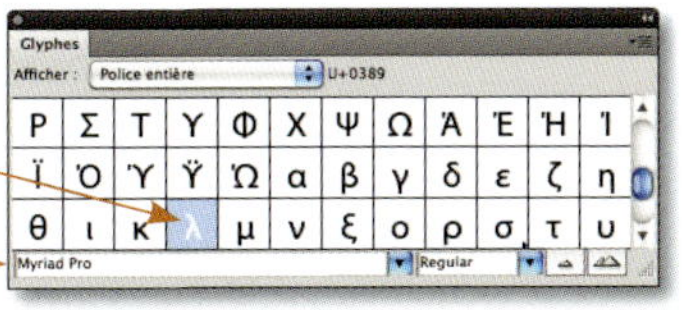

> **Astuce** *Pour utiliser les glyphes de polices CJK (chinois, japonais, coréen), installez dans le système le clavier de la langue souhaitée —* ***Préférences systèmes*** *puis* ***International [Panneau de configuration/Options régionales]****.*

L'importation de texte

L'importation d'un texte s'effectue par la commande **Importer** du menu **Fichier** (elle concerne principalement les textes captifs). Le contenu du fichier se place dans le bloc du texte qui est actif (curseur clignotant) ou au centre de l'écran s'il n'y a pas de bloc — par couper-coller, vous pouvez alors le transférer dans le tracé voulu et régler sa typographie. Si le texte importé n'a pas été formaté dans le logiciel où il a été saisi (texte brut), il apparaît dans la police Myriad (corps 12). Une fenêtre d'options permet certains réglages.

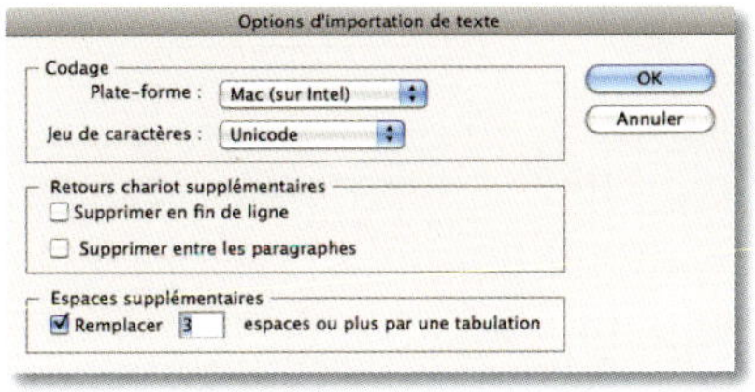

Une fenêtre d'options permet de préparer le texte.

S'il s'agit d'un texte déjà formaté (texte RTF ou Word), il ne garde que les attributs typographiques gérés par Illustrator. Une fenêtre d'options permet d'importer le texte sans mise en forme. Si le texte est trop long par rapport à la zone de texte, un petit carré contenant un signe + rouge vous indique qu'il y a une suite qui n'est pas affichée à l'écran. Il faudra agrandir le tracé (ou chaîner vers un autre) ou réduire l'encombrement du texte.

Les corrections

Les corrections peuvent être de plusieurs types : effacement, insertion, remplacement, correction typographique ou orthographique.

Le changement de casse

Il s'effectue de deux façons. Une fois le texte sélectionné avec l'outil **Texte**, utilisez le menu local du panneau **Caractère** (lui-même affiché depuis le panneau **Contrôle**), ou le menu **Texte** et son sous-menu **Modifier la casse** — ce dernier propose davantage de choix, notamment l'écriture en capitale de chaque initiale de mot.

> **Note** *Le panneau* ***Caractères*** *s'affiche depuis le panneau* ***Contrôle*** *par clic sur le mot Caractère.*

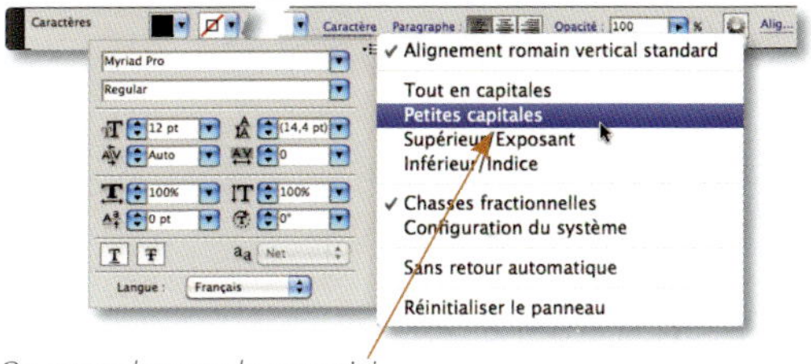

On peut changer la casse ici.

La fonction de recherche

Cliquez dans le texte pour y placer le point d'insertion et lancez la commande **Rechercher/Remplacer** (menu **Édition**). Elle permet de rechercher une chaîne de caractères pour la remplacer par une autre ou la supprimer si aucun texte de remplacement n'est indiqué. La recherche peut s'effectuer dans les calques masqués et/ou verrouillés.

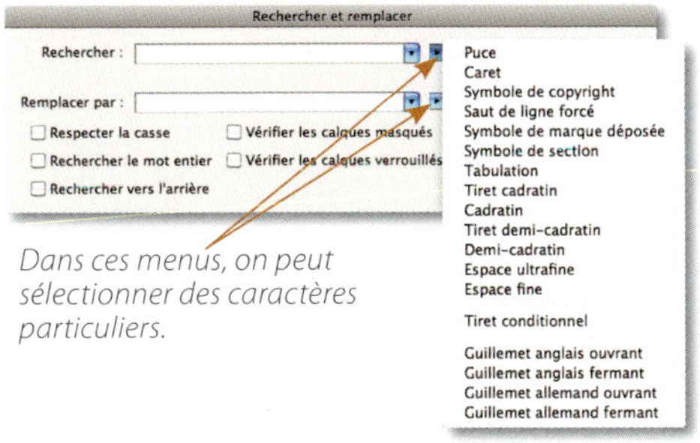

Dans ces menus, on peut sélectionner des caractères particuliers.

La correction typographique

Illustrator est capable d'effectuer des corrections typographiques à l'aide de la commande **Ponctuation typographique** du menu **Texte** ; celles-ci s'appliquent sur tous les textes qu'ils soient sélectionnés avec l'outil **Texte** ou avec l'outil **Flèche**. Si vous utilisez une police OpenType, vous pouvez également gérer les ligatures par le panneau **OpenType** (menu **Fenêtre/texte**).

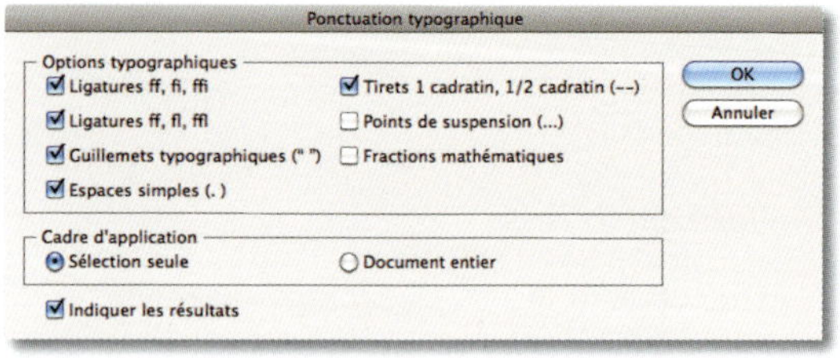

Illustrator propose des corrections typographiques.

La correction orthographique

Pour faire une correction orthographique, il est inutile de sélectionner le texte, il suffit de lancer la commande **Orthographe** du menu **Édition** puis de cliquer sur **Commencer**.

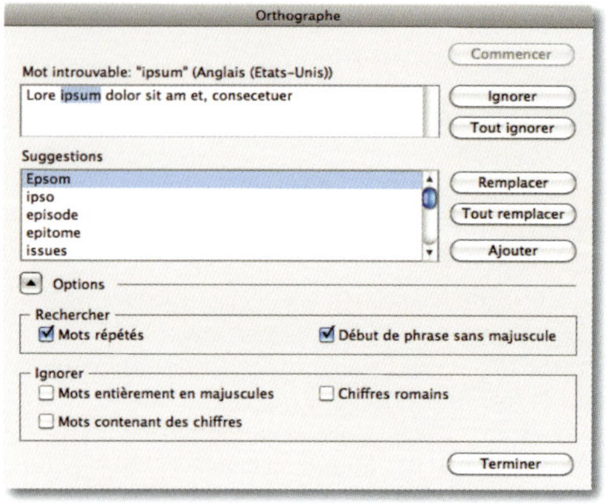

Fonction classique : la correction orthographique.

La typographie du texte

La mise en forme du texte peut s'effectuer principalement par le panneau **Contrôle** ; en effet, elle propose les fonctions de base et permet d'afficher les panneaux **Caractère** et **Paragraphe** (par clic sur les mots **Caractère** ou **Paragraphe**). Les attributs typographiques de base (ceux du panneau **Contrôle** : police et corps) s'appliquent également en utilisant les commandes du menu **Texte** ou menu contextuel. Quant à l'ensemble des autres attributs, c'est bien sûr à partir des panneaux de texte (**Caractère**, au clavier ⌘T [Ctrl T], **Paragraphe,** au clavier ⌥⌘T [Alt Ctrl T] et **OpenType**) qu'ils s'appliqueront. Ces panneaux s'affichent par le menu **Fenêtre** (sous-menu **Texte**).

Pour une automatisation de la mise en forme, vous pourrez utiliser les deux panneaux dédiés aux styles de caractères et styles de paragraphes, voire préparer un espace de travail dans lequel tous les panneaux dédiés à la typographie sont présents et développés.

*Panneau **Caractère** et son menu.*

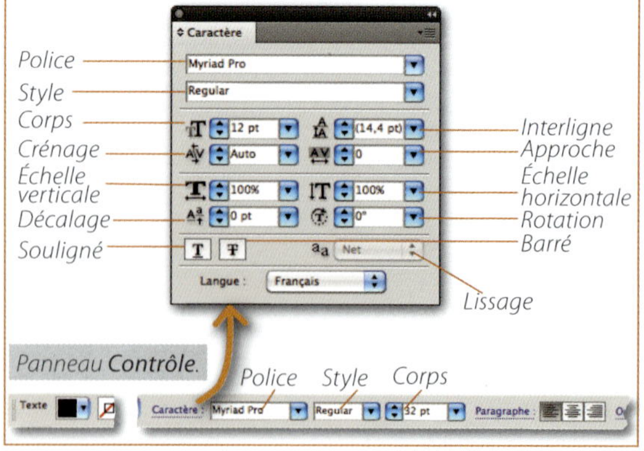

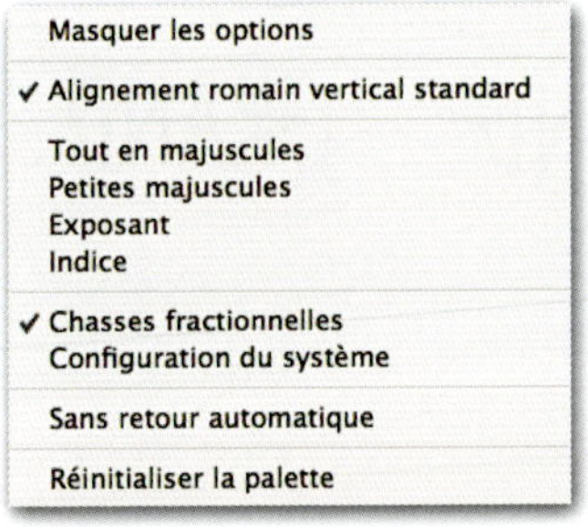

*Le menu local du panneau **Caractère** propose d'autres attributs.*

Les attributs des caractères

Les panneaux Contrôle et Caractère

C'est par le panneau **Caractère** que vous spécifierez les attributs le plus souvent. Dès que vous y entrez une valeur, elle devient la nouvelle valeur par défaut ; aussi, si vous devez saisir un texte, commencez par régler ses attributs dans le panneau **Caractère** avant de cliquer sur l'écran avec un des outils **Texte**.

Lorsque vous saisissez une valeur dans une case, vous devez la valider (pour l'appliquer au texte) en tapant :

- ↵ : la case du panneau sera désactivée ;
- ⇧↵ ou une touche fléchée (↑ ou ↓), pour garder la case en cours active (cela revient à tester) ;
- Tabulation (⇥), pour passer à la case suivante.

> **ASTUCE** *Quand vous traitez du texte vertical, certains attributs sont « inversés » : l'approche devient l'interligne, l'échelle horizontale devient échelle verticale (et réciproquement).*

Nous allons maintenant passer en revue les différents attributs du panneau **Caractère** et préciser les autres façons (notamment dans le panneau **Contrôle** ou le menu **Texte**) de modifier un attribut de caractère ; tous les réglages sont identiques à ceux d'InDesign.

La police de caractère

Le changement de police se fait de plusieurs façons :

- avec le sous-menu **Police** (du menu **Texte**) ;
- depuis les panneaux **Contrôle** ou **Caractère ;**
- par le menu **Texte/Rechercher une police** ;
- à partir du menu contextuel.

Dans le panneau **Caractère** (et le menu contextuel mais pas dans le panneau **Contrôle**), quand vous cliquez sur le triangle noir à droite pour choisir la police, l'apparition des polices s'effectue avec leur apparence réelle.

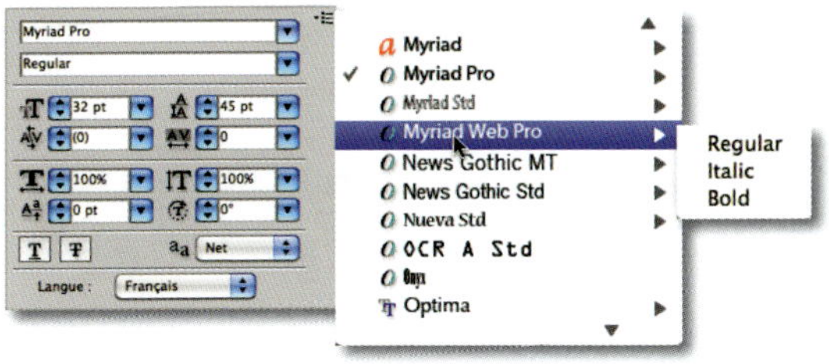

Les polices avec un aperçu (dont la taille est réglable dans les préférences).

> **ASTUCE** *Quand vous utilisez des polices, elles deviennent directement accessibles dans une miniliste du sous-menu **Polices récentes** (menu **Texte** ou menu contextuel).*

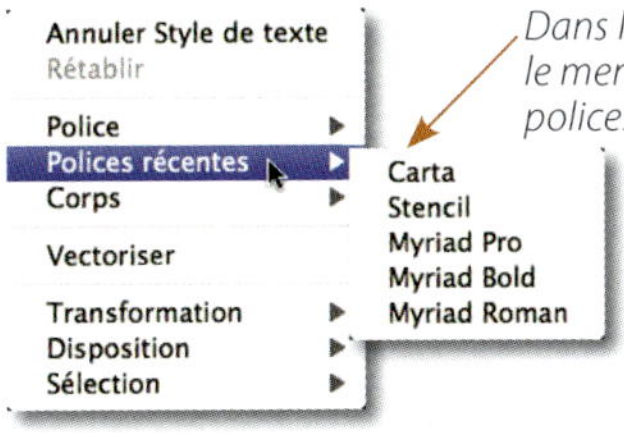

*Dans le menu contextuel (et dans le menu **Texte**) on peut voir les polices récentes.*

Les polices précédées d'un *O* sont des polices OpenType : elles utilisent un fichier de police unique commun à Windows et à Macintosh ; ainsi, les illustrations sont lisibles sur les deux plates-formes sans risque de substitution des polices ou d'autres problèmes provoquant la redistribution du texte.

De plus, les polices OpenType peuvent inclure un jeu de caractères étendu (accessibles par le panneau **Glyphes**) et des fonctions de mise en page qui assurent une meilleure prise en charge linguistique (notamment les polices « Pro ») et un contrôle typographique avancé (ligatures, petites capitales, fractions...). Un panneau, **OpenType**, permet de bénéficie de divers enrichissements typographiques que possèdent les glyphes de ce type de police.

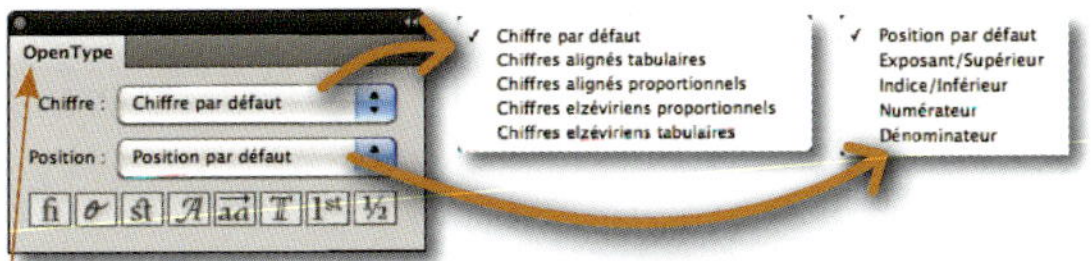

Ce panneau permet de disposer d'attributs typographiques.

LE STYLE OU DESSIN DU CARACTÈRE

La graisse des caractères

Si vous appliquez, avec des valeurs de quelques points, l'effet **Décalage** (menu **Effet/Tracé**), la graisse du texte augmentera (avec des valeurs négatives, elle se réduira).

Le texte avec différents décalages : négatif, sans et positif.

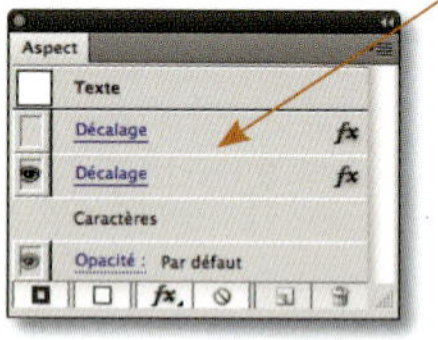

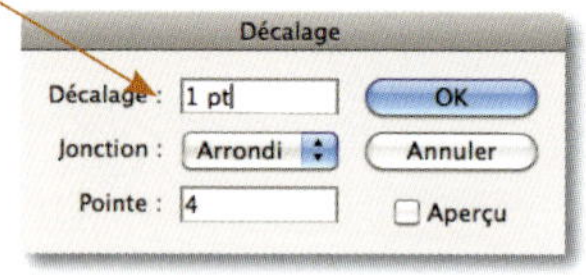

N'utilisez que des valeurs faibles.

LE CORPS

Le corps d'un texte se modifie de multiples façons : par les panneaux **Contrôle** ou **Caractère** (bien sûr), au clavier à l'aide de raccourcis, par transformation manuelle, par le menu contextuel…

Les réglages précis

Si vous avez besoin d'une valeur précise, utilisez le menu contextuel ou la case **Corps** (T) du panneau **Caractère** ou **Contrôle** — cliquez dans la case et utilisez les touches fléchées ou entrez une valeur.

> **ASTUCE** *Quand vous saisissez une valeur vous pouvez la faire suivre d'une autre unité que celle proposée par défaut (le point, pt), Illustrator convertira automatiquement. Vous pouvez également définir une autre unité par défaut dans les préférences (⌘K [Ctrl K]), rubrique* ***Unités*** *puis* ***Type****.*

Le corps se règle au clavier : il diminue ou augmente en fonction d'un incrément, par défaut de 2 pt, défini dans la case **Corps/Interligne** des **Préférences/Texte** (⌘K [Ctrl K]).

⇧⌘; [⇧Ctrl ;]	pour augmenter le corps.
⇧⌘, [⇧Ctrl ,]	pour le réduire.

Les réglages du corps par transformation

Si vous sélectionnez le texte avec la **Flèche noire**, le cadre de sélection l'entoure. Si vous agissez sur l'une des poignées d'angle avec la touche ⇧, vous changez la taille du texte ; avec ⇧⌥ [⇧Alt], cette transformation se centre.

On sélectionne, on déforme le cadre avec ⇧ pour agrandir le corps du texte.

L'INTERLIGNE

L'interligne est la distance qui sépare une ligne de base de celle qui la précède. Il existe deux types d'interlignes : **auto** (relatif au corps) ; **absolu** (indépendant du corps). Comme dans InDesign, le réglage d'interligne s'applique ligne par ligne.

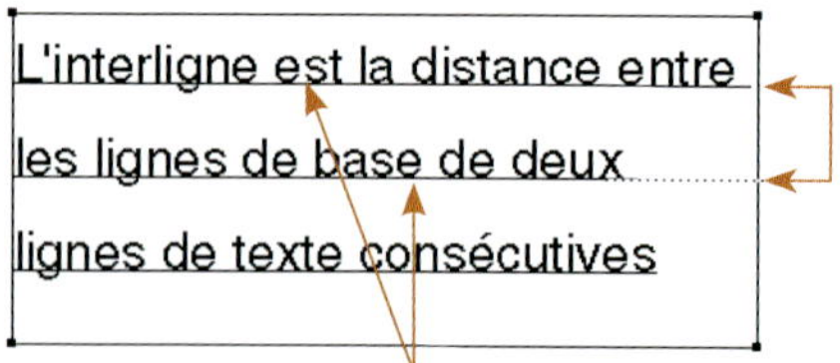

L'interligne est la distance entre les deux traits de sélection du texte (deux lignes de base).

L'interligne automatique

Par défaut, l'interligne est fixé sur le corps le plus grand dans la ligne : c'est l'interligne auto ; sa valeur est d'environ 120 % du corps le plus grand dans la ligne — sa valeur est indiquée entre parenthèses dans le panneau **Caractère**. Si vous augmentez le corps d'un caractère dans une ligne de texte, l'interligne s'ajuste sur la taille de ce caractère, ce qui entraîne un décalage par rapport aux autres lignes. Pour l'éviter, il faut régler l'interligne sur une valeur absolue.

L'interligne absolu

Pour passer de l'interligne auto à l'interligne absolu, il y a plusieurs façons ; dans tous les cas, le texte doit être sélectionné : s'il l'est avec l'outil **Flèche**, l'interligne s'applique à tout le texte ; avec l'outil **Texte**, il ne s'applique qu'aux lignes sélectionnées.

L'interligne par le panneau Caractère

À la rubrique **Interligne** (A), vous pouvez :

- dérouler le menu local : celui-ci affiche une liste de valeurs, une coche devant **Auto** indique que c'est l'interligne appliqué ;
- agir sur les petites flèches ⇕ à gauche de la valeur en cours (incrément de 1 pt et de 4 avec ⇧) ;
- entrer une valeur dans la case et la valider — les parenthèses indiquant l'interligne **auto** disparaîtront.

L'interligne au clavier

Pour modifier l'interligne, travaillez directement au clavier par pas prédéfini (le même que pour les corps).

- ⌥ ↑ [Alt ↑], pour réduire l'interligne ;
- ⌥ ↓ [Alt ↓], pour l'augmenter.

ASTUCE *L'incrément peut être multiplié par 5 en ajoutant la touche ⌘ [Ctrl] aux combinaisons précédentes.*

L'APPROCHE DE PAIRE OU CRÉNAGE

Cette fonction permet d'ajuster l'espace entre deux lettres. Certaines paires de lettres nécessitent parfois d'être rapprochées (ou écartées) l'une de l'autre.

Le crénage auto (ou métrique) : par défaut, le texte est réglé avec un crénage automatique, celui-ci utilise les valeurs d'interlettrage définies par le dessinateur de la police. Pour le désactiver, sélectionnez l'ensemble du texte avec l'outil **Flèche**, dans le panneau **Caractère**, remplacez l'indication **Auto** de la case de crénage (A̲V) par **0**. Pour réactiver le crénage automatique, sélectionnez le texte et remplacez la valeur **0** par **Auto**.

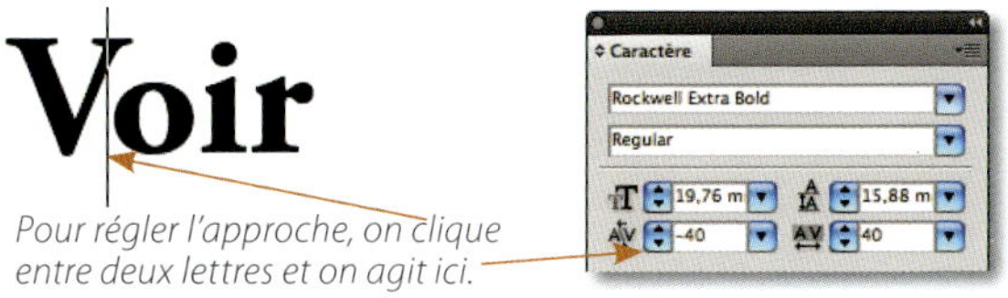

Pour régler l'approche, on clique entre deux lettres et on agit ici.

Le crénage manuel : il est modifiable à volonté et permet d'améliorer l'espacement entre deux lettres. Pour le régler, cliquez entre deux lettres avec l'outil **Texte** : la case de crénage (A̲V) indique la valeur d'approche — l'unité est de 1/1000 cadratin —, si celle-ci est entre parenthèses, c'est qu'il s'agit du crénage automatique. Vous pouvez alors :

- dérouler le menu local et choisir une valeur (l'option **Optique** ajoute un crénage à des polices qui n'en possèdent pas ou améliore celui existant) ;
- agir sur les petites flèches à gauche de la valeur en cours (incrément de 1 unité et 10 avec ⇧) ;
- entrer une valeur dans la case et la valider.

Si la valeur d'approche est positive, les caractères s'écartent, si elle est négative, ils se rapprochent. L'approche de paire se travaille au clavier ; l'incrément se règle dans la case **Approche** de **Texte** (des **Préférences** ⌘K [Ctrl K]).

- ⌥ → [Alt →] pour écarter les caractères ;
- ⌥ ← [Alt ←] pour les rapprocher.

ASTUCE *Ici aussi, l'incrément peut être multiplié par 5 en ajoutant la touche ⌘ [Ctrl]. De même, pour le texte vertical remplacez ← par → ou → par ←.*

L'APPROCHE DE GROUPE

Exemples de réglages

Dans l'encadré ci-après, vous pouvez voir des exemples de réglages d'approche pour les trois types de texte (libre, captif et curviligne).

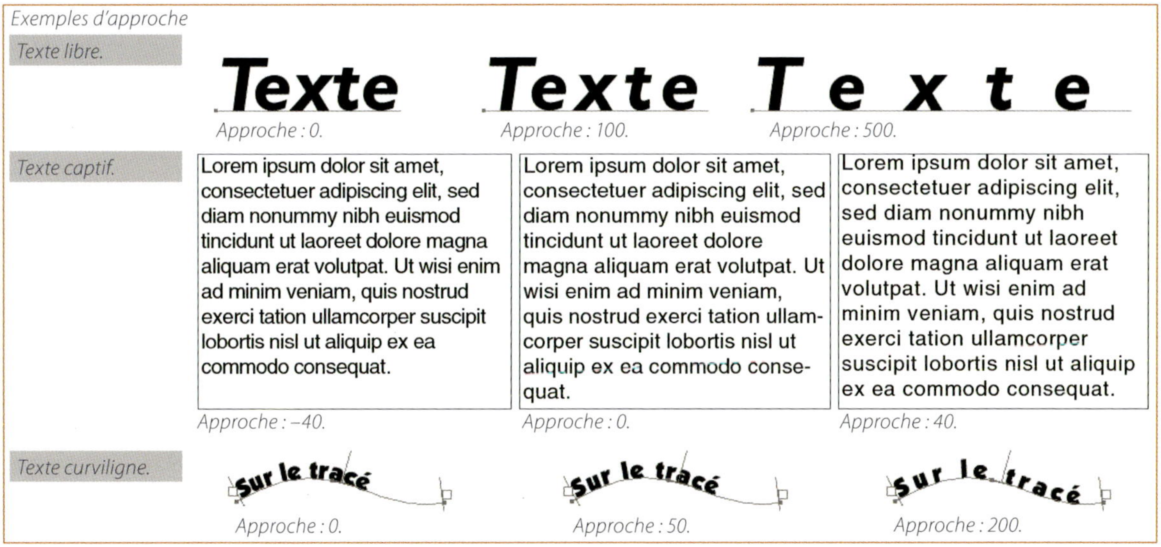

Les réglages d'approche

Ils permettent d'espacer uniformément les caractères d'un texte sélectionné et d'en modifier l'encombrement. L'approche s'applique à un mot (pour un titre par exemple), à une ligne de texte ou à tout un texte. Selon le cas, sélectionnez le texte avec l'outil **Texte** ou avec l'outil **Flèche**.

> **ATTENTION** *Par rapport à XPress, l'unité d'approche sur Illustrator est cinq fois plus faible. L'unité d'approche dans XPress étant le 1/200 de cadratin.*

L'approche peut être positive pour augmenter l'encombrement du texte ou négative pour le réduire. Les réglages s'effectuent dans la case d'**Approche** (AV) de la même manière que pour le crénage, et les réglages au clavier sont identiques (*voir ci-avant*).

Les réglages particuliers

Le texte curviligne et les marques d'alignement

Dans certains cas, avec un texte curviligne, une augmentation de l'approche peut nécessiter quelques manipulations supplémentaires liées à la présence des marques d'alignement. En effet, ces marques définissent l'étalement maximal du texte ; si l'encombrement des caractères devient plus grand que cet espace, une partie du texte disparaît. Pour le faire réapparaître, il faudra écarter les marques afin de définir un étalement suffisant.

L'étalement d'un mot sur un tracé

Si le tracé curviligne ne comporte qu'un seul mot, au lieu de modifier l'approche, vous pouvez, une fois l'encombrement défini par les marques d'alignement, choisir l'alignement **Justifier toutes les lignes** (▦) dans le panneau **Paragraphe** : le mot s'étalera entre les deux marques.

Les espacements avec les textes curvilignes

Avec un tracé fermé, utilisez le menu **Texte** et son sous-menu **Texte curviligne** ; il renferme la commande **Options de texte curviligne** qui affiche une fenêtre permettant, entre autres, de régler l'espacement des lettres sur le tracé.

> **ATTENTION** *Les valeurs d'**Espacement** doivent être négatives pour écarter les lettres.*

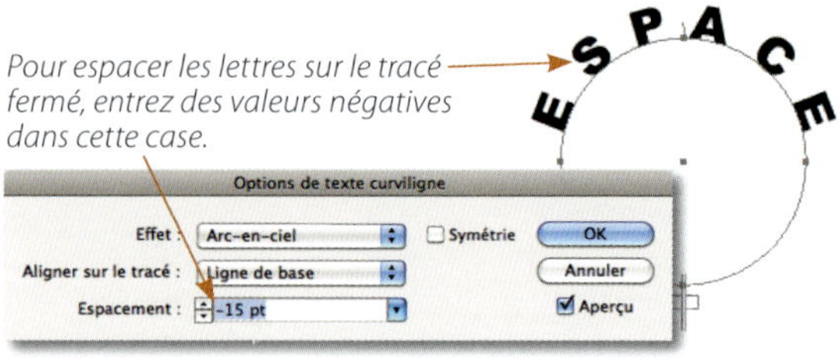

Le chevauchement des lettres

Quand le texte possède un contour et que son approche est très réduite, il y aura chevauchement des contours. Pour pallier ce problème, sélectionnez le texte avec l'outil **Flèche** et appliquez-lui **Réunion** du menu **Effet/Pathfinder**.

LE DÉCALAGE VERTICAL

Le décalage vertical par le panneau Caractère

Pour effectuer des décalages plus importants ou contrôler les valeurs, utilisez le panneau **Caractère** (en affichant ses options par son menu local). La case **Décalage** (A) indique la valeur en cours (0 par défaut), vous pouvez alors :

- choisir une valeur dans le menu local ;
- agir sur les petites flèches à gauche de la valeur ;
- entrer une valeur et la valider (elle peut être saisie avec une autre unité qui devra être précisée).

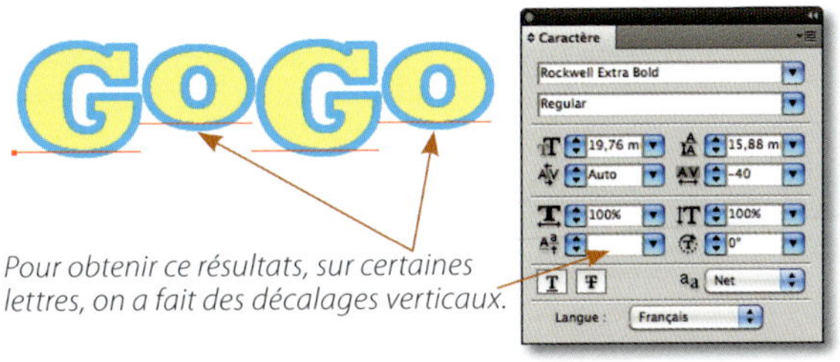

Pour obtenir ce résultats, sur certaines lettres, on a fait des décalages verticaux.

ASTUCE *Le menu du panneau **Caractère** propose des commandes pour placer les caractères en exposant ou en indice ; celles-ci provoquent la réduction du corps de la lettre.*

Le décalage vertical au clavier

Il s'effectue par incrément prédéfini dont la valeur est spécifiée dans la case **Décalage vertical** de **Texte** (**Préférences**, ⌘K [Ctrl K]). Par défaut, la valeur est de 2 pt.

- ⇧⌥ ↑ [⇧Alt ↑], pour monter ;
- ⇧⌥ ↓ [⇧Alt ↓], pour descendre.

ASTUCE *L'incrément peut être multiplié par 5 en ajoutant la touche ⌘[Ctrl] aux combinaisons précédentes. Pour le texte vertical, remplacer ↑ par →, et ↓ par ←.*

Le décalage avec les textes curvilignes

Illustrator propose des réglages prédéfinis pour décaler un texte sur un tracé. On y accède par le menu **Texte/Texte curviligne/Options de texte curviligne**. La rubrique **Aligner** de la fenêtre d'options propose quatre types de décalage par rapport au tracé. De plus, dans la rubrique **Effet**, l'option **Escalier** simule un décalage vertical sur chaque lettre.

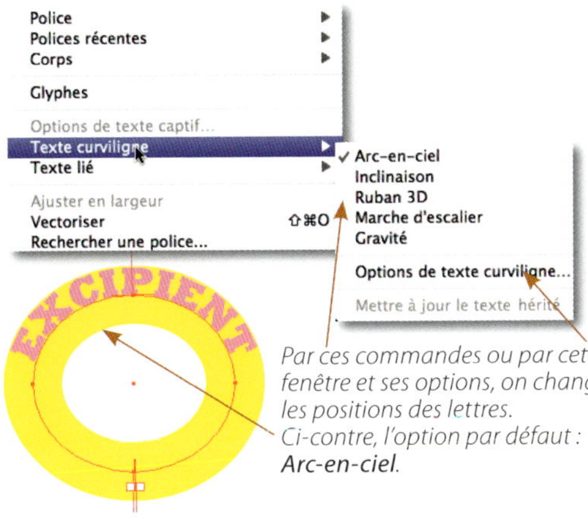

Par ces commandes ou par cette fenêtre et ses options, on change les positions des lettres.
Ci-contre, l'option par défaut : Arc-en-ciel.

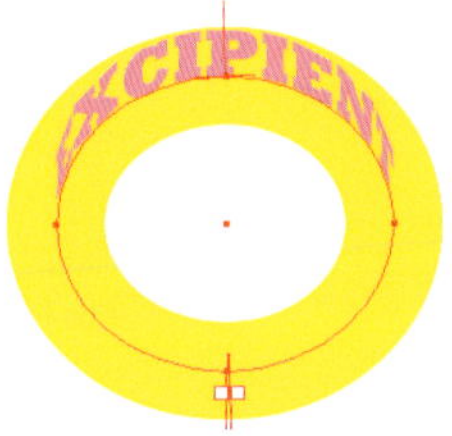

Inclinaison.

Ruban 3D.

Marche d'escalier.

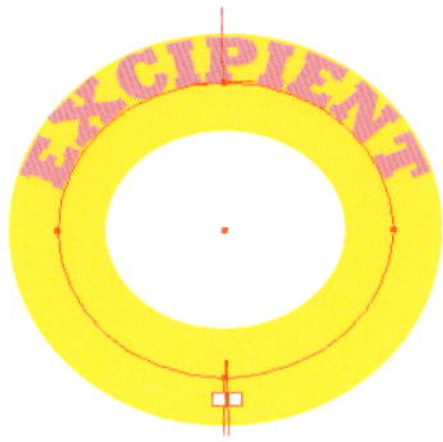

Gravité.

Le décalage avec les textes captifs

Quand un texte remplit un tracé, il démarre en haut du bloc. Le menu **Texte** comporte une commande **Options de texte captif** dont la rubrique **Première ligne de base** permet de décaler verticalement l'ensemble du texte (*nous reparlerons plus loin de ces options destinées aux textes captifs*).

LES ÉCHELLES HORIZONTALE OU VERTICALE

L'échelle horizontale

L'échelle se règle dans la partie basse du panneau de **Caractère** et est employée pour rendre plus étroit ou élargir un ou plusieurs caractères sélectionnés sans pour autant modifier leur hauteur. Comme pour les autres cases du panneau, vous pouvez agir par le menu local de la case **T**, par les petites flèches (1 % ou 5 % avec ⇧) ou entrer une valeur comprise entre 1 % et 10 000 %.

L'échelle verticale

Cet attribut s'utilise de la même manière que le précédent. Ici, c'est la case **IT** qui permet d'augmenter ou de réduire la hauteur des lettres sélectionnées sans pour autant modifier leur largeur.

Le réglage de l'échelle par transformation

Dans le cas d'un texte libre, si vous le sélectionnez avec la **Flèche noire**, le cadre de transformation entoure le texte ; en agissant sur une poignée latérale, vous changez (selon la poignée choisie) l'échelle verticale ou horizontale de la totalité du texte. Si vous enfoncez la touche ⌥ [Alt], cette transformation se centre sur le texte.

*La modification d'échelle est facile quand la sélection a été faite avec la **Flèche noire**.*

ASTUCE *Vous pouvez également utiliser l'outil **Transformation manuelle** ou l'outil **Mise à l'échelle**. Ce dernier propose une fenêtre qui comporte une option d'**Aperçu** pour contrôler les transformations.*

L'ORIENTATION DES CARACTÈRES

Le panneau de **Caractère** comporte la case [icône] qui permet de faire pivoter chaque lettre autour de son centre — si toutes les lettres doivent pivoter de la même façon, la sélection s'effectuera avec l'outil **Flèche**.

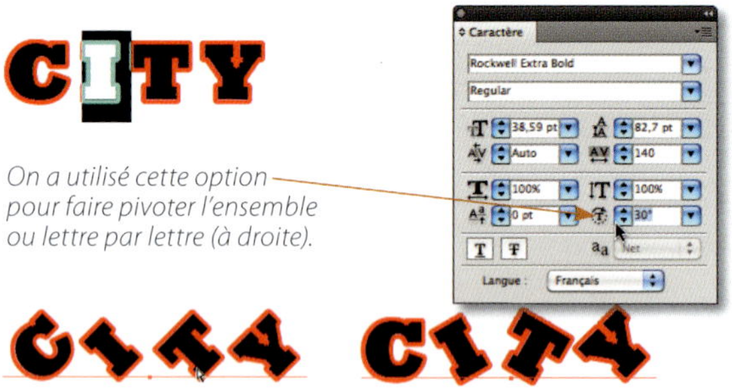

On a utilisé cette option pour faire pivoter l'ensemble ou lettre par lettre (à droite).

LE TEXTE SOULIGNÉ OU BARRÉ

Le panneau de **Caractère** propose deux nouvelles options, il s'agit des boutons **Souligné** [T] et **Barré** [T] qui permettent d'obtenir les attributs correspondants. Il n'y a pas de réglage pour ces deux attributs, ils apparaissent noirs quelle que soit la couleur du texte.

Les attributs de caractères passés en revue peuvent être regroupés dans une feuille de style. Nous allons voir comment les créer et les utiliser.

Les styles de caractères

L'INTÉRÊT DES STYLES

Un style de caractère est un ensemble d'attributs (police, corps, échelle...) que vous pourrez appliquer à un texte sélectionné. Son utilisation permet d'automatiser la mise en forme des textes et garantit une cohérence typographique. Si vous modifiez un style, les caractères auxquels il a été affecté sont automatiquement mis à jour sans avoir à les sélectionner.

La mise en œuvre des styles comporte deux étapes : la préparation et l'application qui s'effectuent dans le panneau **Styles de caractères** qui s'affiche par le menu **Fenêtre/ Texte**.

L'ÉLABORATION D'UN STYLE

Vous disposez de deux méthodes pour préparer le style : par préparation directe (aveugle) depuis le panneau **Styles de caractères**, ou par transformation en style d'une mise en forme réalisée sur un texte sélectionné. Vous pouvez également faire une combinaison des deux méthodes. Dans ce cas, un aperçu facilitera les mises au point.

La mise en forme du texte pour un style

Sélectionnez le texte (cela peut être une seule lettre) et mettez-le en forme de manière classique, c'est-à-dire comme indiqué dans les pages précédentes, à partir du panneau **Caractère** pour les attributs typographiques et du panneau **Nuancier** ou **Couleur** pour les colorations (il s'agit uniquement des attributs de **Caractères** et non pas de **Texte** affectés par le panneau **Aspect**).

On met en forme le texte dans ces différents panneaux.

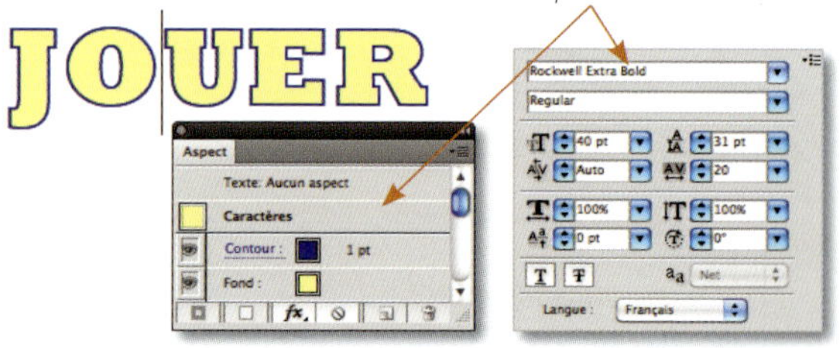

Quand le texte a l'aspect souhaité, passez à la définition du style à partir de cette mise en forme.

ASTUCE *Avant de commencer l'élaboration d'un style, ajoutez au panneau **Nuancier** les couleurs (globales de préférence) que vous utiliserez. Gardez à l'esprit qu'au niveau des attributs de coloration, seuls ceux affectés aux caractères (et non à l'objet texte) sont conservés dans le style de caractères.*

La transformation en style et la mise au point

Pour définir un style à partir d'un texte mis en forme, affichez le panneau **Styles de Caractères** et, avec la touche ⌥ [Alt] enfoncée, cliquez sur l'icône [icône] du panneau : la fenêtre de définition du style s'affiche, nommez le style.

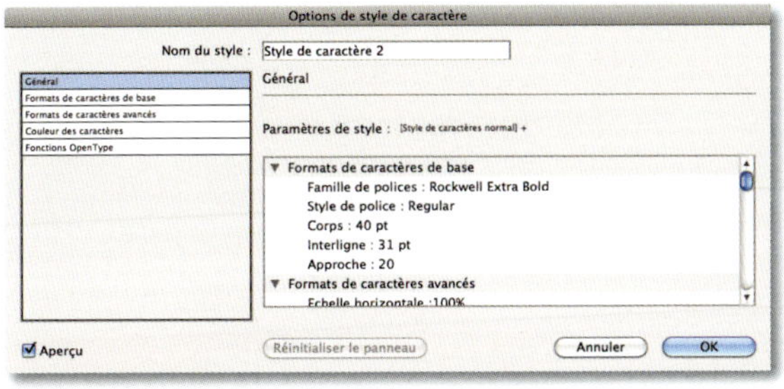

La fenêtre de définition du style de paragraphe.

La fenêtre montre la description du style répartie en rubriques : **Format de caractères de base**, **Formats de caractères avancés**, **Couleur des caractères** et **Fonctions OpenType**.

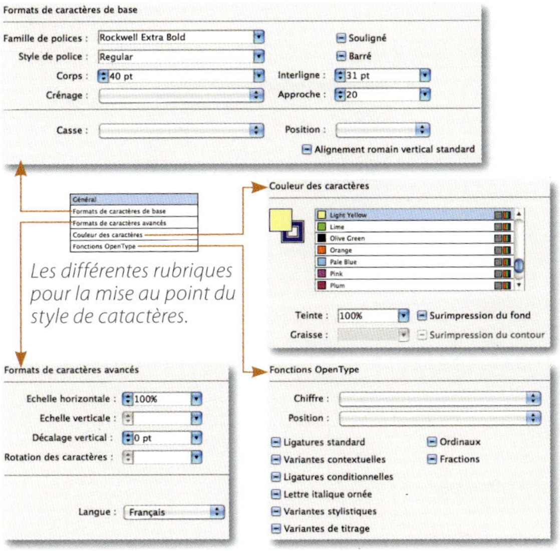

Les différentes rubriques pour la mise au point du style de catactères.

Vous pouvez sélectionner l'une des rubriques (dans la colonne de gauche) pour la modifier ou la compléter.

L'affectation d'un style de caractère

Si vous avez élaboré un style à partir d'un texte sélectionné et qu'il l'est encore, cliquez sur le nom du style que vous venez de créer dans le panneau de style afin de l'appliquer à ce texte ; sans cette opération, le texte ne sera pas mis à jour si vous modifiez le style ultérieurement. Pour les autres caractères auxquels vous souhaitez affecter ce style, effectuez les mêmes opérations : sélection des caractères, puis un clic sur le nom du style dans le panneau **Styles de caractères**.

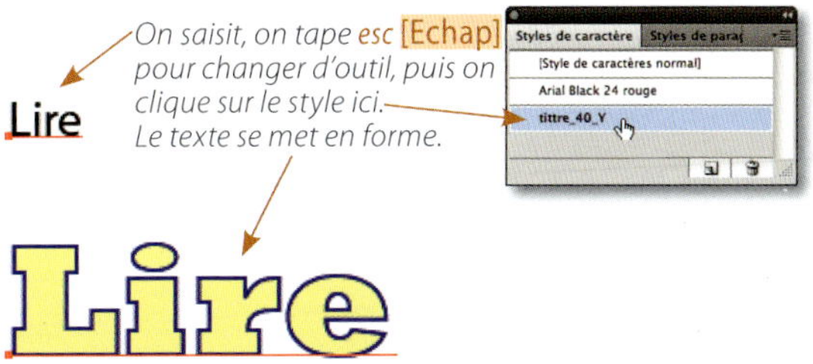

ATTENTION *Quand un texte est sélectionné, le panneau* ***Styles de caractères*** *indique que le style* ***Normal*** *lui est affecté. Si ce dernier présente un signe +, vous devez cliquer sur le nom du style à appliquer en enfonçant ⌥ [Alt].*

ASTUCE *Si vous créez un nouveau texte et que vous souhaitez le voir apparaître dans un style de caractère particulier, opérez ainsi : désélectionnez tout (⇧ ⌘ A [⇧ Ctrl A]), cliquez sur le style voulu dans le panneau puis créez votre texte.*

Les modifications et les substitutions d'un texte stylé

Les modifications du style

Les modifications depuis le panneau Styles de caractères

Pour modifier le contenu d'un style, inutile de sélectionner un texte, il suffit d'effectuer un double-clic sur le nom du style à modifier pour afficher sa fenêtre de définition et d'apporter les changements voulus dans les rubriques.

Si le style est déjà attribué, l'aperçu permet de visualiser les changements avant de les appliquer définitivement ; la fermeture de la fenêtre d'options du style entraîne la mise à jour des caractères auxquels le style est affecté.

ATTENTION *Si un texte est sélectionné lorsque vous double-cliquez dans le style pour le modifier, celui-ci lui sera appliqué. Pour l'éviter, enfoncez ⇧ ⌘ [⇧ Ctrl] lors du double-clic.*

La suppression du lien entre le texte et le style

À chaque fois que vous modifiez la composition d'un style, les caractères sur lesquels il était appliqué sont modifiés. Si vous souhaitez que certains caractères gardent leur aspect, vous pouvez (avant de modifier le style) leur affecter l'option **[Style de caractère normal]** du panneau **Styles de caractères**.

Les substitutions locales (ou remplacements)

La visualisation et l'annulation des substitutions

Si vous changez les réglages des attributs d'un texte stylé (par le panneau **Caractère** ou **Couleur**), vous substituez certains réglages définis dans les styles. Le panneau **Styles de caractères** indique qu'il y a des substitutions sur le texte sélectionné en plaçant un signe + à droite du nom du style qui lui est affecté. Pour retrouver le texte sans ces substitutions (c'est-à-dire sans les changements locaux), cliquez dans le nom du style dans le panneau **Styles de caractères** pour le réappliquer : le signe + disparaîtra avec les changements locaux.

On a fait quelques changements sur ce texte ; dans ce panneau, ce signe l'indique. En cliquant dessus, ils disparaissent (le signe également).

> **ASTUCE** *Si vous appliquez un autre style de caractères à un texte modifié localement, il prend l'aspect défini par ce style mais conserve les substitutions (le signe + l'indique).*

La redéfinition du style à partir des substitutions

Pour que les substitutions soient ajoutées à la composition du style — c'est-à-dire pour redéfinir le style à partir de l'aspect du texte sélectionné —, lancez **Redéfinir le style de caractère** du menu local du panneau **Styles de caractères**. Tous les autres caractères auxquels le style est appliqué changeront d'aspect, et le signe + en regard du nom du style disparaîtra.

LA GESTION DES STYLES

La copie d'un style

Pour créer une variante d'un style, dupliquez-le en glissant son nom sur l'icône du panneau **Styles de caractères** (ou par son menu local) : le style s'affiche en fin de liste, par double-clic dessus vous pouvez le modifier.

La suppression d'un style

Pour supprimer un style, glissez-le sur la corbeille du panneau (ou utilisez le menu local). Quand il disparaît, le texte auquel il était appliqué ne subit aucun changement (l'option [Style de caractère normal] lui est affectée). Cette opération s'utilise pour supprimer les styles utilisés (à cet effet, le menu du panneau propose la commande **Sélectionner tous les styles inutilisés**).

L'importation de styles

Il est possible d'importer les styles d'un autre fichier avec la commande **Charger des styles de caractères** du menu du panneau. Une fenêtre permet de désigner le fichier ; si parmi les styles, il en figure un ayant le même nom qu'un style présent dans le document, ce dernier disparaît au profit du style importé.

Les attributs de paragraphe

LE PANNEAU PARAGRAPHE

Les attributs de paragraphe se gèrent pour leur grande majorité dans le panneau **Paragraphe** qui s'affiche par le menu **Fenêtre/Texte** (au clavier ⌥⌘T [Alt Ctrl T]). Il s'affiche également depuis le panneau **Contrôle** par clic sur le mot **Paragraphe**. Ce dernier ne gère que les alignements.

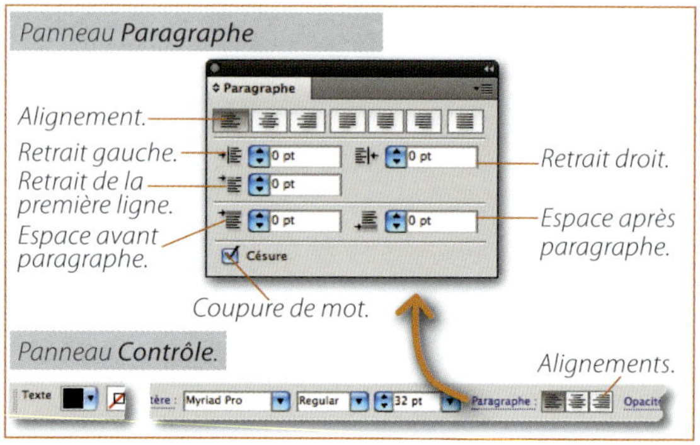

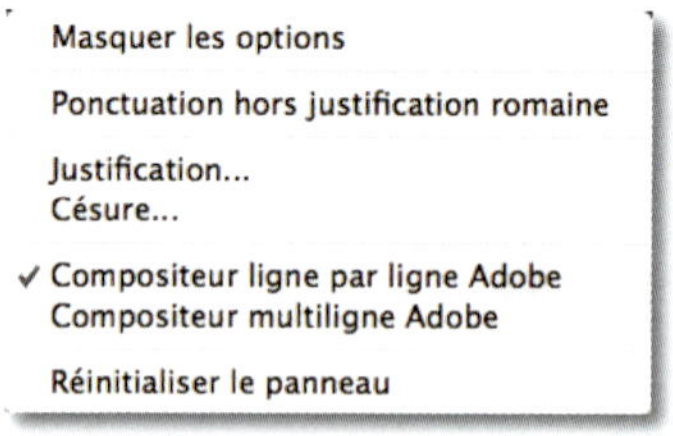
Masquer les options
Ponctuation hors justification romaine
Justification...
Césure...
✓ Compositeur ligne par ligne Adobe
Compositeur multiligne Adobe
Réinitialiser le panneau

Les options du menu du panneau Paragraphe.

Les attributs s'appliquent au paragraphe entier même s'il n'y a qu'une ligne sélectionnée. En fait, la présence du trait d'insertion est suffisante pour que le paragraphe soit traité entièrement.

> **ATTENTION** *Lors d'une saisie, la frappe de la touche ↵ crée un nouveau paragraphe (caractère masqué ¶) ; en revanche, les touches ⇧↵ font passer à la ligne mais dans le même paragraphe (le caractère masqué est ↲).*

Les alignements

Ils sont au nombre de sept :

- trois pour les alignements non justifiés : aligné à gauche , centré , aligné à droite . Ces alignements sont accessibles dans le panneau **Contrôle**.

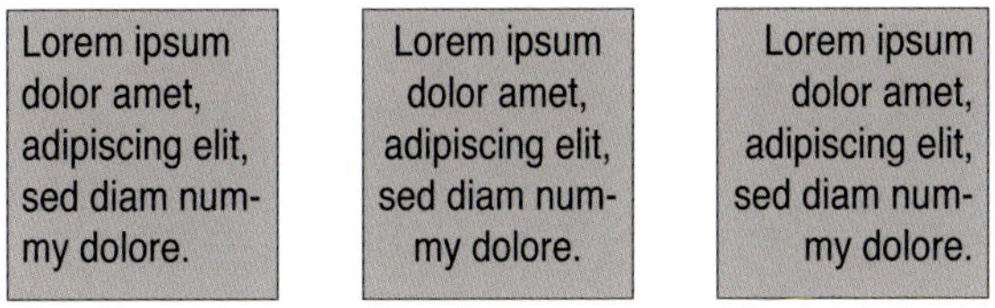

Aligné à gauche. *Centré.* *Aligné à droite.*

- quatre pour les alignements justifiés : ils sont liés à la dernière ligne qui peut être alignée à gauche , centrée , alignée à droite ou justifiée .

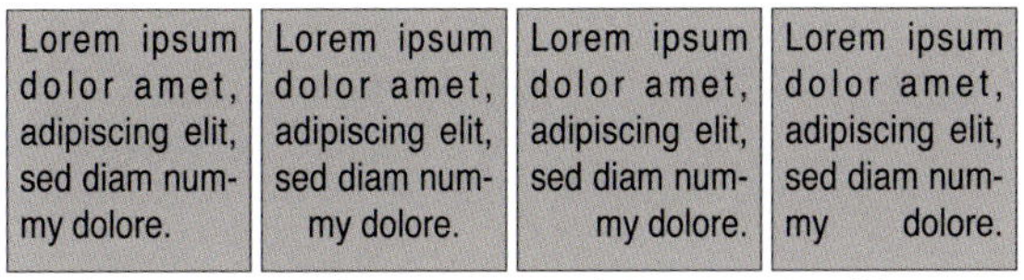

Justifié (à gauche). *Justifié (centré).* *Justifié (à droite).* *Justifié (forcé).*

Les alignements des textes curvilignes

Les alignements (gauche, centré et droit) s'effectuent sur les marques respectives d'alignement . Ces dernières sont visibles sur le tracé lorsque le texte est sélectionné avec l'outil **Flèche**. Un glissement de la marque sur le tracé entraîne un déplacement du texte.

Alignement sur la marque gauche.

Alignement sur la marque du centre.

Alignement sur la marque doite.

Il est possible de justifier un texte curviligne mais uniquement en utilisant l'alignement forcé . Le texte s'étale alors entre la marque gauche et la marque droite mais tout l'espace est placé entre les mots et non pas réparti entre les lettres. Il faut remplacer les espaces entre les mots par des espaces insécables.

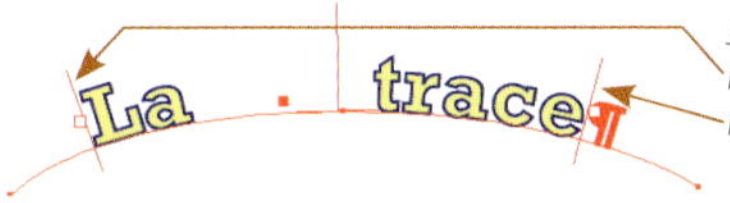

Justification de la marque gauche à la marque droite.

> **Astuce** *Une espace insécable n'est pas disponible avec certaines polices. Quand cette espace existe, pour l'obtenir vous pouvez afficher le panneau* ***Glyphes*** *et double-cliquer sur une des cases vides qu'il présente (la deuxième au début pour certaines polices et vers le bas du panneau pour d'autres).*

Les particularités des textes justifiés

Lorsqu'on justifie un texte sur des petites largeurs, Illustrator est parfois obligé de mettre des espaces importantes entre les mots pour obtenir l'étalement du texte. Pour les faire disparaître, vous pouvez : provoquer des césures (*voir plus loin*), modifier l'approche du texte, vous pouvez également utiliser la commande **Ajuster en largeur** du menu **Texte**.

La ponctuation hors justification

Pour que le bloc de texte ait une apparence plus régulière, vous pouvez demander à Illustrator de réaliser un alignement optique des marges. Pour cela, cliquez dans le texte (avec l'outil **Texte** ou l'outil **Flèche**) et lancez la commande **Ponctuation hors justification romaine** du menu du panneau **Paragraphe**. Les ponctuations (virgule, point-virgule…) et les tirets (césure…) sont alors rejetés à l'extérieur du bloc ; de même, certains caractères (V, A…) sont légèrement décalés de manière à créer un pavé plus régulier.

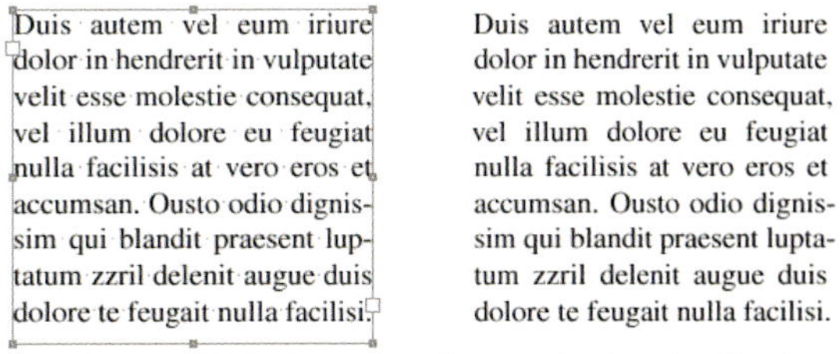

Le texte original. *Ponctuation hors justification.*

Les retraits et l'alinéa

Ces fonctions s'utilisent principalement pour des textes dans un rectangle ou captifs puisqu'elles permettent de définir un décalage de toutes les lignes par rapport au tracé (marge gauche ou droite) ou de la première ligne par rapport au retrait gauche (alinéa).

Leur utilisation est possible avec tous les types de textes ; cependant, si ce dernier est vertical, la marge gauche devient marge haute et la marge droite, marge basse. Tous les réglages s'effectuent dans le panneau **Paragraphe**. Les retraits et alinéas permettent de créer des décalages dans le texte afin d'assurer une certaine hiérarchie de l'information que traduit le texte, ou la mise en évidence du début d'un nouveau paragraphe avec un alinéa.

Les retraits

Par défaut, les valeurs des retraits s'expriment dans l'unité choisie dans les **Préférences/Unités et performances d'affichage**. Si vous souhaitez en utiliser une autre, il suffit de la préciser. Les retraits ne peuvent être que positifs : le texte se décale vers l'intérieur du bloc.

L'alinéa (retrait de première ligne)

L'alinéa correspond au décalage de la première ligne du paragraphe, il est compté à partir du retrait gauche — il peut être positif ou négatif s'il y a un retrait gauche. Vous pouvez définir un alinéa et/ou un retrait gauche à l'aide du panneau **Tabulations** (menu **Fenêtre/Texte** ou ⇧⌘T [⇧Ctrl T]). Il s'affiche contre le haut du texte et présente deux triangles : déplacez-les pour définir un alinéa ou une marge dont la valeur s'affiche dans le panneau. Les triangles bougent simultanément si vous enfoncez la touche ⇧.

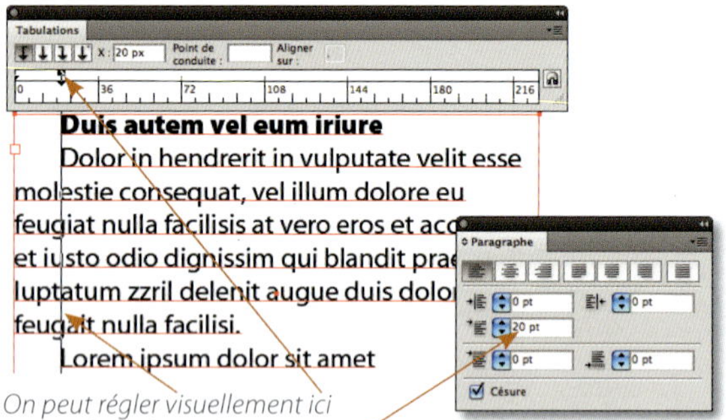

On peut régler visuellement ici ou par des valeurs dans ce panneau.

> **Astuce** *Les valeurs d'alinéa ou de retrait s'affichent en haut du panneau* ***Tabulations****. Pour les visualiser avec une autre unité, tapez une ou plusieurs fois ⇧⌥⌘U [⇧Alt Ctrl U].*

La saisie dans un paragraphe avec alinéa

Dans un paragraphe avec alinéa, si vous désirez envoyer une partie du texte à la ligne, vous avez deux possibilités : tapez ↵ (retour paragraphe) ou ⌘↵ (retour ligne).

- **Retour paragraphe** : le texte qui va à la ligne constitue un nouveau paragraphe et sa première ligne prend un alinéa.
- **Retour ligne** : le texte envoyé à la ligne fait toujours partie du même paragraphe ; il n'appartient donc pas à la première ligne du paragraphe et par conséquent ne prend pas d'alinéa.

La saisie d'un sommaire numéroté ou avec une puce

Ce type de saisie comportant plusieurs lignes, elle doit s'effectuer de la façon suivante :

1. Tapez le numéro (ou la puce) et faites-le suivre d'une tabulation (⇥ [⇆]), puis du texte qui doit s'aligner sur la marge gauche.
2. Pour qu'Illustrator cale le texte qui suit la tabulation sur la marge gauche, affichez le panneau **Tabulations** (⇧⌘T [⇧ Ctrl T]). En pressant sur les graduations, glissez un taquet sur le triangle correspondant au retrait gauche (ou saisissez une valeur identique à celle du retrait gauche).
3. Pour les modifications ultérieures, si vous changez le réglage du retrait gauche dans le panneau **Paragraphe**, il faudra réafficher le panneau **Tabulations** et donner au taquet d'alignement la même valeur que celle du retrait.

Le blanc tournant ou retrait de bloc

Illustrator propose une nouvelle option pour dégager le texte des bords du tracé et ménager ainsi un blanc tournant qui est indispensable si le tracé est tramé ou possède un contour. Pour le régler utilisez la rubrique **Décalage** dans la fenêtre de la commande **Options de texte captif** dans le menu **Texte**.

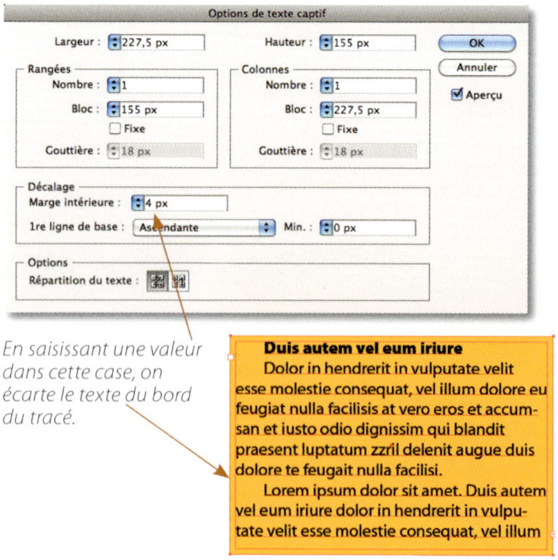

En saisissant une valeur dans cette case, on écarte le texte du bord du tracé.

LES ESPACES INTERPARAGRAPHES

Les deux options (,) du bas du panneau **Paragraphe** sont utiles pour insérer du blanc entre les paragraphes de façon à en améliorer la lecture. Ces options ne s'appliquent qu'aux textes captifs. Les valeurs d'espace s'expriment avec la même unité que les marges mais vous pouvez en changer. L'espace qui est placée au-dessus (ou au-dessous) du paragraphe sélectionné n'apparaît que si celui-ci est lui-même précédé (ou suivi) d'un autre paragraphe.

> **ASTUCE** *Si vous désirez rapprocher deux paragraphes, vous pouvez utiliser des valeurs négatives.*

LES CÉSURES

Les césures sont souvent indispensables dans un texte captif, elles permettent d'éviter certains blancs importants dans les textes justifiés. La gestion des césures se fait de façon automatique mais peut être désactivée.

L'obtention et les réglages de césure automatique

La césure automatique s'applique par paragraphe (c'est un attribut de paragraphe). Pour la désactiver ou la réaffecter à un texte : cliquez dans le paragraphe avec l'outil **Texte** (ou sélectionnez-le avec l'outil **Flèche** pour l'appliquer à l'ensemble du texte) puis dans le panneau **Paragraphe** (affiché entier avec ses options), enlevez ou placez une coche dans la case **Césure**.

La césure s'effectue selon les réglages définis dans la fenêtre **Césure** (affichée depuis le menu local du panneau **Paragraphe**). Vous pouvez y choisir le nombre minimal de lettres avant la division (tiret de césure), le nombre minimal de lettres après ainsi que le nombre de césures consécutives dans le paragraphe.

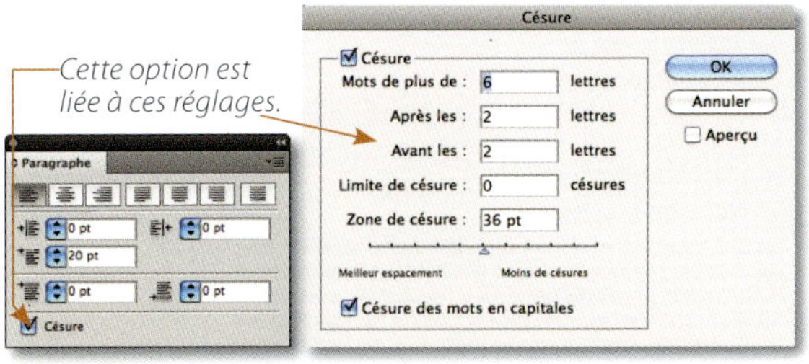

> **ASTUCE** *Dans le panneau **Caractère**, pensez à choisir correctement la langue utilisée pour gérer les césures.*

Les exceptions de césure

Pour afficher la fenêtre des préférences de césure, lancez **Césure** dans les **Préférences** (menu **Illustrator [Édition]**). Remplissez la fenêtre d'une liste d'exceptions de césure (mots qui ne doivent pas être coupés) et de mots qu'Illustrator ne sait pas couper. Pour les exceptions, le mot doit être saisi sans tiret ; pour les indications de coupure, saisissez le mot en y plaçant des tirets là où les coupures sont possibles.

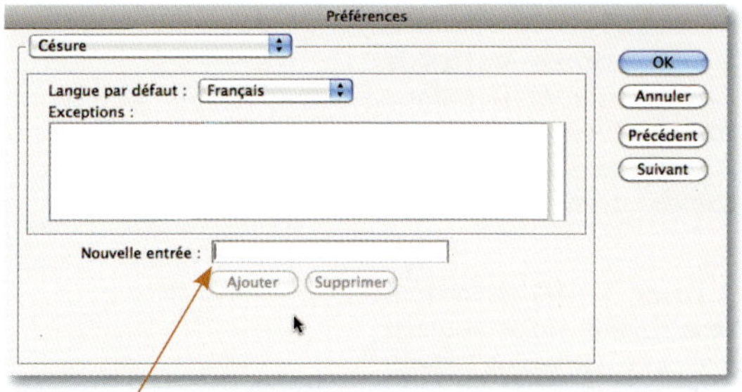

On peut saisir les mots et indiquer comment ils doivent être coupés.

La suppression d'une césure

Pour empêcher une césure et rejeter à la ligne suivante le mot (sans coupure), sélectionnez ce mot et lancez la commande **Sans retour automatique** située dans le menu local du panneau **Caractère**. Vous pouvez également faire appel aux approches de groupe pour augmenter ou réduire l'encombrement afin que le mot soit repoussé sur la ligne suivante ou ramené dans la ligne.

LE RÉGLAGE DU GRIS TYPOGRAPHIQUE

Les compositeurs de texte

Illustrator peut composer les lignes d'un texte selon deux méthodes : la première (active par défaut) s'effectue ligne par ligne à l'aide du **compositeur ligne simple** ; la seconde, le **compositeur multiligne**, compose le texte en prenant en compte plusieurs lignes. Le choix du compositeur s'effectue dans le menu local du panneau **Paragraphe**, il permet de régler le gris typographique du texte.

Le compositeur ligne simple Adobe

Ce compositeur fonctionne de manière traditionnelle : le texte est composé ligne par ligne (sensiblement comme dans XPress). Utilisez ce compositeur si vous préférez contrôler manuellement les sauts de ligne. Le compositeur utilise les règles suivantes : avant de créer une coupure de mot, il commence par réduire ou augmenter les espaces intermots ; il coupe le mot plutôt que de réduire ou d'augmenter l'interlettrage. Si l'espacement doit être modifié, il se fera de préférence dans le sens d'une diminution.

Le compositeur multiligne Adobe

Le compositeur multiligne prend en considération des coupures possibles sur une plage de lignes. Lors d'une saisie, les lignes précédentes sont recomposées et optimisées afin d'éliminer les coupures inesthétiques. Les espacements intermots et interlettres sont redistribués sur plusieurs lignes de manière à obtenir un gris typographique plus harmonieux et plus régulier.

1) À l'ouest, au-delà de l'avenue de la Grande-Armée, se dresse la Grande Arche de la Défense édifiée en 1989
2) À l'est, l'axe s'achève dans la cour du Louvre.

1) À l'ouest, au-delà de l'avenue de la Grande-Armée, se dresse la Grande Arche de la Défense édifiée en 1989
2) À l'est, l'axe s'achève dans la cour du Louvre.

Textes réglés avec le composteur simple ligne et le compositeur multiligne (gris plus régulier).

L'espacement de cette ligne est lié à celui de la première.

Les espacements intermots et interlettres

Les espacements se règlent à partir de la commande **Justification** du menu du panneau **Paragraphe**. Les réglages que vous spécifiez dans la fenêtre **Justification** influent sur le comportement du compositeur.

Ces réglages ont pour principal objectif de donner à Illustrator une liberté d'action dans la composition des lignes d'un texte justifié. En effet, celui-ci pourra utiliser une plage de valeurs (entre **Maximum** et **Minimum**) pour définir les espacements entre les mots et les lettres de manière à remplir la ligne.

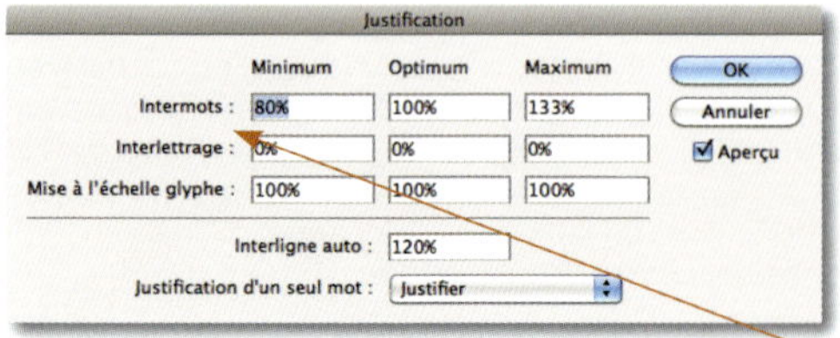

On ajuste le gris typographique en paramètrant ces options.

Les intermots

La rubrique **Intermots** permet d'indiquer à Illustrator l'espacement entre les mots (exprimé en pourcentage de l'espace normal) dans le cas de textes justifiés ou non.

Avec un texte non justifié : une valeur de 100 % correspond à une espace (obtenue en tapant sur Espace) d'un quart de cadratin dans la police considérée. Illustrator espace les mots en utilisant systématiquement la valeur d'espacement **Optimal**. En réduisant cette valeur, vous récupérez une quantité d'espace qui permettra d'aérer un texte, pour le rendre plus lisible, en augmentant la valeur **Optimal** de l'interlettrage.

Avec un texte justifié : quand Illustrator doit justifier un texte, il essaie d'espacer les mots en utilisant la valeur d'espacement **Optimal**, et si cela n'est pas possible, il utilise la valeur la plus proche comprise entre **Minimum** et **Maximum** ; cette dernière peut être dépassée si Illustrator ne peut pas justifier la ligne autrement (texte sans césure, par exemple).

> **ASTUCE** *Pour des textes en colonnes étroites composés en multiligne, des valeurs* ***Minimum*** *et* ***Optimum*** *inférieures à 100 % créent un gris typographique plus régulier (avec le compositeur ligne simple, les changements sont parfois invisibles).*

L'interlettrage

Il s'agit là des valeurs concernant l'espacement souhaité entre les caractères (exprimées en pourcentage d'un quart de cadratin). Pendant la justification, Illustrator essaie d'espacer selon l'espacement **Optimum**. S'il ne le peut pas, il fait varier l'espace intercaractère entre l'espacement **Minimum** (qui peut être négatif) et **Maximum**. Le minimum est toujours respecté. Pour les textes non justifiés, seule la valeur de la case **Optimal** est utilisée.

Les deux extrémités de cette immense perspective sont délimitées par deux des plus récents ajouts à la collection architecturale de Paris. A l'ouest, au-delà de l'avenue de la Grande-Armée, se dresse la Grande Arche de la Défense édifiée en 1989 par l'architecte danois Von Spreckelsen, structure cubique de 100 m de côté qui constitue le point culminant de ce quartier des affaires peuplé de gratte-ciel futuristes.
De l'autre côté de l'Arc de triomphe, vers l'est, l'axe s'achève dans la cour du Louvre, devant la pyramide de verre. Cette œuvre entourée de jeux d'eau, conçue par l'architecte sino-américain Ieoh Ming Pei, dont l'étonnant succès a démenti les violentes oppositions qui présidèrent à sa construction, est en passe de symboliser Paris tout autant que la vieille dame de fonte dominant la rive gauche, de l'autre côté de la Seine.

Ces deux textes sont créés avec le compositeur multiligne ; celui ci-dessous a un gris plus régulier grâce à la justification ci-contre.

	Minimum	Optimum	Maximum
Intermots :	80%	100%	133%
Interlettrage :	-5%	2%	5%

Les deux extrémités de cette immense perspective sont délimitées par deux des plus récents ajouts à la collection architecturale de Paris. A l'ouest, au-delà de l'avenue de la Grande-Armée, se dresse la Grande Arche de la Défense édifiée en 1989 par l'architecte danois Von Spreckelsen, structure cubique de 100 m de côté qui constitue le point culminant de ce quartier des affaires peuplé de gratte-ciel futuristes.
De l'autre côté de l'Arc de triomphe, vers l'est, l'axe s'achève dans la cour du Louvre, devant la pyramide de verre. Cette œuvre entourée de jeux d'eau, conçue par l'architecte sino-américain Ieoh Ming Pei, dont l'étonnant succès a démenti les violentes oppositions qui présidèrent à sa construction, est en passe de symboliser Paris tout autant que la vieille dame de fonte dominant la rive gauche, de l'autre côté de la Seine.

ASTUCE *Vous obtiendrez un gris typographique plus régulier (parfois avec moins de coupures de mots) si la plage de valeurs est augmentée, en attribuant une valeur négative à l'espacement **Minimum** et positive à l'espacement **Optimum** (les effets sont visibles avec les deux compositeurs).*

La déformation des caractères (glyphes)

Afin d'augmenter la liberté d'action d'Illustrator dans la composition du texte (en évitant au maximum les césures de mots), vous pouvez, dans une certaine limite qui reste à définir, l'autoriser à déformer les caractères en entrant des valeurs dans les cases **Minimum** et **Maximum** de la rubrique **Échelle des glyphes**. Pour les textes non justifiés, saisir une valeur dans la case **Optimum** reviendrait à modifier l'échelle des caractères depuis le panneau **Caractère**. Dans le cas du compositeur ligne simple, la plage de valeurs doit être faible pour obtenir une composition régulière, alors qu'elle doit être plus élevée dans le cas du compositeur multiligne, de manière à favoriser les bons sauts de lignes par rapport aux mauvais.

Les transferts d'attributs

En plus des attributs de couleur, Illustrator permet le transfert d'attributs typographiques entre deux textes. En effet, la pipette (marquée d'un T) applique au texte sélectionné les attributs du texte sur lequel vous cliquez. Si le texte n'est pas sélectionné, enfoncez la touche ⌥ [Alt] pour activer la pipette pleine (ex-pot de peinture), il permettra le transfert sans effectuer de sélection.

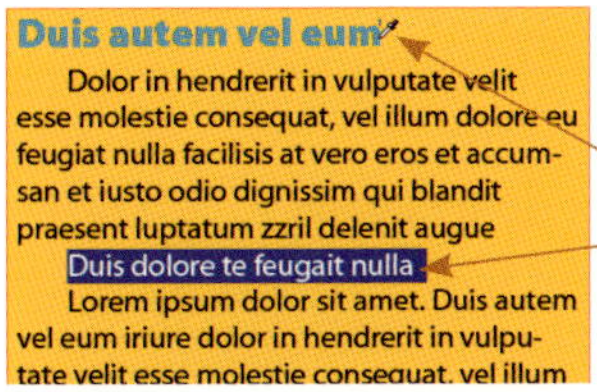

On place la pipette sur le texte modèle après avoir sélectionné le texte à mettre en forme.

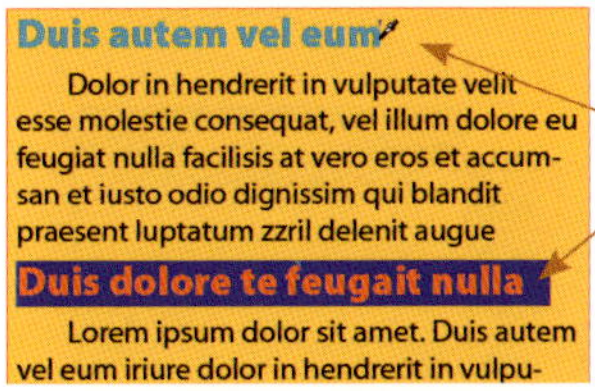

On clique sur le texte modèle : le texte se met en forme.

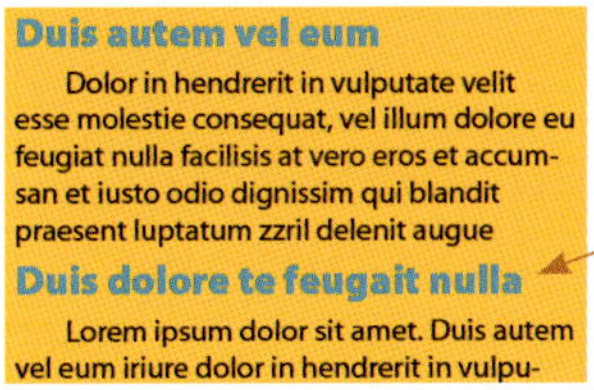

On a désélectionné pour mieux voir le résultat.

Les textes tabulés

La gestion des textes tabulés s'effectue par l'intermédiaire d'une règle de tabulations qui s'affiche avec la commande **Tabulations** (menu **Fenêtre/Texte** ou ⇧⌘T [⇧Ctrl T]). On utilise les textes tabulés principalement pour créer des tableaux mais également dans les documents du type coupon-réponse.

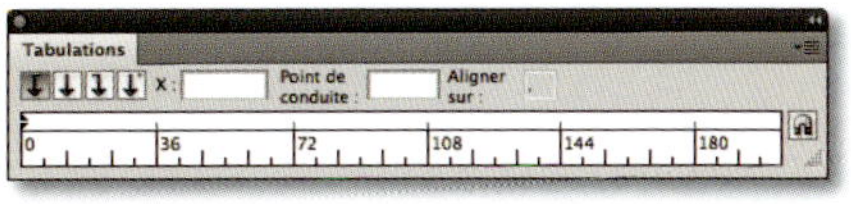

*La règle de tabulations (accessible depuis le menu **Fenêtre**).*

LE PRINCIPE

Un texte tabulé comporte en réalité deux parties : le caractère de tabulation (appelé aussi **Tabulation**) et le taquet de tabulation. L'un ne va pas sans l'autre et les taquets sont inopérants si le texte ne comporte pas de caractères de tabulation. Réciproquement, les alignements de texte ne sont pas corrects s'il n'y a pas de taquets. Il doit donc y avoir autant de taquets que de caractères de tabulation.

Le caractère de tabulation

C'est un signe à saisir dans le texte (obtenu en tapant sur la touche Tabulation ⇥ [⇥]) ; si l'option **Afficher les caractères masqués** est cochée, le caractère est visible sous la forme d'une flèche : →. Ce caractère fonctionne toujours grâce à un taquet de tabulation, soit un taquet standard (ils sont placés tous les 12,7 mm), soit un taquet que vous placez dans la règle de **Tabulations**.

Le taquet de tabulation

Il est invisible dans le texte, mais visible dans le panneau de **Tabulations** dans lequel il se place. Il agit sur le texte qui suit la tabulation qui lui est associée dans le texte sélectionné. Il permet d'aligner un texte sur un point donné et de choisir la façon dont le texte doit s'aligner (fer à gauche, centré, fer à droite…).

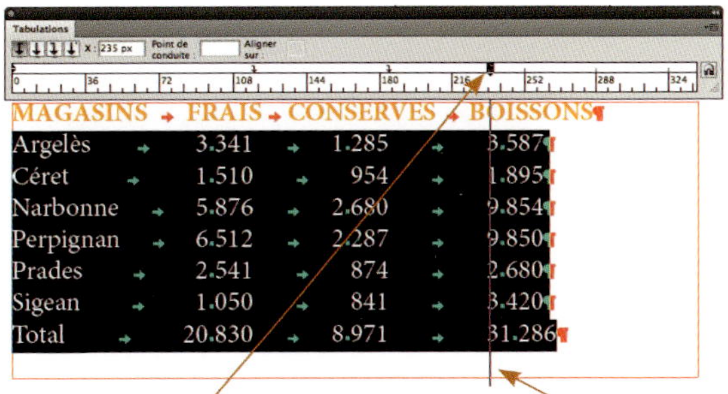

MAGASINS	FRAIS	CONSERVES	BOISSONS
Argelès	3.341	1.285	3.587
Céret	1.510	954	1.895
Narbonne	5.876	2.680	9.854
Perpignan	6.512	2.287	9.850
Prades	2.541	874	2.680
Sigean	1.050	841	3.420
Total	20.830	8.971	31.286

Le placement du taquet est facilité par le trait de positionnement.

LA GESTION DES TABULATIONS

La règle de tabulations

Elle vous permet de placer des taquets de tabulation et de modifier ceux qui ont déjà été placés. Si un texte est sélectionné, le zéro de la règle se place automatiquement contre le bord gauche du texte, si ce n'est pas le cas, la case en haut à droite de la règle (🔒) permet d'obtenir le placement de la règle sur le texte. Si le panneau ne se place pas correctement, tapez deux fois son raccourci ⇧⌘T [⇧Ctrl T] (pour le fermer et le réafficher).

Le réglage du taquet

Le placement du taquet s'effectue en pressant sur les graduations de la règle et en glissant la souris jusqu'à l'endroit désiré. Une case indique la valeur de la position du taquet et un trait vertical apparaît sous le taquet, le texte se déplace en même temps que celui-ci. Pour que les taquets se placent sur des valeurs arrondies de la règle, cliquez dans les graduations en enfonçant la touche ⇧.

> **ASTUCE** *S'il manque un taquet par rapport au nombre de caractères de tabulation, le texte qui suit la dernière tabulation (celle qui n'a pas de taquet associé) se place sur le taquet standard le plus proche (il est situé à une position multiple de 12,7).*

Le taquet étant toujours sélectionné, le choix de son type s'obtient en cliquant sur le bouton correspondant à l'alignement souhaité ; Illustrator en propose quatre :

- **Gauche** : le texte est aligné à gauche du taquet,
- **Centré** : le texte est centré sur le taquet,
- **Droit** : le texte est aligné à droite du taquet,
- **Alignement décimal** : toutes les virgules décimales s'affichent à l'aplomb du taquet.

> **ASTUCE** *Vous pouvez aussi passer d'un type d'alignement à un autre en enfonçant la touche ⌥ [Alt] lors du placement du taquet ou en cliquant sur le taquet sélectionné.*

Le déplacement et la suppression de taquet

Déplacez le taquet en le glissant le long de la règle, sa nouvelle valeur s'affiche dans la case correspondante et le texte se remet en place automatiquement. Si vous sortez le taquet de la règle, il est supprimé.

> **ASTUCE** *Quand le panneau **Tabulations** comporte plusieurs taquets, si vous en déplacez un avec ⌘ [Ctrl], ceux à sa droite suivront le mouvement. Si vous le glissez (avec ⌘ [Ctrl]) hors de la règle, vous le supprimerez avec ceux à sa droite.*

Les styles de paragraphes

L'INTÉRÊT DES STYLES

Un style de paragraphe renferme un ensemble d'attributs typographiques qui permet d'automatiser la mise en forme des textes et garantit leur cohérence typographique.

Par la suite, si vous modifiez un style, tous les paragraphes l'utilisant sont automatiquement mis à jour sans avoir à les sélectionner. Comme pour les styles de caractères, la mise en œuvre des styles comporte deux étapes : la préparation et l'application. Les opérations s'effectuent dans le panneau **Styles de paragraphes**, qui s'affiche par le menu **Fenêtre**.

LA PRÉPARATION D'UN STYLE

Comme pour les styles de caractères, deux méthodes sont disponibles pour préparer le style de paragraphe : préparation directe (mais aveugle) depuis le panneau **Styles de paragraphes** ; par transformation en style d'une mise en forme réalisée avec un texte sélectionné — une combinaison des deux méthodes est possible. Dans tous les cas, commencez par ajouter au panneau **Nuancier** les nuances que vous comptez utiliser lors des colorations.

La mise en forme du texte pour un style

Sélectionnez le paragraphe entier et mettez-le en forme avec les panneaux **Caractère** ou **Contrôle**, **Nuancier** (ou **Couleur**) et **Paragraphe** ; vous pouvez utiliser un style de caractère, les mises à jour sont plus faciles. Quand le texte a exactement l'aspect souhaité, vous pouvez passer à la seconde étape : la transformation en style.

La transformation en style

Affichez le panneau **Styles de paragraphe**. Avec la touche ⌥ [Alt] enfoncée, cliquez sur l'icône ▣ ou lancez la commande **Nouveau style** dans le menu du panneau : la fenêtre de définition du style s'affiche (la partie droite, rubrique **Style**, énumère les attributs) ; nommez le style.

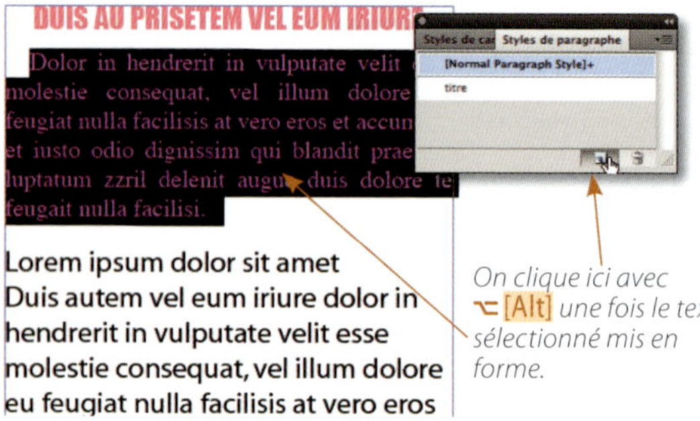

On clique ici avec ⌥ [Alt] une fois le texte sélectionné mis en forme.

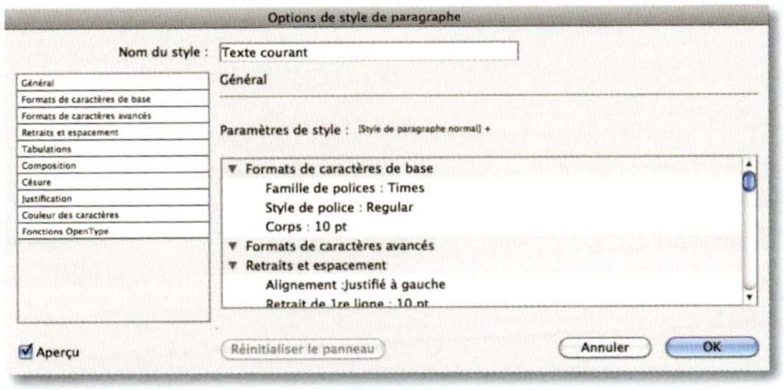

La fenêtre de définition du style de paragraphe.

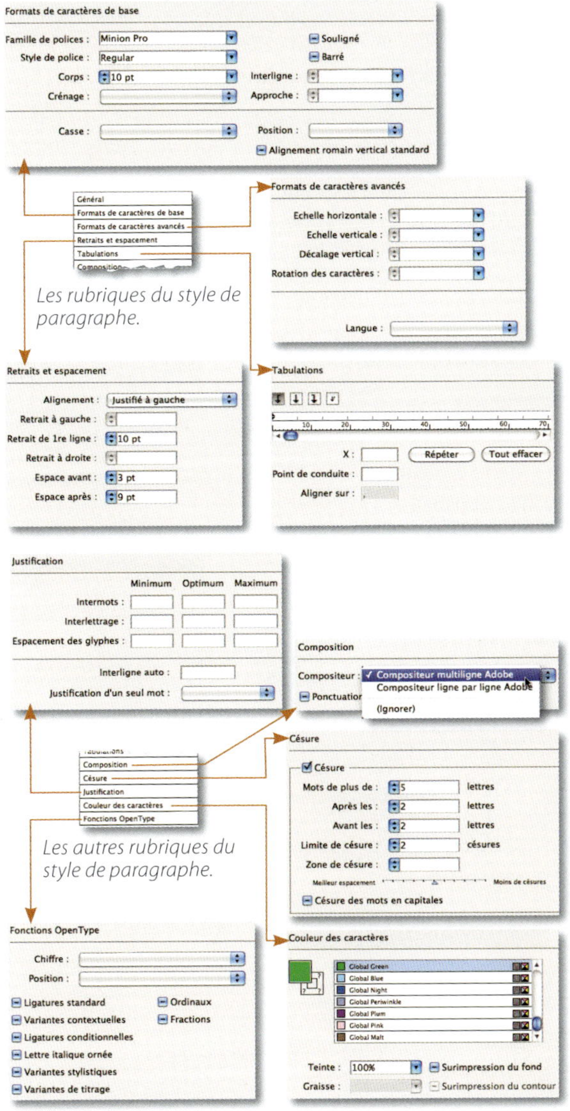

Les rubriques du style de paragraphe.

Les autres rubriques du style de paragraphe.

Les mises au point du style

La colonne de gauche comporte dix rubriques (la rubrique **Général** est affichée par défaut). Chacune d'elles affiche une fenêtre (*voir ci-contre*) dans laquelle vous retrouvez les différents attributs du panneau **Paragraphe** et son menu local, le panneau **Caractère** et son menu, ou encore le panneau **Nuancier**.

Passez ces différentes fenêtres en revue pour vérifier que vous n'avez pas omis d'affecter un attribut au texte sélectionné. Certaines rubriques correspondent aux caractères, d'autres aux paragraphes. Quand cette mise au point est faite, le style est prêt.

L'APPLICATION D'UN STYLE

L'application d'un style

Si vous venez d'élaborer un style à partir d'un texte sélectionné, cliquez sur le nom du style créé dans le panneau **Style de paragraphe** pour l'appliquer à ce texte.

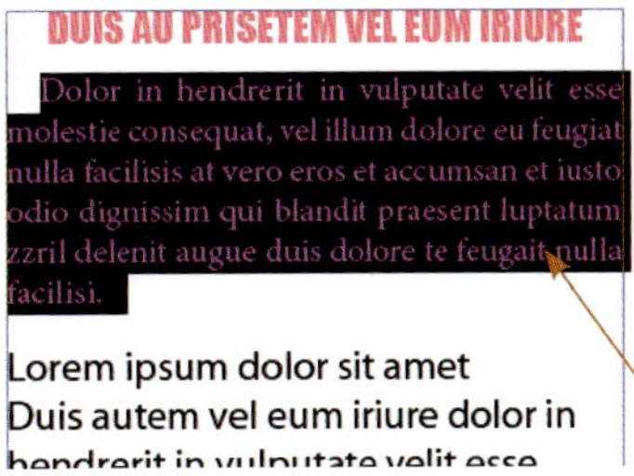
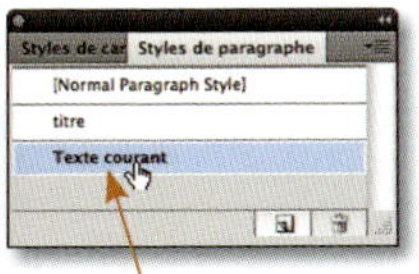

Par clic ici on afffecte le style au texte utilisé pour le fabriquer.

Pour les autres paragraphes auxquels vous souhaitez affecter ce style, effectuez les mêmes opérations : sélection du paragraphe, par un clic dans une ligne du paragraphe, puis sélection du style par un clic sur son nom dans le panneau.

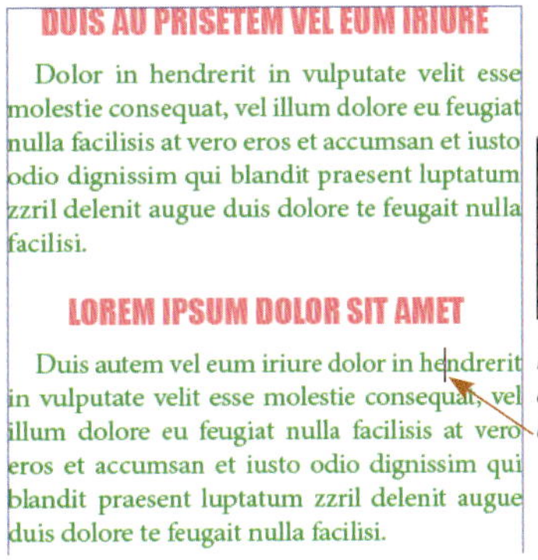
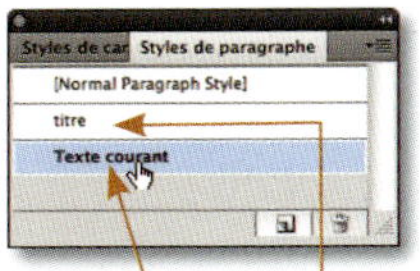

Par clic ici on applique le style à ce texte.

On appliqué ce style au titre.

La gestion des styles

La copie d'un style

Lorsqu'un style est créé, vous pouvez le dupliquer pour réaliser une copie dans laquelle vous pourrez ajouter une variante. Ce nouveau style étant réalisé d'après un style de base, si vous changez la composition de ce dernier, les modifications sont répercutées sur la copie. Pour dupliquer un style, sélectionnez-le dans le panneau **Styles de paragraphe** et utilisez la commande de duplication du menu local du panneau. Une fenêtre s'affiche, changez le nom et utilisez le menu local **Général** pour afficher les différentes fenêtres des rubriques et y apporter les changements voulus. Avec l'aperçu vous visualisez les réglages sur le paragraphe dans lequel se trouve le point d'insertion. Une fois ces réglages effectués, ils apparaissent dans la zone **Style** de la fenêtre de la rubrique **Général**. Le style est terminé, vous pouvez l'affecter à une sélection.

La suppression d'un style

Pour supprimer un style, sélectionnez-le dans le panneau et cliquez sur la corbeille. Quand le style disparaît, le texte auquel il était appliqué ne subit aucun changement d'aspect (c'est l'option **[Style de paragraphe Normal]** qui lui est affectée). Cette opération n'est utile que si les styles à supprimer ne sont pas utilisés. Pour faciliter leur sélection, le menu du panneau propose une commande (**Sélectionner tous les styles inutilisés**).

Les modifications d'un texte stylé

Les modifications du style

Les modifications depuis le panneau de style

Pour modifier le contenu d'un style, il n'est pas utile de sélectionner un texte, il suffit d'effectuer un double-clic sur le nom du style à modifier pour afficher sa fenêtre de définition et y apporter les changements voulus dans les différentes rubriques. Si le style est déjà attribué à des paragraphes, l'aperçu montrera les changements avant de les appliquer définitivement au style.

> **Attention** *Si un texte est sélectionné lors du double-clic sur le style pour le modifier, celui-ci lui sera appliqué sauf, si vous enfoncez ⇧⌘ [⇧Ctrl] pendant la manipulation.*

La suppression d'un lien entre un texte et son style

À chaque fois que vous modifiez la composition d'un style, les paragraphes dans lesquels il était appliqué sont modifiés. Si vous souhaitez que certains paragraphes gardent leur aspect, vous pouvez (avant de modifier le style) leur affecter l'option **[Style de paragraphe Normal]** du panneau **Styles de paragraphe**.

Les substitutions locales

La visualisation et l'annulation des substitutions

Si vous effectuez des substitutions (modifications locales) sur un texte stylé, le panneau **Styles de paragraphe** marque un signe + à droite du nom du style affecté au texte sélectionné. Pour supprimer toutes les substitutions, cliquez dans le nom du style dans le panneau **Styles de paragraphes** : le signe + disparaîtra avec ces changements locaux.

> **Astuce** *Si vous affectez un autre style à un texte comportant des substitutions, il les conserve, sauf si vous appliquez le style en enfonçant la touche ⌥ [Alt].*

La redéfinition du style avec les substitutions

Si, après avoir réalisé des substitutions, vous souhaitez qu'elles figurent dans la définition du style, autrement dit, redéfinir le style à partir de l'aspect du texte sélectionné, lancez la commande **Redéfinir le style...** du menu du panneau **Styles de paragraphe** — faites la même opération pour les styles de caractères. Tous les autres paragraphes avec ce style changeront d'aspect et le signe + en regard du nom du style disparaîtra.

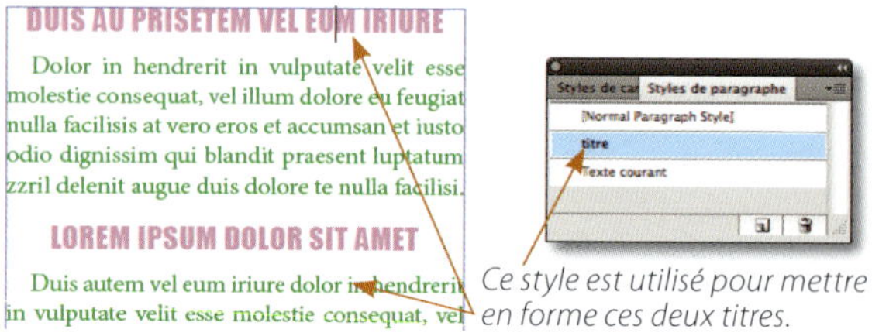

Ce style est utilisé pour mettre en forme ces deux titres.

Ce signe + indique que des modifications ont été faites sur ce paragraphe.

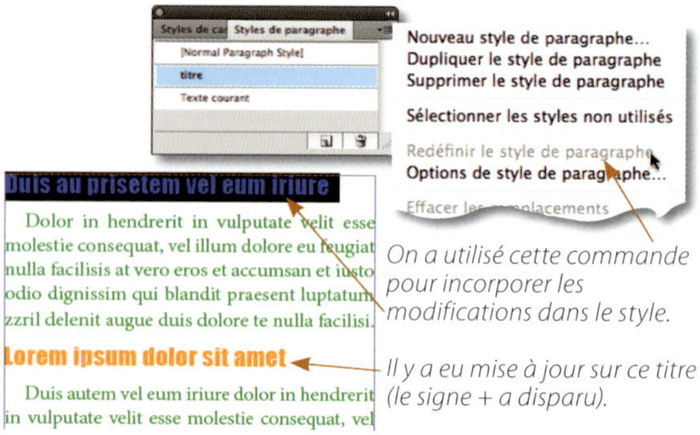

On a utilisé cette commande pour incorporer les modifications dans le style.

Il y a eu mise à jour sur ce titre (le signe + a disparu).

Les colorations des textes

Les attributs d'aspect d'un texte

Selon la nature de la sélection, outil **Texte** ou outil **Flèche**, le panneau **Aspect** peut montrer deux catégories d'attributs : **Caractères** et **Texte**.

Les attributs d'aspect Caractères

Si la sélection est réalisée avec l'outil **Texte**, le panneau **Aspect** indique **Caractères** : l'élément est considéré comme contenu. Le panneau affiche trois attributs : **Fond** (noir par défaut), **Contour** (sans ⧄ par défaut) et **Opacité**.

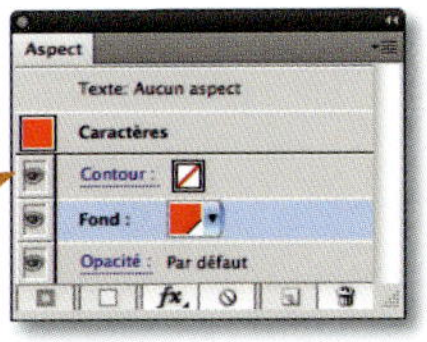

Avec l'outil **Texte***, ce panneau montre les attributs* **Caractères***.*

Vous ne pouvez modifier que ces trois éléments (lettre par lettre selon l'étendue de la sélection) et ne pouvez utiliser les commandes du menu **Effet** qui sont grisées ; de même, les commandes du menu du panneau **Aspect** n'autorisent pas l'ajout de fond ni celui de contour.

Les attributs d'aspect Texte

Si la sélection est réalisée avec l'outil **Flèche**, le panneau **Aspect** indique **Texte** : l'élément est alors considéré comme contenant. Le panneau comporte deux attributs : celui du contenu (**Caractères**) et celui de la transparence (**Opacité**).

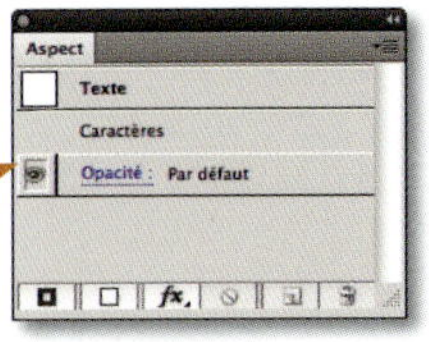

Avec l'outil **Flèche***, ce panneau montre les attributs* **Texte** *(par défaut, il n'y en a pas).*

Pour colorer l'ensemble d'un texte, commencez par ajouter un nouveau **Fond** ou **Contour** (par les icônes ◘ ou ☐ situées en bas du panneau **Aspect**) ; ces attributs se placeront au-dessus de l'attribut **Caractères** pour en masquer les couleurs. Les commandes du menu **Effet** sont accessibles ; sans ajouter de fond (ou de contour), elles s'appliquent avec les couleurs de caractères du texte.

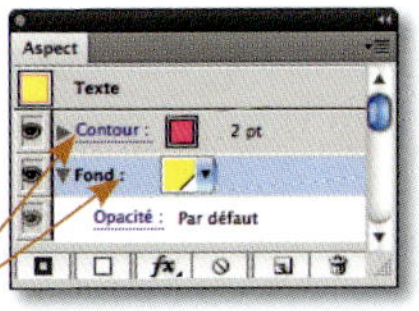

Pour colorer ce texte, on a ajouté ces attributs.

Le passage de Texte à Caractères et inversement

Quand le texte est sélectionné avec l'outil **Flèche**, il est possible, par le panneau **Aspect**, d'accéder aux attributs **Caractères** ; de même, s'il est sélectionné avec l'outil **Texte**, on peut passer aux attributs **Texte**.

- **Double-clic sur Caractères** : on affiche les attributs **Caractères** et le texte apparaît sélectionné comme s'il l'avait été par l'outil **Texte**.
- **Clic sur Texte** : on affiche les attributs **Texte**, le texte apparaît sélectionné comme s'il l'avait été par l'outil **Flèche**.

Les conflits entre attributs Texte et Caractères

Quand vous réduisez l'opacité ou appliquez certains motifs ou effets à un fond ou un contour ajouté aux attributs **Texte**, il arrive que les couleurs des attributs de base sous-jacents (ou attributs **Caractères**) réapparaissent.

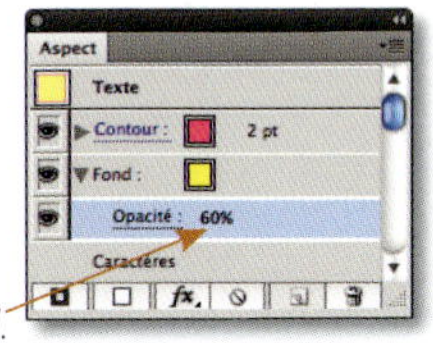

La couleur noire des caractères apparaît si on baisse l'opacité du fond.

Pour éviter ce problème, vous avez deux solutions :

- double-cliquez sur l'attribut **Caractères** puis glissez le fond (et/ou le contour) sur la corbeille du panneau **Aspect** pour supprimer ses couleurs (⧄) ;

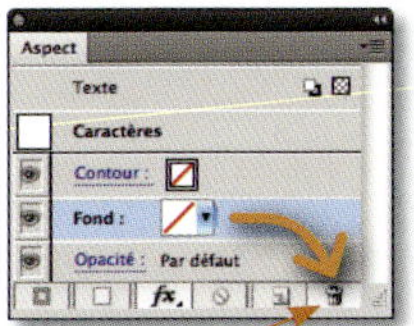

Après sélection des caractères, on a supprimé la couleur du fond en le glissant sur la corbeille.

– définir un style graphique par clic sur l'icône [icône] du panneau **Styles graphiques** et réappliquer le style au texte (en cliquant à nouveau sur le style). Illustrator supprimera les attributs **Caractères** grâce à l'option **Remplacer la couleur de caractère** active par défaut dans le menu du panneau **Styles graphiques**.

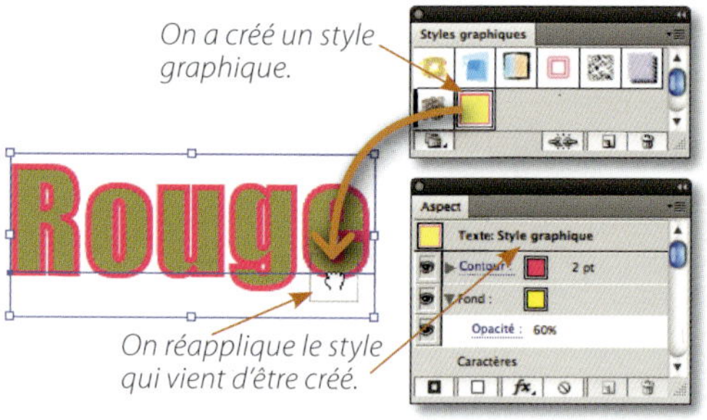

On a retrouvé la coloration correcte du texte. Les caractères n'ont plus aucun atribut.

Dans les paragraphes qui suivent, les affectations des couleurs, des effets ou des réglages d'opacité s'effectuent à partir du texte sélectionné avec l'outil **Flèche**.

La mise en couleur des textes

C'est la façon dont le texte est sélectionné (avec l'outil **Texte**, avec l'outil **Flèche noire** ou encore avec l'outil **Flèche blanche**) qui va déterminer l'étendue et l'effet de la coloration. Envisageons séparément le cas des textes libres et le cas des textes liés à un tracé.

Les textes libres

Si la sélection est faite avec l'un des outils **Flèche**, c'est la totalité du texte qui sera colorée. Si le texte est sélectionné avec l'outil **Texte**, seule la sélection prend la couleur — le panneau **Aspect** montre la différence. Pour colorer l'ensemble du texte, il est préférable de le sélectionner avec l'outil **Flèche** puis d'ajouter un fond (ou un contour) par le menu du panneau **Aspect** pour affecter les éléments voulus (couleur, effets…).

> **ASTUCE** *On ajoute un fond en tapant ⌘/ [Ctrl /] ; pour ajouter un contour, tapez ⌥⌘/ [Ctrl Alt /].*

Les textes captifs ou curvilignes

Par défaut, un texte libre, captif ou curviligne est noir (sans contour), son tracé associé est transparent (sans fond ni contour). Il est possible d'affecter une couleur différente au texte et au tracé ou d'agir sur l'un sans modifier l'autre.

La coloration d'un texte curviligne

Si vous désirez placer le texte curviligne dans un « bandeau » coloré, effecutez les opérations suivantes :

1. Commencez par centrer le texte verticalement par rapport au tracé à l'aide de la rubrique **Aligner** de la commande **Options de texte curviligne** (menu **Texte/Texte curviligne**).

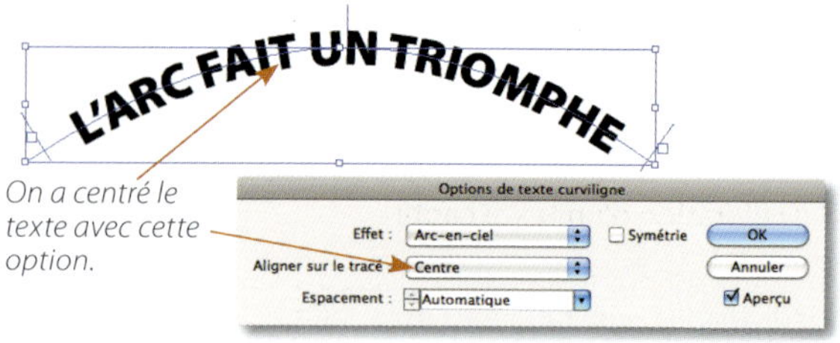

2. Sélectionnez le tracé seul avec l'outil **Lasso** (activé en tapant Q) afin de lui affecter un contour très épais. Il peut même y avoir des superpositions de contour.

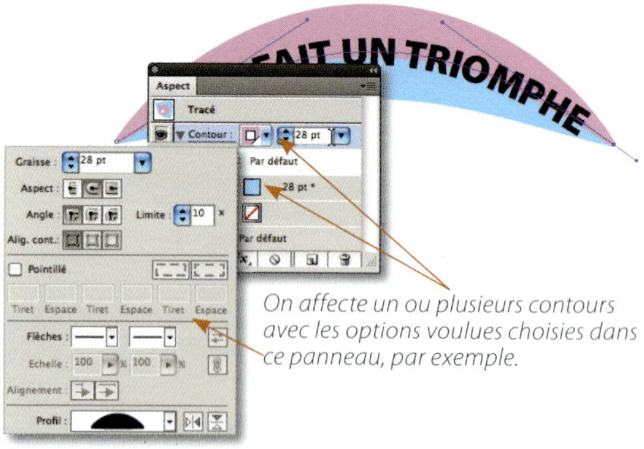

3. Sélectionnez les caractères avec l'outil **Texte** et non pas l'outil **Flèche** (il donnerait la sélection de type **Texte**).

4. Colorez les caractères (avec un fond et/ou un contour).

On affecte un contour et un fond aux caractères.

En désélectionnant on obtient ceci.

Attention *Si vous appliquez un effet ou ajoutez un nouveau fond au texte (attribut **Texte**), le tracé deviendra invisible. Il faudra créer une copie du tracé seul et la placer, avec les couleurs voulues, à l'arrière-plan du texte.*

La coloration d'un texte captif

Comme pour le texte curviligne, la coloration s'effectue en deux étapes : coloration du texte, puis du tracé (l'ordre des colorations n'ayant pas d'importance).

La coloration du texte : ici aussi, il s'agit de la coloration des caractères, en conséquence, le texte doit apparaître sélectionné avec l'outil **Texte** (inversion vidéo). Si vous effectuez la sélection avec l'outil **Flèche**, passez à celle des caractères par double-clic sur **Caractère** dans le panneau **Aspect**. Si la coloration n'est que partielle, réalisez-la avec l'outil **Texte**.

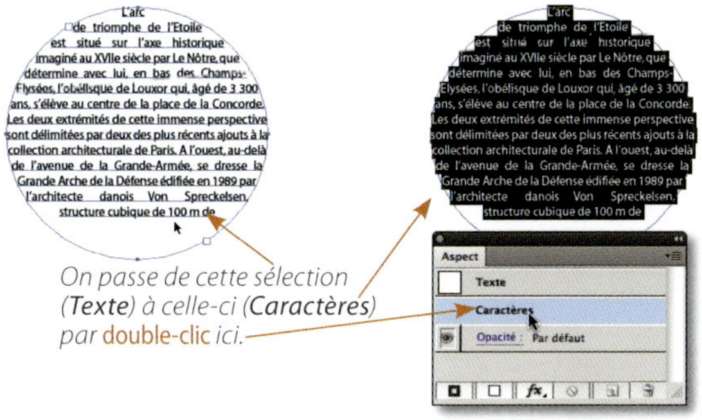

On passe de cette sélection (Texte) à celle-ci (Caractères) par double-clic ici.

La coloration du tracé : sélectionnez-le seul au lasso et choisissez la couleur voulue.

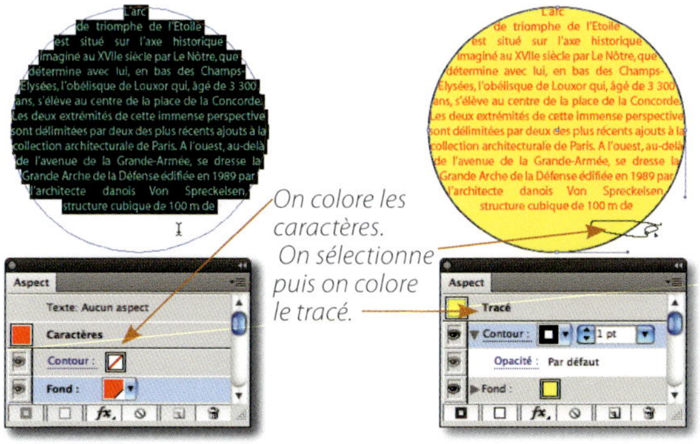

On colore les caractères.

On sélectionne puis on colore le tracé.

Le blanc tournant : lorsqu'un texte captif est placé dans un tracé coloré, il faut prévoir un espace entre le texte et le bord du tracé (appelé blanc tournant). Pour cela, dans le menu **Texte**, lancez la commande **Options de texte captif** et augmentez la valeur de la case **Décalage** pour écarter le texte du bord du tracé.

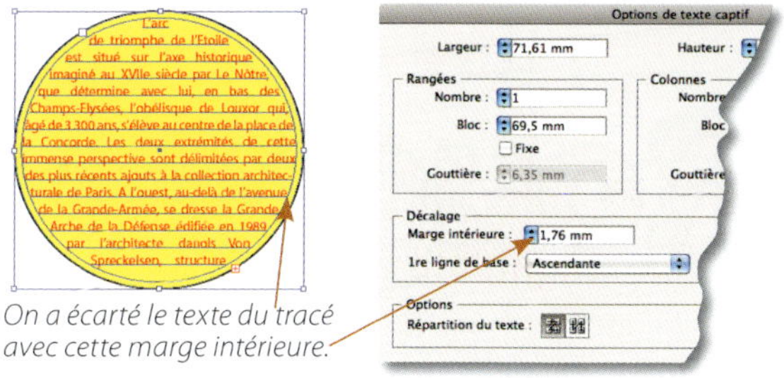

On a écarté le texte du tracé avec cette marge intérieure.

Selon la configuration du texte, vous pouvez aussi obtenir ce résultat en appliquant au tracé un effet **Décalage** avec la valeur voulue. Dans ce cas, l'encombrement du texte n'est pa modifié, c'est le tracé qui est agrandi (virtuellement) ; de plus l'accès à cette valeur de décalage est plus facile.

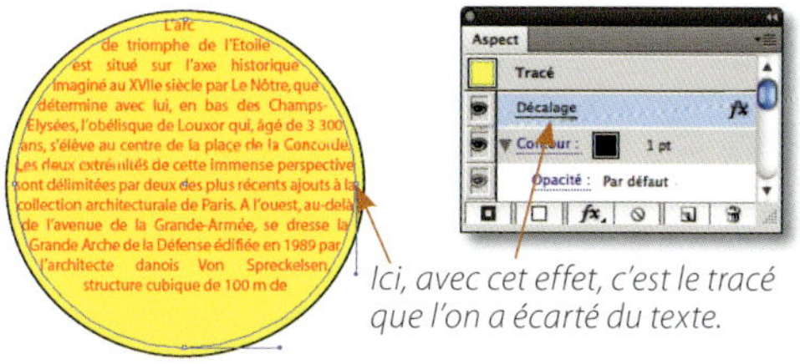

Ici, avec cet effet, c'est le tracé que l'on a écarté du texte.

Attention *Ici aussi, si vous appliquez un effet ou ajoutez un nouveau fond au texte (attribut **Texte**), le fond du tracé deviendra invisible. Il faudra utiliser une copie du tracé.*

Les types de nuance du fond d'un texte

Il s'agit ici principalement des attributs affectés aux textes libres (ou de point).

Les aplats dans un texte

Pour colorer un texte, évitez d'utiliser ses attributs **Caractères** mais ajoutez plutôt un nouveau **Fond** aux attributs **Texte** par le panneau **Aspect** (au clavier, tapez ⌘/ [Ctrl /]) et affectez-lui la couleur voulue (de préférence une couleur quadri globale ou un ton direct).

Les motifs et dégradés dans un texte

Si vous avez ajouté un nouveau **Fond** dans le panneau **Aspect**, vous pouvez envisager d'affecter un motif ou un dégradé — l'outil **Dégradé de couleur** ou le panneau **Dégradé de couleurs** pourront être utilisés pour modifier l'aspect du dégradé.

*On a ajouté un fond au **Texte**, puis on a choisi un dégradé.*

On a ajouté un fond et appliqué un motif.

> **Astuce** *Si le motif appliqué au fond ajouté a un arrière-plan transparent, la couleur des caractères devient visible. Pour l'éliminer, affichez les attributs **Caractère** pour supprimer le fond noir présent par défaut.*

Sous le motif, on voit le fond noir des caractères. Ici, on l'a supprimé.

La superposition de fond et la transparence

À partir du panneau **Transparence** vous pouvez réduire l'opacité ou changer le mode de fusion de l'ensemble des attributs ou de l'attribut **Fond** seul s'il est actif. Cela permettra de voir les objets à l'arrière-plan ou même d'autres fonds que vous auriez ajoutés.

Les colorations du contour

Voici quelques aspects de contours appliqués à des textes (*ils ont déjà été développés dans les chapitres des colorations*).

Le contour extérieur

Quand le texte possède des empattements (triangulaires ou autres), ceux-ci se « bouchent » par la couleur du contour dès que son épaisseur devient trop importante.

Pour pallier ce problème, une fois le contour ajouté aux attributs **Texte**, effectuez les opérations suivantes :

1. Sélectionnez le texte (outil **Flèche**) et cliquez sur l'icône ◘ du panneau **Aspect**.

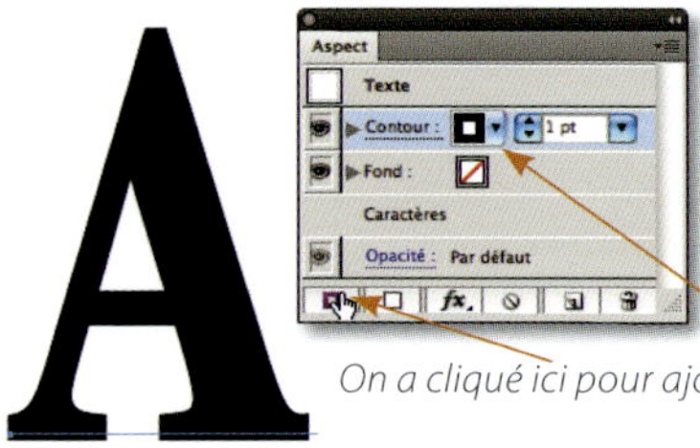

On a cliqué ici pour ajouter ce contour.

2. Affectez au contour la couleur et l'épaisseur voulues. Choisissez de préférence une couleur globale pour rendre les modifications plus simples.

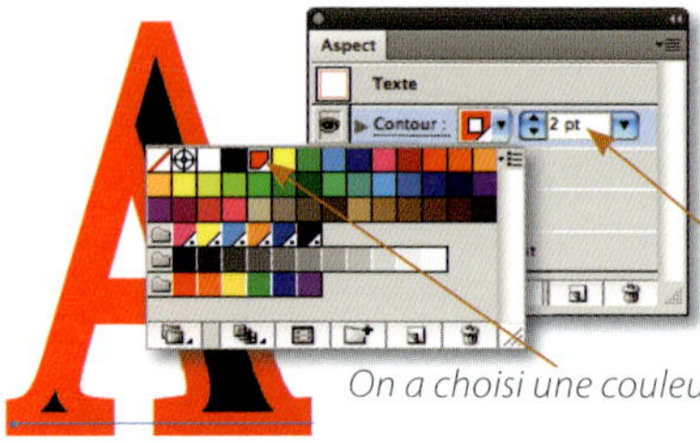

On a choisi une couleur et une épaisseur.

3. Lancez la commande **Décalage** (menu **Effet**/**Tracé**) et saisissez une valeur égale à la moitié de l'épaisseur du contour (attention aux unités). On peut obtenir le même résultat avec d'autres méthodes, mais ici, l'utilisation de **Décalage** permet d'avoir un fond transparent (☐).

On place le contour avec cet effet.

*En utilisant **Décalage**, le texte (attribut **Caractère**) peut être sans fond.*

Astuce *En fonction de l'aspect souhaité, les jonctions peuvent être ajustées dans la fenêtre de **Décalage**. Par ailleurs, il faut parfois augmenter la valeur de **Pointe** dans le panneau **Contour** pour que les zones pointues soient correctes sur les parties effilées des caractères.*

L'aspect du contour diffère selon le type de jonction du décalage.

Astuce *Si vous changez l'épaisseur du contour, il faudra penser à adapter la valeur du décalage.*

Le contour extérieur avec un profil de largeur

Pour obtenir un contour qui se place à l'extérieur quelle que soit sa graisse et sans avoir à appliquer de décalage, vous pouvez créer un profil de largeur (*voir page 191*) dont l'un des cotés est nul (celui situé en bas d'un tracé horizontal).

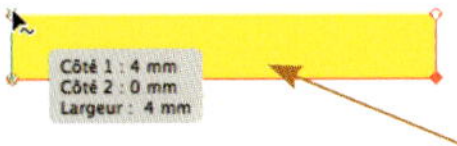

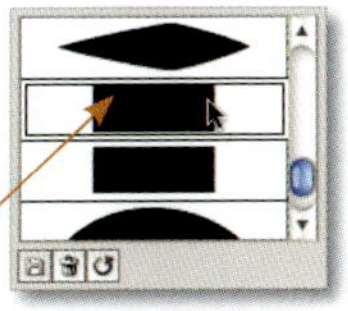

On crée un profil dont un des côtés est nul, puis on le mémorise pour qu'il apparaise ici.

Une fois le profil mémorisé, appliquez-le au contour du texte, il se placera automatiquement à l'extérieur du tracé du texte.

On applique le profil au texte, le contour se place à l'extérieur quelle que soit la graisse.

Le contour triple centré

Il s'agit d'un contour blanc (ou coloré), emprisonné entre deux contours fins noirs. Commencez par ajouter un attribut **Contour**, réglez son épaisseur et sa couleur (3 pt noir, par exemple), dupliquez ce contour en cliquant sur l'icône du panneau **Aspect** (au clavier, ⌥⌘/ [Alt Ctrl /]), réduisez son épaisseur (2 pt) et changez la couleur.

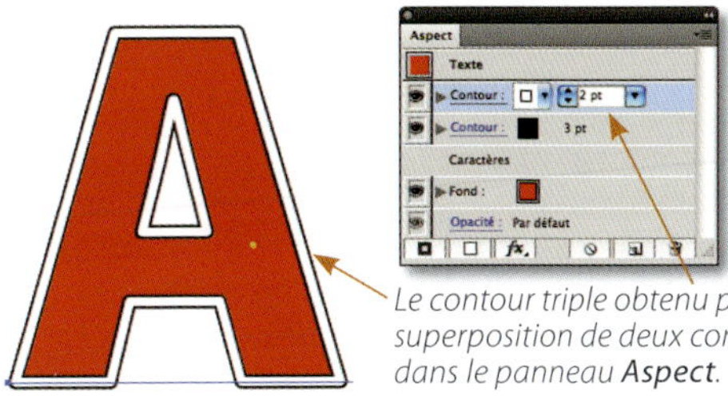

*Le contour triple obtenu par superposition de deux contours dans le panneau **Aspect**.*

Le contour triple à l'extérieur du texte

Pour réaliser le contour triple sur le texte, on utilise encore le panneau **Aspect**.

1. Commencez par ajouter au texte (sélectionné avec l'outil **Flèche**) un attribut **Contour** (par clic sur l'icône). Réglez son épaisseur et sa couleur (2 pt noir, par exemple).

En cliquant ici on a ajouté un contour dont on règle l'épaisseur.

2. Appliquez à ce contour l'effet **Décalage** pour le placer à l'extérieur (de la moitié de l'épaisseur : 1 pt).

On a appliqué l'effet décalage pour placer le contour à l'extérieur.

3. Cliquez sur l'attribut **Contour** pour le resélectionner et dupliquez-le par clic sur l'icône du panneau **Aspect**, réduisez son épaisseur (1 pt) et changez la couleur.

En cliquant ici on a dupliqué le contour. On a réduit son épaisseur et changé sa couleur.

Astuce *Ces contours particuliers (extérieurs, triples…) peuvent être définis en tant que style graphique par glissement du texte dans le panneau* ***Styles graphiques****. Les attributs de base du texte (attribut* ***Caractères****) disparaissant quand on définit le style ; prévoyez une coloration au fond de l'attribut* ***Texte****.*

Les effets et les styles appliqués aux textes

Les effets qui suivent ont été créés avec un texte mais peuvent s'appliquer à tout autre objet. La plupart des exemples ne font pas appel aux effets bitmap de Photoshop, les résultats à l'écran varient en fonction des paramètres d'effet de pixellisation définis dans le menu **Effet**. Parmi les effets les plus courants, on trouve : l'ombre portée, les lueurs (internes et externes), les arrondis pour adoucir les angles d'une typographie bâton… Vous pouvez utiliser des effets de pixellisation et de déformation ou des effets 3D.

Quand vous réglez l'aspect d'un texte, pour éviter le problème de la couleur des caractères (attributs de base), créez systématiquement un style par clic sur [icône] dans le panneau **Styles graphiques**. L'option **Remplacer la couleur de caractère** (cochée par défaut dans le menu du panneau) aura pour effet la suppression de ces attributs de base lors de la prochaine application du style à un texte.

L'ombre portée simple

C'est un effet simple à réaliser : ajoutez un attribut **Fond**, appliquez-lui une couleur et lancez la commande **Ombre portée** dans le sous-menu **Spécial** du menu **Effet**. Vous pouvez régler la couleur de l'ombre sur le noir avec une atténuation de 1 mm pour obtenir une ombre pas trop floue.

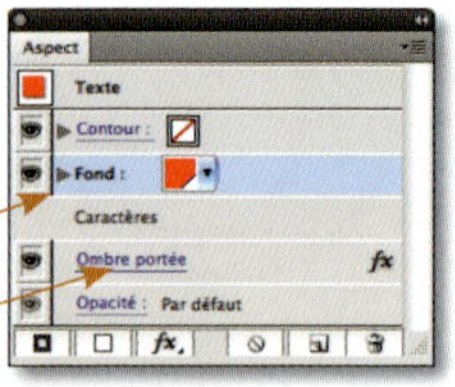

Il faut ajouter un fond pour affecter l'ombre portée.

Le texte dans un halo

Cet effet peut s'obtenir de deux façons : soit par une ombre portée réglée avec des décalages nuls, soit par l'effet **Lueur externe** du sous-menu **Spécial** (menu **Effet**). La couleur choisie peut être un Pantone si vous l'avez ajouté au **Nuancier**.

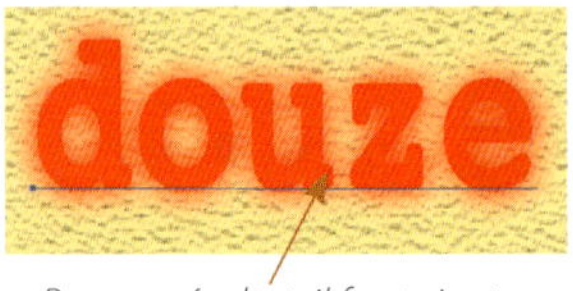

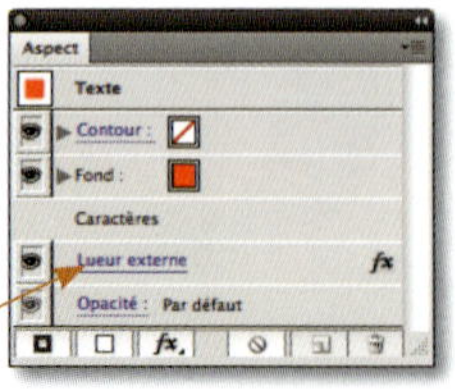

Pour ce résultat, il faut ajouter un fond et affecter la lueur externe.

L'ombre portée inclinée

Il s'agit d'une ombre avec un effet de perspective et d'inclinaison. Elle ne s'obtient pas avec l'effet d'ombre portée car le résultat ne serait pas correct. On utilise un second fond (noir) auquel on applique l'effet **Distorsion manuelle** (menu **Effet/Distorsion et transformation**) pour donner l'inclinaison et la perspective. Le fondu des bords de l'ombre est obtenu par l'effet **Flou gaussien** et la transparence par un réglage d'opacité du fond noir à 40 %.

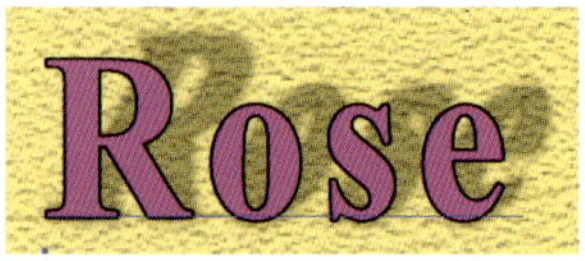

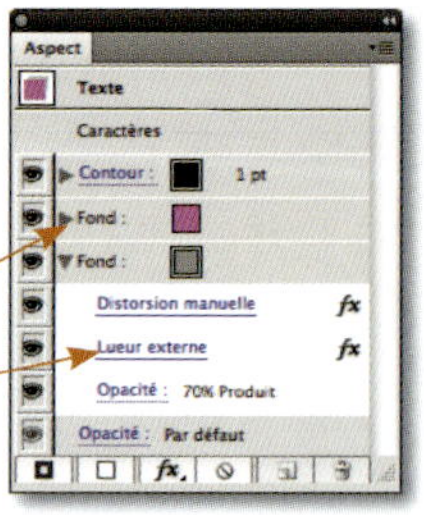

Il y a un fond pour la coloration du texte et un fond pour l'ombre obtenue par lueur externe.

Le texte gaufré

Le relief du texte se réalise en appliquant un effet d'**Extrusion et biseautage (Effet/3D)** avec une vue de face (valeurs d'axes X et Y très faibles) et un biais classique ou arrondi.

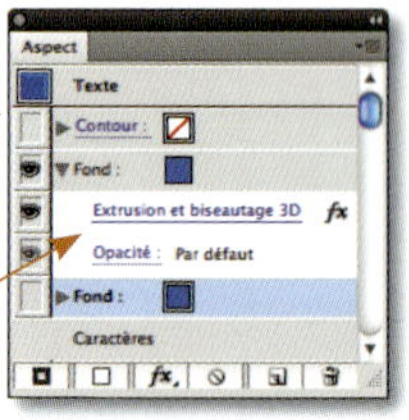

Ce résultat est obtenu avec cet effet. On peut ajouter un arrière-plan.

Le texte peut être placé sur une forme (ellipse, rectangle…) obtenue avec un nouveau fond à l'arrière-plan converti en rectangle par l'application de l'effet **Convertir en** — sa taille s'adapte à celle de la saisie.

On peut ajouter un arrière-plan.

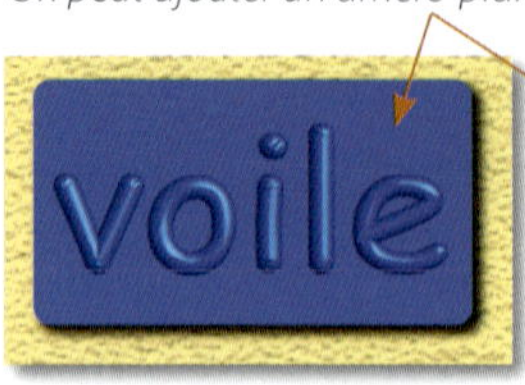

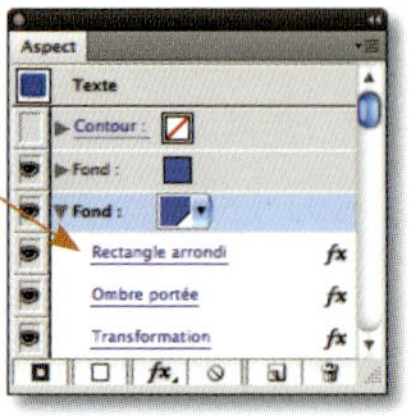

Le même type de résultat peut s'obtenir en réalisant une superposition de trois fonds : un coloré pour la couleur du texte, un fond noir pour les ombres et un blanc pour les lumières. Ces deux derniers fonds (noir et blanc) sont décalés avec des sens opposés par l'effet **Transformation** (**Effets/Distorsion et Transformation**).

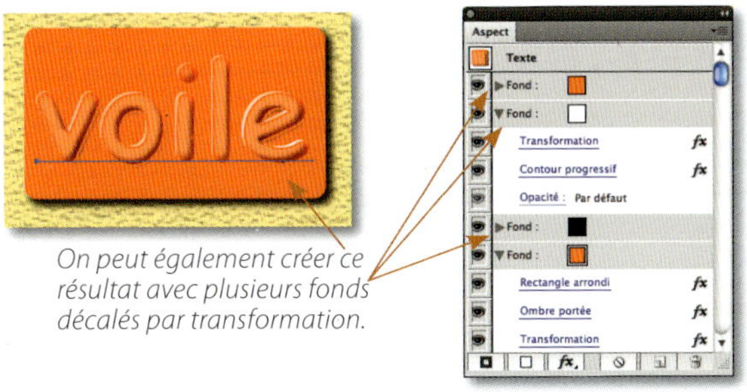

On peut également créer ce résultat avec plusieurs fonds décalés par transformation.

Le texte crayonné et le texte colorié

Le texte crayonné comporte trois contours : le premier obtenu en appliquant l'effet **Peaufinage** (**Effet Distorsion et transformation**) ; les deux autres, par duplication du premier dans le panneau **Aspect**.

Ce texte ne comporte que des contours avec différents effets (on peut en masquer certains).

Pour le texte crayonné et colorié, après avoir arrondi les angles du texte, on applique au fond et au contour l'effet **Esquisse** (**Distorsion et transformation**) avec des valeurs faibles. Les bords du fond sont atténués grâce à **Contour progressif**.

Sur ce texte on a jouté un fond avec ces effets.

On peut aussi obtenir une variante de l'effet crayonné en appliquant au fond et au contour l'effet **Griffonnage** (menu **Effet/Spécial**) avec des réglages différents.

Sur ce texte on a affecté à ce contour un effet griffonnage (on peut en masquer certains).

Pour étendre les possibilités de variantes, vous pouvez utiliser différents profils de largeurs et créer plusieurs copies de contours dont certaines seront masquées.

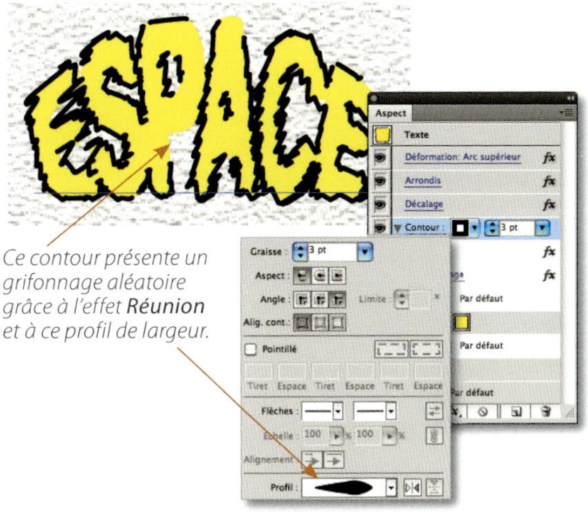

Ce contour présente un grifonnage aléatoire grâce à l'effet ***Réunion*** *et à ce profil de largeur.*

On obtient un résultat différent avec ce profil de largeur.

2 - Les manipulations de textes

Les textes libres et curvilignes

Les manipulations de textes libres

Les alignements

Des alignements peuvent être obtenus en utilisant la commande **Aligner** du sous-menu **Tracé** (menu **Objet** ou ⌥⌘J [Alt Ctrl J]). Ces alignements s'effectuent selon la verticale, l'horizontale ou toute autre orientation si les axes ont été modifiés dans les **Préférences** (⌘K [Ctrl K]). Voici quelques exemples :

Avant et après ⌥⌘J [Alt Ctrl J].

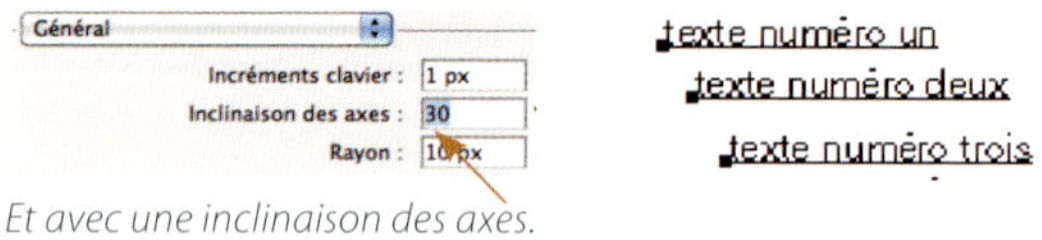

Et avec une inclinaison des axes.

Les transformations

Certaines d'entre elles (mise à l'échelle, rotation) s'effectuent directement à partir du cadre affiché lors d'une sélection avec l'outil **Flèche** — les changements de corps et d'échelle sont mis à jour dans le panneau **Caractère**. Comme pour les autres objets, les transformations peuvent également être réalisées par le panneau **Transformation** ou par les outils de transformation (rotation, mise à l'échelle, déformation, miroir) ou l'outil **Transformation manuelle** ( ) ; la perspective et la déformation ne peuvent pas être appliquées.

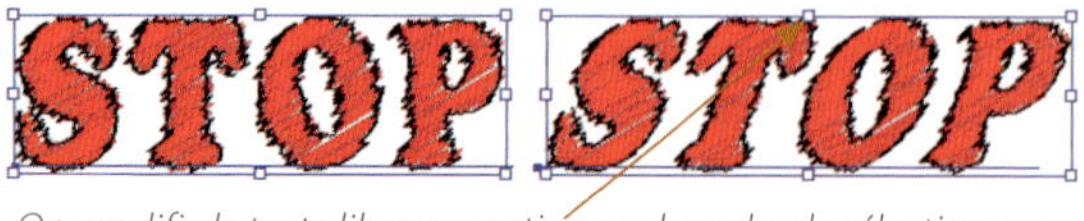

On modifie le texte libre par action sur le cadre de sélection avec l'outil **Transformation manuelle** *et la touche ⌘ [Ctrl].*

ASTUCE *Pour obtenir une copie transformée, avant de réaliser la transformation manuelle, commencez par faire une copie par le panneau* ***Calques*** *ou en tapant ⌘C [Ctrl C], puis ⌘F [Ctrl F] (coller devant) ou ⌘B [Ctrl B] (coller derrière).*

Les enveloppes et les effets de distorsion

Sans qu'il soit nécessaire de le vectoriser, un texte peut être placé dans une enveloppe de déformation (menu **Objet/Distorsion de l'enveloppe**) ou être traité de façon réversible par un effet de déformation (menu **Effet/Déformation**). Dans tous les cas, le texte reste éditable, soit directement avec les effets, soit avec les enveloppes par l'intermédiaire de la commande **Modifier le contenu** (menu **Objet/Distorsion de l'enveloppe**).

Le texte dans une enveloppe reste éditable.

Les manipulations de textes curvilignes

Les modifications du tracé

Le tracé associé à un texte peut subir la majorité des modifications applicables aux tracés. Dans de nombreux cas, il faut commencer par sélectionner le tracé avec l'outil **Lasso**.

ASTUCE *L'outil* ***Gomme*** *ne fonctionne pas sur un tracé. En revanche, vous pouvez raccourcir avec l'outil* ***Crayon*** *à condition de reprendre la fin du tracé et de l'arrêter hors du tracé avant son extrémité.*

Voici un exemple de rallongement du tracé. En effet, lorsque vous saisissez un texte le long d'un tracé, son encombrement doit correspondre à la longueur du tracé. Si le texte est trop long, un signe + (rouge) apparaît dans le carré de chaînage.

Le tracé est trop court, le signe + l'indique.

Pour le faire réapparaître vous pouvez chaîner le texte (*voir plus loin*) ou rallonger le tracé.

Voici la méthode :

1. Sélectionnez le tracé avec l'outil **Lasso**, activez l'outil **Plume** et placez-le sur l'extrémité du tracé : la plume devient ✎.

*On sélectionne avec l'outil **Lasso** et on place l'outil **Plume** sur l'extrémité.*

2. Glissez l'outil en partant du dernier point du tracé puis rallongez le tracé.

*On rallonge le tracé avec l'outil **Plume**.*

3. Quand le tracé est rallongé, le texte ne s'affiche pas aussitôt. Il faut le sélectionner avec l'outil **Flèche** et glisser la marque d'alignement jusqu'à ce que la totalité du texte soit visible.

*On réactive l'outil **Flèche** et on sélectionne.*
On glisse la marque droite pour afficher le texte.

ASTUCE *Il est possible de rallonger (ou redessiner) le tracé avec l'outil **Crayon**. Cependant, il faudra, glisser la marque d'alignement à droite pour faire apparaître la fin du texte.*

LE POSITIONNEMENT DU TEXTE SUR LE TRACÉ

La position horizontale du texte curviligne

Les alignements de textes (gauche, centré et droit) s'effectuent sur les marques d'alignement visibles sur le tracé lorsque le texte est sélectionné avec l'outil **Flèche**. Si le texte est mal positionné par rapport au tracé, glissez jusqu'à l'endroit désiré la marque d'alignement correspondant au type d'alignement.

ASTUCE *Quand vous glissez la marque gauche ou droite, veillez à ce que la distance avec les autres marques ne soit pas trop faible sinon le texte disparaîtra.*

La position verticale du texte curviligne

Le retournement : suite à un glissement d'une marque, le texte peut se trouver à l'envers sur le tracé. Pour le retourner, glissez la marque centrale au-delà du tracé ou utilisez l'option **Symétrie** dans la fenêtre de la commande **Option de texte curviligne** du menu **Texte/Texte curviligne**.

L'alignement vertical : la rubrique **Aligner sur le tracé** de la fenêtre **Option de texte curviligne** propose quatre types d'alignement du texte par rapport au tracé. Si aucun d'eux ne convient, vous pouvez modifier le décalage vertical dans le panneau **Caractère**.

Pour retourner le texte, cochez cette option.

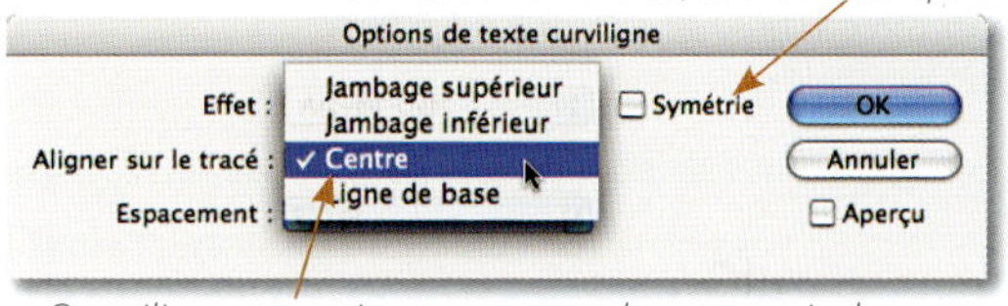

On utilise cette option pour centrer le texte verticalement.

Les positions particulières du texte curviligne

Illustrator propose des effets de positionnement des lettres du texte. On y accède par le menu **Texte/Texte curviligne** ou la rubrique **Effet** de la fenêtre **Option de texte curviligne**. On distingue : **Arc-en-ciel**, **Inclinaison**, **Ruban 3D**, **Marche d'escalier** et **Gravité**.

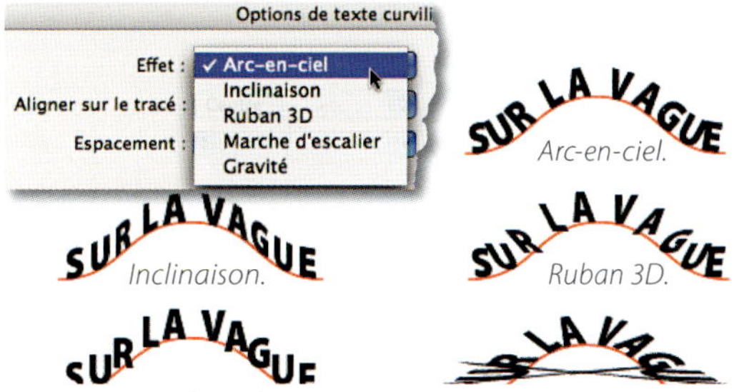

Arc-en-ciel. Inclinaison. Ruban 3D. Marche d'escalier. Gravité.

LE TEXTE EN CAMEMBERT

Il s'agit de réaliser un texte dont la composition comprend deux parties : celle du haut qui longe le haut du cercle ; celle du bas longe le bas du tracé tout en restant lisible à l'endroit (sans avoir à tourner la tête). Il faut donc travailler avec deux cercles, l'un sur lequel est saisi le texte du haut, l'autre (une copie du premier) sur lequel est saisi le texte du bas. Voici une méthode pour réaliser ce type de texte.

Le texte du haut

1. Tracez un cercle avec l'outil **Ovale** et la touche ⌥ (ou programmez sa taille). Dans le panneau **Caractère** (⌘T [Ctrl T]), réglez la typographie du texte.

2. Activez l'outil **Texte** curviligne et cliquez sur le bas du cercle ; centrez le texte horizontalement et effectuez la saisie : elle apparaît en haut du cercle

3. Ajustez les approches. Colorez le texte (en ajoutant un fond et un contour aux attributs **Texte**). Pour centrer le texte verticalement, utilisez la rubrique **Aligner sur le tracé** et son option **Centre** de la fenêtre **Options de texte curviligne** (menu **Texte/Texte curviligne**).

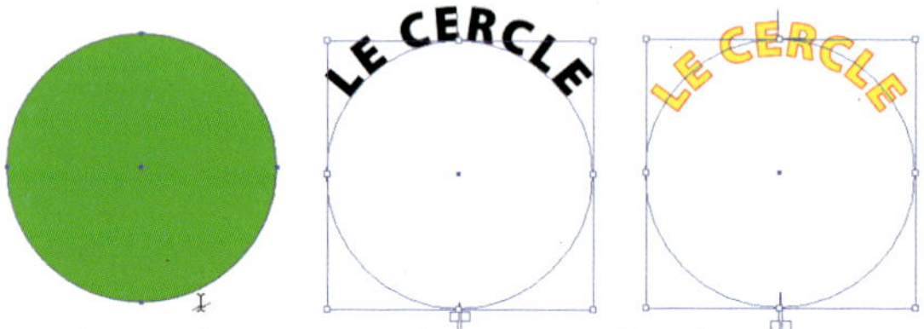

On clique en bas et on saisit le texte. *On colore et on centre verticalement.*

Le texte du bas

1. Quand le texte du haut est réglé, sélectionnez-le avec l'outil flèche, effectuez un double-clic dans l'outil **Rotation**, entrez une valeur de 180° et cliquez sur **Copier** pour conserver le texte du haut.

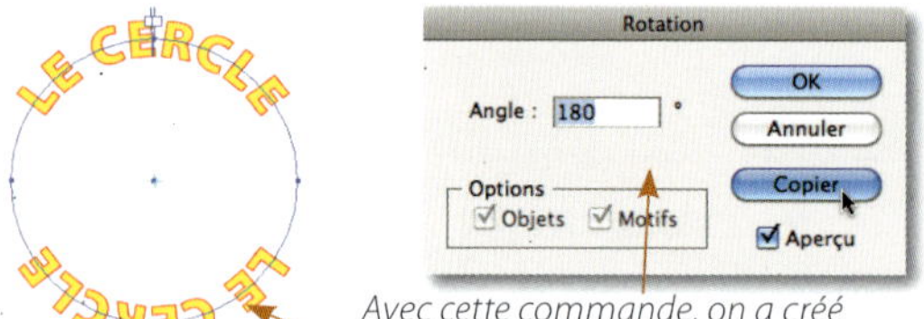

Avec cette commande, on a créé cette copie en bas.

2. Redresser le texte avec l'option **Symétrie** dans la fenêtre **Options de texte curviligne** (menu **Texte/Texte curviligne**). Modifiez ensuite la saisie du texte du bas.

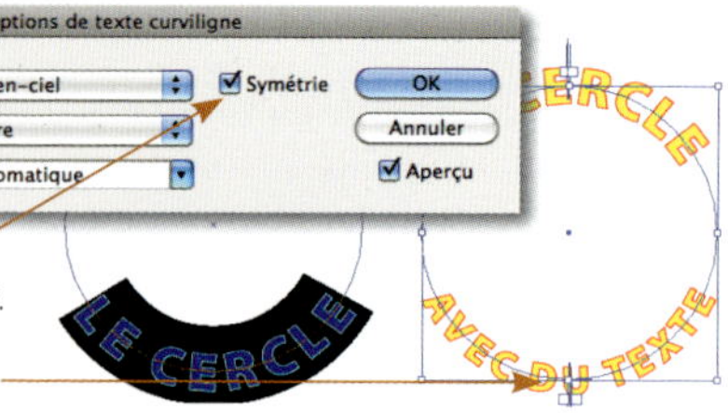

Avec cette option, on redresse le texte. On peut alors reprendre la saisie.

La coloration des cercles

1. Sélectionnez le cercle partiellement en l'encadrant une partie avec l'outil **Lasso**, puis complétement par ⌥ clic [Alt clic] dessus avec l'outil **Flèche blanche** (tous ses points doivent être sélectionnés).

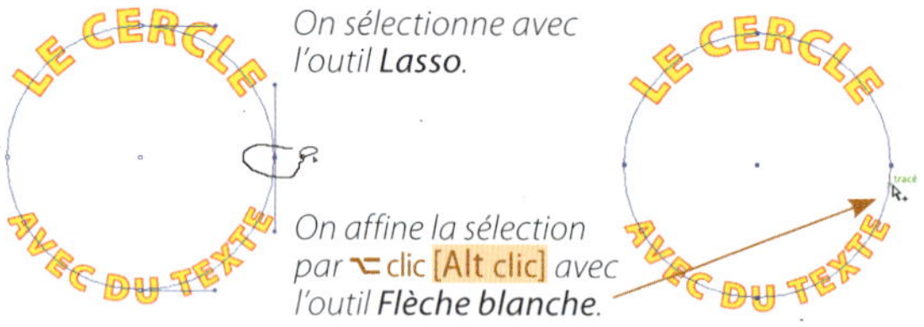

On sélectionne avec l'outil ***Lasso****.*

On affine la sélection par ⌥ clic [Alt clic] avec l'outil ***Flèche blanche****.*

2. Copiez-le et collez-le sur place (avec la commande du menu **Édition**). Enfin, envoyez-le à l'arrière-plan (en glissant son calque sous ceux des textes).

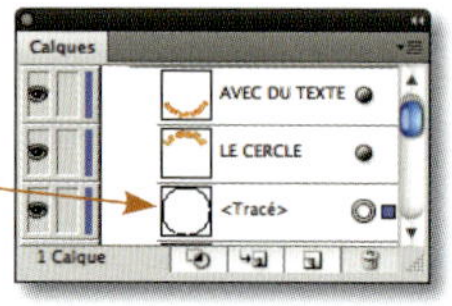

On a copié puis collé, on envoie à l'arrière-plan par glissement ici.

3. Affectez un contour coloré épais au tracé de manière qu'il déborde du texte. Dupliquez ce contour, augmentez l'épaisseur et changez la couleur de celui à l'arrière-plan.

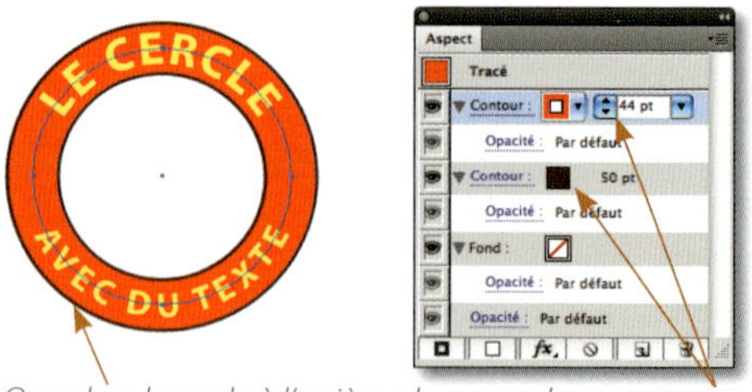

On colore le cercle à l'arrière-plan avec deux contours.

LES CHAÎNAGES DE TEXTES CURVILIGNES

Ils s'effectuent comme dans InDesign.

Le chaînage vers un tracé identique

Pour chaîner un texte curviligne, cliquez sur la marque de chaînage qui présente le signe + rouge (le curseur devient), cliquez à l'endroit de la page où doit apparaître la suite du texte : Illustrator affiche un tracé identique au précédent sur lequel il place la suite du texte ; une flèche (de la couleur du calque) matérialise le chaînage entre les deux tracés.

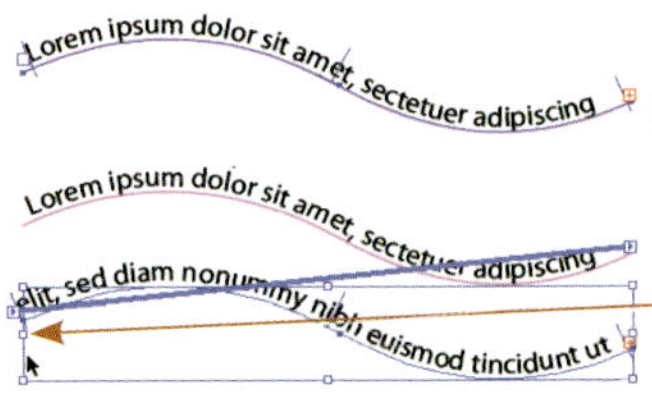

Pour voir la suite, il faut chaîner.

On a cliqué ici puis à l'endroit où la suite doit apparaître.

Astuce *Pour arrêter un chaînage en cours (icône active), cliquez dans l'outil **Flèche** ou tapez la lettre V.*

Si le texte n'est pas complet sur le second tracé, le signe + apparaîtra et il faut à nouveau chaîner. Pour effectuer les chaînages en série, quand le curseur est actif, enfoncez la touche ⌥ [Alt] : le curseur devient . Si vous cliquez sur le plan de travail, un nouveau tracé avec la suite du texte apparaît et le curseur reste disponible pour poursuivre le chaînage (avec ou sans la touche ⌥ [Alt]).

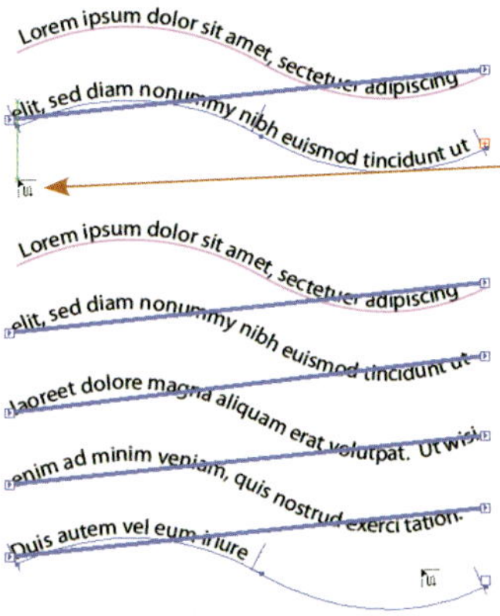

Pour obtenir cette icône de placement continu à partir de celui-ci , on enfonce ⌥ [Alt].

Si on clique en gardant ⌥ [Alt] enfoncée, on chaîne et on poursuit le chaînage jusqu'à la fin du texte.

Astuce *Illustrator montre les liens de texte qu'il est possible de masquer par la commande du menu **Affichage**.*

Le chaînage vers un tracé différent

Le chaînage peut se faire vers des tracés différents mais les tracés sur lesquels se place la suite du texte doivent être définis comme des supports de texte curviligne sinon Illustrator les utilise en captif. Il faut donc cliquer dessus avec l'outil **Texte curviligne**.

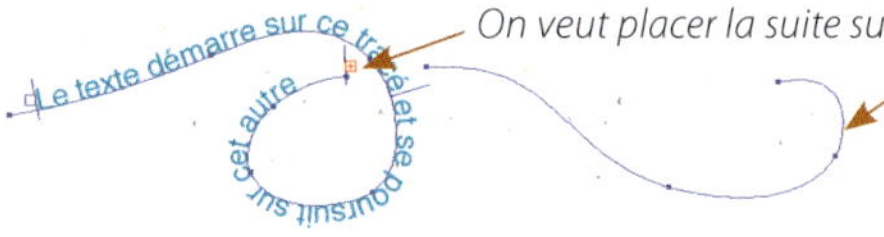

On veut placer la suite sur ce tracé.

Une fois cette préparation réalisée, sélectionnez l'ensemble des tracés et lancez la commande **Chaînage/Créer** du menu **Texte**. Vous pouvez aussi faire le chaînage manuellement en cliquant sur le signe + puis sur le tracé suivant avec le curseur qui devient .

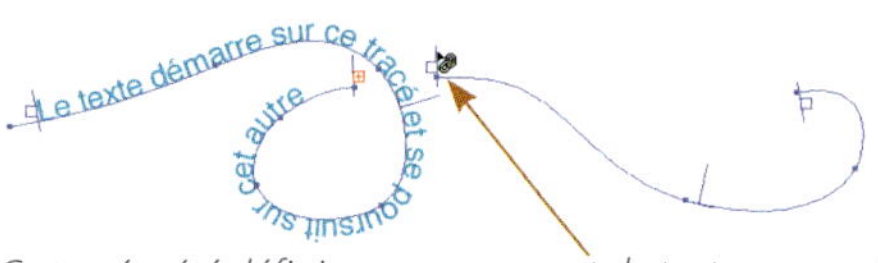

Ce tracé a été défini comme support de texte ; on peut chaîner.

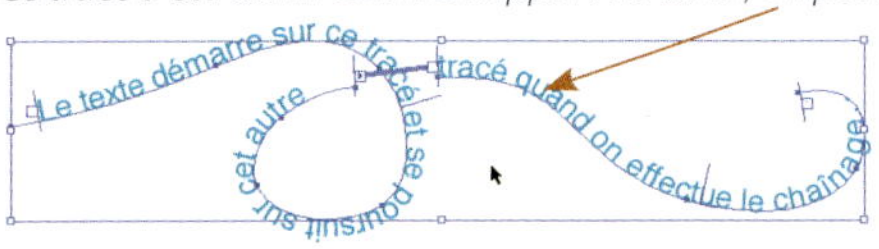

Attention *Les tracés utilisés dans un chaînage doivent être tels que celui qui renferme le début du texte est à l'arrière-plan et celui qui reçoit la fin est au premier plan. Éventuellement, changez l'ordre par le panneau **Calques**.*

Astuce *Vous pouvez préparer votre chaînage sur des tracés de texte curviligne vides, puis importer ou saisir le texte, mais respecter l'ordre des plans.*

Les manipulations de textes chaînés

À l'issue du chaînage vers des tracés identiques, si l'on n'a pas utilisé la grille ou les repères commentés, les tracés peuvent être mal positionnés. S'ils sont tous sélectionnés, ils peuvent être alignés ou espacés à partir des icônes du panneau **Alignement** ou du panneau **Contrôle**. Pour modifier sa typographie ou sa couleur, l'ensemble du texte chaîné doit être sélectionné à partir de l'un des tracés, soit par ⌘A [Ctrl A], si le point d'insertion se trouve dans le texte, soit par la commande **Série de blocs liés** du menu **Sélection/ Identique**. Tout changement peut provoquer une modification de la répartition du texte dans les différents tracés.

Le déchaînage d'un texte curviligne

Avec l'outil **Flèche** sélectionnez le texte pour afficher les marques de chaînage ; effectuez un double-clic sur celle affichant un triangle de suite ( ) : le signe + réapparaît à la fin du tracé, les autres tracés se vident mais ne disparaissent pas. Vous pouvez également déchaîner les textes liés en utilisant la commande **Annuler la sélection** du menu **Texte/ Texte lié**. Attention, **Supprimer le lien** a pour effet de déchaîner mais en rendant chaque partie de texte curviligne indépendante.

Les textes captifs

Les manipulations de textes captifs

Comme pour les manipulations de textes curvilignes, il est parfois préférable de travailler avec l'affichage **Contour** (⌘Y [Ctrl Y]) afin de visualiser les points d'ancrage et le contour du tracé.

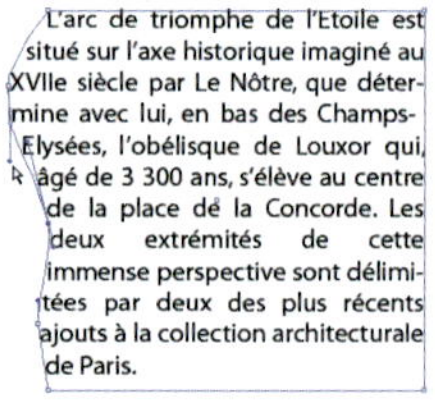

On peut modifier le tracé en ajoutant des points, en les déplaçant et en les convertissant.

Les transformations de texte captif

Lorsqu'on place un texte dans une forme, celui-ci est parfois trop long (le signe ⊞ l'indique) ou trop court par rapport au tracé. Vous pouvez modifier son encombrement en changeant ses attributs typographiques (corps, échelle, approche, interlignage...).

Si cela ne suffit pas ou ne donne pas satisfaction, vous pouvez chaîner sur une autre forme (*voir plus loin, le chaînage des textes*) ou modifier le tracé soit en le travaillant à la **Flèche blanche** (après une sélection avec le **Lasso**), soit en le transformant (manuellement par le cadre ou par les outils de transformation).

> **Astuce** *Les transformations (mise à l'échelle et rotation) effectuées à partir du cadre de sélection n'affectent que le tracé alors que celles faites avec les outils s'appliquent au texte et au tracé.*

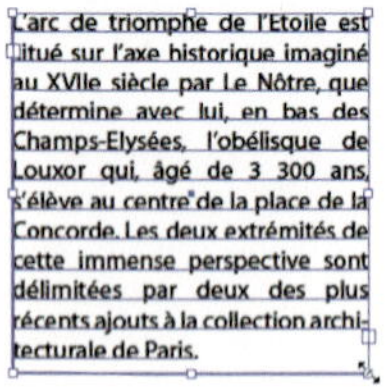

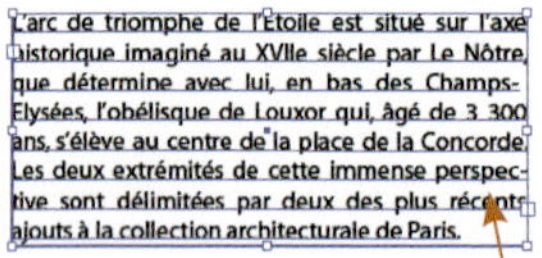

*Avec l'outil **Flèche**, on modifie le bloc seulement, avec l'outil **Transformation manuelle**, on change le texte et le bloc.*

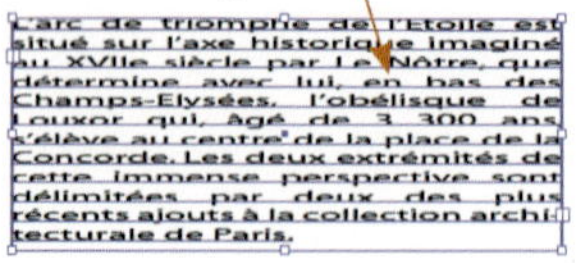

Les modifications de tracés

Un tracé de texte captif peut subir la plupart des traitements applicables aux tracés normaux : déplacement, alignement, ajout, suppression, conversion d'un ou de plusieurs points d'ancrage, application de l'outil **Crayon**...

Le chaînage des textes

Il s'effectue de deux façons selon la présence ou non des tracés et des textes. Le travail est totalement identique dans InDesign.

Le chaînage avant importation du texte

1. Tracez les formes qui doivent contenir le texte, l'ordre du dessin correspond à l'ordre de remplissage.

2. Sélectionnez les formes à chaîner et lancez la commande **Texte lié/Créer** du menu **Texte**.

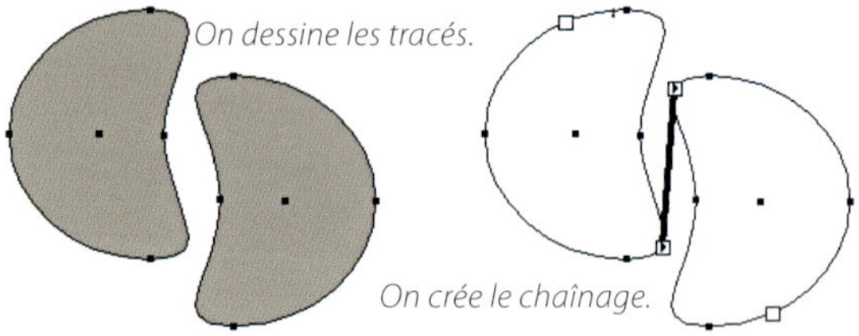

On dessine les tracés.

On crée le chaînage.

3. Avec l'outil **Texte**, cliquez sur l'une des formes, le point d'insertion se place dans la première forme dessinée.

4. Importez ou collez le texte, il coule dans les différents tracés en respectant l'ordre de dessin des tracés — éventuellement rectifiez la typographie ou la taille des blocs pour qu'ils se remplissent correctement.

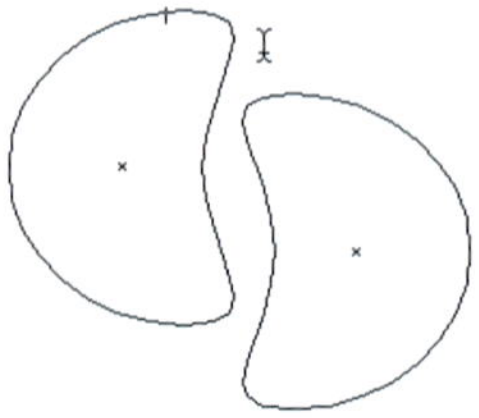

*On clique dans l'un des blocs avec l'outil **Texte**...*

...et on place le texte (collage, importation, saisie).

ASTUCE *Si l'ordre de remplissage n'est pas correct, sélectionnez le tracé dans le panneau **Calques** et changez-le de plan : le texte débute dans la forme la plus à l'arrière-plan.*

Pour la coloration des tracés : commencez par ajouter un blanc tournant à l'aide de la rubrique **Décalage** de la fenêtre **Options de texte captif** du menu **Texte**, puis, avec l'outil **Lasso**, sélectionnez les deux tracés et choisissez la coloration voulue.

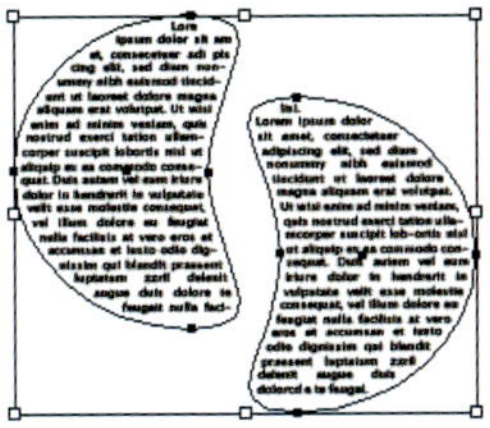

On décale le texte du tracé.

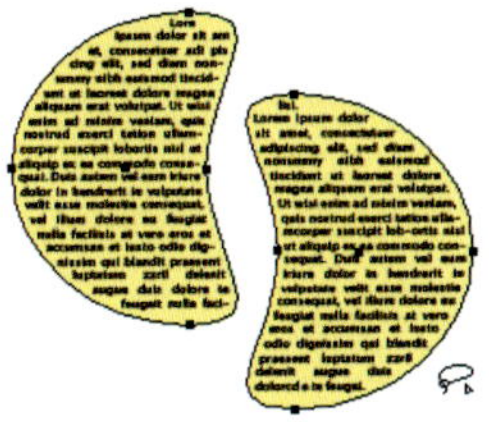

*On sélectionne les tracés avec l'outil **Lasso** et on colore.*

LE CHAÎNAGE D'UN BLOC CONTENANT UN TEXTE

Le chaînage vers un bloc identique

Il s'effectue comme pour le texte curviligne : sélectionnez le bloc de texte avec l'outil **Flèche**, cliquez sur la marque de chaînage avec le + rouge, le curseur devient ; cliquez à l'endroit où doit apparaître la suite du texte : un tracé identique au précédent (mais sans couleur ni espacement d'encart) s'affiche avec la suite du texte ; une flèche indique le chaînage.

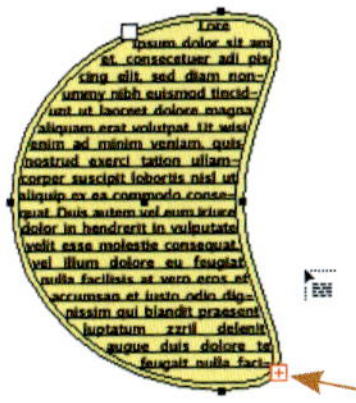

Ce bloc nécessite un chaînage.

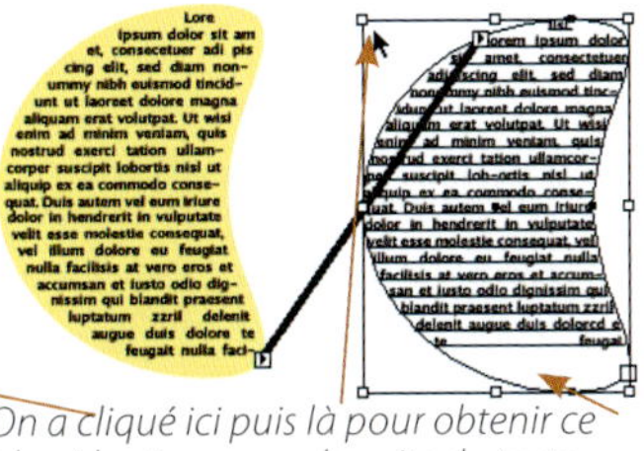

On a cliqué ici puis là pour obtenir ce bloc identique avec la suite du texte.

ASTUCE *Pour arrêter un chaînage en cours de route, avec l'icône cliquez dans l'outil **Flèche**.*

Les chaînages multiples

Pour effectuer un chaînage multiple, quand le curseur est actif, enfoncez ⌥ [Alt] (il devient), si vous cliquez, un tracé avec la suite du texte apparaît et le curseur reste disponible.

Le chaînage vers un autre tracé

Au lieu de cliquer avec l'outil , glissez-le pour tracer un cadre et ainsi créer un bloc rectangulaire. Vous pouvez aussi cliquer sur un autre tracé avec le curseur qui devient : le tracé sera automatiquement converti en bloc de texte.

LE DÉCHAÎNAGE DES BLOCS TEXTE

Le déchaînage classique

Il s'effectue en faisant un double-clic sur la marque de chaînage : les blocs qui suivent se vident et tout le texte passe dans le bloc sur lequel vous avez agi (le signe + l'indique). Si les blocs liés sont sélectionnés, vous pouvez aussi utiliser la commande **Annuler la sélection** du menu **Texte/Texte lié**.

Les blocs indépendants

Pour obtenir des blocs indépendants sans enlever le texte qu'ils contiennent, sélectionnez les blocs et lancez la commande **Supprimer le lien** du menu **Texte/Texte lié**. La flèche entre les blocs disparaît.

On a supprimé le lien entre ces deux blocs de texte.

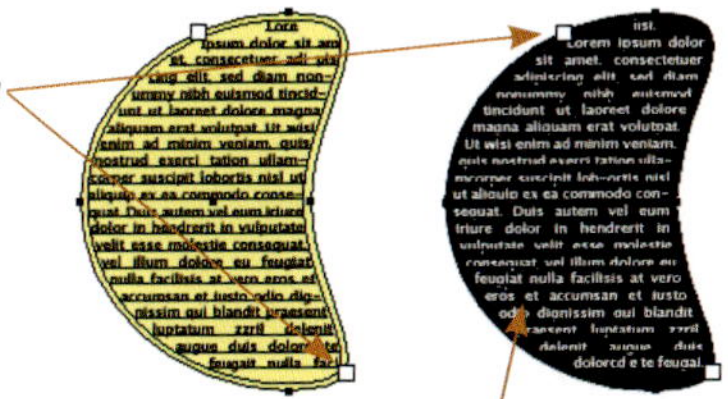

On peut les travailler indépendamment l'un de l'autre.

Les textes en colonnes

LES OPTIONS DU TEXTE CAPTIF

La façon la plus simple de gérer les textes en colonnes est d'utiliser la commande **Options de texte captif** du menu **Texte**. Elle permet de modifier l'allure du texte afin de le disposer en colonnes avec des réglages de largeur des colonnes (ou rangées), de leur gouttière (espace entre les colonnes) ainsi que leur mode de remplissage. Pour mettre en œuvre cette commande, tracez un cadre quelconque avec l'outil **Texte** ou sélectionnez un tracé contenant un texte captif et lancez la commande **Options de texte captif** afin de configurer l'encombrement du texte.

LES RÉGLAGES DU BLOC DE TEXTE

Dans **Options de texte captif**, réglez l'encombrement général du texte en entrant une valeur (avec l'unité voulue) dans la case **Largeur** de la rubrique **Colonnes** (ou **Hauteur** de la rubrique **Rangées**), le tracé change d'aspect ; si celui-ci comporte plusieurs colonnes (forcément égales), leur taille s'adapte en conséquence car la gouttière garde une taille fixe.

Si vous entrez une nouvelle valeur de gouttière, ce sont encore une fois les colonnes (ou les rangées) qui se modifient de façon à respecter l'encombrement total du texte sauf si vous cochez l'option **Fixe**.

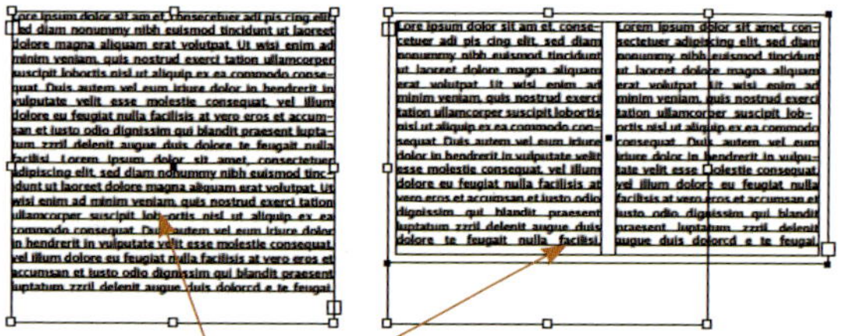

Pour mettre ce texte en colonnes, on utilise cette commande.

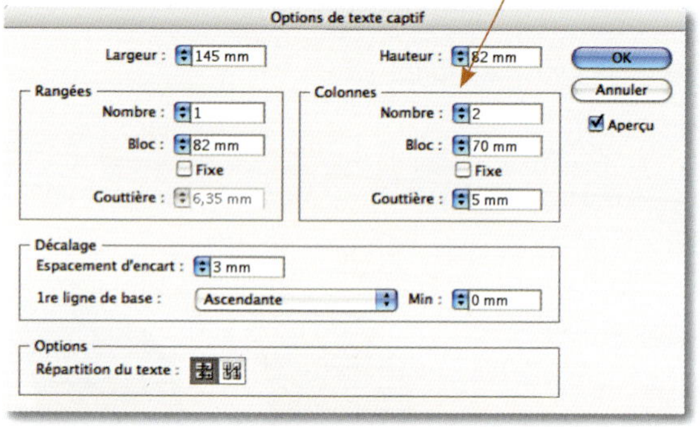

Les habillages

LE PRINCIPE

Si vous placez une illustration sur un texte, celui-ci ne sera plus lisible, partiellement tout au moins ; il y a alors deux possibilités.

Aucun habillage

Pour que le texte devienne lisible, l'illustration est placée en arrière-plan (au clavier : ⇧⌘) [⇧Ctrl)]), le texte se trouve alors en réserve ou défonce sur l'image.

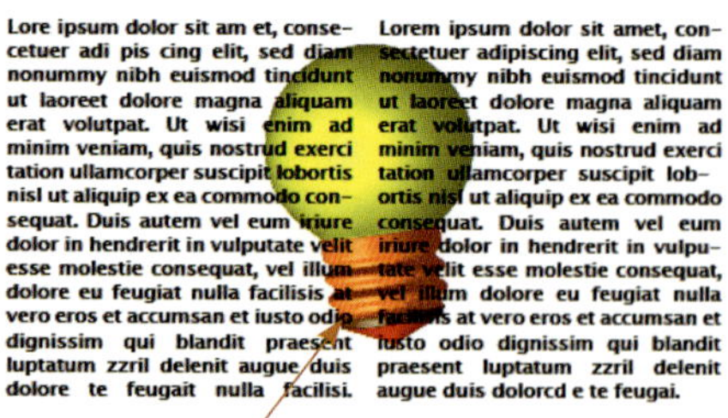

Ce dessin est à l'arrière-plan du texte.

Habillage de texte

Si vous demandez à Illustrator d'habiller l'illustration, le texte sera « chassé » ; la lecture du texte s'effectue en sautant par-dessus le tracé. Dans la plupart des cas, pour faciliter la lecture, l'illustration se trouve soit sur un bord du texte, soit à cheval sur deux colonnes ; ainsi le texte n'habille l'image que d'un seul côté. Cependant, si l'illustration n'est pas trop grande, il est possible de la placer au milieu du texte.

Ce dessin est habillé par le texte.

LES DEUX TYPES D'OBJET HABILLÉ

Deux cas à envisager : dans le premier, l'image à habiller est un dessin créé dans Illustrator (objet vectoriel) ; dans le second, il s'agit d'une illustration bitmap importée.

L'habillage d'un objet vectoriel

Pour obtenir l'habillage d'une illustration par un texte : placez celle-ci au premier plan au-dessus du texte, sélectionnez le texte et l'objet et lancez **Habillage de texte**, puis **Créer** du menu **Objet**. Illustrator habille le dessin par le texte avec un espacement entre le texte et le dessin dont la valeur est modifiable. En effet, pour régler le décalage de l'habillage, lancez la commande **Options d'habillage de texte** du menu **Objet/Habillage de texte**.

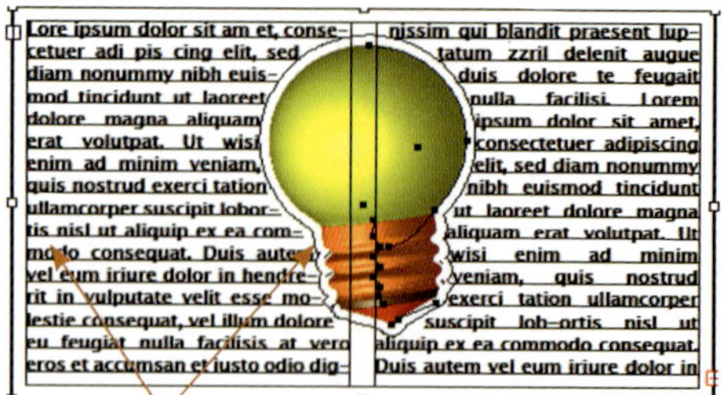

On sélectionne le texte et l'objet à habiller et on lance la commande d'habillage. On règle l'espace dans cette fenêtre.

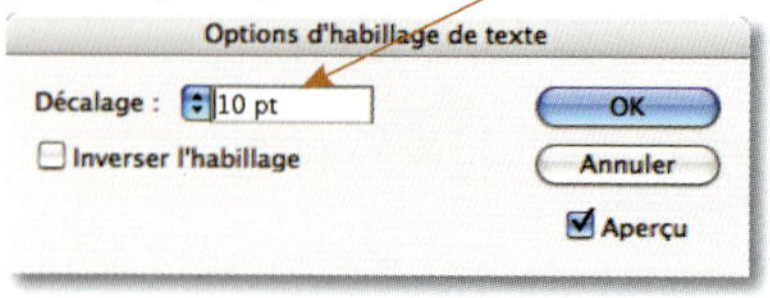

La commande **Options d'habillage de texte** du menu **Objet/Habillage de texte** comporte une option, **Inverser**, qui permet de placer le texte à l'intérieur du tracé. Dans ce cas, le décalage peut être négatif. Les couleurs de l'objet habillé pouvant empêcher la vision du texte, il est souvent souhaitable d'en créer une copie d'opacité nulle pour y placer le texte.

On a inversé l'habillage sur une copie de l'objet dont on a réduit l'opacité.

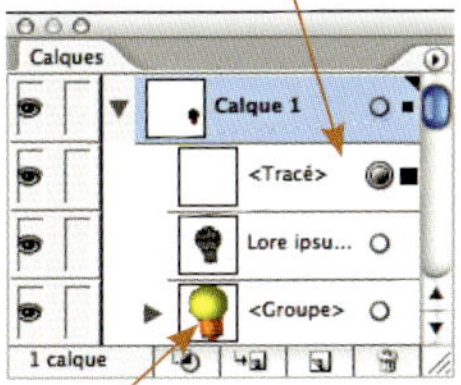

Le dessin initial a été placé à l'arrière-plan.

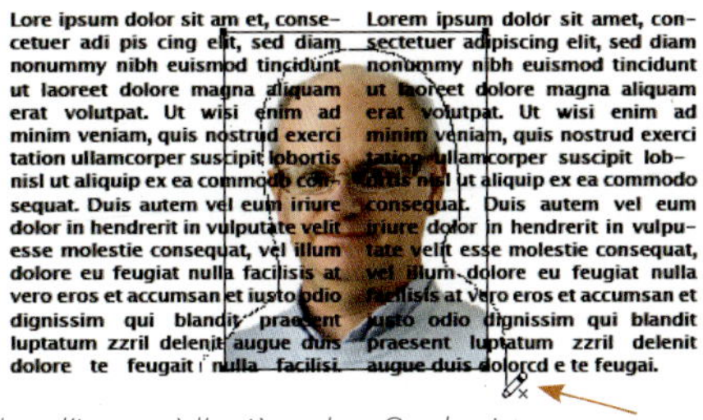

On place l'image à l'arrière-plan. On dessine, au crayon, un tracé sans couleur qui longe le bord de l'image.

L'habillage d'un objet pixellisé

Avec une image pixellisée importée ou créée dans Illustrator, cette méthode d'habillage n'est pas utilisable. En effet, si vous placez une image importée sur un texte, celle-ci ne peut pas être utilisée directement pour chasser le texte — sauf si la zone d'habillage doit être rectangulaire comme le bloc image.

Pour pallier ce problème, vous pouvez effectuer les opérations suivantes :

1. Placez l'image à l'arrière-plan du texte. Au-dessus du texte, dessinez avec l'outil **Crayon** ou **Plume** les contours de la zone de l'image qui doit être habillée par le texte. N'affectez à cet objet ni fond ni contour.
2. Lancez la commande **Habillage de texte** du menu **Objet**, puis réglez le décalage pour écarter le texte avec la commande **Options d'habillage de texte**.

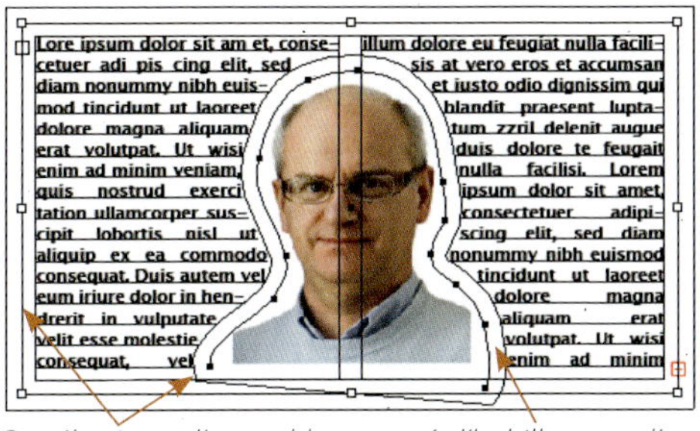

On sélectionne l'ensemble et on crée l'habillage que l'on règle. Une fois désélectionné, on voit ceci.

La vectorisation et la pixellisation

Les vectorisations d'un texte

La vectorisation transforme un texte en tracé. Elle s'effectue sur tous les types de textes. Illustrator propose trois méthodes : la première garde le texte éditable, la deuxième est plus classique, la troisième s'obtient par décomposition de l'aspect d'un texte.

La vectorisation éditable (par effet)

Le menu **Effet** comporte un effet **Vectoriser l'objet** (sous-menu **Tracé**) qui permet de simuler la vectorisation d'un texte ; cette commande n'est plus indispensable car la majorité des effets sont applicables sans vectorisation. Ce texte « vectorisé » reste éditable. Du fait des possibilités du panneau **Pathfinder** (les formes composées obtenues avec ⌥ [Alt]), la vectorisation d'un texte n'est pas nécessaire.

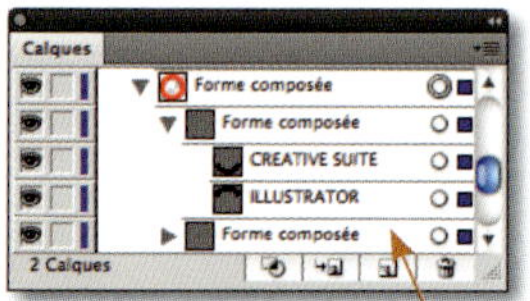

Ce texte non vectorisé fait une soustraction sur les tracés à l'arrière-plan.

Ici, le texte est dans une forme composée (obtenue avec ⌥ [Alt]).

De nombreux effets sont possibles sans vectoriser. Dans tous les cas, le texte est encore éditable et les effets modifiables à volonté par le panneau **Aspect**.

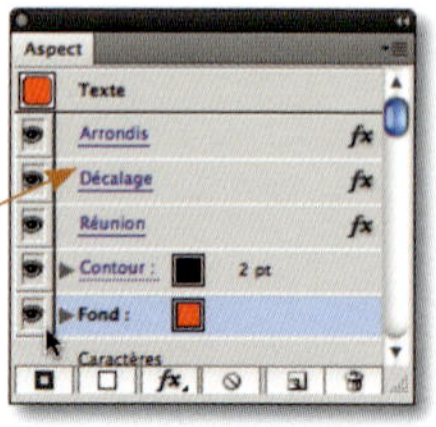

Ici aussi, le texte et son aspect restent éditables.

La vectorisation définitive

Avec ce type de vectorisation, on obtient des tracés et non plus un texte, ce qui assure une portabilité du document sur toutes les plates-formes mais empêche une modification de la saisie. En outre, les tracés peuvent être manipulés ou déformés notamment par les outils **Fluidité**.

Pour vectoriser, sélectionnez le texte avec l'outil **Flèche** (mais surtout pas avec l'outil **Texte**), lancez la commande **Vectoriser** du menu **Texte** (au clavier, tapez ⇧⌘O [⇧Ctrl O]). Le texte apparaît sous forme de tracé dont tous les points sont sélectionnés.

Le texte et le tracé issu de la vectorisation.

À l'issue d'une vectorisation, Illustrator associe toutes les lettres du texte vectorisé. Le panneau **Calques** le montre si vous affichez les sous-calques. Une sélection lettre par lettre se réalisera facilement à partir du panneau **Calques**.

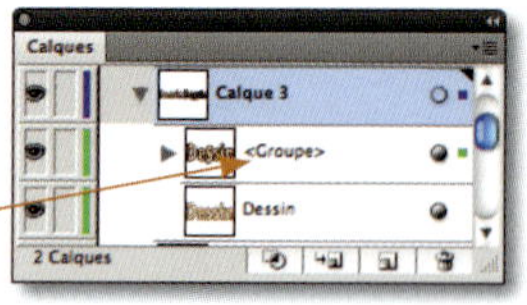

Une vectorisation s'accompagne d'une association des lettres qui restent facilement sélectionnables.

La vectorisation de textes curvilignes

Si un texte curviligne est situé sur un tracé auquel vous avez appliqué des couleurs ou des effets divers par l'intermédiaire du panneau **Aspect**, ce tracé ne disparaît pas lors de la vectorisation ; il est juste désolidarisé et garde ses attributs d'aspect.

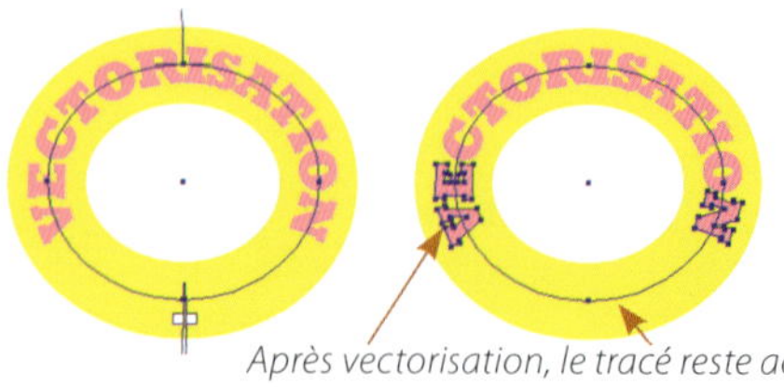

Après vectorisation, le tracé reste accessible.

Les tracés transparents

Quand Illustrator vectorise les textes, il applique à chaque lettre la commande **Tracé transparent**. Pour effectuer certaines opérations, vous devez impérativement annuler cette transparence, soit en lançant la commande **Annuler** du sous-menu **Tracé transparent** (menu **Objet**) ou en tapant ⌥⌘8 [Alt Ctrl 8].

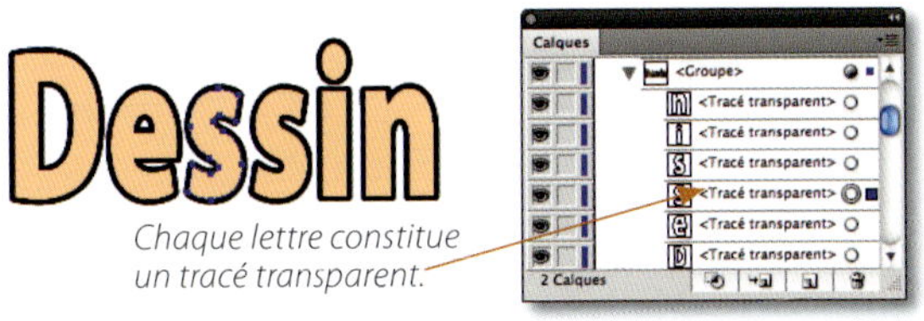

Chaque lettre constitue un tracé transparent.

Vous pouvez colorer sans annuler cette transparence en créant un groupe de peinture dynamique ; cependant, l'ensemble peut perdre ses couleurs, il faudra alors les réaffecter avec le **Pot de peinture dynamique**.

On peut colorer avec un groupe de peinture dynamique.

ATTENTION *Les colorations risquent de ne pas se réaliser correctement si le texte possédait des attributs particuliers. Dans ce cas, il est préférable de réduire à l'aspect de base avant de vectoriser.*

LA VECTORISATION PAR DÉCOMPOSITION DE L'ASPECT

Lorsqu'un texte possède des effets (avec une déformation, par exemple), une vectorisation classique donne un ensemble de lettres vectorisées (non déformées) associées dans un groupe sur lequel sont appliqués les effets précédents (la déformation).

Ce texte est déformé par ces effets.

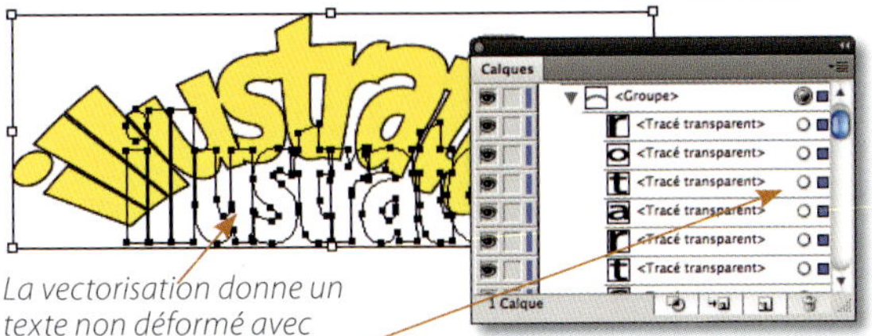

La vectorisation donne un texte non déformé avec un effet de déformation.

Si vous appliquez une décomposition de l'aspect, il y a également vectorisation, mais ici vous obtenez deux groupes (un pour le fond et un pour le contour, éventuellement un troisième pour la couleur des caractères), chacun d'eux comportant une série de lettres déformées.

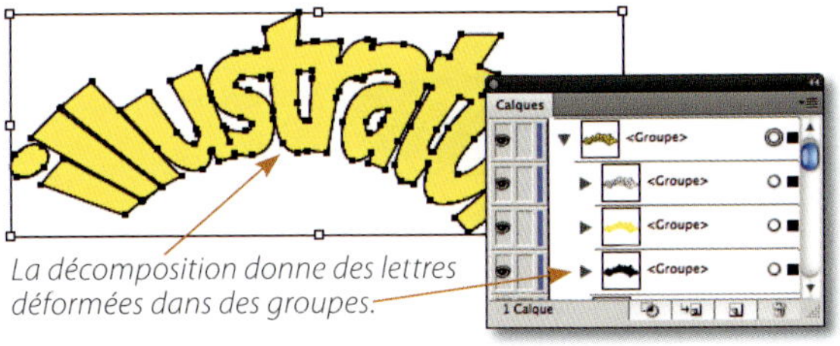

La décomposition donne des lettres déformées dans des groupes.

Les pixellisations d'un texte

Comme pour la vectorisation, la pixellisation peut être définitive ou simulée selon qu'elle est demandée par le menu **Objet** ou par le menu **Effet**.

LA PIXELLISATION DÉFINITIVE

La pixellisation définitive s'obtient par la commande **Pixellisation** du menu **Objet**. Elle permettra d'appliquer à un texte (devenu une image) des filtres qui ne s'appliquent qu'aux objets pixellisés ; c'est le cas notamment du filtre **Mosaïque** (sous-menu **Création**) dont nous reparlerons dans le chapitre suivant.

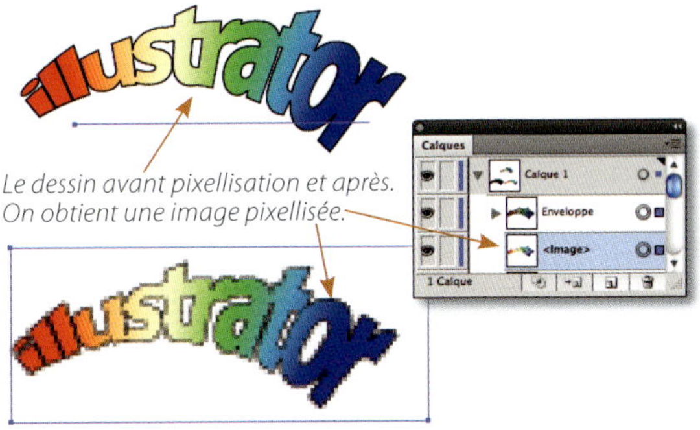

Le dessin avant pixellisation et après. On obtient une image pixellisée.

LA PIXELLISATION PAR L'EFFET

Il s'agit là d'une pixellisation qui n'est pas définitive puisqu'il est possible de modifier le réglage de pixellisation (voire de l'annuler) à partir du panneau **Aspect**. La fenêtre de réglage est identique à celle de la commande du menu **Objet**. Cet effet peut s'avérer utile dans certains cas. Voici deux exemples :

Des effets de pixellisation avec des résolutions différentes.

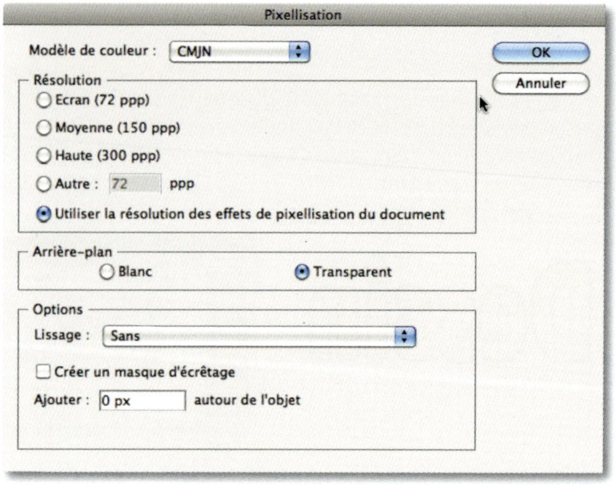

Les options de pixellisation.

- **Texte très pixellisé** : si vous souhaitez créer un texte d'aspect fortement pixellisé (avec des escaliers), il suffit de réduire fortement la résolution dans la fenêtre de réglage (par exemple 20).
- **Texte exporté en GIF ou JPEG** : quand un texte est enregistré pour le Web avec un format **GIF** ou **JPEG**, il subit une pixellisation à 72 dpi. Il peut être utile de lui appliquer l'effet **Pixellisation** pour mieux contrôler cette pixellisation et utiliser les options de lissage qu'elle propose.

PARTIE 7

Les images pixellisées

1 - La création d'images pixellisées

2 - L'importation d'images pixellisées

3 - Les traitements d'images pixellisées

1 - La création d'images pixellisées

La pixellisation

L'intérêt

La pixellisation est la transformation du vectoriel en bitmap. Elle n'a d'intérêt que pour appliquer quelques rares commandes destinées aux images bitmap. En effet, avec un document défini avec les couleurs RVB, de nombreux traitements sont applicables sans avoir à pixelliser l'objet, en utilisant les commandes du menu **Effets**.

L'intérêt d'appliquer, à un objet vectoriel, ***Pixellisation*** par le menu **Effet**, réside dans le fait qu'il permet de substituer sur cet objet, aux réglages de la commande ***Paramètres des effets de pixellisation du document***, ceux de la pixellisation appliquée ; ainsi tous les effets Photoshop appliqués après la pixellisation n'utilisent plus les ***Paramètres des effets de pixellisation du document*** (qui restent affectés sur les autres objets).

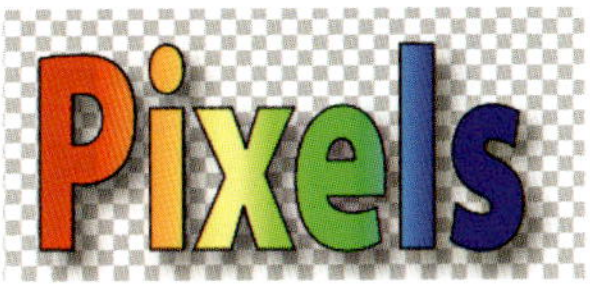

*On veut appliquer un effet Photoshop (**Vitrail**) sur cet objet.*

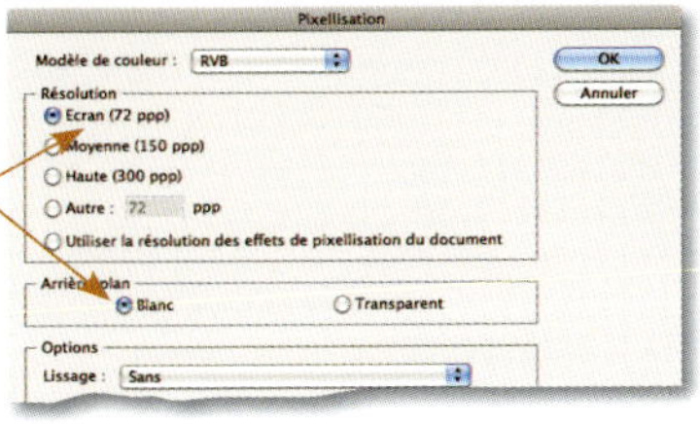

*L'effet **Vitrail**, ainsi que tous les objets du document ayant un effet, utilisent ces réglages.*

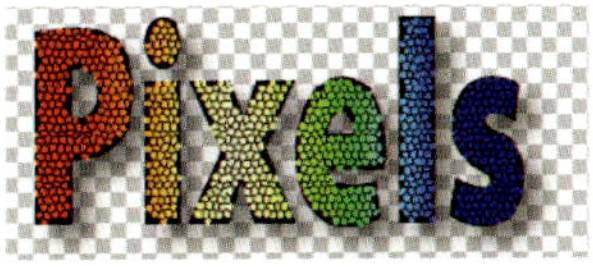

*Si on applique l'effet **Pixellisation** (avec les réglages ci-dessous), avant l'effet **Vitrail**, ce dernier les utilise.*

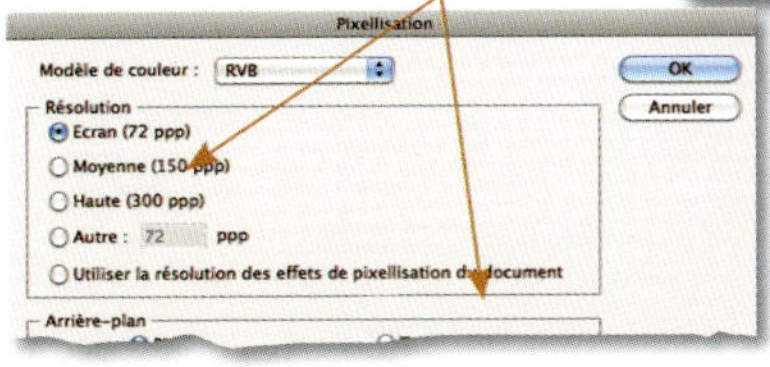

Le principe de la pixellisation

Illustrator est capable, avec la commande **Pixellisation** du menu **Objet**, de convertir un dessin vectoriel en dessin pixellisé. Lors de cette conversion, il faudra fixer certains paramètres. Si elle est nécessaire, la pixellisation peut se faire par l'intermédiaire de la commande Pixellisation du menu **Effet**. Les résultats sont visuellement identiques à ceux du menu **Objet** mais l'objet initial n'est pas modifié.

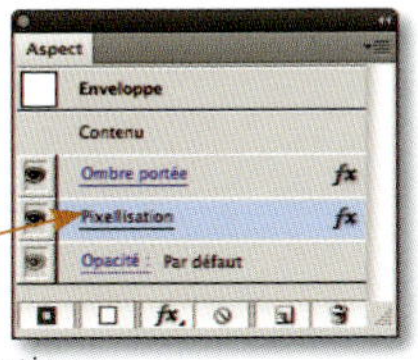

*La pixellisation par le menu **Effet** est identique à celle obtenue par le menu **Objet**.*

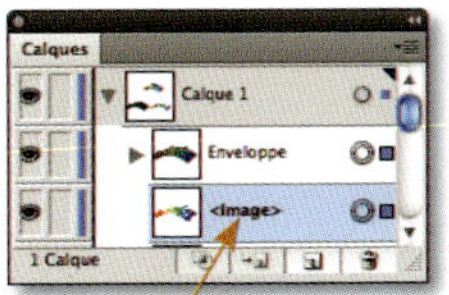

Ici, le contenu n'est plus modifiable, c'est une image.

Les réglages de la pixellisation

Ils s'effectuent dans la fenêtre **Pixellisation**. Vous devez définir les éléments suivants :

- le modèle colorimétrique ;
- la résolution ;
- l'arrière-plan ;
- l'aspect de l'image pixellisée.

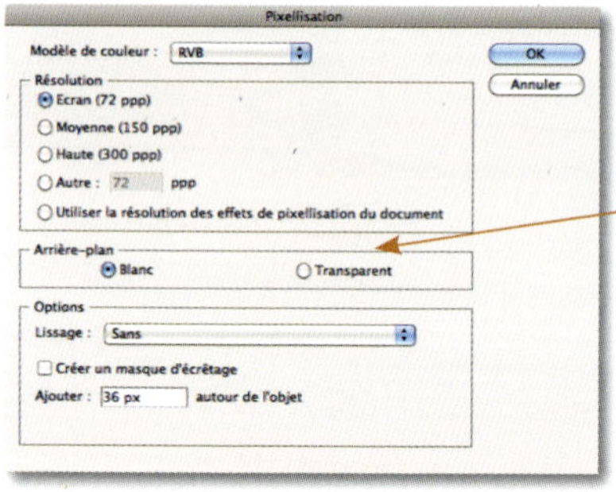

La fenêtre de pixellisation.

Le modèle colorimétrique des pixels

Chaque image bitmap, qu'elle soit importée ou créée par pixellisation dans Illustrator, utilise un modèle colorimétrique. La fenêtre de **Pixellisation** en propose trois : bitmap (ou noir et blanc), niveaux de gris, RVB (ou CMJN, selon le modèle colorimétrique du document).

Le modèle Bitmap

Ces images, appelées « images au trait », ne comportent que des pixels noirs (et des blancs si vous avez défini un arrière-plan blanc). Dans Illustrator, il est possible de remplacer les pixels noirs par des pixels d'une autre couleur à partir du panneau **Couleur**. Comme l'image bitmap est souvent granuleuse, lors de ce type de pixellisation, il ne faut pas hésiter à choisir une résolution très élevée (*voir plus loin*) pour avoir une trame plus fine.

Le modèle Niveaux de gris

L'image à niveaux de gris, appelée « simili », comporte des pixels dont la teinte peut prendre 256 valeurs de gris. Ce type de modèle, comme le précédent, convient aussi bien à des images destinées à être affichées sur un écran qu'à celles destinées à être imprimées.

Les modèles couleurs RVB ou CMJN

Couleurs RVB

Cette option n'est accessible que pour les documents définis avec les couleurs RVB. Ce modèle est particulièrement adapté pour les images destinées à être affichées sur un écran (Web).

Couleurs CMJN

L'option n'est accessible que pour les documents définis en CMJN. C'est ce modèle colorimétrique qu'il faut choisir pour les images à imprimer avec séparations en couleurs de la quadrichromie ; ce type de réglage est utile quand vous avez importé des images RVB dans un document CMJN. Certains filtres bitmap ne seront pas utilisables par les objets ayant ce modèle colorimétrique — il faudra convertir le document en RVB pour y accéder.

La résolution des pixels

Pour toute image pixellisée, qu'elle soit créée dans Illustrator par pixellisation ou importée, il convient de régler correctement la résolution.

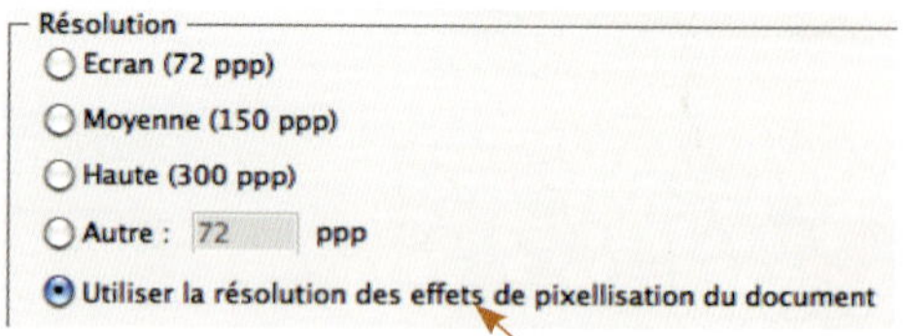

On peut adapter le choix de la résolution à celle des effets.

Illustrator permet de régler la résolution de pixellisation de manière identique à celle utilisée par les commandes du menu **Effet**, qui crée une pixellisation des objets vectoriels. Cependant, gardez à l'esprit que si vous pixellisez un élément par le menu **Objet**, il prend, au moment où il a été pixellisé, la valeur en cours de la résolution dans la fenêtre **Paramètres de pixellisation** du menu **Effet**. En revanche, s'il est pixellisé par le menu **Effet**, sa résolution change à chaque fois que vous modifiez le réglage des **Paramètres de pixellisation** du menu **Effet**.

Astuce *Pour ne pas être pénalisé par une lenteur d'affichage de certains effets, réglez les Paramètres des effets de pixellisation du document sur une valeur faible puis ajustez cette valeur sur l'utilisation finale en fin de travail.*

Résolution de 30 ppp.

Résolution de 72 ppp.

Résolution de 300 ppp.

La valeur de la résolution de pixellisation est fonction de l'utilisation finale de l'illustration.

La résolution des images à afficher (Web)

Il s'agit d'images multimédia ou Web qui ne seront affichées que sur un écran, la résolution de pixellisation doit être égale à celle de l'écran.

Résolution = 72 ppp (résolution écran)

La résolution des images à imprimer (Print)

Pour les images à imprimer, la résolution de pixellisation sera plus élevée, elle est fonction de la linéature de l'imprimante (ou trame d'impression : nombre de motifs de demi-teinte par pouce) qui dépend elle-même de la résolution de l'imprimante. On distingue les deux cas suivants :

– Image à niveaux de gris ou couleurs, destinée à l'imprimeur (édition, presse…) :

Résolution = Linéature × 2 × $\triangle$ %

$\triangle$ % = taux d'agrandissement ou de réduction que pourrait subir l'image une fois placée dans une mise en page.

– Image au trait (dite bitmap) à imprimer :

Résolution = 600 à 900 ppp × $\triangle$ %

Astuce *Si vous n'imprimez que sur une imprimante couleur jet d'encre, du fait qu'elle utilise une trame aléatoire et qu'elle convertit les couleurs, choisissez le modèle RVB et une résolution plus faible d'environ 200 à 250 ppp. Sur un même objet, vous pouvez appliquer plusieur fois l'effet Pixellisation avec différents réglages et n'afficher que celui qui vous intéresse pour le travail en cours.*

L'arrière-plan de l'objet pixellisé

Il peut être blanc ou transparent. L'un et l'autre présentent des avantages et des inconvénients.

Astuce *Pour différencier le fond blanc du fond transparent, utilisez la commande* ***Afficher le damier de transparence*** *du menu* ***Affichage****.*

Les pixels d'arrière-plan blancs

Ce type d'arrière-plan est parfois utile pour que l'application de filtres ou effet Photoshop s'effectue correctement.

Astuce *Si par la suite, ce blanc autour des pixels filtrés devient gênant, il sera possible (dans certains cas) de le faire disparaître en affectant à l'image le mode* ***Produit*** *(ou* ***Obscurcir****) à partir du panneau* ***Transparence****.*

Avec les filtres de coloration (**Conversion**, **Correction des couleurs**…), le blanc autour de l'objet subit le changement de coloration, ce qui n'est pas toujours du meilleur effet. Si vous envisagez ces types de filtres, pixellisez avec le fond transparent ; vous pourrez toujours pixelliser une seconde fois avec le fond blanc.

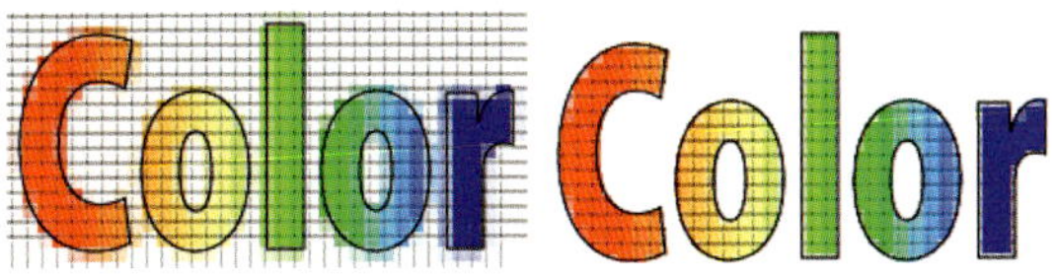

Le même effet avec ou sans fond blanc.

Les pixels d'arrière-plan transparents

Toute la partie extérieure à l'objet disparaît, ceci est souvent intéressant pour les superpositions avec d'autres objets. De plus, avec certains filtres, ce type d'arrière-plan permet de limiter l'application aux zones contenant des pixels (*voir ci-dessus*). En revanche, cette limitation peut donner des résultats bizarres avec certains filtres de type bitmap (**Verre**, **Océan**... de la série **Distorsion**).

L'aspect de l'objet pixellisé

Les lissages

Les options de lissage concernent principalement les textes (**Qualité du texte**). Elles augmentent ou atténuent les effets d'escalier qui peuvent apparaître à l'issue de la pixellisation. Avec certaines options, les bords seront légèrement flous.

De gauche à droite : le texte original, ***Qualité de texte*** *: simple puis fileté, et* ***Lissage*** *: texte optimisé, puis illustration optimisée.*

Le masque sur l'objet pixellisé

La fenêtre de pixellisation permet l'ajout d'un masque (**Créer un masque d'écrêtage**) qui provoque le détourage de l'image pixellisée de manière à masquer tout ce qui était extérieur au tracé initial.

Avec une pixellisation par le menu Objet

Le tracé de ce masque peut être manipulé indépendamment — on y accède par le panneau **Calques** — il pourra se voir affecter un contour ou être transformé par les filtres.

Avec une pixellisation par le menu Effet

Le masque n'est pas accessible, il n'a pour effet que d'empêcher l'expansion des effets bitmap appliqués à l'objet (tels qu'un flou). Pour placer un contour sur l'objet il suffira de n'appliquer la pixellisation qu'au fond de l'objet.

Pixellisations sans et avec l'option ***Créer un masque d'écrêtage****, l'effet* ***Flou gaussien*** *s'étale ou pas.*

> **Astuce** *Avec un texte, il faudra d'abord le vectoriser (par le menu* ***Texte*** *ou le menu* ***Effet/tracé****) pour qu'un masque puisse lui être associé.*

L'espace autour de l'objet

Si l'objet est pixellisé par le menu **Objet**, une augmentation de l'espace autour de l'objet permettra l'étalement des pixels produits lors de l'application de certains filtres ou effets (flou gaussien, par exemple). Sans cet espace, certains objets prendront un aspect tronqué à l'issue de l'application du filtre.

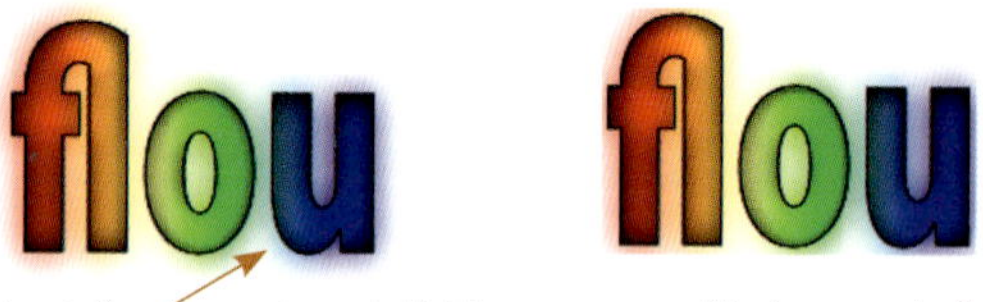

L'ajout d'espace autour de l'objet augmente l'étalement du flou.

2 - L'importation d'images pixellisées

L'obtention du fichier

Ouvrir ou importer l'image ?

Les placements classiques

Le placement d'un fichier-image s'effectue de plusieurs façons : par importation (**Fichier/Importer**), ou par ouverture (**Fichier/Ouvrir**).

- **Importer** : le fichier externe reste intact, il peut être lié ou non au fichier Illustrator selon que vous cochez ou non **Lien** dans la fenêtre **Importer**.
- **Ouvrir** : lors de la sauvegarde, changez le nom (ou le format) pour ne pas écraser le fichier d'origine.

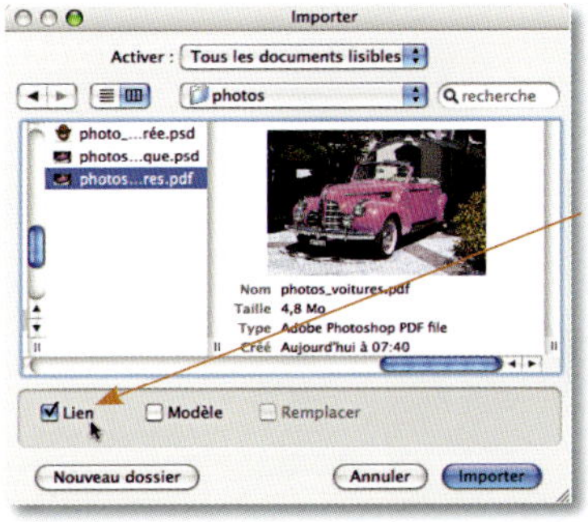

L'image peut être importée avec ou sans lien.

Le placement avec Bridge

Si vous avez affiché dans Bridge, le dossier contenant les images à importer, vous pouvez en glisser une ou plusieurs directement sur le plan de travail actif. Si vous enfoncez ⌥ [Alt] lors du glissement, l'image sera liée.

L'importation avec ou sans lien

Toutes les images liées ou non sont répertoriées dans le panneau **Liens** (affichée par le menu **Fenêtre**).

L'image sans lien ou incorporée

Quand une image est importée sans lien, on dit qu'elle est incorporée, c'est-à-dire qu'Illustrator n'a plus besoin du fichier pour réaliser son impression. Cette opération alourdit le fichier mais présente l'avantage de n'avoir qu'un seul fichier Illustrator autonome. Dans le panneau **Liens**, une image incorporée présente l'icône à droite de sa vignette qui n'a pas toujours de nom ; dans le panneau **Contrôle**, les boutons **Incorporer** et **Modifier l'original** sont inactifs.

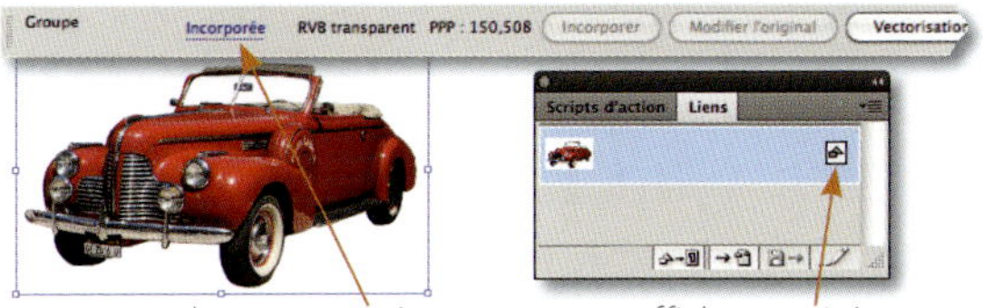

Image sans lien, incorporée ; ce panneau affiche cette icône.

L'image avec lien

Quand l'option **Lien** est cochée, Illustrator place un aperçu de l'image (barré d'une croix) et garde un lien avec le fichier externe qu'il utilise lors de l'impression et des mises à jour, si l'image est modifiée dans l'application où elle a été créée. Dans le panneau **Liens**, l'image liée n'a pas d'icône mais possède un nom (celui du fichier importé affiché également dans le panneau **Contrôle**). Toutes les icônes du bas du panneau sont accessibles (mise à jour du lien et édition de l'image) ; on retrouve ces fonctions par clic sur le nom du lien dans le panneau **Contrôle** qui propose également les boutons **Incorporer** et **Modifier l'original**.

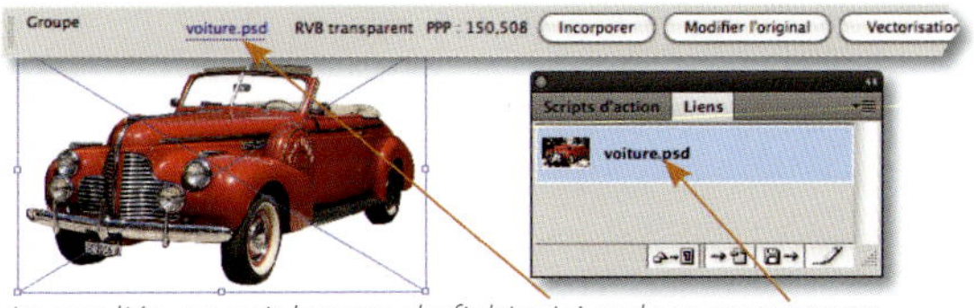

Image liée, on voit le nom du fichier ici et dans ce panneau.

Les types d'images

Les couleurs des images importées

Si vous importez une image RVB dans un document CMJN, elle est automatiquement convertie en couleurs CMJN en utilisant l'espace CMJN défini dans la commande **Couleurs** (menu **Édition**).

Les images et les calques

LES IMAGES MONOCALQUES OU MULTICALQUES

Pour Illustrator, les images se répartissent en deux catégories : les images monocalques et les images multicalques avec ou sans compositions de calques.

Les images monocalques

Il s'agit d'images pour lesquelles les calques de Photoshop ont été aplatis en un seul calque. Ces images peuvent avoir différents formats. Parmi les plus courants : **EPS**, **GIF**, **JPEG**, **PDF**, **PSD** et **TIFF**.

Les images multicalques et avec compositions

Il s'agit d'images pour lesquelles les calques de Photoshop n'ont pas été aplatis. L'image doit être enregistrée au format **PSD** et peut comporter des compositions de calques. Lors de l'importation, Illustrator propose de choisir la composition souhaitée dans un menu local, et de conserver les calques en les convertissant en objets Illustrator (cas d'une image sans lien) ou de les fusionner en une seule image.

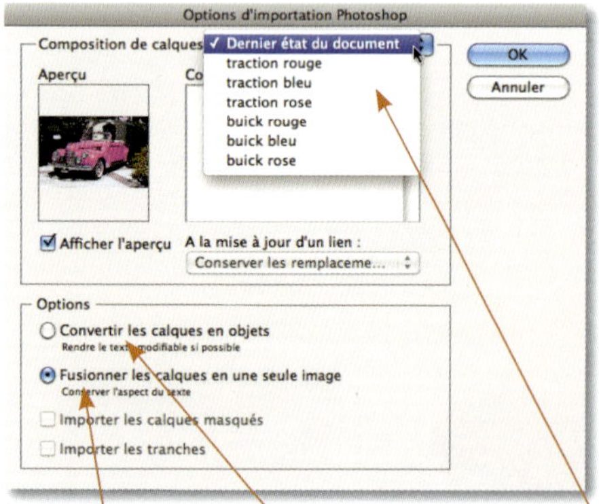

On fusionne ou on importe les calques (convertis). *On peut choisir une composition de calques de Photoshop.*

ASTUCE *Bien que les formats **PDF** et **TIFF** issus de Photoshop soient capables de conserver les calques, ceux-ci sont fusionnés lors d'une importation dans Illustrator.*

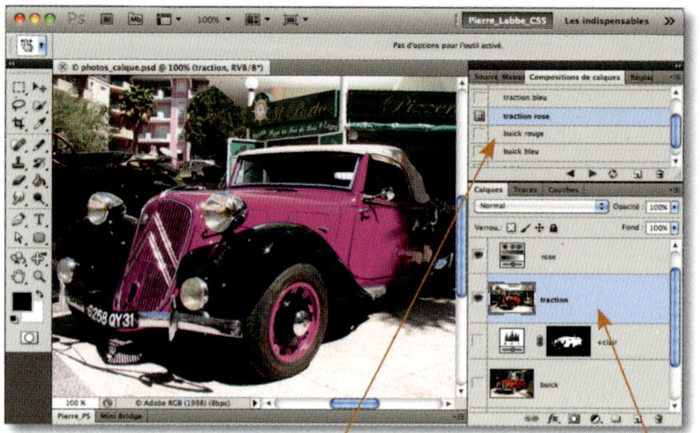

Le document Photoshop avec ses compositions et ses calques.

LA FUSION DES CALQUES PHOTOSHOP EN UNE IMAGE

Selon la composition de calques sélectionnée, les calques sont aplatis en un seul. Dans le panneau **Liens**, une seule image est listée ; de même, dans le panneau **Calques**, il n'apparaît qu'un groupe contenant un calque-objet qui porte le nom du fichier importé.

L'image importée sans lien avec les calques fusionnés (une seule image).

LA CONVERSION DES CALQUES PHOTOSHOP EN OBJETS

Toujours en fonction de la composition de calques sélectionnée, chaque calque de Photoshop apparaît à la fois dans le panneau **Liens** sous forme d'image importée, et, dans le panneau **Calques**, comme sous-calque du calque portant le nom du fichier importé. Si vous importez les calques masqués, ils apparaîtront également masqués dans Illustrator.

Chaque image est manipulable séparément — il suffit de prendre soin de verrouiller ou de cacher les calques que l'on ne souhaite pas modifier. Les sélections s'effectuent par le panneau **Calques** ou par isolation du groupe par double-clic dessus avec l'outil **Flèche noire**.

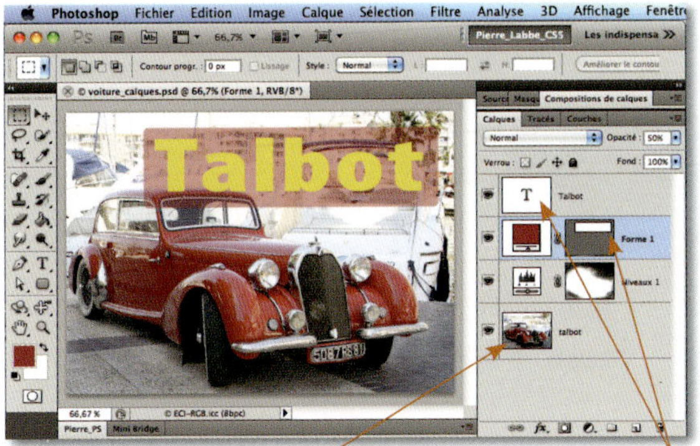

Cette photo comporte une image bitmap et des calques vectoriels (texte et forme). Il y a également un calque de réglage.

Importée dans Illustrator, l'illustration comporte les calques de Photoshop. On peut les éditer.

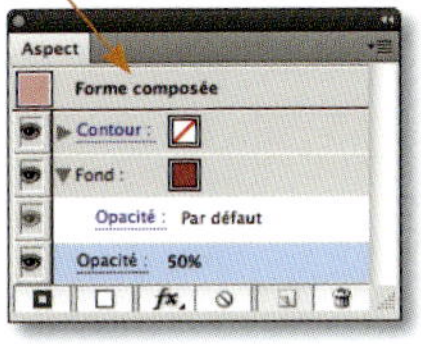

Le calque de réglage a été fusionné avec l'image.

Lors de l'importation, il peut y avoir fusion en un seul calque en raison de la présence de certains éléments :

- calque avec le mode de fusion **Fondu** ;
- calque d'un masque d'écrêtage ;
- calque de réglage au-dessus d'un calque vectoriel (tel qu'un calque de texte ou de forme) ;
- calque utilisant un perçage ;
- calque comportant des pixels transparents et le mode de fusion **Densité couleur -**, **Densité couleur +**, **Différence**, **Densité linéaire -**, **Densité linéaire +**, **Lumière vive**, **Lumière linéaire** ou **Lumière ponctuelle** ;
- calque avec effets de calque ;

Tout calque masqué nécessitant une fusion est supprimé.

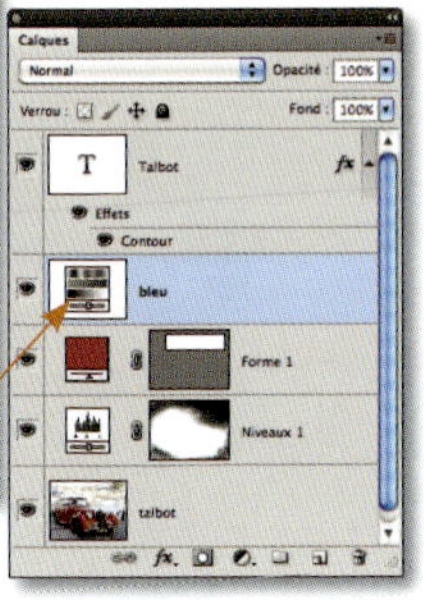

Ce document Photoshop comporte un calque de réglage au-dessus d'un calque vectoriel (Forme 1).

Importée dans Illustrator, l'illustration n'apparaît que sur un calque (il y a eu fusion des calques).

Ci-dessous, il n'y a pas eu fusion car, dans Photoshop, on a glissé le calque de réglage sous le calque vectoriel de cette forme.

Le texte est devenu éditable dans Illustrator.

> **Astuce** *Lors de ce type d'importation, seuls les calques situés en dessous du premier calque visible de Photoshop sont importés. Les calques de réglages sont appliqués mais n'apparaissent pas dans Illustrator.*

Les images détourées dans Photoshop

Les images détourées par un tracé-masque

Dans Photoshop, l'image peut être détourée par un tracé défini comme masque dans le panneau **Tracés** de Photoshop. Pour que le tracé agisse dans Illustrator, l'image doit être enregistrée au format **EPS**, **PSD** ou **PDF** .

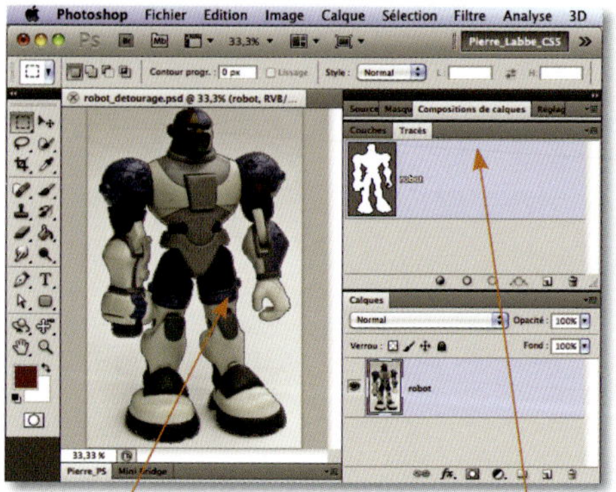

Ce document Photoshop est détouré par ce tracé défini en masque.

ASTUCE *Le tracé doit être transformé en masque par la commande **Masque** du menu du panneau **Tracés** de Photoshop.*

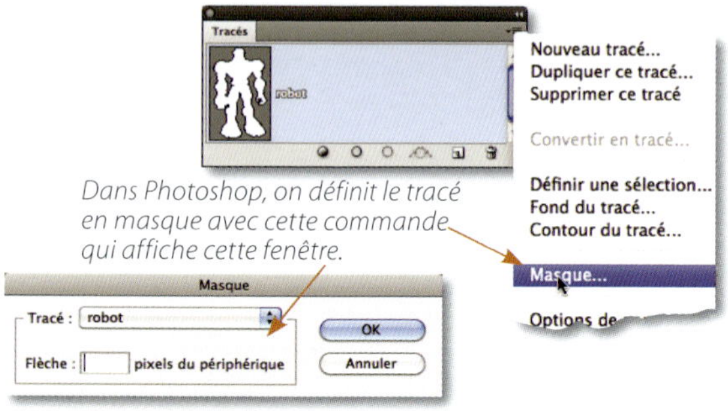

Dans Photoshop, on définit le tracé en masque avec cette commande qui affiche cette fenêtre.

Si vous importez, avec l'option **Lien**, une image détourée par un tracé (défini en masque Photoshop), Illustrator l'affiche correctement détourée mais en revanche, le tracé n'est pas visible ni accessible dans le panneau **Calques**. Il le deviendra si vous rompez le lien en incorporant l'image au document Illustrator.

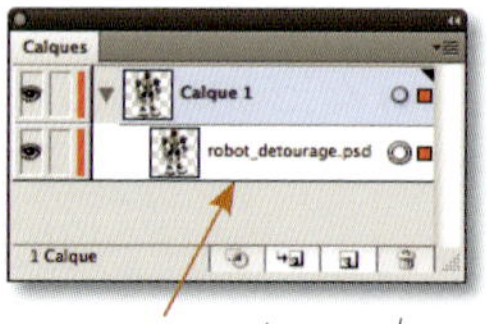

Ce panneau ne montre pas de tracé de détourage bien que l'image liée apparaisse détourée dans Illustrator.

Si vous importez sans lien, le tracé est visible et pourra éventuellement être modifié (il joue le rôle de masque sur la photo).

Le panneau **Calques** montre un groupe contenant d'une part une image et d'autre part un tracé défini en masque sur cette image (comme lorsque l'image est importée sans lien).

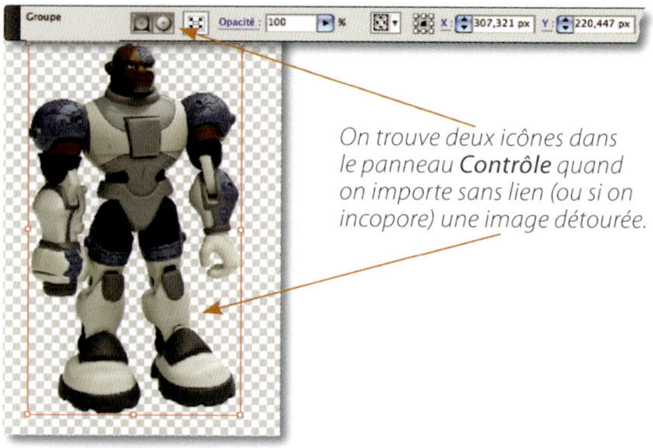

*On trouve deux icônes dans le panneau **Contrôle** quand on importe sans lien (ou si on incopore) une image détourée.*

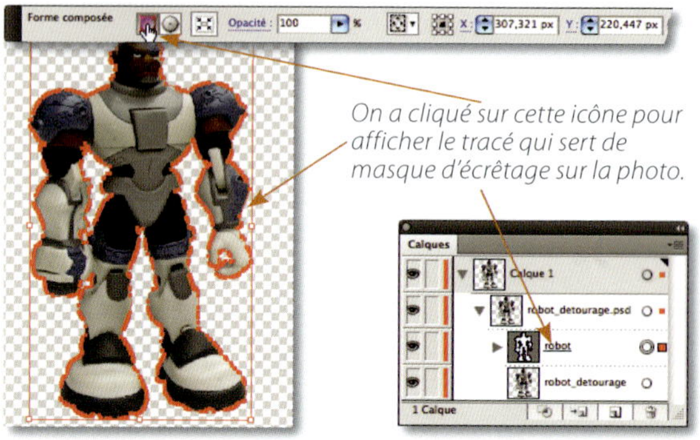

On a cliqué sur cette icône pour afficher le tracé qui sert de masque d'écrêtage sur la photo.

LES IMAGES DÉTOURÉES PAR UN MASQUE VECTORIEL

Dans Photoshop, si vous utilisez un tracé pour réaliser un masque vectoriel sur le calque de la photo, vous obtiendrez, lors de l'importation dans Illustrator, le même résultat qu'avec le tracé-masque de Photoshop (mais sans qu'il soit nécessaire de définir le tracé en masque dans Photoshop).

LES IMAGES DÉTOURÉES PAR UN MASQUE DE FUSION

Dans Photoshop, le contenu d'un calque peut être détouré par un masque de fusion. Si le document Photoshop est enregistré au format **PSD**, puis importé dans Illustrator sans cocher l'option **Lien** mais avec l'option **Convertir les calques Photoshop en objets**, le panneau **Liens** affichera deux images pixellisées pour le calque avec le masque de fusion (l'une pour le calque et l'autre pour le masque).

Le panneau **Calques** montre deux sous-calques imbriqués, le premier porte le nom du fichier importé, le second le nom attribué au calque dans Photoshop. Le masque de fusion de Photoshop apparaîtra sous la forme de masque d'opacité et sera visible dans le panneau **Transparence** à condition de cibler le calque-objet du masque (souligné).

La gestion d'images importées

La gestion des liens

Illustrator utilise le lien pour comparer le fichier placé dans le document Illustrator et le fichier externe ; à l'ouverture, s'il constate des différences, il les signale (fichiers manquants) ou fait les mises à jour (fichiers modifiés, *voir plus loin*).

Le panneau **Liens**, que l'on peut afficher en cliquant sur les mots **Fichier lié** situés à gauche du panneau **Contrôle**, indique également l'état du fichier à l'aide d'une icône à droite du nom de l'image :

*En cliquant ici, on affiche le panneau **Liens** qui montre l'état des fichiers.*

- ⚠ indique que le fichier externe a été modifié ;
- ● indique que le fichier est manquant.

Les informations sur l'image importée

Illustrator fournit des informations à différents endroits :

- Panneau **Contrôle** : il affiche la résolution et le nom du fichier (avec sa position sur le disque en plaçant la souris dessus). Il s'agit de la résolution apparente : en effet, si vous redimensionnez l'image, la résolution est mise à jour. D'autres renseignements sous forme d'un panneau apparaissent à partir du menu déroulé en cliquant sur le nom.

La résolution est indiquée ici, et là la position sur le disque.

- Panneau **Liens** : par double-clic sur la vignette de l'image, une fenêtre affiche des renseignements.

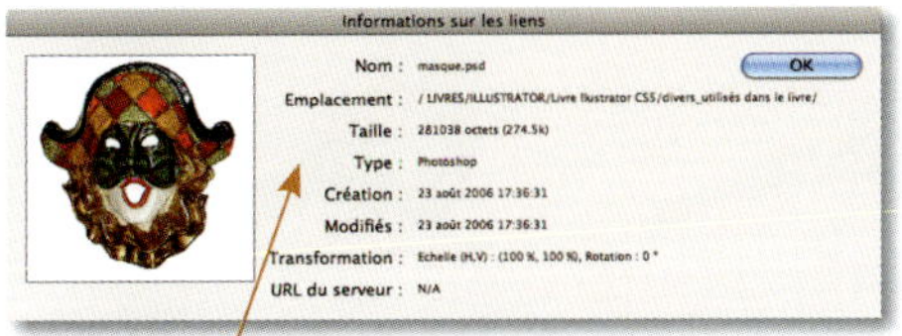

*On affiche ces informations par double-clic sur la vignette dans le panneau **Liens**.*

- Panneau **Infos sur le document** (menu **Fenêtre**) : il reprend les informations précédentes sur la sélection ou sur toutes les images (liées ou incorporées) du document. Le panneau indique également la résolution (apparente) et le modèle colorimétrique.

ASTUCE *Pour les images importées au format **EPS**, hormis la position sur le disque, aucun renseignement n'est indiqué puisque l'image est encapsulée.*

Pour faire l'inventaire des images importées dans le document, sans sélection, affichez le panneau **Infos sur le document** et utilisez les rubriques **Images liées** ou **Images incorporées**. Vous pouvez aussi lancer **Enregistrer** du menu du panneau : un fichier d'informations sera créé, il est possible de l'ouvrir avec TextEdit [WordPad] afin de trouver les informations nécessaires sur les images importées.

L'incorporation d'une image liée

Une fois l'image sélectionnée sur le plan de travail ou dans la liste du panneau **Lien**, l'incorporation s'effectue par le bouton **Incorporer** du panneau **Contrôle** ou par la commande **Incorporer l'image** du menu du panneau **Liens**. L'apparition de l'icône ▣ et la disparition du nom de l'image indiquent la rupture du lien.

Cependant, si l'image est multicalque ou comporte des compositions de calques, la fenêtre d'importation se réaffiche : vous pouvez alors choisir une autre composition de calque et la conversion des calques en objets ou leur fusion en une seule image. L'incorporation du fichier peut également être réalisée lors de l'enregistrement du fichier au format natif d'Illustrator (.ai) ou au format **Illustrator EPS** ; dans ce cas, la mise à jour du panneau **Liens** ne sera visible qu'à la réouverture du document.

ASTUCE *Si vous appliquez la commande **Pixellisation** du menu **Objet** à une image liée, Illustrator l'incorpore automatiquement dans le document.*

Le remplacement d'une image

Deux cas sont à envisager, le remplacement d'une composition de calques par une autre ou le remplacement du fichier actuel par un autre fichier.

LE CHANGEMENT DE COMPOSITION

Il n'existe pas, comme dans InDesign, de commande pour réaliser directement cette opération. Effectuez donc les manipulations suivantes :

1. Sélectionnez l'image liée et lancez la commande **Rééditer le lien** par clic sur le nom du fichier lié dans le panneau **Contrôle** ou par clic sur l'icône du panneau **Liens**.

On sélectionne la photo liée et on lance la commande.

2. Cette commande affiche la fenêtre **Importer** dans laquelle vous devez choisir le fichier de l'image sélectionnée afin de retrouver les options d'importation et y choisir la nouvelle composition.

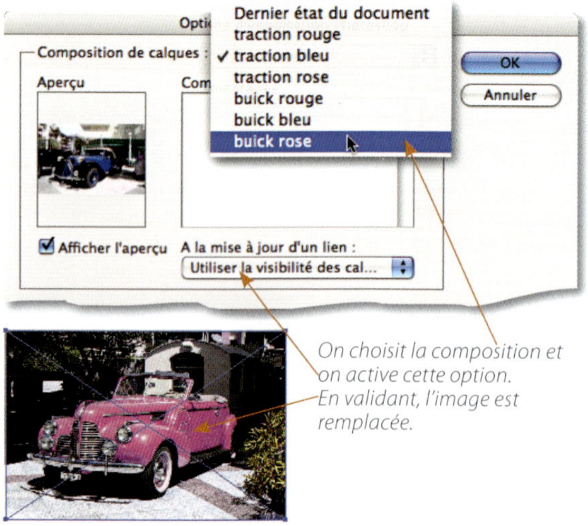

On choisit la composition et on active cette option. En validant, l'image est remplacée.

ATTENTION *La nouvelle composition ne remplace l'ancienne que si l'option* ***Utiliser la visibilité des calques Photoshop*** *est sélectionnée à la rubrique* ***À la mise à jour d'un lien*** *dans la fenêtre* ***Options d'importation Photoshop*** *(voir ci-dessus).*

LE REMPLACEMENT DU FICHIER

Comme précédemment, il s'effectue par la commande **Rééditer le lien**. Si l'image qui remplace est importée avec un lien et a des dimensions différentes de celles qu'elle remplace, des options de positionnement sont disponibles. On les affiche par la commande **Options de positionnement** dans le menu local du panneau **Liens** ou du menu déroulé sur le nom de l'image dans le panneau **Contrôle**.

Par défaut, l'option **Transformation** est active, elle provoque le remplacement sans modification. Les autres options ne seront utilisables après remplacement que si vous avez sélectionné l'une d'entre elles avant de lancer **Rééditer le lien**.

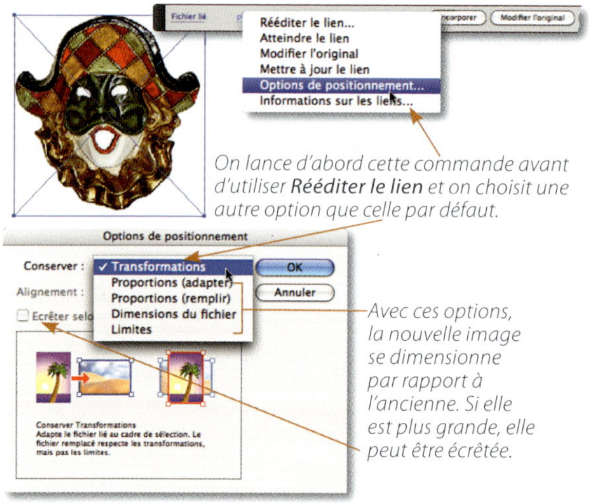

On lance d'abord cette commande avant d'utiliser ***Rééditer le lien*** *et on choisit une autre option que celle par défaut.*

Avec ces options, la nouvelle image se dimensionne par rapport à l'ancienne. Si elle est plus grande, elle peut être écrêtée.

Une fois l'image remplacée, relancez **Options de positionnement** pour utiliser l'option voulue.

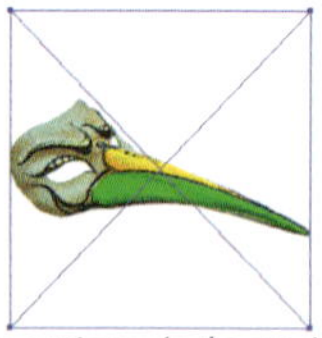

Proportions (adapter) : mise à l'échelle sur la largeur.

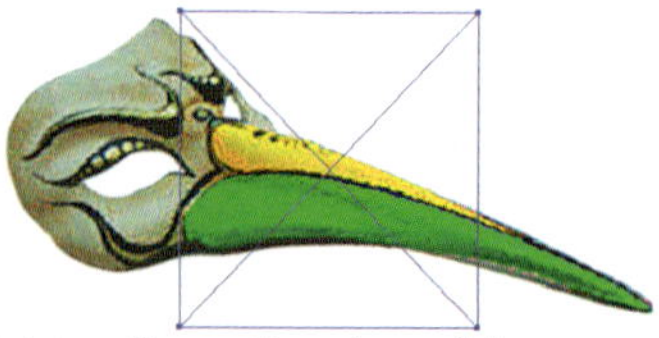

Proportions (remplir) : mise à l'échelle sur la hauteur.

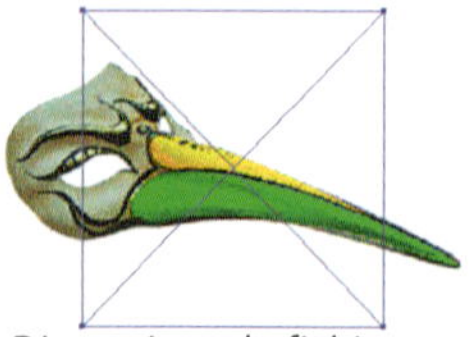

Dimensions du fichier : pas de transformation.

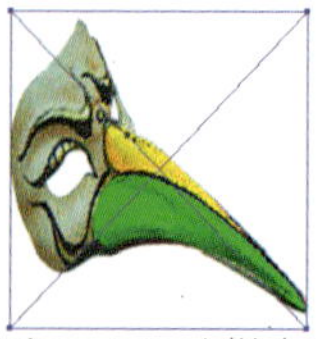

Limites : mise à l'échelle non homothétique.

Les modifications et les mises à jour d'images

L'IMAGE AVEC LIEN

Pour éditer l'image liée dans Photoshop (par exemple), cliquez sur sa vignette puis sur le crayon (en bas à droite du panneau **Liens**) pour ouvrir l'image dans Photoshop. Vous pouvez également utiliser le bouton **Modifier l'original** du panneau **Contrôle**.

ASTUCE *Vous pouvez lancer Photoshop pour éditer une image liée par un double-clic sur l'image avec les touches ⌥ [Alt] ou ⌥⌘ [Alt Ctrl] selon l'outil actif.*

Une fois les modifications effectuées dans Photoshop, enregistrez le document. Dès que vous repassez dans Illustrator, l'aspect de l'image importée dépend de l'option choisie dans les préférences de mise à jour de fichier lié (**Préférences/Gestion des fichiers et presse-papiers**).

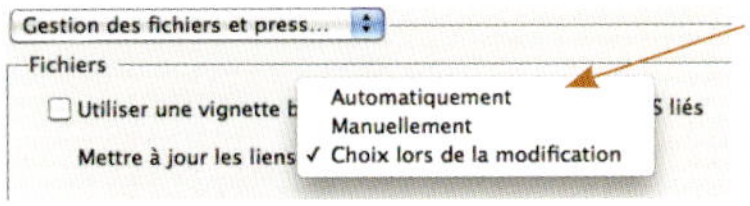

La mise à jour des fichiers liés modifiés peut être automatique.

- **Choix lors de la modification** : c'est l'option par défaut. Une fenêtre indique qu'il y a eu des modifications. La mise à jour peut être faite manuellement ultérieurement comme indiqué ci-après.

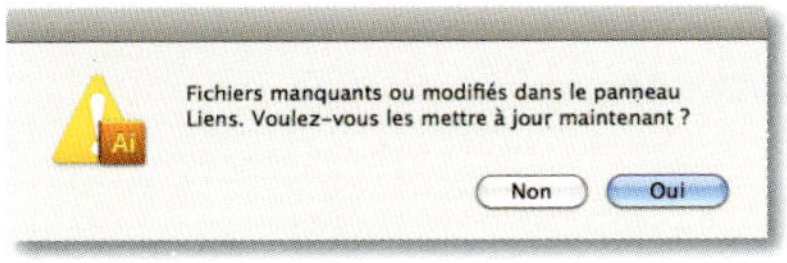

Illustrator signale les modifications extérieures.

- **Automatiquement** : les modifications sont répercutées automatiquement.

- **Manuellement** : le panneau **Liens** signale que l'image est modifiée par la présence de la marque ⚠. Dans ce cas, si vous souhaitez réaliser la mise à jour, cliquez sur la vignette de l'image modifiée puis sur l'icône en bas du panneau.

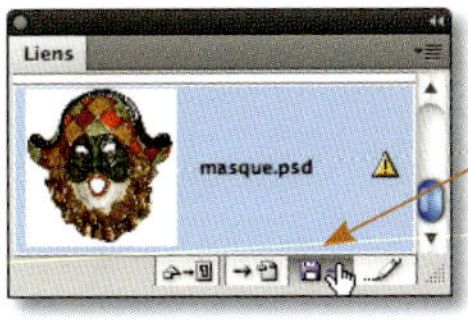

La mise à jour manuelle depuis le panneau **Liens**.

La mise à jour peut se réaliser depuis le panneau **Contrôle** ; en effet, un clic sur le nom de l'image liée affiche un menu comportant la commande **Mettre à jour le lien**.

ASTUCE *Avec des documents multicalques ou comportant des compositions de calques, si la mise à jour ne s'effectue pas correctement, utilisez la commande **Rééditer le lien** pour remplacer l'image en cours. Changez éventuellement l'option **À la mise à jour d'un lien**.*

L'IMAGE SANS LIEN (INCORPORÉE)

Si l'image ne possède pas de lien et que vous modifiez son fichier dans Photoshop, il n'y a aucune incidence sur l'image importée. Cependant, la mise à jour de l'image peut être réalisée en important à nouveau cette image. Cette opération se réalise directement à partir du panneau **Liens** en cliquant sur la vignette de l'image, puis sur l'icône (ou la commande **Rééditer le lien** du menu du panneau **Liens**).

Quand vous effectuez la mise à jour d'une image — de manière automatique pour les images liées ou manuelle pour les autres — Illustrator applique à la nouvelle image les transformations qui avaient été affectées à l'image initiale.

Les filtres et effets appliqués aux images liées

Il n'est pas possible d'appliquer une commande du menu **Filtre** à une image liée. Pour que cela le devienne, vous devez l'incorporer ou la pixelliser (mais elle perdra aussi son lien). Pour éviter la perte du lien, vous pouvez utiliser les commandes du menu **Effet** car celles-ci demeurent utilisables avec l'image liée et ne provoquent pas la rupture du lien.

Lors d'un déplacement du fichier Illustrator, il conviendra de lui adjoindre tous les fichiers correspondant aux images liées, sans quoi Illustrator affichera un message à l'ouverture du document contenant une image importée absente. Pour éviter ce problème, incorporez les images lors de l'enregistrement.

Comme dans Photoshop, la commande **Galerie d'effets** (ou **Galerie de filtres**, *voir page suivante*) permet de visualiser et de régler chaque effet ou filtre dans une fenêtre de prévisualisation. Contrairement à Photoshop, les cumuls ne sont pas possibles.

3 - Les traitements d'images pixellisées

On distingue deux types de traitements : ceux qui, pour la plupart, sont communs aux tracés vectoriels ou aux éléments non vectoriels telles les copies, les transformations... et les traitements spécifiques aux images importées, parmi lesquels on trouve des traitements vectoriels et des traitements bitmap (ou pixellisés).

Le traitement peut se réaliser avec l'affichage **Aperçu** ou **Tracés**. Avec le premier, l'image est visible normalement ; avec le scond, le rectangle d'encombrement se vide et l'image disparaît ; pour continuer à la voir (en noir et blanc), affichez la fenêtre **Format de document** (⌥⌘ P [Alt Ctrl P]) et cochez **Afficher les images en tracés**.

Les traitements communs

Les changements de résolution

Pour créer des effets particuliers sur les photos bitmap ou sur les dessins pixellisés, vous pouvez baisser leur résolution de manière à rendre visibles les pixels qui constituent ces images. La commande **Pixellisation** du menu **Effet** ou **Objet** rend cette opération possible.

Attention *Un agrandissement dans Illustrator provoque une réduction de la résolution. Le panneau **Contrôle** l'indique.*

Astuce *Si vous lancez **Pixellisation** avec une image liée, elle perdra son lien et deviendra une image incorporée.*

Les changements de modèle colorimétrique

Par le menu Édition

Le sous-menu **Modifier les couleurs** (menu **Édition**) propose deux commandes pour changer le modèle colorimétrique de l'image pixellisée :

- **Conversion en niveaux de gris** donne une image à niveaux de gris à partir d'images couleur.
- **Conversion en RVB** (**CMJN**) s'utilise à partir d'images à niveaux de gris pour accéder aux composantes colorées (RVB ou CMJN).

Par le menu Effet

Les méthodes précédentes sont irréversibles ; il vaut mieux utiliser la commande de **Pixellisation** du menu **Effet** qui permet également de changer de modèle colorimétrique.

Les réglages des couleurs

La correction des couleurs

Par les commandes de modification des couleurs

La commande **Correction des couleurs** du sous-menu **Couleurs** peut être intéressante pour modifier la coloration ou la luminosité d'une image. De nombreux réglages sont possibles mais ils modifient l'image de façon irréversible. Des résultats équivalents peuvent être obtenus par le menu **Effet** et le panneau **Aspect**.

Avec les panneaux Aspect et Transparence

Pour assombrir une image, ajoutez un fond de couleur noire par le menu du panneau **Aspect**, affectez-lui l'effet **Convertir en rectangle** (avec des valeurs relatives nulles) puis, dans le panneau **Transparence**, choisissez le mode **Couleur** avec une opacité légèrement réduite. Pour éclaircir une image, ajoutez un fond de couleur blanche, affectez-lui l'effet **Convertir en rectangle** puis réduisez son opacité.

La coloration des images

Une image importée (ou un dessin vectoriel) ne peut être recolorée que si elle est convertie au modèle bitmap. En effet, elle ne comporte que des pixels noirs qui peuvent être remplacés par des pixels d'une autre couleur sélectionnée dans le panneau **Couleur** ou **Nuancier**.

Pour recolorer une image (façon bichromie), ajoutez un fond de la couleur voulue, affectez-lui l'effet **Convertir en rectangle** puis, dans le panneau **Transparence**, le mode **Teinte**.

Les inversions et la saturation des couleurs

La commande **Inversion** du sous-menu **Modifier les couleurs** permet la création d'un négatif de toute image bitmap importée ou créée. Pour saturer ou désaturer les couleurs d'une image, utilisez la commande **Saturation**.

Les traitements localisés

Pour tous les traitements précédents et ceux qui suivent, si vous souhaitez faire une application localisée, créez une copie de la photo sur un calque à l'arrière-plan puis, sur celle au premier plan, associez un masque d'opacité correspondant à la zone à traiter : quand vous appliquez un effet, vous ne le verrez que sous la partie blanche du masque.

Les traitements vectoriels

En dehors de la vectorisation dynamique qui a été abordée dans la partie sur **Les techniques de dessin**, Illustrator ne propose qu'un filtre qui crée un dessin vectoriel à partir d'une image bitmap. Il s'agit de **Créer une mosaïque** du menu **Objet**.

Le filtre Mosaïque

Ce filtre est différent des autres car il crée à partir d'une image bitmap (importée ou réalisée avec **Pixellisation**) une nouvelle image vectorielle obtenue par juxtaposition de petits carreaux dont la couleur est voisine de celle des pixels de l'image de départ.

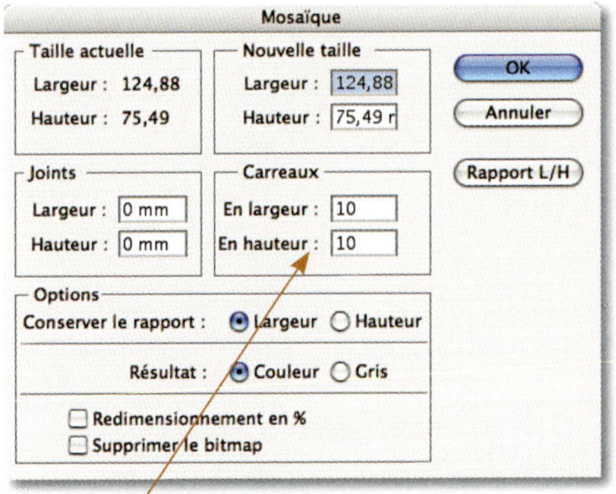

On définit ici le nombre de carreaux de la mosaïque.

L'illustration obtenue correspond davantage à l'image de départ si le nombre de carreaux est élevé. De plus, pour qu'il soit carré, cliquez sur le bouton **Rapport L/H** après avoir entré un nombre dans la case **En largeur** (ou **En hauteur** si vous avez coché **Conserver le rapport Largeur** ou **Hauteur**). La taille de la mosaïque peut être modifiée par rapport à la photo initiale si vous entrez les nouvelles dimensions dans la case **Largeur** et **Hauteur**.

L'image initiale.

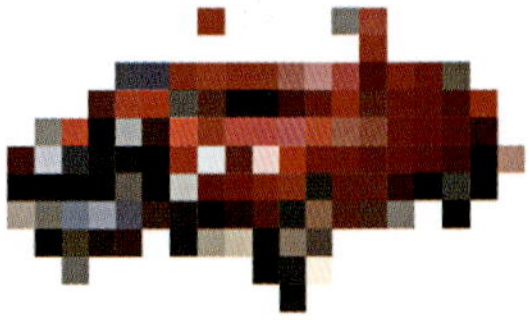

Le résultat avec un nombre de carreaux de 20 par 12.

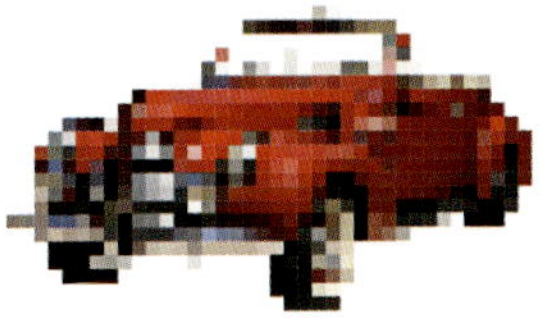

Avec 30 par 18.

Avec 66 par 40.

Pour voir le résultat du filtre, tapez ⌘H [Ctrl H] afin de cacher les contours de sélection. Vous pouvez aussi le désélectionner.

Par la suite, vous pouvez faire subir au résultat du filtre **Mosaïque** des traitements divers. Chaque carreau peut se manipuler individuellement avec la **Flèche blanche** mais vous pouvez aussi : dissocier l'ensemble (menu **Objet/Dissocier**) et lui appliquer des filtres (**Arrondi**, **Distorsions**...) ou des commandes (**Transformation répartie**, par exemple) afin d'obtenir des effets particuliers de dispersion des éléments constituant la mosaïque.

*Ci-contre, après avoir supprimé les pixels blancs, on a dissocié, ajouté un contour, appliqué **Arrondi** et **Transformation répartie** puis placé la photo initiale sous le dessin.*

Dans certains cas, si l'image créée présente des zones blanches ou a subi une rotation, il est possible, afin de la simplifier, d'effacer les carreaux blancs « extérieurs » à l'image. On en sélectionne un avec l'outil **Flèche blanche**, la sélection des autres s'obtient grâce à la commande **Couleur du fond** (menu **Sélection/Identique**).

La suppression de la transparence

Un objet pixellisé (importé ou créé dans Illustrator) peut comporter des parties transparentes. Il est possible de remplacer cette zone transparente par du blanc en lançant la commande **Aplatissement des transparences** du menu **Objet** — cela revient à repixelliser l'image, d'ailleurs il vous sera demandé de préciser une résolution.

Les effets Photoshop

Les méthodes d'utilisation

Les effets bitmap sont utilisables avec les documents RVB ou CMJN importés avec ou sans lien. Les résultats ne sont pas toujours identiques à ceux de Photoshop ; les différences les plus importantes le sont avec la série **Esquisse** (l'image devient noire et blanche).

Tous les effets sont réversibles ; ils apparaissent dans le panneau **Aspect** et peuvent y être masqués ou réédités en cliquant sur leur nom. Vous pouvez aussi en changer l'ordre ou les dupliquer... et enfin, créer un style graphique afin de l'appliquer à d'autres images bitmap.

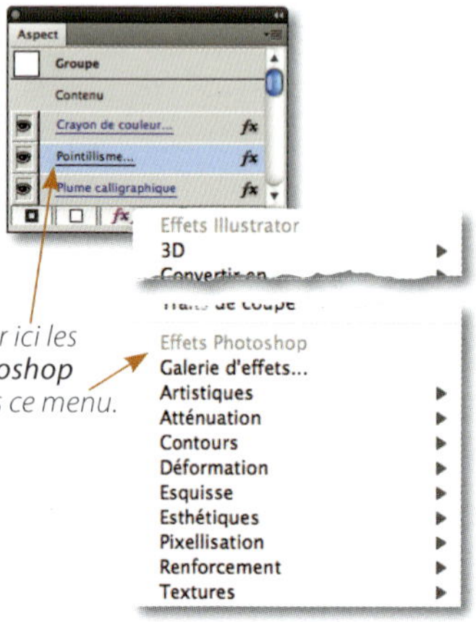

*On peut voir ici les **Effets Photoshop** choisis dans ce menu.*

Lorsque vous venez d'appliquer un effet, vous pouvez le réappliquer avec les mêmes réglages avec la première commande du menu **Effet** ou en tapant ⇧⌘E [⇧Ctrl E]. Pour relancer avec d'autres réglages, utilisez la deuxième commande ou tapez ⇧⌥⌘ E [⇧Alt Ctrl E].

La description des effets bitmap

En plus de **Galerie d'effets** qui regroupent bon nombre d'effets, on distingue huit séries d'effets (plus si vous en avez ajouté) ; elles sont classées par ordre alphabétique :

Série	Effet obtenu
Artistiques	Ces effets transforment la photo en dessin en lui donnant un rendu plus réaliste.
Atténuation	Ces deux effets permettent de créer un flou.
Contours	Ces effets donnent une touche artistique en modifiant les contours de l'image (zone de fort contraste).
Déformation	Ces effets provoquent des déplacements aléatoires de pixels.
Esquisse	Ces effets suppriment les couleurs et transforment l'image en crayonné artistique.
Esthétiques	Cet effet unique retrace les contours de l'image avec des traits lumineux.
Renforcement	Cet effet améliore la netteté d'une image.
Textures	Ces effets permettent d'ajouter une texture.

Comme dans Photoshop, la commande **Galerie d'effets** permet de visualiser et de régler chaque effet dans une fenêtre de prévisualisation. Contrairement à Photoshop, les cumuls ne sont pas possibles.

Les différentes séries d'effets.

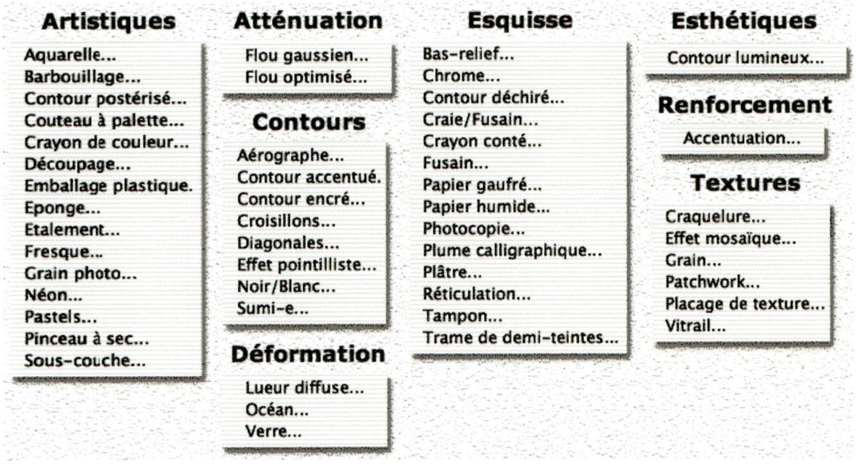

*La fenêtre de **Galerie d'effets**.*

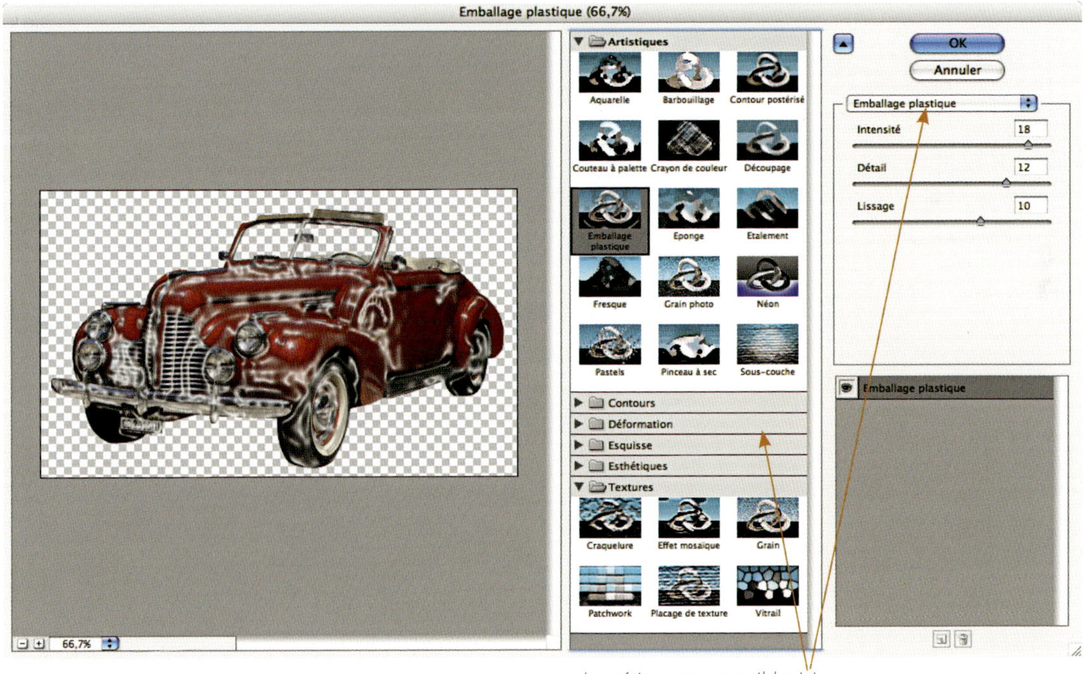

Les séries sont accessibles ici.

Partie 8

Les graphes

1 - La création et le travail du graphe

2 - La personnalisation du graphe

1 - La création et le travail du graphe

Les types de graphes

Le choix du type de graphe

Pour choisir un type de graphe, Illustrator offre plusieurs possibilités. La plus simple consiste à presser sur l'outil **Graphe** pour afficher un menu local comportant tous les types de graphes ; on passe également de l'un à l'autre par ⌥clic [Alt clic] sur .

*L'ensemble des outils **Graphe**.*

Vous pouvez aussi effectuer un double-clic dans l'outil **Graphe** ou dérouler le menu **Objet/Graphe** pour choisir la commande **Attributs** (cette méthode s'utilise davantage pour modifier le type d'un graphe existant), une fenêtre d'attributs apparaît (*voir ci-dessous*) et vous pouvez alors sélectionner le type du graphe dans la partie située en haut de la fenêtre. Chaque type de graphe correspond à une utilisation bien précise.

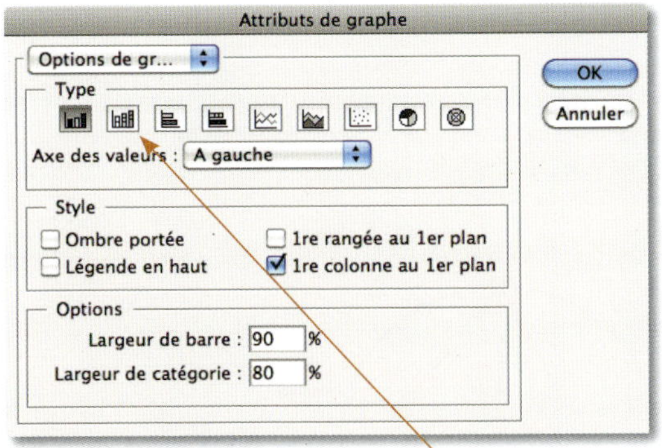

Dans cette fenêtre, on peut choisir le type du graphe.

ASTUCE *Quand le graphe est créé, on accède aux attributs par le menu contextuel.*

Les différents types de graphes

Ils sont au nombre de neuf : à barres verticales, à barres verticales empilées, à barres horizontales, à barres horizontales empilées, linéaires, à couches, à nuages de points, sectoriel et radar.

Les graphes à barres verticales

C'est le type de graphe par défaut. On appelle aussi ce type de graphe un histogramme. Il permet de comparer des éléments entre eux sur une période donnée. L'axe vertical représente les données numériques, la hauteur de la barre correspond à la valeur à comparer ; l'axe horizontal représente les catégories, elles correspondent chacune à un groupe de colonnes de données ou à des dates selon le type de comparaison.

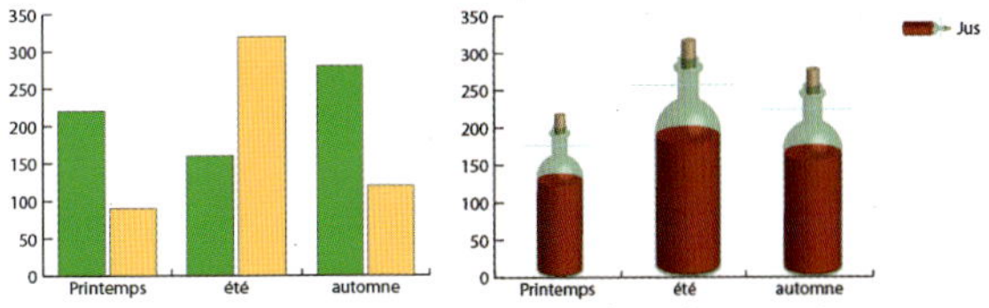

Des graphes à barres (histogrammes). Celui à droite a subi une personnalisation avec des symboles.

Les graphes à barres verticales empilées

Ce type de graphe permet de comparer l'évolution sur une période donnée d'un groupe de variables par rapport au total. Les barres représentent les valeurs d'une catégorie. Elles ne sont pas juxtaposées mais empilées.

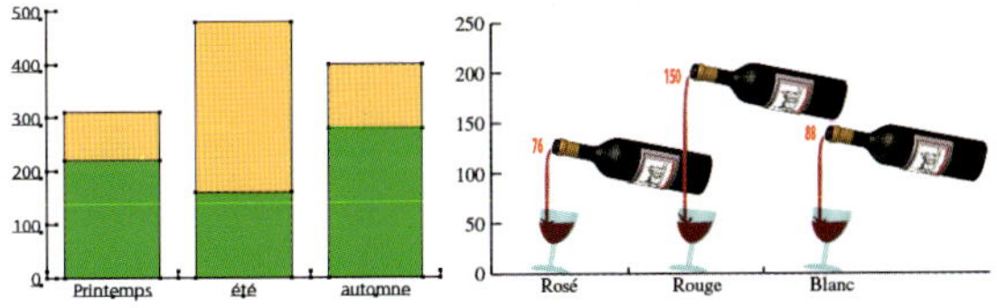

Les barres empilées de base et personnalisées.

LES GRAPHES À BARRES HORIZONTALES

Ce type de graphe correspond à une rotation d'un graphe à barres verticales.

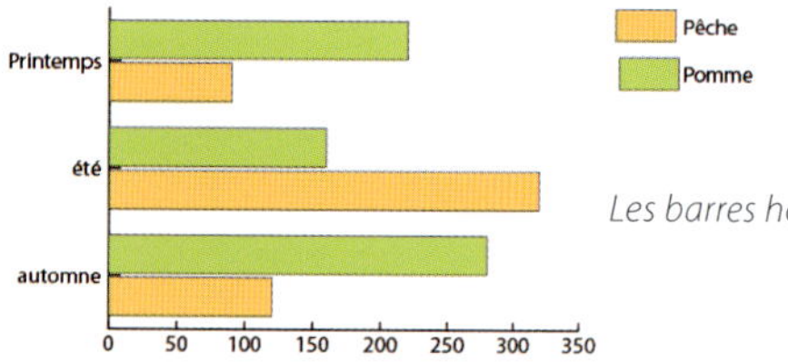

Les barres horizontales.

LES GRAPHES À BARRES HORIZONTALES EMPILÉES

C'est un type de graphe qui correspond à la rotation des barres verticales empilées.

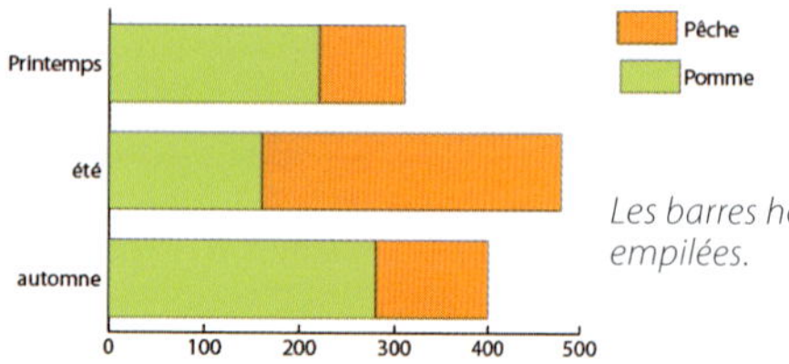

Les barres horizontales empilées.

LES GRAPHES LINÉAIRES

Ces graphes permettent de voir l'évolution d'une ou de plusieurs données sur une période choisie. L'axe vertical correspond aux quantités, l'axe horizontal aux durées ou aux dates.

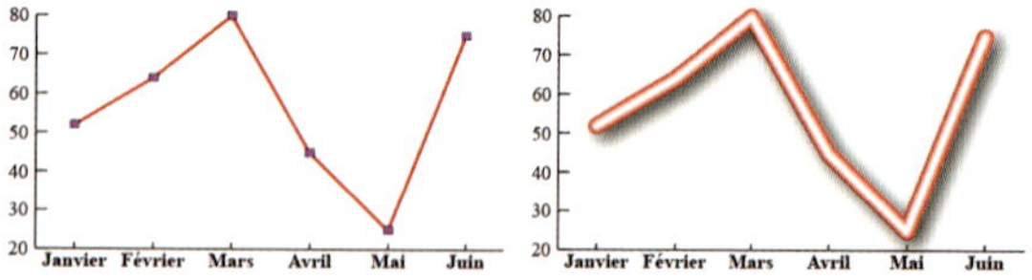

Le graphe linéaire (de base et personalisé).

LES GRAPHES À COUCHES

Ils ressemblent aux graphes linéaires ; cependant, en plus des variations sur une période donnée, ils font apparaître les sommes des variables à une date donnée.

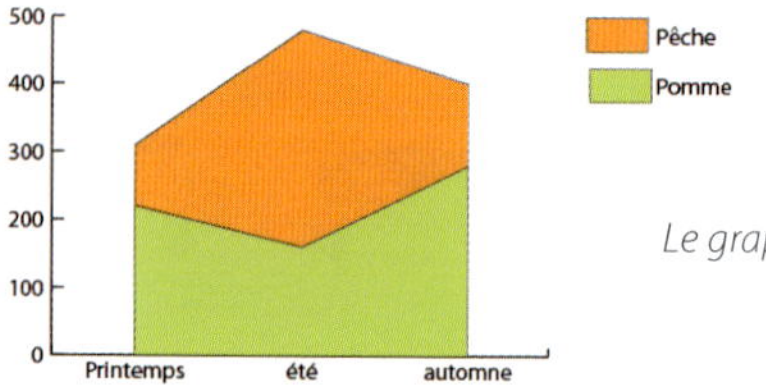

Le graphe à couches.

LES GRAPHES À NUAGE DE POINTS

Ce graphe sert à comparer des variables entre elles. Il n'y a pas de catégorie, le graphe représente un ensemble de points. Chaque point étant défini par une valeur d'abscisse (axe horizontal) et une valeur d'ordonnée (axe vertical). Ce graphe permet de représenter des tendances ou de montrer l'influence des variables entre elles.

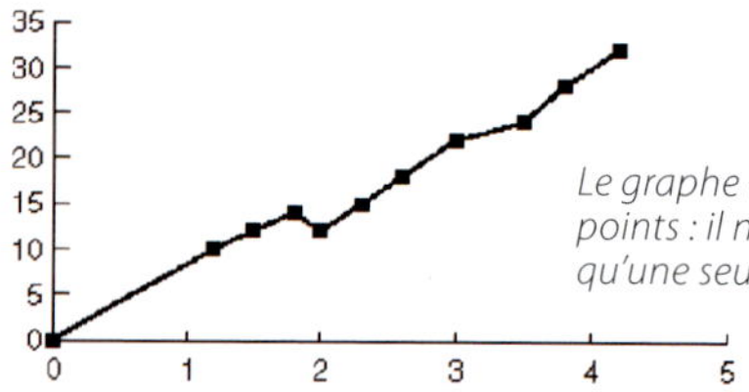

Le graphe à nuage de points : il ne comporte qu'une seule courbe.

LES GRAPHES SECTORIELS

On appelle ce type de graphe un camembert. Ses parts correspondent aux données en pourcentage du total. La taille de chaque camembert est proportionnelle au total des données qui le définissent.

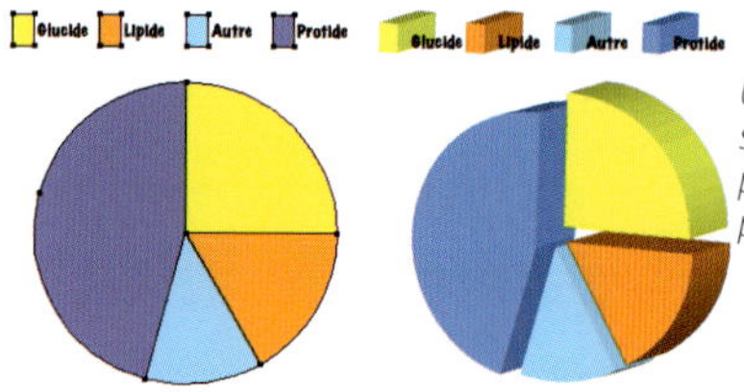

Un graphe sectoriel sans et avec personnalisation par des effets 3D.

LES GRAPHES RADARS

C'est un type de graphe spécial. On l'appelle également graphe en toile d'araignée ou en étoile. Il permet de comparer des données auxquelles on a attribué une note sur une échelle de valeurs.

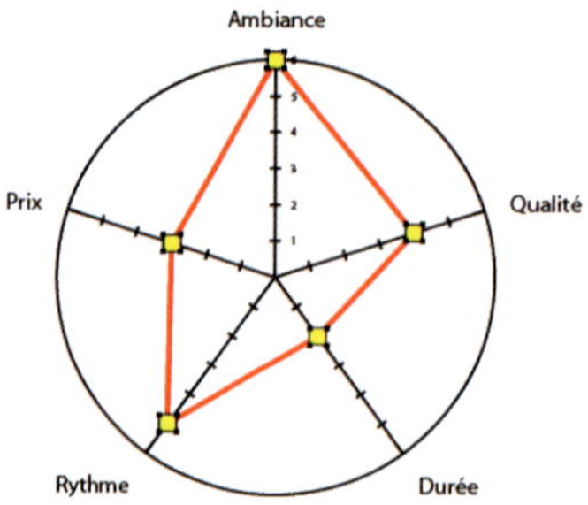

Un graphe de type radar.

Le travail du graphe

La création du graphe

L'encombrement du graphe (cadre délimitant le graphe), s'obtient manuellement ou en spécifiant ses dimensions dans une fenêtre de dialogue.

La création manuelle du graphe

Le cadre peut être tracé par glissement en partant d'un de ses sommets ou à partir de son centre (avec ⌥ [Alt] enfoncée). Celui-ci aura la forme d'un carré si vous utilisez la touche ⇧. Par la suite, ce cadre pourra être redimensionné par transformation (mise à l'échelle).

Dès que le tracé du cadre est terminé, un graphe standard et une fenêtre de données apparaissent. Attention, la fenêtre des données disparaît si vous cliquez sur l'écran ; elle réapparaît à l'aide de la commande **Données** du sous-menu **Graphe** (menu **Objet**) ou mieux encore, directement avec le menu contextuel.

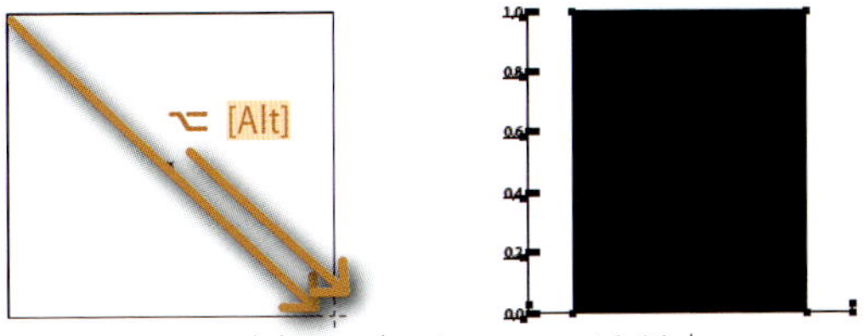

Le traçage manuel du graphe et son aspect initial avec la fenêtre de données.

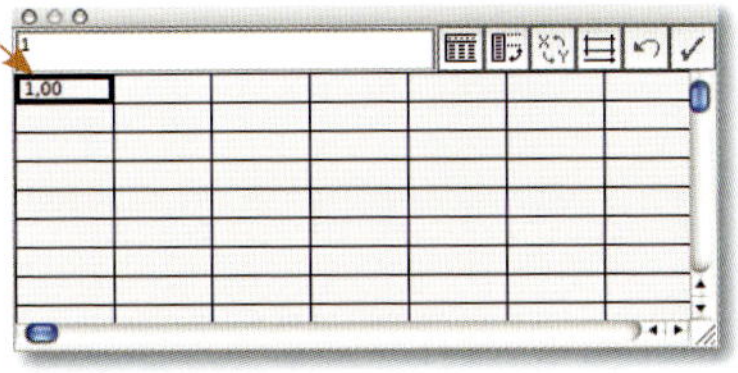

La création programmée du graphe

Si, au lieu de glisser l'outil, vous cliquez (avec ou sans ⌥ [Alt]), une fenêtre de dialogue vous invite à entrer les dimensions du graphe. Dès que vous cliquez sur OK, un graphe aux dimensions spécifiées et une fenêtre de données s'affichent.

La fenêtre de création programmée.

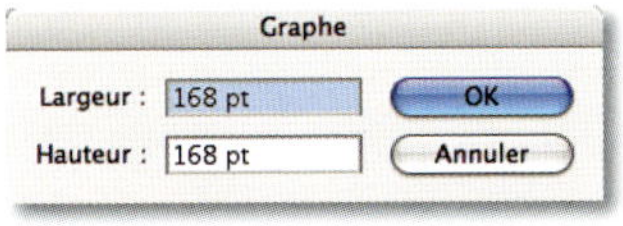

Les données du graphe

Le principe de saisie est le même quel que soit le type du graphe mais la répartition des données varie d'un graphe à l'autre. Il y a trois façons d'entrer les données : en tapant les valeurs, en les important (d'un fichier issu d'un tableur, par exemple), ou par copier-coller d'un autre programme ou d'un autre graphe.

La saisie des données

La fenêtre de **données de graphe** comporte un tableau constitué d'un ensemble de cellules. La saisie s'effectue par l'intermédiaire d'un champ de saisie situé en haut de la fenêtre. La saisie remplit la cellule active quand vous passez à la cellule suivante.

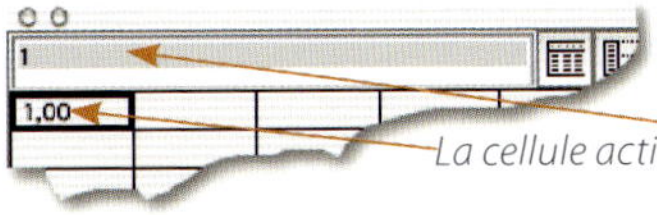

La cellule active et le champ de saisie.

Chaque colonne correspond à un groupe de données (série de barres de même couleur pour un graphe à barres) ; une rangée correspond à une catégorie (ensemble de barres de couleurs différentes). Un intitulé — légende ou nom d'un groupe de données ou d'une catégorie — peut être attribué (sauf dans le cas des graphes à nuage de points). Si l'intitulé doit être un chiffre (une date, par exemple), il faut le placer entre guillemets (on saisit, par exemple, "2 011").

> **Astuce** *Si l'intitulé doit être sur deux lignes, tapez un trait vertical (|) pour passer à la ligne (il s'obtient en tapant ⇧⌥L [Alt gr 6]).*

Pour passer d'une cellule à l'autre, il y a plusieurs méthodes :

- avec la touche fléchée correspondant au déplacement voulu ;
- avec la touche de Tabulation (⇥ [⇆]) pour passer à la cellule suivante dans la même rangée ;
- avec la touche ↵ [Entrée] pour passer à la cellule suivante dans la même colonne.

Si une saisie est incorrecte, rectifiez-la en cliquant dans la cellule en question et en saisissant la nouvelle donnée ou en plaçant le point d'insertion à l'endroit voulu pour reprendre ou effacer la saisie.

ATTENTION *On ne se déplace pas avec les touches fléchées dans le champ de saisie.*

Lorsque la saisie est terminée, cliquez sur la case de fermeture de la fenêtre des **Données de graphe**, la fenêtre de données disparaît et le graphe apparaît ; si vous cliquez sur la case ☑ vous visualisez le graphe sans refermer la fenêtre de données.

ASTUCE *Si la fenêtre de données a disparu, vous pouvez la réafficher en lançant la commande* ***Données*** *du sous-menu* ***Graphe*** *(menu* ***Objet****) ou mieux par le menu contextuel.*

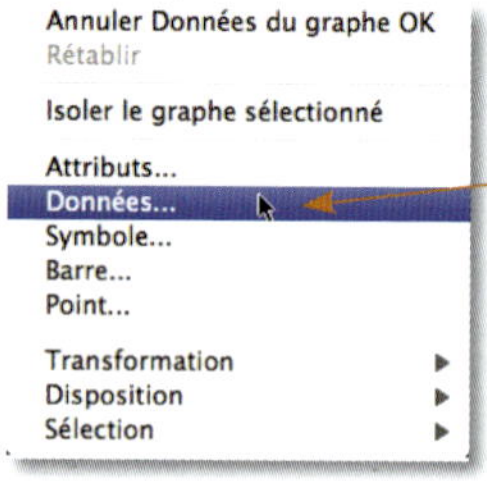

Pour accéder rapidement aux élements de gestion du graphe, telles les données, utilisez le menu contextuel.

L'ASPECT DES DONNÉES EN FONCTION DU TYPE DE GRAPHE

La saisie des données dépend du type de graphe.

Le graphe à barres

À chaque cellule remplie d'une valeur numérique correspond une barre. Chaque rangée correspond à une catégorie, les intitulés dans les rangées s'affichent sur l'axe des X (ou des Y pour les barres horizontales). Les intitulés de colonnes apparaissent en tant que légendes (*voir ci-dessus*). Des valeurs négatives et positives peuvent être utilisées ; ces premières donneront des barres sous l'axe des X si elles sont mélangées à des valeurs positives.

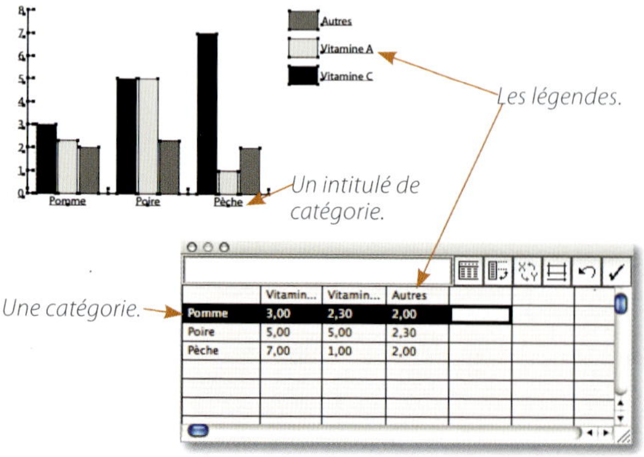

Les légendes.

Un intitulé de catégorie.

Une catégorie.

Le graphe à barres empilées

Chaque rangée correspond à une catégorie. Les données sont toutes positives ou toutes négatives (et non les deux).

Le graphe linéaire

Dans le tableau des données, chaque colonne correspond à une courbe et les valeurs positives et négatives peuvent être combinées. Les intitulés des rangées apparaissent sur l'axe des X, les en-têtes de colonnes s'affichent en légendes.

Le graphe à secteurs

Les données sont soit toutes positives, soit toutes négatives, la combinaison des deux est impossible. À chaque rangée correspond un camembert ; il peut y avoir plusieurs camemberts s'il y a plusieurs rangées.

Le graphe à couches

À chaque rangée correspond une couche, leur nombre minimal est de deux. Les valeurs d'une colonne de données sont ajoutées aux valeurs correspondantes des colonnes adjacentes. Si le tableau comporte plusieurs colonnes de données, celles-ci doivent être toutes positives ou toutes négatives.

Le graphe à nuage de points

Le tableau de données pour ce type de graphe comporte obligatoirement deux colonnes sans intitulé. La première colonne correspond aux valeurs de l'axe des X, la seconde à celles de l'axe des Y.

Le graphe radar

La première colonne du tableau de données représente les intitulés des axes disposés en étoile en partant du même centre. La colonne suivante contient les valeurs numériques. Chacune d'elles est placée sur un axe et reliée aux autres valeurs des axes adjacents afin de créer une « toile d'araignée ».

Le graphe radar.

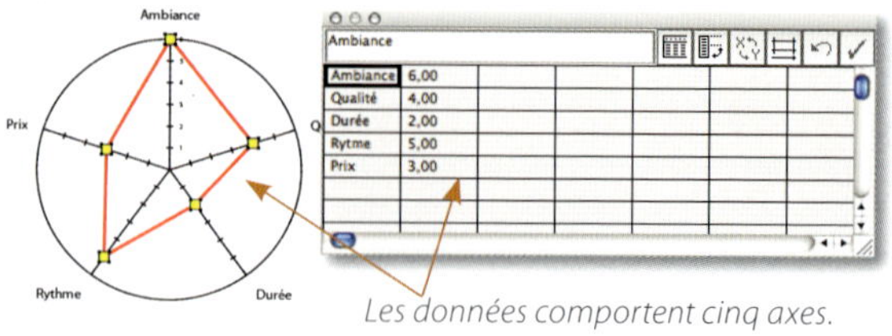

Les données comportent cinq axes.

L'importation des données

Dans la fenêtre du tableau de données, cliquez sur la case : une fenêtre d'importation apparaît. Localisez le fichier voulu, et cliquez sur **Ouvrir** pour que son contenu soit transféré dans le tableau de données. Illustrator peut importer des données provenant des tableurs tels qu'Excel. Cependant, pour que l'importation soit possible, sauvegardez, dans le tableur, le fichier au format **Texte**.

Le copier-coller de données

Pour le transfert par copier-coller, opérez ainsi :

1. Dans une application de traitement de texte (tel que Word) ou mise en page (QuarkXPress ou InDesign), saisissez les données — chaque valeur doit être séparée par une tabulation, chaque ligne (rangée) par un retour paragraphe —, sélectionnez la saisie, copiez-la (⌘C [Ctrl C]).

2. Fermez l'application, lancez le programme Illustrator, créez ou ouvrez un tableau de données existantes (**Données** sous-menu **Graphe**) ; cliquez sur la première cellule devant recevoir les données et lancez Coller (⌘V [Ctrl V]) : cliquez sur ☑ pour voir le graphe s'afficher puis sur la case de fermeture.

La reprise des données

Pour faire apparaître le tableau des données, lancez la commande **Données** du sous-menu **Graphe** (menu **Objet** ou menu contextuel). Les données contenues dans un tableau de données peuvent être effacées, coupées, copiées, collées. Dans chaque cas, sélectionnez les cellules par glissement.

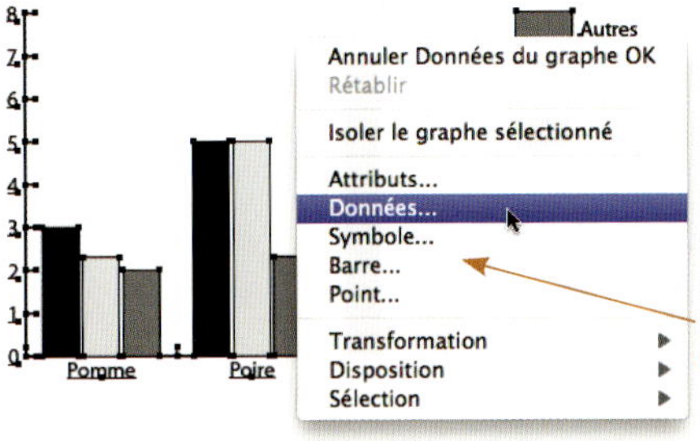

Directement sur le graphe, on affiche ce menu par clic droit.

Les options des données

Dans le tableau de données, vous disposez de trois options.

Les trois options de gestion des données.

La transposition des rangées et des colonnes

Si vous avez interverti les données, c'est-à-dire, saisi les rangées à la place des colonnes, cliquez dans la case : cette option rétablira l'ordre dans les catégories et les légendes.

La permutation des axes

Elle n'est accessible que pour les graphes à nuage de points. Une fois la saisie réalisée, vous pouvez estimer nécessaire de permuter les axes, c'est-à-dire de transposer l'axe des X et l'axe des Y. Pour cela cliquez dans la case . Illustrator réorganise les données automatiquement.

Les attributs de colonnes

Il y a deux types d'attributs : la largeur des colonnes et la précision décimale des valeurs numériques ; on accède à ces deux options en cliquant dans la case .

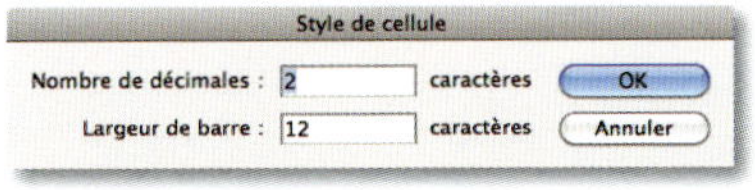

Les options de styles de cellules.

La largeur des colonnes (ou cellules) : elle n'a aucune influence sur la taille des barres du graphe, il ne s'agit là que d'un confort de saisie. Cette largeur se règle en cliquant sur une des cellules, puis dans la case qui affichera la fenêtre de **Style de cellule**.

La précision : par défaut, le nombre de chiffres après la virgule affiché sur le graphe est de 2, (si vous tapez 10, il s'affiche 10,00 ; si vous tapez 10,256, il s'affiche 10,25) mais la valeur complète est mémorisée, c'est elle qui est utilisée pour dessiner la barre.

Les modifications du graphe

Les attributs des graphes

Pour changer les attributs d'un graphe, sélectionnez-le et affichez la fenêtre de réglage par la commande **Attributs** (menu **Objet/Graphe**), par double-clic dans l'outil **Graphe**, ou mieux par le menu contextuel.

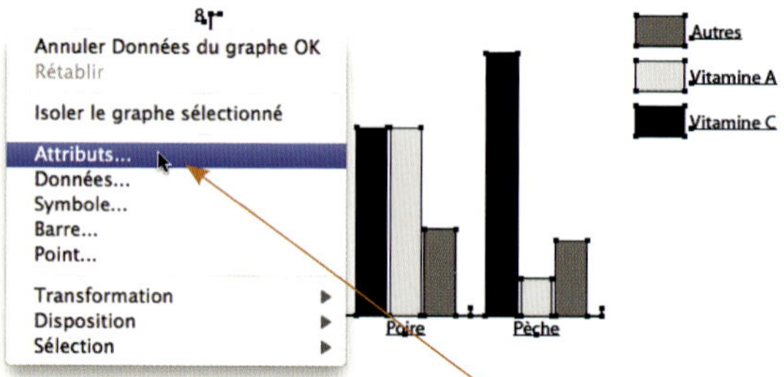

Directement sur le graphe, on accède aux attributs par clic droit.

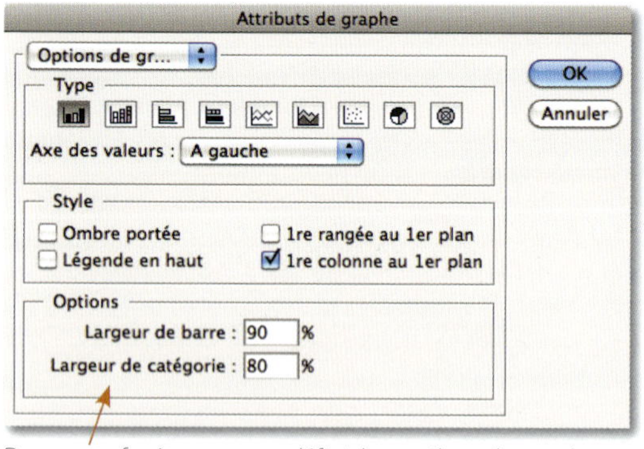

Dans cette fenêtre, on peut définir les attributs du graphe.

La fenêtre **Attributs de graphe** comporte différentes zones, où vous pouvez modifier :

- le type du graphe ;
- l'aspect des barres (lignes ou points, selon le type du graphe) ;
- l'aspect des axes et des graduations ;
- l'allure générale du graphe (ombre, légendes, ordre de superposition de barres…).

Le changement du type de graphe

Avec l'outil **Flèche noire**, sélectionnez le graphe, lancez **Attributs** : dans la fenêtre qui s'affiche, cliquez sur l'icône correspondant au type du graphe désiré.

Les neuf types, certains ont une saisie de données particulière.

ASTUCE *Nous verrons plus tard qu'il est possible (avec l'outil* ***Flèche blanche****) de ne sélectionner qu'une série de barres et de ne modifier que celle-ci pour obtenir une combinaison de différents types de graphes.*

Les options liées au type du graphe

Chaque type de graphe a des options qui lui sont propres (sauf les secteurs qui n'ont pas d'options).

LES OPTIONS DES BARRES

Deux options sont modifiables de façon à rendre le graphe plus lisible. Il s'agit de **Largeur de barre** et de **Largeur de catégorie**.

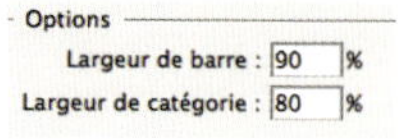

Deux options pour amliorer la lisibilité.

La largeur de barre

- < 100 % : il y a un espace entre les barres d'une même catégorie.
- 100 % : les barres situées dans la même catégorie se touchent.
- > 100 % : les barres se chevauchent, on peut modifier l'ordre de superposition en cochant l'option **1re rangée au 1er plan**.

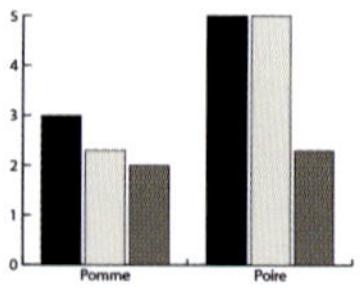
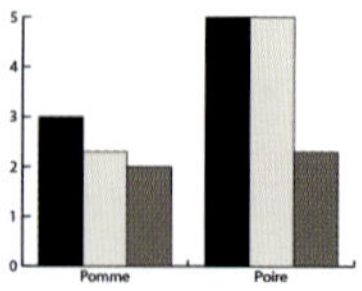
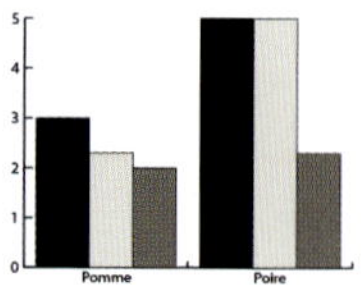

Largeur : 90, 100 120.

La largeur de catégorie

Elle comprend la largeur totale des barres composant la catégorie. Selon les valeurs l'aspect varie.

- < 100 % : il y a un espace entre les catégories.
- 100 % : les catégories se touchent.
- > 100 % : les catégories se chevauchent, on peut modifier l'ordre de superposition en décochant l'option **1re colonne au 1er plan**.

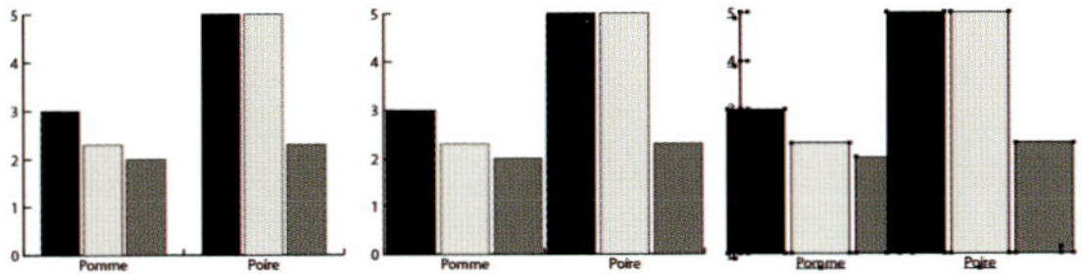

Largeur : 80, 100 120.

Les points et les lignes

Les graphes linéaires, à nuage de points et radars possèdent les mêmes options. Elles sont liées à la présence de points qui peuvent être : visibles ou non ; reliés ou non par un trait d'épaisseur réglable.

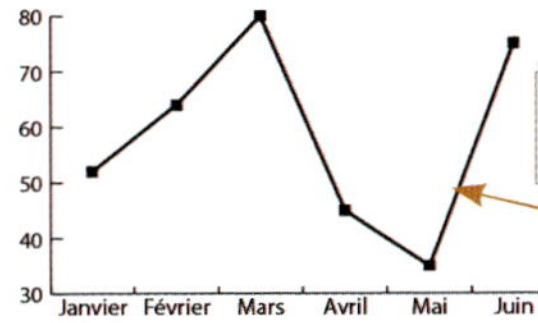

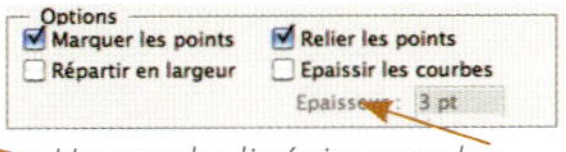

Un graphe linéaire avec les options de base.

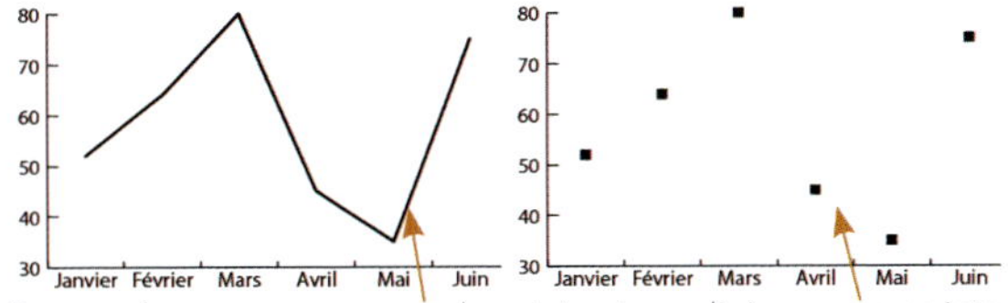

Des graphes sans marquage de points et sans liaison entre points.

L'option **Répartir en largeur** (pour les graphes linéaires seulement) permet de placer les points extrêmes contre les bords gauche ou droit de la catégorie correspondante. De cette façon le tracé occupe la largeur totale du graphe.

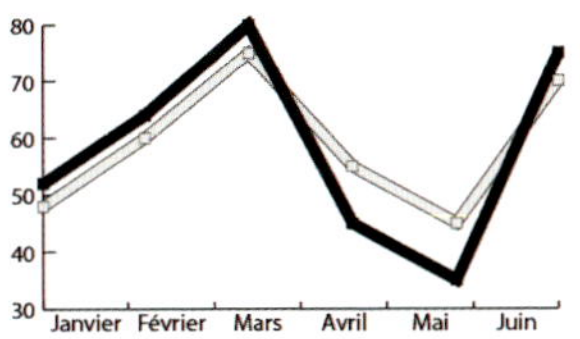

Traits épaissis et points répartis.

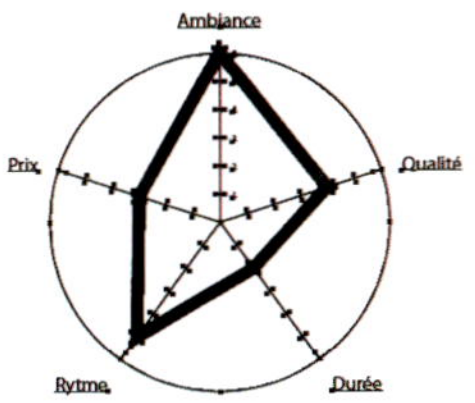

Les secteurs

Au niveau du camembert, les options ne concernent que la présence et la position des légendes sur le graphe (un menu local permet ce choix). Les positions des textes en légendes, ainsi que leur typographie, peuvent être modifiées (*voir plus loin*).

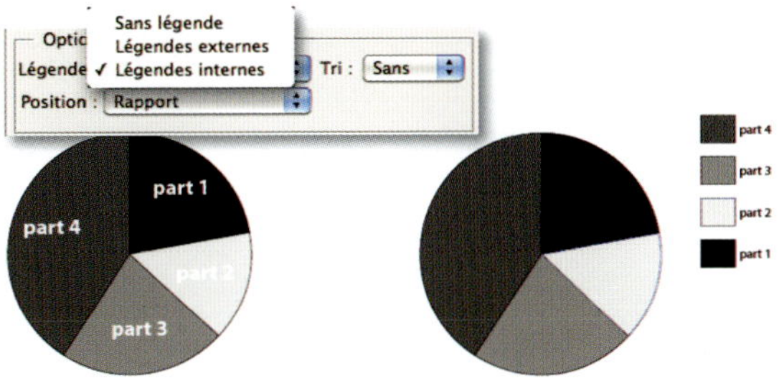

On peut changer la position des légendes (à gauche, on les a recolorées pour les rendre plus visibles).

Un deuxième menu local, **Position**, permet de régler la taille et la position des différents camemberts quand le tableau de données comporte plusieurs rangées et que, par conséquent, il y a plusieurs camemberts. Un troisième menu local, **Tri**, permet de choisir l'ordre des secteurs dans le camembert. Avec l'option **Sans**, les secteurs apparaissent dans l'ordre de la saisie du tableau de données alors qu'avec l'option **Tous**, les secteurs s'affichent dans le sens des aiguilles d'une montre, depuis la plus grande valeur jusqu'à la plus petite.

Les axes

Hormis les sectoriels et les radars, la plupart des graphes possèdent des axes dont il est possible de modifier de nombreuses options telles que leur emplacement, leur échelle, leurs graduations.

Les positions des axes

Par défaut, un graphe possède un axe horizontal et un axe vertical à gauche. Vous pouvez en demander un à droite et un à gauche ou un à droite seulement.

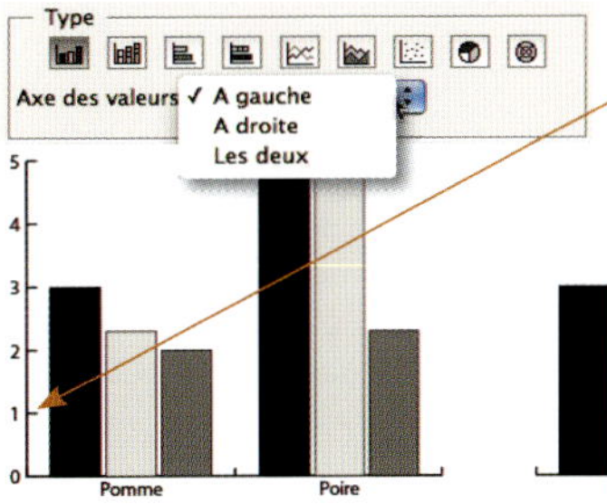

Les axes se positionnent à gauche ou à droite (ou les deux).

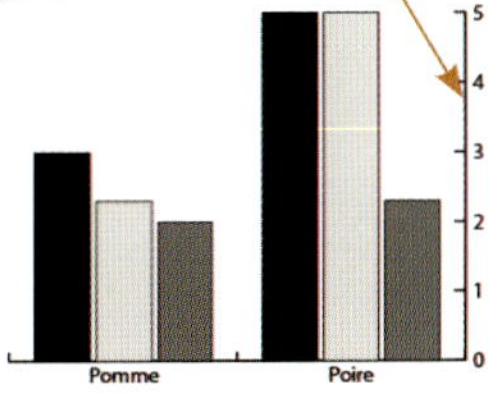

LES ÉCHELLES DES AXES

Quand vous saisissez des données dans le tableau, Illustrator utilise les valeurs saisies pour déterminer les chiffres à inscrire sur les axes verticaux. Si toutes les valeurs sont positives, l'axe part de zéro pour aboutir à une valeur arrondie de la plus grande saisie. Les subdivisions sont calculées en fonction de la plus forte des valeurs extrêmes et du zéro. Si l'échelle adoptée ne vous convient pas, dans la fenêtre **Attributs de graphe**, déroulez le sous-menu **Options du graphe** pour choisir **Axes des valeurs** et afficher d'autres options. Si la zone **Valeurs des graduations** est grisée, cochez l'option **Remplacer les calculs**. L'échelle peut alors être personnalisée en choisissant des valeurs minimales et maximales ainsi que le nombre de traits horizontaux de graduation.

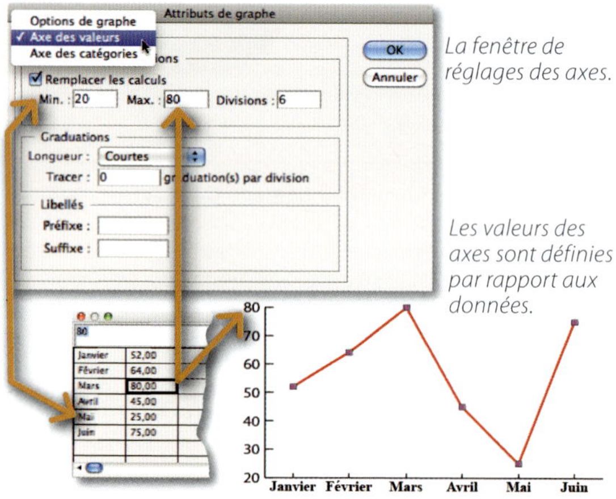

La fenêtre de réglages des axes.

Les valeurs des axes sont définies par rapport aux données.

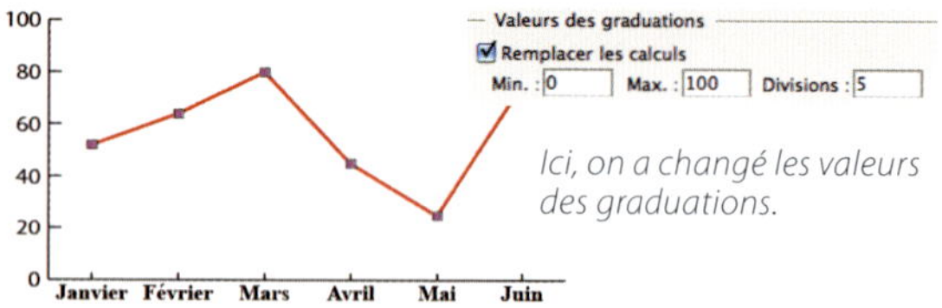

Ici, on a changé les valeurs des graduations.

LES TRAITS DE GRADUATION

Par défaut, Illustrator place un trait court sur les divisions de l'axe des Y. Vous pouvez les supprimer (**Sans**), les rallonger (**Longues**) ou ajouter des subdivisions entre les divisions en entrant une valeur dans la case **Tracer**.

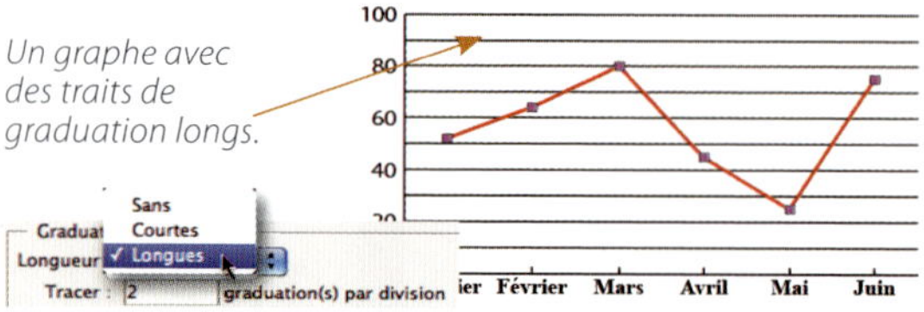

Un graphe avec des traits de graduation longs.

LES LIBELLÉS DES GRADUATIONS

Les cases **Préfixe** et **Suffixe** permettent de placer un ou des caractères (tels que % - 000 ...) devant ou derrière les chiffres sur l'axe vertical et donc de simplifier les saisies dans le tableau de données ; cependant, il est souvent plus simple de placer une indication d'unité en haut du graphe plutôt que d'alourdir le graphe avec des préfixes ou des suffixes.

L'AXE DES CATÉGORIES

De la même façon, des traits verticaux (courts ou longs) peuvent être ajoutés ou supprimés. Pour cela, dans le menu déroulant du haut de la fenêtre d'attributs, choisissez **Axe des catégories** (ou **Axe inférieur** dans le cas d'un graphe à nuage de points) et choisissez la longueur des traits dans le menu local **Longueur**. Voici un exemple de divisions de catégories ou d'axe horizontal (axe des X).

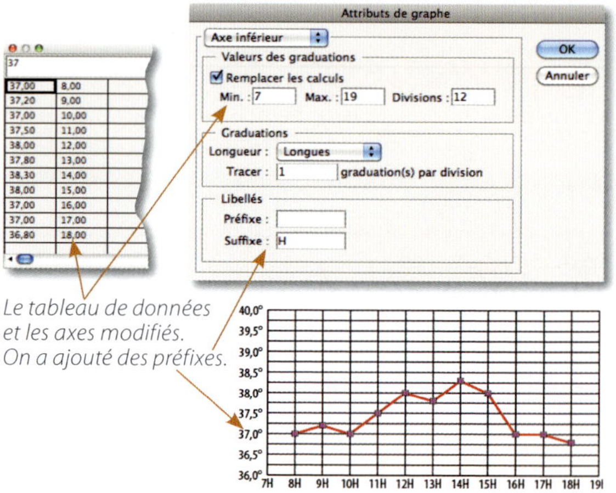

Le tableau de données et les axes modifiés. On a ajouté des préfixes.

Les autres attributs du graphe

La partie centrale de la fenêtre **Attributs de graphe** permet de spécifier d'autres options de graphe telles que les légendes, les ombres.

- **Les légendes** : à placer à droite (option par défaut) ou en haut du graphe. Attention, si les intitulés sont trop longs, ils se chevauchent.
- **Les ombres** : le graphe à barres (ou à secteurs) peut être ombré, il y a alors des barres noires (ou un camembert) légèrement décalées.

2 - La personnalisation du graphe

Les traitements du graphe

Les sélections avec un graphe

Selon le traitement que doit subir le graphe, il faut le sélectionner partiellement ou complètement.

La sélection globale du graphe

La sélection globale s'effectue avec l'outil **Flèche noire** par un simple clic sur le tracé du graphe. Ce type de sélection vous permet de traiter le graphe dans son ensemble et d'affecter une nouvelle typographie à la totalité du texte ou un symbole aux barres qu'il contient.

La sélection partielle

Le graphe est un objet associé. Il contient lui-même une série d'objets associés (qui parfois font eux-mêmes partie d'un sous-groupe). Pour sélectionner une sous-partie du graphe, il faut utiliser l'outil **Flèche blanche +** (outil de sélection progressive). Par répétition des clics, vous augmentez l'étendue de la sélection.

Le premier clic sélectionne l'objet sur lequel vous avez cliqué, le deuxième ajoute les objets qui lui sont associés (par exemple, les barres correspondant au même intitulé), le troisième clic ajoute un objet à la sélection précédente (par exemple, la légende)... De cette manière, par un double-clic sur la case de la légende, on la sélectionne avec toutes les barres de même couleur que la légende.

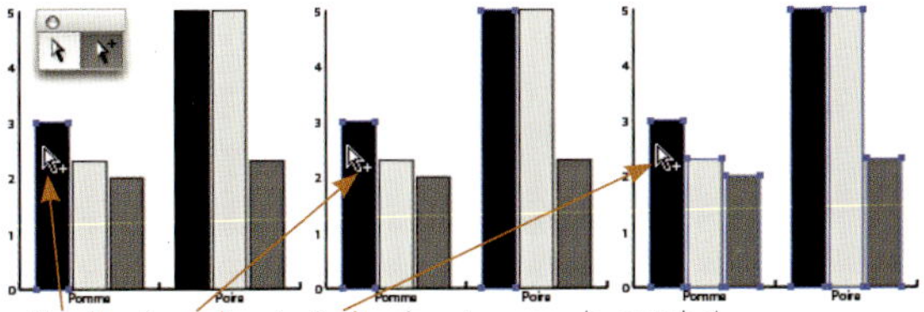

Un clic, deux clics, trois clics (quatre pour le graphe).

Ce type de sélection permet de :

- changer la couleur de certaines parties du graphe ;
- déplacer des parties ou des secteurs d'un camembert ou encore des légendes ;
- affecter des symboles de colonne à une partie des barres ou des points du graphe.

La mise en couleur

Illustrator attribue au graphe des couleurs par défaut (en fait des niveaux de gris). Pour modifier ces couleurs, sélectionnez partiellement la zone à colorer (ensemble de barres, de points ou lignes). Toutes les colorations (fond et contour), ainsi que l'application de styles graphiques, se réalisent directement à partir du panneau **Contrôle**.

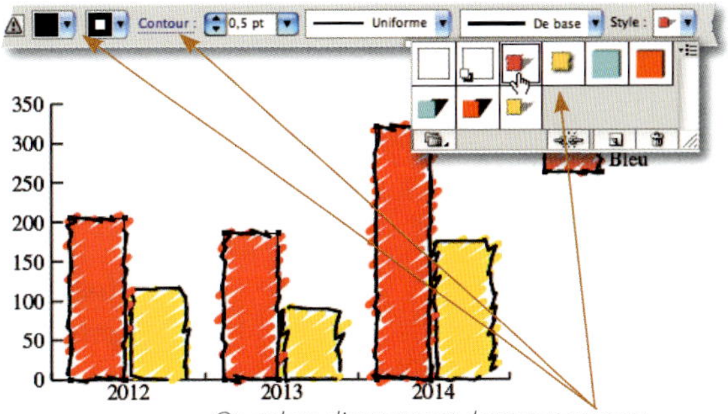

On colore directement dans ce panneau.

La typographie

Pour traiter tout le texte, sélectionnez l'ensemble du graphe ; pour le traiter partiellement, sélectionnez avec l'outil **Flèche blanche +** en effectuant plusieurs clics sur la série de caractères (légendes, chiffres...).

Pour choisir la typographie et la couleur souhaitées, vous pouvez désormais utiliser le panneau **Contrôle** (et éventuellement, les panneaux **Styles de paragraphe** ou **Styles de caractère**).

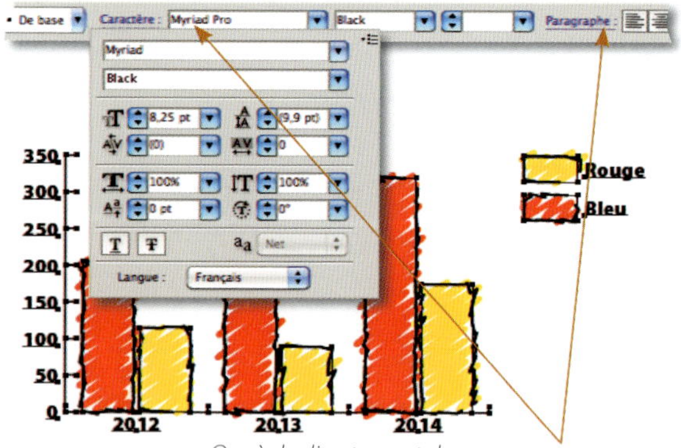

On règle directement dans ce panneau.

Les effets spéciaux

La majorité des effets se réalisent à partir du panneau **Aspect** (ou du panneau **Styles graphiques** si vous avez stocké certains aspects), par duplication du fond ou du contour, ou par application d'effets divers : depuis les effets vectoriels comme **Ombre portée** jusqu'aux effets bitmap comme le plaquage d'une texture. Dans certains cas, il vous faudra faire une petite préparation sur des éléments du graphe.

Les ombres par les effets

Vous pouvez créer une ombre portée sur les barres à partir du panneau **Aspect** en appliquant au fond l'effet **Ombre portée** (avec, par exemple, le noir comme couleur d'ombre). L'aspect obtenu sera enregistré comme style graphique puis dupliqué afin d'être utilisé sur les autres séries de barres avec une couleur de fond différente.

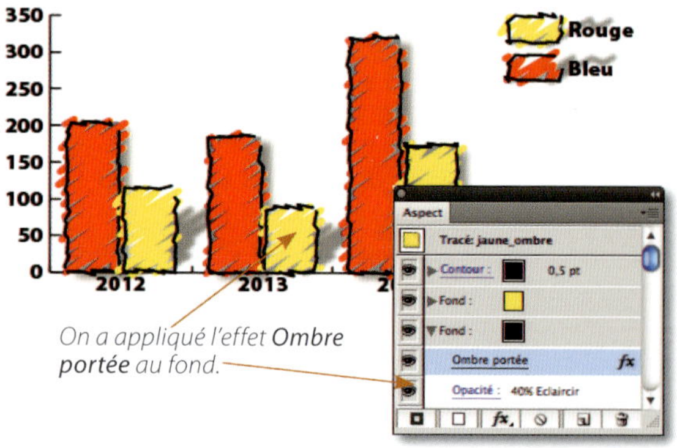

On a appliqué l'effet Ombre portée *au fond.*

Pour créer une ombre inclinée depuis le panneau **Aspect** (et **Style graphique** pour la copie), utilisez la méthode suivante :

1. Ajoutez un nouveau fond par le menu du panneau **Aspect** (ou dupliquez celui présent). Colorez-le en noir et glissez-le à l'arrière-plan du panneau.
2. Le fond noir étant actif, lancez l'effet **Déformation manuelle** (menu **Effet/Distorsion et transformation**), donnez au rectangle affiché l'inclinaison voulue en déplaçant un par un les points de l'aperçu.

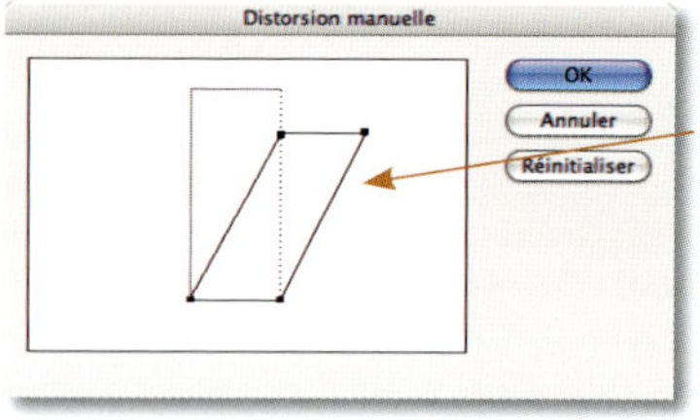

Avec ce réglage, on incline le fond qui servira pour l'ombre.

3. Pour obtenir l'ombre, appliquez l'effet Flou gaussien (avec une valeur de 2 à 4). Dans le panneau **Transparence**, réduisez l'opacité à environ 40 % et choisissez le mode **Éclaircir**, ainsi, l'ombre n'apparaîtra qu'aux endroits où il n'y a pas de tracé.

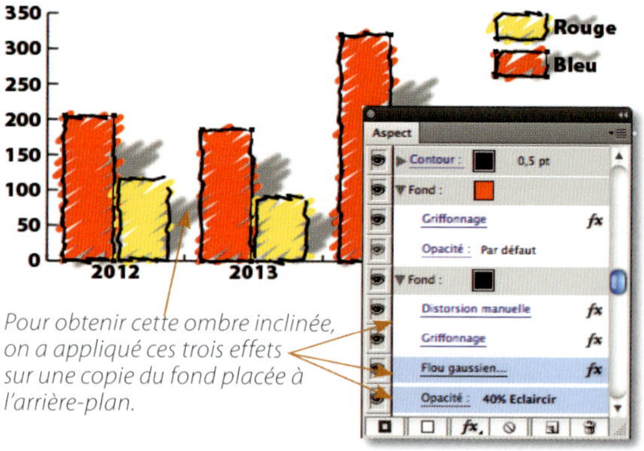

Pour obtenir cette ombre inclinée, on a appliqué ces trois effets sur une copie du fond placée à l'arrière-plan.

La préparation pour certains traitements

Pour réaliser certains effets sur les barres (ou sur les lignes d'un graphe linéaire) tout en gardant intact le graphe (afin de pouvoir en changer des données par exemple), vous devez ajouter un calque pour y placer une copie de la ou des séries de barres que vous souhaitez traiter. Cette opération se réalise dans le panneau **Calques**.

1. Commencez par ajouter un nouveau sous-calque ou un calque (en cliquant sur l'icône du panneau **Calques**).

2. Sélectionnez par clics successifs, avec l'outil **Flèche blanche +**, les barres voulues (ou les segments), puis, avec ⌥ [Alt] enfoncée, glissez le petit carré coloré indiquant la sélection (à droite du nom du calque) sur le calque précédemment ajouté.

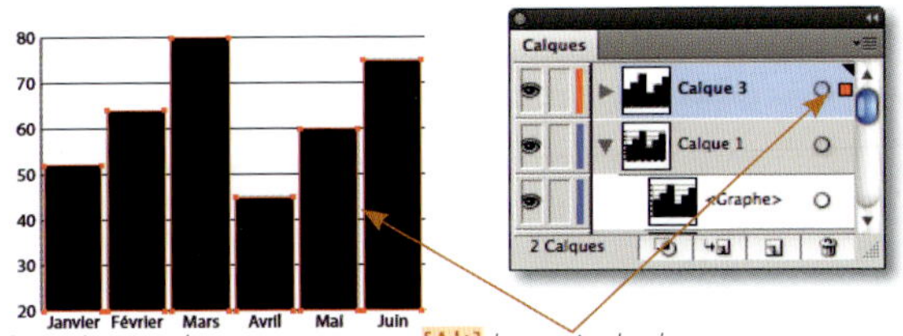

On crée par glissement avec ⌥ [Alt] la copie des barres sur un calque ajouté.

3. Vous pouvez maintenant verrouiller (ou cacher) le calque contenant le graphe afin de le préserver.

Un graphe à barres masquant une image

Avec une photo et une copie des barres, on peut remplir ces dernières par la photo en créant un masque. La manipulation comporte quelques étapes décrites dans les paragraphes qui suivent.

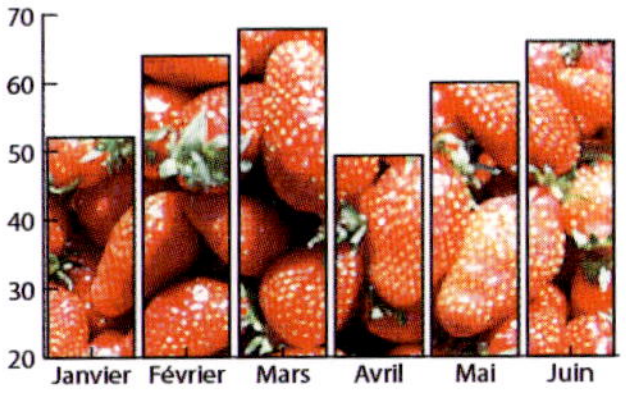

Le fond des barres est remplacé par une photo.

La préparation des barres du graphe

Selon le type de résultat souhaité, il faut parfois modifier les largeurs des barres et des catégories afin que chacune d'elles se touche — dans l'exemple qui suit, on les a réglées à 95 %. Copiez les barres sur un sous-calque ajouté. S'il y a plusieurs séries de barres devant masquer une photo différente, vous devez copier chaque série sur un calque à part puis travailler calque par calque en cachant les autres.

La préparation du masque

En vue de les utiliser comme masque, sélectionnez les barres et lancez la commande **Tracé transparent** (⌘8 [Ctrl 8] ou menu **Objet**) ; si les barres se touchent, lancez la commande **Créer une forme composée** (menu du panneau **Pathfinder**) pour qu'elles ne fassent plus qu'un seul tracé.

La photo importée

Importez une photo (menu **Fichier**), positionnez-la sur les barres et glissez son calque sous celui des barres.

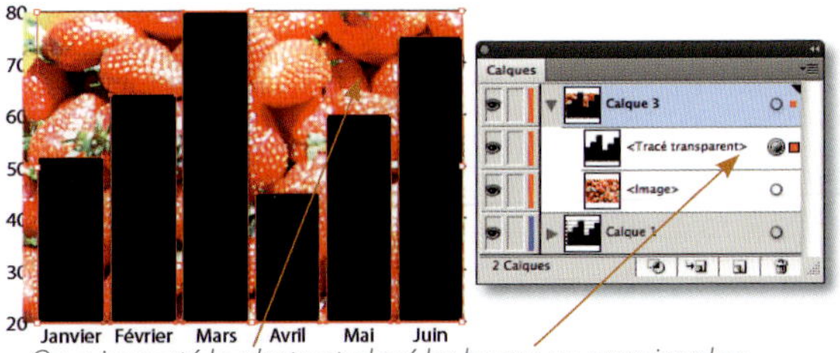

On a importé la photo et placé les barres au premier plan.

La réalisation du masque

Dans le panneau **Calques**, sélectionnez le calque contenant le masque (les barres) et l'objet masqué (la photo), cliquez sur l'icône de création de masque dans le bas du panneau. Vous pouvez également sélectionner les éléments et lancer la commande **Créer** du sous-menu **Masque d'écrêtage** (menu **Objet** ou au clavier ⌘7 [Ctrl 7]). Si des séries de barres copiées ont été placées sur plusieurs calques, recommencez les opérations (tracé transparent, importation et masque) sur les différents calques.

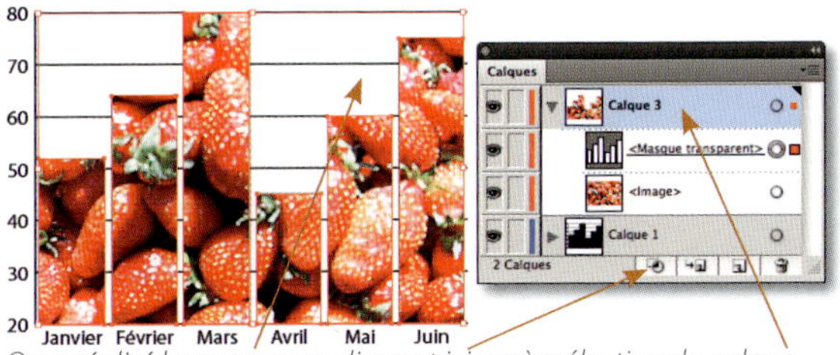

On a réalisé le masque en cliquant ici après sélection du calque.

La finition du graphe

Pour placer des contours sur cet ensemble, glissez le calque contenant le graphe au-dessus des autres, sélectionnez toutes les barres et supprimez leur fond en cliquant sur l'icône ▨ du panneau **Outils**.

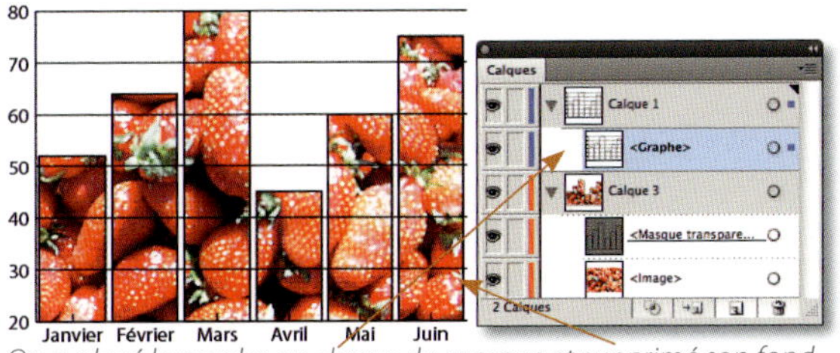

On a placé le graphe au-dessus du masque et supprimé son fond.

Un graphe linéaire avec des traits spéciaux

Voici un exemple de traitement particulier, il consiste à remplacer les traits d'un graphe linéaire par une ligne ayant un effet néon avec une ombre.

Dans l'exemple ci-dessous, la ligne brisée (à laquelle on a attribué un effet néon) peut être redessinée à la plume sur un calque ajouté. Les lignes du graphe à l'arrière-plan peuvent être rendues invisibles par réduction de l'opacité.

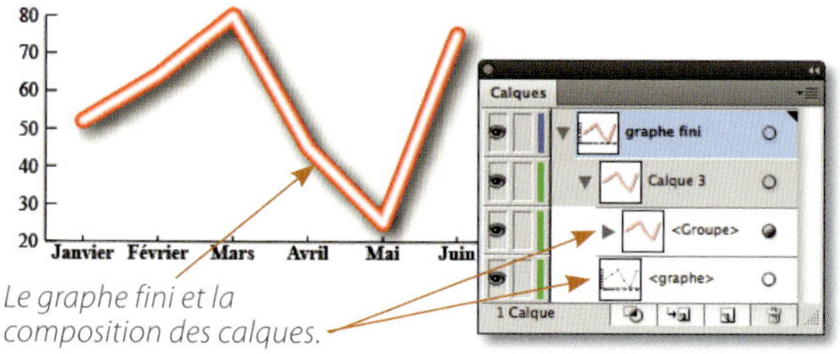

Le graphe fini et la composition des calques.

Le camembert éclaté en 3D

Lorsque vous faites un graphe sectoriel, les secteurs se touchent tous. Avec les effets 3D d'Illustrator, il est possible de créer une mise en volume et d'écarter les parts d'un graphe en camembert.

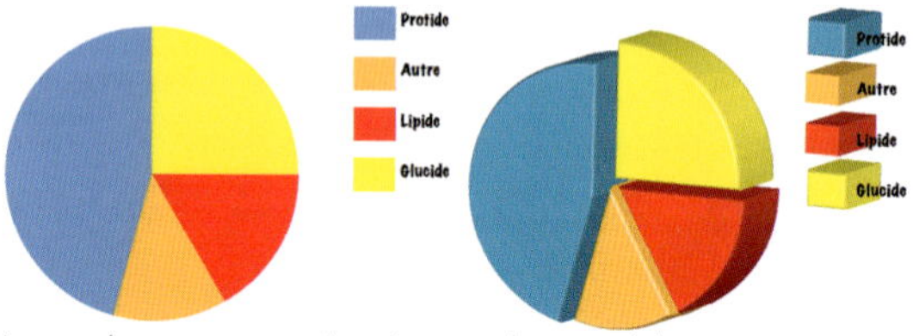

Le graphe avant et après mise en volume et éclatement.

La mise en volume

Avec la **Flèche blanche** et ⌥ [Alt], effectuez un double-clic sur le carré de la première légende. Lancez l'effet **Extrusion et biseautage** du menu **Effet/3D**. Dans la fenêtre, effectuez l'extrusion de l'épaisseur voulue, puis faites légèrement pivoter le cube de prévisualisation pour mieux voir les différentes parties. Cochez la rubrique **Plus d'options** et ajoutez une seconde lumière en bas à gauche afin que les différentes faces se détachent mieux.

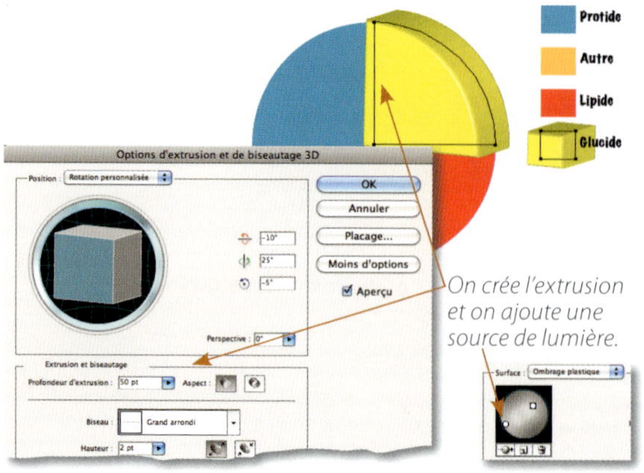

On crée l'extrusion et on ajoute une source de lumière.

L'éclatement des secteurs

Pour éviter que les secteurs ne se chevauchent trop, lancez la commande **Transformation** du menu **Effet/Distorsion et transformation**. Réduisez légèrement la taille (90 %) et provoquez un décalage horizontal et vertical de quelques points (ce décalage pourra être réajusté par la suite).

Le style graphique des secteurs

Le secteur a maintenant l'aspect souhaité. Définissez-le en tant que style graphique en cliquant sur l'icône [icône] du panneau **Styles**. Une fois le style créé, par double-clic avec l'outil **Flèche blanche** et ⌥ [Alt], sélectionnez un autre secteur du camembert et appliquez-lui le style.

Changez la couleur du fond en la sélectionnant dans le panneau **Aspect**. Recommencez avec les autres parts. Vous pouvez aussi créer des copies du style graphique et changer les couleurs. Il restera à glisser le style sur le secteur voulu.

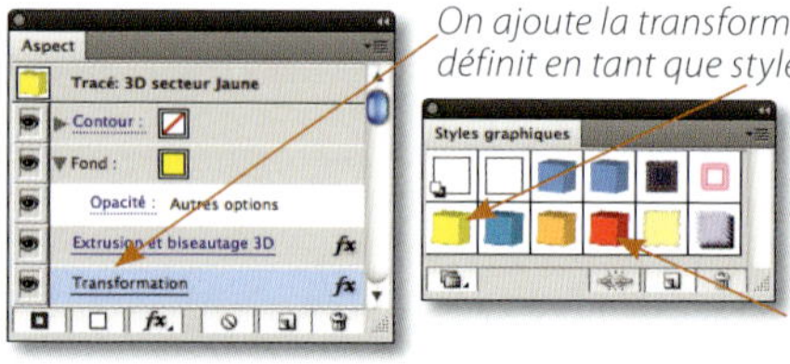

On ajoute la transformation et on définit en tant que style graphique.

Pour les autres secteurs, on a créé des copies avec d'autres nuances.

Si vous devez faire des modifications (comme l'ajout de transparence, par exemple), utilisez le panneau **Aspect** pour choisir l'attribut à modifier. Selon le changement souhaité, redéfinissez le style graphique de chaque part.

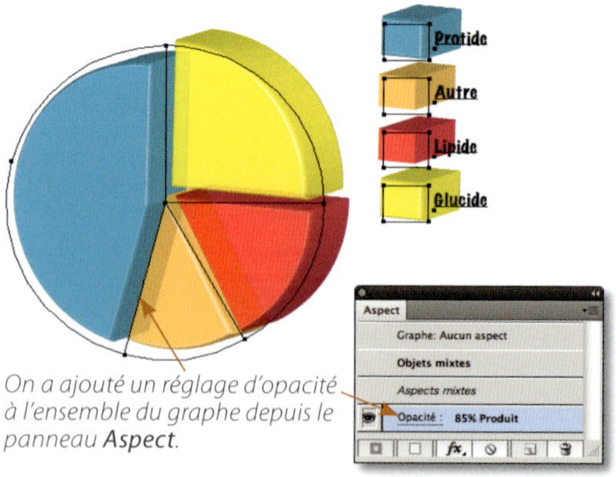

On a ajouté un réglage d'opacité à l'ensemble du graphe depuis le panneau Aspect.

Astuce *Cette mise en volume peut s'appliquer sans modification des réglages à un graphe à barres. Pour que les barres ne cachent pas les axes, il faudra peut-être augmenter les valeurs de décalage de l'effet* ***Transformation*** *et définir l'axe de transformation sur la base de l'objet ([icône]).*

L'utilisation de symboles de graphes

Les symboles de graphes

Quand les graphes comportent des barres ou des points, vous pouvez les personnaliser en utilisant des symboles de barres ou de points qui remplaceront ou rempliront les barres ou les points. Ces symboles peuvent être constitués d'un logo, d'un dessin, d'un texte, d'un symbole (graphique)… Le DVD du programme Illustrator contient des exemples de graphes ainsi que des symboles de barres pour ces graphes.

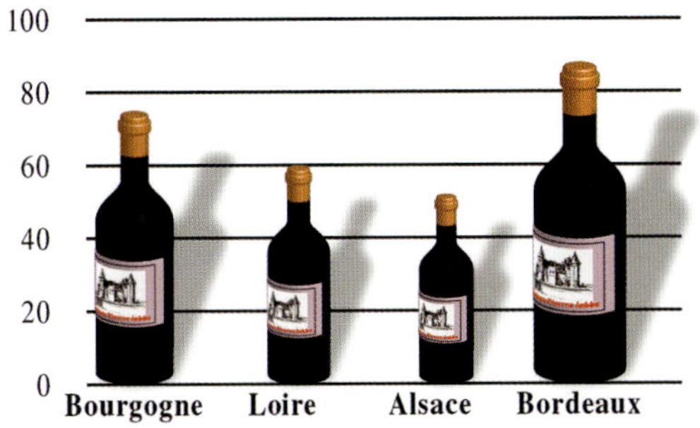

Un exemple de graphe avec des symboles de barres.

> **Attention** *Ne confondez pas le symbole de barres avec le symbole (graphique). Seul ce dernier est visible dans le panneau* ***Symboles****.*

La création de symboles de barres

Les symboles (graphiques) peuvent être utilisés directement comme symboles de barres s'ils ont été définis en tant que tels par la commande **Symbole** du menu **Objet/Graphe** (*voir plus loin*). Illustrator donne accès à des bibliothèques de symboles depuis le menu du panneau **Symboles** ou l'icône situéee en bas du panneau ; certains symboles sont utilisables pour les graphes.

> **Astuce** *L'utilisation d'un symbole (graphique) dans la réalisation d'un symbole de barres facilite les mises à jour.*

Les symboles de barres avec un dessin

La méthode de fabrication d'un symbole de barres ressemble à celle qu'on utilise pour créer un motif. Afin de faciliter le travail, vous pouvez ajouter un calque pour y travailler le symbole (cependant, n'oubliez pas de le supprimer ou de le cacher en fin de travail).

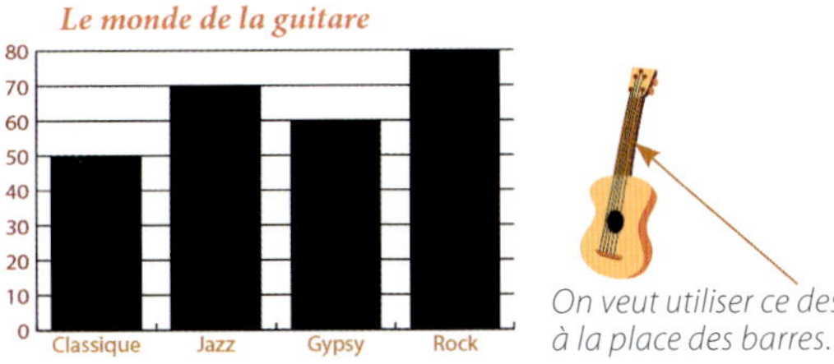

On veut utiliser ce dessin à la place des barres.

Pour créer le symbole de barres, opérez ainsi :

1. Tracez un rectangle qui servira de limite au symbole, il doit avoir à peu près la taille d'une barre moyenne (celui-ci peut être une copie d'une barre ou d'un point du graphe obtenu par glissement sur le sous-calque ajouté).

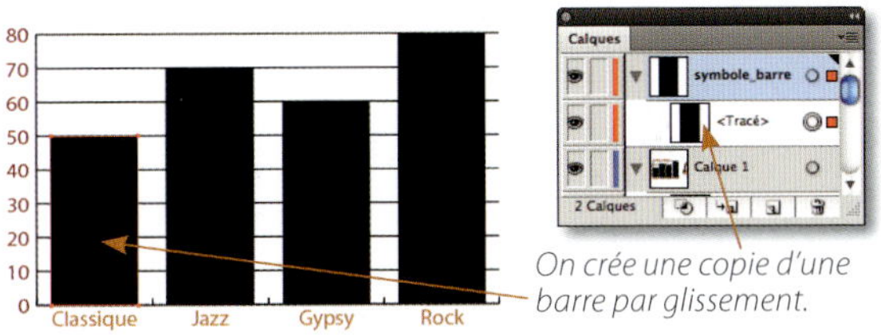

On crée une copie d'une barre par glissement.

2. Masquez le calque contenant le graphe. Dessinez ou placez à l'intérieur de ce rectangle un objet (il peut provenir du panneau **Symboles**) qui servira de symbole de barres.

On a masqué le calque du graphe et dessiné l'objet qui servira de symbole.

Attention *Le haut du dessin devant correspondre au haut du rectangle (le bas également, mais cela a moins d'importance), utilisez éventuellement l'outil* ***Mise à l'échelle*** *ou le cadre de sélection (affiché avec l'outil* ***Flèche noire****) pour parfaire le réglage.*

3. Sélectionnez le rectangle et cliquez sur l'icône [icône] du panneau **Aspect** pour supprimer ses attributs de fond et de contour.

4. Sélectionnez l'ensemble rectangle et objet et lancez la commande **Symbole** dans le sous-menu **Graphe** (menu **Objet**) : dans la fenêtre qui apparaît, cliquez sur **Créer** puis sur la case **Renommer** afin d'attribuer un nom au symbole qui s'affiche.

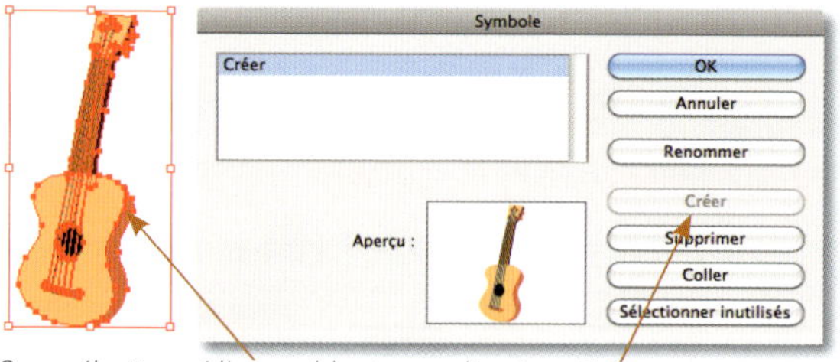

On a sélectionné l'ensemble et on a cliqué sur ***Créer****.*

Le symbole est défini, vous pouvez en faire une variante de couleur que vous définirez de la même façon. Il ne reste plus maintenant qu'à l'appliquer aux barres (ou aux points) du graphe (*voir plus loin*).

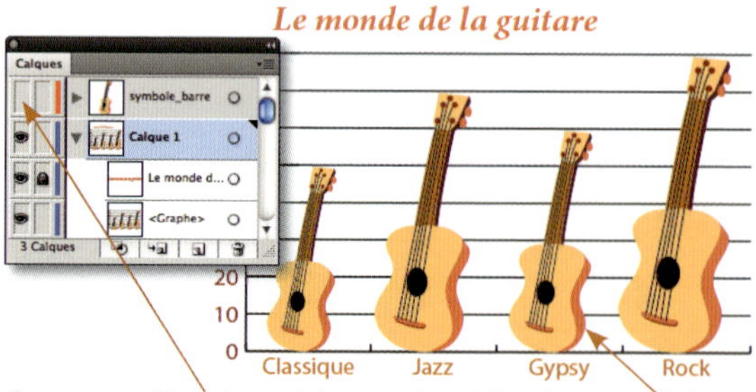

On a masqué le calque où le symbole a été créé et on a appliqué le symbole au graphe.

Les symboles de barres avec une photo

Il n'est pas possible d'utiliser une image bitmap dans un symbole de barres ; en revanche, vous pouvez contourner le problème en utilisant, dans le symbole de barres, un symbole (graphique) qui lui-même contient une photo.

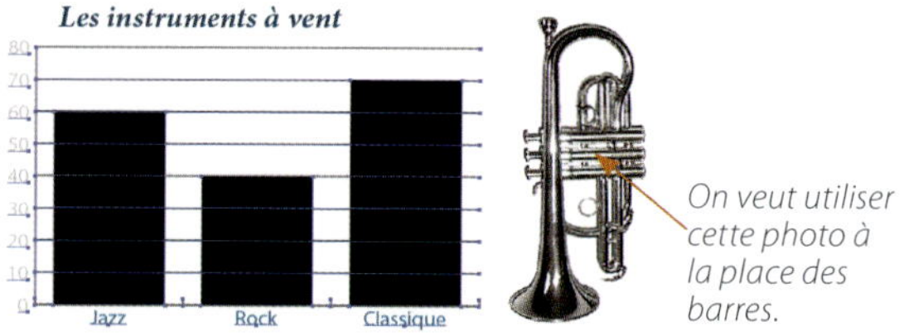

Voici la méthode en détail :

1. Créez un graphe et importez le fichier image. Affichez le panneau **Symboles**, cliquez sur l'icône [icône] pour définir cette image importée comme symbole. Sur le plan de travail, l'image importée apparaît désormais comme symbole graphique.

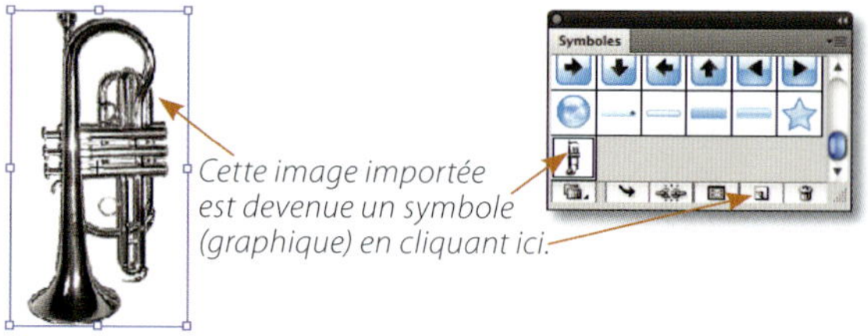

2. Lancez la commande **Symbole** dans le sous-menu **Graphe** (menu **Objet**) : dans la fenêtre qui apparaît, cliquez sur **Créer** puis sur la case **Renommer** afin d'attribuer un nom à ce nouveau symbole de barres.

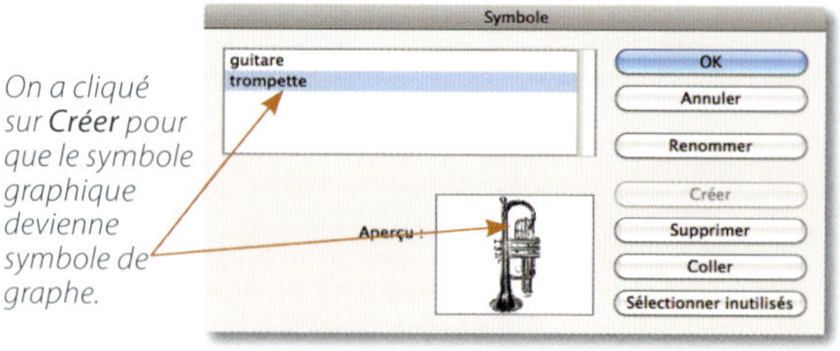

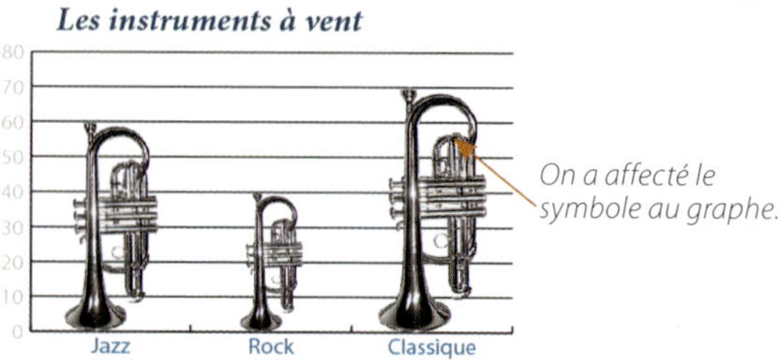

L'application de symboles de barres

Les sélections

Cachez (ou supprimez) le sous-calque de préparation du symbole de barres et affichez celui du graphe. Sélectionnez la série de barres sur laquelle le symbole de barres doit apparaître. Pour une sélection partielle du graphe, utilisez l'outil **Flèche blanche +**, par clics successifs sur une barre, vous sélectionnez la série de barres (ou de points) et la case de légende — en partant de la légende, deux clics suffisent.

> **Astuce** *Si le graphe ne comporte qu'une seule série de barres (c'est-à-dire que les barres ont toutes la même couleur), vous pouvez sélectionner la totalité du graphe.*

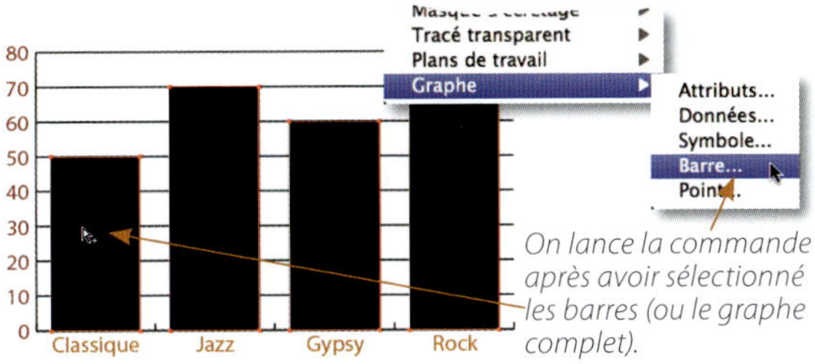

On lance la commande après avoir sélectionné les barres (ou le graphe complet).

Les différentes applications

Les barres étant sélectionnées, lancez la commande **Barre** (menu **Graphe** ou menu contextuel si le graphe est sélectionné entièrement). La liste des symboles créés apparaît dans la partie haute (on voit également les symboles de tous les documents ouverts). Dès que vous en avez choisi un, un menu local vous permet de choisir la façon dont il sera appliqué : avec déformation proportionnelle verticale ou uniforme, par répétition ou encore par déformation partielle.

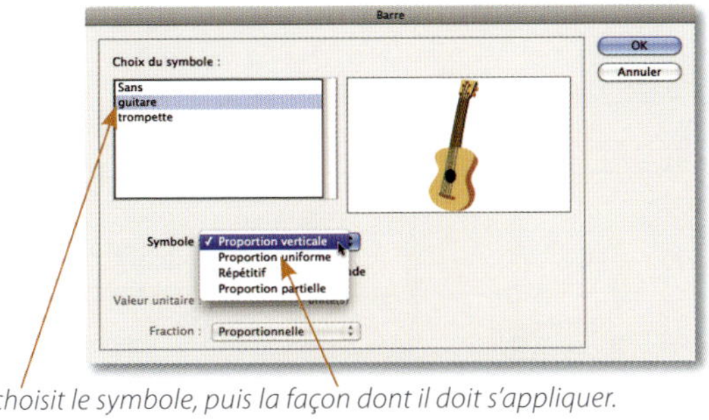

On choisit le symbole, puis la façon dont il doit s'appliquer.

> **Astuce** *Si le graphe comporte plusieurs séries de barres, une fois que ce symbole de barres a été affecté à la première série, désélectionnez le graphe afin de sélectionner (avec l'outil* ***Flèche blanche +****) une nouvelle série pour lui affecter un second symbole.*

Le symbole à proportion verticale

Le symbole n'est déformé que verticalement, proportionnellement aux valeurs du tableau de données.

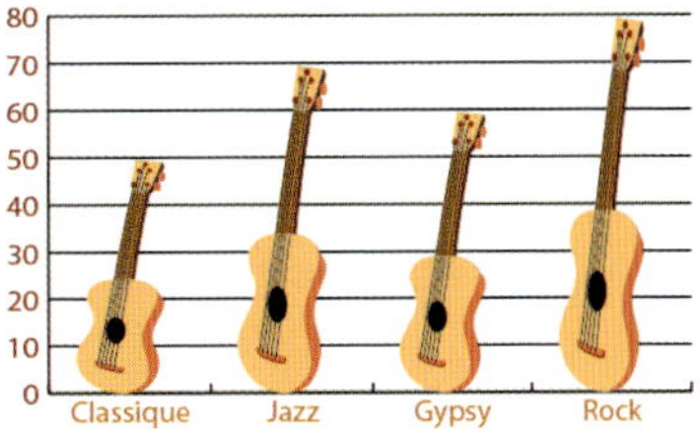

Barres avec symbole à ***proportion verticale****.*

Le symbole à proportion uniforme

Le symbole est déformé horizontalement et verticalement, proportionnellement aux valeurs du tableau de données. Les symboles peuvent parfois se chevaucher. Il faudra éventuellement changer l'ordre des plans dans la fenêtre des **Attributs de graphe**.

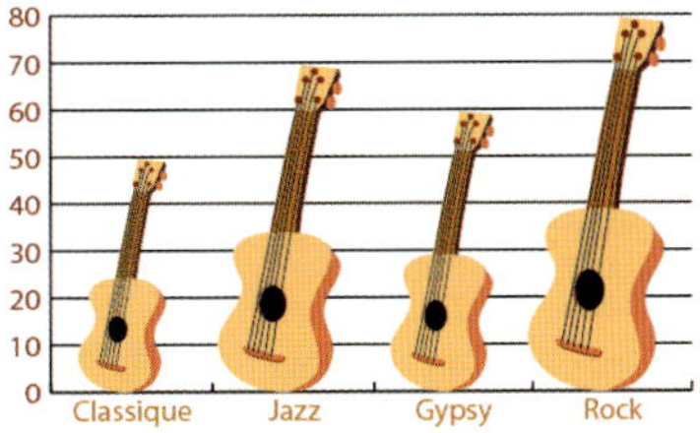

Barres avec symbole à ***proportion uniforme****.*

Le symbole répétitif

Vous devez définir une valeur unitaire pour le symbole, celle-ci se détermine en fonction des données. Par exemple, si vous tapez « 50 » dans **Valeur unitaire** et qu'une des données a pour valeur « 200 », elle sera représentée par quatre symboles mis l'un au-dessus de l'autre.

Si la valeur de la donnée ne correspond pas à un nombre entier de fois le symbole (par exemple, 130 = 2 × 50 + 30), la partie « fractionnaire » (30) peut être représentée par un symbole tronqué si vous choisissez **Fraction** puis **Découpée** ou par un symbole réduit si vous choisissez **Fraction** puis **Proportionnelle** (*voir ci-dessous*).

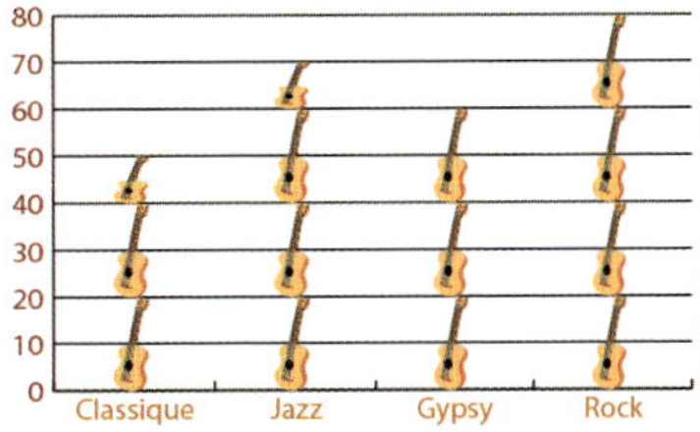

Barres avec symbole de type ***Répétitif*** *avec ces options.*

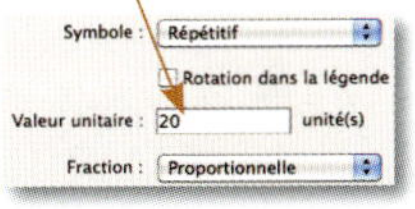

Le symbole à proportion partielle

Cette option n'est réalisable qu'avec certains types de symbole de barres (celui-ci ne doit pas contenir de symbole graphique), nous allons les étudier plus en détail dans les paragraphes qui suivent. Cependant, sachez que quel que soit le type choisi pour le symbole de barres, une option, **Rotation dans la légende**, permet de faire tourner le symbole affecté à la légende.

La gestion du symbole à proportion partielle

Le principe du symbole à proportion partielle

Quand vous utilisez le symbole à proportion verticale, celui-ci est déformé sur toute sa hauteur. Le symbole à proportion partielle ne se déforme que sur une partie ; en effet, on place un repère qui indiquera que la partie située en dessous ne doit pas être modifiée.

On souhaite que la partie haute (entourée) du dessin ci-contre se déforme alors que le bas restera intact.

La création du symbole à proportion partielle

La préparation de base est la même que pour le symbole classique. Vous pouvez partir d'un symbole déjà réalisé ; dans ce cas, affichez la fenêtre de **Symbole**, sélectionnez le symbole à reprendre puis cliquez sur **Coller** (le symbole apparaît en cliquant sur **OK**.). Une fois le symbole dessiné (ou récupéré puis traité), effectuez les opérations suivantes :

1. Avec l'outil **Plume** ou **Trait** et la touche ⇧, tracez un trait horizontal coupant le symbole à la hauteur où celui-ci ne doit plus être déformé (seule la partie au-dessus de ce trait se déformera). Il est préférable que le trait se situe entre des points situés sur une partie bien verticale du tracé du symbole ; éventuellement rajoutez des points sur cette verticale et alignez-les par le menu **Objet**.

2. Sélectionnez la totalité du symbole (trait compris) et groupez l'ensemble (⌘G [Ctrl G]).

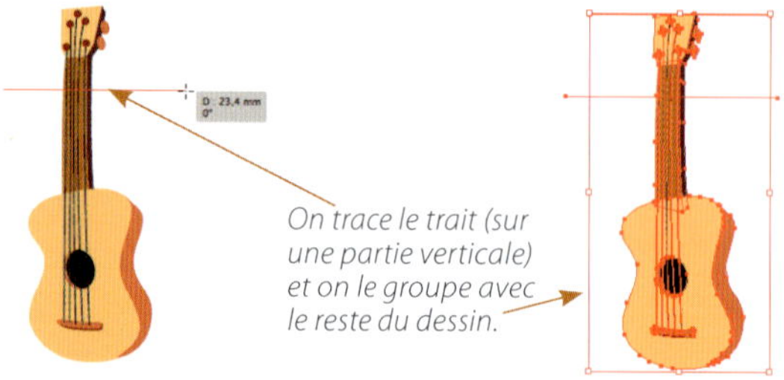

On trace le trait (sur une partie verticale) et on le groupe avec le reste du dessin.

3. Isolez le groupe par double-clic dessus, puis sélectionnez le trait seul dans le panneau **Calques**. Convertissez-le en repère par la commande **Créer les repères** (menu **Affichage/Repères** ou menu contextuel, au clavier ⌘5 [Ctrl 5]). Quittez le mode isolation.

On a isolé le groupe pour sélectionner le trait que l'on convertit en repère.

4. Le symbole est terminé, il est prêt à être défini en tant que tel. Cependant, avant de lancer la commande **Symbole** (sous-menu **Graphe**), vérifiez que le symbole sera bien à proportion partielle. Pour cela, sélectionnez-le avec l'outil **Flèche noire** et déplacez-le ; si le repère se déplace avec l'ensemble, le symbole est correct.

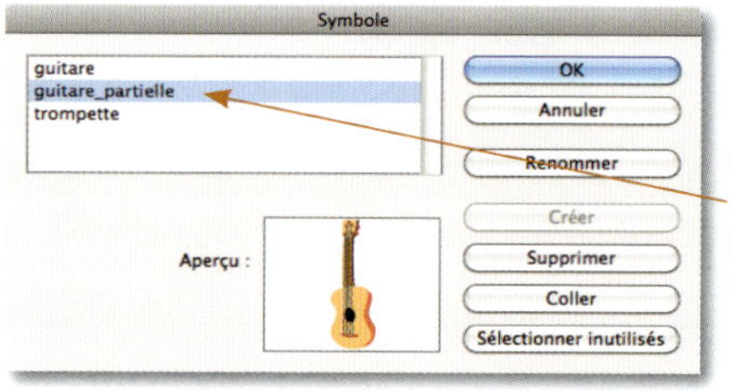

On a défini le symbole avec un nom spécifique.

L'application du symbole à proportion partielle

Elle s'obtient comme avec les autres symboles mais en sélectionnant **Proportion partielle**. Pour repérer plus facilement un symbole à proportion partielle dans la liste, faites suivre son nom d'un astérisque « * » ou du mot « partielle » au moment où vous le définissez.

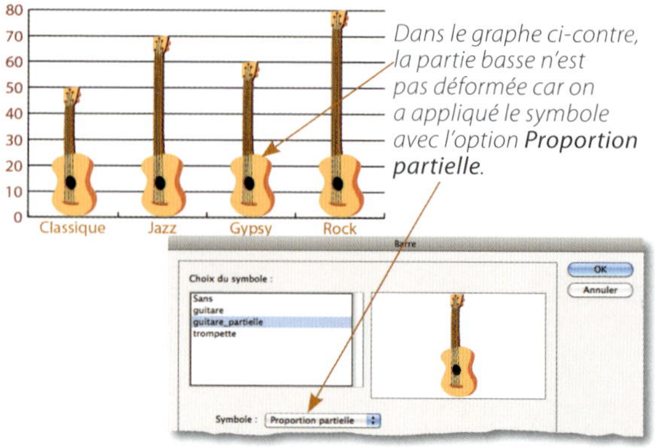

*Dans le graphe ci-contre, la partie basse n'est pas déformée car on a appliqué le symbole avec l'option **Proportion partielle**.*

Les symboles de points

La création à partir d'un symbole graphique

Pour faciliter les mises à jour et les réalisations des symboles de points (comme pour les symboles de barres), convertissez le dessin qui sera défini comme symbole de point en symbole graphique par clic sur l'icône du panneau **Symboles**.

1. Créez un graphe linéaire et ajoutez un calque. Copiez le carré qui constitue le point du graphe (par glissement avec la touche ⌥[Alt] dans le panneau **Calques**). Masquez le calque du graphe, dans le panneau **Contrôle** repérez la taille de ce carré puis supprimez ses attributs en cliquant sur l'icône du panneau **Aspect**.

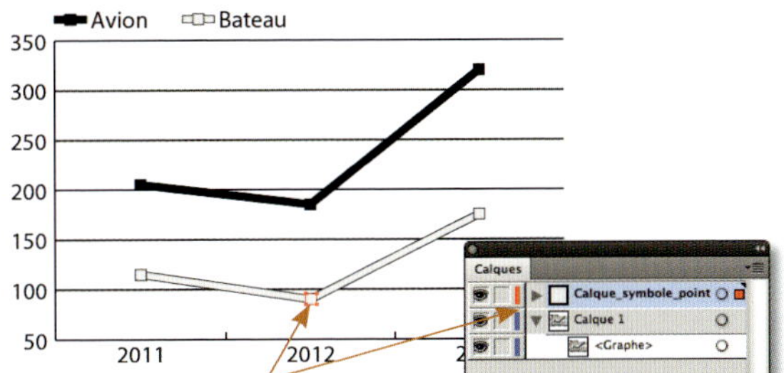

On fait une copie du carré qui marque le point du graphe.

2. Glissez au centre du carré précédent un symbole graphique depuis le panneau **Symboles**. Ajustez la taille du symbole pour qu'elle soit environ 5 à 10 fois supérieure à celle du carré précédemment copié. Cette mise à l'échelle centrée peut être réalisée depuis le panneau **Transformation** (ou **Contrôle**) en tapant une valeur dans la case L (ou H) avec l'option d'homothétie activée.

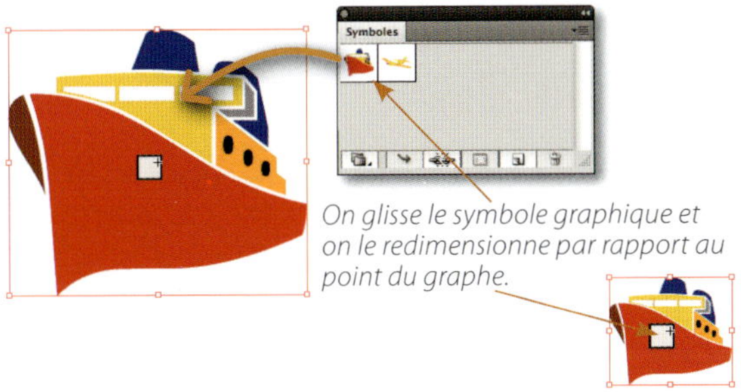

On glisse le symbole graphique et on le redimensionne par rapport au point du graphe.

3. Sélectionnez l'ensemble (le carré doit bien être sans attribut) et lancez la commande **Symbole** dans le sous-menu **Graphe** (menu **Objet**). Dans la fenêtre qui apparaît, cliquez sur **Créer** — l'aperçu ne montre que la partie à l'intérieur du carré. Cliquez sur la case **Renommer** afin d'attribuer un nom à ce symbole de point.

> **Astuce** *Si vous devez créer plusieurs symboles de points, pensez à effectuer des remplacements de symboles avec l'icône du panneau* ***Symboles****.*

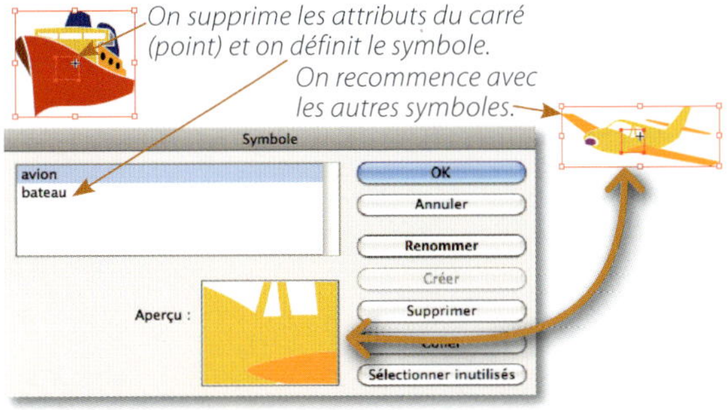

On supprime les attributs du carré (point) et on définit le symbole.

On recommence avec les autres symboles.

L'application du symbole de points

Dans le graphe à nuage de points ou dans un graphe linéaire, sélectionnez les points par clics successifs avec l'outil **Flèche blanche +**, puis lancez la commande **Point** du sous-menu **Graphe**. Une fenêtre (*voir ci-dessous*) vous permet d'affecter un symbole à la série de points sélectionnés. Recommencez l'opération sur une autre série de points.

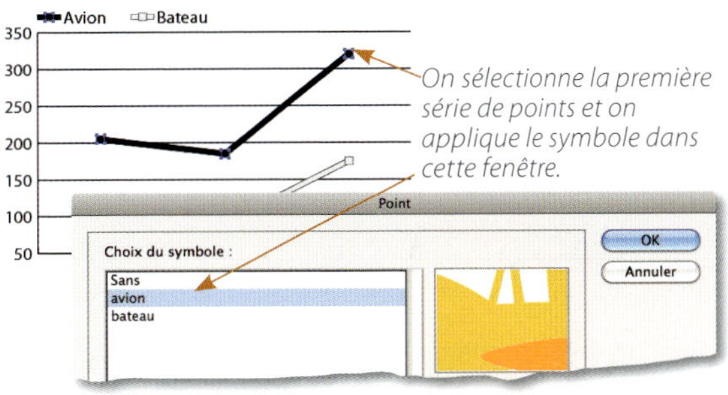

On sélectionne la première série de points et on applique le symbole dans cette fenêtre.

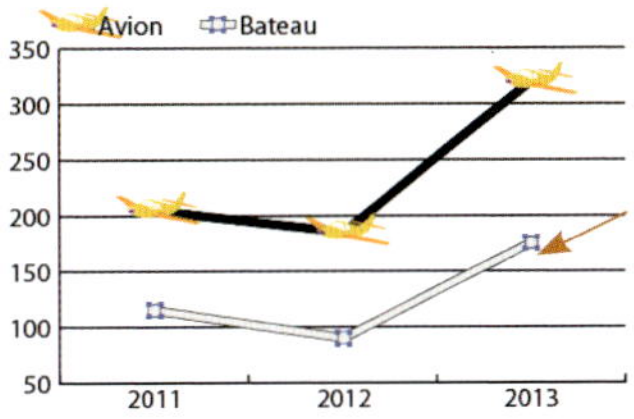

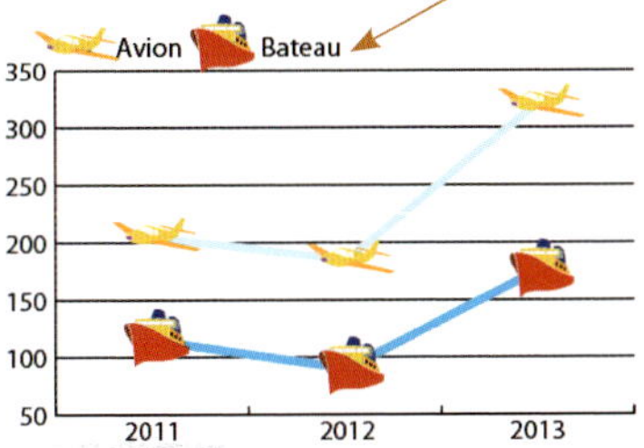

On effectue la sélection de série de points suivante et on applique le symbole. Il faut parfois ajuster la position des textes.

Attention *Si vous choisissez un symbole de barres, celui-ci risque d'apparaître en tout petit à cause de la mise à l'échelle sur la taille du point du graphe.*

Les symboles affichant une valeur

Pour que la valeur saisie dans le tableau de données figure au-dessus du symbole de barres, il faut saisir, dans la typographie voulue, un texte comportant le signe % suivi de deux chiffres, puis placer ce texte en haut du symbole de barres. Ce texte doit être associé au reste du symbole (⌘G [Ctrl G]). Quand le groupe est créé, définissez le symbole.

Le premier chiffre qui suit le signe % indique le nombre de chiffres qui précèdent la virgule, le second indique le nombre de chiffres qui suivent la virgule. Si la valeur contient moins de chiffres qu'indiqué après le signe %, Illustrator placera des espaces pour respecter les alignements. Si vous tapez 0 comme premier chiffre, tous les chiffres de la valeur seront affichés. Par la suite, vous pourrez modifier l'alignement des chiffres qui apparaissent directement sur le graphe.

Si le symbole est déjà utilisé dans le graphe et que vous souhaitez lui ajouter les valeurs, effectuez les opérations suivantes pour chacun des symboles.

1. Masquez le graphe (ou affichez une zone vide de l'illustration). Affichez la fenêtre **Symbole** (menu **Objet/Graphe**), sélectionnez le symbole et cliquez sur **Coller**, puis sur **OK**.

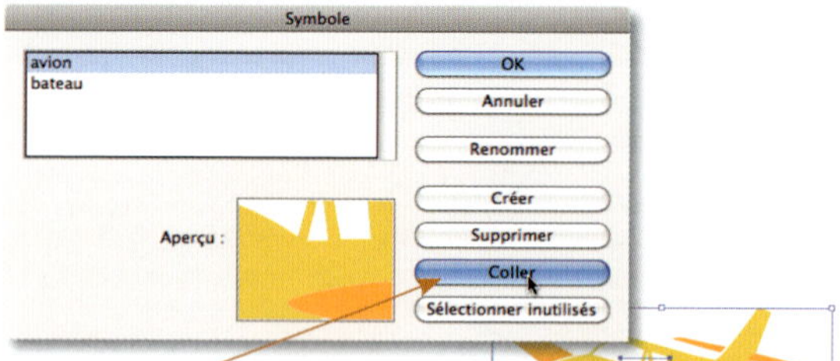

Avec ce bouton, on récupère le symbole de graphe.

2. Double-cliquez sur le symbole pour l'isoler. Dans le mode isolation, saisissez en haut du symbole, le texte « %00 », réglez sa couleur et sa typographie.

On active le mode isolation du symbole et on saisit ce texte.

3. Quittez le mode isolation, sélectionnez le symbole modifié et affichez à nouveau la fenêtre **Symbole**. Cliquez sur le nom du symbole que vous venez de modifier puis sur **OK**. Validez le message qui s'affiche pour mettre à jour le graphe que vous pouvez réafficher.

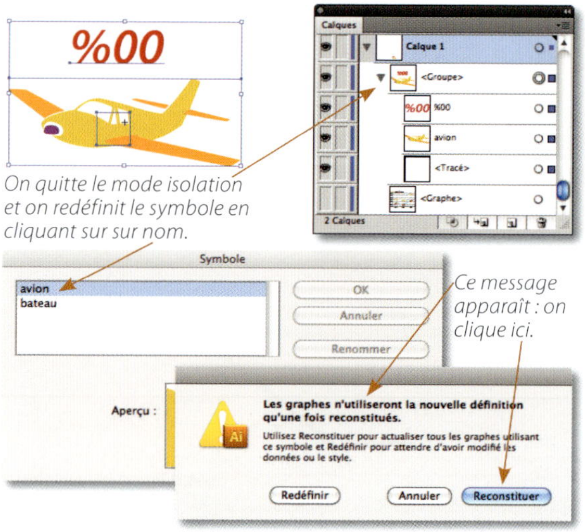

On quitte le mode isolation et on redéfinit le symbole en cliquant sur sur nom.

Ce message apparaît : on clique ici.

4. Recommencez les opérations avec les autres symboles du graphe.

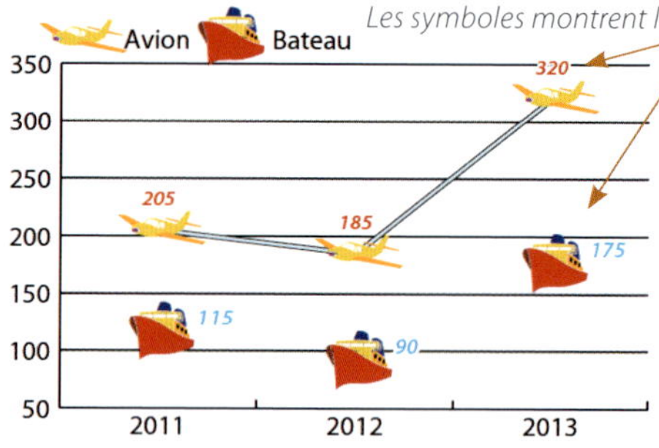

Les symboles montrent les valeurs.

Note *Des ajustements sont parfois nécessaires avec les légendes et selon la position des chiffres par rapport aux traits de graduation.*

Les modifications d'un symbole de graphes

Quand vous modifiez un symbole de barres, sa mise à jour peut être automatique ou manuelle selon la nature des constituants du symbole de barres ou de points.

LA MISE À JOUR AUTOMATIQUE

Le symbole graphique du symbole de graphes

Si vous avez réalisé les symboles de barres en utilisant les symboles graphiques du panneau **Symboles**, toutes les modifications ou les remplacements réalisés sur le symbole graphique sont répercutés sur celui de la barre et donc sur le graphe.

Pour remplacer un symbole par un autre et garder la possibilité de revenir à l'ancien symbole, vous pouvez effectuer les opérations suivantes :

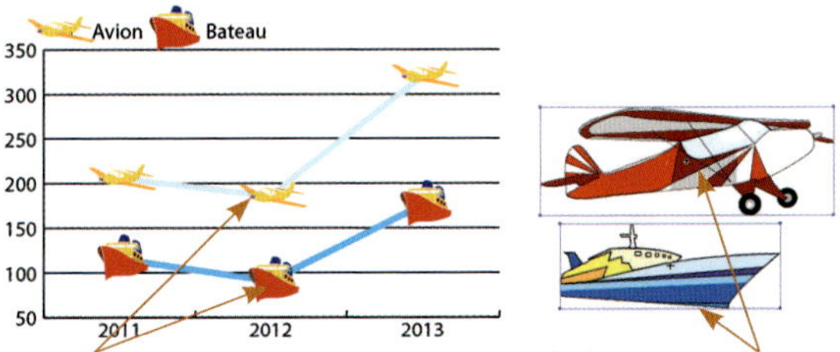

Dans ces points, on veut remplacer les symboles par ceux-ci.

1. Dans le panneau **Symboles**, double-cliquez sur le symbole de graphes utilisé comme symbole de barres ou de points pour l'isoler.

> **ATTENTION** *Si les éléments présents dans le dessin du symbole ne contituent pas un groupe (visible dans le panneau* ***Calques****), sélectionnez-les et associez-les.*

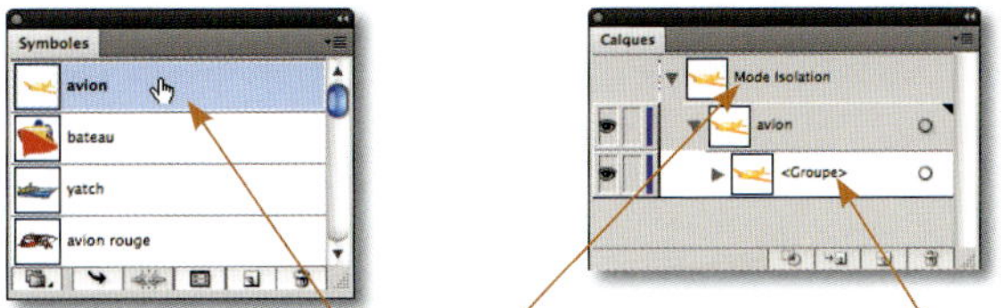

Par double-clic, sur son nom, on isole le symbole pour l'éditer. Ici, son contenu est bien un groupe.

2. Glissez le symbole de remplacement sur le dessin affiché et ajustez sa taille pour qu'elle soit voisine de celle du dessin à l'arrière-plan.

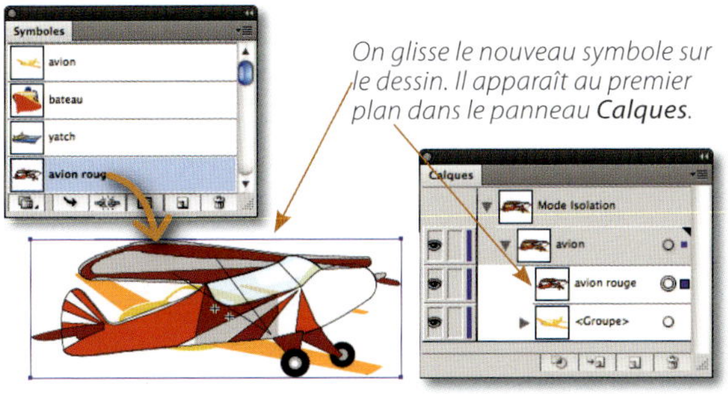

On glisse le nouveau symbole sur le dessin. Il apparaît au premier plan dans le panneau ***Calques****.*

3. Dans le panneau **Calques**, masquez le groupe situé à l'arrière-plan du symbole que vous venez de placer.

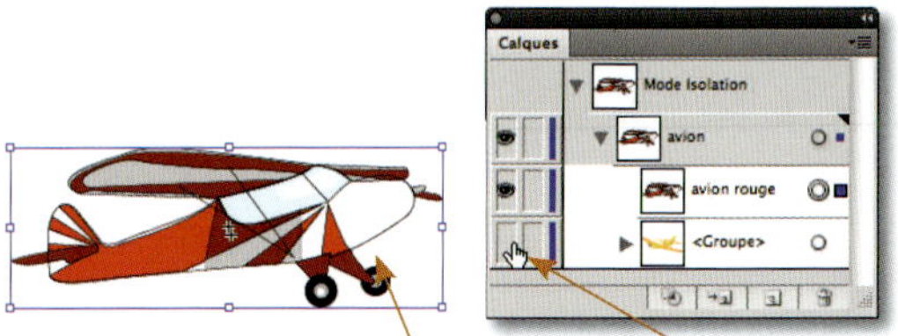

On a redimensionné le symbole, on peut masquer le groupe.

4. Quittez le mode isolation : les symboles de barres ou de points sont mis à jour sur le graphe.

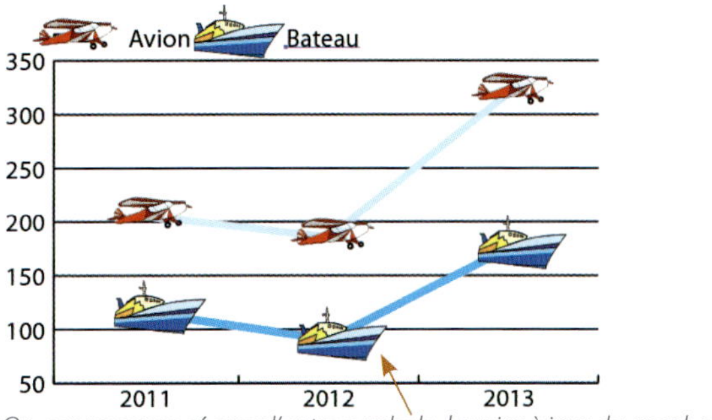

On a recommencé avec l'autre symbole, la mise à jour du graphe est automatique quand on quitte le mode d'édition du symbole.

Pour ajouter des effets sur les constituants du symbole, utilisez également le mode isolation pour traiter plus facilement le symbole graphique.

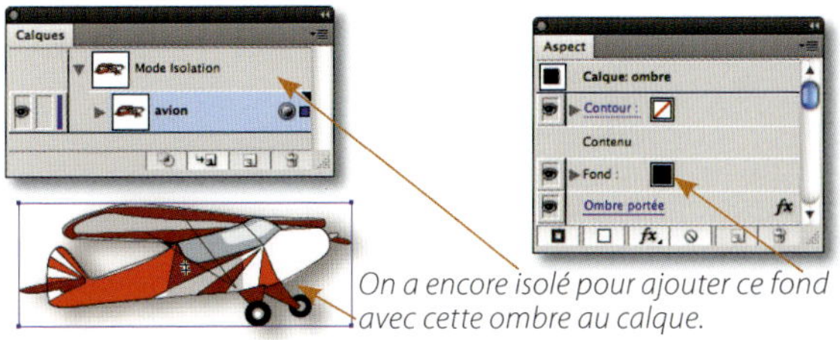

On a encore isolé pour ajouter ce fond avec cette ombre au calque.

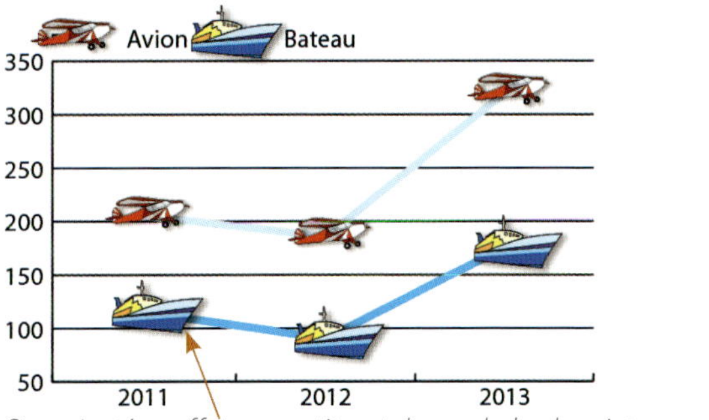

On a ajouté un effet au constituant des symboles de points.

> **ASTUCE** *Dans le panneau **Symboles**, si vous remplacez un symbole par un autre par glissement avec la touche ⌥ [Alt], n'utilisez que des symboles qui ont sensiblement la même taille et faites une copie du symbole qui va disparaître.*

Les couleurs globales du symbole de graphes

Si vous avez utilisé des couleurs globales ou des tons directs, toutes les modifications faites dans le panneau **Nuancier** sur ces couleurs (par double-clic sur la nuance) sont automatiquement répercutées sur les symboles de barres qui les utilisent. Si vous avez défini des groupes de couleurs à partir des symboles (ou même à partir de l'ensemble du graphe), vous pouvez également modifier les couleurs avec la fenêtre **Redéfinir les couleurs de l'illustration** (affichée par double-clic sur l'icône du dossier dans le panneau **Nuancier**).

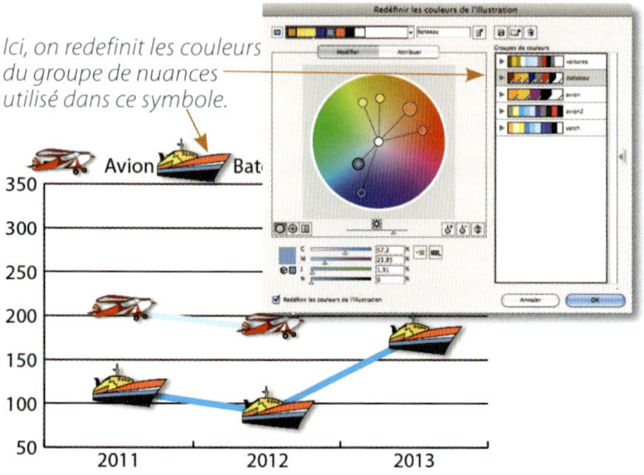

LA MISE À JOUR MANUELLE

Pour reprendre et modifier un symbole de barres, affichez la fenêtre de **Symbole**, sélectionnez le symbole à reprendre puis cliquez sur **Coller** ; vous apercevrez le symbole dès que vous aurez cliqué sur **OK**. Ce symbole est transformable (changement de forme ou de couleur), mais il faudra cependant le redéfinir. Pour cela, relancez la commande **Symbole** (sous-menu **Graphe**), et dans la liste des symboles, sélectionnez celui que vous venez de modifier puis cliquez sur **OK** : une fenêtre vous indique qu'il y a remplacement.

L'importation de symboles de graphes

Comme pour les couleurs, il est possible d'importer des symboles de barres contenus dans d'autres fichiers. Pour utiliser les symboles d'un autre fichier, il suffit d'ouvrir ce dernier en même temps puis de repasser sur l'autre document (vous pouvez aussi en créer à partir des bibliothèques de symboles graphiques).

Les superpositions de symboles

La superposition de symboles n'est réalisable qu'avec des barres empilées (deux ou trois séries de barres y sont superposées) ; si vous ne sélectionnez que les barres inférieures, vous pourrez leur attribuer un symbole. En ne sélectionnant que les barres supérieures, vous affecterez le second symbole. Ces deux symboles peuvent être de types différents. Cela permet de réaliser des graphes dont la base du symbole (ou le haut, selon le cas) n'est pas déformée, le reste subissant une déformation (partielle ou non). En effet, dans une série de valeurs, il est facile de trouver une partie commune à chaque valeur (*voir le graphe ci-dessous*) ; cette valeur constitue une barre identique qui est située en haut ou en bas de la superposition.

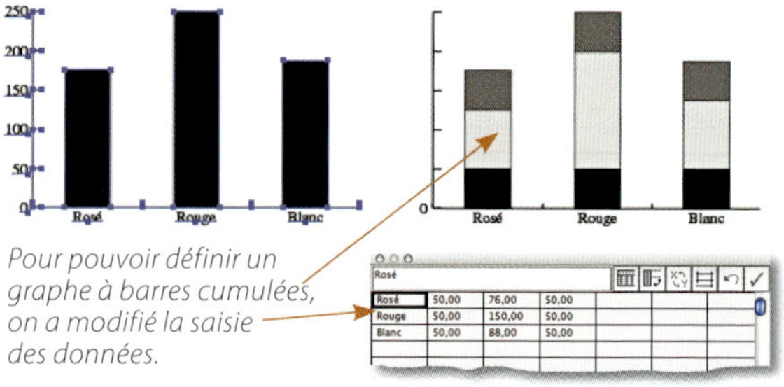

Pour assurer la jonction entre les différentes parties des symboles superposés, copiez une série de barres empilées, les rectangles qui la constituent serviront de base pour les symboles. Dessinez l'objet à cheval sur les rectangles, en créant plusieurs dessins (un par rectangle) ou un seul coupé (à l'aide des ciseaux par exemple).

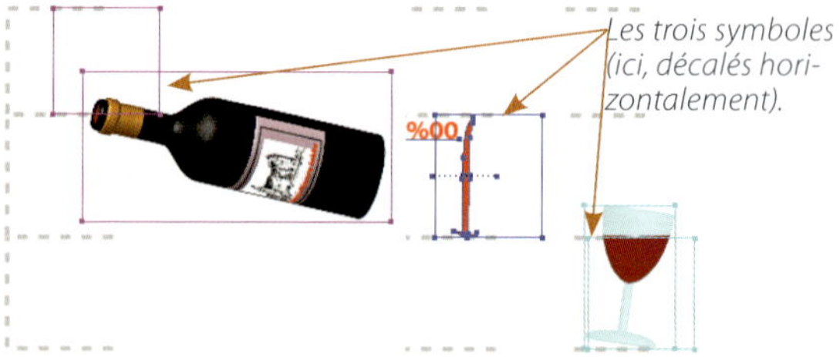

Définissez séparément les symboles obtenus — l'un d'eux peut être à proportion partielle. Il ne reste plus qu'à sélectionner (avec l'outil **Flèche blanche +**) une couche du graphe et à lui attribuer le premier symbole, puis à sélectionner la deuxième partie des barres superposées (toujours avec l'outil **Flèche blanche +**) et à lui attribuer le deuxième symbole en choisissant le type à proportion variable ou non, et ainsi de suite.

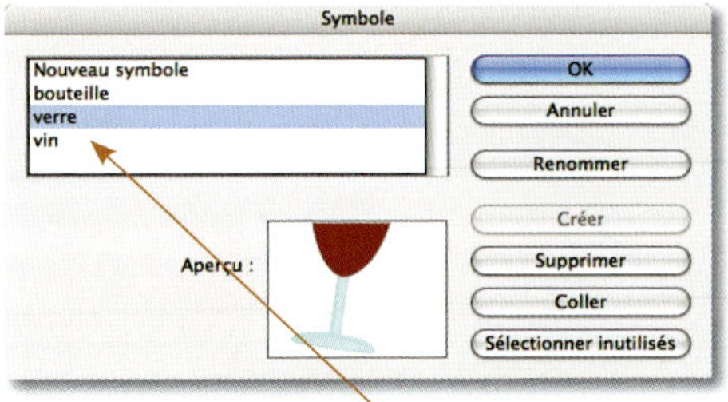

Les trois symboles ont été définis puis appliqués aux différentes barres du graphe.

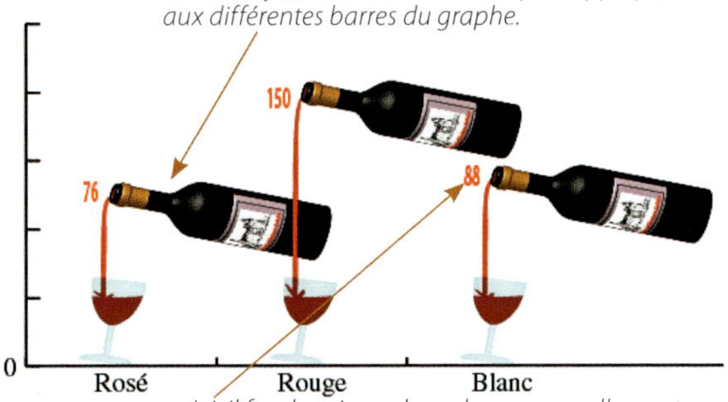

Ici, il faudra ajuster les valeurs manuellement.

Les combinaisons de graphes

Illustrator offre la possibilité de combiner différents types de graphes sur un seul graphe. Par exemple, certaines données peuvent être représentées par un graphe à barres (cumulées ou non) et d'autres, par un graphe linéaire. Tous les types peuvent être combinés à l'exception des graphes à nuage de points. Pour obtenir la combinaison, sélectionnez avec l'outil **Flèche blanche +** le groupe de barres dont vous souhaitez modifier le type (sans oublier les légendes correspondantes). Une fois la sélection faite, effectuez un double-clic sur l'outil **Graphe** (ou affichez le menu contextuel) pour afficher la commande **Attributs** et choisir le nouveau type de graphe. Avec des graphes combinés, il est possible de choisir deux axes verticaux (à droite et à gauche), chacun correspondant à un type de données. Les attributs de ces axes ne peuvent être fixés que si tout le graphe est sélectionné.

Partie 9

La distribution des fichiers

1 - Les fichiers pour l’impression

2 - La distribution des illustrations

3 - Les fichiers particuliers

1 - Les fichiers pour l'impression

Les préparatifs d'impression

Avant d'envoyer votre fichier à l'imprimeur, certains préparatifs s'imposent ; en effet avec les documents CMJN, vous devez définir : les défonces et surimpressions, le positionnement des traits de coupe et le réglage de pixellisation des objets transparents. Certaines opérations ne sont utiles que pour les documents qui feront l'objet d'une impression avec séparation.

La surimpression et la défonce

La gestion des surimpressions

Quand des objets se superposent dans un document CMJN, il faut régler le comportement des couleurs à l'impression. C'est dans le panneau **Options d'objet** que se gèrent les deux cas possibles : défonce ou surimpression. En outre, ce panneau comporte deux boutons, **Surimpr. Fond** et **Surimpr. Contour** pour choisir, au niveau du fond ou du contour, la surimpression ou non des couleurs lorsqu'elles se recouvrent.

La défonce (ou masquage)

Si aucune option n'est cochée dans le panneau, il y a défonce, c'est-à-dire création, dans la zone de recouvrement, d'un « trou » sous la couleur au premier plan pour empêcher son mélange avec celle à l'arrière-plan. En général, cette défonce nécessite des réglages appelés **recouvrements** (ou « trapping ») pour assurer une continuité des couleurs sur les bords de la défonce.

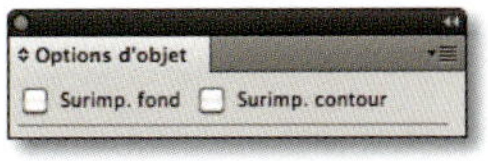

Les options de réglage de défonce ou de surimpression.

La surimpression

Quand vous cochez l'un des boutons **Surimpr. Fond** ou **Surimpr. Contour**, il n'y a pas de défonce mais un mélange des couleurs superposées des deux objets. C'est-à-dire qu'il y a une surimpression des couleurs — le menu **Affichage** permet de la visualiser.

Elle est indispensable pour un ton direct remplacé par un vernis sélectif, pour certains éléments (filet, texte) en noir et pour définir des recouvrements.

Le réglage de recouvrements

Les modes de recouvrements

Le principe

Lorsque les encres sont imprimées successivement, elles doivent être parfaitement alignées pour obtenir un résultat correct. Le recouvrement permet de remédier à un défaut d'alignement des presses d'imprimerie. En effet, si la zone de défonce a la même taille que la partie de l'objet en superposition, un léger décalage fait apparaître une zone blanche. Pour assurer la continuité des couleurs, on crée une petite zone de recouvrement des couleurs adjacentes, c'est le trapping. Il peut s'effectuer par dilatation ou par contraction.

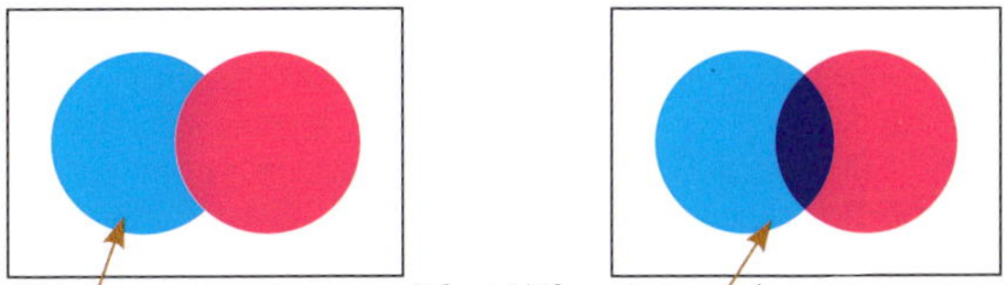

Objets avec le réglage par défaut (défonce) et avec la surimpression.

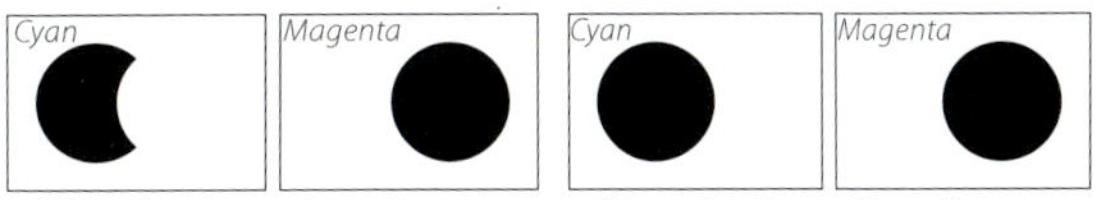

Films de séparation : il y a un trou, c'est la défonce. *Films de séparation : il y a un mélange, c'est la surimpression.*

Le recouvrement par dilatation : grossi

Il y a dilatation de la zone de recouvrement ou **grossi**, si la couleur claire est sur la couleur foncée : le clair déborde sur le foncé.

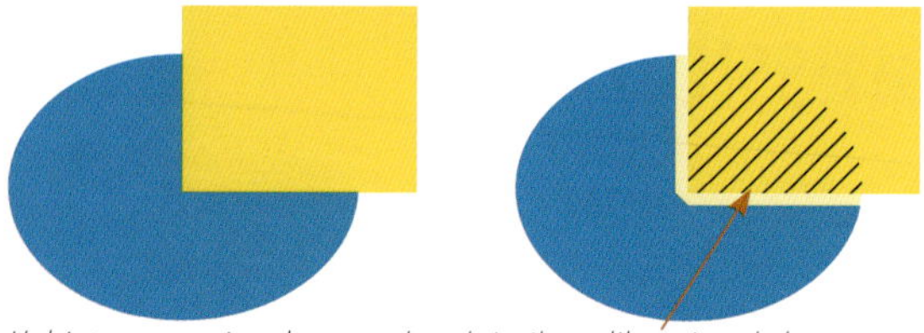

L'objet au premier plan est plus clair : il y a dilatation de la zone de recouvrement (grossi).

Le recouvrement par contraction : maigri

Si la couleur claire se trouve sous la couleur foncée, la zone de recouvrement doit subir une contraction ou **maigri**. Dans les deux cas, la couleur foncée n'est pas modifiée ; on préserve ainsi les formes des objets (texte ou dessin) qui sont davantage définies par les couleurs foncées.

L'objet au premier plan est plus foncé : il y a contraction de la zone de recouvrement (maigri).

L'OBTENTION DES RECOUVREMENTS

Les recouvrements sur les fonds

Illustrator peut gérer le trapping entre les objets de manière automatique grâce à la commande **Recouvrement**. Celle-ci s'applique de deux façons : par le panneau **Pathfinder** ou par le menu **Effet**. Dans les deux cas, lorsque vous lancez (avec un document CMJN) la commande **Recouvrement**, celui-ci se met en place sous la forme d'une bande colorée dont la composition (effective ou après impression) correspond à la couleur la plus foncée à laquelle Illustrator ajoute une portion de la couleur claire.

Cette commande est sans effet sur les objets contenant des dégradés, des motifs — il faut les décomposer — ou des images importées. Si les objets comportent des couleurs de tons directs, le recouvrement peut utiliser une teinte de cette couleur ou une couleur quadrichromique. Afin de pouvoir subir le recouvrement, les textes devront être convertis en tracés (soit par vectorisation du menu **Texte**, soit par **Vectoriser l'objet** du menu **Effet** et son sous-menu **Tracé**).

Le recouvrement par le panneau Pathfinder

Pour l'appliquer, sélectionnez les objets superposés puis lancez la commande **Recouvrement** du menu du panneau **Pathfinder** : une fenêtre de réglage s'affiche.

Un tracé est ajouté, sa couleur est constituée d'un pourcentage de la teinte de l'objet le plus clair ; le fond de ce tracé est imprimé avec l'option de surimpression active.

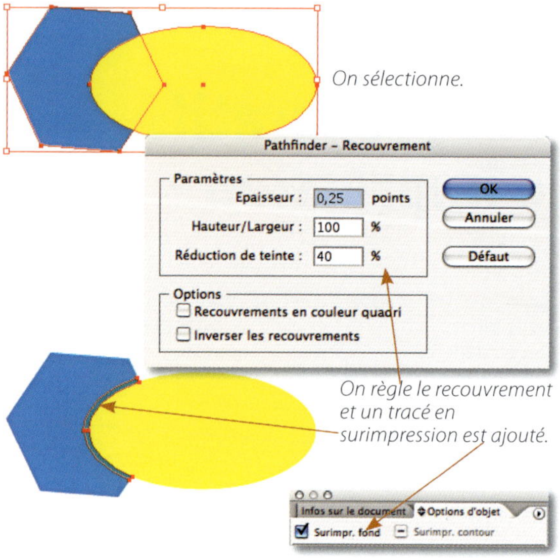

Le traitement de recouvrement réalisé par Illustrator a ici un caractère définitif : si vous modifiez les objets (déplacement, couleur…), le tracé de recouvrement n'est pas modifié en conséquence.

> **ASTUCE** *Pour visualiser la couleur de recouvrement, il n'est pas indispensable de lancer la commande Aperçu de la surimpression du menu* ***Affichage****.*

La commande **Recouvrement** (par le panneau **Pathfinder** ou par le menu **Effet**) ne crée pas de tracés si les couleurs ont une composante commune.

Le recouvrement par le menu Effet

Dans ce cas, c'est le calque contenant les objets qui doit être ciblé dans le panneau **Calques** et c'est par le menu **Effet** et la commande **Recouvrement** du sous-menu **Pathfinder** que s'applique le recouvrement : la commande apparaît dans le panneau **Aspect** sous forme d'un effet (donc réglable).

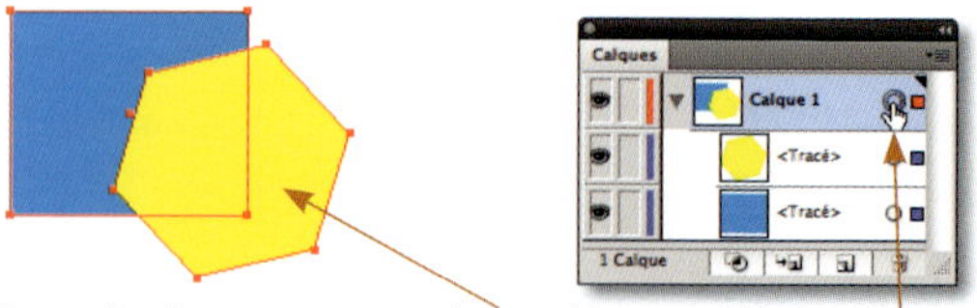

Pour gérer le recouvrement de ces objets, on cible le calque.

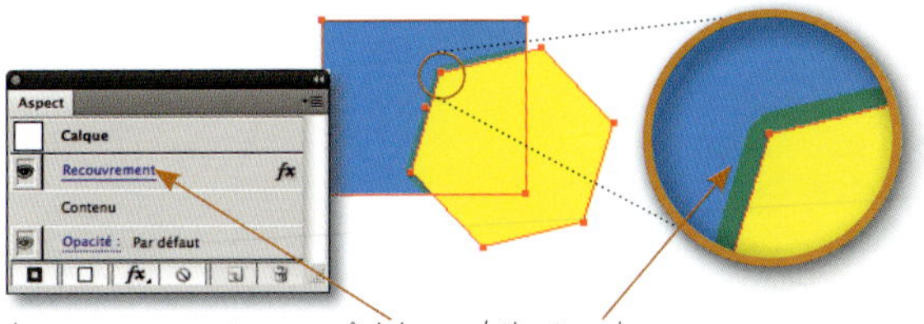

Le recouvrement apparaît ici, on obtient ceci.

L'avantage d'utiliser l'effet au niveau du groupe ou du calque réside dans le fait que le traitement n'est pas définitif, les couleurs ou les objets peuvent être modifiés, déplacés, transformés... le recouvrement sera mis à jour automatiquement.

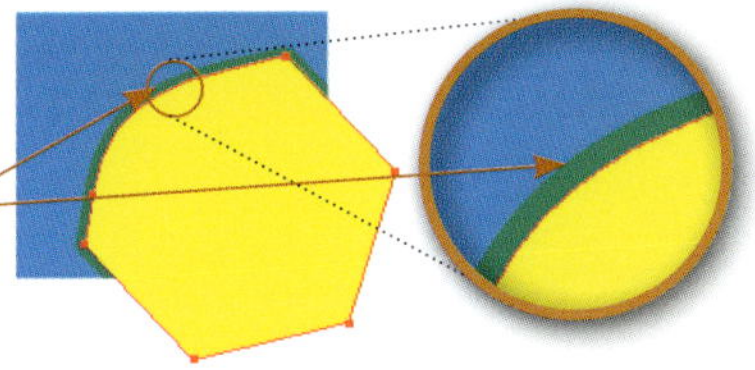

Le recouvrement est mis à jour si on déplace ou modifie un des objets.

Les réglages de recouvrement

Quel que soit le mode d'application, les réglages sont identiques, ils s'effectuent dans la fenêtre ci-dessous. Par défaut, l'épaisseur du recouvrement est de 0,25 pt ; les valeurs les plus courantes vont de 0,3 à 1 pt — consultez votre imprimeur pour connaître les siennes.

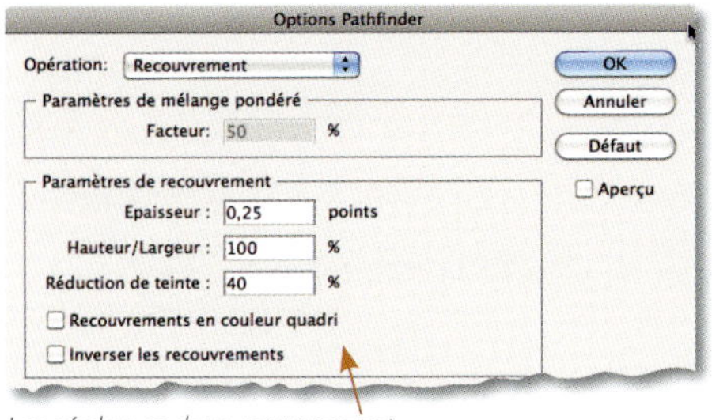

Les réglages de recouvrement.

L'option **Hauteur/Largeur** permet de compenser l'allongement du papier lors de l'impression sur les presses. Pour augmenter l'épaisseur du recouvrement horizontal sans changer le recouvrement vertical, entrez une valeur supérieure à 100 % ; pour la réduire (toujours sans changer le recouvrement vertical), saisissez une valeur inférieure à 100 %.

L'option **Réduction de teinte** permet d'atténuer la transition entre les couleurs ; elle est utile lorsque la couleur du fond et celle de l'objet sont toutes deux relativement claires.

Les recouvrements sur les contours

Si le tracé au premier plan ne comporte qu'un contour, et pas de fond, la commande **Recouvrement** est sans action. En outre, si l'objet comporte un fond et un contour, le recouvrement n'est effectué que sur le fond.

Pour créer un recouvrement sur les contours, commencez par appliquer au calque l'effet **Recouvrement** comme décrit à la page précédente ; sélectionnez ensuite le tracé comportant le contour à « trapper », appliquez-lui l'effet **Vectoriser le contour** du sous-menu **Tracé** (menu **Effet**) : il y aura ainsi création de recouvrements du contour sur les fonds.

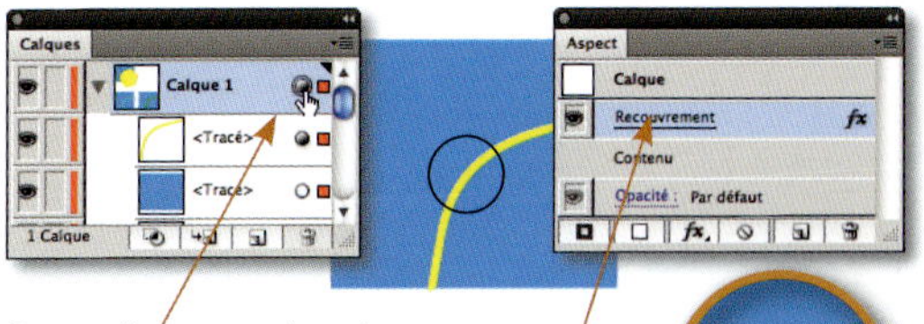

On applique au calque le recouvrement (il n'est pas correct sur le contour).

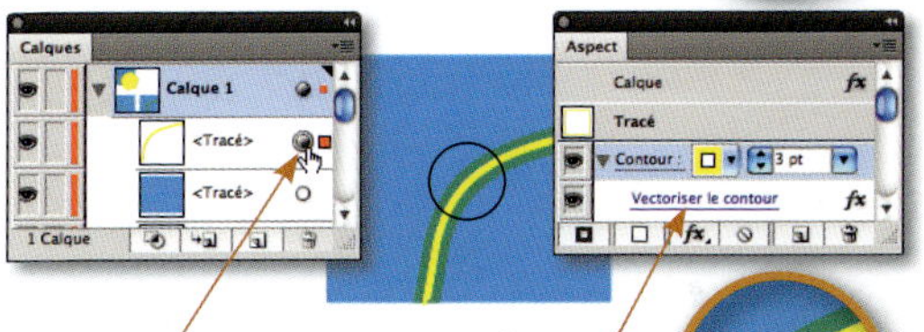

On applique à l'objet **Vectoriser le contour** *: les recouvrements sont alors corrects.*

Les recouvrements avec les textes

Il n'y a pas de précautions particulières pour les textes, on règle leur recouvrement comme les tracés en ciblant le calque.

Quelques réglages de surimpression

LA SURIMPRESSION DU NOIR

Le comportement du noir

Comme toute couleur, le noir est défoncé quand il est en recouvrement sur une autre autre couleur. Cependant, vous pouvez spécifier sa surimpression (pour un fond ou pour un contour) dans le panneau **Options d'objet**, en cochant ou non le bouton **Surimpr. Fond/Contour**.

Lorsqu'une telle option de défonce ou de surimpression a été affectée à des objets, elle peut être modifiée de façon à obtenir l'effet inverse (il y aura surimpression au lieu de la défonce ou réciproquement). Ceci se réalise, sur une sélection ou sur tous les objets contenant du noir, à l'aide de la commande **Surimpression du noir** du sous-menu **Modifier les couleurs** (du menu **Édition**).

La fenêtre de réglage de surimpression.

Sur une sélection de tracés, les options de la commande permettent de choisir de surimprimer (option **Ajouter**) ou non (option **Supprimer**) :

- au noir dont le pourcentage est égal et indiqué dans la case **Pourcentage** (par défaut le noir est en défonce quelle que soit sa composition) ;
- au fond, au contour ou aux deux (par défaut) ;
- aux nuances CMJ ou aux tons directs renfermant une composante noire dont le pourcentage est égal ou supérieur à la valeur de la case **Pourcentage**.

ATTENTION *La commande de surimpression du noir n'est pas dynamique, tout changement dans la composition du noir n'a aucune répercussion sur le réglage.*

Le noir en défonce

Comme pour les autres couleurs, l'utilisation d'un noir en défonce peut laisser apparaître un liseré blanc si l'impression des encres s'éffectue avec un léger décalage. Il faudra prévoir d'appliquer la commande **Recouvrement** (**Pathfinder**) pour pallier ce problème, ou à défaut, ajouter un fin contour intérieur avec ce même noir et l'option surimprimer le contour.

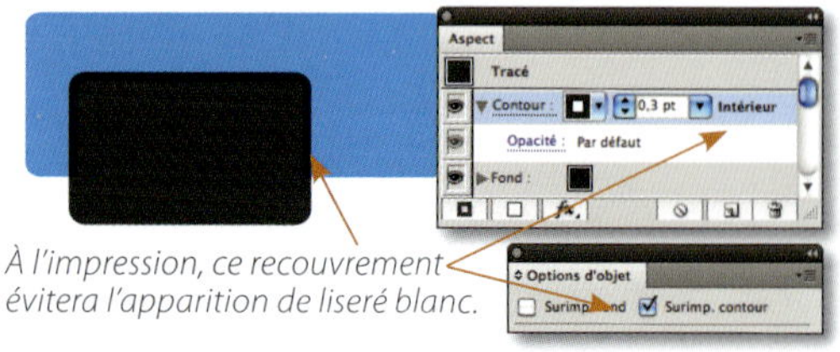

À l'impression, ce recouvrement évitera l'apparition de liseré blanc.

Le noir riche

Pour pallier les problèmes de défonce avec le noir, on peut le surimprimer. Cependant, cette surimpression peut provoquer des différences de teintes entre deux objets noirs dont l'un est placé sur un arrière-plan coloré (rouge, par exemple). Pour éviter ces différences, créez un noir enrichi. Il s'agit d'un noir renfermant 30 % de cyan et/ou 30 % de magenta. Ce noir enrichi, imprimé en surimpression, prend la même teinte sur tous les fonds. Attention, il faudra cocher l'option de surimpression pour tous les objets qui utilisent cette couleur.

Noir en surimpression. *Noir en défonce.* *Noir avec soutien de magenta.*

ASTUCE *Dans le cas des textes, vous pouvez créer des styles de caractère afin d'automatiser l'attribution de ce noir enrichi et l'affectation de la surimpression.*

LA SURIMPRESSION D'UN VERNIS

Si vous souhaitez placer un vernis sur des éléments d'un document, vous devez ajouter un ton direct au nuancier et l'appliquer à l'objet souhaité. Pour qu'il y ait surimpression, cochez l'option **Surimp. du fond** dans le panneau **Options d'objet** — l'aperçu des surimpressions (*voir ci-après*) permet de prévisualiser le résultat.

L'APERÇU DES SURIMPRESSIONS

Le panneau **Aperçu de séparations** du menu **Fenêtre** vous permet de visualiser les surimpressions à l'écran. Pour cela, cochez l'option **Aperçu de la surimpression** ; cette opération équivaut à la sélection de la commande **Aperçu de la surimpression** du menu **Affichage** (au clavier ⇧⌥⌘Y [⇧ ALt Ctrl Y]).

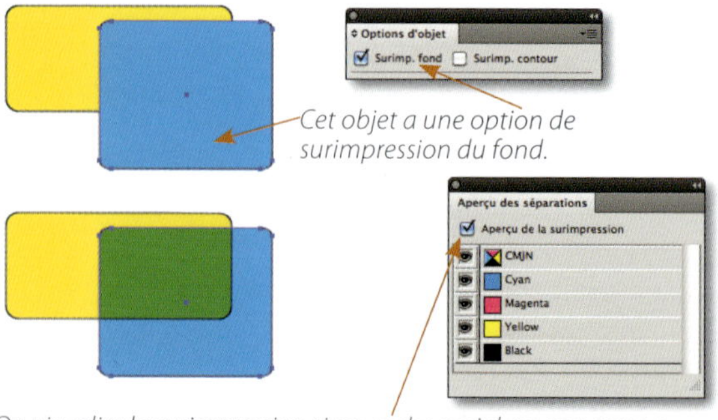

Cet objet a une option de surimpression du fond.

On visualise la surimpression si on coche ceci dans ce panneau.

Selon la composition du document, le panneau comporte les quatre couleurs de la quadrichromie auxquelles s'ajoutent éventuellement les tons directs. En cliquant sur l'une des encres affichées, vous visualisez cette encre seule — cela permet de vérifier le comportement d'une encre (un vernis, par exemple) et de modifier son comportement s'il n'est pas correct. L'utilisation des tons directs avec certains modes de fusion peut parfois produire des résultats inattendus (et parfois la disparition de l'objet) car le programme utilise des équivalents quadri à l'écran et des tons directs à l'impression. L'utilisation de l'**Aperçu de la surimpression** permet de contrôler si l'aspect du document est celui désiré.

La préparation pour la sérigraphie

Certains types d'impressions (sérigraphie, flexographie…) nécessitent quelques préparations : d'une part, l'élaboration d'un blanc imprimable que l'on utilise pour remplir les zones blanches ; d'autre part, l'application de ce blanc en couche de fond. Elle permettra d'obtenir une meilleure qualité lors de l'impression des couleurs sur certains supports (foncés ou transparents) : la brillance des couleurs serait plus faible sans cette couche de fond blanche. La dernière étape est constituée par la séparation des couleurs qui permettra l'impression des typons pour la sérigraphie.

Dans l'exemple ci-dessous utilisé pour illustrer ces préparations, on a réduit le nombre de nuances affichées dans le panneau **Nuancier**, en supprimant les nuances inutilisées (par la commande du menu du panneau). Cela permettra un meilleur contrôle des opérations.

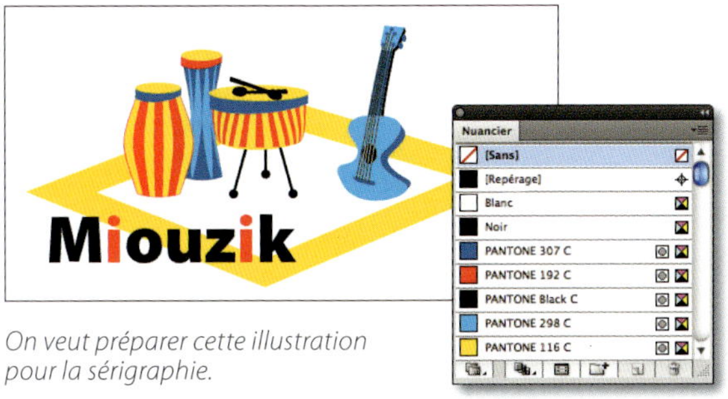

On veut préparer cette illustration pour la sérigraphie.

La nuance de blanc imprimé

Pour créer cette nuance, affichez le panneau **Nuancier** et cliquez sur l'icône **Nouvelle nuance** (). Nommez cette nuance « **WHITE** », par exemple. Choisissez le type **Ton direct**, le mode **CMJN** et saisissez 5 % de noir (0 pour C, M et J, ce qui permettra de le différencier du blanc) ; à l'impression, ce ton direct sera imprimé avec l'encre blanche voulue.

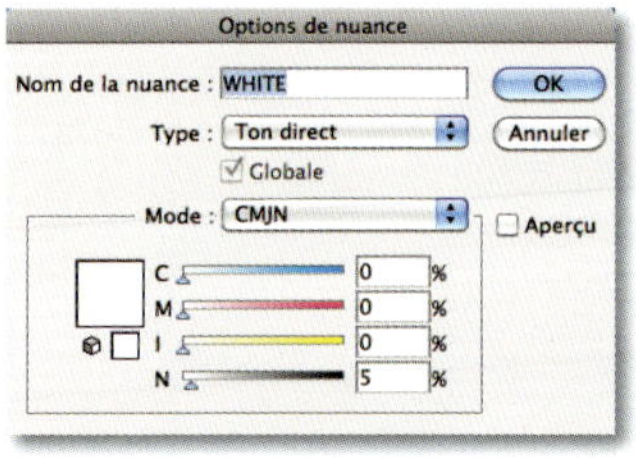

Ce ton direct définit le « blanc » imprimé et utilisé en sous-couche.

L'application du blanc

Ce blanc doit être utilisé pour remplir les zones de l'illustration qui doivent apparaître blanches à l'impression. Pour l'instant, ces zones sont remplies avec le blanc d'Illustrator, avec un blanc sans nom, ou encore avec l'option **Sans** qui laisse apparaître la couleur du papier.

Pour visualiser ces dernières, affichez l'illustration avec l'option **Afficher le damier de transparence** du menu **Affichage**. Sélectionnez les objet voulus et appliquez-leur la nuance WHITE précédemment créée.

Avec ce damier, on voir les zones qui devraient être blanches.
On leur applique cette nuance.

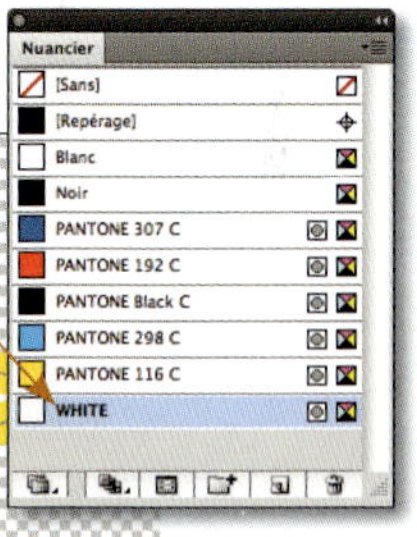

Pour les autres tracés déjà blancs (cordes de la guitare, dans notre exemple), il faut remplacer ce blanc par la nuance WHITE. Pour cela, opérez de la façon suivante :

1. Sélectionnez tous les objets (⌘A [Ctrl A]). Dans le menu du panneau **Nuancier**, lancez **Nouveau groupe de couleurs** et cochez l'option **Convertir les couleurs quadri en couleurs personnalisées** dans la fenêtre d'options qui s'affiche.

2. Dans le groupe de couleurs qui apparaît figurent toutes les couleurs du document, parmi celles-ci on trouve : les Pantone, la nuance à 0 % de CMJN (elle avait été appliquée avec la nuance Blanc du nuancier) et peut-être d'autres nuances qui n'utiliseraient pas les Pantone.

Avec cette commande, on a créé ce groupe de nuances.

3. Désélectionnez l'illustration. Afin de fusioner certaines couleurs, cliquez sur la nuance WHITE, puis, avec ⌘ [Ctrl] enfoncé, cliquez sur cette nuance CMJN à 0 % et lancez **Fusionner les nuances** dans le menu du panneau **Nuancier**. Le blanc est maintenant correctement appliqué.

4. Si dans le groupe il reste des couleurs autres que les Pantone (un noir CMJN, dans notre exemple), procédez à leur fusion avec le Pantone correspondant (attention de commencer par la sélection du Pantone, puis de la couleur).

5. Vous pouvez alors sélectionner le groupe de couleurs et le dissocier par la commande **Dissocier le groupe de couleurs** du menu du panneau. Ce passage par le groupe de couleurs a permis de s'assurer que le document n'a que les couleurs convenues (ici, six tons directs).

On fusionne ces deux nuances et on recommence avec les noirs pour obtenir ces nuances (après dissociation du groupe de couleurs).

La sous-couche blanche

Pour réaliser cette sous-couche, nous allons (si ce n'est pas le cas) rassembler tous les calques sur un seul. Pour cela, dans le panneau **Calques** sélectionnez tous les calques (par clic sur le nom du premier, puis ⇧ clic sur le nom du dernier) et lancez **Rassembler sur un nouveau calque** dans le menu du panneau.

Afin que l'illustration ne comporte plus que des fonds, vectorisez les contours à l'aide de la commande **Vectoriser le contour** (menu **Objet/Tracé**). Si vous souhaitez conserver les contours non vectorisés, réalisez une copie du calque (en le glissant sur l'icône ⧉ du panneau **Calques**) et poursuivez les opérations sur cette copie.

Ciblez le calque. Affichez le panneau **Aspect**, ajoutez un fond (celui-ci doit être au-dessus du contenu) et appliquez-lui la nuance WHITE. Dans le panneau **Options d'objet**, cochez **Surimp. fond**.

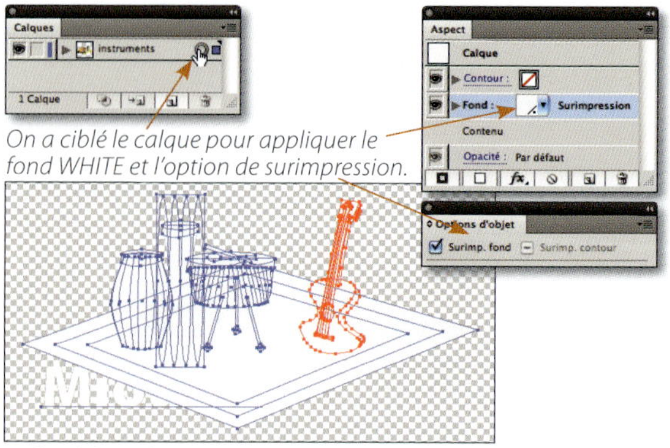

On a ciblé le calque pour appliquer le fond WHITE et l'option de surimpression.

Le fond de couleur WHITE couvre l'illustration tant que l'on n'active pas l'aperçu de la surimpression (voir ci-après).

L'illustration est recouverte de blanc. Pour la voir en couleur, lancez **Aperçu de la surimpression** du menu **Affichage** (il en serait de même pour la voir une fois importée dans InDesign). De plus, pour l'imprimer en couleur, il faudra choisir **Simuler** dans le menu **Surimpression** à la rubrique **Avancées** de la fenêtre **Imprimer**.

Si vous avez à définir des recouvrements, vous pouvez les gérer de la façon suivante : ciblez à nouveau le calque s'il ne l'était plus, dans le menu **Effet**, puis **Pathfinder**, lancez la commande **Recouvrement**. Saisissez l'épaisseur voulue et, dans la case **Réduction de teinte**, entrez une valeur de 100 % (pour ne pas avoir de couleur tramée). À tout moment il sera possible de modifier la valeur du recouvrement en éditant l'effet **Recouvrement** depuis le panneau **Aspect**.

L'illustration visualisée avec le recouvrement défini sur le calque. Ci-contre un détail du recouvrement.

La séparation des couleurs

Cette séparation s'effectue à l'aide de la commande **Imprimer** (*voir plus loin*). Dans rubrique Sortie, une fois la séparation activée, la fenêtre ne montrera imprimables que les tons directs. Ils pourront aussi être enregistrés en fichier PS puis distillés en PDF avec Acrobat Distiller.

La préparation de l'impression

Avant de lancer l'impression, des préparatifs sont nécessaires : le recadrage sur la zone imprimée et le réglage de l'aplatissement des transparences. Ce dernier peut être envisagé dans la fenêtre d'impression.

Le recadrage de l'illustration

Cette opération n'a d'intérêt que si l'on imprime depuis Illustrator et si le plan de travail est plus grand que la zone imprimée. Elle s'effectue avec l'outil **Limites d'impression** (caché derrière l'outil **Main**) ; lors du glissement de l'outil sur le plan de travail, une page en pointillé apparaît, placez-la correctement de façon à centrer l'illustration sur la feuille.

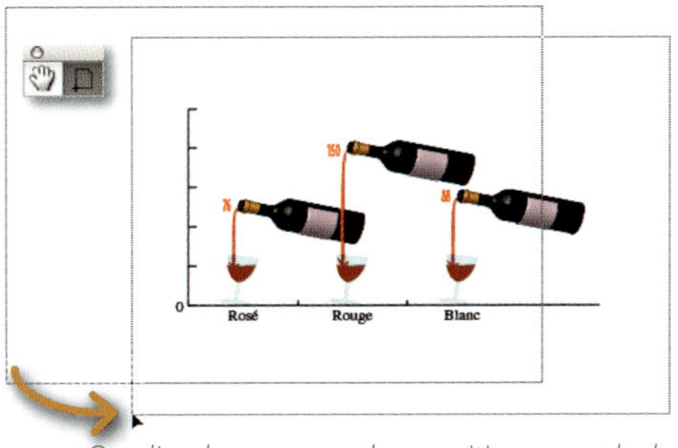

On glisse la page pour la repositionner sur le dessin.

En fonction des options choisies au niveau de la taille et de l'affichage du plan de travail dans le format de document, l'aspect de l'écran peut être différent. Pour replacer le rectangle d'impression contre le bas du papier, effectuez un double-clic dans l'outil. Le recadrage peut également se réaliser directement dans la fenêtre d'impression du menu **Fichier/Imprimer** (*voir plus loin*).

Le réglage d'aplatissement des transparences

Le principe de l'aplatissement

Si un document comporte des éléments avec des effets de transparence (créés par le panneau **Transparence** ou avec des effets de type **Ombre**, **Lueur**… ou **Effet Photoshop**), vous devez définir comment Illustrator les traite lors de l'impression : on parle de réglages d'aplatissement.

Lors de l'aplatissement, le programme recherche les zones où des objets avec transparence chevauchent d'autres objets ; il isole ces zones en découpant l'illustration en morceaux. Pour chaque morceau, Illustrator détermine, en fonction de son type et des réglages d'aplatissement, s'il peut être représenté par des vecteurs ou s'il doit être pixellisé.

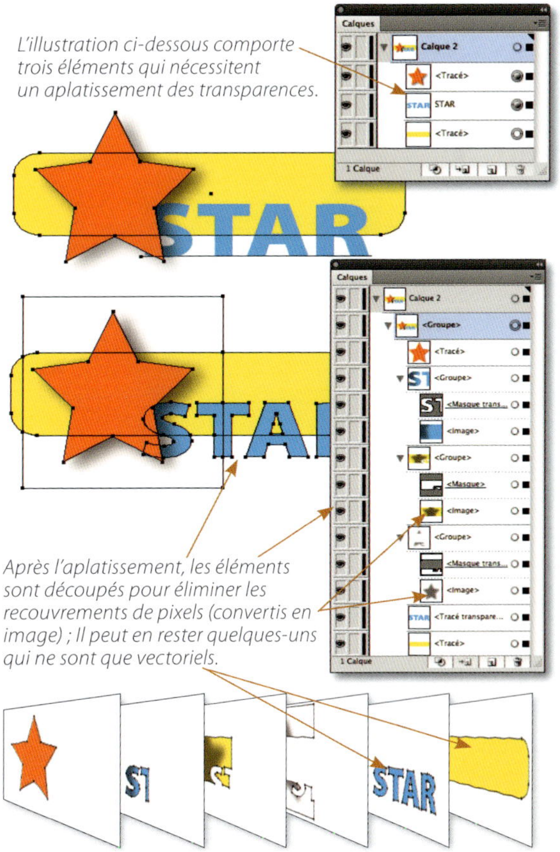

L'illustration ci-dessous comporte trois éléments qui nécessitent un aplatissement des transparences.

Après l'aplatissement, les éléments sont découpés pour éliminer les recouvrements de pixels (convertis en image) ; Il peut en rester quelques-uns qui ne sont que vectoriels.

L'application des réglages d'aplatissement

Cet aplatissement est également utilisé lors de l'enregistrement ou de l'exportation selon des formats qui ne prennent pas en charge la transparence (formats SWF, EPS et AI antérieur à la version 9, PDF 1.3) ou encore lors de collage.

En revanche, pour conserver la transparence sans aplatissement dans des fichiers PDF, enregistrez-les avec la compatibilité Adobe PDF 1.4 (Acrobat 5.0) ou version ultérieure.

Le réglage se choisit :

- pour les enregistrements et exportations, à la rubrique **Transparence**, puis **Paramètre prédéfini** de la fenêtre **Format de document** (menu **Fichier**) ;
- pour les impressions, à la rubrique **Avancées** (puis **Style prédéfini**) de la commande **Imprimer** (menu **Fichier**).

En revanche, il se prépare par la commande **Aplatissement prédéfini des transparences** (menu **Édition**). La fenêtre propose trois styles que vous utiliserez comme base pour en préparer de nouveaux.

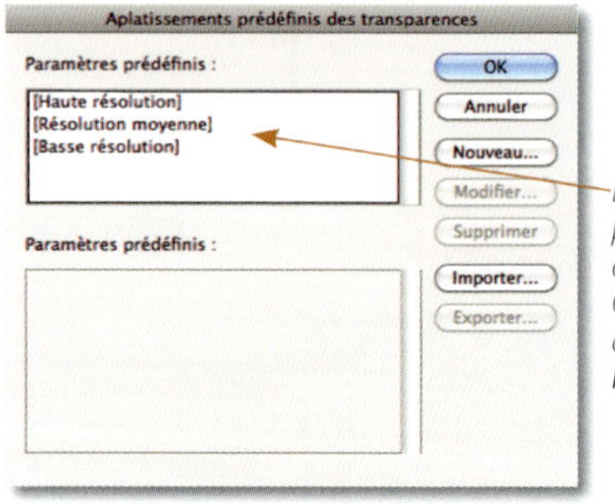

Les trois paramètres prédéfinis d'aplatissement. Cliquez sur l'un d'eux avant de cliquer sur Nouveau.

Les styles d'aplatissement prédéfinis

Haute résolution : choisissez ce style pour réaliser des sorties pour les presses offset et des épreuves de haute qualité, notamment des épreuves de séparation des couleurs.

La pixellisation est minimale, on conserve au maximum les objets sous forme vectorielle ; s'il y a pixellisation, elle est à une haute résolution.

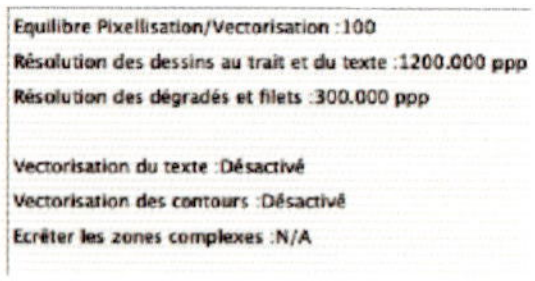

Haute résolution.

Résolution moyenne : ce réglage s'utilise pour les épreuves de bureau et les documents imprimés à la demande sur des imprimantes couleur PostScript.

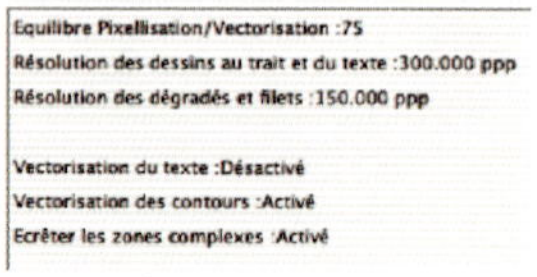

Résolution moyenne.

Basse résolution : ce style s'utilise pour des épreuves rapides sur des imprimantes de bureau en noir et blanc et pour des documents pour le Web.

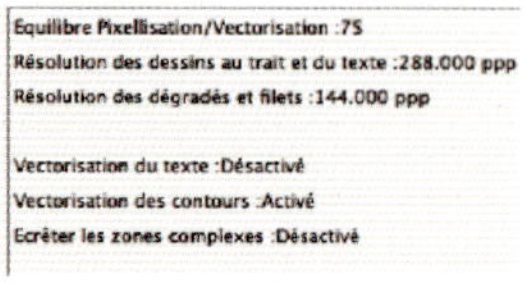

Basse résolution.

Les styles personnalisés d'aplatissement

Si les réglages par défaut ne vous conviennent pas, sélectionnez un paramètre prédéfini qui servira de base puis cliquez sur **Nouveau** pour en créer un. Une fenêtre apparaît, c'est dans cette dernière que vous allez préciser la proportion de pixels et de vecteurs du document, des valeurs de résolutions de pixellisation ainsi que des options de vectorisation.

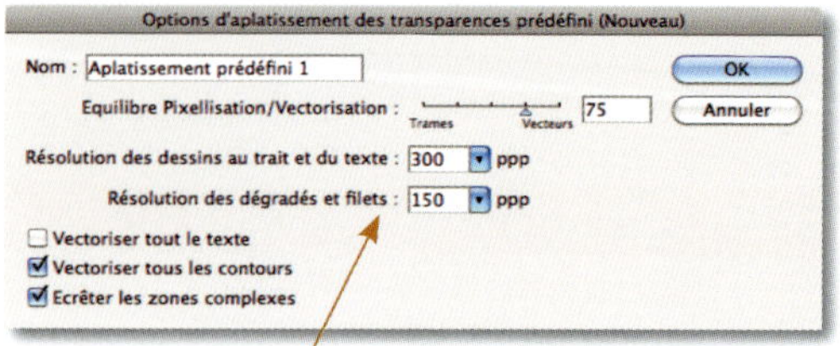

On retrouve les réglages du paramètre prédéfini que l'on peut personnaliser.

L'équilibre entre pixels et vecteurs

On peut distinguer cinq paliers de réglage, depuis le document avec une majorité de morceaux pixellisés (0) jusqu'à celui où l'on garde le maximum de parties vectorielles (100).

- **Valeur 0** : elle entraîne la pixellisation de tous les objets de l'illustration. Ce réglage convient quand vous imprimez ou exportez des documents complexes avec beaucoup d'objets transparents ou pour des travaux pour le Web.
- **Valeur 25** : elle maintient en vectoriel les objets simples mais pixellise les zones complexes. Ce réglage est idéal pour les documents ne contenant que quelques objets transparents.
- **Valeur 50** : elle conserve plus d'objets en vectoriel mais pixellise les zones les plus complexes.
- **Valeur 75** : elle conserve la majorité des objets en vectoriel et ne pixellise que les zones très complexes. Ce réglage augmente le temps de travail si le document comporte beaucoup d'objets transparents.
- **Valeur 100** : cette valeur conserve le plus possible d'objets en vectoriel. Toutefois, les parties très complexes sont pixellisées. Ce réglage augmente le temps de travail et nécessite davantage de mémoire. En revanche, il produit la meilleure qualité de résolution.

Les résolutions de pixellisation et des filets

Quand les zones ne peuvent pas être représentées par des vecteurs, Illustrator les pixellise. Vous devez définir la résolution de cette pixellisation des tracés, celle-ci influe sur la précision des intersections lors de l'aplatissement.

Deux résolutions peuvent être spécifiées séparément : la **Résolution de pixellisation**, dans la plupart des cas, 300 ppp suffisent ; la **Résolution de dégradé** utilisée pour les objets en dégradés et contenant des filets de dégradés, ici 150 ppp suffisent.

Les options de vectorisation des éléments

Lors de l'aplatissement, certaines parties d'un objet vont se retrouver constituées de pixels et de vectoriel ; dans le cas d'un texte, il peut y avoir un mélange de caractères et de vecteurs. Illustrator permet de modifier la façon dont les parties vont être découpées en vue d'être vectorisées ou pixellisées. On distingue trois options.

Vectoriser le texte : cette option permet de vectoriser tout le texte du document ; dans le cas contraire, seules les parties transparentes du texte seront vectorisées, ce qui modifie leur largeur. Ceci permet d'obtenir une largeur proportionnée mais entraîne un léger épaississement des lettres.

Vectoriser les contours : cette option a pour effet de vectoriser tous les contours du document et pas seulement ceux des objets présentant des transparences. Cependant, les contours fins apparaîtront légèrement plus épais.

Écrêter les zones complexes : cette option modifie les limites entre les images vectorielles et les images pixellisées afin qu'elles tombent le long de tracés d'objets. Cela permet d'estomper le raccord en pixels et vectoriel qui apparaît lorsqu'une partie d'un objet est aplatie tandis qu'une autre reste sous forme vectorielle, mais elle risque aussi de produire des tracés trop complexes pour être imprimés (de plus, l'option est très gourmande en mémoire).

L'aperçu de l'aplatissement

Il est possible de prévisualiser l'aplatissement du document. Cette opération s'effectue à l'aide du panneau **Aperçu de l'aplatissement** du menu **Fenêtre**. Elle comporte un menu local pour choisir les zones à afficher en surbrillance : **Zones complexes**, **Objets transparents**… *(voir ci-après)*. En affichant les options (par le menu du panneau), le haut du panneau donne accès aux réglages d'aplatissement (prédéfinis ou personnalisés).

L'illustration avant l'aplatissement.

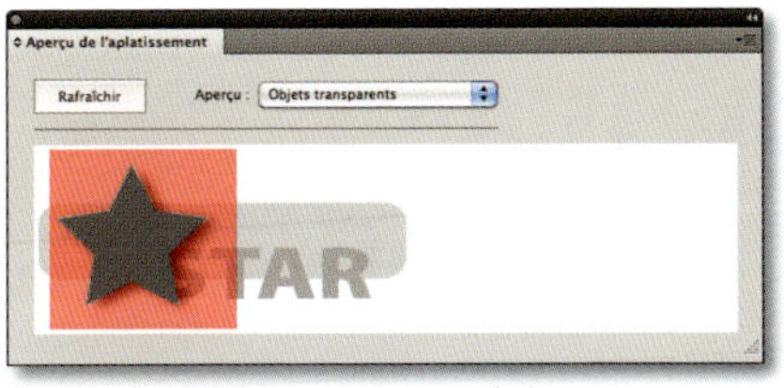

On voit les objets comportant de la transparence.

Ici, le panneau montre que tous les objets sont concernés.

Avec ce réglage, seule une partie de texte est vectorisée.

Une partie des tracés seront pixellisés (zone d'ombre).

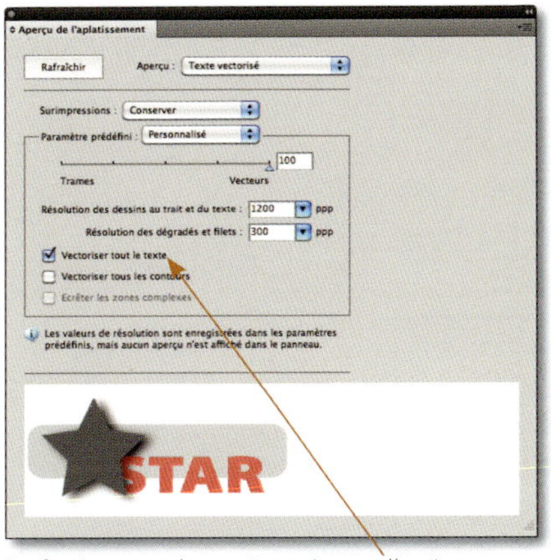

La fenêtre avec les options. Avec celle-ci, on vectorise tout le texte pour éviter des différences.

L'impression d'une illustration

Dans de nombreux cas, le document sera utilisé (importé) dans une mise en page à partir de laquelle il sera imprimé ; cependant, l'impression est réalisable à partir d'Illustrator. Elle se règle à partir de la fenêtre **Imprimer** (du menu **Fichier**) ; c'est également depuis cette fenêtre que vous pourrez (aussi) élaborer un fichier **Acrobat PDF** (pour l'imprimeur ou toute distribution électronique).

Astuce *Avant de lancer l'impression, vérifiez que la fenêtre **Paramètres des effets de pixellisation** (menu **Effet**) est réglée avec une valeur de résolution suffisamment élevée pour obtenir une impression de qualité.*

La fenêtre d'impression *(voir ci-après)* propose un grand nombre d'options rangées en sept rubriques : **Général**, **Repères et fond perdu**, **Sortie**, **Graphiques**, **Gestion des couleurs**, **Avancées** et **Résumé**.

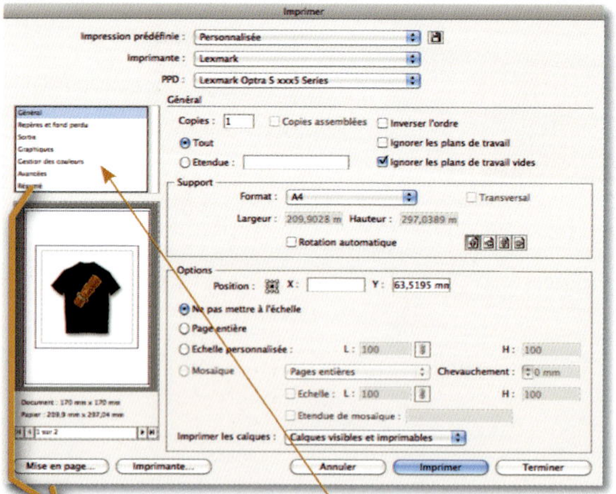

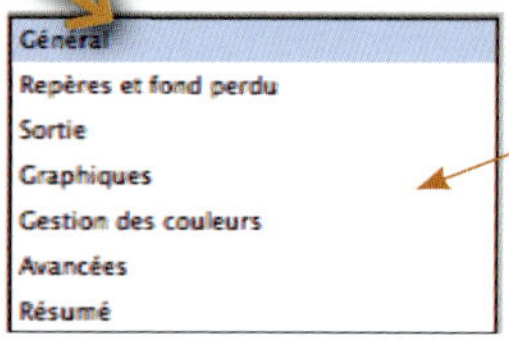

La fenêtre d'impression avec sa liste de rubriques.

Astuce *La dernière, **Résumé**, récapitule les autres rubriques et signale les problèmes qui peuvent survenir pendant l'impression suite à la présence de certains éléments.*

Les options de type Général

Les paramètres de la zone Général

Dans cette rubrique, vous devez définir les options de base telles que le nombre de copies. Par défaut, tous les plans de travail sont imprimés l'un après l'autre, mais vous pouvez en réduire le nombre ou les ignorer pour faire comme s'il n'y en avait pas. Pour afficher un plan de travail avant de l'imprimer, utilisez les triangles sous l'aperçu de l'élément.

Les paramètres de la zone Support

Le format du papier et son orientation qui peut éventuellement s'adapter automatiquement à l'aide de l'option correspondante (cochée par défaut). Une zone permet de spécifier l'impression ou non des calques masqués.

Les paramètres de la zone Options

Lorsque les options d'impression sont modifiées, il est parfois nécessaire de recadrer et de repositionner l'illustration. C'est le but de la zone **Options** : elle permet de recadrer selon l'encombrement du dessin et, par simple glissement sur l'aperçu ou par saisie de valeurs (selon de l'axe choisi), de repositionner l'illustration dans la zone imprimée. Il est possible de choisir le taux de réduction ou d'agrandissement ou encore de définir l'impression sur plusieurs pages avec l'option **Mosaïque** lorsque l'illustration est grande ou imprimée selon un taux d'agrandissement qui impose ce type d'impression.

Les options Repères et fond perdu

Les repères et les traits de coupe

Au niveau de traits de coupe, Illustrator peut les créer pour vous de trois façons : par la fenêtre d'impression, par le menu **Objet/Créer des traits de coupe** ou le menu **Effet**, puis **Traits de coupe**.

Les repères et les traits de coupe d'impression

Illustrator peut placer des repères d'impression (dont les traits de coupe) à partir de la zone **Repères** de la rubrique **Repères et fond perdu** de la fenêtre d'impression. Les éléments sélectionnés se placent autour du plan de travail ou de l'objet selon l'option choisie dans les options de recadrage d'impression.

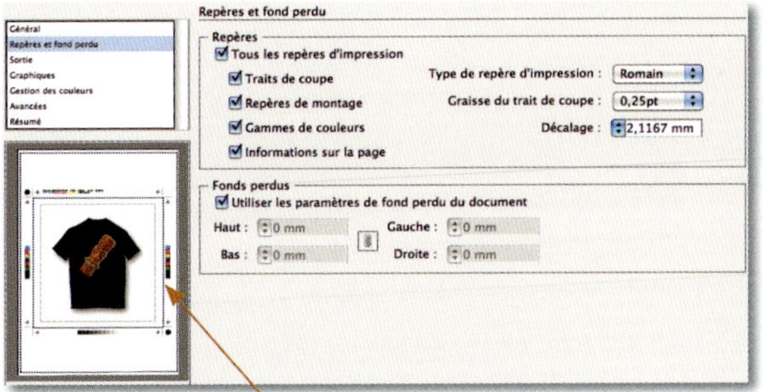

Les éléments de repèrage apparaissent dans l'aperçu.

Les traits de coupe du menu Objet

Sélectionnez l'illustration ou tracez un rectangle qui l'entoure avant de lancer la commande **Créer les traits de coupe** du menu **Objet**. Les traits se placent autour de la sélection, ils sont visibles et sélectionnables dans le panneau **Calques**, ils ont la couleur repérage et apparaîtront donc sur tous les films des séparations.

Les traits de coupe placés par le menu Effet

Ces traits de coupe sont dynamiques, si vous déformez l'objet, ils se réajustent automatiquement. Illustrator applique aux traits la couleur nommée **Repérage**, c'est-à-dire qu'ils apparaîtront sur tous les films de séparation. Pour les placer : tracez un rectangle qui englobe l'ensemble de l'illustration, puis lancez **Traits de coupe** du menu **Effet** ou sélectionnez les tracés voulus et lancez la commande.

La rubrique Fonds perdus

Dans cette rubrique, vous pouvez également spécifier des dimensions de fond perdu autres que celles définies dans le document à sa création.

Les options Sortie

L'impression de séparations peut se faire depuis Illustrator (fenêtre **Imprimer**) ou à partir du logiciel de mise en page (InDesign…) ou avec d'autres programmes de séparation.

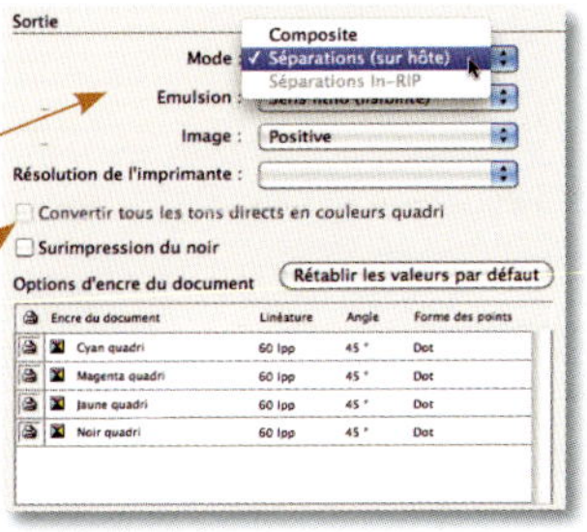

*Dans la rubrique **Sortie**, on définit une impression couleur (composite) ou des séparations.*

Cochez cette option pour que les couleurs en tons directs soient séparées en couleurs quadrichromiques (C, M, J et N).

Les séparations dans Illustrator

La préparation des séparations

Avant de lancer l'impression, convertissez les documents RVB en couleurs CMJN (**Fichier/Modèle colorimétrique du document**) ; pour faire cette conversion, Illustrator utilise l'espace de travail CMJN défini dans les préférences **Couleurs** (menu **Édition**).

> **Astuce** *Dans un document RVB, Illustrator est capable de faire la séparation d'une bichromie issue de Photoshop et enregistrée au format **PDF** (ou **EPS**) — les Pantone de la bichromie sont ajoutés au **Nuancier**.*

Si vous n'effectuez pas cette conversion et gardez le document en RVB, vous pouvez prévisualiser les couleurs en CMJN par le menu **Affichage** et l'option **Format d'épreuve/Personnalisé** puis la programmer lors de la séparation, en choisissant le profil CMJN voulu dans le menu local de l'**Espace d'impression** à la **Gestion des couleurs** de la commande **Imprimer**. Il est cependant préférable de travailler en CMJN.

> **Astuce** *Si des éléments ont des ombres portées, vérifiez la composition CMJN du noir et ajustez-la si vous souhaitez que l'ombre ne soit imprimée qu'avec l'encre noire.*

Le paramétrage des séparations

Pour paramétrer la séparation, sélectionnez **Sortie** dans la fenêtre **Imprimer**, puis **Séparations** à la place du mode **Composite**.

La zone **Sortie** propose de nombreuses options parmi lesquelles la lecture indirecte ou directe en positif ou négatif, le choix de la résolution.

Par défaut, les couleurs en ton direct (Pantone…) ne sont pas décomposées en couleurs quadrichromiques, elles sont imprimées avec une encre spécifique. Si vous souhaitez les convertir toutes en quadri, cochez l'option **Convertir tous les tons directs en couleurs quadri**. Si la séparation ne doit être demandée que sur certaines couleurs, décochez l'option **Convertir tous les tons directs en couleurs quadri** et effectuez un double-clic sur l'icône 🖨 (devant le nom de la couleur). En effet, si une imprimante 🖨 figure devant son nom, c'est que la couleur s'imprimera en ton direct (cinquième couleur), si l'icône quadri ✖ est visible devant le nom, la couleur est séparée.

LE CAS DU FICHIER POUR LA SÉRIGRAPHIE

Dans le cas de notre exemple de traitement pour la sérigraphie abordé dans les pages précédentes, la fenêtre d'impression montrera les encres de tons directs (Pantone…), l'impression des encres de la quadrichromie n'étant pas activée car le document ne comporte pas de tels éléments.

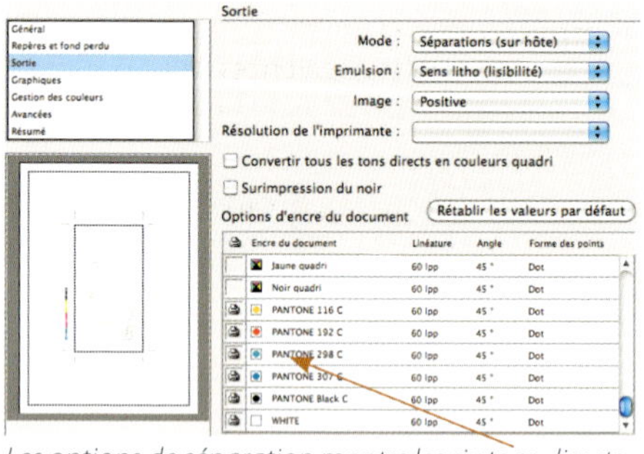

Les options de séparation montre les six tons directs. L'aperçu ne montre pas les couleurs à cause de la présence de la couche de blanc imprimé en surimpression.

L'impression des tons directs pour réaliser les typons de sérigraphie.

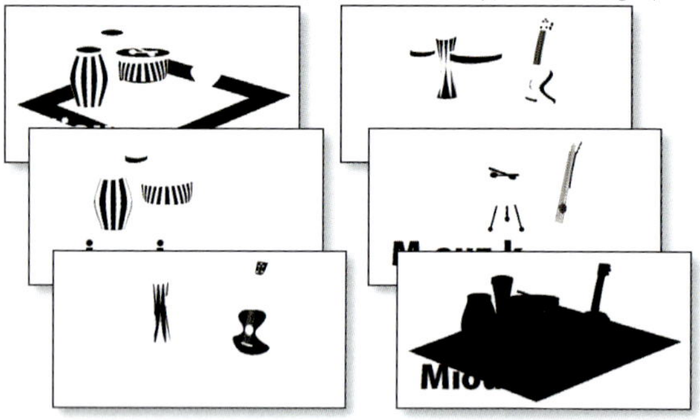

*Ici, à cause de la sous-couche (au premier plan) pour obtenir l'impression en couleur, on a activé **Simuler** dans les options de surimpression (rubrique **Avancées**).*

LES SÉPARATIONS DANS INDESIGN

InDesign importe aussi bien des fichiers natifs (**.ai**) que des fichiers **EPS** ou **PDF** (1.4 à 1.7). Ces formats conservent les effets de transparence et ne provoquent donc pas d'aplatissement (ce dernier sera défini dans InDesign). La fenêtre d'impression d'InDesign est sensiblement identique à celle d'Illustrator. Vous y retrouverez les mêmes rubriques : celle pour paramétrer les séparations (**Sortie**) ; celle pour définir l'espace des couleurs d'impression (**Gestion des couleurs**) et celle pour choisir les options d'aplatissement des transparences.

> **ASTUCE** *Si l'illustration importée est en RVB, InDesign en fera la séparation en utilisant le profil CMJN sélectionné à la rubrique **Gestion des couleurs**. Pour être sûr que la séparation s'effectue, appliquez une opacité de 99,9 % à l'image afin de déclencher le moteur d'aplatissement des transparences.*

LES SÉPARATIONS DANS XPRESS

Dans Illustrator, convertissez le document aux couleurs CMJN et procédez à la sauvegarde au format **Illustrator EPS**. Pour importer dans XPress, ouvrez un document, créez un bloc image et importez l'image. Pour réaliser la séparation dans XPress, lancez **Imprimer** du menu **Fichier** et choisissez les options voulues. Les couleurs en tons directs sont exportées telles quelles dans XPress. Si vous souhaitez obtenir leur séparation en quadri, dans l'onglet **Sortie** de la fenêtre d'**Imprimer**, sélectionnez l'option **Conversion en couleur de séparation** dans le menu local **Films**.

> **ASTUCE** *Si vous importez des images contenant des Pantone que vous imprimez en tons directs, assurez-vous qu'ils portent bien le même nom que ceux que vous avez déjà créés dans XPress ; si tel n'est pas le cas, renommez-les.*

Les options Graphiques et Gestion des couleurs

LES OPTIONS GRAPHIQUES

Si l'illustration comporte des tracés complexes, décochez l'option **Automatique** et glissez le curseur **Aplatissement** pour définir la précision des courbes (appelée aussi flèche). Une valeur faible (vers **Qualité**) crée davantage de segments de droite plus petits, reproduisant plus précisément la courbe. Un paramètre élevé (vers **Vitesse**) génère des segments plus longs et moins nombreux, créant une courbe moins précise, mais améliorant les performances d'impression.

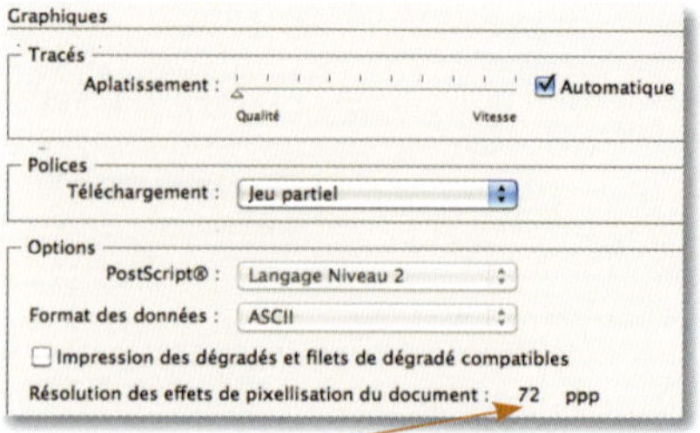

Vous pouvez vérifier ici la valeur de résolution utilisée pour les effets de pixellisation. Cette zone permet de gérer l'aplatissement des transparences.

Vous pouvez spécifier le téléchargement des polices vers l'imprimante (il ne s'agit pas de leur incorporation dans le document) et des options de format (niveau de PostScript et codage). La fenêtre affiche la résolution qui a été définie pour les effets de pixellisation. Pour obtenir une impression de qualité, veillez à ce que leur valeur soit de 300 ppp ; si ce n'est pas le cas, annulez l'impression pour aller modifier le réglage dans le menu **Effet/Paramètre des effets de pixellisation**.

Certaines imprimantes ne gèrent pas correctement l'impression si le document comporte des dégradés ou des filets de dégradés : on peut voir des effets de bande avec certaines imprimantes PostScript 2. De plus, l'impression des filets de dégradé peut être incorrecte sur certains périphériques PostScript 3. Si vous cochez l'option **Impression des dégradés et filets de dégradé compatibles**, cela indique à ce type d'imprimante d'imprimer en convertissant ces objets au format **JPEG**.

LES OPTIONS GESTION DES COULEURS

La rubrique indique le profil du document, celui défini dans les préférences **Couleurs** du menu **Édition** ou affecté au document par la commande **Attribuer un profil** du menu **Édition**. Vous pouvez laisser l'imprimante déterminer les couleurs ou laisser Illustrator faire les conversions vers un profil spécifié et activer un des quatre modes de rendu.

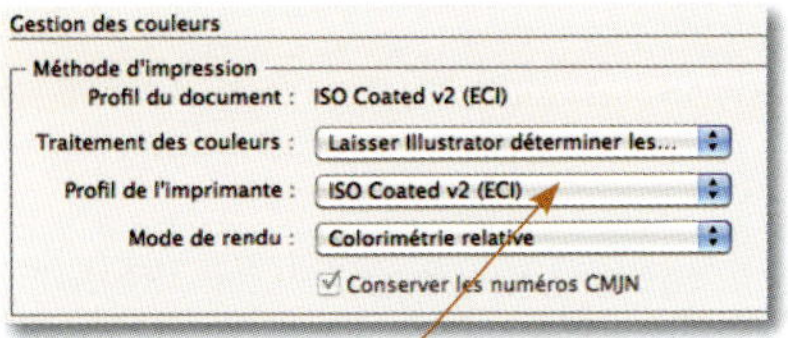

Sélectionnez ici le profil utilisé pour convertir les couleurs lors de l'impression.

Voici les caractéristiques de chacun des rendus :

- **Perception** : conserve les valeurs relatives des couleurs et optimise la reproduction des tons continus, il donne le meilleur rendu avec les images de type photographique.
- **Saturation** : correspond aux images de type graphique, aux illustrations de bureau et de présentation. Ce mode privilégie l'éclat des couleurs au détriment de leur précision, il y a conservation des saturations relatives.
- **Colorimétrie absolue** : s'adapte aux images dont les couleurs doivent être reproduites précisément, tel un logo ; les couleurs hors gamme sont modifiées mais gardent leur luminosité d'origine.
- **Colorimétrie relative** : le point blanc de l'espace source est mappé sur celui de l'espace destination, les couleurs sont décalées en conséquence. C'est le mode par défaut.

Avec un document RVB, cette rubrique permet de choisir le profil de conversion pour une impression avec séparation. Dans le cas d'une impression vers une imprimante de type jet d'encre, choisissez le profil de l'imprimante.

Les options Avancées (aplatissement)

Cette rubrique permet de choisir les critères de surimpression du noir et d'aplatissement des transparences (voire d'en définir un nouveau) ; pour une impression de qualité, choisissez l'option **Haute résolution**.

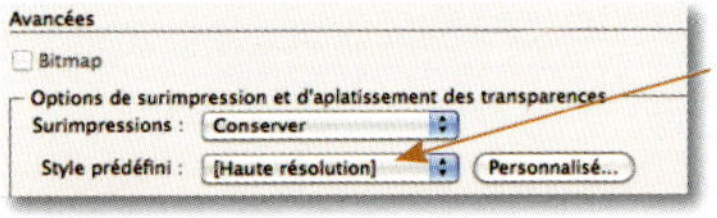

On choisit ici le type d'aplatissement des transparences.

Les données pour le flasheur

LE RASSEMBLEMENT DES INFOS POUR LE FLASHEUR

Pour connaître toutes les données importantes d'une illustration en vue de les communiquer à l'imprimeur, lancez **Infos sur le document** du menu **Fichier**. Un panneau s'affiche, il comporte toutes les informations voulues. À partir de son menu local, vous pouvez créer un fichier de données et importer son contenu dans un logiciel de mise en page en vue de l'imprimer.

LE FICHIER PDF PAR LE DISTILLER

Quand vous utilisez **Enregistrer**, puis le format **Adobe PDF**, vous n'accédez pas aux options de préparation du fichier **PDF joboptions** du Distiller ni aux séparations. Pour pallier ce problème, utilisez la fenêtre **Imprimer**. Dans le menu **Imprimante**, choisissez **Fichier Adobe PostScript** pour enregistrer un fichier **PS** (avec les options d'impression voulues, par exemple, les séparations). Pour élaborer le **PDF**, glissez ce fichier PS sur le Distiller (ouvert avec le joboption voulu).

Les impressions prédéfinies

Le menu **Édition** propose une commande pour préparer vos styles d'impression. Vous y réglerez tous les paramètres d'impression (format, repères, sortie...) et spécifierez sur quelle imprimante doit avoir lieu la sortie. Cela peut être un enregistrement PS, ce qui vous permettra de contrôler les séparations ou l'aplatissement des transparences dans Acrobat. Tous les styles d'impression ainsi définis seront disponibles par la suite directement dans la fenêtre d'impression (menu **Fichier/Imprimer**). Dans la fenêtre Imprimer, il est possible d'enregistrer les réglages en tant que paramètres prédéfinis d'impression. Pour cela, cliquez sur l'icône 💾 située en haut de la fenêtre (à droite du menu **Impression prédéfinie**) et nommez le paramètre (il s'ajoutera à la liste).

2 - La distribution des illustrations

La gestion des formats de fichiers

L'enregistrement et l'exportation

Dans Illustrator, vous pouvez créer un fichier par enregistrement ou par exportation. Dans le premier cas, le fichier reste ouvert à l'écran et peut être sauvegardé au fur et à mesure de l'avancement du travail ; dans le deuxième cas, le fichier d'exportation est fermé ; pour le mettre à jour, il faut en créer un nouveau qui écrasera le précédent, c'est pourquoi ce type de fichier se prépare en fin de travail ; de plus, selon le format choisi, le fichier ne peut pas être ouvert par Illustrator en vue d'être modifié. Les choix sont liés aux utilisations ultérieures des documents ; cependant, il est conseillé de garder une version qu'Illustrator peut rouvrir et retravailler (format natif, par exemple).

Les enregistrements de base

Le format **Adobe Illustrator (.ai)** est le format par défaut dit « natif ». Il s'agit d'un format de type **Adobe PDF**. Ce format assure une sauvegarde rapide et peu encombrante sur le disque. C'est ce type de sauvegarde qu'il faut faire lorsque vous êtes dans la phase de travail de l'illustration. La fenêtre d'options propose à nouveau plusieurs choix de compatibilité vers les anciennes versions. Dès que le dessin est terminé, vous enregistrez une copie avec un format d'exportation pour le Web ou pour une mise en page de type PAO si le logiciel ne gère pas le format natif.

Le fichier modèle Illustrator

L'enregistrement du modèle

Illustrator propose une option dans les formats d'enregistrement : **Illustrator Template (ait)** qui permet de créer un fichier que vous utiliserez par la suite pour obtenir un nouveau fichier (**sans-titre** réplique du modèle). Lors de l'enregistrement, Illustrator n'affiche aucune fenêtre d'option et garde le fichier ouvert à l'écran.

L'enregistrement d'un modèle peut se réaliser directement à partir du menu **Fichier**.

L'ouverture d'un modèle

Le DVD du programme comporte de nombreux modèles que vous pouvez utiliser (pour retravailler ou vous inspirer) à partir de la commande **Nouveau d'après un modèle** du menu **Fichier**. En fait, à partir de cette commande, n'importe quel fichier peut être ouvert en tant que modèle. L'écran de bienvenue propose une icône **D'après un modèle** qui donne accès à une série de dossiers de modèles.

Les formats vectoriels et bitmap

Les enregistrements

La commande **Enregistrer** propose d'autres formats : **Adobe PDF (pdf), compressé en SVG (svgz), Illustrator EPS (eps)** et **SVG (svg)** qui sont tous des formats vectoriels, c'est-à-dire que les objets vectoriels (textes, tracés…) gardent leur définition vectorielle et pourront être retravaillés si le document est rouvert dans Illustrator ; de plus, selon les options choisies, certains ne provoquent pas l'aplatissement des transparences.

Les exportations

Les commandes **Enregistrer pour le Web** et **Exporter** proposent des formats vectoriels (**Flash swf**, **Dessin AutoCAD**…) et bitmap (**PNG, GIF, JPEG, PSD, TIFF**…). Quand vous choisissez l'un des formats bitmap, les éléments que contient le document subissent une pixellisation dont vous devez définir la résolution et le mode colorimétrique (RVB, CMJN…).

Tous les éléments vectoriels étant pixellisés (ou subissant une conversion particulière), vous ne serez pas en mesure de les retravailler comme lors de leur création si le document est rouvert dans Illustrator.

La distribution PAO

Il y a trois possibilités de distribution de fichier : le format natif, les formats vectoriels et les formats bitmap. Vous pouvez également réaliser des transferts par copier-coller.

Le format natif pour InDesign (et Photoshop)

Vous pouvez utiliser ce format si le fichier est destiné à une mise en page réalisée dans InDesign — ou encore si l'illustration doit être importée dans Photoshop. Dans ce dernier cas, l'illustration sera placée en tant qu'objet dynamique, ce qui lui permet de conserver intégralement les fonctions d'édition d'Illustrator.

Dans la page InDesign, tous les éléments conservent leurs effets de transparence et l'arrière-plan reste transparent quels que soient les effets. Illustrator ne procède pas à un aplatissement des transparences (il faudra le définir dans InDesign).

ASTUCE *Si le document comporte des images importées, incorporez-les afin qu'elles soient visibles dans InDesign.*

ATTENTION *Pour afficher des couleurs semblables dans les deux logiciels, InDesign doit respecter les points suivants :*

- *Qualité d'affichage supérieure activée sur l'image ;*
- *Réglages de gestion des couleurs synchronisée avec Bridge ;*
- *Même espace colorimétrique (RVB ou CMJN). Si vous importez une illustration RVB dans un document InDesign CMJN, ce dernier lui affecte le profil CMJN de l'espace de travail (et affiche donc des couleurs CMJN).*

Le format Adobe PDF

L'enregistrement fait apparaître la fenêtre ci-après qui est (pratiquement) identique dans InDesign et Photoshop.

LES UTILISATIONS DU PDF

Le format **Adobe PDF** (Portable Document Format) peut être utilisé soit pour créer un fichier de distribution électronique, soit un fichier destiné à une mise en page.

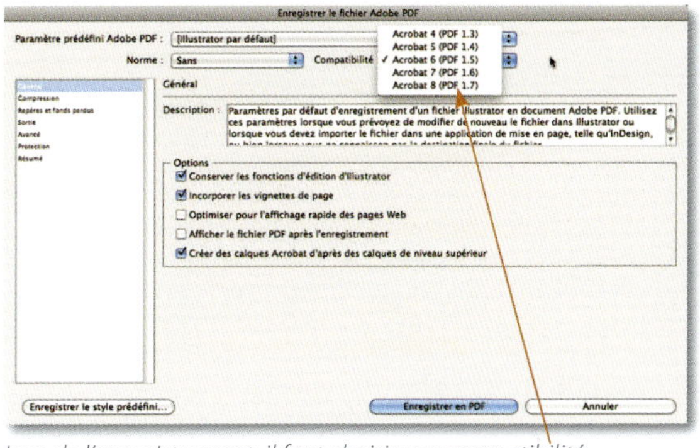

Lors de l'enregistrement, il faut choisir une compatibilité.

Le fichier de distribution électronique

Le fichier **PDF** pourra être consulté sur l'écran, envoyé en fichier joint à un e-mail ou imprimé à partir d'Acrobat sur toutes les plates-formes de travail (Mac, Windows ou Linux) sans que l'application qui a permis sa réalisation ne soit présente, ni même les polices — ces dernières, comme les images, sont intégrées dans le document **PDF**. Étant donné qu'une compression peut être appliquée, les temps de transfert et les besoins en espace de stockage sont réduits, de même l'affichage du fichier est accéléré et reste de qualité optimale à l'affichage et à l'impression.

Le fichier pour une mise en page

Avec InDesign : l'utilisation du format **PDF** avec la compatibilité Acrobat 5 (PDF 1.4) ou supérieur est équivalente à l'utilisation du format natif au niveau des transparences. En revanche, avec la compatibilité Acrobat 4 (PDF 1.3), il y a aplatissement des transparences et la mise en page affichera un résultat semblable à celui du format **Illustrator EPS**.

Avec XPress (5 ou 6) : le format **PDF** n'est utilisable qu'avec la compatibilité Acrobat 4 (PDF 1.3 avec aplatissement des transparences). La mise en page affiche une image voisine de celle obtenue avec le format **Illustrator EPS** mais l'aperçu est de meilleure qualité ; en revanche, les résultats à l'impression sont équivalents.

Pour la version 8 d'XPress, le comportement est voisin de celui d'InDesign.

Le fichier pour le flasheur

Dans le cas de la préparation d'un fichier **PDF** pour l'imprimeur, il est préférable d'enregistrer le document avec la compatibilité pour Acrobat 4 (PDF 1.3). C'est ce format qui est le plus utilisé par les flasheurs car la transparence présente dans le PDF 1.4 n'est pas gérée par certains RIP d'impression.

LES PARAMÈTRES D'ENREGISTREMENT PDF

À l'instar des styles d'impression ou d'aplatissement des transparences, Illustrator propose des styles PDF prédéfinis (les **paramètres prédéfinis Adobe PDF**). Ces styles sont partagés par les logiciels de la Creative Suite (InDesign, Photoshop...). Ils se préparent depuis la fenêtre **Enregistrer le fichier PDF** (et son bouton **Enregistrer le style prédéfini**) ou par le menu **Édition**. Par la suite, ils seront accessibles directement dans la fenêtre d'options d'enregistrement au format **PDF** (menu **Fichier/Enregistrer**). Dans le haut de la fenêtre, le menu local **Paramètre prédéfini** liste une série de paramétrages (*voir ci-dessous*) correspondant à des utilisations courantes : vous pourrez y rajouter vos propres paramétrages, ils deviendront disponibles pour l'ensemble des logiciels de la Creative Suite. Mais avant de voir comment procéder, passons en revue ces différentes propositions.

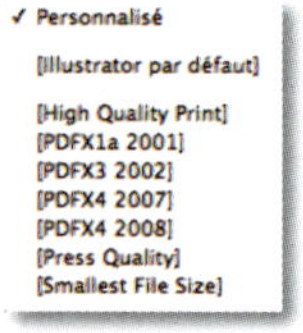

Les paramètres prédéfinis présents par défaut. Vous pouvez ajouter les vôtres.

Les standards ou normes et compatibilité PDF

En plus du paramètre **[Illustrator par défaut]**, le programme propose quelques paramètres prédéfinis (dans la liste, leur nom est entre crochets). Chacun d'eux est défini ou non selon un **Standard** (ou **Norme ISO**) et avec une compatibilité avec une version PDF. Le tableau ci-après résume les différentes versions du PDF avec leurs caractéristiques respectives. Si vous créez un document devant être diffusé à grande échelle, choisissez Acrobat 4 (PDF 1.3) ou Acrobat 5 (PDF 1.4) pour permettre à l'ensemble des utilisateurs de visualiser et d'imprimer le document.

Version	Nom commercial	Fonctionnalités PDF
PDF 1.3	Acrobat 4	Gestion des polices CID* et des couleurs d'accompagnement. Aplatissement des illustrations utilisant la transparence.
PDF 1.4	Acrobat 5	Gestion de la transparence et de la surimpression. Fonctions de sécurité avancées (cryptage 128 bits).
PDF 1.5	Acrobat 6	Prise en charge des calques. Outils améliorés pour le traitement de documents grand format. Intégration de traitement prépresse (PDF/X, séparation de couleur, prévisualisation de la séparation...).
PDF 1.6 ou 1.7.	Acrobat 7 et 8	Identiques à PDF 1.5 avec des options supplémentaires de sécurité.

* CID : polices utilisant un jeu de caractères étendu (2 octets) permettant la gestion des polices japonaises, chinoises et coréennes.

Les paramètres prédéfinis sans standard

Impression de qualité supérieure

Ce paramètre est étudié pour créer des épreuves de qualité sur des imprimantes de bureau ou des systèmes d'épreuves. Les fichiers sont enregistrés avec une haute résolution. En effet, les images couleur et niveaux de gris de résolution supérieure à 450 ppp sont sous-échantillonnées à 300 ppp (les images 1 bit de résolution supérieure à 1 800 ppp sont sous-échantillonnées à 1 200 ppp). Ce paramétrage permet d'imprimer à une plus haute résolution et préserve la quantité maximale d'informations du document d'origine. Les fichiers PDF obtenus ont la version 1.4 du format PDF ; ils peuvent être ouverts dans Acrobat 5 (et ultérieurs).

Qualité optimale

Ce paramétrage permet de créer des fichiers PDF pour la production d'impression de haute qualité (impression numérique, séparations sur photocomposeuse ou imageuse de plaques), mais ne crée pas de fichiers compatibles PDF/X. Dans ce cas, la qualité du contenu est prioritaire. L'objectif est de conserver toutes les informations contenues dans un fichier PDF, nécessaires à l'imprimeur commercial ou au service de prépresse pour imprimer le document correctement.

Au niveau des compressions, les images couleur et niveaux de gris de résolution supérieure à 450 ppp sont sous-échantillonnées à 300 ppp (les images 1 bit de résolution supérieure à 1 800 ppp sont sous-échantillonnées à 1 200 ppp). Les sous-ensembles de polices utilisées dans le document sont incorporés dans le PDF (si elles sont autorisées, sinon elles seront remplacées). Ces fichiers ont le format PDF 1.4, ils peuvent être ouverts dans Acrobat 5 (et versions ultérieures).

Qualité standard

Cette option permet de créer des documents PDF professionnels fiables pour la visualisation et l'impression avec conversion des couleurs en RVB. Cet ensemble d'options utilise la compression, le sous-échantillonnage et une résolution d'image moyenne. Les documents PDF créés peuvent être ouverts dans Acrobat 5 et ultérieurs.

Taille de fichier minimale

C'est le paramétrage à utiliser avec des fichiers destinés à être affichés sur le Web ou sur un réseau intranet, ou à être distribués par e-mail. Cet ensemble d'options utilise la compression, le sous-échantillonnage et une résolution d'image relativement basse. Il convertit toutes les couleurs en RVB et n'incorpore les polices que si elles sont absolument nécessaires. Il optimise également les fichiers pour le téléchargement page à page. Ces fichiers PDF (1.4) peuvent être ouverts dans Acrobat 5 et ultérieurs.

Les paramètres prédéfinis avec le standard PDF/X

PDF/X est une norme ISO d'échange de contenus graphiques. Elle a été définie par Adobe en partenariat avec des constructeurs, des associations d'utilisateurs et des organisations afin de normaliser les échanges de fichiers PDF, notamment à destination d'une impression professionnelle. En effet, les spécifications de ce format (obligations et interdictions) permettent d'éliminer de nombreuses variables de couleur, police et recouvrement pouvant entraîner des problèmes d'impression, et d'assurer ainsi l'échange de contenu en toute fiabilité.

Illustrator prend en charge PDF/X-1a:2001 et PDF/X-1a:2003 pour les flux de production CMJN, et PDF/X-3:2002, PDF/X-3:2003 et plus récents, pour les flux de production avec gestion des couleurs.

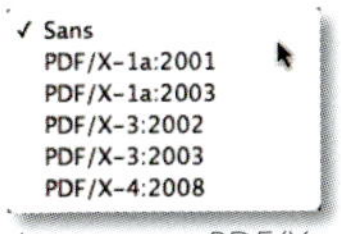

Les normes PDF/X.

Astuce *Un fichier PDF conforme à la norme PDF/X n'est pas forcément imprimable. En effet, certains points ne sont pas gérés dans la norme ; ainsi, un fichier peut comporter des images basse résolution. Il est donc indispensable d'effectuer des contrôles supplémentaires (avec Acrobat Pro) en utilisant un « profil de contrôle » lié à l'utilisation du PDF.*

PDF/X-1a:2001

Ce paramétrage requiert l'incorporation de toutes les polices et l'utilisation des couleurs CMJN avec ou sans tons directs. Les transparences sont aplaties avec le paramètre **[Haute résolution]**. Le PDF/X n'autorise ni la protection du document (pour permettre les corrections) ni la gestion des couleurs. Les images de résolution supérieure à 450 ppp sont sous-échantillonnées à 300 ppp (les images 1 bit de résolution supérieure à 1 800 ppp sont sous-échantillonnées à 1 200 ppp).

Les fichiers compatibles PDF/X doivent contenir des informations décrivant leurs conditions d'impression spécifiques. PDF/X-1a:2001 utilise, comme profil de rendu de la sortie, le profil défini dans la gestion des couleurs : **Coated FOGRA27** avec le réglage **prépresse pour l'Europe 2** (spécifié avec la commande **Couleurs** du menu **Édition**). Les fichiers PDF sont dotés de la version 1.3 du format PDF et peuvent être ouverts dans Acrobat 4 (et ultérieurs). Le contrôle en amont dans Acrobat devra être effectué avec le profil PDF/X-1a:2001.

PDF/X-3 (2002 et 2003)

Ici, le fichier est compatible PDF/X-3. Il s'agit également d'une norme ISO d'échange de contenus graphiques qui impose l'incorporation des polices utilisées et interdit la compression et la protection du document. La principale différence réside dans le fait que PDF/X-3 autorise l'utilisation de la gestion des couleurs avec des profils et les couleurs indépendantes des périphériques en plus des couleurs CMJN et des tons directs (c'est-à-dire espace RVB, Lab). Les fichiers PDF (de version 1.3 d'Acrobat) ont une norme PDF/X adaptée aux échanges ponctuels entre graphistes, flasheurs et imprimeurs.

PDF/X-4 (2008)

Ce paramètre prédéfini permettant de créer des fichiers ISO PDF/X-4:2008 prend en charge les effets de transparence (il n'y a pas d'aplatissement) et le gestion des couleurs ICC. Les fichiers PDF exportés avec ce paramètre prédéfini sont au format PDF 1.4. Les images sont sous-échantillonnées et compressées et les polices sont intégrées (comme avec PDF/X-1a et PDF/X-3). Adobe recommande PDF/X-4:2008 comme format de fichier optimal pour les processus de publication en PDF.

La personnalisation des paramètres PDF

La personnalisation s'effectue dans les différentes rubriques : **Général**, **Compression**, **Repères et fonds perdus**, **Sortie**, **Avancé** et **Protection**. La rubrique **Résumé** affiche un récapitulatif. Les réglages dépendent de l'utilisation prévue pour le fichier.

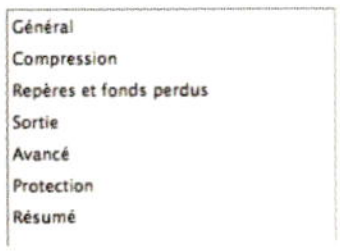

Les rubriques PDF.

La rubrique Général

Dans cette rubrique, vous définissez la norme PDF souhaitée et la compatibilité du fichier avec Acrobat, ainsi que d'autres options générales relatives aux fichiers.

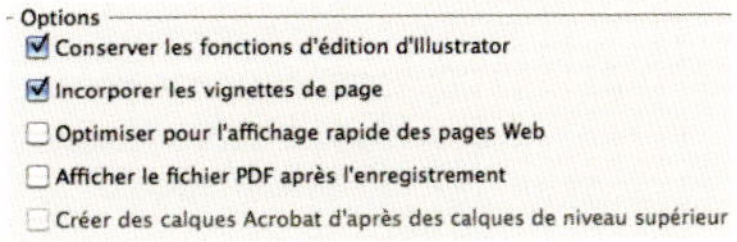

Les options de base.

La norme

Dans le menu local **Norme**, si vous choisissez l'une des normes PDF/X, certaines options des autres rubriques de la fenêtre d'exportation changent pour respecter la norme choisie.

La compatibilité

Pour une diffusion plus grande, il est conseillé de choisir Acrobat 4 (PDF 1.3) ou Acrobat 5 (PDF 1.4) — choisissez Acrobat 4 pour un fichier destiné à l'imprimeur. Si vous sélectionnez la compatibilité Acrobat 6 ou + (PDF 1.5 ou +), il devient possible de conserver les calques (et la transparence), en revanche les fichiers PDF peuvent devenir incompatibles avec des versions antérieures d'Acrobat.

Les options

L'option **Conserver les fonctions d'édition d'Illustrator** permet de créer un fichier qui restera éditable dans Illustrator.

La rubrique Compression

Cette rubrique définit si les visuels doivent être compressés ou sous-échantillonnés ainsi que la méthode et les paramètres à utiliser pour cette compression. Le paramètre **[Illustrator par défaut]** ne modifie pas les images importées (pas de rééchantillonnage).

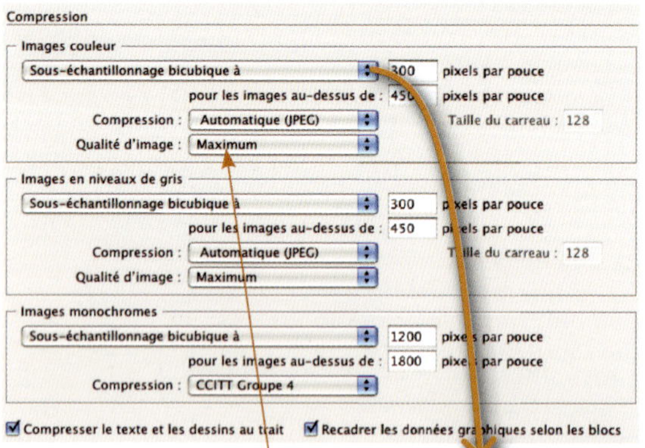

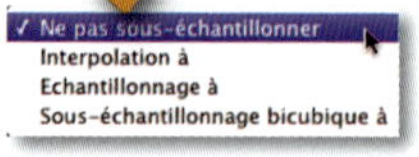

On peut choisir de compresser ou non et de rééchantillonner ou non (et à partir de quelle résolution cela doit être fait).

Quand vous sous-échantillonnez les images (afin de réduire leur nombre de pixels), vous devez définir avec quelle résolution elles doivent l'être. Pour un fichier destiné au Web, spécifiez une valeur de 72 ppp ; pour une impression de qualité, choisissez 300 ppp (et 1 200 ppp pour les images monochromes) avec une qualité **Supérieure** — voire **Maximale**, sans compression (**Aucun**) pour le prépresse. Consultez votre imprimeur pour utiliser les réglages qu'il préconise.

La rubrique Repères et fonds perdus

Comme lors d'une impression, c'est dans cette rubrique que vous devez définir la présence des marques de repérage (trait de coupe...), des zones de fond perdu (vous pouvez choisir ceux définis à la création du document ou les definir dans cette fenêtre). Cependant, il y a une légère différence avec les repères d'impression car le PDF n'est pas imprimé sur un format de page connu. Consultez votre imprimeur pour savoir si les repérages lui sont nécessaires.

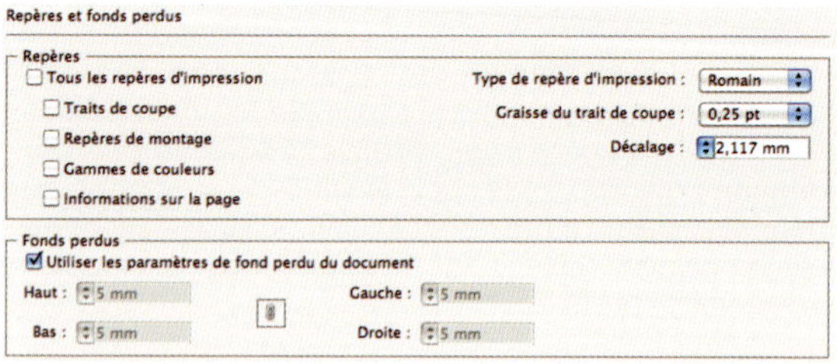

Dans cette rubrique on ajoute les repérages et le fond perdu.

La rubrique Sortie

Cette rubrique, à l'instar de la fenêtre **Imprimer**, permet de contrôler la gestion des couleurs.

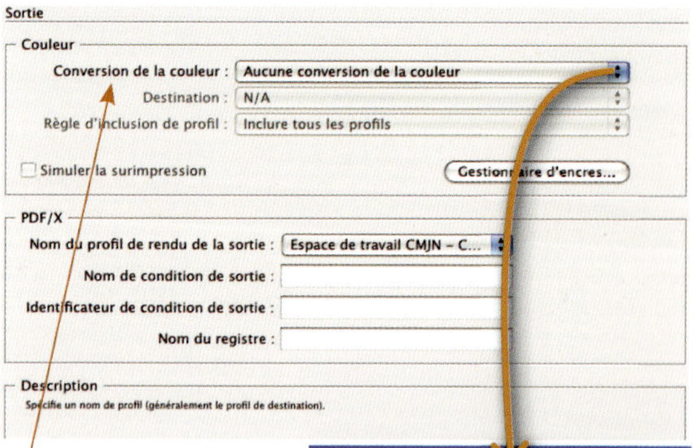

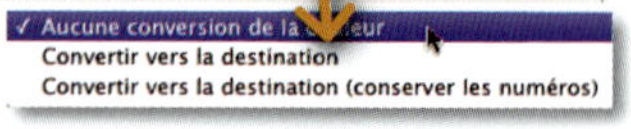

Pour mieux préparer le PDF, il peut être utile de convertir les couleurs.

Les réglages de profils

Lorsque vous exportez un document vers un espace RVB ou CMJN, vous devez sélectionner un profil de destination dans le menu déroulant si celui du document (défini dans le menu **Édition/Couleur**) ne convient pas : ce profil sera utilisé pour convertir les couleurs. Toutes les informations de tons directs sont préservées, seuls leurs équivalents quadrichromiques sont convertis vers l'espace choisi.

L'incorporation des profils

Quand la gestion des couleurs est activée, vous pouvez activer l'option d'inclusion du profil. Le fichier PDF exporté pourra alors être utilisé dans une application capable de gérer les informations du profil incorporé.

Les réglages PDF/X

Quand vous définissez une exportation selon un standard PDF/X, vous devez obligatoirement choisir un profil de rendu de la sortie afin que le programme convertisse les couleurs du document selon ce profil.

La rubrique Avancé

Cette rubrique définit les réglages d'incorporation de police (pour incorporer toutes les polices, entrez 0), de surimpression et d'aplatissement des transparences s'il doit avoir lieu (pour l'exportation en PDF 1.3 qui ne conserve pas les transparences).

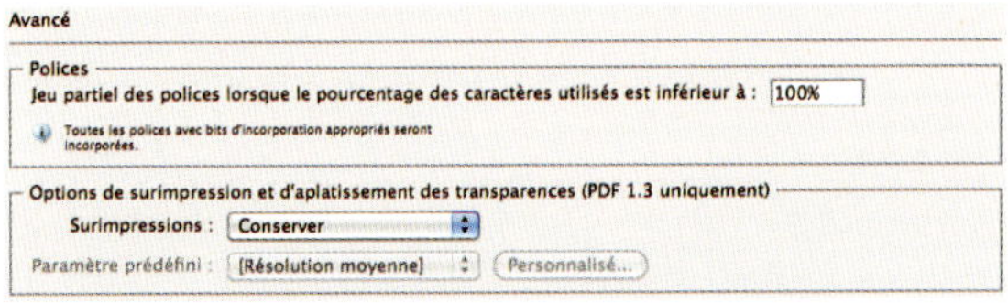

Dans cette rubrique on règle l'incorporation des polices, la surimpression et l'aplatissement des transparences.

La rubrique Protection

Quelle que soit la destination du fichier, vous pouvez lui associer des éléments de protection tels que mot de passe à l'ouverture, interdiction de modification, d'impression, etc. Les critères de protection dépendent du format Acrobat choisi. Cette option est très intéressante pour protéger un fichier.

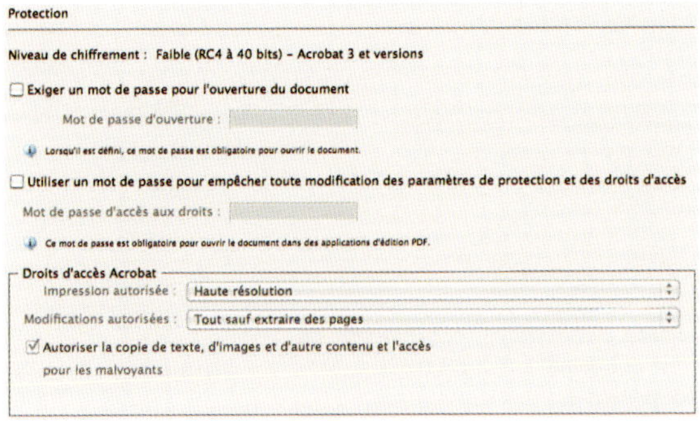

On peut ajouter des protections à l'ouverture et à l'impression.

LA CRÉATION DE PARAMÈTRES PRÉDÉFINIS PDF

Vous pouvez personnaliser des paramètres prédéfinis d'enregistrement PDF et les enregistrer dans un fichier PDFS (S pour Set) afin de les réutiliser pour d'autres exportations (voire sur d'autres ordinateurs). Les fichiers créés sont des fichiers de joboptions du même genre que ceux utilisés par le Distiller d'Acrobat ; selon l'emplacement d'enregistrement du fichier, ils seront disponibles dans toute la Creative Suite. Depuis la fenêtre **Enregistrer**, le principe d'obtention et d'utilisation est semblable à celui des styles d'impression. Une fois les réglages terminés, cliquez sur le bouton **Enregistrer le style prédéfini** dans le bas de la fenêtre et nommez le style. On accède également aux enregistrements des paramètres par la commande **Paramètres prédéfinis Adobe PDF** du menu **Édition**.

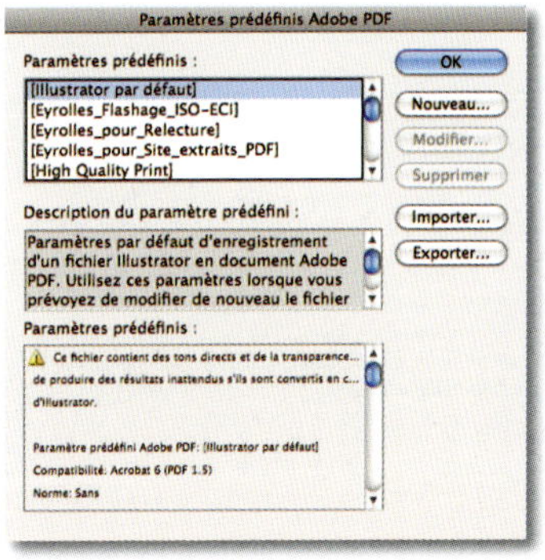

On peut créer des paramètres, voire les charger ou les exporter. Ils sont disponibles dans toute la Creative Suite.

Le format Illustrator EPS

Le format **Illustrator EPS** s'obtient par la commande **Enregistrer** quelle que soit la version souhaitée. C'était un format très utilisé pour les illustrations à importer dans les logiciels de mise en page (sauf avec InDesign avec lequel le format natif est plus intéressant). Bon nombre de logos sont redessinés vectoriellement pour obtenir des fichiers **Illustrator EPS** ; l'image vectorielle est assurée d'avoir une qualité optimale quels que soient la taille et le type d'impression (à condition qu'elle soit réalisée avec une imprimante PostScript).

LE FORMAT ILLUSTRATOR EPS

Une fenêtre d'options apparaît lors de l'enregistrement au format **Illustrator EPS**. Il faut y spécifier des paramètres : la version, l'aperçu, l'aplatissement des transparences, l'incorporation des images importées ou des polices, le niveau du PostScript et la conversion en CMJN des objets RVB lors de leur impression dans un logiciel ne gérant pas les couleurs RVB. Le bas de la fenêtre vous indique avec quelle résolution les objets ayant des effets de pixellisation seront traités.

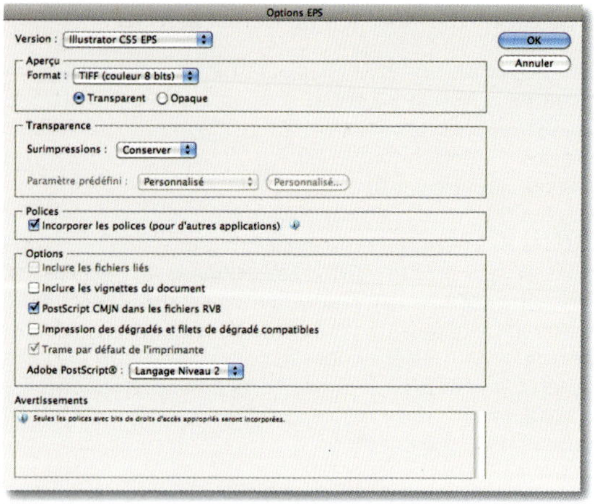

Les options du format EPS.

Les anciennes versions Illustrator

La fenêtre d'option **Illustrator EPS** d'enregistrement comporte un menu local pour choisir la version. Selon le choix, d'autres options s'activent ou se désactivent.

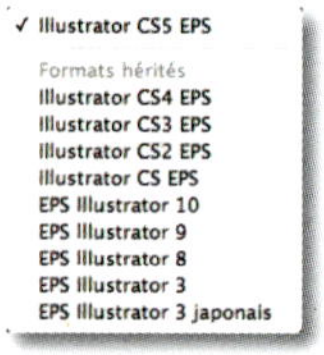

Comme pour le format natif (.ai), on peut enregistrer avec une compatibilité d'une ancienne version.

L'aperçu

Un fichier de type **Illustrator EPS** comporte deux parties : une pour l'impression, c'est la partie PostScript (qui contient les données mathématiques de description de la page qui seront transmises à l'imprimante) et une pour l'affichage — image de basse résolution (72 dpi) au format **PICT** (sur Mac) ou **TIFF** (sur PC), c'est l'aperçu. Lors du placement d'une illustration dans un logiciel de mise en page, ce dernier place l'aperçu et mémorise la position sur le disque de la partie PostScript. Quand vous imprimez la page contenant l'illustration, le fichier **EPS** doit être présent sur le disque sinon les données qu'il contient ne peuvent être envoyées à l'imprimante ; ne trouvant pas les données PostScript, le programme utilisera la basse résolution de l'aperçu et l'impression sera de qualité inférieure.

> **Astuce** *Dans les anciennes version d'XPress, l'aperçu ne comporte que 256 couleurs à 72 ppp ce qui fait que l'affichage d'une image **Illustrator EPS** est toujours de moins bonne qualité qu'une image d'un autre format. En revanche, InDesign utilise la partie PostScript de l'image pour créer une prévisualisation haute définition.*

Le choix des options de prévisualisation n'affecte en rien la partie PostScript du fichier. Seule l'image visible à l'écran (notamment dans XPress, selon la version) verra son aspect modifié selon que vous choisissez **Sans**, **TIFF (noir et blanc)** ou **TIFF (couleur 8 bits)**. C'est cette dernière option qu'il faut choisir dans le cadre de travaux destinés à certaines versions d'XPress sous Windows.

La transparence

Dans un fichier **EPS**, il y a systématiquement aplatissement des transparences de manière à éliminer les problèmes de transparence qui apparaissent quand le document possède des réglages d'opacité et de fusion, des effets de type ombre portée, contour progressif, lueur... Dans la fenêtre d'options EPS, la rubrique **Transparence** ne devient disponible que si le document nécessite un aplatissement. Dans ce cas, vous devez choisir un style d'aplatissement parmi les trois prédéfinis ou en créer un en cliquant sur le bouton **Personnalisé**.

Les formats bitmap pour l'impression

Le format TIFF

Le format **TIFF** (**.tif**) est géré par la plupart des applications de dessin bitmap, de retouches de photo, des logiciels de mise en page. Il correspond davantage à des images de type photographique. Cependant, il peut constituer une alternative au format **EPS** dans les cas suivants :

- si vous comptez imprimer sur une imprimante non PostScript ;
- si vous voulez retravailler la coloration dans le logiciel de mise en page (si l'image est à niveaux de gris) ;
- si vous souhaitez éviter tout problème d'aplatissement de transparence ou de polices.

Le fichier **TIFF** s'obtient avec la commande **Exporter** (menu **Fichier**).

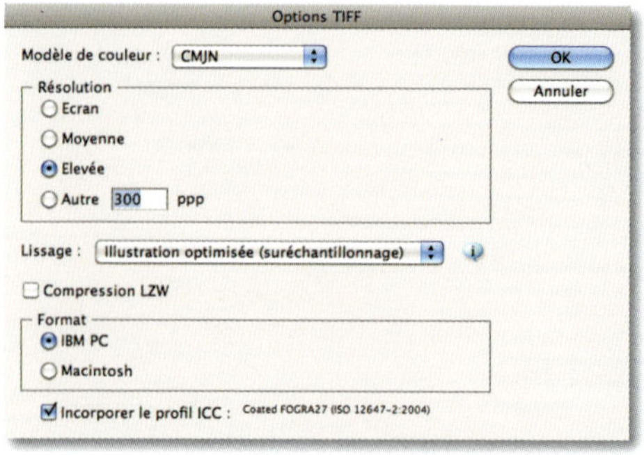

Les options d'exportation du format TIFF.

Lors de l'exportation, vous devez spécifier des options dans la fenêtre qui apparaît :

- **Le modèle colorimétrique** : niveaux de gris, couleurs RVB ou CMJN — utilisez ce dernier pour les documents à imprimer avec une séparation des couleurs ;
- **La résolution** : elle doit être égale au double de la trame d'impression (la valeur courante est de 300 ppp) ;
- **Les options de lissage, compression et format** (ou codage Mac ou PC) — choisissez IBM PC pour que les utilisateurs Windows puissent importer les images dans XPress PC.

De plus, selon les options spécifiées dans la fenêtre de la commande **Couleurs** (du menu **Édition**) ou le choix fait dans la commande **Attribuer un profil** (menu **Édition/Couleurs**), un profil ICC sera associé au fichier image. Ce profil permet d'obtenir un affichage identique à celui d'Illustrator dans d'autres applications où l'image sera importée ou ouverte.

LE FORMAT PHOTOSHOP (PSD)

Le choix de ce format s'effectue par la commande **Exporter**. Il est intéressant dans la mesure où le document devra subir une transformation qui n'est pas réalisable dans Illustrator et que la présence des calques élaborés dans Illustrator est indispensable dans Photoshop. En effet, si cela n'est pas le cas, il vous suffit d'enregistrer le document au format natif pour pouvoir l'ouvrir dans Photoshop.

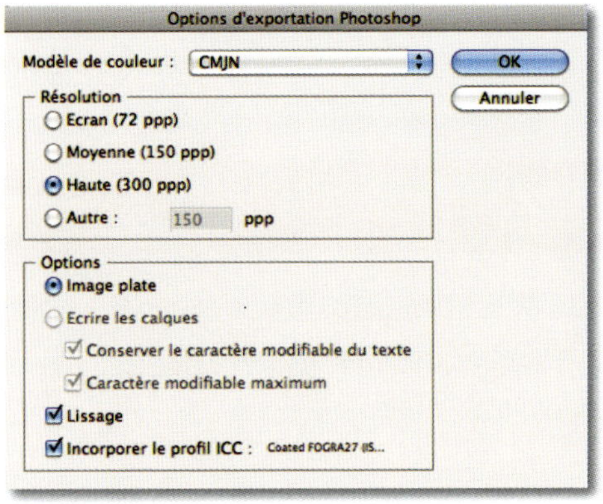

Les options d'exportation du format PSD.

Lors de cet enregistrement, vous devrez spécifier :

- le modèle colorimétrique (RVB, CMJN...),
- la résolution (300 ppp pour l'impression),
- l'écriture ou non des calques.

En effet, des options vous permettent d'aplatir ou de préserver les calques : les textes libres et curvilignes apparaîtront comme calques de texte éditables dans Photoshop (uniquement s'ils sont seuls sur un calque).

Les réglages d'opacité et de mode de fusion ne seront plus disponibles. De même, les objets ayant un masque d'opacité seront convertis en objets détourés.

LE FORMAT JPEG

Pour des sorties avec certaines imprimantes (jet d'encre), le format **JPEG** (Joint Photographic Experts Group) peut être envisagé, mais pour éviter une dégradation de l'image il conviendra de choisir une compression la plus faible possible et une résolution suffisamment grande (en correspondance avec le type d'imprimante utilisée). S'il n'y a pas de séparation envisagée, le modèle colorimétrique peut être RVB ; la conversion en CMJN sera faite directement par l'imprimante couleur. Le format **JPEG** convient bien pour les documents comportant des images importées de type photographique ou des dégradés.

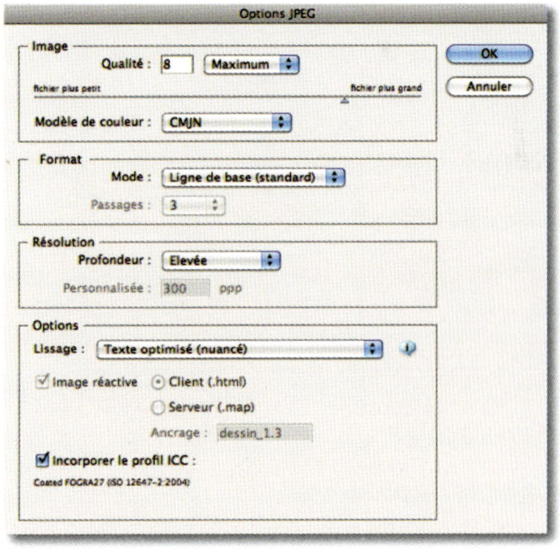

Les options d'exportation du format JPEG.

Les fichiers pour le Web

La préparation pour le Web

Avant d'exporter les documents RVB, certaines options peuvent être utilisées afin de faciliter le travail. De plus, certaines manipulations peuvent être réalisées afin d'optimiser le poids des fichiers.

LES AIDES AU TRAVAIL D'ILLUSTRATIONS POUR LE WEB

L'affichage et alignement des pixels

Le menu **Affichage** propose **Aperçu en pixels** qui permet de voir votre document tel qu'il apparaîtra dans le navigateur. Cet aperçu s'avère utile pour le positionnement précis des objets. De plus, son activation entraine celle de l'option **Magnétisme du pixel** du menu **Affichage**. Pour ajuster le positionnement et les dimensions des objets destinés aux pages Web, vous disposez une option supplémentaire d'alignement des objets sur la grille en pixels. Activée à la création de nouveau document de type Web, elle peut également l'être par objet dans le panneau **Transformation** et dans les symboles.

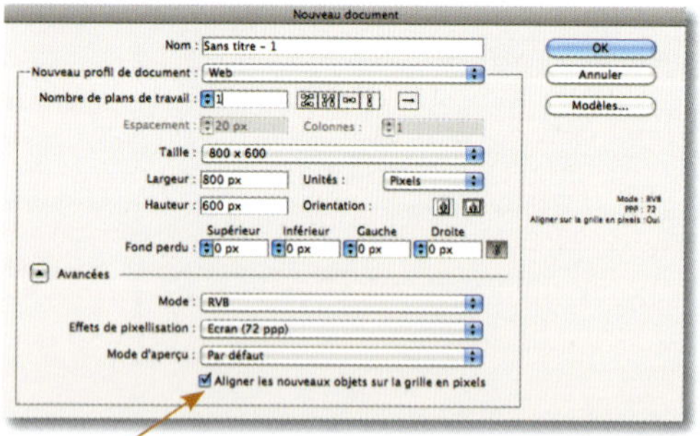

Cette option d'alignement des pixels est active par défaut pour les documents de type Web.

L'unité de mesure : le pixel

Dans les **Préférences** ou au clavier, en tapant plusieurs fois ⇧⌥⌘U [⇧Alt Ctrl U] (on contrôle dans le panneau **Contrôle** ou **Transformation**), définissez les unités en **pixels**. Ce choix, actif par défaut pour les nouveaux documents de type Web, permet d'être en adéquation avec des travaux pour le Web et de vérifier qu'un objet n'a pas de dimensions ou de coordonnées avec des valeurs décimales de pixels qui risquent d'entraîner l'apparition de couleurs intermédiaires alourdissant le poids du fichier.

Quand vous dessinez des éléments, positionnez-les correctement par rapport au document si vous comptez créer des tranches. L'alignement sur la grille en pixels facilite ce genre de manipulations.

Les couleurs du Web

Pour éviter qu'une différence trop importante n'apparaisse entre les couleurs d'Illustrator et celles des navigateurs (Mac ou Windows), vous pouvez utiliser l'option **RVB Web sécurisé** du menu du panneau **Couleur**. Avec les autres options, l'icône apparaît dès que la couleur choisie n'est pas sécurisée ; un clic dessus assure sa conversion vers l'une des 216 couleurs Web.

L'affichage des couleurs

Pour visualiser les éléments tels qu'ils apparaîtront sur une autre plate-forme (Mac ou Windows), utilisez les commandes de **Format d'épreuve** (menu **Affichage**) puis activez la commande **Couleurs d'épreuve**.

LA TAILLE DE LA SURFACE DE TRAVAIL

Illustrator peut créer la page HTML lors de l'enregistrement des images. Il peut également utiliser les dimensions du document pour générer cette page.

L'enregistrement d'un fichier pour le Web

Pour créer le fichier pour le Web, vous disposez de plusieurs commandes accessibles à partir de trois fenêtres : **Enregistrer**, **Enregistrer pour le Web** et **Exporter**. Seule la commande **Enregistrer pour le Web** permettra de localiser l'optimisation sur une partie de l'illustration que vous aurez découpée en tranches.

Avec les autres commandes, c'est l'ensemble du document qui prend la même optimisation et vous n'obtiendrez qu'un seul fichier même si l'illustration a été découpée en tranches ; cette découpe sera d'ailleurs perdue avec la plupart des options de la commande **Exporter**. Qu'il s'agisse d'une tranche ou de l'illustration entière, les réglages d'optimisation sont sensiblement identiques.

Les formats du Web

Illustrator propose deux types d'enregistrements ou d'exportations pour le Web : un format vectoriel (comportant éventuellement des parties bitmap) et un format purement bitmap. Le format dans lequel est enregistrée une image Web détermine la taille et les caractéristiques d'affichage du fichier. Les formats d'images Web se divisent en deux catégories : bitmap et vectoriel.

Les formats bitmap

GIF, **JPEG** et **PNG** décrivent l'image comme une juxtaposition de points colorés appelés pixels. Chaque pixel d'une image bitmap a une taille fixe et dépend donc de la résolution, ce qui signifie que les dimensions de l'image dépendent de la résolution du moniteur sur lequel elle est affichée.

> **Note** *Le format PNG est accessible par la commande* ***Enregistrer pour Microsoft Office*** *du menu* ***Fichier****.*

Les formats vectoriels

SVG et **SWF** décrivent l'image de façon mathématique, comme un ensemble d'objets géométriques. Les images vectorielles sont indépendantes de la résolution et peuvent être mises à l'échelle dans un navigateur Web.

La commande Enregistrer pour le Web

Cette commande est identique à celle de Photoshop. Vous y choisissez un format d'image, des critères d'optimisation de l'image et comparez le rapport poids/qualité à l'aide de plusieurs aperçus avant de valider l'enregistrement.

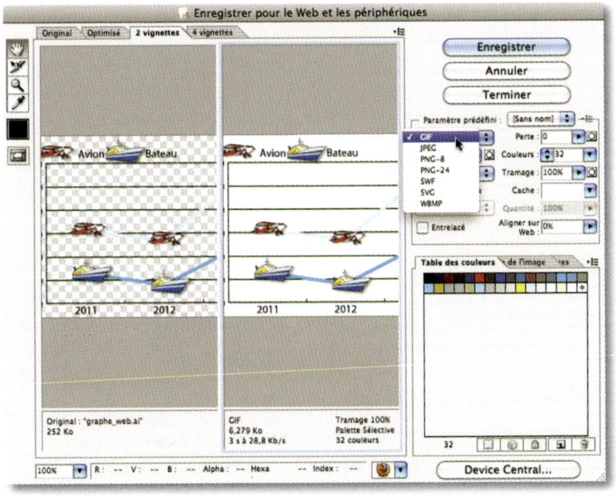

La fenêtre d'enregistrement avec un format Web.

La fenêtre d'enregistrement pour le Web

La partie droite comporte une zone de paramétrage de l'enregistrement. Choisissez un réglage prédéfini (en cliquant sur le bouton **[Sans nom]** pour afficher une liste déroulante, *voir ci-contre*) ou effectuez votre propre réglage (qu'il sera possible d'enregistrer, à l'aide du menu local ⁎≡, pour le faire figurer dans la liste précédente, **Paramètres prédéfinis**).

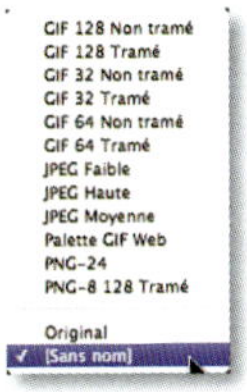

Le choix du format et les aperçus

La première étape du réglage consiste à choisir le format d'enregistrement (bitmap ou vectoriel : **GIF**, **JPEG**, **PNG**, **SVG** et **SWF**).

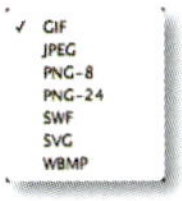

Si vous activez l'onglet **4 vignettes**, rien ne vous empêche de tester différents formats avec différents réglages dans chaque fenêtre. Le bas de chaque aperçu indiquera le poids du fichier, ainsi que le temps de téléchargement en fonction du modem, défini dans une liste qui s'affiche en cliquant sur l'icône ⁎≡ située à l'angle supérieur droit des aperçus.

> **Astuce** *Pour affiner vos réglages, vous pouvez effectuer une prévisualisation dans un navigateur Web en cliquant sur l'icône située en bas à droite de la fenêtre.*

La taille de l'image

La fenêtre **Enregistrer pour le Web** propose un onglet **Taille de l'image** qui, comme son nom l'indique, permet d'exporter une image de taille différente de l'originale (éventuellement avec celle du document si vous cochez l'option **Écrêter selon le plan de travail**). Le réglage s'effectue soit en entrant une valeur en pixels, soit en définissant un taux de réduction ou d'agrandissement. Le bouton **Appliquer** permet la mise à jour des vignettes pour contrôler le poids des images ainsi créées.

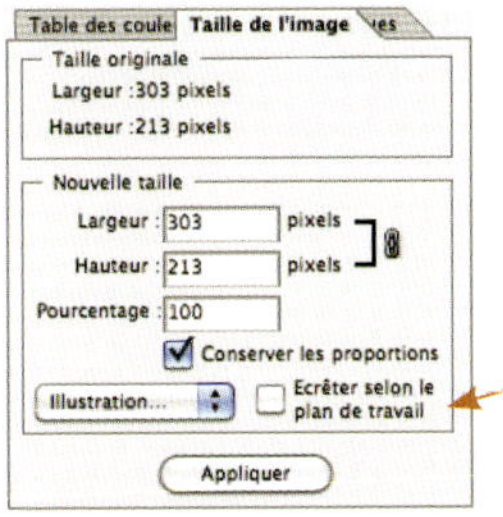

Dans cet onglet, on règle la taille de l'image. On peut l'adapter au plan de travail.

> **Astuce** *Cette possibilité de réglage de taille peut s'avérer très intéressante si vous souhaitez créer une version réduite d'une illustration (vignette) afin de l'utiliser, par exemple, comme bouton pour accéder à l'image de grande taille.*

La mise en page HTML : par cellules ou par calques

Lorsque vous validerez l'enregistrement (en cliquant sur **Enregistrer**), vous pourrez demander à Illustrator de créer la page HTML pour visualiser dans un navigateur l'image (éventuellement reconstituée s'il y a des tranches). Celle-ci est mise en page à l'aide de cellules dans un **tableau** ou par des **calques CSS**.

Dans la fenêtre **Enregistrer pour le Web**, un onglet, **Calques**, permet de choisir le type de mise en page qui sera utilisé. Des réglages de visibilité peuvent alors être affectés aux différents calques d'Illustrator.

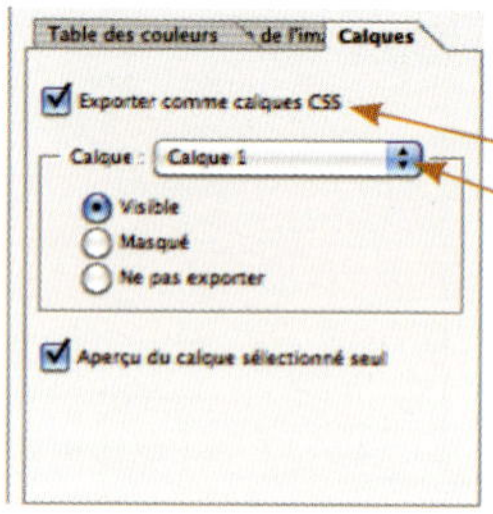

Dans cet onglet, on définit le type de la mise en page (CSS ou non) et le calque exporté.

La mémorisation des réglages

Quand vous avez défini un réglage et que vous voulez en tester d'autres, demandez à Illustrator de mémoriser temporairement ce réglage ; pour cela, enfoncez la touche ⌥ [Alt] et cliquez sur le bouton **Terminer** devenu **Mémoriser** : le programme mémorise le réglage de toutes les tranches et les conserve avec les données du fichier Illustrator. Par la suite, pour retrouver les réglages mémorisés si vous avez fait des modifications dans la fenêtre **Enregistrer pour le Web**, enfoncez ⌥ [Alt] et cliquez sur **Annuler** (devenu **Réinitialiser**).

> **Astuce** *En cliquant sur **Mémoriser**, Illustrator mémorise les paramètres tranche par tranche même si vous fermez la fenêtre en cliquant sur **Terminer**. Ce type de mémorisation est utile lors de la réalisation de traitement par lots de fichiers avec tranches, qui doivent avoir les mêmes optimisations.*

Pour conserver le réglage sur une tranche pour d'autres sessions de travail avec d'autres fichiers, utilisez le menu local ⁌≡ et la commande **Enregistrer les paramètres**. Par la suite, le réglage apparaîtra dans la liste des paramètres avec le nom spécifié lors de l'enregistrement et il pourra s'appliquer à la tranche sélectionnée.

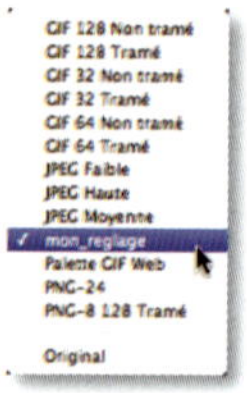

Les paramètres de sortie

Avant de quitter la fenêtre **Enregistrer pour le Web** en validant les réglages, vous pouvez préparer les paramètres de sortie. Il s'agit de différents réglages qui gèrent la façon dont la page HTML et les fichiers images des tranches vont être créés. On accède à la fenêtre **Paramètres de sortie** par la commande **Modifier les paramètres de sortie** du menu local ⁌≡ d'**Enregistrer pour le Web** ; cette commande est également accessible une fois l'enregistrement validé mais elle n'affectera que le document en cours.

La fenêtre **Paramètres de sortie** comporte plusieurs rubriques : **HTML**, **Tranches**, **Arrière-plan** et **Enregistrement des fichiers**.

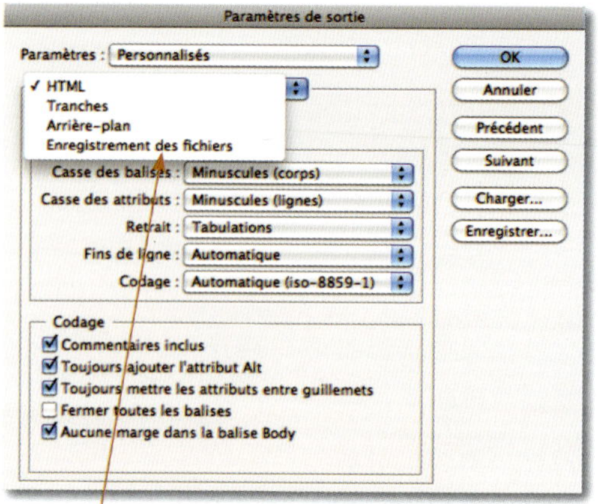

Quatre types de paramètres peuvent être gérés.

Deux rubriques, **HTML** et **Arrière-plan**, permettent d'établir la configuration qu'aura le fichier HTML qui servira à visualiser l'image optimisée dans le navigateur.

Les options HTML

Par défaut, la fenêtre affiche des options qui concernent l'aspect ou le formatage du code HTML généré pour assurer le positionnement de l'image dans la page HTML.

En effet, le HTML (HyperText Markup Language) fait appel à des balises (Markup) qui peuvent être écrites en capitales ou en minuscules ; les capitales permettent de les repérer plus rapidement dans le code. De même, pour les attributs des balises, vous pouvez choisir leur casse (capitales ou non). Ces options ne sont pas fondamentales car elles seront remplacées par celles de l'éditeur HTML si vous rouvrez la page dans ce dernier.

Les tranches : table ou calques CSS

Pour monter la page HTML d'une illustration comportant des tranches, Illustrator propose deux solutions : le tableau (ou table) ou les calques CSS.

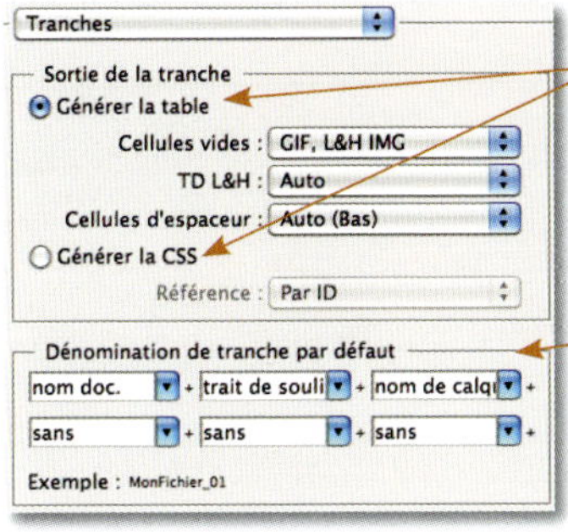

La page HTML peut être montée à l'aide d'un tableau ou par des CSS.

Ici, on gère le nom des tranches.

Le tableau : par défaut, la mise en page est réalisée à l'aide d'un tableau — décrit par la balise <TABLE>. Celui-ci comporte autant de cellules qu'il y a de tranches ; chaque cellule renfermant une tranche, leur juxtaposition reconstitue l'image complète.

Les calques CSS : avec cette option, Illustrator crée des calques (ou boîtes flottantes) — décrits par la balise <DIV> — dont la position est définie de façon absolue par une feuille de style en cascade (**CSS**, soit Cascading Style Sheets en anglais).

L'arrière-plan de la page HTML

Le bouton **Sélectionner** permet de choisir une image de fond qui remplira l'arrière-plan de la page HTML ainsi que les zones transparentes de l'image si elle en comporte ; elle sera répétée comme un motif, de manière à couvrir l'ensemble de la fenêtre du navigateur. Le fichier désigné ne doit être ni renommé ni déplacé sous peine d'être remplacé par un fond blanc ; un aperçu dans le navigateur vous permet de le vérifier.

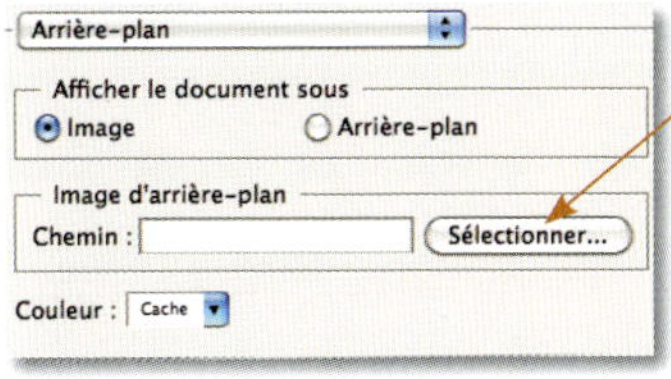

Cette option permet de choisir l'image utilisée comme fond de page.

À défaut d'une image d'arrière-plan, cette page HTML est remplie d'un aplat dont la couleur est identique à celle utilisée pour le détourage (case **Cache** de la zone d'optimisation) ; cependant, vous pouvez en désigner une autre à partir du menu local de la case **Couleur** de la fenêtre des paramètres de sortie.

> **Astuce** *Si vous sélectionnez un fichier d'image d'arrière-plan dans un dossier particulier, Illustrator fera une copie qui placera dans le sous-dossier des images de la page HTML afin de regrouper les différentes ressources de cette page.*

L'enregistrement des fichiers

Cette rubrique permet de définir la façon dont les noms seront attribués aux différents fichiers. Ceci est particulièrement important si vous définissez des effets de mouvement de souris (rollover) mais c'est le plus souvent dans l'éditeur HTML que ces opérations seront réalisées.

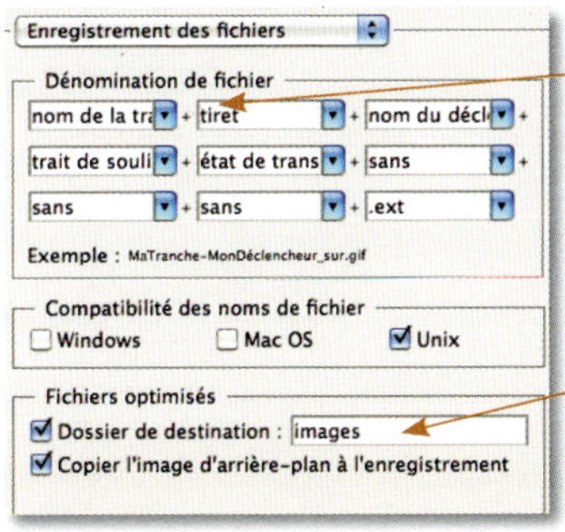

On gère ici les noms attribués au fichier.

On peut définir le dossier dans lequel sont rangées les images.

Les formats vectoriels

Deux formats sont disponibles à l'exportation : le **SVG** (Scalable Vector Graphics) et le **SWF** de Flash. Ces deux formats vectoriels permettent d'obtenir des illustrations et des polices de haute qualité. La taille des fichiers obtenus et le temps de téléchargement sont réduits par rapport aux formats bitmap.

Le format SVG

La description du SVG

Basé sur le langage XML, le format **SVG** offre de nombreux avantages aux développeurs comme aux utilisateurs. Il assure la prise en charge des fonctions suivantes : polices Type 1 et TrueType, XML (eXtensible Markup Language), affichage en cascade des feuilles de style (CSS), scripts JavaScript et animation DHTML — des recherches sur les textes sont possibles.

Il s'agit d'un langage de description des images vectorielles en XML qui assure une haute qualité graphique aux illustrations, même si elles comportent des dégradés ou si des filtres leur ont été appliqués. Le **SVG** apporte ainsi un nouveau niveau de précision dans le graphisme pour le Web ; cependant, il reste peu répandu.

L'obtention du fichier

L'obtention du fichier **SVG** (ou **Compressé en SVG**) s'effectue par la commande **Enregistrer** ou par la commande **Enregistrer pour le Web**.

- La commande **Enregistrer** vous offre la possibilité de créer un fichier qui reste éditable dans Illustrator ; bien entendu il est nettement plus lourd.
- Avec **Enregistrer pour le Web**, le fichier ne peut être qu'importé dans Illustrator ou dans un éditeur HTML.

Les deux enregistrements proposent les mêmes options. Elles permettent d'inclure les polices, les images et de réduire le poids du fichier. Les deux types de fichiers peuvent être ouverts dans les navigateurs s'ils possèdent le plug-in SVG Wiever. L'image pourra y être zoomée pour en voir les détails (sans perte de précision, l'illustration étant vectorielle).

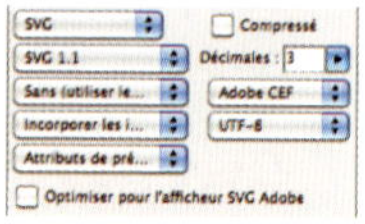

Les options SVG de la commande Enregistrer pour le Web.

Le format Flash SWF

Le format **Flash (SWF)** s'utilise pour des animations vectorielles mais également pour des images statiques. Dans cette optique, il est intéressant car les fichiers créés ont (généralement) un faible poids et une qualité remarquable.

L'obtention du fichier SWF

Il peut se réaliser soit par la commande **Enregistrer pour le Web**, soit par la commande **Exporter**. La seconde solution s'utilise pour exporter la totalité d'une illustration. La première permettra de n'enregistrer qu'une partie de l'illustration en utilisant la découpe en tranches. Dans les deux cas, il peut s'agir d'une image fixe ou d'une animation selon l'option d'enregistrement choisie.

Les réglages du format **Flash (swf)** sont légèrement différents selon que le fichier est créé par exportation ou par enregistrement pour le Web.

Les options SWF de la commande Enregistrer pour le Web.

La fenêtre de la commande d'exportation propose davantage d'options qui se séparent en deux rubriques (base et avancées) : l'une concerne des réglages d'enregistrement (certaines sont communes aux options de la commande **Enregistrer pour le Web**), l'autre des options liées aux images incorporées et à l'animation des dégradés.

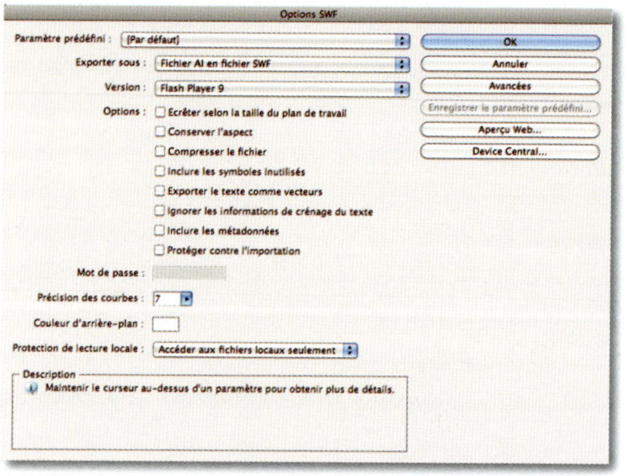

Les options SWF de base (type et options du fichier).

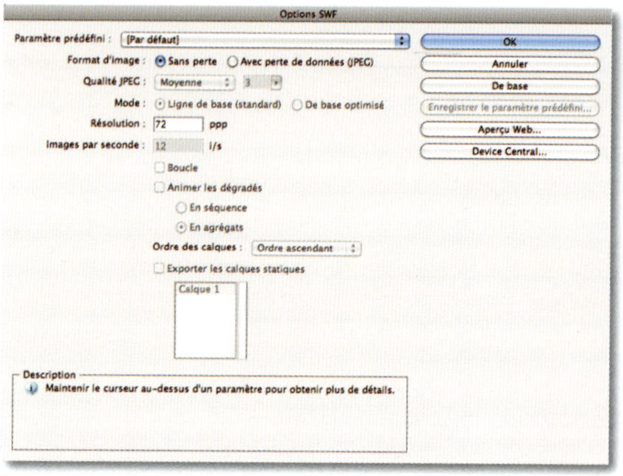

Les options SWF avancées (images et animation).

Les types d'exportation

Lorsque vous exportez des illustrations au format **Flash (SWF)**, la fenêtre **Options SWF** offre plusieurs choix d'exportation par l'intermédiaire du menu local **Exporter sous** de la rubrique des options de base.

Les exportations.

Quel que soit le type choisi, la fenêtre **Option SWF** vous permet de visualiser l'exportation dans un navigateur (**Aperçu Web**) ou un un écran de mobile (**Device Central**).

Fichier AI en fichier SWF : image fixe

Le document Illustrator donne un seul fichier SWF, c'est-à-dire que les calques sont aplatis. Ce type d'enregistrement permet d'exporter des éléments vectoriels vers Flash (sans problème de compatibilité) et en conservant les symboles créés dans Illustrator ; ces derniers seront cependant importés sur un même calque dans Flash.

On obtient ici une image fixe, sa qualité est très bonne et son poids faible surtout s'il n'y a que des objets vectoriels (l'option **Précision des courbes** permet de réduire davantage mais au détriment de la qualité).

Calques AI en images SWF : animation

Chaque calque constitue une image d'un même fichier SWF, on obtient une animation si le document Illustrator contenait plusieurs calques. Le plus souvent ces calques sont obtenus par les commandes **Décomposition en calques** (menu du panneau **Calques**) à partir d'un groupe, d'un objet avec un aspect particulier (superposition de fonds ou d'effets...), d'un texte vectorisé et le plus souvent, d'un dégradé de formes.

Avec l'option **Calques AI en images SWF**, une animation est créée, vous devez alors définir une vitesse d'affichage des images (en général, 10 à 12 images par seconde). Une vitesse plus lente donnera une animation plus saccadée. Pensez à cocher l'option **Boucle** pour que l'animation tourne en boucle. On peut définir un calque comme arrière-plan de l'animation et changer l'ordre d'apparition des calques. De plus une option, **Compresser le fichier**, permet d'en réduire le poids.

Calques AI en fichiers SWF : fichiers multiples

Chaque calque du document Illustrator constitue un fichier SWF distinct (autant d'images que de calques, chacune d'elles porte un numéro). Cette option ne figure que dans la commande **Exporter**. C'est également un moyen efficace d'exporter une série d'éléments vectoriels vers Flash (sans problème de compatibilité et en conservant les symboles).

Calques AI en symboles SWF : export de symboles

Avec ce type d'exportation, chaque calque d'illustrator est exporté en tant que symbole (de type séquence vidéo, « *MovieClip* » de Flash). Le symbole prend le nom du calque.

Les options de base de la commande Exporter

La version du player Flash

Pour qu'une animation **Flash SWF** soit visible dans le navigateur, un player Flash doit être installé. Lors de l'exportation, vous devez choisir par quelle version de player le fichier SWF peut être lu. Quand vous utilisez la commande **Enregistrer pour le Web** avec l'option de création de la page HTML, Illustrator ajoute le code nécessaire à la vérification de la présence de ce plug-in.

La dimension de l'image ou de l'animation

La taille de l'animation correspond à l'encombrement total des objets. Vous pouvez définir la taille de l'animation comme étant celle du document en cochant **Écrêter selon le plan de travail**.

L'aplatissement de la transparence

Si l'illustration utilise des modes de fusion autres que **Normal** appliqués par le panneau **Transparence**, ils ne sont pas pris en compte. Pour les conserver, cochez l'option **Conserver l'aspect** dans les options d'exportation.

La précision des courbes ou qualité des tracés

Si l'option **Qualité des courbes** est faible, le tracé prend la forme d'un polygone ; plus la valeur est élevée, plus le tracé est lissé, en revanche, le poids du fichier augmente un peu. Cette option existe dans la fenêtre **Enregistrer pour le Web**.

Les autres options de base

Les textes : les textes peuvent être vectorisés lors de l'exportation, ils ne seront plus éditables si le SWF est importé dans Flash.

La couleur d'arrière-plan : par défaut, les zones transparentes du document sont remplies de blanc, cette option permet de définit une couleur d'arrière-plan de l'image.

La protection : pour que le fichier ne puisse pas être importé dans Flash, vous pouvez lui associer une protection à l'aide d'un mot de passe.

La compression : le fichier peut subir une compression (elle est active par défaut). Cependant, afin d'obtenir les fichiers les plus légers possible, utilisez des symboles graphiques dès qu'il y a des éléments répétitifs.

Les options avancées de la commande Exporter

Le format et la compression des éléments pixellisés

Si le document contient des éléments pixellisés, Illustrator les compresse dans un fichier image qu'il incorpore au fichier **SWF**. Avec l'option **Sans perte de données**, ce fichier image est au format **PNG**, sinon il est au format **JPEG**.

La résolution des images peut être spécifiée. Par défaut elle est de 72 ppp (résolution écran). Une valeur supérieure permettra un zoom sur l'image sans l'apparition de crénelage.

Les animations

Vous disposez de quelques options pour gérer les animations ; celle liée à l'animation des dégradés de formes sera développée ci-après. Parmi les options classiques, on trouve : une case pour définir la cadence de l'animation ou nombre d'images par seconde (par défaut 12 i/s) et une case à cocher pour la lire en boucle.

L'animation SWF avec un dégradé de formes

Nous allons voir à l'aide d'un exemple utilisant un dégradé de formes, comment réaliser une animation qui va avoir pour effet de faire apparaître progressivement le dessin de la construction d'un cercle (comme s'il était dessiné au crayon). Afin d'obtenir les fichiers les plus légers possible, ces dégradé seront réalisés à l'aide de symboles, ce qui facilitera les mises à jour.

La mise en place des décors

L'illustration comportera un ou plusieurs calques pour les décors (ils seront définis comme statiques) et un calque pour l'élément animé (dégradé de formes). S'il y a plusieurs dégradés (sur le même ou sur plusieurs calques), ils seront animés l'un après l'autre et ne resteront pas affichés (sauf le dernier lu). Les calques de décors peuvent être verrouillés afin d'éviter les sélections intempestives de leur contenu.

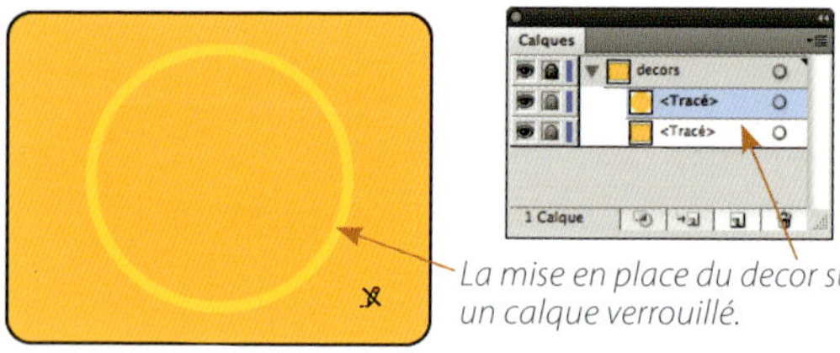

La mise en place du decor sur un calque verrouillé.

La préparation des symboles

Dessinez l'élément à animer. Dans notre cas, il s'agit d'un petit cercle dont le diamètre est voisin de l'épaisseur du grand cercle qui va être dessiné. Quand il a l'aspect et la taille souhaités, glissez-le dans le panneau **Symboles**.

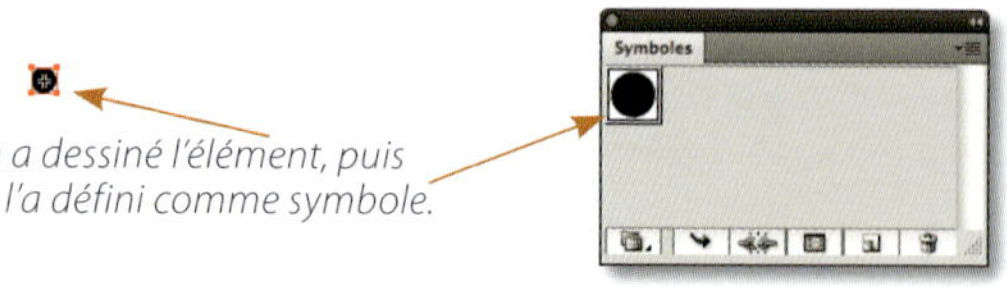

On a dessiné l'élément, puis on l'a défini comme symbole.

Le dégradé de formes

Glissez, à droite de la première instance du symbole, une seconde instance (vous pouvez aussi en faire une copie par glissement avec ⌥ [Alt]). Sélectionnez les deux symboles et lancez la commande **Dégradé de formes/Créer** du menu **Objet** (au clavier ⌥⌘B [Alt Ctrl B]). Pour régler ce dégradé, lancez la commande **Options de dégradés** du menu **Objet/Dégradé de formes**. Pour notre exemple, on a choisi l'option **Étapes** et saisi une valeur inférieure à la taille de l'objet.

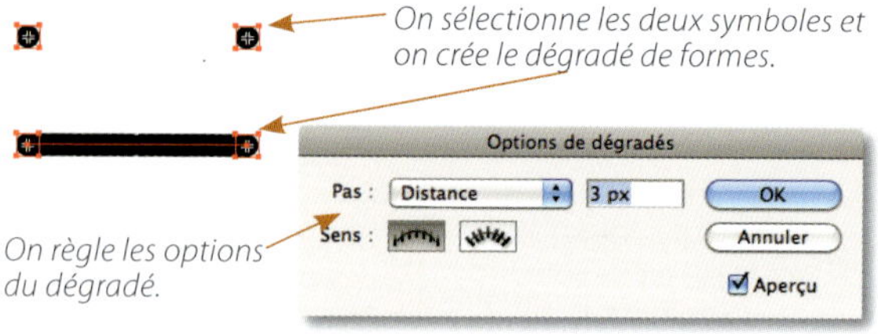

On sélectionne les deux symboles et on crée le dégradé de formes.

On règle les options du dégradé.

Comme le dégradé doit suivre le cercle qu'il est censé dessiner, on a copié le cercle du décor pour l'utiliser comme chemin du dégradé en appliquant, à une sélection du dégradé et de ce cercle, la commande **Changer le sens**.

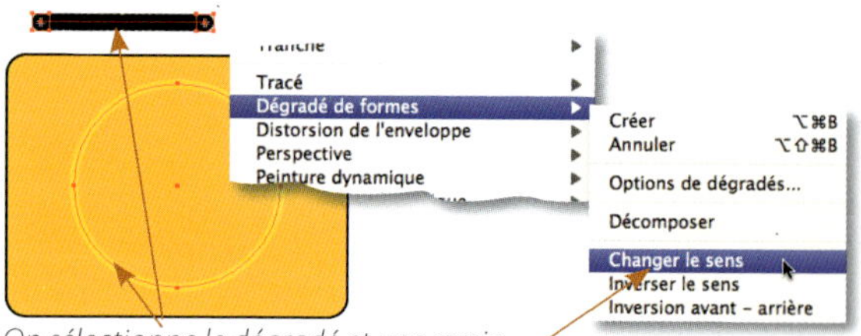

On sélectionne le dégradé et une copie du cercle et on lance cette commande.

Le tracé du cercle étant fermé, le dégradé ne le couvre pas intégralement. Pour pallier ce problème, ouvrez le tracé en cliquant dessus avec l'outil **Ciseaux**.

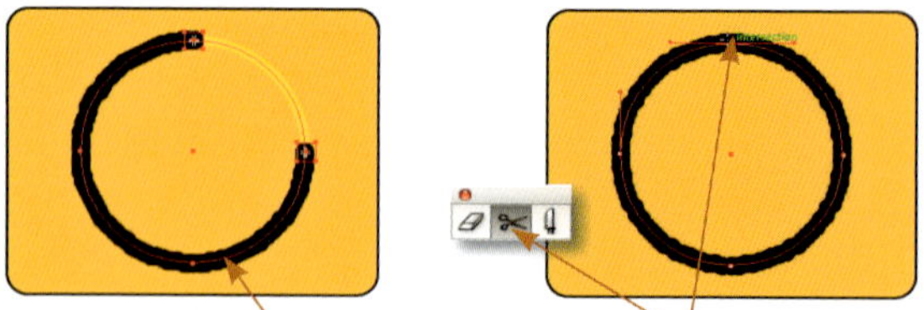

Le dégradé suit le cercle. On crée un tracé ouvert ici par un clic avec l'outil **Ciseaux**.

L'obtention de l'animation SWF par exportation

Les éléments de l'animation sont en place. Pour obtenir et prévisualiser l'animation, lancez la commande **Exporter** du menu **Fichier**. Dans les options de base, choisissez **Calques AI en images SWF**.

Dans les options avancées, spécifiez une cadence, par exemple, 24 images par seconde. Pour définir le décor, cochez **Exporter les calques statiques**, puis sélectionnez les calques qui ne seront pas animés.

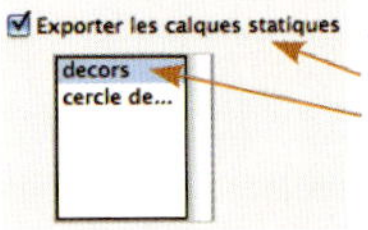

Dans les options avancées, on coche cette option pour définir, en les sélectionnant ici, les calques fixes.

Avant de cliquer sur **Aperçu Web** (ou **Device Central**), cochez **Animer les dégradés**, puis l'option **En séquence** pour ne visualiser qu'un objet à la fois, ou **En agrégats** pour obtenir le cumul des objets (dans notre cas, le dessin du cercle complet).

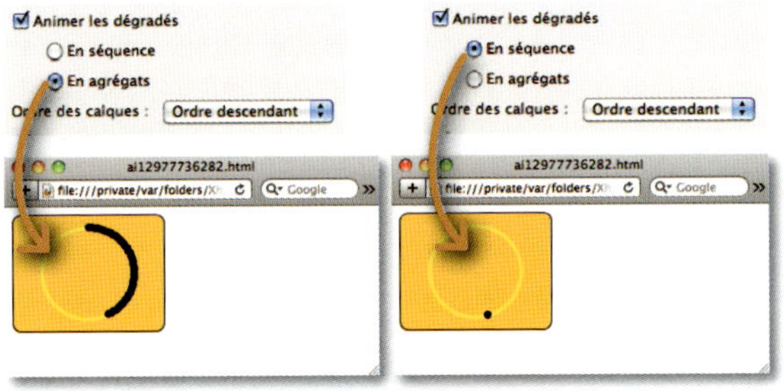

L'aperçu dans le navigateur montre l'animation.

La mise au point de l'animation SWF

Dans le plan de travail

Si les éléments ne suivent pas correctement le chemin, cochez l'option [icône] dans les options du dégradé ; éventuellement, rectifiez leur orientation ou leur position au départ et à l'arrivée. Si le déplacement de l'élément animé est l'inverse de celui souhaité, choisissez **Inverser le sens** (menu **Objet/Dégradé de formes**).

De nombreuses variations sont possibles. Par exemple, l'apparition d'un texte (ou d'un objet) s'effectuera avec dégradé entre un symbole à 0 % d'opacité et le même (sur place) avec une opacité à 100 %.

Dans les options d'exportation Web

S'il y a plusieurs calques comportant un dégradé à animer, vous pouvez inverser l'ordre des animations avec le menu local **Ordre des calques**.

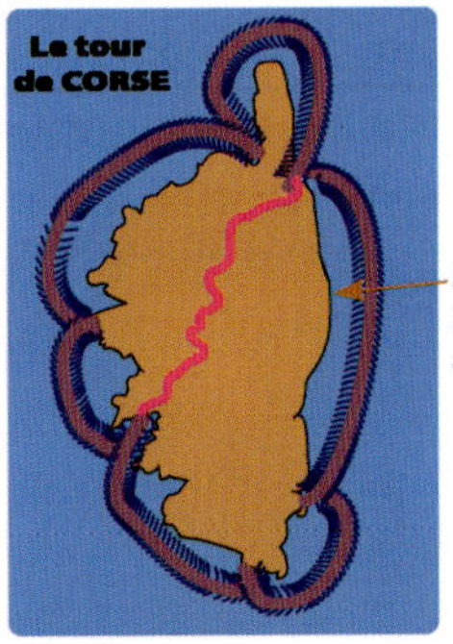

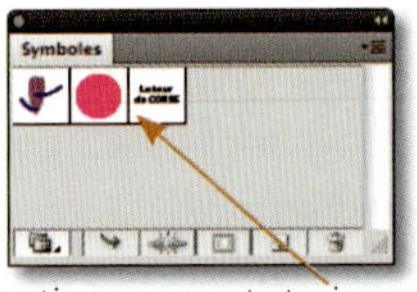

L'illustration comporte trois symboles utilisés dans des dégradés placés dans ces calques.

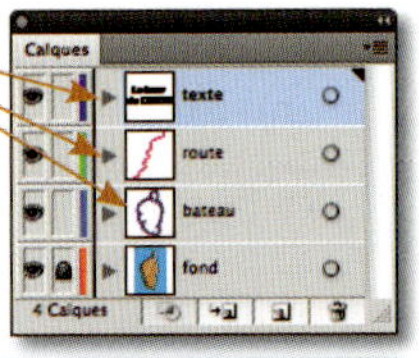

Ci-dessous l'aperçu dans le navigateur.

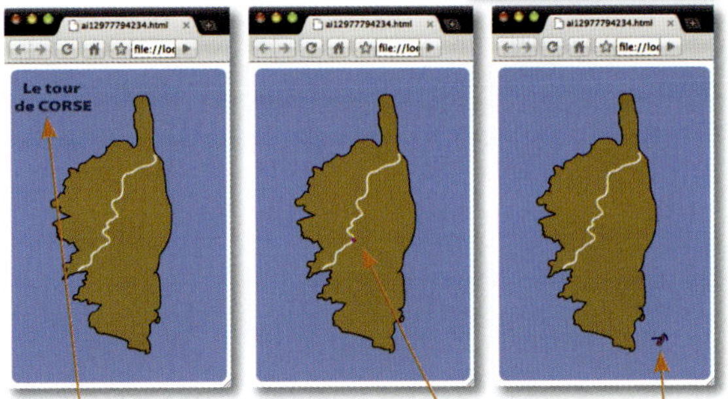

Animation 1 : texte qui apparaît. *Animation 2 : point qui suit la route.* *Animation 3 : bateau qui longe la côte.*

Les paramères prédéfinis SWF

Quand vous avez défini des réglages d'exportation SWF, vous pouvez les mémoriser en tant que **Paramètres prédéfinis SWF**. Ils seront facilement accessibles lors des prochaines utilisations de la commande **Exporter** avec le format SWF. Vous pouvez également en préparer (voire en importer ou en exporter) depuis le menu **Édition**.

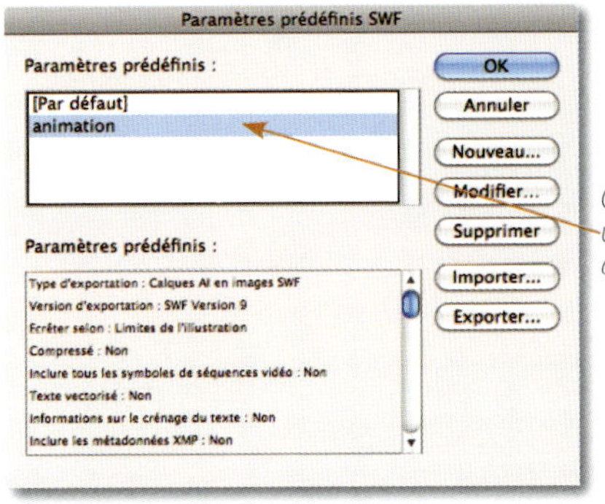

On a mémorisé un réglage d'export SWF.

Les fichiers SWF avec Enregistrer pour le Web

En dehors du fait que l'enregistrement peut s'appliquer à une partie d'une image découpée en tranches, les options sont voisines à celles de la commande **Exporter**. Cependant, la commande **Enregistrer pour le Web** présente l'avantage de pouvoir demander la création de la page HTML qui affichera le fichier **SWF**. Elle comporte un code de vérification du plug-in nécessaire à la lecture de fichiers SWF.

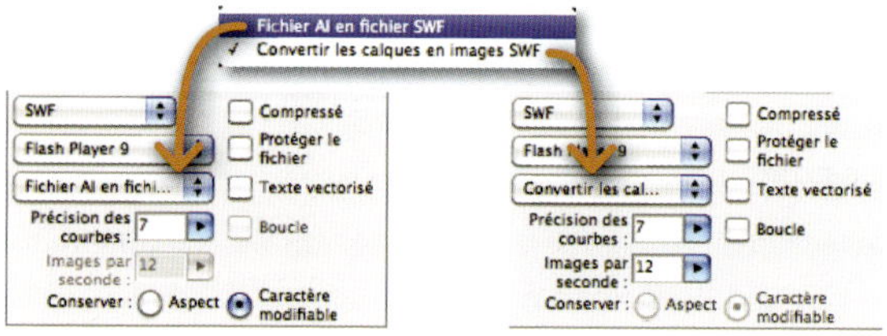

Les deux types d'enregistrement SWF pour le Web.

Les formats bitmap

Le format Photoshop (PSD) par Exporter

Ce format, qui s'obtient par la commande **Exporter** (menu **Fichier**) permet de conserver les calques d'Illustrator. Le passage par Photoshop constitue une étape indispensable pour réaliser une animation GIF. Lors de l'exportation, la résolution sera **Écran (72 ppp)** et le modèle de couleur **RVB**.

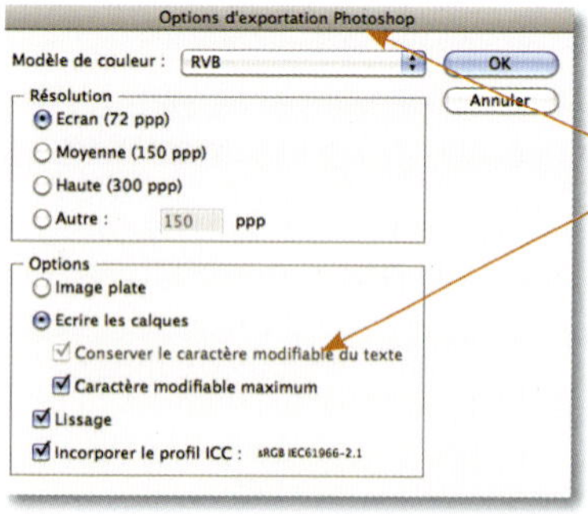

L'export vers Photoshop. Un texte ne sera éditable que s'il est seul sur un calque.

Les formats bitmap d'Enregistrer pour le Web

La fenêtre de la commande **Enregistrer pour le Web** propose quelques formats bitmap dont les plus répandus sont : le format **GIF** et le format **JPEG**. Les paragraphes suivants vous indiquent quelques critères pour guider votre choix.

Le format GIF

Il s'adresse à certains types d'illustrations telles que :

- les illustrations comportant peu de couleurs (c'est souvent le cas de celles réalisées dans Illustrator) ;
- les illustrations avec de grandes zones d'aplats de couleur ;
- les illustrations ayant des détails (tels les logos, textes) qui risqueraient de disparaître avec une compression JPEG ;
- les illustrations dans lesquelles des zones transparentes doivent être définies ;
- les illustrations qui seront utilisées pour une animation GIF ;
- et bien sûr toutes les illustrations dont l'aspect n'est pas satisfaisant avec le format JPEG.

Le format JPEG

Il s'adresse à certains types d'illustrations telles que :

- les illustrations comportant beaucoup de couleurs (avec des dégradés ou des ombres portées, par exemple) ;
- les illustrations de type photographique (image à tons continus) ;
- toutes les illustrations dont le poids devient trop important avec le format GIF.

Ces deux formats opèrent une compression : des couleurs pour le **GIF**, des données pour le **JPEG**. Les paragraphes qui suivent vous précisent comment effectuer ce paramétrage.

Le format GIF : la compression des couleurs

L'enregistrement d'un document au format **GIF** s'accompagne toujours d'une compression des couleurs. En effet, le document RVB peut posséder jusqu'à 16 millions de couleurs mais ce nombre doit être réduit à 256 maximum (8 bits), les couleurs étant alors indexées dans une table de couleurs (ou panneau). Illustrator propose une série de tables, chacune d'elles sélectionne les couleurs à conserver en fonction d'un critère particulier (algorithme).

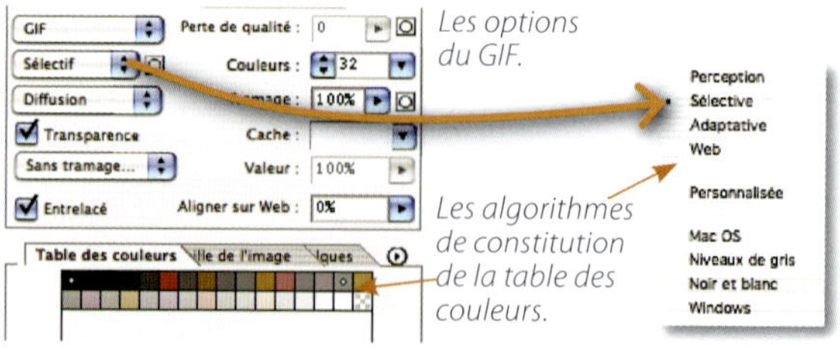

Les options du GIF.

Les algorithmes de constitution de la table des couleurs.

Les tables de couleurs

Illustrator met à votre disposition des algorithmes de réduction des couleurs (ils sont au nombre de huit). Chacun d'eux sélectionne les couleurs à conserver en fonction d'un critère particulier, pour générer une table des couleurs dont le contenu sera visible dans l'onglet **Table des couleurs**.

Les tables dynamiques et les tables fixes

Avec les trois premiers algorithmes de la liste (**Perception**, **Sélective** et **Adaptative**), les couleurs sont prises dans la gamme RVB (16 millions de couleurs). Elles varient de façon dynamique en fonction de l'image : on parle ici de tables dynamiques.

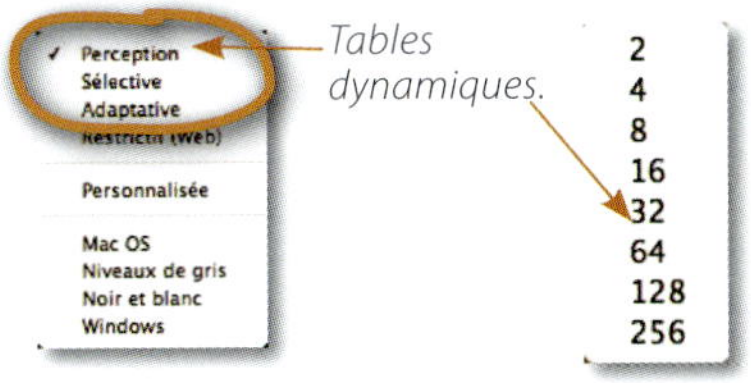

Les autres tables (**Restrictif Web**, **Mac OS**...) ne renferment que des couleurs fixes ; c'est-à-dire que la gamme des couleurs disponibles est limitée et constante. La table générée par l'algorithme ne contiendra que les couleurs de l'image appartenant à cette gamme fixe. Il s'agit, dans ce cas, de tables fixes.

Pour chacune d'elles, le menu **Couleur** possède une option **Auto**, qui dénombre dans les couleurs de l'image celles qui appartiennent à la gamme et qui suppriment les autres.

- **Perception** : les couleurs conservées dans la table sont celles auxquelles l'œil est le plus sensible.
- **Sélective** : c'est l'option par défaut. La table des couleurs obtenue est voisine de celle de l'option précédente, mais, ici, on privilégie les larges zones de couleurs et les couleurs Web. Cette table des couleurs produit habituellement des images dont les couleurs sont fidèlement restituées.
- **Adaptative** : la table des couleurs est créée à partir d'une combinaison des couleurs de l'image, les plus couramment utilisées.
- **Restrictif Web** : la table ne contient que les 216 couleurs communes aux panneaux 8 bits de Windows et Mac OS. Ce type de panneau vous assure un affichage identique sur les différentes plates-formes sans tramage sur un écran 8 bits.

> **Astuce** *L'utilisation de la table **Restrictif Web** peut créer des fichiers plus volumineux, mais elle permet d'éviter le tramage sur les navigateurs.*

- **Mac OS** et **Windows** : elles utilisent les 256 couleurs des systèmes d'exploitation. Si l'image renferme moins de 256 couleurs, les nuances inutilisées sont supprimées.
- **Niveaux de gris** : l'image résultante est convertie en niveaux de gris. Le panneau ne comporte que des nuances de gris présentes dans l'image.
- **Noir et blanc** : l'image résultante est convertie au mode bitmap. Les pixels sont blancs ou noirs. L'image a un échantillonnage de 1 bit. Par la suite, il sera possible de remplacer le noir et le blanc par d'autres couleurs à partir du panneau **Table** des couleurs.

La gestion des couleurs

Une fois le type de table des couleurs spécifié, vous pouvez en modifier le nombre et la composition.

Le nombre de couleurs

Avec le panneau **Restrictif Web**, ce nombre s'adapte automatiquement à celui des couleurs contenues dans l'image. En revanche, pour les autres tables, c'est à vous de spécifier ce nombre. Plus il est élevé, mieux les couleurs sont restituées, mais plus le fichier est lourd.

Dans tous les cas, vous pouvez réduire ce nombre en saisissant un nombre entre 2 et 256 ou par action sur les petites flèches (avec ⇧ l'incrément sera de 10). Si le nombre de couleurs est trop faible, des bandes colorées peuvent apparaître sur l'image. Pour les atténuer vous pouvez simuler les couleurs disparues par un tramage des couleurs de la table.

Le verrouillage des couleurs

Avant de réduire le nombre de couleurs, vous pouvez en verrouiller certaines dans la table, afin qu'elles ne disparaissent pas suite à une réduction et éviter ainsi leur simulation par d'autres. Pour verrouiller des couleurs, sélectionnez-les soit dans la table en cliquant dessus (avec ⇧ si elles sont consécutives et ⌘ [Ctrl] dans le cas contraire), soit directement sur l'image optimisée avec la pipette (la touche ⇧ permet de sélectionner une plage de couleurs) puis cliquez sur l'icône située en bas de la table des couleurs. La couleur apparaît marquée par un point blanc dans l'angle inférieur droit.

Les couleurs Web

Le panneau **Restrictif Web** n'utilise que des couleurs Web. Avec les autres tables, vous pouvez convertir certaines couleurs en couleurs Web. Cette opération s'effectue soit de manière automatique en spécifiant le pourcentage de couleurs à convertir dans le menu local **Aligner sur Web**, soit manuellement en sélectionnant les couleurs à convertir dans la table et en cliquant sur l'option. Dans la table, les couleurs Web sécurisées sont barrées et marquées d'un point blanc.

> **Astuce** *Certaines couleurs disparaissent lorsqu'elles correspondent à une même couleur Web.*

Vous pouvez aussi changer la composition d'une couleur. En effet, un double-clic sur sa case d'échantillon dans la table fait apparaître le sélecteur des couleurs… La couleur redéfinie apparaîtra barrée, elle est verrouillée (point blanc à l'angle).

Les réglages de tramage

Le tramage

Ce tramage permet de simuler les couleurs de l'image absentes de la table. Il y a quatre options possibles :

- **Sans tramage** n'effectue aucune simulation.
- **Diffusion** utilise un motif aléatoire. Les effets de tramage sont diffusés sur les pixels adjacents.
- **Motif** simule les couleurs en appliquant un motif carré semblable à une trame de demi-teinte.
- **Bruit** applique également un motif aléatoire mais sans diffuser le motif sur les pixels adjacents. L'image apparaît granuleuse.

> **ASTUCE** *Dans le cas d'un tramage par diffusion, il est possible de définir un pourcentage de tramage, ce qui permet de réduire le poids du fichier.*

La perte de qualité

Cette option permet également de réduire la taille du fichier grâce à une compression qui supprime des pixels de l'image. Avec la plupart des illustrations, vous pouvez appliquer une valeur de 5 à 10 %, (voire dans certains cas jusqu'à 50 %), sans que l'image ne soit dégradée. La taille du fichier peut être réduite de 5 % à 40 % grâce à cette option.

> **ASTUCE** *Vous ne pouvez pas utiliser l'option **Perte de qualité** si vous avez coché l'option **Entrelacé**, ou choisi les tramages **Bruit** ou **Motif**.*

Les réglages de transparence

L'option Transparence

Si vous cochez l'option **Transparence**, toutes les parties de l'illustration qui n'ont pas d'attributs de couleur apparaîtront transparentes, c'est-à-dire qu'elles laisseront voir l'arrière-plan de la page Web.

La couleur de détourage et son tramage

Si l'option **Transparence** n'est pas cochée, les parties sans attribut sont blanches et l'illustration est placée sur un rectangle blanc correspondant à son encombrement total ; ce blanc peut être remplacé par une autre couleur de détourage à l'aide du menu local **Cache** qui propose le blanc, le noir ou une couleur à désigner par prélèvement sur l'image avec la pipette ou à l'aide du sélecteur de couleurs.

Si l'option **Transparence** est cochée, les zones d'opacité réduite affichent un dégradé vers la couleur spécifiée dans la case **Cache**. Si, dans l'éditeur HTML, vous souhaitez placer un motif de fond de page, vous devez choisir l'option **Sans** (à défaut de trouver une couleur qui permettra une fusion vers l'arrière-plan). Cependant, pour réaliser ce détourage, Illustrator supprime ces zones dès que leur opacité est inférieure à 50 % (elles deviennent noires dans le cas contraire). Pour l'éviter, vous pouvez les remplacer par un tramage à l'aide du menu local **Tramage de transparence**.

Les couleurs transparentes

Illustrator propose une fonction permettant de rendre transparentes une ou plusieurs couleurs à définir par prélèvement sur l'image avec la pipette ou par sélection dans la table des couleurs. Dans les deux cas, les couleurs apparaissent sélectionnées dans la table des couleurs. Pour qu'elles deviennent transparentes, cliquez sur l'icône située en bas de la table. Cette fonction active automatiquement l'option **Transparence**. Pour redonner aux couleurs devenues transparentes leur ancienne couleur, sélectionnez-les dans la table (elles se situent en fin de la table et comportent une croix blanche), puis cliquez à nouveau sur l'icône.

L'entrelacement

Cette option permet d'obtenir un affichage progressif de l'image au fur et à mesure qu'elle est téléchargée par le navigateur. Ceci est particulièrement utile si l'image est de grande taille, le temps de téléchargement paraît plus court.

LE FORMAT JPEG : LA COMPRESSION DES DONNÉES

Les options de ce format sont moins nombreuses : on distingue principalement la qualité ou le taux de compression, le flou, la couleur de détourage et diverses options d'affichage.

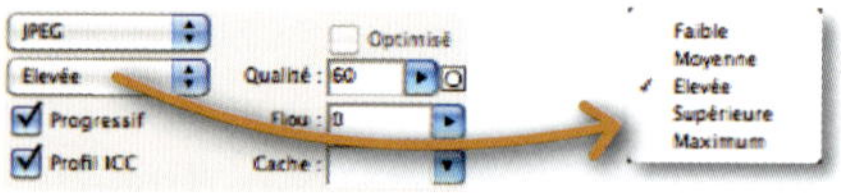

Les options pour le JPEG. *Les cinq niveaux de qualité.*

La compression ou qualité d'image

Un menu local contient les différents taux exprimés en niveau de qualité du fichier (**Faible**, **Moyenne**, **Élevée**, **Supérieure** et **Maximum**).

La case **Qualité** permet d'affiner le réglage en entrant une valeur comprise entre 0 (très basse qualité) et 100 (qualité maximale). En général, selon l'image, des valeurs comprises entre 10 et 30 donnent un fichier de taille modérée pour une qualité satisfaisante.

Les options d'affichage

Le Flou

Cette option permet de réduire le poids du fichier en créant un flou sur l'image. Des valeurs de 0,1 à 0,5 sont recommandées ; au-delà, l'image risque de devenir trop floue.

Le Cache

Une image JPEG ne peut pas avoir de transparence comme en GIF. Cependant, vous pouvez définir la couleur d'arrière-plan qui par défaut est le blanc. Son choix s'effectue par un menu local **Cache** qui propose : le blanc, le noir ou une couleur à designer soit par prélèvement sur l'image avec la pipette, soit à l'aide du sélecteur de couleurs.

L'affichage progressif

En cochant l'option **Progressif**, vous pouvez créer une image **JPEG** progressif qui permet d'afficher une version basse qualité de l'image dans le navigateur pendant que l'image complète est téléchargée.

LE FORMAT PNG

Le format **PNG** (Portable Network Graphic) comporte deux options : **PNG-24** et **PNG-8** (qui reprend les options du **GIF**). Le **PNG-24** est un format intéressant pour les transferts vers Flash d'illustrations comportant des éléments bitmap : le document est exporté en conservant ses zones transparentes, de plus, il subit une compression sans perte de qualité. Les fichiers sont plus lourds qu'en **JPEG** mais Flash les recompressera lors de l'exportation de l'animation au format **SWF**. Cependant, dans tous les cas, essayez d'abord des transferts au format natif d'Illustrator qui sont, depuis quelques versions, très bien supportés par Flash.

Le format PNG est également utilisé par les logiciels de la série Microsoft Office (Word, Power Point...).

> **ASTUCE** *Quand vous enregistrez un document avec l'option **HTML et image**, le nom choisi dans la fenêtre d'enregistrement définit celui du fichier HTML. Quand vous ouvrez ce fichier dans un navigateur, la fenêtre a un nom (ou titre), celui-ci lui est donné par le nom du fichier Illustrator (sans son extension). Avant d'enregistrer pour le Web, le cas échéant, enregistrez votre document Illustrator en le renommant avec le titre voulu pour la page Web.*

LE MÉLANGE DE FORMATS AVEC LES TRANCHES

Si vous découpez votre document en tranches (à l'aide de l'outil **Tranche**), il sera possible, dans la fenêtre **Enregistrer pour le Web**, de définir pour chacune d'elle un format et des options différentes, afin d'optimiser leur affichage et le poids du fichier. La page HTML sera alors construite à l'aide d'un tableau, donc chaque cellule contient une tranche.

Les options d'alignement sur la grille en pixels ainsi que l'affichage **Aperçu en pixels** facilitent le positionnement et la découpe de l'illustration en tranches. Toutes les opérations de découpe sont églalement simplifiées par l'utilisation d'une sélection d'objets, de repères et des commandes de division, duplication et combinaison, que propose le menu **Objet** et son sous-menu **Tranche**.

LE FORMAT ADOBE PDF

Les fichiers **PDF** (obtenus par la commande **Enregistrer**) peuvent être utilisés dans les pages HTML. À cause de la compression (qui ici peut être plus élevée que pour l'impression), les temps de transfert et les besoins en espace de stockage sont réduits ; de même, l'affichage du fichier est accéléré et reste de qualité optimale sur tous les types d'écrans. Ce format présente l'avantage de conserver intact l'aspect du document mais il sera souvent lu dans Acrobat et pas forcément dans la fenêtre du navigateur. Des essais s'imposent, mais ces fichiers pourront parfois être remplacés par des fichiers SWF.

Lors de la sauvegarde au format **PDF**, avant de lancer l'écriture du fichier (en cliquant sur **Enregistrer en PDF**), définissez vos réglages et enregistrez-les pour créer un **Paramètre prédéfini Adobe PDF** afin de pouvoir les réutiliser pour d'autres enregistrements.

Les rubriques de ces options PDF pourront être établies selon les critères suivants :

Général : compatibilité **Acrobat 4 (PDF 1.3)** ; option cochée : **Optimiser pour un affichage rapide sur le Web**, toutes les autres options sont décochées.

Compression : sous-échantillonnage à 72 dpi avec compression **JPEG** moyenne, 300 dpi pour les monochromes avec Compression CCITT Group 4.

Avancées : pas de profil ni de police imbriqués.

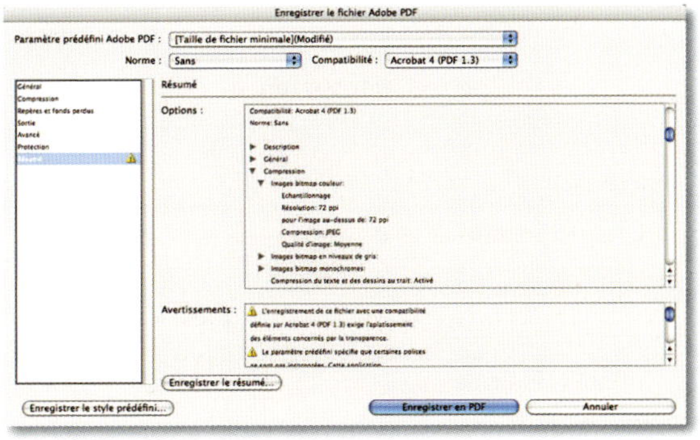

Les options d'enregistrement du fichier PDF.

3 - Les fichiers particuliers

Les fichiers FXG et Flash Catalyst

Le format et la conversion FXG

L'utilisation

Lorsque vous créez des images structurées avec Illustrator, il est possible de les enregistrer au format FXG. Il s'agit d'un format de fichier graphique basé sur un sous-ensemble du langage XML. Ces fichiers pourront être ouverts par des programmes tels que Flash Builder ou Flash Catalyst afin de les utiliser pour créer des applications Web évoluées.

Flash Catalyst peut importer et convertir un fichier natif (.ai) pour le traiter en projet FXG. Vous pouvez même coller un contenu Illustrator directement dans Flash Catalyst.

La conversion

Pour les éléments d'Illustrator (objets et attributs) compatibles avec le format FXG, il y aura un mapping dynamique qui permettra de retrouver certaines fonctionnalités à la réouverture du fichier dans Illustrator. Pour les autres éléments, non interprétés par Flash Catalyst, il y aura une conversion au format FXG. En effet, tout élément incompatible avec le format FXG est décomposé, vectorisé, pixellisé ou encore éliminé selon sa complexité (*voir ci-après*, le tableau des conversions). Par exemple, les effets 3D seront pixellisés. Un message générique apparaîtra pour signaler les problèmes potentiels.

Le passage par l'enregistrement au format FXG permet de contrôler cette conversion (*voir plus loin*) qui s'effectuera avec les options par défaut si le fichier est directement importé dans Flash Catalyt.

Les recommandations

Adobe préconise quelques recommandations lors de l'enregistrement de fichiers Illustrator au format FXG. Le tableau suivant vous en indique quelques-unes et précise les éléments à éviter ou non pris en charge.

Recommandations
Pour les nouveaux documents, utilisez le profil **Flash Catalyst.**
Évitez d'utiliser les formes.
Privilégiez les seuls effets **Ombre portée**, **Lueur interne/externe** (avec le mode de fusion **Normal**) et **Flou gaussien**.
Évitez la mise à l'échelle horizontale ou verticale du texte.
Utilisez systématiquement l'option **Aligner sur la grille en pixels** pour éviter des décalages dans Flash Catalyt.
Un objet avec un mode de fusion autre que **Normal** est fusionné avec l'arrière-plan du document (placez un objet à son arrière-plan pour le fusionner dessus).

Éléments non pris en charge
Objets inclinés.
Grilles de mise à l'échelle en 9 tranches dans un symbole.
Images bitmap et symboles avec une symétrie.
Tons directs et couleurs quadri.
Texte vertical.
Dégradés de couleurs : ils sont pixellisés s'ils comportent plus de 16 couleurs.

Les conversions FXG des objets et attributs

Le tableau ci-après vous montre la façon dont les objets ou les attributs d'Illustrator sont convertis lors de l'enregistrement au format FXG. En effet, les éléments peuvent subir :

- un mapping dynamique (noté **MD** dans le tableau) ;
- une décomposition (noté **Déc.**) ;
- une pixellisation (noté **Px**) ;
- un abandon ou suppression (noté **A**).

Objet/Attribut Illustrator	Sous-ensemble d'objet/attribut	Export FXG
Tracés ouverts	Déplacement d'un segment	M D
	Trait	M D
	Segment de courbe de Bézier	M D
	Ligne	M D
	Tracés transparents	M D
Formes Tracés fermés	Ellipse	M D
	Rectangle/Rectangle arrondi	M D
	Étoile/Polygone	M D
	Halo	Déc.
	Forme composée	Déc.
Fond	Fond uni	M D
	Couleur quadri/Ton direct/de repérage/quadri globale	couleur unie
	Fond en dégradé linéaire	M D
	Fond en dégradé radial	M D
	Fond à motif	Px
	Fonds multiples *(Aspect)*	Déc.
Contour	Contours multiples *(Aspect)*	Déc.
	Contour de motif	Px
	Contour de couleur unie	M D
	Profondeur de tracé	M D
	Sommets/Extrémités de ligne	M D
	Ligne en trait pointillé/Alignement des contours	Déc.
Transparence	Opacité appliquée aux objets/calques/groupes/fonds/contours	M D
Options du panneau Transparence	Transparence	M D
	Masquage	Px
	Fusion isolée	Px
Panneau Options d'objet	Surimpression du fond/Surimpression/Contour/Cartes-images/URL	A
Calques et sous-calques	Calques masqués/verrouillés	M D
Groupe	*(classique)*	M D
	Groupe de dégradé de formes	Déc.
	Groupe de peinture dynamique	Déc.
Symboles		M D
Images importées		Px
Masque d'opacité		M D

Objet/Attribut Illustrator	Sous-ensemble d'objet/attribut	Export FXG
Effets	3D *(tous)*	Px
	Conversion de l'effet en forme	
	Rectangle/Rectangle arrondi/Ellipse	Déc.
	Déformation et Transformation*(tous)*	Déc
	Décalage/Vectoriser l'objet/Vectoriser le contour	Déc.
	Pathfinder *(tous)*	Déc.
	Flèche/Arrondis/Griffonnage	Déc.
	Ombre portée	M D
	Lueur interne/externe	M D
	Déformation *(toutes)*	Déc.
	Flou gaussien	M D
	Flou optimisé/Flou radial	Px
Graphes	*(tous types)*	Px
Style graphique		Déc.
Distorsion de l'enveloppe		Déc.
Illustration avec filet		Px
Motif		Px
Masque et groupe d'écrêtage		M D
Dégradé de couleurs	Dégradé linéaire/Dégradé radial/Couleurs de dégradé/Emplacement/Angle	M D
Transformation appliquée à : image/symbole/dégradé	Déplacement/Mise à l'échelle	M D
	Rotation/Miroir/ Mise à l'échelle	Déc.
Variables		A
Texte Flash		A
Interactivité SVG		A
Mode de fusion	*(tous sauf Normal)*	M D
Formes	*(toutes)*	Déc
Orientation du document		A
Grille de perspective		A
Incorporation du profil colorimétrique		A
Effets Photoshop	*(tous sauf Flou gaussien)*	Px
Tranches		A
Repères		A
Ensemble de symboles		Déc.
Plusieurs plans de travail		M D

L'enregistrement au format FXG

L'obtention du fichier FXG

Pour créer le document au format FXG, choissez **Enregistrer une copie** du menu **Fichier** afin de garder une version du fichier qui conservera intactes toutes les fonctions d'Illustrator. Le document FXG peut être ouvert indifféremment dans Flash Catalyt et dans Illustrator. Dans la fenêtre **Options FXG** vous pouvez spécifier des options de conversion.

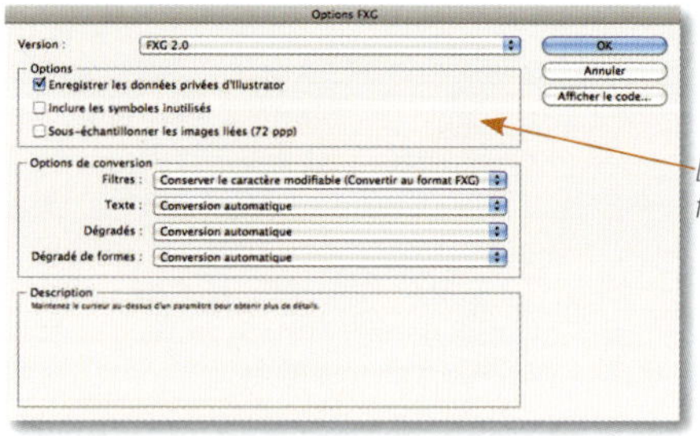

Les options du format FXG.

Les options FXG

Si votre document comporte plusieurs plans de travail, ils seront importés sous la forme d'états dans Flash Catalyst.

Les options de bases

Parmi ces options figure une option active par défaut : **Enregistrer les données privées d'Illustrator**. Elle améliore la propriété de remodification du fichier FXG dans Illustrator et optimise le caractère modifiable des éléments (caractère dynamique). Les autres options permettent respectivement de conserver ou non les symboles inutilisés et de rééchantillonner les images liées à une résolution de 72 ppp, (conformément à la spécification Web standard).

Les options de conversion

Pour chaque conversion vous disposez de plusieurs choix par l'intermédiaire d'un menu local.

Les effet ou filtres.

Les textes.

Les dégradés de couleurs.

Les dégradés de formes.

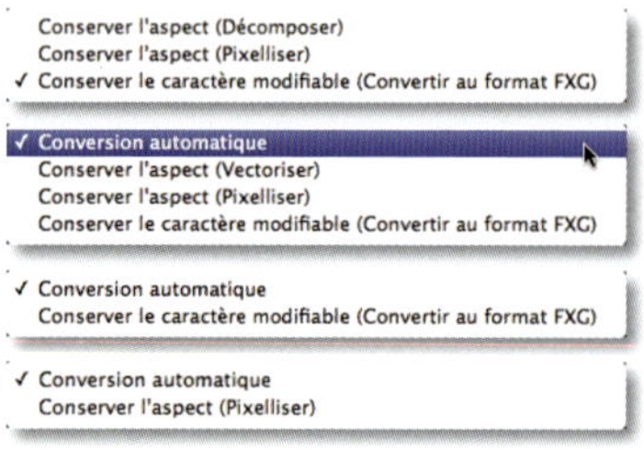

Par défaut, les conversions sont automatiques c'est-à-dire qu'elles permettent de conserver, avec un certain équilibre, à la fois l'aspect visuel et le caractère modifiable.

Dans chaque cas, vous pouvez privilégier le caractère modifiable (au détriment d'un changement d'aspect) et, au contraire, l'apparence de l'élément (ce qui entraînera sa pixellisation ou sa vectorisation selon le choix réalisé et la complexité de l'élément).

Un message apparaît à l'issue de l'enregistrement pour signaler le résultat des conversions.

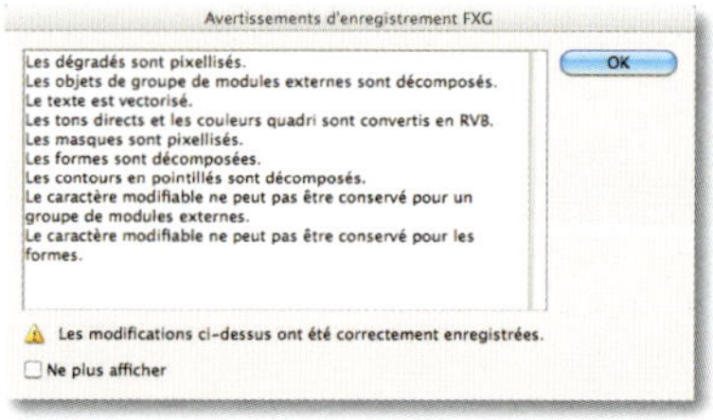

Ce message indique la façon dont les éléments présents ont été convertis au format FXG.

L'importation dans Flash Catalyst

Dans Flash Catalyst, le fichier FXG peut être importé (le fichier natif .ai également mais la conversion se fait par défaut). Par la suite, le projet devra être enregistré au format FXP. Dans ce projet, la partie intégration a été réalisée de manière automatique (le code de description est créé automatiquement). Vous retrouvez les plans de travail sous forme d'états et vous pouvez manipuler les éléments, en ajouter et leur associer de l'interactivité ou les animer (sans avoir à saisir de code). Des allers-retours vers Illustrator sont possibles. Une fois le travail terminé, le projet pourra être exporté en SWF (pour les petits projets simples) ou exploité par des développeurs dans Flash Builder.

Dans Illustrator, le document comporte des plans de travail que l'on retrouve dans Flash Catalyst.

On peut manipuler les objets, leur ajouter de l'interactivité ou encore les animer.

Les graphiques adaptés aux données

Le principe des graphiques adaptés aux données ou modèles graphiques

Un graphique dynamiquement adapté aux données, que nous appellerons plus simplement, **modèle graphique**, est un fichier Illustrator qui permet de produire rapidement plusieurs versions d'une illustration (variante). L'obtention de ces variantes se fait à l'aide d'un script qui se réfère à une base de données ou à partir d'un traitement par lots utilisant un script d'enregistrement ; dans le cadre de ce livre, c'est la seconde solution que nous envisagerons.

Dans Illustrator, vous pouvez transformer n'importe quelle illustration en modèle graphique. Il vous suffit pour cela de définir quels sont les objets dynamiques, c'est-à-dire les objets qui seront modifiables sur le plan de travail, on les appelle « variables ». Cette opération s'effectue avec le panneau **Variables**. Sur ces variables, il sera possible de changer le contenu (s'il s'agit d'un graphe, d'un texte, ou d'une photo importée) ou la visibilité (de n'importe quel objet).

À partir de chaque série d'états des variables, dans un document unique, vous pourrez créer des ensembles de données variables (sorte d'instantané ou de composition). Par la suite, d'un seul fichier Illustrator comportant des ensembles de données, il sera possible d'afficher rapidement les différentes versions du document, puis éventuellement d'enregistrer, en tant que fichier indépendant, l'une ou l'autre de ces versions.

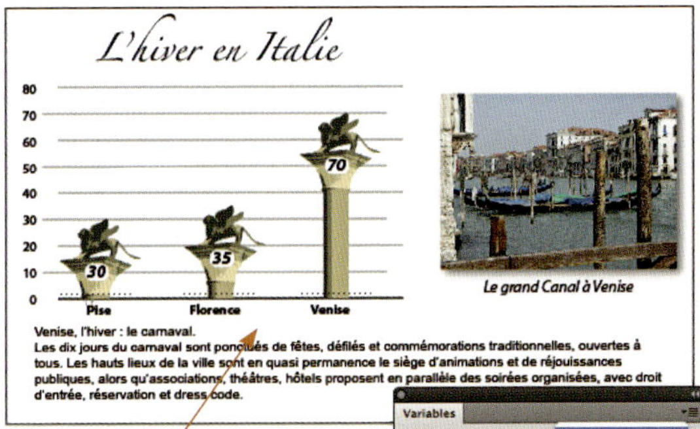

À partir de ce modèle, on a créé les deux autres compositions ci-après par variation du contenu d'élément défini comme variable.

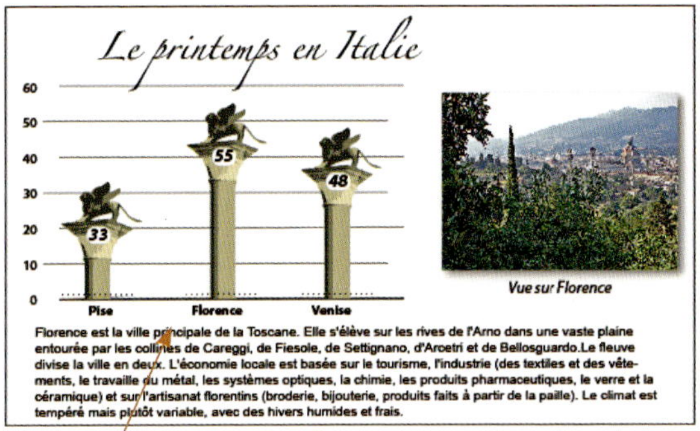

Les variations de compositions à partir du modèle graphique.

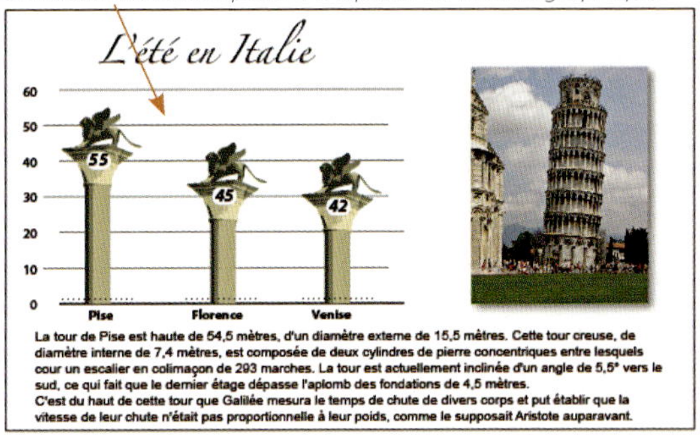

On retrouve ce principe de modèle graphique dans Photoshop. On peut également l'utiliser sous forme des compositions de calques de Photoshop en ne jouant que sur la visibilité de certains calques.

La préparation du modèle

Le modèle pourra être utilisé pour créer des documents destinés à des mises en page PAO ou pour créer des documents qui donneront des pages HTML.

Les variables

Les types de variables

Elles se séparent en deux catégories :

- élément variable en contenu,
- élément variable en visibilité.

Les variables de contenu

Trois types d'objets peuvent devenir des variables dont le contenu est modifiable dynamiquement : les textes, les graphes et les photos bitmap importées avec un lien.

Les variables de visibilité

Dans un modèle graphique, n'importe quel objet pourra voir son affichage modifié et ainsi être visible sur une version du modèle et invisible sur une autre version. Une variable de contenu peut également être définie avec une visibilité dynamique ; dans ce cas, on définira deux variables, l'une pour le contenu et l'autre pour la visibilité.

> **ASTUCE** *Certains éléments ne peuvent pas être définis comme variables de contenu ; pour changer leur aspect, on peut superposer deux objets d'aspect différent, les définir comme variables de visibilité dynamique puis les rendre tour à tour visibles ou invisibles.*

LA DÉFINITION DES VARIABLES

Toutes les opérations se réalisent dans le panneau **Variables** (il s'affiche par le menu **Fenêtre**).

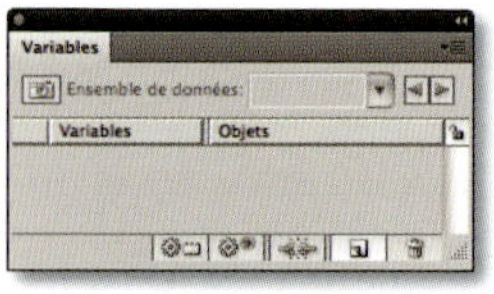

Les variables se définissent depuis ce panneau.

La définition de la variable de contenu

Pour définir une variable de contenu, sélectionnez un graphe ou un texte ou encore une image bitmap importée avec un lien et cliquez sur l'icône du panneau **Variables**. Illustrator ajoute un élément (**variable1**) dans le panneau, son icône dépend de sa nature.

Ainsi on voit :

- pour un graphe ;
- T pour une chaîne de caractères ;
- pour un fichier lié (image importée).

Vous pouvez renommer la variable en effectuant un double-clic sur son nom pour afficher sa fenêtre d'options. En plus de son nom de variable, chaque élément du panneau **Variables** possède un nom d'objet qui correspond au nom de ce calque.

> **ASTUCE** *Si vous créez la variable par ⌥ clic [Alt clic] sur l'icône la fenêtre d'options apparaît en même temps que la variable est créée Vous devrez en choisir le type.*

Exemple de variable de type **Graphe.**

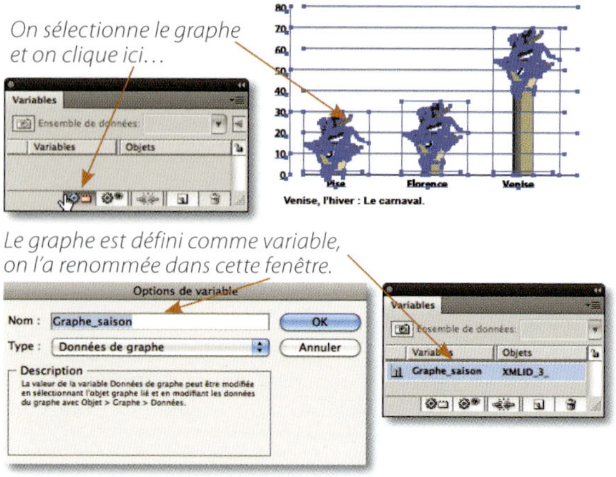

Exemple de variable de type **Fichier lié.**

Quand vous définissez une nouvelle variable, prenez soin de désélectionner les variables déjà créées dans le panneau **Variables**, sans quoi un message d'erreur s'affichera si l'objet sélectionné est de même type (texte, graphe…) que celui situé dans la variable active.

Exemple de variable de type **Texte.**

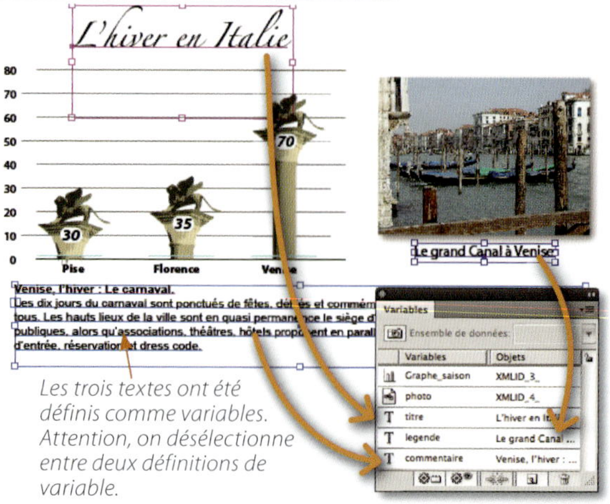

Pour pallier ce problème, vous pouvez créer une variable indéfinie (vide) en cliquant sur l'icône — elle apparaît avec le symbole Ø — puis l'activer dans le panneau **Variables**, sélectionner l'objet voulu et cliquer sur l'icône.

Pour être compatible lors de transferts vers des logiciels qui utilisent le XML, vous pouvez définir dans les préférences (**Unité et annulation**) des noms XML. Ils doivent commencer par une lettre, un trait de soulignement ou deux points, et ne doivent pas contenir d'espaces.

La définition de la variable de visibilité

Pour définir une variable dont la visibilité sera dynamique, sélectionnez l'objet et cliquez sur l'icône. Une variable avec l'icône apparaît (comme les autres variables, elle peut être renommée par double-clic).

Ce texte a été également défini comme variable de visibilité en cliquant sur cette icône.

> **Astuce** *Pour gérer la visibilité de plusieurs objets avec une seule variable, groupez les objets ou rassemblez leurs calques-objets sur un même sous-calque, sinon Illustrator créera autant de variables que d'objets dans la sélection.*

Pour qu'un objet dont la visibilité vient d'être définie comme dynamique ait un contenu modifiable, vous devez créer une nouvelle variable en cliquant sur l'icône. Cet objet ne peut être qu'un graphe, un texte ou une photo liée.

À chaque élément numéroté sur l'illustration correspond une variable numérotée dans le panneau Variables.

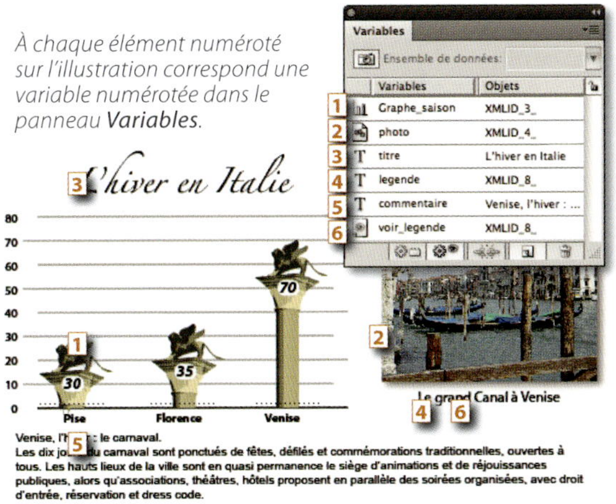

Dans le panneau **Variables**, le nom d'objet (**id XML**) permet de repérer le calque de l'élément associé à deux variables ; cependant, il est préférable de les renommer avec des noms plus parlants.

Quand le document comporte le nombre voulu de variables de types différents, vous pouvez créer des ensembles de données.

Les ensembles de données

Le principe

Un ensemble de données constitue une sorte de photo du document prise à un instant précis — autrement dit : un instantané. Cet instantané enregistre toutes les valeurs des variables. On créera un instantané ou un ensemble de données pour chaque série de valeurs des variables.

L'enregistrement de l'ensemble de données

Avant de modifier les valeurs des variables, il convient de créer le premier ensemble de données ; il correspond à l'état initial du document. Pour effectuer cette opération, cliquez sur l'icône du panneau **Variables**. La case **Ensemble** du panneau **Variables** se remplit du nom de l'instantané par défaut, « **Ensem. de données 1** ». Vous pouvez le renommer directement dans cette case ou par la commande du menu local du panneau. Le choix du nom que vous attribuez est important car il pourra être utilisé comme nom du fichier lors de la création d'enregistrements à partir de l'ensemble de données.

Si vous modifiez l'état (contenu ou visibilité) d'une variable, le nom de l'ensemble de données s'écrit en italique. Il faudra en faire la mise à jour par la commande **Mettre à jour l'ensemble de données** du menu local du panneau **Variables** (un message demandera confirmation).

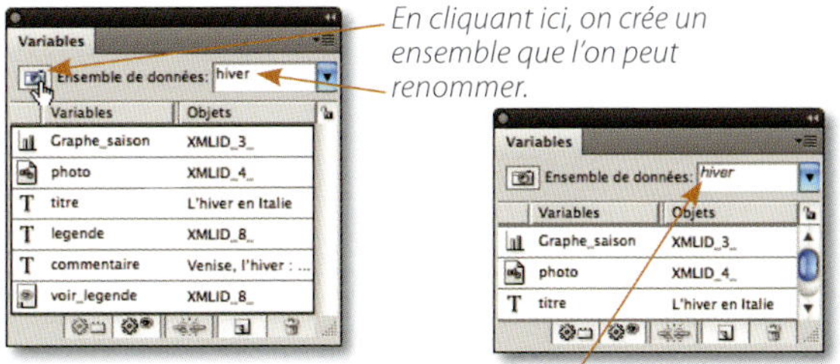

En cliquant ici, on crée un ensemble que l'on peut renommer.

Si on modifie le contenu des variables, ce nom apparaît en italique.

> **Astuce** *Si vous déplacez un élément, changez sa taille, lui appliquez un autre style ou lui affectez un autre symbole de barre, qu'il soit variable ou non, aucune mise à jour de l'ensemble ne sera demandée. Cette modification du document affecte l'ensemble actif et tous ceux crées par la suite.*

LES CHANGEMENTS DE VALEURS DES VARIABLES

Le changement du contenu

Pour les variables de contenu, leur modification s'effectue directement sur le plan de travail. L'objet doit être sélectionné et cette opération peut se réaliser sur le plan de travail ou par ⌥clic [Alt clic] sur le nom de la variable correspondant à l'objet.

La modification d'un graphe

Sélectionnez le graphe et lancez la commande **Données** du sous-menu **Graphe** (menu **Objet**) ou du menu contextuel (clic droit) : le tableau des données s'affiche, vous pouvez saisir les nouvelles valeurs ou les importer en cliquant sur l'icône.

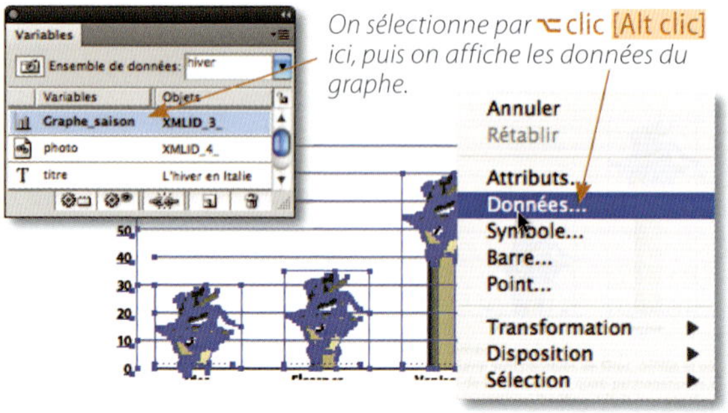

On sélectionne par ⌥clic [Alt clic] ici, puis on affiche les données du graphe.

Une fois le changement réalisé, validez les nouvelles saisies en cliquant sur l'icône. Si vous laissez la fenêtre des données ouverte, elle sera tout de suite disponible pour les prochains changements de valeurs du graphe.

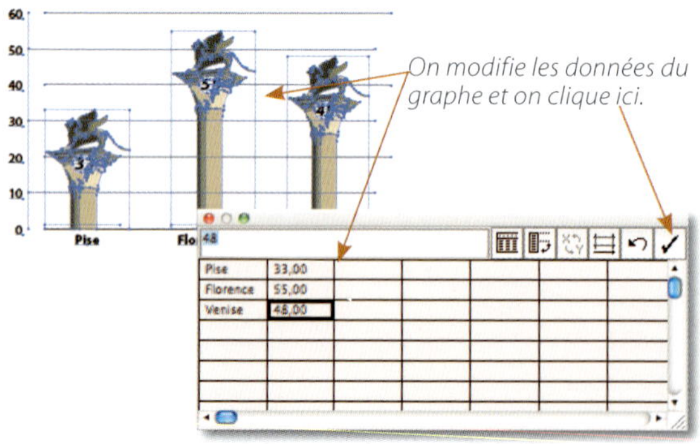

On modifie les données du graphe et on clique ici.

Avant de créer le nouvel ensemble de données, il est préférable de faire les modifications sur les autres variables — en opérant ainsi, il n'y aura pas de mise à jour à faire sur cet ensemble des données.

La modification d'un texte

Pour modifier un texte dans une variable, ce texte doit être sélectionné avec l'outil **Texte**. Le changement peut se réaliser en tapant (ou en collant) le nouveau texte ou en important un fichier de texte correspondant à la nouvelle saisie. Dans ce cas, pour qu'il y ait remplacement, sélectionnez la totalité du texte par ⌘A [Ctrl A] avant d'importer le nouveau.

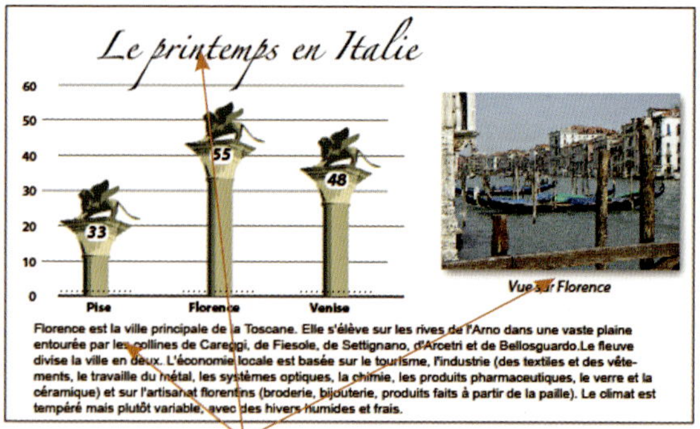

On a remplacé les textes variables (ici par saisie et par collage pour les commentaires).

Le remplacement d'une photo importée

Pour changer une photo importée, il faut bien sûr la sélectionner (par ⌥clic [Alt clic] sur le nom de la variable), afficher le panneau **Liens** et cliquer sur l'icône pour importer (avec l'option **Lien**) l'image de remplacement. Vous pouvez également cliquer sur le nom du fichier lisible dans la partie gauche du panneau **Contrôle**.

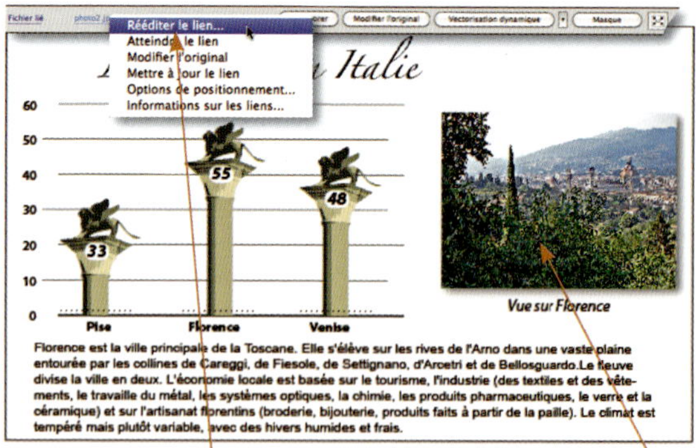

Avec cette commande, on a fait le remplacement de la photo.

Le changement de visibilité

Comme pour les autres changements, l'objet lié à la variable doit être sélectionné ; cette opération peut également se faire depuis la commande du menu du panneau **Variables** une fois la variable activée.

Le changement de visibilité se règle simplement dans le panneau **Calques**. Pour cela, visualisez le calque-objet (ou sous-calque) de l'élément, en utilisant, par exemple, la commande **Rechercher l'objet** dans le menu local du panneau **Calques** et cachez l'objet en cliquant sur l'œil en regard du nom du calque-objet.

Quand la série des changements de données est terminée, créez un nouvel ensemble de données en cliquant, touche ⌥ [Alt] enfoncée, sur l'icône du panneau **Variables**, renommez-le et passez aux modifications suivantes.

Si vous souhaitez revenir sur l'ensemble précédent, cliquez sur les triangles (◀▶) à droite du nom des ensembles de données ou utilisez sa liste déroulante (ou encore le menu du panneau).

Quand il y en a plusieurs ensembles de données, ce menu permet de visualiser l'ensemble voulu.

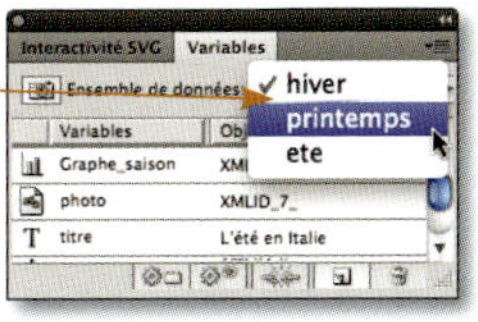

Pour construire un autre ensemble de données, vous pouvez également commencer par le créer en cliquant sur l'icône (avec ⌥ [Alt] pour le nommer), changer les différentes variables (comme indiqué précédemment), puis mettre à jour l'ensemble par la commande **Mettre à jour l'ensemble de données** du menu local du panneau.

L'enregistrement multiple des fichiers

L'ENREGISTREMENT MANUEL

Vous pouvez passer d'un ensemble à l'autre en cliquant sur l'icône ◀▶ du panneau **Variables** ; dès qu'un ensemble est affiché, vous pouvez en profiter pour l'enregistrer (ou l'exporter) en lançant une des commandes du menu **Fichier**. Cette méthode constitue un enregistrement manuel. Il est intéressant car il vous laisse le libre choix du format (PAO ou Web). Vous pouvez aussi enregistrer le contenu de panneau **Variables** (appelé bibliothèque de variables) pour utiliser le fichier XML créé dans un programme gérant ce langage.

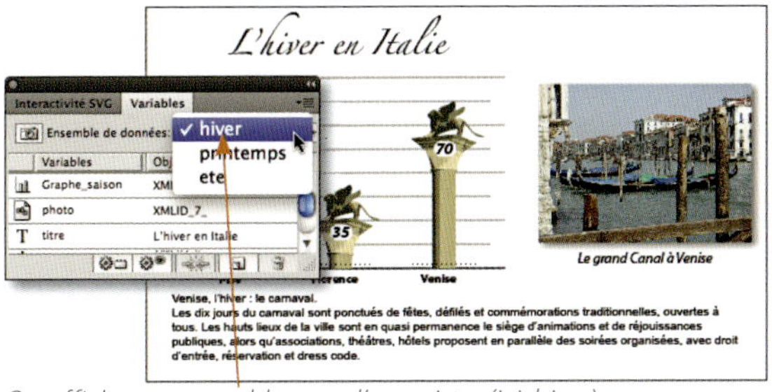

On affiche un ensemble et on l'enregistre (ici, hiver).

On affiche un autre ensemble (ici, printemps) et on l'enregistre.

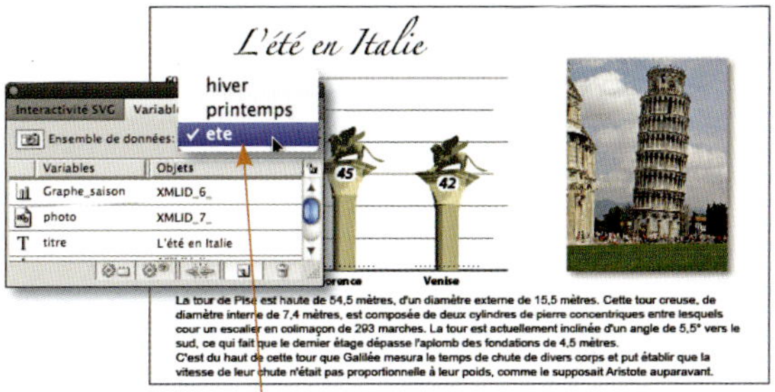

On affiche le dernier ensemble (été) et on l'enregistre.

LE SCRIPT D'ENREGISTREMENT

Pour automatiser un peu les manipulations précédentes, vous pouvez, à partir du panneau **Scripts d'action**, élaborer des scripts dont la seule instruction sera de procéder à l'enregistrement du fichier dans un format correspondant à une utilisation particulière (par exemple : **PDF** pour une distribution électronique ; natif (.ai) pour une mise en page PAO ; HTML et images pour le Web...).

Voyons le cas d'un script qui enregistre pour le Web l'ensemble des tranches en utilisant les optimisations que l'on a déjà préparées (et mémorisées grâce à la fonction **Mémoriser**). Voici les différentes étapes de la création d'un script :

1. Affichez le panneau **Scripts d'action** et créez éventuellement un dossier pour recevoir les scripts que vous allez réaliser. Cliquez sur l'icône du panneau pour préparer un nouveau script ; nommez-le puis cliquez sur Enregistrer. À ce stade, le panneau **Scripts d'action** montre un point rouge pour signaler la phase d'enregistrement du script.

2. Lancez la commande **Enregistrer pour le Web** (menu **Fichier**). Comme les options d'optimisation ont déjà été définies, le script les mémorisera si vous enfoncez la touche et cliquez sur le bouton **Mémoriser**. Une fois cette manipulation faite, cliquez sur **Enregistrer**, choisissez l'option **HTML et images** (avec l'option **Toutes les tranches**). Spécifiez un dossier de rangement et un nom pour la page et validez.

3. Arrêtez l'enregistrement du script en cliquant sur le carré du panneau **Scripts** ; celui-ci est prêt. Le panneau montre une petite icône (▤), elle indique que lors de l'utilisation du script, celui-ci s'arrêtera pour vous permettre de choisir un nom et un dossier de rangement.

On arrête le script ici.

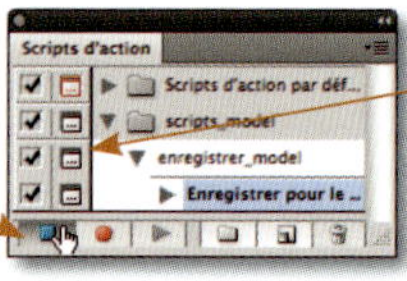

Cette icône indique qu'une fenêtre de dialogue d'affichera.

Le traitement par lots

Quand vous avez créé un script d'enregistrement, vous pouvez l'utiliser dans un traitement par lots pour enregistrer tous les fichiers correspondant aux différents ensembles du modèle graphique.

Quelques petites précautions doivent être prises :

- vérifiez que les calques contenant les variables et les tranches ne sont pas verrouillés ;
- dans le panneau **Scripts d'action**, décochez l'icône qui se trouve devant le nom du script sous peine de voir le script s'arrêter à chaque enregistrement pour attendre un nom ;

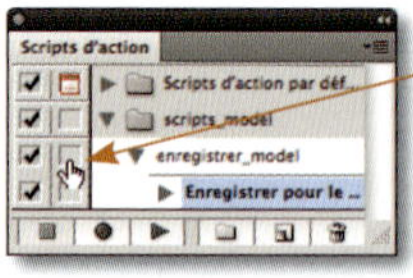

On a cliqué ici pour éviter l'arrêt à chaque enregistrement.

- au niveau des tranches, évitez de nommer les tranches dont le contenu est fixe si vous ne voulez pas avoir à confirmer leur écrasement ;
- supprimez les noms des tranches contenant des éléments variables (ceci s'effectue dans la fenêtre d'options de la tranche, en effaçant le contenu de la case **Nom**).

La mise en œuvre du traitement par lots s'effectue dans le menu local du panneau **Scripts d'action**. Lancez la commande **Traitement par lots**. Dans la partie haute, le script que vous venez de faire est sélectionné (si ce n'est pas le cas, choisissez-le dans la liste).

À la rubrique **Source**, choisissez l'option **Ensemble de données** à la place de **Dossier**. À la rubrique **Destination**, cochez les deux options **Priorités sur les instructions des scripts…** — ceci a pour effet d'enregistrer ou d'exporter les fichiers traités vers le dossier de destination que vous allez spécifier en cliquant sur **Sélectionner** (et non vers un emplacement enregistré dans le script). Désignez le dossier d'enregistrement en cliquant sur **Sélectionner**. Enfin, avant de lancer le traitement, spécifiez le nom des fichiers en choisissant l'option **Nom de l'ensemble de données**.

> **Astuce** *Quand on effectue ce traitement, et du fait que le modèle comporte des images importées avec un lien, un message apparaît après chaque enregistrement pour valider la mise à jour de l'ensemble de données. Il suffit de valider le message pour que le traitement continue.*

Quand le traitement est fini (cela peut prendre un certain temps et nécessiter beaucoup de mémoire), les fichiers sont prêts. L'utilisation de modèle graphique, conjointement ou non à des scripts qui automatiseraient certaines parties du « remplissage », peut vous faciliter le travail et vous rendre encore plus productif.

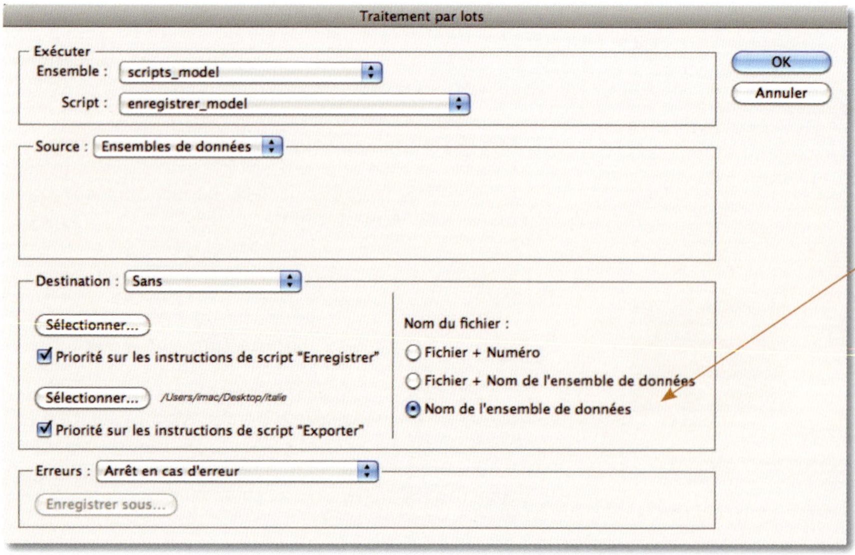

Les réglages du traitement par lots. Les noms correspondront à chaque ensemble de données.

Index

b

d

e

f

g

j, k, l

m

n

O

p

q, r

t

u, v

w, x, y, z

IMPRIMÉ EN SLOVÉNIE
Achevé d'imprimer en avril 2011
sur les presses de l'imprimerie DZS.

N° d'éditeur : 8418
Dépôt légal : avril 2011

Cet ouvrage est imprimé, pour l'intérieur, sur papier Core Silk 115g,
de la papeterie Garda Cartiere, certifié SCF et pour la couverture sur une carte
Symbol Card 240g de la papeterie Fedrigoni, certifiée SCF.